TÉCNICO JUDICIÁRIO TJCE

Proteção de direitos

Todos os direitos autorais desta obra são reservados e protegidos pela Lei nº 9.610/1998. É proibida a reprodução de qualquer parte deste material didático, sem autorização prévia expressa por escrito do autor e da editora, por quaisquer meios empregados, sejam eletrônicos, mecânicos, videográficos, fonográficos, reprográficos, microfílmicos, fotográficos, gráficos ou quaisquer outros que possam vir a ser criados. Essas proibições também se aplicam à editoração da obra, bem como às suas características gráficas.

Diretor Geral: Evandro Guedes
Diretor de TI: Jadson Siqueira
Diretor Editorial: Javert Falco
Gerente Editorial: Mariana Passos
Editor(a): Paula Craveiro
Gerente de Editoração: Alexandre Rossa
Diagramador(a): Emilly Lazarotto

Língua Portuguesa
Adriano Paccielo, Giancarla Bombonato, Glaucia Cansian, Pablo Jamilk, Priscila Conte

Redação
Rachel Ribeiro

Noções de Informática
João Paulo, Kátia Quadros, Luiz Rezende

Raciocínio Lógico
Daniel Lustosa

Noções da Direito Constitucional
Daniel Sena, Gustavo Muzy

Noções de Direito Administrativo
Evandro Guedes

Noções de Administração Pública
Giovana Carranza, Luiz Rezende, Marisol Bufeman

Noções de Gestão Pública
Giovana Carranza, Luiz Rezende, Marisol Bufeman

Dados Internacionais de Catalogação na Publicação (CIP)
Jéssica de Oliveira Molinari CRB-8/9852

T253
    Técnico judiciário : área administrativa : tribunal de justiça do estado do Ceará : TJCE / Equipe de professores AlfaCon -- 1. ed. -- Cascavel, PR : AlfaCon, 2023.
    490 p.

    Bibliografia
    ISBN 978-65-5918-560-3

    1. Serviço público - Concursos – Brasil 2. Tribunal de justiça – Ceará - Concursos 3. Língua portuguesa 4. Redação 5. Raciocínio lógico 7. Direito I. Título

23-0621   CDD 351.81076

Impressão: Renovagraf   Índices para catálogo sistemático:
                                      1. Serviço público - Brasil - Concursos

Dúvidas?
Acesse: www.alfaconcursos.com.br/atendimento
Núcleo Editorial:
   Rua: Paraná, nº 3193, Centro - Cascavel/PR
   CEP: 85810-010
Núcleo Comercial/Centro de Distribuição:
   Rua: Dias Leme, nº 489, Mooca - São Paulo/SP
   CEP: 03118-040

 SAC: (45) 3037-8888

Data de fechamento
1ª impressão:
09/02/2023

www.alfaconcursos.com.br/apostilas

Atualizações e erratas
Esta obra é vendida como se apresenta. Atualizações - definidas a critério exclusivo da Editora AlfaCon, mediante análise pedagógica – e erratas serão disponibilizadas no site www.alfaconcursos.com.br/codigo, por meio do código disponível no final do material didático Ressaltamos que há a preocupação de oferecer ao leitor uma obra com a melhor qualidade possível, sem a incidência de erros técnicos e/ou de conteúdo. Caso ocorra alguma incorreção, solicitamos que o leitor, atenciosamente, colabore com sugestões, por meio do setor de atendimento do AlfaCon Concursos Públicos.

APRESENTAÇÃO

Sua chance de fazer parte do Serviço Público chegou, e a oportunidade está no concurso para **Técnico Judiciário - Área Administrativa - Tribunal de Justiça do Ceará - TJCE**.

Neste universo dos concursos públicos, estar bem preparado faz toda a diferença! Para ingressar nesta carreira, é fundamental que esteja preparado com os conteúdos que o AlfaCon julga mais importante e que são cobrados na prova.

Aqui, você encontrará os conteúdos básicos de:

> Língua Portuguesa
> Redação
> Noções de Informática
> Raciocínio Lógico
> Noções de Direito Constitucional
> Noções de Direito Administrativo
> Noções de Administração Pública
> Noções de Gestão Pública

Ressaltamos que as disciplinas de Noções de Administração Pública e Noções de Gestão Pública são complementadas por um curso on-line gratuito.

O AlfaCon preparou todo o material com explicações e dicas, reunindo os principais conteúdos relacionados à prova, dando ênfase aos tópicos mais demandados.

ESTEJA ATENTO AO CONTEÚDO ON-LINE POR MEIO DO CÓDIGO DE RESGATE, para que você tenha acesso a todo o conteúdo solicitado pelo edital, bem como a materiais complementares e erratas, se necessário.

Desfrute de seu material o máximo possível. Estamos juntos nessa conquista!

Bons estudos e rumo à sua aprovação!

COMO ESTUDAR PARA UM CONCURSO PÚBLICO!

Para se preparar para um concurso público, não basta somente estudar o conteúdo. É preciso adotar metodologias e ferramentas, como plano de estudo, que ajudem o concurseiro em sua organização.

As informações disponibilizadas são resultado de anos de experiência nesta área e apontam que estudar de forma direcionada traz ótimos resultados ao aluno.

Curso on-line GRATUITO

- Como montar caderno
- Como estudar
- Como e quando fazer simulados
- O que fazer antes, durante e depois de uma prova!

Ou pelo link: alfaconcursos.com.br/cursos/material-didatico-como-estudar

ORGANIZAÇÃO

Organização é o primeiro passo para quem deseja se preparar para um concurso público.

Conhecer o conteúdo programático é fundamental para um estudo eficiente, pois os concursos seguem uma tendência e as matérias são previsíveis. Usar o edital anterior - que apresenta pouca variação de um para outro - como base é uma boa opção.

Quem estuda a partir desse núcleo comum precisa somente ajustar os estudos quando os editais são publicados.

PLANO DE ESTUDO

Depois de verificar as disciplinas apresentadas no edital, as regras determinadas para o concurso e as características da banca examinadora, é hora de construir uma tabela com seus horários de estudo, na qual todas as matérias e atividades desenvolvidas na fase preparatória estejam dispostas.

PASSO A PASSO

VEJA AS ETAPAS FUNDAMENTAIS PARA ORGANIZAR SEUS ESTUDOS

PASSO 1 — Selecionar as disciplinas que serão estudadas.

PASSO 2 — Organizar sua rotina diária: marcar pontualmente tudo o que é feito durante 24 horas, inclusive o tempo que é destinado para dormir, por exemplo.

PASSO 3 — Organizar a tabela semanal: dividir o horário para que você estude 2 matérias por dia e também destine um tempo para a resolução de exercícios e/ou revisão de conteúdos.

PASSO 4 — Seguir rigorosamente o que está na tabela, ou seja, destinar o mesmo tempo de estudo para cada matéria. Por exemplo: 2h/dia para cada disciplina.

PASSO 5 — Reservar um dia por semana para fazer exercícios, redação e também simulados.

Esta tabela é uma sugestão de como você pode organizar seu plano de estudo. Para cada dia, você deve reservar um tempo para duas disciplinas e também para a resolução de exercícios e/ou revisão de conteúdos. Fique atento ao fato de que o horário precisa ser determinado por você, ou seja, a duração e o momento do dia em que será feito o estudo é você quem escolhe.

TABELA SEMANAL

SEMANA	SEGUNDA	TERÇA	QUARTA	QUINTA	SEXTA	SÁBADO	DOMINGO
1							
2							
3							
4							

SUMÁRIO

LÍNGUA PORTUGUESA 21
   1 FONOLOGIA 22
      1.1 Partição silábica 22
   2 ACENTUAÇÃO GRÁFICA 23
      2.1 Padrões de tonicidade 23
      2.2 Encontros vocálicos 23
      2.3 Regras gerais 23
   3 ACORDO ORTOGRÁFICO DA LÍNGUA PORTUGUESA 24
      3.1 Trema 24
      3.2 Regras de acentuação 24
      3.3 Hífen com compostos 24
      3.4 Uso do hífen com palavras formadas por prefixos 25
   4 ORTOGRAFIA 28
      4.1 Alfabeto 28
      4.2 Emprego da letra H 28
      4.3 Emprego de E e I 28
      4.4 Emprego de O e U 28
      4.5 Emprego de G e J 29
      4.6 Orientações sobre a grafia do fonema /s/ 29
      4.7 Emprego da letra Z 30
      4.8 Emprego do X e do CH 30
      4.9 Escreveremos com X 30
      4.10 Escreveremos com CH 30
   5 NÍVEIS DE ANÁLISE DA LÍNGUA 31
   6 ESTRUTURA E FORMAÇÃO DE PALAVRAS 32
      6.1 Estrutura das palavras 32
      6.2 Radicais gregos e latinos 32
      6.3 Origem das palavras de Língua Portuguesa 32
      6.4 Processos de formação de palavras 33
      6.5 Acrônimo ou sigla 33
      6.6 Onomatopeia ou reduplicação 33
   7 MORFOLOGIA 34
      7.1 Substantivos 34
      7.2 Artigo 34
      7.3 Pronome 35
      7.4 Verbo 39
      7.5 Adjetivo 44
      7.6 Advérbio 46
      7.7 Conjunção 46
      7.8 Interjeição 47
      7.9 Numeral 47
      7.10 Preposição 48

Sumário

8 SINTAXE BÁSICA 50
    8.1 Período simples (oração) 50
    8.2 Termos integrantes da oração 51
    8.3 Termos acessórios da oração 51
    8.4 Período composto 51

9 CONCORDÂNCIA VERBAL E NOMINAL 54
    9.1 Concordância verbal 54
    9.2 Concordância nominal 55

10 REGÊNCIA VERBAL E NOMINAL 56
    10.1 Regência verbal 56
    10.2 Regência nominal 57

11 PARALELISMO 58
    11.1 Paralelismo sintático 58
    11.2 Paralelismo semântico 58

12 COLOCAÇÃO PRONOMINAL 59
    12.1 Regras de próclise 59
    12.2 Regras de mesóclise 59
    12.3 Regras de ênclise 59
    12.4 Casos facultativos 59

13 CRASE 60
    13.1 Crase proibitiva 60
    13.2 Crase obrigatória 60
    13.3 Crase facultativa 60

14 PONTUAÇÃO 61
    14.1 Principais sinais e usos 61

15 PARÁFRASE 63
    15.1 Passos da paráfrase 63

16 REESCRITURA DE FRASES 64
    16.1 Substituição de palavras ou de trechos de texto 64
    16.2 Conectores de mesmo valor semântico 64
    16.3 Retextualização de diferentes gêneros e níveis de formalidade 64

17 FIGURAS DE LINGUAGEM 67
    17.1 Vícios de linguagem 68
    17.2 Funções da linguagem 68

18 TIPOLOGIA TEXTUAL 69
    18.1 Texto narrativo 69
    18.2 Texto dissertativo 69
    18.3 Texto descritivo 70
    18.4 Conotação × denotação 70

19 GÊNEROS TEXTUAIS 71
    19.1 Gêneros textuais e esferas de circulação 71
    19.2 Exemplos de gêneros textuais 71

20 COMPREENSÃO E INTERPRETAÇÃO DE TEXTOS 73
   20.1 Ideias preliminares sobre o assunto 73
   20.2 Semântica ou pragmática? 73
   20.3 Questão de interpretação 73
   20.4 Dicas para interpretação 73
   20.5 Dicas para organização 74

21 INTERPRETAÇÃO DE TEXTO POÉTICO 76
   21.1 Organização de texto 76

22 TIPOS DE DISCURSO 77
   22.1 Discurso direto 77
   22.2 Discurso indireto 77
   22.3 Discurso indireto livre 77

REDAÇÃO 78

1 REDAÇÃO PARA CONCURSOS PÚBLICOS 79
   1.1 Por que tenho que me preparar com antecedência para a redação? 79
   1.2 Os Primeiros Passos 79
   1.3 Orientações para o texto definitivo 80
   1.4 Temas e textos motivadores 81
   1.5 Título 81
   1.6 O Texto Dissertativo 81
   1.7 Estrutura do texto dissertativo 82

2 DISSERTAÇÃO EXPOSITIVA E ARGUMENTATIVA 83
   2.1 Dissertação Expositiva 83
   2.2 Estrutura do texto dissertativo-expositivo 83
   2.3 Propostas de dissertação expositiva 83
   2.4 Dissertação Argumentativa 86
   2.5 Estrutura do Texto Dissertativo-Argumentativo 86
   2.6 Propostas de dissertação argumentativa 87
   2.7 Elementos de coesão 88
   2.8 Critérios de avaliação das bancas 89

NOÇÕES DE INFORMÁTICA 90

1 WINDOWS 10 91
   1.1 Requisitos mínimos 91
   1.2 Diferenças em relação à versão anterior 91
   1.3 Estrutura de diretórios 99
   1.4 Ferramentas administrativas 99
   1.5 Configurações 102
   1.6 Sistema 102
   1.7 Dispositivos 102
   1.8 Rede e internet 102
   1.9 Personalização 103
   1.10 Facilidade de acesso 104
   1.11 Atualização e segurança 105

Sumário

Sumário

1.12 Backup no Windows 10 106
1.13 Explorador de arquivos 108

2 MICROSOFT WORD 365 109
2.1 Extensões 109
2.2 Selecionando texto 111
2.3 Guia página inicial 111
2.4 Inserir 115
2.5 Guia Design 118
2.6 Guia Layout 118
2.7 Guia Referências 119
2.8 Guia Correspondências 119
2.9 Revisão 120
2.10 Exibir 120
2.11 Barra de Status 120
2.12 Visualização do Documento 121
2.13 Atalhos 121

3 MICROSOFT EXCEL 365 123
3.1 Características do Excel 123
3.2 Interface 123
3.3 Seleção de células 124
3.4 Página Inicial 124
3.5 Formatação condicional 125
3.6 Validação de dados – Guia dados 125
3.7 Funções 129
3.8 Aninhar uma função dentro de outra função 135
3.9 Recursos automatizados do Excel 141
3.10 Endereço absoluto e endereço relativo 141
3.11 Erros do Excel 142

4 MICROSOFT POWERPOINT 365 143
4.1 Arquivo 143
4.2 Imprimir 143
4.3 Página Inicial 143
4.4 Inserir 144
4.5 Transições 145
4.6 Animações 145
4.7 Apresentação de slides 145
4.8 Guia Exibir 145

5 REDES DE COMPUTADORES 147
5.1 Conceitos relacionados à internet 147

6 G SUITE 148
6.1 Motor de pesquisa ou ferramenta de busca 148
6.2 Tipos de motores de pesquisa 148

7 SEGURANÇA DA INFORMAÇÃO **149**
    7.1 Princípios básicos da segurança da informação 149
    7.2 Criptografia 150
    7.3 Ataques 151

8 CLOUD COMPUTING **152**
    8.1 Características 152

9 SOFTWARE **154**
    9.1 Tipos de software 154

10 GRUPOS DE DISCUSSÃO E REDES SOCIAIS **158**
    10.1 Grupos de discussão 158
    10.2 Redes sociais 158

RACIOCÍNIO LÓGICO **159**

1 PROPOSIÇÕES **160**
    1.1 Definições 160
    1.2 Tabela verdade e valores lógicos das proposições compostas 161
    1.3 Tautologias, contradições e contingências 162
    1.4 Equivalências lógicas 162
    1.5 Relação entre todo, algum e nenhum 164

2 ARGUMENTOS **165**
    2.1 Definições 165
    2.2 Métodos para classificar os argumentos 165

3 PSICOTÉCNICOS **167**

4 CONJUNTOS **169**
    4.1 Definição 169
    4.2 Subconjuntos 169
    4.3 Operações com conjuntos 169

5 CONJUNTOS NUMÉRICOS **171**
    5.1 Números naturais 171
    5.2 Números inteiros 171
    5.3 Números racionais 171
    5.4 Números irracionais 173
    5.5 Números reais 173
    5.6 Intervalos 173
    5.7 Múltiplos e divisores 173
    5.8 Números primos 173
    5.9 MMC e MDC 173
    5.10 Divisibilidade 174
    5.11 Expressões numéricas 174

6 SISTEMA LEGAL DE MEDIDAS **175**
    6.1 Medidas de tempo 175
    6.2 Sistema métrico decimal 175

Sumário

Sumário

7 PROPORCIONALIDADE **176**
    7.1 Grandeza 176
    7.2 Razão 176
    7.3 Proporção 176
    7.4 Divisão em partes proporcionais 176
    7.5 Regra das torneiras 177
    7.6 Regra de três 177

8 FUNÇÕES **178**
    8.1 Definições 178
    8.2 Plano cartesiano 178
    8.3 Funções injetoras, sobrejetoras e bijetoras 178
    8.4 Funções crescentes, decrescentes e constantes 178
    8.5 Funções inversas e compostas 178
    8.6 Função afim 179
    8.7 Equação e função exponencial 181
    8.8 Equação e função logarítmica 181

9 SEQUÊNCIAS NUMÉRICAS **183**
    9.1 Definições 183
    9.2 Lei de formação de uma sequência 183
    9.3 Progressão aritmética (P.A.) 183
    9.4 Progressão geométrica (P.G.) 184

10 MATRIZES **185**
    10.1 Representação de uma matriz 185
    10.2 Lei de formação de uma matriz 185
    10.3 Tipos de matrizes 185
    10.4 Operações com matrizes 186
    10.5 Multiplicação de matrizes 186

11 DETERMINANTES **188**
    11.1 Cálculo dos determinantes 188
    11.2 Propriedades dos determinantes 189

12 SISTEMAS LINEARES **191**
    12.1 Representação de um sistema linear em forma de matriz 191
    12.2 Resolução de um sistema linear 191

13 TRIGONOMETRIA **192**
    13.1 Triângulos 192
    13.2 Trigonometria no triângulo retângulo 192
    13.3 Trigonometria em um triângulo qualquer 192
    13.4 Medidas dos ângulos 192
    13.5 Ciclo trigonométrico 193
    13.6 Funções trigonométricas 194
    13.7 Identidades e operações trigonométricas 194
    13.8 Bissecção de arcos ou arco metade 195

14 GEOMETRIA PLANA 196
14.1 Semelhanças de figuras 196
14.2 Relações métricas nos triângulos 196
14.3 Quadriláteros 197
14.4 Polígonos regulares 198
14.5 Círculos e circunferências 199
14.6 Polígonos regulares inscritos e circunscritos 199
14.7 Perímetros e áreas dos polígonos e círculos 201
15 GEOMETRIA ESPACIAL 202
15.1 Retas e planos 202
15.2 Prismas 203
15.3 Cilindro 207
15.4 Cone circular 208
15.5 Pirâmides 209
15.6 Troncos 210
15.7 Esfera 211
16 GEOMETRIA ANALÍTICA 213
16.1 Ponto 213
16.2 Reta 214
16.3 Circunferência 216
17 ANÁLISE COMBINATÓRIA 219
17.1 Definição 219
17.2 Fatorial 219
17.3 Princípio fundamental da contagem (PFC) 219
17.4 Arranjo e combinação 219
17.5 Permutação 220
18 PROBABILIDADE 221
18.1 Definições 221
18.2 Fórmula da probabilidade 221
18.3 Eventos complementares 221
18.4 Casos especiais de probabilidade 221
19 NOÇÕES DE MATEMÁTICA FINANCEIRA 223
19.1 Porcentagem 223
19.2 Lucro e prejuízo 223
19.3 Juros simples 223
19.4 Juros compostos 223
19.5 Capitalização 223
NOÇÕES DE DIREITO CONSTITUCIONAL 224
1 INTRODUÇÃO AO DIREITO CONSTITUCIONAL 225
1.1 Noções gerais 225
2 TEORIA GERAL DA CONSTITUIÇÃO 226
2.1 Conceito de constituição e princípio da supremacia da constituição .. 226
2.2 Classificação das constituições 226

Sumário

Sumário

    2.3 Poder constituinte 227
    2.4 Classificação das normas constitucionais quanto à sua eficácia 227
    2.5 Emendas constitucionais 228

3 INTERPRETAÇÃO DAS NORMAS CONSTITUCIONAIS E CONTROLE DE CONSTITUCIONALIDADE 229
    3.1 Interpretação das normas constitucionais 229
    3.2 Controle de constitucionalidade 229
    3.3 Controle de constitucionalidade no Brasil 230

4 PRINCÍPIOS FUNDAMENTAIS 233
    4.1 Princípio da tripartição dos poderes 233
    4.2 Princípio federativo 233
    4.3 Princípio republicano 234
    4.4 Presidencialismo 234
    4.5 Regime democrático 234
    4.6 Fundamentos da República Federativa do Brasil 235
    4.7 Objetivos fundamentais da República Federativa do Brasil 235
    4.8 Princípios que regem as relações internacionais do Brasil 235

5 DIREITOS FUNDAMENTAIS – REGRAS GERAIS 237
    5.1 Conceito 237
    5.2 Classificação 237
    5.3 Características 237
    5.4 Dimensões dos direitos fundamentais 237
    5.5 Titulares dos direitos fundamentais 238
    5.6 Cláusulas pétreas fundamentais 238
    5.7 Eficácia dos direitos fundamentais 238
    5.8 Força normativa dos tratados internacionais 239
    5.9 Tribunal Penal Internacional (TPI) 239
    5.10 Direitos e garantias 239

6 DIREITOS FUNDAMENTAIS – DIREITOS E DEVERES INDIVIDUAIS E COLETIVOS 240
    6.1 Direito à vida 240
    6.2 Direito à igualdade 240
    6.3 Direito à liberdade 241
    6.4 Direito à propriedade 243
    6.5 Direito à segurança 244
    6.6 Remédios constitucionais 250

7 DIREITOS FUNDAMENTAIS – DIREITOS SOCIAIS E NACIONALIDADE 252
    7.1 Direitos sociais 252
    7.2 Direitos de nacionalidade 254

8 DIREITOS FUNDAMENTAIS – DIREITOS POLÍTICOS E PARTIDOS POLÍTICOS ... 257
    8.1 Direitos políticos 257
    8.2 Partidos políticos 259

9 ORGANIZAÇÃO POLÍTICO-ADMINISTRATIVA 260
    9.1 Princípio federativo: entes federativos 260
    9.2 Intervenção 267

10 ADMINISTRAÇÃO PÚBLICA 270
   10.1 Conceito 270
   10.2 Princípios expressos da Administração Pública 270
   10.3 Princípios implícitos da Administração Pública 271
   10.4 Regras aplicáveis aos servidores públicos 273
   10.5 Direitos sociais dos servidores públicos 274
   10.6 Regras para servidores em exercício de mandato eletivo 276
   10.7 Regras de remuneração dos servidores públicos 276
   10.8 Regras de aposentadoria 278
   10.9 Militares dos estados, Distrito Federal e territórios 279

11 ORGANIZAÇÃO DOS PODERES DO ESTADO 280
   11.1 Princípio da tripartição dos poderes 280
   11.2 Princípio federativo 280

12 ORGANIZAÇÃO DOS PODERES – PODER LEGISLATIVO 281
   12.1 Funções típicas do Legislativo 281
   12.2 Processo legislativo 283
   12.3 Função fiscalizadora 287

13 ORGANIZAÇÃO DOS PODERES – PODER EXECUTIVO 289
   13.1 Princípios constitucionais 289
   13.2 Presidencialismo 289

14 ORGANIZAÇÃO DOS PODERES – PODER JUDICIÁRIO 294
   14.1 Disposições gerais 294
   14.2 Composição dos órgãos do Poder Judiciário 295
   14.3 Análise das competências dos órgãos do Poder Judiciário 301

15 FUNÇÕES ESSENCIAIS À JUSTIÇA 305
   15.1 Ministério Público 305
   15.2 Advocacia Pública 310
   15.3 Advocacia 312

NOÇÕES DE DIREITO ADMINISTRATIVO 313

1 INTRODUÇÃO AO DIREITO ADMINISTRATIVO 314
   1.1 Ramos do Direito 314
   1.2 Conceito de Direito Administrativo 314
   1.3 Objeto do Direito Administrativo 314
   1.4 Fontes do Direito Administrativo 314
   1.5 Sistemas Administrativos 315
   1.6 Regime jurídico administrativo 315
   1.7 Noções de Estado 315
   1.8 Noções de governo 316

2 ADMINISTRAÇÃO PÚBLICA 317
   2.1 Classificação de Administração Pública 317
   2.2 Organização da Administração 317
   2.3 Administração Direta 317
   2.4 Administração Indireta 318

Sumário

Sumário

3 ÓRGÃO PÚBLICO 322
   3.1 Teorias 322
   3.2 Características 322
   3.3 Classificação 322
   3.4 Estrutura 322
   3.5 Atuação funcional/composição 323
   3.6 Paraestatais 323
   3.7 Organizações da Sociedade Civil (OSC) 323
   3.8 Organizações Não Governamentais (ONGs) 324

4 ATO ADMINISTRATIVO 325
   4.1 Conceito de ato administrativo 325
   4.2 Elementos de validade do ato administrativo 325
   4.3 Atributos do ato administrativo 325
   4.4 Classificação dos atos administrativos 326
   4.5 Extinção dos atos administrativos 328

5 AGENTES PÚBLICOS 329
   5.1 Conceito 329
   5.2 Classificação 329

6 PRINCÍPIOS FUNDAMENTAIS DA ADMINISTRAÇÃO PÚBLICA 330
   6.1 Classificação 330
   6.2 Princípios explícitos da Administração Pública 330
   6.3 Princípios implícitos da Administração Pública 331

7 DEVERES E PODERES ADMINISTRATIVOS 334
   7.1 Deveres 334
   7.2 Poderes administrativos 334

8 ATO ADMINISTRATIVO 338
   8.1 Conceito de ato administrativo 338
   8.2 Elementos de validade do ato administrativo 338
   8.3 Atributos do ato administrativo 338
   8.4 Classificação dos atos administrativos 339
   8.5 Extinção dos atos administrativos 341

9 IMPROBIDADE ADMINISTRATIVA 342
   9.1 Sujeitos 342
   9.2 Regras gerais 342
   9.3 Atos de improbidade administrativa 342
   9.4 Efeitos da lei 343
   9.5 Sanções 343
   9.6 Prescrição 344

10 LICITAÇÃO 345
   10.1 Conceito de licitação 345
   10.2 Regras gerais sobre licitações 345
   10.3 Princípios explícitos 345
   10.4 Princípios implícitos em espécie 347
   10.5 Modalidades de licitação 347

10.6 Obrigatoriedade de licitação e casos de exceções..............................349
10.7 Inexigibilidade de licitação 349
10.8 Dispensa de licitação 350

11 LEI Nº 14.133/2021 – NOVA LEI DE LICITAÇÕES..353
11.1 Aplicabilidade 353
11.2 Princípios 353
11.3 Objetivos da licitação 353
11.4 Fases da licitação 353
11.5 Modalidades de licitação 353
11.6 Critérios de julgamento 354
11.7 Inexigibilidade e dispensa de licitação – contratação direta 354

12 CONTRATOS ADMINISTRATIVOS...357
12.1 Conceito 357
12.2 Normas constitucionais 357
12.3 Leis nº 8.666/1993 e nº 14.133/2021 357
12.4 Outras leis sobre contratos 357
12.5 Características 358
12.6 Obrigatoriedade e exceção dos contratos 358
12.7 Contratos de adesão 358
12.8 Pessoalidade/*intuitu personae* 359
12.9 Cláusulas exorbitantes 359
12.10 Poder de alteração unilateral do contrato (mutabilidade) 359
12.11 Fiscalização da execução do contrato 360
12.12 Deveres do contratado quanto à fiscalização 360
12.13 Aplicação de sanções 360
12.14 Ocupação temporária 360
12.15 Exceção do contrato não cumprido/*exceptio non adimpleti contractus*..361
12.16 Exigência de garantia 361
12.17 Prazo de duração dos contratos administrativos.............................361
12.18 Recebimento do objeto do contrato 362
12.19 Dispensa do recebimento provisório 362
12.20 Extinção do contrato 362
12.21 Tipos de contrato...364
12.22 Contratação temporária 365
12.23 Extinção do contrato (sem direito a indenizações)...........................367

13 SERVIÇOS PÚBLICOS 368
13.1 Base constitucional 368
13.2 Elementos definidores de uma atividade como serviço público 368
13.3 Classificação dos serviços públicos 368
13.4 Princípios dos serviços públicos..369
13.5 Formas de prestação dos serviços públicos......................................369
13.6 Concessão e permissão de serviço público 369
13.7 Competência para a edição de normas...370

Sumário

14 CONTROLE DA ADMINISTRAÇÃO PÚBLICA 376
    14.1 Classificação 376
    14.2 Controle administrativo 377
    14.3 Controle legislativo 377
    14.4 Controle judiciário 379

15 RESPONSABILIDADE CIVIL DO ESTADO 380
    15.1 Teoria do risco administrativo 380
    15.2 Teoria da culpa administrativa 380
    15.3 Teoria do risco integral 380
    15.4 Danos decorrentes de obras públicas 380
    15.5 Responsabilidade civil decorrente de atos legislativos 380
    15.6 Responsabilidade civil decorrente de atos jurisdicionais 380
    15.7 Ação de reparação de Danos 381
    15.8 Ação regressiva 381

16 PROCESSO ADMINISTRATIVO FEDERAL 382
    16.1 Abrangência da lei 382
    16.2 Princípios 382
    16.3 Direitos e deveres dos administrados 382
    16.4 Início do processo e legitimação ativa 383
    16.5 Interessados e competência 383
    16.6 Impedimento e suspeição 383
    16.7 Forma, tempo e lugar dos atos do processo 383
    16.8 Recurso administrativo e revisão 383
    16.9 Prazos da Lei nº 9.784/1999 384

NOÇÕES DE ADMINISTRAÇÃO PÚBLICA 385

1 PROCESSO ADMINISTRATIVO 386
    1.1 Estrutura Organizacional 386

2 ORGANIZAÇÃO ADMINISTRATIVA 390
    2.1 Centralização e Descentralização 390
    2.2 Concentração e Desconcentração 391

3 GESTÃO DE CONTRATOS E NOÇÕES DE PROCESSOS LICITATÓRIOS 392
    3.1 Bases Legais da Gestão de Contratos 392
    3.2 Noções de Processo Licitatório 392

4 ADMINISTRAÇÃO PÚBLICA E GOVERNO 393
    4.1 Administração Pública e Governo: Conceito e Objetivos 393
    4.2 Modelo Patrimonialista 393
    4.3 Modelo Burocrático 393
    4.4 Administração Gerencial 393
    4.5 Referências Teóricas da Administração Gerencial 393
    4.6 Controle na Administração Gerencial 393
    4.7 Diferenças e Convergências entre a Gestão Pública e a Privada .. 394
    4.8 Transparência, Informação e Controle Social na Administração Pública 394
    4.9 Governança 394

  4.10 Governabilidade 394
  4.11 Accountability 394
  4.12 Eficiência, Eficácia e Efetividade 394
  4.13 Transparência... 395
  4.14 Administração Financeira e Governamental 395
  4.15 Gestão de Contratos Administrativos... 395
5 GESTÃO DE PROCESSOS 396
  5.1 Conceitos 396
  5.2 Níveis de Detalhamento dos Processos.. 396
  5.3 O Guia BPM CBOK 397
  5.4 Mapeamento de Processos.. 398
  5.5 Projeto de Mapeamento e Modelagem de Processos 399
  5.6 Diferenciando BPM e BPMS... 399
  5.7 Ciclo PDCA... 400

NOÇÕES DE GESTÃO PÚBLICA 401
1 PROCESSO ADMINISTRATIVO (ORGANIZACIONAL)..................................402
  1.1 Planejamento.. 402
  1.2 Organização 406
  1.3 Direção 411
  1.4 Controle 423
2 CULTURA ORGANIZACIONAL 426
  2.1 Dimensões da Cultura 426
  2.2 Funções da Cultura 426
  2.3 Como os Funcionários Aprendem a Cultura 426
  2.4 Aspectos Formais e Abertos x Aspectos Informais e Fechados............ 426
  2.5 Níveis da Cultura 427
  2.6 Elementos da Cultura Organizacional 427
  2.7 Os Reforçadores de Culturas de Torquato.. 427
  2.8 Vantagens e Desvantagens da Cultura Organizacional 427
  2.9 Características da Cultura Organizacional... 427
  2.10 Gestão da Cultura Organizacional 428
  2.11 Clima Organizacional.. 428
  2.12 Tipos de Clima Organizacional 429
  2.13 Diagnóstico de Clima Organizacional... 429
  2.14 Gestão do Clima Organizacional 429
3 ADMINISTRAÇÃO GERAL 430
  3.1 Planejamento Estratégico 430
  3.2 Matriz SWOT.. 430
  3.3 Processo Decisório 431
  3.4 Estilos de Liderança 432
  3.5 Projetos – PMI (Instituto de Gerenciamento de Projetos) / PMBOK® (Guia de Gestão de Projetos)... 433
  3.6 Processos... 433
  3.7 Comunicação Organizacional 434

Sumário

Sumário

4 NOVA ADMINISTRAÇÃO PÚBLICA...**435**
    4.1 Resolução de Conflitos 435
5 GESTÕES DA ADMINISTRAÇÃO PÚBLICA..**436**
    5.1 Gestão por Competências.. 436
    5.2 Gestão de Contratos Administrativos 437
    5.3 Gestão do Conhecimento.. 437
    5.4 Gestão de Qualidade (Excelência) 437
    5.5 Gestão de Resultados no Serviço Público..................................... 438
6 BALANCED SCORECARD **439**
    6.1 Processo de Elaboração do BSC.. 439
    6.2 Adaptação do BSC às Instituições Públicas 439
    6.3 Mapa Estratégico 440
7 NOÇÕES DE GESTÃO DE PESSOAS...**441**
    7.1 Escola das Relações Humanas 441
    7.2 Histórico da Gestão de Pessoas (GEP).. 441
    7.3 As Pessoas como Parceiras da Organização............................... 443
8 LIDERANÇA **445**
    8.1 Tipos de Liderança.. 445
9 DESENVOLVIMENTO DE PESSOAS **447**
    9.1 Tutoria... 447
    9.2 Aconselhamento 448
    9.3 A Gestão de Pessoas com Base em Competências..................... 449
    9.4 Desenvolvimento Organizacional 450
    9.5 Motivação... 451
    9.6 Evolução da Forma de Ver as Pessoas nas Organizações 453
10 CONFLITOS NAS ORGANIZAÇÕES..**454**
    10.1 Cultura Organizacional 454
    10.2 Conflito Funcional × Conflito Disfuncional................................. 455
11 COMPORTAMENTO ORGANIZACIONAL..**458**
    11.1 Conceitos 458
    11.2 Características do Comportamento 458
    11.3 Fatores do Comportamento 458
    11.4 Diferenças Pessoais 458
    11.5 Clima Organizacional.. 459
QUESTÕES COMENTADAS PARA TJCE...**463**

LÍNGUA PORTUGUESA

FONOLOGIA

1 FONOLOGIA

Para escrever corretamente, dentro das normas aplicadas pela gramática, é preciso estudar o menor elemento sonoro de uma palavra: o fonema. A fonologia, então, é o estudo feito dos fonemas.

Os fonemas podem ser classificados em vogais, semivogais e consoantes. Esta qualificação ocorre de acordo com a forma como o ar passa pela boca e/ou nariz e como as cordas vocais vibram para produzir o som deles.

Cuidado para não confundir fonema com letra! A letra é a representação gráfica do fonema. Uma palavra pode ter quantidades diferentes de letras e fonemas.

Por exemplo:

Manhã: 5 letras

m/ /a/ /nh/ /ã/: 4 fonemas

- **Vogais:** existem **vogais nasais**, quando ocorre o movimento do ar saindo pela boca e pelo nariz. Tais vogais acompanham as letras m e n, ou também podem estar marcadas pelo til (~). No caso das **vogais orais**, o som passa apenas pela boca.

  Por exemplo:

  Mãe, lindo, tromba → vogais nasais

  Flor, calor, festa → vogais orais

- **Semivogais:** os fonemas /i/ e /u/ acompanhados por uma vogal na mesma sílaba da palavra constituem as semivogais. O som das semivogais é mais fraco do que o das vogais.

  Por exemplo: automóvel, história.

- **Consoantes:** quando o ar que sai pela boca sofre uma quebra formada por uma barreira como a língua, os lábios ou os dentes. São elas: b, c, d, f, g, j, k, l, lh, m, n, nh, p, rr, r, s, t, v, ch, z.

Lembre-se de que estamos tratando de fonemas, e não de letras. Por isso, os dígrafos também são citados como consoantes: os dígrafos são os encontros de duas consoantes, também chamados de encontros consonantais.

O encontro de dois sons vocálicos, ou seja, vogais ou semivogais, chama-se encontro vocálico. Eles são divididos em: ditongo, tritongo e hiato.

- **Ditongo:** na mesma sílaba, estão uma vogal e uma semivogal.

  Por exemplo: p**ai** (**A** → vogal, **I** → semivogal).

- **Tritongo:** na mesma sílaba, estão juntas uma semivogal, uma vogal e outra semivogal.

  Por exemplo: Urug**uai** (**U** → semivogal, **A** → vogal, **I** → semivogal).

- **Hiato:** são duas vogais juntas na mesma palavra, mas em sílabas diferentes.

  Por exemplo: juíza (ju-í-za).

1.1 Partição silábica

Quando um fonema é falado em uma só expiração, ou seja, em uma única saída de ar, ele recebe o nome de sílaba. As palavras podem ser classificadas de diferentes formas, de acordo com a quantidade de sílabas ou quanto à sílaba tônica.

Pela quantidade de sílabas, as palavras podem ser:

- Monossílaba: 1 sílaba.

  Por exemplo: céu (monossílaba).

- Dissílaba: 2 sílabas.

  Por exemplo: jovem (jo-vem).

- Trissílaba: 3 sílabas.

  Por exemplo: palhaço (pa-lha-ço).

- Polissílaba: 4 ou mais sílabas.

  Por exemplo: dignidade (dig-ni-da-de,), particularmente (par-ti-cu-lar-men-te).

Pela tonicidade, ou seja, pela força com que a sílaba é falada e sua posição na palavra:

- **Oxítona:** a última sílaba é a tônica.
- **Paroxítona:** a penúltima sílaba é a tônica.
- **Proparoxítona:** a antepenúltima sílaba é a tônica.

A identificação da posição da sílaba tônica de uma palavra é feita de trás para frente. Desta forma, uma palavra oxítona possui como sílaba tônica a sílaba final da palavra.

Para realizar uma correta divisão silábica, é preciso ficar atento às regras.

- Não separe ditongos e tritongos.

  Por exemplo: sau-da-de, sa-guão.

- Não separe os dígrafos **CH, LH, NH, GU, QU**.

  Por exemplo: ca-**ch**o, a-be-**lh**a, ga-li-**nh**a, Gui-**lh**er-me, **qu**e-ri-do.

- Não separe encontros consonantais que iniciam sílaba.

  Por exemplo: **ps**i-có-lo-go, a-**gl**u-ti-nar.

- Separe as vogais que formam um hiato.

  Por exemplo: pa-ra-í-so, sa-ú-de.

- Separe os dígrafos **RR, SS, SC, SÇ, XC**.

  Por exemplo: ba**r-r**i-ga, a**s-s**a-do, pi**s-c**i-na, cre**s-ç**o, e**x-c**e-der.

- Separe as consoantes que estejam em sílabas diferentes.

  Por exemplo: a**d-j**un-to, sub**s-t**an-ti-vo, pra**g-m**á-ti-co.

2 ACENTUAÇÃO GRÁFICA

Antes de começar o estudo, é importante que você entenda quais são os padrões de tonicidade da Língua Portuguesa e quais são os encontros vocálicos presentes na Língua. Assim, fica mais fácil entender quais são as regras e como elas surgem.

2.1 Padrões de tonicidade

- **Palavras oxítonas:** última sílaba tônica (so-**fá**, ca-**fé**, ji-**ló**).
- **Palavras paroxítonas:** penúltima sílaba tônica (fer-**ru**-gem, a-**du**-bo, sa-**ú**-de).
- **Palavras proparoxítonas:** antepenúltima sílaba tônica (**â**-ni-mo, **ví**-ti-ma, **ó**-ti-mo).

2.2 Encontros vocálicos

- **Hiato:** encontro vocálico que se separa (p**i-a**-no, sa-**ú**-de).
- **Ditongo:** encontro vocálico que permanece unido na sílaba (cha-**péu**, to-**néis**).
- **Tritongo:** encontro vocálico que permanece unido na sílaba (sa-**guão**, U-ru-**guai**).

2.3 Regras gerais

2.3.1 Quanto às proparoxítonas

Acentuam-se todas as palavras proparoxítonas:
- Por exemplo: **ví**-ti-ma, **â**-ni-mo, hi-per-**bó-li-co**.

2.3.2 Quanto às paroxítonas

Não se acentuam as paroxítonas terminadas em **A, E, O** (seguidas ou não de S) **M** e **ENS**.
- Por exemplo: cast**e**lo, gran**a**da, pan**e**la, pep**i**no, p**a**jem, im**a**gens etc.

Acentuam-se as terminadas em **R, N, L, X, I** ou **IS, US, UM, UNS, PS, Ã** ou **ÃS** e ditongos.
- Por exemplo: sustent**á**vel, t**ó**rax, h**í**fen, t**á**xi, **á**lbum, b**í**ceps, prin-c**í**pio etc.

Fique de olho em alguns casos particulares, como as palavras terminadas em **OM, ON, ONS**.
- Por exemplo: i**â**ndom; pr**ó**ton, n**êu**trons etc.

Com a reforma ortográfica, deixam de se acentuar as paroxítonas com **OO** e **EE**:
- Por exemplo: v**oo**, enj**oo**, perd**oo**, mag**oo**, l**ee**m, v**ee**m, d**ee**m, cr**ee**m etc.

2.3.3 Quanto às oxítonas

São acentuadas as terminadas em:
- **A** ou **AS**: so**fá**, Pa**rá**.
- **E** ou **ES**: ra**pé**, ca**fé**.
- **O** ou **OS**: a**vô**, ci**pó**.
- **EM** ou **ENS**: tam**bém**, para**béns**.

2.3.4 Acentuação de monossílabos

Acentuam-se os monossílabos tônicos terminados em **A, E O**, seguidos ou não de **S**.
- Por exemplo: **pá, pó, pé, já, lá, fé, só**.

2.3.5 Acentuação dos hiatos

Acentuam-se os hiatos quando forem formados pelas letras **I** ou **U**, sozinhas ou seguidas de **S**:
- Por exemplo: sa**ú**va, ba**ú**, bala**ú**stre, pa**ís**.

Exceções:
- Seguidas de **NH**: **tainha.**
- Paroxítonas antecedidas de ditongo: fe**i**ura.
- Com o **I** duplicado: x**ii**ta.

2.3.6 Ditongos abertos

Serão acentuados os ditongos abertos **ÉU, ÉI e ÓI**, com ou sem **S**, quando forem oxítonos ou monossílabos.
- Por exemplo: chap**éu**, r**éu**, ton**éis**, her**ói**, past**éis**, hot**éis**, lenç**óis** etc.

Com a reforma ortográfica, caiu o acento do ditongo aberto em posição de paroxítona.
- Por exemplo: id**ei**a, onomatop**ei**a, jib**oi**a, paran**oi**a, her**oi**co etc.

2.3.7 Formas verbais com hífen

Para saber se há acento em uma forma verbal com hífen, deve-se analisar o padrão de tonicidade de cada bloco da palavra:
- Aju**dá**-lo (oxítona terminada em "a" → monossílabo átono).
- Con**tar**-lhe (oxítona terminada em "r" → monossílabo átono).
- Convi**dá**-la-íamos (oxítona terminada em "a" → proparoxítona).

2.3.8 Verbos "ter" e "vir"

Quando escritos na 3ª pessoa do singular, não serão acentuados:
- Ele **tem/vem**.

Quando escritos na **3ª pessoa do plural**, receberão o **acento circunflexo**:
- Eles **têm/vêm**.

Nos verbos derivados das formas apresentadas anteriormente:
- Acento agudo para singular: contém, convém.
- Acento circunflexo para o plural: contêm, convêm.

2.3.9 Acentos diferenciais

Alguns permanecem:
- Pôde/pode (pretérito perfeito/presente simples).
- Pôr/por (verbo/preposição).
- Fôrma/forma (substantivo/verbo ou ainda substantivo).

Caiu o acento diferencial de:
- Para/pára (preposição/verbo).
- Pelo/pêlo (preposição + artigo/substantivo).
- Polo/pólo (preposição + artigo/substantivo).
- Pera/pêra (preposição + artigo/substantivo).

ACORDO ORTOGRÁFICO DA LÍNGUA PORTUGUESA

3 ACORDO ORTOGRÁFICO DA LÍNGUA PORTUGUESA

O Acordo Ortográfico busca simplificar as regras ortográficas da Língua Portuguesa e unificar a nossa escrita e a das demais nações de língua portuguesa: Portugal, Angola, Moçambique, Cabo Verde, Guiné-Bissau, São Tomé e Príncipe e Timor-Leste.

Sua implementação no Brasil passou por algumas etapas:
- **2009:** vigência ainda não obrigatória.
- **2010-2015:** adaptação completa às novas regras.
- **A partir de 1º de janeiro de 2016:** emprego obrigatório. O acordo ortográfico passa a ser o único formato da língua reconhecido no Brasil.

Entre as mudanças na língua portuguesa decorrentes da reforma ortográfica, podemos citar o fim do trema, alterações na forma de acentuar palavras com ditongos abertos e que sejam hiatos, supressão dos acentos diferenciais e dos acentos tônicos, novas regras para o emprego do hífen e inclusão das letras w, k e y ao idioma.

3.1 Trema

Não se usa mais o trema (¨), sinal colocado sobre a letra u para indicar que ela deve ser pronunciada nos grupos **gue, gui, que, qui**.
- Por exemplo: aguentar, bilíngue, cinquenta, delinquente, eloquente, ensanguentado, frequente, linguiça, quinquênio, sequência, sequestro, tranquilo etc.

Obs.: o trema permanece apenas nas palavras estrangeiras e em suas derivadas. Exemplos: Müller, mülleriano.

3.2 Regras de acentuação

3.2.1 Ditongos abertos em paroxítonas

Não se usa mais o acento dos ditongos abertos **EI** e **OI** das palavras paroxítonas (palavras que têm acento tônico na penúltima sílaba).
- Por exemplo: alcat**ei**a, andr**oi**de, ap**oi**a, ap**oi**o (verbo), aster**oi**de, b**oi**a, celul**oi**de, clarab**oi**a, colm**ei**a, Cor**ei**a, debil**oi**de, epop**ei**a, est**oi**co, estr**ei**a, g**e**l**ei**a, her**oi**co, id**ei**a, jib**oi**a, j**oi**a, odiss**ei**a, paran**oi**a, paran**oi**co, plat**ei**a, tram**oi**a etc.

Obs.: a regra vale somente para palavras paroxítonas. Assim, continuam a ser acentuadas as palavras oxítonas e os monossílabos tônicos terminados em **ÉI(S), ÓI(S)**.
- Por exemplo: papéis, herói, heróis, dói (verbo doer), sóis etc.

A palavra **ideia** não leva mais acento, assim como **heroico**, mas o termo **herói** é acentuado.

3.2.2 I e U tônicos depois de um ditongo

Nas palavras paroxítonas, não se usa mais o acento no **I** e no **U** tônicos quando vierem depois de um ditongo.
- Por exemplo: ba**iu**ca, boca**iu**va (tipo de palmeira), cau**i**la (avarento).

Obs.:
- Se a palavra for oxítona e o I ou o U estiverem em posição final (ou seguidos de S), o acento permanece. Exemplos: tuiuiú, tuiuiús, Piauí.
- Se o I ou o U forem precedidos de ditongo crescente, o acento permanece. Exemplos: guaíba, Guaíra.

3.2.3 Hiatos EE e OO

Não se usa mais acento em palavras terminadas em **EEM** e **OO(S)**.
- Abenç**oo**, cr**eem**, d**eem**, d**oo**, enj**oo**, l**eem**, mag**oo**, perd**oo**, pov**oo**, v**eem**, v**oos**, z**oo**.

3.2.4 Acento diferencial

Não se usa mais o acento que diferenciava os pares pára/para, péla(s)/pela(s), pêlo(s)/pelo(s), pólo(s)/polo(s) e pêra/pera. Por exemplo:
Ele para o carro.
Ele foi ao polo Norte.
Ele gosta de jogar polo.
Esse gato tem pelos brancos.
Comi uma pera.

Obs.:
- Permanece o acento diferencial em **pôde/pode**. **Pôde** é a forma do passado do verbo poder (pretérito perfeito do indicativo), na 3ª pessoa do singular. **Pode** é a forma do presente do indicativo, na 3ª pessoa do singular.
  - Por exemplo: Ontem, ele não **pôde** sair mais cedo, mas hoje ele **pode**.
- Permanece o acento diferencial em **pôr/por**. **Pôr** é verbo. **Por** é preposição.
  - Por exemplo: Vou **pôr** o livro na estante que foi feita **por** mim.
- Permanecem os acentos que diferenciam o singular do plural dos verbos ter e vir, assim como de seus derivados (manter, deter, reter, conter, convir, intervir, advir etc.). Por exemplo:
Ele **tem** dois carros. Eles **têm** dois carros.
Ele **vem** de Sorocaba. Eles **vêm** de Sorocaba.
Ele **mantém** a palavra. Eles **mantêm** a palavra.
Ele **convém** aos estudantes. Eles **convêm** aos estudantes.
Ele **detém** o poder. Eles **detêm** o poder.
Ele **intervém** em todas as aulas. Eles **intervêm** em todas as aulas.
- É facultativo o uso do acento circunflexo para diferenciar as palavras **forma/fôrma**. Em alguns casos, o uso do acento deixa a frase mais clara. Por exemplo: Qual é a forma da fôrma do bolo?

3.2.5 Acento agudo no U tônico

Não se usa mais o acento agudo no **U** tônico das formas (tu) arguis, (ele) argui, (eles) arguem, do presente do indicativo dos verbos **arguir** e **redarguir**.

3.3 Hífen com compostos

3.3.1 Palavras compostas sem elementos de ligação

Usa-se o hífen nas palavras compostas que não apresentam elementos de ligação.
- Por exemplo: guarda-chuva, arco-íris, boa-fé, segunda-feira, mesa-redonda, vaga-lume, joão-ninguém, porta-malas, porta-bandeira, pão-duro, bate-boca etc.

Exceções: não se usa o hífen em certas palavras que perderam a noção de composição, como girassol, madressilva, mandachuva, pontapé, paraquedas, paraquedista, paraquedismo.

3.3.2 Compostos com palavras iguais

Usa-se o hífen em compostos que têm palavras iguais ou quase iguais, sem elementos de ligação.
- Por exemplo: reco-reco, blá-blá-blá, zum-zum, tico-tico, tique-taque, cri-cri, glu-glu, rom-rom, pingue-pongue, zigue-zague, esconde-esconde, pega-pega, corre-corre.

3.3.3 Compostos com elementos de ligação

Não se usa o hífen em compostos que apresentam elementos de ligação.
- Por exemplo: pé de moleque, pé de vento, pai de todos, dia a dia, fim de semana, cor de vinho, ponto e vírgula, camisa de força, cara de pau, olho de sogra.

Obs.: incluem-se nesse caso os compostos de base oracional.
- Por exemplo: Maria vai com as outras, leva e traz, diz que diz que, Deus me livre, Deus nos acuda, cor de burro quando foge, bicho de sete cabeças, faz de conta.

Exceções: água-de-colônia, arco-da-velha, cor-de-rosa, mais-que-perfeito, pé-de-meia, ao deus-dará, à queima-roupa.

3.3.4 Topônimos

Usa-se o hífen nas palavras compostas derivadas de topônimos (nomes próprios de lugares), com ou sem elementos de ligação. Por exemplo:
- Belo Horizonte: belo-horizontino.
- Porto Alegre: porto-alegrense.
- Mato Grosso do Sul: mato-grossense-do-sul.
- Rio Grande do Norte: rio-grandense-do-norte.
- África do Sul: sul-africano.

3.4 Uso do hífen com palavras formadas por prefixos

3.4.1 Casos gerais

Antes de H

Usa-se o hífen diante de palavra iniciada por **H**.
- Por exemplo: anti-higiênico, anti-histórico, macro-história, mini-hotel, proto-história, sobre-humano, super-homem, ultra-humano.

Letras iguais

Usa-se o hífen se o prefixo terminar com a mesma letra com que se inicia a outra palavra.
- Por exemplo: micro-ondas, anti-inflacionário, sub-bibliotecário, inter-regional.

Letras diferentes

Não se usa o hífen se o prefixo terminar com letra diferente daquela com que se inicia a outra palavra.
- Por exemplo: aeroespacial agroindustrial autoescola, antiaéreo, intermunicipal, supersônico, superinteressante, semicírculo.

Obs.: se o prefixo terminar por vogal e a outra palavra começar por **R** ou **S**, dobram-se essas letras.
- Por exemplo: minissaia, antirracismo, ultrassom, semirreta.

3.4.2 Casos particulares

Prefixos SUB- e SOB-

Com os prefixos **SUB**- e **SOB**-, usa-se o hífen também diante de palavra iniciada por **R**.
- Por exemplo: sub-região, sub-reitor, sub-regional, sob-roda.

Prefixos CIRCUM- e PAN-

Com os prefixos **CIRCUM**- e **PAN**-, usa-se o hífen diante de palavra iniciada por **M, N** e vogal.
- Por exemplo: circum-murado, circum-navegação, pan-americano.

Outros prefixos

Usa-se o hífen com os prefixos **EX-, SEM-, ALÉM-, AQUÉM-, RECÉM-, PÓS-, PRÉ-, PRÓ-, VICE-**.
- Por exemplo: além-mar, além-túmulo, aquém-mar, ex-aluno, ex-diretor, ex-hospedeiro, pós-graduação, pré-história, pré-vestibular, pró-europeu, recém-casado, recém-nascido, sem-terra, vice-rei.

Prefixo CO

O prefixo **CO** junta-se com o segundo elemento, mesmo quando este se inicia por **O** ou **H**. Neste último caso, corta-se o **H**. Se a palavra seguinte começar com **R** ou **S**, dobram-se essas letras.
- Por exemplo: coobrigação, coedição, coeducar, cofundador, coabitação, coerdeiro, corréu, corresponsável, cosseno.

Prefixos PRE- e RE-

Com os prefixos **PRE**- e **RE**-, não se usa o hífen, mesmo diante de palavras começadas por **E**.
- Por exemplo: preexistente, reescrever, reedição.

Prefixos AB-, OB- e AD-

Na formação de palavras com **AB**-, **OB**- e **AD**-, usa-se o hífen diante de palavra começada por **B, D** ou **R**.
- Por exemplo: ad-digital, ad-renal, ob-rogar, ab-rogar.

3.4.3 Outros casos do uso do hífen

NÃO e QUASE

Não se usa o hífen na formação de palavras com **não** e **quase**.
- Por exemplo: (acordo de) não agressão, (isto é, um) quase delito.

MAL

Com **mal**, usa-se o hífen quando a palavra seguinte começar por vogal, **H** ou **L**.
- Por exemplo: mal-entendido, mal-estar, mal-humorado, mal-limpo.

Obs.: quando **mal** significa doença, usa-se o hífen se não houver elemento de ligação.
- Por exemplo: mal-francês.

Se houver elemento de ligação, escreve-se sem o hífen.
- Por exemplo: mal de Lázaro, mal de sete dias.

Tupi-guarani

Usa-se o hífen com sufixos de origem tupi-guarani que representam formas adjetivas: **açu, guaçu, mirim**:
- Por exemplo: capim-açu, amoré-guaçu, anajá-mirim.

ACORDO ORTOGRÁFICO DA LÍNGUA PORTUGUESA

Combinação ocasional

Usa-se o hífen para ligar duas ou mais palavras que ocasionalmente se combinam, formando não propriamente vocábulos, mas encadeamentos vocabulares.

- Por exemplo: ponte Rio-Niterói, eixo Rio-São Paulo.

Hífen e translineação

Para clareza gráfica, se no final da linha a partição de uma palavra ou combinação de palavras coincidir com o hífen, ele deve ser repetido na linha seguinte.

- Por exemplo: O diretor foi receber os ex-
  -alunos.

3.4.4 Síntese das principais regras do hífen

	Síntese do hífen	Exemplos
Letras diferentes	Não use hífen	Infraestrutura, extraoficial, supermercado
Letras iguais	Use hífen	Anti-inflamatório, contra-argumento, inter-racial, hiper-realista
Vogal + R ou S	Não use hífen (duplique R ou S)	Corréu, cosseno, minissaia, autorretrato
Bem	Use hífen	Bem-vindo, bem-humorado

3.4.5 Quadro resumo do emprego do hífen com prefixos

Prefixos	Letra que inicia a palavra seguinte
Ante-, anti-, contra-, entre-, extra-, infra-, intra-, sobre-, supra-, ultra-	H/VOGAL IDÊNTICA À QUE TERMINA O PREFIXO Exemplos com H: ante-hipófise, anti-higiênico, anti-herói, contra-hospitalar, entre-hostil, extra-humano, infra-hepático, sobre-humano, supra-hepático, ultra-hiperbólico. Exemplos com vogal idêntica: anti-inflamatório, contra-ataque, infra-axilar, sobre-estimar, supra-auricular, ultra-aquecido.
Ab-, ad-, ob-, sob-	B/R/D (Apenas com o prefixo "Ad") Exemplos: ab-rogar (pôr em desuso), ad-rogar (adotar), ob-reptício (astucioso), sob-roda, ad-digital
Circum-, pan-	H/M/N/VOGAL Exemplos: circum-meridiano, circum-navegação, circum-oral, pan-americano, pan-mágico, pan-negritude.
Ex- (no sentido de estado anterior), sota-, soto-, vice-, vizo-	DIANTE DE QUALQUER PALAVRA Exemplos: ex-namorada, sota-soberania (não total), soto-mestre (substituto), vice-reitor, vizo-rei.
Hiper-, inter-, super-	H/R Exemplos: hiper-hidrose, hiper-raivoso, inter-humano, inter-racial, super-homem, super-resistente.
Pós-, pré-, pró- (tônicos e com significados próprios)	DIANTE DE QUALQUER PALAVRA Exemplos: pós-graduação, pré-escolar, pró-democracia. Obs.: se os prefixos não forem autônomos, não haverá hífen. Exemplos: predeterminado, pressupor, pospor, propor.
Sub-	B /H/R Exemplos: sub-bloco, sub-hepático, sub-humano, sub-região. Obs.: "subumano" e "subepático" também são aceitas.
Pseudoprefixos (diferem-se dos prefixos por apresentarem elevado grau de independência e possuírem uma significação mais ou menos delimitada, presente à consciência dos falantes.) Aero-, agro-, arqui-, auto-, bio-, eletro-, geo-, hidro-, macro-, maxi-, mega-, micro-, mini-, multi-, neo-, pluri-, proto-, pseudo-, retro-, semi-, tele-	H/VOGAL IDÊNTICA À QUE TERMINA O PREFIXO Exemplos com H: geo-histórico, mini-hospital, neo-helênico, proto-história, semi-hospitalar. Exemplos com vogal idêntica: arqui-inimigo, auto-observação, eletro-ótica, micro-ondas, micro-ônibus, neo-ortodoxia, semi-interno, tele-educação.

Não se utilizará o hífen:
- Em palavras iniciadas pelo prefixo **CO-**.
  - Por exemplo: Coadministrar, coautor, coexistência, cooptar, coerdeiro corresponsável, cosseno.
- Em palavras iniciadas pelos prefixos **DES-** ou **IN-** seguidos de elementos sem o "h" inicial.
  - Por exemplo: desarmonia, desumano, desumidificar, inábil, inumano etc.
- Com a palavra não.
  - Por exemplo: Não violência, não agressão, não comparecimento.
- Em palavras que possuem os elementos **BI**, **TRI**, **TETRA**, **PENTA**, **HEXA** etc.
  - Por exemplo: bicampeão, bimensal, bimestral, bienal, tridimensional, trimestral, triênio, tetracampeão, tetraplégico, pentacampeão, pentágono etc.
- Em relação ao prefixo **HIDRO-**, em alguns casos pode haver duas formas de grafia.
  - Por exemplo: hidroelétrica e hidrelétrica.
- No caso do elemento **SOCIO**, o hífen será utilizado apenas quando houver função de substantivo (= de associado).
  - Por exemplo: sócio-gerente / socioeconômico.

ORTOGRAFIA

4 ORTOGRAFIA

A ortografia é a parte da Gramática que estuda a escrita correta das palavras. O próprio nome da disciplina já designa tal função. É oriunda das palavras gregas *ortho* que significa "correto" e *graphos* que significa "escrita".

4.1 Alfabeto

As letras **K**, **W** e **Y** foram inseridas no alfabeto devido a uma grande quantidade de palavras que são grafadas com tais letras e não podem mais figurar como termos exóticos em relação ao português. Eis alguns exemplos de seu emprego:

- Em abreviaturas e em símbolos de uso internacional: **kg** - quilograma / **w** - watt.
- Em palavras estrangeiras de uso internacional, nomes próprios estrangeiros e seus derivados: Kremlin, Kepler, Darwin, Byron, byroniano.

O alfabeto, também conhecido como abecedário, é formado (a partir do novo acordo ortográfico) por 26 letras.

FORMA MAIÚSCULA	FORMA MINÚSCULA	FORMA MAIÚSCULA	FORMA MINÚSCULA
A	a	N	n
B	b	O	o
C	c	P	p
D	d	Q	q
E	e	R	r
F	f	S	s
G	g	T	t
H	h	U	u
I	i	V	v
J	j	W	w
K	k	X	x
L	l	Y	y
M	m	Z	z

4.2 Emprego da letra H

A letra **H** demanda um pouco de atenção. Apesar de não possuir verdadeiramente sonoridade, ainda a utilizamos por convenção histórica. Seu emprego, basicamente, está relacionado às seguintes regras:

- No início de algumas palavras, por sua origem: hoje, hodierno, haver, Helena, helênico.
- No fim de algumas interjeições: Ah! Oh! Ih! Uh!
- No interior de palavra compostas que preservam o hífen, nas quais o segundo elemento se liga ao primeiro: super-homem, pré-história, sobre-humano.
- Nos dígrafos **NH**, **LH** e **CH**: tainha, lhama, chuveiro.

4.3 Emprego de E e I

Existe uma curiosidade a respeito do emprego dessas letras nas palavras que escrevemos: o fato de o "e", no final da palavra, ser pronunciado como uma semivogal faz com que muitos falantes pensem ser correto grafar a palavra com **I**.

Aqui, veremos quais são os principais aspectos do emprego dessas letras.

- Escreveremos com "e" palavras formadas com o prefixo **ANTE-** (que significa antes, anterior).
  - Por exemplo: antebraço, antevéspera, antecipar, antediluviano etc.
- A sílaba final de formas conjugadas dos verbos terminados em **–OAR** e **–UAR** (quando estiverem no subjuntivo).
  - Por exemplo: abençoe (abençoar), continue (continuar), pontue (pontuar).
- Algumas palavras, por sua origem.
  - Por exemplo: arrepiar, cadeado, creolina, desperdiçar, desperdício, destilar, disenteria, empecilho, indígena, irrequieto, mexerico, mimeógrafo, orquídea, quase, sequer, seringa, umedecer etc.
- Escreveremos com "i" palavras formadas com o prefixo **ANTI-** (que significa contra).
  - Por exemplo: antiaéreo, anticristo, antitetânico, anti-inflamatório.
- A sílaba final de formas conjugadas dos verbos terminados em **-AIR**, **-OER** e **-UIR**.
  - Por exemplo: cai (cair), sai (sair), diminui (diminuir), dói (doer).
- Os ditongos AI, OI, ÓI, UI.
  - Por exemplo: pai, foi, herói, influi.
- As seguintes palavras: aborígine, chefiar, crânio, criar, digladiar, displicência, escárnio, implicante, impertinente, impedimento, inigualável, lampião, pátio, penicilina, privilégio, requisito etc.

Vejamos alguns casos em que o emprego das letras **E** e **I** pode causar uma alteração semântica:

- Escrito com **E**:
  - Arrear = pôr arreios.
  - Área = extensão de terra, local.
  - Delatar = denunciar.
  - Descrição = ação de descrever.
  - Descriminação = absolver.
  - Emergir = vir à tona.
  - Emigrar = sair do país ou do local de origem.
  - Eminente = importante.
- Escrito com **I**:
  - Arriar = abaixar, desistir.
  - Ária = peça musical.
  - Dilatar = alargar, aumentar.
  - Discrição = separar, estabelecer diferença.
  - Imergir = mergulhar.
  - Imigrar = entrar em um país estrangeiro.
  - Iminente = próximo, prestes a ocorrer.

O Novo Acordo Ortográfico explica que, agora, escreve-se com **I** antes de sílaba tônica. Veja alguns exemplos: acriano (admite-se, por ora, acreano, de Acre), rosiano (de Guimarães Rosa), camoniano (de Camões), nietzschiano (de Nietzsche) etc.

4.4 Emprego de O e U

Apenas por exceção, palavras em português com sílabas finais átonas (fracas) terminam por **US**; o comum é que se escreva com **O** ou **OS**. Por exemplo: carro, aluno, abandono, abono, chimango etc.

Exemplos das exceções a que aludimos: bônus, vírus, ônibus etc.

Em palavras proparoxítonas ou paroxítonas com terminação em ditongo, são comuns as terminações em -**UA**, -**ULA**, -**ULO**: tábua, rábula, crápula, coágulo.

As terminações em **-AO**, **-OLA**, **-OLO** só aparecem em algumas palavras: mágoa, névoa, nódoa, agrícola, vinícola, varíola etc.

Fique de olho na grafia destes termos:

- **Com a letra O:** abolir, boate, botequim, bússola, costume, engolir, goela, moela, moleque, mosquito etc.
- **Com a letra U:** bulício, buliçoso, bulir, camundongo, curtume, cutucar, jabuti, jabuticaba, rebuliço, urtiga, urticante etc.

4.5 Emprego de G e J

Essas letras, por apresentarem o mesmo som, eventualmente, costumam causar problemas de ortografia. A letra **G** só apresenta o som de **J** diante das letras **E** e **I**: gesso, gelo, agitar, agitador, agir, gíria.

4.5.1 Escreveremos com G

- Palavras terminadas em **-AGEM, -IGEM, -UGEM**. Por exemplo: garagem, vertigem, rabugem, ferrugem, fuligem etc.

    Exceções: pajem, lambujem (doce ou gorjeta), lajem (pedra da sepultura).
- Palavras terminadas em **-ÁGIO, -ÉGIO, -ÍGIO, -ÓGIO, -ÚGIO**: contágio, régio, prodígio, relógio, refúgio.
- Palavras derivadas de outras que já possuem a letra **G**. Por exemplo: **viagem** – viageiro; **ferrugem** – ferrugento; **vertigem** – vertiginoso; **regime** – regimental; **selvagem** – selvageria; **regional** – regionalismo.
- Em geral, após a letra "r". Por exemplo: aspergir, divergir, submergir, imergir etc.
- Palavras:

    De origem latina: agir, gente, proteger, surgir, gengiva, gesto etc.

    De origem árabe: álgebra, algema, ginete, girafa, giz etc.

    De origem francesa: estrangeiro, agiotagem, geleia, sargento etc.

    De origem italiana: gelosia, ágio etc.

    Do castelhano: gitano.

    Do inglês: gim.

4.5.2 Escreveremos com J

- Os verbos terminados em **-JAR** ou **-JEAR** e suas formas conjugadas:

    Gorjear: gorjeia (lembre-se das "aves"), gorjeiam, gorjearão.

    Viajar: viajei, viaje, viajemos, viajante.

> Cuidado para não confundir os termos **viagem** (substantivo) com **viajem** (verbo "viajar"). Vejamos o emprego:
>
> Ele fez uma bela viagem.
>
> Tomara que eles viajem amanhã.

- Palavras derivadas de outras terminadas em **-JA**. Por exemplo: **granja:** granjeiro, granjear; **loja:** lojista, lojinha; **laranja:** laranjal, laranjeira; **lisonja:** lisonjeiro, lisonjeador; **sarja:** sarjeta.
- Palavras cognatas (raiz em comum) ou derivadas de outras que possuem o J. Por exemplo:

    Laje: lajense, lajedo.

    Nojo: nojento, nojeira.

    Jeito: jeitoso, ajeitar, desajeitado.
- Palavras de origem ameríndia (geralmente tupi-guarani) ou africana: canjerê, canjica, jenipapo, jequitibá, jerimum, jia, jiboia, jiló, jirau, Moji, pajé.

- Palavras: conjetura, ejetar, injeção, interjeição, objeção, objeto, objetivo, projeção, projeto, rejeição, sujeitar, sujeito, trajeto, trajetória, trejeito, berinjela, cafajeste, jeca, jegue, Jeremias, jerico, jérsei, majestade, manjedoura, ojeriza, pegajento, rijeza, sujeira, traje, ultraje, varejista.

4.6 Orientações sobre a grafia do fonema /s/

Podemos representar o fonema /s/ por:

- S: ânsia, cansar, diversão, farsa.
- SS: acesso, assar, carrossel, discussão.
- C, Ç: acetinado, cimento, açoite, açúcar.
- SC, SÇ: acréscimo, adolescente, ascensão, consciência, nasço, desça.
- X: aproximar, auxiliar, auxílio, sintaxe.
- XC: exceção, exceder, excelência, excepcional.

4.6.1 Escreveremos com S

- A correlação **ND – NS**:

    Pretender – pretensão, pretenso.

    Expandir – expansão, expansivo.
- A correlação **RG – RS**:

    Aspergir – aspersão.

    Imergir – imersão.

    Emergir – emersão.
- A correlação **RT – RS**:

    Divertir – diversão.

    Inverter – inversão.
- O sufixo **-ENSE**:

    Paranaense.

    Cearense.

    Londrinense.

4.6.2 Escreveremos com SS

- A correlação **CED – CESS**:

    Ceder – cessão.

    Interceder – intercessão.

    Retroceder – retrocesso.
- A correlação **GRED – GRESS**:

    Agredir – agressão, agressivo.

    Progredir – progressão, progresso.
- A correlação **PRIM – PRESS**:

    Imprimir – impressão, impresso.

    Oprimir – opressão, opressor.

    Reprimir – repressão, repressivo.
- A correlação **METER – MISS**:

    Submeter – submissão.

    Intrometer – intromissão.

4.6.3 Escreveremos com C ou com Ç

- Palavras de origem tupi ou africana. Por exemplo: açaí, araçá, Iguaçu, Juçara, muçurana, Paraguaçu, caçula, cacimba.
- **O Ç só será usado antes das vogais A, O e U.**
- Com os sufixos:

    -AÇA: barcaça.

    -AÇÃO: armação.

    -ÇAR: aguçar.

    -ECER: esmaecer.

ORTOGRAFIA

-IÇA: carniça.
-NÇA: criança.
-UÇA: dentuça.

- Palavras derivadas de verbos terminados em -TER (não confundir com a regra do –METER – -MISS):
    Abster: abstenção.
    Reter: retenção.
    Deter: detenção.
- Depois de ditongos:
    Feição; louça; traição.
- Palavras de origem árabe:
    Açúcar; açucena; cetim; muçulmano.

4.6.4 Emprego do SC

Escreveremos com **SC** palavras que são termos emprestados do latim. Por exemplo: adolescência; ascendente; consciente; crescer; descer; fascinar; fescenino.

4.6.5 Grafia da letra S com som de /z/

Escreveremos com S:

- Terminações em -ÊS, -ESA e -ISA, que indicam nacionalidade, título ou origem:
    Japonês – japonesa.
    Marquês – marquesa.
    Camponês – camponesa.
- Após ditongos: causa; coisa; lousa; Sousa.
- As formas dos verbos **pôr** e **querer** e de seus compostos:
    Eu pus, nós pusemos, pusésseis etc.
    Eu quis, nós quisemos, quisésseis etc.
- Terminações -OSO e -OSA, que indicam qualidade. Por exemplo: gostoso; garboso; fervorosa; talentosa.
- Prefixo **TRANS**-: transe; transação; transoceânico.
- Em diminutivos cujo radical termine em S:
    Rosa – rosinha.
    Teresa – Teresinha.
    Lápis – lapisinho.
- Na correlação **D – S**:
    Aludir – alusão, alusivo.
    Decidir – decisão, decisivo.
    Defender – defesa, defensivo.
- Verbos derivados de palavras cujo radical termina em **S**:
    Análise – analisar.
    Presa – apresar.
    Êxtase – extasiar.
    Português – aportuguesar.
- Substantivos com os sufixos gregos -ESE, -ISA e -OSE: catequese, diocese, poetisa, virose, (obs.: "catequizar" com **Z**).
- Nomes próprios: Baltasar, Heloísa, Isabel, Isaura, Luísa, Sousa, Teresa.
- Palavras: análise, cortesia, hesitar, reses, vaselina, avisar, defesa, obséquio, revés, vigésimo, besouro, fusível, pesquisa, tesoura, colisão, heresia, querosene, vasilha.

4.7 Emprego da letra Z

Escreveremos com **Z**:

- Terminações -EZ e -EZA de substantivos abstratos derivados de adjetivos:
    Belo – beleza.
    Rico – riqueza.
    Altivo – altivez.
    Sensato - sensatez.
- Verbos formados com o sufixo -IZAR e palavras cognatas: balizar, inicializar, civilizar.
- As palavras derivadas em:
    -ZAL: cafezal, abacaxizal.
    -ZEIRO: cajazeiro, açaizeiro.
    -ZITO: avezita.
    -ZINHO: cãozinho, pãozinho, pezinho
- Derivadas de palavras cujo radical termina em **Z**: cruzeiro, esvaziar.
- Palavras: azar, aprazível, baliza, buzina, bazar, cicatriz, ojeriza, prezar, proeza, vazamento, vizinho, xadrez, xerez.

4.8 Emprego do X e do CH

A letra X pode representar os seguintes fonemas:
    /**ch**/: xarope.
    /**cx**/: sexo, tóxico.
    /**z**/: exame.
    /**ss**/: máximo.
    /**s**/: sexto.

4.9 Escreveremos com X

- Em geral, após um ditongo. Por exemplo: caixa, peixe, ameixa, rouxinol, caixeiro. **Exceções**: recauchutar e guache.
- Geralmente, depois de sílaba iniciada por **EN**-: enxada; enxerido; enxugar; enxurrada.
- Encher (e seus derivados); palavras que iniciam por **CH** e recebem o prefixo **EN**-. Por exemplo: encharcar, enchumaçar, enchiqueirar, enchumbar, enchova.
- Palavras de origem indígena ou africana: abacaxi, xavante, xará, orixá, xinxim.
- Após a sílaba **ME** no início da palavra. Por exemplo: mexerica, mexerico, mexer, mexida. **Exceção**: mecha de cabelo.
- Palavras: bexiga, bruxa, coaxar, faxina, graxa, lagartixa, lixa, praxe, vexame, xícara, xale, xingar, xampu.

4.10 Escreveremos com CH

- As seguintes palavras, em razão de sua origem: chave, cheirar, chuva, chapéu, chalé, charlatão, salsicha, espadachim, chope, sanduíche, chuchu, cochilo, fachada, flecha, mecha, mochila, pechincha.
- **Atente para a divergência de sentido com os seguintes elementos:**
    Bucho – estômago.
    Buxo – espécie de arbusto.
    Cheque – ordem de pagamento.
    Xeque – lance do jogo de xadrez.
    Tacha – pequeno prego.
    Taxa – imposto.

5 NÍVEIS DE ANÁLISE DA LÍNGUA

A Língua Portuguesa possui quatro níveis de análise. Veja cada um deles:

▷ **Nível fonético/fonológico:** estuda a produção e articulação dos sons da língua.

▷ **Nível morfológico:** estuda a estrutura e a classificação das palavras.

▷ **Nível sintático:** estuda a função das palavras dentro de uma sentença.

▷ **Nível semântico:** estuda as relações de sentido construídas entre as palavras.

Na **Semântica**, entre outras coisas, estuda-se a diferença entre linguagem de sentido denotativo (ou literal, do dicionário) e linguagem de sentido conotativo (ou figurado).

▷ Rosa é uma flor.
- **Morfologia:**
    Rosa: substantivo;
    É: verbo ser;
    Uma: artigo;
    Flor: substantivo
- **Sintaxe:**
    Rosa: sujeito;
    É uma flor: predicado;
    Uma flor: predicativo do sujeito.
- **Semântica:**
    Rosa pode ser entendida como uma pessoa ou como uma planta, depende do sentido.

ESTRUTURA E FORMAÇÃO DE PALAVRAS

6 ESTRUTURA E FORMAÇÃO DE PALAVRAS

6.1 Estrutura das palavras

Para compreender os termos da Língua Portuguesa, deve-se observar, nos vocábulos, a presença de algumas estruturas como **raiz**, **desinências** e **afixos**:

- **Raiz ou radical (morfema lexical):** parte que guarda o sentido da palavra.
  - **Pedr**eiro.
  - **Pedr**ada.
  - Em**pedr**ado.
  - **Pedr**egulho.
- **Desinências:** fazem a flexão dos termos.
  - **Nominais:**
  - **Gênero:** jogador/jogadora.
  - **Número:** aluno/alunos.
  - **Grau:** cadeira/cadeirinha.
  - **Verbais:**
  - **Modo-tempo:** cantá**va**mos, vend**ê**ramos.
  - **Número-pessoa:** fize**mos**, compra**stes**.
- **Afixos: conectam-se às raízes dos termos.**
  - **Prefixos:** colocados antes da raiz.
  - **In**feliz, **des**fazer, **re**tocar.
  - **Sufixos:** colocados após a raiz.
  - Feliz**mente**, capac**idade**, igual**dade**.

Também é importante atentar aos termos de ligação. São eles:
- **Vogal de ligação:**
  - Gas**ô**metro, bar**ô**metro, cafe**i**cultura, carn**í**voro.
- **Consoante de ligação:**
  - Giras**s**ol, cafe**t**eira, pau**l**ada, cha**l**eira.

6.2 Radicais gregos e latinos

O conhecimento sobre a origem dos radicais é, muitas vezes, importante para a compreensão e memorização de inúmeras palavras.

6.2.1 Radicais gregos

Os radicais gregos têm uma importância expressiva para a compreensão e fácil memorização de diversas palavras que foram criadas e vulgarizadas pela linguagem científica.

Podemos observar que esses radicais se unem, geralmente, a outros elementos de origem grega e, frequentemente, sofrem alterações fonéticas e gráficas para formarem palavras compostas.

Seguem alguns radicais gregos, seus respectivos significados e algumas palavras de exemplo:
- *Ácros* **(alto):** acrópole, acrobacia, acrofobia.
- *Álgos* **(dor):** algofilia, analgésico, nevralgia.
- *Ánthropos* **(homem):** antropologia, antropófago, filantropo.
- *Astér, astéros* **(estrela):** asteroide, asterisco.
- *Ástron* **(astro):** astronomia, astronauta.
- *Biblíon* **(livro):** biblioteca, bibliografia, bibliófilo.
- *Chéir, cheirós* **(mão – cir-, quiro):** cirurgia, cirurgião, quiromante.
- *Chlorós,* **(verde):** cloro, clorofila, clorídrico.
- *Chróma, chrómatos,* **(cor):** cromático, policromia.
- *Dáktylos* **(dedo):** datilografia, datilografar.
- *Déka* **(dez):** decálogo, decâmetro, decassílabo.
- *Gámos,* **(casamento):** poligamia, polígamo, monogamia.
- *Gastér, gastrós,* **(estômago):** gastrite, gastrônomo, gástrico.
- *Glótta, glóssa,* **(língua):** poliglota, epiglote, glossário.
- *Grámma* **(letra, escrito):** gramática, anagrama, telegrama.
- *Grápho* **(escrevo):** grafia, ortografia, caligrafia.
- *Heméra* **(dia):** herneroteca, hernerologia, efêmero.
- *Hippos* **(cavalo):** hipódromo, hipismo, hipopótamo.
- *Kardía* **(coração):** cardíaco, cardiologia, taquicardia.
- *Mésos,* **(meio, do meio):** mesocarpo, mesóclise, mesopotâmia.
- *Mnéme* **(memória, lembrança):** mnemônico, amnésia, mnemoteste.
- *Morphé* **(forma):** morfologia, amorfo, metamorfose.
- *Nekrós* **(morto):** necrotério, necropsia, necrológio.
- *Páis, paidós* **(criança):** pedagogia, pediatria, pediatra.
- *Pyr, pyrós* **(fogo):** pirosfera, pirotécnico, antipirético.
- *Rhis, rhinós* **(nariz):** rinite, rinofonia, otorrino.
- *Theós* **(deus):** teologia, teólogo, apoteose.
- *Zóon* **(animal):** zoologia, zoológico, zoonose.

6.2.2 Radicais latinos

Outras palavras da língua portuguesa possuem radicais latinos. A maioria delas entrou na língua entre os séculos XVIII e XX. Seguem algumas das que vieram por via científica ou literária:
- *Ager, agri* **(campo):** agrícola, agricultura.
- *Ambi* **(de ambo, ambos):** ambidestro, ambíguo.
- *Argentum, argenti* **(prata):** argênteo, argentífero, argentino.
- *Capillus, capilli* **(cabelo):** capilar, capiliforme, capilaridade.
- *Caput, capitis* **(cabeça):** capital, decapitar, capitoso.
- *Cola-, colere* **(habitar, cultivar):** arborícola, vitícola.
- *Cuprum, cupri* **(cobre):** cúpreo, cúprico, cuprífero.
- *Ego* **(eu):** egocêntrico, egoísmo,ególatra.
- *Equi-, aequus* **(igual):** equivalente, equinócio, equiângulo.
- *-fero, ferre* **(levar, conter):** aurífero, lactífero, carbonífero.
- *Fluvius* **(rio):** fluvial, fluviômetro.
- *Frigus, frigoris* **(frio):** frigorífico, frigomóvel.
- *Lapis, lapidis* **(pedra):** lápide, lapidificar, lapidar.
- *Lex, legis* **(lei):** legislativo, legislar, legista.
- *Noceo, nocere* **(prejudicar, causar mal):** nocivo, inocente, inócuo.
- *Pauper, pauperis* **(pobre):** pauperismo, depauperar.
- *Pecus* **(rebanho):** pecuária, pecuarista, pecúnia.
- *Pluvia* **(chuva):** pluvial, pluviômetro.
- *Radix, radieis* **(raiz):** radical, radicar, erradicar.
- *Sidus, sideris* **(astro):** sideral, sidéreo, siderar.
- *Stella* **(estrela):** estelar, constelação.
- *Triticum, tritici* **(trigo):** triticultura, triticultor, tritícola.
- *Vinum, vini* **(vinho):** vinicultura, vinícola.
- *Vitis* **(videira):** viticultura, viticultor, vitícola.
- *Volo, volare* **(voar):** volátil, noctívolo.
- *Vox, vocis* **(voz):** vocal, vociferar.

6.3 Origem das palavras de Língua Portuguesa

As palavras da Língua Portuguesa têm múltiplas origens, mas a maioria delas veio do latim vulgar, ou seja, o latim que era falado pelo povo duzentos anos antes de Cristo.

No geral, as palavras que formam o nosso léxico podem ser de origem latina, de formação vernácula ou de importação estrangeira.

Quanto às palavras de origem latina, sabe-se que algumas datam dos séculos VI e XI, aproximadamente, e outras foram introduzidas na língua por escritores e letrados ao longo do tempo, sobretudo no período áureo, o século XVI, e de forma ainda mais abundante durante os séculos que o seguiram, por meios literário e científico. As primeiras, as formas populares, foram grandemente alteradas na fala do povo rude, mas as formas eruditas tiveram leves alterações.

Houve, ao longo desses séculos, com incentivo do povo luso-brasileiro, a criação de palavras que colaboraram para enriquecer o vocabulário. Essas palavras são chamadas criações vernáculas.

Desde os primórdios da língua, diversos termos estrangeiros entraram em uso, posteriormente enriquecendo definitivamente o patrimônio léxico, porque é inevitável que palavras de outros idiomas adentrem na língua por meio das relações estabelecidas entre os povos e suas culturas.

Devido a isso, encontramos, no vocabulário português, palavras provenientes:

- Do grego: por influência do cristianismo e do latim literário: anjo, bíblia, clímax. E por criação de sábios e cientistas: nostalgia, microscópio.
- Do hebraico: veiculadas pela Bíblia: aleluia, Jesus, Maria, sábado.
- Do alemão: guerra, realengo, interlância.
- Do árabe: algodão, alfaiate, algema.
- Do japonês: biombo, micado, samurai.
- Do francês: greve, detalhe, pose.
- Do inglês: bife, futebol, tênis.
- Do turco: lacaio, algoz.
- Do italiano: piano, maestro, lasanha.
- Do russo: vodca, esputinique.
- Do tupi: tatu, saci, jiboia, pitanga.
- Do espanhol: cavalheiro, ninharia, castanhola.
- De línguas africanas: macumba, maxixe, marimbondo.

Atualmente, o francês e o inglês são os idiomas com maior influência sobre a língua portuguesa.

6.4 Processos de formação de palavras

Há dois processos mais fortes (presentes) na formação de palavras em Língua Portuguesa: a composição e a derivação. Vejamos suas principais características.

6.4.1 Composição

É uma criação de vocábulo. Pode ocorrer por:

- **Justaposição:** sem perda de elementos.
  Guarda-chuva, girassol, arranha-céu etc.
- **Aglutinação:** com perda de elementos.
  Embora, fidalgo, aguardente, planalto, boquiaberto etc.
- **Hibridismo:** união de radicais oriundos de línguas distintas.
  Automóvel (latim e grego); sambódromo (tupi e grego).

6.4.2 Derivação

É uma transformação no vocábulo. Pode ocorrer das seguintes maneiras:

- **Prefixal (prefixação):** reforma, anfiteatro, cooperação.
- **Sufixal (sufixação):** pedreiro, engenharia, florista.
- **Prefixal – sufixal:** infelizmente, ateísmo, desordenamento.
- **Parassintética:** prefixo e sufixo simultaneamente, sem a possibilidade de remover umas das partes.
  Avermelhado, anoitecer, emudecer, amanhecer.
- **Regressão (regressiva) ou deverbal:** advinda de um verbo.
  Abalo (abalar), luta (lutar), fuga (fugir).
- **Imprópria (conversão):** mudança de classe gramatical.
  O jantar, um não, o seu sim, o pobre.

6.4.3 Estrangeirismo

Pode-se entender como um empréstimo linguístico.

- **Com aportuguesamento:** abajur (do francês *abat-jour*), algodão (do árabe *al-qutun*), lanche (do inglês *lunch*) etc.
- **Sem aportuguesamento:** *networking, software, pizza, show, shopping* etc.

6.5 Acrônimo ou sigla

- **Silabáveis:** podem ser separados em sílabas.
  Infraero (Infraestrutura Aeroportuária), **Petrobras** (Petróleo Brasileiro) etc.
- **Não-silabáveis:** não podem ser separados em sílabas.
  FMI, MST, SPC, PT, INSS, MPU etc.

6.6 Onomatopeia ou reduplicação

- **Onomatopeia:** tentativa de representar um som da natureza.
  Pow, paf, tum, psiu, argh.
- **Reduplicação:** repetição de palavra com fim onomatopaico.
  Reco-reco, tique-taque, pingue-pongue.
- **Redução ou abreviação:** eliminação do segmento de alguma palavra.
  Fone (telefone), cinema (cinematógrafo), pneu (pneumático) etc.

7 MORFOLOGIA

Antes de adentrar nas conceituações, veja a lista a seguir para facilitar o estudo. Nela, temos uma classe de palavra seguida de um exemplo.

Artigo: o, a, os, as, um, uma, uns, umas.
Adjetivo: legal, interessante, capaz, brasileiro, francês.
Advérbio: muito, pouco, bem, mal, ontem, certamente.
Conjunção: que, caso, embora.
Interjeição: Ai! Ui! Ufa! Eita!
Numeral: sétimo, vigésimo, terço.
Preposição: a, ante, até, após, com, contra, de, desde, em, entre.
Pronome: cujo, o qual, quem, eu, lhe.
Substantivo: mesa, bicho, concursando, Pablo, José.
Verbo: estudar, passar, ganhar, gastar.

7.1 Substantivos

É a palavra variável que designa qualidades, sentimentos, sensações, ações etc.

Quanto à sua classificação, o substantivo pode ser:
- **Primitivo** (sem afixos): pedra.
- **Derivado** (com afixos): pedreiro/empedrado.
- **Simples** (1 núcleo): guarda.
- **Composto** (mais de 1 núcleo): guarda-roupas.
- **Comum** (designa ser genérico): copo, colher.
- **Próprio** (designa ser específico): Maria, Portugal.
- **Concreto** (existência própria): cadeira, lápis.
- **Abstrato** (existência dependente): glória, amizade.

7.1.1 Substantivos concretos

Designam seres de existência própria, como: padre, político, carro e árvore.

7.1.2 Substantivos abstratos

Nomeiam qualidades ou conceitos de existência dependente, como: beleza, fricção, tristeza e amor.

7.1.3 Substantivos próprios

São sempre concretos e devem ser grafados com iniciais maiúsculas. Alguns substantivos próprios, no entanto, podem vir a se tornar comuns pelo processo de derivação imprópria que, geralmente, ocorre pela anteposição de um artigo e a grafia do substantivo com letra minúscula (um judas = traidor/um panamá = chapéu). As flexões dos substantivos podem se dar em gênero, número e grau.

7.1.4 Gênero dos substantivos

Quanto à distinção entre masculino e feminino, os substantivos podem ser:
- **Biformes:** quando apresentam uma forma para o masculino e outra para o feminino. Por exemplo: gato, gata, homem, mulher.
- **Uniformes:** quando apresentam uma única forma para ambos os gêneros. Nesse caso, eles estão divididos em:
    - **Epicenos:** usados para animais de ambos os sexos (macho e fêmea). Por exemplo: besouro, jacaré, albatroz.
    - **Comum de dois gêneros:** aqueles que designam pessoas. Nesse caso, a distinção é feita por um elemento ladeador (artigo, pronome). Por exemplo: o/a terrícola, o/a estudante, o/a dentista, o/a motorista.
    - **Sobrecomuns:** apresentam um só gênero gramatical para designar seres de ambos os sexos. Por exemplo: o indivíduo, a vítima, o algoz.

Em algumas situações, a mudança de gênero altera também o sentido do substantivo:
- O cabeça (líder).
- A cabeça (parte do corpo).

7.1.5 Número dos substantivos

Tentemos resumir as principais regras de formação do plural nos substantivos.

TERMINAÇÃO	VARIAÇÃO	EXEMPLO
vogal ou ditongo	acréscimo do S	barco – barcos
M	NS	pudim – pudins
ÃO (primeiro caso)	ÕES	ladrão – ladrões
ÃO (segundo caso)	ÃES	pão – pães
ÃO (terceiro caso)	S	cidadão – cidadãos
R	ES	mulher – mulheres
Z	ES	cartaz – cartazes
N	ES	abdômen – abdômenes
S (oxítonos)	ES	inglês – ingleses
AL, EL, OL, ULI	IS	tribunal – tribunais
IL (oxítonos)	S	barril – barris
IL (paroxítonos)	EIS	fóssil – fósseis
ZINHO, ZITO	S	anelzinho – aneizinhos

Alguns substantivos são grafados apenas no plural: alvíssaras, anais, antolhos, arredores, belas-artes, calendas, cãs, condolências, esponsais, exéquias, fastos, férias, fezes, núpcias, óculos, pêsames.

7.1.6 Grau do substantivo

Aumentativo/diminutivo

Analítico: quando se associam os adjetivos ao substantivo. Por exemplo: carro grande, pé pequeno.

Sintético: quando se adiciona ao substantivo sufixos indicadores de grau, carrão, pezinho.
- **Sufixos:**
    - **Aumentativos:** -ÁZIO, -ORRA, -OLA, -AZ, -ÃO, -EIRÃO, -ALHÃO, -ARÃO, -ARRÃO, -ZARRÃO.
    - **Diminutivos:** -ITO, -ULO-, -CULO, -OTE, -OLA, -IM, -ELHO, -INHO, -ZINHO. O sufixo -ZINHO é obrigatório quando o substantivo terminar em vogal tônica ou ditongo: cafezinho, paizinho etc.

O aumentativo pode exprimir tamanho (casarão), desprezo (sabichão, ministraço, poetastro) ou intimidade (amigão); enquanto o diminutivo pode indicar carinho (filhinho) ou ter valor pejorativo (livreco, casebre), além das noções de tamanho (bolinha).

7.2 Artigo

O artigo é a palavra variável que tem por função individualizar algo, ou seja, possui como função primordial indicar um elemento, por meio de definição ou indefinição da palavra que, pela anteposição do artigo, passa a ser substantivada. Os artigos se subdividem em:
- **Artigos definidos (O, A, OS, AS):** definem o substantivo a que se referem. Por exemplo:

    Hoje à tarde, falaremos sobre **a** aula da semana passada.

    Na última aula, falamos **do** conteúdo programático.

- **Artigos indefinidos (um, uma, uns, umas):** indefinem o substantivo a que se referem. Por exemplo:

    Assim que eu passar no concurso, eu irei comprar **um** carro.

    Pela manhã, papai, apareceu **um** homem da loja aqui.

É importante ressaltar que os artigos podem ser contraídos com algumas preposições essenciais, como demonstrado na tabela a seguir:

PREPOSIÇÕES	ARTIGO							
	DEFINIDO				INDEFINIDO			
	O	A	OS	AS	UM	UMA	UNS	UMAS
A	ao	à	aos	às	-	-	-	-
De	do	da	dos	das	dum	duma	duns	dumas
Em	no	na	nos	nas	num	numa	nuns	numas
Per	pelo	pela	pelos	pelas	-	-	-	-
Por	polo	pola	polos	polas	-	-	-	-

O artigo é utilizado para substantivar um termo. Ou seja, quer transformar algo em um substantivo? Coloque um artigo em sua frente.

Cantar alivia a alma. (Verbo)

O **cantar** alivia a alma. (Substantivo)

7.2.1 Emprego do artigo com a palavra "todo"

Quando inserimos artigos ao lado da palavra "todo", em geral, o sentido da expressão passa a designar totalidade. Como no exemplo abaixo:

Pobreza é um problema que acomete **todo país**. (todos os países)

Pobreza é um problema que acomete **todo o país**. (o país em sua totalidade).

7.3 Pronome

Em uma definição breve, podemos dizer que pronome é o termo que substitui um substantivo, desempenhando, na sentença em que aparece, uma função coesiva. Podemos dividir os pronomes em sete categorias, são elas: pessoais, tratamento, demonstrativos, relativos, indefinidos, interrogativos, possessivos.

Antes de partir para o estudo pormenorizado dos pronomes, vamos fazer uma classificação funcional deles quando empregados em uma sentença:

- **Pronomes substantivos:** são aqueles que ocupam o lugar do substantivo na sentença. Por exemplo:

    Alguém apareceu na sala ontem.

    Nós faremos todo o trabalho.

- **Pronomes adjetivos:** são aqueles que acompanham um substantivo na sentença. Por exemplo:

    Meus alunos são os mais preparados.

    Pessoa **alguma** fará tal serviço por **esse** valor.

7.3.1 Pronomes substantivos e adjetivos

É chamado **pronome substantivo** quando um pronome substitui um substantivo.

É chamado **pronome adjetivo** quando determina o substantivo com o qual se encontra.

7.3.2 Pronomes pessoais

Referem-se às pessoas do discurso, veja:

- Quem fala (1ª pessoa).
- Com quem se fala (2ª pessoa).
- De quem se fala (3ª pessoa).

Classificação dos pronomes pessoais (caso **reto** × caso **oblíquo**):

PESSOA GRAMATICAL	RETOS	OBLÍQUOS	
		ÁTONOS	TÔNICOS
1ª – Singular	eu	me	mim, comigo
2ª – Singular	tu	te	ti, contigo
3ª – Singular	ele, ela	o, a, lhe, se	si, consigo
1ª – Plural	nós	nos	nós, conosco
2ª – Plural	vós	vos	vós, convosco
3ª – Plural	eles, elas	os, as, lhes, se	si, consigo
Função	Sujeito	Complemento/Adjunto	

Veja a seguir o emprego de alguns pronomes (**certo** × **errado**).

Eu e tu × mim e ti

1ª regra: depois de preposição essencial, usa-se pronome oblíquo. Observe:

Entre mim e ti, não há acordo.

Sobre Manoel e ti, nada se pode falar.

Devo **a** ti esta conquista.

O presente é **para** mim.

Não saia **sem** mim.

Comprei um livro **para** ti.

Observe a preposição essencial destacada nas sentenças.

2ª regra: se o pronome utilizado na sentença for sujeito de um verbo, deve-se empregar os do caso reto.

Não saia sem **eu** deixar.

Comprei um livro para **tu** leres.

O presente é para **eu** desfrutar.

Observe que o pronome desempenha a função de sujeito do verbo destacado. Ou seja: "mim" não faz nada!

Não se confunda com as sentenças em que a ordem frasal está alterada. Deve-se, nesses casos, tentar colocar a sentença na ordem direta.

Para mim, fazer exercícios é muito bom. → Fazer exercícios é muito bom para mim.

Não é tarefa para mim realizar esta revisão. → Realizar esta revisão não é para mim.

Com causativos e sensitivos

Regra com verbos causativos (mandar, fazer, deixar) ou sensitivos (ver, ouvir, sentir): quando os pronomes oblíquos átonos são empregados com verbos causativos ou sensitivos, pode haver a possibilidade de desempenharem a função de sujeito de uma forma verbal próxima. Veja os exemplos:

Fiz **Juliana** chorar. (Sentença original).

Fi-**la** chorar. (Sentença reescrita com a substituição do termo Juliana pelo pronome oblíquo).

Em ambas as situações, a "Juliana é a chorona". Isso quer dizer que o termo feminino que está na sentença é sujeito do verbo "chorar". Pensando dessa maneira, entenderemos a primeira função da forma pronominal "la" que aparece na sentença reescrita.

Outro fator a ser considerado é que o verbo "fazer" necessita de um complemento, portanto, é um verbo transitivo. Ocorre que o complemento do verbo "fazer" não pode ter outro referente senão "Juliana". Então, entendemos que, na reescrita da frase, a forma pronominal "la" funciona como complemento do verbo "fazer" e sujeito do verbo "chorar".

MORFOLOGIA

Si e consigo

Esses pronomes somente podem ser empregados se se referirem ao sujeito da oração, pois possuem função reflexiva. Observe:

Alberto só pensa em si. ("Si" refere-se a "Alberto": sujeito do verbo "pensar").

O aluno levou as apostilas consigo. ("consigo" refere-se ao termo "aluno").

Estão erradas, portanto, frases como estas:

Creio muito em si, meu amigo.

Quero falar consigo.

Corrigindo:

Creio muito em você, meu amigo.

Quero falar contigo.

Conosco e convosco

As formas **"conosco"** e **"convosco"** são substituídas por **"com nós"** e **"com vós"** quando os pronomes pessoais são reforçados por palavras como **outros, mesmos, próprios, todos, ambos** ou **algum numeral**. Por exemplo:

Ele disse que iria com nós três.

Ele(s), ela(s) × o(s), a(s)

É muito comum ouvirmos frases como: "vi **ela** na esquina", "não queremos **eles** aqui". De acordo com as normas da Língua Portuguesa, é errado falar ou escrever assim, pois o pronome em questão está sendo utilizado fora de seu emprego original, ou seja, como um complemento (ao passo que deveria ser apenas sujeito). O certo é: "vi-**a** na esquina", "não **os** queremos aqui".

"O" e "a"

São complementos diretos, ou seja, são utilizados juntamente aos verbos transitivos diretos, ou nos bitransitivos, como no exemplo a seguir:

Comprei **um carro** para minha namorada = Comprei-**o** para ela. (Ocorreu a substituição do objeto direto)

É importante lembrar que há uma especificidade em relação à colocação dos pronomes "o" e "a" depois de algumas palavras:

- Se a palavra terminar em **R, S** ou **Z**: tais letras devem ser suprimidas e o pronome será empregado como **lo, la, los, las**.

    Fazer as tarefas = fazê-**las**.

    Querer o dinheiro = querê-**lo**.

- Se a palavra terminar com **ÃO, ÕE** ou **M**: tais letras devem ser mantidas e o pronome há de ser empregado como **no, na, nos, nas**.

    Compraram a casa = compraram-**na**.

    Compõe a canção = compõe-**na**.

Lhe

É um complemento indireto, equivalente a "a ele" ou "a ela". Ou seja, é empregado juntamente a um verbo transitivo indireto ou a um verbo bitransitivo, como no exemplo:

- Comprei um carro **para minha namorada** = comprei-**lhe** um carro. (Ocorreu a substituição do objeto indireto).

Muitas bancas gostam de trocar as formas "o" e "a" por "lhe", o que não pode ser feito sem que a sentença seja totalmente reelaborada.

7.3.3 Pronomes de tratamento

São pronomes de tratamento **você, senhor, senhora, senhorita, fulano, sicrano, beltrano** e as expressões que integram o quadro seguinte:

PRONOME	ABREVIATURA SINGULAR	ABREVIATURA PLURAL
Vossa Excelência(s)	V. Ex.ª	V. Ex.ᵃˢ
USA-SE PARA:		
Presidente (sem abreviatura), ministro, embaixador, governador, secretário de Estado, prefeito, senador, deputado federal e estadual, juiz, general, almirante, brigadeiro e presidente de câmara de vereadores.		

PRONOME	ABREVIATURA SINGULAR	ABREVIATURA PLURAL
Vossa(s) Magnificência(s)	V. Mag.ª	V. Mag.ᵃˢ
USA-SE PARA:		
Reitor de universidade para o qual também se pode usar V. Ex.ª.		

PRONOME	ABREVIATURA SINGULAR	ABREVIATURA PLURAL
Vossa(s) Senhoria(s)	V. Sª	V. S.ᵃˢ
USA-SE PARA:		
Qualquer autoridade ou pessoa civil não citada acima.		

LÍNGUA PORTUGUESA

PRONOME	ABREVIATURA SINGULAR	ABREVIATURA PLURAL
Vossa(s) Santidade(s)	V. S	VV. SS.
USA-SE PARA:		
Papa.		

PRONOME	ABREVIATURA SINGULAR	ABREVIATURA PLURAL
Vossa(s) Eminência(s)	V. Em.ª	V.Em.as
USA-SE PARA:		
Cardeal.		

PRONOME	ABREVIATURA SINGULAR	ABREVIATURA PLURAL
Vossa(s) Excelência(s) Reverendíssima(s)	V. Exª. Rev.ma	V. Ex.as. Rev.mas
USA-SE PARA:		
Arcebispo e bispo.		

PRONOME	ABREVIATURA SINGULAR	ABREVIATURA PLURAL
Vossa(s) Reverendíssima(s)	V. Rev.ma	V.Rev.mas
Usa-se para:		
Autoridade religiosa inferior às acima citadas.		

PRONOME	ABREVIATURA SINGULAR	ABREVIATURA PLURAL
Vossa(s) Reverência(s)	V. Rev.ª	V. Rev.mas
USA-SE PARA:		
Religioso sem graduação.		

PRONOME	ABREVIATURA SINGULAR	ABREVIATURA PLURAL
Vossa(s) Majestade(s)	V. M.	VV. MM.
USA-SE PARA:		
Rei e imperador.		

PRONOME	ABREVIATURA SINGULAR	ABREVIATURA PLURAL
Vossa(s) Alteza(s)	V. A.	VV. AA.
USA-SE PARA:		
Príncipe, arquiduque e duque.		

Todas essas expressões se apresentam também com "Sua" para cujas abreviaturas basta substituir o "V" por "S".

Emprego dos pronomes de tratamento

- **Vossa Excelência** etc. × **Sua Excelência** etc.

Os pronomes de tratamento iniciados com "Vossa(s)" empregam-se em uma relação direta, ou seja, indicam o nosso interlocutor, pessoa com quem falamos:

Soube que V. Ex.ª, Senhor Ministro, falou que não estava interessado no assunto da reunião.

Empregaremos o pronome com a forma "sua" quando a relação não é direta, ou seja, quando falamos sobre a pessoa:

A notícia divulgada é de que Sua Excelência, o Presidente da República, foi flagrado em uma boate.

Utilização da 3ª pessoa

Os pronomes de tratamento são de 3ª pessoa; portanto, todos os elementos relacionados a eles devem ser empregados também na 3ª pessoa, para que se mantenha a uniformidade:

É preciso que V. Ex.ª **diga** qual será o **seu** procedimento no caso em questão, a fim de que seus assessores possam agir a tempo.

Uniformidade de tratamento

No momento da escrita ou da fala, não é possível ficar fazendo "dança das pessoas" com os pronomes. Isso quer dizer que se deve manter a uniformidade de tratamento. Para tanto, se for utilizada 3ª pessoa no início de uma sentença, ela deve permanecer ao longo de todo o texto. Preste atenção para ver como ficou estranha a construção abaixo:

Quando **você** chegar, eu **te** darei o presente.

MORFOLOGIA

"Você" é de 3ª pessoa e "te" é de 2ª pessoa. Não há motivo para cometer tal engano. Tome cuidado, portanto. Podemos corrigir a sentença:

Quando tu chegares, eu te darei o presente.
Quando você chegar, eu lhe darei o presente.

7.3.4 Pronomes possessivos

São os pronomes que atribuem posse de algo às pessoas do discurso. Eles podem estar em:

- **1ª pessoa do singular:** meu, minha, meus, minhas.
- **2ª pessoa do singular:** teu, tua, teus, tuas.
- **3ª pessoa do singular:** seu, sua, seus, suas.
- **1ª pessoa do plural:** nosso, nossa, nossos, nossas.
- **2ª pessoa do plural:** vosso, vossa, vossos, vossas.
- **3ª pessoa do plural:** seu, sua, seus, suas.

Emprego

- Ambiguidade: "seu", "sua", "seus" e "suas" são os reis da ambiguidade (duplicidade de sentido).

    O policial prendeu o maconheiro em **sua** casa. (casa de quem?).
    Meu pai levou meu tio para casa em **seu** carro. (no carro de quem?).

- Corrigindo:

    O policial prendeu o maconheiro na casa **deste**.
    Meu pai, em **seu** carro, levou meu tio para casa.

- Emprego especial: não se usam os possessivos em relação às partes do corpo ou às faculdades do espírito. Devemos, pois, dizer:

    Machuquei a mão. (E não "a minha mão").
    Ele bateu a cabeça. (E não "a sua cabeça").
    Perdeste a razão? (E não "a tua razão").

7.3.5 Pronomes demonstrativos

São os que localizam ou identificam o substantivo ou uma expressão no espaço, no tempo ou no texto.

- **1ª pessoa:**
    - **Masculino:** este(s).
    - **Feminino:** esta(s).
    - **Neutro:** isto.
    - **No espaço:** com o falante.
    - **No tempo:** presente.
    - **No texto:** o que se pretende dizer ou o imediatamente retomado.

- **2ª pessoa**
    - **Masculino:** esse(s).
    - **Feminino:** essa(s).
    - **Neutro:** isso.
    - **No espaço:** pouco afastado.
    - **No tempo:** passado ou futuro próximos.
    - **No texto:** o que se disse anteriormente.

- **3ª pessoa**
    - **Masculino:** aquele(s).
    - **Feminino:** aquela(s).
    - **Neutro:** aquilo.
    - **No espaço:** muito afastado.
    - **No tempo:** passado ou futuro distantes.
    - **No texto:** o que se disse há muito ou o que se pretende dizer.

Quando o pronome retoma algo já mencionado no texto, dizemos que ele possui função **anafórica**. Quando aponta para algo que será dito, dizemos que possui função **catafórica**. Essa nomenclatura começou a ser cobrada em algumas questões de concurso público, portanto, é importante ter esses conceitos na ponta da língua.

Exemplos de emprego dos demonstrativos:

Veja **este** livro que eu trouxe, é muito bom.
Você deve estudar mais! **Isso** é o que eu queria dizer.
Vê **aquele** mendigo lá na rua? Terrível futuro o aguarda.

Há outros pronomes demonstrativos: **o, a, os, as**, quando antecedem o relativo que e podem ser permutados por **aquele(s), aquela(s), aquilo**. Veja os exemplos:

Não entendi o que disseste. (Não entendi aquilo que disseste.).
Esta rua não é a que te indiquei. (Esta rua não é aquela que te indiquei.).

Tal: quando puder ser permutado por qualquer demonstrativo:

Não acredito que você disse **tal** coisa. (Aquela coisa).

Semelhante: quando puder ser permutado por qualquer demonstrativo:

Jamais me prestarei a **semelhante** canalhice. (Esta canalhice).

Mesmo: quando modificar os pronomes eu, tu, nós e vós:

Eu **mesmo** investiguei o caso.

De modo análogo, classificamos o termo "**próprio**" (eu próprio, ela própria).

O termo "**mesmo**" pode ainda funcionar como pronome neutro em frases como: "é o mesmo", "vem a ser o mesmo".

Vejamos mais alguns exemplos:

José e João são alunos do ensino médio. Este gosta de matemática, **aquele** gosta de português.

Veja que a verdadeira relação estabelecida pelos pronomes demonstrativos focaliza, por meio do "este" o elemento mais próximo, por meio do "aquele" o elemento mais afastado.

Esta sala precisa de bons professores.
Gostaria de que esse órgão pudesse resolver meu problema.

Este(s), esta(s), isto indicam o local de onde escrevemos. **Esse(s), essa(s), isso** indicam o local em que se encontra o nosso interlocutor.

7.3.6 Pronomes relativos

São termos que relacionam palavras em um encadeamento. Os relativos da Língua Portuguesa são:

- **Que:** quando puder ser permutado por "o qual" ou um de seus termos derivados. Utiliza-se o pronome "que" para referências a pessoas ou coisas.

    O peão a **que** me refiro é Jonas.

- **O qual:** empregado para referência a coisas ou pessoas.

    A casa **na qual** houve o tiroteio foi interditada.

- **Quem:** é equivalente a dois pronomes: "aquele" e "que".

    O homem para **quem** se enviou a correspondência é Alberto.

- **Quanto:** será relativo quando seu antecedente for o termo "tudo".

    Não gastes tudo **quanto** tens.

- **Onde:** é utilizado para estabelecer referência a lugares, sendo permutável por "em que" ou "no qual" e seus derivados.

    O estado para **onde** vou é Minas Gerais.

- **Cujo:** possui um sentido possessivo. Não permite permuta por outro relativo. Também é preciso lembrar que o pronome "cujo" não admite artigo, pois já é variável (cujo/cuja, jamais "cujo o", "cuja a").

    Cara, o pedreiro em **cujo** serviço podemos confiar é Marcelino.

> A preposição que está relacionada ao pronome é, em grande parte dos casos, oriunda do verbo que aparece posteriormente na sentença.

7.3.7 Pronomes indefinidos

São os pronomes que se referem, de forma imprecisa e vaga, à 3ª pessoa do discurso.

Eles podem ser:
- **Pronomes indefinidos substantivos:** têm função de substantivo: alguém, algo, nada, tudo, ninguém.
- **Pronomes indefinidos adjetivos:** têm função de adjetivo: cada, certo(s), certa (s).
- **Que variam entre pronomes adjetivos e substantivos:** variam de acordo com o contexto: algum, alguma, bastante, demais, mais, qual etc.

VARIÁVEIS				INVARIÁVEIS
MASCULINO		FEMININO		
SINGULAR	PLURAL	SINGULAR	PLURAL	
Algum	Alguns	Alguma	Algumas	Alguém
Certo	Certos	Certa	Certas	Algo
Muito	Muitos	Muita	Muitas	Nada
Nenhum	Nenhuns	Nenhuma	Nenhumas	Ninguém
Outro	Outros	Outra	Outras	Outrem
Qualquer	Quaisquer	Qualquer	Quaisquer	Cada
Quando	Quantos	Quanta	Quantas	-
Tanto	Tantos	Tanta	Tantas	-
Todo	Todos	Toda	Todas	Tudo
Vário	Vários	Vária	Várias	-
Pouco	Poucos	Pouca	Poucas	-

Fique bem atento para as alterações de sentido relacionadas às mudanças de posição dos pronomes indefinidos.

> Alguma pessoa passou por aqui ontem. (Alguma pessoa = ao menos uma pessoa).
>
> Pessoa alguma passou por aqui ontem. (Pessoa alguma = ninguém).

Locuções pronominais indefinidas

"Cada qual", "cada um", "seja qual for", "tal qual", "um ou outro" etc.

7.3.8 Pronomes interrogativos

Chamam-se interrogativos os pronomes **que**, **quem**, **qual** e **quanto**, empregados para formular uma pergunta direta ou indireta:

> **Que** conteúdo estão estudando?
> Diga-me **que** conteúdo estão estudando.
> **Quem** vai passar no concurso?
> Gostaria de saber **quem** vai passar no concurso.
> **Qual** dos livros preferes?
> Não sei **qual** dos livros preferes.
> **Quantos** de coragem você tem?
> Pergunte **quanto** de coragem você tem.

7.4 Verbo

É a palavra com que se expressa uma ação (cantar, vender), um estado (ser, estar), mudança de estado (tornar-se) ou fenômeno da natureza (chover).

Quanto à noção que expressam, os verbos podem ser classificados da seguinte maneira:
- **Verbos relacionais:** exprimem estado ou mudança de estado. São os chamados verbos de ligação.
- **Verbos de ligação: ser, estar, continuar, andar, parecer, permanecer, ficar, tornar-se etc.**
- **Verbos nocionais:** exprimem ação ou fenômeno da natureza. São os chamados verbos significativos.

Os verbos nocionais podem ser classificados da seguinte maneira:
- **Verbo Intransitivo (VI):** diz-se daquele que não necessita de um complemento para que se compreenda a ação verbal. Por exemplo: "morrer", "cantar", "sorrir", "nascer", "viver".
- **Verbo Transitivo (VT):** diz-se daquele que necessita de um complemento para expressar o afetado pela ação verbal. Divide-se em três tipos:
    - **Diretos (VTD):** não possuem preposição para ligar o complemento verbal ao verbo. São exemplos os verbos "querer", "comprar", "ler", "falar" etc.
    - **Indiretos (VTI):** possuem preposição para ligar o complemento verbal ao verbo. São exemplos os verbos "gostar", "necessitar", "precisar", "acreditar" etc.
    - **Diretos e Indiretos (VTDI) ou bitransitivos:** possuem dois complementos, um não preposicionado, outro com preposição. São exemplos os verbos "pagar", "perdoar", "implicar" etc.

Preste atenção na dica que segue:

> João morreu. (Quem morre, morre. Não é preciso um complemento para entender o verbo).
>
> Eu quero um aumento. (Quem quer, quer alguma coisa. É preciso um complemento para entender o sentido do verbo).
>
> Eu preciso de um emprego. (Quem precisa, precisa "de" alguma coisa. Deve haver uma preposição para ligar o complemento ao seu verbo).
>
> Mário pagou a conta ao padeiro. (Quem paga, paga algo a alguém. Há um complemento com preposição e um complemento sem preposição).

7.4.1 Estrutura e conjugação dos verbos

Os verbos possuem:
- **Raiz:** o que lhes guarda o sentido (**cant**ar, **corr**er, **sorr**ir).
- **Vogal temática:** o que lhes garante a família conjugacional (**A**R, **E**R, **I**R).
- **Desinências:** o que ajuda a conjugar ou nominalizar o verbo (cant**ando**, cantá**vamos**).

Os verbos apresentam três conjugações, ou seja, três famílias conjugacionais. Em função da vogal temática, podem-se criar três paradigmas verbais. De acordo com a relação dos verbos com esses paradigmas, obtém-se a seguinte classificação:
- **Regulares:** seguem o paradigma verbal de sua conjugação sem alterar suas raízes (amar, vender, partir).
- **Irregulares:** não seguem o paradigma verbal da conjugação a que pertencem. As irregularidades podem aparecer na raiz ou nas desinências (ouvir – ouço/ouve, estar – estou/estão).
- **Anômalos:** apresentam profundas irregularidades. São classificados como anômalos em todas as gramáticas os verbos "ser" e "ir".
- **Defectivos:** não são conjugados em determinadas pessoas, tempo ou modo, portanto, apresentam algum tipo de "defeito" ("falir", no presente do indicativo, só apresenta a 1ª e a 2ª pessoa do plural). Os defectivos distribuem-se em grupos:
    - Impessoais.
    - Unipessoais: vozes ou ruídos de animais, só conjugados nas terceiras pessoas.
    - Antieufônicos: a sonoridade permite confusão com outros verbos – "demolir"; "falir", "abolir" etc.

MORFOLOGIA

- **Abundantes:** apresentam mais de uma forma para uma mesma conjugação.

Existe abundância **conjugacional** e **participial**. A primeira ocorre na conjugação de algumas formas verbais, como o verbo "haver", que admite "nós havemos/hemos", "vós haveis/heis". A segunda ocorre com as formas nominais de particípio.

A seguir segue uma lista dos principais abundantes na forma participial.

VERBOS	PARTICÍPIO REGULAR – EMPREGADO COM OS AUXILIARES "TER" E "HAVER"	PARTICÍPIO IRREGULAR – EMPREGADO COM OS AUXILIARES "SER", "ESTAR" E "FICAR"
aceitar	aceitado	aceito
acender	acendido	aceso
benzer	benzido	bento
eleger	elegido	eleito
entregar	entregado	entregue
enxugar	enxugado	enxuto
expressar	expressado	expresso
expulsar	expulsado	expulso
extinguir	extinguido	extinto
matar	matado	morto
prender	prendido	preso
romper	rompido	roto
salvar	salvado	salvo
soltar	soltado	solto
suspender	suspendido	suspenso
tingir	tingido	tinto

7.4.2 Flexão verbal

Relativamente à flexão verbal, anotamos:
- **Número:** singular ou plural.
- **Pessoa gramatical:** 1ª, 2ª ou 3ª.

Tempo: referência ao momento em que se fala (pretérito, presente ou futuro). O modo imperativo só tem um tempo, o presente.
- **Voz:** ativa, passiva, reflexiva e recíproca (que trabalharemos mais tarde).
- **Modo:** indicativo (certeza de um fato ou estado), subjuntivo (possibilidade ou desejo de realização de um fato ou incerteza do estado) e imperativo (expressa ordem, advertência ou pedido).

7.4.3 Formas nominais do verbo

As três formas nominais do verbo (infinitivo, gerúndio e particípio) não possuem função exclusivamente verbal.
- **Infinitivo:** assemelha-se ao substantivo, indica algo atemporal – o nome do verbo, sua desinência característica é a letra R: amar, realçar, ungir etc.
- **Gerúndio:** equipara-se ao adjetivo ou advérbio pelas circunstâncias que exprime de ação em processo. Sua desinência característica é -NDO: am**ando**, realç**ando**, ung**indo** etc.
- **Particípio:** tem valor e forma de adjetivo – pode também indicar ação concluída, sua desinência característica é -**ADO** ou -**IDO** para as formas regulares: am**ado**, realç**ado**, ung**ido** etc.

7.4.4 Tempos verbais

Dentro do **modo indicativo**, anotamos os seguintes tempos:
- **Presente do indicativo:** indica um fato situado no momento ou época em que se fala.

  Eu amo, eu vendo, eu parto.
- **Pretérito perfeito do indicativo:** indica um fato cuja ação foi iniciada e concluída no passado.

  Eu amei, eu vendi, eu parti.
- **Pretérito imperfeito do indicativo:** indica um fato cuja ação foi iniciada no passado, mas não foi concluída ou era uma ação costumeira no passado.

  Eu amava, eu vendia, eu partia.
- **Pretérito mais-que-perfeito do indicativo:** indica um fato cuja ação é anterior a outra ação já passada.

  Eu amara, eu vendera, eu partira.
- **Futuro do presente do indicativo:** indica um fato situado em momento ou época vindoura.

  Eu amarei, eu venderei, eu partirei.
- **Futuro do pretérito do indicativo:** indica um fato possível, hipotético, situado num momento futuro, mas ligado a um momento passado.

  Eu amaria, eu venderia, eu partiria.

Dentro do **modo subjuntivo**, anotamos os seguintes tempos:
- Presente do subjuntivo: indica um fato provável, duvidoso ou hipotético, situado no momento ou época em que se fala. Para facilitar a conjugação, utilize a conjunção "que".

  Que eu ame, que eu venda, que eu parta.
- Pretérito imperfeito do subjuntivo: indica um fato provável, duvidoso ou hipotético, cuja ação foi iniciada, mas não concluída no passado. Para facilitar a conjugação, utilize a conjunção "se".

  Se eu amasse, se eu vendesse, se eu partisse.
- Futuro do subjuntivo: indica um fato provável, duvidoso, hipotético, situado num momento ou época futura. Para facilitar a conjugação, utilize a conjunção "quando".

  Quando eu amar, quando eu vender, quando eu partir.

7.4.5 Tempos compostos da voz ativa

Constituem-se pelos verbos auxiliares "**ter**" ou "**haver**" + particípio do verbo que se quer conjugar, dito principal.

No **modo indicativo**, os tempos compostos são formados da seguinte maneira:
- **Pretérito perfeito:** presente do indicativo do auxiliar + particípio do verbo principal (tenho amado).
- **Pretérito mais-que-perfeito:** pretérito imperfeito do indicativo do auxiliar + particípio do verbo principal (tinha amado).
- **Futuro do presente:** futuro do presente do indicativo do auxiliar + particípio do verbo principal (terei amado).
- **Futuro do pretérito:** futuro do pretérito indicativo do auxiliar + particípio do verbo principal (teria amado).

No **modo subjuntivo**, a formação se dá da seguinte maneira:
- **Pretérito perfeito:** presente do subjuntivo do auxiliar + particípio do verbo principal (tenha amado).
- **Pretérito mais-que-perfeito:** imperfeito do subjuntivo do auxiliar + particípio do verbo principal (tivesse amado).
- **Futuro composto:** futuro do subjuntivo do auxiliar + particípio do verbo principal (tiver amado).

Quanto às **formas nominais**, elas são formadas da seguinte maneira:
- **Infinitivo composto:** infinitivo pessoal ou impessoal do auxiliar + particípio do verbo principal (ter vendido/teres vendido).
- **Gerúndio composto:** gerúndio do auxiliar + particípio do verbo principal (tendo partido).

7.4.6 Vozes verbais

Quanto às vozes, os verbos apresentam voz:
- **Ativa:** o sujeito é agente da ação verbal.
  > **O corretor** vende casas.
- **Passiva:** o sujeito é paciente da ação verbal.
  > Casas são vendidas **pelo corretor**.
- **Reflexiva:** o sujeito é agente e paciente da ação verbal.
  > A garota feriu-**se** ao cair da escada.
- **Recíproca:** há uma ação mútua descrita na sentença.
  > Os amigos entreolh**aram-se**.

Voz passiva: sua característica é possuir um sujeito paciente, ou seja, que é afetado pela ação do verbo.
- **Analítica:** verbo auxiliar + particípio do verbo principal. Isso significa que há uma locução verbal de voz passiva.
  > Casas **são *vendidas*** pelo corretor.
  >
  > Ele fez o trabalho – O trabalho **foi feito** por ele (mantido o pretérito perfeito do indicativo).
  >
  > O vento ia levando as folhas – As folhas iam **sendo levadas** pelo vento (mantido o gerúndio do verbo principal em um dos auxiliares).
  >
  > Vereadores entregarão um prêmio ao gari – Um prêmio **será entregue** ao gari por vereadores (veja como a flexão do futuro se mantém na locução).
- **Sintética:** verbo apassivado pelo termo "se" (partícula apassivadora) + sujeito paciente.
  > Roubou-se **o dinheiro do povo**.
  >
  > Fez-se **o trabalho** com pressa.

É comum observar, em provas de concurso público, questões que mostram uma voz passiva sintética como aquela que é proveniente de uma ativa com sujeito indeterminado.

Alguns verbos da língua portuguesa apresentam **problemas de conjugação**:
> Compraram um carro novo (ativa).
>
> Comprou-se um carro novo (passiva sintética).

7.4.7 Verbos com a conjugação irregular

Abolir: defectivo – não possui a 1ª pessoa do singular do presente do indicativo, por isso não possui presente do subjuntivo e o imperativo negativo. (= banir, carpir, colorir, delinquir, demolir, descomedir-se, emergir, exaurir, fremir, fulgir, haurir, retorquir, urgir).

Acudir: alternância vocálica O/U no presente do indicativo – acudo, acodes etc. Pretérito perfeito do indicativo com U. (= bulir, consumir, cuspir, engolir, fugir).

Adequar: defectivo – só possui a 1ª e a 2ª pessoa do plural no presente do indicativo.

Aderir: alternância vocálica E/I no presente do indicativo – adiro, adere etc. (= advertir, cerzir, despir, diferir, digerir, divergir, ferir, sugerir).

Agir: acomodação gráfica G/J no presente do indicativo – ajo, ages etc. (= afligir, coagir, erigir, espargir, refulgir, restringir, transigir, urgir).

Agredir: alternância vocálica E/I no presente do indicativo – agrido, agrides, agride, agredimos, agredis, agridem. (= prevenir, progredir, regredir, transgredir).

Aguar: regular. Presente do indicativo – águo, águas etc. Pretérito perfeito do indicativo – aguei, aguaste, aguou, aguamos, aguastes, aguaram. (= desaguar, enxaguar, minguar).

Aprazer: irregular. Presente do indicativo – aprazo, aprazes, apraz etc. Pretérito perfeito do indicativo – aprouve, aprouveste, aprouve, aprouvemos, aprouvestes, aprouveram.

Arguir: irregular com alternância vocálica O/U no presente do indicativo – arguo (ú), arguis, argui, arguimos, arguis, arguem. Pretérito perfeito – argui, arguiste etc.

Atrair: irregular. Presente do indicativo – atraio, atrais etc. Pretérito perfeito – atraí, atraíste etc. (= abstrair, cair, distrair, sair, subtrair).

Atribuir: irregular. Presente do indicativo – atribuo, atribuis, atribui, atribuímos, atribuís, atribuem. Pretérito perfeito – atribuí, atribuíste, atribuiu etc. (= afluir, concluir, destituir, excluir, instruir, possuir, usufruir).

Averiguar: alternância vocálica O/U no presente do indicativo – averiguo (ú), averiguas (ú), averigua (ú), averiguamos, averiguais, averiguam (ú). Pretérito perfeito – averiguei, averiguaste etc. Presente do subjuntivo – averigue, averigues, averigue etc. (= apaziguar).

Cear: irregular. Presente do indicativo – ceio, ceias, ceia, ceamos, ceais, ceiam. Pretérito perfeito indicativo – ceei, ceaste, ceou, ceamos, ceastes, cearam. (= verbos terminados em -ear: falsear, passear... – alguns apresentam pronúncia aberta: estreio, estreia...).

Coar: irregular. Presente do indicativo – coo, côas, côa, coamos, coais, coam. Pretérito perfeito – coei, coaste, coou etc. (= abençoar, magoar, perdoar).

Comerciar: regular. Presente do indicativo – comercio, comerciais etc. Pretérito perfeito – comerciei etc. (= verbos em -iar, exceto os seguintes verbos: mediar, ansiar, remediar, incendiar, odiar).

Compelir: alternância vocálica E/I. Presente do indicativo – compilo, compeles etc. Pretérito perfeito indicativo – compeli, compeliste.

Compilar: regular. Presente do indicativo – compilo, compilas, compila etc. Pretérito perfeito indicativo – compilei, compilaste etc.

Construir: irregular e abundante. Presente do indicativo – construo, constróis, constrói, construímos, construís, constroem. Pretérito perfeito indicativo – construí, construíste etc.

Crer: irregular. Presente do indicativo – creio, crês, crê, cremos, credes, creem. Pretérito perfeito indicativo – cri, creste, creu, cremos, crestes, creram. Imperfeito indicativo – cria, crias, cria, críamos, críeis, criam.

Falir: defectivo. Presente do indicativo – falimos, falis. Pretérito perfeito indicativo – fali, faliste etc. (= aguerrir, combalir, foragir-se, remir, renhir).

Frigir: acomodação gráfica G/J e alternância vocálica E/I. Presente do indicativo – frijo, freges, frege, frigimos, frigis, fregem. Pretérito perfeito indicativo – frigi, frigiste etc.

Ir: irregular. Presente do indicativo – vou, vais, vai, vamos, ides, vão. Pretérito perfeito indicativo – fui, foste etc. Presente subjuntivo – vá, vás, vá, vamos, vades, vão.

Jazer: irregular. Presente do indicativo – jazo, jazes etc. Pretérito perfeito indicativo – jázi, jazeste, jazeu etc.

Mobiliar: irregular. Presente do indicativo – mobílio, mobílias, mobília, mobiliamos, mobiliais, mobíliam. Pretérito perfeito indicativo – mobiliei, mobiliaste.

Obstar: regular. Presente do indicativo – obsto, obstas etc. Pretérito perfeito indicativo – obtei, obstaste etc.

Pedir: irregular. Presente do indicativo – peço, pedes, pede, pedimos, pedis, pedem. Pretérito perfeito indicativo – pedi, pediste etc. (= despedir, expedir, medir).

Polir: alternância vocálica E/I. Presente do indicativo – pulo, pules, pule, polimos, polis, pulem. Pretérito perfeito indicativo – poli, poliste etc.

Precaver-se: defectivo e pronominal. Presente do indicativo – precavemo-nos, precaveis-vos. Pretérito perfeito indicativo – precavi-me, precaveste-te etc.

Prover: irregular. Presente do indicativo – provejo, provês, provê, provemos, provedes, proveem. Pretérito perfeito indicativo – provi, proveste, proveu etc.

41

MORFOLOGIA

Reaver: defectivo. Presente do indicativo – reavemos, reaveis. Pretérito perfeito indicativo – reouve, reouveste, reouve etc. (verbo derivado do haver, mas só é conjugado nas formas verbais com a letra v).

Remir: defectivo. Presente do indicativo – remimos, remis. Pretérito perfeito indicativo – remi, remiste etc.

Requerer: irregular. Presente do indicativo – requeiro, requeres etc. Pretérito perfeito indicativo – requeri, requereste, requereu etc. (Derivado do querer, diferindo dele na 1ª pessoa do singular do presente do indicativo e no pretérito perfeito do indicativo e derivados, sendo regular).

Rir: irregular. Presente do indicativo – rio, rir, ri, rimos, rides, riem. Pretérito perfeito indicativo – ri, riste. (= sorrir).

Saudar: alternância vocálica. Presente do indicativo – saúdo, saúdas etc. Pretérito perfeito indicativo – saudei, saudaste etc.

Suar: regular. Presente do indicativo – suo, suas, sua etc. Pretérito perfeito indicativo – suei, suaste, sou etc. (= atuar, continuar, habituar, individuar, recuar, situar).

Valer: irregular. Presente do indicativo – valho, vales, vale etc. Pretérito perfeito indicativo – vali, valeste, valeu etc.

Também merecem atenção os seguintes verbos irregulares:

▷ **Pronominais:** apiedar-se, dignar-se, persignar-se, precaver-se.

- **Caber**
    Presente do indicativo: caibo, cabes, cabe, cabemos, cabeis, cabem.
    Presente do subjuntivo: caiba, caibas, caiba, caibamos, caibais, caibam.
    Pretérito perfeito do indicativo: coube, coubeste, coube, coubemos, coubestes, couberam.
    Pretérito mais-que-perfeito do indicativo: coubera, couberas, coubera, coubéramos, coubéreis, couberam.
    Pretérito imperfeito do subjuntivo: coubesse, coubesses, coubesse, coubéssemos, coubésseis, coubessem.
    Futuro do subjuntivo: couber, couberes, couber, coubermos, couberdes, couberem.

- **Dar**
    Presente do indicativo: dou, dás, dá, damos, dais, dão.
    Presente do subjuntivo: dê, dês, dê, demos, deis, deem.
    Pretérito perfeito do indicativo: dei, deste, deu, demos, destes, deram.
    Pretérito mais-que-perfeito do indicativo: dera, deras, dera, déramos, déreis, deram.
    Pretérito imperfeito do subjuntivo: desse, desses, desse, déssemos, désseis, dessem.
    Futuro do subjuntivo: der, deres, der, dermos, derdes, derem.

- **Dizer**
    Presente do indicativo: digo, dizes, diz, dizemos, dizeis, dizem.
    Presente do subjuntivo: diga, digas, diga, digamos, digais, digam.
    Pretérito perfeito do indicativo: disse, disseste, disse, dissemos, dissestes, disseram.
    Pretérito mais-que-perfeito do indicativo: dissera, disseras, dissera, disséramos, disséreis, disseram.
    Futuro do presente: direi, dirás, dirá etc.
    Futuro do pretérito: diria, dirias, diria etc.
    Pretérito imperfeito do subjuntivo: dissesse, dissesses, dissesse, disséssemos, dissésseis, dissessem.
    Futuro do subjuntivo: disser, disseres, disser, dissermos, disserdes, disserem.

- **Estar**
    Presente do indicativo: estou, estás, está, estamos, estais, estão.
    Presente do subjuntivo: esteja, estejas, esteja, estejamos, estejais, estejam.
    Pretérito perfeito do indicativo: estive, estiveste, esteve, estivemos, estivestes, estiveram.
    Pretérito mais-que-perfeito do indicativo: estivera, estiveras, estivera, estivéramos, estivéreis, estiveram.
    Pretérito imperfeito do subjuntivo: estivesse, estivesses, estivesse, estivéssemos, estivésseis, estivessem.
    Futuro do subjuntivo: estiver, estiveres, estiver, estivermos, estiverdes, estiverem.

- **Fazer**
    Presente do indicativo: faço, fazes, faz, fazemos, fazeis, fazem.
    Presente do subjuntivo: faça, faças, faça, façamos, façais, façam.
    Pretérito perfeito do indicativo: fiz, fizeste, fez, fizemos, fizestes, fizeram.
    Pretérito mais-que-perfeito do indicativo: fizera, fizeras, fizera, fizéramos, fizéreis, fizeram.
    Pretérito imperfeito do subjuntivo: fizesse, fizesses, fizesse, fizéssemos, fizésseis, fizessem.
    Futuro do subjuntivo: fizer, fizeres, fizer, fizermos, fizerdes, fizerem.

Seguem esse modelo os verbos: desfazer, liquefazer e satisfazer.

Os particípios destes verbos e seus derivados são irregulares: feito, desfeito, liquefeito, satisfeito etc.

- **Haver**
    Presente do indicativo: hei, hás, há, havemos, haveis, hão.
    Presente do subjuntivo: haja, hajas, haja, hajamos, hajais, hajam.
    Pretérito perfeito do indicativo: houve, houveste, houve, houvemos, houvestes, houveram.
    Pretérito mais-que-perfeito do indicativo: houvera, houveras, houvera, houvéramos, houvéreis, houveram.
    Pretérito imperfeito do subjuntivo: houvesse, houvesses, houvesse, houvéssemos, houvésseis, houvessem.
    Futuro do subjuntivo: houver, houveres, houver, houvermos, houverdes, houverem.

- **Ir**
    Presente do indicativo: vou, vais, vai, vamos, ides, vão.
    Presente do subjuntivo: vá, vás, vá, vamos, vades, vão.
    Pretérito imperfeito do indicativo: ia, ias, ia, íamos, íeis, iam.
    Pretérito perfeito do indicativo: fui, foste, foi, fomos, fostes, foram.
    Pretérito mais-que-perfeito do indicativo: fora, foras, fora, fôramos, fôreis, foram.
    Pretérito imperfeito do subjuntivo: fosse, fosses, fosse, fôssemos, fôsseis, fossem.
    Futuro do subjuntivo: for, fores, for, formos, fordes, forem.

- **Poder**
    Presente do indicativo: posso, podes, pode, podemos, podeis, podem.
    Presente do subjuntivo: possa, possas, possa, possamos, possais, possam.

42

Pretérito perfeito do indicativo: pude, pudeste, pôde, pudemos, pudestes, puderam.

Pretérito mais-que-perfeito do indicativo: pudera, puderas, pudera, pudéramos, pudéreis, puderam.

Pretérito imperfeito do subjuntivo: pudesse, pudesses, pudesse, pudéssemos, pudésseis, pudessem.

Futuro do subjuntivo: puder, puderes, puder, pudermos, puderdes, puderem.

- **Pôr**

    Presente do indicativo: ponho, pões, põe, pomos, pondes, põem.

    Presente do subjuntivo: ponha, ponhas, ponha, ponhamos, ponhais, ponham.

    Pretérito imperfeito do indicativo: punha, punhas, punha, púnhamos, púnheis, punham.

    Pretérito perfeito do indicativo: pus, puseste, pôs, pusemos, pusestes, puseram.

    Pretérito mais-que-perfeito do indicativo: pusera, puseras, pusera, puséramos, puséreis, puseram.

    Pretérito imperfeito do subjuntivo: pusesse, pusesses, pusesse, puséssemos, pusésseis, pusessem.

    Futuro do subjuntivo: puser, puseres, puser, pusermos, puserdes, puserem.

Todos os derivados do verbo pôr seguem exatamente este modelo: antepor, compor, contrapor, decompor, depor, descompor, dispor, expor, impor, indispor, interpor, opor, pospor, predispor, pressupor, propor, recompor, repor, sobrepor, supor, transpor são alguns deles.

- **Querer**

    Presente do indicativo: quero, queres, quer, queremos, quereis, querem.

    Presente do subjuntivo: queira, queiras, queira, queiramos, queirais, queiram.

    Pretérito perfeito do indicativo: quis, quiseste, quis, quisemos, quisestes, quiseram.

    Pretérito mais-que-perfeito do indicativo: quisera, quiseras, quisera, quiséramos, quiséreis, quiseram.

    Pretérito imperfeito do subjuntivo: quisesse, quisesses, quisesse, quiséssemos, quisésseis, quisessem.

    Futuro do subjuntivo: quiser, quiseres, quiser, quisermos, quiserdes, quiserem.

- **Saber**

    Presente do indicativo: sei, sabes, sabe, sabemos, sabeis, sabem.

    Presente do subjuntivo: saiba, saibas, saiba, saibamos, saibais, saibam.

    Pretérito perfeito do indicativo: soube, soubeste, soube, soubemos, soubestes, souberam.

    Pretérito mais-que-perfeito do indicativo: soubera, souberas, soubera, soubéramos, soubéreis, souberam.

    Pretérito imperfeito do subjuntivo: soubesse, soubesses, soubesse, soubéssemos, soubésseis, soubessem.

    Futuro do subjuntivo: souber, souberes, souber, soubermos, souberdes, souberem.

- **Ser**

    Presente do indicativo: sou, és, é, somos, sois, são.

    Presente do subjuntivo: seja, sejas, seja, sejamos, sejais, sejam.

    Pretérito imperfeito do indicativo: era, eras, era, éramos, éreis, eram.

    Pretérito perfeito do indicativo: fui, foste, foi, fomos, fostes, foram.

    Pretérito mais-que-perfeito do indicativo: fora, foras, fora, fôramos, fôreis, foram.

    Pretérito imperfeito do subjuntivo: fosse, fosses, fosse, fôssemos, fôsseis, fossem.

    Futuro do subjuntivo: for, fores, for, formos, fordes, forem.

As segundas pessoas do imperativo afirmativo são: sê (tu) e sede (vós).

- **Ter**

    Presente do indicativo: tenho, tens, tem, temos, tendes, têm.

    Presente do subjuntivo: tenha, tenhas, tenha, tenhamos, tenhais, tenham.

    Pretérito imperfeito do indicativo: tinha, tinhas, tinha, tínhamos, tínheis, tinham.

    Pretérito perfeito do indicativo: tive, tiveste, teve, tivemos, tivestes, tiveram.

    Pretérito mais-que-perfeito do indicativo: tivera, tiveras, tivera, tivéramos, tivéreis, tiveram.

    Pretérito imperfeito do subjuntivo: tivesse, tivesses, tivesse, tivéssemos, tivésseis, tivessem.

    Futuro do subjuntivo: tiver, tiveres, tiver, tivermos, tiverdes, tiverem.

Seguem esse modelo os verbos: ater, conter, deter, entreter, manter, reter.

- **Trazer**

    Presente do indicativo: trago, trazes, traz, trazemos, trazeis, trazem.

    Presente do subjuntivo: traga, tragas, traga, tragamos, tragais, tragam.

    Pretérito perfeito do indicativo: trouxe, trouxeste, trouxe, trouxemos, trouxestes, trouxeram.

    Pretérito mais-que-perfeito do indicativo: trouxera, trouxeras, trouxera, trouxéramos, trouxéreis, trouxeram.

    Futuro do presente: trarei, trarás, trará etc.

    Futuro do pretérito: traria, trarias, traria etc.

    Pretérito imperfeito do subjuntivo: trouxesse, trouxesses, trouxesse, trouxéssemos, trouxésseis, trouxessem.

    Futuro do subjuntivo: trouxer, trouxeres, trouxer, trouxermos, trouxerdes, trouxerem.

- **Ver**

    Presente do indicativo: vejo, vês, vê, vemos, vedes, veem.

    Presente do subjuntivo: veja, vejas, veja, vejamos, vejais, vejam.

    Pretérito perfeito do indicativo: vi, viste, viu, vimos, vistes, viram.

    Pretérito mais-que-perfeito do indicativo: vira, viras, vira, víramos, víreis, viram.

    Pretérito imperfeito do subjuntivo: visse, visses, visse, víssemos, vísseis, vissem.

    Futuro do subjuntivo: vir, vires, vir, virmos, virdes, virem.

Seguem esse modelo os derivados antever, entrever, prever, rever. Prover segue o modelo acima apenas no presente do indicativo e seus tempos derivados; nos demais tempos, comporta-se como um verbo regular da segunda conjugação.

- **Vir**

    Presente do indicativo: venho, vens, vem, vimos, vindes, vêm.

    Presente do subjuntivo: venha, venhas, venha, venhamos, venhais, venham.

MORFOLOGIA

Pretérito imperfeito do indicativo: vinha, vinhas, vinha, vínhamos, vínheis, vinham.
Pretérito perfeito do indicativo: vim, vieste, veio, viemos, viestes, vieram.
Pretérito mais-que-perfeito do indicativo: viera, vieras, viera, viéramos, viéreis, vieram.
Pretérito imperfeito do subjuntivo: viesse, viesses, viesse, viéssemos, viésseis, viessem.
Futuro do subjuntivo: vier, vieres, vier, viermos, vierdes, vierem.
Particípio e gerúndio: vindo.

7.4.8 Emprego do infinitivo

Apesar de não haver regras bem definidas, podemos anotar as seguintes ocorrências:

▷ Usa-se o **impessoal**:
- Sem referência a nenhum sujeito:
  É proibido **estacionar** na calçada.
- Nas locuções verbais:
  Devemos **pensar** sobre a sua situação.
- Se o infinitivo exercer a função de complemento de adjetivos:
  É uma questão fácil de **resolver**.
- Se o infinitivo possuir valor de imperativo:
  O comandante gritou: "**marchar!**"

▷ Usa-se o **pessoal**:
- Quando o sujeito do infinitivo é diferente do sujeito da oração principal:
  Eu não te culpo por **seres** um imbecil.
- Quando, por meio de flexão, se quer realçar ou identificar a pessoa do sujeito:
  Não foi bom **agires** dessa forma.

7.5 Adjetivo

É a palavra variável que expressa uma qualidade, característica ou origem de algum substantivo ao qual se relaciona.

- Meu terno é azul, elegante e italiano.

Analisando, entendemos assim:
Azul: característica.
Elegante: qualidade.
Italiano: origem.

7.5.1 Estrutura e a classificação dos adjetivos

Com relação à sua formação, eles podem ser:

- **Explicativos:** quando a característica é comum ao substantivo referido.
  Fogo **quente**, homem **mortal**. (Todo fogo é quente, todo homem é mortal).
- **Restritivos:** quando a característica não é comum ao substantivo, ou seja, nem todo substantivo é assim caracterizado.
  Terno **azul**, casa **grande**. (Nem todo terno é azul, nem toda casa é grande).
- **Simples:** quando possui apenas uma raiz.
  Amarelo, brasileiro, competente, sagaz, loquaz, inteligente, grande, forte etc.
- **Composto:** quando possui mais de uma raiz.
  Amarelo-canário, luso-brasileiro, verde-escuro, vermelho-sangue etc.
- **Primitivo:** quando pode dar origem a outra palavra, não tendo sofrido derivação alguma.
  Bom, legal, grande, rápido, belo etc.
- **Derivado:** quando resultado de um processo de derivação, ou seja, oriundo de outra palavra.
  Bondoso (de bom), grandioso (de grande), maléfico (de mal), esplendoroso (de esplendor) etc.

Os adjetivos que designam origem de algum termo são denominados adjetivos pátrios ou gentílicos.

Adjetivos pátrios de estados:
Acre: acriano.
Alagoas: alagoano.
Amapá: amapaense.
Aracaju: aracajuano ou aracajuense.
Amazonas: amazonense ou baré.
Belém (PA): belenense.
Belo Horizonte: belo-horizontino.
Boa Vista: boa-vistense.
Brasília: brasiliense.
Cabo Frio: cabo-friense.
Campinas: campineiro ou campinense.
Curitiba: curitibano.
Espírito Santo: espírito-santense ou capixaba.
Fernando de Noronha: noronhense.
Florianópolis: florianopolitano.
Fortaleza: fortalezense.
Goiânia: goianiense.
João Pessoa: pessoense.
Macapá: macapaense.
Maceió: maceioense.
Manaus: manauense.
Maranhão: maranhense.
Marajó: marajoara.
Natal: natalense ou papa-jerimum.
Porto Alegre: porto alegrense.
Ribeirão Preto: ribeiropretense.
Rio de Janeiro (estado): fluminense.
Rio de Janeiro (cidade): carioca.
Rio Branco: rio-branquense.
Rio Grande do Norte: rio-grandense-do-norte, norte-riograndense ou potiguar.
Rio Grande do Sul: rio-grandense-do-sul, sul-rio-grandense ou gaúcho.
Rondônia: rondoniano.
Roraima: roraimense.
Salvador: salvadorense ou soteropolitano.
Santa Catarina: catarinense ou barriga verde.
Santarém: santarense.
São Paulo (estado): paulista.
São Paulo (cidade): paulistano.
Sergipe: sergipano.
Teresina: teresinense.
Tocantins: tocantinense.

Adjetivos pátrios de países:
Croácia: croata.
Costa Rica: costarriquense.
Curdistão: curdo.
Estados Unidos: estadunidense, norte-americano ou ianque.
El Salvador: salvadorenho.
Guatemala: guatemalteco.
Índia: indiano ou hindu (os que professam o hinduísmo).

Israel: israelense ou israelita.
Irã: iraniano.
Moçambique: moçambicano.
Mongólia: mongol ou mongólico.
Panamá: panamenho.
Porto Rico: porto-riquenho.
Somália: somali.

Na formação de adjetivos pátrios compostos, o primeiro elemento aparece na forma reduzida e, normalmente, erudita.

Observe alguns exemplos de adjetivos pátrios compostos:
África: afro-americana.
Alemanha: germano- ou teuto-: competições teutoinglesas.
América: Américo-: companhia américo-africana.
Ásia: ásio-: encontros ásio-europeus.
Áustria: austro-: peças austro-búlgaras.
Bélgica: belgo-: acampamentos belgo-franceses.
China: sino-: acordos sino-japoneses.
Espanha: hispano- + mercado: hispano-português.
Europa: euro + negociações euro-americanas.
França: franco- ou galo-: reuniões franco-italianas.
Grécia: greco-: filmes greco-romanos.
Índia: indo-: guerras indo-paquistanesas.
Inglaterra: anglo-: letras anglo-portuguesas.
Itália: ítalo-: sociedade ítalo-portuguesa.
Japão: nipo-: associações nipo-brasileiras.
Portugal: luso-: acordos luso-brasileiros.

7.5.2 Locução adjetiva

Expressão que tem valor adjetival, mas que é formada por mais de uma palavra. Geralmente, concorrem para sua formação uma preposição e um substantivo. Veja alguns exemplos de locução adjetiva seguida de adjetivo:

De águia: aquilino.
De aluno: discente.
De anjo: angelical.
De bispo: episcopal.
De cabelo: capilar.
De cão: canino.
De dedo: digital.
De estômago: estomacal ou gástrico.
De fera: ferino.
De gelo: glacial.
De homem: viril ou humano.
De ilha: insular.
De lago: lacustre.
De madeira: lígneo.
De neve: níveo ou nival.
De orelha: auricular.
De paixão: passional.
De quadris: ciático.
De rio: fluvial.
De serpente: viperino.
De trigo: tritício.
De urso: ursino.
De velho: senil.

7.5.3 Flexão do adjetivo

O adjetivo pode ser flexionado em gênero, número e grau.

Flexão de gênero (masculino/feminino)

Com relação ao gênero, os adjetivos podem ser classificados de duas formas:
- Biformes: quando possuem uma forma para cada gênero.
    Homem **belo**/mulher **bela**.
    Contexto **complicado**/questão **complicada**.
- Uniformes: quando possuem apenas uma forma, como se fossem elementos neutros.
    Homem **fiel**/mulher **fiel**.
    Contexto **interessante**/questão **interessante**.

Flexão de número (singular/plural)

Os adjetivos simples seguem a mesma regra de flexão que os substantivos simples. Serão, por regra, flexionados os adjetivos compostos que, em sua formação, possuírem dois adjetivos. A flexão ocorrerá apenas no segundo elemento da composição.

Guerra greco-**romana** – Guerras greco-**romanas**.
Conflito **socioeconômico** – Análises **socioeconômicas**.

Por outro lado, se houver um substantivo como elemento da composição, o adjetivo fica invariável.

Blusa **amarelo-canário** – Blusas **amarelo-canário**.
Mesa **verde-musgo** – Mesas **verde-musgo**.

O caso em questão também pode ocorrer quando um substantivo passa a ser, por derivação imprópria, um adjetivo, ou seja, também serão invariáveis os "substantivos adjetivados".

Terno cinza – Ternos cinza.
Vestido rosa – Vestidos rosa.

E também:
Surdo mudo – surdos mudos.
Pele vermelha – peles vermelhas.

> Azul- marinho e azul-celeste são invariáveis.

7.5.4 Flexão de grau (comparativo e superlativo)

Há duas maneiras de se estabelecer o grau do adjetivo: por meio do **grau comparativo** e por meio do **grau superlativo**.

Grau comparativo: estabelece um tipo de comparação de características, sendo estabelecido de três maneiras:
- **Inferioridade:** o açúcar é **menos** doce (do) **que** os teus olhos.
- **Igualdade:** o meu primo é **tão** estudioso **quanto** o meu irmão.
- **Superioridade:** gramática é **mais legal** (do) **que** matemática.

Grau superlativo: reforça determinada qualidade em relação a um referente. Pode-se estabelecer o grau superlativo de duas maneiras:
▷ **Relativo:** em relação a um grupo.
  - **De superioridade:** José é o **mais** inteligente dos alunos.
  - **De inferioridade:** o presidente foi o **menos** prestigiado da festa.
▷ **Absoluto:** sem relações, apenas reforçando as características:
  - **Analítico:** com auxílio de algum termo:
      Pedro é muito magro.
      Pedro é magro, magro, magro.
  - **Sintético** (com o acréscimo de -íssimo ou -érrimo):
      Pedro é macérrimo.
      Somos todos estudiosíssimos.

Veja, agora, alguns exemplos de superlativos sintéticos:
Ágil: agilíssimo.
Bom: ótimo ou boníssimo.
Capaz: capacíssimo.
Difícil: dificílimo.
Eficaz: eficacíssimo.

MORFOLOGIA

Fiel: fidelíssimo.
Geral: generalíssimo.
Horrível: horribilíssimo.
Inimigo: inimicíssimo.
Jovem: juveníssimo.
Louvável: laudabilíssimo.
Mísero: misérrimo.
Notável: notabilíssimo.
Pequeno: mínimo ou pequeníssimo.
Sério: seríssimo.
Terrível: terribilíssimo.
Vão: vaníssimo.

Atente à mudança de sentido provocada pela alteração de posição do adjetivo.

Homem **grande** (alto, corpulento).
Grande homem (célebre).

Mas isso nem sempre ocorre. Se você analisar a construção "giz azul" e "azul giz", perceberá que não há diferença semântica.

7.6 Advérbio

É a palavra invariável que se relaciona ao verbo, ao adjetivo ou a outro advérbio para atribuir-lhes uma circunstância. Veja os exemplos:

Os alunos saíram **apressadamente**.
O caso era muito **interessante**.
Resolvemos **muito bem** o problema.

7.6.1 Classificação do advérbio

- **Afirmação:** sim, certamente, efetivamente etc.
- **Negação:** não, nunca, jamais.
- **Intensidade:** muito, pouco, assaz, bastante, mais, menos, tão, tanto, quão etc.
- **Lugar:** aqui, ali, aí, aquém, acima, abaixo, atrás, dentro, junto, defronte, perto, longe, algures, alhures, nenhures etc.
- **Tempo:** agora, já, depois, anteontem, ontem, hoje, jamais, sempre, outrora, breve etc.
- **Modo:** assim, bem, mal, depressa, devagar, melhor, pior e a maior parte das palavras formadas de um adjetivo, mais a terminação "mente" (leve + mente = levemente; calma + mente = calmamente).
- **Inclusão:** também, inclusive.
- **Designação:** eis.
- **Interrogação:** onde, como, quando, por que.

Também existem as chamadas locuções adverbiais que vêm quase sempre introduzidas por uma preposição: à farta (= fartamente), às pressas (= apressadamente), à toa, às cegas, às escuras, às tontas, às vezes, de quando em quando, de vez em quando etc.

Existem casos em que utilizamos um adjetivo como forma de advérbio. É o que chamamos de adjetivo adverbializado. Veja os exemplos:

Aquele orador fala **belamente**. (Advérbio de modo).
Aquele orador fala **bonito**. (Adjetivo adverbializado que tenta designar modo).

7.7 Conjunção

É a palavra invariável que conecta elementos em algum encadeamento frasal. A relação em questão pode ser de natureza lógico-semântica (relação de sentido) ou apenas indicar uma conexão exigida pela sintaxe da frase.

7.7.1 Coordenativas

São as conjunções que conectam elementos que não possuem dependência sintática, ou seja, as sentenças que são conectadas por meio desses elementos já estão com suas estruturas sintáticas (sujeito / predicado / complemento) completas.

- **Aditivas:** e, nem (= e não), também, que, não só..., mas também, não só... como, tanto ... como, assim... como etc.

  José não foi à aula **nem** fez os exercícios.
  Devemos estudar **e** aprender os conteúdos.

- **Adversativas:** mas, porém, contudo, todavia, no entanto, entretanto, senão, não obstante, aliás, ainda assim.

  Os países assinaram o acordo, **mas** não o cumpriram.
  A menina cantou bem, **contudo** não agradou ao público.

- **Alternativas:** ou... ou, já ... já, seja... seja, quer... quer, ora... ora, agora... agora.

  Ora diz sim, **ora** diz não.
  Ou está feliz, **ou** está no ludibriando.

- **Conclusivas:** logo, pois (depois do verbo), então, portanto, assim, enfim, por fim, por conseguinte, conseguintemente, consequentemente, donde, por onde, por isso.

  O **concursando** estudou muito, **logo**, deverá conseguir seu cargo.
  É professor, **por conseguinte** deve saber explicar o conteúdo.

- **Explicativas:** isto é, por exemplo, a saber, ou seja, verbi gratia, pois (antes do verbo), pois bem, ora, na verdade, depois, além disso, com efeito, que, porque, ademais, outrossim, porquanto etc.

  Deve ter chovido, **pois** o chão está molhado.
  O homem é um animal racional, **porque** é capaz de raciocinar.
  Não converse agora, **que** eu estou explicando.

7.7.2 Subordinativas

São as conjunções que denotam uma relação de subordinação entre orações, ou seja, a conjunção subordinativa evidencia que uma oração possui dependência sintática em relação a outra. O que se pretende dizer com isso é que uma das orações envolvidas nesse conjunto desempenha uma função sintática para com sua oração principal.

Integrantes

- Que, se:

  Sei **que** o dia do pagamento é hoje.
  Vejamos **se** você consegue estudar sem interrupções.

Adverbiais

▷ **Causais:** indicam a causa de algo.

Já que, porque, que, pois que, uma vez que, sendo que, como, visto que, visto como, como etc.

Não teve medo do perigo, **já que** estava protegido.
Passou no concurso, **porque** estudou muito.

▷ **Comparativas:** estabelecem relação de comparação:

- Como, mais... (do) que, menos... (do) que, tão como, assim como, tanto quanto etc.

  Tal como procederes, receberás o castigo.
  Alberto é aplicado **como** quem quer passar.

▷ **Concessivas (concessão):** estabelecem relação de quebra de expectativa com respeito à sentença à qual se relacionam.

- Embora, ainda que, dado que, posto que, conquanto, em que, quando mesmo, mesmo que, por menos que, por pouco que, apesar de (que).

  Embora tivesse estudado pouco, conseguiu passar.
  Conquanto estudasse, não conseguiu aprender.

▷ **Condicionais:** estabelecem relação de condição.
- Se, salvo se, caso, exceto se, contanto que, com tal que, caso, a não ser que, a menos que, sem que etc.
  > **Se** tudo der certo, estaremos em Portugal amanhã.
  > **Caso** você tenha dúvidas, pergunte a seu professor.

▷ **Consecutivas:** estabelecem relação de consequência.
- Tanto que, de modo que, de sorte que, tão...que, sem que etc.
  > O aluno estudou **tanto que** morreu.
  > Timeto Amon era **tão** feio **que** não se olhava no espelho.

▷ **Conformativas:** estabelecem relação de conformidade.
- Conforme, consoante, segundo, da mesma maneira que, assim como, como que etc.
  > Faça a prova **conforme** teu pai disse.
  > Todos agem **consoante** se vê na televisão.

▷ **Finais:** estabelecem relação de finalidade.
- Para que, a fim de que, que, porque.
  > Estudou muito **para que** pudesse ter uma vida confortável.
  > Trabalhei **a fim de que** o resultado seja satisfatório.

▷ **Proporcionais:** estabelecem relação de proporção.
- À proporção que, à medida que, quanto mais... tanto mais, quanto menos... tanto menos, ao passo que etc.
  > **À medida que** o momento de realizar a prova chegava, a ansiedade de todos aumentava.
  > **Quanto mais** você estudar, **tanto mais** terá a chance de ser bem-sucedido.

▷ **Temporais:** estabelecem relação de tempo.
- Quando, enquanto, apenas, mal, desde que, logo que, até que, antes que, depois que, assim que, sempre que, senão quando, ao tempo que, apenas que, antes que, depois que, sempre que etc.
  > **Quando** todos disserem para você parar, continue.
  > **Depois que** terminar toda a lição, poderá descansar um pouco.
  > **Mal** chegou, já quis sair.

7.8 Interjeição

É o termo que exprime, de modo enérgico, um estado súbito de alma. Sem muita importância para a análise a que nos propomos, vale apenas lembrar que elas possuem uma classificação semântica:
- **Dor:** ai! ui!
- **Alegria:** ah! eh! oh!
- **Desejo:** oxalá! tomara!
- **Admiração:** puxa! cáspite! safa! quê!
- **Animação:** eia! sus! coragem!
- **Aplauso:** bravo! apoiado!
- **Aversão:** ih! chi! irra! apre!
- **Apelo:** ó, olá! psit! pitsiu! alô! socorro!
- **Silêncio:** psit! psiu! caluda!
- **Interrogação, espanto:** hem!

Há, também, locuções interjeitivas: **minha nossa! Meu Deus!**

A despeito da classificação acima, o que determina o sentido da interjeição é o seu uso.

7.9 Numeral

É a palavra que indica uma quantidade, multiplicação, fração ou um lugar em uma série. Os numerais podem ser divididos em:
- **Cardinais:** quando indicam um número básico: um, dois, três, cem mil etc.
- **Ordinais:** quando indicam um lugar numa série: primeiro, segundo, terceiro, centésimo, milésimo etc.
- **Multiplicativos:** quando indicam uma quantidade multiplicativa: dobro, triplo, quádruplo etc.
- **Fracionários:** quando indicam parte de um inteiro: meio, metade, dois terços etc.

ALGARISMO ROMANOS	ALGARISMO ARÁBICOS	CARDINAIS	ORDINAIS
I	1	um	primeiro
II	2	dois	segundo
III	3	três	terceiro
IV	4	quatro	quarto
V	5	cinco	quinto
VI	6	seis	sexto
VII	7	sete	sétimo
VIII	8	oito	oitavo
IX	9	nove	nono
X	10	dez	décimo
XI	11	onze	undécimo ou décimo primeiro
XII	12	doze	duodécimo ou décimo segundo
XIII	13	treze	décimo terceiro
XIV	14	quatorze ou catorze	décimo quarto
XV	15	quinze	décimo quinto
XVI	16	dezesseis	décimo sexto
XVII	17	dezessete	décimo sétimo
XVIII	18	dezoito	décimo oitavo
XIX	19	dezenove	décimo nono
XX	20	vinte	vigésimo
XXI	21	vinte e um	vigésimo primeiro
XXX	30	trinta	trigésimo
XXXL	40	quarenta	quadragésimo
L	50	cinquenta	quinquagésimo
LX	60	sessenta	sexagésimo
LXX	70	setenta	septuagésimo ou setuagésimo
LXXX	80	oitenta	octogésimo
XC	90	noventa	nonagésimo
C	100	cem	centésimo
CC	200	duzentos	ducentésimo
CCC	300	trezentos	trecentésimo
CD	400	quatrocentos	quadringentésimo
D	500	quinhentos	quingentésimo
DC	600	seiscentos	seiscentésimo ou sexcentésimo
DCC	700	setecentos	septingentésimo

MORFOLOGIA

DCCC	800	oitocentos	octingentésimo
CM	900	novecentos	nongentésimo ou noningentésimo
M	1.000	mil	milésimo
X'	10.000	dez mil	dez milésimos
C'	100.000	cem mil	cem milésimos
M'	1.000.000	um milhão	milionésimo
M''	1.000.000.000	um bilhão	bilionésimo

Lista de numerais multiplicativos e fracionários:

Algarismos	Multiplicativos	Fracionários
2	duplo, dobro, dúplice	meio ou metade
3	triplo, tríplice	terço
4	quádruplo	quarto
5	quíntuplo	quinto
6	sêxtuplo	sexto
7	sétuplo	sétimo
8	óctuplo	oitavo
9	nônuplo	nono
10	décuplo	décimo
11	undécuplo	onze avos
12	duodécuplo	doze avos
100	cêntuplo	centésimo

7.9.1 Cardinais

Para realizar a leitura dos cardinais, é necessário colocar a conjunção "e" entre as centenas e dezenas, assim como entre as dezenas e a unidade.

Exemplo: 3.068.724 = três milhões, sessenta **e** oito mil, setecentos **e** vinte **e** quatro.

7.9.2 Ordinais

Quanto à leitura do numeral ordinal, há duas possibilidades: quando é inferior a 2.000, lê-se inteiramente segundo a forma ordinal.
- 1.766º = milésimo septingentésimo sexagésimo sexto.

Acima de 2.000, lê-se o primeiro algarismo como cardinal e os demais como ordinais. Hodiernamente, entretanto, tem-se observado a tendência a ler os números redondos segundo a forma ordinal.
- 2.536º = dois milésimos quingentésimo trigésimo sexto.
- 8 000º = oitavo milésimo.

7.9.3 Fracionários

O numerador de um numeral fracionário é sempre lido como cardinal. Quanto ao denominador, há dois casos:
- Primeiro: se for inferior ou igual a 10, ou ainda for um número redondo, será lido como ordinal 2/6 = dois sextos; 9/10 = nove décimos; centésimos (se houver). São exceções: 1/2 = meio; 1/3 = um terço.
- Segundo: se for superior a 10 e não constituir número redondo, é lido como cardinal, seguido da palavra "avos". 1/12 = um doze avos; 4/25 = quatro vinte e cinco avos.

Ao se fazer indicação de reis, papas, séculos, partes de uma obra, usam-se os numerais ordinais até décimo. A partir daí, devem-se empregar os cardinais. Século V (século quinto), século XX (vinte), João Paulo II (segundo), Bento XVI (dezesseis).

7.10 Preposição

É a palavra invariável que serve de ligação entre dois termos de uma oração ou, às vezes, entre duas orações. Costuma-se denominar "regente" o termo que exige a preposição e "regido" aquele que recebe a preposição:

Ele comprou um livro **de** poesia.

Ele tinha medo **de** ficar solitário.

Como se vê, a preposição "de", no primeiro caso, liga termos de uma mesma oração; no segundo, liga orações.

7.10.1 Preposições essenciais

São aquelas que têm como função primordial a conexão das palavras:
- a, ante, até, após, com contra, de, desde, em, entre, para, per, perante, por, sem, sob, sobre, trás.

Veja o emprego de algumas preposições:

Os manifestantes lutaram **contra** a polícia.

O aluno chegou **ao** salão rapidamente.

Aguardo sua decisão **desde** ontem.

Entre mim e ti, não há qualquer problema.

7.10.2 Preposições acidentais

São palavras que pertencem a outras classes, empregadas, porém, eventualmente como preposições: conforme, consoante, durante, exceto, fora, agora, mediante, menos, salvante, salvo, segundo, tirante.

O emprego das preposições acidentais é mais comum do que parece, veja os exemplos:

Todos saíram da sala, **exceto** eu.

Tirante as mulheres, o grupo que estava na sala parou de falar.

Escreveu o livro **conforme** o original.

7.10.3 Locuções prepositivas

Além das preposições simples, existem também as chamadas locuções prepositivas, que terminam sempre por uma preposição simples:
- abaixo de, acerca de, acima de, a despeito de, adiante de, a fim de, além de, antes de, ao lado de, a par de, apesar de, a respeito de, atrás de, através de, de acordo com, debaixo de, de cima de, defronte de, dentro de, depois de, diante de, embaixo de, em cima de, em frente de(a), em lugar de, em redor de, em torno de, em vez de, graças a, junto a (de), para baixo de, para cima de, para com, perto de, por baixo de, por causa de, por cima de, por detrás de, por diante de, por entre, por trás de.

7.10.4 Conectivos

Os conectivos têm a função de ligar palavras ou orações. Eles podem ser coordenativos (ligam orações coordenadas) ou subordinativos (ligam orações subordinadas).

Coordenativos

- Conjunções coordenativas que iniciam as orações coordenadas:
    Aditivas: e.
    Adversativas: mas.
    Alternativas: ou.
    Conclusivas: logo.
    Explicativas: pois.

Subordinativos

- Pronomes relativos que iniciam as orações adjetivas:
    Que.
    Quem.

Cujo/cuja.

O qual/a qual.

- Conjunções subordinativas que iniciam as orações adverbiais:

    Causais: porque.

    Comparativas: como.

    Concessivas: embora.

    Condicionais: se.

    Conformativas: conforme.

    Consecutivas: (tão) que.

    Finais: para que.

    Proporcionais: à medida que.

    Temporais: quando.

- **Conjunções subordinativas que iniciam as orações substantivas:**

    Integrantes: que, se.

7.10.5 Formas variantes

Algumas palavras possuem mais de uma forma, ou seja, junto à forma padrão existem outras formas variantes.

Em algumas situações, é irrelevante a variação utilizada, mas em outros deve-se escolher a variação mais generalizada.

Exemplos:

Assobiar, assoviar.

Coisa, cousa.

Louro, loiro.

Lacrimejar, lagrimejar.

Infarto, enfarte.

Diabete, diabetes.

Transpassar, traspassar, trespassar.

8 SINTAXE BÁSICA

Sintaxe é a parte da Gramática que estuda a função das palavras ou das expressões em uma oração ou em um período.

Antes de iniciar o estudo da sintaxe, faz-se necessário definir alguns conceitos, tais como: frase, oração e período (conceitos essenciais).

- **Frase**: qualquer sentença dotada de sentido.

    Eu adoro estudar português!

    Fogo! Socorro!

- **Oração**: frase organizada em torno de uma forma verbal.

    Os alunos farão a prova amanhã!

- **Período**: conjunto de orações.
    - Período simples: 1 oração.

        Ex.: **Estudarei** português.

    - Período composto: mais de 1 oração.

        Ex.: **Estudarei** português e **farei** a prova.

8.1 Período simples (oração)

A oração é dividida em termos. Assim, o estudo fica organizado e impossibilita a confusão. São os termos da oração:

- Essenciais.
- Integrantes.
- Acessórios.

8.1.1 Termos essenciais da oração

Sujeito e predicado: são chamados de essenciais, porque são os elementos que dão vida à oração. Quer dizer, sem um deles (o predicado, ao menos) não se pode formar oração.

- O **Brasil** caminha para uma profunda transformação social.

    O Brasil: sujeito.

    Para uma profunda transformação social: predicado.

Sujeito

Sujeito é o termo sintático sobre o qual se declara ou se constata algo. Deve-se observar que há uma profunda relação entre o verbo que comporá o predicado e o sujeito da oração. Usualmente, o sujeito é formado por um substantivo ou por uma expressão substantivada.

O sujeito pode ser: simples; composto; oculto, elíptico ou desinencial; indeterminado; inexistente ou oracional.

- **Sujeito simples:** aquele que possui apenas um núcleo.

    O **país** deverá enfrentar difíceis rivais na competição.

    A perda de fôlego de algumas das grandes economias também já foi notada por outras gigantes do setor.

- **Sujeito composto:** é aquele que possui mais de um núcleo.

    João e Maria são amigos inseparáveis.

    Eu, meus **amigos** e todo o **resto** dos alunos faremos a prova.

- **Sujeito oculto, elíptico ou desinencial:** aquele que não se encontra expresso na oração, porém é facilmente subentendido pelo verbo apresentado.

    Acord**amos** cedo naquele dia. (Nós)

    Abri o blusão, tirei o 38, e perguntei com tanta raiva que uma gota de meu cuspe bateu na cara dele. (R. Fonseca) (eu)

    Vanderlei caminh**ou** pela manhã. À tarde pass**eou** pelo lago municipal, onde encont**rou** a Anaconda da cidade. (Ele, Vanderlei)

Perceba que o sujeito não está grafado na sentença, mas é facilmente recuperável por meio da terminação do verbo.

▷ **Sujeito indeterminado:** ocorre quando o verbo não se refere a um núcleo determinado. São situações de indeterminação do sujeito:

- Terceira pessoa do plural sem um referente:

    Nunca lhe **deram** nada.

    Fizeram comentários maldosos a seu respeito.

- Com verbos transitivos indiretos, intransitivo e relacionais (de ligação) acompanhados da partícula "se" que, no caso, será classificada como índice de indeterminação de sujeito:

    Vive-se muito bem.

    Precisa-se de força e coragem na vida de estudante.

    Nem sempre **se está** feliz na riqueza.

▷ **Sujeito inexistente ou oração sem sujeito:** ocorre em algumas situações específicas.

- Com verbos impessoais (principalmente os que denotam fenômeno da natureza).

    Em setembro **chove** muito.

    Nevava em Palotina.

- Com o verbo haver, desde que empregado nos sentidos de existir, acontecer ou ocorrer.

    Há poemas perfeitos, não **há** poetas perfeitos.

    Deveria haver soluções para tais problemas.

- Com os verbos ir, haver e fazer, desde que empregado fazendo alusão a tempo transcorrido.

    Faz um ano que não viajo. (verbo "fazer" no sentido de "tempo transcorrido")

    Há muito tempo que você não aparece. (verbo "haver" no sentido de "tempo")

    Vai para dois meses que não recebo salário. (verbo "ir" no sentido de "tempo")

- Com os verbos ser ou estar indicando tempo.

    Era noite fechada.

    É tarde, eles não vêm!

- Com os verbos bastar e chegar indicando cessamento.

    Basta de tanta corrupção no Senado!

    Chega de ficar calado quando a situação aperta!

- Com o verbo ser indicando data ou horas.

    São dez horas no relógio da torre.

    Amanhã **serão** dez de dezembro.

▷ **Sujeito oracional:** ocorre nas análises do período composto, quando se verifica que o sujeito de um verbo é uma oração.

    É preciso **que você estude Língua Portuguesa**.

Predicado

É o termo que designa aquilo que se declara acerca do sujeito. É mais simples e mais prudente para o aluno buscar identificar o predicado antes do sujeito, pois, se assim o fizer, terá mais concretude na identificação do sujeito.

O predicado pode ser nominal, verbal ou verbo-nominal.

- **Predicado Nominal:** o predicado nominal é formado por um verbo relacional (de ligação) + predicativo.

Principais verbos de ligação: ser, estar, permanecer, continuar, ficar, parecer, andar e torna-se.

    A economia da Ásia parecia derrotada após a crise.

    O deputado, de repente, virou patriota.

    Português é legal.

- **Predicado Verbal:** o predicado verbal tem como núcleo um verbo nocional.

    Empresários **investirão R$ 250 milhões em novo berço para o Porto de Paranaguá**.

- **Predicado Verbo-nominal:** ocorre quando há um verbo significativo (nocional) + um predicativo do sujeito.

    O trem chegou atrasado. ("atrasado" é uma qualidade do sujeito que aparece após o verbo, portanto, é um predicativo do sujeito).

    Pedro Paladino já nasceu rico.

    Acompanhei a indignação de meus alunos preocupado.

Predicativo

O predicativo é um termo componente do predicado. Qualifica sujeito ou objeto.

    Josefina era **maldosa, ruim, sem valor**. (predicativo do sujeito)

    Leila deixou o garoto **louco**. (predicativo do objeto)

    O diretor nomeou João **chefe da repartição**. (predicativo do objeto)

8.2 Termos integrantes da oração

Os termos integrantes da oração são: objeto direto (complemento verbal); objeto indireto (complemento verbal); complemento nominal e agente da passiva.

- **Objeto Direto:** é o complemento de um verbo transitivo direto.

    Os bons cidadãos cumprem **as leis**. (quem cumpre, cumpre algo)

    Em resumo: ele queria **uma mulher**. (quem quer, quer algo)

- **Objeto Indireto:** é o complemento de um verbo transitivo indireto.

    Os bons cidadãos obedecem **às leis**. (quem obedece, obedece a algo)

    Necessitamos **de manuais mais práticos** nos dias de hoje. (quem necessita, necessita de algo)

- **Complemento Nominal:** é o complemento, sempre preposicionado, de adjetivos, advérbios e substantivos que, em determinadas circunstâncias, pedem complemento, assim como os verbos transitivos indiretos.

    O filme era impróprio para crianças.

    Finalizou-se a construção do prédio.

    Agiu favoravelmente ao réu.

- **Agente da Passiva:** é o complemento que, na voz passiva, designa o ser praticante da ação sofrida ou recebida pelo sujeito. Veja os exemplos:

    Voz ativa: o zagueiro executou a jogada.

    Voz passiva: a jogada foi executada **pelo zagueiro**. (*Agente da passiva*)

    Conversas foram interceptadas pela **Polícia Federal**. (Agente da passiva)

8.3 Termos acessórios da oração

Os termos acessórios da oração são: adjunto adnominal; adjunto adverbial; aposto e vocativo.

▷ **Adjunto Adnominal:** a função do adjunto adnominal é desempenhada por qualquer palavra ou expressão que, junto de um substantivo ou de uma expressão substantivada, modifica o seu sentido. Vejamos algumas palavras que desempenham tal função.
- **Artigos: as** alunas serão aprovadas.
- **Pronomes adjetivos: aquela** aluna será aprovada.
- **Numerais adjetivos: duas** alunas serão aprovadas.
- **Adjetivos:** aluno **estudioso** é aprovado.
- **Locuções adjetivas:** aluno **de gramática** passa no concurso.

▷ **Adjunto Adverbial:** o adjunto adverbial é o termo acessório (que não é exigido por elemento algum da sentença) que exprime circunstância ao verbo e, às vezes, ao adjetivo ou mesmo ao advérbio.
- **Advérbios:** os povos antigos trabalhavam mais.
- **Locuções Adverbiais:** li vários livros **durante as férias**.
- **Alguns tipos de adjuntos adverbiais:**

    Tempo: ontem, choveu muito.

    Lugar: gostaria de que me encontrasse **na esquina da padaria**.

    Modo: Alfredo executou a aria **fantasticamente**.

    Meio: fui para a escola **a pé**.

    Causa: por amor, cometem-se loucuras.

    Instrumento: quebrou a **vidraça com uma pedra**.

    Condição: se estudar muito, será aprovado.

    Companhia: faremos sucesso **com essa banda**.

▷ **Aposto:** o aposto é o termo sintático que, possuindo equivalência semântica, esclarece seu referente. Tipos de aposto:

    Explicativo: Alencar, **escritor romântico**, possui uma obra vastíssima.

    Resumitivo ou recapitulativo: estudo, esporte, cinema, **tudo** o chateava.

    Enumerativo: preciso de duas coisas: **saúde e dinheiro**.

    Especificativo: a notícia foi publicada na revista **Veja**.

    Distributivo: havia grupos interessados: **o da direita e o da esquerda**.

    Oracional: desejo só uma coisa: **que vocês passem no concurso**.

    Vocativo: é uma interpelação, é um chamamento. Normalmente, indica com quem se fala.

▷ **Ó mar**, por que não me levas contigo?
- Vem, **minha amiga**, abraçar um vitorioso.

8.4 Período composto

O período composto possui dois processos: coordenação e subordinação.
- **Coordenação:** ocorre quando são unidas orações independentes sintaticamente. Ou seja, são autônomas do ponto de vista estrutural. Vamos a um exemplo:
    - Altamiro pratica esportes e estuda muito.
- **Subordinação:** ocorre quando são unidas orações que possuem dependência sintática. Ou seja, não estão completas em sua estrutura. O processo de subordinação ocorre de três maneiras:
    - **Substantiva:** quando a oração desempenhar a função de um substantivo na sentença (**sujeito, predicativo, objeto direto, objeto indireto, complemento nominal ou aposto**).
    - **Adjetiva:** quando a oração desempenhar a função de adjunto adnominal na sentença.
    - **Adverbial:** quando a oração desempenhar a função de adjunto adverbial na sentença.

    Eu quero **que vocês passem no concurso**. (Oração subordinada substantiva objetiva direta – a função de objeto direto está sendo desempenhada pela oração)

    O Brasil, **que é um belíssimo país**, possui vegetação exuberante. (Oração subordinada adjetiva explicativa)

    Quando José entrou na sala, Manoel saiu. (Oração subordinada adverbial temporal)

SINTAXE BÁSICA

8.4.1 Processo de coordenação

Há dois tipos de orações coordenadas: **assindéticas** e **sindéticas**.

- **Assindéticas:**

O nome vem da palavra grega *sýndetos*, que significa conjunção, união. Ou seja, oração que não possui conjunção quando está colocada ao lado de outra.

> Valdevino **correu (oração coordenada assindética)**, **correu (oração coordenada assindética)**, **correu (oração coordenada assindética)** o dia todo.

Perceba que não há conjunções para ligar os verbos, ou seja, as orações estão colocadas uma ao lado da outra sem síndeto, portanto, são **orações coordenadas assindéticas**.

- **Sindéticas:**

Contrariamente às assindéticas, as sindéticas possuem conjunção para exprimir uma relação lógico-semântica. Cada oração recebe o nome da conjunção que a introduz. Por isso é necessário decorar as conjunções.

- **Aditivas:** são introduzidas pelas conjunções e, nem, mas também, também, como (após "não só"), como ou quanto (após "tanto"), mais etc., dando a ideia de adição à oração anterior.

> A seleção brasileira venceu a Dinamarca / **e empatou com a Inglaterra**. (Oração coordenada assindética / **oração coordenada sindética aditiva**)

- **Adversativas:** são introduzidas pelas conjunções: mas, porém, todavia, contudo, entretanto, no entanto, não obstante, senão, apesar disso, embora etc., indicando uma relação de oposição à sentença anterior.

> O time batalhou muito, / **mas não venceu o adversário**. (Oração coordenada assindética / **oração coordenada sindética adversativa**)

- **Alternativas:** são introduzidas pelas conjunções ou... ou, ora... ora, já... já, quer... quer, seja... seja, nem... nem etc., indicando uma relação de alternância entre as sentenças.

> Ora estuda, / ora trabalha. (**Oração coordenada sindética alternativa / oração coordenada sindética alternativa**)

- **Conclusivas:** são introduzidas pelas conjunções: pois (posposto ao verbo), logo, portanto, então, por conseguinte, por consequência, assim, desse modo, destarte, com isso, por isto, consequentemente, de modo que, indicando uma relação de conclusão do período anterior.

> Comprei a carne e o carvão, / **portanto podemos fazer o churrasco**. (Oração coordenada assindética / **oração coordenada sindética conclusiva**)

> Estou muito doente, / **não posso, pois, ir à aula**. (Oração coordenada assindética / **oração coordenada sindética conclusiva**)

- **Explicativas:** são introduzidas pelas conjunções que, porque, porquanto, por, portanto, como, pois (anteposta ao verbo), ou seja, isto é, indicando uma relação de explicação para com a sentença anterior.

> Não converse, / **pois estou estudando**. (Oração coordenada assindética / **oração coordenada sindética explicativa**)

8.4.2 Processo de subordinação

As orações subordinadas substantivas se dividem em seis tipos, introduzidas, geralmente, pelas conjunções "**que**" e "**se**".

- **Subjetiva:** exerce função de sujeito do verbo da oração principal.

> É interessante / **que todos joguem na loteria**. (Oração principal / **oração subordinada substantiva subjetiva**)

- **Objetiva direta:** exerce função de objeto direto.

> Eu quero / **que você entenda a matéria**. Quem quer, quer algo ou alguma coisa. (Oração principal / **oração subordinada substantiva objetiva direta**)

- **Objetiva indireta:** exerce função de objeto indireto.

> Os alunos necessitam / **de que as explicações fiquem claras**. Quem necessita, necessita de algo. (Oração principal / **oração subordinada substantiva objetiva indireta**)

- **Predicativa:** exerce função de predicativo.

> O bom é / **que você faça exercícios todos os dias**. (Oração principal / **oração subordinada substantiva predicativa**)

- **Completiva nominal:** exerce função de complemento nominal de um nome da oração principal.

> Jonas tem vontade / **de que alguém o mande calar a boca**. (Oração principal / **oração subordinada substantiva completiva nominal**)

- **Apositivas:** possuem a função de aposto da sentença principal, geralmente são introduzidas por dois-pontos (:).

> Eu quero apenas isto: / **que você passe no concurso**. (Oração principal / **oração subordinada substantiva apositiva**)

- **Orações subordinadas adjetivas:** dividem-se em dois tipos. Quando desenvolvidas, são introduzidas por um pronome relativo.

O nome oração subordinada adjetiva se deve ao fato de ela desempenhar a mesma função de um adjetivo na oração, ou seja, a função de adjunto adnominal. Na Gramática de Portugal, são chamadas de orações relativas pelo fato de serem introduzidas por pronome relativo.

- **Restritivas:** restringem a informação da oração principal. Não possuem vírgulas.

> O homem / **que mora ao lado** / é mal-humorado. (Oração principal / **oração subordinada adjetiva restritiva** / oração principal)

Para entender basta perguntar: qualquer homem é mal-humorado? Não. Só o que mora ao lado.

- **Explicativas:** explicam ou dão algum esclarecimento sobre a oração principal.

> João, / **que é o ex-integrante da comissão**, / chegou para auxiliar os novos contratados. (Oração principal / **oração subordinada adjetiva explicativa** / oração principal)

- **Orações subordinadas adverbiais:** dividem-se em nove tipos. Recebem o nome da conjunção que as introduz. Nesse caso, teremos uma principal (que não está negritada) e uma subordinada adverbial (que está em negrito).

Essas orações desempenham a função de adjunto adverbial da oração principal.

- **Causais:** exprimem a causa do fato que ocorreu na oração principal. Introduzidas, principalmente, pelas conjunções porque, visto que, já que, uma vez que, como que, como.

> **Já que precisamos de dinheiro**, vamos trabalhar.

- **Comparativas:** representam o segundo termo de uma comparação. Introduzidas, na maior parte dos casos, pelas conjunções que, do que, como, assim como, (tanto) quanto.

> Tiburcina fala **como uma gralha** (fala - o verbo está elíptico).

- **Concessivas:** indica uma concessão entre as orações. Introduzidas, principalmente, pelas conjunções embora, a menos que, ainda que, posto que, conquanto, mesmo que, se bem que, por mais que, apesar de que. Fique de olho na relação da conjunção com o verbo.

> **Embora não tivesse tempo disponível**, consegui estudar.

52

- **Condicionais:** expressa ideia de condição. Introduzidas, principalmente, pelas conjunções se, salvo se, desde que, exceto, caso, desde, contanto que, sem que, a menos que.

    Se ele não se defender, acabará como "boi-de-piranha" no caso.

- **Conformativas:** exprimem acordo, concordância entre fatos ou ideias. Introduzidas, principalmente, pelas conjunções como, consoante, segundo, conforme, de acordo com etc.

    Realize as atividades **conforme eu expliquei**.

- **Consecutivas:** indicam a consequência ou o efeito daquilo que se diz na oração principal. Introduzidas, principalmente, pelas conjunções que (precedida de tal, tão, tanto, tamanho), de sorte que, de modo que.

    Estudei tanto, **que saiu sangue dos olhos**.

- **Finais:** exprimem finalidade da ação primeira. Introduzidas, em grande parte dos casos, pelas conjunções para que, a fim de que, que e porque.

    Estudei muito **para que pudesse fazer a prova**.

- **Proporcionais:** expressa uma relação de proporção entre as orações. Introduzidas, principalmente, pelas conjunções (locuções conjuntivas) à medida que, quanto mais... mais, à proporção que, ao passo que, quanto mais.

    - José piorava, **à medida que abandonava seu tratamento**.

- **Temporais:** indicam circunstância de tempo. Introduzidas, principalmente, pelas conjunções quando, antes que, assim que, logo que, até que, depois que, mal, apenas, enquanto etc.

    Logo que iniciamos o trabalho os alunos ficaram mais tranquilos.

CONCORDÂNCIA VERBAL E NOMINAL

9 CONCORDÂNCIA VERBAL E NOMINAL

Trata-se do processo de flexão dos termos a fim de se relacionarem harmoniosamente na frase. Quando se pensa sobre a relação do verbo com os demais termos da oração, o estudo focaliza a concordância verbal. Quando a análise se volta para a relação entre pronomes, substantivos, adjetivos e demais termos do grupo nominal, diz-se que o foco é concordância nominal.

9.1 Concordância verbal

9.1.1 Regra geral

O verbo concorda com o sujeito em número e pessoa.
> O **primeiro-ministro** russo **acusou** seus inimigos.
> Dois **parlamentares rebateram** a acusação.
> **Contaram**-se **mentiras** no telejornal.
> **Vós sois** os responsáveis por vosso destino.

Regras para sujeito composto

▷ Anteposto se colocado antes do verbo, o verbo vai para o plural:
> **Eu e meus irmãos vamos** à praia.

▷ Posposto se colocado após o verbo, o verbo concorda com o mais próximo ou vai para o plural:
> **Morreu (morreram)**, no acidente, **o prefeito e o vereador**.

▷ Formado por pessoas (gramaticais) diferentes: plural da predominante.
> Eu, você e os alunos **estudaremos** para o concurso. (a primeira pessoa é a predominante, por isso, o verbo fica na primeira pessoa do plural).

▷ Com núcleos em correlação, a concordância se dá com o mais próximo ou fica no plural:
> O professor assim como o monitor **auxilia(m)** os estudantes.

▷ **Ligado por NEM o verbo concordará:**
  • No singular: se houver exclusão.
> Nem Josias nem Josué **percebeu** o perigo iminente.
  • No singular: quando se pretende individualizar a ação, aludindo a um termo em específico.
> Nem os esportes nem a leitura **o entretém**.
  • No plural: quando não houver exclusão, ou seja, quando a intenção for aludir ao sujeito em sua totalidade.
> Nem a minha rainha nem o meu mentor **serão** tão convincentes a ponto de me fazerem mudar de ideia.

▷ **Ligado por COM o verbo concorda com o antecedente do COM ou vai para o plural:**
> O vocalista com os demais integrantes da banda **realizaram (realizou)** o show.

▷ **Ligado por OU o verbo fica no singular (se houver exclusão) ou no plural (se não houver exclusão):**
> Ou Pedro Amorim ou Jurandir Leitão **será** eleito vereador da cidade.
> O aviso ou o ofício **deveriam** ser expedidos antes da data prevista.

▷ **Se o sujeito for construído com os termos:** um e outro, nem um nem outro, o verbo fica no singular ou plural, dependendo do sentido pretendido.
> Um e outro **passou (passaram)** no concurso.
> Um ou outro: verbo no singular.
> Um ou outro fez a lição.

▷ **Expressões partitivas seguidas de nome plural:** verbo no singular ou plural.
> A maior parte das pessoas **fez (fizeram)** o exercício recomendado.

▷ **Coletivo geral:** verbo no singular.
> O cardume **nadou** rio acima.

▷ **Expressões que indicam quantidade aproximada seguida de numeral:** o verbo concorda com o substantivo.
> Aproximadamente 20% dos eleitores **compareceram** às urnas.
> Aproximadamente 20% do eleitorado **compareceu** às urnas.

▷ **Pronomes (indefinidos ou interrogativos) seguidos dos pronomes "nós" e/ou "vós":** o verbo fica no singular ou plural.
> Quem de nós **fará (faremos)** a diferença?

▷ **Palavra QUE (pronome relativo):** o verbo concorda com o antecedente do pronome "que".
> Fui eu que **fiz** a diferença.

▷ **Palavra QUEM:** verbo na 3ª pessoa do singular.
> Fui eu *quem* **fez** a diferença.

Pela repetida utilização errônea, algumas gramáticas já toleram a concordância do verbo com a pessoa gramatical distinta da terceira, no caso de se utilizar um pronome pessoal como antecedente do "quem".

▷ **Um dos que:** verbo no singular ou plural.
> Ele foi *um dos que* **fez (fizeram)** a diferença.

▷ **Palavras sinônimas:** verbo concorda com o mais próximo ou fica no plural.
> A ruindade, a maldade, a vileza **habita (habitam)** a alma do ser humano.

▷ **Quando os verbos estiverem acompanhados da palavra "SE":** fique atento à função da palavra "SE".
  • **SE na função de pronome apassivador:** o verbo concorda com o sujeito paciente.
> **Vendem**-se casas e sobrados em Alta Vista.
> **Presenteou**-se o aluno aplicado com uma gramática.
  • **SE na função de índice de indeterminação do sujeito:** o verbo fica sempre na 3ª pessoa do singular.
> **Precisa**-se de empregados com capacidade de aprender.
> **Vive**-se muito bem na riqueza.

A dica é ficar de olho na transitividade do verbo. Se o verbo for VTI, VI ou VL, o termo "SE" será índice de indeterminação do sujeito.

▷ **Casos de concordância com o verbo "ser":**
  • **Quando indicar tempo ou distância:** concorda com o predicativo.
> Amanhã **serão** 7 de fevereiro.
> **São** 890 quilômetros daqui até Florianópolis.
  • **Quando houver sujeito que indica quantidade e predicativo que indica suficiência ou excesso:** concorda com o predicativo.
> Vinte milhões **era** muito por aquela casa.
> Sessenta centavos **é** pouco por aquele lápis.
  • **O verbo "dar", no sentido de "bater" ou "soar", acompanhado do termo "hora(s)":** concorda com o sujeito.
> **Deram** cinco horas no relógio do juiz.
> **Deu** cinco horas o relógio juiz.
  • **Verbo "parecer" somado a infinitivo:** flexiona-se um dos dois.
> Os alunos **pareciam** estudar novos conteúdos.
> Os alunos **pareciam estudarem** novos conteúdos.

54

- **Quando houver sujeito construído com nome no plural,** com artigo no singular ou sem artigo: o verbo fica no singular.

    Memórias Póstumas de Brás Cubas **continua** sendo lido por jovens estudantes.

    Minas Gerais **é** um lindo lugar.

- Com artigo plural: o verbo fica no plural.

    Os Estados Unidos **aceitaram** os termos do acordo assinado.

9.2 Concordância nominal

A concordância nominal está relacionada aos termos do grupo nominal. Ou seja, relaciona-se com o substantivo, o pronome, o artigo, o numeral e o adjetivo. Vamos à regra geral para a concordância.

9.2.1 Regra geral

O artigo, o numeral, o adjetivo e o pronome adjetivo devem concordar com o substantivo a que se referem em gênero e número.

Meu belíssimo e **antigo** carro **amarelo** quebrou, ontem, em **uma** rua **estreita.**

Os termos destacados acima, mantém uma relação harmoniosa com o núcleo de cada expressão. Relação essa que se estabelece em questões de gênero e de número.

A despeito de a regra geral dar conta de grande parte dos casos de concordância, devemos considerar a existência de casos particulares, que merecem atenção.

9.2.2 Casos que devem ser estudados

Dependendo da intencionalidade de quem escreve, pode-se realizar a concordância atrativa, primando por concordar com apenas um termo de uma sequência ou com toda a sequência. Vejamos:

Vi um carro e uma **moto** *vermelha*. (concordância apenas com o termo "moto")

Vi um carro e uma **moto** *vermelhos*. (concordância com ambos os elementos)

A palavra "**bastante**", por exemplo, varia de acordo com o contexto. Se "bastante" é pronome adjetivo, será variável; se for advérbio (modificando o verbo), será invariável, ou seja, não vai para o plural.

Há *bastantes* **motivos** para sua ausência. (adjetivo)

Os alunos **falam** *bastante*. (advérbio)

Troque a palavra "bastante" por "muito". Se "muito" for para o plural, "bastante" também irá.

Anexo, incluso, apenso, obrigado, mesmo, próprio: são adjetivos que devem concordar com o substantivo a que se referem.

O *relatório* segue **anexo** ao documento.

Os *documentos* irão **apensos** ao relatório.

A expressão "em anexo" é invariável (não vai para plural nem para o feminino).

As planilhas irão **em anexo.**

É bom, é necessário, é proibido, é permitido: variam somente se o sujeito vier antecedido de um artigo ou outro termo determinante.

Maçã **é bom** para a voz. / A maçã **é boa** para a voz.

É necessário **aparecer** na sala. / É necessária **sua aparição** na sala.

"**Menos**" e "**alerta**" são sempre invariáveis, contanto que respeitem sua classe de origem - advérbio: se forem derivadas para substantivo, elas poderão variar.

Encontramos **menos** alunos na escola. / Encontramos **menos** alunas na escola.

O policial ficou **alerta**. / Os policiais ficaram **alerta**.

"**Só**" e "**sós**" variam apenas quando forem adjetivos: quando forem advérbios, serão invariáveis.

Pedro apareceu **só** (sozinho) na sala. / Os meninos apareceram **sós** (sozinhos) na sala. (adjetivo)

Estamos **só** (somente) esperando sua decisão. (advérbio)

- A expressão "a sós" é invariável.

    A menina ficou **a sós** com seus pensamentos.

Troque "só" por "sozinho" (vai para o plural) ou "somente" (fica no singular).

REGÊNCIA VERBAL E NOMINAL

10 REGÊNCIA VERBAL E NOMINAL

Regência é a parte da Gramática Normativa que estuda a relação entre dois termos, verificando se um termo serve de complemento a outro e se nessa complementação há uma preposição.

Dividimos a regência em:
- Regência verbal (ligada aos verbos).
- Regência nominal (ligada aos substantivos, adjetivos ou advérbios).

10.1 Regência verbal

Deve-se analisar, nesse caso, a necessidade de complementação, a presença ou ausência da preposição e a possibilidade de mudança de sentido do texto.

Vamos aos casos:
- **Agradar e desagradar:** são transitivos indiretos (com preposição a) nos sentidos de satisfazer, contentar.
    A biografia de Aníbal Machado **agradou/desagradou** à maioria dos leitores.
    A criança **agradava** ao pai por ser muito comportada.
- **Agradar:** pode ser transitivo direto (sem preposição) se significar acariciar, afagar.
    Agradar a esposa.
    Pedro passava o dia todo **agradando** os seus gatos.
- **Agradecer:** transitivo direto e indireto, com a preposição a, no sentido de demonstrar gratidão a alguém.
    Agradecemos a Santo Antônio o milagre alcançado.
    Agradecemos-lhes a benesse concedida.

O verbo em questão também pode ser transitivo direto no sentido de mostrar gratidão por alguma coisa:
    Agradeço a dedicação de todos os estudantes.
    Os pais **agradecem** a dedicação dos professores para com os alunos.
- **Aspirar:** é transitivo indireto (preposição "a") nos sentidos de desejar, pretender ou almejar.
    Sempre **aspirei** a um cargo público.
    Manoel **aspirava** a ver novamente a família na Holanda.
- **Aspirar:** é transitivo direto na acepção de inalar, sorver, tragar, ou seja, mandar para dentro.
    Aspiramos o perfume das flores.
    Vimos a empregada **aspirando** a poeira do sofá.
- **Assistir:** é transitivo direto no sentido de ajudar, socorrer etc.
    O professor **assistia** o aluno.
    Devemos **assistir** os mais necessitados.
- **Assistir:** é transitivo indireto (complemento regido pela preposição "a") no sentido de ver ou presenciar.
    Assisti ao comentário da palestra anterior.
    Você deve **assistir** às aulas do professor!
- **Assistir:** é transitivo indireto (complemento regido pela preposição "a") no sentido de "ser próprio de", "pertencer a".
    O direito à vida **assiste** ao ser humano.
    Esse comportamento **assiste** às pessoas vitoriosas.
- **Assistir:** é intransitivo no sentido de morar ou residir.
    Maneco **assistira** em Salvador.
- **Chegar:** é verbo intransitivo e possui os adjuntos adverbiais de lugar introduzidos pela preposição "a".
    Chegamos a Cascavel pela manhã.
    Este é o ponto a que pretendia **chegar**.

Caso a expressão indique posição em um deslocamento, admite-se a preposição em:
    Cheguei no trem à estação.
Os verbos ir e vir têm a mesma regência de chegar:
    Nós **iremos** à praia amanhã.
    Eles **vieram** ao cursinho para estudar.
- **Custar no sentido de** ter valor ou preço: verbo transitivo direto.
    O avião **custa** 100 mil reais.
- **Custar no sentido de** ter como resultado certa perda ou revés é verbo transitivo direto e indireto:
    Essa atitude **custou**-lhe a vida.
- **Custar no sentido de** ser difícil ou trabalhoso é intransitivo:
    Custa muito entender esse raciocínio.
- **Custar no sentido de** levar tempo ou demorar é intransitivo:
    Custa a vida para aprender a viver.
- **Esquecer/lembrar:** possuem a seguinte regra – se forem pronominais, terão complemento regido pela preposição "de"; se não forem, não haverá preposição.
    Lembrei-**me de** seu nome.
    Esqueci-**me de** seu nome.
    Lembrei seu nome.
    Esqueci seu nome.
- **Gostar:** é transitivo indireto no sentido de apreciar (complemento introduzido pela preposição "de").
    Gosto de estudar.
    Gosto muito de minha mãe.
- **Gostar:** como sinônimo de experimentar ou provar é transitivo direto.
    Gostei a sobremesa apenas uma vez e já adorei.
    Gostei o chimarrão uma vez e não mais o abandonei.
- **Implicar** pode ser:
    - **Transitivo direto** (sentido de acarretar):
        Cada escolha **implica** uma renúncia.
    - **Transitivo direto e indireto** (sentido de envolver alguém em algo):
        Implicou a irmã no crime.
    - **Transitivo indireto** (sentido de rivalizar):
        Joana estava **implicando** com o irmão menor.
- **Informar:** é bitransitivo, ou seja, é transitivo direto e indireto. Quem informa, informa:
    Algo a alguém: **informei** o acontecido para Jonas.
    Alguém de algo: **informei**-o do acontecido.
    Alguém sobre algo: **informei**-o sobre o acontecido.
- **Morar/residir:** verbos intransitivos (ou, como preconizam alguns dicionários, transitivo adverbiado), cujos adjuntos adverbiais de lugar são introduzidos pela preposição "em".
    José **mora** em Alagoas.
    Há boas pessoas **residindo** em todos os estados do Brasil.
- **Obedecer:** é um verbo transitivo indireto.
    Os filhos **obedecem** aos pais.
    Obedeça às leis de trânsito.
Embora transitivo indireto, admite forma passiva:
    Os pais são obedecidos pelos filhos.
O antônimo "desobedecer" também segue a mesma regra.
- **Perdoar:** é transitivo direto e indireto, com objeto direto de coisa e indireto de pessoa.
    Jesus **perdoou** os pecados aos pecadores.
    Perdoava-lhe a desconsideração.

56

Perdoar admite a voz passiva:

Os pecadores foram perdoados por Deus.

- **Precisar:** é transitivo indireto (complemento regido pela preposição de) no sentido de "necessitar".

    Precisaremos de uma nova Gramática.

- **Precisar:** é transitivo direto no sentido de indicar com precisão.

    Magali não soube **precisar** quando o marido voltaria da viagem.

- **Preferir:** é um verbo bitransitivo, ou seja, é transitivo direto e indireto, sempre exigindo a preposição a (preferir alguma coisa à outra).

    Adelaide **preferiu** o filé ao risoto.

    Prefiro estudar a ficar em casa descansando.

    Prefiro o sacrifício à desistência.

É incorreto reforçar o verbo "preferir" ou utilizar a locução "do que".

- **Proceder:** é intransitivo na acepção de "ter cabimento":

    Suas críticas são vazias, não **procedem**.

- **Proceder:** é também intransitivo na acepção de "portar-se":

Todas as crianças **procederam** bem ao lavarem as mãos antes do lanche.

- **Proceder:** no sentido de "ter procedência" é utilizado com a preposição de:

    Acredito que a dúvida **proceda** do coração dos curiosos.

- **Proceder:** é transitivo indireto exigindo a preposição a no sentido de "dar início":

    Os investigadores **procederam** ao inquérito rapidamente.

- **Querer:** é transitivo direto no sentido de "desejar":

    Eu **quero** um carro novo.

- **Querer:** é transitivo indireto (com o complemento de pessoa) no sentido de "ter afeto":

    Quero muito a meus alunos que são dedicados.

- **Solicitar:** é utilizado, na maior parte dos casos, como transitivo direto e indireto. Nada impede, entretanto, que se construa como transitivo direto.

    O juiz **solicitou** as provas ao advogado.

    Solicito seus documentos para a investidura no cargo.

- **Visar:** é transitivo direto na acepção de mirar.

    O atirador **visou** o alvo e disparou um tiro certeiro.

- **Visar:** é transitivo direto também no sentido de "dar visto", "assinar".

    O gerente havia **visado** o relatório do estagiário.

- **Visar:** é transitivo indireto, exigindo a preposição a, na acepção de "ter em vista", "pretender", "almejar".

    Pedro **visava** ao amor de Mariana.

    As regras gramaticais **visam** à uniformidade da expressão linguística.

10.2 Regência nominal

Alguns nomes (substantivos, adjetivos e advérbios) são comparáveis aos verbos transitivos indiretos: precisam de um complemento introduzido por uma preposição.

Acompanhemos os principais termos que exigem regência especial.

SUBSTANTIVO		
Admiração a, por	Devoção a, para, com, por	Medo a, de
Aversão a, para, por	Doutor em	Obediência a
Atentado a, contra	Dúvida acerca de, em, sobre	Ojeriza a, por
Bacharel em	Horror a	Proeminência sobre
Capacidade de, para	Impaciência com	Respeito a, com, para com, por
Exceção a	Excelência em	Exatidão de, em
Dissonância entre	Divergência com, de, em, entre, sobre	Referência a
Alusão a	Acesso a	Menção a

ADJETIVOS		
Acessível a	Diferente de	Necessário a
Acostumado a, com	Entendido em	Nocivo a
Afável com, para com	Equivalente a	Paralelo a
Agradável a	Escasso de	Parco em, de
Alheio a, de	Essencial a, para	Passível de
Análogo a	Fácil de	Preferível a
Ansioso de, para, por	Fanático por	Prejudicial a
Apto a, para	Favorável a	Prestes a
Ávido de	Generoso com	Propício a
Benéfico a	Grato a, por	Próximo a
Capaz de, para	Hábil em	Relacionado com
Compatível com	Habituado a	Relativo a
Contemporâneo a, de	Idêntico a	Satisfeito com, de, em, por
Contíguo a	Impróprio para	Semelhante a
Contrário a	Indeciso em	Sensível a
Curioso de, por	Insensível a	Sito em
Descontente com	Liberal com	Suspeito de
Desejoso de	Natural de	Vazio de
Distinto de, em, por	Dissonante a, de, entre	Distante de, para

ADVÉRBIOS		
Longe de	Perto de	Relativamente a
Contemporaneamente a	Impropriamente a	Contrariamente a

É provável que você encontre muitas listas com palavras e suas regências, porém a maneira mais eficaz de se descobrir a regência de um termo é fazer uma pergunta para ele e verificar se, na pergunta, há uma preposição. Havendo, descobre-se a regência.

- A descoberta era **acessível** a todos.

Faz-se a pergunta: algo que é acessível é acessível? (a algo ou a alguém). Descobre-se, assim, a regência de acessível.

11 PARALELISMO

Ocorre quando há uma sequência de expressões com estrutura idêntica.

11.1 Paralelismo sintático

O paralelismo sintático é possível quando a estrutura de termos coordenados entre si é idêntica. Nesse caso, entende-se que "termos coordenados entre si" são aqueles que desempenham a mesma função sintática em um período ou trecho.

João comprou **balas** e **biscoitos**.

Perceba que "balas" e "biscoitos" têm a mesma função sintática (objeto direto). Além disso, ambas são expressões nominais. Assim, apresentam, na sentença, uma estrutura sintática idêntica.

Os formandos **estão pensando na carreira, isto é, no futuro**.

Tanto "na carreira" quanto "no futuro" são complementos do verbo pensar. Ademais, as duas expressões são formadas por preposição e substantivo.

11.2 Paralelismo semântico

Estrutura-se pela coerência entre as informações.

Lucélia **gosta de maçã e de pera**.

Percebe-se que há uma relação semântica entre maçã e pera, pois ambas são frutas.

Lucélia **gosta de livros de ação e de pizza**.

Observa-se que os termos "livros de ação" e "pizza" não possuem sentidos semelhantes que garantam a sequência lógica esperada no período.

LÍNGUA PORTUGUESA

12 COLOCAÇÃO PRONOMINAL

Esta parte do conteúdo é relativa ao estudo da posição dos pronomes oblíquos átonos em relação ao verbo. Antes de iniciar o estudo, memorize os pronomes em questão.

PRONOMES OBLÍQUOS ÁTONOS
me
te
o, a, lhe, se
nos
vos
os, as, lhes, se

Quatro casos de colocação:
- **Próclise** (anteposto ao verbo):
    Nunca **o** vi.
- **Mesóclise** (medial em relação ao verbo):
    Dir-**te**-ei algo.
- **Ênclise** (posposto ao verbo):
    Passa-**me** a resposta.
- **Apossínclise** (intercalação de uma ou mais palavras entre o pronome e o verbo):
    - Talvez tu **me** já não creias.

12.1 Regras de próclise

- Palavras ou expressões negativas:
    Não **me** deixe aqui neste lugar!
    Ninguém **lhe** disse que seria fácil.
- Pronomes relativos:
    O material de que **me** falaste é muito bom.
    Eis o conteúdo que **me** causa nojo.
- Pronomes indefinidos:
    Alguém **me** disse que você vai ser transferido.
    Tudo **me** parece estranho.
- Conjunções subordinativas:
    Confiei neles, assim que **os** conheci.
    Disse que **me** faltavam palavras.
- Advérbios:
    Sempre **lhe** disse a verdade.
    Talvez **nos** apareça a resposta para essa questão.
- Pronomes interrogativos:
    Quem **te** contou a novidade?
    Que **te** parece essa situação?
- "Em + gerúndio"
    Em **se** tratando de Gramática, eu gosto muito!
    Nesta terra, em **se** plantando, tudo há de nascer.
- Particípio
    Ele havia avisado-**me**. (errado)
    Ele **me** havia avisado. (certo)
- Sentenças optativas:
    Deus **lhe** pague!
    Deus **o** acompanhe!

12.2 Regras de mesóclise

Emprega-se o pronome oblíquo átono no meio da forma verbal, quando ela estiver no futuro do presente ou no futuro simples do pretérito do indicativo.
    Chamar-**te**-ei, quando ele chegar.
    Se houver tempo, contar-**vos**-emos nossa aventura.
    Contar-**te**-ia a novidade.

12.3 Regras de ênclise

Não se inicia sentença, em Língua Portuguesa, por pronome oblíquo átono. Ou seja, o pronome átono não deve ficar no início da frase.
Formas verbais:
- Do **infinitivo impessoal** (precedido ou não da preposição "a");
- Do **gerúndio**;
- Do **imperativo afirmativo**:
    Alcança-**me** o prato de salada, por favor!
    Urge obedecer-**se** às leis.
    O garoto saiu da sala desculpando-**se**.
    Tratando-**se** desse assunto, não gosto de pensar.
    Dá-**me** motivos para estudar.

Se o gerúndio vier precedido da preposição "em", deve-se empregar a próclise.
    Em **se** tratando de Gramática, eu gosto muito.

12.4 Casos facultativos

Sujeito expresso, próximo ao verbo.
    O menino se machucou (**-se**).
    Eu **me** refiro (**-me**) ao fato de ele ser idiota.
Infinitivo antecedido de "não" ou de preposição.
    Sabemos que não se habituar (**-se**) ao meio causa problemas.
    O público o incentivou a se jogar (**-se**) do prédio.

CRASE

13 CRASE

O acento grave é solicitado nas palavras quando há a união da preposição "a" com o artigo (ou a vogal dependendo do caso) feminino "a" ou com os pronomes demonstrativos (aquele, aquela, aquilo e "a").

- Mário foi **à** festa ontem.
    Tem-se o "a" preposição e o "a" artigo feminino.
    Quem vai, vai a algum lugar. "Festa" é palavra feminina, portanto, admite o artigo "a".
- Chegamos **àquele** assunto (a + aquele).
- A gravata que eu comprei é semelhante **à** que você comprou (a + a).

Decore os casos em que não ocorre crase, pois a tendência da prova é perguntar se há crase ou não. Sabendo os casos proibitivos, fica muito fácil.

13.1 Crase proibitiva

Não se pode usar acento grave indicativo de crase:

- Antes de palavras masculinas.
    Fez uma pergunta **a** Mário.
- Antes de palavras de sentido indefinido.
    Não vai **a** festas, **a** reuniões, **a** lugar algum.
- Antes de verbos.
    Todos estão dispostos **a** colaborar.
- Antes de pronomes pessoais.
    Darei um presente **a ela**.
- Antes de nomes de cidade, estado ou país que não utilizam o artigo feminino.
    Fui **a** Cascavel.
    Vou **a** Pequim.
- Antes da palavra "casa" quando tem significado de próprio lar, ou seja, quando ela aparecer indeterminada na sentença.
    Voltei a casa, pois precisava comer algo.

> Quando houver determinação da palavra casa, ocorrerá crase.
> "Voltei à casa de meus pais."

- Da palavra "terra" quando tem sentido de solo.
    Os tripulantes vieram a terra.

> A mesma regra da palavra "casa" se aplica à palavra terra.

- De expressões com palavras repetidas.
    Dia a dia, mano a mano, face a face, cara a cara etc.
- Diante de numerais cardinais referentes a substantivos que não estão determinados pelo artigo.
    Assistirei a duas aulas de Língua Portuguesa.

> No caso de locuções adverbiais que exprimem hora determinada e nos casos em que o numeral estiver precedido de artigo, acentua-se:
> "Chegamos às oito horas da noite."
> "Assisti às duas sessões de ontem."

> No caso dos numerais, há uma dica para facilitar o entendimento dos casos de crase. Se houver o "a" no singular e a palavra posterior no plural, não ocorrerá o acento grave. Do contrário, ocorrerá.

13.2 Crase obrigatória

Deve-se usar acento grave indicativo de crase:

- Antes de locução adverbial feminina.
    À noite, à tarde, às pressas, às vezes, à farta, à vista, à hora certa, à esquerda, à direita, à toa, às sete horas, à custa de, à força de, à espera de, à vontade, à toa.
- Antes de termos femininos ou masculinos com sentido da expressão "à moda de" ou "ao estilo de".
    Filé à milanesa, servir à francesa, brigar à portuguesa, gol à Pelé, conto à Machado de Assis, discurso à Rui Barbosa etc.
- Antes de locuções conjuntivas proporcionais.
    À medida que, à proporção que.
- Antes de locuções prepositivas.
    À procura de, à vista de, à margem de, à beira de, à custa de, à razão de, à mercê de, à maneira de etc.
- Para evitar ambiguidade: receberá o acento o termo afetado pela ação do verbo (objeto direto preposicionado).
    Derrubou a menina **à panela**.
    Matou a vaca **à cobra**.
    Diante da palavra distância quando houver determinação da distância em questão:
    Achava-se à **distância de cem** (ou de alguns) **metros**.
- Antes das formas de tratamento "senhora", "senhorita" e "madame" = não há consenso entre os gramáticos, no entanto, opta-se pelo uso.
    Enviei lindas flores **à senhorita**.
    Josias remeteu uma carta **à senhora**.

13.3 Crase facultativa

- Após a preposição até.
    As crianças foram até **à escola**.
- Antes de pronomes possessivos femininos.
    Ele fez referência **à nossa causa!**
- Antes de nomes próprios femininos.
    Mandei um SMS **à Joaquina**.
- Antes da palavra "Dona".
    Remeti uma carta à **Dona Benta**.
    Não se usa crase antes de nomes históricos ou sagrados.
    O padre fez alusão a Nossa Senhora.
    Quando o professor fez menção a Joana D'Arc, todos ficaram entusiasmados.

60

LÍNGUA PORTUGUESA

14 PONTUAÇÃO

A pontuação assinala a melodia de nossa fala, ou seja, as pausas, a ênfase etc.

14.1 Principais sinais e usos

14.1.1 Vírgula

É o sinal mais importante para concurso público.

Usa-se a vírgula para:

- Separar termos que possuem mesma função sintática no período.

  José, **Maria**, **Antônio** e **Joana** foram ao mercado. (Função de núcleo do sujeito).

- Isolar o vocativo.

  Então, **minha cara**, não há mais o que se dizer!

- Isolar um aposto explicativo (cuidado com essa regra, veja que não há verbo no aposto explicativo).

  O João, **ex-integrante da comissão**, veio fazer parte da reunião.

- Isolar termos antecipados, como: complemento, adjunto ou predicativo.

  Na semana passada, comemos camarão no restaurante português. (Antecipação de adjunto adverbial).

- Separar expressões explicativas, conjunções e conectivos.

  Isto é, ou seja, por exemplo, além disso, pois, porém, mas, no entanto, assim etc.

- Separar os nomes dos locais de datas.

  Cascavel, 2 de maio de 2012.

- Isolar orações adjetivas explicativas (pronome relativo + verbo + vírgula).

  O Brasil, **que é um belíssimo país**, possui ótimas praias.

- Separar termos de uma enumeração.

  Vá ao mercado e traga **cebola**, **alho**, **sal**, **pimenta e coentro**.

- Separar orações coordenadas.

  Esforçou-se muito, **mas não venceu o desafio**. (Oração coordenada sindética adversativa).

  Roubou todo o dinheiro, **e ainda apareceu na casa**. (Oração coordenada sindética aditiva).

A vírgula pode ser utilizada antes da conjunção aditiva "e" caso se queira enfatizar a oração por ela introduzida.

- Omitir um termo, elipse (no caso da elipse verbal, chamaremos "zeugma").
  - De dia era um anjo, de noite um **demônio**. (Omissão do verbo "ser").

- Separar termos de natureza adverbial deslocados dentro da sentença.

  Na semana passada, trinta alunos foram aprovados no concurso. (Locução adverbial temporal)

  Se estudar muito, você será aprovado no concurso. (Oração subordinada adverbial condicional)

14.1.2 Ponto final

Usa-se o ponto final:

- Ao final de frases para indicar uma pausa total; é o que marca o fim de um período.

  Depois de passar no concurso, comprarei um carro.

Em abreviaturas:

Sr., a. C., Ltda., num., adj., obs., máx., *bat.*, *brit.* etc.

14.1.3 Ponto e vírgula

Usam-se ponto e vírgula para:

- Separar itens que aparecem enumerados.
  - Uma boa dissertação apresenta:
    Coesão;
    Coerência;
    Progressão lógica;
    Riqueza lexical;
    Concisão;
    Objetividade;
    Aprofundamento.

- Separar um período que já se encontra dividido por vírgulas.

  Não gostava de trabalhar; queria, no entanto, muito dinheiro no bolso.

- Separar partes do texto que se equilibram em importância.

  Os pobres dão pelo pão o trabalho; os ricos dão pelo pão a fazenda; os de espíritos generosos dão pelo pão a vida; os de nenhum espírito dão pelo pão a alma. (Vieira)

  O capitalismo é a exploração do homem pelo homem; o socialismo é exatamente o contrário.

14.1.4 Dois pontos

São usados dois pontos quando:

- Se vai fazer uma citação ou introduzir uma fala.

  José respondeu:
  – Não, muito obrigado!

- Se quer indicar uma enumeração.

  Quero apenas uma coisa: que vocês sejam aprovados no concurso!

14.1.5 Aspas

São usadas aspas para indicar:

- Citação presente no texto.

  "Há distinção entre categorias do pensamento" – disse o filósofo.

- Expressões estrangeiras, neologismos, gírias.

  Na parede, haviam pintado a palavra "love". (Expressão estrangeira).

  Ficava "bailarinando", como diria Guimarães. (Neologismo).

  "Velho", esconde o "cano" aí e "deixa baixo". (Gíria).

14.1.6 Reticências

São usadas para indicar supressão de um trecho, interrupção na fala, ou dar ideia de continuidade ao que se estava falando.

[...] Profundissimamente hipocondríaco. Este ambiente me causa repugnância. Sobe-me à boca uma ânsia análoga à ânsia. Que se escapa pela boca de um cardíaco [...]

Eu estava andando pela rua quando...

Eu gostei da nova casa, mas da garagem...

14.1.7 Parênteses

- São usados quando se quer explicar melhor algo que foi dito ou para fazer simples indicações.

  Foi o homem que cometeu o crime (o assassinato do irmão).

PONTUAÇÃO

14.1.8 Travessão

- Indica a fala de um personagem.

    Ademar falou.
    Amigo, preciso contar algo para você.

- Isola um comentário no texto.

    O estudo bem realizado – **diga-se de passagem, que quase ninguém faz** – é o primeiro passo para a aprovação.

- Isola um aposto na sentença.

    A Semântica – **estudo sobre as relações de sentido** – é importantíssima para o entendimento da Língua.

- Reforçar a parte final de um enunciado.

    Para passar no concurso, é preciso estudar muito – **muito mesmo.**

14.1.9 Trocas

A banca, eventualmente, costuma perguntar sobre a possibilidade de troca de termos, portanto, atenção!

Vírgulas, travessões e parênteses, quando isolarem um aposto, podem ser trocados sem prejuízo para a sentença.

Travessões podem ser trocados por dois pontos, a fim de enfatizar um enunciado.

14.1.10 Regra de ouro

Na ordem natural de uma sentença, é proibido:

- Separar sujeito e predicado com vírgulas:

    Aqueles maravilhosos velhos ensinamentos de meu pai foram de grande utilidade. (Certo)

    Aqueles maravilhosos velhos ensinamentos de meu pai, foram de grande utilidade. (Errado)

- Separar verbo de objeto:

    "O presidente do maravilhoso país chamado Brasil assinou uma lei importante. (Certo)

    O presidente do maravilhoso país chamado Brasil assinou, uma lei importante. (Errado)

15 PARÁFRASE

Parafrasear, em sentido lato, significa reescrever uma sequência de texto sem alterar suas informações originais. Isso quer dizer que o texto resultante deve apresentar o mesmo sentido do texto original, modificando, evidentemente, apenas a ordem frasal ou o vocabulário. Há algumas exigências para uma paráfrase competente. São elas:

- Usar a mesma ordem das ideias que aparecem no texto original.
- Em hipótese alguma é possível omitir informações essenciais.
- Não tecer comentários acerca do texto original, apenas parafrasear, sem frescura.
- Usar construções sintáticas e vocabulares que, apesar de manterem o sentido original, sejam distintas das do texto base.

15.1 Passos da paráfrase

Há alguns recursos para parafrasear um texto:

- Utilização de termos sinônimos.

    O presidente assinou o documento, **mas** esqueceu-se de pegar sua caneta.

    O presidente assinou o documento, **contudo** esqueceu-se de pegar sua caneta.

- Uso de palavras antônimas, valendo-se de palavra negativa.

    José era um **covarde.**

    José **não** era um **valente.**

- Emprego de termos anafóricos.

    São Paulo e Palmeiras são dois times brasileiros. O São Paulo venceu o Palmeiras na semana passada.

    São Paulo e Palmeiras são dois times brasileiros. **Aquele** (São Paulo) venceu **este** (Palmeiras) na semana passada.

- Permuta de termo verbal por nominal, e vice-versa.

    É importante que chegue cedo.

    Sua chegada é importante.

- Deixar termos elípticos.

    Eu preciso da colaboração de todos.

    Preciso da colaboração de todos.

- Alteração da ordem frasal.

    Adalberto venceu o último desafio de sua vida ontem.

    Ontem, Adalberto venceu o último desafio de sua vida.

- Transposição de voz verbal.

    Joel cortou a seringueira centenária. A seringueira centenária foi cortada por Joel.

- Troca de discurso.

    Naquela manhã, Oséas dirigiu-se ao pai dizendo: "Cortarei a grama sozinho." (Discurso direto).

    Naquela manhã, Oséas dirigiu-se ao pai dizendo que cortaria a grama sozinho. (Discurso indireto).

- Troca de palavras por expressões perifrásticas.

    O Rei do Futebol esteve presente durante as celebrações.

    Pelé esteve presente durante as celebrações.

- Troca de locuções por palavras de mesmo sentido.

    A turma **da noite** está comprometida com os estudos.

    A turma **noturna** está mais comprometida com os estudos.

REESCRITURA DE FRASES

16 REESCRITURA DE FRASES

A reescrita de frases é uma paráfrase que visa à mudança da forma de um texto. Para que o novo período esteja correto, é preciso que sejam respeitadas a correção gramatical e o sentido do texto original. Desse modo, quando há qualquer inadequação do ponto de vista gramatical e/ou semântico, o trecho reescrito deve ser considerado incorreto.

Assim, para resolver uma questão que envolve reescrita de trechos ou períodos, é necessário verificar os aspectos gramaticais (principalmente, pontuação, elementos coesivos, ortografia, concordância, emprego de pronomes, colocação pronominal, regência etc.) e aspectos semânticos (significação de palavras, alteração de sentido etc.).

Existem diversas maneiras de se parafrasear uma frase, por isso cada banca examinadora pode formular questões a partir de muitas formas. Nesse sentido, é essencial conhecer e dominar as variadas estruturas que uma sentença pode assumir quando ela é reescrita.

16.1 Substituição de palavras ou de trechos de texto

No processo de reescrita, pode haver a substituição de palavras ou trechos. Ao se comparar o texto original e o que foi reestruturado, é necessário verificar se essa substituição mantém ou altera o sentido e a coerência do primeiro texto.

16.1.1 Locuções × palavras

Em muitos casos, há locuções (expressões formadas por mais de uma palavra) que podem ser substituídas por uma palavra, sem alterar o sentido e a correção gramatical. Isso é muito comum com verbos.

Os alunos **têm buscado** formação profissional. (Locução: têm buscado).

Os alunos **buscam** formação profissional. (Uma palavra: buscam).

Ambas as frases têm sentido atemporal, ou seja, expressam ações constantes, que não têm fim.

16.1.2 Significação das palavras

Ao avaliarmos a significação das palavras, devemos ficar atentos a alguns aspectos: sinônimos, antônimos, polissemia, homônimos e parônimos.

Sinônimos

Palavras que possuem significados próximos, mas não são totalmente equivalentes.

Casa – lar – moradia – residência.
Carro – automóvel.

Para verificar a validade da substituição, deve-se também ficar atento ao significado contextual. Por exemplo, na frase "as fronteiras entre o bem e o mal", não há menção a limites geográficos, pois a palavra "fronteira" está em sentido conotativo (figurado).

Além disso, nem toda substituição é coerente. Por exemplo, na frase "eu comprei uma casa", fica incoerente reescrever "eu comprei um lar".

Antônimos

Palavras que possuem significados diferentes, opostos, contrários.

Mal – bem.
Ausência – presença.
Subir – descer.
Cheio – vazio.
Possível – impossível.

Polissemia

Ocorre quando uma palavra apresenta mais de um significado em diferentes contextos.

Banco (instituição comercial financeira; assento).
Manga (parte da roupa; fruta).

A polissemia está relacionada ao significado contextual, ou seja, uma palavra tem um sentido específico apenas no contexto em que está inserida. Por exemplo:

A eleição foi marcada por debates explosivos (ou seja: debates acalorados, e não com sentido de explodir algo).

Homônimos

Palavras com a mesma pronúncia (algumas vezes, a mesma grafia), mas com significados diferentes.

Acender: colocar fogo. **As**cender: subir.
Concerto: sessão musical. **C**onserto: reparo.

Homônimos perfeitos

Palavras com a mesma grafia e o mesmo som.

Eu **cedo** este lugar você. (**Cedo** = verbo).
Cheguei **cedo** para jantar. (**Cedo** = advérbio de tempo).

Percebe-se que o significado depende do contexto em que a palavra aparece. Portanto, deve-se ficar atento à ortografia quando a questão é de reescrita.

Parônimos

Palavras que possuem significados diferentes, mas são muito parecidas na pronúncia e na escrita.

Absolver: perdoar, inocentar. **Abs**orver: aspirar.
Comprimento: extensão. **Cum**primento: saudação.

16.2 Conectores de mesmo valor semântico

Há palavras, principalmente as conjunções, que possuem valores semânticos específicos, os quais devem ser levados em conta no momento de fazer uma substituição.

Logo, pode-se reescrever um período, alterando a conjunção. Para tanto, é preciso que a outra conjunção tenha o mesmo valor semântico. Além disso, é importante verificar como ficam os tempos verbais após a substituição.

Embora fosse tarde, fomos visitá-lo. (Conjunção subordinativa concessiva).

Apesar de ser tarde, fomos visitá-lo. (Conjunção subordinativa concessiva).

No exemplo anterior, o verbo também sofreu alteração.

Toque o sinal **para que** todos entrem na sala. (Conjunção subordinativa final).

Toque o sinal **a fim de que** todos entrem na sala. (Conjunção subordinativa final).

No exemplo anterior, o verbo permaneceu da mesma maneira.

16.3 Retextualização de diferentes gêneros e níveis de formalidade

Na retextualização, pode-se alterar o nível de linguagem do texto, dependendo de qual é a finalidade da transformação proposta. Nesse caso, são possíveis as seguintes alterações: linguagem informal para a formal; tipos de discurso; vozes verbais; oração reduzida para desenvolvida; inversão sintática; dupla regência.

16.3.1 Linguagem formal × linguagem informal

Um texto pode estar escrito em linguagem coloquial (informal) ou formal (norma padrão). A proposta de reescrita pode mudar de uma linguagem para outra. Veja o exemplo:

Pra que serve a política? (Informalidade)
Para que serve a política? (Formalidade)

A oralidade, geralmente, é mais informal. Portanto, fique atento: a fala e a escrita são diferentes, ou seja, a escrita não reproduz a fala e vice-versa.

16.3.2 Tipos de discurso

Discurso está relacionado à construção de textos, tanto orais quanto escritos, portanto, ele é considerado uma prática social.

Em um texto, podem ser encontrados três tipos de discurso: o discurso direto, o indireto e o indireto livre.

Discurso direto

São as falas das personagens. Esse discurso pode aparecer em forma de diálogos e citações, e vêm marcados com alguma pontuação (travessão, dois pontos, aspas etc.). Ou seja, o discurso direto reproduz fielmente a fala de alguém.

O médico disse à paciente:
Você precisa fazer exercícios físicos regularmente.

Discurso indireto

É a reprodução da fala de alguém, a qual é feita pelo narrador. Normalmente, esse discurso é escrito em terceira pessoa.

O médico disse à paciente que ela precisava fazer exercícios regulamente.

Discurso indireto livre

É a ocorrência do discurso direto e indireto ao mesmo tempo. Ou seja, o narrador conta a história, mas as personagens também têm voz própria.

No exemplo a seguir, há um discurso direto: "que raiva", que mostra a fala da personagem.

> *Retirou as asas e estraçalhou-a. Só tinham beleza. Entretanto, qualquer urubu... que raiva...*
>
> (Ana Maria Machado)

No trecho a seguir, há uma fala da personagem, mesclada com a narração: "Para que estar catando defeitos no próximo?".

> *D. Aurora sacudiu a cabeça e afastou o juízo temerário. Para que estar catando defeitos no próximo? Eram todos irmãos. Irmãos.*
>
> (Graciliano Ramos)

Exemplo de uma transposição de discurso direto para indireto:
Ana perguntou:
– Qual é a resposta correta?
Ana perguntou qual era a resposta correta.

Nas questões de reescrita que tratam da transposição de discursos, é mais frequente a substituição do direto pelo indireto. Nesse caso, deve-se ficar atento aos tempos verbais.

16.3.3 Voz verbal

Um verbo pode apresentar-se na voz ativa, passiva ou reflexiva.

Ativa

Ocorre quando o sujeito é agente, ou seja, pratica a ação expressa pelo verbo.

O aluno resolveu o exercício.

Passiva

Ocorre quando o sujeito é paciente, ou seja, recebe a ação expressa pelo verbo.

O exercício foi resolvido pelo aluno.

Reflexiva

Ocorre quando o sujeito é agente e paciente ao mesmo tempo, ou seja, pratica e recebe a ação.

A criança feriu-se com a faca.

Não confunda o emprego reflexivo do verbo com a reciprocidade. Por exemplo:

Os lutadores de MMA feriram-se. (Um ao outro)

Formação da voz passiva

A voz passiva pode ocorrer de forma analítica ou sintética.

- **Voz passiva analítica:** verbo SER + particípio do verbo principal.

    A academia de polícia **será pintada**.
    O relatório é **feito** por ele.

- A variação de tempo é determinada pelo verbo auxiliar (SER), pois o particípio é invariável.

    João **fez** a tarefa. (Pretérito perfeito do indicativo)
    A tarefa **foi** feita por João. (Pretérito perfeito do indicativo)
    João **faz** a tarefa. (Presente do indicativo)
    A tarefa **é** feita por João. (Presente do indicativo)
    João **fará** a tarefa. (Futuro do presente)
    A tarefa **será** feita por João. (Futuro do presente)

- **Voz passiva sintética:** verbo na 3ª pessoa, seguido do pronome apassivador SE.

    Abriram-se as inscrições para o concurso.

Transposição da voz ativa para a voz passiva

Pode-se mudar de uma voz para outra sem alterar o sentido da frase.

Os médicos brasileiros **lançaram** um tratamento para o câncer.
Um tratamento para o câncer **foi lançado** pelos médicos brasileiros.

Nas questões de concursos, costuma-se cobrar a transposição da voz ativa para a passiva, e da voz passiva sintética para a analítica.

Veja os exemplos:

A fiscalização exige o passaporte.
O passaporte é exigido pela fiscalização.
Exige-se comprovante de pagamento.
É exigido comprovante de pagamento.

16.3.4 Oração reduzida × oração desenvolvida

As orações subordinadas podem ser reduzidas ou desenvolvidas. Não há mudança de sentido se houver a substituição de uma pela outra. Veja os exemplos:

Ao terminar a aula, todos podem sair. (Reduzida de infinitivo)
Quando terminarem a prova, todos podem sair. (Desenvolvida)
Os vizinhos ouviram uma criança chorando na rua. (Reduzida de gerúndio)
Os vizinhos ouviram uma criança que chorava na rua. (Desenvolvida)
Terminada a reforma, a família mudou-se para a nova casa. (Reduzida de particípio)
Assim que terminou a reforma, a família mudou-se para a nova casa. (Desenvolvida)

REESCRITURA DE FRASES

16.3.5 Inversão sintática

Um período pode ser escrito na ordem direta ou indireta. Nesse caso, quando ocorre a inversão sintática, a correção gramatical é mantida. Apenas é necessário ficar atento ao sentido do período.

- Ordem direta: sujeito – verbo – complementos/adjuntos adverbiais.

> Os documentos foram levados para o gerente. (Direta)
> Foram levados os documentos para o gerente. (Indireta)

16.3.6 Dupla regência

Há verbos que exigem a presença da preposição e outros não. Deve-se ficar atento ao fato de que a regência pode influenciar no significado de um verbo.

Verbos transitivos diretos ou indiretos

Sem alterar o sentido, alguns verbos admitem duas construções: uma transitiva direta e outra indireta. Portanto, a ocorrência ou não da preposição mantém um trecho com o mesmo sentido.

- Almejar

> Almejamos **a** paz entre os países que estão em guerra.
> Almejamos **pela** paz entre os países que estão em guerra.

- Atender

> O gerente atendeu **os** meus pedidos.
> O gerente atendeu **aos** meus pedidos.

- Necessitar

> Necessitamos algumas horas para organizar o evento.
> Necessitamos **de** algumas horas para organizar o evento.

Transitividade e mudança de significado

Existem alguns verbos que, conforme a mudança de transitividade, têm o sentido alterado.

- **Aspirar:** é **transitivo direto** no sentido de sorver, inspirar (o ar), inalar.

> Aspirava o suave perfume. (Aspirava-o.)

- **Aspirar:** é **transitivo indireto** no sentido de desejar, ter como ambição.

> Aspirávamos ao cargo de diretor.

17 FIGURAS DE LINGUAGEM

As figuras de linguagem (também chamadas de figuras de pensamento) são construções que se relacionam com a função **poética da linguagem**, ou seja, estão articuladas em razão de modificar o código linguístico para dar ênfase no sentido de uma frase.

É comum vermos exemplos de figuras de linguagem em propagandas publicitárias, poemas, músicas etc. Essas figuras estão presentes em nossa fala cotidiana, principalmente na fala de registro **informal**.

O registro dito informal é aquele que não possui grande preocupação com a situação comunicativa, uma vez que não há tensão para a comunicação entre os falantes. Gírias, erros de concordância e subtração de termos da frase são comuns nesse baixo nível de formalidade comunicativa. Até grandes poetas já escreveram textos sobre esse assunto, veja o exemplo do escritor Oswald de Andrade, que discute a norma gramatical em relação à fala popular do brasileiro:

> *Pronominais*
> *Dê-me um cigarro*
> *Diz a gramática*
> *Do professor e do aluno*
> *E do mulato sabido*
> *Mas o bom negro e o bom branco*
> *Da Nação Brasileira*
> *Dizem todos os dias*
> *Deixa disso camarada*
> *Me dá um cigarro*

ANDRADE, Oswald de Andrade. **Os Cem Melhores Poemas Brasileiros do Século** - Seleção e Organização de Ítalo Moriconi. Rio de Janeiro: Editora Objetiva, 2001.

Vejamos agora algumas das principais figuras de linguagem que costumam ser cobradas em provas de concursos públicos:

- **Metáfora:** uma figura de linguagem, que consiste na comparação de dois termos sem o uso de um conectivo.

  > Rosa **é uma flor**. (A pessoa é como uma flor: perfumada, delicada, bela etc.).
  > Seus olhos **são dois oceanos**. (Os olhos possuem a profundidade do oceano, a cor do oceano etc.).
  > João **é fera**. (João é perito em alguma coisa, desempenha determinada tarefa muito bem etc.).

- **Metonímia:** figura de linguagem que consiste em utilização de uma expressão por outra, dada a semelhança de sentido ou a possibilidade de associação lógica entre elas.

Há vários tipos de metonímia, vejamos alguns deles:

Efeito pela causa: O carrasco ergueu **a morte**. (O efeito é a morte, a causa é o machado.)

Marca pelo produto: Vá ao mercado e traga um Nescau. (Achocolatado em pó)

Autor pela obra: Li Camões com entusiasmo. (Quem leu, leu a obra, não o autor)

Continente pelo conteúdo: Comi dois pratos de feijão. (Comeu o feijão, ou seja, o conteúdo do prato)

Parte pelo todo: Peço sua **mão em casamento**. (Pede-se, na verdade, o corpo todo)

Possuidor pelo possuído: Mulher, vou **ao médico**. (Vai-se ao consultório que pertence ao médico, não ao médico em si)

- **Antítese:** figura de linguagem que consiste na exposição de ideias opostas.

  > *Nasce o **Sol** e **não dura mais que um dia***
  > *Depois da **Luz** se segue à **noite escura***
  > *Em **tristes sombras** morre a formosura,*
  > *Em contínuas **tristezas** e **alegrias**.*
  >
  > (Gregório de Matos)

Os termos em negrito evidenciam relações semânticas de distinção (oposição). Nascer é o contrário de morrer, assim como sombra é o contrário de luz. Essa figura foi muito utilizada na poesia brasileira, em especial pelo autor dos versos citados anteriormente: Gregório de Matos Guerra.

- **Paradoxo:** expressão que contraria o senso comum. Ilógica.

  > *Amor é fogo que **arde sem se ver**;*
  > *É ferida que **dói e não se sente**;*
  > *É um **contentamento descontente**;*
  > *É dor que **desatina sem doer**.*
  >
  > (Luís de Camões)

A construção semântica apresentada é totalmente ilógica, pois é impossível uma ferida doer e não ser sentida, assim como não é possível o contentamento ser descontente.

- **Perífrase:** expressão que tem por função substituir semanticamente um termo:

  > **A última flor do Lácio** anda muito judiada. (Português é a última flor do Lácio)
  > **O país do futebol** é uma grande nação. (Brasil)
  > **O Bruxo do Cosme Velho** foi um grande escritor. (Machado de Assis era conhecido como o Bruxo do Cosme Velho)
  > **O anjo de pernas tortas** foi o melhor jogador do mundo. (Garrincha)

- **Eufemismo:** figura que consiste em atenuar uma expressão desagradável:

  > José **pegou emprestado sem avisar**. (Roubou)
  > Maurício **entregou a alma a Deus**. (Morreu)
  > Coitado, só porque **é desprovido de beleza**. (Feio)

- **Disfemismo:** contrário ao eufemismo, é a figura de linguagem que consiste em tornar uma expressão desagradável em algo ainda pior.

  > O homem **abotoou o paletó de madeira**. (Morreu)
  > **Está chupando cana pela raiz**. (Morreu)
  > **Sentou no colo do capeta**. (Morreu)

- **Prosopopeia:** atribuição de características animadas a seres inanimados.

  > O vento **sussurrou em meus ouvidos**.
  > Parecia que a **agulha odiava o homem**.

- **Hipérbole:** exagero proposital de alguma característica.

  > **Estou morrendo de rir**.
  > **Chorou rios de lágrimas**.

- **Hipérbato:** inversão sintática de efeito expressivo.

  > Ouviram do Ipiranga as margens plácidas. / De um povo heroico o brado e retumbante.

  - **Colocando na ordem direta:**

    > As margens plácidas do Ipiranga ouviram o brado retumbante de um povo heroico.

- **Gradação:** figura que consiste na construção de uma escala de termo que fazem parte do mesmo campo semântico.

  > Plantou **a semente**, zelou pelo **broto**, regou a **planta** e colheu o **fruto**. (A gradação pode ser do campo semântico da palavra semente – broto, planta e fruto – ou da palavra plantar – zelar, regar, colher)

- **Ironia:** figura que consiste em dizer o contrário do que se pensa.

  > **Lamento por ter sido eu o vencedor dessa prova**. (Evidentemente a pessoa não lamenta ser o vencedor de alguma coisa)

- **Onomatopeia:** tentativa de representar um som da natureza. Figura muito comum em histórias em quadrinhos.

  > Pof, tic-tac, click, bum, vrum!

FIGURAS DE LINGUAGEM

- **Sinestesia:** confusão dos sentidos do corpo humano para produzir efeitos expressivos.

   Ouvi uma **voz suave** saindo do quarto.

   O seu **perfume doce** é extremamente inebriante.

17.1 Vícios de linguagem

Em âmbito geral, vício de linguagem é toda expressão contrária à lógica da norma gramatical. Vejamos quais são os principais deslizes que se transformam em vícios.

- **Pleonasmo vicioso:** consiste na repetição desnecessária de ideias.

   Subir para cima.
   Descer para baixo.
   Entrar para dentro.
   Cardume de peixes.
   Enxame de abelhas.
   Elo de ligação.
   Fato real.

> **OBSERVAÇÃO**
>
> Pode existir o plágio expressivo em um texto poético. Na frase "ele penetrou na escura treva" há pleonasmo, mas não é vicioso.

- **Ambiguidade:** ocorre quando a construção frasal permite que a sentença possua dois sentidos.

   Tenho de buscar **a cadela da sua irmã**.

   A empregada disse para o chefe que o cheque estava sobre **sua mesa**.

- **Cacofonia:** ocorre quando a pronúncia de determinadas palavras permite a construção de outra palavra.

   Dei um beijo na bo**ca dela**. (Cadela)
   Nos**so hino** é belo. (Suíno)
   Na **vez passada**, esca**pei de** uma. (Vespa assada)

- **Barbarismo:** é um desvio na forma de falar ou grafar determinada palavra.

   Mortandela (em vez de mortadela).
   Poblema (em vez de problema).
   Mindingo (em vez de mendigo).
   Salchicha (em vez de salsicha).

Esse conteúdo costuma ser simples para quem pratica a leitura de textos poéticos, portanto, devemos sempre ler poesia.

17.2 Funções da linguagem

Deve-se a Roman Jakobson a discriminação das seis funções da linguagem na expressão e na comunicação humanas, conforme o realce particular que cada um dos componentes do processo de comunicação recebe no enunciado. Por isso mesmo, é raro encontrar em uma única mensagem apenas uma dessas funções, ou todas reunidas em um mesmo texto. O mais frequente é elas se superporem, apresentando-se uma ou outra como predominante.

Em que pese tal fato, é preciso considerar que há particularidades com relação às funções da linguagem, ou seja, cada função descreve algo em particular. Com isso, pretendo dizer que, antes de o estudante se ater às funções em si, é preciso que ele conheça o sistema que é um pouco mais amplo, ou seja, o ato comunicativo. Afinal, a teoria de Roman Jakobson se volta à descrição do ato comunicativo em si.

Na obra *Linguística e comunicação*, o linguista Roman Jakobson, pensando sobre o ato comunicativo e seus elementos, identifica seis funções da linguagem.

- Nesse esquema, identificamos:
  - **Emissor:** quem enuncia.
  - **Mensagem:** aquilo que é transmitido pelo emissor.
  - **Receptor:** quem recebe a mensagem.
  - **Código:** o sistema em que a mensagem é codificada. O código deve ser comum aos polos da comunicação.
  - **Canal:** meio físico porque ocorre a comunicação.

Pensando sobre esses elementos, Jakobson percebeu que cada função da linguagem está centrada em um elemento específico do ato comunicativo. É o que veremos agora.

As funções da linguagem são:

- **Referencial:** centrada na mensagem, ou seja, na transmissão do conteúdo. Como possui esse caráter, a objetividade é uma constante para a função referencial. É comum que se busque a imparcialidade quando dela se faz uso. É também conhecida como função denotativa. Como a terceira pessoa do singular é predominante, podem-se encontrar exemplos de tal função em textos científicos, livros didáticos, textos de cunho apenas informativo etc.

- **Emotiva:** centrada no emissor, ou seja, em quem enuncia a mensagem. Basicamente, a primeira pessoa predomina quando o texto se apoia sobre a função emotiva. É muito comum a observarmos em depoimentos, discursos, em textos sentimentais, e mesmo em textos líricos.

- **Apelativa:** centrada no receptor, ou seja, em quem recebe a mensagem. As características comuns a manifestações dessa função da linguagem são os verbos no modo imperativo, a tentativa de persuadir o receptor, a utilização dos pronomes de tratamento que tangenciem o interlocutor. É comum observar a função apelativa em propaganda, em discursos motivacionais etc.

- **Poética:** centrada na transformação da mensagem, ou seja, em como modificar o conteúdo da mensagem a fim de torná-lo mais expressivo. As figuras de linguagem são abundantes nessa função e, por sua presença, convencionou-se chamar, também, função poética de função conotativa. Textos literários, poemas e brincadeiras com a mensagem são fontes em que se pode verificar a presença da função poética da linguagem.

- **Fática:** centrada no canal comunicativo. Basicamente, busca testar o canal para saber se a comunicação está ocorrendo. Expressões como "olá", "psiu" e "alô você" são exemplos dessa função.

- **Metalinguística:** centrada no código. Quando o emissor se vale do código para explicar o próprio código, ou seja, num tipo de comunicação autorreferente. Como exemplo, podemos citar um livro de gramática, que se vale da língua para explicar a própria língua; uma aula de didática (sobre como dar aula); ou mesmo um poema que se refere ao processo de escrita de um poema. O poema a seguir é um ótimo exemplo de função metalinguística.

> *Catar feijão*
>
> *Catar feijão se limita com escrever:*
> *jogam-se os grãos na água do alguidar*
> *e as palavras na da folha de papel;*
> *e depois, joga-se fora o que boiar.*
> *Certo, toda palavra boiará no papel,*
> *água congelada, por chumbo seu verbo:*
> *pois para catar esse feijão, soprar nele,*
> *e jogar fora o leve e oco, palha e eco.*
> *Ora, nesse catar feijão entra um risco:*
> *o de que entre os grãos pesados entre*
> *um grão qualquer, pedra ou indigesto,*
> *um grão imastigável, de quebrar dente.*
> *Certo não, quando ao catar palavras:*
> *a pedra dá à frase seu grão mais vivo:*
> *obstrui a leitura fluviante, flutual,*
> *açula a atenção, isca-a com risco.*

MELO NETO, João Cabral de. **Obra completa**. Rio de Janeiro: Nova Aguilar, 1995.

LÍNGUA PORTUGUESA

18 TIPOLOGIA TEXTUAL

O primeiro item que se deve ter em mente na hora de analisar um texto segundo sua tipologia é o caráter da predominância. Isso quer dizer que um mesmo agrupamento textual pode possuir características de diversas tipologias distintas, porém as questões costumam focalizar qual é o "tipo" predominante, o que mais está evidente no texto. Um pouco de bom-senso e uma pequena dose de conhecimento relativo ao assunto são necessários para obter sucesso nesse conteúdo.

Trabalharemos com três tipologias básicas: **narração, dissertação e descrição.**

18.1 Texto narrativo

Facilmente identificável, a tipologia narrativa guarda uma característica básica: contar algo, transmitir a ocorrência de fatos e/ou ações que possuam um registro espacial e temporal. Quer dizer, a narração necessita, também, de um espaço bem-marcado e de um tempo em que as ações narradas ocorram. Discorramos sobre cada aspecto separadamente.

São elementos de uma narração:

- **Personagem:** quem pratica ação dentro da narrativa, é claro. Deve-se observar que os personagens podem possuir características físicas (altura, aparência, cor do cabelo etc.) e psicológicas (temperamento, sentimentos, emoções etc.), as quais podem ser descritas ao longo do texto.
- **Espaço:** trata-se do local em que a ação narrativa ocorre.
- **Tempo:** é o lapso temporal em que a ação é descrita. O tempo pode ser enunciado por um simples "era uma vez".
- **Ação:** não existe narração sem ação! Ou seja, os personagens precisam fazer algo, ou sofrer algo para que haja ação narrativa.
- **Narrador:** afinal, como será contada uma estória sem uma voz que a narre? Portanto, este é outro elemento estruturante da tipologia narrativa. O narrador pode estar inserido na narrativa ou apenas "observar" e narrar os acontecimentos.

Note-se que, na tipologia narrativa, os verbos flexionados no pretérito são mais evidentes.

Eis um exemplo de narração, tente observar os elementos descritos anteriormente, no texto a seguir:

Um apólogo

Era uma vez uma agulha, que disse a um novelo de linha:

— Por que está você com esse ar, toda cheia de si, toda enrolada, para fingir que vale alguma cousa neste mundo?

— Deixe-me, senhora.

— Que a deixe? Que a deixe, por quê? Por que lhe digo que está com um ar insuportável? Repito que sim, e falarei sempre que me der na cabeça.

— Que cabeça, senhora? A senhora não é alfinete, é agulha. Agulha não tem cabeça. Que lhe importa o meu ar? Cada qual tem o ar que Deus lhe deu. Importe-se com a sua vida e deixe a dos outros.

— Mas você é orgulhosa.

— Decerto que sou.

— Mas por quê?

— É boa! Porque coso. Então os vestidos e enfeites de nossa ama, quem é que os cose, senão eu?

— Você? Esta agora é melhor. Você é que os cose? Você ignora que quem os cose sou eu e muito eu? – Você fura o pano, nada mais; eu é que coso, prendo um pedaço ao outro, dou feição aos babados...

— Sim, mas você vale isso? Eu é que furo o pano, vou adiante, puxando por você, que vem atrás obedecendo ao que eu faço e mando...

— Também os batedores vão adiante do imperador.

— Você é imperador?

— Não digo isso. Mas a verdade é que você faz um papel subalterno, indo adiante; vai só mostrando o caminho, vai fazendo o trabalho obscuro e ínfimo. Eu é que prendo, ligo, ajunto...

Estavam nisto, quando a costureira chegou à casa da baronesa. Não sei se disse que isto se passava em casa de uma baronesa, que tinha a modista ao pé de si, para não andar atrás dela. Chegou à costureira, pegou do pano, pegou da agulha, pegou da linha, enfiou a linha na agulha, e entrou a coser. Uma e outra iam andando orgulhosas, pelo pano adiante, que era a melhor das sedas, entre os dedos da costureira, ágeis como os galgos de Diana – para dar a isto uma cor poética. E dizia a agulha:

— Então, senhora linha, ainda teima no que dizia há pouco? Não repara que esta distinta costureira só se importa comigo; eu é que vou aqui entre os dedos dela, unidinha a eles, furando abaixo e acima...

A linha não respondia; ia andando. Buraco aberto pela agulha era logo enchido por ela, silenciosa e ativa, como quem sabe o que faz, e não está para ouvir palavras loucas. A agulha, vendo que ela não lhe dava resposta, calou-se também, e foi andando. E era tudo silêncio na saleta de costura; não se ouvia mais que o plic-plic-plic-plic da agulha no pano. Caindo o sol, a costureira dobrou a costura, para o dia seguinte. Continuou ainda nessa e no outro, até que no quarto acabou a obra, e ficou esperando o baile.

Veio a noite do baile, e a baronesa vestiu-se. A costureira, que a ajudou a vestir-se, levava a agulha espetada no corpinho, para dar algum ponto necessário. E enquanto compunha o vestido da bela dama, e puxava de um lado ou outro, arregaçava daqui ou dali, alisando, abotoando, acolchetando, a linha para mofar da agulha, perguntou-lhe:

— Ora, agora, diga-me, quem é que vai ao baile, no corpo da baronesa, fazendo parte do vestido e da elegância? Quem é que vai dançar com ministros e diplomatas, enquanto você volta para a caixinha da costureira, antes de ir para o balaio das mucamas? Vamos, diga lá.

Parece que a agulha não disse nada; mas um alfinete, de cabeça grande e não menor experiência, murmurou à pobre agulha:

— Anda, aprende, tola. Cansas-te em abrir caminho para ela e ela é que vai gozar da vida, enquanto aí ficas na caixinha de costura. Faze como eu, que não abro caminho para ninguém. Onde me espetam, fico. Contei esta história a um professor de melancolia, que me disse, abanando a cabeça:

— Também eu tenho servido de agulha a muita linha ordinária!

ASSIS, Machado de. Um apólogo. In: **Para Gostar de Ler**. v. 9, Contos. São Paulo: Ática, 1984, p. 59.

18.2 Texto dissertativo

O texto dissertativo, também chamado por alguns de informativo, possui a finalidade de discorrer sobre determinado assunto, apresentando fatos, opiniões de especialistas, dados quantitativos ou mesmo informações sobre o assunto da dissertação. É preciso entender que nem sempre a dissertação busca persuadir o seu interlocutor, ela pode simplesmente transmitir informações pertinentes ao assunto dissertado.

Quando a persuasão é objetivada, o texto passa a ter também características argumentativas. A rigor, as questões de concurso público focalizam a tipologia, não seus interstícios, portanto, não precisa ficar desesperado com o fato de haver diferença entre texto dissertativo-expositivo e texto dissertativo-argumentativo. Importa saber que ele é dissertativo.

Ressalta-se que toda boa dissertação possui a **introdução** do tema, o **desenvolvimento** coeso e coerente, que está vinculado ao que se diz na introdução, e uma **conclusão** lógica do texto, evidenciando o que se permite compreender por meio da exposição dos parágrafos de desenvolvimento.

A tipologia dissertativa pode ser facilmente encontrada em editoriais, textos de divulgação acadêmica, ou seja, com caráter científico, ensaios, resenhas, artigos científicos e textos pedagógicos.

Exemplo de dissertação:

Japão foi avisado sobre problemas em usinas dois anos antes, diz Wikileaks

O Wikileaks, site de divulgação de informações consideradas sigilosas, vazou um documento que denuncia que o governo japonês já havia sido avisado pela vigilância nuclear internacional que suas usinas poderiam não ser capazes de resistir a terremotos. O relatório, assinado pelo embaixador Thomas Schieffer obtido pelo WikiLeaks foi publicado hoje pelo jornal britânico, The Guardian.

TIPOLOGIA TEXTUAL

O documento revela uma conversa de dezembro de 2008 entre o então deputado japonês, Taro Kono, e um grupo diplomático norte-americano durante um jantar. Segundo o relatório, um membro da Agência Internacional de Energia Atômica (AIEA) disse que as normas de segurança estavam obsoletas para aguentar os fortes terremotos, o que significaria "um problema grave para as centrais nucleares". O texto diz ainda que o governo do Japão encobria custos e problemas associados a esse ramo da indústria.

Diante da recomendação da AIEA, o Japão criou um centro de resposta de emergência em Fukushima, capaz de suportar, apenas, tremores até magnitude 7,0.

Como visto anteriormente, conceituar, polemizar, questionar a lógica de algum tema, explicar ou mesmo comentar uma notícia são estratégias dissertativas. Vamos dividir essa tipologia textual em dois tipos essencialmente diferentes: o **dissertativo-expositivo** e o **dissertativo-argumentativo**.

Padrão dissertativo-expositivo

A característica fundamental do padrão expositivo da dissertação é utilizar a estrutura da prosa não para convencer alguém de alguma coisa, e sim para apresentar uma ideia, apresentar um conceito. O princípio do texto expositivo não é a persuasão, é a informação e, justamente por tal fato, ficou conhecido como informativo. Para garantir uma boa interpretação desse padrão textual, é importante buscar a ideia principal (que deve estar presente na introdução do texto) e, depois, entender quais serão os aspectos que farão o texto progredir.

- **Onde posso encontrar esse tipo de texto?** Jornais revistas, sites sobre o mundo de economia e finanças. Diz-se que esse tipo de texto focaliza a função referencial da linguagem.
- **Como costuma ser o tipo de questão relacionada ao texto dissertativo-expositivo?** Geralmente, os elaboradores questionam sobre as informações veiculadas pelo texto. A tendência é que o elaborador inverta as informações contidas no texto.
- **Como resolver mais facilmente?** Toda frase que mencionar o conceito ou a quantidade de alguma coisa deve ser destacada para facilitar a consulta.

Padrão dissertativo-argumentativo

No texto do padrão dissertativo-argumentativo, existe uma opinião sendo defendida e existe uma posição ideológica por detrás de quem escreve o texto. Se analisarmos a divisão dos parágrafos de um texto com características argumentativas, perceberemos que a introdução apresenta sempre uma tese (ou hipótese) que é defendida ao longo dos parágrafos.

Uma vez feito isso, o candidato deve entender qual é a estratégia utilizada pelo produtor do texto para defender seu ponto de vista. Na verdade, agora é o momento de colocar "a mão na massa" para valer, uma vez que aqueles enunciados que iniciam com "infere-se da argumentação do texto", "depreende-se dos argumentos do autor" serão vencidos caso se observem os fatores de interpretação corretos:

- Conexão entre as ideias do texto (atenção para as conjunções).
- Articulação entre as ideias do texto (atenção para a combinação de argumentos).
- Progressão do texto.

Recursos argumentativos

Quando o leitor interage com uma fonte textual, deve observar – tratando-se de um texto com o padrão dissertativo-argumentativo – que o autor se vale de recursos argumentativos para construir seu raciocínio dentro do texto. Vejamos alguns recursos importantes:

- **Argumento de autoridade:** baseado na exposição do pensamento de algum especialista ou alguma autoridade no assunto. Citações, paráfrases e menções ao indivíduo podem ser tomadas ao longo do texto. É importante saber diferenciar se a opinião colocada em foco é a do autor ou se é a do indivíduo que ele cita ao longo do texto.
- **Argumento com base em consenso:** parte de uma ideia tomada como consensual, o que leva o leitor a entender apenas aquilo que o elaborador mostra. Sentenças do tipo "todo mundo sabe que", "é de conhecimento geral que" identificam esse tipo de argumentação.
- **Argumento com fundamentação concreta:** basear aquilo que se diz em algum tipo de pesquisa ou fato que ocorre com certa frequência.
- **Argumento silogístico (com base em um raciocínio lógico):** do tipo hipotético – "Se ... então".
- **Argumento de competência linguística:** consiste em adequar o discurso ao panorama linguístico de quem é tido como possível leitor do texto.
- **Argumento de exemplificação:** utilizar casos ou pequenos relatos para ilustrar a argumentação do texto.

18.3 Texto descritivo

Em um texto descritivo, faz-se um tipo de retrato por escrito de um lugar, uma pessoa, um animal ou um objeto. Os adjetivos são abundantes nessa tipologia, uma vez que a sua função de caracterizar os substantivos é extremamente exigida nesse contexto. É possível existir um texto descritivo que enuncie características de sensações ou sentimentos, porém não é muito comum em provas de concurso público. Não há relação temporal na descrição. Os verbos relacionais são mais presentes para poder evidenciar aspectos e características. Significa "criar" com palavras uma imagem.

Exemplo de texto descritivo:

Texto extraído da prova do BRB (2010) – Banca CESPE/UnB

Nome científico: *Ginkgo biloba L.*
Nome popular: *Nogueira-do-japão*
Origem*: Extremo Oriente*
Aspecto*: as folhas dispõem-se em leque e são semelhantes ao trevo; a altura da árvore pode chegar a 40 metros; o fruto lembra uma ameixa e contém uma noz que pode ser assada e comida*

18.4 Conotação × denotação

É interessante, quando se estuda o conteúdo de tipologia textual, ressaltar a distinção conceitual entre o sentido conotativo e o sentido denotativo da linguagem. Vejamos como se opera essa distinção:

Sentido conotativo: figurado, ou abstrato. Relaciona-se com as figuras de linguagem.

- Adalberto **entregou sua alma a Deus**.

A ideia de entregar a alma a Deus é figurada, ou seja, não ocorre literalmente, pois não há um serviço de entrega de almas. Essa é uma figura que convencionamos chamar de **metáfora**.

Sentido denotativo: literal, ou do dicionário. Relaciona-se com a função **referencial** da linguagem.

- Adalberto **morreu**.

Quando dizemos função referencial, entende-se que o falante está preocupado em transmitir precisamente o fato ocorrido, sem apelar para figuras de pensamento. Essa frase do exemplo serviu para mostrar o sinônimo da figura de linguagem anterior.

LÍNGUA PORTUGUESA

19 GÊNEROS TEXTUAIS

Os gêneros textuais podem ser textos orais ou escritos, formais ou informais. Eles possuem características em comum, como a intenção comunicativa, mas há algumas características que os distinguem uns dos outros.

19.1 Gêneros textuais e esferas de circulação

Cada gênero textual está vinculado a uma esfera de circulação, ou seja, um lugar comum em que ele pode ser encontrado.

Cotidiana: adivinhas, diário, álbum de família exposição oral, anedotas, fotos, bilhetes, músicas, cantigas de roda, parlendas, carta pessoal, piadas, cartão, provérbios, cartão postal, quadrinhas, causos, receitas, comunicado, relatos de experiências vividas, convites, trava-línguas, *curriculum vitae*.

Literária/artística: autobiografia, letras de músicas, biografias, narrativas de aventura, contos, narrativas de enigma, contos de fadas, narrativas de ficção, contos de fadas contemporâneos, narrativas de humor, crônicas de ficção, narrativas de terror, escultura, narrativas fantásticas, fábulas, narrativas míticas, fábulas contemporâneas, paródias, haicais, pinturas, histórias em quadrinhos, poemas, lendas, romances, literatura de cordel, tankas, memórias, textos dramáticos.

Científica: artigos, relatos históricos, conferências, relatórios, debates, palestras, verbetes, pesquisas.

Escolar: atas, relatos históricos, cartazes, relatórios, debates, regrados, relatos de experiências, diálogos/discussões argumentativas científicas, exposições orais, resenhas, júris simulados, resumos, mapas, seminários, palestras, textos argumentativos, pesquisas, textos de opinião, verbetes de enciclopédias.

Jornalística: imprensas, agendas culturais, fotos, anúncios de emprego, horóscopos, artigos de opinião, infográficos, caricaturas, manchetes, cartas ao leitor, mapas, mesas redondas, cartuns, notícias, charges, reportagens, classificados, resenhas críticas, crônicas jornalísticas, sinopses de filmes, editoriais, tiras, entrevistas (orais e escritas).

Publicidade: anúncios, músicas, caricaturas, **paródias**, cartazes, placas, comerciais para televisão, publicidades comerciais, *e-mails*, publicidades institucionais, *folders*, publicidades oficiais, fotos, textos políticos, *slogans*.

Política: abaixo-assinados, debates regrados, assembleias, discursos políticos, cartas de emprego, fóruns, cartas de reclamação, manifestos, cartas de solicitação, mesas redondas, debates, panfletos.

Jurídica: boletins de ocorrência, estatutos, constituição brasileira, leis, contratos, ofícios, declaração de direitos, procurações, depoimentos, regimentos, discursos de acusação, regulamentos, discursos de defesa, requerimentos.

Social: bulas, relatos históricos, manuais técnicos, relatórios, placas, relatos de experiências científicas, resenhas, resumos, seminários, textos argumentativos, textos de opinião, verbetes de enciclopédias.

Midiática: *blogs*, *realities show*, *chats*, *talks show*, desenhos animados, telejornais, e-mails, telenovelas, entrevistas, torpedos, filmes, vídeos clip, fotoblogs, videoconferências, *home page*.

19.2 Exemplos de gêneros textuais

Artigo: o artigo de opinião é um gênero textual que faz parte da esfera jornalística e tem por finalidade a exposição do ponto de vista sobre um determinado assunto. Assim como a dissertação, ele também se compõe de um título, uma introdução, um desenvolvimento e uma conclusão.

Ata: a ata tem como finalidade registrar ocorrências, resoluções e decisões de reuniões, sessões realizadas por algum órgão, setor, entidade etc.

Estrutura da ata:
- Dia, mês, ano e hora (por extenso);
- Local da reunião;
- Pessoas presentes, devidamente qualificadas;
- Ordem do dia (pauta);
- Fecho.

Observações:
- Não há disposição quanto à quantidade de pessoas que deve assinar a ata; pode ser assinada apenas pelo presidente e pelo secretário.
- A ata deve ser redigida de modo que não sejam possíveis alterações posteriores à assinatura (há o emprego de expressões "digo" e "em tempo").
- Não há parágrafos ou alíneas.
- A ata é o registro fiel.

Atestado: atestado é o documento mediante o qual a autoridade comprova um fato ou situação de que tenha conhecimento em razão do cargo que ocupa ou da função que exerce. Destina-se à comprovação de fatos ou situações passíveis de modificações frequentes. É uma mera declaração, ao passo que a certidão é uma transcrição. Ato administrativo enunciativo, o atestado é, em síntese, afirmação oficial de fatos.

Partes:
- **Título ou epígrafe:** denominação do ato (atestado).
- **Texto:** exposição do objeto da atestação. Pode-se declarar, embora não seja obrigatório, a pedido de quem e com que finalidade o documento é emitido.
- **Local e data:** cidade, dia, mês e ano da emissão do ato, podendo também citar, preferentemente sob forma de sigla, o nome do órgão em que a autoridade signatária do atestado exerce suas funções.
- **Assinatura:** nome e cargo ou função da autoridade que atesta.

Apostila: apostila é a averbação, feita abaixo dos textos ou no verso de decretos e portarias pessoais (nomeação, promoção, ascensão, transferência, readaptação, reversão, aproveitamento, reintegração, recondução, remoção, exoneração, demissão, dispensa, disponibilidade e aposentadoria), para que seja corrigida flagrante inexatidão material do texto original (erro na grafia de nomes próprios, lapso na especificação de datas etc.), desde que essa correção não venha a alterar a substância do ato já publicado.

Tratando-se de erro material em decreto pessoal, a apostila deve ser feita pelo Ministro de Estado que o propôs. Se o lapso houver ocorrido em portaria pessoal, a correção por apostilamento estará a cargo do ministro ou secretário signatário da portaria. Nos dois casos, a apostila deve sempre ser publicada no Boletim de Serviço ou Boletim Interno correspondente e, quando se tratar de ato referente a ministro de Estado, também no Diário Oficial da União.

A finalidade da correção de inexatidões materiais por meio de apostila é evitar que se sobrecarregue o Presidente da República com a assinatura de atos repetidos, e que se onere a Imprensa Nacional com a republicação de atos.

Forma e estrutura:
- Título, em maiúsculas e centralizado sobre o texto.
- Texto, no qual deve constar a correção que está sendo feita, a ser iniciada com a remissão ao decreto que autoriza esse procedimento.
- Local e data, por extenso:
  - Por exemplo: Brasília, em 12 de novembro de 1990.
- Identificação do signatário, abaixo da assinatura:
  - Por exemplo: NOME (em maiúsculas)
  Secretário da Administração Federal

No original do ato normativo, próximo à apostila, deverá ser mencionada a data de publicação da apostila no Boletim de Serviço ou no Boletim Interno.

Carta: pode ter caráter argumentativo quando se trata de uma carta aberta ou carta do leitor. Quando se trata de carta pessoal, há a presença de aspectos narrativos ou descritivos.

GÊNEROS TEXTUAIS

Charge: é um gênero textual em que é feita uma ilustração cômica, irônica, por meio de caricaturas, com o objetivo de satirizar, criticar ou fazer um comentário sobre algum acontecimento, que é atual, em sua grande maioria.

A charge é um dos gêneros textuais mais cobrados em questões de concurso. Deve-se dar atenção à crítica feita pelo autor, a qual pode ser percebida pela relação texto verbal e não verbal (palavras e imagens).

Certidão: certidão é o ato pelo qual se procede à publicidade de algo relativo à atividade Cartorária, a fim de que não haja dúvidas. Possui formato padrão próprio, termos essenciais que lhe dão suas características. Exige linguagem formal, objetiva e concisão.

Termos essenciais da certidão:
- **Afirmação:** certidão e dou fé que.
- **Identificação do motivo de sua expedição:** a pedido da parte interessada.
- **Ato a que se refere:** revendo os assentamentos constantes deste cartório, não logrei encontrar ação movida contra (nome).
- **Data:** de sua expedição.
- **Assinatura:** do escrivão.

Circular: é utilizada para transmitir avisos, ordens, pedidos ou instruções, dar ciência de leis, decretos, portarias etc.
- Destina-se a uma ou mais de uma pessoa/órgão/empresa. No caso de mais de um destinatário, todas as vias distribuídas devem ser iguais.
- A paragrafação pode seguir o estilo americano (sem entradas de parágrafo), ou estilo tradicional. No caso de estilo americano, todo o texto, a data e a assinatura devem ser alinhados à margem esquerda. No estilo tradicional, devem ser centralizados.

Partes:
- **Timbre:** impresso no alto do papel.
- **Título e número:** cerca de três linhas do timbre e no centro da folha. O número pode vir seguido do ano.
- **Data:** deve estar próxima do título e número, ao lado ou abaixo, podendo se apresentar de várias formas:
    - Por exemplo:
    - CIRCULAR Nº 01, DE 2 MARÇO DE 2002
    - CIRCULAR Nº 01
    - De 2 de março de 2002
    - CIRCULAR Nº 01/02
    - Rio de Janeiro, 2 de março de 2002
- **Ementa (opcional):** deve vir abaixo do título e data, cerca de três linhas.
    - Ementa: Material de consumo.
    - Ref.: Material de consumo.
- **Invocação:** cerca de quatro linhas do título. Dependendo do assunto e destinatários, a invocação é dispensável.
    - Excelentíssimo Senhor:
    - Senhor Prefeito:
    - Senhores Pais:
- **Texto:** cerca de três linhas do título. Deve conter:
    - Exposição do assunto, desenvolvida a partir dos objetivos.
    - A sensibilização do receptor/destinatário;
    - Convite a agir.
    - Cumprimento final:
    - Respeitosamente,
    - Atenciosamente,
- **Assinatura:** cerca de quatro linhas do cumprimento final. É composta do nome do emissor (só as iniciais maiúsculas) e cargo ou função (todo em maiúscula):
    - Por exemplo:
      Herivelto Nascimento
      DIRETOR
- **Anexos:** quando houver documentos a anexar, escreve-se a palavra anexo à margem esquerda, seguida da relação do que está anexado:
    - Por exemplo:
      Anexo: quadro de horários.
      Anexa: cópia do documento.
      Anexas: tabela de horários e cópia dos documentos.
- **Iniciais:** na última linha útil do papel, à esquerda, devemos escrever as iniciais de quem elaborou o texto (redator), seguidas das iniciais de quem a datilografou/digitou (em maiúscula ou minúscula, tanto faz). Quando o redator e o datilógrafo forem a mesma pessoa, basta colocar a barra seguida das iniciais:
    - PPS/AZ
    - Pps/az
    - /pps
    - /PPS
- **Declaração:** a declaração deve ser fornecida por pessoa credenciada ou idônea que nele assume a responsabilidade sobre uma situação ou a concorrência de um fato. Portanto, é uma comprovação escrita com caráter de documento. A declaração pode ser manuscrita em papel almaço simples ou digitada. Quanto ao aspecto formal, divide-se nas seguintes etapas:
    - **Timbre:** impresso com cabeçalho, contendo o nome do órgão ou empresa. Nas declarações particulares, usa-se papel sem timbre.
    - **Título:** no centro da folha, em caixa alta.
    - **Texto:**
        - Identificação do emissor.
        - O verbo atestar ou declarar deve aparecer no presente do indicativo, terceira pessoa do singular ou do plural.
        - Finalidade do documento: em geral, costuma-se usar o termo "para os devidos fins". Também se pode especificar: "para fins de trabalho", "para fins escolares" etc.
        - Nome e dados de identificação do interessado.
        - Citação do fato a ser atestado.
    - **Local e data:** deve-se escrevê-lo acerca de três linhas do texto.

Editorial: é um gênero textual dissertativo-argumentativo que apresenta o posicionamento de uma empresa, revista, jornal sobre determinado assunto.

Entrevista: é um gênero textual em que aparece o diálogo entre o entrevistador e o(s) entrevistado(s), para obter informações sobre o entrevistado ou algum assunto. Podem aparecer elementos expositivos, argumentativos e narrativos.

Edital: é um documento em que são apresentados avisos, citações, determinações.

São diversos os tipos de editais, de acordo com o objetivo: pode comunicar uma citação, um proclame, um contrato, uma exoneração, uma licitação de obras, serviços, tomada de preço etc.

Entre eles, os editais mais comuns são os de concursos públicos, que determinam as etapas dos processos seletivos e as competências necessárias para a sua execução.

20 COMPREENSÃO E INTERPRETAÇÃO DE TEXTOS

20.1 Ideias preliminares sobre o assunto

Para interpretar um texto, o indivíduo precisa de muita atenção e de muito treino. Interpretar pode ser comparado com o disparar de uma arma: apenas temos chance de acertar o alvo se treinarmos muito e soubermos combinar todos os elementos externos ao disparo: velocidade do ar, direção, distância etc.

Quando o assunto é texto, o primordial é estabelecer uma relação contextual com aquilo que estamos lendo. Montar o contexto significa associar o que está escrito no texto-base com o que está disposto nas questões. Lembre-se de que as questões são elaboradas com a intenção de testar os concursandos, ou seja, deve ficar atento para todas as palavras e para todas as possibilidades de mudança de sentido que possa haver nas questões.

É preciso, para entender as questões de interpretação de qualquer banca, buscar o raciocínio que o elaborador da questão emprega na redação da questão. Usualmente, objetiva-se a depreensão dos sentidos do texto. Para tanto, destaque os itens fundamentais (as ideias principais contidas nos parágrafos) para poder refletir sobre tais itens dentro das questões.

20.2 Semântica ou pragmática?

Existe uma discussão acadêmica sobre o que possa ser considerado como semântica e como pragmática. Em que pese o fato de os universitários divergirem a respeito do assunto, vamos estabelecer uma distinção simples, apenas para clarear nossos estudos.

- **Semântica:** disciplina que estuda o **significado** dos termos. Para as questões relacionadas a essa área, o comum é que se questione acerca da troca de algum termo e a manutenção do sentido original da sentença.
- **Pragmática:** disciplina que estuda o **sentido** que um termo assume dentro de determinado contexto. Isso quer dizer que a identificação desse sentido depende do entorno linguístico e da intenção de quem exprime a sentença.

Para exemplificar essa situação, vejamos o exemplo a seguir:
- **Pedro está na geladeira.**

Nesse caso, é possível que uma questão avalie a capacidade de o leitor compreender que há, no mínimo, dois sentidos possíveis para essa sentença: um deles diz respeito ao fato de a expressão "na geladeira" poder significar algo como "ele foi até a geladeira buscar algo", o que – coloquialmente – significaria uma expressão indicativa de lugar.

O outro sentido diz respeito ao fato de "na geladeira" significar que "foi apartado de alguma coisa para receber algum tipo de punição".

A questão sobre **semântica** exigiria que o candidato percebesse a possibilidade de trocar a palavra "geladeira" por "refrigerador" – havendo, nesse caso, uma relação de sinonímia.

A questão de **pragmática** exigiria que o candidato percebesse a relação contextualmente estabelecida, ou seja, a criação de uma figura de linguagem (um tipo de metáfora) para veicular um sentido particular.

20.3 Questão de interpretação

Como se faz para saber que uma questão de interpretação é uma questão de interpretação?

Respondendo a essa pergunta, entende-se que há pistas que identificam a questão como pertencente ao rol de questões para interpretação. Os indícios mais precisos que costumam aparecer nas questões são:
- Reconhecimento da intenção do autor.
- Ponto de vista defendido.
- Argumentação do autor.
- Sentido da sentença.

Apesar disso, não são apenas esses os indícios de que uma questão é de interpretação. Dependendo da banca, podemos ter a natureza interpretativa distinta, principalmente porque o critério de intepretação é mais subjetivo que objetivo. Algumas bancas podem restringir o entendimento do texto; outras podem extrapolá-lo.

20.4 Dicas para interpretação

Há três elementos fundamentais para boa interpretação:
- Eliminação dos vícios de leitura.
- Organização.
- Sagacidade.

20.4.1 Vícios de leitura

A pior coisa que pode acontecer com o concursando, quando recebe um texto complexo para ler e interpretar, é cair num vício de leitura. Veja se você possui algum deles. Caso possua, tente eliminar o quanto antes.

Movimento

Como tudo inicia. O indivíduo pega o texto para ler e não para quieto. Troca a maneira de sentar, troca a posição do texto, nada está bom, nada está confortável. Em casa, senta para estudar e o que acontece? Fome. Depois? Sede. Então, a pessoa fica se mexendo para pegar comida, para tomar água, para ficar mais sossegado e o fluxo de leitura vai para o espaço. Fique quieto! O conceito é militar! Sente-se e permaneça assim até acabar a leitura, do contrário, vai acabar com a possibilidade de entender o que está escrito. Estudar com televisão, rádio, redes sociais e qualquer coisa dispersiva desse gênero só vai atrapalhar você.

Apoio

Não é aconselhável utilizar apoios para a leitura, tais como: réguas, acompanhar a linha com a caneta, ler em voz baixa, passar o dedo pelo papel etc. Basta pensar que seus olhos são muito mais rápidos que qualquer movimento ou leitura em voz alta.

"Garoto da borboleta"

Se você possui os vícios anteriores, certamente é um "garoto da borboleta" também. Isso quer dizer que é desatento e fica facilmente (fatalmente) disperso. Tudo chama sua atenção: caneta batendo na mesa, o concorrente barulhento, a pessoa estranha que está em sua frente, o tempo passando etc. Você vai querer ficar voltando ao início do texto porque não conseguiu compreender nada e, finalmente, vai perder as questões de interpretação.

20.4.2 Organização da leitura

Para que ocorra organização, é necessário compreender que todo texto possui:
- **Posto:** aquilo que é dito no texto. O conteúdo expresso.
- **Pressuposto:** aquilo que não está dito, mas que é facilmente compreendido.
- **Subentendido:** o que se pode interpretar por uma soma de dito com não-dito.

COMPREENSÃO E INTERPRETAÇÃO DE TEXTOS

Veja um exemplo:

Alguém diz: "felizmente, meu tio parou de beber." É certo que o dito se compõe pelo conteúdo da mensagem: o homem parou de beber. O não-dito, ou pressuposto, fica a cargo da ideia de que o homem bebia e, agora, não bebe mais. Por sua vez, o subentendido pode ser abstraído como "meu tio possuía problemas com a bebida e eu assumo isso por meio da sentença que profiro". Não é difícil! É necessário, no entanto, possuir uma certa "malandragem linguística" para perceber isso de início.

20.5 Dicas para organização

As dicas de organização não são novas, mas são eficazes, vamos lá:

- **Ler mais de uma vez o texto (quando for curto, é lógico)**

A primeira leitura é para tomar contato com o assunto, a segunda, para observar como o texto está articulado.

Ao lado de cada parágrafo, escreva a principal ideia (tópico frasal) ou argumento mais forte do trecho. Isso ajuda você a ter clareza da temática e como ela está sendo desenvolvida.

Se o texto for muito longo, recomenda-se ler primeiro a questão de interpretação, para, então, buscá-la na leitura.

- **Observar as relações entre parágrafos**

Observar que há relações de exemplificação, oposição e causalidade entre os parágrafos do texto, por isso, tente compreender as relações intratextuais nos parágrafos.

Ficar de olho aberto para as conjunções adversativas: *no entanto, contudo, entretanto* etc.

- **Atentar para o comando da questão**

Responda àquilo que foi pedido.

  - **Dica:** entenda que modificar e prejudicar o sentido não são a mesma coisa.

- **Palavras de alerta (polarizadoras)**

Sublinhar palavras como: *erro, incorreto, correto* e *exceto*, para não se confundir no momento de responder à questão.

Inaceitável, incompatível e *incongruente* também podem aparecer.

- **Limitar os horizontes**

Não imaginar que você sabe o que o autor quis dizer, mas sim entender o que ele disse: o que ele escreveu. Não extrapolar a significação do texto. Para isso, é importante prestar atenção ao significado das palavras.

Pode até ser coerente o que você concluiu, mas se não há base textual, descarte.

> O homem **pode** morrer de infarto. / O homem **deve** morrer de infarto.

- **Busque o tema central do texto**

Geralmente aparece no primeiro parágrafo do texto.

- **Desenvolvimento**

Se o enunciado mencionar a argumentação do texto, você deve buscar entender o que ocorre com o desenvolvimento dos parágrafos.

Verificar se o desenvolvimento ocorre por:

- Causa e consequência.
- Enumeração de fatos.
- Retrospectiva histórica.
- Fala de especialista.
- Resposta a um questionamento.
- Sequência de dados.
- Estudo de caso.
- Exemplificação.

- **Relatores**

Atentar para os pronomes relativos e demonstrativos no texto. Eles auxiliam o leitor a entender como se estabelece a coesão textual.

Alguns deles: *que, cujo, o qual, onde, esse, este, isso, isto* etc.

- **Entender se a questão é de interpretação ou de compreensão**
  - Interpretação

Parte do texto para uma conclusão. As questões que solicitam uma inferência costumam apresentar as seguintes estruturas:

"É possível entender que..."
"O texto possibilita o entendimento de que..."
"O texto encaminha o leitor para..."
"O texto possibilita deduzir que..."
"Depreende-se do texto que..."
"Com apoio no texto, infere-se que..."
"Entende-se que..."
"Compreende-se que..."
"Compreensão"

Buscam-se as informações solicitadas pela questão no texto. As questões dessa natureza possuem as seguintes estruturas:

"De acordo com o texto, é possível afirmar..."
"Segundo o texto..."
"Conforme o autor..."
"No texto..."
"Conforme o texto..."

- **Tome cuidado com as generalizações**

Na maior parte das vezes, o elaborador da prova utiliza a generalização para tornar a questão incorreta.

Atenção para as palavras: *sempre, nunca, exclusivamente, unicamente, somente.*

O que você não deve fazer!
"Viajar" no texto: interpretar algo para além do que o texto permite.
Interpretar apenas um trecho do texto.
Entender o contrário: fique atento a palavras como "pode", "não", "deve" etc.

20.5.1 Astúcia da banca

Talvez seja essa a característica mais difícil de se desenvolver no concursando, pois ela envolve o conhecimento do tipo de interpretação e dos limites estabelecidos pelas bancas. Só há uma maneira de ficar esperto estudando para concurso público: realizando provas! Pode parecer estranho, mas depois de resolver 200 questões da mesma banca, você já consegue prever como será a próxima questão. Prever é garantir o acerto! Então, faça exercícios até cansar e, quando cansar, faça mais um pouco.

Vamos trabalhar com alguns exemplos agora:

- **Exemplo I**

Entre os maiores obstáculos ao pleno desenvolvimento do Brasil, está a educação. Este é o próximo grande desafio que deve ser enfrentado com paciência, mas sem rodeios. É a bola da vez dentro das políticas públicas prioritárias do Estado. Nos anos 1990 do século passado, o país derrotou a inflação – que corroía salários, causava instabilidade política e irracionalidade econômica. Na primeira década deste século, os avanços deram-se em direção a uma agenda social, voltada para a redução da pobreza e da desigualdade estrutural. Nos próximos anos, a questão da melhoria da qualidade do ensino deve ser uma obrigação dos governantes, sejam quais forem os ungidos pelas decisões das urnas.

Jornal do Brasil, Editorial, 21/1/2010 (com adaptações).

Agora o mesmo texto, devidamente marcado.

*Entre **os maiores obstáculos** ao pleno desenvolvimento do Brasil, está a educação. Este é o **próximo grande desafio** que deve ser enfrentado com paciência, mas sem rodeios. É a **bola da vez** dentro das políticas públicas prioritárias do Estado. **Nos anos 90 do século passado**, o país derrotou a inflação – que corroía salários, causava instabilidade* *política e irracionalidade econômica. **Na primeira década deste século**, os avanços deram-se em direção a uma agenda social, voltada para a redução da pobreza e da desigualdade estrutural. **Nos próximos anos**, a questão da melhoria da qualidade do ensino deve ser uma **OBRIGAÇÃO DOS GOVERNANTES**, sejam quais forem os ungidos pelas decisões das urnas.*

Observe que destacamos para você elementos que podem surgir, posteriormente como questões. O texto inicia falando que há mais obstáculos além da educação. Também argumenta, posteriormente, que já houve outros desafios além desse que ele chama de "próximo grande desafio". Utilizando uma expressão de sentido **conotativo** (bola da vez), o escritor anuncia que a educação ocupa posição de destaque quando o assunto se volta para as políticas públicas prioritárias do Estado.

No decorrer do texto, que se desenvolve por um tipo de retrospectiva histórica (veja o que está destacado), o redator traça um panorama dessas políticas públicas ao longo da história do país, fazendo uma previsão para os anos vindouros (o que foi destacado em caixa alta).

- **Exemplo II**

    *Um passo fundamental para que não nos enganemos quanto à **natureza do capitalismo contemporâneo** e o significado das políticas empreendidas pelos países centrais para enfrentar a recente **crise econômica** é problematizarmos, com cuidado, o termo **neoliberalismo**: "começar pelas palavras talvez não seja coisa vã", escreve Alfredo Bosi em Dialética da Colonização.*

    ***A partir da década de 1980**, buscando exprimir a natureza do capitalismo contemporâneo, muitos, principalmente os críticos, utilizaram esta palavra que, por fim, se generalizou. Mas o que, de fato, significa? O prefixo neo quer dizer novo; portanto, novo liberalismo. Ora, durante o século XIX **deu-se a construção de um liberalismo** que viria encontrar a sua crise definitiva na I Guerra Mundial em 1914 e na crise de 1929. Mas desde o período entre guerras e, sobretudo, depois, com o término da II Guerra Mundial, em 1945, tomou corpo um novo modelo, principalmente na Europa, que de certa forma se contrapunha ao velho liberalismo: era **o mundo da socialdemocracia**, da presença do Estado na vida econômica, das ações políticas inspiradas na reflexão teórica do economista britânico John Keynes, um crítico do liberalismo econômico clássico que viveu na primeira metade do século XX. Quando esse modelo também entrou em crise, no princípio da década de 1970, surgiu a perspectiva de **reconstrução da ordem liberal**. Por isso, novo liberalismo, neoliberalismo.*

    Grupo de São Paulo, disponível em: http://www.correiocidadania.com.br/content/view/5158/9/. Acesso em: 28/10/2010. (Adaptado)

- **Exemplo III**

    ### Em Defesa do Voto Obrigatório

    *O voto, direito duramente conquistado, **deve ser considerado um dever cívico**, sem o exercício do qual o **direito se descaracteriza ou se perde**, afinal liberdade e democracia são fins e não apenas meios. Quem vive em uma comunidade política não pode estar **desobrigado** de opinar sobre os rumos dela. Nada contra a desobediência civil, recurso legítimo para o protesto cidadão, que, no caso eleitoral, se pode expressar no voto nulo (cuja tecla deveria constar na máquina utilizada para votação). Com o **voto facultativo**, o direito de votar e o de não votar ficam inscritos, em pé de igualdade, no corpo legal. Uma parte do eleitorado deixará voluntariamente de opinar sobre a constituição do poder político. O desinteresse pela política e a descrença no voto são registrados como mera "escolha", sequer como desobediência civil ou protesto. **A consagração da alienação política** como um direito legal interessa aos conservadores, reduz o peso da soberania popular e desconstitui o sufrágio como universal.*

    *Para o **cidadão ativo**, que, além de votar, se organiza para garantir os direitos civis, políticos e sociais, o enfoque é inteiramente outro. O tempo e o **trabalho dedicados ao acompanhamento continuado da política não se apresentam como restritivos da liberdade individual**. Pelo contrário, são obrigações auto assumidas no esforço de construção e aprofundamento da democracia e de vigília na defesa das liberdades individuais e públicas. A ideia de que a democracia se constrói nas lutas do dia a dia se contrapõe, na essência, ao modelo liberal. O cidadão escolado na disputa política sabe que a liberdade de não ir votar é uma armadilha. Para que o sufrágio continue universal, para que todo poder emane do povo e não, dos donos do poder econômico, o voto, além de ser um direito, **deve conservar a sua condição de dever cívico**.*

INTERPRETAÇÃO DE TEXTO POÉTICO

21 INTERPRETAÇÃO DE TEXTO POÉTICO

21.1 Organização de texto

Em algumas bancas, é comum haver questões que apresentam um texto desordenado, para que o candidato o reordene, garantido a **coesão** e a **coerência**. Além disso, não é raro haver trecho de texto com lacunas para preencher com alguns parágrafos. Para que isso ocorra, é mister saber o que significa coesão e coerência. Vamos a algumas definições simples.

21.1.1 Coesão

Coesão é o conjunto de procedimentos e mecanismos que estabelecem conexão dentro do texto, o que busca garantir a progressão daquilo que se escreve nas sentenças. Pronomes, perífrases e sinônimos estão entre os mecanismos de coesão que podem ser empregados na sentença.

21.1.2 Coerência

Coerência diz respeito à organização de significância do texto, ou seja, o sentido daquilo que se escreve. A sequência temporal e o princípio de não contradição são os dispostos mais emergentes da coerência.

Em questões dessa natureza, busque analisar as sequências de entrada e saída dos textos. Veja se há definições e conectivos que encerram ideias, ou se há pronomes que buscam sequenciar as sentenças. Desse modo, fica mais fácil acertar a questão.

22 TIPOS DE DISCURSO

Discurso está relacionado à construção de textos, tanto orais quanto escritos, portanto, ele é considerado uma prática social.

Em um texto, podem ser encontrados três tipos de discurso: o discurso **direto**, o **indireto** e o **indireto livre**.

22.1 Discurso direto

São as falas das personagens. Esse discurso pode aparecer em forma de diálogos e citações, e vem marcado com alguma pontuação (travessão, dois pontos, aspas etc.). Ou seja, o discurso direto reproduz fielmente a fala de alguém.

- Por exemplo:
  > O médico disse à paciente:
  > Você precisa fazer exercícios físicos regularmente.

22.2 Discurso indireto

É a reprodução da fala de alguém, a qual é feita pelo narrador. Normalmente, esse discurso é escrito em terceira pessoa.

- Por exemplo:
  > O médico disse à paciente que ela precisava fazer exercícios regulamente.

22.3 Discurso indireto livre

É a ocorrência do discurso direto e indireto ao mesmo tempo. Ou seja, o narrador conta a história, mas as personagens também têm voz própria.

No exemplo a seguir, há um discurso direto: "que raiva", que mostra a fala da personagem.

> "Retirou as asas e estraçalhou-a. Só tinham beleza. Entretanto, qualquer urubu... que raiva..." (Ana Maria Machado)

No trecho a seguir, há uma fala da personagem, mesclada com a narração: "Para que estar catando defeitos no próximo?".

> "D. Aurora sacudiu a cabeça e afastou o juízo temerário. Para que estar catando defeitos no próximo? Eram todos irmãos. Irmãos." (Graciliano Ramos)

Exemplo de uma transposição de discurso direto para indireto:

Ana perguntou:
– Qual a resposta correta?

Ana perguntou qual era a resposta correta.

Ressalta-se que nas questões de reescrita que tratam da transposição de discursos, é mais frequente a substituição do direto pelo indireto.

REDAÇÃO

REDAÇÃO

1 REDAÇÃO PARA CONCURSOS PÚBLICOS

A questão discursiva (redação) assusta muitos candidatos. Afinal, escrever de acordo com a norma culta da Língua Portuguesa, respeitando as inúmeras regras gramaticais, é tarefa que exige muita atenção. Além disso, é necessário que o candidato apresente bons argumentos dentro de uma estrutura na qual as ideias tenham coesão e façam sentido (coerência). Por isso, é importante que a redação seja estudada e treinada ao longo da preparação para o concurso almejado.

1.1 Por que tenho que me preparar com antecedência para a redação?

Quando a redação (questão discursiva) é solicitada, em geral, é uma etapa eliminatória (se o candidato não alcançar a nota mínima, é eliminado do concurso). Então, por ter peso significativo, podendo colocá-lo na lista de classificação ou tirá-lo dela, merece atenção especial.

Entretanto, não se pode dar início ao estudo para concurso pela redação. É necessário que o aluno tenha conhecimento das regras gramaticais, da estrutura sintática das orações e dos períodos, dos elementos de coesão textual, ou seja, é essencial uma maturidade para, então, produzir um texto. Além do domínio da norma culta, deve-se dedicar à disciplina de Atualidades, que, muitas vezes, já vem prevista no edital. Quem tem conhecimento do assunto se sente mais confortável para escrever.

1.2 Os Primeiros Passos

Antes de começar a praticar a produção de textos, é importante ler o edital de abertura do concurso (quando já tiver sido publicado; quando não, leia o último) para entender os critérios de avaliação da sua prova discursiva e sobre qual assunto o tema versará.

Veja aguns exemplos:

CONCURSO	EDITAL – PROVA DISCURSIVA	ASSUNTO COBRADO - TEMA	A PROPOSTA
DEPEN - 2015	A prova discursiva valerá 20,00 pontos e consistirá da redação de texto dissertativo, de até 30 linhas, acerca de tema de atualidades, constantes do subitem 22.2 deste edital.	Os assuntos que o tema pode abordar foram disponibilizados no edital. Atualidades: 1 Sistema de justiça criminal. 2 Sistema prisional brasileiro. 3 Políticas públicas de segurança pública e cidadania.	**SEGURANÇA PÚBLICA: POLÍCIA E POLÍTICAS PÚBLICAS** Ao elaborar seu texto, faça o que se pede a seguir. > Disserte a respeito da segurança como condição para o exercício da cidadania. [valor: 25,50 pontos] > Dê exemplos de ação do Estado na luta pela segurança pública. [valor: 25,50 pontos] > Discorra acerca da ausência do poder público e a presença do crime organizado. [valor: 25,00 pontos]
PC-PR - 2018	A Redação, com no mínimo 15 e no máximo 25 linhas, versará sobre um tema da atualidade	Tema da atualidade, ou seja, pode ser cobrado qualquer assunto.	Com base na coletânea e nos conhecimentos sobre o tema, redija um texto dissertativo-argumentativo que coloque em discussão **a importância da correta emissão e decodificação da mensagem, bem como o repasse dessa mensagem ao interlocutor, seja na modalidade escrita ou oral.**
PF-2018 PERITO CRIMINAL	Para o cargo de Perito Criminal Federal, a prova discursiva, de caráter eliminatório e classificatório, valerá 13,00 pontos e consistirá da redação de texto dissertativo, de até 30 linhas, a respeito de temas relacionados aos conhecimentos específicos para cada cargo/área.	O tema tratará das matérias de conhecimentos específicos do cargo, ou seja, será um assunto do conteúdo programático.	Considerando que o texto precedente tem caráter unicamente motivador, redija um texto dissertativo acerca do **impacto da LRF na gestão pública**, abordando, necessariamente, os seguintes aspectos: 1. o processo de planejamento; [valor: 4,10 pontos] 2. as receitas e a renúncia fiscal; [valor: 4,10 pontos] 3. as despesas com pessoal. [valor: 4,20 pontos]
PRF - 2018	A prova discursiva valerá 20,00 pontos e consistirá da redação de texto dissertativo, de até 30 linhas, a respeito de temas relacionados aos objetos de avaliação.	O tema tratará de algum assunto relacionado ao conteúdo programático.	**O COMBATE ÀS INFRAÇÕES DE TRÂNSITO NAS RODOVIAS FEDERAIS BRASILEIRAS** Ao elaborar seu texto, aborde os seguintes aspectos: 1. medidas adotadas pela PRF no combate às infrações; [valor: 7,00 pontos] 2. ações da sociedade que auxiliem no combate às infrações; [valor: 6,00 pontos] 3. atitudes individuais para a diminuição das infrações. [valor: 6,00 pontos]
PM-SP – 2019 - SOLDADO	Prova Dissertativa (Parte II), de caráter eliminatório e classificatório, visa avaliar a capacidade do candidato de produzir uma redação que atenda ao tema e ao gênero/tipo de texto propostos, além de seu domínio da norma culta da língua portuguesa e dos mecanismos de coesão e coerência textual;	Não foi informado o tema nem o tipo de texto (dissertativo, narrativo, descritivo).	A popularização da internet ameaça o poder de influência da televisão?

REDAÇÃO PARA CONCURSOS PÚBLICOS

A partir disso, o aluno deve direcionar a sua leitura para temas da atualidade, para matéria do conteúdo programático (conhecimentos específicos) ou para assunto relacionado ao cargo ou à instituição a que está concorrendo. É crucial que conheça a banca examinadora e que tenha contato com as provas anteriores a fim de observar o perfil das propostas de redação.

Em geral, as bancas de concursos públicos exigem textos dissertativos e apontam qual assunto o tema abordará (atualidades ou conteúdo programático). Quando isso não ocorrer, deve-se levar em consideração o perfil da banca e as provas anteriores para o mesmo cargo.

1.3 Orientações para o texto definitivo

a) Não use a 1ª pessoa do singular: os textos formais exigem a impessoalização da linguagem. Isso significa que, às vezes, é necessário omitir os agentes do discurso e as diversas vozes que compõem um texto. Então, empregue a terceira pessoa do singular ou do plural.

Ex.: **Eu acredito** que a pena de morte deve ser aplicada em casos de crimes hediondos. (Incorreto)

Acredita-se que a pena de morte deve ser aplicada em casos de crimes hediondos. (Correto)

Devemos analisar alguns fatores que contribuem para esse problema. (incorreto)

Alguns fatores que contribuem para esse problema devem ser analisados. (Correto)

> **Atenção!**
>
> A primeira pessoa do plural deve ser um sujeito socialmente considerado, como em "Nós (brasileiros) devemos entender que o voto é uma importante ferramenta para se alcançar uma mudança." Não empregue de forma indiscriminada.

Como impessoalizar a linguagem do texto dissertativo-argumentativo?

▷ **Oculte o agente:**

Para deixar o discurso mais objetivo, prefira por ocultar o agente sempre que possível. Isso pode ser feito por meio de expressões como: é importante, é preciso, é indispensável, é urgente, é crucial, é necessário, já que elas não revelam o agente da ação:

Ex.: É necessário discutir alguns aspectos relacionados a essa temática.

É essencial investir em educação para minimizar tais problemas.

▷ **Indetermine o sujeito:**

Indeterminar o sujeito também é uma estratégia de ocultar o agente da ação verbal. A melhor forma de empregar essa técnica é por meio do pronome indeterminador do sujeito (se).

| Muito **se** tem discutido sobre a redução da maioridade penal.

Acredita-se que a desigualdade social contribui para o aumento da violência.

▷ **Empregue a voz passiva:**

Na voz passiva, o sujeito da oração torna-se paciente, isto é, ele sofre a ação expressa pelo fato verbal. Empregá-la é um recurso que também oculta o agente da ação.

Ex.: Devem ser analisados alguns fatores que contribuem para o aumento da violência.

Medidas devem ser tomadas para a pacificação da sociedade.

a) Jamais se dirija ao leitor: o leitor é o examinador e o candidato não deve estabelecer um diálogo com ele.

b) Não use gírias; clichês, provérbios e citações sem critério. você pode acabar errando o autor da expressão (o que pega muito mal), ou até mesmo usá-la fora de contexto, o que pode direcionar a sua redação para um lado que você não quer. Os ditados populares empobrecem o texto. Os examinadores não gostam de ver o senso comum se repetindo.

| Desde os primórdios da humanidade; fechar com chave de ouro.

a) Evite a construção de períodos longos: pode prejudicar a clareza textual. Além disso, procure escrever na ordem direta.

b) Respeite as margens da folha de redação: não ultrapasse o limite estipulado na folha do texto definitivo.

c) Não use corretivo: se errar alguma palavra, risque (com um traço penas) e prossiga. Não use parênteses nem a palavra "digo".

| A sociadade sociedade deve se conscientizar do seu papel.

a) Evite algarismos, a não ser que se trate de anos, décadas, séculos ou referências a textos legais (artigos, decretos, etc.).

b) A letra deve ser legível: pode ser letra cursiva ou de imprensa. Não se esqueça de fazer a distinção entre maiúscula e minúscula.

c) Cuidado com a separação silábica.

Translineação: é a divisão das palavras no fim da linha. Eva em conta não apenas critérios de correção gramatical, mas também recomendações estilísticas (estética textual).

1) Não se isola sílaba forma apenas por uma vogal;

2) Não se isola elemento cacofônico;

3) Na partição de palavras hifenizadas, recomenda-se repetir o hífen na linha seguinte.

> Maria foi secretária, ministra e era muito **a-miga** do antigo presidente. Quando entrou na dis-**puta** eleitoral, todos nós esperávamos que, lançando-**se** candidata, facilmente ganharia as eleições.
> INADEQUADO

> Maria foi secretária, ministra e era muito **amiga** do antigo presidente. Quando entrou na **disputa** eleitoral, todos nós esperávamos que, lançando-**-se** candidata, facilmente ganharia as eleições.
> ADEQUADO

a) Não use as palavras generalizadoras, afinal sempre há uma exceção, um exemplo contrário ou algo assim.

| "Todos jogam lixo no chão" ou "Ninguém faria isso" ou "Isso jamais vai acontecer, é impossível."

a) Não invente dados estatísticos, pesquisas, mentiras convincentes.

b) Não use a ironia. A ironia é uma figura de linguagem que não deve ser utilizada no texto dissertativo argumentativo. Nele nada deve ficar subentendido. A escrita deve ser sempre clara, sem nada oculto, sem gracinha e de forma argumentativa.

c) Não é uma boa ideia usar palavras rebuscadas. Seu texto pode ficar sem fluência e clareza, dificultando a compreensão do corretor. Lembre-se: linguagem formal não é sinônimo de linguagem complicada.

| Hodiernamente, mister, mormente, dessarte, etc.

a) Evite estrangeirismo: empregar palavras estrangeiras em meio à nossa língua de forma desnecessária. Não é necessário fazer isso se há no português uma palavra correspondente que pode ser usada.

| Ex.: Stress em vez de estresse

b) Não se utilize de pergunta retórica.

Pergunta retórica: é uma interrogação que não tem como objetivo obter uma resposta, mas sim estimular a reflexão do indivíduo sobre determinado assunto.

1.4 Temas e textos motivadores

Os textos motivadores - um grupo de textos apresentados junto à proposta de redação - têm a função de situar o candidato acerca do tema proposto, fornecendo elementos que possam ajudá-lo a refletir sobre o assunto abordado. Tais textos servem para estimular ideias para o desenvolvimento do tema e são úteis por ajudar a manter o foco temático.

O papel dos textos motivadores da prova de redação é o de motivar, inspirar e contextualizar o candidato em relação ao tema proposta.

Esses textos não estão ali por acaso, então devem ser utilizados, e podem evitar que o candidato escreva uma redação genérica. Contudo, não podem ser copiados, pois as provas que contêm cópias terão as linhas desconsideradas e podem, quando em excesso, levar à nota zero.

Então, a intenção não é que o aluno reproduza as informações contidas nos textos motivadores. O que se deseja é que o candidato leia os textos, interprete-os e reelabore-os, interligando-os à sua discussão. Assim sendo, o ideal é retirar de cada texto motivador as ideias principais e que podem ser utilizadas na sua produção escrita.

Leia todos com atenção e não se esqueça de procurar estabelecer uma relação entre eles, ou seja, busque os pontos em comum, e os conecte de uma maneira que defina argumentos consistentes para sua redação. Escreva as principais ideias em forma de tópicos e com as suas palavras.

1.4.1 Tipos de textos motivadores

Os textos motivadores podem ser de vários tipos
▷ Matérias jornalísticas/ Reportagens

Um dos tipos mais comuns de textos motivadores são as matérias jornalísticas. Para que haja maior entendimento sobre elas, análise:

O que acontece?
Com quem acontece?
Em que lugar acontece?
Quando acontece?
De que modo acontece?
Por que acontece?
Para que acontece?
▷ Charges/Tirinhas

As charges ou as tirinhas são uma forma curta e, muitas vezes, descontraída de apresentar informações relevantes para a produção do texto. Repare nelas:

Os personagens;
O ambiente;
O assunto principal;
A linguagem utilizada (formal, informal, com figuras de linguagem ou não, com marcas de regionalismo ou não etc.).
▷ Gráficos

Os gráficos possibilitam uma leitura mais ágil das informações. Ao se deparar com eles, observe o seguinte:

O título;
As informações na horizontal e na vertical;
A forma como os índices foram representados (colunas, fatias etc.);
O uso de cores diferentes (caso haja);
A fonte da qual as informações foram coletadas.
▷ Imagens

Muitas vezes as imagens podem vir sem nenhuma palavra. Se isso ocorrer, note:

O que é a imagem (foto, quadro etc.)?
Quem é o autor dela?

Qual é o assunto principal?
O que está sendo retratado?
Há marcas temporais ou regionais na imagem?

Se o aluno não souber nada sobre a temática apresentada, os textos motivadores podem ser um ótimo suporte. Além dos dados expostos, tais textos também provocam a reflexão sobre outros aspectos do problema e jamais devem ser ignorados.

1.5 Título

O título só é obrigatório se for solicitado nas instruções da prova de redação.

Pode ser que a Banca examinadora deixe o espaço para o título, nesse caso, ele também é obrigatório.

Se puser o título e não for obrigatório (não for exigido), não receberá mais pontos por isso e só terá pontos descontados se contiver algum erro nele.

Caso se esqueça de colocar título quando for obrigatório, a redação não será anulada, mas poderá ter pontos (poucos) descontados.

Dicas:
- Nunca utilize tema como título;
- Não coloque ponto final;
- Não escreva todas as palavras com letra maiúscula;
- Não pule linha depois do título;
- Construa-o quando terminar o texto.

1.6 O Texto Dissertativo

Dissertar significa expor algum assunto. Dependendo da maneira como o esse assunto seja abordado, a dissertação poder ser **expositiva** ou **argumentativa**.

▷ **Dissertação expositiva: apresenta informações sobre assuntos, expõe, explica, reflete ideias de modo objetivo, imparcial. O autor é o porta-voz de uma opinião, ou seja, a intenção é expor fatos, dados estatísticos, informações científicas, argumentos de autoridades etc. Este tipo de texto pode ter duas abordagens:** Estudo de Caso (em que é apresentada uma solução para a situação hipotética apresentada) e Questão Teórica (em que é preciso apresentar conceitos, normas, regras, diretrizes de um determinado conteúdo).

Vejamos um exemplo do tipo expositivo.

A forma temporária como tratam os vídeos criados reflete outro aspecto característico desses apps. Em oposição à noção de que tudo o que é postado na internet fica registrado para a eternidade (e tem potencial de se transformar em viral), os aplicativos querem passar a sensação de efêmero. Quem não viu a transmissão ao vivo dificilmente terá nova chance. Nisso, eles se assemelham a outro app de sucesso, o Snapchat, serviço de troca de mensagens pelo qual o conteúdo é destruído segundos após ser recebido pelo destinatário.

(VEJA, 2015, p. 98)

▷ **Dissertação argumentativa:** defende uma tese (ideia, ponto de vista) por meio de estratégias argumentativas. Tem a intenção de persuadir (convencer) o interlocutor. Em geral, há o predomínio da linguagem denotativa, de conectores de causa-efeito, de verbos no presente.

Vejamos agora um exemplo do tipo argumentativo.

Fazer pesquisa crítica envolve difíceis decisões de cunho ético e político a fim de que, não importa quais sejam os resultados de nossos estudos, nosso compromisso com os sujeitos pesquisados seja mantido. A questão é complexa por causa das múltiplas realidades dos múltiplos participantes envolvidos na pesquisa naturalística da visa social. Por exemplo, no projeto de pesquisa de referência neste artigo, havia um componente que envolvia a observação participante da sala de aula, isto é, a observação à procura das unidades e elementos significativos para os próprios participantes da situação.

(KLEIMAN, 2001, p. 49)

REDAÇÃO PARA CONCURSOS PÚBLICOS

Quando o texto dissertativo se dedica mais a expor ideias, a fazer que o leitor/ouvinte tome conhecimento de informações ou interpretações dos fatos, tem caráter expositivo e podemos classificá-lo como expositivo. Quando as interpretações expostas pelo texto dissertativo vão mais além nas intenções e buscam explicitamente convencer o leitor/ouvinte sobre a validade dessas explicações, classifica-se o texto como argumentativo (COROA, 2008b, p. 121).

Vale mencionar que, muitas, vezes, nos editais, não fica claro se o texto será expositivo ou argumentativo. Quando isso ocorrer, o candidato deve analisar as provas anteriores para traçar o perfil da banca examinadora. Mas não se preocupe, pois a estrutura de ambos é igual, ou seja, os dois tipos de texto devem conter introdução, desenvolvimento e conclusão. Além disso, no primeiro parágrafo, deve haver a apresentação da ideia central que será desenvolvida.

Veja as propostas a seguir:

Foi recentemente publicado no Americam Journal of Preventive Medicine um estudo com adultos jovens, de 19 a 32 anos de idade, apontando que quanto maior o tempo dispendido em mídias sociais de relacionamento, maior a sensação de solidão das pessoas. Além disso, esse estudo demonstrou também que quanto maior a frequência de uso, maior a sensação de isolamento social.

(Adaptado de: ESCOBAR, Ana. Disponível em: http://g1.globo.com)

Com base nas ideias do texto acima, redija uma dissertação sobre o tema:

Isolamento social na era da comunicação virtual

A partir da proposta apresentada, pode-se inferir que o examinador quer saber o ponto de vista (opinião) do candidato em relação ao assunto. A intenção é que seja apontado o que ele pensa a respeito do tema, e não que ele apresente de forma objetiva informações a fim de esclarecer determinado assunto. Então, resta claro que a dissertação terá caráter argumentativo.

Agora veja a proposta seguinte:

A segurança jurídica tem muita relação com a ideia de respeito à boa-fé. Se a administração adotou determinada interpretação como a correta e a aplicou a casos concretos, não pode depois vir a anular atos anteriores, sob o pretexto de que os mesmos foram praticados com base em errônea interpretação. Se o administrado teve reconhecido determinado direito com base em interpretação adotada em caráter uniforme para toda a administração, é evidente que a sua boa-fé deve ser respeitada. Se a lei deve respeitar o direito adquirido, o ato jurídico perfeito e a coisa julgada, por respeito ao princípio da segurança jurídica, não é admissível que os direitos do administrado fiquem flutuando ao sabor de interpretações jurídicas variáveis no tempo.

Maria Sylvia Zanella Di Pietro. Direito administrativo. p. 85 (com adaptações).

Considerando que o texto apresentado tem caráter estritamente motivador, elabore uma dissertação a respeito dos atos administrativos e da segurança jurídica no direito administrativo brasileiro, abordando, necessariamente, os seguintes aspectos:

1. os elementos de validade do ato administrativo e os critérios para sua convalidação; [valor: 14,00 pontos]

2. distinção entre ato administrativo nulo, anulável e inexistente; [valor: 10,00 pontos]

3. o controle exercido de ofício pela administração pública sobre os seus atos e o dever de agir e de prestar contas. [valor: 14,00 pontos]

Considerando o tema proposto e os tópicos apresentados, pode-se perceber que o candidato deve, necessariamente, produzir um texto expositivo, já que o examinador avaliará o conhecimento técnico dele sobre o assunto, e não o seu ponto de vista, a sua opinião. Para isso, deverá fundamentar suas ideias por meio de leis, doutrina, jurisprudência, citação de uma autoridade no assunto.

1.7 Estrutura do texto dissertativo

Não há dúvida de que todo texto dissertativo (expositivo ou argumentativo) deve ter início, meio e fim, ou seja, introdução, desenvolvimento e conclusão.

▷ **Introdução:** a importância da introdução é evidente, pois é ela que determina o tom do texto, o encaminhamento do desenvolvimento e sua estrutura. Então, ela deve ser vista como um compromisso que o autor assume com o restante do desenvolvimento. Nela haverá a contextualização do assunto que será desenvolvido ao longo do texto, ou seja, apresentação da ideia que será defendida (argumentação) ou esclarecida (exposição).

▷ **Desenvolvimento:** é a parte da redação em que há o desenvolvimento da ideia apresentada no primeiro parágrafo. Vai ocorrer a comprovação da tese por meio de argumentos – texto argumentativo – ou a exposição de informações a fim de esclarecer um assunto – texto expositivo.

Estrutura dos parágrafos de desenvolvimento:

Tópico frasal: apresentação da ideia-núcleo que será desenvolvida(introdução);

Comprovação da ideia-núcleo (desenvolvimento);

Fechamento do parágrafo (conclusão).

Jamais construa parágrafos com apenas um período. Os parágrafos de desenvolvimento devem ter, no mínimo, três períodos.

▷ **Conclusão:** consiste no fechamento das ideias apresentadas. Não podem ser expostos argumentos novos nesse parágrafo. O que ocorre é a retomada da ideia central (tese ou tema) e a apresentação das considerações finais.

REDAÇÃO

2 DISSERTAÇÃO EXPOSITIVA E ARGUMENTATIVA

2.1 Dissertação Expositiva

A dissertação expositiva tende à simples exposição de ideias, de informações, de definições e de conceitos, sem necessidade de um forte convencimento do leitor.

Quando o texto dissertativo se dedica mais a expor ideias, a fazer que o leitor/ouvinte tome conhecimento de informações ou interpretações dos fatos, tem caráter expositivo e podemos classificá-lo como expositivo. (COROA, 2008b, p. 121).

2.2 Estrutura do texto dissertativo-expositivo

Na introdução, há a apresentação do tema (parágrafo mais curto). Como não há tese, o candidato deve fazer a apresentação do tema (ideia central do texto).

▷ **Tipos de introdução:**
- **Definição:** tem por objetivo expor uma definição, uma ideia, uma expressão. Para isso, é importante ter como referência os sentidos expostos em dicionários, leis, doutrinas, etc.
- **Paráfrase:** é uma reescritura do tema e dos tópicos apresentados na proposta de redação. Não pode haver alteração de sentido e deve ser respeitada a simetria (paralelismo) sintático e semântico.
- **Citações e estatísticas:** neste tipo de introdução, o candidato traz uma frase (citação) de algum especialista no assunto, ou estatísticas a respeito do tema. Importante tomar cuidado para não trazer citações "vazias", que não sejam relacionadas ao assunto, e também se preocupar em fazer uma análise a respeito das estatísticas trazidas, para que elas não fiquem deslocadas.

▷ No desenvolvimento, há a apresentação de informações sobre assuntos, exposição, explicação de ideias de modo objetivo, fundamentação por meio de leis, citação de autores, exemplos etc. Segundo fulano de tal, ...; Segundo a Lei Tal,..., Conforme entendimento do STF, ... Em outras palavras, há presença de dados polifônicos. Não há opinião do candidato aqui, e sim apresentação do seu conhecimento técnico sobre determinado assunto.

ELEMENTOS COESIVOS PARA INCIAR OS PARÁGRAFOS DE DESENVOLVIMENTO

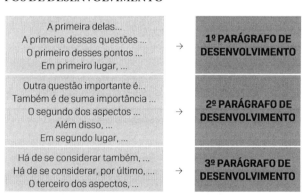

▷ Na conclusão, ocorrerá a retomada da ideia central.

Tipos de conclusão:
- **Síntese:** consiste em sintetizar as ideias que foram abordadas ao longo da dissertação, confirmando a ideia central que aparece na introdução do texto.
- **Proposta de intervenção:** elaborar uma sugestão para solucionar o problema posto em debate na proposta de redação. Essas sugestões precisam ter três características muito importantes. Em primeiro lugar, é preciso que elas sejam aplicáveis ao tema e ao que foi dito no texto. Além disso, as sugestões precisam ser detalhadas.

A proposta bem elaborada deve conter um detalhamento do que fazer, como fazer, os meios e os participantes da proposta. Por último, proposta apresentada deve ser executável, ou seja, possível de ser realizada. Não adianta apresentar soluções utópicas e fantasiosas, pois elas não serão realizadas.

- **Dedução:** trata-se de um processo de raciocínio em que a conclusão é alcançada a partir de um conjunto de premissas abordadas em uma afirmação e que constroem um pensamento lógico. Isso se chama "regras de inferência". O candidato vai explorar nos parágrafos dedicados ao desenvolvimento da dissertação, tudo aquilo que sabe sobre o tema, fazer as devidas relações e, no momento da conclusão, manifestar o que se pode deduzir dessas informações.

ELEMENTOS COESIVOS PARA INCIAR O ÚLTIMO PARÁGRAFO

Por fim, ...
Por último, ...
Finalmente, ...
Em último lugar, ...

2.3 Propostas de dissertação expositiva

PROPOSTA I

A remição de pena, ou seja, o direito do condenado de abreviar o tempo imposto em sua sentença penal, pode ocorrer mediante trabalho, estudo e, de forma mais recente, pela leitura, conforme disciplinado pela Recomendação n.º 44/2013 do CNJ. A remição de pena, prevista na Lei de Execução Penal, está relacionada ao direito constitucional de individualização da pena. Dessa forma, as penas devem ser justas e proporcionais, além de particularizadas, levando-se em conta a aptidão à ressocialização demonstrada pelo apenado por meio do estudo ou do trabalho.

A possibilidade de remir a pena por meio da leitura já é realidade em diversos presídios do país. De acordo com a Recomendação n.º 44/2013 do CNJ, deve ser estimulada a remição pela leitura como forma de atividade complementar, especialmente para apenados aos quais não sejam assegurados os direitos ao trabalho, à educação e à qualificação profissional. Para isso, há necessidade de elaboração de um projeto pela autoridade penitenciária estadual ou federal com vistas à remição pela leitura, assegurando-se, entre outros critérios, a participação voluntária do preso e a existência de um acervo de livros dentro da unidade penitenciária. Segundo a norma, o preso deve ter o prazo de 21 a 30 dias para a leitura de uma obra, apresentando, ao final do período, uma resenha a respeito do assunto, que deverá ser avaliada pela comissão organizadora do projeto. Cada obra lida possibilita a remição de quatro dias de pena, com o limite de doze obras por ano, ou seja, no máximo 48 dias de remição por leitura a cada doze meses.

Internet: <www.cnj.jus.br> (com adaptações).

A Assembleia Legislativa do Ceará aprovou projeto de lei que altera o art. 4.º da Lei n.º 15.718/2014, elaborada conforme recomendação do CNJ. O projeto de lei torna expressa a possibilidade da leitura de livros religiosos proporcionarem a remição da pena em execução penal. Segundo a Secretaria de Administração Penitenciária (SAP), atualmente, no projeto Livro Aberto, são 5.100 detentos que leem mensalmente em 17 unidades prisionais do Ceará. O preso escolhe, a cada mês, uma obra literária dentre os títulos selecionados para a leitura, o que agora poderá incluir livros religiosos. Em seguida, o apenado redigirá relatório de leitura ou resenha — a ser elaborados de forma individual, presencial e em local adequado —, devendo atingir nota igual ou superior a 6,0 para ser aprovado pela Secretaria de Educação do Estado do Ceará (SEDUC). Depois, isso é levado para a vara judicial, para ser avaliada a redução da pena.

Internet: <www.ceara.gov.br> (com adaptações).

É indiscutível que a obra literária tem o poder de reorganizar a nossa visão de mundo, nossa mente e nossos sentimentos, tocando nosso espírito por meio das palavras, que não são apenas a forte presença do nosso código; elas comunicam sempre alguma coisa que nos toca, porque

DISSERTAÇÃO EXPOSITIVA E ARGUMENTATIVA

obedece a certa ordem. O caos originário dá lugar à ordem e, por conseguinte, a mensagem pode atuar. Uma boa notícia é que toda obra literária pressupõe essa superação do caos, determinada por um arranjo especial das palavras, fazendo uma proposta de sentido.

Maria Luzineide P. da C. Ribeiro e Maria do Rosário C. Rocha. Olhando pelo avesso: reflexões sobre a remição de pena pela leitura e a escolarização nas prisões brasileiras. In: Fernanda Marsaro dos Santos et al. (Org.). Educação nas prisões. 1.ª ed. Jundiaí: Paco, 2019, p. 203 (com adaptações).

A leitura é um poderoso instrumento de ascensão social, de amadurecimento do ser em relação à sua função dentro de uma complexa sociedade, de absorção da sua cultura ao redor (...) é uma atividade essencial a qualquer área do conhecimento e mais essencial ainda à própria vida do ser humano.

Fernanda M. dos Santos, Gesuína de F. E. Leclerc e Luciano C. Barbosa. Leitura que liberta: uma experiência para remição de pena no Distrito Federal. In: Fernanda Marsaro dos Santos et al. (Org.). Educação nas prisões. 1.ª ed. Jundiaí: Paco, 2019, p. 21.

Considerando que os textos anteriormente apresentados têm caráter unicamente motivador, redija um texto dissertativo abordando os seguintes aspectos acerca da remição de pena pela leitura.

1 A remição de pena pela leitura como forma de ressocialização. [valor: 9,50 pontos]

2 A importância da leitura como forma de reorganização da visão de mundo do detento. [valor: 9,50 pontos]

3 Possibilidades e desafios da implementação de projetos de leitura no sistema prisional brasileiro. [valor: 9,50 pontos]

Padrão de resposta da banca

O candidato deve redigir um texto dissertativo em que aborde os aspectos propostos, acerca da remição de pena pela leitura, de maneira clara e coerente, empregando mecanismos de coesão textual. O candidato deve demonstrar conhecer a atualidade do tema da remição de pena pela leitura como forma de ressocialização, bem como discorrer sobre a importância da leitura como possibilidade de ampliação da visão de mundo do participante do projeto dentro do estabelecimento prisional. Para tanto, pode, por exemplo, mencionar a Jornada da Leitura no Cárcere, evento cuja primeira edição ocorreu em fevereiro de 2020, com apoio do CNJ, a fim de identificar, refletir e disseminar as boas práticas de leitura no sistema carcerário. Por fim, o candidato deve discorrer sobre possibilidades de projetos de leitura que podem ser implementados no sistema penitenciário brasileiro e os desafios para que projetos dessa natureza sejam colocados em prática.

PROPOSTA II

Lei n.º 12.305, de 2 de agosto de 2010

Art. 6.º São princípios da Política Nacional de Resíduos Sólidos: (...)

VI – a cooperação entre as diferentes esferas do poder público, o setor empresarial e demais segmentos da sociedade;

VII – a responsabilidade compartilhada pelo ciclo de vida dos produtos;

VIII – o reconhecimento do resíduo sólido reutilizável e reciclável como um bem econômico e de valor social, gerador de trabalho e renda e promotor de cidadania;

IX – o respeito às diversidades locais e regionais;

(...).

Internet: <mma.gov.br> (com adaptações).

Média da composição gravimétrica dos resíduos sólidos gerados no Brasil resíduos participação

Resíduos	Participação (%)	Quantidade (t por dia)
Material reciclável	31,9	58.527,40
metais	2,9	5.293,50
aço	2,3	4.213,70
alumínio	0,6	1.079,90
papel, papelão e tetrapak	13,1	23.997,40
plástico total	13,5	24.847,90
plástico firme	8,9	16.399,60
plástico rígido	4,6	8.449,30
vidro	2,4	4.388,60
material orgânico	51,4	94.335,10
outros	16,7	30.618,90
total	100	183.481,50

Internet: <www.politize.com.br> (com adaptações).

À proporção em que aumenta o número de habitantes nas cidades, cresce a geração de lixo. Observa-se que as cidades, cada vez mais, apresentam dificuldades para implantar, ordenar e gerenciar de modo sustentável os resíduos por elas gerados. Nesse contexto, em 12/8/2010, foi instituída a Política Nacional de Resíduos Sólidos (PNRS), pela Lei n.º 12.305/2010, que definiu princípios, objetivos, instrumentos e diretrizes relativos à gestão e ao gerenciamento de resíduos sólidos, incluídos os perigosos, em âmbito nacional.

Entre os conceitos introduzidos está o de responsabilidade compartilhada pelo ciclo de vida dos produtos: "conjunto de atribuições individualizadas e encadeadas dos fabricantes, importadores, distribuidores e comerciantes, dos consumidores e dos titulares dos serviços públicos de limpeza urbana e de manejo dos resíduos sólidos, para minimizar o volume de resíduos sólidos e rejeitos gerados, bem como para reduzir os impactos causados à saúde humana e à qualidade ambiental decorrentes do ciclo de vida dos produtos, nos termos desta Lei". Isso quer dizer que a lei exige que as empresas assumam o retorno de seus produtos descartados e cuidem da adequada destinação ao final de seu ciclo de vida útil.

Internet: <oeco.org.br> (com adaptações).

Cerca de 80% do impacto de um produto na natureza está relacionado ao seu design e a toda a cadeia logística. Assim, torna-se necessário rever os tipos de materiais produzidos e repensar suas formas de produção, para que seu destino final seja o começo de um novo ciclo, e não os aterros sanitários e os oceanos. O principal objetivo da economia circular é acabar com os resíduos, ou seja, não gerar desperdício.

Internet: <positiva.eco.br> (com adaptações).

Considerando que os fragmentos de texto precedentes têm caráter motivador, redija um texto dissertativo sobre o seguinte tema.

O DESCARTE DE RESÍDUOS SÓLIDOS NO BRASIL NO SÉCULO XXI

Ao elaborar seu texto, responda aos seguintes questionamentos.

1. Por que o modelo de descarte de resíduos sólidos predominante até o início do século XXI deve ser substituído? [valor: 9,50 pontos]

2. Em que consistem a economia circular e a responsabilidade compartilhada e de que forma esses novos conceitos podem impactar a economia do país? [valor: 19,00 pontos]

Padrão de resposta da banca

Com relação ao aspecto 1, o candidato pode mencionar que o modelo de descarte de resíduos sólidos predominante até o início do século XXI acarreta as consequências como as mencionadas a seguir:

– para o meio ambiente: nos lixões, os resíduos são depositados a céu aberto, sem tratamento ou controle ambiental, o que contribui para o aumento da poluição; há agravamento do efeito estufa em razão da produção de gás metano e contaminação do lençol freático por meio do chorume que é produzido;

– para a saúde pública: os lixos expostos atraem animais vetores de doenças; os catadores de lixo, nos lixões, ficam expostos ao contato direto com agentes físicos, químicos e biológicos potencialmente nocivos; o sentimento de marginalização dos indivíduos que sobrevivem do descarte alheio é intensificado, o que agrava os problemas sociais existentes;

– para a economia: parte da população marginalizada do mercado formal busca a sobrevivência nos restos produzidos pela sociedade; com isso, prejudica-se a economia que gira em torno do mercado formal e aumentam-se os gastos públicos para a recuperação da saúde das pessoas submetidas a essas condições de insalubridade.

Por essas e por outras razões, o modelo de descarte de resíduos sólidos predominante até o início do século XXI precisa ser substituído por outro, que seja sustentável para o planeta.

Com relação ao aspecto 2, o candidato deve explicitar em que consiste a economia circular e a responsabilidade compartilhada. Pode mencionar, por exemplo, que a economia circular visa ao máximo aproveitamento dos materiais, de forma que se produza o mínimo de resíduos (diferentemente da economia linear, em que algo é produzido, consumido e descartado), e que a responsabilidade compartilhada, que envolve o recolhimento de um produto pela empresa fabricante após o seu ciclo de uso, para que se dê a destinação adequada a ele, favorece o reaproveitamento de materiais e a diminuição da produção de resíduos. Assim, a economia circular e a responsabilidade compartilhada impactam o modo de fabricação de produtos, uma vez que visam cada vez mais ao reaproveitamento dos materiais que já existem e cada vez menos ao emprego de novas matérias-primas, o que se reverte em menos danos ao meio ambiente. A economia circular e a responsabilidade compartilhada impactam, ainda, o modo como um produto é consumido e a valorização de suas características: um produto de vida útil mais longa, fabricado com materiais que podem ser reaproveitados ou que se decompõem mais rapidamente, é mais valorizado, em detrimento daquele que não compartilha dessas características, como o produto gerado sob condição de obsolescência programada, por exemplo.

PROPOSTA III

O Estado, como pessoa jurídica, é um ser intangível. Somente se faz presente no mundo jurídico por meio de seus agentes, pessoas físicas cuja conduta é a ele imputada. O Estado, por si só, não pode causar danos a ninguém. Segundo o direito positivo, o Estado é civilmente responsável pelos danos que seus agentes causarem a terceiros. Sendo-o, incumbe-lhe reparar os prejuízos causados, mediante obrigação de pagar as devidas indenizações.

José dos Santos Carvalho Filho. Manual de direito administrativo. 32.ª ed. São Paulo: Atlas, 2018 (com adaptações).

Considerando que o fragmento de texto anteriormente apresentado tem caráter unicamente motivador, redija um texto dissertativo acerca da responsabilidade civil do Estado, abordando, necessariamente, os seguintes tópicos:

1 a teoria da responsabilidade civil do Estado atualmente aplicada no direito brasileiro; [valor: 9,00 pontos]

2 requisitos da responsabilidade civil; [valor: 20,00 pontos]

3 direito de regresso. [valor: 9,00 pontos]

Padrão de resposta da banca

1 A teoria da responsabilidade civil do Estado aplicada atualmente no direito brasileiro é a teoria da responsabilidade objetiva do Estado. Ela dispensa o fator culpa em relação ao fato danoso, ou seja, a culpa é desconsiderada com pressuposto da responsabilidade. Esta teoria é informada pela teoria do risco administrativo e pela teoria do risco integral. Na primeira, é possível aplicar as causas excludentes da responsabilidade do Estado (culpa da vítima, culpa de terceiros ou força maior). Na segunda, não.

2 Os requisitos da responsabilidade civil do Estado são: a) fato administrativo, que é considerado qualquer conduta, comissiva ou omissiva, legítima ou ilegítima, singular ou coletiva, atribuída ao poder público; b) dano, pois não há responsabilidade sem que haja o dano, seja material, seja moral; e c) nexo causal, pois somente haverá responsabilidade se houver uma relação de causalidade entre o fato administrativo e o dano. Ao lesado cabe demonstrar que o prejuízo sofrido se originou da conduta estatal.

3 O direito de regresso é garantido ao Estado no sentido de dirigir sua pretensão indenizatória contra o agente responsável pelo dano, se ele tiver agido com dolo ou culpa, conforme dispõe o § 6.º do art. 37 da Constituição Federal de 1988: "Art. 37. (...) § 6.º As pessoas jurídicas de direito público e as de direito privado prestadoras de serviços públicos responderão pelos danos que seus agentes, nessa qualidade, causarem a terceiros, assegurado o direito de regresso contra o responsável nos casos de dolo ou culpa".

PROPOSTA IV

Art. 215. O Estado garantirá a todos o pleno exercício dos direitos culturais e acesso às fontes da cultura nacional, e apoiará e incentivará a valorização e a difusão das manifestações culturais. § 1.º O Estado protegerá as manifestações das culturas populares, indígenas e afro-brasileiras, e das de outros grupos participantes do processo civilizatório nacional.

Brasil. Constituição da República Federativa do Brasil. Brasília - DF: Senado Federal, 1988.

Os direitos culturais protegem o potencial que cada pessoa possui — individualmente, em comunidade com outros e como grupo de pessoas — para desenvolver e expressar sua humanidade e visão de mundo, os significados que atribui a sua experiência e a maneira como o faz. Os direitos culturais podem ser considerados como algo que protege o acesso ao patrimônio e aos recursos culturais que permitem a ocorrência desses processos de identificação e de desenvolvimento.

Entrevista com Farida Shaheed, da ONU. In: Revista Observatório Itaú Cultural, n.º 11, jan.-abr./2011 (com adaptações).

Integrar os direitos culturais ao rol de direitos humanos — ou seja, considerá-los direitos inerentes ao ser humano — traz consequências importantes ao tratamento desses direitos, que não podem, por exemplo, sofrer nenhum tipo de distinção de raça, cor, sexo, língua, religião, opinião política, origem social ou nacional ou condição de nascimento ou riqueza. Tais direitos incorporam, ainda, outras características dos direitos humanos: são fundados no respeito pela dignidade e no valor de cada pessoa; são universais, ou seja, são aplicados de forma igual e sem discriminação a todas as pessoas; são inalienáveis, de modo que ninguém pode ser privado de seus direitos humanos (apesar de eles poderem ser limitados em situações específicas); são indivisíveis, inter-relacionados e interdependentes, já que não é suficiente respeitar apenas parte dos direitos humanos; e devem ser vistos como de igual importância entre si.

Nicolas Allen. Os direitos culturais como direitos humanos: breve sistematização de tratados internacionais. Internet: <http://institutodea. com> (com adaptações).

Considerando que os fragmentos de textos apresentados anteriormente têm caráter unicamente motivador, redija um texto dissertativo abordando:

1 a importância da cultura para a formação integral do ser humano; [valor: 14,00 pontos]

2 a relação entre cultura e cidadania; [valor: 12,00 pontos]

3 o dever do Estado de garantir o acesso à cultura bem como incentivar a difusão e preservação das manifestações culturais. [valor: 12,00 pontos]

DISSERTAÇÃO EXPOSITIVA E ARGUMENTATIVA

Padrão de resposta da banca

Espera-se que o candidato seja capaz de apresentar argumentos coerentes e determinantes para a defesa do importante papel das manifestações culturais na formação integral do ser humano, mostrando como a cultura é um meio essencial de enriquecimento da maneira como o sujeito enxerga a si mesmo e ao mundo que o cerca. Também se espera que o candidato seja capaz de relacionar a cultura à cidadania, mostrando, mediante argumentos e exemplos consistentes, que fazer da cultura um aspecto de destaque nas sociedades é relevante para a convivência social e para o pleno exercício dos direitos dos cidadãos. Por fim, espera-se que o candidato seja capaz de discorrer acerca do dever do Estado de garantir o acesso à cultura bem como incentivar a difusão e preservação das manifestações culturais, como forma de assegurar o pleno exercício da cidadania pelo povo.

PROPOSTA V

A Lei n.º 11.705/2008, conhecida como Lei Seca, por reduzir a tolerância com motoristas que dirigem embriagados, colocou o Brasil entre os países com legislação mais severa sobre o tema. No entanto, a atitude dos motoristas pouco mudou nesses dez anos. Um levantamento, por meio da Lei de Acesso à Informação, indicou mais de 1,7 milhão de autuações, com crescimento contínuo desde 2008. O avanço das infrações nos últimos cinco anos ficou acima do aumento da frota de veículos e de pessoas habilitadas: o número de motoristas flagrados bêbados continua crescendo, em vez de diminuir com o endurecimento das punições ao longo desses anos.

Internet: <g1.globo.com> (com adaptações).

Nas estradas federais que cortam o estado de Pernambuco, durante o feriado de Natal, a PRF registrou cento e três acidentes de trânsito, com cinquenta e dois feridos e sete mortos. Segundo a corporação, seis motoristas foram presos por dirigir bêbados e houve oitenta e sete autuações pela Lei Seca. Os números são parte da Operação Integrada Rodovia, deflagrada pela PRF. Em 2017, foram registrados noventa acidentes. No ano passado, a ação da polícia teve um dia a menos.

Internet: <g1.globo.com> (com adaptações).

Considerando que os fragmentos de texto acima têm caráter unicamente motivador, redija um texto dissertativo acerca do seguinte tema.

O COMBATE ÀS INFRAÇÕES DE TRÂNSITO NAS RODOVIAS FEDERAIS BRASILEIRAS

Ao elaborar seu texto, aborde os seguintes aspectos:

1 medidas adotadas pela PRF no combate às infrações; [valor: 7,00 pontos]

2 ações da sociedade que auxiliem no combate às infrações; [valor: 6,00 pontos]

3 atitudes individuais para a diminuição das infrações. [valor: 6,00 pontos]

Padrão de resposta da banca

Quanto ao desenvolvimento do tema, o candidato deve, a partir dos textos motivadores, abordar o tema e os aspectos propostos, de maneira clara e coerente, empregando os mecanismos de coesão textual. A abordagem dada ao tema pode variar, mas o candidato deve demonstrar conhecer a atualidade do tema das infrações nas rodovias, que vitimam inúmeras pessoas, além dos próprios ilícitos cometidos.

Com relação ao aspecto 1, espera-se que o candidato aborde medidas que podem ser implementadas ou que já são adotadas pela Polícia Rodoviária Federal no combate às infrações nas rodovias, como o aumento de efetivo, a ampliação do uso de equipamentos eletrônicos, o incremento de operações integradas no combate aos ilícitos, as campanhas institucionais, entre outras.

No aspecto 2, espera-se que o candidato aborde ações que podem ser feitas pela sociedade para diminuição das infrações, como campanhas de iniciativa privada para aumento da conscientização da conduta a ser praticada, palestras em entidades privadas com ampla divulgação, envolvimento com escolas públicas e privadas em busca da conscientização da sociedade, entre outras.

No que se refere ao aspecto 3, espera-se que o candidato aborde atitudes que o indivíduo pode realizar para combater as infrações, como a própria conscientização da conduta correta a ser praticada, a participação de atividades educativas de trânsito, o envolvimento em atividades de ajuda a vítimas de trânsito, entre outras.

Observação: foram citadas algumas medidas, ações e atitudes neste padrão de resposta apenas como exemplos.

2.4 Dissertação Argumentativa

A dissertação argumentativa tem o objetivo de convencer o leitor sobre uma tese, por meio de fortes articulações lógicas entre os significados.

Quando as interpretações expostas pelo texto dissertativo vão mais além nas intenções e buscam explicitamente convencer o leitor/ouvinte sobre a validade dessas explicações, classifica-se o texto como argumentativo (COROA, 2008b, p. 121).

2.5 Estrutura do Texto Dissertativo-Argumentativo

Na Introdução, deve haver a contextualização do tema. Em seguida, deve ser apresentada a tese que será desenvolvida (ponto de vista). Por fim, podem ser apresentados os argumentos para a defesa dessa opinião (opcional).

Tipos de introdução

- O candidato pode utilizar a definição ou citações e estatísticas, mas deve, em seguida, apresentar a tese (opinião).
- **Roteiro:** tem por objetivo apresentar ao leitor o roteiro que será seguido durante o desenvolvimento do seu texto tese + argumentos); assim, ao citar o roteiro na introdução, o autor deve segui-lo até o final, para que não haja incoerências.
- **Exemplo:** Em virtude da onda de conservadorismo que o Brasil vive na atualidade, tornam-se comuns as discussões sobre direitos coletivos. Nesse cenário, é importante analisar as causas do conservadorismo moderno e os reflexos dele nos direitos da coletividade.
- **Alusão histórica:** representa um tipo de introdução em que um fato passado se relaciona de algum modo a um fato presente, servindo de ponto de reflexão ou ela semelhanças entre eles, ou pelas diferenças. Após a contextualização, deve ser apresentada a tese.
- **Exemplo:** Por ter pecado nos excessos do liberalismo, a Revolução Francesa foi talvez a que mais contribuiu com o surgimento do conservadorismo. Do mesmo modo, no Brasil esse mesmo processo volta a emergir depois de anos de governo liberal no poder.

▷ O desenvolvimento é o parágrafo em que serão desenvolvidos argumentos para comprovar a tese exposta na introdução. Na primeira frase do parágrafo, ou seja, no tópico frasal é apresentada a ideia central do parágrafo (o argumento). Depois do tópico frasal (introdução), há a comprovação dessa ideia (desenvolvimento) e, por fim, o fechamento do parágrafo (conclusão).

Os diversos argumentos deverão ser sustentados com exemplos e provas que os validem, tornando-os indiscutíveis, como:

- Exemplos;
- Enumeração de fatos;
- Causa e efeito;
- Dados estatísticos;
- Citações de autores renomados;
- Depoimentos de personalidades renomadas;
- Alusões históricas.

▷ Na conclusão há a retomada e a reafirmação da tese inicial, já defendida pelos diversos argumentos apresentados no desenvolvimento.

▷ **Retomada da tese:** a melhor forma de fazer isso é parafraseando a sua tese, ou seja, passando exatamente a mesma ideia, mas com outras palavras.

▷ Os mesmos tipos de conclusão do texto expositivo podem ser usados aqui.

2.6 Propostas de dissertação argumentativa

PROPOSTA I

A partir da leitura do Texto Motivador abaixo e com base em seu conhecimento de mundo, escolha um dos temas e desenvolva um texto dissertativo-argumentativo. Seu texto deverá ser produzido em prosa e conter no mínimo 20 e no máximo 30 linhas.

TEMA: O excesso de imagens e sua relação com a realidade

O mundo das imagens

Talvez se possa dizer que o que predomina na mídia mundial é a imagem. Com frequência, as outras "linguagens" aparecem de maneira complementar [...] ou propriamente subordinada à imagem. Tanto assim que a mídia apresenta aspectos e fragmentos das configurações e movimentos da sociedade global como se fosse um vasto espetáculo de videoclipe [...] Ao lado da montagem, colagem, bricolagem, simulacro e virtualidade, muitas vezes combinando tudo isso, a mídia parece priorizar o espetáculo do videoclipe. Tanto é assim que guerras e genocídios parecem festivais pop, departamentos do shopping center global, cenas da Disneylândia mundial. Os mais graves e dramáticos acontecimentos da vida de indivíduos e coletividades aparecem, em geral, como um videoclipe eletrônico informático, desterritorializado entretenimento de todo o mundo.

Fonte: IANNI, Octávio. O mundo do trabalho. In: FREITAS, Marcos Cezar de. (Org.). A reinvenção do futuro. São Paulo: Cortez, 1996. p. 39

PROPOSTA II

A partir da leitura do Texto Motivador abaixo e com base em seu conhecimento de mundo, escolha um dos temas e desenvolva um texto dissertativo-argumentativo. Seu texto deverá ser produzido em prosa e conter no mínimo 20 e no máximo 30 linhas.

Tema: O cuidado com o corpo e com a mente e sua relação com o trabalho

Cuidar do corpo e da mente

Conciliar trabalho, estudo, rotina doméstica e os cuidados com o corpo e a mente pode, à primeira vista, parecer impossível. Por isso, o G1 conversou com especialistas para apontar passos essenciais para quem quer levar uma vida mais equilibrada. Eles concordaram em três pontos: fazer exercícios, comer bem, cuidar da saúde mental e buscar acompanhamento médico.

[...] Faça exercícios físicos. Fazer exercícios é a primeira recomendação. É simples: mexa-se. "Só de você não ser sedentário já está mil pontos à frente da pessoa sedentária", diz o clínico geral e médico de família Alfredo Salim Helito, do Hospital Sírio-Libanês, em São Paulo. "Se você tiver a opção entre ser magro e fazer atividade física, escolha a atividade física. O sedentarismo não pode acompanhar o ser humano", frisa.

Alimente-se bem. A alimentação saudável e equilibrada também é essencial. A alimentação foi outro ponto de consenso entre os especialistas ouvidos pelo G1 como chave para uma vida melhor. E a primeira dica de como nutrir melhor o corpo é: beber água.[...]

Cuide da saúde mental. Terapias, tradicionais ou alternativas, ajudam a melhorar a saúde mental. As intervenções tradicionais — como a psicoterapia ou a psicanálise — podem ajudar a prestar mais atenção às próprias emoções, pensamentos ou padrões de comportamento. Para a psicóloga Gláucia Flores, que atende em Brasília, o momento de buscar ajuda profissional é quando a pessoa percebe que está tendo prejuízos na vida.

"Vamos pensar nossa vida como uma pizza: uma fatia é o trabalho, uma é a família, uma é o casamento, os filhos, o lazer. Quando a gente dá mais importância pra uma do que pra outra, essa balança fica desigual. É importante, sim, que a gente encontre prazer no trabalho, mas também ter outros interesses para também aprender outras coisas", analisa Gláucia.

Vá ao médico. Encontrar um médico de confiança também é essencial. Além de adotar bons hábitos, fazer um acompanhamento médico pelo menos uma vez por ano também é recomendável, explica a clínica geral Sílvia Souto, da Aliança Instituto de Oncologia, em Brasília. Para começar, ela recomenda procurar, primeiro, um médico generalista.

Fonte: https://g1.globo.com/ciencia-e-saude/vivavoce/noticia/2019/02/01/cuidar--do-corpo-e-da-mente-veja-4-passos-paralevar-uma-vida-saudavel-e-equilibrada.ghtml. Adaptado. Acessado em 06/12/19

PROPOSTA III

Motivado pela leitura dos textos seguintes, sem, contudo, copiá-los ou parafraseá-los, redija um texto DISSERTATIVO-ARGUMENTATIVO com, no mínimo, 20 e, no máximo, 30 linhas, em modalidade e limites solicitados.

Tema: DESAFIOS DAS POLÍTICAS DE SEGURANÇA PÚBLICA PARA COMBATER A VIOLÊNCIA NA SOCIEDADE.

TEXTO 1

Constituições Federais e contexto político-institucional

O termo segurança "pública" parece ter sido usado pela primeira vez na Constituição Federal (CF) de 1937. Em outras Constituições, como a de 1934, aparece o termo segurança "interna" para tratar com matérias atinentes ao controle da ordem, fato que irá gerar vários dilemas organizacionais no país e em seu pacto federativo. É interessante constatar que, na CF de 1937, cabia exclusivamente à União a competência de regular a matéria e garantir "o bemestar, a ordem, a tranquilidade e a segurança públicas, quando o exigir a necessidade de uma regulamentação uniforme" (artigo 16, inciso V).

Nota-se aqui uma primeira tensão conceitual e que terá impacto direto nos mandatos e atribuições das polícias brasileiras. A Lei nº 192, de 17 de janeiro de 1936 regulava as atividades das polícias militares e as vinculava às unidades da federação, cabendo à União apenas um papel de supervisão e controle, por meio do Exército. Por essa lei, as polícias militares eram as responsáveis pela segurança "interna", enquanto a CF de 1937 fala de segurança "pública", atividade que formalmente não foi assumida por nenhuma instituição até a CF de 1988. O significativo é que essa lei só foi revogada pelo Decreto-Lei nº 317, de 13 de março de 1967, que regulamentou a CF de 1967 no que tange à atuação das polícias. O conceito criado pela CF de 1937 parece não ter conseguido se institucionalizar e não teve força para mudar, mesmo após o Estado Novo, as estruturas que organizavam as polícias estaduais. E ainda mais emblemático dessa dificuldade é que a CF de 1967 restabeleceu a competência das polícias militares para a "manutenção da ordem e segurança interna nos Estados, nos Territórios e no Distrito Federal" (grifo nosso).

Será somente a CF de 1988 que irá resgatar o conceito de 1937 e trará um capítulo específico sobre segurança "pública", não obstante repetir a CF de 1937 e não definir o significado desse conceito. A CF de 1988, em seu artigo 144, definirá tão somente quais são as instituições públicas encarregadas de prover segurança "pública" (LIMA, 2011). Em suma, nossa atual Constituição não define o que vem a ser segurança pública, apenas delimita quais organizações pertencem a esse campo.

Disponível em: <http://www.scielo.br/pdf/rdgv/v12n1/1808-2432-rdgv-12-10049.pdf> Acesso em: 20 de junho de 2019. Texto adaptado

DISSERTAÇÃO EXPOSITIVA E ARGUMENTATIVA

TEXTO 2

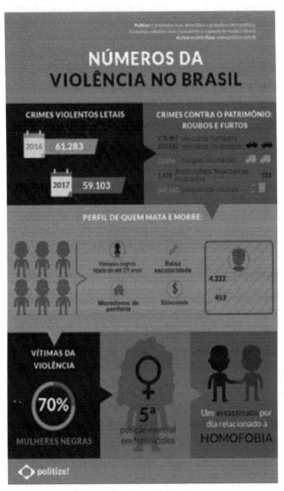

Disponível em: https://www.politize.com.br/seguranca-publica-brasileiraentenda. Acesso em 20 de junho de 2019. Texto adaptado.

PROPOSTA IV

Texto 01

Pela primeira vez, a população deve consumir mais conteúdo midiático na internet do que pela TV, de acordo com relatório da agência de mídia Zenith. Conforme a previsão, já em 2019 as pessoas devem passar mais horas navegando pela internet, fazendo compras, assistindo a filmes, séries e vídeos, conversando ou ouvindo música, do que assistindo à televisão.

("Internet irá ultrapassar TV já em 2019, indica relatório", 18.06.2018. https://epoca-negocios.globo.com. Adaptado)

Texto 02

De acordo com estudo divulgado pela empresa Morrison Foster, as pessoas passam, em média, sete horas por dia nas redes sociais. E é exatamente esse o local ocupado pelos influenciadores, que também estão conectados e produzindo conteúdos para seus seguidores a todo tempo. Segundo uma outra pesquisa, publicada pela Sprout Social, 74% dos consumidores guiam suas decisões de compra com base nas redes sociais. Ou seja, o público está atento às opiniões da internet e, principalmente, aos depoimentos de canais influentes e de credibilidade.

("A contribuição dos influenciadores digitais para a decisão de compra". 02.02.2018. https://franpress.com.br. Adaptado)

Texto 03

Nos últimos 10 anos, o tempo médio de consumo domiciliar de televisão passou de 8h18 para 9h17. Um crescimento de 12%. Vale ressaltar que esse foi um período de forte ascensão da internet como plataforma de distribuição de conteúdo. Os conteúdos da TV, além de entreter e informar, também exercem um papel importante na dinâmica social. Eles influenciam a pauta de conversas tanto com material que gera engajamento entre os telespectadores, como com publicidades criativas. O levantamento da Kantar IBOPE Media aponta que 51% das pessoas acham que a propaganda na TV é interessante e proporciona assunto para conversar. E, entre os que acessam a internet enquanto veem TV, 23% comentam nas redes sociais o que assistem – mostrando que a televisão segue marcando presença no dia a dia do brasileiro.

(João Paulo Reis. "Televisão: a abrangência e a influência do meio mais presente na vida dos brasileiros", 24.12.2018. https://observatoriodatelevisao.bol.uol.com.br. Adaptado)

Com base nas informações dos textos e em seus próprios conhecimentos, escreva um texto dissertativo, de acordo com a norma-padrão da língua portuguesa, sobre o tema:

A popularização da internet ameaça o poder de influência da televisão?

PROPOSTA V

Em visita aos Estados Unidos, em 1970, Margaret Thatcher fez o seguinte pronunciamento:

"Uma das razões por que valorizamos indivíduos não é porque sejam todos iguais, mas porque são todos diferentes. Permitamos que nossos filhos cresçam, alguns mais altos que outros, se tiverem neles a capacidade de fazê-lo. Pois devemos construir uma sociedade na qual cada cidadão possa desenvolver plenamente seu potencial, tanto para seu próprio benefício quanto para o da comunidade como um todo."

A premissa crucial que leva a afirmação de Thatcher a parecer quase evidente em si mesma – a suposição de que a "comunidade como um todo" seria adequadamente servida por todo cidadão dedicado a seu "próprio benefício" – acabou por ser admitida como ponto pacífico. Assim, no fim do século passado, tornou-se aceita a noção de que, ao agir egoisticamente, de algum modo as pessoas beneficiariam as outras.

(Adaptado de: ZYGMUNT, Bauman. A riqueza de poucos beneficia todos nós? Rio de Janeiro: Zahar, 2015, p.30)

II

Segundo a ortodoxia econômica, uma boa dose de desigualdade leva a economias mais eficientes e crescimento mais rápido. Isso se dá porque retornos mais altos e impostos menores no topo da escala – segundo afirmam – fomentariam o empreendedorismo e engendrariam um bolo econômico maior.

Assim, terá dado certo a experiência de fomento da desigualdade? Os indícios sugerem que não. A disparidade de riqueza atingiu dimensões extraordinárias, mas sem o progresso econômico prometido.

(Adaptado de: LANSEY, Stewart apud ZYGMUNT, Bauman. A riqueza de poucos beneficia todos nós? Rio de Janeiro: Zahar, 2015, p.24-25)

Considerando os textos acima, escreva uma dissertação argumentativa em que você discuta a seguinte questão:

A realização individual fomentaria maior igualdade social?

2.7 Elementos de coesão

Prioridade, relevância: em primeiro lugar, antes de mais nada, antes de tudo, em princípio, primeiramente, acima de tudo, principalmente, primordialmente, sobretudo.

Tempo: atualmente, hoje, frequentemente, constantemente às vezes, eventualmente, por vezes, ocasionalmente, sempre, raramente, não raro, ao mesmo tempo, simultaneamente, nesse ínterim, enquanto, quando, antes que, depois que, logo que, sempre que, assim que, desde que, todas as vezes que, cada vez que, então, enfim, logo, logo depois, imediatamente, logo após, a princípio, no momento em que, pouco antes, pouco depois, anteriormente, posteriormente, em seguida, afinal, por fim, finalmente, agora.

Semelhança, comparação, conformidade: de acordo com, segundo, conforme, sob o mesmo ponto de vista, tal qual, tanto quanto, como, assim como, como se, bem como, igualmente, da mesma forma, assim também, do mesmo modo, semelhantemente, analogamente, por analogia, de maneira idêntica, de conformidade com.

Condição, hipótese: se, caso, desde que, eventualmente.

Adição, continuação: além disso, demais, ademais, outrossim, ainda mais, por outro lado, também, e, nem, não só ... mas também, não só... como também, não apenas ... como também, não só ... bem como, com, ou (quando não for excludente).

Dúvida: talvez, provavelmente, possivelmente, quiçá, quem sabe, é provável, não é certo, se é que.

Certeza, ênfase: certamente, decerto, por certo, inquestionavelmente, sem dúvida, inegavelmente, com toda a certeza.

Ilustração, esclarecimento: por exemplo, só para ilustrar, só para exemplificar, isto é, quer dizer, em outras palavras, ou por outra, a saber, ou seja, aliás.

Propósito, intenção, finalidade: com o fim de, a fim de, com o propósito de, com a finalidade de, com o intuito de, para que, a fim de que, para.

Resumo, recapitulação, conclusão: em suma, em síntese, em conclusão, enfim, em resumo, portanto, assim, dessa forma, dessa maneira, desse modo, logo, dessa forma, dessa maneira, assim sendo.

Explicação: por consequência, por conseguinte, como resultado, por isso, por causa de, em virtude de, assim, de fato, com efeito, tão (tanto, tamanho)... que, porque, porquanto, pois, já que, uma vez que, visto que, como (= porque), portanto, logo, que (= porque), de tal sorte que, de tal forma que, haja vista.

Contraste, oposição, restrição: pelo contrário, em contraste com, salvo, exceto, menos, mas, contudo, todavia, entretanto, no entanto, embora, apesar de, apesar de que, ainda que, mesmo que, posto que, conquanto, se bem que, por mais que, por menos que, só que, ao passo que, por outro lado, em contrapartida, ao contrário do que se pensa, em compensação.

Contraposição: é possível que... no entanto... É certo que... entretanto... É provável que ... porém...

Sequenciação dos parágrafos: em primeiro lugar ..., em segundo ..., por último ...; por um lado ..., por outro ...; primeiramente, ...,em seguida, ..., finalmente, ...

Enumeração: é preciso considerar que ...; Também não devemos esquecer que ...; Não podemos deixar de lembrar que...

Reafirmação/Retomada: compreende-se, então, que ... É bom acrescentar ainda que ... É interessante reiterar ...

2.8 Critérios de avaliação das bancas

Banca Cespe

Aspectos Macroestruturais

1. Apresentação (legibilidade, respeito às margens e indicação de parágrafos) e estrutura textual (organização das ideais em texto estruturado).

2. Desenvolvimento do tema: tópicos da proposta

Aspectos Microestruturais

Ortografia

Morfossintaxe

Propriedade vocabular

Quando forem apresentados tópicos, deve-se construir 1 (um) parágrafo para cada tópico.

NOÇÕES DE INFORMÁTICA

NOÇÕES DE INFORMÁTICA

1 WINDOWS 10

O Microsoft Windows 10 é um sistema operacional lançado em 29 de julho de 2015. Essa versão trouxe inúmeras novidades, principalmente por conta da sua portabilidade para celulares e tablets.

1.1 Requisitos mínimos

Para instalar o Windows 10, o computador deve ter no mínimo 1 GB de memória RAM para computadores com processador 32 bits de 1 GHz, e 2 GB de RAM para processadores de 32 bits de 1 GHz. Todavia, recomenda-se pelo menos 4 GB.

A versão 32 bits do Windows necessita, inicialmente, de 16 GB de espaço livre em disco, enquanto o Windows 64 bits utiliza 20 GB. A resolução mínima recomendada para o monitor é de 1.024 × 768.

1.2 Diferenças em relação à versão anterior

O Windows 10 nasceu com a promessa de ser o último Windows lançado pela Microsoft, o que não significa que não será atualizado. A proposta da fabricante é não lançar mais versões, a fim de tornar as atualizações mais constantes, sem a necessidade de aguardar para atualizar junto com uma versão numerada. Em de outubro de 2021, o Windows 11 foi lançado e conta com um visual mais limpo e minimalista, incluindo ícones remodelados, janelas translúcidas, nova iconografia e um Menu Iniciar centralizado.

O objetivo do projeto do novo Windows foi baseado na interoperabilidade entre os diversos dispositivos como tablets, smartphones e computadores, de modo que a integração seja transparente, sem que o usuário precise, a cada momento, indicar o que deseja sincronizar.

A Charms Bar, presente no Windows 8 e 8.1, foi removida, e a tela inicial foi fundida ao botão (menu) Iniciar. Algumas outras novidades apresentadas pela Microsoft são:

▷ Xbox Live e novo Xbox app proporcionam novas experiências de jogo no Windows 10. No Xbox, é possível que jogadores e desenvolvedores acessem à rede de jogos do Xbox Live, tanto nos computadores quanto no Xbox One. Os jogadores podem capturar, editar e compartilhar seus melhores.
▷ Momentos no jogo com o Game DVR e disputar novos jogos com os amigos nos dispositivos, conectando-a outros usuários do mundo todo. Os jogadores também podem disputar jogos no seu computador, transmitidos por stream diretamente do console Xbox One para o tablet ou computador Windows 10, dentro de casa.
▷ Sequential mode: em dispositivos 2 em 1, o Windows 10 alterna facilmente entre teclado, mouse, toque e tablet. À medida que detecta a transição, muda convenientemente para o novo modo.
▷ Novos apps universais: o Windows 10 oferece novos aplicativos de experiência, consistentes na sequência de dispositivos, para fotos, vídeos, música, mapas, pessoas e mensagens, correspondência e calendário. Esses apps integrados têm design atualizado e uniformidade de app para app e de dispositivo para dispositivo. O conteúdo é armazenado e sincronizado por meio do OneDrive, e isso permite iniciar uma tarefa em um dispositivo e continuá-la em outro.

1.2.1 Área de Trabalho

A barra de tarefas apresenta como novidade a busca integrada.

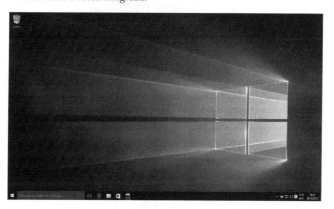

1.2.2 Cortana

Esse recurso opera junto ao campo de pesquisa localizado na barra de tarefas do Windows. É uma ferramenta de execução de comandos por voz, porém, ainda não conta com versão para o português do Brasil.

1.2.3 Continue de onde parou

Esse recurso permite uma troca entre computador, tablet e celular sem que o usuário tenha de salvar os arquivos e os enviar para os aparelhos; o próprio Windows se encarrega da sincronização.

Ao abrir um arquivo em um computador e editá-lo, basta abri-lo em outro dispositivo, de modo que as alterações já estarão acessíveis (a velocidade e disponibilidade dependem da conexão à internet).

1.2.4 Desbloqueio imediato de usuário

Trata-se de um recurso disponível que permite ao usuário que possua webcam usar uma forma de reconhecimento facial para *logar* no sistema, sem a necessidade de digitar senha.

1.2.5 Múltiplas áreas de trabalho

Uma das novidades do Windows 10 é a possibilidade de manipular "múltiplas Áreas de Trabalho", uma característica que já estava há tempos presente no Linux e no MacOS. Ao usar o atalho Windows + Tab, é possível criar uma Área de Trabalho e arrastar as janelas desejadas para ela.

WINDOWS 10

1.2.6 Iniciar

Com essa opção em exibição, ao arrastar o mouse ligeiramente para baixo, são listados os programas abertos pela tela inicial. Programas abertos dentro do desktop não aparecem na lista, conforme ilustrado a seguir.

1.2.7 Aplicativos

Os aplicativos podem ser listados clicando-se no botão presente na parte inferior do botão Iniciar, mais à esquerda.

1.2.8 Acessórios

O Windows 10 reorganizou seus acessórios ao remover algumas aplicações para outro grupo (sistema do Windows).

Os aplicativos listados como acessórios são, efetivamente:

- Bloco de notas;
- Conexão de área de trabalho remota;
- Diário do Windows;
- Ferramenta de captura;
- Gravador de passos;
- Internet Explorer;
- Mapa de caracteres;
- Notas autoadesivas;
- Painel de entrada de expressões matemática;
- Paint;
- Visualizador XPS;
- Windows Fax and Scan;
- Windows Media Player;
- WordPad.

1.2.9 Bloco de notas

O bloco de notas é um editor de texto simples, e apenas texto, ou seja, não aceita imagens ou formatações muito avançadas e são possíveis apenas algumas formatações de fonte: tipo/nome da fonte, estilo de fonte (negrito, itálico) e tamanho da fonte. A imagem a seguir ilustra a janela do programa.

A cor da fonte não é uma opção de formatação presente. A janela a seguir ilustra as opções.

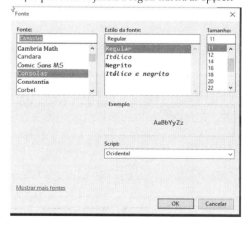

WINDOWS 10

1.2.10 Conexão de área de trabalho remota

A conexão remota do Windows não fica ativa por padrão, por questões de segurança. Para habilitar a conexão, é necessário abrir a janela de configuração das Propriedades do Sistema, ilustrada a seguir. Essa opção é acessível pela janela Sistema do Windows.

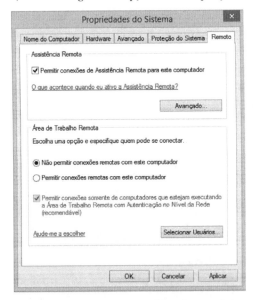

A conexão pode ser limitada à rede por restrição de autenticação em nível de rede, ou pela internet, usando contas de e-mail da Microsoft. A figura a seguir ilustra a janela da Conexão de Área de Trabalho Remota.

1.2.11 Diário do Windows

A ferramenta Diário do Windows é uma novidade no Windows 8. Ela permite que o usuário realize anotações como em um caderno. Os recursos de formatação são limitados, de modo que o usuário pode escrever com fonte manuscrita ou por meio de caixas de texto.

NOÇÕES DE INFORMÁTICA

1.2.12 Ferramenta de captura

A ferramenta de captura, presente desde o Windows 7, permite o print de partes da tela do computador. Para tanto, basta selecionar a parte desejada usando o aplicativo.

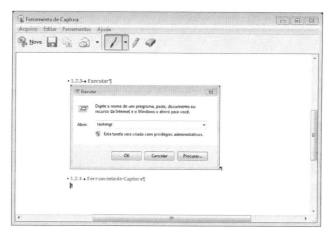

1.2.13 Gravador de passos

É um recurso vindo desde o Windows 8, muito útil para atendentes de suporte que precisam apresentar o passo a passo das ações que um usuário precisa executar para obter o resultado esperado. A figura a seguir ilustra a ferramenta com um passo gravado para exemplificação.

1.2.14 Mapa de caracteres

Frequentemente, faz-se necessário utilizar alguns símbolos diferenciados. Esses símbolos são chamados de caracteres especiais e esse recurso consegue listar os caracteres não presentes no teclado para cada fonte instalada no computador e copiá-los para a área de transferência do Windows.

WINDOWS 10

1.2.15 Notas autoadesivas

Por padrão, as notas autoadesivas são visíveis na Área de Trabalho, elas se parecem com post-its.

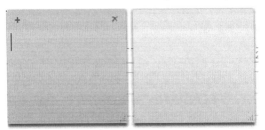

1.2.16 Painel de entrada de expressões matemáticas

Essa ferramenta possibilita o usuário de desenhar fórmulas matemáticas como integrais e somatórios, e ainda colar o resultado produzido em documentos. É possível fazer isso utilizando o mouse ou outro dispositivo de inserção como tablet canetas e mesas digitalizadoras.

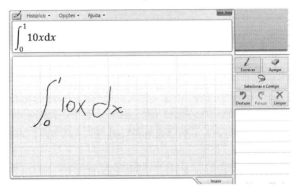

1.2.17 Paint

O tradicional editor de desenho do Windows, que salva seus arquivos no formato PNG, JPEG, JPG, GIF, TIFF e BMP (Bitmap), não sofreu mudanças em comparação com a versão presente no Windows 7.

1.2.18 WordPad

É um editor de texto que faz parte do Windows, ao contrário do MS Word, com mais recursos que o Bloco de Notas.

NOÇÕES DE INFORMÁTICA

1.2.19 Facilidade de acesso

Anteriormente conhecida como ferramentas de acessibilidade, são recursos que têm por finalidade auxiliar pessoas com dificuldades para utilizar os métodos tradicionais de interação com o computador.

Lupa

Ao utilizar a lupa, pode-se ampliar a tela ao redor do ponteiro do mouse, como também é possível usar metade da tela do computador exibindo a imagem ampliada da área próxima ao cursor.

Narrador

O narrador é uma forma de leitor de tela que lê o texto das áreas selecionadas com o mouse.

Teclado virtual

O teclado virtual é um software que permite entrada de texto em programas de computador de maneira alternativa ao teclado convencional.

Fique ligado

É preciso ter muito cuidado para não confundir o teclado virtual do Windows com o teclado virtual usado nas páginas de internet Banking.

1.2.20 Calculadora

A calculadora do Windows 10 deixa de ser associada aos acessórios. Outra grande mudança é o fato de que sua janela pode ser redimensionada, bem como perde um modo de exibição, sendo eles: padrão, científica e programador. Apresenta inúmeras opções de conversões de medidas, conforme ilustrado respectivamente ilustradas a seguir.

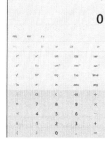

WINDOWS 10

1.2.21 Painel de Controle

É o local onde se encontram as configurações do sistema operacional Windows e pode ser visualizado em dois modos: ícones ou categorias. As imagens a seguir representam, respectivamente, o modo ícones e o modo categorias.

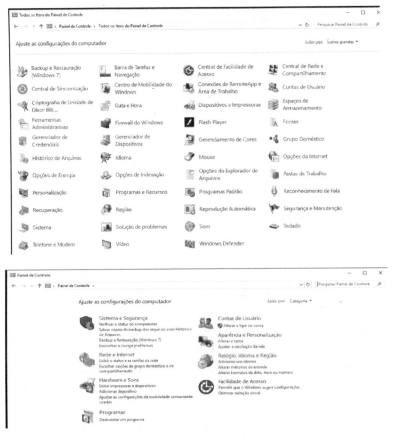

No modo categorias, as ferramentas são agrupadas de acordo com sua similaridade, como "Sistema e segurança", o que envolve o "Histórico de arquivos" e a opção "Corrigir problemas".

A opção para remover um programa possui uma categoria exclusiva chamada "Programas".

Na categoria "Relógio, idioma e região", temos acesso às opções de configuração do idioma padrão do sistema. Por consequência, é possível também o acesso às unidades métricas e monetárias, bem como alterar o layout do teclado ou botões do mouse.

Algumas das configurações também podem ser realizadas pela janela de configurações acessível pelo botão Iniciar.

1.2.22 Segurança e manutenção

Nessa seção, é possível verificar o nível de segurança do computador em relação ao sistema ou à possibilidade de invasão.

98

NOÇÕES DE INFORMÁTICA

1.2.23 Windows Defender

No Windows 10, o Windows Defender passou a ser antivírus, além de ser antispyware.

1.3 Estrutura de diretórios

Uma estrutura de diretórios é como o sistema operacional, em que organiza os arquivos, separando-os de acordo com sua finalidade.

O termo diretório é um sinônimo para pasta, que se diferencia apenas por ser utilizado, em geral, quando se cita alguma pasta "raiz" de um dispositivo de armazenamento ou partição.

Quando citamos o termo "raiz", estamos fazendo uma alusão a uma estrutura que se parece com uma árvore, que parte de uma raiz e cria vários galhos, que são as pastas, e as folhas, que são os arquivos. Dessa maneira, observamos que o **diretório raiz do Windows** é o diretório **C:** ou **C:**, enquanto o **diretório Raiz do Linux** é o /.

1.4 Ferramentas administrativas

Compreende ferramentas como agendador de tarefas, limpeza de disco, monitoramento de desempenho, entre muitos outros, que auxiliam na manutenção e no bom funcionamento da máquina.

Limpeza de disco

Apaga os arquivos temporários, por exemplo, arquivos da Lixeira, da pasta "Temporários da internet" e, no caso do Windows, a partir da versão Vista, as miniaturas.

WINDOWS 10

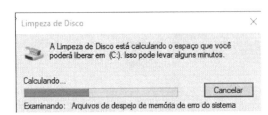

Lixeira

A capacidade da Lixeira do Windows é calculada. Assim, para HDs de até 40 GB, a capacidade é de 10%. Todavia, para discos rígidos maiores que 40 GB, o cálculo não é tão direto. Vamos a um exemplo: caso um HD possua o tamanho de 200 GB, é necessário descontar 40 GB, pois até 40 GB a lixeira possui capacidade de 10%; assim, sobram 160 GB. A partir desse valor, deve-se calcular mais 5%, ou seja, 8 GB. Com isso, a capacidade total da lixeira do HD de 200 GB fica com 4 GB + 8 GB = 12 GB.

> **Fique ligado**
> É importante, ainda, destacar que a capacidade da lixeira é calculada para cada unidade de armazenamento. Desse modo, se um HD físico de 500 GB estiver particionado, é necessário calcular separadamente a capacidade da lixeira para cada unidade.

A Lixeira é um local, e não uma pasta. Ela lista os arquivos que foram excluídos, porém nem todos aqueles que foram excluídos vão para a Lixeira. Vejamos a lista de situações em que um arquivo não será movido para a lixeira:

▷ Arquivos maiores do que a capacidade da Lixeira;
▷ Arquivos que estão compartilhados na rede;
▷ Arquivos de unidades removíveis;
▷ Arquivos que foram removidos de forma permanente pelo usuário.

Desfragmentar e otimizar unidades

É responsabilidade do Desfragmentador organizar os dados dentro do HD de maneira contínua/contígua para que o acesso às informações em disco seja realizado mais rapidamente.

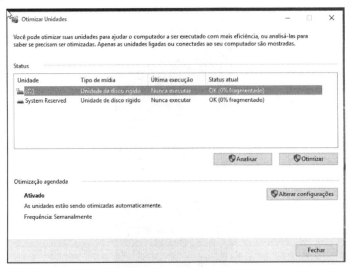

Configuração do sistema

A Configuração do Sistema é também acessível ao ser digitado o comando msconfig na janela "Executar". Essa ação permite configurar quais serviços serão carregados com o Sistema. No entanto, para fazer essa configuração, deve-se proceder ao acesso pelo "Gerenciador de tarefas".

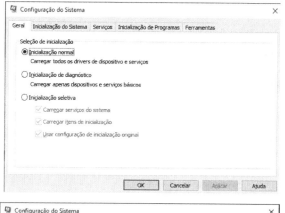
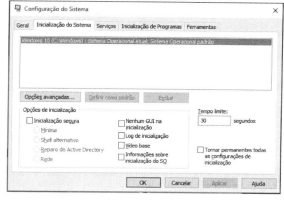
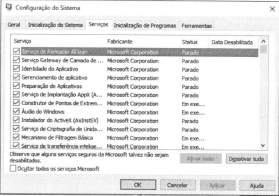
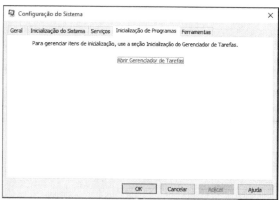

Monitor de recursos

Permite monitorar os recursos do computador e qual o uso que está sendo realizado.

ScanDisk

O ScankDisk é o responsável por verificar o HD em busca de falhas de disco. Muitas vezes, ele consegue corrigi-las.

WINDOWS 10

1.5 Configurações

Uma novidade do Windows 10 é a opção "Configurações", presente no botão Iniciar, que apresenta uma estrutura similar ao Painel de Controle, realizando a separação por categorias de ferramentas, conforme ilustra a figura a seguir.

1.6 Sistema

Nessa opção, são apresentadas as ferramentas de configuração de resolução de tela, definição de monitor principal (caso possua mais de um), modos de gestão de energia (mais utilizados em notebooks).

Também é possível encontrar a opção "Mapas offline", que permite o download de mapas para a pesquisa e o uso por GPS, principalmente usado em dispositivos móveis ou dotados de GPS.

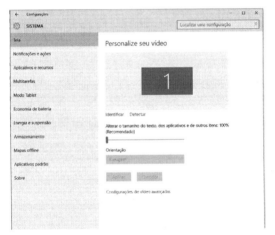

1.7 Dispositivos

Esse recurso lista os dispositivos que foram instalados em algum momento no sistema, como as impressoras.

1.8 Rede e internet

NOÇÕES DE INFORMÁTICA

Esse recurso serve para configurar rapidamente o proxy de uma rede, ou ativar/desativar a rede wi-fi, incluindo a opção para configurar uma rede VPN.

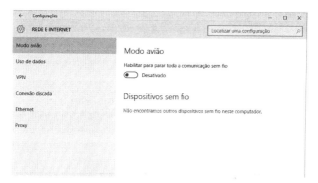

1.9 Personalização

Para personalizar os temas de cores da Área de Trabalho do Windows e os papéis de parede, a opção de personalização pode ser acessada pelas Configurações. Também é possível clicar com o botão direito do mouse sobre uma área vazia da Área de Trabalho e selecionar a opção "Personalizar".

1.9.1 Contas

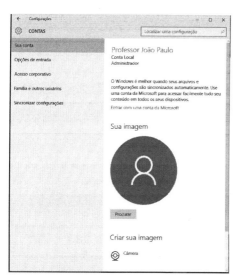

WINDOWS 10

1.9.2 Hora e idioma

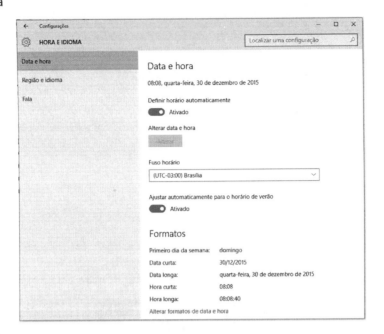

1.10 Facilidade de acesso

Além de contar com as ferramentas para acessibilidade, é possível configurar algumas características com alto contraste para melhorar o acesso ao uso do computador.

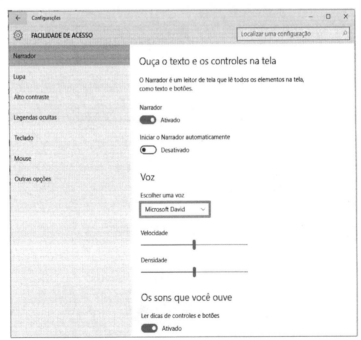

1.10.1 Privacidade

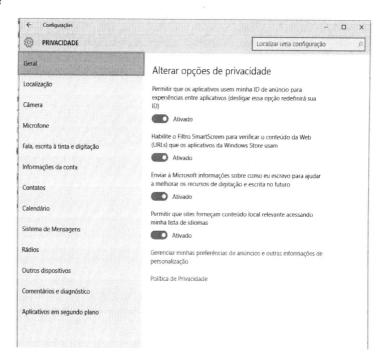

1.11 Atualização e segurança

Essa opção talvez seja uma das principais opções da janela de Configurações, pois, como necessidade mínima para a segurança, o sistema operacional deve estar sempre atualizado, assim como precisa possuir um programa antivírus que também esteja atualizado.

Vale lembrar que a realização periódica de backups também é considerada como um procedimento de segurança.

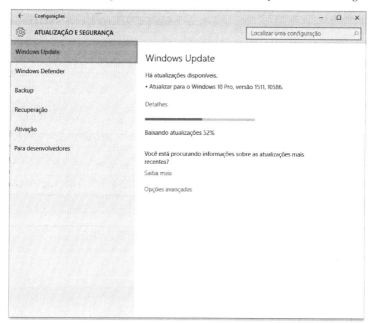

WINDOWS 10

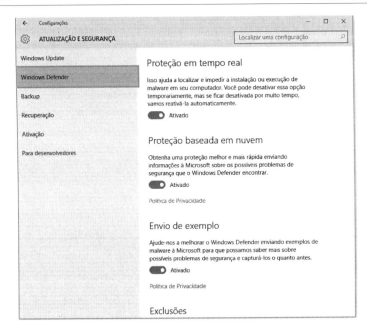

O Windows 10 realiza o backup dos arquivos usando a ferramenta "Histórico de arquivos", embora ainda permita realizar backups como no Windows 7.

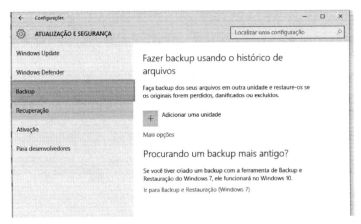

A opção "Para desenvolvedores" é uma novidade do Windows que assusta alguns usuários desavisados, pois, ao tentarem instalar algum aplicativo que não seja originário da loja da Microsoft, não conseguem. Esse impedimento ocorre por segurança. De qualquer forma, para poder instalar aplicativos "externos", basta selecionar a opção "Sideload" ou "Modo desenvolvedor".

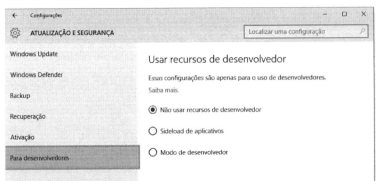

1.12 Backup no Windows 10

Um backup consiste em uma cópia de segurança dos arquivos, que deve ser feita periodicamente, preferencialmente em uma unidade de armazenamento separada do computador.

Apesar do nome cópia de segurança, um backup não impede que os dados sejam acessados por outros usuários. Ele é apenas uma salvaguarda dos dados para amenizar os danos de uma perda.

NOÇÕES DE INFORMÁTICA

Nos Windows 8 e 10, o backup é gerenciado pelo "Histórico de arquivos", conforme a imagem a seguir.

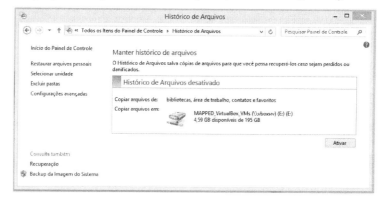

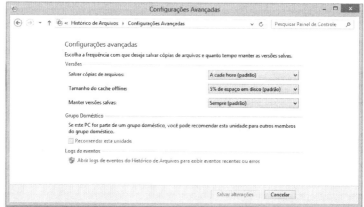

1.12.1 Backup da imagem do sistema

O Backup do Windows oferece a capacidade de criar uma imagem do sistema, que é uma imagem exata de uma unidade. Uma imagem do sistema inclui o Windows e as configurações do sistema, os programas e os arquivos. É possível usar esse recurso para restaurar o conteúdo do computador, caso o disco rígido ou o computador pararem de funcionar. Quando se restaura o computador a partir de uma imagem do sistema, trata-se de uma restauração completa; não é possível escolher itens individuais para a restauração, e todos os atuais programas, as configurações do sistema e os arquivos serão substituídos. Embora esse tipo de backup inclua arquivos pessoais, é recomendável fazer backup dos arquivos regularmente, usando o Backup do Windows, a fim de que seja possível restaurar arquivos e pastas individuais conforme a necessidade. Quando for configurado um backup de arquivos agendado, o usuário poderá escolher se deseja incluir uma imagem do sistema. Essa imagem do sistema inclui apenas as unidades necessárias à execução do Windows. É possível criar manualmente uma imagem do sistema, caso o usuário queira incluir unidades de dados adicionais.

1.12.2 Disco de restauração

O disco de restauração armazena os dados mais importantes do sistema operacional Windows, em geral, o que é essencial para seu funcionamento. Esse disco pode ser utilizado quando o sistema vier a apresentar problemas, por vezes decorrentes de atualizações.

1.12.3 Tipos de backup

▷ **Completo/Normal:** também chamado backup total, é aquele em que todos os dados são salvos em única cópia de segurança. Ele é indicado para ser feito com menor frequência, pois é o mais demorado para ser processado, como também para ser recuperado. Contudo, localizar um arquivo fica mais fácil, pois se tem apenas uma cópia dos dados.

▷ **Diferencial:** esse procedimento de backup grava os dados alterados desde o último backup completo. Assim, no próximo backup diferencial, somente serão salvos os dados modificados desde a última vez em que foi realizado o completo. No entanto, esse backup é mais lento de ser processado do que o backup incremental, porém é mais rápido de ser restaurado, pois é necessário apenas restaurar o último backup completo e o último diferencial.

▷ **Incremental:** nesse tipo de backup, são salvos apenas os dados que foram alterados após a última cópia de segurança realizada. Este procedimento é mais rápido de ser processado, porém leva mais tempo para ser restaurado, pois envolve restaurar todos os backups anteriores. Os arquivos gerados são menores do que os gerados pelo backup diferencial.

▷ **Diário:** um backup diário copia todos os arquivos selecionados que foram modificados no dia de execução do backup diário. Os arquivos não são marcados como aqueles passaram por backup (o atributo de arquivo não é desmarcado).

▷ **De cópia:** um backup de cópia copia todos os arquivos selecionados, mas não os marca como arquivos que passaram por backup (ou seja, o atributo de arquivo não é desmarcado). A cópia é útil caso o usuário queira fazer backup de arquivos entre os backups normal e incremental, pois ela não afeta essas outras operações.

WINDOWS 10

1.13 Explorador de arquivos

Conhecido até o Windows 7 como Windows Explorer, o gerenciador de arquivos do Windows usa a chamada Interface Ribbon (por faixas) no Windows 8 e 10. Com isso, torna mais acessíveis algumas ferramentas como a opção para exibir as pastas e os arquivos ocultos.

A figura a seguir ilustra a janela "Computador", que apresenta os dispositivos e unidades de armazenamento locais como HDs e Drives de mídias ópticas, bem como as mídias removíveis.

Um detalhe interessante sobre o Windows 10 é que as bibliotecas, conforme é possível verificar na imagem, não estão visíveis por padrão; o usuário precisa ativar sua exibição.

Ao selecionar arquivos ou pastas de determinados tipos, como imagens, algumas guias são exibidas como ilustra a série de figuras a seguir.

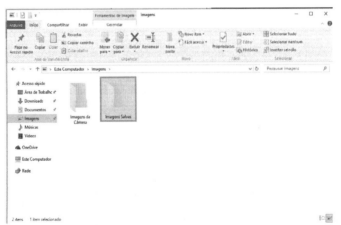

É possível notar que há opções específicas para facilitar o compartilhamento dos arquivos e pastas.

NOÇÕES DE INFORMÁTICA

2 MICROSOFT WORD 365

O Microsoft 365 é uma assinatura que possui os recursos mais colaborativos e atualizados em uma experiência integrada e perfeita, como os do Office que possui o Word, o PowerPoint e o Excel. Possui ainda armazenamento *on-line* extra e recursos conectados à nuvem que permitem editar arquivos em tempo real entre várias pessoas, além de sempre ter correções e atualizações de segurança mais recentes e suporte técnico contínuo, sem nenhum custo extra. É possível pagar a assinatura mensalmente ou anualmente, e o plano Microsoft 365 *Family* permite compartilhar a assinatura com até seis pessoas da família e usar seus aplicativos em vários PCs, Macs, tablets e telefones.

2.1 Extensões

Até a versão 2003, os documentos eram salvos no formato ".doc". A partir da versão 2007, os documentos são salvos na versão ".docx". O padrão do Word 2019 continua com a extensão .docx "DOCX", mas podemos salvar arquivos nos formatos .odt (Writer), PDF,.doc, .rtf, entre outros.

O Office 2019 é, também, vendido como uma compra única, o que significa tem um custo único e inicial para obter os aplicativos do Office para um computador. Compras únicas estão disponíveis para PCs e Macs. No entanto, não há opções de *upgrade*, o que significa que, caso seja necessário fazer um upgrade para a próxima versão principal, precisará comprá-la pelo preço integral.

Preste atenção a esses detalhes como extensão de arquivos, pois eles caem com frequência em provas de concurso.

Você poderá salvar os arquivos em uma versão anterior do Microsoft Office selecionando na lista "Salvar como", na caixa de diálogo. Por exemplo, é possível salvar o documento do Word 2013 (.docx) como um documento 97-2003 (.doc).

▷ **Barra de título:** em um novo documento, ela apresenta como título "Documento1". Quando o documento for salvo, ele apresentará o nome do documento nesta mesma barra.

▷ **Barra de acesso rápido:** é personalizável e contém um conjunto de comandos independentes da guia exibida no momento na "Faixa de opções".

▷ **Menu arquivo:** possui comandos básicos, que incluem – embora não estejam limitados a – Abrir, Salvar e Imprimir.

Note as entradas da coluna da esquerda, que, na prática, funciona como um painel. Elas prestam os clássicos serviços auxiliares de um menu "Arquivo" convencional, ou seja, Salvar, Salvar como, Abrir e Fechar o arquivo de trabalho.

Outras conhecidas como Novo: cria um arquivo e permite escolher entre centenas de modelos (*templates*) oferecidos.

MICROSOFT WORD 365

▷ **Imprimir:** refere-se à impressão do documento.

Ao clicar em Imprimir, abrirá um menu dropdown, que mostra a impressora selecionada no momento. Um clique na lista suspensa mostrará outras impressoras disponíveis.

É possível imprimir tudo ou parte de um documento. As opções para escolher qual parte imprimir podem ser encontradas na guia "Imprimir", no modo de exibição do Microsoft Office *Backstage*. Em "Configurações", clique em Imprimir "Todas as páginas" para ver essas opções.

Quando há a necessidade de imprimir páginas alternadas no Word, é preciso digitar no formulário o intervalo desejado, como ˜Páginas: 3-6;8˜, em que "-"(aspas) significam "até" e ";" ou "e".

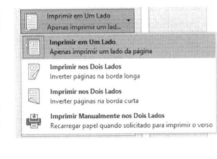

Ainda na opção "Imprimir", é possível visualizar como será feita impressão ao lado da lista de opções.

▷ **Arquivo/Opções:** esse comando traz muitas funcionalidades de configuração que estavam no menu Ferramentas do Word 2003.

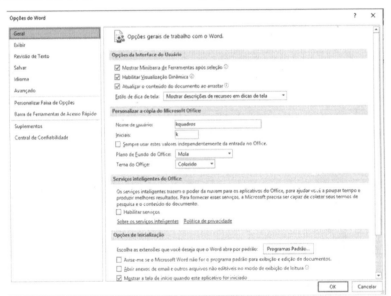

▷ **Autocorreção:** é possível corrigir automaticamente o arquivo, ou seja, o Word faz uma análise do documento e consegue resolver problemas como palavras duplicadas ou sem acento, ou mesmo o uso acidental da tecla Caps Lock.

A diferença trazida na versão 2013 é poder abrir documentos PDF e editá-los. Basta clicar em "Abrir" e escolher o arquivo. A seguinte mensagem é exibida pelo word:

▷ **Abas ou guias:** todos os comandos e funcionalidades do Word 2013 estão dispostos em Guias. As Guias são divididas por Grupos de ferramentas. Alguns grupos possuem um pequeno botão na sua direita inferior que dão acesso a janelas de diálogo.

NOÇÕES DE INFORMÁTICA

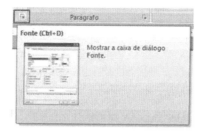

▷ **Guias contextuais:** essas guias são exibidas na Faixa de Opções somente quando relevantes para a tarefa atual, como formatar uma tabela ou uma imagem.

▷ **Barra de status:** contém informações sobre o documento, modos de exibição e zoom.

2.2 Selecionando texto

Selecionando pelo mouse: ao posicionar o mouse mais à esquerda do texto, o cursor, em forma de flecha branca, aponta para a direita:

▷ Ao dar um clique, ele seleciona toda a linha.
▷ Ao dar um duplo clique, ele seleciona todo o parágrafo.
▷ Ao dar um triplo cliquem, ele seleciona todo o texto.

Com o cursor no meio de uma palavra:

▷ Ao dar um clique, o cursor se posiciona onde foi clicado.
▷ Ao dar um duplo clique, ele seleciona toda a palavra.
▷ Ao dar um triplo clique ele seleciona todo o parágrafo.

É possível também clicar, manter o mouse pressionado e arrastá-lo até onde desejamos selecionar. Ou, ainda, clicar onde começa a seleção, pressionar a tecla SHIFT e clicar onde termina a seleção.

▷ Selecionar palavras alternadas: selecione a primeira palavra, pressione CTRL e vá selecionando as partes do texto que deseja modificar.

Pressionando ALT, selecionamos o texto em bloco:

2.3 Guia página inicial

Preste muita atenção nesta guia: é uma das mais cobradas em Word.

2.3.1 Grupo área de transferência

MICROSOFT WORD 365

2.3.2 Copiar, Recortar e Colar

Copiar e Recortar enviam um texto ou um objeto selecionado para a área de transferência. Copiar permite que o texto ou objeto selecionado fique no local de origem também, e Recortar faz o contrário: o texto ou objeto selecionado é retirado do local de origem. Colar busca o que está na área de transferência.

Podem-se utilizar as teclas de atalho CTRL + C (copiar), CTRL + X (Recortar) e CTRL + V (Colar), ou o primeiro grupo na Guia Página Inicial.

2.3.3 Opções de colagem

▷ **Manter formatação original**: preserva a aparência do texto original.
▷ **Mesclar formatação**: altera a formatação para que ela corresponda ao texto ao redor.
▷ **Imagem**: cola imagem.
▷ **Manter somente texto**: remove toda a formatação original do texto. Se você usar a opção Manter Somente Texto para colar conteúdo que inclui imagens e uma tabela, as imagens serão omitidas do conteúdo colado, e a tabela será convertida em uma série de parágrafos.

2.3.4 Colar especial

▷ **CTRL + ALT + V**: cola um texto ou objeto, que esteja na área de transferência, sem formatação, no formato RTF ou no formato HTML.

2.3.5 Área de Transferência

▷ **CTRL + CC – Importante**: abre o painel de tarefa Área de Transferência. Você pode armazenar até 24 itens na área de transferência.

Para abrir o painel, clique no botão ou use o atalho CTRL + CC, que deve estar configurado em Opções da Área de Transferência.

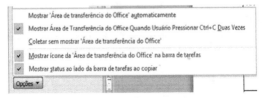

A Área de Transferência é uma área de armazenamento temporário de informações onde o que foi copiado ou movido de um lugar fica armazenado temporariamente. É possível selecionar o texto ou os elementos gráficos e, em seguida, usar os comandos Recortar ou Copiar para mover a seleção para a Área de Transferência, onde ela será armazenada até que o comando Colar seja acionado para inseri-la em algum outro lugar.

Quando são acionados o "Cortar" (CTRL + X) ou o "Copiar" (CTRL + C) de um elemento, este é conservado temporariamente na área de transferência.

2.3.6 Pincel de formatação

Este comando é amplamente cobrado em provas. Ele copia a formatação (fonte, cor, tamanho etc.) de um texto para aplicá-la a outro.

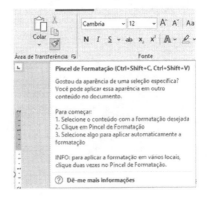

NOÇÕES DE INFORMÁTICA

2.3.7 Fonte

Para usar esse recurso, é possível usar os seguintes atalhos:
- **Abrir caixa de diálogo:** CTRL + D ou CTRL + SHIFT + P
- **Tipo e tamanho da fonte:** aumentar (CTRL + >) e Diminuir (CTRL + <)

2.3.8 Maiúsculas e minúsculas

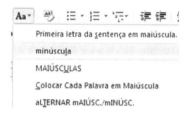

Para usar esse recurso, é possível usar os seguintes atalhos:
- **Abrir caixa de diálogo:** CTRL + SHIFT + A.

- **Negrito:** CTRL + N
- **Itálico:** CTRL + I
- **Sublinhado:** CTRL + S (na seta ao lado do botão há opções de sublinhado).
- **Tachado:** efeito de texto com uma linha no meio: ~~TEXTO~~
- **Subscrito:** H2O – CTRL + =
- **Sobescrito:** 22 – CTRL + SHIFT + +
- **Cor do realce do texto:** como se fosse um marcador de textos.

2.3.9 Cor da fonte

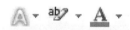

Ao pressionar o atalho CTRL + D, ou atalho CTRL + SHIFT + P ou ainda clicar no botão (Iniciador de caixa de diálogo) na parte inferior da guia, no grupo Fonte, a janela de diálogo FONTE é aberta.

MICROSOFT WORD 365

2.3.10 Parágrafo

- **Marcadores**: ativa ou desativa marcadores (bullets points)
- **Numeração**: ativa ou desativa numeração, que pode ser com algarismos romanos, arábicos ou mesmo com letras maiúsculas e minúsculas.
- **Lista de vários níveis**: ativa ou desativa numeração de vários níveis, estilo tópicos e subtópicos.
- **Classificar**: abre caixa de diálogo onde podemos ordenar em ordem crescente ou decrescente os parágrafos do texto.
- **Mostrar tudo**: mostra marcas de parágrafo e outros símbolos de formatação ocultos. Esses símbolos não são imprimíveis.

2.3.11 Botões de alinhamento

É possível usar os seguintes recursos:
- **Alinhamento à esquerda:** CTRL + Q
- **Alinhamento centralizado:** CTRL + E
- **Alinhamento à direita:** CTRL + G
- **Alinhamento justificado:** CTRL + J
- **Botão sombreamento:** para colorir plano de fundo.
- **Botão bordas**: para inserir ou retirar bordas.

Na aba Quebra de linha e de página, temos o controle de linhas órfãs e viúvas.

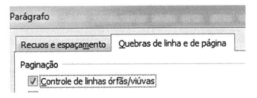

- **Linhas órfãs**: são as primeiras linhas dos parágrafos que têm as linhas subsequentes passadas para outra página.
- **Linhas viúvas**: são as linhas que ficam sozinhas em outra página, com o restante do parágrafo na página anterior.

2.3.12 Estilos

É possível fazer a maioria das alterações no texto pelo grupo Fonte, mas é trabalhoso. Uma maneira de fazer todas as alterações com um único comando é por meio dos estilos. Estilos é um conjunto de formatações predefinido, onde é possível fazer várias formatações em um texto com apenas um clique no botão do estilo escolhido.

2.3.13 Editando

- **Localizar:** abre o painel de navegação para que se digite um texto para ser procurado no Word.
- **Localização avançada:** abre caixa de diálogo com opções avançadas para procurar um texto.
- **Ir Para:** permite ir para determinada página, tabela, gráfico, entre outros.
- **Substituir:** usado para substituir palavras em um texto. Você pode substituir uma palavra ou todas em uma única operação.
- **Selecionar:** seleciona textos ou objetos no documento.

2.4 Inserir

2.4.1 Páginas

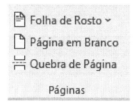

- **Folha de rosto:** insere uma folha de rosto já formatada ao documento.
- **Página em branco:** insere uma página em branco onde está o cursor.
- **Quebra de página:** insere uma quebra de página levando o texto para outra página.

2.4.2 Tabelas

Com o botão "Tabela", temos as funções Inserir Tabela, Desenhar Tabela, Converter Texto em Tabela, Inserir Planilha do Excel e Tabelas Rápidas. Quando o cursor é colocado dentro da tabela ou seleciona alguma área, aparece a guia de ferramentas de tabela, juntamente com o grupo Design e Layout.

Na guia Design é onde terão as opções para tratar as cores de sombreamento, bordas, linhas de cabeçalho da tabela. Na guia Layout, é possível trabalhar com inúmeras funcionalidades, como o botão Selecionar:

Ainda nesse grupo, há o botão "Exibir linhas de grade" e "Propriedades". Clicando em Propriedades, abrir, uma caixa de diálogo para configurar alinhamento, disposição do texto, especificar a altura da linha, largura da coluna ou célula será disposta na tela.

No grupo "Linhas e colunas", temos as opões de excluir células, colunas, linhas ou tabela, inserir linhas acima e abaixo e colunas esquerda e à direita.

No grupo Mesclar estão os botões para Mesclar células, Dividir células e Dividir Tabela.

Há, ainda alguns outros recursos presentes. São eles:

- **Tamanho da célula:** especifica a altura da linha e a largura da coluna. Há também os botões "Distribuir linhas" e "Distribuir colunas", que faz com que todas as linhas e colunas com as mesmas medidas.

MICROSOFT WORD 365

- **Alinhamento:** alinhar parte superior à esquerda, alinhar parte superior no centro, alinhar parte superior à direita, centralizar à esquerda, centralizar, centralizar à direita, alinhar parte Inferior à esquerda, alinhar parte Inferior no centro, alinhar parte Inferior à direita. Depois, temos o botão de Direção do Texto e Margens da célula.
- **Classificar:** coloca o texto selecionado em ordem alfabética ou classifica dados numéricos.
- **Converter em texto:** muito importante para as provas. Possibilita converter uma tabela em um texto. É possível também converter texto em tabela, mas, para isso, é preciso clicar na Guia Inserir, no botão Tabela/Converter Texto em Tabela.
- **Movimentação na tabela:** movimente-se na tabela por meio das teclas setas, TAB, ou clicando com o mouse. A tecla ENTER não passará o cursor para outra célula da tabela, mas deixará a linha mais larga, logo, não é utilizada para a movimentação. **Contudo, preste atenção:** caso a tabela esteja no início de um documento, sem linha nenhuma anterior a ela (em branco ou não), posicionando o cursor na primeira célula da tabela e teclando ENTER, o Word criará uma linha em branco antes da tabela, movendo-a para baixo.

Dica: ao pressionar a tecla TAB, se o cursor estiver na última célula da tabela, será adicionada uma nova linha na tabela.

2.4.3 Ilustrações

- **Opções de layout de uma imagem:** ao selecionar uma imagem, surge um botão, e, ao clicar nele, abre um menu com opções de Layout, no qual é possível escolher a maneira como seu objeto interage com o texto. Abre, ainda, lista com opção de formas para inserir no documento. Veja exemplos:

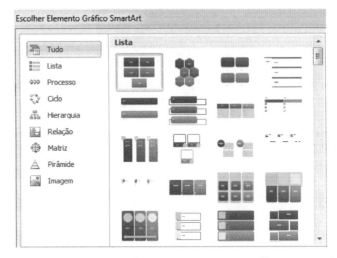

Abre caixa de diálogo para escolher um elemento gráfico como Fluxogramas, Organogramas, entre outros. Veja os tipos na imagem abaixo:

- **Instantâneo:** funciona como um *print screen* e possibilita selecionar a imagem que você quer colar em seu documento.
- **Gráfico:** botão para inserir gráfico com o auxílio do Excel.

2.4.4 Suplementos

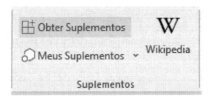

- **Obter suplementos:** é possível adicionar ou comprar aplicativos, como um dicionário, por exemplo. Para começar a usar um novo aplicativo, clique em Meus Suplementos.

NOÇÕES DE INFORMÁTICA

2.4.5 Mídia

▷ **Vídeo online:** é possível adicionar vídeos on-line também. Para isso, acesse o grupo Média. Insira vídeos on-line para assistir diretamente no Word sem ter que sair do documento.

2.4.6 Links

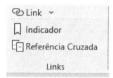

▷ **Hiperlink:** permite criar *links* para o mesmo documento ou outros documentos ou sites da internet.
▷ **Indicador:** cria um nome para um ponto específico do documento.
▷ **Referência cruzada:** permite criar *links* para redirecionar para uma figura ou tabela, por exemplo.

2.4.7 Cabeçalho e rodapé

Na Guia Contextual, podemos trabalhar com o Cabeçalho e Rodapé. Podemos inserir Número de Páginas, Data e Hora, Imagens, assim como inserir cabeçalhos e/ou rodapés diferentes em páginas pares e ímpares ou somente na primeira página.

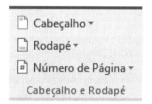

▷ **Navegação:** permite alternar entre Cabeçalho e Rodapé.
▷ **Fechar:** temos apenas o botão para sair do modo de edição do Cabeçalho e Rodapé.

2.4.8 Texto

▷ **Caixa e texto:** insere uma caixa de texto pré-formatada no documento.
▷ **Explorar partes rápidas:** insere trechos de conteúdo reutilizáveis, como data ou uma assinatura.
▷ **WordArt:** insere um texto decorativo no documento.
▷ **Capitular:** cria uma letra maiúscula, grande, no início do parágrafo.
▷ **Adicionar uma linha de assinatura:** insere uma linha de assinatura para identificar quem vai assinar.
▷ **Data e hora:** inserir Data e hora atual no documento.
▷ **Objeto:** para aplicar um objeto ou texto inserido de outro arquivo no seu documento

2.4.9 Grupo símbolos

MICROSOFT WORD 365

▷ **Equação:** permite inserir equações matemáticas ou desenvolver suas próprias equações usando uma biblioteca de símbolos matemáticos.
▷ **Símbolo:** utilizado para inserir símbolos que não constam no teclado, como símbolos de copyright, símbolo de marca registrada e outros.

2.5 Guia Design

▷ **Temas:** botões para alterar o design geral do documento inteiro, incluindo cores, fontes e efeitos.

2.6 Guia Layout

Botões para definir margens, orientação do papel (retrato ou paisagem) e tamanho do papel.

Em Margens personalizadas (acessível ao clicar no botão Margens), há uma caixa de diálogo

"Configurar Página, igual a velha conhecida do Office 2003, lembra? Lá temos configurações como margens, orientação do papel, layout entre outras.

▷ **Colunas:** para formatar o documento em colunas, com ou sem linha entre elas.
▷ **Quebras:** para adicionar páginas, seção ou quebras de colunas ao documento.
▷ **Número de linha:** para adicionar número de linhas à margem lateral de cada linha do documento.
▷ **Hifenização:** permite o word quebrar linhas entre as sílabas das palavras.
▷ **Configuração de página:** esse botão abre a caixa de diálogo Configurar Página.

2.6.1 Grupo Parágrafo

Permite configurações de Recuo do parágrafo e espaçamento entre linhas. Preste atenção aos botões dessas funcionalidades.

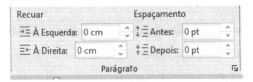

▷ **Parágrafo:** abre a caixa de diálogo parágrafo.

2.6.2 Organizar

118

NOÇÕES DE INFORMÁTICA

- **Posição:** configura o alinhamento da imagem no documento.
- **Quebra de texto automática:** altera a disposição do texto ao redor do objeto selecionado.
- **Avançar:** trará o objeto selecionado para a frente para que menos objetos fiquem à frente dele.
- **Recuar:** enviará o objeto selecionado para trás para que ele fique oculto atrás dos objetos à frente dele.
- **Painel de seleção:** mostra Painel de Seleção.
- **Alinhar:** alinhará o objeto selecionado em relação às margens.
- **Agrupar:** para agrupar objetos de forma que sejam tratados como um único.
- **Girar:** girar ou inverter o objeto selecionado.

2.7 Guia Referências

- **Sumário:** permite criar e editar um sumário para o documento ativo. Para isso acesse a guia Referências/Grupo Sumário/ Botão Sumário e escolha o tipo de sumário desejado.
- **Inserir nota de rodapé:** adiciona uma nota de rodapé. Para isso cursor após a palavra ou texto que deseje acrescentar na Nota de rodapé.
- **Inserir nota de fim:** adiciona uma nota de fim ao documento.
- **Próxima nota de rodapé:** útil para navegar até a próxima nota de rodapé do documento.
- **Mostrar notas:** mostra as notas inseridas no documento.

2.7.1 Citações e bibliografia

Uma bibliografia é uma lista de fontes, normalmente colocada no final de um documento, que você consultou ou citou na criação do documento. No Microsoft Word 2019, é possível gerar uma bibliografia automaticamente com base nas informações sobre a fonte fornecidas para o documento.

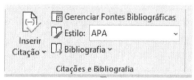

Toda vez que é criada é uma nova fonte (referência), as informações sobre são salvas no seu computador, para que você possa localizar e usar qualquer fonte que criou.

2.7.2 Legendas

Utilizado para inserir e gerenciar legendas de imagens.

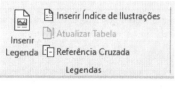

2.7.3 Índice

Perceba que Guia Referências oferece funcionalidades referentes a edição de um livro ou produção de uma monografia ou um TCC. Basta dar uma olhada: sumário, citações, bibliografias.

A Guia Página Inicial é utilizada principalmente para a formatação do documento, a Guia Inserir para inserir elementos e assim por diante.

2.8 Guia Correspondências

Essa guia permite a criação de preenchimento envelopes de correspondência, etiquetas de endereçamento e de mala direta.

MICROSOFT WORD 365

2.9 Revisão

Esta aba é destinada à revisão textual, por exemplo, verificação de ortografia, substituição por sinônimos, ajuste de idioma, tradução, entre outros.

2.9.1 Revisão de texto

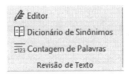

▷ **Editor/Ortografia e gramática:** inicia a correção ortográfica e gramatical do documento.
▷ **Dicionário de sinônimos:** sugere outras palavras com significado semelhante ao da palavra selecionada
▷ **Contagem de palavras:** para saber o número de palavras, caracteres, parágrafos e linhas no documento.

2.9.2 Idioma

Você pode traduzir texto escrito em outro idioma, como frases ou parágrafos e palavras individuais (com o Minitradutor), ou pode traduzir o arquivo inteiro.

Se esta for a primeira utilização dos serviços de tradução, é preciso clicar em OK para instalar os dicionários bilíngues e habilitar o serviço de tradução no painel Pesquisa. Também é possível ver quais dicionários bilíngues e serviços de tradução automática foram habilitados, basta clicar no link Opções de tradução no painel Pesquisa.

2.10 Exibir

▷ **Modo de Leitura:** oculta as barras do documento, facilitando a leitura em tela.
▷ **Layout de impressão:** formato atual do documento - como ficará na folha impressa-. Esse modo de exibição é útil para editar cabeçalhos e rodapés, para ajustar margens e para trabalhar com colunas e objetos de desenho.
▷ **Layout da web: aproxima** o documento de uma visualização na internet. Esse formato existe, pois muitos usuários postam textos produzidos no Word em sites e blogs.
▷ **Estrutura de tópicos:** permite visualizar seu documento em tópicos, o formato terá melhor compreensão quando trabalharmos com marcadores.
▷ **Rascunho:** é o formato bruto, permite aplicar diversos recursos de produção de texto, porém não visualiza como impressão nem outro tipo de meio.

2.10.1 Janela

▷ **Nova janela:** abre o documento em uma nova janela.
▷ **Organizar tudo:** organiza as janelas abertas.
▷ **Dividir:** divide a janela de modo que fica com dupla barra de rolagem, dupla régua. Ideal para trabalhar com cabeçalhos de textos.

2.11 Barra de Status

A barra de status, que é uma área horizontal na parte inferior da janela do documento no Microsoft Word, fornece informações sobre o estado atual do que está sendo exibido na janela e quaisquer outras informações contextuais.

NOÇÕES DE INFORMÁTICA

▷ **Número da página:** mostra o número da página atual e o número de páginas no documento.

▷ **Palavras:** mostra o número de palavras do documento e quando um texto for selecionado, mostra também o número de palavras que estão selecionadas.

Esta opção, mostra o status da verificação de ortografia e gramática. Quando o Word faz a verificação de erros, uma caneta animada aparece sobre o livro. Se nenhum erro for encontrado, será exibida uma marca de seleção. Se um erro for encontrado, será exibido um "X". Para corrigir o erro, clique duas vezes nesse ícone.

2.12 Visualização do Documento

É possível alterar a forma de visualização do documento. No rodapé, a direita da tela tem o controle de Zoom. Anterior a este controle de zoom temos os botões de forma de visualização de seu documento, que podem também ser acessados pela Aba Exibição, conforme já estudamos.

2.13 Atalhos

Arquivo	
Recurso	**Teclas de atalho**
Novo documento	CTRL + O
Abrir	CTRL + A
Salvar	CTRL + B
Salvar como	F12
Imprimir	CTRL + P
Visualizar impressão	CTRL + F2
Fechar	CTRL + W ou CTRL + F4
Sair	ALT + F4
Desfazer	CTRL + Z

Parágrafo	
Recurso	**Teclas de atalho**
Alinhar à esquerda	CTRL + Q
Centralizar	CTRL + E
Alinhar à direita	CTRL + G
Justificar	CTRL + J
Espaçamento parágrafo 1	CTRL + 1
Espaçamento parágrafo 1,5	CTRL + 5
Espaçamento parágrafo 1,5	CTRL + 2

Fonte	
Recurso	**Teclas de atalho**
Fonte	CTRL + D ou CTRL + SHIFT + P
Aumentar fonte	CTRL + SHIFT + >
Diminuir fonte	CTRL + SHIFT + <
Negrito	CTRL + N
Itálico	CTRL + I
Sublinhado	CTRL + S
Duplo sublinhado	CTRL + SHIFT + D
Maiúscula e minúscula	SHIFT + F3

MICROSOFT WORD 365

Recurso	Teclas de atalho
Todas maiúsculas	CTRL + SHIFT + A
Realce	CTRL + ALT + H
Sobrescrito	CTRL + SHIFT + +
Subscrito	CTRL + =

Outros	
Recurso	Teclas de atalho
Ajuda	F1
Quebra de página	CTRL + Enter
Dicionário de sinônimos	SHIFT + F7
Verificação ortográfica	F7
Hipelink	CTRL + K

Edição	
Recurso	Teclas de atalho
Localizar	CTRL + L
Ir para	ALT + CTRL + G ou ALT + CTRL + F5

Geral	
Recurso	Teclas de atalho
Substituir	CTRL + U
Selecionar tudo	CTRL + T

NOÇÕES DE INFORMÁTICA

3 MICROSOFT EXCEL 365

O Microsoft 365 é uma assinatura que inclui os recursos mais colaborativos e atualizados em uma experiência integrada e perfeita, pois inclui os aplicativos robustos de trabalho do Office, como Word, PowerPoint e Excel. Com ele, também é possível também obter armazenamento on-line extra e recursos conectados à nuvem que permitem colaborar com arquivos em tempo real.

O objetivo da assinatura é disponibilizar os recursos, correções e atualizações de segurança mais recentes, além de suporte técnico contínuo, sem nenhum custo extra. É possível optar por pagar a assinatura mensal ou anual, e o plano Microsoft 365 Family permite compartilhar a assinatura com até seis pessoas e usar os aplicativos em vários PCs, Macs, tablets e telefones.

Há também a possibilidade de adquirir o Office 2019 como uma compra única, o que significa pagar um custo único e inicial para obter os aplicativos do Office para um computador. Compras únicas estão disponíveis para PCs e Macs. No entanto, não há opções de upgrade

Segundo a Microsoft, o Excel: é um programa de planilhas do sistema Microsoft Office. Pode ser usado para criar e formatar pastas de trabalho (um conjunto de planilhas), para analisar dados e tomar decisões de negócios mais bem informadas. Especificamente, o Excel é muito utilizado para acompanhar dados, criar modelos de análise de dados, criar fórmulas para fazer cálculos desses dados, organizar dinamicamente de várias maneiras e apresentá-los em diversos tipos de gráficos profissionais.

3.1 Características do Excel

▷ **Planilha eletrônica:** sistema composto de 1.048.576 linhas e 16.384 colunas.
▷ **Pastas de trabalho abertas:** limitado pela memória disponível e pelos recursos do sistema (o padrão é 1 planilha).
▷ **Intervalo de zoom:** 10%a 400% por cento.
▷ **Extensão**: .xlsx
▷ **Trabalhando com pastas de trabalho:** cada pasta de trabalho do MS-Excel **consiste em um documento com uma ou mais planilhas**, ou seja, uma pasta no sentido literal, contendo diversos documentos.

3.2 Interface

A interface do Excel segue o padrão dos aplicativos Office, com ABAS, botão Office, controle de Zoom na direita etc. O que muda são alguns grupos e botões exclusivos do Excel e as guias de planilha no rodapé.

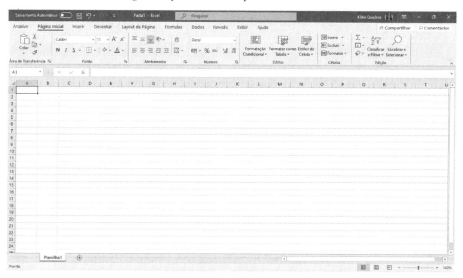

As linhas são identificadas por números e as colunas por letras. Desse modo, a junção de uma coluna e uma linha tem como resultado uma célula.

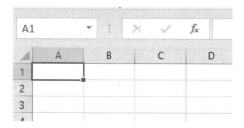

Na imagem mostrada, temos a célula A1 selecionada e podemos perceber uma caixa logo acima com o endereço da célula. Esta é a Caixa de Nome.

Ao lado temos a Barra de Fórmulas com os botões cancelar, inserir e inserir função.

MICROSOFT EXCEL 365

3.3 Seleção de células

Se caso seja necessário selecionar mais de uma célula, basta manter pressionado o mouse e arrastar selecionando as células em sequência. Também, para selecionar células em sequência, clique na primeira célula, selecionando-a e em seguida pressione a tecla SHIFT e clique na última célula da sequência desejada.

Se precisar selecionar células alternadamente, clique sobre a primeira célula a ser selecionada, pressione CTRL e vá clicando nas que você quer selecionar. É possível também selecionar usando a combinação das setas do teclado com a tecla SHIFT.

3.4 Página Inicial

Nessa guia, temos recursos para a formatação das células. Nela é possível encontrar o grupo Fonte, que permite alterar a fonte a ser utilizada, o tamanho, aplicar negrito, itálico e sublinhado, linhas de grade, cor de preenchimento e cor de fonte. Ao clicar na faixa "Fonte", será mostrada a janela, conforme a imagem a seguir:

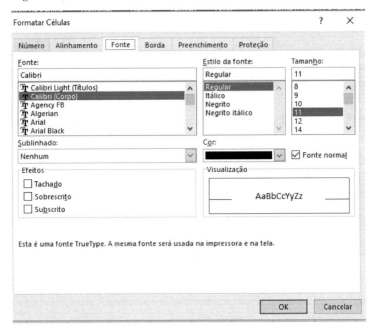

3.4.1 Alinhamento

O grupo Alinhamento permite definir o alinhamento do conteúdo da célula na horizontal e vertical, quebrar texto automaticamente, mesclar e centralizar.

▷ **Botão Orientação:** permite girar o texto.

NOÇÕES DE INFORMÁTICA

▷ **Mesclar e Centralizar:** torna duas ou mais células selecionadas em uma, centralizando o conteúdo da célula.
▷ **Mesclar através:** mescla somente em linha.
▷ **Mesclar célula:** apenas mescla sem centralizar.
▷ **Desfazer mesclagem de células:** desfaz a mesclagem das células.

3.4.2 Número

O grupo Número permite que se formatem os números de suas células. Ele dividido em categorias e dentro de cada categoria, possui exemplos de utilização e algumas personalizações, por exemplo, na categoria Moeda em que é possível definir o símbolo a ser usado e o número de casas decimais.

Formato de número de contabilização: Para formatar como moeda. Ex: R$ 40,00.

000 | Separador de Milhares: Para formatar com duas casas decimais.

Aumentar e Diminuir casas decimais.

3.5 Formatação condicional

3.5.1 Página Inicial

Com essa funcionalidade podemos criar regras para evidenciar textos ou valores através de formatação de fonte ou preenchimento/sombreamento da célula, por exemplo. Podemos selecionar uma planilha inteira e definir uma regra, por exemplo, que números negativos ficarão automaticamente com fonte na cor vermelho e efeito negrito.

Tudo o que for digitado nestas células com valor negativo, ficarão na cor vermelho e efeito negrito.

3.6 Validação de dados – Guia dados

Use a validação de dados para restringir o tipo de dados ou os valores que os usuários inserem em células.

3.6.1 Texto para Colunas – Guia Dados

Pegue o texto em uma ou mais células e divida-o em várias células usando o Assistente para Converter Texto em Colunas.

3.6.2 Remover Duplicatas – Guia Dados

Quando você usa o recurso Remover Duplicatas, os dados duplicados são permanentemente excluídos.

MICROSOFT EXCEL 365

3.6.3 Obter Dados – Guia Dados

O principal benefício da conexão com dados externos é que você pode analisar periodicamente esses dados no Microsoft Office Excel sem copiar repetidamente os dados, que é uma operação que pode ser demorada e propensa a erros. Depois de se conectar a dados externos, você também pode atualizar automaticamente (ou atualizar) sua Excel de trabalho da fonte de dados original sempre que a fonte de dados for atualizada com novas informações.

3.6.4 Atingir Meta – Guia Dados

Se você conhece o resultado que deseja obter de uma fórmula, mas não tem certeza sobre o valor de entrada necessário para chegar a esse resultado, use o recurso Atingir Meta.

Por exemplo, suponha que você precise pedir algum dinheiro emprestado. Você sabe quanto dinheiro quer, quanto tempo deseja usar para pagar o empréstimo e quanto pode pagar a cada mês. Você pode usar o recurso Atingir Meta para determinar qual taxa de juros você precisará garantir para atingir seu objetivo de empréstimo.

3.6.5 Impressão – Guia Arquivo

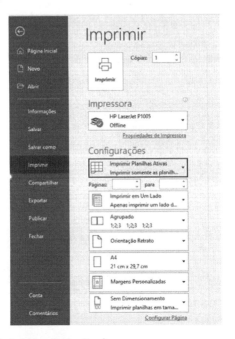

3.6.6 Classificar - Guia Página Inicial e Guia Dados

Permite classificar dados em ordem crescente ou decrescente. Pode ser com texto (alfabeticamente) ou números.

NOÇÕES DE INFORMÁTICA

3.6.7 Filtrar – Guia Página Inicial e Guia dados

Organiza os dados para que seja mais fácil analisá-los. Por exemplo: Se tenho uma planilha com Homens e Mulheres, posso filtrar para que apareçam apenas as Mulheres. Perceba que as informações referentes aos Homens não são excluídas, apenas ficam ocultas, facilitando analisar apenas as informações referentes às mulheres.

Também posso filtrar por valores, pedindo para ocultar valores inferiores a R$ 1.000,00, por exemplo.

3.6.8 Tabela Dinâmica

Uma Tabela Dinâmica é uma ferramenta poderosa para calcular, resumir e analisar os dados que lhe permitem ver comparações, padrões e tendências nos dados.

Criar uma tabela dinâmica

- Selecione as células a partir das quais você deseja criar uma Tabela Dinâmica.
- Observação: seus dados não devem ter linhas ou colunas vazias. Deve haver apenas uma única linha de título.
- Selecione Inserir > Tabela Dinâmica.
- Em Escolha os dados que você deseja analisar, selecione Selecionar uma tabela ou intervalo.
- Em Tabela/Intervalo, verifique o intervalo de células.
- Em Escolha onde deseja que o relatório da Tabela Dinâmica seja posicionado, selecione Nova Planilha para posicionar a Tabela Dinâmica em uma nova planilha, ou escolha Planilha Existente e selecione o local em que deseja exibir a Tabela Dinâmica.
- Selecione OK.

3.6.9 Rastrear Precedentes e Dependentes - Guia Fórmulas

- **Células precedentes**: células que são referidas por uma fórmula em outra célula. Por exemplo, se a célula D10 contiver a fórmula =B5, a célula B5 será um precedente para a célula D10.
- **Células dependentes**: essas células contêm fórmulas que se referem a outras células. Por exemplo, se a célula D10 contiver a fórmula =B5, a célula D10 é dependente da célula B5.

3.6.10 Guia Fórmula

3.6.11 Transpor

Se tiver uma planilha com dados em colunas que você precisa girar para reorganizar em linhas, use o recurso Transpor. Com ele, você pode alternar rapidamente dados de colunas para linhas ou vice-versa.

Por exemplo, se seus dados se parecem com isso, com Regiões de Vendas nos títulos de coluna e Trimestres no lado esquerdo:

Vendas por região	Europa	Ásia	América do Norte
1º trim.	21.704.714	8.774.099	12.094.215
2º trim.	17.987.034	12.214.447	10.873.099
3º trim.	19.485.029	14.356.879	15.689.543
4º trim.	22.567.894	15.763.492	17.456.723

O recurso Transpor reorganizará a tabela de forma que os Trimestres sejam exibidos nos títulos de coluna e as Regiões de Vendas possam ser vistas à esquerda, assim:

MICROSOFT EXCEL 365

Vendas por região	1º trim.	2º trim.	3º trim.	4º trim.
Europa	21.704.714	17.987.034	19.485.029	22.567.894
Ásia	8.774.099	12.214.447	14.356.879	15.763.492
América do Norte	12.094.215	10.873.099	15.689.543	17.456.723

3.6.12 Congelar Painéis

Quando você congela painéis, o Excel mantém linhas ou colunas específicas visíveis durante a rolagem na planilha. Por exemplo, se a primeira linha da planilha contiver rótulos, será possível congelá-la para garantir que os rótulos das colunas permaneçam visíveis enquanto você rola para baixo na planilha.

3.6.13 Dividir

▷ **Dividir**: Ao dividir divide painéis, o Excel cria duas ou quatro áreas separadas da planilha que podem ser roladas individualmente, enquanto as linhas e colunas da área não rolada permanecem visíveis.

3.6.14 Utilização de fórmulas

A planilha do Excel reconhece um cálculo ou fórmula quando se inicializa a célula com o sinal de igual (=). E, além do sinal de = uma fórmula também pode ser precedida por: + (mais) ou - (menos).

Assim, é possível, por exemplo, somar em uma célula C3, o valor de uma célula A3 mais o valor de uma célula B3, como também, pode-se multiplicar, dividir, subtrair ou inserir outras fórmulas.

3.6.15 Operadores

OPERADOR ARITMÉTICO	SIGNIFICADO	EXEMPLO
+ (sinal de mais)	Adição	3+3
– (sinal de menos)	Subtração Negação	3–1 –1
* (asterisco)	Multiplicação	3*3
/ (sinal de divisão)	Divisão	3/3
% (sinal de porcentagem)	Porcentagem	20%
^ (acento circunflexo)	Exponenciação	3^2

OPERADOR DE COMPARAÇÃO	SIGNIFICADO	EXEMPLO
= (sinal de igual)	Igual a	A1=B1
> (sinal de maior que)	Maior que	A1>B1
< (sinal de menor que)	Menor que	A1<B1
>= (sinal de maior ou igual a)	Maior ou igual a	A1>=B1
<= (sinal de menor ou igual a)	Menor ou igual a	A1<=B1
<> (sinal de diferente de)	Diferente de	A1<>B1

OPERADOR DE TEXTO	SIGNIFICADO	EXEMPLO
& (E comercial)	Conecta, ou concatena, dois valores para produzir um valor de texto contínuo	("North"&"wind")

NOÇÕES DE INFORMÁTICA

É importante ressaltar que o Excel trabalha com os parênteses, quando se pretende fazer vários cálculos em uma mesma célula, a fim de priorizar aqueles que devem ser realizados primeiramente.

1ª prioridade - % e ^
2ª prioridade - * e /
3ª prioridade - + e -

O valor médio do intervalo B1:B10 na planilha denominada Marketing na mesma pasta de trabalho.

```
Nome da planilha        Referência à célula ou ao intervalo
                        de células na planilha

=MÉDIA(Marketing!B1:B10)
                Separa a referência de planilha da
                referência de célula
```

PARA SE REFERIR A	USE
A célula na coluna A e linha 10	A10
O intervalo de células na coluna A e linhas 10 a 20	A10:A20
O intervalo de células na linha 15 e colunas B até E	B15:E15
Todas as células na linha 5	5:5
Todas as células nas linhas 5 a 10	5:10
Todas as células na coluna H	H:H
Todas as células nas colunas H a J	H:J
O intervalo de células nas colunas A a E e linhas 10 a 20	A10:E20

Observe que o nome da planilha e um ponto de exclamação (!) precedem a referência de intervalo.

3.7 Funções

Funções são fórmulas predefinidas que efetuam cálculos usando valores específicos, denominados argumentos, em uma determinada ordem ou estrutura. As funções podem ser usadas para executar cálculos simples ou complexos.

3.7.1 SOMA

=SOMA(arg1;arg2;...;arg30)
=soma(a1:a5)
=soma(a1:a5;5)
=soma(a3;5;c1:c20)

	A	B	C	D	E
1					
2	Turma	Meninos	Meninas	Total	
3	2504B	16	17		
4	7001A	14	20		
5	3602A	21	19		
6	Total	51			
7					

B6   fx =SOMA(B3:B5)

Fique ligado

Essa função soma dois ou mais números. É importante notar que a referência : (dois pontos) significa "ATÉ" e a referência ; (ponto e vírgula) significa "E". É possível usar os dois sinais numa mesma função.

3.7.2 MÉDIA

=MÉDIA(arg1;arg2;...;arg30)
=média(a1:a5)
=média(a1:a5;6)
=média(a3;2;c1:c10)

MICROSOFT EXCEL 365

	A	B	C	D	E
1					
2	Turma	Meninos	Meninas	Total	
3	2504B	16	17		
4	7001A	14	20		
5	3602A	21	19		
6	Total	**17**			

B6 fx =MÉDIA(B3:B5)

Fique ligado

A função MÉDIA soma os argumentos e divide pelo número de argumentos somados.
Por exemplo: MÉDIA(a1:a5)
A média, nesse exemplo, será a soma de a1, a2, a3, a4 e a5 dividido por 5.

3.7.3 MÁXIMO

Mostra o maior valor no intervalo.
| =MÁXIMO(arg1;arg2;...arg30)
=máximo(c1:c10)
=máximo(c1:c10;3)

B6 fx =MÁXIMO(B3:B5)

	A	B	C	D	E
1					
2	Turma	Meninos	Meninas	Total	
3	2504B	16	17		
4	7001A	14	20		
5	3602A	21	19		
6	Total	**21**			

3.7.4 MÍNIMO

Mostra o menor valor no intervalo.
| =MÍNIMO(arg1;arg2;...arg30)
=mínimo(c1:c10)
=mínimo(c1:c10;3)

B6 fx =MÍNIMO(B3:B5)

	A	B	C	D	E
1					
2	Turma	Meninos	Meninas	Total	
3	2504B	16	17		
4	7001A	14	20		
5	3602A	21	19		
6	Total	**14**			

3.7.5 MAIOR

Você pode usar esta função para selecionar um valor de acordo com a sua posição relativa. Por exemplo, você pode usar MAIOR para obter o primeiro, o segundo e o terceiro resultado e assim por diante.

Neste caso, o EXCEL deve mostrar o terceiro maior valor encontrado no intervalo A1:C3. O número 3 após o ";" é que indica essa posição.
| =MAIOR(a1:c3;3)

NOÇÕES DE INFORMÁTICA

	A	B	C	D	E
1	2	3	5		
2	4	7	1		
3	6	8	0		
4					
5			6		
6					

C5 fx =MAIOR(A1:C3;3)

3.7.6 MENOR

Você pode usar esta função para selecionar um valor de acordo com a sua posição relativa. Por exemplo, você pode usar MENOR para obter o primeiro, segundo e terceiro resultados para obter o primeiro, o segundo e o terceiro resultado e assim por diante.

| =MENOR(a1:c3;3)

Neste caso quero que o EXCEL mostre o terceiro menor valor encontrado no intervalo A1:C3.

C5 fx =MENOR(A1:C3;3)

	A	B	C	D	E
1	2	3	5		
2	4	7	1		
3	6	8	0		
4					
5			2		
6					

3.7.7 CONT.SE

Realiza a contagem de todas as células de um intervalo que satisfazem uma determinada condição.

| =CONT.SE(intervalo;condição)
| =cont.se(c3:c8;">=2")
| =cont.se(c3:c8;a2)

fx =CONT.SE(C3:C8;C4)

C	D	E	F
5			
5			
25			
		2	

Perceba que no exemplo queremos que o Excel conte o número de células que contenham o valor referido em C4 (condição), ou seja, o valor 5. As células que o Excel deve procurar e contar esse valor são as células C3 até C8 (intervalo). Nesse caso temos o resultado 2.

fx =CONT.NÚM(C3:C8)

C	D	E	F
5			
5			
25			
casa			
dia		4	
20/mar			

3.7.8 CONT.NÚM

Conta quantas células contêm números.

| =CONT.NÚM(intervalo)

3.7.9 CONT.VALORES

Conta o número de células que não estão vazias em um intervalo.

| =CONT.VALORES(intervalo)

	C	D	E	F
	5			
	5,3333			
	casa			
	dia		5	
	20/mar			

Fórmula: =CONT.VALORES(C3:C8)

3.7.10 CONCATENAR

A função **CONCATENAR** agrupa cadeias de texto. Os itens agrupados podem ser texto, números, referências de células ou uma combinação desses itens. Por exemplo, se sua planilha contiver o nome de uma pessoa na célula A1 e o sobrenome da pessoa na célula B1, você poderá combinar os dois valores em outra célula usando a seguinte fórmula:

=CONCATENAR(A1;" ";B1)

O segundo argumento neste exemplo (" ") é um caractere de espaço. É preciso especificar quaisquer espaços ou pontuação que você deseja que sejam exibidos nos resultados como um argumento entre aspas.

Você também pode usar o caractere **&** para concatenar:

=CONCATENAR(A2&B2&" -"&C2&"anos")

ou

=A2&" "&B2&" - "&C2&" "&"anos"

ou ainda

=CONCATENAR(A2&" ";B2;"-"&C2&"anos")

Todas as formas estão corretas.

No exemplo abaixo, o examinador pediu que na célula C4 aparecesse o nome que está em A2, mais o sobrenome que está em B2 e a idade que está em C3, com devidos espaços e a palavra anos.

Os espaços e a palavra anos estão entre aspas, pois não são conteúdo de nenhuma célula e são textos. Textos devem ficar entre aspas nas fórmulas do Excel.

C4 fx =A2&" "&B2&" - "&C2&" "&"anos"

	A	B	C	D	E	F
1						
2	antonio	sutir	43			
3						
4	&		antonio sutir - 43 anos			

Podemos usar a função **CONCATENAR**:

C4 fx =CONCATENAR(A2;" ";B2;" - "; C2;" anos")

	A	B	C	D	E	F	G
1							
2	antonio	sutir	43				
3							
4	Concatenar e ;		antonio sutir - 43 anos				
5							

NOÇÕES DE INFORMÁTICA

Podemos usar a função **CONCATENAR** e o operador de texto &:

	C4			fx	=CONCATENAR(A2&" "&B2&" - "&C2&" anos")	
	A	B	C	D	E	F	G
1							
2	antonio	sutir	43				
3							
4	& e concatenar		antonio sutir - 43 anos				

Podemos usar a função **CONCATENAR,** o operador de texto & e;.

	C4			fx	=CONCATENAR(A2&" ";B2;" - "&C2&" anos")	
	A	B	C	D	E	F	G
1							
2	antonio	sutir	43				
3							
4	&, Concatenar e ;		antonio sutir - 43 anos				
5							

3.7.11 E

TODOS os argumentos devem ser verdadeiros.

=E(E2>=7;F2>=75)

Então, temos a função E e as condições separadas por ";".

=E(E2>=7;F2>=75)			
C	D	E	F
		Nota	Freq
75		7	75
70		8	70
80		5	80
50		5	50
		VERDADEIRO	
		FALSO	
		FALSO	
		FALSO	

3.7.12 OU

Apenas um dos argumentos precisa ser verdadeiro.

=OU(E2>=7;F2>=75)

Então, temos a função OU e as condições separadas por ";".

=OU(E2>=7;F2>=75)				
C	D	E	F	G
		Nota	Freq	
75		7	75	
70		8	70	
30		5	80	
50		5	50	
		VERDADEIRO		
		VERDADEIRO		
		VERDADEIRO		
		FALSO		

MICROSOFT EXCEL 365

3.7.13 SOMASE

| =SOMASE(intervalo;condição)
| =SOMASE(c1:c10;">5")

Nesse caso, o Excel realizará a soma apenas das células no intervalo C1 até C10 que contenham valores maiores que 5. Outros números são ignorados. Realiza a soma de todos os valores de um intervalo que satisfazem uma determinada condição.

A função SOMASE pode assumir a seguinte sintaxe:

| SOMASE(intervalo, critérios, [intervalo_soma])

Uma planilha do Microsoft Excel apresenta os valores a seguir.

Assinale a alternativa que apresenta, corretamente, o resultado gerado pela fórmula =SOMASE(A1:A5; ">15";B1:B5).

a) 0

b) 21

c) 32

d) 72

e) 95

Veja o resultado diretamente em uma planilha do Excel:

Agora vamos entender este resultado!

| =SOMASE(A1:A5; ">15";B1:B5)

A função Somase, neste caso em que tenho o intervalo da soma definido, irá fazer com que o Excel selecione o intervalo indicado: A1:A5, obedeça a condição que é: >15, mas some os valores que constam nas células correspondentes: B1:B5.

Então o Excel irá somar os valores 5, 7 e 9, pois esses valores estão no intervalo B1:B5 e correspondem aos valores 23, 32 e 17 que estão no intervalo A1:A5 e que obedecem a condição: ser >5.

3.7.14 MÉDIASE

=MÉDIASE(B2:B5;"<23000")

Retorna a média (média aritmética) de todas as células em um intervalo que satisfazem um determinado critério.

3.7.15 SE

Retorna valores diferentes dependendo do resultado de uma expressão.

É usada para testar condições, ou seja, se a condição especificada equivaler à verdadeira e a outra se equivaler a falsa.

=SE(teste_lógico;valor_se_verdadeiro;valor_se_falso)

134

NOÇÕES DE INFORMÁTICA

Fique ligado

O "SE" funciona como todos os "SEs" da nossa vida: SE chover não vou à praia, SE eu tiver dinheiro vou à festa, SE eu tiver média final igual ou maior que 7,0 sou aprovado no colégio. Sim, SE você estudar com certeza vai passar no concurso! É lógica pura!

No exemplo a seguir temos um boletim escolar, em que o aluno que tiver nota igual ou maior a 7,0 será aprovado, senão será reprovado.

Vamos entender:

=SE -> aqui tenho a função

A função SE é uma pergunta com duas possíveis respostas: SIM ou NÃO:

F7>=7 -> Aqui tenho a pergunta: F7 é igual ou maior a 7?

Ao verificar a célula F7, ela contém a média 8,0. Logo, 8,0 é maior que 7, então, a resposta da pergunta anterior é SIM. Ao responder SIM à pergunta (condição), o Excel mostra a resposta especificada na função que está logo após o ";", neste caso a palavra "Aprovado". Ao responder NÃO à pergunta, o Excel mostra a segunda resposta especificada na função, após o ";", neste caso a palavra "Reprovado".

3.8 Aninhar uma função dentro de outra função

As funções aninhadas usam uma função como um dos argumentos de outra função.

A fórmula a seguir soma um conjunto de números (G2:G5) somente se a média de outro conjunto de números (F2:F5) for maior que 50. Caso contrário, ela retorna 0. Analise também a planilha.

=SE(MÉDIA(F2:F5)>50;SOMA(G2:G5);0)

As funções MÉDIA e SOMA são aninhadas na função SE.

Como resolver essa função? **Por partes!**

Primeiro devemos lembrar que a função Se é uma pergunta que pode ter apenas dois tipos de resposta: Ou SIM, ou NÃO. E que a pergunta está antes do primeiro ";". Caso a resposta seja SIM o EXCEL retornará o que estiver entre os dois ";". Caso a resposta seja NÃO o EXCEL retornará o que estiver após o segundo ";".

Vamos em busca da pergunta:

=SE(MÉDIA(F2:F5)>50;SOMA(G2:G5);0)

A pergunta é: MÉDIA(F2:F5)>50

Na planilha fornecida devemos observar os valores e calcular a Média:

Média(F2:F5) => (2 + 2 + 2 + 2)/4 = 2

A média é 2.

A pergunta é: 2>50?

A resposta é NÃO.

Então o EXCEL retornará o que está após o segundo ";" que é 0 (zero).

MICROSOFT EXCEL 365

3.8.1 SE Aninhado

A função SE nos permite definir apenas 2 valores de retorno, porém muitas vezes precisamos de 3, 4 ou mais valores de retorno. Nestes casos utilizamos a função SE Aninhado.

Nesse exemplo temos uma empresa e sua folha de pagamentos. A empresa oferece gratificação aos funcionários que não faltam ou faltam apenas uma vez.

Dessa forma a pergunta que faço para começar a desenvolver a função é: Se o funcionário não faltar quanto ele recebe de gratificação? Basta olhar na célula A10 onde tenho o valor da gratificação que é de 10% sobre o salário. Então veja:

- Se o funcionário não faltar recebe salário acrescido de 10% de gratificação.
- Se o funcionário faltar apenas 1 vez ele recebe salário acrescido de 5% de gratificação.
- Se o funcionário faltar 2 ou mais vezes, recebe apenas o salário.

Agora é colocar essas regras na função. Perceber que o número de faltas está na célula B3, o salário na A3 e as regras para Gratificação nas células A9:B12. Certo?

Feito isso, vamos à função:

=SE(B3=0;A3*A10;SE(B3=1;A3*A11;SE(B3>=2;0)))

Ou seja: SE(B3 {número de faltas) =0;A3 {Salário} *A10 {Valor da Gratificação}) ;SE {Senão, caso não atenda a condição anterior}(B3 {número de faltas) =1;A3 {Salário} *A11{Valor da Gratificação});SE(B3 {número de faltas) >=2;0 {Não recebe nada de gratificação})))

Obs.: O texto em vermelho entre chaves refere-se a comentários sobre dados da função. Não fazem parte da função.

Ainda podemos escrever a função dessa forma:

=SE(B3=0;A3*A10;SE(B3=1;A3*A11;0))

Nesse caso, não desenvolvemos o último SE. Colocamos um ";" que se comporta como um SENÃO. Ou seja, se não forem satisfeitas as condições dos SEs anteriores o Excel fará o que houver após este último ";".

3.8.2 SES

A função SES verifica se uma ou mais condições são satisfeitas e retorna um valor que corresponde à primeira condição VERDADEIRO. A função SES pode ser usada como substituta de várias instruções SE aninhadas, além de ser muito mais fácil de ser lida quando condições múltiplas são usadas.

=SES(F2=1;D2;F2=2;D3;F2=3;D4;F2=4;D5;F2=5;D6;F2=6;D7;F2=7;D8)

136

3.8.3 PROCV

Use a função PROCV, uma das funções de pesquisa e referência, quando precisar localizar algo em linhas de uma tabela ou de um intervalo. Por exemplo, para pesquisar o preço de uma peça automotiva pelo número da peça.

=PROCV(Valor que você deseja pesquisar, intervalo no qual você deseja pesquisar o valor, o número da coluna no intervalo contendo o valor de retorno, Correspondência Exata ou Correspondência Aproximada – indicado como 0/FALSO ou 1/VERDADEIRO).

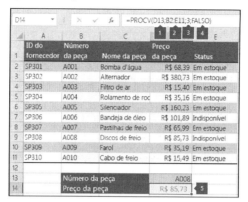

- D13 é o valor_procurado ou o valor que você deseja pesquisar.
- B2 a E11 (realçados em amarelo na tabela) é a matriz_tabela ou o intervalo onde o valor de pesquisa está localizado.
- 3 é o núm_índice_coluna ou o número de coluna na matriz_tabela que contém o valor de retorno. Neste exemplo, a terceira coluna da matriz de tabela é Preço da Peça, portanto, o resultado da fórmula será um valor da coluna Preço da Peça.
- FALSO é o intervalo_pesquisa, portanto, o valor de retorno será uma correspondência exata.
- O resultado da fórmula PROCV é 85,73, o preço dos Rotores de freio.

Há quatro informações que serão necessárias para criar a sintaxe da função PROCV:

- O valor que você deseja pesquisar, também chamado valor de pesquisa.
- O intervalo onde o valor de pesquisa está localizado. Lembre-se de que o valor de pesquisa deve estar sempre na primeira coluna no intervalo para que a função PROCV funcione corretamente. Por exemplo, se o valor de pesquisa estiver na célula C2, o intervalo deve começar com C.
- O número da coluna no intervalo que contém o valor de retorno. Por exemplo, se você especificar B2:D11 como o intervalo, deverá contar B como a primeira coluna, C como a segunda e assim por diante.
- Se preferir, você pode especificar VERDADEIRO se quiser uma correspondência aproximada ou FALSO se quiser que uma correspondência exata do valor de retorno. Se você não especificar nada, o valor padrão será sempre VERDADEIRO ou correspondência aproximada.

3.8.4 VF

=VF(taxa,nper,pgto,[vp],[tipo])

Retorna o valor futuro de um investimento de acordo com os pagamentos periódicos e constantes e com uma taxa de juros constante.

| =VF(2%;10;38,96)

A sintaxe da função VF tem os seguintes argumentos:

- **Taxa**: obrigatório. A taxa de juros por período.
- **Nper**: obrigatório. O número total de períodos de pagamento em uma anuidade.
- **Pgto**: obrigatório. O pagamento feito a cada período; não pode mudar durante a vigência da anuidade. Geralmente, pgto contém o capital e os juros e nenhuma outra tarifa ou taxas. Se pgto for omitido, você deverá incluir o argumento vp.
- **Vp**: opcional. O valor presente ou a soma total correspondente ao valor presente de uma série de pagamentos futuros. Se vp for omitido, será considerado 0 (zero) e a inclusão do argumento pgto será obrigatória.
- **Tipo**: opcional. O número 0 ou 1 e indica as datas de vencimento dos pagamentos. Se tipo for omitido, será considerado 0.

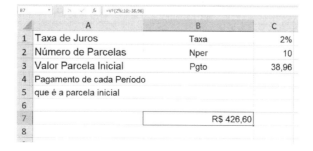

3.8.5 VP

=VP(taxa, nper, pgto, [vf], [tipo])

Retorna o valor presente de um investimento. O valor presente é o valor total correspondente ao valor atual de uma série de pagamentos futuros. Por exemplo, quando você toma uma quantia de dinheiro emprestada, a quantia do empréstimo é o valor presente para o concessor do empréstimo.

=**VP(2%;10;38,96)**

A sintaxe da função VP tem os seguintes argumentos:

- **Taxa**: necessário. A taxa de juros por período. Por exemplo, se você tiver um empréstimo para um automóvel com taxa de juros de 10% ano e fizer pagamentos mensais, sua taxa de juros mensal será de 10%/12 ou 0,83%. Você deverá inserir 10%/12 ou 0,83%, ou 0,0083, na fórmula como taxa.
- **Nper**: necessário. O número total de períodos de pagamento em uma anuidade. Por exemplo, se você fizer um empréstimo de carro de quatro anos e fizer pagamentos mensais, seu empréstimo terá 4*12 (ou 48) períodos. Você deverá inserir 48 na fórmula para nper.
- **Pgto**: necessário. O pagamento feito em cada período. Geralmente, pgto inclui o principal e os juros e nenhuma outra taxa ou tributo. Por exemplo, os pagamentos mensais de R$ 10.000 de um empréstimo de quatro anos para um carro serão de R$ 263,33. Você deverá inserir -263,33 na fórmula como pgto. Se pgto for omitido, você deverá incluir o argumento vf.
- **Vf**: opcional. O valor futuro, ou o saldo, que você deseja obter depois do último pagamento. Se vf for omitido, será considerado 0 (o valor futuro de um empréstimo, por exemplo, é 0). Por exemplo, se você deseja economizar R$ 50.000 para pagar um projeto em 18 anos, então o valor futuro será de R$ 50.000. Você poderia então fazer uma estimativa na taxa de juros e concluir quanto economizaria por mês. Se vf for omitido, você deverá incluir o argumento pgto.
- **Tipo**: opcional. O número 0 ou 1 e indica as datas de vencimento.

	A	B	C
1	Taxa de Juros	Taxa	2%
2	Número de Parcelas	Nper	10
3	Valor Parcela Inicial	Pgto	38,96
4	Pagamento de cada Período		
5	que é a parcela inicial		
6			
7		R$ 426,60	
8			

3.8.6 NPER

=NPER(taxa;pgto;vp;vf;tipo)

Retorna o número de períodos para investimento de acordo com pagamentos constantes e periódicos e uma taxa de juros constante.

=**NPER(2%;10;350)**

A sintaxe da função NPER tem os seguintes argumentos:

- **Taxa:** é a taxa de juros por período.
- **Pgto:** é o pagamento feito em cada período; não pode mudar durante a vigência da anuidade. Geralmente, pgto contém o capital e os juros, mas nenhuma outra tarifa ou taxas.
- **Vp:** é o valor presente ou atual de uma série de pagamentos futuros.
- **Vf:** é o valor futuro, ou o saldo, que você deseja obter depois do último pagamento. Se vf for omitido, será considerado 0 (o valor futuro de um empréstimo, por exemplo, é 0).
- **Tipo:** é o número 0 ou 1 e indica as datas de vencimento.

3.8.7 Taxa

=TAXA(nper, pgto, vp, [vf], [tipo], [estimativa])

Retorna a taxa de juros por período de uma anuidade.

=**TAXA(10;-38,96;426,65)**

A sintaxe da função TAXA tem os seguintes argumentos:

- **Nper**: obrigatório. O número total de períodos de pagamento em uma anuidade.
- **Pgto**: obrigatório. O pagamento feito em cada período e não pode mudar durante a vigência da anuidade. Geralmente, pgto inclui o principal e os juros e nenhuma outra taxa ou tributo. Se pgto for omitido, você deverá incluir o argumento vf.
- **Vp: obrigatório.** O valor presente — o valor total correspondente ao valor atual de uma série de pagamentos futuros.
- **Vf**: opcional. O valor futuro, ou o saldo, que você deseja obter depois do último pagamento. Se vf for omitido, será considerado 0 (o valor futuro de um empréstimo, por exemplo, é 0).

Tipo: opcional. O número 0 ou 1 e indica as datas de vencimento.

3.8.8 PGTO

=PGTO(taxa, nper, vp, [fv], [tipo])

Retorna o pagamento periódico de uma anuidade de acordo com pagamentos constantes e com uma taxa de juros constante.

=PGTO(2%;36;350)

A sintaxe da função PGTO tem os seguintes argumentos:

▷ **Taxa:** obrigatório. A taxa de juros para o empréstimo.
▷ **Nper:** obrigatório. O número total de pagamentos pelo empréstimo.
▷ **Vp:** obrigatório. O valor presente, ou a quantia total agora equivalente a uma série de pagamentos futuros; também conhecido como principal.
▷ **Vf:** opcional. O valor futuro, ou o saldo, que você deseja obter após o último pagamento. Se vf for omitido, será considerado 0 (zero), ou seja, o valor futuro de um empréstimo é 0.
▷ **Tipo:** opcional. O número 0 (zero) ou 1 e indica o vencimento dos pagamentos.

3.8.9 ABS

=ABS(núm)

Retorna o valor absoluto de um número.

=ABS(-4)

3.8.10 AGORA

Retorna a data e hora.

=AGORA()

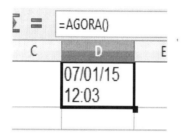

HOJE

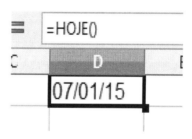

Retorna a data atual.

=HOJE()

3.8.11 DIA DA SEMANA

Fornece o dia da semana a que uma data corresponde. O Excel nos dará como resultado um número que equivale a um dia da semana. Por padrão o n.1 corresponde ao domingo.

=DIA.DA.SEMANA(data ou célula que contém a data)

=DIA.DA.SEMANA("10/11/1975")

=DIA.DA.SEMANA(B6)

3.8.12 DIAS360

Com esta função teremos o número de dias que há entre uma data inicial e uma data final.

=DIAS360(datainicial;datafinal)

=DIAS360("10/11/1975";"10/12/1975")

=DIAS360(A1;A2)

3.8.13 MULT

A função MULT multiplica todos os números especificados como argumentos e retorna o produto. Por exemplo, se as células A1 e A2 contiverem números, você poderá usar a fórmula =MULT(A1;A2) para multiplicar esses dois números juntos. A mesma operação também pode ser realizada usando o operador matemático de multiplicação (*); por exemplo, =A1 * A2.

A função MULT é útil quando você precisa multiplicar várias células ao mesmo tempo. Por exemplo, a fórmula =MULT(A1:A3;C1:C3) equivale a =A1 * A2 * A3 * C1 * C2 * C3.

3.8.14 MOD

Retorna o resto de uma divisão.

Sintaxe: (Valor a ser dividido; divisor)

Exemplo:

=MOD(10;3)

O resultado retornado pelo Excel será 1.

3.8.15 ESCOLHER

Use núm_índice para retornar um valor da lista de argumentos de valor. Use ESCOLHER para selecionar um valor entre 254 valores que se baseie no número de índice.

=ESCOLHER(3;A1;A2;A3;A4;A5;A6;A7)

3.8.16 CORRESP

A função CORRESP procura um item especificado em um intervalo de células e retorna à posição relativa desse item no intervalo. Por exemplo, se o intervalo A1:A3 contiver os valores 5, 25 e 38, a fórmula =CORRESP(25,A1:A3,0) retornará o número 2, porque 25 é o segundo item no intervalo.

=CORRESP(25;A1:A3)

3.8.17 TRUNCAR E INT

TRUNCAR e INT são semelhantes pois ambos retornam inteiros.

TRUNCAR remove a parte fracionária do número.

INT arredonda números para baixo até o inteiro mais próximo com base no valor da parte fracionária do número.

INT e TRUNCAR são diferentes apenas ao usar números negativos: TRUNCAR(-4.3) retorna -4, mas INT(-4.3) retorna -5 pois -5 é o número mais baixo.

3.8.18 ARRED

A função ARRED arredonda um número para um número especificado de dígitos. Por exemplo, se a célula A1 contiver 23,7825 e você quiser arredondar esse valor para duas casas decimais, poderá usar a seguinte fórmula:

=ARRED(A1;2)

O resultado dessa função é 23,78

3.8.19 PRI.MAIUSCULA

Coloca em maiúscula a primeira letra e todas as outras letras que seguem um caractere que não seja uma letra em uma cadeia de texto. Converte todas as outras letras da cadeia de texto em letras minúsculas.

PRI.MAIÚSCULA(texto)

3.8.20 MAIÚSCULA

Converte o texto em maiúsculas.

MAIÚSCULA(texto)

NOÇÕES DE INFORMÁTICA

3.9 Recursos automatizados do Excel

3.9.1 Autopreenchimento

Este recurso é utilizado para digitar sequências de texto ou números.

Perceba na imagem abaixo que há uma célula qualquer selecionada e que em seu canto direito inferior existe um pequeno quadradinho. É nele que vamos clicar e manter pressionado o mouse para utilizar este recurso. Esta é a alça de preenchimento.

Como exemplo, digite na célula A1 a palavra **Janeiro**. Posicione a seta do mouse sobre a Alça de Preenchimento. Ela irá se transformar em uma cruz. Clique com o botão esquerdo do mouse e arraste a cruz até a célula E1. Ao chegar na coluna E, libere o botão do mouse. O Autopreenchimento reconhece letras maiúsculas e minúsculas, datas, dias de semana, sequências como Mês 1 etc.

	A	B	C	D	E	F
1	JAN	FEV	MAR	ABR		
2						
3						

3.10 Endereço absoluto e endereço relativo

Um recurso presente em qualquer planilha é o endereçamento ou referenciamento relativo. Dá-se o nome de referenciamento relativo ao fato de que quando se atribui, por exemplo, "=A2 + 1", na célula "a5" e se copia a fórmula para a célula "A6", esta irá referenciar o valor "=A3 + 1" (observe o incremento na fórmula). O mesmo pode ser feito através da Alça de Preenchimento, que copia a fórmula, mas a incrementa conforme você arrasta no sentido Linha ou Coluna.

Nem sempre este é o comportamento desejável. Veja o exemplo:

	A	B	C
1			
2	Plano	Taxa Juros	
3	12 meses	36%	
4	24 meses	74,40%	
5			
6			
7			
8	Valor do Financiamento	Plano 12 meses	Plano 24 meses
9	1000	1360	
10	2000		
11	3000		
12	4000		
13			
14			

B9 fx =(A9*B3)+A9

Na imagem, temos uma planilha do Excel com dados de uma empresa que empresta dinheiro, ou seja, trabalha com financiamento.

Se a pessoa emprestar qualquer valor dentre os oferecidos poderá pagar em 12 parcelas sob o juro de 36% ou em 24 parcelas sob o juro de 74,40%.

Então, trabalhamos nessa empresa, criamos a planilha com os dados especificados e que um cliente empresta R$ 1.000,00, então calculamos os juros conforme as especificações: =(A9*B3) + A9. Até aqui tudo certo!

Digamos que um segundo cliente empreste R$ 2.000,00 e para sermos mais rápidos e eficientes, apenas copiamos a fórmula da célula B9 para a B10, ou a arrastamos pela alça de preenchimento. Nesse caso, teremos um erro! Pois ao fazermos isso a função será incrementada e ficará assim: =(A10*B4) + A10, cobrando juros de 74,40% em vez de 36%.

Para lidar com esta situação precisamos fixar, ancorar a fórmula inserindo um $ em frente a especificação de Linha e/ou Coluna que desejamos fixar, que não queremos que seja alterada: =(A9*$B$3) + A9.

Dessa forma, quando copiarmos a função para outras células, a célula B3 não irá incrementar.

Em um endereço, quando se fixa a coluna e a linha simultaneamente, estamos perante um endereço absoluto.

| Se a célula A3 tiver a fórmula =$A$1*A2, ao copiar a fórmula para as células B3 e C3 terão respectivamente as fórmulas: =$A$1*B2 e =$A$1*C2.

MICROSOFT EXCEL 365

3.11 Erros do Excel

	Significado
#DIV/0!	A função ou fórmula está efetuando uma divisão por zero.
#N/DN	Não existe valor disponível.
#NOME?	O Excel não reconhece um dos itens da fórmula. Pode ser: Função digitada incorretamente. Inclusão do texto sem aspas. Omissão de pontos que especifiquem intervalos de valores e outros.
#NULO	Interseção de valores que não se referenciam.
#NUM!	Algum número da fórmula está incorreto.
#REF!	Referência inválida na fórmula.
#VALOR!	Argumento inserido de forma errada na fórmula ou função.

3.11.1 Referência circular

Quando uma fórmula volta a fazer referência à sua própria célula, tanto direta como indiretamente, este processo chama-se referência circular. Ou seja: Você não pode digitar a função =soma(A1:A3) na célula A1, pois ela faz parte da função.

NOÇÕES DE INFORMÁTICA

4 MICROSOFT POWERPOINT 365

O PowerPoint 365 é um aplicativo visual e gráfico, usado principalmente para criar apresentações. Com ele, você pode criar, visualizar e mostrar apresentações de slides que combinam texto, formas, imagens, gráficos, animações, tabelas e vídeos.

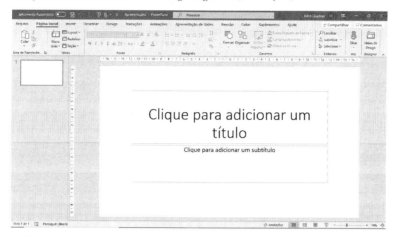

A parte principal do PowerPoint é a janela localizada à direita do aplicativo, em que é exibido o primeiro slide como padrão, perceba que este slide apresenta uma estrutura para inserção de conteúdo por meio de textos, imagens etc.

Principais extensões de arquivos:

▷ .pptx – extensão padrão.
▷ .ppsx – extensão de apresentação de slides.
▷ .potx – extensão modelo de arquivo.
▷ .odp – salva, abre, edita arquivos do LibreOffice Impress.

4.1 Arquivo

A Guia ou Menu Arquivo contém funcionalidades como Salvar, Salvar Como, Abrir, Fechar e que se comportam da mesma maneira conforme estudamos no Editor de Textos Microsoft Word 2019.

4.2 Imprimir

Na opção Imprimir, vamos trabalhar com Slides ao invés de páginas. Vamos escolher entre Imprimir Todos os Slides, Imprimir Seleção, Imprimir Slide Atual ou Imprimir um Intervalo Personalizado de Slides.

Em Folhetos, você poderá escolher o número de Slides em cada página.

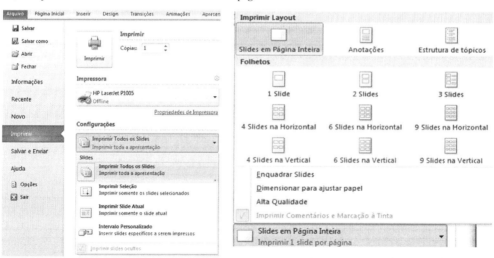

4.3 Página Inicial

MICROSOFT POWERPOINT 365

Na Guia Inicial, temos os seguintes grupos de ferramentas: Área de Transferência, Slides, Fonte, Parágrafo, Desenho e Edição.

O Grupo **Slides** permite gerenciar o layout das apresentações e a inserção de novos slides personalizados. Com o botão Novo Slide, podemos inserir Novo Slide ou duplicar um slide existente.

4.4 Inserir

Aqui, temos os seguintes grupos de ferramentas: Novo Slide, Tabelas, Imagens, Ilustrações, Aplicativos, Links, Comentários, Texto, Símbolos e Mídia.

4.4.1 Álbum de Fotografias

No Grupo Imagens, temos Álbum de Fotografias. O Microsoft PowerPoint cria uma apresentação quando você usa o recurso Álbum de Fotografias. Qualquer apresentação que esteja aberta no momento no PowerPoint não será afetada por essa tarefa.

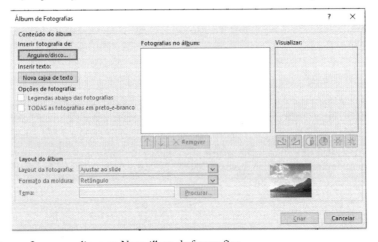

No menu Inserir, aponte para Imagem e clique em Novo álbum de fotografias.

Na caixa de diálogo Álbum de fotografias, adicione as fotos que devem aparecer no seu álbum de fotografias.

No Grupo Ilustrações / Formas temos uma funcionalidade importante: **Botões de Ação.** Um botão de ação consiste em um botão já existente que você pode inserir na sua apresentação e para o qual pode definir hiperlinks. Os botões de ação contêm formas, como setas para direita e para esquerda e símbolos de fácil compreensão referentes às ações de ir para o próximo, anterior, primeiro e último slide, além de executarem filmes ou sons.

Preste atenção ao Botão SmartArt, que permite inserir organogramas, fluxogramas e outros tipos de gráficos, conforme estudamos no Word 2019.

No grupo de ferramentas Texto temos Caixa de Texto, Cabeçalho e Rodapé, WordArt, Data e Hora, Número do Slide e Objetos.

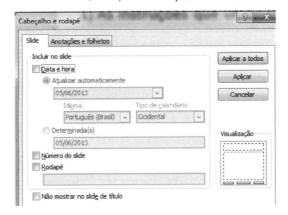

144

NOÇÕES DE INFORMÁTICA

4.5 Transições

Nesta guia, configuramos o efeito durante a transição de um slide para o outro.

4.6 Animações

Na guia Animações, você irá escolher animações para textos e objetos das apresentações em slides.

No grupo Animação, você seleciona a animação desejada para se aplicar ao texto ou objeto, bastando, para isso, selecionar o texto ou objeto desejado, escolher a animação e aplicar as configurações de intervalo, por exemplo, o tempo de duração do efeito animado.

No grupo Animação Avançada, temos o botão Adicionar Animação, Painel de Animação, Disparar e Pincel de Animação que copia a animação de um objeto para outro.

No grupo Intervalo, você irá configurar a Duração e Atraso das animações.

4.7 Apresentação de slides

Esta guia contém os seguintes grupos de ferramentas: Iniciar Apresentação de Slides, Configurar e Monitores.

No grupo **Iniciar Apresentação de Slides, você poderá iniciar sua apresentação através do Botão do Começo, ou do Botão do Slide Atual.**

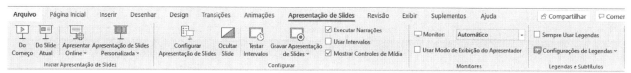

4.8 Guia Exibir

MICROSOFT POWERPOINT 365

▷ **Modo de exibição normal:** é o principal modo de exibição de edição, no qual você pode escrever e criar sua apresentação. O modo de exibição Normal tem quatro áreas de trabalho:

Área do Modo de Exibição Normal:

▷ **Guia slides:** exiba os slides da sua apresentação na forma de imagens em miniatura enquanto realiza a edição. As miniaturas facilitam a navegação pela apresentação e permitem que você veja os efeitos de qualquer alteração no design. Aqui também é possível reorganizar, adicionar ou excluir slides com facilidade.

▷ **Guia estrutura de tópicos:** a guia Estrutura de Tópicos mostra o texto do slide na forma de uma estrutura de tópicos.

▷ **Painel de slides:** na seção superior direita da janela do PowerPoint, o Painel de Slide exibe uma imagem ampla do slide atual. Com o slide nesse modo de exibição, é possível adicionar texto e inserir imagens, tabelas, elementos gráficos SmartArt, gráficos, objetos de desenho, caixas de texto, filmes, sons, hiperlinks e animações.

▷ **Painel de anotações:** no painel Anotações, abaixo do painel Slide, é possível digitar anotações que se apliquem ao slide atual. Mais tarde, você poderá imprimir suas anotações e consultá-las ao fornecer a apresentação. Você também poderá imprimir as anotações para distribuí-las ao público ou incluir as anotações em uma apresentação que enviar para o público ou publicar em uma página da web.

4.8.1 Classificação de slides

O modo de exibição Classificação de Slides mostra os slides em forma de miniaturas.

▷ **Anotações:** é possível digitar anotações que se apliquem ao slide atual.

▷ **Modos de exibição mestres:** tem a função de alterar o design e layout dos slides por meio dos próprios slides, folhetos ou anotações. Esta guia possui as funções Slide Mestre, Folheto Mestre, Anotações Mestras e podem ser utilizadas separadamente. Um slide mestre é o slide principal em uma hierarquia de slides que armazena informações sobre o tema e os layouts dos slides de uma apresentação, incluindo o plano de fundo, a cor, as fontes, os efeitos, os tamanhos dos espaços reservados e o posicionamento. Como os slides mestres afetam a aparência de toda a apresentação, ao criar e editar um slide mestre ou os layouts correspondentes, você trabalha no modo de exibição Slide Mestre.

▷ **Usar vários slides mestres (cada um com um tema diferente) em uma apresentação:** para que a sua apresentação contenha dois ou mais estilos ou temas diferentes (como planos de fundo, cores, fontes e efeitos), você precisa inserir um slide mestre para cada tema.

▷ **Prática recomendada para criar e trabalhar com slides mestres:** o ideal é criar um slide mestre antes de começar a criar slides individuais, e não depois. Quando você cria o slide mestre primeiro, todos os slides adicionados à apresentação são baseados nesse slide mestre e nos layouts associados. Quando começar a fazer alterações, faça-as no slide mestre.

NOÇÕES DE INFORMÁTICA

5 REDES DE COMPUTADORES

5.1 Conceitos relacionados à internet

Nesta seção são apresentados alguns conceitos, tecnologias e ferramentas relacionadas à internet que são cobrados nas provas dos concursos.

5.1.1 Motores de busca

Os Motores de Busca são normalmente conhecidos por buscadores. Dentre os principais estão Google, Bing (MSN) e Yahoo!.

É importante observar que, nos navegadores atuais, os motores de busca são integrados, com isso podemos definir qual se deseja utilizar, por exemplo: o Google Chrome e o Mozilla Firefox utilizam como motor de busca padrão o Google, já o internet Explorer utiliza o Bing. Essa informação é relevante, pois é possível nesses navegadores digitar os termos buscados diretamente na barra de endereços, ao invés de acessar previamente o site do motor de busca.

Busca avançada

Os motores de busca oferecem alguns recursos para otimizar a busca, como operadores lógicos, também conhecidos como operadores booleanos[1]. Dentre eles podemos destacar a negação (-). Ao realizar uma busca na qual se deseja encontrar resultados que sejam relacionados a determinado assunto, porém os termos usados são comuns a outro, podemos utilizar o sinal de menos precedendo o termo do assunto irrelevante, como o exemplo de uma questão que já caiu em prova: realizar a busca por leite e cão, contudo, se for inserido apenas estes termos na busca, muitos resultados serão relacionados a gatos e leite. Para que as páginas que contenham a palavra gato não sejam exibidas na lista de páginas encontradas, basta digitar o sinal de menos (-) antes da palavra gato (sem espaço entre o sinal e a palavra), assim a pesquisa a ser inserida no buscador fica **Cão Leite -Gato**.

Também é possível realizar a busca por uma frase exata, assim, somente serão listados os sites que contenham exatamente a mesma expressão. Para isso, basta digitar a frase desejada entre aspas duplas.

▷ Busca por/em domínio específico: para buscar sites que possuam determinado termo em seu nome de domínio, basta inserir o texto site: seguido da palavra desejada, lembrando que não deve haver espaço entre site: e o termo desejado. De forma similar, também pode-se utilizar **inurl: termo** para buscar sites que possuam o termo na URL.

Quando o domínio já é conhecido, é possível realizar a busca por determinado termo apenas nas páginas do domínio. Para tanto, deve-se digitar **site:Dominiodosite termo**.

▷ **Calculadora**: é possível, ainda, utilizar o Google como uma calculadora, bastando digitar a expressão algébrica que se deseja resolver como 2 + 2 e, como resultado da "pesquisa", é apresentado o resultado da operação.

▷ **Operador**: quando não se sabe exatamente qual é a palavra para completar uma expressão, pode-se completar a lacuna com um asterisco, assim o motor de busca irá entender que naquele espaço pode ser qualquer palavra.

▷ **Busca por tipo de arquivo:** podemos refinar as buscas a resultados que consistam apenas em determinado formato de arquivo. Para tanto, podemos utilizar o operador filetype: assim, para buscar determinado tema, mas que seja em PDF, por exemplo, pode-se digitar **filetype: pdf tema**.

Tipos de busca

Os principais motores de busca permitem realizar as buscas de forma orientada a conteúdos gerais da web, como refinar a busca para exibir apenas imagens, vídeos ou mapas relacionados aos termos digitados.

5.1.2 Chat

Um chat é normalmente citado como um bate-papo em tempo real; é a forma de comunicação em que ambos os interlocutores estão conectados (on-line) simultaneamente. Muitos chats operam com salas de bate-papo. Um chat pode ser em um site específico como o chat do UOL. Conversas pelo MSN ou Facebook podem ser consideradas como chat, desde que ambos os interlocutores estejam conectados.

5.1.3 Fórum

Também conhecidos como Listas de Discussão, os fóruns funcionam como debates sobre determinados assuntos. Em um fórum não é necessário que os envolvidos estejam conectados para receberem os comentários, pois estes ficam disponíveis para acesso futuro pelo usuário ou mesmo por pessoas que não estejam cadastradas no fórum, contudo, existem muitos fóruns fechados, nos quais só se entra por convite ou mediante aquisição. A maioria deles vincula o e-mail dos envolvidos a uma discussão, alertando-os assim, caso um novo comentário seja acrescentado.

5.1.4 Moodle

O Moodle é uma ferramenta fortemente utilizada pelo setor público, e privado, para dar suporte ao Ensino a Distância (EAD).

---

[1] Em referência à lógica de Boole, ou seja, a lógica que você estuda para o concurso.

G SUITE

6 G SUITE

6.1 Motor de pesquisa ou ferramenta de busca

Caracteriza-se como um motor de pesquisa ou ferramenta de busca, que é desenvolvido com o objetivo de procurar palavras-chave que são fornecidas pelos usuários do serviço e realizar a busca desejada em documentos e bases de dados de sites.

Na aplicação de seu contexto para a internet, um motor de pesquisa possibilita procurar palavras-chave na World Wide Web, como palavras que se encontram armazenadas em sites e inclusive nos arquivos internos existentes nestes.

6.2 Tipos de motores de pesquisa

▷ **Buscadores globais:** são denominados globais os motores de pesquisa que são buscadores de pesquisas em todos os documentos e sites da internet. Segue a listagem dos principais buscadores globais: Google, Yahoo!, Bing e Terra.

▷ **Buscadores verticais:** são buscadores que realizam pesquisas "especializadas", particulares, em bases de dados próprias de acordo com suas intenções e áreas de interesse que motivam tal busca. Geralmente, a inserção de um termo em um buscador vertical está vinculada à procura de algum produto ou mesmo ao pagamento de uma mensalidade ou de um valor por cliques na internet, migrando de um site para outro.

▷ **Guias locais:** são considerados guias locais os motores de busca ou buscadores que têm um escopo exclusivamente local ou regional. As informações dessas pesquisas se referem aos endereços de empresas ou prestadores de serviços da região solicitada. O resultado é priorizado na listagem pelo destaque de quem contrata o serviço, como melhor preço, data de publicação etc.

▷ **Guias de busca local ou buscador local:** são os motores de busca que são buscadores de abrangência nacional, restritos a um país, que lista as empresas e os prestadores de serviços próximos ao endereço do usuário que realiza tal pesquisa a partir de um texto digitado.

▷ **Diretórios de sites:** são índices para pesquisa internos de sites, geralmente organizados por categorias e por subcategorias. Têm como objetivo principal permitir ao usuário encontrar rapidamente sites que desejar, sempre listando a pesquisa por categorias, e não por palavras-chave.

NOÇÕES DE INFORMÁTICA

7 SEGURANÇA DA INFORMAÇÃO

A Segurança da Informação é um ponto crucial para muitas bancas examinadoras de concurso público e, também, de interesse da instituição que irá receber os aprovados. Afinal, ao ser aprovado, o candidato fará parte do quadro de funcionários de uma instituição pública que possui uma intranet e sistemas sobre os quais há necessidade de manter uma boa política de segurança.

Segundo o Comitê Gestor de internet no Brasil (CGI), para um sistema ser classificado como seguro, ele deve atentar a três requisitos básicos: confidencialidade, integridade e disponibilidade.

Faz-se necessário que sejam atendidos alguns requisitos mínimos para uma segurança do microcomputador, que dependem tanto de recursos tecnológicos como de bom senso e discernimento por parte dos usuários.

Para manter um computador com o mínimo de segurança deve-se:

▷ Manter o **sistema operacional sempre atualizado**, pois a maioria dos malwares exploram as vulnerabilidades do SO.
▷ Possuir um sistema **antivírus** e manter tanto o aplicativo quanto as assinaturas de vírus[1] atualizadas.
▷ Manter o Firewall sempre ativo.
▷ Para se proteger contra os spywares também é indicada a instalação de um antispyware. Atualmente, a maioria dos antivírus já possui esse recurso integrado a eles.

7.1 Princípios básicos da segurança da informação

Os Princípios Básicos de Segurança em Tecnologia da Informação (TI) incluem os processos que devem ser garantidos para manter um sistema de informações seguro. Podemos destacar quatro conceitos como principais:

7.1.1 Disponibilidade

Deve garantir que os serviços ou recursos que forem necessários para uma tarefa, principalmente relacionados ao próprio processo de segurança, estejam sempre disponíveis. Um bom exemplo é na situação de entrega da declaração de imposto de renda, em que o serviço deve suportar a alta demanda que possa surgir sem afetar o usuário.

Podemos estreitar esse princípio sobre a garantia de que as chaves públicas do processo de Certificação Digital (estes conceitos são abordados na seção sobre Certificados Digitais) estejam sempre disponíveis para quem precisar delas.

7.1.2 Integridade

A Integridade garante a **não alteração** de uma informação/dado tanto no armazenamento quanto durante a troca dessas informações por algum meio. Com o princípio da integridade, verificamos se, durante o tráfego de uma informação, ela não foi alterada por alguém ou mesmo por falhas do processo de transmissão. No armazenamento ela garante que o dado não foi corrompido.

O processo que protege a integridade consiste na geração de um código de cerca de 20 caracteres, o **código HASH**, também conhecido como **resumo** de um dado; um exemplo é o MD5. O processo é realizado em uma via única, em que, a partir de um dado, gera-se o resumo dele. Porém, a partir do resumo, não é possível gerar o dado novamente.

Para verificar se houve alteração em um arquivo, deve-se comparar dois códigos HASH: um gerado por quem disponibiliza o dado e outro por quem o recebe. Se uma vírgula for alterada, os códigos gerados ficam completamente diferentes e é possível que dois dados diferentes gerem o mesmo HASH, mas é uma possibilidade ínfima.

7.1.3 Confidencialidade

O princípio da Confidencialidade é a garantia de que há sigilo sobre uma informação, de forma que o processo deve garantir que um dado não seja acessado por pessoas diferentes daquelas às quais ele se destina.

Para garantir a confidencialidade, utilizamos processo de criptografia de informações.

7.1.4 Autenticidade

A Autenticidade garante o autor de uma informação, ou seja, por meio dela podemos confirmar se uma mensagem é de autoria de quem diz.

Assim como a confidencialidade, a autenticidade é garantida por meio de criptografia.

---

1 Assinatura de vírus: é uma sequência de caracteres que identifica a presença do vírus em um arquivo.

SEGURANÇA DA INFORMAÇÃO

7.2 Criptografia

A criptografia é a arte ou ciência de escrever em códigos, quer dizer, transformar um texto em algo ilegível de forma que possa ser armazenado ou enviado por um canal de comunicação. Assim, se alguém interceptá-lo, não conseguirá entender o que está escrito e o destinatário, ao receber a informação, deve fazer o processo inverso: decifrar o dado, para que consiga lê-lo.

Há dois principais métodos de criptografia: a de chave simétrica e a de chaves assimétricas.

7.2.1 Criptografia de chave simétrica

Uma chave de criptografia é uma informação a partir da qual seja possível transcrever uma mensagem criptografada.

A de chave simétrica é também conhecida como criptografia de chave única, em que a mesma chave é usada tanto para codificar uma mensagem quanto para decifrá-la. Um bom exemplo desse modelo é a criptografia maçônica.

A informação apresentada está criptografada. Para decifrar o que ela diz, precisamos da chave de criptografia que, na simétrica, é a mesma usada para gerar a mensagem. A seguir, temos a chave que abre a mensagem.

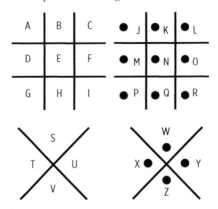

Ao substituirmos os símbolos pelas letras correspondentes, obtemos a palavra ALFA.

7.2.2 Criptografia de chaves assimétricas

Na criptografia de chaves assimétricas, em vez de uma chave como na simétrica, são usadas duas chaves que são diferentes entre si. Elas são chamadas de **Chave Pública** e a outra de **Chave Privada**, por conta da característica de cada uma.

A Chave Pública é uma informação (código) que fica disponível em um servidor de Chaves Públicas na internet, para quem precisar dela, enquanto a Chave Privada é um código que somente o dono deve conhecer.

O par de Chaves é único e correspondente, ou seja, uma mensagem/dado cifrada pela chave pública de um usuário só pode ser aberta pela chave privada do mesmo usuário. E o inverso também, uma mensagem cifrada com a chave privada de um usuário só pode ser descriptografada pela chave pública dele próprio.

7.2.3 Certificado digital

Um certificado digital é um documento eletrônico assinado digitalmente e cumpre o papel de associar um usuário a uma chave pública, pode ser comparado ao CPF ou CNPJ para empresas.

Ele também apresenta junto com a chave pública algumas informações essenciais como:

▷ Nome do dono da chave pública;
▷ Prazo de validade do certificado, que varia de 1 a 3 anos dependendo da classe contratada;
▷ Um número de série, critério de correspondência para identificar o usuário;
▷ E, juntamente, o certificado possui a assinatura da entidade de certificação, para comprovar sua validade.

Para adquirir um certificado digital, o usuário ou entidade deve procurar uma Autoridade Certificadora (AC), é a responsável por criar o par de Chaves de um usuário, ou uma Autoridade de Registro (AR), que é um intermediário entre o usuário e uma AC. Cabe a AR a responsabilidade de verificar os dados do usuário e encaminhar o pedido do certificado para a AC, entretanto, o usuário também pode se dirigir direto à AC. A Caixa Econômica Federal é a única instituição financeira que é uma AC.

7.2.4 Assinatura digital

Uma Assinatura Digital é um procedimento similar a uma assinatura de um documento impresso. Quando assinamos um contrato, normalmente ele possui mais de uma página, rubricamos[2] todas elas exceto a última, pois a assinatura precisa ser completa. A rubrica não prova que o documento foi lido, mas sim para que aquela folha não seja substituída. Além disso, é preciso recorrer a um cartório para reconhecer e certificar a assinatura na última página.

Esse procedimento realizado no papel, juntamente com as garantias, foi adaptado para o mundo digital, afinal, papel ocupa espaço.

---

2 Rubrica: assinatura abreviada.

NOÇÕES DE INFORMÁTICA

Quando falamos sobre a rubrica garantir a não alteração de um documento, citamos o princípio da Integridade. Portando, uma Assinatura Digital deve garantir também esse princípio, enquanto a certificação de quem assinou é o princípio da Autenticidade, que também deve ser garantido pela Assinatura Digital. Ou seja, garante os princípios da Autenticidade e da Integridade.

7.3 Ataques

Nem todos os ataques são realizados por malwares, atualmente existem duas práticas muito comuns utilizadas pelos criminosos cibernéticos para obter dados do usuário e realizar invasões.

7.3.1 Phishing

Phishing é uma expressão derivada do termo "pescar" em inglês, pois o que esse tipo de ataque faz é induzir o usuário a informar seus dados pessoais por meio de páginas da internet ou e-mails falsos.

Podemos identificar a página do tipo Phishing pelo endereço do site na barra de endereços do navegador, porque a página de phishing possui um endereço parecido, mas ligeiramente diferente do que o endereço desejado. Por exemplo, você certamente já deve ter visto ou ouvido falar de alguém que teve sua conta do Facebook[3] hackeada[4]; esse ataque procede a partir de um recado que o usuário recebe em sua conta.

Imagine o seguinte cenário: um usuário está navegando no site www.facebook.com.br, conectado em sua conta e clica no recado que normalmente traz um anúncio chamativo como "veja as fotos/vídeos do fim de semana passado", "cara, olha o que vc aprontou no fds", entre outros tantos. Quando clicado, uma nova aba ou janela é carregada no navegador, apenas como uma distração para o usuário, pois, enquanto ele fica vendo a nova aba carregar, a anterior muda, ligeiramente, para um endereço do gênero www.facebooks.com.br ou www.facebooki.com.br e mostra uma página idêntica à página de login de usuário do Facebook.

Sem perceber, ao clicar no recado, acabou saindo de sua conta e redigita seu usuário e senha novamente e é redirecionado novamente para sua conta, porém, o usuário em nenhum momento havia saído. A página de login que lhe foi mostrada era uma página falsa que capturou suas informações de login; cerca de dois dias depois o perfil invadido começa a enviar propagandas para os amigos e o mesmo recado etc., até o usuário não conseguir mais entrar na conta.

7.3.2 Pharming

O Pharming é uma evolução do Phishing, uma forma de deixar este mais difícil de ser identificado. O Pharming, na maioria das questões, é cobrado com relação aos seus sinônimos: DNS Poisoning, Cache Poisoning, sequestro de DNS, sequestro de Cache, Envenenamento de DNS e Envenenamento de Cache.

7.3.3 Negação de serviço (DoS e DDoS)

Um ataque de negação de serviço se dá quando um servidor ou serviço recebe mais solicitações do que é capaz de suprir.
▷ **DoS** (Denial of Service) é um ataque individual, geralmente com o intuito de tornar um serviço inoperante para o usuário.
▷ **DDoS** (Distributed Denial of Service) é um ataque realizado em massa. Utiliza-se de vários computadores contaminados com um malware que dispara solicitações de acesso a determinados serviços ou sites, derrubando o serviço. Muitas vezes, enquanto o servidor tenta suprir a demanda, ele se torna vulnerável a inserções de códigos maliciosos. Um grupo intitulado Anonymous realizou vários ataques de DDoS em sites de governos em protesto às suas ações, por exemplo, em retaliação à censura do WikiLeaks[5] e do The Pirate Bay.[6]

---

3 Facebook: mídia social, definida erroneamente como rede social, assim como as demais.
4 Hackear: termo utilizado como sinônimo para invasão ou roubo.
5 WikiLeaks: portal com postagens de fontes anônimas com documentos, fotos e informações confidenciais, vazadas de governos ou empresas, sobre assuntos sensíveis.
6 The Pirate Bay: um dos maiores portais de compartilhamento, *peer to peer*.

CLOUD COMPUTING

8 CLOUD COMPUTING

Cloud Computing ou Computação em Nuvem é o nome usual para identificar o paradigma de computação em que as infraestruturas, serviços e aplicações ficam nas redes, principalmente na internet. No entanto, também pode ser empregado para distinguir serviços de processamento dos serviços de armazenamento.

Pode-se dizer que o cloud computing é uma forma de evolução do conceito de **mainframes**, que são supercomputadores usados, normalmente, em redes privadas (intranets) e são responsáveis pelo trabalho pesado de processamento de informações. De forma geral, quando se emprega o uso de mainframes, associa-se o uso de thin clients pelos usuários, ou seja, terminais burros, apenas pontas para interação do usuário, pois os dados coletados e apresentados a ele são processados e armazenados nos mainframes.

O cloud computing é uma ideia similar ao feito com uso de computadores (servidores) localizados na internet, otimizando assim seu uso em vez de manter supercomputadores dentro da empresa.

A figura abaixo ilustra um serviço em que os dados são processados na nuvem e os resultados são exibidos no computador do usuário.

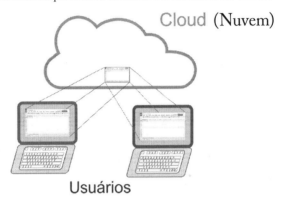

8.1 Características

Ao utilizar os serviços da nuvem não é preciso instalar aplicativos, porém, é possível que seja feito também dessa forma.

Com isso, os serviços da nuvem se tornam uma prática alternativa, pois o usuário precisa do básico em seu computador para acessar aos serviços. Assim, basta ter um computador conectado à internet e que seja dotado de um browser para utilizar os serviços da nuvem.

Contudo, uma característica negativa é a dependência dos servidores e provedores de serviço, pois, uma vez que não se tenha acesso à internet ou o serviço esteja fora do ar, o usuário não tem condições de utilizar os serviços da nuvem, salvo exceção do modelo "on premise".

É importante observar que, dentre os pré-requisitos básicos, o sistema operacional não foi citado, porque os serviços da nuvem independem do sistema instalado, pois, normalmente, são serviços que utilizam protocolos de navegação como HTTP e HTTPS, dentre outros.

Assim, como também não dependem de hardware específico para funcionar, podem inclusive ser citadas como multiplataforma, tanto no sentido de diferentes hardwares como no de diferentes sistemas operacionais. É comum usar serviços da nuvem também em tablets e smartphones, além dos computadores pessoais.

Outra característica dos serviços em nuvem diz respeito à segurança dos dados, em que o usuário não precisa se preocupar em fazer backups, controlar a segurança ou ter que realizar manutenção, pois essas são atribuições do fornecedor do serviço contratado.

A cloud computing também oferece praticidade no compartilhamento de informações, além de eximir o usuário de ter conhecimento sobre como funciona o serviço, possibilitando utilizá-lo sem preocupações.

Com todos esses detalhes, pode-se ainda destacar que a nuvem possibilita iniciar um trabalho em um computador e dar continuidade em outro computador.

8.1.1 Processamento na nuvem

É o processamento realmente dito nos termos de Cloud Computing, em que os dados são processados na nuvem.

É bastante comum hoje nos aparelhos celulares, smartphones e tablets, em aplicações como o ˜talk to text˜ (fale para escrever). Lembre-se de que a instalação não é obrigatória, mas pode ser feita. Nos aparelhos em que o usuário pode simplesmente pronunciar próximo a eles o texto que deseja escrever, o recurso usado precisa que o aparelho esteja conectado à internet para poder funcionar.

Isso ocorre porque os aparelhos atuais, por mais que possuam alta tecnologia e capacidade de processamento, ainda não são suficientes para processar dados como identificação de texto em falas. Com isso, a alternativa é usar servidores localizados na internet (nuvem) que recebem o áudio que os aparelhos gravam e processam a informação, oferecendo ao usuário o resultado na forma de texto.

Outro exemplo são os serviços do Google e da Microsoft, conhecidos, respectivamente, como Google Docs e Microsoft WebApps. Mas atenção às nomenclaturas, pois Google Drive/Disco ou Skydrive/OneDrive são serviços de outra natureza.

No Google Docs WebApps, o usuário encontra recursos como editores de texto, planilhas, apresentação, formulários e desenhos on-line usando a computação em nuvem. Ao utilizar esses serviços, o usuário não precisa possuir em seu computador editores similares, uma vez que basta executar o navegador de internet e nele acessar o site do serviço; ao logar, terá acesso aos recursos.

8.1.2 Armazenamento na nuvem

Já o armazenamento na nuvem, em inglês Cloud Storage, identifica os serviços que têm por característica armazenar os dados do usuário, de modo que, para acessá-los, seja necessário apenas um dispositivo (computador, smartphone ou tablet) conectado à internet e que possua um browser. Com a ascensão desse tipo de serviço, pode-se apostar na queda da venda de dispositivos para transporte de dados como os Pendrives.

NOÇÕES DE INFORMÁTICA

São exemplos citados nas provas o Google Drive/Disco, o Microsoft Skydrive, atualmente chamado de OneDrive, o Dropbox, Mega, Minus e Copy. A maioria deles oferece contas gratuitas com limite de armazenamento, a fim de demonstrar seus serviços. Mas, caso o usuário deseje e/ou precise de mais espaço de armazenamento, ele pode adquirir mediante a assinatura.

A grande maioria dos serviços de Storage possui uma aplicação (opcional) que o usuário pode instalar em vários dispositivos, com o intuito de manter seus dados sincronizados. Ao instalar o aplicativo, ele criará uma pasta no dispositivo que estará em sincronia com a pasta on-line do usuário. Desse modo, todo arquivo salvo na referida pasta, automaticamente (quando conectado à internet) será enviado para a pasta on-line.

O Google Drive oferece gratuitamente aos usuários 15 GB de espaço, no entanto, ele é compartilhado com a caixa de entrada de e-mails.

O One Drive também oferece 15 GB, mas inicialmente são 7 GB; para ganhar mais, o usuário deve enviar convites.

O Dropbox inicialmente oferece 2 GB gratuitos, mas, por meio de convites, o usuário pode ter até 18 GB; recebendo um convite, o usuário ganha 500 MB.

Já o Copy oferece inicialmente 20 GB gratuitos e, a cada convite enviado e recebido, o usuário ganha mais 5 GB de espaço.

9 SOFTWARE

9.1 Tipos de software

Existem diversos tipos de software, mas somente alguns nos interessam durante a prova. Dessa forma, focaremos o estudo no que nos é pertinente.

Podemos classificar os softwares em: firmwares, sistemas operacionais, escritório, utilitários, entretenimento e malwares.

9.1.1 Firmwares

Um firmware é normalmente um software embarcado, ou seja, ele é um software desenvolvido para operar sobre um hardware específico. De forma geral, um firmware é incorporado ao hardware já no momento de sua fabricação, mas, dependendo do tipo de memória em que é armazenado, ele pode ser atualizado ou não. O software do tipo firmware que interessa ao nosso estudo é o BIOS.

9.1.2 Sistemas operacionais (SO)

O sistema operacional é o **principal programa do computador**. Ele é o responsável por facilitar a interação do usuário com a máquina, além de ter sido criado para realizar as tarefas de controle do hardware, livrando assim os aplicativos de conhecer o funcionamento de cada peça existente para funcionar.

As tarefas de responsabilidade do SO são, principalmente, de níveis gerenciais e é o tem que administrar a entrada e a saída de dados, de forma que quando um usuário seleciona uma janela, ele está trazendo-a para o primeiro plano de execução. Por exemplo: sempre que o usuário digita um texto, o SO tem de gerenciar qual janela, ou seja, qual aplicativo receberá as informações entradas pelo teclado, mas, ao mesmo tempo, o SO receberá uma solicitação do aplicativo para que exiba na tela as informações recebidas.

Também é responsabilidade do SO gerenciar o uso da memória RAM e do processador. Ele dita que programa será executado naquele instante e quais espaços de memória estão sendo usados por ele e pelos demais aplicativos em execução.

Para que o sistema operacional consiga se comunicar com cada dispositivo, precisa saber antes como estes funcionam e, para tanto, é necessário instalar o **driver**[1] do dispositivo. Atualmente, a maioria dos drivers é identificada automaticamente pelo SO, mas o sistema nem sempre possui as informações sobre hardwares recém-lançados. Nesse caso, ao não conseguir o driver específico, o SO solicita ao usuário que informe o local onde ele possa encontrar o driver necessário.

Dentre os sistemas operacionais modernos, o Windows é o que mais se destaca em termos de número de usuários de computadores pessoais (PC). Por outro lado, quando se questiona em relação ao universo de servidores na internet, deparamo-nos com o Linux como mais utilizado e o principal motivo para isso relaciona-se à segurança mais robusta oferecida pelo ele.

| Exemplos de SO para computadores pessoais: Windows, Linux, Mac OS e Chrome OS.

Vale a observação que esses sistemas derivaram de duas vertentes principais o **DOS** e o **UNIX**. É de interesse da prova saber que o DOS foi o precursor do Windows e que a plataforma UNIX foi a base do Linux e do Mac OS.

Contudo, não encontramos SO apenas em PCs. Os celulares, smartphones e tablets também utilizam sistemas operacionais. Atualmente, fala-se muito no sistema do Google para esses tipos dispositivos, o Google Android.

Os sistemas operacionais podem ser divididos em duas partes principais: núcleo e interface. O **núcleo** é chamado **kernel**. Ele é a parte responsável pelo gerenciamento do hardware, como já explanado, enquanto a **interface** é parte de interação com o usuário, seja ela apenas textual ou com recursos gráficos.

Sistema operacional	Kernel
Windows XP	NT 5.2
Windows Vista	NT 6.0
Windows 7	NT 6.1
Windows 8	NT 6.2
Linux	Linux 3.10

A interface com recursos gráficos é comumente chamada **GUI (Graphic User Interface/Interface Gráfica do Usuário)**, também citada como gerenciador de interface gráfica. O nome Windows foi baseado, justamente, nessa característica de trabalhar com janelas gráficas como forma de comunicação com o usuário.

Em relação às **GUIs**, cada versão do Windows utiliza e trabalha com apenas uma interface gráfica, que só passou a ter um nome específico a partir do Windows Vista, conforme indicado na tabela a seguir:

Windows	GUI
XP	Sem nomenclatura
Vista	Aero
7	Aero
8	Metro

---

1 Driver: conjunto de informações sobre como funciona um dispositivo de hardware.

NOÇÕES DE INFORMÁTICA

Por outro lado, existem diversas GUIs para o Linux, algumas distribuições Linux[2] trabalham com apenas um gerenciador de interface gráfica, enquanto outras trabalham com múltiplas. Ao contrário do Windows, o Linux tem suporte a várias Interfaces gráficas e as principais GUIs do Linux são: Gnome, FluxBox, KDE, BlackBox, Unity, Mate, XFCE e Cinnamon.

Características de um sistema operacional

Os sistemas operacionais podem ser classificados de acordo com suas características comportamentais: multitarefa, monotarefa, multiusuário e monousuário.

▷ **Multitarefa:** é o sistema que consegue executar mais de uma tarefa simultânea, como tocar uma música enquanto o usuário navega na internet e escreve um texto no Word.

| Windows, Linux e Mac OS.

▷ **Monotarefa:** é o sistema que, para executar uma tarefa, deve aguardar a que está em execução terminar ou mesmo forçar o seu término para que possa executar o que precisa. Trabalha com um item de cada vez.

| DOS e algumas versões UNIX.

▷ **Multiusuário:** é quando o SO permite mais de uma sessão de usuário ativa simultaneamente. Se dois ou mais usuários estiverem com sessões iniciadas, elas são, de certa maneira, tratadas independentemente, ou seja, um usuário não vê o que o outro estava fazendo, como também, em uso normal, não interfere nas atividades que estavam sendo executadas por outro usuário. O sistema multiusuário geralmente possui a opção trocar de usuário, que permite bloquear a sessão ativa e iniciar outra sessão simultânea.

| Unix, VMS e sistemas operacionais mainframe, como o MVS.

▷ **Monousuário:** em um sistema monousuário, para que outro usuário inicie sessão, é necessário finalizar a do usuário ativo, também conhecido como efetuar logoff.

| Palm OS.

9.1.3 Softwares de escritório

São aplicativos com utilização mais genérica, os quais possibilitam diversas demandas de um escritório, suprindo, também, muitas necessidades acadêmicas em relação à criação de trabalhos.

A seguir, apresentamos um comparativo entre as suítes de escritório[3] que são cobradas na prova.

Editor	Microsoft Office	BrOffice
Texto	Word	Writer
Planilha	Excel	Calc
Apresentação de slides	PowerPoint	Impress
Desenho	Publisher	Draw
Banco de dados	Access	Base
Fórmula	Equation	Math

Fique ligado
Editores de texto, planilha e apresentação são os itens mais cobrados em provas de concursos. Sobre esses programas, podem aparecer perguntas a respeito do seu funcionamento, ainda que sobre editores de apresentação sejam bem menos frequentes.

Outro ponto importante a ser ressaltado é que o **Microsoft Outlook** é componente da suíte de aplicativos Microsoft Office e que não foi destacado na tabela comparativa por não existir programa equivalente no BrOffice.

Por vezes o concursando pode se deparar na prova com o nome **LibreOffice**, o que está correto, pois o BrOffice é utilizado no Brasil apenas, mas ele é baseado no Libre Office. Até a versão 3.2, o BrOffice era fundamentado no OpenOffice e, após a compra da Sun pela Oracle a comunidade decidiu mudar para o Libre por questões burocráticas.

9.1.4 Softwares utilitários

Alguns programas ganharam tamanho espaço no dia a dia do usuário que, sem eles, podemos ficar sem acesso às informações contidas em arquivo, por exemplo.

São classificados como utilitários os programas compactadores de arquivos, como o ZIP, e leitores de PDF, como o Adobe Reader. Esses programas assumiram tal patamar por consolidarem seus formatos de arquivos.

Entre os compactadores temos os responsáveis pelo formato de arquivos ZIP, apesar de que, desde a versão XP, o Windows já dispunha de recurso nativo para compactar e descompactar arquivos nesse formato, muitos aplicativos se destacavam por oferecer o serviço de forma mais eficiente ou prática. Os compactadores mais conhecidos são: WinZip, BraZip e 7-Zip. Outro compactador que ganhou espaço no mercado foi o WinRar com o formato .RAR, que permite maior compactação quando comparado ao ZIP.

9.1.5 Softwares de entretenimento

Aqui entram os aplicativos multimídias como players de áudio e vídeo, assim como Windows Media Player, Winamp, iTunes, VLC player e BS player, dentre outros, e os players de jogos como Campo Minado, Paciência, Pinball e outros tantos de mais alto nível.

---

2 Distribuição Linux: uma cópia do Linux desenvolvida, geralmente, com base em outra cópia, mas com algumas adaptações.
3 Suíte de escritório: expressão que remete ao conjunto integrado de aplicativos voltados para as tarefas de escritório, como editores de texto, editores de planilhas, editores de apresentação, aplicativos, agendas e outros.

SOFTWARE

9.1.6 Malwares

Os malwares são programas que têm finalidade mal-intencionada e, na maioria das vezes, ilícita. Grande parte das bancas cita-os como pragas cibernéticas que infectam o computador do usuário e trazem algum prejuízo; por outro lado, há bancas que especulam sobre os diferentes tipos de malwares. A seguir são destacados os principais tipos de malwares.

> **Fique ligado**
> Para ser um malware tem que ser um software; do contrário, pode ser uma prática maliciosa, mas não um malware.

Vírus

O vírus é apenas um dos tipos de malware, ou seja, nem tudo que ataca o computador é um vírus. Para ser classificado como vírus, tem que ter as seguintes características:

- **Infectar** os arquivos do computador do usuário, principalmente arquivos do sistema.
- **Depender de ação do usuário**, como executar o arquivo ou programa que está contaminado com o vírus.
- Ter finalidades diversas, dentre as quais **danificar** tanto arquivos e o sistema operacional, como também as peças.

Vírus mutante

É um vírus mais evoluído, que tem a capacidade de alterar algumas de suas características a fim de burlar o antivírus.

Vírus de macro

O vírus de macro explora falhas de segurança das suítes de escritório, principalmente da Microsoft. Uma macro, ao ser criada, anexa ao documento uma programação (comandos geralmente em Visual Basic[4]) e o vírus desse tipo pode inserir seu código dentro deste código em VB.

O vírus de macro geralmente danifica a suíte de escritório, inutilizando-a, além de poder apagar documentos do computador. Para que seja executado, é necessário que o usuário execute o arquivo contaminado.

Worm

Ao contrário do vírus, o worm **não depende de ação do usuário** para executar; ele executa automaticamente: quando um pendrive é conectado a um computador, ele é contaminado ou contamina o sistema.

Ele tem como finalidade se replicar, porém, não infecta outros arquivos, apenas **cria cópias de si** em vários locais, o que pode encher o HD do usuário. Outra forma utilizada de se replicar é por meio da exploração de falhas dos programas, principalmente o e-mail, enviando por correio eletrônico cópias de si para os contatos do usuário.

Um worm, muitas vezes, instala no computador do usuário um bot, transformando o computador em um verdadeiro robô controlado à distância. Os indivíduos que criam um worm o fazem com a finalidade de infectar o maior número possível de computadores, para que possam utilizá-los em um ataque de DDoS[5], ou como forma de elevar a estatística de acessos a determinados sites. Também pode ser utilizado para realizar um ataque a algum computador ou servidor na internet a partir do computador infectado.

Trojan Horse (Cavalo de Troia)

O Trojan Horse (Cavalo de Troia) foi batizado com esse nome devido as suas características se assemelharem muito às da guerra da Grécia com Troia. Na História, os gregos deram aos troianos um grande cavalo feito de madeira e coberto de palha para disfarçar que era oco. Porém, dentro do cavalo estavam vários soldados gregos escondidos, que deveriam atacar quando fossem abertos os gigantes e fortes portões da cidade de Troia e, assim, o exército grego poderia invadir a fortaleza.

Um Cavalo de Troia é recebido pelo usuário como um "presente de grego", de modo a levar o usuário a abri-lo, ou seja, ele **depende de ação do usuário**. Esses presentes, geralmente, parecem um cartão virtual, uma mensagem, um álbum de fotos, uma indicação de prêmio, falsas respostas de orçamentos, folhas de pagamento ou qualquer coisa que, de alguma forma, chame a atenção do usuário para que ele abra para ser infectado.

Podemos tratá-lo em essência como um **meio** para que outro malware seja instalado no computador. Da mesma forma como o cavalo da história serviu como meio para infiltrar soldados e abrir os portões da cidade, o malware também pode abrir as portas do computador para que outros malwares o infectem, o que acontece na maioria dos casos, portanto, pode trazer em seu interior qualquer tipo de malware.

Esse malware executa as ações como exibir uma mensagem, ou crackear[6] um programa. Essa tarefa é realizada com o intuito de distrair o usuário enquanto os malwares são instalados.

Spyware

Também conhecido como **software espião**, o spyware tem a finalidade de capturar dados do usuário e enviá-los para terceiros. São de interesse, principalmente os números de cartões de crédito, CPF, RG, nomes, data de nascimento e tudo mais que for pertinente para que transações eletrônicas possam ser realizadas a partir dos dados capturados.

Existem dois tipos de spywares: os **KeyLoggers** e os **ScreenLoggers**.

---

4 Visual Basic (VB): é uma linguagem de programação criada pela Microsoft.
5 DDoS: ataque de negação de serviço distribuído.
6 Crackear: é uma quebra de licença de um software para que não seja necessário adquirir a licença de uso, caracterizando pirataria.

NOÇÕES DE INFORMÁTICA

KeyLogger

O termo key significa chave e log significa registro de ações.

O KeyLogger é um spyware cuja característica é capturar os dados digitados pelo usuário. Na maioria das situações o KeyLogger não captura o que é digitado a todo instante, mas o que é teclado após alguma ação prévia do usuário, como abrir uma página de um banco ou de uma mídia social. Há ainda alguns KeyLoggers são desenvolvidos para capturar conversas em programas de mensagens instantâneas.

ScreenLogger

Screen significa tela e, como mencionado anteriormente, log significa registro de ações.

O ScreenLogger é uma evolução do KeyLogger na tentativa de capturar, principalmente, as senhas de bancos, pois essa modalidade captura fotos avançadas da tela do computador a cada clique do mouse. Essa foto avançada, na verdade, é uma imagem de uma pequena área que circunda o cursor na tela, mas grande o suficiente para que seja possível ver em que número o usuário clicou.

Muitos serviços de internet Banking[7] utilizam um **teclado virtual**, no qual o usuário clica nos dígitos de sua senha ao invés de digitar. Assim, ao forçar que o usuário não utilize o teclado, essa ferramenta de segurança ajuda a evitar roubos de senhas por KeyLoggers. Por outro lado, foi criado o ScreenLogger, que captura imagens e, para combater essa modalidade, como forma de oferecer maior segurança, alguns bancos utilizam um dispositivo chamado **Token**, que é um dispositivo que gera uma chave de segurança aleatória e temporária, a qual uma vez utilizada para acessar a conta, torna-se inválida para novos acessos. Assim, mesmo sendo capturada, ela se torna inútil ao invasor.

> **Fique ligado**
>
> Cuidado para não confundir: teclado virtual em uma página de internet Banking é um recurso de segurança, enquanto o teclado virtual que faz parte do Windows é um recurso de acessibilidade.

Hijacker

O Hijacker é um malware que tem por finalidade **capturar** o **navegador** do usuário, principalmente o internet Explorer. Esse programa **fixa uma página inicial** no navegador, que pode ser uma página de propaganda ou um site de venda de produtos, ou mesmo um site de pornografia, ou páginas falsas de bancos.

As alterações realizadas por ele no navegador dificilmente são reversíveis. Na maioria dos casos, é necessário reinstalar o navegador várias vezes ou até formatar o computador. Existem, no mercado, alguns programas que tentam restaurar as configurações padrões dos navegadores, são conhecidos por HijackerThis, porém, não são ferramentas de segurança, mas apenas uma tentativa de consertar o estrago feito.

Adware

Adware (advertising software) é um software especializado em apresentar propagandas. Ele é tratado como malware, quando apresenta algumas características de spywares, além de, na maioria dos casos, se instalar no computador explorando falhas do usuário, por exemplo, durante a instalação de um programa em que o indivíduo não nota que em uma das etapas estava instalando outro programa diferente do desejado.

Muitos adwares monitoram o comportamento do usuário durante a navegação na internet e vendem essas informações para as empresas interessadas.

Backdoors

Backdoor é uma **porta dos fundos** para um ataque futuro ao computador do usuário. Ele pode ser inserido no computador por meio de Trojan Horse – que engana com falsos links –, como também pode ser um programa adulterado recebido de fonte pouco confiável. Por exemplo, um usuário baixa um programa em um site qualquer, diferente do oficial, e, por isso, nada impede que tenha sido ligeiramente alterado com a inserção de brechas para ataques futuros.

RootKits

Root significa raiz, que, nesse caso, é o administrador do ambiente Linux. Kit, por sua vez, é o conjunto de ferramentas e ações.

Um RootKit altera aplicativos do sistema, como os gerenciadores de arquivos, com o intuito de **esconder arquivos maliciosos** que estejam presentes no computador. Por meio dele, o invasor também pode criar backdoors no computador, para que possa voltar a atacar o equipamento sem se preocupar em ter de contaminá-lo novamente para fazer qualquer processo.

---

[7] Internet Banking: acesso à conta bancária pela internet, para realizar algumas movimentações e consultas.

GRUPOS DE DISCUSSÃO E REDES SOCIAIS

10 GRUPOS DE DISCUSSÃO E REDES SOCIAIS

10.1 Grupos de discussão

Os grupos de discussão são considerados fóruns on-line, em que é criada uma lista de discussão que integra uma comunidade virtual, ou seja, várias pessoas compartilhando informações do mesmo interesse, em que é possível trocar recados e mensagens.

Dentro dos grupos, fóruns ou chats, são discutidos temas específicos que sejam relevantes para a comunidade, onde a comunicação geralmente é formada por meio de correio eletrônico (e-mail). Os participantes do grupo recebem simultaneamente as mensagens enviadas por outros participantes, porém a informação não é, necessariamente, enviada em tempo real para toda a comunidade.

Um grupo de discussão dispõe de um administrador da comunidade, que geralmente é o criador do grupo, e também pode conter moderadores, que são as pessoas responsáveis por aprovar ou reprovar as mensagens enviadas para o grupo, bem como aprovar a entrada de um membro no grupo ou sua retirada, caso não siga as regras da comunidade.

A participação de interessados em um grupo de discussão pode ser consolidada por meio de convite de membros, bem como uma solicitação de inscrição pelo próprio usuário interessado a participar.

O grupo pode ser formado dentro de ambientes de rede como a internet, em sua maioria das vezes, como também dentro de ambientes de rede intranet, para comunicação de um grupo restrito de uma empresa (p. ex., seus colaboradores).

Não são considerados grupo de discussão rede social, blog ou webdiários de uma pessoa ou empresa.

10.2 Redes sociais

As redes sociais são consideradas estruturas sociais virtualizadas, ou seja, são compostas de pessoas e/ou empresas, por isso é correto afirmar que redes sociais são formadas por pessoas físicas ou organizações, , por exemplo empresas, órgãos governamentais, entre outros, para a divulgação de suas ações e manifestos populares.

As mídias sociais, como também são chamadas, são utilizadas pelos seus usuários para, principalmente, compartilhar valores próprios e objetivos em comum. Vale ressaltar que nas redes sociais os relacionamentos são formados na horizontal, ou seja, todos são iguais em valores, poder aquisitivo, opiniões políticas, sociais, filosóficas, entre outros.

Os dados e arquivos postados nas mídias sociais são salvos nos servidores da empresa prestadora do serviço, muitas vezes sendo apresentada a característica de que as informações hospedadas na rede são armazenadas na nuvem.

10.2.1 Tipos de redes sociais

As redes sociais podem ser de diversos tipos, como redes de relacionamentos, profissionais, comunitárias, políticas e redes restritas (intranets).

10.2.2 Principais redes

▷ **Facebook:** possibilita o compartilhamento de objetivos comuns. Permite compartilhamentos de mídia digitais, possui aplicativos e jogos integrados e tem seu conversador instantâneo, o Facebook Messenger.
▷ **Instagram:** usado para compartilhamento principal de fotos e vídeos. Permite aplicar filtros digitais e compartilhá-los com outros serviços de redes sociais (p. ex., Facebook e Twitter).
▷ **LinkedIn:** rede social profissional. É voltada para contatos profissionais e negócios. Nela, o usuário pode se candidatar a vagas de emprego, bem como recomendar ou ser recomendado por seus contatos para uma oportunidade.
▷ **Pinterest:** rede social de compartilhamento de fotos com a missão de ser um ambiente de inspiração para seus usuários.
▷ **Snapchat:** aplicativo de mensagens multimídia. Permite o compartilhamento de textos, fotos e vídeos curtos.
▷ **Telegram:** um dos principais concorrentes do WhatsApp. É um serviço de mensagens instantâneas baseado na nuvem, em que os usuários podem fazer chamadas de vídeos, enviar mensagens e mídias.
▷ **TikTok:** permite que os usuários criem vídeos curtos que, geralmente, apresentam músicas em segundo plano. Podem ser acelerados, desacelerados ou editados com um filtro.
▷ **Twitter:** considerado um microblog. Tem limite de caracteres por postagem, permite compartilhar fotos, textos e vídeos e é utilizada para seguir famosos e amigos.
▷ **WhatsApp:** é a rede social mais utilizada do Brasil. Possibilita conversação instantânea particular ou em grupos. Não há custo para mensagens, chamadas e envio de mídias.
▷ **YouTube:** plataforma de compartilhamento de vídeos. Permite a criação e o consumo de conteúdos em vídeo via *streaming*.

RACIOCÍNIO LÓGICO

PROPOSIÇÕES

1 PROPOSIÇÕES

1.1 Definições

Proposição é uma sentença declarativa que admite apenas um dos dois valores lógicos (verdadeiro ou falso). As sentenças podem ser classificadas em abertas – que são as expressões que não podemos identificar como verdadeiras ou falsas – ou fechadas – que são as expressões que podemos identificar como verdadeiras ou falsas.

A seguir exemplos de algumas sentenças:

p: Danilo tem duas empresas.
Q: Susana comprou um carro novo.
a: Beatriz é inteligente.
B: 2 + 7 = 10

Nos exemplos acima, as letras do alfabeto servem para representar (simbolizar) as proposições.

1.1.1 Valores lógicos das proposições

Uma proposição só pode ser classificada em dois valores lógicos, que são: **Verdadeiro (V)** ou **Falso (F)**, não admitindo outro valor.

As proposições têm três princípios básicos, no entanto, o princípio fundamental é:

▷ **Princípio da não contradição:** diz que uma proposição não pode ser verdadeira e falsa ao mesmo tempo.
▷ **Os outros dois são:**
▷ **Princípio da identidade:** diz que uma proposição verdadeira sempre será verdadeira e uma falsa sempre será falsa.
▷ **Princípio do terceiro excluído:** diz que uma proposição só pode ter dois valores lógicos, – verdadeiro ou falso – se **não existir** um terceiro valor.

Interrogações, exclamações, ordens e frase sem verbo não são proposições.

Que dia é hoje?
Que maravilha!
Estudem muito.
Ótimo dia.

1.1.2 Sentenças abertas e quantificadores lógicos

Existem algumas sentenças abertas com incógnitas (termo desconhecido) ou com sujeito indefinido, como x + 2 = 5, ou seja, não sendo consideradas proposições, porque não se pode classificá-las sem saber o valor de x ou se ter a definição do sujeito. Com o uso dos **quantificadores lógicos**, tornam-se proposições, uma vez que eles passam a dar valor ao x ou definir o sujeito.

Os quantificadores lógicos são:

∀: para todo; qualquer que seja; todo;

∃: existe; existe pelo menos um; algum;

∄: não existe; nenhum.

x + 2 = 5 (sentença aberta – não é proposição).

p: ∃ x, x + 2 = 5 (lê-se: existe x tal que, x + 2 =5). Agora é proposição, porque é possível classificar a proposição como verdadeira, já que sabemos que tem um valor de x que somado a dois é igual a cinco.

1.1.3 Negação de proposição (modificador lógico)

Negar uma proposição significa modificar o seu valor lógico, ou seja, se uma proposição é verdadeira, a sua negação será falsa, e se uma proposição for falsa, a sua negação será verdadeira.

Os símbolos da negação são (~) ou (¬) antes da letra que representa a proposição.

p: 3 é ímpar.
~p: 3 **não** é ímpar.
¬p: 3 é **par** (outra forma de negar a proposição).
~p: não é verdade que 3 é ímpar (outra forma de negar a proposição).
¬p: é mentira que 3 é ímpar (outra forma de negar a proposição).

Lei da dupla negação:

~(~p) = p, negar uma proposição duas vezes significa voltar para a própria proposição:

q: 2 é par;
~q: 2 não é par;
~(~q): 2 **não** é **ímpar**;
Portanto:
q: 2 é par.

1.1.4 Tipos de proposição

Simples ou atômica: são únicas, com apenas um verbo (ação), não pode ser dividida/separada (fica sem sentido) e não tem conectivo lógico.

Na proposição "João é professor", tem-se uma única informação, com apenas um verbo. Não é possível separá-la e não ter um conectivo.

Composta ou molecular: tem mais de uma proposição simples, unidas pelos conectivos lógicos. Podem ser divididas/separadas e ter mais de um verbo (pode ser o mesmo verbo referido mais de uma vez).

"Pedro é advogado e João é professor". É possível separar em duas proposições simples: "Pedro é advogado" e "João é professor".

Simples (atômicas)	Compostas (moleculares)
Não têm conectivo lógico	Têm conectivo lógico
Não podem ser divididas	Podem ser divididas
1 verbo	+ de 1 verbo

Conectivo lógico

Serve para unir as proposições simples, formando proposições compostas. São eles:

e: conjunção (∧)
ou: disjunção (∨)
ou... ou: disjunção exclusiva (⊻)
se..., então: condicional (→)
se..., e somente se: bicondicional (↔)

Alguns autores consideram a negação (~) como um conectivo, aqui não faremos isso, pois os conectivos servem para formar proposição composta, e a negação faz apenas a mudança do valor das proposições.

O e possui alguns sinônimos, que são: mas, porém, nem (nem = e não) e a vírgula. O condicional também tem alguns sinônimos que são: portanto, quando, como e pois (pois = condicional invertido, como: A, pois B = B → A).

a: Maria foi à praia.
b: João comeu peixe.
p: Se Maria foi a praia, então João comeu peixe.
q: ou 4 + 7 = 11 ou a Terra é redonda.

RACIOCÍNIO LÓGICO

1.2 Tabela verdade e valores lógicos das proposições compostas

A tabela verdade é um mecanismo usado para dar valor às proposições compostas (podendo ser verdadeiras ou falsas), por meio de seus respectivos conectivos.

A primeira coisa que precisamos saber numa tabela verdade é o seu número de linhas, e que esse depende do número de proposições simples que compõem a proposição composta.

Número de linhas = 2^n

Em que **n** é o número de proposições simples que compõem a proposição composta. Portanto, se houver 3 proposições simples formando a proposição composta, então, a tabela dessa proposição terá 8 linhas ($2^3 = 8$). Esse número de linhas da tabela serve para que tenhamos as possíveis relações entre V e F das proposições simples. Veja:

P	Q	R
V	V	V
V	V	F
V	F	V
V	F	F
F	V	V
F	V	F
F	F	V
F	F	F

Observe que temos as relações entre os valores lógicos das proposições, que são três verdadeiras (1ª linha), três falsas (última linha), duas verdadeiras e uma falsa (2ª, 3ª e 5ª linhas), e duas falsas e uma verdadeira (4ª, 6ª e 7ª linhas). Nessa demonstração, observamos uma forma prática de como organizar a tabela, sem se preocupar se foram feitas todas relações entre as proposições.

Para o correto preenchimento da tabela, devemos seguir algumas regras:

- Comece sempre pelas proposições simples e suas negações, se houver.
- Resolva os parênteses, colchetes e chaves, respectivamente (igual à expressão numérica), se houver.
- Faça primeiro as conjunções e disjunções, depois os condicionais e, por último, os bicondicionais.
- Em uma proposição composta, com mais de um conectivo, o conectivo principal será o que for resolvido por último (importante saber o conectivo principal).
- A última coluna da tabela deverá ser sempre a da proposição toda, conforme as demonstrações a seguir.

O valor lógico de uma proposição composta depende dos valores lógicos das proposições simples que a compõem e do conectivo utilizado. Veja a seguir.

Valor lógico de uma proposição composta por conjunção (e) = tabela verdade da conjunção ($\wedge$)

Conjunção e: p e q são proposições, sua conjunção é denotada por $p \wedge q$. Essas proposições só são verdadeiras simultaneamente (se p ou q for falso, então $p \wedge q$ será falso).

| $P \wedge Q$

P	Q	P$\wedge$Q
V	V	V
V	F	F
F	V	F
F	F	F

| Representado por meio de conjuntos, temos: $P \wedge Q$

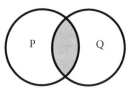

Valor lógico de uma proposição composta por disjunção (ou) = tabela verdade da disjunção ($\vee$)

Disjunção "ou": sejam p e q proposições, a disjunção é denotada por $p \vee q$. Essas proposições só são falsas simultaneamente (se p ou q for verdadeiro, então $p \vee q$ será verdadeiro).

| $P \vee Q$

P	Q	P$\vee$Q
V	V	V
V	F	V
F	V	V
F	F	F

| Representado por meio de conjuntos, temos: $P \vee Q$

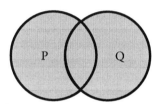

Valor lógico de uma proposição composta por disjunção exclusiva (ou, ou) = tabela verdade da disjunção exclusiva ($\underline{\vee}$)

Disjunção Exclusiva ou ..., ou ...: p e q são proposições, sua disjunção exclusiva é denotada por $p \underline{\vee} q$. Essas proposições só são verdadeiras quando p e q tiverem valores diferentes/contrários (se p e q tiverem valores iguais, então $p \underline{\vee} q$ será falso).

| $P \underline{\vee} Q$

P	Q	P$\underline{\vee}$Q
V	V	F
V	F	V
F	V	V
F	F	F

| Representado por meio de conjuntos, temos: $P \underline{\vee} Q$

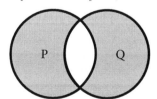

Valor lógico de uma proposição composta por condicional (se, então) = tabela verdade do condicional ($\rightarrow$)

Condicional Se p, e ntão q: p e q são proposições, sua condicional é denotada por $p \rightarrow q$, onde se lê p condiciona q ou se p, então q. A proposição assume o valor falso somente quando p for verdadeira e q for falsa. A seguir, a tabela para a condicional de p e q.

PROPOSIÇÕES

| $P \to Q$

P	Q	P→Q
V	V	V
V	F	F
F	V	V
F	F	V

Dicas:

P é antecedente e Q é consequente = $P \to Q$

P é consequente e Q é antecedente = $Q \to P$

P é suficiente e Q é necessário = $P \to Q$

P é necessário e Q é suficiente = $Q \to P$

| Representado por meio de conjuntos, temos: $P \to Q$

Valor lógico de uma proposição composta por bicondicional (se e somente se) = tabela verdade do bicondicional (↔)

Bicondicional se, e somente se: p e q são proposições, a bicondicional de p e q é denotada por p ↔ q, onde se lê p bicondicional q. Essas proposições só são verdadeias quando tiverem valores iguais (se p e q tiverem valores diferentes, então p ↔ q será falso).

No bicondicional, P e Q são ambos suficientes e necessários ao mesmo tempo.

| $P \leftrightarrow Q$

P	Q	P↔Q
V	V	V
V	F	F
F	V	F
F	F	V

| Representado por meio de conjuntos, temos: $P \leftrightarrow Q$

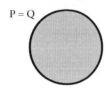

Proposição composta	Verdadeira quando:	Falsa quando:
P∧Q	P e Q são verdadeiras	Pelo menos uma falsa
P∨Q	Pelo menos uma verdadeira	P e Q são falsas
P⊻Q	P e Q têm valores diferentes	P e Q têm valores iguais
P→Q	P = verdadeiro, Q = verdadeiro ou P = falso	P = verdadeiro e Q = falso
P↔Q	P e Q têm valores iguais	P e Q têm valores diferentes

1.3 Tautologias, contradições e contingências

▷ **Tautologia:** proposição composta que é **sempre verdadeira**, independente dos valores lógicos das proposições simples que a compõem.

| $(P \wedge Q) \to (P \vee Q)$

P	Q	P∧Q	P∨Q	(P∧Q)→(P∨Q)
V	V	V	V	V
V	F	F	V	V
F	V	F	V	V
F	F	F	F	V

▷ **Contradição:** proposição composta que é **sempre falsa**, independente dos valores lógicos das proposições simples que a compõem.

| $\sim(P \vee Q) \wedge P$

P	Q	P∨Q	~(P∨Q)	~(P∨Q)∧P
V	V	V	F	F
V	F	V	F	F
F	V	V	F	F
F	F	F	V	F

▷ **Contingência:** ocorre quando não é tautologia nem contradição.

| $\sim(P \veebar Q) \leftrightarrow P$

P	Q	P⊻Q	~(P⊻Q)	~(P⊻Q)↔P
V	V	F	V	V
V	F	V	F	F
F	V	V	F	V
F	F	F	V	F

1.4 Equivalências lógicas

Duas ou mais proposições compostas são equivalentes, quando são formadas pelas mesmas proposições simples, e suas tabelas verdades (resultado) são iguais.

> **Fique Ligado**
> Atente-se para o princípio da equivalência. A tabela verdade está aí só para demonstrar a igualdade.

Seguem algumas demonstrações importantes:

▷ $P \wedge Q = Q \wedge P$: trocar as proposições de lugar – chamada de **recíproca**.

P	Q	P∧Q	Q∧P
V	V	V	V
V	F	F	F
F	V	F	F
F	F	F	F

RACIOCÍNIO LÓGICO

▷ **P ∨ Q = Q ∨ P**: trocar as proposições de lugar – chamada de **recíproca**.

P	Q	P∨Q	Q∨P
V	V	V	V
V	F	V	V
F	V	V	V
F	F	F	F

P ⊻ Q = Q ⊻ P: trocar as proposições de lugar – chamada de **recíproca**.
P ⊻ Q = ~P ⊻ ~Q: negar as proposições – chamada de **contrária**.
P ⊻ Q = ~Q ⊻ ~P: trocar as proposições de lugar e negar – chamada de **contrapositiva**.
P ⊻ Q = (P ∧ ~Q) ∨ (~P ∧ Q): observe a seguir a exclusividade dessa disjunção.

P	Q	~P	~Q	P∧~Q	~P∧Q	P⊻Q	Q⊻P	~P⊻~Q	~Q⊻~P	(P∧~Q)∨(~P∧Q)
V	V	F	F	F	F	F	F	F	F	F
V	F	F	V	V	F	V	V	V	V	V
F	V	V	F	F	V	V	V	V	V	V
F	F	V	V	F	F	F	F	F	F	F

P ↔ Q = Q ↔ P: trocar as proposições de lugar – chamada de **recíproca**.
P ↔ Q = ~P ↔ ~Q: negar as proposições – chamada de **contrária**.
P ↔ Q = ~Q ↔ ~P: trocar as proposições de lugar e negar – chamada de **contrapostiva**.
P ↔ Q = (P → Q) ∧ (Q → P): observe a seguir a condicional para os dois lados, ou seja, bicondicional.

P	Q	~P	~Q	P→Q	Q→P	P↔Q	Q↔P	~P↔~Q	~Q↔~P	(P→Q)∧(Q→P)
V	V	F	F	V	V	V	V	V	V	V
V	F	F	V	F	V	F	F	F	F	F
F	V	V	F	V	F	F	F	F	F	F
F	F	V	V	V	V	V	V	V	V	V

> **Fique Ligado**
> A disjunção exclusiva e o bicondicional são as proposições com o maior número de equivalências.

P → Q = ~Q → ~P: trocar as proposições de lugar e negar – chamada de **contrapositiva**.
P → Q = ~P ∨ Q: negar o antecedente ou manter o consequente.

P	Q	~P	~Q	P→Q	~Q→~P	~P∨Q
V	V	F	F	V	V	V
V	F	F	V	F	F	F
F	V	V	F	V	V	V
F	F	V	V	V	V	V

Equivalências importantes e mais cobradas em concursos.

PROPOSIÇÕES

1.4.1 Negação de proposição composta

São também equivalências lógicas. Veja:

▷ ~(P ∧ Q) = ~P ∨ ~Q (Leis de Morgan)

Para negar a conjunção, troca-se o conectivo **e** (∧) por **ou** (∨) e nega-se as proposições que a compõem.

P	Q	~P	~Q	P∧Q	~(P∧Q)	~P∨~Q
V	V	F	F	V	F	F
V	F	F	V	F	V	V
F	V	V	F	F	V	V
F	F	V	V	F	V	V

▷ ~(P ∨ Q) = ~P ∧ ~Q (Leis de Morgan)

Para negar a disjunção, troca-se o conectivo **ou** (∨) por **e** (∧) e negam-se as proposições simples que a compõem.

P	Q	~P	~Q	P∨Q	~(P∨Q)	~P∧~Q
V	V	F	F	V	F	F
V	F	F	V	V	F	F
F	V	V	F	V	F	F
F	F	V	V	F	V	V

▷ ~(P → Q) = P ∧ ~Q

Para negar o condicional, mantém-se o antecedente e nega-se o consequente.

P	Q	~Q	P→Q	~(P→Q)	P∧~Q
V	V	F	V	F	F
V	F	V	F	V	V
F	V	F	V	F	F
F	F	V	V	F	F

▷ ~(P ⊻ Q) = P ↔ Q

Para negar a disjunção exclusiva, faz-se o bicondicional ou nega-se a disjunção exclusiva com a própria disjunção exclusiva, mas negando apenas uma das proposições que a compõe.

P	Q	P⊻Q	~(P⊻Q)	P↔Q
V	V	F	V	V
V	F	V	F	F
F	V	V	F	F
F	F	F	V	V

▷ ~(P ↔ Q) = (P ⊻ Q)

Para negar a bicondicional, faz-se a disjunção exclusiva ou nega-se o bicondicional com o próprio bicondicional, mas negando apenas uma das proposições que a compõe.

P	Q	P↔Q	~(P↔Q)	P⊻Q
V	V	V	F	F
V	F	F	V	V
F	V	F	V	V
F	F	V	F	F

1.5 Relação entre todo, algum e nenhum

Têm algumas relações entre si, conhecidas como **quantificadores lógicos**. Veja:

"**Todo A é B**" equivale a "**nenhum A não é B**", vice-versa.
| "todo amigo é bom = nenhum amigo não é bom."

"**Nenhum A é B**" equivale a "**todo A não é B**", vice-versa.
| "nenhum aluno é burro = todo aluno não é burro."

"**Todo A é B**" tem como negação "**algum A não é B**", vice-versa.
| ~(todo estudante tem insônia) = algum estudante não tem insônia.

"**Nenhum A é B**" tem como negação "**algum A é B**", vice-versa.
| ~(algum sonho é impossível) = nenhum sonho é impossível.

Representado em forma de conjuntos:

TODO A é B:

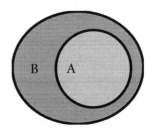

ALGUM A é B:

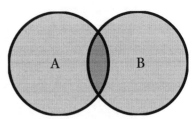

NENHUM A é B:

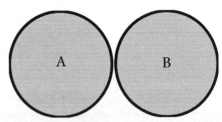

Relação de Equivalência	Relação de Negação
Todo A é B = Nenhum A não é B. *Todo diretor é bom ator. = Nenhum diretor é mau ator.*	Todo A é B = Algum A não é B. *Todo policial é honesto. = Algum policial não é honesto.*
Nenhum A é B = Todo A não é B. *Nenhuma mulher é legal. = Toda mulher não é legal.*	Nenhum A é B = Algum A é B. *Nenhuma ave é mamífera. = Alguma ave é mamífera.*

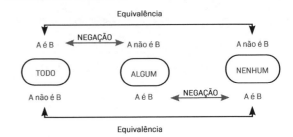

RACIOCÍNIO LÓGICO

2 ARGUMENTOS

Os argumentos são uma extensão das proposições, mas com algumas características e regras próprias. Veja:

2.1 Definições

Argumento é um conjunto de proposições, divididas em premissas (proposições iniciais – hipóteses) e conclusões (proposições finais – teses).

- p_1: Toda mulher é bonita.
- p_2: Toda bonita é charmosa.
- p_3: Maria é bonita.
- c: Portanto, Maria é charmosa.

- p_1: Se é homem, então gosta de futebol.
- p_2: Mano gosta de futebol.
- c: Logo, Mano é homem.

p1, p2, p3, pn, correspondem às premissas, e c à conclusão.

2.1.1 Representação dos argumentos

Os argumentos podem ser representados das seguintes formas:

$$P_1$$
$$P_2$$
$$P_3$$
$$\cdots$$
$$\underline{P_n}$$
$$C$$

ou

$$P_1 \wedge P_2 \wedge P_3 \wedge \cdots \wedge P_n \rightarrow C$$

ou

$$P_1, P_2, P_3, \cdots, P_n \vdash C$$

2.1.2 Tipos de argumentos

A seguir, conheça os tipos de argumentos.

Dedução

O argumento dedutivo é aquele que procede de proposições gerais para as proposições particulares. Esta forma de argumento é válida quando suas premissas, sendo verdadeiras, fornecem uma conclusão também verdadeira.

- p_1: Todo professor é aluno.
- p_2: Daniel é professor.
- c: Logo, Daniel é aluno.

Indução

O argumento indutivo é o contrário do argumento dedutivo, procede de proposições particulares para proposições gerais. Quanto mais informações nas premissas, maior chance da conclusão estar correta.

- p_1: Cerveja embriaga.
- p_2: Uísque embriaga.
- p_3: Vodca embriaga.
- c: Portanto, toda bebida alcoólica embriaga.

Analogia

As analogias são comparações (nem sempre verdadeiras). Neste caso, procede de uma proposição conhecida para outra desconhecida, mas semelhante. Na analogia, não temos certeza.

- p_1: No Piauí faz calor.
- p_2: No Ceará faz calor.
- p_3: No Paraná faz calor.
- c: Sendo assim, no Brasil faz calor.

Falácia

As falácias são falsos argumentos, logicamente inconsistentes, inválidos ou que não provam o que dizem.

- p_1: Eu passei num concurso público.
- p_2: Você passou num concurso público.
- c: Logo, todos passaram num concurso público.

Silogismos

Tipo de argumento formado por três proposições, sendo duas premissas e uma conclusão. São em sua maioria dedutivos.

- p_1: Todo estudioso passará no concurso.
- p_2: Beatriz é estudiosa.
- c: Portanto, Beatriz passará no concurso.

2.1.3 Classificação dos argumentos

Os argumentos só podem ser classificados como válidos ou inválidos:

Válidos ou bem construídos

Os argumentos são válidos quando as premissas garantirem a conclusão, ou seja, quando a conclusão for uma consequência obrigatória do seu conjunto de premissas.

- p_1: Toda mulher é bonita.
- p_2: Toda bonita é charmosa.
- p_3: Maria é mulher.
- c: Portanto, Maria é bonita e charmosa.

Se Maria é mulher, toda mulher é bonita e toda bonita é charmosa, conclui-se que Maria só pode ser bonita e charmosa.

Inválidos ou mal construídos

Os argumentos são inválidos quando as premissas **não** garantem a conclusão, ou seja, quando a conclusão **não** for uma consequência obrigatória do seu conjunto de premissas.

- p_1: Todo professor é aluno.
- p_2: Daniel é aluno.
- c: Logo, Daniel é professor.

Se Daniel é aluno, nada garante que ele seja professor, pois o que sabemos é que todo professor é aluno, não o contrário.

Alguns argumentos serão classificados apenas por meio desse conceito (da GARANTIA).

2.2 Métodos para classificar os argumentos

Os argumentos nem sempre podem ser classificados da mesma forma, por isso existem os métodos para sua classificação. Veja:

▷ **1º método:** diagramas lógicos (ou método dos conjuntos).

Utilizado sempre que houver as expressões **todo**, **algum** ou **nenhum** e seus respectivos sinônimos.

ARGUMENTOS

> **Fique ligado**
>
> Esse método é muito utilizado pelas bancas de concursos e tende a confundir o concurseiro, principalmente nas questões em que temos mais de uma opção de diagrama para o mesmo enunciado. Lembre-se que quando isso ocorrer, a questão só estará correta se a conclusão estiver presente em todas as representações e se todos os diagramas corresponderem à mesma condição.

Representaremos o que for dito em forma de conjuntos e verificaremos se a conclusão está correta (presente nas representações).

As representações genéricas são:

TODO A é B:

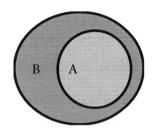

ALGUM A é B:

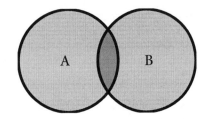

NENHUM A é B:

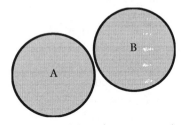

▷ **2º método:** premissas verdadeiras (proposição simples ou conjunção).

Utilizado sempre que não for possível os diagramas lógicos e se houver proposição simples ou conjunção.

A proposição simples ou a conjunção serão os pontos de partida da resolução, já que consideraremos todas as premissas verdadeiras e elas só admitem uma maneira de serem verdadeiras.

O método considera todas as premissas como verdadeiras, dá valor às proposições simples que as compõem e, no final, avalia a conclusão. Se a conclusão for verdadeira o argumento é válido, porém se a conclusão for falsa o argumento é inválido.

Premissas verdadeiras e conclusão verdadeira = argumento válido.

Premissas verdadeiras e conclusão falsa = argumento inválido.

▷ **3º método:** conclusão falsa (proposição simples, disjunção ou condicional).

Utilizado sempre que não for possível um dos dois métodos citados anteriormente e se na conclusão houver proposição simples, disjunção ou condicional.

A proposição simples, a disjunção ou o condicional serão os pontos de partida da resolução, já que consideraremos a conclusão como sendo falsa e elas só admitem um jeito de serem falsas.

O método considera a conclusão como falsa, dá valor às proposições simples que as compõem, pressupondo as premissas como verdadeiras e atribui valor às proposições simples das premissas. Se a conclusão for falsa e as premissas verdadeiras, o argumento será inválido; porém se uma das premissas mudar de valor, então o argumento passa a ser válido.

Conclusão falsa e premissas verdadeiras = argumento inválido.

Conclusão falsa e pelo menos uma premissa falsa = argumento válido.

Para o 2º método e o 3º método, podemos definir a validade dos argumentos da seguinte forma:

Premissas	Conclusão	Argumento
Verdadeiras	Verdadeira	Válido
Verdadeiras	Falsa	Inválido
Pelo menos uma falsa	Falsa	Válido

▷ **4º método:** tabela verdade.

Utilizado em último caso, quando não for possível usar qualquer um dos anteriores.

Depende da quantidade de proposições simples que tiver o argumento, esse método fica inviável, pois temos que desenhar a tabela verdade. No entanto, esse método é um dos mais garantidos nas resoluções das questões de argumentos.

Consiste em desenhar a tabela verdade do argumento em questão e avaliar se as linhas em que as premissas forem todas verdadeiras – ao mesmo tempo – a conclusão também será toda verdadeira. Caso isso ocorra, o argumento será válido, porém se uma das linhas em que as premissas forem todas verdadeiras e a conclusão for falsa, o argumento será inválido.

Linhas da tabela verdade em que as premissas são todas verdadeiras e a conclusão, for verdadeira = argumento válido.

Linhas da tabela verdade em que as premissas são todas verdadeiras e pelo menos uma conclusão for falsa = argumento inválido.

3 PSICOTÉCNICOS

Questões psicotécnicas são as que não precisamos de conhecimento adicional para resolvê-las. As questões podem ser de associações lógicas, verdades e mentiras, sequências lógicas, problemas com datas – calendários, sudoku, entre outras.

Abordar-se-á, agora, as questões mais simples do raciocínio lógico para uma melhor familiarização.

Não existe teoria, somente prática e é com ela que vamos trabalhar e aprender.

01. (FCC) Considere que os dois primeiros pares de palavras foram escritos segundo determinado critério.

Temperamento → totem

Traficante → tetra

Massificar → ?

De acordo com esse mesmo critério, uma palavra que substituiria o ponto de interrogação é:

a) ramas.
b) maras.
c) armas.
d) samar.
e) asmar.

Resposta: C.

Ao analisar os dois primeiros pares de palavras, observamos que a segunda palavra de cada par é formada pela última sílaba + a primeira sílaba da primeira palavra do par, logo, teremos AR + MAS = armas.

02. (FCC) Observe atentamente a disposição das cartas em cada linha do esquema seguinte. A carta que está oculta é:

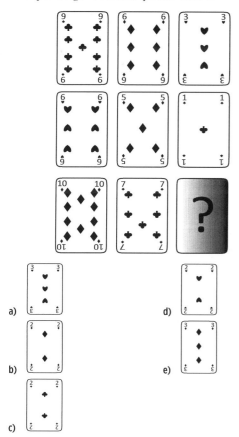

Resposta: A.

Ao observar cada linha (horizontal), temos nas duas primeiras três naipes iguais (copas, paus e ouros, só mudando a ordem). A terceira carta é o resultado da subtração da primeira pela segunda; portanto, a carta que está oculta tem que ser o 3 de copas, pois 10 − 7 = 3 e o naipe que não apareceu na terceira linha foi o de copas.

03. (FCC) Considere a sequência de figuras abaixo. A figura que substitui corretamente a interrogação é:

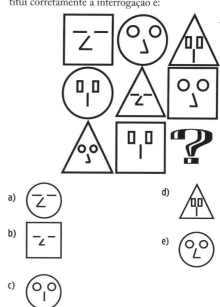

Resposta: A.

Observe que em cada fila (linha ou coluna) temos um círculo, um triângulo e um quadrado, fazendo o contorno da careta. Os olhos são círculos, quadrados ou tiras; o nariz é reto, para direita ou para esquerda; sendo assim, no ponto de interrogação o que está faltando é a carta redonda com os olhos em tiras e o nariz para a esquerda.

04. (FGV) Certo dia, três amigos fizeram, cada um deles, uma afirmação:

Aluísio: Hoje não é terça-feira.

Benedito: Ontem foi domingo.

Camilo: Amanhã será quarta-feira.

Sabe-se que um deles mentiu e que os outros dois falaram a verdade. Assinale a alternativa que indique corretamente o dia em que eles fizeram essas afirmações.

a) Sábado.
b) Domingo.
c) Segunda-feira.
d) Terça-feira.
e) Quarta-feira.

Resposta: C.

Com base no que foi dito na questão, Benedito e Camilo não podem estar falando a verdade, pois teríamos dois dias diferentes. Conclui-se que Aluísio e Benedito falaram a verdade, e que Camilo está mentindo. Logo, o dia em que foi feita a afirmação é uma segunda-feira.

PSICOTÉCNICOS

05. (FUMARC) Heloísa, Bernardo e Antônio são três crianças. Uma delas tem 12 anos a outra tem 10 anos e a outra 8 anos. Sabe-se que apenas uma das seguintes afirmações é verdadeira:
  I. Bernardo tem 10 anos.
  II. Heloísa não tem 10 anos.
  III. Antônio não tem 12 anos.

Considerando estas informações é correto afirmar que:
  a) Heloísa tem 12 anos, Bernardo tem 10 anos e Antônio tem 8 anos.
  b) Heloísa tem 12 anos, Bernardo tem 8 anos e Antônio tem 10 anos.
  c) Heloísa tem 10 anos, Bernardo tem 8 anos e Antônio tem 12 anos.
  d) Heloísa tem 10 anos, Bernardo tem 12 anos e Antônio tem 8 anos.

Resposta: D.

Como a questão informa que só uma afirmação é verdadeira, vejamos: se **I** for a verdadeira, teremos Bernardo e Heloísa, com 10 anos, o que pelo enunciado não é possível; se **II** for a verdadeira, teremos Bernardo e Heloísa com 8 anos, o que também não é possível; se **III** for a verdadeira, teremos Heloísa com 10 anos, Bernardo com 12 anos e Antônio com 8 anos.

06. (FCC) Na sentença seguinte falta a última palavra. Você deve escolher a alternativa que apresenta a palavra que MELHOR completa a sentença.

Devemos saber empregar nosso tempo vago; podemos, assim, desenvolver hábitos agradáveis e evitar os perigos da:
  a) Desdita.
  b) Pobreza.
  c) Ociosidade.
  d) Bebida.
  e) Doença.

Resposta: C.

Qual dessas alternativas tem a palavra que mais se relaciona com tempo vago? A palavra é OCIOSIDADE.

No livro *Alice no País dos Enigmas*, o professor de matemática e lógica Raymond Smullyan apresenta vários desafios ao raciocínio lógico que têm como objetivo distinguir entre verdadeiro e falso. Considere o seguinte desafio inspirado nos enigmas de Smullyan.

Duas pessoas carregam fichas nas cores branca e preta. Quando a primeira pessoa carrega a ficha branca, ela fala somente a verdade, mas, quando carrega a ficha preta, ela fala somente mentiras. Por outro lado, quando a segunda pessoa carrega a ficha branca, ela fala somente mentira, mas, quando carrega a ficha preta, fala somente verdades.

Com base no texto acima, julgue o item a seguir.

07. (CESPE) Se a primeira pessoa diz "Nossas fichas não são da mesma cor" e a segunda pessoa diz "Nossas fichas são da mesma cor", então, pode-se concluir que a segunda pessoa está dizendo a verdade.
  Certo ( )   Errado ( )

Resposta: Certo.

Ao analisar, a seguir, linha por linha da tabela, encontramos contradições nas três primeiras linhas, ficando somente a quarta linha como certa, o que garante que a segunda pessoa está falando a verdade.

1ª pessoa: Nossas fichas não são da mesma cor	2ª pessoa: Nossas fichas são da mesma cor
Ficha branca (verdade)	Ficha branca (mentira)
Ficha branca (verdade)	Ficha preta (verdade)
Ficha preta (mentira)	Ficha branca (mentira)
Ficha preta (mentira)	Ficha preta (verdade)

Uma proposição é uma afirmação que pode ser julgada como verdadeira (V) ou falsa (F), mas não como ambas. As proposições são usualmente simbolizadas por letras maiúsculas do alfabeto, como, por exemplo, P, Q, R etc. Se a conexão de duas proposições é feita pela preposição "e", simbolizada usualmente por ∧, então obtém-se a forma P∧Q, lida como "P e Q" e avaliada como V se P e Q forem V, caso contrário, é F. Se a conexão for feita pela preposição "ou", simbolizada usualmente por ∨, então obtém-se a forma P∨Q, lida como "P ou Q" e avaliada como F se P e Q forem F, caso contrário, é V. A negação de uma proposição é simbolizada por ¬P, e avaliada como V, se P for F, e como F, se P for V.

Um argumento é uma sequência de proposições P1, P2, ..., Pn, chamadas premissas, e uma proposição Q, chamada conclusão. Um argumento é válido, se Q é V sempre que P1, P2, ..., Pn forem V, caso contrário, não é argumento válido.

A partir desses conceitos, julgue o próximo item.

08. (CESPE) O quadro abaixo pode ser completamente preenchido com algarismos de 1 a 6, de modo que cada linha e cada coluna tenham sempre algarismos diferentes.
  Certo ( )   Errado ( )

1				3	2
		5	6		1
	1		6		5
5	4			2	
	3	2	4		
4			2		3

Resposta: Certo.

Vamos preencher o quadro, de acordo com o que foi pedido:

1	6	4	5	3	2
3	2	5	6	4	1
2	1	6	3	5	4
5	4	3	1	2	6
6	3	2	4	1	5
4	5	1	2	6	3

4 CONJUNTOS

4.1 Definição

Os conjuntos numéricos são advindos da necessidade de contar ou quantificar as coisas ou os objetos, adquirindo características próprias que os diferem. Os componentes de um conjunto são chamados de elementos. Costuma-se representar um conjunto nomeando os elementos um a um, colocando-os entre chaves e separando-os por vírgula, o que chamamos de representação por extensão. Para nomear um conjunto, usa-se geralmente uma letra maiúscula.

$A = \{1,2,3,4,5\} \rightarrow$ conjunto finito

$B = \{1,2,3,4,5,...\} \rightarrow$ conjunto infinito

Ao montar o conjunto das vogais do alfabeto, os **elementos** serão a, e, i, o, u.

A nomenclatura dos conjuntos é formada pelas letras maiúsculas do alfabeto.

Conjunto dos estados da região Sul do Brasil:
A = {Paraná, Santa Catarina, Rio Grande do Sul}.

4.1.1 Representação dos conjuntos

Os conjuntos podem ser representados em **chaves** ou em **diagramas**.

> **Fique ligado**
> Quando é dada uma característica dos elementos de um conjunto, diz-se que ele está representado por compreensão.
> A = {x | x é um múltiplo de dois maior que zero}

▷ **Representação em chaves**

Conjunto dos estados brasileiros que fazem fronteira com o Paraguai:
B = {Paraná, Mato Grosso do Sul}.

▷ **Representação em diagramas**

Conjunto das cores da bandeira do Brasil:

4.1.2 Elementos e relação de pertinência

Quando um elemento está em um conjunto, dizemos que ele pertence a esse conjunto. A relação de pertinência é representada pelo símbolo $\in$ (pertence).

Conjunto dos algarismos pares: **G** = {2, 4, 6, 8, 0}.
Observe que:
$4 \in G$
$7 \notin G$

4.1.3 Conjuntos unitário, vazio e universo

Conjunto unitário: possui um só elemento.
Conjunto da capital do Brasil: K = {Brasília}.

Conjunto vazio: simbolizado por $\emptyset$ ou { }, é o conjunto que não possui elemento.

Conjunto dos estados brasileiros que fazem fronteira com o Chile:
M = $\emptyset$.

Conjunto universo: em inúmeras situações é importante estabelecer o conjunto U ao qual pertencem os elementos de todos os conjuntos considerados. Esse conjunto é chamado de conjunto universo. Assim:
- Quando se estuda as letras, o conjunto universo das letras é o alfabeto.
- Quando se estuda a população humana, o conjunto universo é constituído de todos os seres humanos.

Para descrever um conjunto A por meio de uma propriedade característica p de seus elementos, deve-se mencionar, de modo explícito ou não, o conjunto universo U no qual se está trabalhando.

$A = \{x \in R \mid x>2\}$, onde $U = R \rightarrow$ forma explícita.
$A = \{x \mid x > 2\} \rightarrow$ forma implícita.

4.2 Subconjuntos

Diz-se que B é um subconjunto de A se todos os elementos de B pertencem a A.

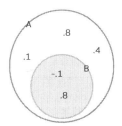

Deve-se notar que A = {-1, 0, 1, 4, 8} e B = {-1, 8}, ou seja, todos os elementos de B também são elementos do conjunto **A**.

- Os símbolos $\subset$ (contido), $\supset$ (contém), $\not\subset$ (não está contido) e $\not\supset$ (não contém) são utilizados para relacionar conjuntos.

Nesse caso, diz-se que B está contido em A ou B é subconjunto de A ($B \subset A$). Pode-se dizer também que A contém B ($A \supset B$).

Observações:
- Se $A \subset B$ e $B \subset A$, então A = B.
- Para todo conjunto A, tem-se $A \subset A$.
- Para todo conjunto A, tem-se $\emptyset \subset A$, onde $\emptyset$ representa o conjunto vazio.
- Todo conjunto é subconjunto de si próprio ($D \subset D$).
- O conjunto vazio é subconjunto de qualquer conjunto ($\emptyset \subset D$).
- Se um conjunto A possui p elementos, então ele possui 2p subconjuntos.
- O conjunto formado por todos os subconjuntos de um conjunto A, é denominado conjunto das partes de A. Assim, se A = {4, 7}, o conjunto das partes de A, é dado por {$\emptyset$, {4}, {7}, {4, 7}}.

4.3 Operações com conjuntos

União de conjuntos: a união de dois conjuntos quaisquer será representada por $A \cup B$ e terá os elementos que pertencem a A ou a B, ou seja, todos os elementos.

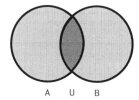

Interseção de conjuntos: a interseção de dois conjuntos quaisquer será representada por $A \cap B$. Os elementos que fazem parte do conjunto interseção são os elementos comuns aos dois conjuntos.

CONJUNTOS

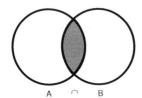

Conjuntos disjuntos: se dois conjuntos não possuem elementos em comum, diz-se que eles são disjuntos. Simbolicamente, escreve-se $A \cap B = \emptyset$. Nesse caso, a união dos conjuntos A e B é denominada união disjunta. O número de elementos $A \cap B$ nesse caso é igual a zero.

$$n(A \cap B) = 0$$

Seja $A = \{1, 2, 3, 4, 5\}$, $B = \{1, 5, 6, 3\}$, $C = \{2, 4, 7, 8, 9\}$ e $D = \{10, 20\}$. Tem-se:
$A \cup B = \{1, 2, 3, 4, 5, 6\}$
$B \cup A = \{1, 2, 3, 4, 5, 6\}$
$A \cap B = \{1, 3, 5\}$
$B \cap A = \{1, 3, 5\}$
$A \cup B \cup C = \{1, 2, 3, 4, 5, 6, 7, 8, 9\}$ e
$A \cap D = \emptyset$
É possível notar que A, B e C são todos disjuntos com D, mas A, B e C não são dois a dois disjuntos.

Diferença de conjuntos: a diferença de dois conjuntos quaisquer será representada por $A - B$ e terá os elementos que pertencem somente a A, mas não pertencem a B, ou seja, que são exclusivos de A.

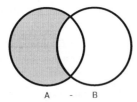

Complementar de um conjunto: se A está contido no conjunto universo U, o complementar de A é a diferença entre o conjunto universo e o conjunto A, será representado por $CU(A) = U - A$ e terá todos os elementos que pertencem ao conjunto universo, menos os que pertencem ao conjunto A.

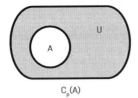

RACIOCÍNIO LÓGICO

5 CONJUNTOS NUMÉRICOS

Os números surgiram da necessidade de contar ou quantificar coisas ou objetos. Com o passar do tempo, foram adquirindo características próprias.

5.1 Números naturais

É o primeiro dos conjuntos numéricos. Representado pelo símbolo $\mathbb{N}$ e formado pelos seguintes elementos:

$\mathbb{N} = \{0, 1, 2, 3, 4, 5, 6, 7, 8, 9, 10, 11, 12, 13, ... + \infty\}$

O símbolo ∞ significa infinito, o + quer dizer positivo, então $+\infty$ quer dizer infinito positivo.

5.2 Números inteiros

Esse conjunto surgiu da necessidade de alguns cálculos não possuírem resultados, pois esses resultados eram negativos. Representado pelo símbolo $\mathbb{Z}$ e formado pelos seguintes elementos:

$\mathbb{Z} = \{-\infty, ..., -3, -2, -1, 0, 1, 2, 3, ..., +\infty\}$

5.2.1 Operações e propriedades dos números naturais e inteiros

As principais operações com os números naturais e inteiros são: adição, subtração, multiplicação, divisão, potenciação e radiciação (as quatro primeiras são também chamadas operações fundamentais).

Adição

Na adição, a soma dos termos ou das parcelas resulta naquilo que se chama **total**.

| $2 + 2 = 4$

As propriedades da adição são:
- **Elemento neutro:** qualquer número somado ao zero tem como total o próprio número.

| $2 + 0 = 2$

- **Comutativa:** a ordem dos termos não altera o total.

| $2 + 3 = 3 + 2 = 5$

- **Associativa:** o ajuntamento de parcelas não altera o total.

| $(2 + 3) + 5 = 2 + (3 + 5) = 10$

Subtração

Operação contrária à adição é conhecida como diferença.

Os termos ou parcelas da subtração, assim como o total, têm nomes próprios:

$M - N = P$; em que M = minuendo, N = subtraendo e P = diferença ou resto.

| $7 - 2 = 5$

Quando o subtraendo for maior que o minuendo, a diferença será negativa.

Multiplicação

É a soma de uma quantidade de parcelas fixas. O resultado da multiplicação chama-se produto. Os sinais que indicam a multiplicação são o × e o ·.

| $4 \times 7 = 7 + 7 + 7 + 7 = 28$
| $7 \cdot 4 = 4 + 4 + 4 + 4 + 4 + 4 + 4 = 28$

As propriedades da multiplicação são:

Elemento neutro: qualquer número multiplicado por 1 terá como produto o próprio número.

| $5 \cdot 1 = 5$

Comutativa: ordem dos fatores não altera o produto.

| $3 \cdot 4 = 4 \cdot 3 = 12$

Associativa: o ajuntamento dos fatores não altera o resultado.

| $2 \cdot (3 \cdot 4) = (2 \cdot 3) \cdot 4 = 24$

Distributiva: um fator em evidência multiplica todas as parcelas dentro dos parênteses.

| $2 \cdot (3 + 4) = (2 \cdot 3) + (2 \cdot 4) = 6 + 8 = 14$

Fique ligado

Na multiplicação existe jogo de sinais. Veja a seguir:

Parcela	Parcela	Produto
+	+	+
+	-	-
-	+	-
-	-	+

$2 \cdot (-3) = -6$
$-3 \cdot (-7) = 21$

Divisão

É o inverso da multiplicação. Os sinais que indicam a divisão são: ÷, :, /.

| $14 \div 7 = 2$
| $25 : 5 = 5$
| $36/12 = 3$

Fique ligado

Por ser o inverso da multiplicação, a divisão também possui o jogo de sinal.

5.3 Números racionais

Os números racionais são os números que podem ser escritos na forma de fração, são representados pela letra $\mathbb{Q}$ e podem ser escritos em forma de frações.

| $\mathbb{Q} = \dfrac{a}{b}$ (com b diferente de zero → $b \neq 0$); em que a é o numerador e b é o denominador.

Pertencem também a este conjunto as dízimas periódicas (números que apresentam uma série infinita de algarismos decimais, após a vírgula) e os números decimais (aqueles que são escritos com a vírgula e cujo denominador são potências de 10).

Toda fração cujo numerador é menor que o denominador é chamada de fração própria.

5.3.1 Operações com números racionais

Adição e subtração

Para somar frações deve estar atento se os denominadores das frações são os mesmos. Caso sejam iguais, basta repetir o denominador e somar (ou subtrair) os numeradores, porém se os denominadores forem diferentes é preciso fazer o MMC (mínimo múltiplo comum) dos denominadores, constituindo novas frações equivalentes às frações originais e proceder com o cálculo.

$$\dfrac{2}{7} + \dfrac{4}{7} = \dfrac{6}{7}$$

$$\dfrac{2}{3} + \dfrac{4}{5} = \dfrac{10}{15} + \dfrac{12}{15} = \dfrac{22}{15}$$

CONJUNTOS NUMÉRICOS

Multiplicação

Multiplicar numerador com numerador e denominador com denominador das frações.

$$\frac{3}{4} \cdot \frac{5}{7} = \frac{15}{28}$$

Divisão

Para dividir frações, multiplicar a primeira fração com o inverso da segunda fração.

$$\frac{2}{3} \div \frac{4}{5} = \frac{2}{3} \cdot \frac{5}{4} = \frac{10}{12} = \frac{5}{6}$$

(Simplificado por 2)

Toda vez, que for possível, deve simplificar a fração até sua fração irredutível (aquela que não pode mais ser simplificada).

Potenciação

Se a multiplicação é a soma de uma quantidade de parcelas fixas, a potenciação é a multiplicação de uma quantidade de fatores fixos, tal quantidade indicada no expoente que acompanha a base da potência.

A potenciação é expressa por: a^n, cujo **a** é a base da potência e o **n** é o expoente.

$4^3 = 4 \cdot 4 \cdot 4 = 64$

Propriedades das potências:

$a^0 = 1$
$3^0 = 1$
$a^1 = a$
$5^1 = 5$
$a^{-n} = 1/a^n$
$2^{-3} = 1/2^3 = 1/8$
$a^m \cdot a^n = a^{(m+n)}$
$3^2 \cdot 3^3 = 3^{(2+3)} = 3^5 = 243$
$a^m : a^n = a^{(m-n)}$
$4^5 : 4^3 = 4^{(5-3)} = 4^2 = 16$
$(a^m)^n = a^{m \cdot n}$
$(2^2)^4 = 2^{2 \cdot 4} = 2^8 = 256$
$a^{m/n} = \sqrt[n]{a^m}$
$7^{2/3} = \sqrt[3]{7^2}$

Não confunda: $(a^m)^n \neq a^{m^n}$

Não confunda também: $(-a)^n \neq -a^n$.

Radiciação

É a expressão da potenciação com expoente fracionário.

A representação genérica da radiciação é: $\sqrt[n]{a}$; cujo **n** é o índice da raiz, o **a** é o radicando e $\sqrt{}$ é o radical.

Quando o índice da raiz for o 2 ele não precisa aparecer e essa raiz será uma raiz quadrada.

Propriedades das raízes:

$\sqrt[n]{a^m} = (\sqrt[n]{a})^m = a^{m/n}$
$\sqrt[m]{\sqrt[n]{a}} = \sqrt[m \cdot n]{a}$
$\sqrt[m]{a^m} = a = a^{m/m} = a^1 = a$

Racionalização: se uma fração tem em seu denominador um radical, faz-se o seguinte:

$$\frac{1}{\sqrt{a}} = \frac{1}{\sqrt{a}} \cdot \frac{\sqrt{a}}{\sqrt{a}} = \frac{\sqrt{a}}{\sqrt{a^2}} = \frac{\sqrt{a}}{a}$$

5.3.2 Transformação de dízima periódica em fração

Para transformar dízimas periódicas em fração, é preciso atentar-se para algumas situações:

- Verifique se depois da vírgula só há a parte periódica, ou se há uma parte não periódica e uma periódica.
- Observe quantas são as casas periódicas e, caso haja, as não periódicas. Lembre-se sempre que essa observação só será para os números que estão depois da vírgula.
- Em relação à fração, o denominador será tantos 9 quantos forem as casas do período, seguido de tantos 0 quantos forem as casas não periódicas (caso haja e depois da vírgula). Já o numerador será o número sem a vírgula até o primeiro período menos toda a parte não periódica (caso haja).

$0,6666... = \dfrac{6}{9}$

$0,36363636... = \dfrac{36}{99}$

$0,123333... = \dfrac{123-12}{900} = \dfrac{111}{900}$

$2,8888... = \dfrac{28-2}{9} = \dfrac{26}{9}$

$3,754545454... = \dfrac{3754-37}{990} = \dfrac{3717}{990}$

5.3.3 Transformação de número decimal em fração

Para transformar número decimal em fração, basta contar quantas casas existem depois da vírgula; então o denominador da fração será o número 1 acompanhado de tantos zeros quantos forem o número de casas, já o numerador será o número sem a vírgula.

$0,3 = \dfrac{3}{10}$

$2,45 = \dfrac{245}{100}$

$49,586 = \dfrac{49586}{1000}$

5.4 Números irracionais

São os números que não podem ser escritos na forma de fração.

O conjunto é representado pela letra 𝕀 e tem como elementos as dízimas não periódicas e as raízes não exatas.

5.5 Números reais

Simbolizado pela letra ℝ, é a união do conjunto dos números racionais com o conjunto dos números irracionais.

Representado, temos:

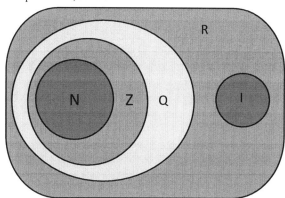

Colocando todos os números em uma reta, temos:

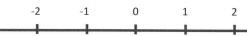

As desigualdades ocorrem em razão de os números serem maiores ou menores uns dos outros.

Os símbolos das desigualdades são:

≥ maior ou igual a.

≤ menor ou igual a.

> maior que.

< menor que.

Dessas desigualdades surgem os intervalos, que nada mais são do que um espaço dessa reta, entre dois números.

Os intervalos podem ser abertos ou fechados, depende dos símbolos de desigualdade utilizados.

Intervalo aberto ocorre quando os números não fazem parte do intervalo e os sinais de desigualdade são:

> maior que.

< menor que.

Intervalo fechado ocorre quando os números fazem parte do intervalo e os sinais de desigualdade são:

≥ maior ou igual a.

≤ menor ou igual a.

5.6 Intervalos

Os intervalos numéricos podem ser representados das seguintes formas:

5.6.1 Com os símbolos <, >, ≤, ≥

Quando usar os símbolos < ou >, os números que os acompanham não fazem parte do intervalo real. Quando usar os símbolos ≤ ou ≥, os números farão parte do intervalo real.

| 2 < x < 5: o 2 e o 5 não fazem parte do intervalo.
| 2 ≤ x < 5: o 2 faz parte do intervalo, mas o 5 não.
| 2 ≤ x ≤ 5: o 2 e o 5 fazem parte do intervalo.

5.6.2 Com os colchetes [ ]

Quando os colchetes estiverem voltados para os números, significa que farão parte do intervalo. Quando os colchetes estiverem invertidos, significa que os números não farão parte do intervalo.

|]2;5[: o 2 e o 5 não fazem parte do intervalo.
| [2;5[: o 2 faz parte do intervalo, mas o 5 não faz.
| [2;5]: o 2 e o 5 fazem parte do intervalo.

5.6.3 Sobre uma reta numérica

▷ **Intervalo aberto**

2<x<5:

Em que 2 e 5 não fazem parte do intervalo numérico, representado pela marcação aberta (sem preenchimento - O).

▷ **Intervalo fechado e aberto**

2≤x<5:

Em que 2 faz parte do intervalo, representado pela marcação fechada (preenchida●) em que 5 não faz parte do intervalo, representado pela marcação aberta (O).

▷ **Intervalo fechado**

2≤x≤5:

Em que 2 e 5 fazem parte do intervalo numérico, representado pela marcação fechada (●).

5.7 Múltiplos e divisores

Os múltiplos são resultados de uma multiplicação de dois números naturais.

| Os múltiplos de 3 são: 0, 3, 6, 9, 12, 15, 18, 21, 24, 27, 30... (os
| múltiplos são infinitos).

Os divisores de um número são os números, cuja divisão desse número por eles será exata.

| Os divisores de 12 são: 1, 2, 3, 4, 6, 12.

> **Fique ligado**
>
> Números quadrados perfeitos são aqueles que resultam da multiplicação de um número por ele mesmo.
> 4 = 2 · 2
> 25 = 5 · 5

5.8 Números primos

São os números que têm apenas dois divisores, o 1 e ele mesmo. (Alguns autores consideram os números primos aqueles que tem 4 divisores, sendo o 1, o -1, ele mesmo e o seu oposto – simétrico.)

| 2 (único primo par), 3, 5, 7, 11, 13, 17, 19, 23, 29, 31, 37, 41, 43,
| 47, 53, 59, ...

Os números primos servem para decompor outros números.

A decomposição de um número em fatores primos serve para fazer o MMC e o MDC (máximo divisor comum).

5.9 MMC e MDC

O MMC de um, dois ou mais números é o menor número que, ao mesmo tempo, é múltiplo de todos esses números.

O MDC de dois ou mais números é o maior número que pode dividir todos esses números ao mesmo tempo.

Para calcular, após decompor os números, o MMC de dois ou mais números será o produto de todos os fatores primos, comuns e

CONJUNTOS NUMÉRICOS

não comuns, elevados aos maiores expoentes. Já o MDC será apenas os fatores comuns a todos os números elevados aos menores expoentes.

$6 = 2 \cdot 3$
$18 = 2 \cdot 3 \cdot 3 = 2 \cdot 3^2$
$35 = 5 \cdot 7$
$144 = 2 \cdot 2 \cdot 2 \cdot 2 \cdot 3 \cdot 3 = 2^4 \cdot 3^2$
$225 = 3 \cdot 3 \cdot 5 \cdot 5 = 3^2 \cdot 5^2$
$490 = 2 \cdot 5 \cdot 7 \cdot 7 = 2 \cdot 5 \cdot 7^2$
$640 = 2 \cdot 2 \cdot 2 \cdot 2 \cdot 2 \cdot 2 \cdot 2 \cdot 5 = 2^7 \cdot 5$
MMC de 18 e 225 = $2 \cdot 3^2 \cdot 5^2 = 2 \cdot 9 \cdot 25 = 450$
MDC de 225 e 490 = 5

Para saber a quantidade de divisores de um número basta, depois da decomposição do número, pegar os expoentes dos fatores primos, somar +1 e multiplicar os valores obtidos.

$225 = 3^2 \cdot 5^2 = 3^{2+1} \cdot 5^{2+1} = 3 \cdot 3 = 9$

Nº de divisores = $(2 + 1) \cdot (2 + 1) = 3 \cdot 3 = 9$ divisores. Que são: 1, 3, 5, 9, 15, 25, 45, 75, 225.

5.10 Divisibilidade

As regras de divisibilidade servem para facilitar a resolução de contas, para ajudar a descobrir se um número é ou não divisível por outro. Veja algumas dessas regras.

Divisibilidade por 2: para um número ser divisível por 2, ele tem de ser par.

14 é divisível por 2.
17 não é divisível por 2.

Divisibilidade por 3: para um número ser divisível por 3, a soma dos seus algarismos tem de ser divisível por 3.

174 é divisível por 3, pois 1 + 7 + 4 = 12.
188 não é divisível por 3, pois 1 + 8 + 8 = 17.

Divisibilidade por 4: para um número ser divisível por 4, ele tem de terminar em 00 ou os seus dois últimos números devem ser múltiplos de 4.

300 é divisível por 4.
532 é divisível por 4.
766 não é divisível por 4.

Divisibilidade por 5: para um número ser divisível por 5, ele deve terminar em 0 ou em 5.

35 é divisível por 5.
370 é divisível por 5.
548 não é divisível por 5.

Divisibilidade por 6: para um número ser divisível por 6, ele deve ser divisível por 2 e por 3 ao mesmo tempo.

78 é divisível por 6.
576 é divisível por 6.
652 não é divisível por 6.

Divisibilidade por 9: para um número ser divisível por 9, a soma dos seus algarismos deve ser divisível por 9.

75 é não divisível por 9.
684 é divisível por 9.

Divisibilidade por 10: para um número ser divisível por 10, ele tem de terminar em 0.

90 é divisível por 10.
364 não é divisível por 10.

5.11 Expressões numéricas

Para resolver expressões numéricas, deve-se seguir a ordem:
- Resolva os parênteses ( ), depois os colchetes [ ], depois as chaves { }, sempre nessa ordem.
- Dentre as operações, resolva primeiro as potenciações e raízes (o que vier primeiro), depois as multiplicações e divisões (o que vier primeiro) e, por último, as somas e subtrações (o que vier primeiro).

Calcule o valor da expressão:
$8 - \{5 - [10 - (7 - 3 \cdot 2)] \div 3\}$
$8 - \{5 - [10 - (7 - 6)] \div 3\}$
$8 - \{5 - [10 - (1)] \div 3\}$
$8 - \{5 - [9] \div 3\}$
$8 - \{5 - 3\}$
$8 - \{2\}$
6

RACIOCÍNIO LÓGICO

6 SISTEMA LEGAL DE MEDIDAS

6.1 Medidas de tempo

A unidade padrão do tempo é o segundo (s), mas devemos saber as seguintes relações:

1min = 60s

1h = 60min = 3.600s

1 dia = 24h = 1.440min = 86.400s

30 dias = 1 mês

2 meses = 1 bimestre

6 meses = 1 semestre

12 meses = 1 ano

10 anos = 1 década

100 anos = 1 século

15h47min18s + 11h39min59s = 26h86min77s = 26h87min17s = 27h27min17s = 1 dia 3h27min17s.

8h23min − 3h49min51s = 7h83min − 3h49min51s = 7h82min60s − 3h49min51s = 4h33min9s.

Cuidado com as transformações de tempo, pois elas não seguem o mesmo padrão das outras medidas.

6.2 Sistema métrico decimal

Serve para medir comprimentos, distâncias, áreas e volumes. Tem como unidade padrão o metro (m). Veja a seguir seus múltiplos, variações e algumas transformações.

Metro (m):

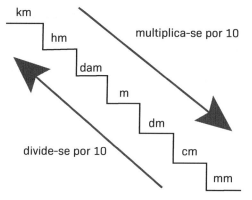

Ao descer um degrau da escada, multiplica-se por 10, e ao subir um degrau, divide-se por 10.

Transformar 2,98km em cm = 2,98 · 100.000 = 298.000cm (na multiplicação por 10 ou suas potências, basta deslocar a vírgula para a direita).

Transformar 74m em km = 74 ÷ 1.000 = 0,074km (na divisão por 10 ou suas potências, basta deslocar a vírgula para a esquerda).

> **Fique ligado**
>
> O grama (g) e o litro (l) seguem o mesmo padrão do metro (m).

Metro quadrado (m^2):

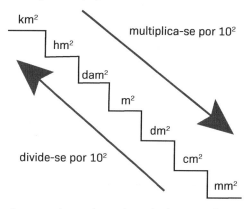

Ao descer um degrau da escada, multiplica por 10^2 ou 100, e ao descer um degrau, divide por 10^2 ou 100.

Transformar 79,11m^2 em cm^2 = 79,11 · 10.000 = 791.100cm^2.

Transformar 135m^2 em km^2 = 135 ÷ 1.000.000 = 0,000135km^2.

Metro cúbico (m^3):

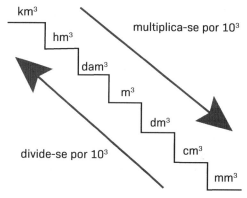

Ao descer um degrau da escada, multiplica-se por 10^3 ou 1.000, e ao subir um degrau, divide-se por 10^3 ou 1.000.

Transformar 269dm^3 em cm^3 = 269 · 1.000 = 269.000cm^3.

Transformar 4.831cm^3 em m^3 = 4.831 ÷ 1.000.000 = 0,004831m^3.

O metro cúbico, por ser uma medida de volume, tem relação com o litro (l), e essa relação é:

1m^3 = 1.000 litros.

1dm^3 = 1 litro.

1cm^3 = 1 mililitro.

PROPORCIONALIDADE

7 PROPORCIONALIDADE

Os conceitos de razão e proporção estão ligados ao quociente. Esse conteúdo é muito solicitado pelas bancas de concursos.

Primeiramente, vamos compreender o que é grandeza, em seguida, razão e proporção.

7.1 Grandeza

É tudo aquilo que pode ser contado, medido ou enumerado.

| Comprimento (distância), tempo, quantidade de pessoas e/ou coisas etc.

Grandezas diretamente proporcionais: são aquelas em que o aumento de uma implica o aumento da outra.

| Quantidade e preço.

Grandezas inversamente proporcionais: são aquelas em que o aumento de uma implica a diminuição da outra.

| Velocidade e tempo.

7.2 Razão

É a comparação de duas grandezas. Essas grandezas podem ser da mesma espécie (unidades iguais) ou de espécies diferentes (unidades diferentes). Nada mais é do que uma fração do tipo $\frac{a}{b}$, com $b \neq 0$.

Nas razões, os numeradores são também chamados de antecedentes e os denominadores de consequentes.

Escala: comprimento no desenho comparado ao tamanho real.

Velocidade: distância comparada ao tempo.

7.3 Proporção

É determinada pela igualdade entre duas razões.

$$\frac{a}{b} = \frac{c}{d}$$

Dessa igualdade, tiramos a propriedade fundamental das proporções: o produto dos meios igual ao produto dos extremos (a chamada multiplicação cruzada).

$$\boxed{b \cdot c = a \cdot d}$$

É basicamente essa propriedade que ajuda resolver a maioria das questões desse assunto.

Dados três números racionais a, b e c, não nulos, denomina **quarta proporcional** desses números um número x tal que:

$$\frac{a}{b} = \frac{c}{x}$$

Proporção contínua é a que apresenta os meios iguais.

De um modo geral, uma proporção contínua pode ser representada por:

$$\frac{a}{b} = \frac{b}{c}$$

As outras propriedades das proporções são:

Numa proporção, a soma dos dois primeiros termos está para o 2º (ou 1º) termo, assim como a soma dos dois últimos está para o 4º (ou 3º).

$$\frac{a+b}{b} = \frac{c+d}{d} \text{ ou } \frac{a+b}{a} = \frac{c+d}{c}$$

Numa proporção, a diferença dos dois primeiros termos está para o 2º (ou 1º) termo, assim como a diferença dos dois últimos está para o 4º (ou 3º).

$$\frac{a-b}{b} = \frac{c-d}{d} \text{ ou } \frac{a-b}{a} = \frac{c-d}{c}$$

Numa proporção, a soma dos antecedentes está para a soma dos consequentes, assim como cada antecedente está para o seu consequente.

$$\frac{a+c}{b+d} = \frac{c}{d} = \frac{a}{b}$$

Numa proporção, a diferença dos antecedentes está para a diferença dos consequentes, assim como cada antecedente está para o seu consequente.

$$\frac{a-c}{b-d} = \frac{c}{d} = \frac{a}{b}$$

Numa proporção, o produto dos antecedentes está para o produto dos consequentes, assim como o quadrado de cada antecedente está para quadrado do seu consequente.

$$\frac{a \cdot c}{b \cdot d} = \frac{a^2}{b^2} = \frac{c^2}{d^2}$$

A última propriedade pode ser estendida para qualquer número de razões.

$$\frac{a \cdot c \cdot e}{b \cdot d \cdot f} = \frac{a^3}{b^3} = \frac{c^3}{d^3} = \frac{e^3}{f^3}$$

7.4 Divisão em partes proporcionais

Para dividir um número em partes direta ou inversamente proporcionais, devem-se seguir algumas regras.

▷ **Divisão em partes diretamente proporcionais**

| Divida o número 50 em partes diretamente proporcionais a 4 e a 6.
| $4x + 6x = 50$
| $10x = 50$
| $x = \frac{50}{10}$
| $x = 5$
| x = constante proporcional
| Então, $4x = 4 \cdot 5 = 20$ e $6x = 6 \cdot 5 = 30$
| Logo, a parte proporcional a 4 é o 20 e a parte proporcional ao 6 é o 30.

▷ **Divisão em partes inversamente proporcionais**

| Divida o número 60 em partes inversamente proporcionais a 2 e a 3.
| $\frac{x}{2} = \frac{x}{3} = 60$
| $\frac{3x}{6} + \frac{2x}{6} = 60$
| $5x = 60 \cdot 6$
| $5x = 360$
| $x = \frac{360}{5}$
| $x = 72$
| x = constante proporcional

RACIOCÍNIO LÓGICO

Então, $\dfrac{x}{2} = \dfrac{72}{2} = 36$ e $\dfrac{x}{3} = \dfrac{72}{3} = 24$

Logo, a parte proporcional a 2 é o 36 e a parte proporcional ao 3 é o 24.

Perceba que, na divisão diretamente proporcional, quem tiver a maior parte ficará com o maior valor. Já na divisão inversamente proporcional, quem tiver a maior parte ficará com o menor valor.

7.5 Regra das torneiras

Sempre que uma questão envolver uma situação que pode ser feita de um jeito em determinado tempo (ou por uma pessoa) e, em outro tempo, de outro jeito (ou por outra pessoa), e quiser saber em quanto tempo seria se fosse feito tudo ao mesmo tempo, usa-se a regra da torneira, que consiste na aplicação da seguinte fórmula:

$$t_T = \dfrac{t_1 \cdot t_2}{t_1 + t_2}$$

Em que **T** é o tempo.

Quando houver mais de duas situações, é melhor usar a fórmula:

$$\dfrac{1}{t_T} = \dfrac{1}{t_1} + \dfrac{1}{t_2} + \ldots + \dfrac{1}{t_n}$$

Em que **n** é a quantidade de situações.

Uma torneira enche um tanque em 6h. Uma segunda torneira enche o mesmo tanque em 8h. Se as duas torneiras forem abertas juntas quanto tempo vão levar para encher o mesmo tanque?

$t_T = \dfrac{6 \cdot 8}{6 + 8} = \dfrac{48}{14} = 3h25min43s$

7.6 Regra de três

Mecanismo prático e/ou método utilizado para resolver questões que envolvem razão e proporção (grandezas).

7.6.1 Regra de três simples

Aquela que só envolve duas grandezas.

Durante uma viagem, um carro consome 20 litros de combustível para percorrer 240km, quantos litros são necessários para percorrer 450km?

Primeiro, verifique se as grandezas envolvidas na questão são direta ou inversamente proporcionais, e monte uma estrutura para visualizar melhor a questão.

Distância	Litro
240	20
450	x

Ao aumentar a distância, a quantidade de litros de combustível necessária para percorrer essa distância também vai aumentar, então, as grandezas são diretamente proporcionais.

$\dfrac{20}{x} = \dfrac{240}{450}$

Aplicando a propriedade fundamental das proporções:
240x = 9.000

$x = \dfrac{9.000}{240} = 37,5$ litros

7.6.2 Regra de três composta

Aquela que envolve mais de duas grandezas.

Dois pedreiros levam nove dias para construir um muro com 2m de altura. Trabalhando três pedreiros e aumentando a altura para 4m, qual será o tempo necessário para completar esse muro? Neste caso, deve-se comparar uma grandeza de cada vez com a variável.

Dias	Pedreiros	Altura
9	2	2
x	3	4

Note que, ao aumentar a quantidade de pedreiros, o número de dias necessários para construir um muro diminui, então as grandezas pedreiros e dias são inversamente proporcionais. No entanto, se aumentar a altura do muro, será necessário mais dias para construí-lo. Dessa forma, as grandezas muro e dias são diretamente proporcionais. Para finalizar, monte a proporção e resolva. Lembre-se que quando uma grandeza for inversamente proporcional à variável sua fração será invertida.

$\dfrac{9}{x} = \dfrac{3}{2} \cdot \dfrac{2}{4}$

$\dfrac{9}{x} = \dfrac{6}{8}$

Aplicar a propriedade fundamental das proporções:
6x = 72

$x = \dfrac{72}{6} = 12$ dias

8 FUNÇÕES

8.1 Definições

A função é uma relação estabelecida entre dois conjuntos A e B, em que exista uma associação entre cada elemento de A com um único de B por meio de uma lei de formação.

Podemos dizer que a função é uma relação de dois valores, por exemplo: $f(x) = y$, sendo que x e y são valores, nos quais x é o domínio da função (a função está dependendo dele) e y é um valor que depende do valor de x, sendo a imagem da função.

As funções possuem um conjunto chamado domínio e outro, imagem da função, além do contradomínio. No plano cartesiano, que o eixo x representa o **domínio** da função, enquanto no eixo y apresentam-se os valores obtidos em função de x, constituindo a imagem da função (o eixo y seria o **contradomínio** da função).

Com os conjuntos A = {1, 4, 7} e B = {1, 4, 6, 7, 8, 9, 12} cria-se a função f: A → B definida por $f(x) = x + 5$, que também pode ser representada por y = x + 5. A representação, utilizando conjuntos, desta função é:

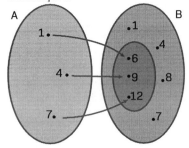

O conjunto A é o conjunto de saída e o B é o conjunto de chegada. Domínio é um sinônimo para conjunto de saída, ou seja, para esta função o domínio é o próprio conjunto A = {1, 4, 7}.

Como, em uma função, o conjunto de saída (domínio) deve ter todos os seus elementos relacionados, não precisa ter subdivisões para o domínio.

O domínio de uma função é chamado de campo de definição ou campo de existência da função, e é representado pela letra D.

O conjunto de chegada B, também possui um sinônimo, é chamado de contradomínio, representado por CD.

Note que é possível fazer uma subdivisão dentro do contradomínio e ter elementos do contradomínio que não são relacionados com algum elemento do domínio e outros que são. Por isso, deve-se levar em consideração esta subdivisão.

Este subconjunto é chamado de conjunto **imagem**, e é composto por todos os elementos em que as flechas de relacionamento chegam.

O conjunto imagem é representado por Im, e cada ponto que a flecha chega é chamado de imagem.

8.2 Plano cartesiano

Criado por René Descartes, o plano cartesiano consiste em dois eixos perpendiculares, sendo o horizontal chamado de eixo das abscissas e o vertical de eixo das ordenadas. O plano cartesiano foi desenvolvido por Descartes no intuito de localizar pontos em determinado espaço.

As disposições dos eixos no plano formam quatro quadrantes, mostrados na figura a seguir:

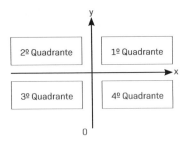

O encontro dos eixos é chamado de origem. Cada ponto do plano cartesiano é formado por um par ordenado (x, y), em que x: abscissa e y: ordenada.

8.2.1 Raízes

Em matemática, uma raiz ou zero da função consiste em determinar os pontos de interseção da função com o eixo das abscissas no plano cartesiano. A função f é um elemento no domínio de f tal que $f(x) = 0$.

Considere a função:
$f(x) = x^2 - 6x + 9$
3 é uma raiz de f, porque:
$f(3) = 3^2 - 6 \cdot 3 + 9 = 0$

8.3 Funções injetoras, sobrejetoras e bijetoras

Função injetora: é a função em que cada x encontra um único y, ou seja, os elementos distintos têm imagens distintas.

Função sobrejetora: a função em que o conjunto imagem é exatamente igual ao contradomínio (y).

Função bijetora: a função que for injetora e sobrejetora ao mesmo tempo.

8.4 Funções crescentes, decrescentes e constantes

Função crescente: à medida que x aumenta, as imagens vão aumentando.

Com $x_1 > x_2$ a função é crescente para $f(x_1) > f(x_2)$, isto é, aumentando valor de x, aumenta o valor de y.

Função decrescente: à medida que x aumenta, as imagens vão diminuindo (decrescente).

Com $x_1 > x_2$ a função é crescente para $f(x_1) < f(x_2)$, isto é, aumentando x, diminui o valor de y.

Função constante: em uma função constante qualquer que seja o elemento do domínio, eles sempre terão a mesma imagem, ao variar x encontra sempre o mesmo valor y.

8.5 Funções inversas e compostas

8.5.1 Função inversa

Dada uma função $f: A \to B$, se f é bijetora, se define a função inversa f^{-1} como sendo a função de B em A, tal que $f^{-1}(y) = x$.

Determine a inversa da função definida por:
y = 2x + 3
Trocando as variáveis x e y:
x = 2y + 3

Colocando y em função de x:

$2y = x - 3$

$y = \dfrac{x-3}{2}$, que define a função inversa da função dada.

8.5.2 Função composta

A função obtida que substitui a variável independente x por uma função, chama-se função composta (ou função de função).

Simbolicamente fica:

$$f_o g(x) = f(g(x)) \text{ ou } g_o f(x) = g(f(x))$$

Dadas as funções $f(x) = 2x + 3$ e $g(x) = 5x$, determine $g_o f(x)$ e $f_o g(x)$.

$g_o f(x) = g[f(x)] = g(2x + 3) = 5(2x + 3) = 10x + 15$

$f_o g(x) = f[g(x)] = f(5x) = 2(5x) + 3 = 10x + 3$

8.6 Função afim

Chama-se função polinomial do 1º grau, ou função afim, qualquer função f dada por uma lei da forma $f(x) = ax + b$, cujo a e b são números reais dados e $a \neq 0$.

Na função $f(x) = ax + b$, o número a é chamado de coeficiente de x e o número b é chamado termo constante.

8.6.1 Gráfico

O gráfico de uma função polinomial do 1º grau, $y = ax + b$, com $a \neq 0$, é uma reta oblíqua aos eixos x e y.

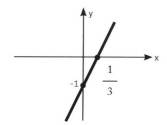

8.6.2 Zero e equação do 1º grau

Chama-se zero ou raiz da função polinomial do 1º grau $f(x) = ax + b$, $a \neq 0$, o número real x tal que $f(x) = 0$.

Assim: $f(x) = 0 \Rightarrow ax + b = 0 \Rightarrow x = \dfrac{-b}{a}$

8.6.3 Crescimento e decrescimento

A função do 1º grau $f(x) = ax + b$ é crescente, quando o coeficiente de x é positivo (a > 0).

A função do 1º grau $f(x) = ax + b$ é decrescente, quando o coeficiente de x é negativo (a < 0).

8.6.4 Sinal

Estudar o sinal de qualquer $y = f(x)$ é determinar o valor de x para os quais y é positivo, os valores de x para os quais y é zero e os valores de x para os quais y é negativo.

Considere uma função afim $y = f(x) = ax + b$, essa função se anula para a raiz $x = \dfrac{-b}{a}$.

Há dois casos possíveis:

a > 0 (a função é crescente)

$y > 0 \Rightarrow ax + b > 0 \Rightarrow x > \dfrac{-b}{a}$

$y < 0 \Rightarrow ax + b < 0 \Rightarrow x < \dfrac{-b}{a}$

Logo, y é positivo para valores de x maiores que a raiz; y é negativo para valores de x menores que a raiz.

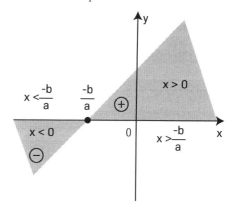

a < 0 (a função é decrescente)

$y > 0 \Rightarrow ax + b > 0 \Rightarrow x < \dfrac{-b}{a}$

$y < 0 \Rightarrow ax + b < 0 \Rightarrow x < \dfrac{-b}{a}$

Portanto, y é positivo para valores de x menores que a raiz; y é negativo para valores de x maiores que a raiz.

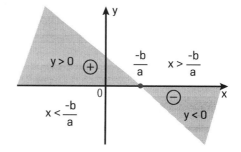

8.6.5 Equações e inequações do 1º grau

Equação

Uma equação do 1º grau na incógnita x é qualquer expressão do 1º grau que pode ser escrita em uma das seguintes formas:

$$ax + b = 0$$

Para resolver uma equação, basta achar o valor de x.

▷ **Sistema de equação**

Um sistema de equação de 1º grau com duas incógnitas é formado por duas equações de 1º grau com duas incógnitas diferentes em cada equação.

$$\begin{cases} x + y = 20 \\ 3x - 4y = 72 \end{cases}$$

Para encontrar o par ordenado desse sistema, é preciso utilizar dois métodos para a sua solução, são eles: substituição e adição.

▷ **Método da substituição**

Esse método consiste em escolher uma das duas equações, isolar uma das incógnitas e substituir na outra equação.

FUNÇÕES

Dado o sistema $\begin{cases} x + y = 20 \\ 3x - 4y = 72 \end{cases}$ enumeramos as equações.

$\begin{cases} x + y = 20 \quad \boxed{1} \\ 3x - 4y = 72 \quad \boxed{2} \end{cases}$

Escolhemos a equação 1 e isolamos o x:
x + y = 20
x = 20 - y
Na equação 2, substituímos o valor de x = 20 - y.
3x + 4 y = 72
3 (20 - y) + 4y = 72
60 - 3y + 4y = 72
- 3y + 4y = 72 - 60
y = 12
Para descobrir o valor de x, substituir y por 12 na equação:
x = 20 - y.
x = 20 - y
x = 20 - 12
x = 8
Portanto, a solução do sistema é S = (8, 12)

▷ **Método da adição**

Este método consiste em adicionar as duas equações de tal forma que a soma de uma das incógnitas seja zero. Para que isso aconteça, será preciso que multipliquemos as duas equações ou apenas uma equação por números inteiros para que a soma de uma das incógnitas seja zero.

Dado o sistema:
$\begin{cases} x + y = 20 \\ 3x - 4y = 72 \end{cases}$

Para adicionar as duas equações e a soma de uma das incógnitas de zero, teremos que multiplicar a primeira equação por –3.

$\begin{cases} x + y = 20 \quad \boxed{(-3)} \\ 3x - 4y = 72 \end{cases}$

Agora, o sistema fica assim:
$\begin{cases} -3x - 3y = -60 \\ 3x + 4y = 72 \end{cases}$

Adicionando as duas equações:
- 3x - 3y = - 60
+ 3x + 4y = 72
y = 12
Para descobrir o valor de x, escolher uma das duas equações e substituir o valor de y encontrado:
x + y = 20
x + 12 = 20
x = 20 - 12
x = 8
Portanto, a solução desse sistema é: S = (8, 12)

Inequação

Uma inequação do 1º grau na incógnita x é qualquer expressão do 1º grau que pode ser escrita em uma das seguintes formas:

ax + b > 0
ax + b < 0
ax + b ≥ 0
ax + b ≤ 0

Sendo **a**, **b** são números reais com a ≠ 0.
–2x + 7 > 0
x – 10 ≤ 0
2x + 5 ≤ 0
12 – x < 0

▷ **Resolvendo uma inequação de 1º grau**

Uma maneira simples de resolver uma inequação do 1º grau é isolar a incógnita x em um dos membros da desigualdade.

Resolva a inequação –2x + 7 > 0:
–2x > –7 · (–1)
2x < 7
$x < \dfrac{7}{2}$
Logo, a solução da inequação é $x < \dfrac{7}{2}$.

Resolva a inequação 2x – 6 < 0:
2x < 6
$x < \dfrac{6}{2}$
x < 3
Portanto, a solução da inequação é x < 3.

Pode-se resolver qualquer inequação do 1º grau por meio do estudo do sinal de uma função do 1º grau, com o seguinte procedimento:

- Iguala-se a expressão ax + b a zero.
- Localiza-se a raiz no eixo x.
- Estuda-se o sinal conforme o caso.

–2x + 7 > 0
–2x + 7 = 0
$x = \dfrac{7}{2}$

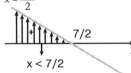

x < 7/2

2x – 6 < 0
2x – 6 = 0
x = 3

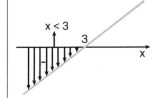

RACIOCÍNIO LÓGICO

8.7 Equação e função exponencial

Equação exponencial é toda equação na qual a incógnita aparece em expoente.

Para resolver equações exponenciais, devem-se realizar dois passos importantes:

- Redução dos dois membros da equação a potências de mesma base.
- **Aplicação da propriedade:**

$a^m = a^n \Rightarrow m = n$ ($a \neq 1$ e $a > 0$)

8.7.1 Função exponencial

Funções exponenciais são aquelas nas quais temos a variável aparecendo em expoente.

A função $f: \mathbb{R} \to \mathbb{R}_+$, definida por $f(x) = a^x$, com $a \in \mathbb{R}_+$ e $a \neq 1$, é chamada função exponencial de base a. O domínio dessa função é o conjunto $\mathbb{R}$ (reais) e o contradomínio é $\mathbb{R}_+$ (reais positivos, maiores que zero).

8.7.2 Gráfico cartesiano da função exponencial

Há dois casos a considerar:

Quando a > 1:

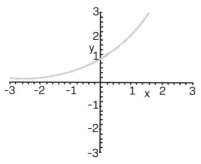

$f(x)$ é crescente e $\text{Im} = \mathbb{R}_+$

Para quaisquer x_1 e x_2 do domínio: $x_2 > x_1 \Rightarrow y_2 > y_1$ (as desigualdades têm mesmo sentido).

Quando 0 < a < 1:

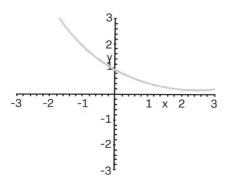

$f(x)$ é decrescente e $\text{Im} = \mathbb{R}_+$

Para quaisquer x_1 e x_2 do domínio: $x_2 > x_1 \Rightarrow y_2 < y_1$ (as desigualdades têm sentidos diferentes).

Nas duas situações, pode-se observar que:

- O gráfico nunca intercepta o eixo horizontal.
- A função não tem raízes; o gráfico corta o eixo vertical no ponto (0,1).
- Os valores de y são sempre positivos (potência de base positiva é positiva), portanto, o conjunto imagem é $\text{Im} = \mathbb{R}_+$.

8.7.3 Inequações exponenciais

Inequação exponencial é toda inequação na qual a incógnita aparece em expoente.

Para resolver inequações exponenciais, devem-se realizar dois passos:

- Redução dos dois membros da inequação a potências de mesma base.
- **Aplicação da propriedade:**

a > 1

$a^m > a^n \Rightarrow m > n$

(as desigualdades têm mesmo sentido)

0 < a < 1

$a^m > a^n \Rightarrow m < n$

(as desigualdades têm sentidos diferentes)

8.8 Equação e função logarítmica

8.8.1 Logaritmo

$$a^x = b \Leftrightarrow \log_a b = x$$

Sendo $b > 0$, $a > 0$ e $a \neq 1$

Na igualdade $x = \log_a b$ tem:

a = base do logaritmo

b = logaritmando ou antilogaritmo

x = logaritmo

Consequências da definição

Sendo $b > 0$, $a > 0$ e $a \neq 1$ e m um número real qualquer, em seguida, algumas consequências da definição de logaritmo:

$\log_a 1 = 0$

$\log_a a = 1$

$\log_a a^m = m$

$a^{\log_a b} = b$

$\log_a b = \log_a c \Leftrightarrow b = c$

Propriedades operatórias dos logaritmos

$\log_a (x \cdot y) = \log_a x + \log_a y$

$\log_a \left[\dfrac{x}{y}\right] = \log_a x - \log_a y$

$\log_a x^m = m \cdot \log_a x$

$\log_a \sqrt[n]{x^m} = \log_a x^{\frac{m}{n}} = \dfrac{m}{n} \cdot \log_a x$

Cologaritmo

$\operatorname{colog}_a b = \log_a \dfrac{1}{b}$

$\operatorname{colog}_a b = -\log_a b$

FUNÇÕES

Mudança de base

$$\log_a x = \frac{\log_b x}{\log_b a}$$

8.8.2 Função logarítmica

A função $f: \mathbb{R}_+ \to \mathbb{R}$, definida por $f(x) = \log_a x$, com $a \neq 1$ e $a > 0$, é chamada função logarítmica de base a. O domínio dessa função é o conjunto $\mathbb{R}_+$ (reais positivos, maiores que zero) e o contradomínio é $\mathbb{R}$ (reais).

Gráfico cartesiano da função logarítmica

Há dois casos a se considerar:

Quando a > 1:

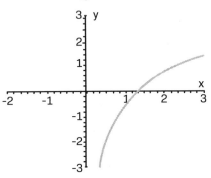

$f(x)$ é crescente e Im = IR

Para quaisquer x_1 e x_2 do domínio: $x_2 > x_1 \Rightarrow y_2 < y_1$ (as desigualdades têm mesmo sentido).

Quando 0 < a < 1:

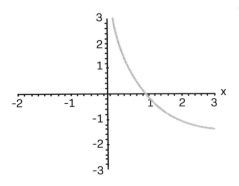

$f(x)$ é decrescente e Im = IR

Para quaisquer x_1 e x_2 do domínio: $x_1 > x_2 \Rightarrow y_1 < y_2$ (as desigualdades têm sentidos diferentes).

Nas duas situações, pode-se observar que:
- O gráfico nunca intercepta o eixo vertical.
- O gráfico corta o eixo horizontal no ponto (1, 0).
- A raiz da função é $x = 1$.
- Y assume todos os valores reais, portanto, o conjunto imagem é Im = IR.

8.8.3 Equações logarítmicas

Equações logarítmicas são toda equação que envolve logaritmos com a incógnita aparecendo no logaritmando, na base ou em ambos.

8.8.4 Inequações logarítmicas

Inequações logarítmicas são toda inequação que envolve logaritmos com a incógnita aparecendo no logaritmando, na base ou em ambos.

Para resolver inequações logarítmicas, devem-se realizar dois passos:
- Redução dos dois membros da inequação a logaritmos de mesma base.
- **Aplicação da propriedade:**

a > 1

$\log_a m > \log_a n \Rightarrow m > n > 0$
(as desigualdades têm mesmo sentido)

0 < a < 1

$\log_a m > \log_a n \Rightarrow 0 < m < n$
(as desigualdades têm sentidos diferentes)

9 SEQUÊNCIAS NUMÉRICAS

Neste capítulo, conheceremos a formação de uma sequência e também do que trata a P.A. (Progressão Aritmética) e a P.G. (Progressão Geométrica).

9.1 Definições

Sequências: conjunto de elementos organizados de acordo com certo padrão, ou seguindo determinada regra. O conhecimento das sequências é fundamental para a compreensão das progressões.

Progressões: são sequências numéricas com algumas características exclusivas.

Cada elemento das sequências e/ou progressões são denominados termos.

Sequência dos números quadrados perfeitos: (1, 4, 9, 16, 25, 36, 49, 64, 81, 100...).

Sequência dos números primos: (2, 3, 5, 7, 11, 13, 17, 19, 23, 29, 31, 37, 41, 43, 47, 53...).

O que determina a formação na sequência dos números é: $a_n = n^2$.

9.2 Lei de formação de uma sequência

Para determinar uma sequência numérica é preciso uma lei de formação. A lei que define a sequência pode ser a mais variada possível.

| A sequência definida pela lei $a_n = n^2 + 1$, com $n \in \mathbb{N}$, cujo a_n é o termo que ocupa a n-ésima posição na sequência é: 0, 2, 5, 10, 17, 26... Por esse motivo, a_n é chamado de termo geral da sequência.

9.3 Progressão aritmética (P.A.)

Progressão aritmética é uma sequência numérica em que cada termo, a partir do segundo, é igual ao anterior adicionado a um número fixo, chamado razão da progressão (r).

Quando r > 0, a progressão aritmética é crescente; quando r < 0, decrescente e quando r = 0, constante ou estacionária.

- (2, 5, 8, 11, ...), temos r = 3. Logo, a P.A. é crescente.
- (20, 18, 16, 14, ...), temos r = -2. Logo, a P.A. é decrescente.
- (5, 5, 5, 5, ...), temos r = 0. Logo, a P.A. é constante.

A representação matemática de uma progressão aritmética é: $(a_1, a_2, a_3, ..., a_n, a_{n+1}, ...)$ na qual:

$$\begin{cases} a_2 = a_1 + r \\ a_3 = a_2 + r \\ a_4 = a_3 + r \\ \vdots \end{cases}$$

Se a razão de uma P.A. é a quantidade que acrescentamos a cada termo para obter o seguinte, podemos dizer que ela é igual à diferença entre qualquer termo, a partir do segundo, e o anterior. Assim, de modo geral, temos:

$$r = a_2 - a_1 = a_3 - a_2 = ... = a_{n+1} - a_n$$

Para encontrar um termo específico, a quantidade de termos ou até mesmo a razão de uma P.A., dispomos de uma relação chamada termo geral de uma P.A.: $a_n = a_1 + (n-1)r$, onde:

- a_n é o termo geral.
- a_1 é o primeiro termo.
- n é o número de termos.
- r é a razão da P.A.

Propriedades:

P_1. Em toda P.A. finita, a soma de dois termos equidistantes dos extremos é igual à soma dos extremos.

```
1    3    5    7    9    11
          5 + 7 = 12
     3 + 9 = 12
1 + 11 = 12
```

Dois termos são equidistantes quando a distância entre um deles para o primeiro termo da P.A. é igual a distância do outro para o último termo da P.A.

P_2. Uma sequência de três termos é P.A. se o termo médio é igual à média aritmética entre os outros dois, isto é, (a, b, c) é P.A. $\Leftrightarrow b = \dfrac{a+c}{2}$

| Seja a P.A. (2, 4, 6), então, $4 = \dfrac{2+6}{2}$

P_3. Em uma P.A. com número ímpar de termos, o termo médio é a média aritmética entre os extremos.

| (3, 6, 9, 12, 15, 18, 21, 24, 27, 30, 33, 36, 39), $21 = \dfrac{3+39}{2}$

P_4. A soma S_n dos n primeiros termos da P.A. $(a_1, a_2, a_3, ... a_n)$ é dada por:

$$S_n = \dfrac{(a_1 + a_n) \cdot n}{2}$$

Calcule a soma dos temos da P.A. (1, 4, 7, 10, 13, 16, 19, 22, 25).
$a_1 = 1$; $a_n = 25$; $n = 9$

$S_n = \dfrac{(a_1 + a^n) \cdot n}{2}$

$S_n = \dfrac{(1 + 25) \cdot 9}{2}$

$S_n = \dfrac{(26) \cdot 9}{2}$

$S_n = \dfrac{234}{2}$

$S_n = 117$

9.3.1 Interpolação aritmética

Interpolar significa inserir termos, ou seja, interpolação aritmética é a colocação de termos entre os extremos de uma P.A. Consiste basicamente em descobrir o valor da razão da P.A. e inserir esses termos.

Utiliza-se a fórmula do termo geral para a resolução das questões, em que **n** será igual a **k + 2**, cujo **k** é a quantidade de termos que se quer interpolar.

| Insira 5 termos em uma P.A. que começa com 3 e termina com 15.
| $a_1 = 3$; $a_n = 15$; $k = 5$ e | (3, 5, 7, 9, 11, 13, 15)
| $n = 5 + 2 = 7$
| $a_n = a_1 + (n-1) \cdot r$
| $15 = 3 + (7-1) \cdot r$
| $15 = 3 + 6r$
| $6r = 15 - 3$
| $6r = 12$
| $r = \dfrac{12}{6}$
| $r = 2$
| Então, P.A.

9.4 Progressão geométrica (P.G.)

Progressão geométrica é uma sequência de números não nulos em que cada termo, a partir do segundo, é igual ao anterior multiplicado por um número fixo, chamado razão da progressão (q).

A representação matemática de uma progressão geométrica é $(a_1, a_2, a_3, ..., a_{n-1}, a_n)$, na qual $a_2 = a_1 \cdot q$, $a_3 = a_2 \cdot q$,... etc. De modo geral, escrevemos: $a_{n+1} = a_n \cdot q$, $\forall n \in \mathbb{N}^*$ e $q \in \mathbb{R}$.

Em uma P.G., a razão q é igual ao quociente entre qualquer termo, a partir do segundo, e o anterior.

$(4, 8, 16, 32, 64)$
$q = \dfrac{8}{4} = \dfrac{16}{8} = \dfrac{32}{16} = \dfrac{64}{32} = 2$

$(6, -18, 54, -162)$
$q = \dfrac{186}{6} = \dfrac{54}{-18} = \dfrac{-162}{54} = -3$

Assim, podemos escrever:
$\dfrac{a_2}{a_1} = \dfrac{a_3}{a_2} = ... = \dfrac{a_{n+1}}{a_n} = q$, sendo q a razão da P.G.

Podemos classificar uma P.G. como:

Crescente:

Quando $a_1 > 0$ e $q > 1$
| $(2, 6, 18, 54,...)$ é uma P.G. crescente com $a_1 = 2$ e $q = 3$

Quando $a_1 < 0$ e $0 < q < 1$
| $(-40, -20, -10,...)$ é uma P.G. crescente com $a_1 = -40$ e $q = 1/2$

Decrescente:

Quando $a_1 > 0$ e $0 < q < 1$
| $(256, 64, 16,...)$ é uma P.G. decrescente com $a_1 = 256$ e $q = 1/4$

Quando $a_1 < 0$ e $q > 1$
| $(-2, -10, -50,...)$ é uma P.G. decrescente com $a_1 = -2$ e $q = 5$

Constante:

Quando $q = 1$
| $(3, 3, 3, 3, 3,...)$ é uma P.G. constante com $a_1 = 3$ e $q = 1$

Alternada:

Quando $q < 0$
| $(2, -6, 18, -54)$ é uma P.G. alternada com $a_1 = 2$ e $q = -3$

A fórmula do termo geral de uma P.G. nos permite encontrar qualquer termo da progressão.

$$a_n = a_1 \cdot q^{n-1}$$

Propriedades:

P_1. Em toda P.G. finita, o produto de dois termos equidistantes dos extremos é igual ao produto dos extremos.

```
1     3     9     27     81     243
            └──────┘
            9 · 27 = 243
      └────────────┘
      3 · 81 = 243
└──────────────────────────────┘
1 · 243 = 243
```

Dois termos são equidistantes quando a distância de um deles para o primeiro termo P.G. é igual a distância do outro para o último termo da P.G.

P_2. Uma sequência de três termos, em que o primeiro é diferente de zero, é uma P.G., e sendo o quadrado do termo médio igual ao produto dos outros dois, isto é, $a \neq 0$.

| (a, b, c) é P.G. $\Leftrightarrow b^2 = ac$
| $(2, 4, 8) \Leftrightarrow 4^2 = 2 \cdot 8 = 16$

P_3. Em uma P.G. com número ímpar de termos, o quadrado do termo médio é igual ao produto dos extremos.

| $(2, 4, 8, 16, 32, 64, 128, 256, 512)$, temos que $32^2 = 2 \cdot 512 = 1.024$.

P_4. Soma dos n primeiros termos de uma P.G.: $S_n = \dfrac{a_1(q^n - 1)}{q - 1}$

P_5. Soma dos termos de uma P.G. infinita:

| $S_\infty = \dfrac{a_1}{q - 1}$, se $-1 < q < 1$
| $1 - q$

- $S_\infty = +\infty$, se $q > 1$ e $a_1 > 0$
- $S_\infty = -\infty$, se $q > 1$ e $a_1 < 0$

9.4.1 Interpolação geométrica

Interpolar significa inserir termos, ou seja, interpolação geométrica é a colocação de termos entre os extremos de uma P.G. Consiste basicamente em descobrir o valor da razão da P.G. e inserir esses termos.

Utiliza-se a fórmula do termo geral para a resolução das questões, em que **n** será igual a **p + 2**, cujo **p** é a quantidade de termos que se quer interpolar.

Insira 4 termos em uma P.G. que começa com 2 e termina com 2.048.
$a_1 = 2$; $a_n = 2.048$; $p = 4$ e $n = 4 + 2 = 6$
$a_n = a_1 \cdot q^{(n-1)}$
$2.048 = 2 \cdot q^{(6-1)}$
$2.048 = 2 \cdot q^5$
$q^5 = \dfrac{2.048}{2}$
$q^5 = 1.024$ ($1.024 = 4^5$)
$q^5 = 4^5$
$q = 4$
P.G. $(2, \mathbf{8, 32, 128, 512}, 2.048)$.

9.4.2 Produto dos termos de uma P.G.

Para o cálculo do produto dos termos de uma P.G., usar a seguinte fórmula:

$$P_n = \sqrt{(a_1 \cdot a_n)^n}$$

Qual o produto dos termos da P.G. $(5, 10, 20, 40, 80, 160)$?
$a_1 = 5$; $a_n = 160$; $n = 6$
$P_n = \sqrt{(a_1 \cdot a_n)^n}$
$P_n = \sqrt{(5 \cdot 160)^6}$
$P_n = (5 \cdot 160)^3$
$P_n = (800)^3$
$P_n = 512.000.000$

RACIOCÍNIO LÓGICO

9 SEQUÊNCIAS NUMÉRICAS

Neste capítulo, conheceremos a formação de uma sequência e também do que trata a P.A. (Progressão Aritmética) e a P.G. (Progressão Geométrica).

9.1 Definições

Sequências: conjunto de elementos organizados de acordo com certo padrão, ou seguindo determinada regra. O conhecimento das sequências é fundamental para a compreensão das progressões.

Progressões: são sequências numéricas com algumas características exclusivas.

Cada elemento das sequências e/ou progressões são denominados termos.

Sequência dos números quadrados perfeitos: (1, 4, 9, 16, 25, 36, 49, 64, 81, 100...).

Sequência dos números primos: (2, 3, 5, 7, 11, 13, 17, 19, 23, 29, 31, 37, 41, 43, 47, 53...).

O que determina a formação na sequência dos números é: $a_n = n^2$.

9.2 Lei de formação de uma sequência

Para determinar uma sequência numérica é preciso uma lei de formação. A lei que define a sequência pode ser a mais variada possível.

| A sequência definida pela lei $a_n = n^2 + 1$, com $n \in \mathbb{N}$, cujo a_n é o termo que ocupa a n-ésima posição na sequência é: 0, 2, 5, 10, 17, 26... Por esse motivo, a_n é chamado de termo geral da sequência.

9.3 Progressão aritmética (P.A.)

Progressão aritmética é uma sequência numérica em que cada termo, a partir do segundo, é igual ao anterior adicionado a um número fixo, chamado razão da progressão (r).

Quando $r > 0$, a progressão aritmética é crescente; quando $r < 0$, decrescente e quando $r = 0$, constante ou estacionária.

- (2, 5, 8, 11, ...), temos r = 3. Logo, a P.A. é crescente.
- (20, 18, 16, 14, ...), temos r = -2. Logo, a P.A. é decrescente.
- (5, 5, 5, 5, ...), temos r = 0. Logo, a P.A. é constante.

A representação matemática de uma progressão aritmética é: $(a_1, a_2, a_3, ..., a_n, a_{n+1}, ...)$ na qual:

$$\begin{cases} a_2 = a_1 + r \\ a_3 = a_2 + r \\ a_4 = a_3 + r \\ \vdots \end{cases}$$

Se a razão de uma P.A. é a quantidade que acrescentamos a cada termo para obter o seguinte, podemos dizer que ela é igual à diferença entre qualquer termo, a partir do segundo, e o anterior. Assim, de modo geral, temos:

$$r = a_2 - a_1 = a_3 - a_2 = ... = a_{n+1} - a_n$$

Para encontrar um termo específico, a quantidade de termos ou até mesmo a razão de uma P.A., dispomos de uma relação chamada termo geral de uma P.A.: $a_n = a_1 + (n-1)r$, onde:

- a_n é o termo geral.
- a_1 é o primeiro termo.
- n é o número de termos.
- r é a razão da P.A.

Propriedades:

P_1. Em toda P.A. finita, a soma de dois termos equidistantes dos extremos é igual à soma dos extremos.

```
1    3    5    7    9    11
          5 + 7 = 12
     3 + 9 = 12
1 + 11 = 12
```

Dois termos são equidistantes quando a distância entre um deles para o primeiro termo da P.A. é igual a distância do outro para o último termo da P.A.

P_2. Uma sequência de três termos é P.A. se o termo médio é igual à média aritmética entre os outros dois, isto é, (a, b, c) é P.A. $\Leftrightarrow b = \dfrac{a+c}{2}$

| Seja a P.A. (2, 4, 6), então, $4 = \dfrac{2+6}{2}$

P_3. Em uma P.A. com número ímpar de termos, o termo médio é a média aritmética entre os extremos.

| (3, 6, 9, 12, 15, 18, 21, 24, 27, 30, 33, 36, 39), $21 = \dfrac{3+39}{2}$

P_4. A soma S_n dos n primeiros termos da P.A. $(a_1, a_2, a_3, ... a_n)$ é dada por:

$$S_n = \dfrac{(a_1 + a_n)}{2} \cdot n$$

Calcule a soma dos termos da P.A. (1, 4, 7, 10, 13, 16, 19, 22, 25).
$a_1 = 1; a_n = 25; n = 9$

$S_n = \dfrac{(a_1 + a^n) \cdot n}{2}$

$S_n = \dfrac{(1 + 25) \cdot 9}{2}$

$S_n = \dfrac{(26) \cdot 9}{2}$

$S_n = \dfrac{234}{2}$

$S_n = 117$

9.3.1 Interpolação aritmética

Interpolar significa inserir termos, ou seja, interpolação aritmética é a colocação de termos entre os extremos de uma P.A. Consiste basicamente em descobrir o valor da razão da P.A. e inserir esses termos.

Utiliza-se a fórmula do termo geral para a resolução das questões, em que **n** será igual a **k + 2**, cujo **k** é a quantidade de termos que se quer interpolar.

| Insira 5 termos em uma P.A. que começa com 3 e termina com 15.
| $a_1 = 3; a_n = 15; k = 5$ e | (3, 5, 7, 9, 11, 13, 15)
| $n = 5 + 2 = 7$
| $a_n = a_1 + (n - 1) \cdot r$
| $15 = 3 + (7 - 1) \cdot r$
| $15 = 3 + 6r$
| $6r = 15 - 3$
| $6r = 12$
| $r = \dfrac{12}{6}$
| $r = 2$
| Então, P.A.

9.4 Progressão geométrica (P.G.)

Progressão geométrica é uma sequência de números não nulos em que cada termo, a partir do segundo, é igual ao anterior multiplicado por um número fixo, chamado razão da progressão (q).

A representação matemática de uma progressão geométrica é $(a_1, a_2, a_3, \ldots, a_{n-1}, a_n)$, na qual $a_2 = a_1 \cdot q$, $a_3 = a_2 \cdot q, \ldots$ etc. De modo geral, escrevemos: $a_{n+1} = a_n \cdot q$, $\forall n \in \mathbb{N}^*$ e $q \in \mathbb{R}$.

Em uma P.G., a razão q é igual ao quociente entre qualquer termo, a partir do segundo, e o anterior.

$$(4, 8, 16, 32, 64)$$
$$q = \frac{8}{4} = \frac{16}{8} = \frac{32}{16} = \frac{64}{32} = 2$$
$$(6, -18, 54, -162)$$
$$q = \frac{186}{6} = \frac{54}{-18} = \frac{-162}{54} = -3$$

Assim, podemos escrever:
$$\frac{a_2}{a_1} = \frac{a_3}{a_2} = \ldots = \frac{a_{n+1}}{a_n} = q, \text{ sendo q a razão da P.G.}$$

Podemos classificar uma P.G. como:

Crescente:

Quando $a_1 > 0$ e $q > 1$

| $(2, 6, 18, 54, \ldots)$ é uma P.G. crescente com $a_1 = 2$ e $q = 3$

Quando $a_1 < 0$ e $0 < q < 1$

| $(-40, -20, -10, \ldots)$ é uma P.G. crescente com $a_1 = -40$ e $q = 1/2$

Decrescente:

Quando $a_1 > 0$ e $0 < q < 1$

| $(256, 64, 16, \ldots)$ é uma P.G. decrescente com $a_1 = 256$ e $q = 1/4$

Quando $a_1 < 0$ e $q > 1$

| $(-2, -10, -50, \ldots)$ é uma P.G. decrescente com $a_1 = -2$ e $q = 5$

Constante:

Quando $q = 1$

| $(3, 3, 3, 3, 3, \ldots)$ é uma P.G. constante com $a_1 = 3$ e $q = 1$

Alternada:

Quando $q < 0$

| $(2, -6, 18, -54)$ é uma P.G. alternada com $a_1 = 2$ e $q = -3$

A fórmula do termo geral de uma P.G. nos permite encontrar qualquer termo da progressão.

$$\boxed{a_n = a_1 \cdot q^{n-1}}$$

Propriedades:

P_1. Em toda P.G. finita, o produto de dois termos equidistantes dos extremos é igual ao produto dos extremos.

```
1      3      9      27      81      243
              └── 9 · 27 = 243 ──┘
       └────── 3 · 81 = 243 ──────┘
└────────── 1 · 243 = 243 ──────────┘
```

Dois termos são equidistantes quando a distância de um deles para o primeiro termo P.G. é igual a distância do outro para o último termo da P.G.

P_2. Uma sequência de três termos, em que o primeiro é diferente de zero, é uma P.G., e sendo o quadrado do termo médio igual ao produto dos outros dois, isto é, $a \neq 0$.

| (a, b, c) é P.G. $\Leftrightarrow b^2 = ac$
| $(2, 4, 8) \Leftrightarrow 4^2 = 2 \cdot 8 = 16$

P_3. Em uma P.G. com número ímpar de termos, o quadrado do termo médio é igual ao produto dos extremos.

| $(2, 4, 8, 16, 32, 64, 128, 256, 512)$, temos que $32^2 = 2 \cdot 512 = 1.024$.

P_4. Soma dos n primeiros termos de uma P.G.: $S_n = \dfrac{a_1(q^n - 1)}{q - 1}$

P_5. Soma dos termos de uma P.G. infinita:

$$S_\infty = \frac{a_1}{q - 1}, \text{ se } -1 < q < 1$$
$$1 - q$$

- $S_\infty = +\infty$, se $q > 1$ e $a_1 > 0$
- $S_\infty = -\infty$, se $q > 1$ e $a_1 < 0$

9.4.1 Interpolação geométrica

Interpolar significa inserir termos, ou seja, interpolação geométrica é a colocação de termos entre os extremos de uma P.G. Consiste basicamente em descobrir o valor da razão da P.G. e inserir esses termos.

Utiliza-se a fórmula do termo geral para a resolução das questões, em que **n** será igual a **p + 2**, cujo **p** é a quantidade de termos que se quer interpolar.

Insira 4 termos em uma P.G. que começa com 2 e termina com 2.048.

$a_1 = 2$; $a_n = 2.048$; $p = 4$ e $n = 4 + 2 = 6$
$a_n = a_1 \cdot q^{(n-1)}$
$2.048 = 2 \cdot q^{(6-1)}$
$2.048 = 2 \cdot q^5$
$q^5 = \dfrac{2.048}{2}$
$q^5 = 1.024 \ (1.024 = 4^5)$
$q^5 = 4^5$
$q = 4$
P.G. $(2, \mathbf{8, 32, 128, 512}, 2.048)$.

9.4.2 Produto dos termos de uma P.G.

Para o cálculo do produto dos termos de uma P.G., usar a seguinte fórmula:

$$\boxed{P_n = \sqrt{(a_1 \cdot a_n)^n}}$$

Qual o produto dos termos da P.G. $(5, 10, 20, 40, 80, 160)$?

$a_1 = 5$; $a_n = 160$; $n = 6$

$P_n = \sqrt{(a_1 \cdot a_n)^n}$
$P_n = \sqrt{(5 \cdot 160)^6}$
$P_n = (5 \cdot 160)^3$
$P_n = (800)^3$
$P_n = 512.000.000$

RACIOCÍNIO LÓGICO

10 MATRIZES

Matriz: é uma tabela que serve para organizar dados numéricos em linhas e colunas.

Nas matrizes, cada número é chamado de elemento da matriz, as filas horizontais são chamadas **linhas** e as filas verticais são chamadas **colunas**.

$$\begin{bmatrix} 1 & 4 & 7 \\ 13 & -1 & 18 \end{bmatrix} \rightarrow \text{Linha}$$
$$\downarrow \text{Coluna}$$

No exemplo, a matriz apresenta 2 linhas e 3 colunas. Dizemos que essa matriz é do tipo 2x3 (2 linhas e 3 colunas). Lê-se dois por três.

10.1 Representação de uma matriz

Uma matriz pode ser representada por parênteses ( ) ou colchetes [ ], com seus dados numéricos inseridos dentro desses símbolos matemáticos. Cada um desses dados, ocupam uma posição definida por uma linha e coluna.

A nomenclatura da matriz se dá por uma letra maiúscula. De modo geral, uma matriz A de m linhas e n colunas (m x n) pode ser representada da seguinte forma:

$$A = \begin{bmatrix} a_{11} & a_{12} & a_{13} & \ldots & a_{1n} \\ a_{21} & a_{22} & a_{23} & \ldots & a_{2n} \\ a_{31} & a_{32} & a_{33} & \ldots & a_{3n} \\ \vdots & & & & \vdots \\ a_{m1} & a_{m2} & a_{m3} & & a_{mn} \end{bmatrix}_{m \times n} \text{com m, n} \in \mathbb{N}^*$$

Abreviadamente:

$$A_{m \times n} = [a_{ij}]_{m \times n}$$

Com: $i \in \{1, 2, 3, ..., m\}$ e $j \in \{1, 2, 3, ..., n\}$

No qual, a_{ij} é o elemento da i linha com a j coluna.

$$B_{3 \times 2} = \begin{pmatrix} 4 & 7 \\ 6 & 8 \\ 18 & 10 \end{pmatrix} \text{ matriz de ordem 3 x 2}$$

$$C_{2 \times 2} = \begin{pmatrix} 2 & 13 \\ 18 & 28 \end{pmatrix} \text{ matriz quadrada de ordem 2 x 2 ou somente 2}$$

10.2 Lei de formação de uma matriz

As matrizes possuem uma lei de formação que define seus elementos a partir da posição (linha e coluna) de cada um deles na matriz, e podemos assim representar:

$D = (d_{ij})_{3 \times 3}$ em que $d_{ij} = 2i - j$

$$D = \begin{pmatrix} d_{11} = 2 \cdot (1) - 1 = 1 & d_{12} = 2 \cdot (1) - 2 = 0 & d_{13} = 2 \cdot (1) - 3 = -1 \\ d_{21} = 2 \cdot (2) - 1 = 3 & d_{22} = 2 \cdot (2) - 2 = 2 & d_{23} = 2 \cdot (2) - 3 = 1 \\ d_{31} = 2 \cdot (3) - 1 = 5 & d_{32} = 2 \cdot (3) - 2 = 4 & d_{33} = 2 \cdot (3) - 3 = 3 \end{pmatrix}$$

$$= \begin{pmatrix} 1 & 0 & -1 \\ 3 & 2 & 1 \\ 5 & 4 & 3 \end{pmatrix}$$

Logo: $D = \begin{pmatrix} 1 & 0 & -1 \\ 3 & 2 & 1 \\ 5 & 4 & 3 \end{pmatrix}$

10.3 Tipos de matrizes

Existem alguns tipos de matrizes mais comuns e usados nas questões de concursos são eles:

▷ **Matriz linha:** é aquela que possui somente uma linha.

$A_{1 \times 3} = \begin{bmatrix} 4 & 7 & 10 \end{bmatrix}$

▷ **Matriz coluna:** é aquela que possui somente uma coluna.

$B_{3 \times 1} = \begin{bmatrix} 6 \\ 13 \\ 22 \end{bmatrix}$

▷ **Matriz nula:** é aquela que possui todos os elementos nulos ou zero.

$C_{2 \times 3} = \begin{bmatrix} 0 & 0 & 0 \\ 0 & 0 & 0 \end{bmatrix}$

▷ **Matriz quadrada:** é aquela que possui o número de linhas igual ao número de colunas.

$D_{3 \times 3} = \begin{bmatrix} 2 & 4 & 7 \\ 13 & 10 & 18 \\ 32 & 29 & 1 \end{bmatrix}$

- **Características das matrizes quadradas:** possuem diagonal principal e secundária.

$A_{3 \times 3} = \begin{bmatrix} \mathbf{1} & 2 & 3 \\ 2 & \mathbf{4} & 6 \\ 3 & 6 & \mathbf{9} \end{bmatrix}$ **diagonal principal**

$A_{3 \times 3} = \begin{bmatrix} 1 & 2 & \mathbf{3} \\ 2 & \mathbf{4} & 6 \\ \mathbf{3} & 6 & 9 \end{bmatrix}$ **diagonal secundária**

▷ **Matriz identidade:** é toda a matriz quadrada que os elementos da diagonal principal são iguais a um e os demais são zeros.

$A_{3 \times 3} = \begin{bmatrix} \mathbf{1} & 0 & 0 \\ 0 & \mathbf{1} & 0 \\ 0 & 0 & \mathbf{1} \end{bmatrix}$

▷ **Matriz diagonal:** é toda a matriz quadrada que os elementos da diagonal principal são diferentes de zero e os demais são zeros.

$A_{3 \times 3} = \begin{bmatrix} \mathbf{1} & 0 & 0 \\ 0 & \mathbf{4} & 0 \\ 0 & 0 & \mathbf{7} \end{bmatrix}$

▷ **Matriz triangular:** é aquela cujos elementos de um dos triângulos formados pela diagonal principal são zeros.

$A_{3 \times 3} = \begin{bmatrix} 2 & 5 & 8 \\ \mathbf{0} & 6 & 3 \\ \mathbf{0} & \mathbf{0} & 9 \end{bmatrix}$

▷ **Matriz transposta (a^t):** é aquela em que ocorre a troca ordenada das linhas por colunas.

$$A = [a_{ij}]_{m \times n} = A^t = [a^t_{ji}]_{n \times m}$$

$A_{2 \times 3} = \begin{bmatrix} 1 & 4 & 7 \\ 6 & 8 & 9 \end{bmatrix} \rightarrow A^t_{3 \times 2} = \begin{bmatrix} 1 & 6 \\ 4 & 8 \\ 7 & 9 \end{bmatrix}$

MATRIZES

Perceba que a linha 1 de A corresponde à coluna 1 de A^t e a coluna 2 de A corresponde à coluna 2 de A^t.

▷ **Matriz oposta:** é toda matriz obtida trocando o sinal de cada um dos elementos de uma matriz dada.

$$A_{2 \times 2} = \begin{bmatrix} 4 & -1 \\ -6 & 7 \end{bmatrix} \rightarrow -A_{2 \times 2} = \begin{bmatrix} -4 & 1 \\ 6 & -7 \end{bmatrix}$$

▷ **Matriz simétrica:** é toda matriz cuja matriz transposta é igual à própria matriz, ou seja, $A = A^t$.

$$\left. \begin{array}{l} A = \begin{bmatrix} 1 & 3 \\ 3 & 2 \end{bmatrix} \\ A_t = \begin{bmatrix} 1 & 3 \\ 3 & 2 \end{bmatrix} \end{array} \right\} A = A^t$$

10.4 Operações com matrizes

Vamos estudar as principais operações com as matrizes. Atente-se para a multiplicação de duas matrizes.

▷ **Igualdade de matrizes:** duas matrizes são iguais quando possuem o mesmo número de linhas e colunas (mesma ordem) e os elementos correspondentes são iguais.

$$X = Y \rightarrow X_{2 \times 2} = \begin{bmatrix} 1 & 0 \\ 3 & 2 \end{bmatrix} \text{ e } Y_{2 \times 2} = \begin{bmatrix} 1 & 0 \\ 3 & 2 \end{bmatrix}$$

▷ **Soma de matrizes:** só é possível somar matrizes de mesma ordem. Para fazer o cálculo, somar os elementos correspondentes.

$$S = X + Y \text{ (S = matriz soma de X e Y)}$$
$$X_{2 \times 3} = \begin{bmatrix} 6 & 8 & 9 \\ 10 & 13 & 4 \end{bmatrix} \text{ e } Y_{2 \times 3} = \begin{bmatrix} 18 & 22 & 30 \\ 9 & 14 & 28 \end{bmatrix}$$
$$S = \begin{bmatrix} 6+18 & 8+22 & 9+30 \\ 10+9 & 13+14 & 4+28 \end{bmatrix}$$
$$S_{2 \times 3} = \begin{bmatrix} 24 & 30 & 39 \\ 19 & 27 & 32 \end{bmatrix}$$

▷ **Produto de uma constante por uma matriz:** multiplicar a constante por todos os elementos da matriz.

$$P = 2Y$$
$$Y_{2 \times 2} = \begin{bmatrix} 7 & 4 \\ 13 & 25 \end{bmatrix}$$
$$P = \begin{bmatrix} 2 \cdot 7 & 2 \cdot 4 \\ 2 \cdot 13 & 2 \cdot 25 \end{bmatrix}$$
$$P_{2 \times 2} = \begin{bmatrix} 14 & 8 \\ 26 & 50 \end{bmatrix}$$

10.5 Multiplicação de matrizes

Para multiplicar matrizes, devemos multiplicar linhas por colunas, ou seja, multiplica o 1º número da linha pelo 1º número da coluna, o 2º número da linha pelo 2º número da coluna e, assim sucessivamente, para todos os elementos das linhas e colunas.

Esse procedimento de cálculo só poderá ser feito se o número de colunas da 1ª matriz for igual ao número de linhas da 2ª matriz.

$$(A_{m \times n}) \cdot (B_{n \times p}) = C_{m \times p}$$

$M = A_{2 \times 3} \cdot B_{3 \times 2}$

$$A_{2 \times 3} = \begin{bmatrix} 1 & 2 & 4 \\ 5 & 7 & 6 \end{bmatrix} \text{ e } B_{3 \times 2} = \begin{bmatrix} 2 & 3 \\ 8 & 1 \\ 4 & 9 \end{bmatrix}$$

$$M_{2 \times 3} = \begin{bmatrix} m_{11} & m_{12} \\ m_{21} & m_{22} \end{bmatrix}$$

$$M_{2 \times 2} = \begin{bmatrix} m_{11} = (1 \cdot 2 + 2 \cdot 8 + 4 \cdot 4) & m_{12} = (1 \cdot 3 + 2 \cdot 1 + 4 \cdot 9) \\ m_{21} = (5 \cdot 2 + 7 \cdot 8 + 6 \cdot 4) & m_{22} = (5 \cdot 3 + 7 \cdot 1 + 6 \cdot 9) \end{bmatrix}$$

$$M_{2 \times 2} = \begin{bmatrix} m_{11} = 34 & m_{12} = 41 \\ m_{21} = 90 & m_{22} = 76 \end{bmatrix}$$

$$M_{2 \times 2} = \begin{bmatrix} 34 & 41 \\ 90 & 76 \end{bmatrix}$$

10.5.1 Matriz inversa (a^{-1})

Se existe uma matriz B, quadrada de ordem n, tal que $A \cdot B = B \cdot A = I_n$, dizemos que a matriz B é a inversa de A. Costumamos indicar a matriz inversa por A^{-1}. Assim $B = A^{-1}$.

Logo: $A \cdot A^{-1} = A^{-1} \cdot A = I_n$

$A \cdot A^{-1} = I_n$

$$A_{2 \times 2} = \begin{bmatrix} 1 & -2 \\ 3 & 1 \end{bmatrix} \text{ e } A^{-1}_{2 \times 2} = \begin{bmatrix} a & b \\ c & d \end{bmatrix}$$

$$\begin{bmatrix} 1 & -2 \\ 3 & 1 \end{bmatrix} \cdot \begin{bmatrix} a & b \\ c & d \end{bmatrix} = \begin{bmatrix} 1 & 0 \\ 0 & 1 \end{bmatrix}$$

$$\begin{bmatrix} 1a - 2c & 1b - 2d \\ 3a + 1c & 3b + 1d \end{bmatrix} = \begin{bmatrix} 1 & 0 \\ 0 & 1 \end{bmatrix}$$

$$\begin{cases} 1a - 2c = 1 \\ 1b - 2d = 0 \\ 3a + 1c = 0 \\ 3b + 1d = 1 \end{cases} \quad I \begin{cases} 1a - 2c = 1 \\ 3a + 1c = 0 \end{cases} \quad II \begin{cases} 1b - 2d = 0 \\ 3b + 1d = 1 \end{cases}$$

Resolvendo o sistema I:

$$I \begin{cases} 1a - 2c = 1 \\ 3a + 1c = 0 \, (\cdot 2) \end{cases}$$

$$I \begin{cases} 1a - 2c = 1 \\ 6a + 2c = 0 \end{cases} + \text{ (somando as equações)}$$

$7a = 1$

$a = \dfrac{1}{7}$

Substituindo-se a em uma das duas equações, temos:

$3\left(\dfrac{1}{7}\right) + 1c = 0$

$\dfrac{3}{7} + 1c = 0$

$c = \dfrac{-3}{7}$

Resolvendo o sistema II:

$$II \begin{cases} 1b - 2d = 0 \, (\cdot -3) \\ 3b + 1d = 1 \end{cases}$$

186

II $\begin{cases} -3 + 6d = 0 \\ 3b + 1d = 1 \end{cases}$ + (somando as equações)

$7d = 1$

$d = \dfrac{1}{7}$

Substituindo-se d em uma das duas equações, temos:

$1b - 2\left(\dfrac{1}{7}\right) = 0$

$b - \dfrac{2}{7} = 0$

$b = \dfrac{2}{7}$

$a = \dfrac{1}{7}; b = \dfrac{2}{7}; c = \dfrac{-3}{7}; d = \dfrac{1}{7}$

Logo:

$A^{-1}_{2 \times 2} = \begin{bmatrix} \dfrac{1}{7} & \dfrac{2}{7} \\ \dfrac{-3}{7} & \dfrac{1}{7} \end{bmatrix}$

DETERMINANTES

11 DETERMINANTES

Determinante é um número real associado à matriz.

Só há determinante de matriz quadrada. Cada matriz apresenta um único determinante.

11.1 Cálculo dos determinantes

▷ **Determinante de uma matriz de ordem 1 ou de 1ª ordem:** se a matriz é de 1ª ordem, significa que ela tem apenas uma linha e uma coluna, portanto, só um elemento, que é o próprio determinante da matriz.

$$A_{1 \times 1} = [13]$$
$$\text{Det } A = 13$$
$$B_{1 \times 1} = [-7]$$
$$\text{Det } B = -7$$

▷ **Determinante de uma matriz de ordem 2 ou de 2ª ordem:** será calculado pela **subtração** do produto dos elementos da diagonal principal pelo produto dos elementos da diagonal secundária.

$$A_{2 \times 2} = \begin{bmatrix} 2 & 4 \\ 3 & 7 \end{bmatrix}$$
$$\text{Det } A = (2 \cdot 7) - (4 \cdot 3)$$
$$\text{Det } A = (14) - (12)$$
$$\text{Det } A = 2$$
$$B_{2 \times 2} = \begin{bmatrix} 6 & -4 \\ 8 & 9 \end{bmatrix}$$
$$\text{Det } B = (6 \cdot 9) - (-1 \cdot 8)$$
$$\text{Det } B = (54) - (-8)$$
$$\text{Det } B = 54 + 8$$
$$\text{Det } B = 62$$

▷ **Determinante de uma matriz de ordem 3 ou de 3ª ordem:** será calculado pela Regra de Sarrus, que consiste em:

1º passo: repetir as duas primeiras colunas ao lado da matriz.

2º passo: multiplicar os elementos da diagonal principal e das outras duas diagonais que seguem a mesma direção, e somá-los.

3º passo: multiplicar os elementos da diagonal secundária e das outras duas diagonais que seguem a mesma direção, e somá-los.

4º passo: o valor do determinante será dado pela subtração do resultado do 2º com o 3º passo.

$$A_{3 \times 3} = \begin{bmatrix} 2 & 4 & 7 \\ 3 & 5 & 8 \\ 1 & 9 & 6 \end{bmatrix} \begin{matrix} 2 & 4 \\ 3 & 5 \\ 1 & 9 \end{matrix} \quad A_{3 \times 3} = \begin{bmatrix} 2 & 4 & 7 \\ 3 & 5 & 8 \\ 1 & 9 & 6 \end{bmatrix} \begin{matrix} 2 & 4 \\ 3 & 5 \\ 1 & 9 \end{matrix}$$

$\text{Det } A = (2 \cdot 5 \cdot 6 + 4 \cdot 8 \cdot 1 + 7 \cdot 3 \cdot 9) - (7 \cdot 5 \cdot 1 + 2 \cdot 8 \cdot 9 + 4 \cdot 3 \cdot 6)$

$\text{Det } A = (60 + 32 + 189) - (35 + 144 + 72)$

$\text{Det } A = (281) - (251)$

$\text{Det } A = 30$

Se estiver diante de uma matriz triangular ou matriz diagonal, o seu determinante será calculado pelo produto dos elementos da diagonal principal.

▷ **Matriz triangular**

$$A_{3 \times 3} = \begin{bmatrix} 2 & 4 & 7 \\ 0 & 5 & 8 \\ 0 & 0 & 6 \end{bmatrix} \begin{matrix} 2 & 4 \\ 0 & 5 \\ 0 & 0 \end{matrix} \quad A_{3 \times 3} = \begin{bmatrix} 2 & 4 & 7 \\ 0 & 5 & 8 \\ 0 & 0 & 6 \end{bmatrix} \begin{matrix} 2 & 4 \\ 0 & 5 \\ 0 & 0 \end{matrix}$$

$\text{Det } A = (2 \cdot 5 \cdot 6 + 4 \cdot 8 \cdot 0 + 7 \cdot 0 \cdot 0) - (7 \cdot 5 \cdot 0 + 2 \cdot 8 \cdot 0 + 4 \cdot 0 \cdot 6)$

$\text{Det } A = (60 + 0 + 0) - (0 + 0 + 0)$

$\text{Det } A = 60$ (produto da diagonal principal = $2 \cdot 5 \cdot 6$)

▷ **Matriz diagonal**

$$B_{3 \times 3} = \begin{bmatrix} 2 & 0 & 0 \\ 0 & 5 & 0 \\ 0 & 0 & 6 \end{bmatrix} \begin{matrix} 2 & 0 \\ 0 & 5 \\ 0 & 0 \end{matrix} \quad B_{3 \times 3} = \begin{bmatrix} 2 & 0 & 0 \\ 0 & 5 & 0 \\ 0 & 0 & 6 \end{bmatrix} \begin{matrix} 2 & 0 \\ 0 & 5 \\ 0 & 0 \end{matrix}$$

$\text{Det } B = (2 \cdot 5 \cdot 6 + 0 \cdot 0 \cdot 0 + 0 \cdot 0 \cdot 0) - (0 \cdot 5 \cdot 0 + 2 \cdot 0 \cdot 0 + 0 \cdot 0 \cdot 6)$

$\text{Det } B = (60 + 0 + 0) - (0 + 0 + 0)$

$\text{Det } B = 60$ (produto da diagonal principal = $2 \cdot 5 \cdot 6$)

▷ **Determinante de uma matriz de ordem superior a 3:** será calculado pela **Regra de Chió** ou pelo **Teorema de Laplace**.

- **Regra de Chió**

Escolha um elemento $a_{ij} = 1$.

Retire a linha (i) e a coluna (j) do elemento $a_{ij} = 1$, obtenha o menor complementar (D_{ij}) do referido elemento – uma nova matriz com uma ordem a menos.

Subtraia de cada elemento dessa nova matriz menor complementar (D_{ij}) o produto dos elementos que pertenciam a sua linha e coluna e que foram retirados, formando outra matriz.

Calcule o determinante dessa última matriz e multiplique por: (-1) i + j, sendo que i e j pertencem ao elemento $a_{ij} = 1$.

$$A_{3 \times 3} = \begin{bmatrix} 2 & 4 & 7 \\ 3 & 5 & 8 \\ 1 & 9 & 6 \end{bmatrix} \text{(I)}$$

$$\text{Det. } A_{3 \times 3} = \begin{bmatrix} 2 & 4 & 7 \\ 3 & 5 & 8 \\ 1 & 9 & 6 \end{bmatrix} = \begin{bmatrix} 4 & 7 \\ 5 & 8 \end{bmatrix} \text{(II)}$$

$$\text{Det. } A_{3 \times 3} = \begin{bmatrix} 2 & 4 & 7 \\ 3 & 5 & 8 \\ 1 & 9 & 6 \end{bmatrix} = \begin{bmatrix} 4 & 7 \\ 5 & 8 \end{bmatrix} \text{(II)}$$

$$\text{Det. } A_{3 \times 3} = \begin{bmatrix} 2 & 4 & 7 \\ 3 & 5 & 8 \\ 1 & 9 & 6 \end{bmatrix} = \begin{bmatrix} 4 - (2 \cdot 9) & 7 - (2 \cdot 6) \\ 5 - (3 \cdot 9) & 8 - (3 \cdot 6) \end{bmatrix} \text{(III)}$$

$$\text{Det. } A_{3 \times 3} = (-1)^{3+1} \cdot \begin{bmatrix} -14 & -5 \\ -22 & -10 \end{bmatrix} \text{(IV)}$$

$\text{Det. } A_{3 \times 3} = (-1)^{3+1} \cdot (1) \cdot (140 - 110)$

$\text{Det. } A = 30$

- **Teorema de Laplace**

Primeiramente, precisamos saber o que é um cofator. O cofator de um elemento a_{ij} de uma matriz é: $A_{ij} = (-1)i + j \cdot D_{ij}$.

RACIOCÍNIO LÓGICO

No teorema, deve-se escolher uma linha ou coluna do determinante, calcular o cofator de cada elemento da fila e multiplicar cada elemento pelo seu respectivo cofator, sendo a soma dos produtos o determinante da matriz.

Escolha uma linha ou coluna qualquer do determinante:

$$A_{3 \times 3} = \begin{bmatrix} \mathbf{2} & 4 & 7 \\ \mathbf{3} & 5 & 8 \\ \mathbf{1} & 9 & 6 \end{bmatrix}$$

Calcule o cofator de cada elemento dessa fila:

$a_{11} = A_{11} = (-1)^{1+1} \cdot \begin{bmatrix} 5 & 8 \\ 9 & 6 \end{bmatrix} = (1) \cdot (-42) = -42$

$a_{21} = A_{21} = (-1)^{2+1} \cdot \begin{bmatrix} 4 & 7 \\ 9 & 6 \end{bmatrix} = (1) \cdot (-39) = 39$

$a_{31} = A_{31} = (-1)^{3+1} \cdot \begin{bmatrix} 4 & 7 \\ 5 & 8 \end{bmatrix} = (1) \cdot (-3) = -3$

Multiplique cada elemento da fila selecionada pelo seu respectivo cofator. O determinante da matriz será a soma desses produtos.

Det. $A_{3 \times 3}$ = $a_{11} \cdot A_{11} + a_{21} \cdot A_{21} + a_{31} \cdot A_{31}$
Det. $A_{3 \times 3}$ = 2 · (-42) + 3 · 39 + 1 · (-3)
Det. $A_{3 \times 3}$ = (-84) + 117 + (-3)
Det. $A_{3 \times 3}$ = 117 - 87
Det A = 30

11.2 Propriedades dos determinantes

As propriedades dos determinantes servem para facilitar o cálculo do determinante, uma vez que, com elas, diminuímos nosso trabalho nas resoluções das questões de concursos.

▷ **Determinante de matriz transposta:** se A é uma matriz de ordem n e A^t sua transposta, então: Det. A^t = Det. A.

$$A_{2 \times 2} = \begin{bmatrix} 2 & 3 \\ 1 & 4 \end{bmatrix}$$

Det. A = 2 · 4 - 3 · 1
Det. A = 8 - 3
Det. A = 5

$$A^t_{2 \times 2} = \begin{bmatrix} 2 & 1 \\ 3 & 4 \end{bmatrix}$$

Det. A^t = 2 · 4 - 1 · 3
Det. A^t = 8 - 3
Det. A^t = 5

▷ **Determinante de uma matriz com fila nula:** se uma das filas (linha ou coluna) da matriz A for toda nula, então, Det. A = 0.

$$A_{2 \times 2} = \begin{bmatrix} 2 & 3 \\ 0 & 0 \end{bmatrix}$$

Det. A = 2 · 0 - 3 · 0
Det. A = 0 - 0
Det. A = 0

▷ **Determinante de uma matriz cuja fila foi multiplicada por uma constante:** se multiplicarmos uma fila (linha ou coluna) qualquer da matriz A por um número k, o determinante da nova matriz será k vezes o determinante de A.

> Det. A' (k vezes uma fila de A) = k · Det. A

$$A_{2 \times 2} = \begin{bmatrix} 2 & 1 \\ 3 & 2 \end{bmatrix}$$

Det. A = 2 · 2 = 1 · 3
Det. A = 4 - 3
Det. A = 1

$$A'_{2 \times 2} = \begin{bmatrix} 4 & 2 \\ 3 & 2 \end{bmatrix} \cdot 2 \ (k = 2)$$

Det. A' = 4 · 2 - 2 · 3
Det. A' = 8 - 6
Det. A' = 2
Det. A' = k · Det. A
Det. A' = 2 · 1
Det. A' = 2

▷ **Determinante de uma matriz multiplicada por uma constante:** se multiplicarmos toda uma matriz A de ordem n por um número k, o determinante da nova matriz será o produto (multiplicação) de k^n pelo determinante de A.

> Det (k · A) = k^n · Det. A

$$A_{2 \times 2} = \begin{bmatrix} 2 & 1 \\ 4 & 3 \end{bmatrix}$$

Det. A = 2 · 3 = 1 · 4
Det. A = 6 - 4
Det. A = 2

$$3 \cdot A_{2 \times 2} = \begin{bmatrix} 6 & 3 \\ 12 & 9 \end{bmatrix}$$

Det. 3A = 6 · 9 - 3 · 12
Det. 3A = 54 - 36
Det. 3A = 18
Det (k · A) = kn · Det. A
Det (3 · A) = 3² · 2
Det (3 · A) = 9 · 2
Det (3 · A) = 18

▷ **Determinante de uma matriz com filas paralelas iguais:** se uma matriz A de ordem n ≥ 2 tem duas filas paralelas com os elementos respectivamente iguais, então: Det. A = 0.

$$A_{2 \times 2} = \begin{bmatrix} 2 & 3 \\ 2 & 3 \end{bmatrix}$$

Det. A = 2 · 3 - 3 · 2
Det. A = 6 - 6
Det. A = 0

▷ **Determinante de uma matriz com filas paralelas proporcionais:** se uma matriz A de ordem n ≥ 2 tem duas filas paralelas com os elementos respectivamente proporcionais, então, Det. A = 0.

$$A_{2 \times 2} = \begin{bmatrix} 3 & 6 \\ 4 & 8 \end{bmatrix}$$

Det. A = 3 · 8 - 6 · 4
Det. A = 24 - 24
Det. A = 0

DETERMINANTES

▷ **Determinante de uma matriz com troca de filas paralelas:** se em uma matriz A de ordem n ≥ 2 trocarmos de posição duas filas paralelas, obteremos uma nova matriz B, tal que: Det. A = – Det. B.

$$A_{2 \times 2} = \begin{bmatrix} 5 & 4 \\ 2 & 3 \end{bmatrix}$$

Det. A = 5 · 3 – 2 · 4
Det. A = 15 – 8
Det. A = 7

$$B_{2 \times 2} = \begin{bmatrix} 4 & 5 \\ 3 & 2 \end{bmatrix}$$

Det. B = 4 · 2 – 5 · 3
Det. B = 8 – 15
Det. B = –7
Det. A = – Det. B
Det. A = – (–7)
Det. A = 7

▷ **Determinante do produto de matrizes:** se A e B são matrizes quadradas de ordem n, então: Det. (A · B) = Det. A · Det. B.

$$A_{2 \times 2} = \begin{bmatrix} 1 & 2 \\ 2 & 3 \end{bmatrix}$$

Det. A = 1 · 3 – 2 · 2
Det. A = 3 – 4
Det. A = –1

$$A_{2 \times 2} = \begin{bmatrix} 2 & 5 \\ 3 & 4 \end{bmatrix}$$

Det. B = 2 · 4 – 5 · 3
Det. B = 8 – 15
Det. B = –7

$$A \cdot B_{2 \times 2} = \begin{bmatrix} 8 & 13 \\ 13 & 22 \end{bmatrix}$$

Det. (A · B) = 8 · 22 – 13 · 13
Det. (A · B) = 176 – 169
Det. (A · B) = 7
Det. (A · B) = Det. A · Det. B
Det. (A · B) = (–1) · (–7)
Det. (A · B) = 7

▷ **Determinante de uma matriz triangular:** o determinante é igual ao produto dos elementos da diagonal principal.

▷ **Determinante de uma matriz inversa:** seja B a matriz inversa de A, então, a relação entre os determinantes de B e A é dado por:

$$\boxed{\text{Det}(B) = \frac{1}{\text{Det}(A)}}$$

$$A_{2 \times 2} = \begin{bmatrix} 1 & -2 \\ 3 & 1 \end{bmatrix}$$

Det. A = 1 · 1 – (–2 · 3)
Det. A = 1 + 6
Det. A = 7

$$B = A^{-1}_{2 \times 2} = \begin{bmatrix} \frac{1}{7} & \frac{2}{7} \\ -\frac{3}{7} & \frac{1}{7} \end{bmatrix}$$

Det. B = $(\frac{1}{7} \cdot \frac{1}{7}) - (\frac{2}{7} \cdot -\frac{3}{7})$

Det. B = $\frac{1}{49} + \frac{6}{49}$

Det. B = $\frac{7}{49}$

Det. B = $\frac{1}{7}$

Det. B = $\frac{1}{\text{Det (A)}}$

Det. B = $\frac{1}{7}$

RACIOCÍNIO LÓGICO

12 SISTEMAS LINEARES

Equação linear: é toda equação do 1º grau com uma ou mais incógnitas.

Sistema linear: é o conjunto de equações lineares.

Equação: $2x + 3y = 7$

Sistema: $\begin{cases} 2x + 3y = 7 \\ 4x - 5y = 3 \end{cases}$

Equação: $x + 2y + z = 8$

Sistema: $\begin{cases} x + y - z = 4 \\ 2x - y = z = 5 \\ x + 2y + z = 8 \end{cases}$

12.1 Representação de um sistema linear em forma de matriz

Todo sistema linear pode ser escrito na forma de uma matriz.

Esse conteúdo será importante mais adiante para a resolução dos sistemas.

$\begin{cases} 2x + 3y = 7 \\ 4x - 5y = 3 \end{cases}$

Forma de matriz

$\begin{bmatrix} 2 \text{ (coeficiente de x)} & 3 \text{ (coeficiente de y)} \\ 4 \text{ (coeficiente de x)} & -5 \text{ (coeficiente de y)} \end{bmatrix} \cdot \begin{bmatrix} x \\ y \end{bmatrix} = \begin{bmatrix} 7 \\ 3 \end{bmatrix}$

$\downarrow$ Termos independentes

Matriz incompleta

$\begin{bmatrix} 2 & 3 \\ 4 & -5 \end{bmatrix}$

Matriz de x

$\begin{bmatrix} 7 & 3 \\ 3 & -5 \end{bmatrix}$

Substituem-se os coeficientes de x pelos termos independentes.

Matriz de y

$\begin{bmatrix} 2 & 7 \\ 4 & 3 \end{bmatrix}$

Substituem-se os coeficientes de y pelos termos independentes.

12.2 Resolução de um sistema linear

Resolvem-se os sistemas pelo método dos determinantes, também conhecido como **Regra de Cramer.**

Fique ligado

A Regra de Cramer só é possível quando o número de variáveis for igual ao número de equações.

Na regra, o valor das variáveis será calculado dividindo o **determinante da matriz da variável** pelo **determinante da matriz incompleta**, do sistema.

Então:

O valor de x é dado por:

$x = \dfrac{\text{determinante de matriz de x}}{\text{determinante da matriz incompleta}}$

O valor de y é dado por:

$y = \dfrac{\text{determinante de matriz de y}}{\text{determinante da matriz incompleta}}$

O valor de z é dado por:

$z = \dfrac{\text{determinante de matriz de z}}{\text{determinante da matriz incompleta}}$

Se o determinante da matriz incompleta for diferente de zero (Det. In. ≠ 0), teremos sempre um sistema possível e determinado.

Se o determinante da matriz incompleta for igual a zero (Det. In. = 0), temos duas situações:

- **1ª**: se os determinantes de todas as matrizes das variáveis também forem iguais a zero (Det. X = 0 e Det. Y = 0 e Det. Z = 0), teremos um sistema possível e indeterminado.
- **2ª**: se o determinante de, pelo menos, uma das matrizes das variáveis for diferente de zero (Det. · ≠ 0 ou Det. Y ≠ 0 ou Det. Z ≠ 0), teremos um sistema impossível.

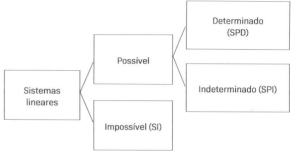

- **SPD:** sistema possível e determinado (quando Det. In. ≠ 0).
- **SPI:** sistema possível e indeterminado (quando Det. In. = 0, e Det. X = 0 e Det. Y = 0 e Det. Z = 0).
- **SI:** sistema impossível (quando Det. In. = 0, e Det. X ≠ 0 ou Det. Y ≠ 0 ou Det. Z ≠ 0).

$\begin{cases} x + y - z = 4 \\ 2x - y + z = 5 \\ x + 2y + z = 8 \end{cases}$

Matriz incompleta: $\begin{bmatrix} 1 & 1 & -1 \\ 2 & -1 & 1 \\ 1 & 2 & 1 \end{bmatrix}$ det. In. = -9

Matriz de X: $\begin{bmatrix} 4 & 1 & -1 \\ 5 & -1 & 1 \\ 8 & 2 & 1 \end{bmatrix}$ det. X = -27

Matriz de Y: $\begin{bmatrix} 1 & 4 & -1 \\ 2 & 5 & 1 \\ 1 & 8 & 1 \end{bmatrix}$ det. Y = -18

Matriz de Z: $\begin{bmatrix} 1 & 1 & 4 \\ 2 & -1 & 5 \\ 1 & 2 & 8 \end{bmatrix}$ det. Z = -9

Valor de x é: $x = \dfrac{-27}{-9} = 3$

Valor de y é: $y = \dfrac{-18}{-9} = 2$

Valor de z é: $z = \dfrac{-9}{-9} = 1$

Solução: x = 3, y = 2 e z = 1

13 TRIGONOMETRIA

Neste capítulo, estudaremos os triângulos e as relações que os envolvem.

13.1 Triângulos

O triângulo é uma das figuras mais simples e também uma das mais importantes da Geometria. O triângulo possui propriedades e definições de acordo com o tamanho de seus lados e medida dos ângulos internos.

▷ **Quanto aos lados, o triângulo pode ser classificado em:**
- **Equilátero:** possui todos os lados com medidas iguais.
- **Isósceles:** possui dois lados com medidas iguais.
- **Escaleno:** possui todos os lados com medidas diferentes.

▷ **Quanto aos ângulos, os triângulos podem ser denominados:**
- **Acutângulo:** possui os ângulos internos com medidas menores que 90°.
- **Obtusângulo:** possui um dos ângulos com medida maior que 90°.
- **Retângulo:** possui um ângulo com medida de 90°, chamado ângulo reto.

No triângulo retângulo existem importantes relações, uma delas é o **Teorema de Pitágoras**, que diz o seguinte: "A soma dos quadrados dos catetos é igual ao quadrado da hipotenusa".

$$a^2 = b^2 + c^2$$

A condição de existência de um triângulo é: um lado do triângulo ser menor do que a soma dos outros dois lados e também maior do que a diferença desses dois lados.

13.2 Trigonometria no triângulo retângulo

As razões trigonométricas básicas são relações entre as medidas dos lados do triângulo retângulo e seus ângulos. As três funções básicas da trigonometria são: seno, cosseno e tangente. O ângulo é indicado pela letra x.

Função	Notação	Definição
seno	sen(x)	medida do cateto oposto a x / medida da hipotenusa
cosseno	cos(x)	medida do cateto adjacente a x / medida da hipotenusa
tangente	tg(x)	medida do cateto oposto a x / medida do cateto adjacente a x

Relação fundamental: para todo ângulo x (medido em radianos), vale a importante relação:

$$\cos^2(x) + \operatorname{sen}^2(x) = 1$$

13.3 Trigonometria em um triângulo qualquer

Os problemas envolvendo trigonometria são resolvidos em sua maioria por meio da comparação com triângulos retângulos. No cotidiano, algumas situações envolvem triângulos acutângulos ou triângulos obtusângulos. Nesses casos, necessitamos da Lei dos Senos ou dos Cossenos.

13.3.1 Lei dos senos

A Lei dos Senos estabelece relações entre as medidas dos lados com os senos dos ângulos opostos aos lados. Observe:

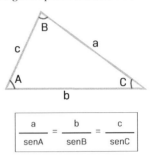

$$\frac{a}{\operatorname{sen}A} = \frac{b}{\operatorname{sen}B} = \frac{c}{\operatorname{sen}C}$$

13.3.2 Lei dos cossenos

Nos casos em que não pode aplicar a Lei dos Senos, existe o recurso da Lei dos Cossenos. Ela permite trabalhar com a medida de dois segmentos e a medida de um ângulo. Dessa forma, dado um triângulo ABC de lados medindo a, b e c, temos:

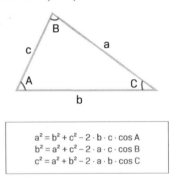

$$a^2 = b^2 + c^2 - 2 \cdot b \cdot c \cdot \cos A$$
$$b^2 = a^2 + c^2 - 2 \cdot a \cdot c \cdot \cos B$$
$$c^2 = a^2 + b^2 - 2 \cdot a \cdot b \cdot \cos C$$

13.4 Medidas dos ângulos

13.4.1 Medidas em grau

Sabe-se que uma volta completa na circunferência corresponde a 360°; se dividir em 360 arcos, haverá arcos unitários medindo 1° grau. Dessa forma, a circunferência é simplesmente um arco de 360° com o ângulo central medindo uma volta completa ou 360°.

É possível dividir o arco de 1° grau em 60 arcos de medidas unitárias iguais a 1' (arco de um minuto). Da mesma forma, podemos dividir o arco de 1' em 60 arcos de medidas unitárias iguais a 1" (arco de um segundo).

13.4.2 Medidas em radianos

Dada uma circunferência de centro O e raio R, com um arco de comprimento s e α o ângulo central do arco, vamos determinar a medida do arco em radianos de acordo com a figura a seguir:

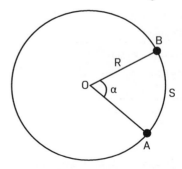

Diz-se que o arco mede um radiano se o comprimento do arco for igual à medida do raio da circunferência. Assim, para saber a medida de um arco em radianos, deve-se calcular quantos raios da circunferência são precisos para obter o comprimento do arco. Portanto:

$$\alpha = \frac{S}{R}$$

Com base nessa fórmula, podemos encontrar outra expressão para determinar o comprimento de um arco de circunferência:

$$s = \alpha \cdot R$$

De acordo com as relações entre as medidas em grau e radiano de arcos, vamos destacar uma regra de três capaz de converter as medidas dos arcos.

360° → 2π radianos (aproximadamente 6,28)
180° → π radiano (aproximadamente 3,14)
90° → π/2 radiano (aproximadamente 1,57)
45° → π/4 radiano (aproximadamente 0,785)

Medida em graus	Medida em radianos
180	π
x	a

13.5 Ciclo trigonométrico

Considerando um plano cartesiano, representados nele um círculo com centro na origem dos eixos e raios.

Divide-se o ciclo trigonométrico em quatro arcos, obtendo quatro quadrantes.

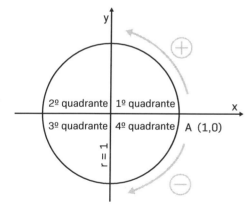

Dessa forma, obtêm-se as relações:

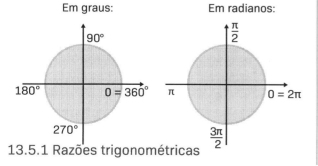

13.5.1 Razões trigonométricas

As principais razões trigonométricas são:

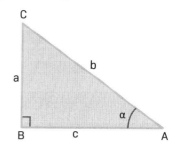

$$\operatorname{sen} \alpha = \frac{\text{comprimento do cateto oposto}}{\text{comprimento da hipotenusa}} = \frac{a}{b}$$

$$\cos \alpha = \frac{\text{comprimento do cateto adjacente}}{\text{comprimento da hipotenusa}} = \frac{c}{b}$$

$$\operatorname{tg} \alpha = \frac{\text{comprimento do cateto oposto}}{\text{comprimento do cateto adjacente}} = \frac{a}{b}$$

Outras razões decorrentes dessas são:

$$\operatorname{tg} x = \frac{\operatorname{sen} x}{\cos x}$$

$$\operatorname{cotg} x = \frac{1}{\operatorname{tg} x} = \frac{\cos x}{\operatorname{sen} x}$$

$$\sec x = \frac{1}{\cos x}$$

$$\operatorname{cossec} x = \frac{1}{\sec x}$$

A partir da relação fundamental, encontram as seguintes relações:

$(\operatorname{sen} x)^2 + (\cos x)^2 = 1 =$ [relação fundamental da trigonometria]
$1 + (\operatorname{cotg} x)^2 = (\operatorname{cossec} x)^2$
$1 + (\operatorname{tg} x)^2 = (\sec x)^2$

13.5.2 Redução ao 1° quadrante

$\operatorname{sen}(90° - \alpha) = \cos \alpha$
$\cos(90° - \alpha) = \operatorname{sen} \alpha$
$\operatorname{sen}(90° + \alpha) = \cos \alpha$
$\cos(90° + \alpha) = -\operatorname{sen} \alpha$
$\operatorname{sen}(180° - \alpha) = \operatorname{sen} \alpha$
$\cos(180° - \alpha) = -\cos \alpha$
$\operatorname{tg}(180° - \alpha) = -\operatorname{tg} \alpha$
$\operatorname{sen}(180° + \alpha) = -\operatorname{sen} \alpha$
$\cos(180° + \alpha) = -\cos \alpha$
$\operatorname{sen}(270° - \alpha) = -\cos \alpha$
$\cos(270° - \alpha) = -\operatorname{sen} \alpha$
$\operatorname{sen}(270° + \alpha) = -\cos \alpha$
$\cos(270° + \alpha) = \operatorname{sen} \alpha$
$\operatorname{sen}(-\alpha) = -\operatorname{sen} \alpha$
$\cos(-\alpha) = \cos \alpha$
$\operatorname{tg}(-\alpha) = -\operatorname{tg} \alpha$

TRIGONOMETRIA

13.6 Funções trigonométricas

13.6.1 Função seno

Função seno é a função $f(x) = \operatorname{sen} x$.

O domínio dessa função é R e a imagem é Im [−1,1], visto que, na circunferência trigonométrica, o raio é unitário.

Então:
- Domínio de $f(x) = \operatorname{sen} x$; $D(\operatorname{sen} x) = R$.
- Imagem de $f(x) = \operatorname{sen} x$; $\operatorname{Im}(\operatorname{sen} x) = [-1,1]$.

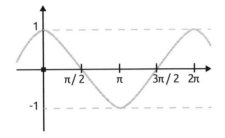

Sinal da função

$f(x) = \operatorname{sen} x$ é positiva no 1º e 2º quadrantes (ordenada positiva).

$f(x) = \operatorname{sen} x$ é negativa no 3º e 4º quadrantes (ordenada negativa).

- **Quando** $x \in \left[0, \dfrac{\pi}{2}\right]$: 1º quadrante, o valor de sen x cresce de 0 a 1.

- **Quando** $x \in \left[\dfrac{\pi}{2}, \pi\right]$: 2º quadrante, o valor de sen x decresce de 1 a 0.

- **Quando** $x \in \left[\pi, \dfrac{3\pi}{2}\right]$: 3º quadrante, o valor de sen x decresce de 0 a −1.

- **Quando** $x \in \left[\dfrac{3\pi}{2}, 2\pi\right]$: 4º quadrante, o valor de sen x cresce de −1 a 0.

13.6.2 Função cosseno

Função cosseno é a função $f(x) = \cos x$

O domínio dessa função também é R e a imagem é Im [−1,1]; visto que, na circunferência trigonométrica, o raio é unitário.

Então:
- Domínio de $f(x) = \cos x$; $D(\cos x) = R$.
- Imagem de $f(x) = \cos x$; $\operatorname{Im}(\cos x) = [-1,1]$.

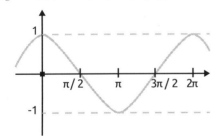

13.6.3 Sinal da função

$f(x) = \cos x$ é positiva no 1º e 4º quadrantes (abscissa positiva).

$f(x) = \cos x$ é negativa no 2º e 3º quadrantes (abscissa negativa).

- **Quando** $x \in \left[0, \dfrac{\pi}{2}\right]$: 1º quadrante, o valor de cos x cresce de 0 a 1.

- **Quando** $x \in \left[\dfrac{\pi}{2}, \pi\right]$: 2º quadrante, o valor de cos x decresce de 1 a 0.

- **Quando** $x \in \left[\pi, \dfrac{3\pi}{2}\right]$: 3º quadrante, o valor de cos x decresce de 0 a −1.

- **Quando** $x \in \left[\dfrac{3\pi}{2}, 2\pi\right]$: 4º quadrante, o valor de cos x cresce de −1 a 0.

13.6.4 Função tangente

Função tangente é a função $f(x) = \operatorname{tg} x$.

Então:
- **Domínio de $f(x)$:** o domínio dessa função são todos os números reais, exceto os que zeram o cosseno, pois não existe cos x = 0
- Imagem de $f(x) = \operatorname{Im} = \,]-\infty, \infty[$

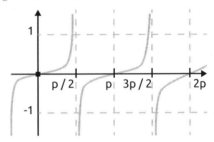

Sinal da função

$f(x) = \operatorname{tg} x$ é positiva no 1º e 3º quadrantes (produto da ordenada pela abscissa positiva).

$f(x) = \operatorname{tg} x$ é negativa no 2º e 4º quadrantes (produto da ordenada pela abscissa negativa).

13.6.5 Outras funções

Função secante
Denomina-se função secante a função: $f(x) = \dfrac{1}{\cos x}$

Função cossecante
Denomina-se função cossecante a função: $f(x) = \dfrac{1}{\operatorname{sen} x}$

Função cotangente
Denomina-se função cotangente a função: $f(x) = \dfrac{1}{\operatorname{tg} x}$

13.7 Identidades e operações trigonométricas

As mais comuns são:

$\operatorname{sen}(a + b) = \operatorname{sen} a \cdot \cos b + \operatorname{sen} b \cdot \cos a$

$\operatorname{sen}(a - b) = \operatorname{sen} a \cdot \cos b - \operatorname{sen} b \cdot \cos a$

$\cos(a + b) = \cos a \cdot \cos b - \operatorname{sen} a \cdot \cos b$

$\cos(a - b) = \cos a \cdot \cos b + \operatorname{sen} a \cdot \cos b$

$\operatorname{tg}(a + b) = \dfrac{\operatorname{tg} a + \operatorname{tg} b}{1 - \operatorname{tg} a \cdot \operatorname{tg} b}$

$$\text{tg}(a-b) = \frac{\text{tg}\,a - \text{tg}\,b}{1 + \text{tg}\,a \cdot \text{tg}\,b}$$

$$\text{sen}(2x) = 2 \cdot \text{sen}(x) \cdot \cos(x)$$
$$\cos(2x) = \cos^2(x) - \text{sen}^2(x)$$
$$\text{tg}(2x) = \left(\frac{2 \cdot \text{tg}(x)}{1 - \text{tg}^2(x)}\right)$$

$$\text{sen}(x) + \text{sen}(y) = 2 \cdot \text{sen}\left(\frac{x+y}{2}\right) \cdot \cos\left(\frac{x-y}{2}\right)$$

$$\text{sen}(x) - \text{sen}(y) = 2 \cdot \text{sen}\left(\frac{x-y}{2}\right) \cdot \cos\left(\frac{x+y}{2}\right)$$

$$\cos(x) + \cos(y) = 2 \cdot \cos\left(\frac{x+y}{2}\right) \cdot \cos\left(\frac{x-y}{2}\right)$$

$$\cos(x) - \cos(y) = 2 \cdot \text{sen}\left(\frac{x+y}{2}\right) \cdot \text{sen}\left(\frac{x-y}{2}\right)$$

13.8 Bissecção de arcos ou arco metade

Também temos a fórmula do arco metade para senos, cossenos e tangentes:

$$\sin\left(\frac{a}{2}\right) = \pm\sqrt{\frac{1-\cos(a)}{2}}$$

$$\cos\left(\frac{a}{2}\right) = \pm\sqrt{\frac{1+\cos(a)}{2}}$$

$$\tan\left(\frac{a}{2}\right) = \pm\sqrt{\frac{1-\cos(a)}{1+\cos(a)}}$$

GEOMETRIA PLANA

14 GEOMETRIA PLANA

- **Ceviana:** são segmentos de reta que partem do vértice do triângulo para o lado oposto.
- **Mediana:** é o segmento de reta que liga um vértice deste triângulo ao ponto médio do lado oposto a este vértice. As medianas se encontram em um ponto chamado de baricentro.
- **Altura:** altura de um triângulo é um segmento de reta perpendicular a um lado do triângulo ou ao seu prolongamento, traçado pelo vértice oposto. As alturas se encontram em um ponto chamado ortocentro.
- **Bissetriz:** é o lugar geométrico dos pontos que equidistam de duas retas concorrentes e, por consequência, divide um ângulo em dois ângulos congruentes. As bissetrizes se encontram em um ponto chamado incentro.
- **Mediatrizes:** são retas perpendiculares a cada um dos lados de um triângulo. As mediatrizes se encontram em um ponto chamado circuncentro.

14.1 Semelhanças de figuras

Duas figuras (formas geométricas) são semelhantes quando satisfazem a duas condições: os seus ângulos têm o mesmo tamanho e os lados correspondentes são proporcionais.

Nos triângulos existem alguns casos de semelhanças bem conhecidos:

- **1º caso: LAL (lado, ângulo, lado):** dois lados congruentes e o ângulo entre esses lados também congruentes.

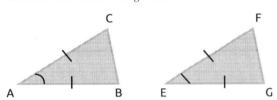

- **2º caso: LLL (lado, lado, lado):** os três lados congruentes.

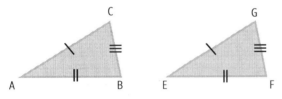

- **3º caso: ALA (ângulo, lado, ângulo):** dois ângulos congruentes e o lado entre esses ângulos também congruentes.

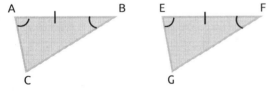

- **4º caso: LAAo (lado, ângulo, ângulo oposto):** congruência do ângulo adjacente ao lado, e congruência do ângulo oposto ao lado.

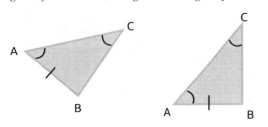

14.2 Relações métricas nos triângulos

14.2.1 Triângulo retângulo e suas relações métricas

Denomina-se triângulo retângulo o triângulo que tem um de seus ângulos retos, ou seja, um de seus ângulos mede 90°. O triângulo retângulo é formado por uma hipotenusa e dois catetos, a hipotenusa é o lado maior, o lado aposto ao ângulo de 90°, e os outros dois lados são os catetos.

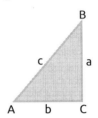

Na figura, podemos observar o triângulo retângulo de vértices A, B e C, e lados a, b e c. Como o ângulo de 90° está no vértice C, então a hipotenusa do triângulo é o lado c, e os catetos são os lados a e b.

Assim, podemos separar um triângulo em dois triângulos semelhantes:

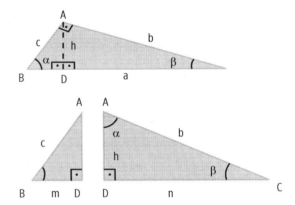

Neste segundo triângulo, podemos observar uma perpendicular à hipotenusa até o vértice A; essa é a altura h do triângulo, separando a hipotenusa em dois segmentos, o segmento m e o segmento n, separando esses dois triângulos obtemos dois triângulos retângulos, o triângulo $\triangle ABD$ e $\triangle ADC$. Como os ângulos dos três triângulos são congruentes, então podemos dizer que os triângulos são semelhantes.

Com essa semelhança, ganhamos algumas relações métricas entre os triângulos:

$$\frac{c}{a} = \frac{m}{c} \Rightarrow c^2 = am$$

$$\frac{c}{a} = \frac{h}{b} \Rightarrow cb = ah$$

$$\frac{b}{a} = \frac{n}{b} \Rightarrow b^2 = an$$

$$\frac{h}{m} = \frac{n}{h} \Rightarrow h^2 = mn$$

Da primeira e da terceira equação, obtemos:

$c^2 + b^2 = am + an = a(m + n)$.

Como vimos na figura que m+n=a, então temos:

$c^2 + b^2 = aa = a^2$

ou seja, trata-se do Teorema de Pitágoras.

RACIOCÍNIO LÓGICO

14.2.2 Lei dos cossenos

Para um triângulo qualquer demonstra-se que:

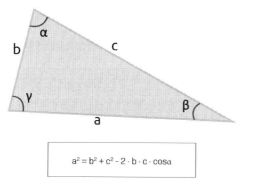

$$a^2 = b^2 + c^2 - 2 \cdot b \cdot c \cdot \cos\alpha$$

Note que o lado a do triângulo é oposto ao cosseno do ângulo α.

14.2.3 Lei dos senos

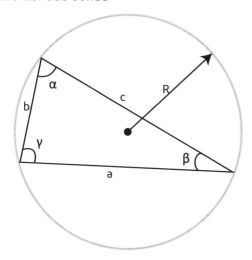

R é o raio da circunferência circunscrita a esse triângulo.

Neste caso, valem as seguintes relações, conforme a lei dos senos:

$$\frac{a}{\operatorname{sen}\alpha} = \frac{b}{\operatorname{sen}\beta} = \frac{c}{\operatorname{sen}\gamma} = 2R$$

14.3 Quadriláteros

Quadrilátero é um polígono de quatro lados. Eles possuem os seguintes elementos:

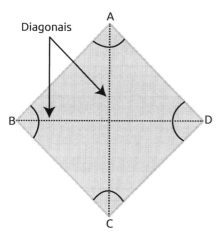

Vértices: A, B, C, e D.
Lados: AB, BC, CD, DA.
Diagonais: AC e BD.
Ângulos internos ou ângulos do quadrilátero ABCD: $\hat{A}, \hat{B}, \hat{C}, \hat{D}$.
Todo quadrilátero tem duas diagonais.

O perímetro de um quadrilátero ABCD é a soma das medidas de seus lados, ou seja, AB + BC + CD + DA.

14.3.1 Quadriláteros importantes

▷ **Paralelogramo:** é o quadrilátero que tem os lados opostos paralelos.

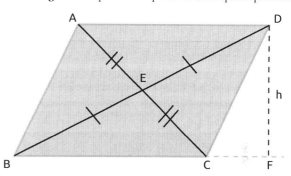

h é a altura do paralelogramo.
Em um paralelogramo:
- Os lados opostos são congruentes.
- Cada diagonal o divide em dois triângulos congruentes.
- Os ângulos opostos são congruentes.
- As diagonais interceptam-se em seu ponto médio.

▷ **Retângulo:** é o paralelogramo em que os quatro ângulos são congruentes (retos).

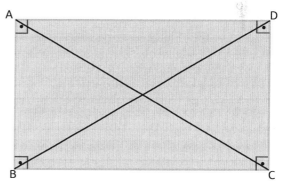

▷ **Losango:** é o paralelogramo em que os quatro lados são congruentes.

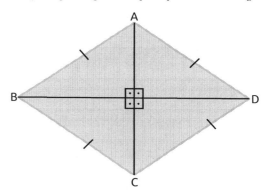

GEOMETRIA PLANA

▷ **Quadrado:** é o paralelogramo em que os quatro lados e os quatro ângulos são congruentes.

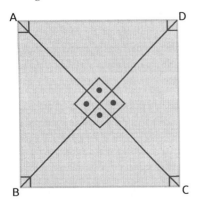

▷ **Trapézio:** é o quadrilátero que apresenta somente dois lados paralelos chamados bases.

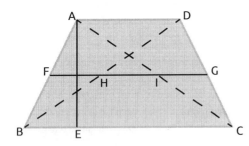

• **Trapézio retângulo:** é aquele que apresenta dois ângulos retos.

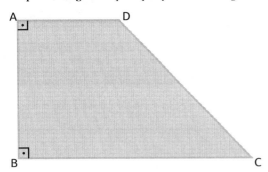

• **Trapézio isósceles:** é aquele em que os lados não paralelos são congruentes.

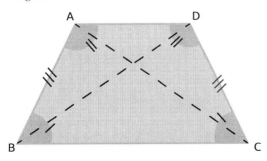

14.4 Polígonos regulares

Um polígono é regular se todos os seus lados e todos os seus ângulos forem congruentes.

Os nomes dos polígonos dependem do critério que se utiliza para classificá-los. Usando **o número de ângulos** ou o **número de lados**, tem-se a seguinte nomenclatura:

Número de lados (ou ângulos)	Nome do Polígono Em função do número de ângulos	Em função do número de lados
3	triângulo	trilátero
4	quadrângulo	quadrilátero
5	pentágono	pentalátero
6	hexágono	hexalátero
7	heptágono	heptalátero
8	octógono	octolátero
9	eneágono	enealátero
10	decágono	decalátero
11	undecágono	undecalátero
12	dodecágono	dodecalátero
15	pentadecágono	pentadecalátero
20	icoságono	icosalátero

Nos polígonos regulares cada ângulo externo é dado por:

$$e = \frac{360°}{n}$$

A soma dos ângulos internos é dada por:

$$S_i = 180 \cdot (n-2)$$

E cada ângulo interno é dado por:

$$i = \frac{180(n-2)}{n}$$

14.4.1 Diagonais de um polígono

O segmento que liga dois vértices não consecutivos de polígono é chamado de diagonal.

O número de diagonais de um polígono é dado pela fórmula:

$$d = \frac{n \cdot (n-3)}{2}$$

RACIOCÍNIO LÓGICO

14.5 Círculos e circunferências

14.5.1 Círculo

É a área interna a uma circunferência.

14.5.2 Circunferência

É o contorno do círculo. Por definição, é o lugar geométrico dos pontos equidistantes ao centro.

A distância entre o centro e o lado é o raio.

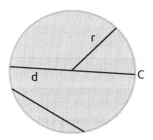

Corda

É o seguimento que liga dois pontos da circunferência.

A maior corda, ou corda maior de uma circunferência, é o diâmetro. Também dizemos que a corda que passa pelo centro é o diâmetro.

Posição relativa entre reta e circunferência

Uma reta é:

- **Secante:** distância entre a reta e o centro da circunferência é menor que o raio.
- **Tangente:** a distância entre a reta e o centro da circunferência é igual ao raio.
- **Externa:** a distância entre a reta e o centro da circunferência é maior que o raio.

Posição relativa entre circunferência

As posições relativas entre circunferência são basicamente 5:

▷ **Circunferência secante:** a distância entre os centros é menor que a soma dos raios das duas, porém, é maior que o raio de cada uma.

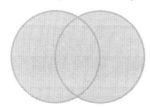

▷ **Externo:** a distância entre os centros é maior que a soma do raio.

▷ **Tangente:** distância entre os centros é igual à soma dos raios.

▷ **Interna:** distância entre os centros mais o raio da menor é igual ao raio da maior.

▷ **Interior:** distância entre os centros menos o raio da menor é menor que o raio da maior.

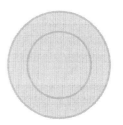

Ângulo central e ângulo inscrito

Um ângulo central sempre é o dobro do ângulo inscrito de um mesmo arco.

As áreas de círculos e partes do círculo são:

Área do círculo = $\pi \cdot r^2 = \dfrac{1}{4} \pi \cdot D^2$

Área do setor circular = $\pi \cdot r^2 = \dfrac{\alpha}{360°} = \dfrac{1}{2} \alpha \cdot r^2$

Área da coroa = área do círculo maior – área do círculo menor

Fique ligado

Os ângulos podem ser expressos em graus (360° = 1 volta) ou em radianos (2π = 1 volta).

14.6 Polígonos regulares inscritos e circunscritos

As principais relações entre a circunferência e os polígonos são:
- Qualquer polígono regular é inscritível em uma circunferência.
- Qualquer polígono regular e circunscritível a uma circunferência.

GEOMETRIA PLANA

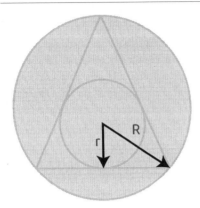

Polígono circunscrito a uma circunferência é o que possui seus lados tangentes à circunferência. Ao mesmo tempo, dizemos que esta circunferência está inscrita no polígono.

Um polígono é inscrito em uma circunferência se cada vértice do polígono for um ponto da circunferência, e neste caso dizemos que a circunferência é circunscrita ao polígono.

Da inscrição e circunscrição dos polígonos nas circunferências podem-se ter as seguintes relações:

Apótema de um polígono regular é a distância do centro a qualquer lado. Ele é sempre perpendicular ao lado.

Nos polígonos inscritos:

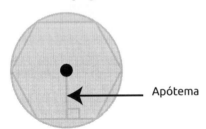

14.6.1 No quadrado

Cálculo da medida do lado (L):

Cálculo da medida do apótema (a):

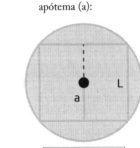

$$L = R\sqrt{2}$$

$$a = \frac{R\sqrt{2}}{2}$$

14.6.2 No hexágono

Cálculo da medida do lado (L):

Cálculo da medida do apótema (a):

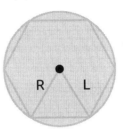 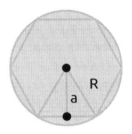

$$L = R$$

$$a = \frac{R\sqrt{3}}{2}$$

14.6.3 No triângulo equilátero

Nos polígonos circunscritos:

Cálculo da medida do lado (L):

Cálculo da medida do apótema (a):

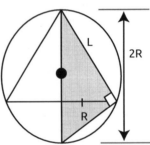 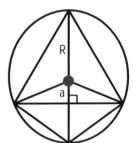

$$L = R\sqrt{3}$$

$$a = \frac{R}{2}$$

14.6.4 No quadrado

Cálculo da medida do lado (L):

Cálculo da medida do apótema (a):

$$L = 2R$$

$$a = R$$

14.6.5 No hexágono

Cálculo da medida do lado (L):

Cálculo da medida do apótema (a):

$$L = \frac{2R\sqrt{3}}{3}$$

$$a = R$$

14.6.6 No triângulo equilátero

Cálculo da medida do lado (L):

Cálculo da medida do apótema (a):

$$L = 2R\sqrt{3}$$

$$a = R$$

14.7 Perímetros e áreas dos polígonos e círculos

14.7.1 Perímetro

É o contorno da figura, ou seja, a soma dos lados da figura.
Para calcular o perímetro do círculo utilize: $P = 2\pi \cdot r$

14.7.2 Área

É o espaço interno, ou seja, a extensão que ela ocupa dentro do perímetro.

Principais áreas (S) de polígonos

Retângulo

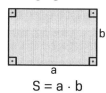

$$S = a \cdot b$$

Quadrado

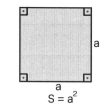

$$S = a^2$$

Paralelogramo

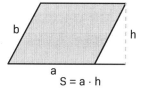

$$S = a \cdot h$$

Losango

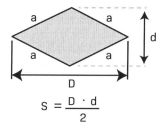

$$S = \frac{D \cdot d}{2}$$

Trapézio

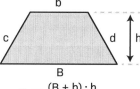

$$S = \frac{(B + b) \cdot h}{2}$$

Triângulo

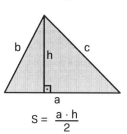

$$S = \frac{a \cdot h}{2}$$

Triângulo equilátero

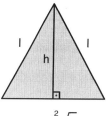

$$S = \frac{l^2 \sqrt{3}}{4}$$

Círculo

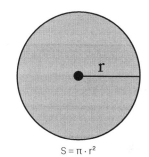

$$S = \pi \cdot r^2$$

GEOMETRIA ESPACIAL

15 GEOMETRIA ESPACIAL

Neste capítulo, serão abordados os principais conceitos de geometria espacial e suas aplicações.

15.1 Retas e planos

A reta é infinita, ou seja, contém infinitos pontos.

Por um ponto, podem ser traçadas infinitas retas.

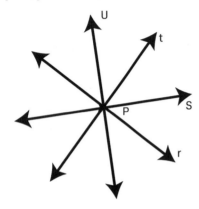

Por dois pontos distintos, passa uma única reta.

Um ponto qualquer de uma reta divide-a em duas semirretas.

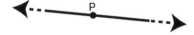

Por três pontos não colineares, passa um único plano.

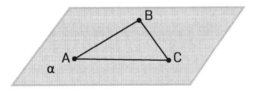

Por uma reta, pode ser traçada uma infinidade de planos.

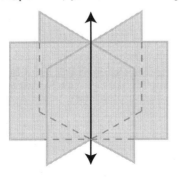

15.1.1 Posições relativas de duas retas

No espaço, duas retas distintas podem ser concorrentes, paralelas ou reversas:

Concorrentes
$r \cap s = \{P\}$
$r \subset \alpha$
$s \subset \alpha$

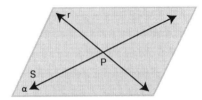

Paralelas
$r \cap s = \{\ \}$
$r \subset \alpha$
$s \subset \alpha$

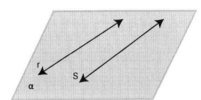

Concorrentes
$r \cap s = \{\ \}$
Não existe plano que contenha r e s simultaneamente

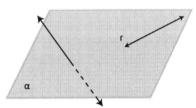

Em particular nas retas concorrentes, há aquelas que são perpendiculares.

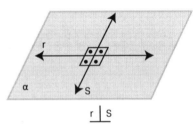

15.1.2 Posições relativas entre reta e plano

Reta contida no plano

Se uma reta r tem dois pontos distintos num plano α, então, r está contida nesse plano:

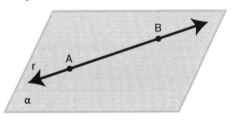

$$\begin{matrix} A \in \alpha \text{ e } B \in \alpha \\ A \in r \text{ e } B \in r \end{matrix} \Rightarrow r \subset \alpha$$

202

RACIOCÍNIO LÓGICO

Reta concorrente ou incidente ao plano

Dizemos que a reta r fura o plano α ou que r e α são concorrentes em P quando r ∩ α = { P }.

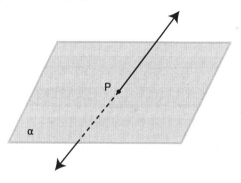

Reta paralela ao plano

Se uma reta r e um plano α não tem ponto em comum, então, a reta r é paralela a uma reta t contida no plano α; portanto, r || α, || t e t ⊂ α ⇒ r || α

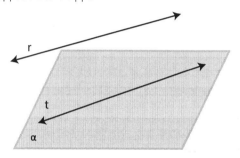

Se dois planos distintos têm um ponto em comum, então, a sua interseção é dada por uma única reta que passa por esse ponto.

15.1.3 Perpendicularismo entre reta e plano

Uma reta r é perpendicular a um plano α se, e somente se, r for perpendicular a todas as retas de α que passam pelo ponto de interseção de r e α.

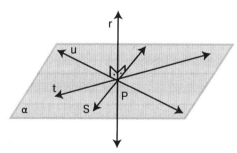

15.1.4 Posições relativas de dois planos

Planos coincidentes ou iguais

Planos concorrentes ou secantes

Dois planos, α e β, são concorrentes quando sua interseção é uma única reta:

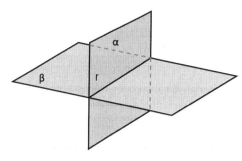

Planos paralelos

Dois planos, α e β, são paralelos quando sua interseção é vazia:

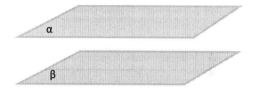

Perpendicularismo entre planos

Dois planos, α e β, são perpendiculares se existir uma reta de um deles que seja perpendicular ao outro:

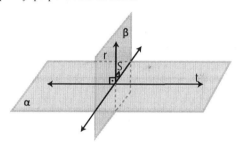

15.2 Prismas

Na figura a seguir, temos dois planos paralelos e distintos, α e β, um polígono convexo R contido em α e uma reta r que intercepta α e β, mas não R:

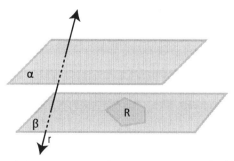

Para cada ponto P da região R, vamos considerar o segmento $\overline{P'P}$, paralelo à reta r (P linha, pertence a Beta).

GEOMETRIA ESPACIAL

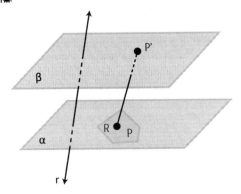

Assim, temos:

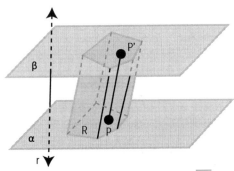

O conjunto de todos os segmentos congruentes $\overline{P'P}$ paralelos a r, é conhecido por prisma ou prisma limitado.

15.2.1 Elementos do prisma

Dado o prisma a seguir, considere os seguintes elementos:

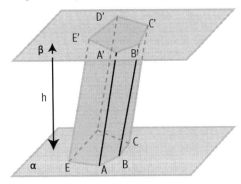

Bases: as regiões poligonais R e S

Altura: a distância h entre os planos α e β

Arestas das bases:

Lados AB, BC, CD, DE, EA, A'B', B'C', D'E', E'A' (dos polígonos)

Arestas laterais:

Os segmentos AA', BB', CC', DD', EE'

Faces laterais: os paralelogramos AA'BB', BB'C'C, CC'D'D, DD'E'E, EE'A'A

15.2.2 Classificação

Um prisma pode ser:

Reto: quando as arestas laterais são perpendiculares aos planos das bases.

Oblíquo: quando as arestas laterais são oblíquas aos planos das bases.

Prisma reto

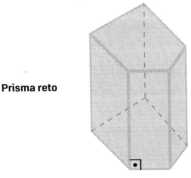

Prisma oblíquo

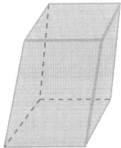

Prisma regular triangular

Chama-se de prisma regular todo prisma reto, cujas bases são polígonos regulares.

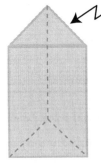

Triângulo equilátero

Prisma regular hexagonal

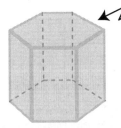

Hexágono regular

Fique ligado

As faces de um prisma regular são retângulos congruentes.

15.2.3 Áreas

Em um prisma distinguimos dois tipos de superfície: as faces e as bases. Assim, temos de considerar as seguintes áreas:

AL = n · AF (n = número de lados do polígono da base).

- **Área de uma face (AF):** área de um dos paralelogramos que constituem as faces.
- **Área lateral (AL):** soma das áreas dos paralelogramos que formam as faces do prisma.
- **Área da base (AB):** área de um dos polígonos das bases.

204

- **Área total (AT):** soma da área lateral com a área das bases:

$$A_T = A_L + 2A_B$$

15.2.4 Paralelepípedo

Todo prisma cujas bases são paralelogramos recebe o nome de paralelepípedo.

Paralelepípedo oblíquo

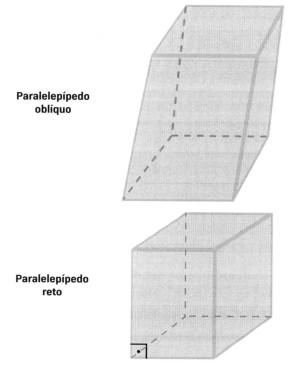

Paralelepípedo reto

Se o paralelepípedo reto tem bases retangulares, ele é chamado de paralelepípedo reto-retângulo, ortoedro ou paralelepípedo retângulo.

Paralelepípedo retângulo

Diagonais da base e do paralelepípedo

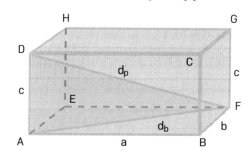

db = diagonal da base
dp = diagonal do paralelepípedo

Na base, ABFE, tem-se:

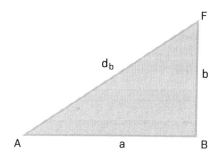

$$d_b^2 = a^2 + b^2 \Rightarrow d_b = \sqrt{a^2 + b^2}$$

No triângulo AFD, tem-se:

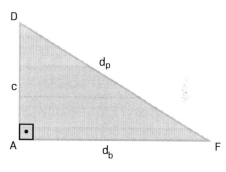

$$d_p^2 = d_b^2 + c^2 = a^2 + b^2 + c^2 \Rightarrow d_p = \sqrt{a^2 + b^2 + c^2}$$

Área lateral

Sendo AL a área lateral de um paralelepípedo retângulo, tem-se:

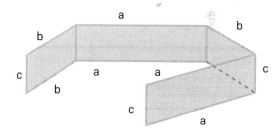

$$A_L = ac + bc + ac + bc = 2ac + 2bc = A_L = 2(ac + bc)$$

Área total

Planificando o paralelepípedo, verificamos que a área total é a soma das áreas de cada par de faces opostas:

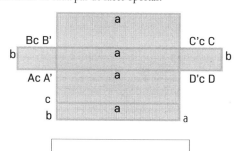

$$A_T = 2(ab + ac + bc)$$

GEOMETRIA ESPACIAL

Volume

O volume de um paralelepípedo retângulo de dimensões a, b e c é dado por:

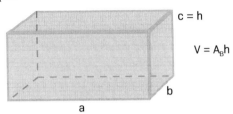

$$V = a \cdot b \cdot c$$

15.2.5 Cubo

Um paralelepípedo retângulo com todas as arestas congruentes (a = b = c) recebe o nome de cubo. Dessa forma, cada face é um quadrado.

Diagonais da base e do cubo

Considere a figura a seguir:

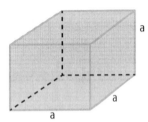

dc = diagonal do cubo
db = diagonal da base

Na base ABCD, tem-se:

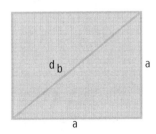

$$d_c^2 = a^2 + a^2 = 2a^2 \Rightarrow d_b = a\sqrt{2}$$

No triângulo ACE, tem-se:

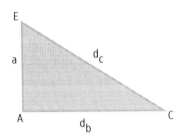

$$d_c^2 = a^2 + d_b^2 = a^2 + 2a^2 = 3a^2 \Rightarrow d_b = a\sqrt{3}$$

Área lateral

A área lateral AL é dada pela área dos quadrados de lado a:

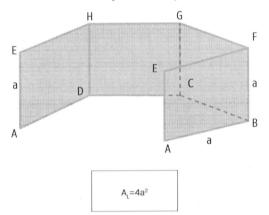

$$A_L = 4a^2$$

Área total

A área total AT é dada pela área dos seis quadrados de lado a:

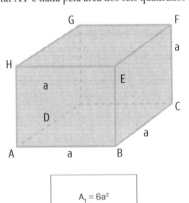

$$A_T = 6a^2$$

Volume

De forma semelhante ao paralelepípedo retângulo, o volume de um cubo de aresta a é dado por:

$$V = a \cdot a \cdot a = a^3$$

Generalização do volume de um prisma:
Vprisma = AB · h

RACIOCÍNIO LÓGICO

15.3 Cilindro

15.3.1 Elementos do cilindro

Dado o cilindro a seguir, considere os seguintes elementos:

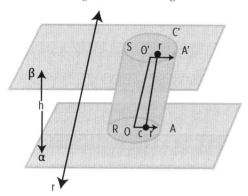

Bases: os círculos de centro O e O' e raios r.
Altura: a distância h entre os planos α e β.
Geratriz: qualquer segmento de extremidades nos pontos das circunferências das bases (por exemplo, $\overline{AA'}$) e paralelo à reta r.

15.3.2 Classificação do cilindro

Um cilindro pode ser:
- **Circular oblíquo:** quando as geratrizes são oblíquas às bases.
- **Circular reto:** quando as geratrizes são perpendiculares às bases.

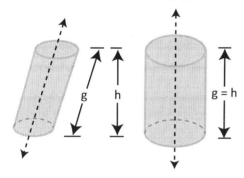

O cilindro circular reto é também chamado de cilindro de revolução, por ser gerado pela rotação completa de um retângulo por um de seus lados. Assim, a rotação do retângulo ABCD pelo lado $\overline{BC}$ gera o cilindro a seguir:

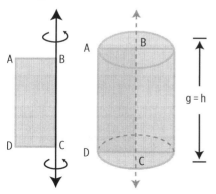

A reta $\overline{BC}$ contém os centros das bases e é o eixo do cilindro.

15.3.3 Seção

Seção transversal é a região determinada pela interseção do cilindro com um plano paralelo às bases. Todas as seções transversais são congruentes.

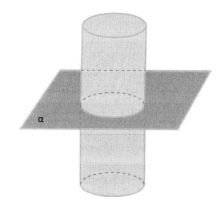

Seção meridiana é a região determinada pela interseção do cilindro com um plano que contém o eixo.

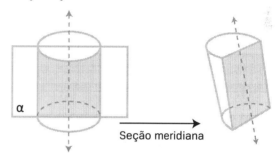

Seção meridiana

15.3.4 Áreas

Num cilindro, consideramos as seguintes áreas:

Área Lateral (AL)

Pode-se observar a área lateral de um cilindro fazendo a sua planificação:

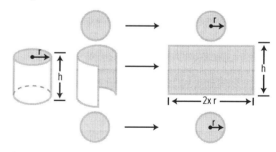

Assim, a área lateral do cilindro reto cuja altura é h e cujos raios dos círculos das bases são r é um retângulo de dimensões $2\pi r$ e h:

$$A_L = 2\pi r h$$

Área da base (AB): área do círculo de raio r:

$$A_B = 2\pi r^2$$

GEOMETRIA ESPACIAL

Área total (AT): soma da área lateral com as áreas das bases:

$$A_T = A_L + 2_{AB} = 2\pi rh + 2\pi r^2 = 2\pi r(h+r)$$

15.3.5 Volume

O volume de todo paralelepípedo retângulo e de todo cilindro é o produto da área da base pela medida de sua altura:

$$V_{cilindro} = A_B \cdot h$$

No caso do cilindro circular reto, a área da base é a área do círculo de raio r, $AB = \pi r^1 h$; portanto, seu volume é:

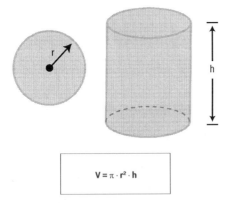

$$V = \pi \cdot r^2 \cdot h$$

15.3.6 Cilindro equilátero

Todo cilindro cuja seção meridiana é um quadrado (altura igual ao diâmetro da base) é chamado cilindro equilátero.

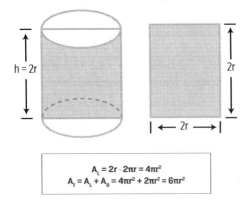

$$A_L = 2r \cdot 2\pi r = 4\pi r^2$$
$$A_T = A_L + A_B = 4\pi r^2 + 2\pi r^2 = 6\pi r^2$$

15.4 Cone circular

Dado um círculo C, contido num plano α, e um ponto V (vértice) fora de α, chamamos de cone circular o conjunto de todos os segmentos $\overline{VP}$, $P \in C$.

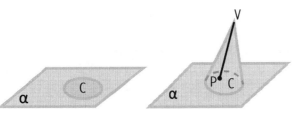

15.4.1 Elementos do cone circular

Dado o cone a seguir, consideramos os seguintes elementos:

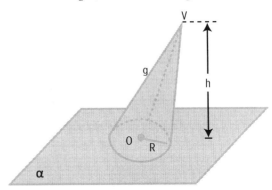

Altura: distância h do vértice V ao plano α.
Geratriz (g): segmento com uma extremidade no ponto V e outra em um ponto da circunferência.
Raio da base: raio R do círculo.
Eixo de rotação: reta $\overline{VO}$ determinada pelo centro do círculo e pelo vértice do cone.

15.4.2 Cone reto

Todo cone cujo eixo de rotação é perpendicular à base é chamado cone reto, também denominado cone de revolução. Ele pode ser gerado pela rotação completa de um triângulo retângulo em torno de um de seus catetos.

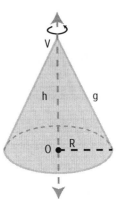

Da figura, e pelo Teorema de Pitágoras, temos a seguinte relação:

$$g^2 = h^2 + R^2$$

15.4.3 Seção meridiana

A seção determinada, em um cone de revolução, por um plano que contém o eixo de rotação é chamada seção meridiana.

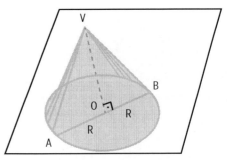

Se o triângulo AVB for equilátero, o cone também será equilátero:

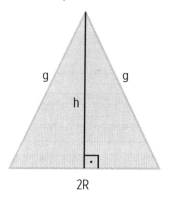

$$g = 2R$$
$$h = R\sqrt{3}$$

15.4.4 Áreas

Desenvolvendo a superfície lateral de um cone circular reto, obtemos um setor circular de raio g e comprimento $L = 2\pi R$.

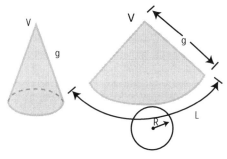

▷ **Assim, há de se considerar as seguintes áreas:**
Área lateral (AL): área do setor circular:

$$A_L = \frac{gl}{2} = \frac{g \cdot 2\pi R}{2} \Rightarrow A_L = \pi Rg$$

Área da base (AB): área do círculo do raio R:
$A_B = \pi R^2$
Área total (AT): soma da área lateral com a área da base:
$A_T = A_L + A_B = \pi Rg + \pi R^2 \to A_T \pi R (g + R)$

15.4.5 Volume

$$V_{cone} = 2\pi dS = 2\pi \; \frac{r}{3} \cdot \frac{rh}{2} \Rightarrow V_{cone} \; \frac{1}{3} \cdot \pi r^2 h$$

15.5 Pirâmides

Dado um polígono convexo R, contido em um plano α, e um ponto V (vértice) fora de α, chamamos de pirâmide o conjunto de todos os segmentos $\overline{VP}$, $P \in R$.

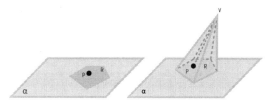

15.5.1 Elementos da pirâmide

Dada a pirâmide a seguir, tem-se os seguintes elementos:

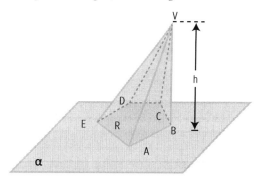

Base: o polígono convexo R.
Arestas da base: os lados AB, BC, CD, DE, EA do polígono.
Arestas laterais: os segmentos VA, VB, VC, VD, VE.
Faces laterais: os triângulos VAB, VBC, VCD, VDE, VEA.
Altura: distância h do ponto V ao plano.

15.5.2 Classificação

Uma pirâmide é reta quando a projeção ortogonal do vértice coincide com o centro do polígono da base.

Toda pirâmide reta, cujo polígono da base é regular, recebe o nome de pirâmide regular. Ela pode ser triangular, quadrangular, pentagonal etc., conforme sua base, seja, respectivamente, um triângulo, um quadrilátero, um pentágono etc.

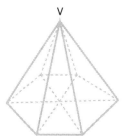 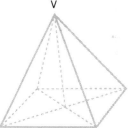

Pirâmide regular hexagonal   Pirâmide regular quadrangular

15.5.3 Áreas

Em uma pirâmide, temos as seguintes áreas:
Área lateral (AL): reunião das áreas das faces laterais.
Área da base (AB): área do polígono convexo (base da pirâmide).
Área total (AT): união da área lateral com a área da base.

$$A_T = A_L + A_B$$

Para uma pirâmide regular, temos:

$$V_L = n \cdot \frac{bg}{2} \quad A_b = pa$$

Em que:
- **b** é a aresta;
- **g** é o apótema;
- **n** é o número de arestas laterais;
- **p** é o semiperímetro da base;
- **a** é o apótema do polígono da base.

GEOMETRIA ESPACIAL

15.5.4 Volume

$$V_{cone} = \frac{1}{3} \cdot \underbrace{\pi \cdot R^2 h}_{\text{Área de base}} \rightarrow \boxed{V_{pirâmide} = \frac{1}{3} \cdot ABh}$$

15.6 Troncos

Se um plano interceptar todas as arestas de uma pirâmide ou de um cone, paralelamente às suas bases, o plano dividirá cada um desses sólidos em dois outros: uma nova pirâmide e um tronco de pirâmide; e um novo cone e um tronco de cone.

15.6.1 Tronco da pirâmide

Dado o tronco de pirâmide regular a seguir, tem-se:

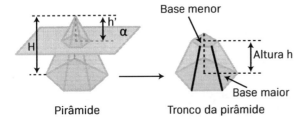

As bases são polígonos regulares paralelos e semelhantes.
As faces laterais são trapézios isósceles congruentes.

Áreas

Área lateral (AL): soma das áreas dos trapézios isósceles congruentes que formam as faces laterais.

Área total (AT): soma da área lateral com a soma das áreas da base menor (Ab) e maior (AB).

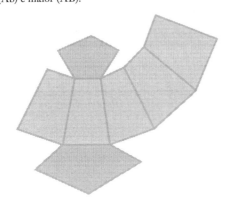

$$A_T = A_L + A_B + A_b$$

Volume

O volume de um tronco de pirâmide regular é dado por:

$$V_r = \frac{h}{3}(A_B + A_b + \sqrt{A_B A_b})$$

Sendo V o volume da pirâmide e V' o volume da pirâmide obtido pela seção, é válida a relação:

$$\frac{V'}{V} = \left(\frac{h'}{H}\right)^3$$

15.6.2 Tronco do cone

Sendo o tronco do cone circular regular a seguir, tem-se:

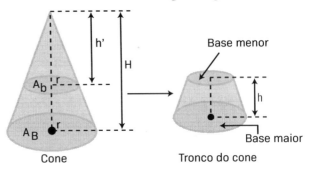

As bases maior e menor são paralelas.
A altura do tronco é dada pela distância entre os planos que contêm as bases.

Áreas

Área lateral

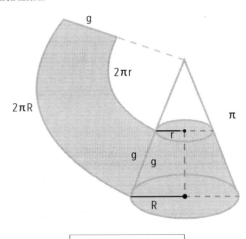

$$A_L = \pi(R + r)g$$

Área total

$$A_T = A_L + A_B + A_b = \pi(R+r)g + \pi R^2 + \pi r^2$$

$$\downarrow$$

$$A_T = [(R+r)g + R^2 + r^2]$$

Volume

$$V_r = \frac{h}{3}(A_B + A_b + \sqrt{A_B A_b}) \quad \frac{h}{3}(\pi R^2 + \pi r^2 + \sqrt{\pi R^2 \cdot \pi r^2})$$

$$\downarrow$$

$$V = \frac{\pi h}{3}(R^2 + r^2 + Rr)$$

Sendo V o volume do cone e V' o volume do cone obtido pela seção, são válidas as relações:

$$\frac{r}{r'} = \frac{H'}{h'}$$

$$\frac{A_B}{A_b} = \left(\frac{H'}{h'}\right)^2$$

$$\frac{V}{V'} = \left(\frac{H'}{h'}\right)^3$$

15.7 Esfera

Chama-se de esfera de centro O e raio R, o conjunto de pontos do espaço cuja distância ao centro é menor ou igual ao raio R.

Considerando a rotação completa de um semicírculo em torno de um eixo, a esfera é o sólido gerado por essa rotação. Assim, ela é limitada por uma superfície esférica e formada por todos os pontos pertencentes a essa superfície e ao seu interior.

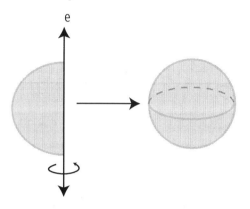

15.7.1 Volume

O volume da esfera de raio R é dado por:

$$V_e = \frac{4}{3} \cdot \pi R^3$$

15.7.2 Partes da esfera

Superfície esférica

A superfície esférica de centro O e raio R é o conjunto de pontos do espaço cuja distância ao ponto O é igual ao raio R.

Se considerar a rotação completa de uma semicircunferência em torno de seu diâmetro, a superfície esférica é o resultado dessa rotação.

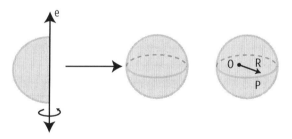

A área da superfície esférica é dada por:

$$A_s = 4\pi R^2$$

Zona esférica

É a parte da esfera gerada do seguinte modo:

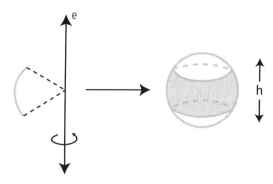

A área da zona esférica é dada por:

$$S = 2\pi Rh$$

Calota esférica

É a parte da esfera gerada do seguinte modo:

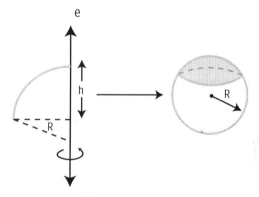

A área da calota esférica é dada por:

$$S = 2\pi Rh$$

Fuso esférico

O fuso esférico é uma parte da superfície esférica que se obtém ao girar uma semicircunferência de um ângulo $\alpha(0 < \alpha < 2\pi)$ em torno de seu eixo:

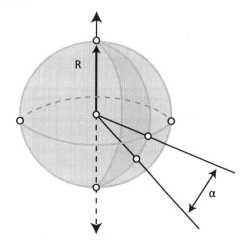

GEOMETRIA ESPACIAL

A área do fuso esférico pode ser obtida por uma regra de três simples:

$$A_S - 2\pi \quad A_F = \frac{4\pi R^2 \alpha}{2\pi} \Rightarrow A_F = 2R^2\alpha \text{ (α em radianos)}$$
$$A_F - \alpha$$

$$A_S - 360° \quad A_F = \frac{4\pi R^2 \alpha}{360°} \Rightarrow A_F \; \frac{\pi R^2 \alpha}{90°} \text{ (α em graus)}$$
$$A_F - \alpha$$

Cunha esférica

Parte da esfera que se obtém ao girar um semicírculo em torno de seu eixo de um ângulo $\alpha (0 < \alpha < 2\pi)$:

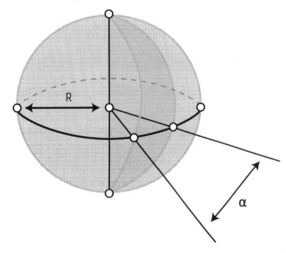

O volume da cunha pode ser obtido por uma regra de três simples:

$$\left.\begin{array}{l} V_e - 2\pi \\ V_c - \alpha \end{array}\right] V_c = \frac{\frac{4}{3}\pi R^3 \alpha}{2\pi} \quad V_c = \frac{2}{3} R^3 \alpha \text{ (α em radianos)}$$

$$\left.\begin{array}{l} V_e - 360° \\ V_c - \alpha \end{array}\right] V_c = \frac{\frac{4}{3}\pi R^3 \alpha}{360°} \quad V_c = \frac{\pi R^3 \alpha}{270°} \text{ (α em graus)}$$

RACIOCÍNIO LÓGICO

16 GEOMETRIA ANALÍTICA

Neste capítulo, serão abordados os principais conceitos de geometria analítica e suas aplicações.

16.1 Ponto

16.1.1 Plano cartesiano

A geometria analítica teve como principal idealizador o filósofo René Descartes (1596–1650). Com o auxílio de um sistema de eixos associados a um plano, ele faz corresponder a cada ponto do plano um par ordenado e vice-versa.

Quando os eixos desse sistema são perpendiculares na origem, essa correspondência determina um sistema cartesiano ortogonal (ou plano cartesiano). Assim, há uma reciprocidade entre o estudo da geometria (ponto, reta, circunferência) e da Álgebra (relações, equações etc.), podendo-se representar graficamente relações algébricas e expressar algebricamente representações gráficas.

Observe o plano cartesiano nos quadros quadrantes:

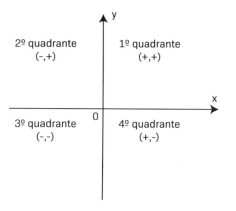

- 1º quadrante: $x > 0$ e $y > 0$
- 2º quadrante: $x < 0$ e $y > 0$
- 3º quadrante: $x < 0$ e $y < 0$
- 4º quadrante: $x > 0$ e $y < 0$

Fique ligado

Por convenção, os pontos localizados sobre os eixos não estão em nenhum quadrante.

A (4, 7) pertence ao 1º quadrante ($x_A > 0$ e $y_A > 0$)
B (–2, 8) pertence ao 2º quadrante ($x_B < 0$ e $y_B > 0$)

16.1.2 Distância entre dois pontos

Dados os pontos $A(x_A, y_A)$ e $B(x_B, y_B)$ e sendo d_{AB} a distância entre eles, tem-se:

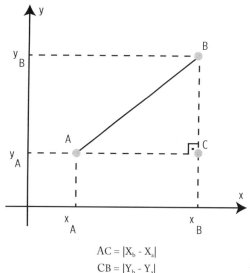

$$AC = |X_b - X_a|$$
$$CB = |Y_b - Y_a|$$

Aplicando o teorema de Pitágoras ao triângulo retângulo ABC, temos:

$$(d_{AB})^2 = (AC)^2 + (CB)^2 = (x_B - x_A)^2 + (y_B - y_A)^2$$
$$\downarrow$$
$$d_{AB} = \sqrt{(x_B - x_A)^2 + (y_B - y_A)^2}$$

Razão de secção

Dados os pontos $A(x_A, y_A)$, $B(x_B, y_B)$, $C(x_C, y_C)$ de uma mesma reta ($A \neq B \neq C$), o ponto C divide $\overline{AB}$ numa determinada razão, denominada razão de secção e indicada por:

$$r_c = \frac{AX}{CB}$$

Observe a representação a seguir:

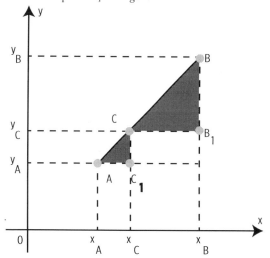

GEOMETRIA ANALÍTICA

Como o $\triangle ACC \cong \triangle CBB$, podemos escrever:

$$r_c = \frac{AC}{CB} = \frac{X_C - X_A}{X_B - X_C} = \frac{Y_C - Y_A}{Y_B - Y_C}$$

Ponto médio

Dados os pontos $A(x_A, y_A)$, $B(x_B, y_B)$ e P, que divide $\overline{AB}$ ao meio, temos:

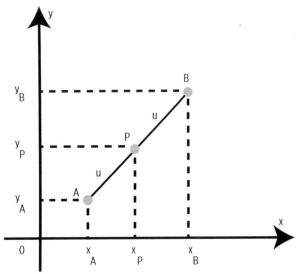

$$AP = PB$$
$$r_P = \frac{AP}{PB} = 1$$

Assim:

$$X_P - X_A = X_B - X_P$$
$$\downarrow$$
$$2X_P = X_A + X_B$$
$$\downarrow$$
$$\frac{X_A + X_B}{2} \text{ (média aritmética de } X_A \text{ e } X_B\text{)}$$
$$\downarrow$$
$$Y_P - Y_A = Y_B - Y_P$$
$$\downarrow$$
$$2Y_P = Y_A + Y_B$$
$$\downarrow$$
$$2Y_P = Y_A + Y_B$$

$$Y_P = \frac{Y_A + Y_B}{2} \text{ (média aritmética de } Y_A \text{ e } Y_B\text{)}$$

Logo, as coordenadas do ponto médio são dadas por:

$$P\left(\frac{X_A + X_B}{2}, \frac{Y_A + Y_B}{2}\right)$$

Condições de alinhamento de três pontos: se três pontos, $A(x_A, y_A)$, $B(x_B, y_B)$ e $C(x_C, y_C)$, estão alinhados, então:

$$\begin{vmatrix} x_A & y_A & 1 \\ X_B & y_B & 1 \\ X_C & y_C & 1 \end{vmatrix} = 0$$

16.2 Reta

16.2.1 Equação da reta

Equação geral

Pode-se estabelecer a equação geral de uma reta a partir da condição de alinhamento de três pontos.

Dada uma reta r, sendo $A(x_A, y_A)$ e $B(x_B, y_B)$ pontos conhecidos e distintos de r e $P_{(x,y)}$ um ponto genérico, também de r, estando A, B e P alinhados, podemos escrever:

$$\begin{vmatrix} x & y & 1 \\ X_A & y_A & 1 \\ X_B & y_B & 1 \end{vmatrix} = 0 \rightarrow -x_B y_A - xy_B - yx_A + xy_A + yx_B + x_A y_B = 0$$

$$(y_A - y_B)x + (x_B - x_A)y + (x_A y_B - x_B y_A) = 0$$

Fazendo $y_A - y_B = a$, $x_B - x_A = b$ e $x_A y_B - x_B y_A = c$, como a e b não são simultaneamente nulos ($A \neq B$), tem-se:

$$ax + by + c = 0$$

Equação geral da reta r

Essa equação relaciona x e y para qualquer ponto P genérico da reta. Assim, dado o ponto P(m, n):

- Se $am + bn + c = 0$, P é o ponto da reta.
- Se $am + bn + c \neq 0$, P não é ponto da reta.

Equação reduzida

Considere uma reta r não paralela ao eixo Oy:

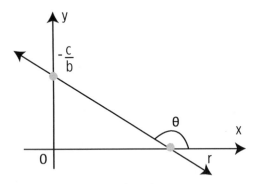

Isolando y na equação geral $ax + by + c = 0$, temos:

$$by = -ax - c \rightarrow -\frac{a}{b} \cdot x - \frac{c}{b}$$

Fazendo $-\frac{a}{b} = m$ e $-\frac{c}{b} = q$, temos:

$$y = mx + q$$

Chamada equação reduzida da reta, em que $m = -\dfrac{a}{b}$ fornece a inclinação da reta em relação ao eixo Ox.

Quando a reta for paralela ao eixo Oy, não existe a equação na forma reduzida.

Coeficiente angular

Chama-se de coeficiente angular da reta r o número real m tal que:

$$m = \operatorname{tg} \theta \ (\theta \neq 90°)$$

O ângulo θ é orientado no sentido anti-horário e obtido a partir do semieixo positivo Ox até a reta r. Desse modo, temos sempre $0 \leq \theta < \pi$.

Determinação do coeficiente angular: quando as coordenadas de dois pontos distintos da reta são conhecidas: $A(x_A, y_A)$ e $B(x_B, y_B)$

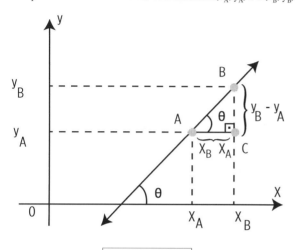

$$m = \dfrac{y_B - y_A}{x_B - x_A}$$

Quando a equação geral da reta é conhecida

$$m = -\dfrac{a}{b}$$

Equação de uma reta r, conhecidos o coeficiente angular e um ponto de r: se r em uma reta de coeficiente angular m, sendo $P(X0, Y0)$, $P \neq r$, e $Q(x,y)$ um ponto qualquer de $r(Q \neq P)$, pode-se escrever:

$$m = \dfrac{y - y_0}{X - X_0} \rightarrow y - y_0 = m(x - x_0)$$

16.2.2 Posições relativas das retas

Coordenadas do ponto de intersecção de retas

A intersecção das retas **r** e **s**, quando existir, é o ponto P(x, y), comum a elas, que é a solução do sistema formado pelas equações das duas retas.

Paralelismo: duas retas, r e s, distintas e não verticais são paralelas e tiverem coeficientes angulares iguais.

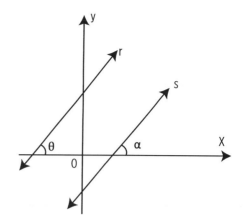

Concorrência: dadas as retas r: $a_1x + b_1y + c_1 = 0$ e s: $a_2x + b_2y + c_2 = 0$, elas serão concorrentes se tiverem coeficientes angulares diferentes:

$$\text{r e s são concorrentes} \rightarrow m_r \neq m_s \rightarrow -\dfrac{a_1}{b_1} \neq -\dfrac{a_2}{b_2}$$

Perpendicularismo: se **r** e **s** são duas retas não verticais, então r é perpendicular a s e o produto de seus coeficientes angulares for igual a −1. Lê-se $r \perp s$. Acompanhe a seguir o desenho:

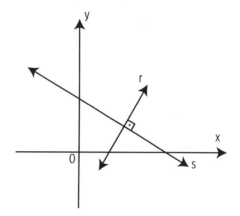

16.2.3 Distância entre um ponto e uma reta

Dado um ponto $P(x1, y1)$ e uma reta r: $ax + by + c = 0$, a distância entre eles (d_{pr}) é dada por:

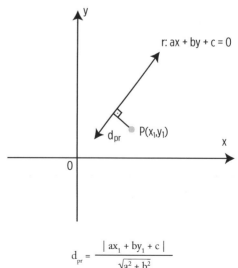

$$d_{pr} = \dfrac{|ax_1 + by_1 + c|}{\sqrt{a^2 + b^2}}$$

GEOMETRIA ANALÍTICA

16.2.4 Área de um triângulo

Dado um ponto (x_1, y_1) localizado fora de uma reta que passa pelos pontos (x_2, y_2) e (x_3, y_3), pode-se calcular a área do triângulo cujos vértices são esses três pontos.

A área do triângulo é dada pela metade do valor absoluto do determinante da matriz, indicada pela expressão:

$$A = \frac{1}{2} \left| \det \begin{pmatrix} x_A & y_A & 1 \\ x_B & y_B & 1 \\ x_C & y_C & 1 \end{pmatrix} \right| = 0$$

16.3 Circunferência

16.3.1 Equações da circunferência

Equação reduzida

Circunferência é o conjunto de todos os pontos de um plano equidistantes de um ponto fixo, desse mesmo plano, denominado centro da circunferência:

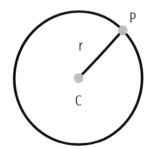

Assim, sendo $C(a, b)$ o centro e $P(x, y)$ um ponto qualquer da circunferência, a distância de C a $P(d_{CP})$ é o raio dessa circunferência. Então:

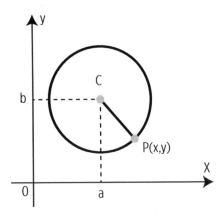

$$d_{cp} = \sqrt{(X_p - X_c)^2 + (Y_p - Y_c)^2}$$
$$\downarrow$$
$$\sqrt{(x - a)^2 + (y - b)^2} = r$$
$$\downarrow$$
$$\boxed{(x - a)^2 + (y - b)^2 = r^2}$$

Portanto, $(x - a)^2 + (y - b)^2 = r^2$ é a equação reduzida da circunferência e permite determinar os elementos essenciais para a construção da circunferência: as coordenadas do centro e o raio.

Quando o centro da circunferência estiver na origem ($C(0,0)$), a equação da circunferência será $x^2 + y^2 = r^2$.

Equação geral

Desenvolvendo a equação reduzida, obtemos a equação geral da circunferência:

$(x - a)^2 + (y - b)^2 = r^2$
$x^2 - 2ax + a^2 + y^2 - 2by + b^2 = r^2$
$x^2 + y^2 - 2ax - 2by + a^2 + b^2 - r^2 = 0$

Determinação do centro e do raio da circunferência, dada a equação geral: dada a equação geral de uma circunferência, utilizamos o processo de fatoração de trinômio quadrado perfeito para transformá-la na equação reduzida, assim determinamos o centro e o raio da circunferência.

Para tanto, a equação geral deve obedecer a duas condições:
- Os coeficientes dos termos x^2 e y^2 devem ser iguais a 1.
- Não deve existir o termo xy.

16.3.2 Posição de um ponto em relação a uma circunferência

Em relação à circunferência de equação $(x - a)^2 + (y - b)^2 = r^2$, o ponto $P(m, n)$ pode ocupar as seguintes posições:

P é exterior à circunferência

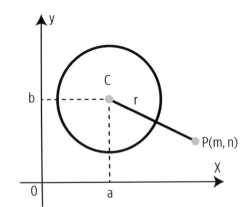

CP > r
$\sqrt{(X_p - X_c)^2 + (Y_p - Y_c)^2} > r$
$\sqrt{(m - a)^2 + (n - b)^2} > r$
$(m - a)^2 + (n - b)^2 > r^2$
$(m - a)^2 + (n - b)^2 - r^2 > 0$

P pertence à circunferência

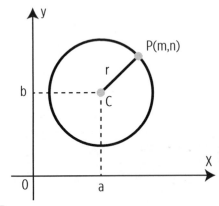

CP = r
$(m - a)^2 + (n - b)^2 = r^2$

$(m - a)^2 + (n - b)^2 - r^2 = 0$

P é interior à circunferência

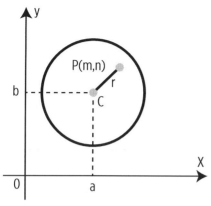

CP < r

$(m - a)^2 + (n - b)^2 < r^2$

$(m - a)^2 + (n - b)^2 - r^2 < 0$

Para determinar a posição de um ponto P (m, n) em relação a uma circunferência, substituir as coordenadas de P na expressão $(x - a)^2 + (y - b)^2 - r^2$:

- se $(m - a)^2 + (n - b)^2 - r^2 > 0$, então, P é exterior à circunferência.
- se $(m - a)^2 + (n - b)^2 - r^2 = 0$, então, P pertence à circunferência.
- se $(m - a)^2 + (n - b)^2 - r^2 < 0$, então, P é interior à circunferência.

16.3.3 Posição de uma reta em relação a uma circunferência

Dado uma reta s: $Ax + Bx + C = 0$ e uma circunferência α de equação $(x - a)^2 + (y - b)^2 = r^2$, vamos examinar as posições relativas entre s e α:

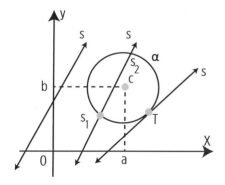

$s \cap \alpha = \emptyset \rightarrow$ s é exterior à α

$s \cap \alpha = \{T\} \rightarrow$ s é tangente à α

$s \cap \alpha = \{s_1, s_2\} \rightarrow$ s é tangente à α

Também se pode determinar a posição de uma reta em relação à circunferência, calculando a distância da reta ao centro da circunferência. Assim, dado a reta s: $Ax + By + C = 0$ e a circunferência α: $(x - a)^2 + (y - b)^2 = r^2$, tem-se:

$$d_{c3} = \frac{|Aa + Bb + C|}{\sqrt{A^2 + B^2}}$$

Assim:

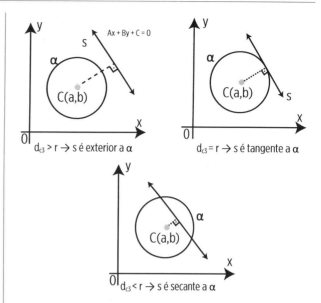

$d_{c3} > r \rightarrow$ s é exterior a α

$d_{c3} = r \rightarrow$ s é tangente a α

$d_{c3} < r \rightarrow$ s é secante a α

16.3.4 Posição relativa de duas circunferências

Circunferências tangentes

Tangentes externas: duas circunferências são tangentes externas quando possuem somente um ponto em comum e uma exterior à outra. A condição para que isso ocorra é que a distância entre os centros das duas circunferências seja equivalente à soma das medidas de seus raios.

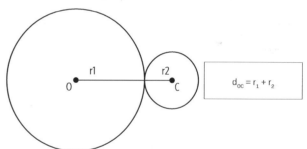

$d_{OC} = r_1 + r_2$

Tangentes internas: duas circunferências são tangentes internas quando possuem apenas um ponto em comum e uma esteja no interior da outra. A condição para que isso ocorra é que a distância entre os dois centros seja igual à diferença entre os dois raios.

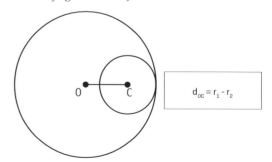

$d_{OC} = r_1 - r_2$

GEOMETRIA ANALÍTICA

Circunferências externas

Duas circunferências são consideradas externas quando não possuem pontos em comum. A condição para que isso ocorra é que a distância entre os centros das circunferências deve ser maior que a soma das medidas de seus raios.

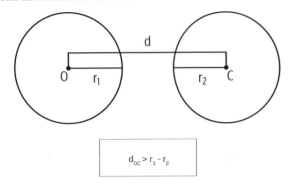

$$d_{OC} > r_1 - r_2$$

Circunferências secantes

Duas circunferências são consideradas secantes quando possuem dois pontos em comum. A condição para que isso aconteça é que a distância entre os centros das circunferências deve ser menor que a soma das medidas de seus raios.

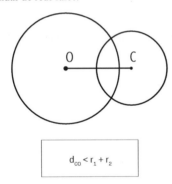

$$d_{CO} < r_1 + r_2$$

Circunferências internas

Duas circunferências são consideradas internas quando não possuem pontos em comum e uma está localizada no interior da outra. A condição para que isso ocorra é que a distância entre os centros das circunferências deve ser equivalente à diferença entre as medidas de seus raios.

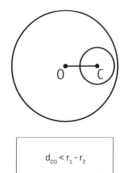

$$d_{CO} < r_1 - r_2$$

Circunferências concêntricas

Duas circunferências são consideradas concêntricas quando possuem o centro em comum. Nesse caso, a distância entre os centros é nula.

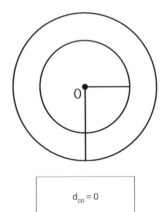

$$d_{CO} = 0$$

RACIOCÍNIO LÓGICO

17 ANÁLISE COMBINATÓRIA

As primeiras atividades matemáticas estavam ligadas à contagem de objetos de um conjunto, enumerando seus elementos.

Vamos estudar algumas técnicas para a descrição e contagem de casos possíveis de um acontecimento.

17.1 Definição

A análise combinatória é utilizada para descobrir o **número de maneiras possíveis** para realizar determinado evento, sem que seja necessário demonstrar essas maneiras.

> Quantos são os pares formados pelo lançamento de dois **dados** simultaneamente?
> No primeiro dado, temos 6 possibilidades – do 1 ao 6 – e, no segundo dado, também temos 6 possibilidades – do 1 ao 6. Juntando todos os pares formados, temos 36 pares (6 · 6 = 36).
> (1,1), (1,2), (1,3), (1,4), (1,5), (1,6),
> (2,1), (2,2), (2,3), (2,4), (2,5), (2,6),
> (3,1), (3,2), (3,3), (3,4), (3,5), (3,6),
> (4,1), (4,2), (4,3), (4,4), (4,5), (4,6),
> (5,1), (5,2), (5,3), (5,4), (5,5), (5,6),
> (6,1), (6,2), (6,3), (6,4), (6,5), (6,6).
> Logo, temos **36 pares**.

Não há necessidade de expor todos os pares formados, basta que saibamos quantos pares existem.

Imagine se fossem 4 dados e quiséssemos saber todas as quadras possíveis, o resultado seria 1.296 quadras. Um número inviável de ser representado. Por isso utilizamos a análise combinatória.

Para resolver as questões de análise combinatória, utilizamos algumas técnicas, que veremos a seguir.

17.2 Fatorial

É comum, nos problemas de contagem, calcularmos o produto de uma multiplicação cujos fatores são números naturais consecutivos. Fatorial de um número (natural) é a multiplicação deste número por todos os seus antecessores, em ordem, até o número 1 ·

$$n! = n(n-1)(n-2)\ldots 3.2.1, \text{ sendo } n \in \mathbb{N} \text{ e } n > 1.$$

Por definição, temos:
- 0! = 1
- 1! = 1
- 4! = 4 · 3 · 2 · 1 = 24
- 6! = 6 · 5 · 4 · 3 · 2 · 1 = 720
- 8! = 8 · 7 · 6 · 5 · 4 · 3 · 2 · 1 = 40.320

Observe que:
- 6! = 6 · 5 · 4!
- 8! = 8 · 7 · 6!

Para n = 0, teremos: 0! = 1.
Para n = 1, teremos: 1! = 1.

> Qual deve ser o valor numérico de n para que a equação (n + 2)! = 20 · n! seja verdadeira?
> O primeiro passo na resolução deste problema consiste em escrevermos **(n + 2)!** em função de **n!**, em busca de uma equação que não mais contenha fatoriais:
> (n+2)(n+1)n! = 20n!, dividindo por n!, tem os:
> (n+2)(n+1) = 20, fazendo a distributiva.
> $n^2 + 3n + 2 = 20 \Rightarrow n^2 + 3n - 18 = 0$
> Conclui-se que as raízes procuradas são **-6** e **3**, mas como não existe fatorial de números negativos, já que eles não pertencem ao conjunto dos números naturais, ficamos apenas com a raiz igual a **3**.
> Portanto:
> O valor numérico de n, para que a equação seja verdadeira, é igual a 3.

17.3 Princípio fundamental da contagem (PFC)

O PFC é utilizado nas questões em que os elementos podem ser repetidos **ou** quando a ordem dos elementos fizer diferença no resultado.

É uma das técnicas mais importantes e uma das mais utilizadas nas questões de análise combinatória.

> **Fique ligado**
>
> Esses elementos são os dados das questões, os valores envolvidos.

Consiste de dois princípios: o **multiplicativo** e o **aditivo**. A diferença dos dois consiste nos termos utilizados durante a resolução das questões.

Multiplicativo: usado sempre que na resolução das questões utilizarmos o termo e. Como o próprio nome já diz, faremos multiplicações.

Aditivo: usado quando utilizarmos o termo **ou**. Aqui realizaremos somas.

> Quantas senhas de 3 algarismos são possíveis com os algarismos 1, 3, 5 e 7?
> Como nas senhas os algarismos podem ser repetidos, para formar senhas de 3 algarismos temos a seguinte possibilidade:
> SENHA = Algarismo E Algarismo E Algarismo
> Nº de SENHAS = 4 · 4 · 4 (já que são 4 os algarismos que temos na questão, e observe o princípio multiplicativo no uso do e). Nº de SENHAS = 64.

> Quantos são os números naturais de dois algarismos que são múltiplos de 5?
> Como o zero à esquerda de um número não é significativo, para que tenhamos um número natural com dois algarismos, ele deve começar com um dígito de 1 a 9. Temos, portanto, 9 possibilidades.
> Para que o número seja um múltiplo de 5, ele deve terminar em 0 ou 5, portanto, temos apenas 2 possibilidades. A multiplicação de 9 por 2 nos dará o resultado desejado. Logo: são 18 os números naturais de dois algarismos e múltiplos de 5.

17.4 Arranjo e combinação

Duas outras técnicas usadas para resolução de problemas de análise combinatória, sendo importante saber quando usa cada uma delas.

Arranjo: usado quando os elementos (envolvidos no cálculo) não podem ser repetidos E quando a ordem dos elementos faz diferença no resultado.

A fórmula do arranjo é:

$$A_{n,p} = \frac{n!}{(n \cdot p)!}$$

Sendo:
- **n** = todos os elementos do conjunto.
- **p** = os elementos utilizados.
- pódio de competição

Combinação: usado quando os elementos (envolvidos no cálculo) não podem ser repetidos E quando a ordem dos elementos não faz diferença no resultado.

A fórmula da combinação é:

$$C_{n,p} = \frac{n!}{p! \cdot (n-p)!}$$

219

ANÁLISE COMBINATÓRIA

Sendo:

n = a todos os elementos do conjunto.

p = os elementos utilizados.

| salada de fruta.

17.5 Permutação

17.5.1 Permutação simples

Seja **E** um conjunto com **n** elementos. Chama-se permutação simples dos **n** elementos, qualquer agrupamento (sequência) de **n** elementos distintos de **E** em outras palavras. Permutação é a **organização** de **todos** os elementos

Podemos, também, interpretar cada permutação de **n** elementos como um arranjo simples de **n** elementos tomados **n** a **n**, ou seja, p = n.

Nada mais é do que um caso particular de arranjo cujo p = n.

Logo:

Assim, a fórmula da permutação é:

$$P_n = n!$$

| Quantos anagramas tem a palavra prova?
| A palavra **prova** tem 5 letras, e nenhuma repetida, sendo assim **n** = 5, é:
| P5 = 5!
| P5 = 5 · 4 · 3 · 2 · 1
| P5 = 120 anagramas

Fique ligado

As permutações são muito usadas nas questões de anagramas. Anagramas são palavras formadas com todas as letras de uma palavra, desde que essas novas palavras tenham sentido ou não na linguagem comum.

17.5.2 Permutação com elementos repetidos

Na permutação com elementos repetidos, usa-se a seguinte fórmula:

$$P_n^{k,y,...,w} = \frac{n!}{k! \cdot y! \cdot ... \cdot w!}$$

Sendo:

n = o número total de elementos do conjunto.

k, y, w = as quantidades de elementos repetidos.

| Quantos anagramas tem a palavra concurso?
| Observe que na palavra **concurso** existem duas letras repetidas, C e O, e cada uma duas vezes, portanto, n = 8, k = 2 e y = 2, sendo:

$$P_8^{2,2} = \frac{8!}{2! \cdot 2!}$$

$$P_8^{2,2} = \frac{8 \cdot 7 \cdot 6 \cdot 5 \cdot 4 \cdot 3 \cdot 2!}{2 \cdot 1 \cdot 2!} \quad \text{(Simplificando o 2!)}$$

$$P_8^{2,2} = \frac{20.160}{2}$$

$$P_8^{2,2} = 10.080 \text{ anagramas}$$

Resumo:

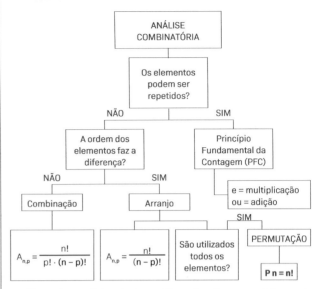

Para saber qual das técnicas utilizar, faça duas, no máximo, três perguntas para a questão, como segue:

Os elementos podem ser repetidos?

Se a resposta for sim, deve-se trabalhar com o PFC; se a resposta for não, passe para a próxima pergunta.

A ordem dos elementos faz diferença no resultado da questão?

Se a resposta for sim, trabalha-se com arranjo; se a resposta for não, trabalha-se com as combinações (todas as questões de arranjo podem ser feitas por PFC).

Vou utilizar todos os elementos para resolver a questão? (opcional)

Para fazer a 3ª pergunta, dependerá se a resposta da 1ª for não e a 2ª for sim; se a resposta da 3ª for sim, trabalha-se com as permutações.

17.5.3 Permutações circulares e combinações com repetição

Casos especiais dentro da análise combinatória

Permutação circular: usada quando houver giro horário ou anti-horário. Na permutação circular o que importa são as posições, não os lugares.

$$PC_n = (n-1)!$$

Sendo:

n = o número total de elementos do conjunto.

Pc = permutação circular.

Combinação com repetição: usada quando p > n ou quando a questão deixar subentendido que pode haver repetição.

$$A_{n,p} = C_{(n+p-1,p)} = \frac{(n+p-1)!}{p! \cdot (n-1)!}$$

Sendo:

n = o número total de elementos do conjunto.

p = o número de elementos utilizados.

Cr = combinação com repetição.

RACIOCÍNIO LÓGICO

18 PROBABILIDADE

A que temperatura a água entra em ebulição? Ao soltar uma bola, com que velocidade ela atinge o chão? Ao conhecer certas condições, é perfeitamente possível responder a essas duas perguntas, antes mesmo da realização desses experimentos.

Esses experimentos são denominados determinísticos, pois neles os resultados podem ser previstos.

Considere agora os seguintes experimentos:
- No lançamento de uma moeda, qual a face voltada para cima?
- No lançamento de um dado, que número saiu?
- Uma carta foi retirada de um baralho completo. Que carta é essa?

Mesmo se esses experimentos forem repetidos várias vezes, nas mesmas condições, não poderemos prever o resultado.

Um experimento cujo resultado, mesmo que único, é imprevisível, é denominado experimento aleatório. E é justamente ele que nos interessa neste estudo. Um experimento ou fenômeno aleatório apresenta as seguintes características:
- Pode se repetir várias vezes nas mesmas condições.
- É conhecido o conjunto de todos os resultados possíveis.
- Não se pode prever o resultado.

A teoria da probabilidade surgiu para nos ajudar a medir a chance de ocorrer determinado resultado em um experimento aleatório.

18.1 Definições

Para o cálculo das probabilidades, temos que saber primeiro os três conceitos básicos acerca do tema:

Fique ligado

Maneiras possíveis de se realizar determinado evento (análise combinatória).
≠ (diferente)
Chance de determinado evento ocorrer (probabilidade).

Experimento aleatório: é o experimento em que não é possível garantir o resultado, mesmo que esse seja feito diversas vezes nas mesmas condições.

Lançamento de uma moeda: ao lançar uma moeda os resultados possíveis são cara ou coroa, mas não tem como garantir qual será o resultado desse lançamento.

Lançamento de um dado: da mesma forma que a moeda, não temos como garantir qual é o resultado (1, 2, 3, 4, 5 e 6) desse lançamento.

Espaço amostral (Ω) ou (U): é o conjunto de todos os resultados possíveis para um experimento aleatório.

Na moeda: o espaço amostral na moeda é Ω = 2, pois só temos dois resultados possíveis para esse experimento, que é ou cara ou coroa.

No dado: o espaço amostral no dado é U = 6, pois temos do 1 ao 6, como resultados possíveis para esse experimento.

Evento: qualquer subconjunto do espaço amostral é chamado evento.

No lançamento de um dado, por exemplo, em relação à face voltada para cima, podemos ter os eventos:
O número par: {2, 4, 6}.
O número ímpar: {1, 3, 5}.
Múltiplo de 8: { }.

18.2 Fórmula da probabilidade

Considere um experimento aleatório em que para cada um dos n eventos simples, do espaço amostral U, a chance de ocorrência é a mesma. Nesse caso, o cálculo da probabilidade de um evento qualquer dado pela fórmula:

$$P(A) = \frac{n(A)}{n(U)}$$

Na expressão acima, **n (U)** é o número de elementos do espaço amostral **U** e **n (A)**, o número de elementos do evento **A**.

$$P = \frac{\text{evento}}{\text{espaço amostral}}$$

Os valores da probabilidade variam de 0 (0%) a 1 (100%).

Quando a probabilidade é de 0 (0%), diz-se que o evento é impossível.
| Chance de você não passar num concurso.

Quando a probabilidade é de 1 (100%), diz-se que o evento é certo.
| Chance de você passar num concurso.

Qualquer outro valor entre 0 e 1, caracteriza-se como a probabilidade de um evento.

Na probabilidade também se usa o PFC, ou seja, sempre que houver duas ou mais probabilidades ligadas pelo conectivo e elas serão multiplicadas, e quando for pelo ou, elas serão somadas.

18.3 Eventos complementares

Dois eventos são ditos **complementares** quando a chance do evento ocorrer somado à chance de ele não ocorrer sempre dá 1.

$$P(A) + P(\bar{A}) = 1$$

Sendo:
- **P(A)** = a probabilidade do evento ocorrer.
- **P(Ā)** = a probabilidade do evento não ocorrer.

18.4 Casos especiais de probabilidade

A partir de agora, veremos algumas situações típicas da probabilidade, que servem para não perdermos tempo na resolução das questões.

18.4.1 Eventos independentes

Dois ou mais eventos são independentes quando não dependem uns dos outros para acontecer, porém ocorrem simultaneamente. Para calcular a probabilidade de dois ou mais eventos independentes, multiplicar a probabilidade de cada um deles.

Uma urna tem 30 bolas, sendo 10 vermelhas e 20 azuis. Se sortear 2 bolas, 1 de cada vez e repondo a sorteada na urna, qual será a probabilidade de a primeira ser vermelha e a segunda ser azul? Sortear uma bola vermelha da urna não depende de uma bola azul ser sorteada e vice-versa, então a probabilidade da bola ser vermelha é $\frac{10}{30}$, e para a bola ser azul a probabilidade é $\frac{20}{30}$. Dessa forma, a probabilidade de a primeira bola ser vermelha e a segunda azul é:

$$P = \frac{20}{30} \cdot \frac{10}{30}$$

$$P = \frac{200}{900}$$

$$P = \frac{2}{9}$$

18.4.2 Probabilidade condicional

É a probabilidade de um evento ocorrer, sabendo que já ocorreu outro, relacionado a esse.

A fórmula para o cálculo dessa probabilidade é:

$$P_{A/B} = \frac{P(A \cap B)}{P_B}$$

$$P = \frac{\text{probabilidade dos eventos simultâneos}}{\text{probabilidade do evento condicional}}$$

18.4.3 Probabilidade da união de dois eventos

Assim como na teoria de conjuntos, faremos a relação com a fórmula do número de elementos da união de dois conjuntos. É importante lembrar o que significa união.

A fórmula para o cálculo dessa probabilidade é:

$$P(A \cup B) = P(A) + P(B) - P(A \cap B)$$

Ao lançar um dado, qual é a probabilidade de obter um número primo ou um número ímpar?

Os números primos no dado são 2, 3 e 5, já os números ímpares no dado são 1, 3 e 5, então os números primos e ímpares são 3 e 5. Ao aplicar a fórmula para o cálculo da probabilidade fica:

$$P_{(A \cup B)} = \frac{3}{6} + \frac{3}{6} - \frac{2}{6}$$

$$P_{(A \cup B)} = \frac{4}{6}$$

$$P_{(A \cup B)} = \frac{2}{3}$$

18.4.4 Probabilidade binomial

Essa probabilidade é a chamada probabilidade estatística e será tratada aqui de forma direta e com o uso da fórmula.

A fórmula para o cálculo dessa probabilidade é:

$$P = C_{n,s} \cdot P^s_{sucesso} \cdot P^f_{fracasso}$$

Sendo:
- **C** = o combinação.
- **n** = o número de repetições do evento.
- **s** = o número de sucessos desejados.
- **f** = o número de fracassos.

RACIOCÍNIO LÓGICO

19 NOÇÕES DE MATEMÁTICA FINANCEIRA

Porcentagem e juros fazem parte da matemática financeira e são assuntos amplamente difundidos em variados segmentos.

19.1 Porcentagem

É a aplicação da taxa percentual a determinado valor.

Taxa percentual: é o valor que vem acompanhado do símbolo %.

Para fins de cálculo, usa-se a taxa percentual em forma de fração ou em números decimais.

> 3% = 3/100 = 0,03
> 15% = 15/100 = 0,15
> 34% de 1.200 = 34/100 · 1.200 = 40.800/100 = 408
> 65% de 140 = 0,65 · 140 = 91

19.2 Lucro e prejuízo

Lucro e prejuízo são resultados de movimentações financeiras.

Custo (C): gasto.

Venda (V): ganho.

Lucro (L): quando se ganha mais do que se gasta.

$$L = V - C$$

Prejuízo (P): quando se gasta mais do que se ganha.

$$P = C - V$$

Basta substituir no lucro ou no prejuízo o valor da porcentagem, no custo ou na venda.

> Um computador foi comprado por R$ 3.000,00 e revendido com lucro de 25% sobre a venda. Qual o preço de venda?
> Como o lucro foi na venda, então L = 0,25V:
> L = V − C
> 0,25V = V − 3.000
> 0,25V − V = −3.000
> −0,75V = −3.000 (−1)
> 0,75V = 3.000
> $V = \dfrac{3.000}{0,75} = \dfrac{300.000}{75} = 4.000$
> Logo, a venda se deu por R$ 4.000,00.

19.3 Juros simples

Juros: atributos (ganhos) de uma operação financeira.

Juros simples: os valores são somados ao capital apenas no final da aplicação. Somente o capital rende juros.

Para o cálculo de juros simples, usa-se a seguinte fórmula:

$$J = C \cdot i \cdot t$$

Fique ligado

Nas questões de juros, as taxas de juros e os tempos devem estar expressos pela mesma unidade.

- J = juros.
- C = capital.
- i = taxa de juros.
- t = tempo da aplicação.

> Um capital de R$ 2.500,00 foi aplicado a juros de 2% ao trimestre durante um ano. Quais os juros produzidos?
> Em 1 ano há exatamente 4 trimestres, como a taxa está em trimestre, agora é só calcular:
> J = C · i · t
> J = 2.500 · 0,02 · 4
> J = 200

19.4 Juros compostos

Os valores são somados ao capital no final de cada período de aplicação, formando um novo capital, para incidência dos juros novamente. É o famoso caso de juros sobre juros.

Para o cálculo de juros compostos, usa-se a seguinte fórmula:

$$M = C \cdot (1 + i)^t$$

- M = montante.
- C = capital.
- i = taxa de juros.
- t = tempo da aplicação.

> Um investidor aplicou a quantia de R$ 10.000,00 à taxa de juros de 2% a.m. durante 4 meses. Qual o montante desse investimento?
> Aplique a fórmula, porque a taxa e o tempo estão na mesma unidade:
> M = C · (1 + i)^t
> M = 10.000 · (1 + 0,02)^4
> M = 10.000 · (1,02)^4
> M = 10.000 · 1,08243216
> M = 10.824,32

19.5 Capitalização

Capitalização: acúmulo de capitais (capital + juros).

Nos juros simples, calcula-se por: M = C + J.

Nos juros compostos, calcula-se por: J = M − C.

Em algumas questões terão de ser calculados os montantes dos juros simples ou dos juros compostos.

NOÇÕES DE DIREITO CONSTITUCIONAL

NOÇÕES DE DIREITO CONSTITUCIONAL

1 INTRODUÇÃO AO DIREITO CONSTITUCIONAL

1.1 Noções gerais

Para iniciarmos o estudo do Direito Constitucional, alguns conceitos precisam ser esclarecidos.

Primeiramente, faz-se necessário conhecer qual será o objeto de estudo desta disciplina jurídica: **Constituição Federal**.

A Constituição Federal é a norma mais importante de todo o ordenamento jurídico brasileiro. Ela é a norma principal, a norma fundamental.

Se pudéssemos posicionar as espécies normativas na forma de uma pirâmide hierárquica, a Constituição Federal apareceria no topo desta pirâmide, ao passo que as outras espécies normativas estariam todas abaixo dela, como na ilustração:

Para que sua preparação seja adequada, é necessário ter em vista uma Constituição atualizada. Isso por conta de que a Constituição Federal atual foi promulgada em 1988, mas já sofreu diversas alterações. Significa dizer, numa linguagem mais jurídica, que ela foi **emendada**.

As emendas constitucionais são a única forma de alteração do texto constitucional. Portanto, uma lei ou outra espécie normativa hierarquicamente inferior à Constituição jamais poderá alterar o seu texto.

Neste ponto, caberia a seguinte pergunta: o que torna a Constituição Federal a norma mais importante do direito brasileiro? A resposta é muito simples: a Constituição possui alguns elementos que a distinguem das outras espécies normativas, por exemplo:

- **Princípios constitucionais;**
- **Direitos fundamentais;**
- **Organização do Estado;**
- **Organização dos Poderes.**

De nada adiantaria possuir uma Constituição Federal com tantos elementos essenciais ao Estado se não existisse alguém para protegê-la. O próprio texto constitucional previu um Guardião para a Constituição: o **Supremo Tribunal Federal (STF)**.

O STF é o órgão de cúpula do Poder Judiciário e possui como atribuição principal a guarda da Constituição. Ele é tão poderoso que, se alguém editar uma norma que contrarie o disposto no texto constitucional, o STF a declarará inconstitucional. Uma norma declarada inconstitucional pelo STF não produzirá efeitos na sociedade.

Além de guardião da Constituição Federal, o STF possui outra atribuição: a de intérprete do texto fundamental. É o STF quem define a melhor interpretação para esta ou aquela norma constitucional. Quando um Tribunal manifesta sua interpretação, dizemos que ele revelou sua **jurisprudência** (o pensamento dos tribunais), sendo a do STF a que mais interessa para o estudo do Direito Constitucional.

É exatamente neste ponto que se encontra a maior importância do STF para o objetivo que se tem em vista: é essencial conhecer sua jurisprudência, pois costuma cair em prova. Para se ter ideia da importância dessa matéria, é possível que alguma jurisprudência do STF seja contrária ao próprio texto constitucional. Dessa forma, o aluno precisa ter uma dupla percepção: conhecer o texto da Constituição e conhecer a jurisprudência do STF.

Contudo, ainda existe outra fonte de conhecimento essencial para o aprendizado em Direito Constitucional: a **doutrina**. A doutrina é o pensamento produzido pelos estudiosos do Direito Constitucional. Conhecer a doutrina também faz parte de sua preparação.

Em suma, para estudar Direito Constitucional é necessário estudar:

- **A Constituição Federal;**
- **A jurisprudência do Supremo Tribunal Federal;**
- **A doutrina do Direito Constitucional.**

Neste estudo, apresentaremos o conteúdo de Direito Constitucional atualizado, objetivo e necessário para prova, de forma que se tenha à mão um material suficiente ao estudo para concurso público.

> **Atenção**
>
> **Metodologia de Estudo**
> A preparação em Direito Constitucional precisa observar três passos:
> 1. Leitura da Constituição Federal;
> 2. Leitura de material teórico;
> 3. Resolução de exercícios.
> O aluno que seguir esses passos certamente chegará à aprovação em concurso público. Essa é a melhor orientação para quem está iniciando os estudos.

1.1.1 Classificações

A partir de algumas **características** que possuem as constituições, é possível classificá-las, agrupá-las. As classificações a seguir não são as únicas possíveis, realçando apenas aqueles elementos mais comumente cobrados nos concursos públicos.

- **Quanto à origem:** a Constituição Federal pode ser promulgada ou outorgada. A **promulgada** é aquela decorrente de um verdadeiro processo democrático para a sua elaboração, fruto de uma Assembleia Nacional Constituinte. A **outorgada** é aquela imposta, unilateralmente, por um governante ou por um grupo de pessoas, ao povo.
- **Quanto à possibilidade de alteração, mutação:** podem ser **flexíveis**, **rígidas** ou **semirrígidas**. As **flexíveis** não exigem, para a sua alteração, qualquer processo legislativo especial. As **rígidas**, contudo, dependem de um processo legislativo de alteração mais difícil do que aquele utilizado para as normas ordinárias. Já as constituições **semirrígidas** são aquelas cuja parte de seu texto só pode ser alterada por um processo mais difícil, sendo que outra parte pode ser mudada sem qualquer processo especial.
- **Quanto à forma adotada:** podem ser **escritas/dogmáticas** e **costumeiras**. As **dogmáticas** são aquelas que apresentam um único texto, no qual encontramos sistematizadas e organizadas todas as disposições essenciais do Estado. As **costumeiras** são aquelas formadas pela reunião de diversos textos esparsos, reconhecidos pelo povo como fundamentais, essenciais.
- **Quanto à extensão:** podem ser **sintéticas** ou **analíticas**. As **sintéticas** são aquelas concisas, enxutas e que só trazem as disposições políticas essenciais a respeito da forma, organização, fundamentos e objetivos do Estado. As analíticas são aquelas que abordam diversos assuntos, não necessariamente relacionados com a organização do Estado e dos poderes.

A partir das classificações apresentadas acima, temos que a Constituição Federal de 1988 pode ser considerada por **promulgada**, **rígida**, **escrita** e **analítica**.

TEORIA GERAL DA CONSTITUIÇÃO

2 TEORIA GERAL DA CONSTITUIÇÃO

2.1 Conceito de constituição e princípio da supremacia da constituição

Costuma-se dizer que a origem das constituições seria a chamada *Magna Charta Libertatum*, ou simplesmente *Magna Carta*, que foi assinada em 1215, pelo Rei João Sem Terra da Inglaterra, a qual aceitava limitações impostas à autoridade do rei por parte dos nobres locais.

Esse documento é considerado o embrião das constituições atuais porque, pela primeira vez, entendia-se que até mesmo o próprio rei teria de se submeter a um documento jurídico.

No entanto, embora se considere que essa seria a origem remota das constituições, o constitucionalismo, como ramo do Direito, surgiu juntamente com as constituições escritas e rígidas, sendo que as primeiras foram a dos Estados Unidos, em 1787, após a independência das 13 colônias inglesas, e a da França, em 1791, após a Revolução Francesa de 1789.

Essas duas constituições apresentavam dois traços marcantes: organização do Estado e limitação do poder estatal, por meio da previsão de direitos e garantias fundamentais.

Mas, o que vem a ser uma constituição?

A palavra "constituição" tem o significado de estrutura, formação, organização.

Pode ser definida como a lei fundamental e suprema de um Estado, que contém normas referentes à estruturação do Estado, forma de governo e aquisição do poder, direitos e garantias dos cidadãos.

Ou seja, a constituição vai definir, em normas gerais, o funcionamento do Estado, bem como os direitos fundamentais de seus cidadãos.

É o principal documento jurídico de uma nação e todas as leis lhe devem obediência, sendo que aquelas que contradisserem a constituição serão consideradas como aberrações jurídicas, e não devem produzir efeitos.

Essa ideia de superioridade da constituição em relação às leis é o que se chama de princípio da supremacia da constituição.

Para garantir tal supremacia, o Poder Judiciário se utiliza do chamado mecanismo de controle de constitucionalidade, afastando do ordenamento jurídico aquelas normas consideradas inconstitucionais.

2.1.1 Conceito ideal de constituição

Durante o século XIX, tendo em vista o surgimento de movimentos liberais em praticamente toda a Europa, exigindo que os respectivos monarcas de cada país aceitassem submeter-se a uma constituição, surgiram muitos textos com esse nome, mas que, na prática, serviam para legitimar o poder real.

Ou seja, funcionavam como "falsas constituições" para reforçar a autoridade dos reis.

Para combater isso, os constitucionalistas criaram o que ficou conhecido como "conceito ideal de Constituição".

Dessa forma, para que uma constituição possa ser considerada como tal, deve:

- Consagrar um sistema de garantias da liberdade (mecanismos de defesa do cidadão contra arbítrios estatais);
- Conter o princípio da divisão de poderes, permitindo o controle sistêmico do Estado por si mesmo;
- Ser escrita.

2.2 Classificação das constituições

As constituições podem ser classificadas por diversos critérios. Vejamos os principais deles.

2.2.1 Quanto ao conteúdo

Na verdade, não se trata de um critério de classificação de constituições, mas sim de normas constitucionais.

Por ele, as normas constitucionais podem ser agrupadas em dois grupos: **constituição material** e **constituição formal.**

- **Constituição material:** conjunto de regras substancialmente constitucionais, ou seja, são aquelas normas que tratam de assuntos propriamente constitucionais, como organização do Estado, direitos fundamentais etc.
- **Constituição formal:** o conjunto de todas as regras constantes da constituição escrita, consubstanciada em um documento solene, mesmo que algumas dessas regras tratem de matéria não propriamente constitucional. Ou seja, é tudo o que consta em uma constituição.

Existem normas que são formalmente constitucionais, porém materialmente não o são, porque tratam de assunto que poderia muito bem não estar da Constituição. Exemplo disso é a disposição constante no art. 242, § 2º:

> § 2º O Colégio Pedro II, localizado na cidade do Rio de Janeiro, será mantido na órbita federal.

2.2.2 Quanto à forma

Quanto à sua forma, as constituições dividem-se em **escritas** e **costumeiras**.

- **Escritas:** conforme o próprio nome indica, caracterizam-se por se encontrarem consubstanciadas em textos legais formais. A maioria dos países ocidentais adota essa forma.
    - Por exemplo: constituição brasileira, americana, francesa, alemã, portuguesa etc.).
- **Costumeiras:** são aquelas que não estão codificadas somente em textos legais formais, mas são formadas pelos costumes e decisões dos tribunais (a chamada jurisprudência) e em textos constitucionais esparsos.
    - Seu maior exemplo é o da Constituição Inglesa, pois aquele país não possui um documento intitulado "Constituição", sendo as normas organizadoras do Estado Inglês formadas ao longo de um extenso período.

2.2.3 Quanto ao modo de elaboração

Quanto a esse critério, podem as constituições ser **dogmáticas** ou **históricas**. Na verdade, essa classificação está muito ligada à classificação quanto à forma da constituição.

- **Dogmáticas:** são sempre escritas e são elaboradas por um órgão constituinte em um momento preciso e determinado, produzindo um documento que pode ser datado e que refletirá as ideias predominantes na sociedade em um determinado momento.
- Toda constituição escrita é dogmática e vice-versa.
- **Históricas:** estão associadas às constituições costumeiras, têm sua formação dispersa no tempo, sendo consolidadas por meio de um lento processo histórico, não havendo um momento em que se possa dizer: "eis a nossa Constituição pronta!", estando em um processo de contínua formação e alteração, uma vez que não estão consubstanciadas em um único documento.
- Uma vez mais, quem nos fornece o exemplo é a Constituição Inglesa.

NOÇÕES DE DIREITO CONSTITUCIONAL

2.2.4 Quanto à origem

Sob esse ponto de vista, as constituições podem ser **populares**, **outorgadas** ou **cesaristas**.

- **Populares:** são elaboradas por um órgão eleito pela vontade popular, chamado normalmente de Assembleia Constituinte, que assim delibera e aprova o documento como representante da vontade dos nacionais. Exemplo desse tipo é a nossa Constituição atual.
- **Outorgadas:** caracterizam-se por serem elaboradas sem a participação do povo, mas são impostas (outorgadas) por alguém ou um grupo que não recebeu do povo o poder constituinte originário.

Exemplo dessas constituições são as constituições brasileiras de 1824, 1937 e 1967.

Cesaristas ou plebiscitárias: representam um meio-termo entre os dois primeiros tipos, pois são elaboradas por alguém que não recebeu do povo a incumbência de elaborar a constituição, porém são submetidas posteriormente a um processo de aprovação popular (plebiscito).

2.2.5 Quanto à possibilidade de alteração

Nesse aspecto, as constituições podem ser: **imutáveis**, **rígidas**, **flexíveis** ou **semirrígidas**.

- **Imutáveis:** não admitem qualquer modificação por qualquer meio, tendo sempre o mesmo texto perpetuamente. Como se pode logo concluir, estão fadadas a uma existência de curta duração, uma vez que não podem ser alteradas para adaptarem-se às mudanças da sociedade.
- **Rígidas:** são aquelas que somente podem ser alteradas mediante um processo especial, mais solene e mais difícil do que o utilizado na elaboração das leis. A Constituição Brasileira de 1988 é rígida.
- **Flexíveis:** caracterizam-se por poderem ser modificadas sem a exigência de um processo qualificado diferente do adotado para a legislação ordinária. Ou seja, são aquelas que são alteradas da mesma forma que as leis.
- **Semirrígidas ou semiflexíveis:** são aquelas que contêm uma parte rígida, que somente pode ser alterada por um processo diferenciado, e uma parte flexível, que pode ser alterada por leis comuns. Quanto à extensão

De acordo com esse critério, as constituições podem ser **analíticas** ou **sintéticas**.

- **Analíticas:** também chamadas de dirigentes, têm esse nome por serem mais detalhadas, regendo todos os assuntos que entendam relevantes à formação, destinação e funcionamento do Estado. Por essa razão, são chamadas também de dirigentes. As constituições mais recentes tendem a ser analíticas.
- **Sintéticas:** também chamadas de negativas, preocupam-se somente com os princípios e as normas gerais de regência do Estado, organizando-o e limitando seu poder através dos direitos e garantias individuais. Ou seja, praticamente só possuem normas materialmente constitucionais. São chamadas de sintéticas por serem resumidas e tratarem somente dos assuntos materialmente constitucionais.

Um exemplo de constituição analítica é a nossa atual e um exemplo de constituição sintética é a norte-americana.

2.3 Poder constituinte

O poder constituinte pode ser definido como a manifestação soberana da suprema vontade política de um povo, social e juridicamente organizado, que se manifesta na elaboração e alteração da Constituição.

Ou seja, é o poder constituinte que elabora e altera a Constituição.

2.3.1 Titularidade

Em uma democracia, o poder constituinte pertence ao povo. Assim, a vontade constituinte é a vontade do próprio povo.

Porém, embora o povo seja o titular do direito, quem o exerce são seus representantes, uma vez que o exercício direto do poder constituinte pelo povo é inviável. Essa titularidade (mas não exercício direto) fica claro no preâmbulo de nossa Constituição: *"Nós, representantes do povo brasileiro, reunidos..."* e no parágrafo único do art. 1º. *"Todo o poder emana do povo, que o exerce por meio de representantes eleitos ou diretamente, nos termos desta Constituição"*.

2.3.2 Espécies de poder constituinte

O poder constituinte classifica-se em:

- **Poder constituinte originário**

O poder constituinte originário elabora a Constituição do Estado, organizando-o e criando seus poderes.

O exercício desse poder se manifesta na elaboração de uma nova constituição.

Pode-se identificar duas formas de expressão desse poder: através de uma Assembleia Constituinte eleita pelo povo, ato chamado de convenção (constituições populares, tendo como um dos exemplos a Constituição Federal de 1988) ou de um Movimento Revolucionário, através de um ato de outorga, como ocorreu com a Constituição de 1824.

O poder constituinte originário caracteriza-se por ser inicial (dá início ao ordenamento jurídico), ilimitado (não é limitado por qualquer norma jurídica anterior) e incondicionado (forma livre de exercício).

- **Poder constituinte derivado**

Tem esse nome porque deriva das normas estabelecidas pelo Poder Constituinte originário.

Além de derivado do Poder Constituinte originário, apresenta as características de subordinado ou limitado (encontra-se limitado pelas normas do texto constitucional, às quais deve obedecer, sob pena de inconstitucionalidade) e condicionado, uma vez que seu exercício deve seguir as regras estabelecidas pelo Poder Constituinte originário.

Por sua vez, o poder constituinte derivado subdivide-se em:

Poder constituinte derivado reformador: consiste na possibilidade de alterar-se o texto constitucional, respeitando-se os limites e a forma estabelecidos na Constituição.

Poder constituinte derivado decorrente: consiste na capacidade, em um Estado federal, de os estados membros se auto-organizarem por meio de constituições estaduais, respeitando as regras contidas na Constituição Federal.

Assim, no Brasil, por exemplo, cada estado possui a sua própria Constituição, e os municípios podem elaborar suas leis orgânicas.

2.4 Classificação das normas constitucionais quanto à sua eficácia

As normas constitucionais podem ser classificadas de acordo com sua aplicabilidade, ou seja, de acordo com sua capacidade de produzirem efeitos.

TEORIA GERAL DA CONSTITUIÇÃO

A classificação tradicional é do jurista José Afonso da Silva, que divide as normas constitucionais em três categorias: normas de eficácia plena, de eficácia contida e de eficácia limitada.

- **Normas de eficácia plena:** são aquelas que, desde a entrada em vigor da Constituição, produzem ou podem produzir todos os seus efeitos essenciais, nos termos propostos pelo constituinte (por exemplo: os remédios constitucionais).
- **Normas de eficácia contida:** são aquelas que, embora produzam seus efeitos desde logo, foi deixada margem, pelo constituinte, de restrição, pelo legislador ordinário, de seus efeitos. Por exemplo: art. 5º, inciso XIII.
- **Normas de eficácia limitada:** somente produzem seus efeitos plenamente após a edição de lei ordinária ou complementar que lhes desenvolva a aplicabilidade. Ou seja, precisam ser regulamentadas. Por exemplo: art. 7º, inciso XI.

Além desses três tipos, podemos citar também as normas programáticas:

- **Normas programáticas:** caracterizam-se por expressarem valores que devem ser respeitados e perseguidos pelo legislador. Não têm a pretensão de serem de aplicação imediata, mas, sim, de aplicação diferida, paulatina, constituindo um norte ao legislador. Por isso, normalmente, trazem conceitos vagos e abertos. Um exemplo de norma programática seria o art. 7º, inciso IV, de nossa Constituição Federal, que trata do salário-mínimo:

    Art. 7º São direitos dos trabalhadores urbanos e rurais, além de outros que visem à melhoria de sua condição social: [...]
    IV – Salário mínimo, fixado em lei, nacionalmente unificado, capaz de atender a suas necessidades vitais básicas e às de sua família com moradia, alimentação, educação, saúde, lazer, vestuário, higiene, transporte e previdência social, com reajustes periódicos que lhe preservem o poder aquisitivo, sendo vedada sua vinculação para qualquer fim;

2.5 Emendas constitucionais

No exercício do **poder constituinte derivado**, o Estado pode alterar o texto constitucional, respeitados os limites impostos pelo **poder constituinte originário**.

Estas alterações se dão por meio das chamadas emendas constitucionais, as quais, uma vez aprovadas, passam a compor o texto original da Magna Carta, em pé de igualdade com as demais normas.

A emenda constitucional é expressamente prevista como espécie normativa no art. 59 da Constituição Federal.

No entanto, para sua aprovação, uma proposta de emenda constitucional não pode incidir em alguma das restrições previstas pelo constituinte.

2.5.1 Restrições às emendas constitucionais

As restrições às emendas constitucionais podem ser de dois tipos: materiais (também chamadas de cláusulas pétreas), temporais e formais.

- **Restrições materiais**

Têm esse nome porque são restrições de conteúdo (matéria). Ou seja, a Constituição proíbe a aprovação de emendas que tratem de determinadas matérias.

Essas matérias que não podem ser objeto de emendas estão previstas no art. 60, § 4º, e são chamadas pela doutrina de cláusulas pétreas.

Vejamos o texto deste dispositivo:

Art. 60 [...]
§ 4º Não será objeto de deliberação a proposta de emenda tendente a abolir:
I – A forma federativa de Estado;
II – O voto direto, secreto, universal e periódico;
III – A separação dos Poderes;
IV – Os direitos e garantias individuais.

> **Atenção**
>
> **Teoria da dupla revisão**
> O constitucionalista português José Gomes Canotilho, na obra *Direito Constitucional e Teoria da Constituição*, defendia ser possível a alteração das cláusulas pétreas, desde que antes fosse alterado o texto constitucional que as defina (teoria da dupla revisão). Ou seja, primeiro altera-se o rol das cláusulas pétreas e depois altera-se a constituição no particular.
> No entanto, a maioria dos doutrinadores brasileiros rejeita esta tese por ser uma forma de burlar a vontade soberana do Constituinte Originário.

- **Restrições temporais**

O art. 60, § 1º, estabelece que a Constituição não poderá ser emendada: na vigência de intervenção federal; na vigência de estado de defesa; na vigência de estado de sítio.

- **Restrições formais**

As restrições formais nada mais são do que os procedimentos necessários para que a emenda constitucional possa ser votada e aprovada.

Pelo fato de a nossa constituição ser rígida, a elaboração de emendas exige um processo legislativo mais rígido e dificultoso do que o ordinário.

Ou seja, as restrições formais são os requisitos que deverão ser observados para a aprovação da emenda. Estão ligados à iniciativa para a propositura da emenda, ao rito e ao quórum necessários para sua aprovação.

2.5.2 Iniciativa

De acordo com o art. 60 da Constituição Federal de 1988, ela poderá ser emendada mediante proposta:

I – De um terço, no mínimo, dos membros da Câmara dos Deputados ou do Senado Federal;
II – Do Presidente da República;
III – De mais da metade das Assembleias Legislativas das unidades da Federação, manifestando-se, cada uma delas, pela maioria relativa de seus membros.

Ou seja, uma Proposta de Emenda Constitucional (PEC) somente pode ser apresentada por uma dessas pessoas ou entidades.

2.5.3 Rito e quórum de aprovação

A PEC terá sua constitucionalidade examinada pela Comissão de Constituição e Justiça da Casa onde foi proposta. Após isso, será colocada em plenário e será votada em dois turnos, sendo que, em cada um deles, deverá ser aprovada por três quintos dos votos dos membros daquela Casa (maioria qualificada de 60% dos membros).

Se a PEC for aprovada nestes dois turnos, será enviada para votação na outra Casa legislativa, onde também deverá ser aprovada em dois turnos com três quintos de aprovação.

Após isso, se aprovada, será então promulgada pelas mesas da Câmara dos Deputados e do Senado Federal.

NOÇÕES DE DIREITO CONSTITUCIONAL

3 INTERPRETAÇÃO DAS NORMAS CONSTITUCIONAIS E CONTROLE DE CONSTITUCIONALIDADE

Nos Estados que adotam uma Constituição rígida, entende-se que o texto constitucional deve ser alterado por meio de um procedimento especial, não se admitindo sua alteração ou revogação por leis em sentido estrito.

Desta forma, havendo conflito entre a Constituição e uma lei ou outro ato normativo, deve prevalecer o texto constitucional.

O processo de aferimento da compatibilidade entre a lei ou ato normativo e a Constituição Federal é chamado de controle de constitucionalidade, e é feito por meio da atuação do Poder Judiciário.

Deve-se observar que, em princípio, toda lei ou ato normativo possui a presunção de constitucionalidade, devendo a inconstitucionalidade ser declarada expressamente pelo Judiciário.

Antes, porém, de falarmos especificamente sobre controle de constitucionalidade, convém discorrermos um pouco sobre interpretação das normas constitucionais.

3.1 Interpretação das normas constitucionais

Toda norma, assim como toda manifestação de pensamento humano, precisa ser interpretada. Interpretar significa extrair da norma seu verdadeiro sentido.

A hermenêutica constitucional é o conjunto de princípios e técnicas de interpretação das normas constitucionais.

A interpretação constitucional é particularmente importante quando se encontram conflitos, aparentes ou verdadeiros, entre dispositivos constantes da Carta Magna.

Principais regras

- As normas constitucionais devem ser interpretadas de forma a evitar-se ao máximo um conflito de normas, deve-se procurar relativizar seu alcance, de forma a evitar-se o sacrifício total de uma em relação à outra.
- Os princípios fundamentais e os direitos e garantias individuais devem nortear as interpretações dos demais dispositivos constitucionais.
- As normas constitucionais têm caráter sintético e genérico.
- Não existem normas inúteis na constituição, todas têm sua utilidade e devem ser preservadas.
- A interpretação não deve cingir-se à mera análise do texto, mas deve observar aquilo que está implícito.

Muitas vezes, o conflito entre um texto legal e a Constituição pode ser resolvido com a adoção de uma interpretação da lei que não contradiga o texto constitucional.

3.1.1 Interpretação conforme a Constituição

Já vimos que, sempre que possível, a lei deve ser interpretada de forma que seja mantida a vontade do legislador e, ao mesmo tempo, não ocorra conflito com a Constituição Federal.

Esta é a chamada "interpretação conforme a Constituição", que somente é admissível quando a norma apresentar diversas interpretações possíveis.

Existem duas hipóteses que podem ocorrer quando se aplica a interpretação conforme a Constituição: interpretação conforme com ou sem redução do texto.

3.1.2 Interpretação com redução do texto

Tal interpretação ocorrerá quando for possível, em virtude da redação do texto impugnado, declarar a inconstitucionalidade de determinada expressão, possibilitando, com a supressão deste termo, uma interpretação que não ofenda à Carta Magna.

Exemplo: o Supremo Tribunal Federal declarou, liminarmente, a suspensão da eficácia da expressão desacato contida no art. 7º, § 2º, da Lei nº 8.906/1994, que dispõe:

> § 2º O advogado tem imunidade profissional, não constituindo injúria, difamação ou desacato puníveis qualquer manifestação de sua parte, no exercício de sua atividade, em juízo ou fora dele, sem prejuízo das sanções disciplinares perante a OAB, pelos excessos que cometer.

Desta forma, com a supressão do termo "desacato", entendeu o STF que o texto da lei não afrontaria a Constituição Federal.

3.1.3 Interpretação sem redução do texto

Tal técnica é aplicada no caso em que não sendo possível suprimir-se qualquer expressão da norma para adaptá-la à Constituição, define-se uma interpretação para a norma que não fira a Magna Carta.

Aí ocorrem duas possibilidades: ou o Judiciário define qual a interpretação que deve ser dada à norma, excluindo quaisquer outras; ou ele define quais interpretações não podem ser admitidas, permitindo quaisquer outras que lhes sejam diferentes.

Desta forma, vê-se que na interpretação sem redução de texto, o Supremo Tribunal Federal não afasta a norma (ou parte dela) do ordenamento jurídico, mas simplesmente define quais interpretações são possíveis ou são vedadas.

Exemplo de utilização dessa técnica é a decisão do STF no julgamento da ADIN nº 1371, cuja ementa assim dispõe:

> **EMENTA:** Ação direta de inconstitucionalidade. [...]
> 2. art. 80 e a expressão "ressalvada a filiação", constante do inciso V, do art. 237, da Lei Complementar nº 75, de 25 de maio de 1993.
> 3. Dispositivos que permitem a filiação de membros do Ministério Público a partido político.
> 4. Alegação de incompatibilidade das normas aludidas, quanto à filiação partidária, com o art. 128, § 5º, inciso II, letra e, da Constituição.
> 5. Ação julgada procedente, em parte, para, sem redução de texto, dar a) ao art. 237, inciso V, da Lei Complementar federal nº 75/93, de 20/5/93, interpretação conforme a Constituição, no sentido de que a filiação partidária de membro do Ministério Público da União somente pode efetivar-se nas hipóteses de afastamento de suas funções institucionais, mediante licença, nos termos da lei, e b) ao art. 80 da Lei Complementar federal nº 75/93, interpretação conforme à Constituição, para fixar como única exegese constitucionalmente possível aquela que apenas admite a filiação partidária, se o membro do Ministério Público estiver afastado de suas funções institucionais, devendo cancelar sua filiação partidária, antes de reassumir essas funções, não podendo, ainda, desempenhar funções pertinentes ao Ministério Público Eleitoral senão dois anos após o cancelamento da filiação político-partidária.

3.2 Controle de constitucionalidade

3.2.1 Princípio da supremacia da Constituição

A Constituição é a norma fundamental que rege a organização de um Estado. Encontra-se acima de todas as outras leis e é o cânon de aferição da validade delas. Tudo aquilo que estiver em desacordo com a vontade do constituinte deve ser expurgado do ordenamento jurídico.

Quando um comando legal contradiz a Constituição, diz-se que ele padece de inconstitucionalidade e, reconhecida esta, ele é considerado

INTERPRETAÇÃO DAS NORMAS CONSTITUCIONAIS E CONTROLE DE CONSTITUCIONALIDADE

nulo, e tudo transcorre, geralmente, como se ele nunca tivesse existido (efeito *ex tunc* da declaração de inconstitucionalidade).

3.2.2 Recepção de leis pela Constituição

Quando uma nova constituição entra em vigor, as leis e atos normativos anteriores a ela e que não contradizerem o texto constitucional, continuarão em vigor, não havendo necessidade de serem reeditados.

Esse fenômeno é chamado de recepção das normas jurídicas pela nova Constituição.

3.2.3 Controle preventivo e repressivo de constitucionalidade

O controle de constitucionalidade pode ser **preventivo** ou **repressivo**.

- **Preventivo:** visa impedir que um ato ou lei inconstitucional venha a existir, a adquirir eficácia, sendo exercido antes da entrada em vigor da norma.
  - É praticado: pelo **Poder Executivo**, principalmente através do chamado veto jurídico; e pelo **Poder Legislativo**, principalmente por meio da atuação das Comissões de Constituição e Justiça, mas também através das votações em plenário.
  - É considerada a melhor forma de controle de constitucionalidade, uma vez que impede que a norma inconstitucional venha a produzir efeitos no mundo jurídico.
- **Repressivo:** tem o objetivo de retirar do ordenamento jurídico uma norma vigente que, porém, se encontra em desacordo com a Constituição.
  - É exercido, geralmente, pelo Poder Judiciário, porém, nossa Constituição Federal prevê duas hipóteses excepcionais em que este controle pode ser feito pelo Poder Legislativo: no caso de o Poder Executivo exorbitar seu poder regulamentar (expedição de decretos) ou os limites de delegação legislativa (art. 49, inciso V, da Constituição Federal de 1988); no caso de apreciação de Medida Provisória editada pelo Executivo.

3.2.4 Controle concentrado e difuso de constitucionalidade

No Direito Constitucional comparado, identificam-se dois modelos de controle de constitucionalidade pelo Judiciário: **controle concentrado** (com origem na Europa Continental) e **controle difuso** (utilizado nos Estados Unidos da América).

A seguir, apresentamos as características diferenciadoras dos dois sistemas:

Controle concentrado, direto, abstrato ou fechado
- Origem: Constituição Austríaca de 1920.
- Controle feito de forma abstrata, sem vinculação a um caso concreto.
- Realizado pela Suprema Corte.
- Resultado julgamento *erga omnes* (vale para todas as pessoas).
- Legitimidade para provocação da declaração de inconstitucionalidade: restrita.

Controle difuso, aberto ou incidental
- Origem: Estados Unidos (construção jurisprudencial).
- Controle feito com base no caso concreto trazido ao tribunal pela parte.
- Realizado pelos juízes das instâncias inferiores.
- O resultado do julgamento só vale entre as partes envolvidas no processo.
- Legitimidade para provocação da declaração de inconstitucionalidade: qualquer interessado.

3.3 Controle de constitucionalidade no Brasil

O Brasil permite a utilização dos dois sistemas de controle de constitucionalidade: concentrado e difuso.

A seguir, trataremos dos dois sistemas de controle de constitucionalidade, de acordo com as regras estabelecidas pela nossa Constituição Federal.

3.3.1 Controle concentrado ou direto

No Brasil, o controle concentrado de constitucionalidade é exercido pelo Supremo Tribunal Federal, de forma abstrata, ou seja, sem vinculação a um caso específico, por meio da Ação Direta de Inconstitucionalidade (Adin) e da Ação Declaratória de Constitucionalidade (Adecon).

- **Ação Direta de Inconstitucionalidade (Adin)**

O objeto da Adin, é a declaração de inconstitucionalidade ou ato normativo.

Pode ser utilizado para questionar a constitucionalidade de lei ou ato normativo federal, estadual ou distrital, este último quando no exercício de competência equivalente à dos estados membros, não existindo controle concentrado da constitucionalidade de lei ou ato normativo municipal em face da Constituição Federal.

A análise do Supremo Tribunal Federal (STF) é feita sempre abstrata e, por isso, não se admite a propositura de Adin contra ato normativo já revogado ou cuja eficácia já tenha se exaurido (por exemplo, leis temporárias ou medidas provisórias não convertidas em lei).

A Adin somente pode ser impetrada contra decreto quando através dele o chefe do Executivo extrapola do Poder Regulamentar.

Não se aplica aos atos de efeito concreto (alvarás, licenças etc.), às súmulas dos tribunais e às respostas do Tribunal Superior Eleitoral (TSE) a consultas.

De acordo com o entendimento do STF, somente existe a possibilidade de impetração de Adin contra lei ou ato normativo editado posteriormente à constituição. Segundo o pretório excelso, a incompatibilidade de uma lei anterior com a Constituição superveniente deve ser analisada no caso concreto, por meio do controle difuso.

O STF admite também o controle concentrado da constitucionalidade dos tratados internacionais, uma vez internalizados em nosso ordenamento jurídico, lembrando que tais tratados são celebrados pelo Presidente da República, porém sua incorporação ao ordenamento jurídico se dá por meio de decreto legislativo, o qual é sucedido por um decreto presidencial que o promulga e publica, momento a partir do qual passa a ter obrigatoriedade.

Uma vez internados, os tratados qualificam-se como atos normativos infraconstitucionais, no mesmo nível, por exemplo, das leis ordinárias, sendo que qualquer conflito desses tratados com as normas internas será resolvido pelas regras ordinárias de resolução de conflitos entre normas.

Pois bem, uma vez incorporados ao ordenamento pátrio, os tratados internacionais são passíveis de controle difuso e concentrado, como as demais normas.

Legitimação para a Adin: de acordo com o art. 103 da Constituição Federal de 1988, podem ingressar com Adin no Supremo Tribunal Federal:

NOÇÕES DE DIREITO CONSTITUCIONAL

I – *Presidente da República;*
II – *Mesa do Senado Federal;*
III – *Mesa da Câmara dos Deputados;*
IV – *Mesa de Assembleia Legislativa de Estado-Membro ou Câmara Legislativa do DF;*
V – *Governador do Estado ou Distrito Federal;*
VI – *Procurador-geral da República;*
VII – *Conselho Federal da Ordem dos Advogados do Brasil;*
VIII – *Partido político com representação no Congresso Nacional;*
IX – *Confederação sindical ou entidade de classe de âmbito nacional.*

Por partido político com representação no Congresso Nacional entende-se como partido político que tenha elegido pelo menos um deputado federal ou um senador.

Se, após a impetração da ação, mas antes de seu julgamento, o partido perder sua representação (por exemplo: o único deputado federal do partido muda de agremiação), a ação não será julgada, de acordo com a posição atual do STF.

No entanto, o próprio STF decidiu que, se o julgamento da ação já houver sido iniciado, terá ela prosseguimento normal.

ADIN e pertinência temática

Para alguns dos legitimados pelo art. 103 da CF/1988/1988, o STF exige a presença da chamada pertinência temática, definida como a relação de pertinência entre o objeto da ação e os interesses ou objetivos de existência do legitimado.

Presume-se de forma absoluta a pertinência temática (possuem legitimação ativa universal) para os seguintes legitimados, tendo em vista suas próprias atribuições institucionais:

- Presidente da República;
- Mesa do Senado Federal e da Câmara dos Deputados;
- Procurador-Geral da República;
- Partido político com representação no Congresso Nacional;
- Conselho Federal da Ordem dos Advogados do Brasil (OAB).

Desta forma, essas pessoas ou instituições não necessitam provar a coerência entre seus objetivos institucionais e o objeto da Adin.

Por outro lado, a mesa da Assembleia Legislativa (ou Câmara Legislativa, no caso do Distrito Federal), o governador do Estado ou Distrito Federal e as confederações sindicais ou entidades de âmbito nacional precisam demonstrar a tal pertinência temática.

Assim, por exemplo, Adin impetrada pelo Sindicato Nacional das Costureiras que visasse questionar a constitucionalidade do aumento da alíquota da Contribuição Social Sobre o Lucro Líquido (CSLL) para instituições financeiras não seria conhecida pelo STF, vez que inexiste qualquer relação próxima entre os objetivos de existência do sindicato e o objeto da ação.

Procedimento: o procedimento da Adin inicia-se com a apresentação da petição inicial, que pode ser subscrita por um dos legitimados ou por advogado que os represente.

Se a petição inicial for inepta, não fundamentada ou manifestamente improcedente será liminarmente indeferida pelo relator, cabendo agravo ao plenário do Tribunal desta decisão.

Aceita a petição inicial, o relator pedirá informações à autoridade que produziu o ato, a qual deverá fornecê-las no prazo de 30 dias.

Prestadas ou não as informações, o Advogado-Geral da União se manifestará, após o que os autos serão remetidos ao Procurador-geral da República para sua manifestação.

O julgamento da Adin, então, será feito pelo plenário do STF, sendo exigido o quórum mínimo de oito ministros.

Para que o julgamento seja concluído, deverão manifestar-se pela constitucionalidade ou inconstitucionalidade da norma a maioria absoluta dos membros do STF (seis ministros). Assim, estando presentes somente oito ministros na primeira sessão e tendo quatro votado pela constitucionalidade e quatro pela inconstitucionalidade, deverá o julgamento prosseguir outro dia com a manifestação de ministros que não se encontravam presentes à sessão anterior, até que o número de seis votos a favor ou contra a constitucionalidade seja alcançado.

Se a Adin for julgada procedente, a norma será considerada inconstitucional e nula para todos os efeitos, causando inclusive a revalidação das normas por ela revogadas, expressa ou tacitamente.

Se for julgada improcedente, a norma será considerada constitucional, fazendo coisa julgada material, ou seja, não se admitindo mais discussão.

A decisão proferida tem efeitos *erga omnes*, ou seja, vale contra todos, e *ex tunc*, ou seja, retroagindo até a data entrada em vigor da norma impugnada.

Prazo prescricional: considera-se que o direito de propor Ação Direta de Inconstitucionalidade (Adin) não prescreve, podendo ser proposta a qualquer tempo, desde que a lei ou ato normativa ainda esteja em vigor.

- **Ação Declaratória de Constitucionalidade (Adecon)**

O objeto da Ação Declaratória de Constitucionalidade (Adecon) é a declaração da constitucionalidade de uma lei ou ato normativo federal, com o objetivo de afastar-se a insegurança jurídica ou o estado de incerteza sobre a lei ou ato normativo federal.

Desta forma, pode-se dizer de forma simplista que a Adecon é o oposto da Adin.

A lei e atos normativos tem presunção de constitucionalidade, porém, essa presunção é relativa, podendo ser questionada por meio de uma Adin ou pelo controle difuso. Desta forma, o que se busca com a Adecon é a transformação da presunção relativa de constitucionalidade em presunção absoluta, devido a seus efeitos vinculantes.

Somente podem ser objeto da Adecon a lei ou ato normativo que seja matéria de questionamento judicial. Sendo necessário, assim, que existam diversas ações em andamento em que a constitucionalidade da lei seja questionada.

Legitimação para a Adecon: os legitimados para propor a Adecon são os mesmos autorizados a impetrar a Adin.

Procedimento: o rito da Adecon é, basicamente, o mesmo da Adin. Na Adecon, porém, não existe a necessidade de manifestação do advogado-geral da União, uma vez que a declaração da constitucionalidade é o objetivo da ação, não havendo, assim, a necessidade de defesa do ato legal em questão.

O quórum para seu julgamento é o mesmo da Adin (8 ministros), também havendo necessidade de manifestação de 6 dos 11 ministros pela procedência ou pela improcedência da ação.

Julgada procedente a ação, a norma será considerada constitucional. Se for julgada improcedente, a lei ou ato normativo federal será considerado inconstitucional, com os mesmos efeitos de uma Adin julgada procedente.

Também os efeitos da decisão da Adecon produzem efeitos *erga omnes* e *ex tunc*, vinculando o Judiciário e a Administração Pública.

Modulação dos efeitos da decisão de inconstitucionalidade: a declaração de inconstitucionalidade de uma lei ou ato normativo produzirá, via de regra, efeitos retroativos (*ex tunc*), como se a norma nunca tivesse vigorado.

INTERPRETAÇÃO DAS NORMAS CONSTITUCIONAIS E CONTROLE DE CONSTITUCIONALIDADE

No entanto, em algumas situações, o STF tem admitido que os efeitos da declaração de inconstitucionalidade não retroajam ou somente retroajam em parte, normalmente para evitar consequências excessivamente danosas que poderiam advir da aplicação da regra geral de retroatividade.

A essa decisão do STF que estipula quais serão os efeitos da declaração de inconstitucionalidade dá-se o nome de modulação dos efeitos.

3.3.2 Controle difuso ou aberto

O controle difuso, incidental, aberto ou indireto é o controle exercido por qualquer juiz ou tribunal, quando submetido a sua apreciação algum caso concreto, em que o autor ou o réu, para defender sua tese, alega a inconstitucionalidade de lei ou ato normativo. O que a parte pretende é a declaração de inconstitucionalidade somente para isentá-lo, no caso concreto, do cumprimento da lei ou ato que considera incompatível com a Constituição Federal (por isso também é chamado de controle por via de exceção).

No controle difuso, a Suprema Corte somente aprecia o caso em grau de recurso (recurso extraordinário), e somente se este for apresentado, diferentemente do controle concentrado, em que conhece da questão originariamente.

Assim como o controle concentrado é típico dos países da Europa continental, o difuso é típico dos países que adotam a *common law* (Inglaterra e ex-colônias, especialmente os Estados Unidos).

Como o Brasil adota os dois modelos, todo juiz pode reconhecer a inconstitucionalidade de uma lei ou ato normativo, o que é feito nos próprios autos da ação em questão, sem a necessidade de um procedimento especial.

- **Controle difuso e Cláusula da Reserva de Plenário (art. 97 da CF/1988/1988)**

A Constituição Federal de 1988, em seu art. 97, preceitua que, num tribunal, a inconstitucionalidade de qualquer lei ou ato normativo somente pode ser declarada pelo voto da maioria de seus membros ou, onde houver, da maioria dos integrantes do respectivo órgão especial, sob pena de nulidade da decisão emanada do órgão fracionário (turma, câmara ou seção).

Essa é a chamada cláusula de reserva de plenário, e vale para todos os tribunais, via controle difuso, e para o STF, no controle difuso e no concentrado.

Assim, tendo o órgão fracionário decidido pela inconstitucionalidade do diploma impugnado, e não tendo sido tal questão analisada anteriormente pelo plenário ou órgão especial, deverá o debate ser levado a estes, que se manifestarão pela constitucionalidade ou não.

Tal apreciação pelo plenário somente é necessária se não houver decisão anterior do próprio Tribunal ou do STF, nesse caso, mesmo que em controle difuso.

Os juízes de primeira instância são livres para decidir de forma monocrática sobre a inconstitucionalidade do ato.

- **Controle difuso e Senado Federal**

O STF pode, incidentalmente e por maioria absoluta, declarar a inconstitucionalidade de lei ou ato normativo do Poder Público.

Após, poderá oficiar ao Senado Federal, para que este, através de resolução, suspenda a execução, no todo ou parcialmente, da lei inconstitucional.

O Senado, porém, tem discricionariedade para expedir ou não a resolução, não podendo ser obrigado a tal pelo STF.

Efeitos da declaração de inconstitucionalidade incidental: uma vez declarada *incidenter tantum* a inconstitucionalidade da lei ou ato normativo pelo STF, desfaz-se desde o início o ato declarado inconstitucional, não gerando nenhuma consequência jurídica (efeitos *ex tunc*).

Porém, esses efeitos somente têm aplicação para as partes e no processo em que houve a citada declaração, não afetando terceiros, a não ser que, como já visto, o Senado Federal amplie os efeitos dessa decisão através de resolução ou que seja editada uma súmula vinculante pelo STF. Neste caso, porém, os efeitos não serão retroativos para os demais que não integraram a lide, gerando para estes somente efeitos *ex nunc*.

- **Súmulas vinculantes**

O art. 103-A da Constituição Federal de 1988 estipula que o STF poderá, de ofício ou por provocação, após reiteradas decisões sobre matéria constitucional, aprovar súmula que, a partir de sua publicação na imprensa oficial, terá efeito vinculante em relação aos demais órgãos do Poder Judiciário e à Administração Pública direta e indireta, nas esferas federal, estadual e municipal.

São as chamadas "súmulas vinculantes" que são de cumprimento obrigatório em relação ao Poder Judiciário e à Administração Pública.

As súmulas vinculantes devem ser aprovadas mediante decisão de dois terços dos membros do STF, desde que a questão já tenha sido julgada outras vezes na corte, com decisões sempre semelhantes.

Uma vez aprovada a súmula, poderá ela ser revista ou cancelada também por decisão do STF.

É importante observar que as súmulas vinculantes não obrigam o Poder Legislativo, que poderá aprovar emendas constitucionais ou leis que tratem do assunto de forma diversa daquela estabelecida na súmula, embora os efeitos dela permaneçam para os feitos já julgados.

NOÇÕES DE DIREITO CONSTITUCIONAL

4 PRINCÍPIOS FUNDAMENTAIS

Os Princípios fundamentais, também chamados de Princípios constitucionais, formam a **base de toda a organização do Estado Brasileiro**. Como bem citado por José Afonso da Silva, na obra *Curso de Direito Constitucional Positivo*, "os Princípios Fundamentais visam essencialmente definir e caracterizar a coletividade política e o Estado e enumerar as principais opções político-constitucionais".

Exatamente em razão de sua importância, a Constituição Federal os colocou logo no início, pois eles são a base de todo o texto. O que se segue a partir desses princípios é mero desdobramento de seu conteúdo.

Quem se prepara para concurso público deve saber que, quando esse tema é abordado, costuma-se trabalhar questões com o conteúdo previsto nos arts. 1º ao 4º do texto constitucional. Geralmente, aparece apenas texto constitucional puro, mas, dependendo do concurso, as bancas costumam cobrar questões doutrinárias mais difíceis.

Quais princípios serão abordados?

- Princípio da tripartição dos poderes;
- Princípio federativo;
- Princípio republicano;
- Presidencialismo;
- Princípio democrático;
- Fundamentos da República Federativa do Brasil;
- Objetivos fundamentais da República Federativa do Brasil;
- Princípios que regem as relações internacionais do Brasil.

4.1 Princípio da tripartição dos poderes

Esse princípio, também chamado de princípio da separação dos poderes, originou-se, historicamente, numa tentativa de limitar os poderes do Estado. Alguns filósofos perceberam que, se o poder do Estado estivesse dividido entre três entidades diferentes, seria possível que a sociedade exercesse um maior controle de sua utilização.

Na verdade, a divisão não é do poder estatal, haja vista ser ele uno, indivisível e indelegável, mas apenas uma divisão das suas funções. Nos dizeres de José Afonso da Silva, na obra *Curso de Direito Constitucional Positivo*:

> O poder político, uno, indivisível e indelegável, se desdobra e se compõe de várias funções, fato que permite falar em distinções das funções, que fundamentalmente são três: a legislativa, a executiva e a jurisdicional.

A previsão constitucional desse princípio encontra-se no art. 2º, que diz:

> *Art. 2º São Poderes da União, independentes e harmônicos entre si, o Legislativo, o Executivo e o Judiciário.*

Esses são os três poderes, cada qual responsável pelo desenvolvimento de uma função principal do Estado:

- **Poder Executivo:** função principal (típica) de administrar o Estado.
- **Poder Legislativo:** função principal (típica) de legislar e fiscalizar as contas públicas.
- **Poder Judiciário:** função principal (típica) jurisdicional.

Além da sua própria função, a Constituição criou uma sistemática que permite a cada um dos poderes o exercício da função do outro poder. Essa função acessória chamamos de **função atípica:**

- **Poder Executivo:** função atípica de legislar e julgar.
- **Poder Legislativo:** função atípica de administrar e julgar.
- **Poder Judiciário:** função atípica de administrar e legislar.

Dessa forma, pode-se dizer que além da própria função, cada poder exerce de forma acessória a função do outro poder.

Uma pergunta sempre surge na cabeça dos candidatos: qual dos três poderes é mais importante?

A única resposta possível é a inexistência de poder mais importante. Cada poder possui sua própria função de forma que não se pode afirmar que exista hierarquia entre os poderes do Estado.

Eles são independentes e harmônicos entre si, e para se garantir essa harmonia, a doutrina norte-americana desenvolveu um sistema que mantém a igualdade entre os poderes: **sistema de freios e contrapesos** *(checks and balances)*.

O sistema de freios e contrapesos adotado pela nossa Constituição, revela-se nas inúmeras medidas previstas no texto constitucional que condicionam a competência de um poder à apreciação de outro poder de forma a garantir o equilíbrio entre os três poderes. A seguir estão alguns exemplos delas:

- **Necessidade de sanção do chefe do Poder Executivo** para que um projeto de lei aprovado pelo Poder Legislativo possa entrar em vigor.
- **Processo do chefe do Poder Executivo** por crime de responsabilidade a ser realizado no Senado Federal, cuja sessão de julgamento é presidida pelo presidente do STF.
- **Necessidade de apreciação** pelo Poder Legislativo das Medidas Provisórias editadas pelo chefe do Poder Executivo.
- **Nomeação dos ministros** do STF é feita pelo Presidente da República depois de aprovada pelo Senado Federal.

Em todas as hipóteses acima apresentadas, faz-se necessária a participação de mais de um Poder para a consecução de um ato administrativo. Isso cria uma verdadeira relação de interdependência entre os poderes, o que garante o equilíbrio entre eles.

Por último, não se pode esquecer que a separação dos poderes é uma das cláusulas pétreas por força do art. 60, § 4º, inciso III, da Constituição Federal.

Significa dizer que a separação dos poderes não pode ser abolida do texto constitucional por meio de emenda:

> *Art. 60 [...]*
> *§ 4º Não será objeto de deliberação a proposta de emenda tendente a abolir: [...]*
> *III – A separação dos Poderes.*

4.2 Princípio federativo

Esse princípio apresenta a forma de Estado adotada no Brasil: federação. A forma de Estado reflete o modo de exercício do poder político em função do território. É uma forma composta ou complexa, visto que prevalece a pluralidade de poderes políticos internos. Está baseada na descentralização política do Estado, cuja representação se dá por meio de quatro entes federativos:

- **União;**
- **Estados;**
- **Distrito Federal;**
- **Municípios.**

Cada ente federativo possui sua **própria autonomia política**, o que **não** pode ser confundido com o atributo da soberania, pertencente ao Estado Federal.

A autonomia de cada ente confere-lhe a capacidade política de, inclusive, criar sua própria Constituição. Apesar de cada ente federativo possuir essa independência, não se pode esquecer que a existência do pacto federativo pressupõe a existência de uma Constituição Federal e

PRINCÍPIOS FUNDAMENTAIS

da impossibilidade de separação (princípio da indissolubilidade do vínculo federativo). Havendo quebra do pacto federativo, a Constituição Federal prevê como instrumento de manutenção da forma de Estado a chamada Intervenção Federal, a qual será estudada em momento oportuno.

Não existe hierarquia entre os entes federativos. O que os distingue é a competência que cada um recebeu da Constituição Federal. Deve-se ressaltar que os estados e o Distrito Federal possuem direito de participação na formação da vontade nacional ao possuírem representantes no Senado Federal. Os municípios não possuem representantes no Senado Federal. Caracteriza-se, ainda, pela existência de um guardião da Constituição Federal, o Supremo Tribunal Federal (STF). A doutrina tem apontado para algumas características da forma federativa brasileira:

- **Tricotômica:** a Federação é constituída em três níveis: federal, estadual e municipal. O Distrito Federal não é considerado nessa classificação, haja vista possuir competência híbrida, ou seja, ora age como estado ora como município.
- **Centrífuga:** essa característica reflete a formação da federação brasileira. É a formação "de dentro para fora". A força de criação do estado federal brasileiro surgiu a partir de um Estado Unitário para a criação de um estado federado, ou seja, o poder centralizado que se torna descentralizado. O poder político era concentrado nas mãos de um só ente e, depois, passa a fazer parte de vários entes federativos.
- **Por desagregação:** ocorre quando um estado unitário resolve se descentralizar politicamente, desagregando o poder central em favor de vários entes titulares de poder político.

Como última observação, não menos importante, a **forma federativa de Estado** também é uma **cláusula pétrea**.

Depois de estudar os princípios da tripartição dos poderes e o poder federativo, passa-se a ver como eles estão estruturados dentro da República Federativa do Brasil. Uma informação importante antes disso: a autonomia política existente em cada ente federativo pode ser percebida por meio de existência dos poderes em cada um.

- União
  - Poder Executivo – Presidente da República.
  - Poder Legislativo – Congresso Nacional.
  - Poder Judiciário – STF e demais órgãos judiciais federais.
- Estados
  - Poder Executivo – Governador.
  - Poder Legislativo – Assembleia Legislativa.
  - Poder Judiciário – Tribunal de Justiça.
- Municípios
  - Poder Executivo – Prefeito.
  - Poder Legislativo – Câmara de Vereadores.
  - Poder Judiciário – Não existe.
- Distrito Federal
  - Poder Executivo – Governador.
  - Poder Legislativo – Câmara Legislativa.
  - Poder Judiciário – Tribunal de Justiça.

4.3 Princípio republicano

O princípio republicano representa a **forma de governo** adotada no Brasil. A forma de governo reflete o modo de aquisição e exercício do poder político, além de medir a relação existente entre o governante e o governado.

A melhor forma de entender esse instituto é conhecendo suas características. A primeira característica decorre da análise etimológica da expressão *res publica*. Essa expressão, que dá origem ao princípio ora estudado, significa coisa pública, ou seja, em um Estado republicano, o governante cuida da coisa pública, governa para o povo.

Outra característica importante é a temporariedade. Esse atributo revela o caráter temporário do exercício do poder político. Por causa desse princípio, em nosso Estado, o governante permanece no poder por tempo determinado.

Em uma República, o governante é escolhido pelo povo. Essa é a chamada eletividade. O poder político é adquirido pelas eleições, sendo que a vontade popular se concretiza nas urnas.

Por fim, em um Estado republicano, o governante pode ser responsabilizado por seus atos.

A forma de governo republicana se contrapõe à monarquia, cujas características são opostas às estudadas aqui.

É importante destacar que o princípio republicano não é uma cláusula pétrea, pois esse princípio não se encontra listado no rol das cláusulas pétreas do art. 60, § 4º, da Constituição Federal. Apesar disso, a Constituição o considerou como princípio sensível. Princípios sensíveis são aqueles que, se tocados, ensejarão a chamada Intervenção Federal, conforme previsto no art. 34, inciso VII, da Constituição Federal de 1988:

> *Art. 34 A União não intervirá nos Estados nem no Distrito Federal, exceto para: [...]*
>
> *VII – assegurar a observância dos seguintes princípios constitucionais:*
> *a) forma republicana, sistema representativo e regime democrático.*

4.4 Presidencialismo

O Presidencialismo é o sistema de governo adotado no Brasil. O sistema de governo rege a relação entre o Poder Executivo e o Legislativo medindo o grau de dependência entre eles. No presidencialismo, prevalece a separação entre os Poderes Executivo e Legislativo, os quais são independentes e harmônicos entre si.

A Constituição Federal de 1988 declara, em seu art. 76, que:

> *O Poder Executivo é exercido pelo Presidente da República, auxiliado pelos Ministros de Estado.*

O Presidencialismo possui uma característica muito importante, que é a concentração das funções executivas em uma só pessoa, o Presidente, o qual é eleito pelo povo, e exerce ao mesmo tempo três funções: chefe de Estado, chefe de governo, e chefe da Administração Pública.

A função de chefe de Estado diz respeito a todas as atribuições do presidente nas relações externas do País. Como chefe de governo, o presidente possui inúmeras atribuições internas no que tange à governabilidade do país. Já como chefe da Administração Pública, o presidente exercerá as funções relacionadas com a chefia da Administração Pública federal.

4.5 Regime democrático

Este princípio revela o regime de governo adotado no Brasil. Caracteriza-se pela existência do Estado Democrático de Direito e pela preservação da dignidade da pessoa humana.

NOÇÕES DE DIREITO CONSTITUCIONAL

A democracia significa o governo do povo, pelo povo e para o povo. É a chamada soberania popular. Sua fundamentação constitucional encontra-se no art. 1º da CF/1988/1988:

> *Art. 1º [...]*
> *Parágrafo único. Todo o poder emana do povo, que o exerce por meio de representantes eleitos ou diretamente, nos termos desta Constituição.*

Esse princípio também é conhecido como princípio sensível e, no Brasil, caracteriza-se por seu exercício se dar de forma direta e indireta. Por esse motivo, a democracia brasileira é conhecida como semidireta ou participativa. Esse tema, porém, será abordado na seção sobre **Direitos Políticos**.

- Forma de Estado → Federativa
- Forma de Governo → Republicana
- Sistema de Estado → Presidencialista
- Regime de Estado → Democrático

4.6 Fundamentos da República Federativa do Brasil

Entre os Princípios Constitucionais mais importantes, destacam-se os Fundamentos da República Federativa do Brasil, os quais estão elencados no art. 1º da Constituição Federal de 1988:

> *Art. 1º A República Federativa do Brasil, formada pela união indissolúvel dos Estados e Municípios e do Distrito Federal, constitui-se em Estado Democrático de Direito e tem como fundamentos:*
> *I – A soberania;*
> *II – A cidadania;*
> *III – A dignidade da pessoa humana;*
> *IV – Os valores sociais do trabalho e da livre iniciativa;*
> *V – O pluralismo político.*

- **Soberania:** é um fundamento que possui estreita relação com o Poder do Estado. É a capacidade que o Estado tem de impor sua vontade. Esse princípio possui uma dupla acepção: soberania interna e externa.
- **A soberania interna** é a capacidade de impor o poder estatal no âmbito interno, perante os administrados, sem se sujeitar a qualquer outro poder.
- **A soberania externa** é percebida pelo reconhecimento dos outros Estados soberanos de que o Estado Brasileiro possui sua própria autonomia no âmbito internacional.
- **Cidadania:** como princípio revela a condição jurídica de quem é titular de direitos políticos. Ela permite ao indivíduo que possui vínculo jurídico com o Estado participar de suas decisões e escolher seus representantes. O exercício da cidadania guarda estreita relação com a democracia, pois essa autoriza a participação popular na formação da vontade estatal.
- **Dignidade da pessoa humana:** é considerada o princípio com maior hierarquia axiológica da Constituição. Sua importância se traduz na medida em que deve ser assegurada, primordialmente, pelo Estado, mas também deve ser observada nas relações particulares. Como fundamento, embasa toda a gama de direitos fundamentais, os quais estão ligados em sua origem a esse princípio. A dignidade da pessoa humana representa o núcleo mínimo de direitos e garantias que devem ser assegurados aos seres humanos.
- **Valor social do trabalho e da livre iniciativa:** revela a adoção de uma economia capitalista ao mesmo tempo em que elege o trabalho como elemento responsável pela valorização social. Ao mesmo tempo em que a Constituição garante uma liberdade econômica, protege o trabalho como elemento relacionado à dignidade do indivíduo como membro da sociedade.
- **Pluralismo político:** ao contrário do que parece, não está relacionado apenas com a pluralidade de partidos políticos, devendo ser entendido sob um sentido mais amplo, pois revela uma sociedade em que pluralidade de ideias se torna um ideal a ser preservado. Liberdades, como de expressão, religiosa ou política estão entre as formas de manifestação desse princípio.

4.7 Objetivos fundamentais da República Federativa do Brasil

Outro grupo de princípios constitucionais que costuma ser cobrado em prova é o dos objetivos da República Federativa do Brasil, os quais estão previstos em um rol exemplificativo no art. 3º da Constituição Federal de 1988:

> *Art. 3º Constituem objetivos fundamentais da República Federativa do Brasil:*
> *I – Construir uma sociedade livre, justa e solidária;*
> *II – Garantir o desenvolvimento nacional;*
> *III – Erradicar a pobreza e a marginalização e reduzir as desigualdades sociais e regionais;*
> *IV – Promover o bem de todos, sem preconceitos de origem, raça, sexo, cor, idade e quaisquer outras formas de discriminação.*

Os objetivos são verdadeiras metas a serem perseguidas pelo Estado com o fim de garantir os ditames constitucionais. Deve-se ter muita atenção em relação a esses dispositivos, pois eles costumam ser cobrados em prova fazendo-se alterações dos termos constitucionais.

Outra característica que distingue os fundamentos dos objetivos é o fato de os fundamentos serem nominados com substantivos ao passo que os objetivos se iniciam com verbos. Essa diferença pode ajudar a perceber qual a resposta correta na prova.

4.8 Princípios que regem as relações internacionais do Brasil

Têm-se os princípios que regem as relações internacionais, os quais estão previstos no art. 4º da Constituição Federal de 1988:

> *Art. 4º A República Federativa do Brasil rege-se nas suas relações internacionais pelos seguintes princípios:*
> *I – Independência nacional;*
> *II – Prevalência dos direitos humanos;*
> *III – Autodeterminação dos povos;*
> *IV – Não intervenção;*
> *V – Igualdade entre os Estados;*
> *VI – Defesa da paz;*
> *VII – Solução pacífica dos conflitos;*
> *VIII – Repúdio ao terrorismo e ao racismo;*
> *IX – Cooperação entre os povos para o progresso da humanidade;*
> *X – Concessão de asilo político.*
>
> *Parágrafo único. A República Federativa do Brasil buscará a integração econômica, política, social e cultural dos povos da América Latina, visando à formação de uma comunidade latino-americana de nações.*

Esses princípios revelam características muito interessantes do Brasil, ressaltando sua soberania e independência em relação aos outros Estados do mundo.

- **Independência nacional:** destaca, no âmbito da soberania externa, a relação do país com os demais estados, uma relação de igualdade, sem estar subjugado a outro Estado.
- **Prevalência dos direitos humanos:** vai ao encontro do fundamento da dignidade da pessoa humana, característica muito importante que se revela por meio do grande rol de direitos e garantias fundamentais previstos na Constituição Federal.

PRINCÍPIOS FUNDAMENTAIS

- **Autodeterminação dos povos:** por esse princípio, respeitam-se as decisões e escolhas de cada povo. Entende-se que cada povo é capaz de escolher o seu próprio caminho político e de resolver suas crises internas sem necessidade de intervenção externa de outros países.
- **Não intervenção:** no mesmo sentido de preservação e respeito à soberania dos demais Estados.
- **Igualdade entre os Estados:** sendo que cada país é reconhecido como titular de soberania na mesma proporção que os demais, sem hierarquia entre eles.
- **Defesa da paz:** princípio fundamental que funciona como bandeira defendida pelo Brasil em suas relações internacionais.
- **Solução pacífica dos conflitos:** revela o lado conciliador do governo brasileiro, que por vezes intermedeia relações conturbadas entre outros chefes de estado.
- **Repúdio ao terrorismo e ao racismo:** é princípio decorrente da dignidade da pessoa humana; terrorismo e racismo são tomados como inaceitáveis em sociedades modernas.
- **Cooperação entre os povos para o progresso da humanidade:** envolvimento em pesquisas científicas para cura de doenças, bem como na defesa e preservação do meio ambiente, entre outros.
- **Concessão de asilo político:** como princípio constitucional, fundamenta a decisão brasileira de amparar estrangeiros que estejam sendo perseguidos em seus países por questões políticas ou de opinião.

Destaca-se, entre os princípios que regem as relações internacionais, um mandamento para que a República Federativa do Brasil busque a integração econômica, política, social e cultural dos povos da América Latina, visando à formação de uma comunidade latino-americana de nações. Repare que o texto constitucional mencionou América Latina, não América do Sul. Parece não haver muita diferença, mas esse tema já foi cobrado em prova e a troca dos termos é considerada errada.

NOÇÕES DE DIREITO CONSTITUCIONAL

4 PRINCÍPIOS FUNDAMENTAIS

Os Princípios fundamentais, também chamados de Princípios constitucionais, formam a **base de toda a organização do Estado Brasileiro**. Como bem citado por José Afonso da Silva, na obra *Curso de Direito Constitucional Positivo*, "os Princípios Fundamentais visam essencialmente definir e caracterizar a coletividade política e o Estado e enumerar as principais opções político-constitucionais".

Exatamente em razão de sua importância, a Constituição Federal os colocou logo no início, pois eles são a base de todo o texto. O que se segue a partir desses princípios é mero desdobramento de seu conteúdo.

Quem se prepara para concurso público deve saber que, quando esse tema é abordado, costuma-se trabalhar questões com o conteúdo previsto nos arts. 1º ao 4º do texto constitucional. Geralmente, aparece apenas texto constitucional puro, mas, dependendo do concurso, as bancas costumam cobrar questões doutrinárias mais difíceis.

Quais princípios serão abordados?

- Princípio da tripartição dos poderes;
- Princípio federativo;
- Princípio republicano;
- Presidencialismo;
- Princípio democrático;
- Fundamentos da República Federativa do Brasil;
- Objetivos fundamentais da República Federativa do Brasil;
- Princípios que regem as relações internacionais do Brasil.

4.1 Princípio da tripartição dos poderes

Esse princípio, também chamado de princípio da separação dos poderes, originou-se, historicamente, numa tentativa de limitar os poderes do Estado. Alguns filósofos perceberam que, se o poder do Estado estivesse dividido entre três entidades diferentes, seria possível que a sociedade exercesse um maior controle de sua utilização.

Na verdade, a divisão não é do poder estatal, haja vista ser ele uno, indivisível e indelegável, mas apenas uma divisão das suas funções. Nos dizeres de José Afonso da Silva, na obra *Curso de Direito Constitucional Positivo*:

> O poder político, uno, indivisível e indelegável, se desdobra e se compõe de várias funções, fato que permite falar em distinções das funções, que fundamentalmente são três: a legislativa, a executiva e a jurisdicional.

A previsão constitucional desse princípio encontra-se no art. 2º, que diz:

> *Art. 2º São Poderes da União, independentes e harmônicos entre si, o Legislativo, o Executivo e o Judiciário.*

Esses são os três poderes, cada qual responsável pelo desenvolvimento de uma função principal do Estado:

- **Poder Executivo:** função principal (típica) de administrar o Estado.
- **Poder Legislativo:** função principal (típica) de legislar e fiscalizar as contas públicas.
- **Poder Judiciário:** função principal (típica) jurisdicional.

Além da sua própria função, a Constituição criou uma sistemática que permite a cada um dos poderes o exercício da função do outro poder. Essa função acessória chamamos de **função atípica**:

- **Poder Executivo:** função atípica de legislar e julgar.
- **Poder Legislativo:** função atípica de administrar e julgar.
- **Poder Judiciário:** função atípica de administrar e legislar.

Dessa forma, pode-se dizer que além da própria função, cada poder exerce de forma acessória a função do outro poder.

Uma pergunta sempre surge na cabeça dos candidatos: qual dos três poderes é mais importante?

A única resposta possível é a inexistência de poder mais importante. Cada poder possui sua própria função de forma que não se pode afirmar que exista hierarquia entre os poderes do Estado.

Eles são independentes e harmônicos entre si, e para se garantir essa harmonia, a doutrina norte-americana desenvolveu um sistema que mantém a igualdade entre os poderes: **sistema de freios e contrapesos** *(checks and balances)*.

O sistema de freios e contrapesos adotado pela nossa Constituição, revela-se nas inúmeras medidas previstas no texto constitucional que condicionam a competência de um poder à apreciação de outro poder de forma a garantir o equilíbrio entre os três poderes. A seguir estão alguns exemplos delas:

- **Necessidade de sanção do chefe do Poder Executivo** para que um projeto de lei aprovado pelo Poder Legislativo possa entrar em vigor.
- **Processo do chefe do Poder Executivo** por crime de responsabilidade a ser realizado no Senado Federal, cuja sessão de julgamento é presidida pelo presidente do STF.
- **Necessidade de apreciação** pelo Poder Legislativo das Medidas Provisórias editadas pelo chefe do Poder Executivo.
- **Nomeação dos ministros** do STF é feita pelo Presidente da República depois de aprovada pelo Senado Federal.

Em todas as hipóteses acima apresentadas, faz-se necessária a participação de mais de um Poder para a consecução de um ato administrativo. Isso cria uma verdadeira relação de interdependência entre os poderes, o que garante o equilíbrio entre eles.

Por último, não se pode esquecer que a separação dos poderes é uma das cláusulas pétreas por força do art. 60, § 4º, inciso III, da Constituição Federal.

Significa dizer que a separação dos poderes não pode ser abolida do texto constitucional por meio de emenda:

> *Art. 60 [...]*
> *§ 4º Não será objeto de deliberação a proposta de emenda tendente a abolir: [...]*
> *III – A separação dos Poderes.*

4.2 Princípio federativo

Esse princípio apresenta a forma de Estado adotada no Brasil: federação. A forma de Estado reflete o modo de exercício do poder político em função do território. É uma forma composta ou complexa, visto que prevalece a pluralidade de poderes políticos internos. Está baseada na descentralização política do Estado, cuja representação se dá por meio de quatro entes federativos:

- **União;**
- **Estados;**
- **Distrito Federal;**
- **Municípios.**

Cada ente federativo possui sua **própria autonomia política**, o que **não** pode ser confundido com o atributo da soberania, pertencente ao Estado Federal.

A autonomia de cada ente confere-lhe a capacidade política de, inclusive, criar sua própria Constituição. Apesar de cada ente federativo possuir essa independência, não se pode esquecer que a existência do pacto federativo pressupõe a existência de uma Constituição Federal e

PRINCÍPIOS FUNDAMENTAIS

da impossibilidade de separação (princípio da indissolubilidade do vínculo federativo). Havendo quebra do pacto federativo, a Constituição Federal prevê como instrumento de manutenção da forma de Estado a chamada Intervenção Federal, a qual será estudada em momento oportuno.

Não existe hierarquia entre os entes federativos. O que os distingue é a competência que cada um recebeu da Constituição Federal. Deve-se ressaltar que os estados e o Distrito Federal possuem direito de participação na formação da vontade nacional ao possuírem representantes no Senado Federal. Os municípios não possuem representantes no Senado Federal. Caracteriza-se, ainda, pela existência de um guardião da Constituição Federal, o Supremo Tribunal Federal (STF). A doutrina tem apontado para algumas características da forma federativa brasileira:

- **Tricotômica:** a Federação é constituída em três níveis: federal, estadual e municipal. O Distrito Federal não é considerado nessa classificação, haja vista possuir competência híbrida, ou seja, ora age como estado ora como município.
- **Centrífuga:** essa característica reflete a formação da federação brasileira. É a formação "de dentro para fora". A força de criação do estado federal brasileiro surgiu a partir de um Estado Unitário para a criação de um estado federado, ou seja, o poder centralizado que se torna descentralizado. O poder político era concentrado nas mãos de um só ente e, depois, passa a fazer parte de vários entes federativos.
- **Por desagregação:** ocorre quando um estado unitário resolve se descentralizar politicamente, desagregando o poder central em favor de vários entes titulares de poder político.

Como última observação, não menos importante, a **forma federativa de Estado** também é uma **cláusula pétrea**.

Depois de estudar os princípios da tripartição dos poderes e o poder federativo, passa-se a ver como eles estão estruturados dentro da República Federativa do Brasil. Uma informação importante antes disso: a autonomia política existente em cada ente federativo pode ser percebida por meio de existência dos poderes em cada um.

- União
  - Poder Executivo – Presidente da República.
  - Poder Legislativo – Congresso Nacional.
  - Poder Judiciário – STF e demais órgãos judiciais federais.
- Estados
  - Poder Executivo – Governador.
  - Poder Legislativo – Assembleia Legislativa.
  - Poder Judiciário – Tribunal de Justiça.
- Municípios
  - Poder Executivo – Prefeito.
  - Poder Legislativo – Câmara de Vereadores.
  - Poder Judiciário – Não existe.
- Distrito Federal
  - Poder Executivo – Governador.
  - Poder Legislativo – Câmara Legislativa.
  - Poder Judiciário – Tribunal de Justiça.

4.3 Princípio republicano

O princípio republicano representa a **forma de governo** adotada no Brasil. A forma de governo reflete o modo de aquisição e exercício do poder político, além de medir a relação existente entre o governante e o governado.

A melhor forma de entender esse instituto é conhecendo suas características. A primeira característica decorre da análise etimológica da expressão *res publica*. Essa expressão, que dá origem ao princípio ora estudado, significa coisa pública, ou seja, em um Estado republicano, o governante cuida da coisa pública, governa para o povo.

Outra característica importante é a temporariedade. Esse atributo revela o caráter temporário do exercício do poder político. Por causa desse princípio, em nosso Estado, o governante permanece no poder por tempo determinado.

Em uma República, o governante é escolhido pelo povo. Essa é a chamada eletividade. O poder político é adquirido pelas eleições, sendo que a vontade popular se concretiza nas urnas.

Por fim, em um Estado republicano, o governante pode ser responsabilizado por seus atos.

A forma de governo republicana se contrapõe à monarquia, cujas características são opostas às estudadas aqui.

É importante destacar que o princípio republicano não é uma cláusula pétrea, pois esse princípio não se encontra listado no rol das cláusulas pétreas do art. 60, § 4º, da Constituição Federal. Apesar disso, a Constituição o considerou como princípio sensível. Princípios sensíveis são aqueles que, se tocados, ensejarão a chamada Intervenção Federal, conforme previsto no art. 34, inciso VII, da Constituição Federal de 1988:

> *Art. 34 A União não intervirá nos Estados nem no Distrito Federal, exceto para: [...]*
> *VII – assegurar a observância dos seguintes princípios constitucionais: a) forma republicana, sistema representativo e regime democrático.*

4.4 Presidencialismo

O Presidencialismo é o sistema de governo adotado no Brasil. O sistema de governo rege a relação entre o Poder Executivo e o Legislativo medindo o grau de dependência entre eles. No presidencialismo, prevalece a separação entre os Poderes Executivo e Legislativo, os quais são independentes e harmônicos entre si.

A Constituição Federal de 1988 declara, em seu art. 76, que:

> *O Poder Executivo é exercido pelo Presidente da República, auxiliado pelos Ministros de Estado.*

O Presidencialismo possui uma característica muito importante, que é a concentração das funções executivas em uma só pessoa, o Presidente, o qual é eleito pelo povo, e exerce ao mesmo tempo três funções: chefe de Estado, chefe de governo, e chefe da Administração Pública.

A função de chefe de Estado diz respeito a todas as atribuições do presidente nas relações externas do País. Como chefe de governo, o presidente possui inúmeras atribuições internas no que tange à governabilidade do país. Já como chefe da Administração Pública, o presidente exercerá as funções relacionadas com a chefia da Administração Pública federal.

4.5 Regime democrático

Este princípio revela o regime de governo adotado no Brasil. Caracteriza-se pela existência do Estado Democrático de Direito e pela preservação da dignidade da pessoa humana.

NOÇÕES DE DIREITO CONSTITUCIONAL

5 DIREITOS FUNDAMENTAIS – REGRAS GERAIS

5.1 Conceito

Os direitos e garantias fundamentais são institutos jurídicos que foram criados no decorrer do desenvolvimento da humanidade e se constituem de normas protetivas que formam um núcleo mínimo de prerrogativas inerentes à condição humana.

5.1.1 Amplitude horizontal e amplitude vertical

Possuem como objetivo principal a proteção do indivíduo diante do poder do Estado. Mas não só do Estado. Os direitos e garantias fundamentais também constituem normas de proteção do indivíduo em relação aos outros indivíduos da sociedade.

E é exatamente nesse ponto que surgem os conceitos de **amplitude vertical e amplitude horizontal**.

- **Amplitude vertical:** é o efeito protetor que as normas definidoras de direitos e garantias fundamentais produzem para um indivíduo diante do Estado.
- **Amplitude horizontal:** é o efeito protetor que as normas definidoras de direitos e garantias fundamentais produzem para um indivíduo diante dos outros indivíduos.

5.2 Classificação

A Constituição Federal, quando se refere aos direitos fundamentais, classifica-os em cinco grupos:

- Direitos e deveres individuais e coletivos;
- Direitos sociais;
- Direitos de nacionalidade;
- Direitos políticos;
- Partidos políticos.

Essa classificação encontra-se distribuída entre os arts. 5º e 17 do texto constitucional e é normalmente chamada pela doutrina de Conceito Formal dos Direitos Fundamentais. O Conceito Formal é o que a Constituição Federal resolveu classificar como sendo Direito Fundamental. É o rol de direitos fundamentais previstos expressamente no texto constitucional.

Costuma-se perguntar nas provas: "O rol de direitos fundamentais é um rol exaustivo? Ou melhor, taxativo?" O que se quer saber é se o rol de direitos fundamentais é só aquele que está expresso na Constituição ou não.

Responde-se a essa questão com o § 2º do art. 5º, que diz:

> *§ 2º Os direitos e garantias expressos nesta Constituição não excluem outros decorrentes do regime e dos princípios por ela adotados, ou dos tratados internacionais em que a República Federativa do Brasil seja parte.*

Isso significa que o rol não é taxativo, mas exemplificativo. A doutrina costuma chamar esse parágrafo de cláusula de abertura material, que é exatamente a possibilidade de existirem outros direitos fundamentais, ainda que fora do texto constitucional. Esse seria o conceito material dos direitos fundamentais, ou seja, todos os direitos fundamentais que possuem a essência fundamental, ainda que não estejam expressos no texto constitucional.

5.3 Características

O elemento jurídico acima abordado, além de explicar a possibilidade de se inserirem novos direitos fundamentais no rol dos que já existem expressamente na Constituição Federal, também constitui uma das características que serão abordadas a seguir:

- **Historicidade:** essa característica revela que os direitos fundamentais são frutos da evolução histórica da humanidade. Significa que eles evoluem com o passar do tempo.
- **Inalienabilidade:** os direitos fundamentais não podem ser alienados, não podem ser negociados, não podem ser transigidos.
- **Irrenunciabilidade:** os direitos fundamentais não podem ser renunciados.
- **Imprescritibilidade:** os direitos fundamentais não se sujeitam aos prazos prescricionais. Não se perde um direito fundamental pelo decorrer do tempo.
- **Universalidade:** os direitos fundamentais pertencem a todas as pessoas, independentemente da sua condição.
- **Máxima Efetividade:** essa característica é mais uma imposição ao Estado, que está coagido a garantir a máxima efetividade dos direitos fundamentais. Esses direitos não podem ser ofertados de qualquer forma. É necessário que eles sejam garantidos da melhor forma possível.
- **Concorrência:** os direitos fundamentais podem ser utilizados em conjunto com outros direitos. Não é necessário abandonar um para usufruir outro direito.
- **Complementariedade:** um direito fundamental não pode ser interpretado sozinho. Cada direito deve ser analisado juntamente com outros direitos fundamentais, bem como com outros institutos jurídicos.
- **Proibição do retrocesso:** essa característica proíbe que os direitos já conquistados sejam perdidos.
- **Limitabilidade:** não existe direito fundamental absoluto. São direitos relativos.
- **Não Taxatividade:** essa característica, já tratada anteriormente, diz que o rol de direitos fundamentais é apenas exemplificativo, tendo em vista a possibilidade de inserção de novos direitos.

5.4 Dimensões dos direitos fundamentais

As dimensões, também conhecidas por gerações de direitos fundamentais, são uma classificação adotada pela doutrina que leva em conta a ordem cronológica de reconhecimento desses direitos. São cinco as dimensões atualmente reconhecidas:

- **1ª dimensão:** foram os primeiros direitos conquistados pela humanidade. São direitos relacionados à liberdade, em todas as suas formas. Possuem um caráter negativo diante do Estado, tendo em vista ser utilizado como uma verdadeira limitação ao poder estatal, ou seja, o Estado, diante dos direitos de primeira dimensão, fica impedido de agir ou interferir na sociedade. São verdadeiros direitos de defesa com caráter individual. Estão entre estes direitos as liberdades públicas, civis e políticas.
- **2ª dimensão:** estes direitos surgem na tentativa de reduzirem as desigualdades sociais provocadas pela primeira dimensão. Por isso, são conhecidos como direitos de igualdade. Para reduzir as diferenças sociais, o Estado precisa interferir na sociedade: essa interferência reflete a conduta positiva adotada por meio de prestações sociais. São exemplos de direitos de segunda dimensão: os direitos sociais, econômicos e culturais.
- **3ª dimensão:** aqui estão os conhecidos direitos de fraternidade. São direitos que refletem um sentimento de solidariedade entre os povos na tentativa de preservarem os direitos de toda a coletividade. São de terceira geração o direito ao meio ambiente saudável, o direito ao progresso da humanidade, ao patrimônio comum, entre outros.
- **4ª dimensão:** esses direitos ainda não possuem um posicionamento pacífico na doutrina, mas costuma-se dizer que nesta dimensão ocorre a chamada globalização dos direitos fundamentais. São direitos que rompem com as fronteiras entre os Estados. São direitos de todos os seres humanos, independentemente de sua condição, como o direito à democracia, ao pluralismo político. São também considerados direitos de 4ª geração os direitos mais novos, que estão em construção, como o direito genético ou espacial.
- **5ª dimensão:** essa é a mais nova dimensão defendida por alguns doutrinadores. É formado basicamente pelo direito à paz. Esse seria o direito mais almejado pelo homem e que consubstancia a reunião de todos os outros direitos.

DIREITOS FUNDAMENTAIS – REGRAS GERAIS

Deve-se ressaltar que esses direitos, à medida que foram sendo conquistados, complementavam os direitos anteriores, de forma que não se pode falar em substituição ou superação de uma geração sobre a outra, mas em cumulação, de forma que hoje podemos usufruir de todos os direitos pertencentes a todas as dimensões.

Para não se esquecer das três primeiras dimensões é só lembrar-se do lema da Revolução Francesa: Liberdade (1ª dimensão), Igualdade (2ª dimensão) e Fraternidade (3ª dimensão).

5.5 Titulares dos direitos fundamentais

5.5.1 Quem são os titulares dos direitos fundamentais?

A própria Constituição Federal responde a essa pergunta quando diz no *caput* do art. 5º que são titulares "os brasileiros e estrangeiros residentes no país". Mas será que é necessário residir no país para que o estrangeiro tenha direitos fundamentais?

Imaginemos um avião cheio de alemães que está fazendo uma escala no Aeroporto Municipal de Cascavel-PR.

Nenhum dos alemães reside no país. Seria possível entrar no avião e matar todas aquelas pessoas, haja vista não serem titulares de direitos fundamentais por não residirem no país? É claro que não. Para melhor se compreender o termo "residente", o STF o tem interpretado de forma mais ampla no sentido de abarcar todos aqueles que estão no país. Ou seja, todos os que estão no território brasileiro, independentemente de residirem no país, são titulares de direitos fundamentais.

Mas será que, para ser titular de direitos fundamentais, é necessário ter a condição humana? Ao contrário do que parece, não é necessário. Tem-se reconhecido como titulares de direitos fundamentais as pessoas jurídicas. Ressalta-se que não só as pessoas jurídicas de direito privado, mas também as pessoas jurídicas de direito público.

Os animais não são considerados titulares de direitos fundamentais, mas isso não significa que seja possível maltratá-los. Na prática, a Constituição Federal de 1988 os protege contra situações de maus-tratos. O STF já se pronunciou sobre a "briga de galo" e a "farra do boi", declarando-as inconstitucionais. Quanto à "vaquejada", o Supremo se manifestou acerca da admissibilidade parcial, desde que não figure flagelação do animal. Por fim, o tema de "rodeios" ainda não foi pleiteado. De outro lado, mortos podem ser titulares de direitos fundamentais, desde que o direito seja compatível (por exemplo: honra).

5.6 Cláusulas pétreas fundamentais

O art. 60, § 4º da Constituição Federal de 1988, traz o rol das chamadas **Cláusulas Pétreas**:

§ 4º *Não será objeto de deliberação a proposta de emenda tendente a abolir:*

I – A forma federativa de Estado;

II – O voto direto, secreto, universal e periódico;

III – A separação dos Poderes;

IV – Os direitos e garantias individuais.

As Cláusulas Pétreas são núcleos temáticos formados por institutos jurídicos de grande importância, os quais não podem ser retirados da Constituição. Observe-se que o texto proíbe a abolição desses princípios, mas não impede que eles sejam modificados, no caso, para melhor. Isso já foi cobrado em prova. É importante notar que o texto constitucional prevê no inciso IV como sendo Cláusulas Pétreas apenas os direitos e garantias individuais. Pela literalidade da Constituição, não são todos os direitos fundamentais que são protegidos por esse instituto, mas apenas os de caráter individual. Parte da doutrina e da jurisprudência entende que essa proteção deve ser ampliada, abrangendo os demais direitos fundamentais. Deve-se ter atenção com esse tema em prova, pois já foram cobrados os dois posicionamentos.

5.7 Eficácia dos direitos fundamentais

O § 1º do art. 5º da Constituição Federal de 1988 prevê que:

§ 1º *As normas definidoras dos direitos e garantias fundamentais têm aplicação imediata.*

Quando a Constituição Federal de 1988 se refere à aplicação de uma norma, na verdade está falando da sua eficácia.

Esse tema é sempre cobrado em provas de concurso. Com o intuito de obter uma melhor compreensão, é necessário conceituar, classificar e diferenciar os vários níveis de eficácia das normas constitucionais.

Para que uma norma constitucional seja aplicada é indispensável que a ela possua eficácia, a qual é a capacidade que uma norma jurídica tem de produzir efeitos.

Se os efeitos produzidos se restringem ao âmbito normativo, tem-se a chamada **eficácia jurídica**, ao passo que, se os efeitos são concretos, reais, tem-se a chamada **eficácia social**. Eficácia jurídica, portanto, é a capacidade que uma norma constitucional tem de revogar todas as outras normas que com ela apresentem divergência. Já a eficácia social, também conhecida como efetividade, é a aplicabilidade na prática, concreta, da norma. Todas as normas constitucionais possuem eficácia jurídica, mas nem todas possuem eficácia social. Logo, é possível afirmar que todas as normas constitucionais possuem eficácia. O problema surge quando uma norma constitucional não pode ser aplicada na prática, ou seja, não possui eficácia social.

Para explicar esse fenômeno, foram desenvolvidas várias classificações acerca do grau de eficácia de uma norma constitucional. A classificação mais adotada pela doutrina e mais cobrada em prova é a adotada pelo professor José Afonso da Silva, na obra *Curso de Direito Constitucional Positivo*. Para esse estudioso, a eficácia social se classifica em:

- **Eficácia plena:** são aquelas **autoaplicáveis**. São normas que possuem aplicabilidade direta, imediata e integral. Seus efeitos práticos são plenos. É uma norma que não depende de complementação legislativa para produzir efeitos. Veja os exemplos: art. 1º; art. 5º, *caput* e incisos XXXV e XXXVI; art. 19; art. 21; art. 53; art. 60, § 1º e 4º; art. 69; art. 128, § 5º, incisos I e II; art. 145, § 2º; entre outros.

- **Eficácia contida:** também são **autoaplicáveis**. Assim como as normas de eficácia plena, elas possuem **aplicabilidade direta e imediata**. Contudo, sua aplicação não é integral. É neste ponto que a eficácia contida se diferencia da eficácia plena. A norma de eficácia contida nasce plena, mas pode ser restringida por outra norma.

- Daí a doutrina chamá-la de norma contível, restringível ou redutível. Essas espécies permitem que outra norma reduza a sua aplicabilidade. São normas que produzem efeitos imediatos, mas esses efeitos podem ser restringidos. Por exemplo: art. 5º, incisos VII, XII, XIII, XV, XXVII e XXXIII; art. 9º; art. 37, inciso I; art. 170, parágrafo único; entre outros.

- **Eficácia limitada:** são desprovidas de eficácia social. Diz-se que as normas de eficácia limitada não são autoaplicáveis, possuem aplicabilidade indireta, mediata e reduzida ou diferida.

- São normas que dependem de outra para produzirem efeitos. O que as difere das normas de eficácia contida é a dependência de outra norma para que produza efeitos sociais. Enquanto as de eficácia contida produzem efeitos imediatos, os quais poderão ser restringidos posteriormente, as de eficácia limitada dependem de outra norma para produzirem efeitos. Deve-se ter cuidado para não pensar que essas espécies normativas não possuem eficácia. Como se afirmou anteriormente, elas possuem eficácia jurídica, mas não possuem eficácia social. As normas de eficácia limitada são classificadas, ainda, em:

- **Normas de eficácia limitada de princípio institutivo:** são aquelas que dependem de outra norma para organizar ou instituir estruturas, entidades ou órgãos. Por exemplo: art. 18, § 2º; art. 22, parágrafo único; art. 25, § 3º; art. 33; art. 88; art. 90, § 2º; art. 102, § 1º; art. 107, § 1º; art. 113; art. 121; art. 125, § 3º; art. 128, § 5º; art. 131; entre outros.

238

- **Normas de eficácia limitada de princípio programático:** são aquelas que apresentam verdadeiros objetivos a serem perseguidos pelo Estado, programas a serem implementados. Em regra, possuem fins sociais. Por exemplo: art. 7º, incisos XI, XX e XXVII; art. 173, § 4º; arts. 196; 205; 215; 218; 227; entre outros.

O Supremo Tribunal Federal (STF) possui algumas decisões que conferiram o grau de eficácia limitada aos seguintes dispositivos: art. 5º, inciso LI; art. 37, inciso I; art. 37, inciso VII; art. 40, § 4º; art. 18, § 4º.

Feitas as considerações iniciais sobre esse tema, resta saber o que o § 1º do art. 5º da Constituição Federal de 1988 quis dizer com "aplicação imediata". Para traduzir essa expressão, basta analisar a explicação apresentada anteriormente. Segundo a doutrina, as normas que possuem aplicação imediata ou são de eficácia plena ou contida. Ao que parece, o texto constitucional quis restringir a eficácia dos direitos fundamentais em plena ou contida, não existindo, em regra, normas definidoras de direitos fundamentais com eficácia limitada. Entretanto, pelos próprios exemplos aqui apresentados, não é essa a realidade do texto constitucional. Certamente, existem normas de eficácia limitada entre os direitos fundamentais (art. 7º, incisos XI, XX e XXVII). A dúvida que surge então é: como responder na prova?

A doutrina e o STF têm entendido que, apesar do texto expresso na Constituição Federal, existem normas definidoras de direitos fundamentais que não possuem aplicabilidade imediata, as quais são de eficácia limitada. Diante dessa contradição, a doutrina tem orientado no sentido de se conferir a maior eficácia possível aos direitos fundamentais. Em prova, pode ser cobrada tanto uma questão abordando o texto puro da Constituição Federal quanto o posicionamento da doutrina. Deve-se responder conforme for perguntado.

A Constituição previu dois instrumentos para garantir a efetividade das normas de eficácia limitada: **Ação Direta de Inconstitucionalidade por Omissão** e o **Mandado de Injunção**.

5.8 Força normativa dos tratados internacionais

Uma regra muito importante para a prova é a que está prevista no § 3º do art. 5º da Constituição Federal de 1988:

> *§ 3º Os tratados e convenções internacionais sobre direitos humanos que forem aprovados, em cada Casa do Congresso Nacional, em dois turnos, por três quintos dos votos dos respectivos membros, serão equivalentes às emendas constitucionais.*

Esse dispositivo constitucional apresenta a chamada força normativa dos tratados internacionais.

Segundo o texto constitucional, é possível que um tratado internacional possua força normativa de emenda constitucional, desde que preencha os seguintes requisitos:

- Deve falar de direitos humanos;
- Deve ser aprovado nas duas casas legislativas do Congresso Nacional, ou seja, na Câmara dos Deputados e no Senado Federal;
- Deve ser aprovado em dois turnos em cada casa;
- Deve ser aprovado por 3/5 dos membros em cada turno de votação, em cada casa.

Preenchidos esses requisitos, o Tratado Internacional terá força normativa de **Emenda à Constituição**.

Mas surge a seguinte questão: e se o Tratado Internacional for de Direitos Humanos e não preencher os requisitos constitucionais previstos no § 3º do art. 5º da Constituição? Qual será sua força normativa? Segundo o STF, caso o Tratado Internacional fale de direitos humanos, mas não preencha os requisitos do § 3º do art. 5º da CF/1988/1988, ele terá força normativa de **norma supralegal**.

Ainda há os tratados internacionais que não falam de direitos humanos. São tratados que falam de outros temas, por exemplo, o comércio. Esses tratados possuem força normativa de **lei ordinária**.

Em suma, são três as forças normativas dos Tratados Internacionais:
- Emenda à Constituição;
- Norma supralegal;
- Lei ordinária.

5.9 Tribunal Penal Internacional (TPI)

Há outra regra muito interessante prevista no § 4º do art. 5º da Constituição Federal de 1988:

> *§ 4º O Brasil se submete à jurisdição de Tribunal Penal Internacional a cuja criação tenha manifestado adesão.*

É o chamado **Tribunal Penal Internacional**. Mas o que é o Tribunal Penal Internacional? É uma corte permanente, localizada em Haia, na Holanda, com competência de julgamento dos crimes contra a humanidade.

É um Tribunal, pois tem função jurisdicional; é penal porque só julga crimes; é internacional, haja vista sua competência não estar restrita à fronteira de um só Estado.

Mas uma coisa deve ser esclarecida. O TPI não julga qualquer tipo de crime. Só os crimes que tenham repercussão para toda a humanidade. Geralmente, são crimes de guerra, agressão estrangeira, genocídio, dentre outros.

Apesar de ser um tribunal com atribuições jurisdicionais, o TPI não faz parte do Poder Judiciário brasileiro. Sua competência é complementar à jurisdição nacional, não ofendendo, portanto, a soberania do Estado brasileiro. Isso significa que o TPI só age quando a Justiça Brasileira se omite ou é ineficaz.

5.10 Direitos e garantias

Muitos questionam se direitos e garantias são a mesma coisa, mas a melhor doutrina tem diferenciado esses dois institutos.

Os direitos são os próprios direitos previstos na Constituição Federal de 1988. São os bens jurídicos tutelados pela Constituição. Eles representam por si só esses bens.

As garantias são instrumentos de proteção dos direitos. São ferramentas disponibilizadas pela Constituição para a fruição dos direitos.

Apesar da diferença entre os dois institutos é possível afirmar que **toda garantia é um direito.**

6 DIREITOS FUNDAMENTAIS – DIREITOS E DEVERES INDIVIDUAIS E COLETIVOS

A Constituição Federal, ao disciplinar os direitos individuais, os coloca basicamente no art. 5º. Logo no *caput* desse artigo, já aparece uma classificação didática dos direitos ali previstos:

> **Art. 5º** *Todos são iguais perante a lei, sem distinção de qualquer natureza, garantindo-se aos brasileiros e aos estrangeiros residentes no País a inviolabilidade do direito à vida, à liberdade, à igualdade, à segurança e à propriedade, nos termos seguintes:*

Para estudarmos os direitos individuais, utilizaremos os cinco grupos de direitos previstos no *caput* do art. 5º:

- **Direito à vida;**
- **Direito à igualdade;**
- **Direito à liberdade;**
- **Direito à propriedade;**
- **Direito à segurança.**

Percebe-se que os 78 incisos do art. 5º, de certa forma, decorrem de um desses direitos que podem ser chamados de **"direitos raízes"**. Utilizando essa divisão, a seguir serão abordados os incisos mais importantes desse artigo, tendo em vista a preparação para a prova. Logicamente, não conseguiremos abordar todos os incisos, o que não tira a responsabilidade de lê-los.

6.1 Direito à vida

Ao falar desse direito, que é considerado pela doutrina como o **direito mais fundamental de todos**, por ser um pressuposto para o exercício dos demais direitos, enfrenta-se um primeiro desafio: esse direito é absoluto?

Assim como os demais direitos, o direito à vida não é absoluto. São várias as justificativas existentes para considerá-lo um direito passível de flexibilização.

6.1.1 Pena de morte

Existe pena de morte no Brasil? A resposta é sim. A alínea "a" do inciso XLVII do art. 5º traz essa previsão expressamente:

> XLVII – Não haverá penas:
> a) de morte, salvo em caso de guerra declarada, nos termos do art. 84, XIX;

Todas as vezes que a Constituição traz uma negação acompanhada de uma exceção, estamos diante de uma possibilidade.

6.1.2 Aborto

A prática de aborto no Brasil é permitida? O art. 128 do Código Penal Brasileiro apresenta duas possibilidades de prática de aborto que são verdadeiras excludentes de ilicitude:

> **Art. 128** Não se pune o aborto praticado por médico:
> *Aborto necessário*
> I – Se não há outro meio de salvar a vida da gestante;
> *Aborto sentimental*
> II – Se a gravidez resulta de estupro e o aborto é precedido de consentimento da gestante ou, quando incapaz, de seu representante legal.

São os **abortos necessário** e **sentimental**. Aborto necessário é aquele praticado para salvar a vida da gestante e o aborto sentimental é utilizado nos casos de estupro. Essas duas exceções à prática do crime de aborto são hipóteses em que se permite a sua prática no direito brasileiro. Além dessas duas hipóteses previstas expressamente na legislação brasileira, o STF também reconhece a possibilidade da prática de aborto do feto anencéfalo (feto sem cérebro). Mais uma vez, o direito à vida encontra-se flexibilizado.

6.1.3 Legítima defesa e estado de necessidade

Esses dois institutos, também excludentes de ilicitude do crime, são outras possibilidades de limitação do direito à vida, conforme disposto no art. 23 do Código Penal Brasileiro:

> **Art. 23** Não há crime quando o agente pratica o fato:
> I – Em estado de necessidade;
> II – Em legítima defesa;

Em linhas gerais e de forma exemplificativa, o estado de necessidade permite que, diante de uma situação de perigo, uma pessoa possa, para salvar uma vida, tirar a vida de outra pessoa. Na legítima defesa, caso sua vida seja ameaçada por alguém, existe legitimidade em retirar a vida de quem o ameaçou.

Outro ponto que deve ser ressaltado é que o direito à vida não está subordinado apenas ao fato de se estar vivo. Quando a constituição protege o direito à vida, a faz em suas diversas acepções. Existem dispositivos constitucionais que protegem o direito à vida no que tange a sua preservação da integridade física e moral (art. 5º, incisos III, V, XLVII e XLIX; art. 199, § 4º). A Constituição também protege o direito à vida no que tange à garantia de uma vida com qualidade (arts. 6º; 7º, inciso IV; 196; 205; 215).

6.2 Direito à igualdade

6.2.1 Igualdade formal e igualdade material

Possui como sinônimo o termo Isonomia. A doutrina classifica esse direito em:

- **Igualdade formal:** traduz-se no termo "todos são iguais perante a lei, sem distinção de qualquer natureza". É o previsto no *caput* do art. 5º. É uma igualdade jurídica, que não se preocupa com a realidade, mas apenas evita que alguém seja tratado de forma discriminatória.
- **Igualdade material:** também chamada de igualdade efetiva ou substancial. É a igualdade que se preocupa com a realidade. Traduz-se na seguinte expressão: "tratar os iguais com igualdade e os desiguais com desigualdade, na medida das suas desigualdades". Esse tipo de igualdade confere um tratamento com justiça para aqueles que não a possuem.

A igualdade formal é a regra utilizada pelo Estado para conferir um tratamento isonômico entre as pessoas. Contudo, por diversas vezes, um tratamento igualitário não consegue atender a todas as necessidades práticas. Faz-se necessária a utilização da igualdade em seu aspecto material para que se consiga produzir um verdadeiro tratamento isonômico.

Imaginemos as relações entre homens e mulheres. A regra é que homem e mulher são tratados da mesma forma conforme previsto no inciso I do art. 5º:

> I – Homens e mulheres são iguais em direitos e obrigações, nos termos desta Constituição;

Contudo, em diversas situações, homens e mulheres serão tratados de forma diferente:

- **Licença-maternidade:** tem duração de 120 dias para a mulher. Para o homem, apenas 5 dias de licença-paternidade;
- **Aposentadoria:** a mulher se aposenta 5 anos mais cedo que o homem;
- **Serviço militar obrigatório:** só o homem está obrigado.

NOÇÕES DE DIREITO CONSTITUCIONAL

Essas são algumas das situações em que são permitidos tratamentos desiguais entre as pessoas. As razões que justificam essa discriminação são as diferenças efetivas que existem entre os homens e as mulheres em cada uma das hipóteses. Exemplificando, a mulher tem mais tempo para se recuperar em razão da nítida distinção do desgaste feminino para o masculino no que tange ao parto. É indiscutível que, por mais desgastante que seja o nascimento de um filho para o pai, nada se compara ao sofrimento suportado pela mãe. Por essa razão, a licença-maternidade é maior que a licença-paternidade.

6.2.2 Igualdade nos concursos públicos

O tema diz respeito à igualdade nos concursos públicos. Seria possível restringir o acesso a um cargo público em razão do sexo de uma pessoa? Ou por causa de sua altura? Ou ainda, pela idade que possui?

Essas questões encontram a mesma resposta: sim! É possível, desde que os critérios discriminatórios preencham alguns requisitos:

- **Deve ser fixado em lei:** não basta que os critérios estejam previstos no edital, precisam estar previstos em lei, no seu sentido formal.
- **Deve ser necessário ao exercício do cargo:** o critério discriminatório deve ser necessário ao exercício do cargo. A título de exemplo: seria razoável exigir para um cargo de policial militar, altura mínima ou mesmo, idade máxima, que representam vigor físico, tendo em vista a natureza do cargo que exige tal condição. As mesmas condições não poderiam ser exigidas para um cargo de técnico judiciário, por não serem necessárias ao exercício do cargo.

Em suma, podem ser exigidos critérios discriminatórios desde que previstos em lei e que sejam necessários ao exercício do cargo, observados os critérios de proporcionalidade e razoabilidade.

Esse tema sempre tem sido alvo de questões em prova, principalmente sob o aspecto jurisprudencial.

6.2.3 Ações afirmativas

Como formas de concretização da igualdade material foram desenvolvidas políticas públicas de compensação dirigidas às minorias sociais chamadas de **ações afirmativas ou discriminações positivas**. São verdadeiras ações de cunho social que visam a compensar possíveis perdas que determinados grupos sociais tiveram ao longo da história de suas vidas. Quem nunca ouviu falar nas "quotas para os pobres nas Universidades" ou ainda, "reserva de vagas para deficientes em concursos públicos"? Essas são algumas das espécies de ações afirmativas desenvolvidas no Brasil.

Mas por que reservar vagas para deficientes em concursos públicos? O deficiente, qualquer que seja sua deficiência, quando se prepara para um concurso público possui muito mais dificuldade que uma pessoa que tem a plenitude de seu vigor físico. Em razão dessa diferença, o Estado, na tentativa de reduzir a desigualdade existente entre os concorrentes, resolveu compensar a limitação de um portador de necessidades especiais reservando-lhe vagas especiais.

Perceba que, ao contrário do que parece, quando se reservam vagas num concurso público para deficientes estamos diante de um nítido tratamento discriminatório, que nesse caso é justificável pelas diferenças naturais entre o concorrente sadio e o concorrente deficiente. Lembre-se de que igualdade material é tratar iguais com igualdade e desiguais com desigualdade. O que se faz por meio dessas políticas de compensação é tratar os desiguais com desigualdade, na medida de suas desigualdades. Só dessa forma é possível alcançar um verdadeiro tratamento isonômico entre os candidatos.

Por fim, destaca-se o fato de o STF ter declarado constitucional a política de cotas étnico-raciais para seleção de estudantes em universidades públicas pacificando uma discussão antiga sobre esse tipo de ação afirmativa.

6.3 Direito à liberdade

O direito à liberdade pertence à primeira geração de direitos fundamentais por expressarem os direitos mais ansiados pelos indivíduos como forma de defesa diante do Estado. O que se verá a seguir são algumas das acepções desse direito que podem ser cobradas em prova.

6.3.1 Liberdade de ação

O inciso II do art. 5º apresenta aquilo que a doutrina chama de liberdade de ação:

> *II – Ninguém será obrigado a fazer ou deixar de fazer alguma coisa senão em virtude de lei;*

Essa é a liberdade por excelência. Segundo o texto constitucional, a liberdade só pode ser restringida por lei. Por isso, dizemos que esse inciso também apresenta o **princípio da legalidade.**

A liberdade pode ser entendida de duas formas, a depender do destinatário da mensagem:

- **Para o particular:** liberdade significa "fazer tudo que não for proibido".
- **Para o agente público:** liberdade significa "poder fazer tudo o que for determinado ou permitido pela lei".

6.3.2 Liberdade de locomoção

Uma das liberdades mais almejadas pelos indivíduos durante as lutas sociais é o grande carro-chefe na limitação dos poderes do Estado. O inciso XV do art. 5º já diz:

> *XV – É livre a locomoção no território nacional em tempo de paz, podendo qualquer pessoa, nos termos da lei, nele entrar, permanecer ou dele sair com seus bens;*

Perceba-se que o direito explanado nesse inciso não possui caráter absoluto, haja vista ter sido garantido em tempo de paz. Isso significa que em momentos sem paz seriam possíveis restrições às liberdades de locomoção. Destaca-se o Estado de Sítio que pode ser decretado nos casos previstos no art. 137 da Constituição Federal de 1988. Nessas circunstâncias, seriam possíveis maiores restrições à chamada liberdade de locomoção por meio de medidas autorizadas pela própria Constituição Federal:

> *Art. 137 O Presidente da República pode, ouvidos o Conselho da República e o Conselho de Defesa Nacional, solicitar ao Congresso Nacional autorização para decretar o estado de sítio nos casos de:*
> *I – Comoção grave de repercussão nacional ou ocorrência de fatos que comprovem a ineficácia de medida tomada durante o estado de defesa;*
> *II – Declaração de estado de guerra ou resposta à agressão armada estrangeira.*
>
> *Art. 139 Na vigência do estado de sítio decretado com fundamento no art. 137, I, só poderão ser tomadas contra as pessoas as seguintes medidas:*
> *I – Obrigação de permanência em localidade determinada;*
> *II – Detenção em edifício não destinado a acusados ou condenados por crimes comuns;*

Outro ponto interessante refere-se à possibilidade de qualquer pessoa entrar, permanecer ou sair do país com seus bens. Esse direito também não pode ser encarado de forma absoluta, haja vista a possibilidade de se exigir declaração de bens ou pagamento de imposto quando

DIREITOS FUNDAMENTAIS – DIREITOS E DEVERES INDIVIDUAIS E COLETIVOS

da entrada no país com bens. Nesse caso, liberdade de locomoção não se confunde com imunidade tributária.

Caso a liberdade de locomoção seja restringida por ilegalidade ou abuso de poder, a Constituição reservou um poderoso instrumento garantidor, o chamado *Habeas corpus*.

> *Art. 5º [...]*
> *LXVIII – conceder-se-á "Habeas corpus" sempre que alguém sofrer ou se achar ameaçado de sofrer violência ou coação em sua liberdade de locomoção, por ilegalidade ou abuso de poder;*

6.3.3 Liberdade de pensamento

Essa liberdade serve de amparo para uma série de possibilidades no que tange ao pensamento. Assim como os demais direitos fundamentais, a manifestação do pensamento não possui caráter absoluto, sendo restringido pela própria Constituição Federal, que proíbe seu exercício de forma anônima:

> *Art. 5º [...]*
> *IV – É livre a manifestação do pensamento, sendo vedado o anonimato;*

A vedação ao anonimato, além de ser uma garantia ao exercício da manifestação do pensamento, possibilita o exercício do direito de resposta caso alguém seja ofendido.

Sobre Denúncia Anônima, é importante fazer uma observação. Diante da vedação constitucional ao anonimato, poder-se-ia imaginar que essa ferramenta de combate ao crime fosse considerada inconstitucional. Contudo, não tem sido esse o entendimento do STF. A denúncia anônima pode até ser utilizada como ferramenta de comunicação do crime, mas não pode servir como amparo para a instauração do Inquérito Policial, muito menos como fundamento para condenação de quem quer que seja.

6.3.4 Liberdade de consciência e crença religiosa

Uma primeira pergunta deve ser feita acerca da liberdade religiosa em nosso país: qual a religião oficial do Brasil? A única resposta possível: é nenhuma. A liberdade religiosa do Estado brasileiro é incompatível com a existência de uma religião oficial. É o que apresenta o inciso VI do art. 5º:

> *VI – É inviolável a liberdade de consciência e de crença, sendo assegurado o livre exercício dos cultos religiosos e garantida, na forma da lei, a proteção aos locais de culto e a suas liturgias;*

Esse inciso marca a liberdade religiosa existente no Brasil. Por esse motivo, dizemos que o Brasil é um Estado laico, leigo ou não confessional. Isso significa, basicamente, que no Brasil existe uma relação de separação entre Estado e Igreja. Essa relação entre o Estado e a Igreja encontra, inclusive, vedação expressa no texto constitucional:

> *Art. 19 É vedado à União, aos Estados, ao Distrito Federal e aos Municípios:*
> *I – Estabelecer cultos religiosos ou igrejas, subvencioná-los, embaraçar-lhes o funcionamento ou manter com eles ou seus representantes relações de dependência ou aliança, ressalvada, na forma da lei, a colaboração de interesse público;*

Por causa da liberdade religiosa, é possível exercer qualquer tipo de crença no país. É possível ser católico, protestante, mulçumano, ateu ou satanista. Isso é liberdade de crença ou consciência. Liberdade de crer ou não crer. Perceba que o inciso VI, além de proteger as crenças e cultos, também protege as suas liturgias. Apesar do amparo constitucional, não se pode utilizar esse direito para praticar atos contrários às demais normas do direito brasileiro como, por exemplo, sacrificar seres humanos como forma de prestar culto a determinada divindade. Isso a liberdade religiosa não ampara.

Outro dispositivo importante é o previsto no inciso VII:

> *Art. 5º [...]*
> *VII – É assegurada, nos termos da lei, a prestação de assistência religiosa nas entidades civis e militares de internação coletiva;*

Nesse inciso, a Constituição Federal de 1988 garantiu a assistência religiosa nas entidades de internação coletivas, sejam elas civis ou militares. Entidades de internação coletivas são quartéis, hospitais ou hospícios. Em razão dessa garantia constitucional, é comum encontrarmos nesses estabelecimentos capelas para que o direito seja exercido.

Apesar da importância dos dispositivos analisados anteriormente, nenhum é mais cobrado em prova que o inciso VIII:

> *Art. 5º [...]*
> *VIII – Ninguém será privado de direitos por motivo de crença religiosa ou de convicção filosófica ou política, salvo se as invocar para eximir-se de obrigação legal a todos imposta e recusar-se a cumprir prestação alternativa, fixada em lei;*

Estamos diante do instituto da Escusa de Consciência. Esse direito permite a qualquer pessoa que, em razão de sua crença ou consciência, deixe de cumprir uma obrigação imposta sem que com isso sofra alguma consequência em seus direitos. Tal permissivo constitucional encontra uma limitação prevista expressamente no texto em análise. No caso de uma obrigação imposta a todos, se o indivíduo se recusar ao seu cumprimento, ser-lhe-á oferecida uma prestação alternativa. Não a cumprindo também, a Constituição permite que direitos sejam restringidos. O art. 15 prescreve que os direitos restringidos serão os direitos políticos:

> *Art. 15 É vedada a cassação de direitos políticos, cuja perda ou suspensão só se dará nos casos de: [...]*
> *IV – Recusa de cumprir obrigação a todos imposta ou prestação alternativa, nos termos do art. 5º, VIII;*

6.3.5 Liberdade de reunião

Acerca dessa liberdade, é importante ressaltar as condições estabelecidas pelo texto constitucional:

> *Art. 5º [...]*
> *XVI – Todos podem reunir-se pacificamente, sem armas, em locais abertos ao público, independentemente de autorização, desde que não frustrem outra reunião anteriormente convocada para o mesmo local, sendo apenas exigido prévio aviso à autoridade competente;*

Enumerando-as, de forma a facilitar o estudo, tem-se que as condições estabelecidas para o exercício do direito à reunião são:

- **Reunião pacífica:** não se legitima uma reunião que tenha fins não pacíficos.
- **Sem armas:** para evitar a violência ou coação por meio de armas.
- **Locais abertos ao público:** encontra-se subentendida a reunião em local fechado.
- **Independente de autorização:** não precisa de autorização.
- **Necessidade de prévio aviso.**
- **Não frustrar outra reunião convocada anteriormente para o mesmo local:** garantia de isonomia no exercício do direito prevalecendo o de quem exerceu primeiro.

Sobre o exercício da liberdade de reunião é importante saber que ele não depende de autorização, mas necessita de prévio aviso.

Outro ponto que já foi alvo de questão de prova é a possibilidade de restrição desse direito no Estado de Sítio e no Estado de Defesa. O problema está na distinção entre as limitações que podem ser adotadas em cada uma das medidas:

242

NOÇÕES DE DIREITO CONSTITUCIONAL

Art. 136 [...]
§ 1º O decreto que instituir o estado de defesa determinará o tempo de sua duração, especificará as áreas a serem abrangidas e indicará, nos termos e limites da lei, as medidas coercitivas a vigorarem, dentre as seguintes:
I – Restrições aos direitos de:
a) reunião, ainda que exercida no seio das associações;
Art. 139. *Na vigência do estado de sítio decretado com fundamento no art. 137, I, só poderão ser tomadas contra as pessoas as seguintes medidas: [...]*
IV – Suspensão da liberdade de reunião;

Ao passo que no **estado de defesa** ocorrerão **restrições** ao direito de reunião, no **estado de sítio** ocorrerá a **suspensão** desse direito.

6.3.6 Liberdade de associação

São vários os dispositivos constitucionais que regulam a liberdade de associação:

Art. 5º [...]
XVII – É plena a liberdade de associação para fins lícitos, vedada a de caráter paramilitar;
XVIII – A criação de associações e, na forma da lei, a de cooperativas independem de autorização, sendo vedada a interferência estatal em seu funcionamento;
XIX – As associações só poderão ser compulsoriamente dissolvidas ou ter suas atividades suspensas por decisão judicial, exigindo-se, no primeiro caso, o trânsito em julgado;
XX – Ninguém poderá ser compelido a associar-se ou a permanecer associado;
XXI – As entidades associativas, quando expressamente autorizadas, têm legitimidade para representar seus filiados judicial ou extrajudicialmente;

O primeiro ponto que dever ser lembrado é que a liberdade de associação só poderá ser usufruída para fins lícitos sendo proibida a criação de associação paramilitar.

Entende-se como associação de caráter paramilitar toda organização paralela ao Estado, sem legitimidade, com estrutura e organização tipicamente militar. São as facções criminosas, milícias ou qualquer outra organização que possua fins ilícitos e alheios aos do Estado.

Destaca-se, com a mesma importância, a dispensa de autorização e interferência estatal no funcionamento e criação das associações.

Maior destaque deve ser dado ao inciso XIX, que condiciona qualquer limitação às atividades associativas a uma decisão judicial. As associações podem ter suas atividades **suspensas** ou **dissolvidas**. Em qualquer um dos casos deve haver **decisão judicial**. No caso da **dissolução**, por ser uma medida mais grave, não basta qualquer decisão judicial, tem que ser **transitada em julgado**. Isso significa uma decisão definitiva, à qual não caiba mais recurso.

O inciso XX tutela a chamada liberdade associativa, pela qual ninguém será obrigado a se associar ou mesmo a permanecer associado a qualquer entidade associativa.

Por fim, temos o inciso XXI, que permite às associações que representem seus associados tanto na esfera judicial quanto na administrativa desde que possuam expressa autorização. Expressa autorização significa por escrito, por meio de instrumento legal que comprove a autorização.

Vale destacar que, para suspender as atividades de uma associação, basta qualquer decisão judicial; para dissolver, tem que haver decisão judicial transitada em julgado.

6.4 Direito à propriedade

Quando se fala em direito à propriedade, alguns atributos que lhe são inerentes aparecem imediatamente. Propriedade é a faculdade que uma pessoa tem de usar, gozar dispor de um bem. O texto constitucional garante esse direito de forma expressa:

Art. 5º [...]
XXII – É garantido o direito de propriedade.

Apesar de esse direito aparentar possuir um caráter absoluto, quando se investiga mais a fundo esse tema, percebe-se que ele possui vários limitadores no próprio texto constitucional. E é isso que se passa a analisar agora.

6.4.1 Limitações

Dentre as limitações existentes na Constituição, estão: função social, requisição administrativa, desapropriação, bem de família, propriedade imaterial e direito à herança.

6.4.2 Função social

A Constituição Federal de 1988 exige, em seu art. 5º, que a propriedade atenda a sua função social:

XXIII – A propriedade atenderá a sua função social;

Isso significa que a propriedade não é tão individual quanto pensamos. A necessidade de observância da função social demonstra que a propriedade é muito mais que uma titularidade privada. Esse direito possui reflexos em toda a sociedade. É só imaginar uma propriedade imóvel, um terreno urbano, que, apesar de possuir um proprietário, fica abandonado. Cresce o mato, as pessoas começam a jogar lixo naquele lugar, alguns criminosos começam a utilizar aquele ambiente para prática de atividades ilícitas. Veja quantas coisas podem acontecer numa propriedade e que importarão em consequências gravosas para o meio social mais próximo. É por isso que a propriedade tem que atender a sua função social.

6.4.3 Requisição administrativa

Consta no inciso XXV do art. 5º:

XXV – No caso de iminente perigo público, a autoridade competente poderá usar de propriedade particular, assegurada ao proprietário indenização ulterior, se houver dano;

Essa é a chamada Requisição Administrativa. Esse instituto permite que a propriedade seja limitada pela necessidade de se solucionar situação de perigo público. Não se trata de uma forma de desapropriação, pois o dono da propriedade requisitada não a perde, apenas a empresta para uso público, sendo garantido, posteriormente, havendo dano, direito a indenização. Esse instituto limita o caráter absoluto da propriedade.

6.4.4 Desapropriação

É a perda da propriedade. Esse é o limitador por excelência do direito, restringindo o caráter perpétuo da propriedade. A seguir, estão exemplificadas as três modalidades de desapropriação.

- **Desapropriação pelo mero interesse público:** essa modalidade é utilizada pelo Estado quando o interesse social ou a utilidade pública prevalecem sobre o direito individual. Nesse tipo de desapropriação, destaca-se que o proprietário nada fez para merecê--la, contudo, o interesse público exige que determinada área seja desapropriada. É o caso de construção de uma rodovia que exige a desapropriação de várias propriedades para o asfaltamento da via.
- Deve ser destacado que essa modalidade de desapropriação gera direito à indenização, que deve ser paga em dinheiro, previamente e com valor justo.
- Conforme o texto da Constituição Federal de 1988:
    Art. 5º [...]
    XXIV – A lei estabelecerá o procedimento para desapropriação por necessidade ou utilidade pública, ou por interesse social, mediante justa e prévia indenização em dinheiro, ressalvados os casos previstos nesta Constituição;
- **Desapropriação-sanção:** nesta modalidade, o proprietário, por algum motivo, não observou a função social da propriedade. Por esse motivo, é chamada de Desapropriação-sanção, haja vista ser uma verdadeira punição. Segundo a Constituição Federal de 1988, essa desapropriação gera direito à indenização, que deverá ser paga em títulos da dívida pública ou agrária. Segundo os arts. 182, § 4º, inciso III e 184 da Constituição Federal de 1988:

DIREITOS FUNDAMENTAIS – DIREITOS E DEVERES INDIVIDUAIS E COLETIVOS

Art. 182 [...]

§ 4º É facultado ao Poder Público municipal, mediante lei específica para área incluída no plano diretor, exigir, nos termos da lei federal, do proprietário do solo urbano não edificado, subutilizado ou não utilizado, que promova seu adequado aproveitamento, sob pena, sucessivamente, de:

I – Parcelamento ou edificação compulsórios;

II – Imposto sobre a propriedade predial e territorial urbana progressivo no tempo;

III – Desapropriação com pagamento mediante títulos da dívida pública de emissão previamente aprovada pelo Senado Federal, com prazo de resgate de até dez anos, em parcelas anuais, iguais e sucessivas, assegurados o valor real da indenização e os juros legais.

Art. 184 Compete à União desapropriar por interesse social, para fins de reforma agrária, o imóvel rural que não esteja cumprindo sua função social, mediante prévia e justa indenização em títulos da dívida agrária, com cláusula de preservação do valor real, resgatáveis no prazo de até vinte anos, a partir do segundo ano de sua emissão, e cuja utilização será definida em lei.

- **Desapropriação confiscatória:** *é a desapropriação que ocorre com a propriedade utilizada para cultivo de plantas psicotrópicas. Nesse caso, não haverá indenização, mas o proprietário poderá ser processado pela prática de ilícito penal.*

Art. 243 As propriedades rurais e urbanas de qualquer região do País onde forem localizadas culturas ilegais de plantas psicotrópicas ou a exploração de trabalho escravo na forma da lei serão expropriadas e destinadas à reforma agrária e a programas de habitação popular, sem qualquer indenização ao proprietário e sem prejuízo de outras sanções previstas em lei, observado, no que couber, o disposto no art. 5º.

Parágrafo único. Todo e qualquer bem de valor econômico apreendido em decorrência do tráfico ilícito de entorpecentes e drogas afins e da exploração de trabalho escravo será confiscado e reverterá a fundo especial com destinação específica, na forma da lei.

> **Atenção!**
>
> **Desapropriação por interesse público** → indenizada em dinheiro.
> **Desapropriação-sanção** → indenizada em títulos da Dívida Pública.
> **Desapropriação confiscatória** → não tem direito à indenização.

6.4.5 Bem de família

A Constituição consagra uma forma de proteção às pequenas propriedades rurais chamada de bem de família:

Art. 5º [...]

XXVI – A pequena propriedade rural, assim definida em lei, desde que trabalhada pela família, não será objeto de penhora para pagamento de débitos decorrentes de sua atividade produtiva, dispondo a lei sobre os meios de financiar o seu desenvolvimento; =

O mais importante para prova é atentar para os requisitos estabelecidos no inciso, quais sejam:

- **Pequena propriedade rural:** não se trata de qualquer propriedade.
- **Definida em lei:** não em outra espécie normativa.
- **Trabalhada pela família:** não por qualquer pessoa.
- **Débitos decorrentes da atividade produtiva:** não por qualquer débito.

6.4.6 Propriedade imaterial

Além das propriedades sobre bens materiais, a Constituição também consagra normas de proteção sobre a propriedade de bens imateriais. São duas as propriedades consagradas: autoral e industrial.

- **Propriedade autoral:** encontra-se protegida nos incisos XXVII e XXVIII do art. 5º:

XXVII – Aos autores pertence o direito exclusivo de utilização, publicação ou reprodução de suas obras, transmissível aos herdeiros pelo tempo que a lei fixar;

XXVIII – São assegurados, nos termos da lei:

a) a proteção às participações individuais em obras coletivas e à reprodução da imagem e voz humanas, inclusive nas atividades desportivas;

b) o direito de fiscalização do aproveitamento econômico das obras que criarem ou de que participarem aos criadores, aos intérpretes e às respectivas representações sindicais e associativas;

- **Propriedade industrial:** encontra-se protegida no inciso XXIX:

XXIX – A lei assegurará aos autores de inventos industriais privilégio temporário para sua utilização, bem como proteção às criações industriais, à propriedade das marcas, aos nomes de empresas e a outros signos distintivos, tendo em vista o interesse social e o desenvolvimento tecnológico e econômico do País;

Uma relação muito interessante entre a propriedade autoral e a industrial está no tempo de proteção previsto na Constituição Federal de 1988. Observe-se que na propriedade autoral o direito do autor é vitalício, tendo em vista a previsão de possibilidade de transmissão desses direitos aos herdeiros. Contudo, quando nas mãos dos sucessores, a proteção será pelo tempo que a lei fixar, ou seja, temporário.

Já na propriedade industrial, a proteção do próprio autor já possui caráter temporário.

6.4.7 Direito à herança

De nada adiantaria tanta proteção à propriedade se esse bem jurídico não pudesse ser transmitido por meio da sucessão de bens aos herdeiros após a morte. O direito à herança, consagrado expressamente na Constituição, traduz-se no coroamento do direito de propriedade. É a grande força motriz desse direito. Só faz sentido ter direito à propriedade se esse direito possa ser transferido aos herdeiros.

Art. 5º [...]

XXX – É garantido o direito de herança;

XXXI – A sucessão de bens de estrangeiros situados no País será regulada pela lei brasileira em benefício do cônjuge ou dos filhos brasileiros, sempre que não lhes seja mais favorável a lei pessoal do de cujus;

Destaque especial deve ser dado ao inciso XXXI, que prevê a possibilidade de aplicação de lei estrangeira no país em casos de sucessão de bens de pessoa estrangeira desde que esses bens estejam situados no Brasil. A Constituição Federal permite que seja aplicada a legislação mais favorável aos herdeiros, quer seja a lei brasileira, quer seja a lei estrangeira.

6.5 Direito à segurança

Ao se referir à segurança como direito individual, o art. 5º pretende significar "segurança jurídica" que trata de normas de pacificação social e que produzem uma maior segurança nas relações sociais. Esse é o ponto alto dos direitos individuais. Sem dúvida, aqui está a maior quantidade de questões cobradas em prova.

6.5.1 Princípio da segurança nas relações jurídicas

Este princípio tem como objetivo garantir a estabilidade das relações jurídicas. Veja o que diz a Constituição:

Art. 5º [...]

XXXVI – A lei não prejudicará o direito adquirido, o ato jurídico perfeito e a coisa julgada;

Os três institutos aqui protegidos encontram seu conceito formalizado na **Lei de Introdução às Normas do Direito brasileiro.**

Art. 6º [...]

§ 1º Reputa-se ato jurídico perfeito o já consumado segundo a lei vigente ao tempo em que se efetuou.

§ 2º Consideram-se adquiridos assim os direitos que o seu titular, ou alguém por ele, possa exercer, como aqueles cujo começo do exercício tenha termo pré-fixo, ou condição pré-estabelecida inalterável, a arbítrio de outrem.

§ 3º Chama-se coisa julgada ou caso julgado a decisão judicial de que já não caiba recurso.

Em linhas gerais, pode-se assim conceituá-los:
- **Direito adquirido:** direito já incorporado ao patrimônio do titular.
- **Ato jurídico perfeito:** ato jurídico que já atingiu seu fim. Ato jurídico acabado, aperfeiçoado, consumado.
- **Coisa julgada:** sentença judicial transitada em julgado. Aquela sentença em relação à qual não cabe mais recurso.

De uma coisa não se pode esquecer: a proibição de retroatividade da lei nos casos aqui estudados não se aplica às leis mais benéficas, ou seja, uma lei mais benéfica poderá produzir efeitos em relação ao direito adquirido, ao ato jurídico perfeito e à coisa julgada.

6.5.2 Devido processo legal

O devido processo legal possui como objetivo principal limitar o poder do Estado. Esse princípio condiciona a restrição da liberdade ou dos bens de um indivíduo à existência de um procedimento estatal que respeite todos os direitos e garantias processuais previstos na lei. É o que diz o inciso LIV do art. 5º:

> LIV – Ninguém será privado da liberdade ou de seus bens sem o devido processo legal;

A exigência constitucional de existência de processo aplica-se tanto aos processos judiciais quanto aos procedimentos administrativos.

Desse princípio, surge a garantia constitucional à **proporcionalidade** e **razoabilidade.** Da mesma forma, é durante o devido processo legal que poderão ser exercidos os direitos ao contraditório e à ampla defesa, que serão analisados a seguir.

6.5.3 Contraditório e ampla defesa

Essas garantias constitucionais, conforme já salientado, decorrem do devido processo legal. São utilizadas como ferramenta de defesa diante das acusações impostas pelo Estado ou por um particular nos processos judiciais e administrativos:

> *Art. 5º [...]*
> LV – Aos litigantes, em processo judicial ou administrativo, e aos acusados em geral são assegurados o contraditório e ampla defesa, com os meios e recursos a ela inerentes;

Mas o que significam o contraditório e a ampla defesa?

Contraditório é o direito de contradizer, contrariar, contraditar. Se alguém diz que você é ou fez alguma coisa, o contraditório lhe permite dizer que não é e que não fez o que lhe foi imputado. É simplesmente o direito de contrariar. Já a **ampla defesa** é a possibilidade de utilização de todos os meios admitidos em direito para se defender de uma acusação.

Em regra, o contraditório e a ampla defesa são garantidos em todos os processos judiciais ou administrativos, contudo, a legislação brasileira previu alguns procedimentos administrativos incompatíveis com o exercício desse direito:
- Inquérito policial.
- Sindicância investigativa.
- Inquérito civil.

Em suma, nos procedimentos investigatórios que não possuem o condão de punir o investigado não serão garantidos o contraditório e a ampla defesa.

Observem-se as Súmulas Vinculantes do Supremo Tribunal Federal que versam sobre esse tema:

> *Súmula Vinculante nº 3 – STF* Nos processos perante o Tribunal de Contas da União asseguram-se o contraditório e a ampla defesa quando da decisão puder resultar anulação ou revogação de ato administrativo que beneficie o interessado, excetuada a apreciação da legalidade do ato de concessão inicial de aposentadoria, reforma e pensão.

> *Súmula Vinculante nº 5 – STF* A falta de defesa técnica por advogado no processo administrativo disciplinar não ofende a Constituição.

> *Súmula Vinculante nº 14 – STF* É direito do defensor, no interesse do representado, ter acesso amplo aos elementos de prova que, já documentados em procedimento investigatório realizado por órgão com competência de polícia judiciária, digam respeito ao exercício do direito de defesa.

> *Súmula Vinculante nº 21 – STF* É inconstitucional a exigência de depósito ou arrolamento prévios de dinheiro ou bens para admissibilidade de recurso administrativo.

6.5.4 Proporcionalidade e razoabilidade

Eis uma garantia fundamental que não está expressa no texto constitucional apesar de ser um dos institutos mais utilizados pelo Supremo em suas decisões atuais. Trata-se de um princípio implícito, cuja fonte é o princípio do devido processo legal. Esses dois institutos jurídicos são utilizados como parâmetro de ponderação quando adotadas medidas pelo Estado, principalmente no que tange à restrição de bens e direitos dos indivíduos. Duas palavras esclarecem o sentido dessas garantias: necessidade e adequação.

Para saber se um ato administrativo observou os critérios de proporcionalidade e razoabilidade, deve-se questionar se o ato foi necessário e se foi adequado à situação.

Para exemplificar, imaginemos que um determinado fiscal sanitário, ao inspecionar um supermercado, depara-se com um pote de iogurte com a data de validade vencida há um dia. Imediatamente, ele prende o dono do mercado, dá dois tiros para cima, realiza revista manual em todos os clientes e funcionários do mercado e aplica uma multa de dois bilhões de reais. Pergunta-se: será que a medida adotada pelo fiscal foi necessária? Foi adequada? Certamente que não. Logo, a medida não observou os princípios da razoabilidade e proporcionalidade.

É importante deixar claro que os princípios da proporcionalidade e da razoabilidade estão implícitos no texto constitucional, ou seja, não estão previstos expressamente.

6.5.5 Inadmissibilidade das provas ilícitas

Uma das garantias mais importantes do direito brasileiro é a inadmissibilidade das provas ilícitas. Encontra-se previsto expressamente no inciso LVI do art. 5º:

> LVI – São inadmissíveis, no processo, as provas obtidas por meios ilícitos.

Em razão dessa garantia, é proibida a produção de provas ilícitas num processo sob pena de nulidade processual. Em regra, a prova ilícita produz nulidade de tudo o que a ela estiver relacionado. Esse efeito decorre da chamada **Teoria dos Frutos da Árvore Envenenada**. Segundo a teoria, se a árvore está envenenada, os frutos também o serão. Se uma prova foi produzida de forma ilícita, as demais provas dela decorrentes também serão ilícitas (ilicitude por derivação). Contudo, deve-se ressaltar que essa teoria é aplicada de forma restrita no direito brasileiro, ou seja, encontrada uma prova ilícita num processo, não significa que todo o processo será anulado, mas apenas os atos e demais provas que decorreram direta ou indiretamente daquela produzida de forma ilícita.

Caso existam provas autônomas produzidas em conformidade com a lei, o processo deve prosseguir ainda que tenham sido encontradas e retiradas as provas ilícitas. Logo, é possível afirmar que a existência de uma prova ilícita no processo não anula de pronto todo o processo.

Deve-se destacar, ainda, a única possibilidade já admitida de prova ilícita nos tribunais brasileiros: a produzida em legítima defesa.

DIREITOS FUNDAMENTAIS – DIREITOS E DEVERES INDIVIDUAIS E COLETIVOS

6.5.6 Inviolabilidade domiciliar

Essa garantia protege o indivíduo em seu recinto mais íntimo: a casa. A Constituição dispõe que:

> *Art. 5º* [...]
>
> XI – A casa é asilo inviolável do indivíduo, ninguém nela podendo penetrar sem consentimento do morador, salvo em caso de flagrante delito ou desastre, ou para prestar socorro, ou, durante o dia, por determinação judicial.

Como regra, só se pode entrar na casa de uma pessoa com o seu consentimento. Excepcionalmente, a Constituição Federal admite a entrada sem consentimento do morador nos casos de:

- Flagrante delito.
- Desastre.
- Prestar socorro.
- Determinação Judicial – só durante o dia.

No caso de determinação judicial, a entrada se dará apenas durante o dia. Nos demais casos, a entrada será permitida a qualquer hora.

Alguns conceitos importantes: o que é casa? O que pode ser entendido como casa para efeito de inviolabilidade? A jurisprudência tem interpretado o conceito de casa de forma ampla, em consonância com o disposto nos arts. 245 e 246 do Código de Processo Penal:

> *Art. 245* As buscas domiciliares serão executadas de dia, salvo se o morador consentir que se realizem à noite, e, antes de penetrarem na casa, os executores mostrarão e lerão o mandado ao morador, ou a quem o represente, intimando-o, em seguida, a abrir a porta.
>
> *Art. 246* Aplicar-se-á também o disposto no artigo anterior, quando se tiver de proceder a busca em compartimento habitado ou em aposento ocupado de habitação coletiva ou em compartimento não aberto ao público, onde alguém exercer profissão ou atividade.

O STF já considerou como casa, para efeitos de inviolabilidade, oficina mecânica, quarto de hotel ou escritório profissional.

Outra questão relevante é saber o que é dia? Dois são os posicionamentos adotados na doutrina:

- Das 6 h às 18 h.
- Da aurora ao crepúsculo.

Segundo a jurisprudência, isso deve ser resolvido no caso concreto, tendo em vista variação de fusos horários existentes em nosso país, bem como a ocorrência do horário de verão. Na prática, é possível entrar na casa independentemente do horário, desde que seja durante o dia.

6.5.7 Princípio da inafastabilidade da jurisdição

Esse princípio, também conhecido como princípio do livre acesso ao poder judiciário ou direito de ação, garante, nos casos de necessidade, o acesso direto ao Poder Judiciário. Também, decorre desse princípio a ideia de que não é necessário o esgotamento das vias administrativas para ingressar com uma demanda no Poder Judiciário. Assim prevê a Constituição Federal:

> *Art. 5º* [...]
>
> XXXV – A lei não excluirá da apreciação do Poder Judiciário lesão ou ameaça a direito;

Perceba que a proteção possui sentido duplo: lesão ou ameaça à lesão. Significa dizer que a garantia pode ser utilizada tanto de forma preventiva como de forma repressiva. Tanto para prevenir a ofensa a direito como para reprimir a ofensa já cometida.

Quanto ao acesso ao Judiciário independentemente do esgotamento das vias administrativas, há algumas peculiaridades previstas na legislação brasileira:

- **Justiça desportiva:** a Constituição Federal de 1988 prevê no art. 217 que o acesso ao Poder Judiciário está condicionado ao esgotamento das vias administrativas.

  > *Art. 217* [...]
  >
  > § 1º O Poder Judiciário só admitirá ações relativas à disciplina e às competições desportivas após esgotarem-se as instâncias da justiça desportiva, regulada em lei.

- **Compromisso arbitral:** a Lei nº 9.307/1996 prevê que as partes, quando em discussão patrimonial, poderão optar pela arbitragem como forma de resolução de conflito. Não se trata de uma instância administrativa de curso forçado, mas de uma opção facultada às partes.

- *Habeas data:* o art. 8º da Lei nº 9.507/1997 exige, para impetração do *habeas data*, a comprovação da recusa ao acesso à informação. Parte da doutrina não considera isso como exigência de prévio esgotamento da via administrativa, mas condição da ação. Veja-se a súmula nº 2 do STJ:

  > *Súmula nº 2 – STJ* Não cabe "Habeas Data" se não houve recusa de informações por parte da autoridade administrativa.

- **Reclamação Constitucional:** o art. 7º, § 1º da Lei nº 11.417/2006, que regula a edição de Súmulas Vinculantes, prevê que só será possível a Reclamação Constitucional nos casos de omissão ou ato da Administração Pública que contrarie ou negue vigência à Súmula Vinculante, após o esgotamento das vias administrativas.

6.5.8 Gratuidade das certidões de nascimento e de óbito

A Constituição Federal de 1988 traz expressamente que:

> *Art. 5º, LXXVI.* São gratuitos para os reconhecidamente pobres, na forma da lei:
>
> a) o registro civil de nascimento;
>
> b) a certidão de óbito;

Observe-se que o texto constitucional condiciona o benefício da gratuidade do registro de nascimento e da certidão de óbito apenas para os reconhecidamente pobres. Entretanto, a Lei nº 6.015/1973 prevê que:

> *Art. 30* Não serão cobrados emolumentos pelo registro civil de nascimento e pelo assento de óbito, bem como pela primeira certidão respectiva.
>
> § 1º Os reconhecidamente pobres estão isentos de pagamento de emolumentos pelas demais certidões extraídas pelo cartório de registro civil.

Perceba que essa lei amplia o benefício garantido na Constituição para todas as pessoas no que tange ao registro e à aquisição da primeira certidão de nascimento e de óbito. Quanto às demais vias, só serão garantidas aos reconhecidamente pobres. Deve-se ter cuidado com essa questão em prova, pois deve ser levado em conta se a pergunta tem como referência a Constituição ou não.

NOÇÕES DE DIREITO CONSTITUCIONAL

6.5.9 Celeridade processual

Traz o texto constitucional:

Art. 5º [...]
LXXVIII – A todos, no âmbito judicial e administrativo, são assegurados a razoável duração do processo e os meios que garantam a celeridade de sua tramitação.

Essa é a garantia da celeridade processual. Decorre do princípio da eficiência que obriga o Estado a prestar assistência em tempo razoável. Celeridade quer dizer rapidez, mas uma rapidez com qualidade. Esse princípio é aplicável nos processos judiciais e administrativos, visa dar maior efetividade a prestação estatal. Deve-se garantir o direito antes que o seu beneficiário deixe de precisar. Após a inclusão desse dispositivo entre os direitos fundamentais, várias medidas para acelerar a prestação jurisdicional foram adotadas, dentre as quais destacam-se:

- Juizados especiais;
- Súmula vinculante;
- Realização de inventários e partilhas por vias administrativas;
- Informatização do processo.

Essas são algumas das medidas que foram adotadas para trazer mais celeridade ao processo.

6.5.10 Erro judiciário

Dispositivo de grande utilidade social que funciona como limitador da arbitrariedade estatal. O Estado, no que tange à liberdade do indivíduo, não pode cometer erros sob pena de ter que indenizar o injustiçado. Isso é o que prevê o inciso LXXV do art. 5º:

LXXV – O Estado indenizará o condenado por erro judiciário, assim como o que ficar preso além do tempo fixado na sentença;

6.5.11 Publicidade dos atos processuais

Em regra, os atos processuais são públicos. Essa publicidade visa a garantir maior transparência aos atos administrativos bem como permite a fiscalização popular. Além disso, atos públicos possibilitam um exercício efetivo do contraditório e da ampla defesa. Entretanto, essa publicidade comporta algumas exceções:

Art. 5º [...]
LX – A lei só poderá restringir a publicidade dos atos processuais quando a defesa da intimidade ou o interesse social o exigirem;

Nos casos em que a intimidade ou o interesse social exigirem, a publicidade poderá ser restringida apenas aos interessados. Imaginemos uma audiência em que estejam envolvidas crianças; nesse caso, como forma de preservação da intimidade, o juiz poderá restringir a participação na audiência apenas aos membros da família e demais interessados.

6.5.12 Sigilo das comunicações

Uma das normas mais importantes da Constituição Federal que versa sobre segurança jurídica é esta:

Art. 5º [...]
XII – É inviolável o sigilo da correspondência e das comunicações telegráficas, de dados e das comunicações telefônicas, salvo, no último caso, por ordem judicial, nas hipóteses e na forma que a lei estabelecer para fins de investigação criminal ou instrução processual penal;

Esse dispositivo prevê quatro formas de comunicação que possuem proteção constitucional:

- Sigilo da correspondência;
- Comunicação telegráfica;
- Comunicação de dados;
- Comunicações telefônicas.

Dessas quatro formas de comunicação, apenas uma obteve autorização de violação do sigilo pelo texto constitucional: as comunicações telefônicas. Deve-se tomar cuidado com esse tema em prova. Segundo o texto expresso, só as comunicações telefônicas poderão ter o seu sigilo violado. E só o juiz poderá fazê-lo, com fins definidos também pela Constituição, os quais são para investigação criminal e instrução processual penal.

Entretanto, considerando a inexistência de direito fundamental absoluto, a jurisprudência tem considerado a possibilidade de quebra dos demais sigilos, desde que seja determinada por ordem judicial.

No que tange ao sigilo dos dados bancários, fiscais, informáticos e telefônicos, a jurisprudência tem permitido sua quebra por determinação judicial, determinação de Comissão Parlamentar de Inquérito, requisição do Ministério Público, solicitação da autoridade fazendária.

6.5.13 Tribunal do Júri

O Tribunal do Júri é uma instituição pertencente ao Poder Judiciário, que possui competência específica para julgar determinados tipos de crime. O Júri é formado pelo Conselho de Sentença, que é presidido por um Juiz Togado e por sete jurados que efetivamente farão o julgamento do acusado. A ideia do Tribunal do Júri é que o acusado seja julgado por seus pares.

A Constituição Federal apresenta alguns princípios que regem esse tribunal:

Art. 5º [...]
XXXVIII – É reconhecida a instituição do júri, com a organização que lhe der a lei, assegurados:
a) a plenitude de defesa;
b) o sigilo das votações;
c) a soberania dos veredictos;
d) a competência para o julgamento dos crimes dolosos contra a vida.

Segundo esse texto, o Tribunal do Júri é regido pelos seguintes princípios:

- **Plenitude de defesa:** esse princípio permite que no júri sejam utilizadas todas as provas permitidas em direito. Aqui, o momento probatório é bastante explorado haja vista a necessidade de se convencer os jurados que são pessoas comuns da sociedade.
- **Sigilo das votações:** o voto é sigiloso. Durante o julgamento não é permitido que um jurado converse com o outro sobre o julgamento sob pena de nulidade;
- **Soberania dos veredictos:** o que for decidido pelos jurados será considerado soberano. Nem o Juiz presidente poderá modificar o julgamento. Aqui quem decide são os jurados;
- **Competência para julgar os crimes dolosos contra a vida:** o júri não julga qualquer tipo de crime, mas apenas os dolosos contra a vida. Crimes dolosos, em simples palavras, são aqueles praticados com intenção, com vontade. São diferentes dos crimes culposos, os quais são praticados sem intenção.

6.5.14 Princípio da anterioridade

O inciso XXXIX do art. 5º da Constituição Federal de 1988 apresenta o chamado princípio da anterioridade penal:

XXXIX – Não há crime sem lei anterior que o defina, nem pena sem prévia cominação legal.

Esse princípio decorre na necessidade de se prever antes da aplicação da pena, a conduta que é considerada como crime e a pena que deverá ser cominada. Mais uma regra de segurança jurídica.

DIREITOS FUNDAMENTAIS – DIREITOS E DEVERES INDIVIDUAIS E COLETIVOS

6.5.15 Princípio da irretroatividade

Esse princípio também possui sua importância ao prever que a lei penal não poderá retroagir, salvo se for para beneficiar o réu.

> *Art. 5º [...]*
> *XL – A lei penal não retroagirá, salvo para beneficiar o réu.*

6.5.16 Crimes imprescritíveis, inafiançáveis e insuscetíveis de graça e anistia

Os dispositivos a seguir estão entre os mais cobrados em prova. O ideal é que sejam memorizados na ordem proposta no quadro abaixo:

> *Art. 5º [...]*
> *XLII – A prática do racismo constitui crime inafiançável e imprescritível, sujeito à pena de reclusão, nos termos da lei;*
> *XLIII – A lei considerará crimes inafiançáveis e insuscetíveis de graça ou anistia a prática da tortura, o tráfico ilícito de entorpecentes e drogas afins, o terrorismo e os definidos como crimes hediondos, por eles respondendo os mandantes, os executores e os que, podendo evitá-los, se omitirem;*
> *XLIV – Constitui crime inafiançável e imprescritível a ação de grupos armados, civis ou militares, contra a ordem constitucional e o Estado Democrático.*

> **Atenção**
>
> **Crimes imprescritíveis** → racismo; ação de grupos armados.
> **Crimes inafiançáveis** → racismo; ação de grupos armados; tráfico; terrorismo, tortura; crimes hediondos.
> **Crimes insuscetíveis de graça e anistia** → tráfico; terrorismo; tortura; crimes hediondos.

Os crimes inafiançáveis englobam todos os crimes previstos no art. 5º, incisos XLII, XLIII e XLIV.

Os crimes que são insuscetíveis de graça e anistia não são imprescritíveis, e vice e versa. Dessa forma, nunca pode existir, na prova, uma questão que trabalhe com as duas classificações ao mesmo tempo.

Nunca, na prova, pode haver uma questão em que se apresentem as três classificações ao mesmo tempo.

6.5.17 Princípio da personalidade da pena

Assim diz o inciso XLV, do art. 5º da Constituição Federal de 1988:

> *XLV – Nenhuma pena passará da pessoa do condenado, podendo a obrigação de reparar o dano e a decretação do perdimento de bens ser, nos termos da lei, estendidas aos sucessores e contra eles executadas, até o limite do valor do patrimônio transferido.*

Esse inciso diz que a pena é pessoal, quem comete o crime responde pelo crime, de forma que não é possível que uma pessoa cometa um crime e outra responda pelo crime em seu lugar, porque a pena é pessoal.

É necessário prestar atenção ao tema, pois já apareceu em prova tanto na forma de um problema quanto com a modificação do próprio texto constitucional. Esse princípio da personalidade da pena diz que a pena é pessoal, isto é, a pena não pode passar para outra pessoa, mas permite que a responsabilidade pelos danos civis possa passar para seus herdeiros. Para exemplificar, imaginemos que uma determinada pessoa assalta uma padaria e consegue roubar uns R$ 50.000,00.

Em seguida, a polícia prende o ladrão por ter roubado a padaria. Em regra, todo crime cometido gera uma responsabilidade penal prevista no Código Penal brasileiro. Ainda, deve-se ressarcir os danos causados à vítima. Se ele roubou R$50.000,00, tem que devolver, no mínimo, esse valor à vítima.

É muito difícil conseguir o montante voluntariamente, por isso, é necessário entrar com uma ação civil *ex delicto* para reaver o dinheiro referente ao crime cometido. O dono da padaria entra com a ação contra o bandido pedindo os R$ 50.000,00 acrescidos juros e danos morais. Enquanto ele cumpre a pena, a ação está tramitando. Ocorre que o preso se envolve numa confusão dentro da penitenciária e acaba morrendo.

O preso possui alguns filhos, os quais são seus herdeiros. Quando os bens passam aos herdeiros, chamamos isso de sucessão. Quando foram contabilizar os bens que o bandido tinha, perceberam que sobraram apenas R$ 30.000,00, valor que deve ser dividido entre os herdeiros. Pergunta:

O homem que cometeu o crime estava cumprindo pena, mas ele morreu. Qual filho assume o lugar dele? O mais velho ou o mais novo?

Nenhum dos dois, porque a pena é personalíssima. Só cumpre a pena quem praticou o crime.

É possível que a responsabilidade de reparar os danos materiais exigidos pelo dono da padaria recaia sobre seus herdeiros?

Sim. A Constituição diz que os herdeiros respondem com o valor do montante recebido, até o limite da herança recebida.

O dono da padaria pediu R$ 50.000,00, mas só sobraram R$ 30.000,00. Os filhos terão que inteirar esse valor até completar os R$ 50.000,00?

Não, pois a Constituição diz que os sucessores respondem até o limite do patrimônio transferido. Ou seja, se só são transferidos R$ 30.000,00, então os herdeiros só vão responder pela indenização com esses R$ 30.000,00. E o os outros R$ 20.000,00, quem vai pagar? Ninguém. O dono da padaria fica com esse prejuízo.

6.5.18 Penas proibidas e permitidas

Vejamos agora dois incisos do art. 5º da Constituição Federal de 1988, que sempre caem em prova juntos: incisos XLVI e XLVII. Há no inciso XLVI as penas permitidas e no XLVII as penas proibidas. Mas como isso cai em prova? O examinador pega uma pena permitida e diz que é proibida ou pega uma proibida e diz que é permitida. Conforme os incisos:

> *Art. 5º [...]*
> *XLVI – A lei regulará a individualização da pena e adotará, entre outras, as seguintes:*
> *a) privação ou restrição da liberdade;*
> *b) perda de bens;*
> *c) multa;*
> *d) prestação social alternativa;*
> *e) suspensão ou interdição de direitos.*

Aqui há o rol de penas permitidas. Memorize essa lista para lembrar quais são as penas permitidas. Atenção para uma pena que é pouco comum e que geralmente em prova é colocada como pena proibida, que é a pena de perda de bens.

Veja o próximo inciso com o rol de penas proibidas:

> *XLVII – Não haverá penas:*
> *a) de morte, salvo em caso de guerra declarada, nos termos do art. 84, XIX;*
> *b) de caráter perpétuo;*
> *c) de trabalhos forçados;*
> *d) de banimento;*
> *e) cruéis.*

Essas são as penas que não podem ser aplicadas no Brasil. E, na prova, é cobrado da seguinte forma: existe pena de morte no Brasil? Deve-se ter muita atenção com esse tema, pois apesar de a Constituição ter dito que é proibida, existe uma exceção: no caso de guerra declarada. Essa exceção é uma verdadeira possibilidade, de forma que se deve afirmar que existe pena de morte no Brasil. Apesar de a regra ser a proibição, existe a possibilidade de sua aplicação. Só como curiosidade, a pena de morte no Brasil é regulada pelo Código Penal Militar, a qual será executada por meio de fuzilamento.

A próxima pena proibida é a de caráter perpétuo. Não existe esse tipo de pena no Brasil, pois as penas aqui são temporárias. No Brasil, uma pessoa só fica presa por, no máximo, 40 anos.

A outra pena é a de trabalhos forçados. É aquela pena em que o sujeito é obrigado a trabalhar de forma a denegrir a sua condição como ser humano. Esse tipo de pena não é permitido no Brasil.

Há ainda a pena de banimento, que é a expulsão do brasileiro, tanto nato como naturalizado.

Por fim, a Constituição veda a aplicação de penas cruéis. Pena cruel é aquela que denigre a condição humana, expõe o indivíduo a situações desumanas, vexatórias, que provoquem intenso sofrimento.

6.5.19 Princípio da individualização da pena

Nos termos do art. 5º, inciso XLVIII, da Constituição Federal de 1988:

> *XLVIII – A pena será cumprida em estabelecimentos distintos, de acordo com a natureza do delito, a idade e o sexo do apenado;*

Esse dispositivo traz uma regra muito interessante, o princípio da individualização da pena. Significa que a pessoa, quando cumprir sua pena, deve cumpri-la em estabelecimento e condições compatíveis com a sua situação. Se mulher, deve cumprir com mulheres; se homem, cumprirá com homens; se reincidente, com reincidentes; se réu primário, com réus primários; e assim por diante. O ideal é que cada situação possua um cumprimento de pena adequado que propicie um melhor acompanhamento do poder público e melhores condições para a ressocialização.

6.5.20 Regras sobre prisões

São vários os dispositivos constitucionais previstos no art. 5º, da Constituição Federal de 1988, que se referem às prisões:

> *LXI – Ninguém será preso senão em flagrante delito ou por ordem escrita e fundamentada de autoridade judiciária competente, salvo nos casos de transgressão militar ou crime propriamente militar, definidos em lei;*
>
> *LXII – A prisão de qualquer pessoa e o local onde se encontre serão comunicados imediatamente ao juiz competente e à família do preso ou à pessoa por ele indicada;*
>
> *LXIII – O preso será informado de seus direitos, entre os quais o de permanecer calado, sendo-lhe assegurada a assistência da família e de advogado;*
>
> *LXIV – O preso tem direito à identificação dos responsáveis por sua prisão ou por seu interrogatório policial;*
>
> *LXV – A prisão ilegal será imediatamente relaxada pela autoridade judiciária;*
>
> *LXVI – Ninguém será levado à prisão ou nela mantido, quando a lei admitir a liberdade provisória, com ou sem fiança;*
>
> *LXVII – Não haverá prisão civil por dívida, salvo a do responsável pelo inadimplemento voluntário e inescusável de obrigação alimentícia e a do depositário infiel.*

Como destaque para provas, é importante enfatizar o disposto no inciso LXVII, o qual prevê duas formas de prisão civil por dívida:

- **Devedor de pensão alimentícia;**
- **Depositário infiel.**

Apesar de a Constituição Federal de 1988 apresentar essas duas possibilidades de prisão civil por dívida, o STF tem entendido que só existe uma: a prisão do devedor de pensão alimentícia. Isso significa que o depositário infiel não poderá ser preso. Essa é a inteligência da Súmula Vinculante nº 25:

> *Súmula Vinculante nº 25 É ilícita a prisão civil de depositário infiel, qualquer que seja a modalidade do depósito.*

Em relação a esse assunto, deve-se ter muita atenção ao resolver a questão. Se a Banca perguntar conforme a Constituição Federal, responde-se segundo a Constituição Federal. Mas se perguntar à luz da jurisprudência, responde-se conforme o entendimento do STF.

Atenção

Constituição Federal → duas formas de prisão civil → depositário infiel e devedor de pensão alimentícia.
STF → uma forma de prisão civil → devedor de pensão alimentícia.

6.5.21 Extradição

Fruto de acordo internacional de cooperação, a extradição permite que determinada pessoa seja entregue a outro país para que seja responsabilizada pelo cometimento de algum crime. Existem duas formas de extradição:

- **Extradição ativa:** quando o Brasil pede para outro país a extradição de alguém.
- **Extradição passiva:** quando algum país pede para o Brasil a extradição de alguém.

A Constituição Federal preocupou-se em regular apenas a extradição passiva por meios dos incisos LI e LII do art. 5º:

> *LI – Nenhum brasileiro será extraditado, salvo o naturalizado, em caso de crime comum, praticado antes da naturalização, ou de comprovado envolvimento em tráfico ilícito de entorpecentes e drogas afins, na forma da lei;*
>
> *LII – Não será concedida extradição de estrangeiro por crime político ou de opinião.*

De acordo com a inteligência desses dispositivos, três regras podem ser adotadas em relação à extradição passiva:

- **Brasileiro nato:** nunca será extraditado.
- **Brasileiro naturalizado:** será extraditado em duas hipóteses: crime comum cometido antes da naturalização comprovado envolvimento com o tráfico ilícito de drogas, antes ou depois da naturalização.
- **Estrangeiro:** poderá ser extraditado salvo em dois casos: **crime político e crime de opinião.**

Na **extradição ativa**, qualquer pessoa pode ser extraditada, inclusive o brasileiro nato. Deve-se ter muito cuidado com essa questão em prova. Lembre-se de que a extradição ativa ocorre quando o Brasil pede a extradição de um criminoso para outro país. Isso pode ser feito pedindo a extradição de qualquer pessoa que o Brasil queira punir.

Quais princípios que regem a extradição no país?

- **Princípio da reciprocidade:** o Brasil só extradita ao país que extradita para o Brasil. Deve haver acordo ou tratado de extradição entre o país requerente e o Brasil.
- **Princípio da especialidade:** o extraditando só poderá ser processado e julgado pelo crime informado no pedido de extradição.
- **Comutação da pena:** o país requerente deverá firmar um compromisso de comutar a pena prevista em seu país quando a pena a ser aplicada for proibida no Brasil.
- **Dupla tipicidade ou dupla incriminação:** só se extradita se a conduta praticada for considerada crime no Brasil e no país requerente.

Deve-se ter muito cuidado para não confundir extradição com entrega, deportação, expulsão ou banimento.

- **Extradição:** a extradição, como se viu, é instituto de cooperação internacional entre países soberanos para a punição de criminosos. Pela extradição, um país entrega o criminoso a outro país para que ele seja punido pelo crime praticado.
- **Entrega:** é o ato por meio do qual o país entrega uma pessoa para ser julgada no Tribunal Penal Internacional.
- **Deportação:** é a retirada do estrangeiro que tenha entrado de forma irregular no território nacional.

DIREITOS FUNDAMENTAIS – DIREITOS E DEVERES INDIVIDUAIS E COLETIVOS

- **Expulsão:** é a retirada do estrangeiro que tenha praticado um ato ofensivo ao interesse nacional conforme as regras estabelecidas no Estatuto do Estrangeiro (art. 65, Lei nº 6.815/1980).
- **Banimento:** é uma das penas proibidas no direito brasileiro que consiste na expulsão de brasileiros para fora do território nacional.

6.5.22 Princípio da presunção da inocência

Também conhecido como princípio da não culpabilidade, essa regra de segurança jurídica garante que ninguém poderá ser condenado sem antes haver uma sentença penal condenatória transitada em julgado. Ou seja, uma sentença judicial condenatória definitiva:

> *Art. 5º [...]*
> *LVII – Ninguém será considerado culpado até o trânsito em julgado de sentença penal condenatória.*

6.5.23 Identificação criminal

> *Art. 5º [...]*
> *LVIII – O civilmente identificado não será submetido a identificação criminal, salvo nas hipóteses previstas em lei.*

A Constituição garante que não será identificado criminalmente quem possuir identificação pública capaz de identificá-lo. Contudo, a Lei nº 12.037/2009 prevê hipóteses nas quais será possível a identificação criminal mesmo de quem apresentar outra identificação:

> *Art. 3º Embora apresentado documento de identificação, poderá ocorrer identificação criminal quando:*
> *I – O documento apresentar rasura ou tiver indício de falsificação;*
> *II – O documento apresentado for insuficiente para identificar cabalmente o indiciado;*
> *III – O indiciado portar documentos de identidade distintos, com informações conflitantes entre si;*
> *IV – A identificação criminal for essencial às investigações policiais, segundo despacho da autoridade judiciária competente, que decidirá de ofício ou mediante representação da autoridade policial, do Ministério Público ou da defesa;*
> *V – Constar de registros policiais o uso de outros nomes ou diferentes qualificações;*
> *VI – O estado de conservação ou a distância temporal ou da localidade da expedição do documento apresentado impossibilite a completa identificação dos caracteres essenciais.*

6.5.24 Ação penal privada subsidiária da pública

> *Art. 5º [...]*
> *LIX – Será admitida ação privada nos crimes de ação pública, se esta não for intentada no prazo legal.*

Em regra, nos crimes de ação penal pública, o titular da ação penal é o Ministério Público. Contudo, havendo omissão ou mesmo desídia por parte do órgão ministerial, o ofendido poderá promover a chamada ação penal privada subsidiária da pública. Esse tema encontra-se disciplinado no art. 29 do Código de Processo Penal:

> *Art. 29 Será admitida ação privada nos crimes de ação pública, se esta não for intentada no prazo legal, cabendo ao Ministério Público aditar a queixa, repudiá-la e oferecer denúncia substitutiva, intervir em todos os termos do processo, fornecer elementos de prova, interpor recurso e, a todo tempo, no caso de negligência do querelante, retomar a ação como parte principal.*

6.6 Remédios constitucionais

Os remédios constitucionais são espécies de garantias constitucionais que visam a proteger determinados direitos e até outras garantias fundamentais. São poderosas ações constitucionais que estão disciplinadas no texto da Constituição.

6.6.1 Habeas corpus

Sem dúvida, esse remédio constitucional é o mais importante para prova, haja vista a sua utilização para proteger um dos direitos mais ameaçados do indivíduo: a liberdade de locomoção. Vejamos o que diz o texto constitucional:

> *Art. 5º [...]*
> *LXVIII – Conceder-se-á "Habeas corpus" sempre que alguém sofrer ou se achar ameaçado de sofrer violência ou coação em sua liberdade de locomoção, por ilegalidade ou abuso de poder.*

É essencial, conhecer os elementos necessários para a utilização dessa ferramenta.

Deve-se compreender que o *Habeas corpus* é utilizado para proteger a liberdade de locomoção. Em relação a isso, é preciso estar atento, pois ele não tutela qualquer liberdade, mas apenas a liberdade de locomoção.

Outro ponto fundamental é que ele poderá ser utilizado tanto de forma preventiva quanto de forma repressiva.

- *Habeas corpus* **preventivo**: é aquele utilizado para prevenir a violência ou coação à liberdade de locomoção.
- *Habeas corpus* **repressivo**: é utilizado para reprimir à violência ou coação a liberdade de locomoção, ou seja, é utilizado quando a restrição da liberdade de locomoção já ocorreu.

Percebe-se que não é a qualquer tipo de restrição à liberdade de locomoção que caberá o remédio, mas apenas àquelas cometidas com ilegalidade ou abuso de poder.

Nas relações processuais que envolvem a utilização do *Habeas corpus*, é possível identificar a participação de três figurantes: o impetrante, o paciente e a autoridade coatora.

- **Impetrante:** o impetrante é a pessoa que impetra a ação. Quem entra com a ação. A titularidade dessa ferramenta é Universal, pois qualquer pessoa pode impetrar o HC. Não precisa sequer de advogado. Sua possibilidade é tão ampla que não precisa possuir capacidade civil ou mesmo qualquer formalidade. Esse remédio é desprovido de condições que impeçam sua utilização da forma mais ampla possível. Poderá impetrar essa ação tanto uma pessoa física quanto jurídica.
- **Paciente:** o paciente é quem teve a liberdade de locomoção restringida. Ele será o beneficiário do *Habeas corpus*. Pessoa jurídica não pode ser paciente de *Habeas corpus*, pois a liberdade de locomoção é um direito incompatível com sua natureza jurídica.
- **Autoridade coatora:** é quem restringiu a liberdade de locomoção com ilegalidade ou abuso de poder. Poderá ser tanto uma autoridade privada quanto uma autoridade pública.

Outra questão interessante que está prevista na Constituição é a gratuidade dessa ação:

> *Art. 5º [...]*
> *LXXVII – São gratuitas as ações de Habeas corpus e Habeas Data, e, na forma da lei, os atos necessários ao exercício da cidadania.*

A Constituição Federal de 1988 proíbe a utilização desse remédio constitucional em relação às punições disciplinares militares. É o que prevê o art. 142, § 2º:

> *§ 2º Não caberá "Habeas corpus" em relação a punições disciplinares militares.*

Contudo, o STF tem admitido o remédio quando impetrado por razões de ilegalidade da prisão militar. Quanto ao mérito da prisão, deve-se aceitar a vedação Constitucional, mas em relação às legalidades da prisão, prevalece o entendimento de que o remédio seria possível.

Também não cabe *Habeas corpus* em relação às penas pecuniárias, multas, advertências ou, ainda, nos processos administrativos disciplinares e no processo de *Impeachment*. Nesses casos, o não cabimento deve-se ao fato de que as medidas não visam restringir a liberdade de locomoção.

Por outro lado, a jurisprudência tem admitido o cabimento para impugnar inserção de provas ilícitas no processo ou quando houver excesso de prazo na instrução processual penal.

Por último, cabe ressaltar que o magistrado poderá concedê-lo de ofício.

6.6.2 Habeas data

O *habeas data* cuja previsão está no inciso LXXII do art. 5º tem como objetivo proteger a liberdade de informação:

> LXXII – conceder-se-á "Habeas Data":
>
> a) para assegurar o conhecimento de informações relativas à pessoa do impetrante, constantes de registros ou bancos de dados de entidades governamentais ou de caráter público;
>
> b) para a retificação de dados, quando não se prefira fazê-lo por processo sigiloso, judicial ou administrativo.

Duas são as formas previstas na Constituição para utilização desse remédio:

- **Para conhecer a informação.**
- **Para retificar a informação.**

É importante ressaltar que só caberá o remédio em relação às informações do próprio impetrante.

As informações precisam estar em um banco de dados governamental ou de caráter público, o que significa que seria possível entrar com um *habeas data* contra um banco de dados privado desde que tenha caráter público.

Da mesma forma que o *habeas corpus*, o *habeas data* também é gratuito:

> Art. 5º [...]
>
> LXXVII – São gratuitas as ações de "Habeas corpus" e "Habeas Data", e, na forma da lei, os atos necessários ao exercício da cidadania.

6.6.3 Mandado de segurança

O mandado de segurança é um remédio muito cobrado em prova em razão dos seus requisitos:

> Art. 5º, CF/1988/1988 [...]
>
> LXIX – Conceder-se-á mandado de segurança para proteger direito líquido e certo, não amparado por "Habeas corpus" ou "Habeas Data", quando o responsável pela ilegalidade ou abuso de poder for autoridade pública ou agente de pessoa jurídica no exercício de atribuições do Poder Público.

Como se pode ver, o mandado de segurança será cabível proteger direito líquido e certo desde que não amparado por *Habeas corpus* ou h*abeas data*. O que significa dizer que será cabível desde que não seja para proteger a liberdade de locomoção e a liberdade de informação. Esse é o chamado caráter subsidiário do mandado de segurança.

O texto constitucional exigiu também para a utilização dessa ferramenta a ilegalidade e o abuso de poder praticado por autoridade pública ou privada, desde que esteja no exercício de atribuições do poder público.

O mandado de segurança possui prazo decadencial para ser utilizado: 120 dias.

Existe também o mandado de segurança coletivo:

> Art. 5º [...]
>
> LXX – O mandado de segurança coletivo pode ser impetrado por:
>
> a) partido político com representação no Congresso Nacional;
>
> b) organização sindical, entidade de classe ou associação legalmente constituída e em funcionamento há pelo menos um ano, em defesa dos interesses de seus membros ou associados.

Observadas as regras do mandado de segurança individual, o mandado de segurança coletivo possui alguns requisitos que lhe são peculiares: os legitimados para propositura.

São legitimados para propor o mandado de segurança coletivo:

- **Partidos políticos com representação no Congresso Nacional:** para se ter representação no Congresso Nacional, basta um membro em qualquer uma das casas.
- **Organização sindical.**
- **Entidade de classe.**
- **Associação.**

Desde que legalmente constituída e em funcionamento há, pelo menos, um ano. Segundo o STF, a necessidade de estar constituída e em funcionamento há pelo menos um ano só se aplica às associações. A Banca FCC entende que esse requisito se aplica a todas as entidades.

6.6.4 Mandado de injunção

O mandado de injunção é uma ferramenta mais complexa para se entender. Vejamos o que diz a Constituição Federal de 1988:

> Art. 5º [...]
>
> LXXI – Conceder-se-á mandado de injunção sempre que a falta de norma regulamentadora torne inviável o exercício dos direitos e liberdades constitucionais e das prerrogativas inerentes à nacionalidade, à soberania e à cidadania.

O seu objetivo é suprir a omissão legislativa que impede o exercício de direitos fundamentais. Algumas normas constitucionais para que produzam efeitos dependem da edição de outras normas infraconstitucionais. Essas normas são conhecidas por sua eficácia como normas de eficácia limitada. O mandado de injunção visa a corrigir a ineficácia das normas com eficácia limitada.

Todas as vezes que um direito deixar de ser exercido pela ausência de norma regulamentadora, será cabível esse remédio.

No que tange à efetividade da decisão, deve-se esclarecer a possibilidade de adoção por parte do STF de duas correntes doutrinárias:

- **Teoria concretista geral:** o Poder Judiciário concretiza o direito no caso concreto aplicando seu dispositivo com efeito *erga omnes*, para todos os casos iguais;
- **Teoria concretista individual:** o Poder Judiciário concretiza o direito no caso concreto aplicando seu dispositivo com efeito *inter partes*, ou seja, apenas com efeito entre as partes.

6.6.5 Ação popular

A ação popular é uma ferramenta fiscalizadora utilizada como espécie de exercício direto dos direitos políticos. Por isso, só poderá ser utilizada por cidadãos. Segundo o inciso LXXIII do art. 5º da Constituição Federal de 1988:

> LXXIII – Qualquer cidadão é parte legítima para propor ação popular que vise a anular ato lesivo ao patrimônio público ou de entidade de que o Estado participe, à moralidade administrativa, ao meio ambiente e ao patrimônio histórico e cultural, ficando o autor, salvo comprovada má-fé, isento de custas judiciais e do ônus da sucumbência.

Além da previsão constitucional, essa ação encontra-se regulamentada pela Lei nº 4.717/1965. Percebe-se que seu objetivo consiste em proteger o patrimônio público, a moralidade administrativa, o meio ambiente e o patrimônio histórico e cultural.

O autor não precisa pagar custas judiciais ou ônus de sucumbência, salvo se houver má-fé.

DIREITOS FUNDAMENTAIS – DIREITOS SOCIAIS E NACIONALIDADE

7 DIREITOS FUNDAMENTAIS – DIREITOS SOCIAIS E NACIONALIDADE

7.1 Direitos sociais

7.1.1 Prestações positivas

Os direitos sociais encontram-se previstos a partir do art. 6º até o art. 11 da Constituição Federal de 1988. São normas que se concretizam por meio de prestações positivas por parte do Estado, haja vista objetivarem reduzir as desigualdades sociais.

Deve-se dar destaque para o art. 6º, que foi alterado pela Emenda Constitucional nº 90/2015 e que possivelmente será objeto de questionamento em concurso público:

> **Art. 6º** *São direitos sociais a educação, a saúde, a alimentação, o trabalho, a moradia, o transporte, o lazer, a segurança, a previdência social, a proteção à maternidade e à infância, a assistência aos desamparados, na forma desta Constituição.*
>
> **Parágrafo único.** *Todo brasileiro em situação de vulnerabilidade social terá direito a uma renda básica familiar, garantida pelo poder público em programa permanente de transferência de renda, cujas normas e requisitos de acesso serão determinados em lei, observada a legislação fiscal e orçamentária. (Incluído pela EC nº 114/2021)*

Boa parte dos direitos aqui previstos necessita de recursos financeiros para serem implementados, o que acaba por dificultar sua plena eficácia.

No entanto, antes de avançar nessa parte do conteúdo, faz-se necessário dizer que costumam ser cobradas questões de provas que abordam apenas o texto puro da Constituição Federal de 1988. A principal orientação, portanto, é que se dedique tempo à leitura da Constituição Federal, mais precisamente, do art. 7º, que possui vários dispositivos que podem ser trabalhados em prova.

7.1.2 Reserva do possível

Seria possível exigir do Estado a concessão de um direito social quando tal direito não fosse assegurado de forma condizente com sua previsão constitucional? A título de exemplo, veremos um dispositivo dos direitos sociais dos trabalhadores:

> **Art. 7º** *[...]*
>
> *IV – Salário-mínimo, fixado em lei, nacionalmente unificado, capaz de atender a suas necessidades vitais básicas e às de sua família com moradia, alimentação, educação, saúde, lazer, vestuário, higiene, transporte e previdência social, com reajustes periódicos que lhe preservem o poder aquisitivo, sendo vedada sua vinculação para qualquer fim.*

Observe-se que a Constituição Federal de 1988 garante que o salário-mínimo deve atender às necessidades vitais básicas do trabalhador e de sua família com moradia, alimentação, educação, saúde, lazer, vestuário, higiene, transporte e previdência social. Entendendo que os direitos sociais são espécies de direitos fundamentais e, analisando-os sob o dispositivo previsto no § 1º do art. 5º, segundo o qual "as normas definidoras de direitos e garantias fundamentais têm aplicação imediata", pergunta-se: seria possível entrar com uma ação visando a garantir o disposto no inciso IV, que está sendo analisado?

Certamente não. Para se garantir tudo o que está previsto no referido inciso, seria necessário que o salário-mínimo valesse, em média, por volta de R$ 3.000,00. Agora, imagine se algum trabalhador conseguisse esse benefício por meio de uma decisão judicial, o que não fariam todos os demais trabalhadores do país.

Se o Estado fosse obrigado a pagar esse valor para todos os trabalhadores, os cofres públicos rapidamente quebrariam. Para se garantir essa estabilidade, foi desenvolvida a **Teoria da Reserva do Possível**, por meio da qual o Estado pode alegar essa impossibilidade financeira para atender algumas demandas, como o aumento do salário-mínimo. Quando o poder público for demandado para garantir algum benefício de ordem social, poderá ser alegada, previamente, a impossibilidade financeira para concretização do direito sob o argumento da reserva do possível.

7.1.3 Mínimo existencial

Por causa da Reserva do Possível, o Estado passou a se esconder atrás dessa teoria, eximindo-se da sua obrigação social de garantia dos direitos tutelados na Constituição Federal. Tudo o que era pedido para o Estado era negado sob o argumento de que "não era possível". Para trazer um pouco de equilíbrio a essa relação, foi desenvolvida outra teoria chamada de Mínimo Existencial. Essa teoria permite que os poderes públicos deixem de atender algumas demandas em razão da reserva do possível, mas exige que seja garantido o mínimo existencial.

7.1.4 Princípio da proibição ou retrocesso ou efeito cliquet

Uma regra que funciona com caráter de segurança jurídica é a proibição do retrocesso. Esse dispositivo proíbe que os direitos sociais já conquistados sejam esvaziados ou perdidos sob pena de desestruturação social do país.

7.1.5 Salário-mínimo

Feitas algumas considerações iniciais sobre a doutrina social, segue-se à análise de alguns dispositivos que se encontram no art. 7º da Constituição Federal de 1988:

> *IV – Salário-mínimo, fixado em lei, nacionalmente unificado, capaz de atender a suas necessidades vitais básicas e às de sua família com moradia, alimentação, educação, saúde, lazer, vestuário, higiene, transporte e previdência social, com reajustes periódicos que lhe preservem o poder aquisitivo, sendo vedada sua vinculação para qualquer fim.*

Vários pontos são relevantes nesse inciso. Primeiramente, é importante comentar o trecho "fixado em lei". Segundo o texto constitucional, o salário-mínimo só poderá ser fixado em Lei; entretanto, no dia 25 de fevereiro de 2011 foi publicada a Lei nº 12.382, que prevê a possibilidade de fixação do salário-mínimo por meio de Decreto do Poder Executivo. Questionado no STF, o guardião da Constituição considerou constitucional a fixação de salário-mínimo por meio de Decreto Presidencial.

Outro ponto interessante diz respeito ao salário-mínimo ser nacionalmente unificado. Muitos acham que alguns estados da federação fixam valores referentes ao salário-mínimo maiores do que o fixado nacionalmente. O STF já afirmou que os Estados não podem fixar salário-mínimo diferente do nacionalmente unificado. O que cada Estado pode fixar é o piso salarial da categoria de trabalhadores com valor maior que o salário-mínimo.

Algumas súmulas vinculantes do STF são importantes, pois se referem ao salário-mínimo:

> **Súmula Vinculante nº 4** *Salvo nos casos previstos na Constituição, o salário-mínimo não pode ser usado como indexador de base de cálculo de vantagem de servidor público ou de empregado, nem ser substituído por decisão judicial.*
>
> **Súmula Vinculante nº 6** *Não viola a Constituição o estabelecimento de remuneração inferior ao salário-mínimo para as praças prestadoras de serviço militar inicial.*

NOÇÕES DE DIREITO CONSTITUCIONAL

Súmula Vinculante nº 15 *O cálculo de gratificações e outras vantagens do servidor público não incide sobre o abono utilizado para se atingir o salário-mínimo.*

Súmula Vinculante 16: *Os Arts. 7º, IV, e 39, § 3º (redação da EC nº 19/1998) da Constituição referem-se ao total da remuneração percebida pelo servidor público.*

7.1.6 Prescrição trabalhista

Um dos dispositivos previstos no art. 7º da Constituição Federal de 1988 mais cobrados em prova é o inciso XXIX:

> *XXIX – Ação, quanto aos créditos resultantes das relações de trabalho, com prazo prescricional de cinco anos para os trabalhadores urbanos e rurais, até o limite de dois anos após a extinção do contrato de trabalho.*

Imaginemos, por exemplo, uma pessoa que tenha exercido sua função no período noturno, em uma empresa, durante 20 anos. Contudo, em todos esses anos de trabalho, ela não recebeu nenhum adicional noturno. Ao ter seu contrato de trabalho rescindido, ela poderá ingressar em juízo pleiteando as verbas trabalhistas não pagas. Tendo em vista a existência de prazo prescricional para reaver seus direitos, o trabalhador terá o prazo de 2 anos para entrar com a ação, e só terá direito aos últimos 5 anos de adicional noturno.

Ressalta-se que esses 5 anos são contados a partir do dia em que se entrou com a ação. Se ele entrar com a ação no último dia do prazo de 2 anos, só terá direito a 3 anos de adicional noturno.

Nesse exemplo, se o trabalhador entrar com a ação no dia 01/01/2021, receberá os últimos 5 anos de adicional noturno, ou seja, até o dia 01/01/2016. Mas se o trabalhador entrar com a ação no dia 01/01/2023, último dia do prazo prescricional de 2 anos, ele terá direito aos últimos 5 anos de adicional noturno a contar do dia em que entrou com a ação. Isso significa que se depare o adicional noturno até o dia 01/01/2018. Perceba que, se o trabalhador demorar a entrar com a ação, ele perde os direitos trabalhistas anteriores ao prazo dos últimos 5 anos.

7.1.7 Proibição do trabalho noturno, perigoso e insalubre

Este inciso também é muito cotado para ser cobrado em prova. É importante lê-lo para que, em seguida, se possa responder a uma pergunta que fará entender o motivo de ele ser tão abordado em testes:

> *Art. 7º [...]*
> *XXXIII – Proibição de trabalho noturno, perigoso ou insalubre a menores de dezoito e de qualquer trabalho a menores de dezesseis anos, salvo na condição de aprendiz, a partir de quatorze anos.*

A pergunta é muito simples: a partir de qual idade pode trabalhar no Brasil? Você deve estar em dúvida: entre 16 e 14 anos. Isso é o que acontece com a maioria dos candidatos. Por isso, nunca esqueça: se temos uma regra e essa regra está acompanhada de uma exceção; temos, então, uma possibilidade.

Se a Constituição diz que é proibido o trabalho para os menores de 16 e, em seguida, excepciona essa regra dizendo que é possível a partir dos 14, na condição de aprendiz, ela quis dizer que o trabalho no Brasil se inicia aos 14 anos. Esse entendimento se fortalece à luz do art. 227, § 3º, inciso I:

> *Art. 227 [...]*
> *§ 3º O direito a proteção especial abrangerá os seguintes aspectos:*
> *I – Idade mínima de quatorze anos para admissão ao trabalho, observado o disposto no art. 7º, XXXIII.*

7.1.8 Direitos dos empregados domésticos

O parágrafo único, do art. 7º, da Constituição Federal de 1988 assegurava ao trabalhador doméstico um número reduzido de direitos, se comparado com os demais empregados, urbanos ou rurais.

Nos termos da CF/1988/1988, estariam garantidos à categoria dos trabalhadores domésticos apenas os direitos previstos nos incisos IV, VI, VIII, XV, XVII, XVIII, XIX, XXI e XXIV, do art. 7º, bem como a sua integração à previdência social.

Com a promulgação da Emenda Constitucional nº 72, de 2 de abril de 2013, aquele parágrafo foi alterado para estender aos empregados domésticos praticamente todos os demais direitos constantes nos incisos, do art. 7º, da CF/1988.

A nova redação do parágrafo único, do art. 7º, da CF/1988 dispõe:

> *Art. 7º [...]*
> **Parágrafo único.** *São assegurados à categoria dos trabalhadores domésticos os direitos previstos nos incisos IV, VI, VII, VIII, X, XIII, XV, XVI, XVII, XVIII, XIX, XXI, XXII, XXIV, XXVI, XXX, XXXI e XXXIII e, atendidas as condições estabelecidas em lei e observada a simplificação do cumprimento das obrigações tributárias, principais e acessórias, decorrentes da relação de trabalho e suas peculiaridades, os previstos nos incisos I, II, III, IX, XII, XXV e XXVIII, bem como a sua integração à previdência social.*

7.1.9 Direitos coletivos dos trabalhadores

São basicamente os direitos relacionados à criação e organização das associações e sindicatos que estão previstos no art. 8º.

- **Princípio da unicidade sindical**

O primeiro direito coletivo refere-se ao princípio da unicidade sindical. Esse dispositivo proíbe a criação de mais de uma organização sindical, representativa de categoria profissional ou econômica, em uma mesma base territorial:

> *Art. 8º [...]*
> *II – É vedada a criação de mais de uma organização sindical, em qualquer grau, representativa de categoria profissional ou econômica, na mesma base territorial, que será definida pelos trabalhadores ou empregadores interessados, não podendo ser inferior à área de um Município.*

Em cada base territorial (federal, estadual, municipal ou distrital) só pode existir um sindicato representante da mesma categoria, lembrando que a base territorial mínima se refere à área de um município.

Exemplificando: só pode existir **um** sindicato municipal de pescadores no município de Cascavel. Só pode existir **um** sindicato estadual de pescadores no estado do Paraná. Só pode existir **um** sindicato federal de pescadores no Brasil. Contudo, é possível existirem vários sindicatos municipais de pescadores no Estado do Paraná.

- **Contribuição confederativa e sindical**

Essa questão costuma enganar até mesmo os mais preparados. Vejamos o que diz a Constituição Federal de 1988 no art. 8º, inciso IV:

> *IV – A assembleia geral fixará a contribuição que, em se tratando de categoria profissional, será descontada em folha, para custeio do sistema confederativo da representação sindical respectiva, independentemente da contribuição prevista em lei.*

A primeira coisa que se deve perceber é a existência de duas contribuições nesse inciso. Uma chamada de **contribuição confederativa** a outra de **contribuição sindical**.

A **contribuição confederativa** é a prevista nesse inciso, fixada pela assembleia geral, descontada em folha para custear o sistema confederativo. Essa contribuição é aquela paga às organizações sindicais e que só é obrigada aos filiados e aos sindicatos. Não possui natureza tributária, por isso obriga apenas as pessoas que voluntariamente se filiam a uma entidade sindical.

A **contribuição sindical**, que é a contribuição prevista em lei, mais precisamente na Consolidação das Leis Trabalhistas (Decreto-Lei nº 5.452/1943), deve ser paga por todos os trabalhadores ainda que profissionais liberais. Sua natureza é tributária, não possuindo caráter facultativo.

CONTRIBUIÇÃO	
Confederativa	**Sindical**
Fixada pela Assembleia	Fixada pela CLT
Natureza não tributária	Natureza tributária
Obrigada apenas aos filiados a sindicatos	Obrigada a todos os trabalhadores

- **Liberdade de associação**

Esse inciso costuma ser cobrado em prova devido às inúmeras possibilidades de se modificar o seu texto:

Art. 8º [...]
V – Ninguém será obrigado a filiar-se ou a manter-se filiado a sindicato.

É a liberdade de associação que permite aos trabalhadores escolherem se desejam ou não se filiar a um determinado sindicato. Ninguém será obrigado a filiar-se ou a manter-se filiado.

- **Participação do aposentado no sindicato**

Esse inciso também possui aplicação semelhante ao anterior, portanto, deve haver uma leitura atenta aos detalhes que podem ser modificados em prova:

Art. 8º [...]
VII – O aposentado filiado tem direito a votar e ser votado nas organizações sindicais.

- **Estabilidade sindical**

A estabilidade sindical constitui norma de proteção aos dirigentes sindicais que possui grande utilidade ao evitar o cometimento de arbitrariedades por partes das empresas em retaliação aos representantes dos empregados:

Art 8º [...]
VIII – É vedada a dispensa do empregado sindicalizado a partir do registro da candidatura a cargo de direção ou representação sindical e, se eleito, ainda que suplente, até um ano após o final do mandato, salvo se cometer falta grave nos termos da lei.

O importante aqui é entender o período de proteção que a Constituição Federal de 1988 garantiu aos dirigentes sindicais. A estabilidade se inicia com o registro da candidatura e permanece, com o candidato eleito, até um ano após o término do seu mandato. Ressalte-se que essa proteção contra despedida arbitrária não prospera diante do cometimento de falta grave.

7.2 Direitos de nacionalidade

A nacionalidade é um vínculo jurídico existente entre um indivíduo e um Estado. Esse vínculo jurídico é a ligação existente capaz de gerar direitos e obrigações entre a pessoa e o Estado.

A aquisição da nacionalidade decorre do nascimento ou da manifestação de vontade. Quando a nacionalidade é adquirida pelo nascimento, estamos diante da chamada **nacionalidade originária**. Mas, se for adquirida por meio da manifestação de vontade, estamos diante de uma **nacionalidade secundária**.

A **nacionalidade originária**, também chamada de aquisição de nacionalidade primária, é aquela involuntária. Decorre do nascimento desde que preenchidos os requisitos previstos na legislação. Um brasileiro que adquire nacionalidade originária é chamado de nato.

Dois critérios foram utilizados em nossa Constituição para se conferir a nacionalidade originária: *jus solis* e *jus sanguinis*.

- **Jus solis:** esse é critério do solo, critério territorial. Serão considerados brasileiros natos as pessoas que nascerem no território nacional. Esse é o critério adotado como regra no texto constitucional.
- **Jus sanguinis:** esse é o critério do sangue. Serão considerados brasileiros natos os descendentes de brasileiros, ou seja, aqueles que possuem o sangue brasileiro.

A **nacionalidade secundária** ou adquirida é a aquisição que depende de uma manifestação de vontade. É voluntária e, quem a adquire, possui a qualificação de naturalizado.

7.2.1 Conflito de nacionalidade

Alguns países adotavam apenas o critério *jus sanguinis*, outros somente o critério *jus solis*, e isso gerou alguns problemas que a doutrina nominou de conflito de nacionalidade. O conflito de nacionalidade pode ser de duas formas: positivo e negativo.

- **Conflito positivo:** ocorre quando o indivíduo adquire várias nacionalidades. Ele será chamado de polipátrida.
- **Conflito negativo:** ocorre quando o indivíduo não adquire qualquer nacionalidade. Esse será chamado de apátrida (*heimatlos*).

Para evitar a ocorrência desses tipos de conflito, os países têm adotado critérios mistos de aquisição de nacionalidade originária, a exemplo do próprio Brasil.

A seguir, serão analisadas várias hipóteses previstas no art. 12 da Constituição Federal de aquisição de nacionalidade tanto originária quanto secundária.

7.2.2 Nacionalidade originária

As hipóteses de aquisição da nacionalidade originária estão previstas no art. 12, I da Constituição Federal, e são:

Art. 12 São brasileiros:
I – Natos:
a) os nascidos na República Federativa do Brasil, ainda que de pais estrangeiros, desde que estes não estejam a serviço de seu país;
b) os nascidos no estrangeiro, de pai brasileiro ou mãe brasileira, desde que qualquer deles esteja a serviço da República Federativa do Brasil;
c) os nascidos no estrangeiro de pai brasileiro ou de mãe brasileira, desde que sejam registrados em repartição brasileira competente ou venham a residir na República Federativa do Brasil e optem, em qualquer tempo, depois de atingida a maioridade, pela nacionalidade brasileira.

A primeira hipótese, prevista na alínea "a", adotou para aquisição o critério *jus solis*, ou seja, serão considerados brasileiros natos aqueles que nascerem no país ainda que de pais estrangeiros, desde que, os pais não estejam a serviço do seu país. Para que os filhos de pais estrangeiros fiquem impedidos de adquirirem a nacionalidade brasileira, é preciso que ambos os pais sejam estrangeiros, mas basta que apenas um deles esteja a serviço do seu país. Se os pais estrangeiros estiverem a serviço de outro país, a doutrina tem entendido que não se aplicará a vedação.

Já a segunda hipótese, adotada na alínea "b", utilizou o critério *jus sanguinis* para fixação da nacionalidade originária. Serão brasileiros natos os nascidos fora do país, filho de pai ou mãe brasileira, desde que qualquer deles esteja a serviço da República Federativa do Brasil. Estar a serviço do país significa estar a serviço de qualquer ente federativo

6.6.2 Habeas data

O *habeas data* cuja previsão está no inciso LXXII do art. 5º tem como objetivo proteger a liberdade de informação:

> *LXXII – conceder-se-á "Habeas Data":*
>
> *a) para assegurar o conhecimento de informações relativas à pessoa do impetrante, constantes de registros ou bancos de dados de entidades governamentais ou de caráter público;*
>
> *b) para a retificação de dados, quando não se prefira fazê-lo por processo sigiloso, judicial ou administrativo.*

Duas são as formas previstas na Constituição para utilização desse remédio:

- **Para conhecer a informação.**
- **Para retificar a informação.**

É importante ressaltar que só caberá o remédio em relação às informações do próprio impetrante.

As informações precisam estar em um banco de dados governamental ou de caráter público, o que significa que seria possível entrar com um *habeas data* contra um banco de dados privado desde que tenha caráter público.

Da mesma forma que o *habeas corpus*, o *habeas data* também é gratuito:

> *Art. 5º [...]*
>
> *LXXVII – São gratuitas as ações de "Habeas corpus" e "Habeas Data", e, na forma da lei, os atos necessários ao exercício da cidadania.*

6.6.3 Mandado de segurança

O mandado de segurança é um remédio muito cobrado em prova em razão dos seus requisitos:

> *Art. 5º, CF/1988/1988 [...]*
>
> *LXIX – Conceder-se-á mandado de segurança para proteger direito líquido e certo, não amparado por "Habeas corpus" ou "Habeas Data", quando o responsável pela ilegalidade ou abuso de poder for autoridade pública ou agente de pessoa jurídica no exercício de atribuições do Poder Público.*

Como se pode ver, o mandado de segurança será cabível proteger direito líquido e certo desde que não amparado por *Habeas corpus* ou *habeas data*. O que significa dizer que será cabível desde que não seja para proteger a liberdade de locomoção e a liberdade de informação. Esse é o chamado caráter subsidiário do mandado de segurança.

O texto constitucional exigiu também para a utilização dessa ferramenta a ilegalidade e o abuso de poder praticado por autoridade pública ou privada, desde que esteja no exercício de atribuições do poder público.

O mandado de segurança possui prazo decadencial para ser utilizado: 120 dias.

Existe também o mandado de segurança coletivo:

> *Art. 5º [...]*
>
> *LXX – O mandado de segurança coletivo pode ser impetrado por:*
>
> *a) partido político com representação no Congresso Nacional;*
>
> *b) organização sindical, entidade de classe ou associação legalmente constituída e em funcionamento há pelo menos um ano, em defesa dos interesses de seus membros ou associados.*

Observadas as regras do mandado de segurança individual, o mandado de segurança coletivo possui alguns requisitos que lhe são peculiares: os legitimados para propositura.

São legitimados para propor o mandado de segurança coletivo:

- **Partidos políticos com representação no Congresso Nacional:** para se ter representação no Congresso Nacional, basta um membro em qualquer uma das casas.
- **Organização sindical.**
- **Entidade de classe.**
- **Associação.**

Desde que legalmente constituída e em funcionamento há, pelo menos, um ano. Segundo o STF, a necessidade de estar constituída e em funcionamento há pelo menos um ano só se aplica às associações. A Banca FCC entende que esse requisito se aplica a todas as entidades.

6.6.4 Mandado de injunção

O mandado de injunção é uma ferramenta mais complexa para se entender. Vejamos o que diz a Constituição Federal de 1988:

> *Art. 5º [...]*
>
> *LXXI – Conceder-se-á mandado de injunção sempre que a falta de norma regulamentadora torne inviável o exercício dos direitos e liberdades constitucionais e das prerrogativas inerentes à nacionalidade, à soberania e à cidadania.*

O seu objetivo é suprir a omissão legislativa que impede o exercício de direitos fundamentais. Algumas normas constitucionais para que produzam efeitos dependem da edição de outras normas infraconstitucionais. Essas normas são conhecidas por sua eficácia como normas de eficácia limitada. O mandado de injunção visa a corrigir a ineficácia das normas com eficácia limitada.

Todas as vezes que um direito deixar de ser exercido pela ausência de norma regulamentadora, será cabível esse remédio.

No que tange à efetividade da decisão, deve-se esclarecer a possibilidade de adoção por parte do STF de duas correntes doutrinárias:

- **Teoria concretista geral:** o Poder Judiciário concretiza o direito no caso concreto aplicando seu dispositivo com efeito *erga omnes*, para todos os casos iguais;
- **Teoria concretista individual:** o Poder Judiciário concretiza o direito no caso concreto aplicando seu dispositivo com efeito *inter partes*, ou seja, apenas com efeito entre as partes.

6.6.5 Ação popular

A ação popular é uma ferramenta fiscalizadora utilizada como espécie de exercício direto dos direitos políticos. Por isso, só poderá ser utilizada por cidadãos. Segundo o inciso LXXIII do art. 5º da Constituição Federal de 1988:

> *LXXIII – Qualquer cidadão é parte legítima para propor ação popular que vise a anular ato lesivo ao patrimônio público ou de entidade de que o Estado participe, à moralidade administrativa, ao meio ambiente e ao patrimônio histórico e cultural, ficando o autor, salvo comprovada má-fé, isento de custas judiciais e do ônus da sucumbência.*

Além da previsão constitucional, essa ação encontra-se regulamentada pela Lei nº 4.717/1965. Percebe-se que seu objetivo consiste em proteger o patrimônio público, a moralidade administrativa, o meio ambiente e o patrimônio histórico e cultural.

O autor não precisa pagar custas judiciais ou ônus de sucumbência, salvo se houver má-fé.

DIREITOS FUNDAMENTAIS – DIREITOS SOCIAIS E NACIONALIDADE

7 DIREITOS FUNDAMENTAIS – DIREITOS SOCIAIS E NACIONALIDADE

7.1 Direitos sociais

7.1.1 Prestações positivas

Os direitos sociais encontram-se previstos a partir do art. 6º até o art. 11 da Constituição Federal de 1988. São normas que se concretizam por meio de prestações positivas por parte do Estado, haja vista objetivarem reduzir as desigualdades sociais.

Deve-se dar destaque para o art. 6º, que foi alterado pela Emenda Constitucional nº 90/2015 e que possivelmente será objeto de questionamento em concurso público:

> *Art. 6º São direitos sociais a educação, a saúde, a alimentação, o trabalho, a moradia, o transporte, o lazer, a segurança, a previdência social, a proteção à maternidade e à infância, a assistência aos desamparados, na forma desta Constituição.*
>
> *Parágrafo único. Todo brasileiro em situação de vulnerabilidade social terá direito a uma renda básica familiar, garantida pelo poder público em programa permanente de transferência de renda, cujas normas e requisitos de acesso serão determinados em lei, observada a legislação fiscal e orçamentária. (Incluído pela EC nº 114/2021)*

Boa parte dos direitos aqui previstos necessita de recursos financeiros para serem implementados, o que acaba por dificultar sua plena eficácia.

No entanto, antes de avançar nessa parte do conteúdo, faz-se necessário dizer que costumam ser cobradas questões de provas que abordam apenas o texto puro da Constituição Federal de 1988. A principal orientação, portanto, é que se dedique tempo à leitura da Constituição Federal, mais precisamente, do art. 7º, que possui vários dispositivos que podem ser trabalhados em prova.

7.1.2 Reserva do possível

Seria possível exigir do Estado a concessão de um direito social quando tal direito não fosse assegurado de forma condizente com sua previsão constitucional? A título de exemplo, veremos um dispositivo dos direitos sociais dos trabalhadores:

> *Art. 7º [...]*
>
> *IV – Salário-mínimo, fixado em lei, nacionalmente unificado, capaz de atender a suas necessidades vitais básicas e às de sua família com moradia, alimentação, educação, saúde, lazer, vestuário, higiene, transporte e previdência social, com reajustes periódicos que lhe preservem o poder aquisitivo, sendo vedada sua vinculação para qualquer fim.*

Observe-se que a Constituição Federal de 1988 garante que o salário-mínimo deve atender às necessidades vitais básicas do trabalhador e de sua família com moradia, alimentação, educação, saúde, lazer, vestuário, higiene, transporte e previdência social. Entendendo que os direitos sociais são espécies de direitos fundamentais e, analisando-os sob o dispositivo previsto no § 1º do art. 5º, segundo o qual "as normas definidoras de direitos e garantias fundamentais têm aplicação imediata", pergunta-se: seria possível entrar com uma ação visando a garantir o disposto no inciso IV, que está sendo analisado?

Certamente não. Para se garantir tudo o que está previsto no referido inciso, seria necessário que o salário-mínimo valesse, em média, por volta de R$ 3.000,00. Agora, imagine se algum trabalhador conseguisse esse benefício por meio de uma decisão judicial, o que não fariam todos os demais trabalhadores do país.

Se o Estado fosse obrigado a pagar esse valor para todos os trabalhadores, os cofres públicos rapidamente quebrariam. Para se garantir essa estabilidade, foi desenvolvida a **Teoria da Reserva do Possível**, por meio da qual o Estado pode alegar essa impossibilidade financeira para atender algumas demandas, como o aumento do salário-mínimo. Quando o poder público for demandado para garantir algum benefício de ordem social, poderá ser alegada, previamente, a impossibilidade financeira para concretização do direito sob o argumento da reserva do possível.

7.1.3 Mínimo existencial

Por causa da Reserva do Possível, o Estado passou a se esconder atrás dessa teoria, eximindo-se da sua obrigação social de garantia dos direitos tutelados na Constituição Federal. Tudo o que era pedido para o Estado era negado sob o argumento de que "não era possível". Para trazer um pouco de equilíbrio a essa relação, foi desenvolvida outra teoria chamada de Mínimo Existencial. Essa teoria permite que os poderes públicos deixem de atender algumas demandas em razão da reserva do possível, mas exige que seja garantido o mínimo existencial.

7.1.4 Princípio da proibição ou retrocesso ou efeito cliquet

Uma regra que funciona com caráter de segurança jurídica é a proibição do retrocesso. Esse dispositivo proíbe que os direitos sociais já conquistados sejam esvaziados ou perdidos sob pena de desestruturação social do país.

7.1.5 Salário-mínimo

Feitas algumas considerações iniciais sobre a doutrina social, segue-se à análise de alguns dispositivos que se encontram no art. 7º da Constituição Federal de 1988:

> *IV – Salário-mínimo, fixado em lei, nacionalmente unificado, capaz de atender a suas necessidades vitais básicas e às de sua família com moradia, alimentação, educação, saúde, lazer, vestuário, higiene, transporte e previdência social, com reajustes periódicos que lhe preservem o poder aquisitivo, sendo vedada sua vinculação para qualquer fim.*

Vários pontos são relevantes nesse inciso. Primeiramente, é importante comentar o trecho "fixado em lei". Segundo o texto constitucional, o salário-mínimo só poderá ser fixado em Lei; entretanto, no dia 25 de fevereiro de 2011 foi publicada a Lei nº 12.382, que prevê a possibilidade de fixação do salário-mínimo por meio de Decreto do Poder Executivo. Questionado no STF, o guardião da Constituição considerou constitucional a fixação de salário-mínimo por meio de Decreto Presidencial.

Outro ponto interessante diz respeito ao salário-mínimo ser nacionalmente unificado. Muitos acham que alguns estados da federação fixam valores referentes ao salário-mínimo maiores do que o fixado nacionalmente. O STF já afirmou que os Estados não podem fixar salário-mínimo diferente do nacionalmente unificado. O que cada Estado pode fixar é o piso salarial da categoria de trabalhadores com valor maior que o salário-mínimo.

Algumas súmulas vinculantes do STF são importantes, pois se referem ao salário-mínimo:

> **Súmula Vinculante nº 4** *Salvo nos casos previstos na Constituição, o salário-mínimo não pode ser usado como indexador de base de cálculo de vantagem de servidor público ou de empregado, nem ser substituído por decisão judicial.*
>
> **Súmula Vinculante nº 6** *Não viola a Constituição o estabelecimento de remuneração inferior ao salário-mínimo para as praças prestadoras de serviço militar inicial.*

NOÇÕES DE DIREITO CONSTITUCIONAL

(União, estados, Distrito Federal ou municípios) incluídos os órgãos e entidades da administração indireta (fundações, autarquias, empresas públicas e sociedades de economia mista).

A terceira hipótese, prevista na alínea "c", apresenta, na verdade, duas possibilidades: uma depende do registro a outra depende da opção confirmativa.

Primeiro, temos a regra aplicada aos nascidos no estrangeiro, filho de pai brasileiro ou mãe brasileira, condicionada à aquisição da nacionalidade ao registro em repartição brasileira competente. Nessa hipótese, adota-se o critério *jus sanguinis* acompanhado do registro em repartição brasileira.

Em seguida, temos a segunda possibilidade destinada aos nascidos no estrangeiro de pai brasileiro ou de mãe brasileira, que venham a residir na República Federativa do Brasil e optem (opção confirmativa), em qualquer tempo, depois de atingida a maioridade, pela nacionalidade brasileira.

Essa é a chamada nacionalidade protestativa, pois depende da manifestação de vontade por parte do interessado. Deve-se ter cuidado com a condição para a manifestação da vontade que só pode ser exercida depois de atingida a maioridade, apesar de não existir tempo limite para o exercício desse direito.

7.2.3 Nacionalidade secundária

A seguir, serão apresentadas as hipóteses de aquisição de nacionalidade secundária:

> *Art. 12 [...]*
>
> *II – Naturalizados:*
>
> *a) Os que, na forma da lei, adquiram a nacionalidade brasileira, exigidas aos originários de países de língua portuguesa apenas residência por um ano ininterrupto e idoneidade moral;*
>
> *b) os estrangeiros de qualquer nacionalidade, residentes na República Federativa do Brasil há mais de quinze anos ininterruptos e sem condenação penal, desde que requeiram a nacionalidade brasileira.*

A primeira hipótese de naturalização, prevista na alínea "a" do inciso II, é a chamada naturalização ordinária. Essa naturalização apresenta uma forma de aquisição prevista em lei. Esta Lei é a nº 6.815/1980, que traz algumas regras para aquisição de nacionalidade, as quais não serão estudadas neste momento. O que interessa agora para a prova é a segunda parte da alínea, que confere um tratamento diferenciado para os originários de países de língua portuguesa, para quem será exigida apenas residência por um ano ininterrupto e idoneidade moral. Entende-se país de língua portuguesa qualquer país que possua a língua portuguesa como língua oficial (Angola, Portugal, Timor Leste, entre outros). Essa forma de naturalização não gera direito subjetivo ao estrangeiro, o que significa que ele poderá pleitear sua naturalização e essa poderá ser indeferida pelo Chefe do Poder Executivo, haja vista se tratar de um ato discricionário.

A alínea "b" do inciso II apresenta a chamada naturalização extraordinária ou quinzenária. Essa hipótese é destinada a qualquer estrangeiro e será exigida residência ininterrupta pelo prazo de 15 anos e não existência de condenação penal. Nessa espécie, não há discricionariedade em conceder a naturalização, pois ela gera direito subjetivo ao estrangeiro que tenha preenchido os requisitos.

O melhor é não esquecer que a ausência temporária da residência não quebra o vínculo ininterrupto exigido para a naturalização no país. Também deve ser ressaltado que não existe naturalização tácita ou automática, sendo exigido requerimento de quem desejar se naturalizar no Brasil.

7.2.4 Português equiparado

> *Art. 12 [...]*
>
> *§ 1º Aos portugueses com residência permanente no País, se houver reciprocidade em favor de brasileiros, serão atribuídos os direitos inerentes ao brasileiro, salvo os casos previstos nesta Constituição.*

Trata-se do chamado português equiparado ou quase nacional. Segundo o dispositivo, a Constituição assegura aos portugueses tratamento diferenciado, como se fossem brasileiros. Não se trata de uma hipótese de naturalização, nesse caso são atribuídos os mesmos direitos inerentes ao brasileiro.

Essa condição depende de reciprocidade por parte de Portugal. O Brasil possui um acordo internacional com Portugal por meio do Decreto nº 3.927/2001 que promulgou o Tratado de Cooperação, Amizade e Consulta Brasil/Portugal. Havendo o mesmo tratamento a um brasileiro quando estiver no país português, serão garantidos tratamentos diferenciados aos portugueses que aqui estiverem desde que manifestem interesse no recebimento desse tratamento diferenciado. Ressalta-se que para requerer esse tipo de tratamento será necessária, além do requerimento, a constituição de residência permanente no Brasil.

Por fim, não se pode esquecer de que o tratamento dado aos portugueses os equipara aos brasileiros naturalizados.

7.2.5 Tratamento diferenciado entre brasileiros

O § 2º do art. 12 proíbe o tratamento diferenciado entre brasileiros natos e naturalizados:

> *§ 2º A lei não poderá estabelecer distinção entre brasileiros natos e naturalizados, salvo nos casos previstos nesta Constituição.*

O próprio dispositivo excepciona a regra permitindo que a Constituição Federal estabeleça tratamento diferenciado entre brasileiros natos e naturalizados. São quatro os tratamentos diferenciados estabelecidos pelo texto constitucional:

- **Cargos privativos de brasileiros natos;**
- **Funções privativas de brasileiros natos;**
- **Regras de extradição;**
- **Propriedade de empresas de jornalística ou de radiodifusão.**

O § 3º apresenta a primeira hipótese de distinção dentre brasileiros natos e naturalizados:

> *§ 3º São privativos de brasileiro nato os cargos:*
>
> *I – De Presidente e Vice-Presidente da República;*
>
> *II – De Presidente da Câmara dos Deputados;*
>
> *III – De Presidente do Senado Federal;*
>
> *IV – De Ministro do Supremo Tribunal Federal;*
>
> *V – Da carreira diplomática;*
>
> *VI – de oficial das Forças Armadas;*
>
> *VII – De Ministro de Estado da Defesa.*

Os cargos privativos aos brasileiros natos são muito incidentes em provas. Por esse motivo, sugere-se que sejam memorizados. Dois critérios foram utilizados para escolha desses cargos. O primeiro está relacionado com os cargos que sucedem o Presidente da República (presidente e vice-Presidente da República, presidente da Câmara dos Deputados, presidente do Senado Federal e ministro do Supremo Tribunal Federal). O segundo critério diz respeito à segurança nacional (carreira diplomática, oficial das forças armadas e ministro do Estado da Defesa).

As funções privativas de brasileiros natos estão previstas no art. 89, inciso VII da Constituição Federal de 1988:

DIREITOS FUNDAMENTAIS – DIREITOS SOCIAIS E NACIONALIDADE

> **Art. 89** O Conselho da República é órgão superior de consulta do Presidente da República, e dele participam:
> I – O Vice-Presidente da República;
> II – O Presidente da Câmara dos Deputados;
> III – O Presidente do Senado Federal;
> IV – Os líderes da maioria e da minoria na Câmara dos Deputados;
> V – Os líderes da maioria e da minoria no Senado Federal;
> VI – O Ministro da Justiça;
> VII – Seis cidadãos brasileiros natos, com mais de trinta e cinco anos de idade, sendo dois nomeados pelo Presidente da República, dois eleitos pelo Senado Federal e dois eleitos pela Câmara dos Deputados, todos com mandato de três anos, vedada a recondução.

A terceira possibilidade de tratamento diferenciado diz respeito às regras de extradição previstas no inciso LI do art. 5º da Constituição Federal de 1988:

> LI – Nenhum brasileiro será extraditado, salvo o naturalizado, em caso de crime comum, praticado antes da naturalização, ou de comprovado envolvimento em tráfico ilícito de entorpecentes e drogas afins, na forma da lei.

A quarta previsão está no art. 222 da Constituição Federal de 1988:

> **Art. 222** A propriedade de empresa jornalística e de radiodifusão sonora e de sons e imagens é privativa de brasileiros natos ou naturalizados há mais de dez anos, ou de pessoas jurídicas constituídas sob as leis brasileiras e que tenham sede no País.

7.2.6 Perda da nacionalidade

A seguir serão trabalhadas as hipóteses de perda da nacionalidade. Uma pergunta: brasileiro nato pode perder a nacionalidade?

Vejamos o que diz a Constituição Federal:

> **Art. 12, § 4º** Será declarada a perda da nacionalidade do brasileiro que:
> I – Tiver cancelada sua naturalização, por sentença judicial, em virtude de atividade nociva ao interesse nacional;
> II – Adquirir outra nacionalidade, salvo nos casos:
> a) de reconhecimento de nacionalidade originária pela lei estrangeira;
> b) de imposição de naturalização, pela norma estrangeira, ao brasileiro residente em estado estrangeiro, como condição para permanência em seu território ou para o exercício de direitos civis.

Ao se analisar o dispositivo do *caput* desse parágrafo, é possível concluir que as regras são para os brasileiros natos ou naturalizados.

Mas vale a pena verificar cada hipótese:

- O inciso I deixa claro que é uma hipótese aplicada apenas aos brasileiros naturalizados (cancelamento de naturalização). Se o indivíduo tem seu vínculo com o Estado cancelado por decisão judicial, não há que se falar em permanência da nacionalidade brasileira;
- O inciso II já não permite a mesma conclusão, haja vista ter considerado qualquer brasileiro. Logo, ao brasileiro, seja ele nato ou naturalizado, que adquirir outra nacionalidade, será declarada a perda da nacionalidade, pelo menos em regra. Essa regra possui duas exceções: nos casos de reconhecimento de nacionalidade originária estrangeira ou de imposição de naturalização, não será declarada a perda da nacionalidade brasileira. É nestas hipóteses que se encontram permitidas as situações de dupla nacionalidade que conhecemos.

Uma questão interessante surge: seria possível a reaquisição da nacionalidade brasileira?

Uma vez perdida a nacionalidade, tem-se entendido que é possível a sua reaquisição dependo da forma que foi perdida.

Se o indivíduo perde a nacionalidade com fundamento no inciso I, por cancelamento de naturalização, só seria possível a reaquisição por meio de ação rescisória.

Caso o indivíduo perca a nacionalidade por ter adquirido outra, que revela a hipótese do inciso II, também será possível a reaquisição por decreto presidencial (art. 36, Lei nº 818/1949).

Apesar da divergência doutrinária, prevalece o entendimento de que o brasileiro, após a reaquisição, volta à condição anterior, ou seja, se era brasileiro nato, volta a ser nato, se era naturalizado, volta como naturalizado.

8 DIREITOS FUNDAMENTAIS – DIREITOS POLÍTICOS E PARTIDOS POLÍTICOS

8.1 Direitos políticos

Os direitos políticos são um conjunto de direitos fundamentais que permitem ao indivíduo participar da vontade política do Estado. Para se falar de direitos políticos, alguns conceitos são indispensáveis.

8.1.1 Cidadania, democracia e soberania popular

A Cidadania é a condição conferida ao indivíduo que possui direito político. É o exercício desse direito. Essa condição só é possível em nosso país por causa do regime de governo adotado, a Democracia. A democracia parte do pressuposto de que o poder do Estado decorre da vontade popular, da Soberania Popular. Conforme o parágrafo único do art. 1º da Constituição:

> *Art. 1º [...]*
> ***Parágrafo único.*** *Todo o poder emana do povo, que o exerce por meio de representantes eleitos ou diretamente, nos termos desta Constituição.*

A democracia brasileira é classificada como semidireta ou participativa, haja vista poder ser exercida tanto de forma direta como de forma indireta. Como forma de exercício direto temos o previsto no art. 14 da CF/1988/1988:

> ***Art. 14*** *A soberania popular será exercida pelo sufrágio universal e pelo voto direto e secreto, com valor igual para todos, e, nos termos da lei, mediante:*
> *I – Plebiscito;*
> *II – Referendo;*
> *III – Iniciativa popular.*

Mas ainda há a ação popular que também é forma de exercício direto dos direitos políticos:

> *Art. 5º [...]*
> *LXXIII – Qualquer cidadão é parte legítima para propor ação popular que vise a anular ato lesivo ao patrimônio público ou de entidade de que o Estado participe, à moralidade administrativa, ao meio ambiente e ao patrimônio histórico e cultural, ficando o autor, salvo comprovada má-fé, isento de custas judiciais e do ônus da sucumbência.*

Entendamos o que significa cada uma das formas de exercício direto dos direitos políticos.

- **Plebiscito:** consulta popular realizada antes da tomada de decisão. O representante do poder público quer tomar uma decisão, mas, antes de tomá-la, ele pergunta para os cidadãos quem concorda. O que os cidadãos decidirem será feito.
- **Referendo:** consulta popular realizada depois da tomada de decisão. O representante do poder público toma uma decisão e depois pergunta o que os cidadãos acharam.
- **Iniciativa Popular:** essa é uma das formas de se iniciar o processo legislativo no Brasil. A legitimidade para propor criação de lei pelo eleitorado encontra amparo no art. 61, § 2º da CF/1988:
    > *Art. 61 [...]*
    > *§ 2º A iniciativa popular pode ser exercida pela apresentação à Câmara dos Deputados de projeto de lei subscrito por, no mínimo, um por cento do eleitorado nacional, distribuído pelo menos por cinco Estados, com não menos de três décimos por cento dos eleitores de cada um deles.*
- **Ação popular:** remédio constitucional previsto no inciso LXXIII que funciona como instrumento de fiscalização dos poderes públicos nos termos do inciso citado.

Quando se fala em exercício indireto, significa exercício por meio dos representantes eleitos que representarão a vontade popular.

Todas essas ferramentas disponibilizadas acima constituem formas de exercício dos direitos políticos no Brasil.

8.1.2 Classificação dos direitos políticos

A doutrina costuma classificar os direitos políticos em **direitos políticos positivos e direitos políticos negativos.**

- **Direitos políticos positivos**

Os direitos políticos positivos se mostram pela possibilidade de participação na vontade política do Estado. Esses direitos políticos se materializam por meio da Capacidade Eleitoral Ativa e da Capacidade Eleitoral Passiva. O primeiro é a possibilidade de votar. O segundo, de ser votado.

Para que se possa exercer a capacidade eleitoral ativa, faz-se necessário o chamado alistamento eleitoral. É, simplesmente, inscrever-se como eleitor, o que acontece quando obtemos o título de eleitor. A Constituição apresenta três regras para o alistamento e o voto:

- **Voto Obrigatório:** maiores de 18 anos.
- **Voto Facultativo:** maiores de 16 e menores de 18; analfabetos e maiores de 70 anos.
- **Voto Proibido:** estrangeiros e conscritos.

Vejamos estas regras previstas no texto constitucional:

> *Art. 14. [...]*
> *§ 1º O alistamento eleitoral e o voto são:*
> *I – Obrigatórios para os maiores de dezoito anos;*
> *II – Facultativos para:*
> *a) os analfabetos;*
> *b) os maiores de setenta anos;*
> *c) os maiores de dezesseis e menores de dezoito anos.*
> *§ 2º Não podem alistar-se como eleitores os estrangeiros e, durante o período do serviço militar obrigatório, os conscritos.*

A capacidade eleitoral passiva é a capacidade de ser eleito. É uma das formas de participação política em que o cidadão aceita a incumbência de representar os interesses dos seus eleitores. Para que alguém possa ser eleito se faz necessário o preenchimento das condições de elegibilidade. São condições de elegibilidade as previstas no art. 14, § 3º da Constituição Federal de 1988:

> *Art. 14 [...]*
> *§ 3º São condições de elegibilidade, na forma da lei:*
> *I – a nacionalidade brasileira;*
> *II – o pleno exercício dos direitos políticos;*
> *III – o alistamento eleitoral;*
> *IV – o domicílio eleitoral na circunscrição;*
> *V – a filiação partidária;*
> *VI – a idade mínima de:*
> *a) trinta e cinco anos para Presidente e Vice-Presidente da República e Senador;*
> *b) trinta anos para Governador e Vice-Governador de Estado e do Distrito Federal;*
> *c) vinte e um anos para Deputado Federal, Deputado Estadual ou Distrital, Prefeito, Vice-Prefeito e juiz de paz;*
> *d) dezoito anos para Vereador.*

- **Direitos políticos negativos**

Os direitos políticos negativos são verdadeiras vedações ao exercício da cidadania. São inelegibilidades, hipóteses de perda ou suspensão dos direitos políticos que se encontram previstos expressamente no texto constitucional. Só não se pode esquecer a possibilidade prevista no § 9º do art. 14 da Constituição, que admite que sejam criadas outras inelegibilidades por Lei Complementar, desde possuam caráter relativo. Inelegibilidade absoluta, segundo a doutrina, só na Constituição Federal de 1988.

A primeira inelegibilidade está prevista no art. 14, § 4º:

Art. 14 [...]

§ 4º São inelegíveis os inalistáveis e os analfabetos.

Trata-se de uma inelegibilidade absoluta que impede os inalistáveis e analfabetos a concorrerem a qualquer cargo eletivo. Nota-se primeiramente que a Constituição se refere aos inalistáveis como "inelegíveis". Todas as vezes que se encontrar o termo inalistável, deve-se pensar automaticamente em estrangeiros e conscritos. Logo, são inelegíveis os estrangeiros, conscritos e analfabetos.

Quanto aos analfabetos, uma questão merece atenção: os analfabetos podem votar, mas não podem receber votos.

Em seguida, tem-se o § 5º, que traz a chamada regra da reeleição. Trata-se de uma espécie de inelegibilidade relativa por meio do qual alguns titulares de cargos políticos ficam impedidos de se reelegerem por mais de duas eleições consecutivas, ou seja, é permitida apenas uma reeleição:

Art. 14 [...]

§ 5º O Presidente da República, os Governadores de Estado e do Distrito Federal, os Prefeitos e quem os houver sucedido, ou substituído no curso dos mandatos poderão ser reeleitos para um único período subsequente.

O primeiro ponto interessante desse parágrafo está na restrição que só ocorre para os membros do Poder Executivo (presidente, governador e prefeito). Logo, um membro do Poder Legislativo poderá se reeleger quantas vezes ele quiser, enquanto o membro do Poder Executivo só poderá se reeleger uma única vez. Ressalte-se que o impedimento se aplica também a quem suceder ou substituir o titular dos cargos supracitados.

Mais uma regra de inelegibilidade relativa encontra-se no § 6º:

Art. 14 [...]

§ 6º Para concorrerem a outros cargos, o Presidente da República, os Governadores de Estado e do Distrito Federal e os Prefeitos devem renunciar aos respectivos mandatos até seis meses antes do pleito.

Estamos diante da chamada regra de **desincompatibilização**. Da mesma forma que o dispositivo anterior só se aplica aos membros do Poder Executivo, e essa norma exige que os representantes desse Poder, para que possam concorrer a outro cargo, devem renunciar os respectivos mandatos até seis meses antes do pleito.

Ainda há a chamada inelegibilidade reflexa, ou em razão do parentesco. Essa hipótese gera um impedimento, não ao titular do cargo político, mas aos seus parentes até segundo grau. Também se aplica apenas aos membros do Poder Executivo:

Art. 14 [...]

§ 7º São inelegíveis, no território de jurisdição do titular, o cônjuge e os parentes consanguíneos ou afins, até o segundo grau ou por adoção, do Presidente da República, de Governador de Estado ou Território, do Distrito Federal, de Prefeito ou de quem os haja substituído dentro dos seis meses anteriores ao pleito, salvo se já titular de mandato eletivo e candidato à reeleição.

O impedimento gerado está relacionado ao território de jurisdição do titular da seguinte forma:

- O prefeito gera inelegibilidade aos cargos de Prefeito e vereador do mesmo município;
- O governador gera inelegibilidade aos cargos de prefeito, vereador, deputado estadual, deputado federal, senador da República e governador do mesmo Estado Federativo;
- O Presidente gera inelegibilidade a todos os cargos eletivos do país.

São parentes de 1º grau: pai, mãe, filho, sogro. São parentes de 2º grau: avô, irmão, neto, cunhado.

O STF editou a Súmula Vinculante nº 18, que diz:

Súmula Vinculante nº 18 *A dissolução da sociedade ou do vínculo conjugal, no curso do mandato, não afasta a inelegibilidade prevista no § 7º do art. 14 da Constituição Federal.*

Lei complementar pode estabelecer novas hipóteses de inelegibilidade relativa. É o que dispõe o § 9º do art. 14:

Art. 14 [...]

§ 9º Lei complementar estabelecerá outros casos de inelegibilidade e os prazos de sua cessação, a fim de proteger a probidade administrativa, a moralidade para exercício de mandato considerada vida pregressa do candidato, e a normalidade e legitimidade das eleições contra a influência do poder econômico ou o abuso do exercício de função, cargo ou emprego na administração direta ou indireta.

Com base no texto, é possível concluir que o rol de inelegibilidades relativas previstas na Constituição Federal de 1988 é meramente exemplificativo. Há ainda a Lei Complementar nº 64/1990 que traz várias hipóteses de inelegibilidade.

8.1.3 Condições para eleição do militar

O militar pode se candidatar a cargo político eletivo desde que observadas as regras estabelecidas no § 8º do art. 14:

Art. 14 [...]

§ 8º O militar alistável é elegível, atendidas as seguintes condições:

I – se contar menos de dez anos de serviço, deverá afastar-se da atividade;

II – se contar mais de dez anos de serviço, será agregado pela autoridade superior e, se eleito, passará automaticamente, no ato da diplomação, para a inatividade.

Primeiramente, deve-se ressaltar que a Constituição veda a filiação partidária aos militares:

Art. 142 [...]

§ 3º [...]

V – O militar, enquanto em serviço ativo, não pode estar filiado a partidos políticos.

Recordando as condições de elegibilidade, tem-se que é necessária a filiação partidária para ser elegível, contudo, no caso do militar, o TSE tem entendido que o registro da candidatura supre a falta de prévia filiação partidária.

Um segundo ponto interessante decorre da própria interpretação do § 8º, que prevê duas regras para eleição dos militares em razão do tempo de serviço:

- **Militar com menos de dez anos:** deve se afastar da atividade;
- **Militar com mais de dez anos:** deve ficar agregado pela autoridade superior e se eleito, passado para inatividade.

Esse prazo de dez anos escolhido pela Constituição decorre da garantia de estabilidade para os militares.

8.1.4 Impugnação de mandato eletivo

Estes parágrafos dispensam explicação e, quando aparecem em prova, costumam cobrar o próprio texto constitucional. Deve-se ter cuidado com o prazo de 15 dias para impugnação:

Art. 14 [...]

§ 10 O mandato eletivo poderá ser impugnado ante a Justiça Eleitoral no prazo de quinze dias contados da diplomação, instruída a ação com provas de abuso do poder econômico, corrupção ou fraude.

NOÇÕES DE DIREITO CONSTITUCIONAL

§ 11 A ação de impugnação de mandato tramitará em segredo de justiça, respondendo o autor, na forma da lei, se temerária ou de manifesta má-fé.

8.1.5 Cassação, suspensão e perda dos direitos políticos

Uma coisa é certa: não existe cassação de direitos políticos no Brasil. Isso não pode ser esquecido, pois sempre é cobrado em prova. Apesar dessa norma protetiva, são permitidas a perda e a suspensão desses direitos, conforme disposto no art. 15 da Constituição:

> *Art. 15 É vedada a cassação de direitos políticos, cuja perda ou suspensão só se dará nos casos de:*
> *I – Cancelamento da naturalização por sentença transitada em julgado;*
> *II – Incapacidade civil absoluta;*
> *III – Condenação criminal transitada em julgado, enquanto durarem seus efeitos;*
> *IV – Recusa de cumprir obrigação a todos imposta ou prestação alternativa, nos termos do art. 5º, VIII;*
> *V – Improbidade administrativa, nos termos do art. 37, § 4º.*

Observe-se que o texto constitucional não esclareceu muito bem quais são as hipóteses de perda ou suspensão, trabalho esse que ficou a cargo da doutrina fazer. Seguem abaixo as hipóteses de perda ou suspensão:

- **Cancelamento da naturalização por sentença transitada em julgado:** trata-se de perda dos direitos políticos. Ora, se o indivíduo teve cancelado seu vínculo com o Estado Brasileiro, não há sentido em lhe garantir os direitos políticos.
- **Incapacidade civil absoluta:** apesar de ser absoluta, essa incapacidade civil pode cessar dependendo da situação. Logo, é hipótese de suspensão dos direitos políticos.
- **Condenação criminal transitada em julgado, enquanto durarem seus efeitos:** condenação criminal é suspensão, pois dura enquanto durar a pena. Deve-se ter cuidado com essa questão em prova. O efeito da suspensão sobre os direitos políticos independe do tipo de pena aplicada ao cidadão.
- **Recusa de cumprir obrigação a todos imposta ou prestação alternativa, nos termos do art. 5º, inciso VIII:** essa é a famosa hipótese da escusa de consciência. Em relação a esse tema, existe divergência na doutrina. Parte da doutrina Constitucional entende que é hipótese de perda, outra parte da doutrina, principalmente eleitoral, entende que seja hipótese de suspensão.
- **Improbidade administrativa, nos termos do art. 37, § 4º, CF/1988/1988:** essa é mais uma hipótese de suspensão dos direitos políticos.

8.1.6 Princípio da anterioridade eleitoral

Este princípio exige o prazo de um ano para aplicação de lei que altere processo eleitoral. Isso visa a evitar que os candidatos sejam pegos de surpresa com as regras eleitorais. O art. 16 da Constituição Federal de 1988 diz:

> *Art. 16 A lei que alterar o processo eleitoral entrará em vigor na data de sua publicação, não se aplicando à eleição que ocorra até um ano da data de sua vigência.*

8.2 Partidos políticos

8.2.1 Natureza jurídica dos partidos políticos

Os partidos políticos, segundo previsão expressa da Constituição Federal de 1988, possuem natureza jurídica de direito privado. Segundo o disposto no art. 17, § 2º:

> *§ 2º Os partidos políticos, após adquirirem personalidade jurídica, na forma da lei civil, registrarão seus estatutos no Tribunal Superior Eleitoral.*

Quando a Constituição determina que os partidos devem adquirir sua personalidade jurídica na forma da lei civil, praticamente, afirma que é uma pessoa jurídica de direito privado apesar de ser exigido seu registro no TSE.

8.2.2 Direitos dos partidos

Os partidos possuem vários direitos previstos expressamente na Constituição Federal de 1988, dentre os quais destacam-se:

- **Recursos do fundo partidário;**
- **Acesso gratuito ao rádio e à televisão (Lei nº 9.096/1995).**

8.2.3 Limitações aos partidos

Apesar da liberdade estampada no *caput* do art. 17 da CF/1988/1988, é possível perceber que a criação dos partidos políticos possui algumas limitações:

> *Art. 17 É livre a criação, fusão, incorporação e extinção de partidos políticos, resguardados a soberania nacional, o regime democrático, o pluripartidarismo, os direitos fundamentais da pessoa humana e observados os seguintes preceitos:*
> *I – Caráter nacional;*
> *II – Proibição de recebimento de recursos financeiros de entidade ou governo estrangeiros ou de subordinação a estes;*
> *III – Prestação de contas à Justiça Eleitoral;*
> *IV – Funcionamento parlamentar de acordo com a lei. [...]*
> *§ 4º É vedada a utilização pelos partidos políticos de organização paramilitar.*

8.2.4 Verticalização

Antes da Emenda Constitucional nº 52/2006, era utilizada a chamada Verticalização, que significava a necessidade de vinculação das candidaturas do nível nacional, estadual, distrital ou municipal. Vejamos como está escrito agora:

> *§ 1º É assegurada aos partidos políticos autonomia para definir sua estrutura interna e estabelecer regras sobre escolha, formação e duração de seus órgãos permanentes e provisórios e sobre sua organização e funcionamento e para adotar os critérios de escolha e o regime de suas coligações nas eleições majoritárias, vedada a sua celebração nas eleições proporcionais, sem obrigatoriedade de vinculação entre as candidaturas em âmbito nacional, estadual, distrital ou municipal, devendo seus estatutos estabelecer normas de disciplina e fidelidade partidária.*

Significa dizer que não é mais preciso haver vinculação das candidaturas nos diversos níveis federativos (União, Estados, Distrito Federal e Municípios).

ORGANIZAÇÃO POLÍTICO-ADMINISTRATIVA

9 ORGANIZAÇÃO POLÍTICO-ADMINISTRATIVA

Para que se possa compreender a organização político-administrativa do Estado brasileiro, faz-se necessário, primeiramente, entender como se deu essa formação. Para isso, será abordado o princípio federativo.

9.1 Princípio federativo: entes federativos

A forma de Estado adotada no Brasil é a federativa. Quando se afirma que o nosso Estado é uma Federação, quer-se dizer como se dá o exercício do poder político em função do território. Em um Estado Federal, existe pluralidade de poderes políticos internos, os quais se organizam de forma descentralizada. No Brasil, são quatro poderes políticos, também chamados de entes federativos:

- União;
- Estados;
- Distrito Federal;
- Municípios.

Essa organização é baseada na autonomia política de cada ente federativo. Deve-se estar atento a esse tema em prova, pois as bancas gostam de trocar autonomia por soberania. Cada ente possui sua própria autonomia, enquanto o Estado Federal possui a soberania. A autonomia de cada ente federativo se dá no âmbito político, financeiro, orçamentário, administrativo e em qualquer outra área permitida pela Constituição Federal:

> **Art. 18** *A organização político-administrativa da República Federativa do Brasil compreende a União, os Estados, o Distrito Federal e os Municípios, todos autônomos, nos termos desta Constituição.*

Deve-se destacar, inclusive, que o pacto federativo sobrevive em torno da Constituição Federal, que impede sua dissolução sob pena de se decretar Intervenção Federal:

> **Art. 34** *A União não intervirá nos Estados nem no Distrito Federal, exceto para:*
> *I – Manter a integridade nacional.*

A proibição de secessão, que impede a separação de um ente federativo, também é conhecida como princípio da indissolubilidade.

Outro ponto muito cobrado em prova diz respeito à inexistência de hierarquia entre os entes federativos. O que distingue um ente federativo do outro não é a superioridade, mas a distribuição de competências feita pela própria Constituição Federal de 1988. Não se deve esquecer também que as Unidades da Federação possuem representação junto ao Poder Legislativo da União, mais precisamente, no Senado Federal.

Em razão dessa organização completamente diferenciada, a doutrina classifica a federação brasileira de várias formas:

- **Tricotômica:** federação constituída em três níveis: federal, estadual e municipal. O Distrito Federal não é considerado nessa classificação, haja vista possuir competência híbrida, agindo tanto como um Estado quanto como Município.
- **Centrífuga:** característica que reflete a formação da federação brasileira. É a formação "de dentro para fora". O movimento é de centrifugadora. A força de criação do estado federal brasileiro surgiu a partir de um Estado Unitário para a criação de um estado federado, ou seja, o poder centralizado que se torna descentralizado. O poder político era concentrado nas mãos de um só ente e depois passa a fazer parte de vários entes federativos.
- **Por desagregação:** ocorre quando um Estado Unitário resolve se descentralizar politicamente, desagregando o poder central em favor de vários entes titulares de poder político.

Mais uma característica que não pode ser ignorada em prova: a forma Federativa de Estado é uma **cláusula pétrea**, conforme dispõe o art. 60, § 4º, inciso I:

> **Art. 60** [...]
> *§ 4º Não será objeto de deliberação a proposta de emenda tendente a abolir:*
> *I – A forma federativa de Estado.*

Cumpre lembrar de que a capital do Brasil é Brasília. Deve-se ter cuidado: há questão de prova que diz que a capital é o Distrito Federal. O Distrito Federal é um ente federativo, ao passo que Brasília é uma região administrativa dentro do Distrito Federal:

> **Art. 18** [...]
> *§ 1º Brasília é a Capital Federal.*

Outra coisa com a qual se deve ter cuidado diz respeito aos territórios federais:

> **Art. 18** [...]
> *§ 2º Os Territórios Federais integram a União, e sua criação, transformação em Estado ou reintegração ao Estado de origem serão reguladas em lei complementar.*

Esses não são entes federativos, pois não possuem autonomia política. São pessoas jurídicas de direito público que possuem apenas capacidade administrativa. Sua natureza jurídica é de autarquia federal e só podem ser criados por lei federal. Para sua criação se faz necessária a aprovação das populações diretamente envolvidas, por meio de plebiscito, parecer da Assembleia Legislativa e lei complementar federal. Os territórios são administrados por governadores escolhidos pelo Presidente da República e podem ser divididos em municípios. Cada território elegerá quatro deputados federais, mas não poderá eleger Senador da República. Seguem abaixo vários dispositivos da Constituição Federal de 1988 que regulamentam os territórios:

> **Art. 18** [...]
> *§ 3º Os Estados podem incorporar-se entre si, subdividir-se ou desmembrar-se para se anexarem a outros, ou formarem novos Estados ou Territórios Federais, mediante aprovação da população diretamente interessada, através de plebiscito, e do Congresso Nacional, por lei complementar.*
> **Art. 45** [...]
> *§ 2º Cada Território elegerá quatro Deputados.*
> **Art. 48** *Cabe ao Congresso Nacional, com a sanção do Presidente da República, não exigida esta para o especificado nos Arts. 49, 51 e 52, dispor sobre todas as matérias de competência da União, especialmente sobre:* [...]
> *VI – Incorporação, subdivisão ou desmembramento de áreas de Territórios ou Estados, ouvidas as respectivas Assembleias Legislativas.*
> **Art. 84** *Compete privativamente ao Presidente da República:* [...]
> *XIV – Nomear, após aprovação pelo Senado Federal, os Ministros do Supremo Tribunal Federal e dos Tribunais Superiores, os Governadores de Territórios, o Procurador-geral da República, o presidente e os diretores do banco central e outros servidores, quando determinado em lei.*

A Constituição Federal autoriza a divisão dos Territórios em Municípios. Os Territórios com mais de 100.000 habitantes possuirão Poder Judiciário próprio, bem como membros do Ministério Público e Defensores Públicos Federais. Poderão ainda eleger membros para Câmara Territorial:

> **Art. 33** [...]
> *§ 1º Os Territórios poderão ser divididos em Municípios, aos quais se aplicará, no que couber, o disposto no Capítulo IV deste Título.* [...]
> *§ 3º Nos Territórios Federais com mais de cem mil habitantes, além do Governador nomeado na forma desta Constituição, haverá órgãos judiciários de primeira e segunda instância, membros do Ministério Público e defensores públicos federais; a lei disporá sobre as eleições para a Câmara Territorial e sua competência deliberativa.*

9.1.1 Vedações constitucionais

A Constituição Federal de 1988 fez questão de estabelecer algumas vedações expressas aos entes federativos, as quais estão previstas no art. 19:

> **Art. 19** É vedado à União, aos Estados, ao Distrito Federal e aos Municípios:
> I – Estabelecer cultos religiosos ou igrejas, subvencioná-los, embaraçar-lhes o funcionamento ou manter com eles ou seus representantes relações de dependência ou aliança, ressalvada, na forma da lei, a colaboração de interesse público;
> II – Recusar fé aos documentos públicos;
> III – Criar distinções entre brasileiros ou preferências entre si.

A primeira vedação decorre da laicidade do Estado brasileiro, ou seja, não possuímos religião oficial no Brasil, em razão da situação de separação entre Estado e Igreja. A segunda vedação decorre da presunção de veracidade dos documentos públicos. E, por último, contemplando o princípio da isonomia, o qual será tratado em momento oportuno, fica vedado estabelecer distinções entre brasileiros ou preferências entre si. Atente-se a esta questão.

9.1.2 Características dos entes federativos

- **União**

Muitos sentem dificuldade em visualizar a União, tendo em vista ser um ente meio abstrato. O que se precisa saber é que a União é uma pessoa jurídica de direito público interno ao mesmo tempo em que é pessoa jurídica de direito público externo. É o Poder Central responsável por assuntos de interesse geral do Estado e que representa os demais entes federativos. Apesar de não possuir o atributo de soberania, a União exerce essa soberania em nome do Estado Federal. É só pensar na representação internacional do Estado. Quem celebra tratados internacionais? É o chefe do executivo da União, o Presidente da República.

Um dos temas mais cobrados em prova são os Bens da União. Os bens da União estão previstos no art. 20 da Constituição Federal:

> **Art. 20** São bens da União:
> I – Os que atualmente lhe pertencem e os que lhe vierem a ser atribuídos;
> II – As terras devolutas indispensáveis à defesa das fronteiras, das fortificações e construções militares, das vias federais de comunicação e à preservação ambiental, definidas em lei;
> III – Os lagos, rios e quaisquer correntes de água em terrenos de seu domínio, ou que banhem mais de um Estado, sirvam de limites com outros países, ou se estendam a território estrangeiro ou dele provenham, bem como os terrenos marginais e as praias fluviais;
> IV – As ilhas fluviais e lacustres nas zonas limítrofes com outros países; as praias marítimas; as ilhas oceânicas e as costeiras, excluídas, destas, as que contenham a sede de Municípios, exceto aquelas áreas afetadas ao serviço público e a unidade ambiental federal, e as referidas no art. 26, II;
> V – Os recursos naturais da plataforma continental e da zona econômica exclusiva;
> VI – O mar territorial;
> VII – Os terrenos de marinha e seus acrescidos;
> VIII – os potenciais de energia hidráulica;
> IX – Os recursos minerais, inclusive os do subsolo;
> X – As cavidades naturais subterrâneas e os sítios arqueológicos e pré-históricos;
> XI – As terras tradicionalmente ocupadas pelos índios.
> § 1º É assegurada, nos termos da lei, à União, aos Estados, ao Distrito Federal e aos Municípios a participação no resultado da exploração de petróleo ou gás natural, de recursos hídricos para fins de geração de energia elétrica e de outros recursos minerais no respectivo território, plataforma continental, mar territorial ou zona econômica exclusiva, ou compensação financeira por essa exploração. (Redação dada pela Emenda Constitucional nº 102/2019)
> § 2º A faixa de até cento e cinquenta quilômetros de largura, ao longo das fronteiras terrestres, designada como faixa de fronteira, é considerada fundamental para defesa do território nacional, e sua ocupação e utilização serão reguladas em lei.

Esse artigo, quando cobrado em prova, costuma ser trabalhado apenas com o texto literal da Constituição. A dica de estudo é a memorização dos bens que são considerados da União. Contudo, alguns bens necessitam de uma explicação maior para que sejam compreendidos.

- **Terras devolutas**

O inciso II fala das chamadas terras devolutas, mas o que significa terras devolutas? São terras que estão sob o domínio da União sem qualquer destinação, nem pública nem privada. Serão da União apenas as terras devolutas indispensáveis à defesa das fronteiras, das fortificações e construções militares, das vias federais de comunicação e à preservação ambiental, conforme definição em lei. As demais terras devolutas serão de propriedade dos Estados Membros nos termos do art. 26, incisos IV:

> **Art. 26** Incluem-se entre os bens dos Estados: [...]
> IV – As terras devolutas não compreendidas entre as da União.

- **Mar Territorial, Plataforma Continental e Zona Econômica Exclusiva (ZEE)**

Os incisos IV e V apresentam três bens que são muito interessantes e que se confundem nas cabeças dos alunos: mar territorial, plataforma continental e Zona Econômica Exclusiva. A Lei nº 8.617/1993 esclarece as diferenças entre esses institutos.

O mar territorial é formado por uma faixa de água marítima ao longo da costa brasileira, com uma dimensão de 12 milhas marítimas, contadas a partir da linha base. A plataforma continental é o prolongamento natural do território terrestre, compreendidos o leito e o subsolo do mar até a distância de 200 milhas marítimas ou até o bordo exterior da margem continental.

A ZEE é a extensão situada além do mar territorial até o limite das 200 milhas marítimas.

Acerca desse tema sempre há confusão. O mar territorial é extensão do território nacional sobre qual o Estado exerce sua soberania. Já a plataforma continental e a zona econômica exclusiva são águas internacionais onde o direito à soberania do Estado se limita à exploração e ao aproveitamento, à conservação e a gestão dos recursos naturais, vivos ou não vivos, das águas sobrejacentes ao leito do mar, do leito do mar e seu subsolo, e no que se refere a outras atividades com vistas à exploração e ao aproveitamento da zona para fins econômicos.

- **Estados**

Os estados são pessoas jurídicas de direito público interno, entes federativos detentores de autonomia própria. Essa autonomia se percebe pela sua capacidade de auto-organização, autogoverno, autoadministração. Destaca-se, ainda, o seu poder de criação da própria Constituição Estadual, bem como das demais normas de sua competência:

> **Art. 25** Os Estados organizam-se e regem-se pelas Constituições e leis que adotarem, observados os princípios desta Constituição.

Percebe-se, ainda, o seu autogoverno à medida que cada Estado organiza seus próprios Poderes: Poder Legislativo (Assembleia Legislativa), Poder Executivo (Governador) e Poder Judiciário (Tribunal de Justiça). Destacam-se também suas autonomias administrativa, tributária e financeira.

ORGANIZAÇÃO POLÍTICO-ADMINISTRATIVA

Segundo o art. 18, § 3º, da Constituição Federal de 1988:

> **Art. 18** [...]
>
> *§ 3º Os Estados podem incorporar-se entre si, subdividir-se ou desmembrar-se para se anexarem a outros, ou formarem novos Estados ou Territórios Federais, mediante aprovação da população diretamente interessada, através de plebiscito, e do Congresso Nacional, por lei complementar.*

O que se precisa lembrar para a prova é que, para se criar outro Estado, faz-se necessária a aprovação da população diretamente interessada por meio de plebiscito e que essa criação depende de lei complementar federal. A Constituição Federal de 1988 prevê ainda a oitiva das Assembleias Legislativas envolvidas na modificação:

> **Art. 48** *Cabe ao Congresso Nacional, com a sanção do Presidente da República, não exigida esta para o especificado nos Arts. 49, 51 e 52, dispor sobre todas as matérias de competência da União, especialmente sobre:* [...]
>
> *IV – Incorporação, subdivisão ou desmembramento de áreas de Territórios ou Estados, ouvidas as respectivas Assembleias Legislativas.*

Em razão de sua autonomia, a Constituição Federal de 1988 apresentou um rol de bens que pertencem aos Estados:

> **Art. 26** *Incluem-se entre os bens dos Estados:*
>
> *I – As águas superficiais ou subterrâneas, fluentes, emergentes e em depósito, ressalvadas, neste caso, na forma da lei, as decorrentes de obras da União;*
>
> *II – As áreas, nas ilhas oceânicas e costeiras, que estiverem no seu domínio, excluídas aquelas sob domínio da União, Municípios ou terceiros;*
>
> *III – As ilhas fluviais e lacustres não pertencentes à União;*
>
> *IV – As terras devolutas não compreendidas entre as da União.*

Algumas regras em relação à Organização dos Poderes Legislativo e Executivo no âmbito dos Estados também aparecem na Constituição Federal de 1988. Quando cobradas em prova, a leitura e memorização dos artigos abaixo se tornam essenciais:

> **Art. 27** *O número de Deputados à Assembleia Legislativa corresponderá ao triplo da representação do Estado na Câmara dos Deputados e, atingido o número de trinta e seis, será acrescido de tantos quantos forem os Deputados Federais acima de doze.*
>
> *§ 1º Será de quatro anos o mandato dos Deputados Estaduais, aplicando-se-lhes as regras desta Constituição sobre sistema eleitoral, inviolabilidade, imunidades, remuneração, perda de mandato, licença, impedimentos e incorporação às Forças Armadas.*
>
> *§ 2º O subsídio dos Deputados Estaduais será fixado por lei de iniciativa da Assembleia Legislativa, na razão de, no máximo, setenta e cinco por cento daquele estabelecido, em espécie, para os Deputados Federais, observado o que dispõem os Arts. 39, § 4º, 57, § 7º, 150, II, 153, III, e 153, § 2º, I.*
>
> *§ 3º Compete às Assembleias Legislativas dispor sobre seu regimento interno, polícia e serviços administrativos de sua secretaria, e prover os respectivos cargos.*
>
> *§ 4º A lei disporá sobre a iniciativa popular no processo legislativo estadual.*
>
> **Art. 28** *A eleição do Governador e do Vice-Governador de Estado, para mandato de quatro anos, realizar-se-á no primeiro domingo de outubro, em primeiro turno, e no último domingo de outubro, em segundo turno, se houver, do ano anterior ao do término do mandato de seus antecessores, e a posse ocorrerá em primeiro de janeiro do ano subsequente, observado, quanto ao mais, o disposto no art. 77.*
>
> *§ 1º Perderá o mandato o Governador que assumir outro cargo ou função na Administração Pública direta ou indireta, ressalvada a posse em virtude de concurso público e observado o disposto no art. 38, I, IV e V.*
>
> *§ 2º Os subsídios do Governador, do Vice-Governador e dos Secretários de Estado serão fixados por lei de iniciativa da Assembleia Legislativa, observado o que dispõem os Arts. 37, XI, 39, § 4º, 150, II, 153, III, e 153, § 2º, I.*

- **Municípios**

Os municípios são elencados pela Constituição Federal de 1988 como entes federativos dotados de autonomia, a qual se percebe pela sua capacidade de auto-organização, autogoverno e autoadministração. São regidos por lei orgânica e possui Executivo e Legislativo próprio, os quais são representados, respectivamente, pela Prefeitura e pela Câmara Municipal e que são regulamentados pelos arts. 29 e 29-A da Constituição Federal de 1988. O examinador pode explorar, em prova de concurso público, questões que requeiram a memorização desses artigos. Para entender por que ele faria isso, recomenda-se a leitura:

> **Art. 29** *O Município reger-se-á por lei orgânica, votada em dois turnos, com o interstício mínimo de dez dias, e aprovada por dois terços dos membros da Câmara Municipal, que a promulgará, atendidos os princípios estabelecidos nesta Constituição, na Constituição do respectivo Estado e os seguintes preceitos:*
>
> *I – Eleição do Prefeito, do Vice-Prefeito e dos Vereadores, para mandato de quatro anos, mediante pleito direto e simultâneo realizado em todo o País;*
>
> *II – Eleição do Prefeito e do Vice-Prefeito realizada no primeiro domingo de outubro do ano anterior ao término do mandato dos que devam suceder, aplicadas as regras do art. 77, no caso de Municípios com mais de duzentos mil eleitores;*
>
> *III – Posse do Prefeito e do Vice-Prefeito no dia 1º de janeiro do ano subsequente ao da eleição;*
>
> *IV – Para a composição das Câmaras Municipais, será observado o limite máximo de:*
>
> *a) 9 (nove) Vereadores, nos Municípios de até 15.000 (quinze mil) habitantes;*
>
> *b) 11 (onze) Vereadores, nos Municípios de mais de 15.000 (quinze mil) habitantes e de até 30.000 (trinta mil) habitantes;*
>
> *c) 13 (treze) Vereadores, nos Municípios com mais de 30.000 (trinta mil) habitantes e de até 50.000 (cinquenta mil) habitantes;*
>
> *d) 15 (quinze) Vereadores, nos Municípios de mais de 50.000 (cinquenta mil) habitantes e de até 80.000 (oitenta mil) habitantes;*
>
> *e) 17 (dezessete) Vereadores, nos Municípios de mais de 80.000 (oitenta mil) habitantes e de até 120.000 (cento e vinte mil) habitantes;*
>
> *f) 19 (dezenove) Vereadores, nos Municípios de mais de 120.000 (cento e vinte mil) habitantes e de até 160.000 (cento sessenta mil) habitantes;*
>
> *g) 21 (vinte e um) Vereadores, nos Municípios de mais de 160.000 (cento e sessenta mil) habitantes e de até 300.000 (trezentos mil) habitantes;*
>
> *h) 23 (vinte e três) Vereadores, nos Municípios de mais de 300.000 (trezentos mil) habitantes e de até 450.000 (quatrocentos e cinquenta mil) habitantes;*
>
> *i) 25 (vinte e cinco) Vereadores, nos Municípios de mais de 450.000 (quatrocentos e cinquenta mil) habitantes e de até 600.000 (seiscentos mil) habitantes;*
>
> *j) 27 (vinte e sete) Vereadores, nos Municípios de mais de 600.000 (seiscentos mil) habitantes e de até 750.000 (setecentos cinquenta mil) habitantes;*
>
> *k) 29 (vinte e nove) Vereadores, nos Municípios de mais de 750.000 (setecentos e cinquenta mil) habitantes e de até 900.000 (novecentos mil) habitantes;*
>
> *l) 31 (trinta e um) Vereadores, nos Municípios de mais de 900.000 (novecentos mil) habitantes e de até 1.050.000 (um milhão e cinquenta mil) habitantes;*
>
> *m) 33 (trinta e três) Vereadores, nos Municípios de mais de 1.050.000 (um milhão e cinquenta mil) habitantes e de até 1.200.000 (um milhão e duzentos mil) habitantes;*
>
> *n) 35 (trinta e cinco) Vereadores, nos Municípios de mais de 1.200.000 (um milhão e duzentos mil) habitantes e de até 1.350.000 (um milhão e trezentos e cinquenta mil) habitantes;*

o) 37 (trinta e sete) Vereadores, nos Municípios de 1.350.000 (um milhão e trezentos e cinquenta mil) habitantes e de até 1.500.000 (um milhão e quinhentos mil) habitantes;

p) 39 (trinta e nove) Vereadores, nos Municípios de mais de 1.500.000 (um milhão e quinhentos mil) habitantes e de até 1.800.000 (um milhão e oitocentos mil) habitantes;

q) 41 (quarenta e um) Vereadores, nos Municípios de mais de 1.800.000 (um milhão e oitocentos mil) habitantes e de até 2.400.000 (dois milhões e quatrocentos mil) habitantes;

r) 43 (quarenta e três) Vereadores, nos Municípios de mais de 2.400.000 (dois milhões e quatrocentos mil) habitantes e de até 3.000.000 (três milhões) de habitantes;

s) 45 (quarenta e cinco) Vereadores, nos Municípios de mais de 3.000.000 (três milhões) de habitantes e de até 4.000.000 (quatro milhões) de habitantes;

t) 47 (quarenta e sete) Vereadores, nos Municípios de mais de 4.000.000 (quatro milhões) de habitantes e de até 5.000.000 (cinco milhões) de habitantes;

u) 49 (quarenta e nove) Vereadores, nos Municípios de mais de 5.000.000 (cinco milhões) de habitantes e de até 6.000.000 (seis milhões) de habitantes;

v) 51 (cinquenta e um) Vereadores, nos Municípios de mais de 6.000.000 (seis milhões) de habitantes e de até 7.000.000 (sete milhões) de habitantes;

w) 53 (cinquenta e três) Vereadores, nos Municípios de mais de 7.000.000 (sete milhões) de habitantes e de até 8.000.000 (oito milhões) de habitantes; e

x) 55 (cinquenta e cinco) Vereadores, nos Municípios de mais de 8.000.000 (oito milhões) de habitantes;

V – Subsídios do Prefeito, do Vice-Prefeito e dos Secretários Municipais fixados por lei de iniciativa da Câmara Municipal, observado o que dispõem os Arts. 37, XI, 39, § 4º, 150, II, 153, III, e 153, § 2º, I;

VI – O subsídio dos Vereadores será fixado pelas respectivas Câmaras Municipais em cada legislatura para a subsequente, observado o que dispõe esta Constituição, observados os critérios estabelecidos na respectiva Lei Orgânica e os seguintes limites máximos:

a) em Municípios de até dez mil habitantes, o subsídio máximo dos Vereadores corresponderá a vinte por cento do subsídio dos Deputados Estaduais;

b) em Municípios de dez mil e um a cinquenta mil habitantes, o subsídio máximo dos Vereadores corresponderá a trinta por cento do subsídio dos Deputados Estaduais;

c) em Municípios de cinquenta mil e um a cem mil habitantes, o subsídio máximo dos Vereadores corresponderá a quarenta por cento do subsídio dos Deputados Estaduais;

d) em Municípios de cem mil e um a trezentos mil habitantes, o subsídio máximo dos Vereadores corresponderá a cinquenta por cento do subsídio dos Deputados Estaduais;

e) em Municípios de trezentos mil e um a quinhentos mil habitantes, o subsídio máximo dos Vereadores corresponderá a sessenta por cento do subsídio dos Deputados Estaduais;

f) em Municípios de mais de quinhentos mil habitantes, o subsídio máximo dos Vereadores corresponderá a setenta e cinco por cento do subsídio dos Deputados Estaduais;

VII – O total da despesa com a remuneração dos Vereadores não poderá ultrapassar o montante de cinco por cento da receita do Município;

VIII – Inviolabilidade dos Vereadores por suas opiniões, palavras e votos no exercício do mandato e na circunscrição do Município;

IX – Proibições e incompatibilidades, no exercício da vereança, similares, no que couber, ao disposto nesta Constituição para os membros do Congresso Nacional e na Constituição do respectivo Estado para os membros da Assembleia Legislativa;

X – Julgamento do Prefeito perante o Tribunal de Justiça;

XI – Organização das funções legislativas e fiscalizadoras da Câmara Municipal;

XII – Cooperação das associações representativas no planejamento municipal;

XIII – Iniciativa popular de projetos de lei de interesse específico do Município, da cidade ou de bairros, através de manifestação de, pelo menos, cinco por cento do eleitorado;

XIV – Perda do mandato do Prefeito, nos termos do art. 28, parágrafo único.

Art. 29-A *O total da despesa do Poder Legislativo Municipal, incluídos os subsídios dos Vereadores e excluídos os gastos com inativos, não poderá ultrapassar os seguintes percentuais, relativos ao somatório da receita tributária e das transferências previstas no § 5º do art. 153 e nos arts. 158 e 159, efetivamente realizado no exercício anterior: (Conforme Emenda Constitucional nº 109/2021) [...]*

I – 7% (sete por cento) para Municípios com população de até 100.000 (cem mil) habitantes;

II – 6% (seis por cento) para Municípios com população entre 100.000 (cem mil) e 300.000 (trezentos mil) habitantes;

III – 5% (cinco por cento) para Municípios com população entre 300.001 (trezentos mil e um) e 500.000 (quinhentos mil) habitantes;

IV – 4,5% (quatro inteiros e cinco décimos por cento) para Municípios com população entre 500.001 (quinhentos mil e um) e 3.000.000 (três milhões) de habitantes;

V – 4% (quatro por cento) para Municípios com população entre 3.000.001 (três milhões e um) e 8.000.000 (oito milhões) de habitantes;

VI – 3,5% (três inteiros e cinco décimos por cento) para Municípios com população acima de 8.000.001 (oito milhões e um) habitantes.

§ 1º A Câmara Municipal não gastará mais de setenta por cento de sua receita com folha de pagamento, incluído o gasto com o subsídio de seus Vereadores.

§ 2º Constitui crime de responsabilidade do Prefeito Municipal:

I – Efetuar repasse que supere os limites definidos neste artigo;

II – Não enviar o repasse até o dia vinte de cada mês; ou

III – Enviá-lo a menor em relação à proporção fixada na Lei Orçamentária.

§ 3º. Constitui crime de responsabilidade do Presidente da Câmara Municipal o desrespeito ao § 1º deste artigo.

Mesmo sendo dotada de autonomia federativa, sua organização possui algumas limitações impostas pela própria Constituição. Entre essas limitações, deve-se destacar a ausência de Poder Judiciário no âmbito municipal, cuja função jurisdicional é exercida pelos órgãos do Judiciário federal e estadual. É importante lembrar que não existe representante municipal no Congresso Nacional.

A Constituição Federal de 1988 permite que sejam criados novos municípios, conforme as regras estabelecidas no art. 18, § 4º:

Art. 18 *[...]*

§ 4º A criação, a incorporação, a fusão e o desmembramento de Municípios, far-se-ão por lei estadual, dentro do período determinado por Lei Complementar Federal, e dependerão de consulta prévia, mediante plebiscito, às populações dos Municípios envolvidos, após divulgação dos Estudos de Viabilidade Municipal, apresentados e publicados na forma da lei.

Perceba que as regras são um pouco diferentes das necessárias para a criação de Estados. A primeira coisa que deve ser lembrada é que a criação será por lei ordinária estadual, desde que haja autorização emanada de lei complementar federal. As populações diretamente envolvidas na modificação devem ser consultadas por meio de plebiscito. E, por último, não se pode esquecer a exigência de Estudo de Viabilidade Municipal. Para prova, memorize essas condições.

Um fato curioso é que apesar de não existir ainda uma Lei Complementar Federal autorizando o período de criação de Municípios, vários Municípios foram criados na vigência de Constituição Federal, o que obrigou o Congresso Nacional a aprovar a Emenda Constitucional nº

ORGANIZAÇÃO POLÍTICO-ADMINISTRATIVA

57/2008, que acrescentou o art. 96 ao Ato das Disposições Constitucionais Transitórias (ADCT), convalidando a criação dos Municípios até 31 de dezembro de 2006:

> **Art. 96** *Ficam convalidados os atos de criação, fusão, incorporação e desmembramento de Municípios, cuja lei tenha sido publicada até 31 de dezembro de 2006, atendidos os requisitos estabelecidos na legislação do respectivo Estado à época de sua criação.*

- **Distrito Federal**

Se questionarem se o Distrito Federal é um Estado ou é um Município, a resposta será: "O Distrito Federal não é Estado nem Município, é Distrito Federal."

A Constituição Federal afirma que o Distrito Federal é ente federativo assim como a União, os Estados e os Municípios. Esse ente federativo é conhecido pela sua autonomia e por sua competência híbrida. Quando se fala em competência híbrida, quer-se dizer que o DF pode exercer competências tanto de Estado quanto de Município:

> **Art. 32** *[...]*
> *§ 1º Ao Distrito Federal são atribuídas as competências legislativas reservadas aos Estados e Municípios.*

Caracteriza a sua autonomia o fato de poder criar a sua própria lei orgânica, bem como a existência do Poder Executivo (governador), Legislativo (Câmara Legislativa) e Judiciário (Tribunal de Justiça do Distrito Federal e Territórios).

> **Art. 32** *O Distrito Federal, vedada sua divisão em Municípios, reger-se-á por lei orgânica, votada em dois turnos com interstício mínimo de dez dias, e aprovada por dois terços da Câmara Legislativa, que a promulgará, atendidos os princípios estabelecidos nesta Constituição.*
> *§ 2º A eleição do Governador e do Vice-Governador, observadas as regras do art. 77, e dos Deputados Distritais coincidirá com a dos Governadores e Deputados Estaduais, para mandato de igual duração.*
> *§ 3º Aos Deputados Distritais e à Câmara Legislativa aplica-se o disposto no art. 27.*

Como se pode depreender da leitura do artigo, a autonomia do DF possui algumas limitações, por exemplo, a vedação da sua divisão em Municípios. Nesse mesmo sentido, deve-se lembrar que o Distrito Federal não possui competência para organizar e manter as Polícias Civil e Militar, o Corpo de Bombeiros Militar, o Poder Judiciário, o Ministério Público e a Defensoria Pública. Nesses casos, a competência foi conferida à União:

> **Art. 32** *[...]*
> *§ 4º Lei federal disporá sobre a utilização, pelo Governo do Distrito Federal, da polícia civil, da polícia penal, da polícia militar e do corpo de bombeiros militar. (Redação dada pela Emenda Constitucional nº 104/2019)*
>
> **Art. 21** *Compete à União:[...]*
> *XIII – organizar e manter o Poder Judiciário, o Ministério Público do Distrito Federal e dos Territórios e a Defensoria Pública dos Territórios;*
> *XIV – organizar e manter a polícia civil, a polícia penal, a polícia militar e o corpo de bombeiros militar do Distrito Federal, bem como prestar assistência financeira ao Distrito Federal para a execução de serviços públicos, por meio de fundo próprio; (Redação dada pela Emenda Constitucional nº 104/2019)*

Por fim, é importante lembrar que o Distrito Federal não se confunde com Brasília. Isso é facilmente percebido pela leitura do art. 18:

> **Art. 18** *A organização político-administrativa da República Federativa do Brasil compreende a União, os Estados, o Distrito Federal e os Municípios, todos autônomos, nos termos desta Constituição.*
> *§ 1º Brasília é a Capital Federal.*

O Distrito Federal é ente federativo, ao passo que Brasília é a capital federal. Sob a ótica da organização administrativa do DF, pode-se afirmar que Brasília é uma das regiões administrativas do Distrito Federal, haja vista não poder o DF ser dividido em municípios.

9.1.3 Competências dos entes federativos

Como já foi visto, entre os entes federativos não existe hierarquia. Mas o que diferencia um ente federativo do outro? A diferença está na distribuição das competências pela Constituição. Cada ente federativo possui sua parcela de responsabilidades estabelecidas dentro da Constituição Federal de 1988.

Para a fixação dessas competências, a Constituição fez uso do princípio da predominância de interesse. Esse princípio define a abrangência das competências de cada ente com base na predominância de interesse. Para a União, em regra, foram previstas competências de interesse geral, de toda a coletividade. Para os Estados, a Constituição reservou competências de interesse regional. Aos municípios, competências de interesse local. E, por fim, ao Distrito Federal, foram reservadas competências de interesse local e regional, razão pela qual a doutrina chama de competência híbrida.

As competências são classificadas em dois tipos:

- **Competências materiais ou administrativas:** são aquelas que preveem ações a serem desempenhadas pelos entes federativos.
- **Competências legislativas:** estão relacionadas com a capacidade que um ente federativo possui de criar leis, inovar o ordenamento jurídico. Primeiramente, serão analisadas as competências administrativas de todos os entes federativos. De início, será abordada a União.

9.1.4 Competências administrativas

A União possui duas formas de competências materiais: exclusiva e comum. As competências exclusivas estão previstas no art. 21 da Constituição Federal de 1988:

> **Art. 21** *Compete à União:*
> *I – Manter relações com Estados estrangeiros e participar de organizações internacionais;*
> *II – Declarar a guerra e celebrar a paz;*
> *III – Assegurar a defesa nacional;*
> *IV – Permitir, nos casos previstos em lei complementar, que forças estrangeiras transitem pelo território nacional ou nele permaneçam temporariamente;*
> *V – Decretar o estado de sítio, o estado de defesa e a intervenção federal;*
> *VI – Autorizar e fiscalizar a produção e o comércio de material bélico;*
> *VII – Emitir moeda;*
> *VIII – Administrar as reservas cambiais do País e fiscalizar as operações de natureza financeira, especialmente as de crédito, câmbio e capitalização, bem como as de seguros e de previdência privada;*
> *IX – Elaborar e executar planos nacionais e regionais de ordenação do território e de desenvolvimento econômico e social;*
> *X – Manter o serviço postal e o correio aéreo nacional;*
> *XI – Explorar, diretamente ou mediante autorização, concessão ou permissão, os serviços de telecomunicações, nos termos da lei, que disporá sobre a organização dos serviços, a criação de um órgão regulador e outros aspectos institucionais;*
> *XII – Explorar, diretamente ou mediante autorização, concessão ou permissão:*
> *a) os serviços de radiodifusão sonora, e de sons e imagens;*
> *b) os serviços e instalações de energia elétrica e o aproveitamento energético dos cursos de água, em articulação com os Estados onde se situam os potenciais hidroenergéticos;*
> *c) a navegação aérea, aeroespacial e a infraestrutura aeroportuária;*

d) os serviços de transporte ferroviário e aquaviário entre portos brasileiros e fronteiras nacionais, ou que transponham os limites de Estado ou Território;

e) os serviços de transporte rodoviário interestadual e internacional de passageiros;

f) os portos marítimos, fluviais e lacustres;

XIII – organizar e manter o Poder Judiciário, o Ministério Público do Distrito Federal e dos Territórios e a Defensoria Pública dos Territórios;

XIV – organizar e manter a polícia civil, a polícia penal, a polícia militar e o corpo de bombeiros militar do Distrito Federal, bem como prestar assistência financeira ao Distrito Federal para a execução de serviços públicos, por meio de fundo próprio; (Redação dada pela Emenda Constitucional nº 104/2019)

XV – Organizar e manter os serviços oficiais de estatística, geografia, geologia e cartografia de âmbito nacional;

XVI – Exercer a classificação, para efeito indicativo, de diversões públicas e de programas de rádio e televisão;

XVII – Conceder anistia;

XVIII – Planejar e promover a defesa permanente contra as calamidades públicas, especialmente as secas e as inundações;

XIX – Instituir sistema nacional de gerenciamento de recursos hídricos e definir critérios de outorga de direitos de seu uso;

XX – Instituir diretrizes para o desenvolvimento urbano, inclusive habitação, saneamento básico e transportes urbanos;

XXI – Estabelecer princípios e diretrizes para o sistema nacional de viação;

XXII – Executar os serviços de polícia marítima, aeroportuária e de fronteiras;

XXIII – Explorar os serviços e instalações nucleares de qualquer natureza e exercer monopólio estatal sobre a pesquisa, a lavra, o enriquecimento e reprocessamento, a industrialização e o comércio de minérios nucleares e seus derivados, atendidos os seguintes princípios e condições:

a) toda atividade nuclear em território nacional somente será admitida para fins pacíficos e mediante aprovação do Congresso Nacional;

b) sob regime de permissão, são autorizadas a comercialização e a utilização de radioisótopos para pesquisa e uso agrícolas e industriais; (Redação dada pela Emenda Constitucional nº 118, de 2022)

c) sob regime de permissão, são autorizadas a produção, a comercialização e a utilização de radioisótopos para pesquisa e uso médicos; (Redação dada pela Emenda Constitucional nº 118, de 2022)

d) a responsabilidade civil por danos nucleares independe da existência de culpa;

XXIV – organizar, manter e executar a inspeção do trabalho;

XXV – estabelecer as áreas e as condições para o exercício da atividade de garimpagem, em forma associativa.

XXVI – organizar e fiscalizar a proteção e o tratamento de dados pessoais, nos termos da lei. (Incluído pela Emenda Constitucional nº 115/2022)

Essas competências são exclusivas, pois a União exclui a possibilidade de outro ente federativo realizá-la. Por isso, diz-se que são indelegáveis. Só a União pode fazer.

A outra competência material da União é a comum. Ela é comum a todos os entes federativos, União, estados, Distrito Federal e municípios. Vejamos o que diz o art. 23 da Constituição Federal de 1988:

Art. 23 *É competência comum da União, dos Estados, do Distrito Federal e dos Municípios:*

I – Zelar pela guarda da Constituição, das leis e das instituições democráticas e conservar o patrimônio público;

II – Cuidar da saúde e assistência pública, da proteção e garantia das pessoas portadoras de deficiência;

III – Proteger os documentos, as obras e outros bens de valor histórico, artístico e cultural, os monumentos, as paisagens naturais notáveis e os sítios arqueológicos;

IV – Impedir a evasão, a destruição e a descaracterização de obras de arte e de outros bens de valor histórico, artístico ou cultural;

V – Proporcionar os meios de acesso à cultura, à educação, à ciência, à tecnologia, à pesquisa e à inovação;

VI – Proteger o meio ambiente e combater a poluição em qualquer de suas formas;

VII – Preservar as florestas, a fauna e a flora;

VIII – Fomentar a produção agropecuária e organizar o abastecimento alimentar;

IX – Promover programas de construção de moradias e a melhoria das condições habitacionais e de saneamento básico;

X – Combater as causas da pobreza e os fatores de marginalização, promovendo a integração social dos setores desfavorecidos;

XI – Registrar, acompanhar e fiscalizar as concessões de direitos de pesquisa e exploração de recursos hídricos e minerais em seus territórios;

XII – Estabelecer e implantar política de educação para a segurança do trânsito.

Parágrafo único. *Leis complementares fixarão normas para a cooperação entre a União e os Estados, o Distrito Federal e os Municípios, tendo em vista o equilíbrio do desenvolvimento e do bem-estar em âmbito nacional.*

Agora vejamos as competências materiais dos Estados. A primeira de que já se falou, é a competência comum prevista no art. 23, analisada anteriormente.

Os Estados também possuem a chamada competência residual, reservada ou remanescente. Está prevista no art. 25, § 1º, o qual cita que estão reservadas aos Estados as competências que não lhe sejam vedadas pela Constituição. Significa dizer que os Estados poderão fazer tudo aquilo que não for competência da União ou do Município:

Art. 25 [...]

§ 1º São reservadas aos Estados as competências que não lhes sejam vedadas por esta Constituição.

Em relação às competências administrativas dos Municípios, a Constituição previu duas espécies: Comum e Exclusiva. A competência comum está prevista no art. 23 e já foi vista anteriormente. A competência exclusiva está no art. 30, incisos III a IX da Constituição Federal de 1988:

Art. 30 *Compete aos Municípios:[...]*

III – Instituir e arrecadar os tributos de sua competência, bem como aplicar suas rendas, sem prejuízo da obrigatoriedade de prestar contas e publicar balancetes nos prazos fixados em lei;

IV – Criar, organizar e suprimir distritos, observada a legislação estadual;

V – Organizar e prestar, diretamente ou sob regime de concessão ou permissão, os serviços públicos de interesse local, incluído o de transporte coletivo, que tem caráter essencial;

VI – Manter, com a cooperação técnica e financeira da União e do Estado, programas de educação infantil e de ensino fundamental;

VII – Prestar, com a cooperação técnica e financeira da União e do Estado, serviços de atendimento à saúde da população;

VIII – Promover, no que couber, adequado ordenamento territorial, mediante planejamento e controle do uso, do parcelamento e da ocupação do solo urbano;

IX – Promover a proteção do patrimônio histórico-cultural local, observada a legislação e a ação fiscalizadora federal e estadual.

No âmbito das competências administrativas, temos as competências do Distrito Federal que são chamadas de híbridas. O Distrito Federal pode fazer tudo o que for de competência dos Estados ou dos Municípios.

ORGANIZAÇÃO POLÍTICO-ADMINISTRATIVA

9.1.5 Competências legislativas

Vejamos agora as competências legislativas de cada ente federativo. Primeiramente, no que diz respeito às competências legislativas da União, elas podem ser privativas ou concorrentes.

As competências privativas da União estão previstas no art. 22 da Constituição Federal de 1988 e possuem como característica principal a possibilidade de delegação mediante Lei Complementar aos Estados:

Art. 22 Compete privativamente à União legislar sobre:
I – Direito civil, comercial, penal, processual, eleitoral, agrário, marítimo, aeronáutico, espacial e do trabalho;
II – Desapropriação;
III – Requisições civis e militares, em caso de iminente perigo e em tempo de guerra;
IV – Águas, energia, informática, telecomunicações e radiodifusão;
V – Serviço postal;
VI – Sistema monetário e de medidas, títulos e garantias dos metais;
VII – Política de crédito, câmbio, seguros e transferência de valores;
VIII – Comércio exterior e interestadual;
IX – Diretrizes da política nacional de transportes;
X – Regime dos portos, navegação lacustre, fluvial, marítima, aérea e aeroespacial;
XI – Trânsito e transporte;
XII – Jazidas, minas, outros recursos minerais e metalurgia;
XIII – Nacionalidade, cidadania e naturalização;
XIV – Populações indígenas;
XV – Emigração e imigração, entrada, extradição e expulsão de estrangeiros;
XVI – Organização do sistema nacional de emprego e condições para o exercício de profissões;
XVII – Organização judiciária, do Ministério Público do Distrito Federal e dos Territórios e da Defensoria Pública dos Territórios, bem como organização administrativa destes;
XVIII – Sistema estatístico, sistema cartográfico e de geologia nacionais;
XIX – Sistemas de poupança, captação e garantia da poupança popular;
XX – Sistemas de consórcios e sorteios;
XXI – normas gerais de organização, efetivos, material bélico, garantias, convocação, mobilização, inatividades e pensões das polícias militares e dos corpos de bombeiros militares; (Redação dada pela Emenda Constitucional nº 103/2019)
XXII – Competência da polícia federal e das polícias rodoviária e ferroviária federais;
XXIII – Seguridade social;
XXIV – Diretrizes e bases da educação nacional;
XXV – Registros públicos;
XXVI – Atividades nucleares de qualquer natureza;
XXVII – Normas gerais de licitação e contratação, em todas as modalidades, para as administrações públicas diretas, autárquicas e fundacionais da União, Estados, Distrito Federal e Municípios, obedecido o disposto no art. 37, XXI, e para as empresas públicas e sociedades de economia mista, nos termos do art. 173, § 1º, III;
XXVIII – Defesa territorial, defesa aeroespacial, defesa marítima, defesa civil e mobilização nacional;
XXIX – Propaganda comercial.
XXX – proteção e tratamento de dados pessoais. (Incluído pela Emenda Constitucional nº 115/2022)
Parágrafo único. Lei complementar poderá autorizar os Estados a legislar sobre questões específicas das matérias relacionadas neste artigo.

As competências concorrentes, previstas no art. 24 da Constituição, podem ser exercidas de forma concorrentes pela União, pelos Estados e pelo Distrito Federal. Atenção: Município não possui competência concorrente. Vejamos o que diz o citado artigo:

Art. 24 Compete à União, aos Estados e ao Distrito Federal legislar concorrentemente sobre:
I – Direito tributário, financeiro, penitenciário, econômico e urbanístico;
II – Orçamento;
III – Juntas comerciais;
IV – Custas dos serviços forenses;
V – Produção e consumo;
VI – Florestas, caça, pesca, fauna, conservação da natureza, defesa do solo e dos recursos naturais, proteção do meio ambiente e controle da poluição;
VII – Proteção ao patrimônio histórico, cultural, artístico, turístico e paisagístico;
VIII – Responsabilidade por dano ao meio ambiente, ao consumidor, a bens e direitos de valor artístico, estético, histórico, turístico e paisagístico;
IX – Educação, cultura, ensino, desporto, ciência, tecnologia, pesquisa, desenvolvimento e inovação;
X – Criação, funcionamento e processo do juizado de pequenas causas;
XI – Procedimentos em matéria processual;
XII – Previdência social, proteção e defesa da saúde;
XIII – Assistência jurídica e Defensoria pública;
XIV – Proteção e integração social das pessoas portadoras de deficiência;
XV – Proteção à infância e à juventude;
XVI – Organização, garantias, direitos e deveres das polícias civis.
§ 1º No âmbito da legislação concorrente, a competência da União limitar-se-á a estabelecer normas gerais.
§ 2º A competência da União para legislar sobre normas gerais não exclui a competência suplementar dos Estados.
§ 3º Inexistindo lei federal sobre normas gerais, os Estados exercerão a competência legislativa plena, para atender a suas peculiaridades.
§ 4º A superveniência de lei federal sobre normas gerais suspende a eficácia da lei estadual, no que lhe for contrário.

No âmbito das competências concorrentes, algumas regras são fundamentais para a prova. Aqui, a participação da União é no sentido de fixar normas gerais, ficando os Estados com a competência de suplementar a legislação federal. Caso a União não legisle sobre determinada matéria de competência concorrente, nasce para o Estado o direito de legislar de forma plena sobre a matéria. Contudo, resolvendo a União legislar sobre matéria já regulada pelo Estado, a lei estadual ficará com sua eficácia suspensa pela lei federal nos pontos discordantes. Deve-se ter cuidado com esse último ponto. Não ocorre revogação da lei estadual pela lei federal, haja vista não existir hierarquia entre leis de entes federativos distintos. O que ocorre, como bem explicitou a Constituição Federal, é a suspensão da eficácia.

Quanto às competências dos Estados, há as seguintes espécies: residual, por delegação da União, concorrente suplementar e expressa.

A competência residual dos Estados é também chamada de competência remanescente ou reservada. Está prevista no art. 25, § 1º, que prevê que aos estados serão reservadas todas as competências que não sejam previstas a União ou aos municípios. Deve-se lembrar que esse dispositivo fundamenta tanto as competências materiais quanto as legislativas:

Art. 25 [...]
§ 1º São reservadas aos Estados as competências que não lhes sejam vedadas por esta Constituição.

Outra competência dos Estados é a por delegação da União, que decorre da possibilidade de serem delegadas as competências privativas

NOÇÕES DE DIREITO CONSTITUCIONAL

da União mediante Lei Complementar. Encontra-se prevista no art. 22, parágrafo único:

>*Art. 22 [...]*
>
>**Parágrafo único.** *Lei complementar poderá autorizar os Estados a legislar sobre questões específicas das matérias relacionadas neste artigo.*

Temos ainda as competências concorrentes suplementares previstas no art. 24, § 2º da Constituição Federal de 1988. Essas suplementam a competência legislativa da União no âmbito das competências concorrentes permitindo, inclusive, que os Estados legislem de forma plena quando não existir lei federal sobre o assunto:

>*Art. 24 [...]*
>
>*§ 2º A competência da União para legislar sobre normas gerais não exclui a competência suplementar dos Estados.*
>
>*§ 3º Inexistindo lei federal sobre normas gerais, os Estados exercerão a competência legislativa plena, para atender a suas peculiaridades.*

Há também as competências expressas dos Estados, as quais podem ser encontradas nos art. 18, § 4º e 25, §§ 2º e 3º da Constituição Federal:

>*Art. 18 [...]*
>
>*§ 4º A criação, a incorporação, a fusão e o desmembramento de Municípios, far-se-ão por lei estadual, dentro do período determinado por Lei Complementar Federal, e dependerão de consulta prévia, mediante plebiscito, às populações dos Municípios envolvidos, após divulgação dos Estudos de Viabilidade Municipal, apresentados e publicados na forma da lei.*
>
>*Art. 25, § 2º Cabe aos Estados explorar diretamente, ou mediante concessão, os serviços locais de gás canalizado, na forma da lei, vedada a edição de medida provisória para a sua regulamentação.*
>
>*§ 3º Os Estados poderão, mediante lei complementar, instituir regiões metropolitanas, aglomerações urbanas e microrregiões, constituídas por agrupamentos de municípios limítrofes, para integrar a organização, o planejamento e a execução de funções públicas de interesse comum.*

Para os Municípios, a Constituição previu dois tipos de competência legislativa: exclusiva e suplementar. A legislativa exclusiva dos Municípios está prevista no art. 30, I, o qual menciona que os Municípios possuem competência para legislar sobre assuntos de interesse local:

>*Art. 30 Compete aos Municípios:*
>
>*I – Legislar sobre assuntos de interesse local.*

A competência legislativa suplementar está prevista no art. 30, II, que permite aos Municípios legislar de forma suplementar a Legislação Federal e Estadual:

>*Art. 30 Compete aos Municípios: [...]*
>
>*II – Suplementar a legislação federal e a estadual no que couber.*

Por fim, nós há a competência legislativa do Distrito Federal que, conforme já dito, é híbrida, permitindo ao Distrito Federal legislar sobre as matérias de competência dos estados e dos municípios. Apesar dessa competência ampla, a Constituição resolveu estabelecer algumas limitações a sua autonomia legislativa excluindo algumas matérias de sua competência. Segundo o art. 21, incisos XIII e XIV da Constituição Federal de 1988, o Distrito Federal não possui competência para organizar e legislar sobre alguns dos seus órgãos: Poder Judiciário, Polícia Militar, Corpo de Bombeiros Militar e Polícia Civil.

>*Art. 21 Compete à União:[...]*
>
>*XIII – Organizar e manter o Poder Judiciário, o Ministério Público do Distrito Federal e dos Territórios e a Defensoria Pública dos Territórios.*
>
>*XIV – organizar e manter a polícia civil, a polícia penal, a polícia militar e o corpo de bombeiros militar do Distrito Federal, bem como prestar assistência financeira ao Distrito Federal para a execução de serviços públicos, por meio de fundo próprio;*

> **Dicas para os concursos**
>
> Não se deve confundir as competências exclusivas com as privativas da União. **Competência exclusiva** é administrativa e indelegável. **Competência privativa** é legislativa e delegável. Não se deve confundir as **competências comuns** com as **concorrentes**. **Competência comum** é comum a todos os entes e é administrativa. **Competência concorrente** é só para União, estados e o Distrito Federal além de ser legislativa. Município tem competência comum, mas não tem concorrente.

Competências administrativas
- União
  - Exclusiva (art. 21)
  - Comum (art. 23)
- Estados
  - Comum (art. 23)
  - Residual, reservada, remanescente (art. 25, §1º)
- Municípios
  - Comum (art. 23)
  - Exclusiva (art. 30, III-IX)
- Distrito Federal
  - Competência híbrida

Competências legislativas
- União
  - Privativa (art. 22)
  - Concorrente (art. 24)
- Estados
  - Concorrente suplementar (art. 24)
  - Residual reservada remanescente (art. 25, §1º)
  - Por delegação da União (art. 22, parágrafo único)
  - Expressos (art. 25, §§2º e 3º)
- Municípios
  - Exclusiva (art. 30, I)
  - Suplementar ao Estado (art. 30, II)
- Distrito Federal
  - Competência híbrida (Estados e Municípios)

9.2 Intervenção

A Constituição Federal de 1988 está assentada no princípio federativo como forma de Estado adotada no Brasil. O fato de sermos uma federação reflete inúmeras características, dentre as quais se destaca a autonomia de cada ente federativo. A autonomia é atributo inerente aos entes federativos que exclui a possibilidade de hierarquia entre eles bem como a possibilidade de intervenção de um ente federativo no outro.

A regra constitucional é a da não intervenção. Contudo, excepcionalmente, a Constituição Federal de 1988 previu hipóteses taxativas que permitem a um ente federativo intervir em outro ente em situações que visem à preservação da unidade do pacto federativo, a garantia da soberania nacional e de princípios fundamentais.

ORGANIZAÇÃO POLÍTICO-ADMINISTRATIVA

A União poderá intervir nos estados e no Distrito Federal e os estados poderão intervir em seus Municípios. A União não pode intervir em município, salvo se for um município pertencente a Território Federal. Destaca-se, novamente, que a possibilidade de intervenção é uma exceção e só poderá ocorrer nas hipóteses taxativamente elencadas na Constituição Federal de 1988.

Outra regra comum às intervenções é que a competência para as decretar é exclusiva do chefe do Poder Executivo. Se a intervenção é federal, a competência para decretar é do Presidente da República. Se a intervenção é estadual, a competência é do Governador de Estado.

A seguir serão abordadas as espécies de intervenção.

9.2.1 Intervenção federal

A intervenção federal é a intervenção da União nos Estados ou nos Municípios pertencentes aos Territórios Federais e será decretada pelo Presidente da República.

Como dito anteriormente, a possibilidade de intervenção federal constitui exceção prevista em rol taxativo, conforme disposto no art. 34:

> *Art. 34 A União não intervirá nos Estados nem no Distrito Federal, exceto para:*
> *I – Manter a integridade nacional;*
> *II – Repelir invasão estrangeira ou de uma unidade da Federação em outra;*
> *III – Pôr termo a grave comprometimento da ordem pública;*
> *IV – Garantir o livre exercício de qualquer dos Poderes nas unidades da Federação;*
> *V – Reorganizar as finanças da unidade da Federação que:*
> *a) suspender o pagamento da dívida fundada por mais de dois anos consecutivos, salvo motivo de força maior;*
> *b) deixar de entregar aos Municípios receitas tributárias fixadas nesta Constituição, dentro dos prazos estabelecidos em lei;*
> *VI – Prover a execução de lei federal, ordem ou decisão judicial;*
> *VII – Assegurar a observância dos seguintes princípios constitucionais:*
> *a) forma republicana, sistema representativo e regime democrático;*
> *b) direitos da pessoa humana;*
> *c) autonomia municipal;*
> *d) prestação de contas da Administração Pública, direta e indireta;*
> *e) aplicação do mínimo exigido da receita resultante de impostos estaduais, compreendida a proveniente de transferências, na manutenção e desenvolvimento do ensino e nas ações e serviços públicos de saúde.*

A partir desse artigo, a doutrina classificou a intervenção federal em dois tipos:

- **Intervenção federal espontânea:** ou de ofício, é aquela em que o Chefe do Poder Executivo, de forma discricionária, decreta a intervenção independentemente de provocação de outros órgãos. A decretação de ofício ocorrerá nas hipóteses previstas nos incisos I, II, III do art. 34:

> *Art. 34 A União não intervirá nos Estados nem no Distrito Federal, exceto para:*
> *I – Manter a integridade nacional;*
> *II – Repelir invasão estrangeira ou de uma unidade da Federação em outra;*
> *III – Pôr termo a grave comprometimento da ordem pública.*

- **Intervenção federal provocada:** é aquela que depende da provocação dos órgãos legitimados pela Constituição Federal de 1988, conforme o art. 36:

> *Art. 36 A decretação da intervenção dependerá:*
> *I – No caso do art. 34, IV, de solicitação do Poder Legislativo ou do Poder Executivo coacto ou impedido, ou de requisição do Supremo Tribunal Federal, se a coação for exercida contra o Poder Judiciário;*
> *II – No caso de desobediência a ordem ou decisão judiciária, de requisição do Supremo Tribunal Federal, do Superior Tribunal de Justiça ou do Tribunal Superior Eleitoral;*
> *III – De provimento, pelo Supremo Tribunal Federal, de representação do Procurador-geral da República, na hipótese do art. 34, VII, e no caso de recusa à execução de lei federal.*

A provocação se dá por meio de solicitação ou requisição. A solicitação não obriga o Presidente da República a decretar a medida, ao contrário da requisição, que está revestida de obrigatoriedade na qual caberá ao presidente apenas executá-la.

A decretação de intervenção federal por solicitação ocorrerá na hipótese do art. 34, inciso IV, a qual compete ao Poder Executivo ou Legislativo das Unidades da Federação solicitar a execução da medida quando se acharem coagidos ou impedidos de executarem suas atribuições constitucionais.

A decretação de intervenção federal por requisição ocorrerá nas hipóteses previstas no art. 34, incisos IV, VI e VII. No inciso IV, a requisição caberá ao Supremo Tribunal Federal quando a coação for exercida contra o Poder Judiciário. No inciso VI, a requisição virá do STF, STJ ou do TSE quando houver desobediência de ordem judicial. Nos incisos VI e VII, a requisição será do Supremo quando houver representação interventiva feita pelo Procurador Geral da República nos casos de recusa de execução de lei federal ou ofensa aos princípios sensíveis.

O decreto interventivo especificará todas as condições em que ocorrerá a medida e terá eficácia imediata após a sua decretação pelo Presidente da República. Após sua decretação, a medida será submetida a apreciação do Congresso Nacional no prazo de 24 horas:

> *Art. 36 [...]*
> *§ 1º O decreto de intervenção, que especificará a amplitude, o prazo e as condições de execução e que, se couber, nomeará o interventor, será submetido à apreciação do Congresso Nacional ou da Assembleia Legislativa do Estado, no prazo de vinte e quatro horas.*
> *§ 2º Se não estiver funcionando o Congresso Nacional ou a Assembleia Legislativa, far-se-á convocação extraordinária, no mesmo prazo de vinte e quatro horas.*

Caberá ao Congresso Nacional aprovar ou suspender a execução da Intervenção:

> *Art. 49 É da competência exclusiva do Congresso Nacional:[...]*
> *IV – Aprovar o estado de defesa e a intervenção federal, autorizar o estado de sítio, ou suspender qualquer uma dessas medidas.*

Nas hipóteses de intervenção decretada por requisição do Poder Judiciário previstas no art. 34, VI e VII, a Constituição dispensou a necessidade e apreciação do Congresso Nacional, destacando que, nesses casos, o decreto limitar-se-á a suspensão do ato impugnado, caso essa medida seja suficiente para conter a crise. Se a mera suspensão do ato não restabelecer a normalidade, poderão ser adotadas outras medidas com o mesmo objetivo:

> *Art. 36 [...]*
> *§ 3º Nos casos do art. 34, VI e VII, ou do art. 35, IV, dispensada a apreciação pelo Congresso Nacional ou pela Assembleia Legislativa, o decreto limitar-se-á a suspender a execução do ato impugnado, se essa medida bastar ao restabelecimento da normalidade.*

Não podemos esquecer que nos casos de intervenção espontânea ou provocada por solicitação, o Presidente deverá consultar, antes da decretação, o Conselho da República e o Conselho da Defesa Nacional que emitirão parecer opinativo sobre a situação:

> *Art. 90 Compete ao Conselho da República pronunciar-se sobre:*
> *I – Intervenção federal, estado de defesa e estado de sítio;*

Art. 91 [...]
§ 1º Compete ao Conselho de Defesa Nacional:[...]
II – Opinar sobre a decretação do estado de defesa, do estado de sítio e da intervenção federal.

Cessando a crise, a ordem será restabelecida, inclusive com o retorno das autoridades públicas afastadas, caso não possuam outra incompatibilidade:

Art. 36 [...]
§ 4º Cessados os motivos da intervenção, as autoridades afastadas de seus cargos a estes voltarão, salvo impedimento legal.

Apesar de a Constituição Federal não mencionar sobre a possibilidade de controle judicial da intervenção, seria possível que ocorresse este controle caso os limites constitucionais estabelecidos fossem desrespeitados. Ressalta-se que contra a intervenção em si não cabe atuação do Poder Judiciário, considerando ser essa uma medida de natureza política.

9.2.2 Intervenção estadual

A intervenção estadual poderá ocorrer nos Municípios localizados em seu território mediante decreto do Governador do Estado nas hipóteses previstas no art. 35:

Art. 35 O Estado não intervirá em seus Municípios, nem a União nos Municípios localizados em Território Federal, exceto quando:
I – Deixar de ser paga, sem motivo de força maior, por dois anos consecutivos, a dívida fundada;
II – Não forem prestadas contas devidas, na forma da lei;
III – Não tiver sido aplicado o mínimo exigido da receita municipal na manutenção e desenvolvimento do ensino e nas ações e serviços públicos de saúde;
IV – O Tribunal de Justiça der provimento a representação para assegurar a observância de princípios indicados na Constituição Estadual, ou para prover a execução de lei, de ordem ou de decisão judicial.

Devem ser atendidos os mesmos requisitos da intervenção federal: temporariedade, controle político pelo legislativo e decreto do Chefe do Executivo.

Na hipótese do inciso IV, a intervenção dependerá de representação interventiva do Procurador-geral de Justiça, sendo dispensada a apreciação da Assembleia Legislativa. Segundo o STF, essa decisão do Tribunal de Justiça que autoriza a intervenção do Estado no Município possui natureza político-administrativa e tem caráter definitivo, sendo insuscetível de recurso extraordinário para o STF.

ADMINISTRAÇÃO PÚBLICA

10 ADMINISTRAÇÃO PÚBLICA

10.1 Conceito

Primeiramente, faz-se necessário conceituar a Administração Pública, remetendo ao *caput* do art. 37, Constituição Federal de 1988.

> *Art. 37 A Administração Pública direta e indireta de qualquer dos Poderes da União, dos Estados, do Distrito Federal e dos Municípios obedecerá aos princípios de legalidade, impessoalidade, moralidade, publicidade e eficiência e, também, ao seguinte:*

Neste primeiro momento, deve-se entender que alguns termos que aparecem no art. 37. O conceito da Administração Pública deve ser visto sob dois aspectos. Sob a perspectiva objetiva, a Administração Pública constitui a atividade desenvolvida pelo poder público, que tem como função a satisfação do interesse público. Sob a perspectiva subjetiva, Administração Pública é o conjunto de órgãos e pessoas jurídicas que desempenham a atividade administrativa. Interessa aqui conhecer a Administração Pública sob essa última perspectiva, a qual se classifica em Administração Direta e Indireta.

- **Administração Pública Direta**: é formada por pessoas jurídicas de direito público, ou pessoas políticas, entes que possuem personalidade jurídica e autonomia própria. São entes da Administração Pública Direta a União, os Estados, o Distrito Federal e os municípios. Esses entes são pessoas jurídicas de Direito Público que exercem as atividades administrativas por meio dos órgãos e agentes pertencentes aos Poderes Executivo, Legislativo e Judiciário. Os órgãos não são dotados de personalidade jurídica própria, pois agem em nome da pessoa jurídica a qual estão vinculados.
- **Administração Pública Indireta:** é formada por pessoas jurídicas próprias, de direito público ou privado, que executam atividades do Estado por meio da descentralização administrativa. São os entes da Administração Indireta as Autarquias, Fundações Públicas, Sociedades de Economia Mista e Empresas Públicas.

Segundo a Constituição Federal de 1988, a Administração Pública, seja ela direta ou indireta, pertencente a qualquer dos Poderes, deverá obedecer aos Princípios da legalidade, impessoalidade, moralidade, publicidade e eficiência, os quais serão estudados agora.

10.2 Princípios expressos da Administração Pública

Os princípios que regem a Administração Pública são verdadeiros parâmetros que orientam o desenvolvimento da atividade administrativa, os quais são de observância obrigatória. A Administração é regida por princípios expressos e princípios implícitos. Primeiramente vamos analisar os princípios expressos no texto constitucional, que são: legalidade, impessoalidade, moralidade, publicidade e eficiência.

10.2.1 Legalidade

Esse é o primeiro princípio expresso na Constituição Federal para a Administração Pública. Para se entender o princípio da legalidade, é preciso analisar suas duas acepções: a legalidade em relação aos particulares e a legalidade em relação à Administração Pública.

Para os particulares, a legalidade remete ao art. 5º da Constituição: significa que ele poderá fazer tudo o que não for proibido por lei, conforme já previa o art. 5º, inciso II da Constituição Federal de 1988:

> *II – ninguém será obrigado a fazer ou deixar de fazer alguma coisa senão em virtude de lei.*

Já em relação à Administração Pública, a legalidade impõe uma conduta mais rigorosa exigindo que se faça apenas o que estiver determinado por lei ou que seja permitido pela lei: quando se fala em lei, trata-se daquela em sentido estrito, ou em sentido formal, porque há exceções à aplicação do princípio da legalidade que já apareceram em prova, como a medida provisória, o estado de defesa e o estado de sítio; por isso, esse princípio não deve ser encarado de forma absoluta.

A medida provisória é exceção, pois é ato emitido pelo chefe do Poder Executivo, porque com sua publicação já produz efeitos na sociedade; em seguida, temos os sistemas constitucionais de crises, sendo exceções, porque o decreto que rege essas medidas prevê algumas situações excepcionais, com amparo constitucional, então são exceções à legalidade, mas com fundamento constitucional. O agente público, ao agir, deverá pautar sua conduta segundo a lei.

10.2.2 Impessoalidade

Esse princípio exige do administrador uma postura isenta de interesses pessoais. Ele não poderá agir com o fim de atender suas próprias vontades. Agir de forma impessoal é agir visando a atender o interesse público. A impessoalidade deve ser enxergada sob duas perspectivas: finalidade da atuação administrativa e proibição da promoção pessoal. A impessoalidade deve ser vista sob duas perspectivas: primeiro, a impessoalidade se confunde com o interesse público; segundo, a impessoalidade é a proibição da autopromoção, ou seja, vedação à promoção pessoal.

A título exemplificativo, para a finalidade da atuação administrativa, que será sempre a satisfação do interesse público em benefício da coletividade, é que se realizam os concursos públicos para contratação de pessoal e licitação para contratação dos serviços pela Administração Pública, são formas exigidas por lei que garantem o referido princípio. Isso impede que o administrador atue satisfazendo seus interesses pessoais.

Nesse sentido, fica proibida a vinculação da imagem do administrador a obras e propagandas não se permitindo também a vinculação da sigla do partido. Ressalte-se ainda o teor da Súmula Vinculante nº 13 do STF, que veda a prática de nepotismo:

> *Súmula Vinculante nº 13 A nomeação de cônjuge, companheiro ou parente em linha reta, colateral ou por afinidade, até o terceiro grau, inclusive, da autoridade nomeante ou de servidor da mesma pessoa jurídica, investido em cargo de direção, chefia ou assessoramento, para o exercício de cargo em comissão ou de confiança, ou, ainda, de função gratificada na Administração Pública direta e indireta, em qualquer dos Poderes da União, dos Estados, do Distrito Federal e dos municípios, compreendido o ajuste mediante designações recíprocas, viola a Constituição Federal.*

A impessoalidade também proíbe a promoção pessoal. O administrador público não poderá se utilizar da máquina administrativa para promover sua própria imagem. Veja o que diz o art. 37, § 1º diz:

> *§1º A publicidade dos atos, programas, obras, serviços e campanhas dos órgãos públicos deverá ter caráter educativo, informativo ou de orientação social, dela não podendo constar nomes, símbolos ou imagens que caracterizem promoção pessoal de autoridades ou servidores públicos.*

Notemos que esse parágrafo tem como objetivo trazer de forma expressa a proibição da vinculação da imagem do agente público com as obras e serviços realizadas durante seu mandato, nesse sentido, já existe proibição da utilização inclusive da sigla do partido.

10.2.3 Moralidade

Não é possível se definir o que é, mas é possível compreender por meio da interpretação das normas. Esse princípio prevê que o

NOÇÕES DE DIREITO CONSTITUCIONAL

administrador deve agir conforme os fins públicos. Por esse princípio, ao administrador não basta fazer tudo conforme a lei. É importante o faça de boa-fé, respeitando os preceitos éticos, com probidade e justiça. E aqui não se fala em moral comum, mas em uma moral jurídica ou política.

A não observância do referido princípio poderá ser combatida por meio da Ação Popular, conforme prevê o art. 5º, inciso LXXIII da Constituição Federal de 1988:

> LXXIII – Qualquer cidadão é parte legítima para propor ação popular que vise a anular ato lesivo ao patrimônio público ou de entidade de que o Estado participe, à moralidade administrativa, ao meio ambiente e ao patrimônio histórico e cultural, ficando o autor, salvo comprovada má-fé, isento de custas judiciais e do ônus da sucumbência.

Ressalte-se também que, se o agente público agir em desconformidade com o princípio de moralidade, sua conduta poderá ensejar a ação de improbidade administrativa, a qual é punida nos termos do art. 37, § 4º:

> § 4º Os atos de improbidade administrativa importarão a suspensão dos direitos políticos, a perda da função pública, a indisponibilidade dos bens e o ressarcimento ao erário, na forma e gradação previstas em lei, sem prejuízo da ação penal cabível.

10.2.4 Publicidade

A publicidade como princípio também poderá ser analisada sob duas acepções: a primeira delas é a publicidade como condição de eficácia do ato administrativo; a segunda, como forma de se garantir a transparência destes mesmos atos.

Como condição de eficácia do ato administrativo, a publicidade muito aparece em prova; o examinador costuma dizer que a publicidade é requisito de validade do ato administrativo, mas isso é errado, porque validade e eficácia são diferentes. A publicidade é necessária, pois é a forma de tornar conhecido o conteúdo do ato, principalmente se esse ato for capaz de produzir efeitos externos ou que ensejem ônus para o patrimônio público. Em regra, a publicidade se dá pelos meios de comunicação oficiais, como o Diário Oficial da União.

A publicidade também tem a função de garantir a transparência do ato administrativo. É uma forma dos administrados fiscalizarem a atuação do poder público. Apesar de sua importância, nesse aspecto a publicidade encontra limitação na própria Constituição que prevê a possibilidade de sigilo dos atos administrativos todas as vezes que for necessário para preservar a segurança da sociedade e do Estado:

> Art. 5º [...]
> XXXIII – Todos têm direito a receber dos órgãos públicos informações de seu interesse particular, ou de interesse coletivo ou geral, que serão prestadas no prazo da lei, sob pena de responsabilidade, ressalvadas aquelas cujo sigilo seja imprescindível à segurança da sociedade e do Estado.

10.2.5 Eficiência

O princípio da eficiência foi o último incluído no rol dos princípios, em razão da reforma administrativa promovida pela Emenda Constitucional nº 19/1998. A sua inserção como princípio expresso está relacionada a necessidade de produção de resultados satisfatórios a sociedade. A Administração Pública deve ter produtividade em suas atividades como se fosse iniciativa privada.

Como forma de garantir uma nova postura na prestação dos seus serviços, esse princípio exige que as ações sejam praticadas com celeridade, perfeição, visando a atingir ótimos resultados, sempre tendo como destinatário o bem-estar do administrado. A celeridade dos processos encontra-se prevista no art. 5º, inciso LXXVIII da Constituição Federal de 1988:

> LXXVIII – A todos, no âmbito judicial e administrativo, são assegurados a razoável duração do processo e os meios que garantam a celeridade de sua tramitação.

Em respeito ao princípio da eficiência, a Constituição Federal previu formas de participação do administrado como fiscal da Administração Pública:

> Art. 37 [...]
> § 3º A lei disciplinará as formas de participação do usuário na Administração Pública direta e indireta, regulando especialmente:
> I – As reclamações relativas à prestação dos serviços públicos em geral, asseguradas a manutenção de serviços de atendimento ao usuário e a avaliação periódica, externa e interna, da qualidade dos serviços;
> II – O acesso dos usuários a registros administrativos e a informações sobre atos de governo, observado o disposto no art. 5º, X e XXXIII;
> III – A disciplina da representação contra o exercício negligente ou abusivo de cargo, emprego ou função na Administração Pública.

Decorre desse princípio, ainda, a necessidade de avaliação de desempenho para concessão da estabilidade ao servidor público em estágio probatório, bem como a existência da avaliação periódica de desempenho como uma das condições para perda do cargo nos termos do art. 41 da Constituição Federal de 1988:

> **Art. 41** São estáveis após três anos de efetivo exercício os servidores nomeados para cargo de provimento efetivo em virtude de concurso público.
> § 1º O servidor público estável só perderá o cargo:
> I – Em virtude de sentença judicial transitada em julgado;
> II – Mediante processo administrativo em que lhe seja assegurada ampla defesa;
> III – Mediante procedimento de avaliação periódica de desempenho, na forma de lei complementar, assegurada ampla defesa.
> § 2º Invalidada por sentença judicial a demissão do servidor estável, será ele reintegrado, e o eventual ocupante da vaga, se estável, reconduzido ao cargo de origem, sem direito a indenização, aproveitado em outro cargo ou posto em disponibilidade com remuneração proporcional ao tempo de serviço.
> § 3º Extinto o cargo ou declarada a sua desnecessidade, o servidor estável ficará em disponibilidade, com remuneração proporcional ao tempo de serviço, até seu adequado aproveitamento em outro cargo.
> § 4º Como condição para a aquisição da estabilidade, é obrigatória a avaliação especial de desempenho por comissão instituída para essa finalidade.

Princípios expressos

Legalidade → fazer aquilo que a lei determina.
Impessoalidade → agir conforme fins públicos/vedação à promoção pessoal.
Moralidade → agir conforme a ética, a probidade e a justiça.
Publicidade → condição de eficácia dos atos/garantia da transparência.
Eficiência → gestão de bons resultados.

10.3 Princípios implícitos da Administração Pública

Além dos princípios expressamente previstos no *caput* do art. 37 da Constituição Federal de 1988 (legalidade, impessoalidade, moralidade, publicidade e eficiência), a doutrina elenca outros como princípios gerais de direito que decorrem da interpretação constitucional. Vejamos a seguir.

10.3.1 Supremacia do interesse público

Esse princípio é tido pela doutrina como um dos pilares do regime jurídico administrativo. Nesse sentido, o Estado representa o interesse

ADMINISTRAÇÃO PÚBLICA

público ou da coletividade, e a coletividade, em regra, deve prevalecer sobre o interesse privado. A Administração Pública, em sua relação com os administrados tem prevalência sobre o interesse privado.

O Regime Democrático adotado no Estado brasileiro confere à Administração Pública o poder de representar os interesses da sociedade, é nessa relação que vamos desenvolver a supremacia do interesse público, que decorre da relação de verticalidade entre o Estado e os particulares.

Esse princípio não goza de caráter absoluto, pois o Estado também age como se fosse particular em suas relações jurídicas, geralmente econômicas, por exemplo, o Estado não pode abusar da autoridade estatal sobre os direitos e princípios fundamentais dos administrados, já que esses são os limites da supremacia do interesse público.

Decorre desse princípio o poder de império exercido pela Administração Pública, a qual poderá impor sua vontade ao particular de forma coercitiva, podendo inclusive restringir seus direitos e impor obrigações, como ocorre no caso da desapropriação e requisição administrativa. Logicamente, esse princípio não goza de caráter absoluto, não tendo aplicabilidade nos atos praticados de mera gestão administrativa ou quando o poder público atua como particular nas relações econômicas.

10.3.2 Indisponibilidade do interesse público

Juntamente com a Supremacia do interesse público, o Princípio da indisponibilidade do interesse público forma a base do regime jurídico-administrativo. Por esse princípio, a Administração Pública não pode ser vista como dona da coisa pública, mas apenas gestora. A coisa pública pertence ao povo, e o Estado é o responsável pelo cuidado ou gestão da coisa pública.

Como limitação a esse princípio, existe o princípio da legalidade, que determina os passos e em que condições a Administração Pública pode se utilizar dos bens públicos, sempre respeitando a indisponibilidade do interesse público. Destaca-se ainda o papel que esse princípio exerce como limitador do princípio da supremacia do interesse público.

Um ponto importante a respeito desse princípio é que os bens públicos são indisponíveis, não pertencendo aos seus administradores ou aos seus agentes os quais estão proibidos, inclusive de renunciar a qualquer direito ou prerrogativa inerente ao Poder Público.

Na desapropriação, a Administração Pública pode retirar o bem de uma pessoa pelo fundamento da Supremacia do interesse público, por outro lado, em razão da Indisponibilidade do interesse público, há vedação à Administração Pública no sentido de não se apropriar de tal bem sem que o particular seja indenizado.

10.3.3 Razoabilidade e proporcionalidade

Esses princípios são, por vezes, vistos em separado pela doutrina; eles servem para a limitação da atuação administrativa, e devem ser vistos em conjunto, como unidade. A razoabilidade e a proporcionalidade decorrem do princípio do devido processo legal e são utilizados, principalmente, como limitador da discricionariedade administrativa, ainda mais quando o ato limitado restringe os direitos do administrado. Trata-se, portanto, de uma ferramenta para controle de legalidade que pode gerar a nulidade do ato administrativo. Ao pensar em razoabilidade e proporcionalidade, deve-se pensar em dois elementos que os identificam: adequação e necessidade.

A melhor forma de verificar a sua utilização prática é no caso concreto. Imagine uma fiscalização sanitária realizada pelo poder público em que o administrado é flagrado cometendo um ilícito sanitário, ou seja, encontra um produto com o prazo de validade vencido.

Dependendo da infração cometida, será aplicada uma penalidade administrativa maior ou não. Com a aplicação dos princípios em tela, a penalidade deve ser necessária, adequada e equivalente à infração cometida. Os princípios garantem que a sanção aplicada não seja maior que a necessária para atingir o fim proposto pelo poder público. O que se busca é uma adequação entre os meios e os fins necessários, proibindo o excesso na aplicação das medidas.

Sem dúvida, esses princípios gerais de direito estão entre os mais utilizados atualmente nas decisões do Supremo Tribunal Federal, pois esses princípios são utilizados nas decisões para se adequar à lei ao caso concreto.

Em suma, esses princípios são a adequação dos meios com a finalidade proposta pela Administração Pública, com o fim de evitar os excessos cometidos pelo agente público. Em razão disso, também são conhecidos como a proibição do excesso, por isso, deve-se trabalhar a razoabilidade e a proporcionalidade como unidade.

10.3.4 Continuidade dos serviços públicos

Esse princípio se traduz pelo próprio nome. Ele exige que a atividade administrativa seja contínua, não sofra interrupções e seja adequada, com qualidade, para que não ocorram prejuízos tanto para a Administração quanto para os administrados. Apesar disso, há situações excepcionais, em que se permite a interrupção do serviço público. Existem limitações a esse princípio, tanto para a Administração, quanto para o particular que está incumbido de executar o serviço público, e sua atuação pode ser percebida no próprio direito de greve do servidor público que se encontra condicionado à observância da lei para ser exercido.

O poder de vinculação desse princípio é tão grande que o particular, ao prestar o serviço público por delegação, não poderá interrompê-lo ainda que a Administração Pública não cumpra sua parte no contrato. Significa dizer que o particular prejudicado no contrato administrativo **não poderá opor a exceção do contrato não cumprido**, ficando desobrigado apenas por decisão judicial transitada em julgado, ou seja, o particular não pode deixar de cumprir sua obrigação pelo não cumprimento por parte da administração, mas o particular pode deixar de prestar o serviço público quando determinado por decisão judicial.

O responsável pela prestação do serviço público só ficaria desobrigado da sua prestação em caso de emergência e desde que haja aviso prévio em situações de **segurança**, de **ordem técnica** ou mesmo por **inadimplência do usuário**.

10.3.5 Autotutela

Esse princípio permite que a Administração avalie e reveja seus próprios atos, tanto em relação à legalidade do ato, quanto ao aspecto do mérito. Essa possibilidade não impede o ato de ser apreciado pelo Poder Judiciário, limitando a verificação da legalidade, nunca o mérito. Quando o ato for revisto em razão de vício de legalidade, ocorre a anulação do ato, se a questão é de mérito (discricionariedade e oportunidade), a administração revoga seus atos.

Este princípio foi consagrado pelo Supremo por meio da Súmula Vinculante nº 473:

> **Súmula Vinculante nº 473, STF** *A administração pode anular seus próprios atos, quando eivados de vícios que os tornam ilegais, porque deles não se originam direitos; ou revogá-los, por motivo de conveniência ou oportunidade, respeitados os direitos adquiridos, e ressalvada, em todos os casos, a apreciação judicial.*

A autotutela dos atos administrativos não depende de provocação, podendo a administração analisar de ofício seus próprios atos. Essa é a ideia primordial da autotutela.

10.3.6 Segurança jurídica

Esse princípio tem fundamento inicial já no art. 5º da Constituição Federal de 1988, que decorre da própria garantia fundamental à Segurança Jurídica; no que tange a sua aplicabilidade na Administração Pública, esse princípio evoca a impossibilidade de a lei nova prejudicar o direito adquirido, o ato jurídico perfeito e a coisa julgada, ou seja, esse princípio veda a aplicação retroativa de nova interpretação da norma administrativa, para que o administrado não seja surpreendido com inovações jurídicas.

Por se tratar de um direito fundamental, a Administração Pública fica obrigada a assegurar o seu cumprimento sob pena de ser responsabilizada.

10.4 Regras aplicáveis aos servidores públicos

Passamos agora a analisar as regras aplicáveis aos servidores públicos, as quais estão previstas nos arts. 37 a 41 da Constituição Federal de 1988.

10.4.1 Cargos, empregos e funções

Os primeiros dispositivos relacionados aos servidores públicos e que foram apresentados pela Constituição Federal regulamentam o acesso a cargos, empregos e funções públicas. Vejamos o que diz o art. 37, I e II da Constituição Federal de 1988:

> *I – Os cargos, empregos e funções públicas são acessíveis aos brasileiros que preencham os requisitos estabelecidos em lei, assim como aos estrangeiros, na forma da lei;*
>
> *II – A investidura em cargo ou emprego público depende de aprovação prévia em concurso público de provas ou de provas e títulos, de acordo com a natureza e a complexidade do cargo ou emprego, na forma prevista em lei, ressalvadas as nomeações para cargo em comissão declarado em lei de livre nomeação e exoneração.*

Ao iniciarmos este estudo, uma distinção se faz necessária: qual a diferença entre cargo, emprego e função pública?

- **Cargo público** é a unidade de competência ofertada por uma pessoa jurídica de direito público e ocupada por um agente público que tenha sido criado por lei com denominação específica e quantidade certa. Quem ocupa um cargo público fez concurso público e é submetido a um regime estatutário e pode ser de provimento efetivo ou em comissão.
- **Emprego público**, por sua vez, é a unidade de competência desempenhada por agentes contratados sob regime celetista, ou seja, quem ocupa um emprego público possui uma relação trabalhista com a Administração Pública.
- **Função pública** é a atribuição ocupada por quem não possui cargo ou emprego público. Ocorre em duas situações: nas contratações temporárias e nas atividades de confiança.

Os cargos, empregos e funções são acessíveis a todos os brasileiros e estrangeiros que preencherem os requisitos previstos em lei. Aos estrangeiros, o acesso é limitado, essa é norma de eficácia limitada, pois depende de regulamentação, como professores ou pesquisadores em universidades e instituições de pesquisa científica e tecnológica. Destaca-se ainda que existem cargos privativos de brasileiros natos, os quais estão previstos no art. 12, § 3º da Constituição Federal de 1988: presidente e vice-Presidente da República, presidente da Câmara dos Deputados, Presidente do Senado Federal, ministro do STF, oficial das forças armadas, carreira diplomática e ministro do estado da defesa.

O acesso aos cargos e empregos públicos depende de aprovação em concurso público de provas ou de provas e títulos dependendo do cargo a ser ocupado. A realização do concurso não será necessária para o preenchimento de cargos em comissão, haja vista serem de livre nomeação e exoneração. Estão obrigados a contratar por meio de concurso toda a Administração Pública direta e indireta, seja do Poder Executivo, Legislativo, ou Judiciário, seja da União, estados, Distrito Federal e municípios.

É importante ressaltar, neste momento, que a função pública aqui tratada não pode ser confundida com a função que todo agente da Administração Pública detém, que é aquele conjunto de atribuições inerentes ao cargo ou emprego; neste momento a função pública foi tratada como diferenciação do cargo e do emprego públicos. Em seguida, é necessário ressaltar que os cargos em comissão dispensam o concurso público, que é meio exigido para que se ocupe um cargo ou empregos públicos.

10.4.2 Validade do concurso público

A Constituição Federal de 1988 previu prazo de validade para os concursos públicos. Vejamos o que diz o art. 37, incisos III e IV:

> *Art. 37 [...]*
>
> *III – O prazo de validade do concurso público será de até dois anos, prorrogável uma vez, por igual período;*
>
> *IV – Durante o prazo improrrogável previsto no edital de convocação, aquele aprovado em concurso público de provas ou de provas e títulos será convocado com prioridade sobre novos concursados para assumir cargo ou emprego, na carreira.*

O prazo de validade será de **até dois anos,** podendo ser prorrogado apenas uma vez, por igual período. O prazo de validade passa a ser contado a partir da homologação do resultado. Este é o prazo que a Administração Pública terá para contratar ou nomear os aprovados para o preenchimento do emprego ou do cargo público, respectivamente.

Segundo posicionamento do STF, quem é aprovado dentro do número de vagas previstas no edital possui direito subjetivo à nomeação durante o prazo de validade do concurso. Uma forma de burlar esse sistema encontrado pela Administração Pública tem sido a publicação de edital com cadastro de reserva, que gera apenas uma expectativa de direito para quem foi classificado no concurso público.

Segundo a Constituição Federal de 1988, durante o prazo improrrogável do concurso, os aprovados terão prioridade na convocação diante dos novos concursados, o que não impede a abertura de novos certames apesar de a Lei nº 8.112/1990 proibir a abertura de novo concurso enquanto houver candidato aprovado no concurso anterior e desde que esteja dentro do prazo de validade. Na prova, deve-se responder conforme for perguntado. Se for segundo a Constituição Federal, não há proibição de realização de novo concurso enquanto existir outro com prazo de validade aberto. Se perguntar segundo a Lei nº 8.112/1990, não se abrirá novo concurso enquanto houver candidato aprovado em concurso anterior com prazo de validade não expirado.

10.4.3 Reserva de vaga para deficiente

Essa regra sobre concurso público é uma das mais importantes de inclusão social previstas no texto constitucional; é regra de ação afirmativa que visa à inserção social dos portadores de necessidades especiais, e compensar a perda social que alguns grupos têm. Possuindo valor social relevante, diz respeito à reserva de vagas para pessoas com necessidades especiais, que não podem ser tratados da mesma forma que as pessoas que estão em pleno vigor físico. Aqui, a isonomia deve

ADMINISTRAÇÃO PÚBLICA

ser material observando a nítida diferença entre os deficientes e os que não são. Vejamos o que dispõe a Constituição a respeito desse tema:

Art. 37 [...]

VIII – A lei reservará percentual dos cargos e empregos públicos para as pessoas portadoras de deficiência e definirá os critérios de sua admissão.

Por se tratar de norma de eficácia limitada, a Constituição exigiu regulamentação para este dispositivo o que foi feito, no âmbito federal, pela Lei nº 8.112/1990:

Art. 5 [...]

§ 2º Às pessoas portadoras de deficiência é assegurado o direito de se inscrever em concurso público para provimento de cargo cujas atribuições sejam compatíveis com a deficiência de que são portadoras; para tais pessoas serão reservadas até 20% (vinte por cento) das vagas oferecidas no concurso.

Esse dispositivo garante a reserva de até 20% das vagas oferecidas no concurso para os deficientes. Complementando esta norma, foi publicado o Decreto Federal nº 3.298/1999 que fixou o mínimo de 5% das vagas para deficientes, exigindo nos casos em que esse percentual gerasse número fracionado, que fosse arredondado para o próximo número inteiro. Essa proteção gerou um inconveniente nos concursos com poucas vagas, fazendo com que o STF interviesse e decidisse no sentido de que se a observância do mínimo de 5% ultrapassar o máximo de 20% não será necessário fazer a reserva da vaga. Isso é perfeitamente visível em concursos com duas vagas. Se fosse reservado o mínimo, ter-se-ia pelo menos 1 vaga para deficiente, o que corresponderia a 50% das vagas, ultrapassando assim o limite de 20% estabelecido em lei.

10.4.4 Funções de confiança e cargos em comissão

A Constituição Federal de 1988 prevê a existência das funções de confiança e os cargos em comissão:

Art. 37 [...]

V – As funções de confiança, exercidas exclusivamente por servidores ocupantes de cargo efetivo, e os cargos em comissão, a serem preenchidos por servidores de carreira nos casos, condições e percentuais mínimos previstos em lei, destinam-se apenas às atribuições de direção, chefia e assessoramento.

Existem algumas peculiaridades entre esses dois institutos que sempre são cobrados em prova. As funções de confiança são privativas de ocupantes de cargo efetivo, ou seja, para aquele que fez concurso público; já os cargos em comissão podem ser ocupados por qualquer pessoa, apesar de a Constituição estabelecer que deve se reservar um percentual mínimo para os ocupantes de cargo efetivo. Tanto as funções de confiança como os cargos em comissão destinam-se às atribuições de **direção, chefia** e **assessoramento**.

- **Funções de confiança:** livres designação e livres dispensa – são apenas para servidores públicos ocupantes de cargos efetivos, os quais serão designados para seu exercício podendo ser dispensados a critério da Administração Pública.
- **Cargos em comissão:** são de livre nomeação e livre exoneração, podendo ser ocupados por qualquer pessoa, servidor público ou não. A ocupação de um cargo em comissão por pessoa não detentora de cargo de provimento efetivo não gera direito de ser efetivado, muito menos de adquirir a estabilidade.

10.4.5 Contratação por tempo determinado

Outra forma de ingresso no serviço público é por meio de contratação por tempo determinado. A Constituição prevê:

Art. 37, IX. A lei estabelecerá os casos de contratação por tempo determinado para atender a necessidade temporária de excepcional interesse público.

Nesse caso, temos uma norma de eficácia limitada, pois a Constituição não regulamenta, apenas prevê que uma lei vai regulamentar. Na contratação por tempo determinado, o contratado não ocupa cargo público nem possui vínculo trabalhista. Ele exercerá função pública de caráter temporário. Essa contratação tem que ser embasada em excepcional interesse público, questão emergencial. Em regra, faz-se o processo seletivo simplificado, podendo ser feito por meio de provas, entrevista ou até mesmo entrega de currículo; esse processo simplificado não pode ser confundido com o concurso público.

O seu contrato com a Administração Pública é regido por norma específica de regime especial que, no caso da esfera federal, será a Lei nº 8.745/1993. A referida lei traz várias hipóteses de contratação temporária para atender a essa necessidade excepcional.

10.5 Direitos sociais dos servidores públicos

Quando se fala em direitos sociais aplicáveis aos servidores públicos, significa dizer uma parcela dos direitos de natureza trabalhista prevista no art. 7º da Constituição Federal de 1988. Vejamos quais direitos sociais trabalhistas foram destinados a esses trabalhadores ocupantes de cargos públicos.

10.5.1 Direitos trabalhistas

A Constituição Federal não concedeu todos os direitos trabalhistas aos servidores públicos, mas apenas os previstos expressamente no texto constitucional no art. 39, § 3º:

Art. 39 [...]

§ 3º Aplica-se aos servidores ocupantes de cargo público o disposto no art. 7º, IV, VII, VIII, IX, XII, XIII, XV, XVI, XVII, XVIII, XIX, XX, XXII e XXX, podendo a lei estabelecer requisitos diferenciados de admissão quando a natureza do cargo o exigir.

Segundo esse dispositivo, foram garantidos os seguintes direitos sociais aos servidores públicos:

IV – Salário-mínimo, fixado em lei, nacionalmente unificado, capaz de atender a suas necessidades vitais básicas e às de sua família com moradia, alimentação, educação, saúde, lazer, vestuário, higiene, transporte e previdência social, com reajustes periódicos que lhe preservem o poder aquisitivo, sendo vedada sua vinculação para qualquer fim;

VII – Garantia de salário, nunca inferior ao mínimo, para os que percebem remuneração variável;

VIII – Décimo terceiro salário com base na remuneração integral ou no valor da aposentadoria;

IX – Remuneração do trabalho noturno superior à do diurno;

XII – Salário-família pago em razão do dependente do trabalhador de baixa renda nos termos da lei;

XIII – Duração do trabalho normal não superior a oito horas diárias e quarenta e quatro semanais, facultada a compensação de horários e a redução da jornada, mediante acordo ou convenção coletiva de trabalho;

XV – Repouso semanal remunerado, preferencialmente aos domingos;

XVI – Remuneração do serviço extraordinário superior, no mínimo, em cinquenta por cento à do normal;

XVII – Gozo de férias anuais remuneradas com, pelo menos, um terço a mais do que o salário normal;

XVIII – Licença à gestante, sem prejuízo do emprego e do salário, com a duração de cento e vinte dias;

XIX – Licença-paternidade, nos termos fixados em lei;

XX – Proteção do mercado de trabalho da mulher, mediante incentivos específicos, nos termos da lei;

XXII – Redução dos riscos inerentes ao trabalho, por meio de normas de saúde, higiene e segurança;

XXX – Proibição de diferença de salários, de exercício de funções e de critério de admissão por motivo de sexo, idade, cor ou estado civil.

A experiência de ler os incisos destinados aos servidores públicos é muito importante para que você acerte em prova. O fato de outros direitos trabalhistas do art. 7º não terem sido previstos no art. 39 não significa que tais direitos não sejam concedidos aos servidores públicos. Ocorre que alguns direitos trabalhistas conferidos aos servidores públicos estão disciplinados em outros lugares na própria Constituição ou em leis esparsas. A título de exemplo, pode-se citar o direito à aposentadoria, que apesar de não ter sido referido no art. 39, § 3º, encontra-se previsto expressamente no art. 40 da Constituição Federal de 1988.

10.5.2 Liberdade de associação sindical

A Constituição Federal garante aos servidores públicos o direito à associação sindical:

Art. 37 [...]
VI – É garantido ao servidor público civil o direito à livre associação sindical.

A Constituição Federal de 1988 concede ao servidor público civil o direito à associação sindical. Dessa forma, a livre associação profissional ou sindical não é garantida aos militares em razão da peculiaridade do seu regime jurídico, cuja vedação está prevista na própria Constituição Federal:

Art. 142 [...]
IV – Ao militar são proibidas a sindicalização e a greve.

Segundo a doutrina, trata-se de uma norma autoaplicável, a qual não depende de regulamentação para ser exercida, pois o servidor pode prontamente usufruir desse direito.

10.5.3 Direito de greve

Segundo o art. 37, inciso VII, da Constituição Federal de 1988:

VII – O direito de greve será exercido nos termos e nos limites definidos em lei específica;

O direito de greve, previsto na Constituição Federal aos servidores públicos, condiciona o seu exercício a uma norma regulamentadora, por isso é uma norma de eficácia limitada.

Como até o presente momento a necessária lei não foi publicada, o Supremo Tribunal Federal adotou a Teoria Concretista Geral, a partir da análise do Mandado de Injunção, e fez com que o direito de greve tivesse efetividade e conferiu efeito *erga omnes* à decisão, ou seja, os seus efeitos atingem todos os servidores públicos, ainda que aquele não tenha ingressado com ação judicial para exercer seu direito de greve.

A partir disso, segundo o STF, os servidores públicos de todo o país poderão se utilizar do seu direito de greve nos termos da Lei nº 7.783/1989, a qual regulamenta o direito de greve dos trabalhadores da iniciativa privada.

Ressalte-se que o direito de greve, juntamente com o de associação sindical, não se aplica aos militares pelos mesmos motivos já apresentados ao analisarmos o direito de liberdade de associação sindical.

10.5.4 Vedação à acumulação de cargos, empregos e funções públicas

A Constituição achou por bem regular a acumulação de cargos públicos no art. 37, incisos XVI e XVII:

XVI – É vedada a acumulação remunerada de cargos públicos, exceto, quando houver compatibilidade de horários, observado em qualquer caso o disposto no inciso XI:
a) a de dois cargos de professor;
b) a de um cargo de professor com outro técnico ou científico;
c) a de dois cargos ou empregos privativos de profissionais de saúde, com profissões regulamentadas;

XVII – A proibição de acumular estende-se a empregos e funções e abrange autarquias, fundações, empresas públicas, sociedades de economia mista, suas subsidiárias, e sociedades controladas, direta ou indiretamente, pelo poder público;

Segundo o texto constitucional, em regra, é vedada a acumulação de cargos públicos, ressalvadas as hipóteses previstas na própria Constituição Federal de 1988 e quando houver compatibilidade de horário.

Além dessas hipóteses, a CF/1988/1988 também previu a acumulação lícita em outros casos, observemos:

- **Magistrado + magistério:** é permitida a acumulação de um cargo de juiz com um de professor:

  Art. 95 [...]
  Parágrafo único. Aos juízes é vedado:
  I – Exercer, ainda que em disponibilidade, outro cargo ou função, salvo uma de magistério.

- **Membro do Ministério Público + Magistério:** é permitida a acumulação de um cargo de Membro do Ministério Público com um de professor:

  Art. 128 [...]
  § 5º. Leis complementares da União e dos Estados, cuja iniciativa é facultada aos respectivos Procuradores-Gerais, estabelecerão a organização, as atribuições e o estatuto de cada Ministério Público, observadas, relativamente a seus membros: [...]
  II – As seguintes vedações:
  d) exercer, ainda que em disponibilidade, qualquer outra função pública, salvo uma de magistério.

- **Cargo Eletivo + cargo, emprego ou função pública:** é permitida a acumulação de um cargo eletivo com um cargo emprego ou função pública:

  Art. 38 Ao servidor público da administração direta, autárquica e fundacional, no exercício de mandato eletivo, aplicam-se as seguintes disposições:
  I – Tratando-se de mandato eletivo federal, estadual ou distrital, ficará afastado de seu cargo, emprego ou função;
  II – Investido no mandato de Prefeito, será afastado do cargo, emprego ou função, sendo-lhe facultado optar pela sua remuneração;
  III – Investido no mandato de Vereador, havendo compatibilidade de horários, perceberá as vantagens de seu cargo, emprego ou função, sem prejuízo da remuneração do cargo eletivo, e, não havendo compatibilidade, será aplicada a norma do inciso anterior;
  IV – Em qualquer caso que exija o afastamento para o exercício de mandato eletivo, seu tempo de serviço será contado para todos os efeitos legais, exceto para promoção por merecimento;
  V – Na hipótese de ser segurado de regime próprio de previdência social, permanecerá filiado a esse regime, no ente federativo de origem.

A proibição de acumular se estende à percepção de remuneração e aposentadoria. Vejamos o que diz o §10º do art. 37:

§ 10 É vedada a percepção simultânea de proventos de aposentadoria decorrentes do art. 40 ou dos Arts. 42 e 142 com a remuneração de cargo, emprego ou função pública, ressalvados os cargos acumuláveis na forma desta Constituição, os cargos eletivos e os cargos em comissão declarados em lei de livre nomeação e exoneração.

Aqui, a acumulação dos proventos da aposentadoria com a remuneração será permitida nos casos em que são autorizadas a acumulação dos cargos, ou, ainda, quando acumular com cargo em comissão e cargo eletivo. Significa dizer ser possível a acumulação dos proventos da aposentadoria de um cargo, emprego ou função pública com a remuneração de cargo, emprego ou função pública.

A Constituição Federal de 1988 também vedou a percepção de mais de uma aposentadoria, ressalvados os casos de acumulação de

ADMINISTRAÇÃO PÚBLICA

cargos permitida, ou seja, o indivíduo pode acumular as aposentadorias dos cargos que podem ser acumulados:

> *Art. 40 [...]*
>
> *§ 6º Ressalvadas as aposentadorias decorrentes dos cargos acumuláveis na forma desta Constituição, é vedada a percepção de mais de uma aposentadoria à conta de regime próprio de previdência social, aplicando-se outras vedações, regras e condições para a acumulação de benefícios previdenciários estabelecidas no Regime Geral de Previdência Social.*

10.5.5 Estabilidade

Um dos maiores desejos de quem faz concurso público é alcançar a Estabilidade. Essa é a garantia que se dá aos titulares de cargo público, ou seja, ao servidor público. Essa garantia faz que o servidor tenha certa tranquilidade para usufruir do seu cargo com maior tranquilidade; o servidor passa exercer suas atividades sem a preocupação de perder seu cargo por qualquer simples motivo. Vejamos o que diz a Constituição Federal:

> *Art. 41 São estáveis após três anos de efetivo exercício os servidores nomeados para cargo de provimento efetivo em virtude de concurso público.*
>
> *§ 1º. O servidor público estável só perderá o cargo:*
>
> *I – Em virtude de sentença judicial transitada em julgado;*
>
> *II – Mediante processo administrativo em que lhe seja assegurada ampla defesa;*
>
> *III – Mediante procedimento de avaliação periódica de desempenho, na forma de lei complementar, assegurada ampla defesa.*
>
> *§ 2º Invalidada por sentença judicial a demissão do servidor estável, será ele reintegrado, e o eventual ocupante da vaga, se estável, reconduzido ao cargo de origem, sem direito a indenização, aproveitado em outro cargo ou posto em disponibilidade com remuneração proporcional ao tempo de serviço.*
>
> *§ 3º Extinto o cargo ou declarada a sua desnecessidade, o servidor estável ficará em disponibilidade, com remuneração proporcional ao tempo de serviço, até seu adequado aproveitamento em outro cargo.*
>
> *§ 4º Como condição para a aquisição da estabilidade, é obrigatória a avaliação especial de desempenho por comissão instituída para essa finalidade.*

O primeiro ponto relevante é que a estabilidade se adquire após três anos de efetivo exercício. Só adquire estabilidade quem ocupa um cargo público de provimento efetivo, após a aprovação em concurso público. Essa garantia não se estende aos titulares de emprego público nem aos que ocupam cargos em comissão de livre nomeação e exoneração.

Não confunda a estabilidade com estágio probatório. Esse é o período de avaliação inicial dentro do novo cargo a que o servidor concursado se sujeita antes de adquirir sua estabilidade. A Constituição Federal de 1988 não fala nada de estágio probatório, mas, para os servidores públicos federais, aplica-se o prazo previsto na Lei nº 8.112/1990. Aqui temos um problema. O referido estatuto dos servidores públicos federais prevê o prazo de 24 meses para o estágio probatório.

Contudo, tem prevalecido, na doutrina e na jurisprudência, o entendimento de que não tem como se dissociar o prazo do estágio probatório da aquisição da estabilidade, de forma que até o próprio STF e o STJ reconhecem que o prazo do estágio probatório foi revogado tacitamente pela Emenda Constitucional nº 19/1998 que alterou o prazo de aquisição da estabilidade para 3 anos. Reforça esse entendimento o fato de que a Advocacia-Geral da União já emitiu parecer vinculante determinando a aplicação do prazo de **três anos para o estágio probatório** em todo o Poder Executivo Federal, o que de fato acontece. Dessa forma, para prova o prazo do estágio probatório é de 3 anos.

Segundo o texto constitucional, é condição para a aquisição da estabilidade a avaliação especial de desempenhos aplicada por comissão instituída para essa finalidade.

O servidor estável só perderá o cargo nas hipóteses previstas na Constituição, as quais são:

- **Sentença judicial transitada em julgado.**
- **Procedimento administrativo disciplinar.**
- **Insuficiência de desempenho comprovada na avaliação periódica.**
- **Excesso de despesas com pessoal nos termos do art. 169, § 3º.**

10.6 Regras para servidores em exercício de mandato eletivo

Para os servidores públicos que estão no exercício de mandato eletivo, aplicam-se as seguintes regras:

> *Art. 38 Ao servidor público da administração direta, autárquica e fundacional, no exercício de mandato eletivo, aplicam-se as seguintes disposições:*
>
> *I – Tratando-se de mandato eletivo federal, estadual ou distrital, ficará afastado de seu cargo, emprego ou função;*
>
> *II – Investido no mandato de Prefeito, será afastado do cargo, emprego ou função, sendo-lhe facultado optar pela sua remuneração;*
>
> *III – Investido no mandato de Vereador, havendo compatibilidade de horários, perceberá as vantagens de seu cargo, emprego ou função, sem prejuízo da remuneração do cargo eletivo, e, não havendo compatibilidade, será aplicada a norma do inciso anterior;*
>
> *IV – Em qualquer caso que exija o afastamento para o exercício de mandato eletivo, seu tempo de serviço será contado para todos os efeitos legais, exceto para promoção por merecimento;*
>
> *V – Na hipótese de ser segurado de regime próprio de previdência social, permanecerá filiado a esse regime, no ente federativo de origem.*

Em suma:

- **Mandato Eletivo Federal, Estadual ou Distrital:** afasta-se do cargo, emprego ou função;
- **Mandato Eletivo Municipal**
  - **Prefeito:** Afasta-se do cargo, mas pode optar pela remuneração;
  - **Vereador:** Havendo compatibilidade de horário, pode exercer os dois cargos e cumular as duas remunerações respeitando os limites legais. Não havendo compatibilidade de horário, deverá afastar-se do cargo podendo optar pela remuneração de um dos dois.

Havendo o afastamento, a Constituição Federal de 1988 determina ainda que esse período seja contabilizado como tempo de serviço gerando todos seus efeitos legais, com exceção da promoção de merecimento, além de ser contabilizado para efeito de benefício previdenciário.

10.7 Regras de remuneração dos servidores públicos

A Constituição Federal de 1988 previu várias regras referentes a remuneração dos servidores públicos, que consta no art. 37, da CF/1988/1988, as quais são bem interessantes para serem cobradas em sua prova:

> *X – A remuneração dos servidores públicos e o subsídio de que trata o § 4º do art. 39 somente poderão ser fixados ou alterados por lei específica, observada a iniciativa privativa em cada caso, assegurada revisão geral anual, sempre na mesma data e sem distinção de índices;*

O primeiro ponto importante sobre a remuneração dos servidores é que ela só pode ser fixada por meio de lei específica, se a Constituição

276

NOÇÕES DE DIREITO CONSTITUCIONAL

Federal de 1988 não estabelece qualquer outro critério, essa lei é ordinária. Além disso, a iniciativa da lei também é específica, ou seja, cada poder tem competência para propor a lei que altere o quadro remuneratório dos seus servidores. Por exemplo, no âmbito do Poder Executivo Federal o Presidente da República é quem tem a iniciativa para propor o projeto de lei.

Ainda há que se fazer a revisão geral anual, sem distinção de índices e sempre na mesma data, que serve para suprir as perdas inflacionárias que ocorrem com a remuneração dos servidores. No que tange à revisão geral anual, o STF entende que a competência para a iniciativa é privativa do Presidente da República, com base no art. 61, § 1º, II, "a" da CF/1988:

> § 1º São de iniciativa privativa do Presidente da República as leis que: [...]
> II – Disponham sobre:
> a) criação de cargos, funções ou empregos públicos na administração direta e autárquica ou aumento de sua remuneração.

Outro ponto importante é o **teto constitucional**, que é o limite imposto para fixação das tabelas remuneratórias dos servidores; conforme o inciso XI do art. 37 da Constituição Federal de 1988:

> XI – A remuneração e o subsídio dos ocupantes de cargos, funções e empregos públicos da administração direta, autárquica e fundacional, dos membros de qualquer dos Poderes da União, dos Estados, do Distrito Federal e dos Municípios, dos detentores de mandato eletivo e dos demais agentes políticos e os proventos, pensões ou outra espécie remuneratória, percebidos cumulativamente ou não, incluídas as vantagens pessoais ou de qualquer outra natureza, não poderão exceder o subsídio mensal, em espécie, dos Ministros do Supremo Tribunal Federal, aplicando-se como limite, nos Municípios, o subsídio do Prefeito, e nos Estados e no Distrito Federal, o subsídio mensal do Governador no âmbito do Poder Executivo, o subsídio dos Deputados Estaduais e Distritais no âmbito do Poder Legislativo e o subsídio dos Desembargadores do Tribunal de Justiça, limitado a noventa inteiros e vinte e cinco centésimos por cento do subsídio mensal, em espécie, dos Ministros do Supremo Tribunal Federal, no âmbito do Poder Judiciário, aplicável este limite aos membros do Ministério Público, aos Procuradores e aos Defensores Públicos.

Vamos entender essa regra, analisando os diversos tipos de limites previstos no texto constitucional.

O primeiro limite é o Teto Geral, que, segundo a Constituição, corresponde ao subsídio do Ministro do Supremo Tribunal Federal. Isso significa que nenhum servidor público no Brasil pode receber remuneração maior que o subsídio do Ministro do Supremo Tribunal Federal. Esse limite se aplica a todos os poderes em todos os entes federativos. Ressalte-se que a iniciativa de proposta legislativa para fixação da remuneração dos Ministros pertence aos próprios membros do STF.

Em seguida, nós temos os subtetos, que são limites aplicáveis a cada poder e em cada ente federativo. Vejamos de forma sistematizada as regras previstas na Constituição Federal:

10.7.1 Estados e DF

Poder Executivo: subsídio do governador.

Poder Legislativo: subsídio do deputado estadual ou distrital.

Poder Judiciário: subsídio do desembargador do Tribunal de Justiça. Aplica-se este limite aos membros do Ministério Público e da Defensoria Pública dos Estados e Distrito Federal.

10.7.2 Municípios

Poder Executivo: subsídio do prefeito.

A Constituição Federal de 1988 permite que os estados e o Distrito Federal poderão, por iniciativa do governador, adotar limite único nos termos do art. 37, § 12, mediante emenda à Constituição Estadual ou a lei orgânica do Distrito Federal, o qual não poderá ultrapassar 90,25% do subsídio do ministro do STF. Ressalte-se que, se porventura for criado este limite único, ele não será aplicado a alguns membros do Poder Legislativo, como aos deputados distritais e vereadores.

A seguir, são abordados alguns limites específicos que também estão previstos no texto constitucional, mas em outros artigos, pois são determinados a algumas autoridades:

- **Governador e Prefeito:** subsídio do ministro do STF;
- **Deputado Estadual e Distrital:** 75% do subsídio do Deputado Federal;
- **Vereador:** 75% do subsídio do Deputado Estadual para os municípios com mais de 500.000 habitantes. Nos municípios com menos habitantes, aplica-se a regra proporcional a população conforme o art. 29, VI da Constituição Federal.
- **Magistrados dos Tribunais Superiores:** 95% do subsídio dos ministros do STF. Dos demais magistrados, o subteto é 95% do subsídio dos ministros dos Tribunais Superiores.

> Art. 93 [...]
> V – O subsídio dos Ministros dos Tribunais Superiores corresponderá a noventa e cinco por cento do subsídio mensal fixado para os Ministros do Supremo Tribunal Federal e os subsídios dos demais magistrados serão fixados em lei e escalonados, em nível federal e estadual, conforme as respectivas categorias da estrutura judiciária nacional, não podendo a diferença entre uma e outra ser superior a dez por cento ou inferior a cinco por cento, nem exceder a noventa e cinco por cento do subsídio mensal dos Ministros dos Tribunais Superiores, obedecido, em qualquer caso, o disposto nos Arts. 37, XI, e 39, § 4º.

Tetos específicos
Governador e prefeito → subsídio do Ministro do STF.
Deputado estadual e distrital → 75% do subsídio do Deputado Federal.
Vereador → 75% do subsídio do Deputado Estadual (municípios + de 500 mil habitantes).
Magistrados dos Tribunais Superiores → 95% do subsídio dos ministros do STF.

Lembre-se de que esses limites se aplicam quando for possível a acumulação de cargos prevista no texto constitucional, ressalvados os seguintes casos:

- **Magistratura + magistério:** a resolução nº 14/2006 do Conselho Nacional de Justiça prevê que não se sujeita ao teto a remuneração oriunda no magistério exercido pelos juízes;
- Exercício cumulativo de funções no Supremo Tribunal Federal e Tribunal Superior Eleitoral.

Os limites aplicam-se as empresas públicas e sociedades de economia mista desde que recebam recursos da União dos Estados e do Distrito Federal para pagamento do pessoal e custeio em geral:

> Art. 37 [...]
> § 9º O disposto no inciso XI aplica-se às empresas públicas e às sociedades de economia mista, e suas subsidiárias, que receberem recursos da União, dos Estados, do Distrito Federal ou dos Municípios para pagamento de despesas de pessoal ou de custeio em geral.

A Constituição Federal também trouxe previsão expressa vedando qualquer equiparação ou vinculação de remuneração de servidor público:

> Art. 37, XIII. É vedada a vinculação ou equiparação de quaisquer espécies remuneratórias para o efeito de remuneração de pessoal do serviço público.

ADMINISTRAÇÃO PÚBLICA

Antes da Emenda Constitucional nº 19/1998, muitos servidores incorporavam vantagens pecuniárias calculadas sobre outras vantagens, gerando aumento desproporcional da remuneração. Isso acabou com a alteração do texto constitucional:

Art. 37 [...]

XIV – Os acréscimos pecuniários percebidos por servidor público não serão computados nem acumulados para fins de concessão de acréscimos ulteriores.

Destaque-se, ainda, a regra constitucional que prevê a irredutibilidade da remuneração dos servidores públicos:

Art. 37 [...]

XV – O subsídio e os vencimentos dos ocupantes de cargos e empregos públicos são irredutíveis, ressalvado o disposto nos incisos XI e XIV deste artigo e nos Arts. 39, § 4º, 150, II, 153, III, e 153, § 2º, I.

A irredutibilidade aqui é meramente nominal, não existindo direito à preservação do valor real em proteção a perda do poder aquisitivo. A irredutibilidade também não impede a alteração da composição remuneratória; significa dizer que podem ser retiradas as gratificações, mantendo-se o valor nominal da remuneração, nem mesmo a supressão de parcelas ou gratificações; é preciso considerar que o STF entende não haver direito adquirido a regime jurídico.

10.8 Regras de aposentadoria

Esse tema costuma ser trabalhado em Direito Previdenciário devido às inúmeras regras de transição que foram editadas, além das previstas no texto constitucional. Para as provas de Direito Constitucional, é importante a leitura atenta dos dispositivos abaixo:

Art. 40 O regime próprio de previdência social dos servidores titulares de cargos efetivos terá caráter contributivo e solidário, mediante contribuição do respectivo ente federativo, de servidores ativos, de aposentados e de pensionistas, observados critérios que preservem o equilíbrio financeiro e atuarial.

§ 1º O servidor abrangido por regime próprio de previdência social será aposentado:

I – por incapacidade permanente para o trabalho, no cargo em que estiver investido, quando insuscetível de readaptação, hipótese em que será obrigatória a realização de avaliações periódicas para verificação da continuidade das condições que ensejaram a concessão da aposentadoria, na forma de lei do respectivo ente federativo;

II – compulsoriamente, com proventos proporcionais ao tempo de contribuição, aos 70 (setenta) anos de idade, ou aos 75 (setenta e cinco) anos de idade, na forma de lei complementar;

III – no âmbito da União, aos 62 (sessenta e dois) anos de idade, se mulher, e aos 65 (sessenta e cinco) anos de idade, se homem, e, no âmbito dos Estados, do Distrito Federal e dos Municípios, na idade mínima estabelecida mediante emenda às respectivas Constituições e Leis Orgânicas, observados o tempo de contribuição e os demais requisitos estabelecidos em lei complementar do respectivo ente federativo.

§ 2º Os proventos de aposentadoria não poderão ser inferiores ao valor mínimo a que se refere o § 2º do art. 201 ou superiores ao limite máximo estabelecido para o Regime Geral de Previdência Social, observado o disposto nos §§ 14 a 16.

§ 3º As regras para cálculo de proventos de aposentadoria serão disciplinadas em lei do respectivo ente federativo.

§ 4º É vedada a adoção de requisitos ou critérios diferenciados para concessão de benefícios em regime próprio de previdência social, ressalvado o disposto nos §§ 4º-A, 4º-B, 4º-C e 5º.

§ 4º-A Poderão ser estabelecidos por lei complementar do respectivo ente federativo idade e tempo de contribuição diferenciados para aposentadoria de servidores com deficiência, previamente submetidos a avaliação biopsicossocial realizada por equipe multiprofissional e interdisciplinar.

§ 4º-B Poderão ser estabelecidos por lei complementar do respectivo ente federativo idade e tempo de contribuição diferenciados para aposentadoria de ocupantes do cargo de agente penitenciário, de agente socioeducativo ou de policial dos órgãos de que tratam o inciso IV do caput do art. 51, o inciso XIII do caput do art. 52 e os incisos I a IV do caput do art. 144.

§ 4º-C Poderão ser estabelecidos por lei complementar do respectivo ente federativo idade e tempo de contribuição diferenciados para aposentadoria de servidores cujas atividades sejam exercidas com efetiva exposição a agentes químicos, físicos e biológicos prejudiciais à saúde, ou associação desses agentes, vedada a caracterização por categoria profissional ou ocupação.

§ 5º Os ocupantes do cargo de professor terão idade mínima reduzida em 5 (cinco) anos em relação às idades decorrentes da aplicação do disposto no inciso III do § 1º, desde que comprovem tempo de efetivo exercício das funções de magistério na educação infantil e no ensino fundamental e médio fixado em lei complementar do respectivo ente federativo.

§ 6º Ressalvadas as aposentadorias decorrentes dos cargos acumuláveis na forma desta Constituição, é vedada a percepção de mais de uma aposentadoria à conta de regime próprio de previdência social, aplicando-se outras vedações, regras e condições para a acumulação de benefícios previdenciários estabelecidas no Regime Geral de Previdência Social.

§ 7º Observado o disposto no § 2º do art. 201, quando se tratar da única fonte de renda formal auferida pelo dependente, o benefício de pensão por morte será concedido nos termos de lei do respectivo ente federativo, a qual tratará de forma diferenciada a hipótese de morte dos servidores de que trata o § 4º-B decorrente de agressão sofrida no exercício ou em razão da função.

§ 8º É assegurado o reajustamento dos benefícios para preservar-lhes, em caráter permanente, o valor real, conforme critérios estabelecidos em lei.

§ 9º O tempo de contribuição federal, estadual, distrital ou municipal será contado para fins de aposentadoria, observado o disposto nos §§ 9º e 9º-A do art. 201, e o tempo de serviço correspondente será contado para fins de disponibilidade.

§ 10 A lei não poderá estabelecer qualquer forma de contagem de tempo de contribuição fictício.

§ 11 Aplica-se o limite fixado no art. 37, XI, à soma total dos proventos de inatividade, inclusive quando decorrentes da acumulação de cargos ou empregos públicos, bem como de outras atividades sujeitas a contribuição para o regime geral de previdência social, e ao montante resultante da adição de proventos de inatividade com remuneração de cargo acumulável na forma desta Constituição, cargo em comissão declarado em lei de livre nomeação e exoneração, e de cargo eletivo.

§ 12 Além do disposto neste artigo, serão observados, em regime próprio de previdência social, no que couber, os requisitos e critérios fixados para o Regime Geral de Previdência Social.

§ 13 Aplica-se ao agente público ocupante, exclusivamente, de cargo em comissão declarado em lei de livre nomeação e exoneração, de outro cargo temporário, inclusive mandato eletivo, ou de emprego público, o Regime Geral de Previdência Social.

§ 14 A União, os Estados, o Distrito Federal e os Municípios instituirão, por lei de iniciativa do respectivo Poder Executivo, regime de previdência complementar para servidores públicos ocupantes de cargo efetivo, observado o limite máximo dos benefícios do Regime Geral de Previdência Social para o valor das aposentadorias e das pensões em regime próprio de previdência social, ressalvado o disposto no § 16.

§ 15 O regime de previdência complementar de que trata o § 14 oferecerá plano de benefícios somente na modalidade contribuição definida, observará o disposto no art. 202 e será efetivado por intermédio de entidade fechada de previdência complementar ou de entidade aberta de previdência complementar.

§ 16 Somente mediante sua prévia e expressa opção, o disposto nos §§ 14 e 15 poderá ser aplicado ao servidor que tiver ingressado no serviço

público até a data da publicação do ato de instituição do correspondente regime de previdência complementar.

§ 17 Todos os valores de remuneração considerados para o cálculo do benefício previsto no § 3° serão devidamente atualizados, na forma da lei.

§ 18 Incidirá contribuição sobre os proventos de aposentadorias e pensões concedidas pelo regime de que trata este artigo que superem o limite máximo estabelecido para os benefícios do regime geral de previdência social de que trata o art. 201, com percentual igual ao estabelecido para os servidores titulares de cargos efetivos.

§ 19 Observados critérios a serem estabelecidos em lei do respectivo ente federativo, o servidor titular de cargo efetivo que tenha completado as exigências para a aposentadoria voluntária e que opte por permanecer em atividade poderá fazer jus a um abono de permanência equivalente, no máximo, ao valor da sua contribuição previdenciária, até completar a idade para aposentadoria compulsória.

§ 20 É vedada a existência de mais de um regime próprio de previdência social e de mais de um órgão ou entidade gestora desse regime em cada ente federativo, abrangidos todos os poderes, órgãos e entidades autárquicas e fundacionais, que serão responsáveis pelo seu financiamento, observados os critérios, os parâmetros e a natureza jurídica definidos na lei complementar de que trata o § 22.

§ 21 (Revogado)

§ 22 Vedada a instituição de novos regimes próprios de previdência social, lei complementar federal estabelecerá, para os que já existam, normas gerais de organização, de funcionamento e de responsabilidade em sua gestão, dispondo, entre outros aspectos, sobre:

I – requisitos para sua extinção e consequente migração para o Regime Geral de Previdência Social;

II – modelo de arrecadação, de aplicação e de utilização dos recursos;

III – fiscalização pela União e controle externo e social;

IV – definição de equilíbrio financeiro e atuarial;

V – condições para instituição do fundo com finalidade previdenciária de que trata o art. 249 e para vinculação a ele dos recursos provenientes de contribuições e dos bens, direitos e ativos de qualquer natureza;

VI – mecanismos de equacionamento do déficit atuarial;

VII – estruturação do órgão ou entidade gestora do regime, observados os princípios relacionados com governança, controle interno e transparência;

VIII – condições e hipóteses para responsabilização daqueles que desempenhem atribuições relacionadas, direta ou indiretamente, com a gestão do regime;

IX – condições para adesão a consórcio público;

X – parâmetros para apuração da base de cálculo e definição de alíquota de contribuições ordinárias e extraordinárias.

10.9 Militares dos estados, Distrito Federal e territórios

A Constituição Federal distingue duas espécies de servidores, os civis e os militares, sendo que a estes reserva um regime jurídico diferenciado, previsto especialmente no art. 42 (Polícias Militares e Corpos de Bombeiros Militares) e no art. 142, § 3º (Forças Armadas – Exército, Marinha e Aeronáutica).

As Polícias Militares, os Corpos de Bombeiros Militares e as Forças Armadas são instituições organizadas com base na **hierarquia** e na **disciplina**.

Tomando de empréstimo o conceito constante do art. 14, § 1º e 2º, da Lei nº 6.880/1980 (Estatuto dos Militares das Forças Armadas), temos que a **hierarquia** militar é a ordenação da autoridade, em níveis diferentes, dentro da estrutura militar e a **disciplina** é a rigorosa observância e o acatamento integral das leis, regulamentos, normas e disposições que fundamentam o organismo militar e coordenam seu funcionamento regular e harmônico, traduzindo-se pelo perfeito cumprimento do dever por parte de todos e de cada um dos componentes desses organismos.

A hierarquia e a disciplina estão presentes em todo o serviço público. No entanto, no seio militar, elas são muito mais rígidas, objetivando garantir pronta e irrestrita obediência de seus membros, o que é imprescindível para o exercício das suas atividades.

As Polícias Militares e os Corpos de Bombeiros Militares são **órgãos de segurança pública** (art. 144, da Constituição Federal de 1988), organizados e mantidos pelos Estados.

Às Polícias Militares cabem as atribuições de polícia administrativa, ostensiva e a preservação da ordem pública. Aos Corpos de Bombeiros Militares cabe, além das atribuições definidas em lei (atividades de combate a incêndio, busca e resgate de pessoas etc.), a execução de atividades de defesa civil (art. 144, § 5º, da CF/1988/1988).

Segundo o § 6º, do art. 144, da CF/1988/1988, as Polícias Militares e os Corpos de Bombeiros Militares são forças auxiliares e reserva do Exército e subordinam-se aos governadores dos estados, do Distrito Federal e dos territórios.

Apesar de estarem subordinadas ao Governador do Distrito Federal, a organização e a manutenção da Polícia Militar e do Corpo de Bombeiros Militares do Distrito Federal são de competência da União (art. 21, inciso XIV, da CF/1988/1988).

No art. 42, a Constituição Federal estende aos policiais militares e aos bombeiros militares praticamente as mesmas **disposições** aplicáveis aos integrantes das Forças Armadas, militares da União, previstas no art. 142, § 2º e 3º, da Constituição Federal de 1988. Assim, entre outros:

- **O militar que seja alistável é elegível.** No entanto, se contar menos de dez anos de serviço, deverá afastar-se da atividade; se contar mais de dez anos de serviço será agregado pela autoridade superior e, se eleito, passará automaticamente, no ato da diplomação, para a inatividade.
- **Não cabe** *Habeas corpus* em relação a punições disciplinares militares.
- **Ao militar são proibidas** a sindicalização e a greve.
- O militar, **enquanto em serviço ativo**, não pode estar filiado a partidos políticos.

ORGANIZAÇÃO DOS PODERES DO ESTADO

11 ORGANIZAÇÃO DOS PODERES DO ESTADO

Com o objetivo de limitar o poder do Estado, alguns filósofos desenvolveram a tese de que, se o poder estivesse nas mãos de várias pessoas, seria possível controlá-lo de uma forma melhor. Essa necessidade se deu em razão dos grandes abusos cometidos pelos imperadores que agiam arbitrariamente com seus súditos. A partir de então, surgiu a **Teoria da Separação dos Poderes**, também chamada de Tripartição dos Poderes. Antes de analisar cada um dos Poderes do Estado, são explorados a seguir dois princípios constitucionais essenciais para entender essa organização: **Tripartição dos Poderes** e **Federativo**.

11.1 Princípio da tripartição dos poderes

O primeiro princípio constitucional importante para o estudo da organização dos poderes é o princípio da tripartição dos poderes, também chamado de princípio da separação dos poderes. Sua origem histórica tem como fundamento a necessidade de se limitar os poderes do Estado. Alguns filósofos perceberam que se o Poder do Estado estivesse dividido entre três entidades diferentes, seria possível que a sociedade exercesse um maior controle sobre sua utilização.

Foi aí que surgiu a ideia de se dividir o Poder do Estado em três poderes, cada qual responsável pelo desenvolvimento de uma função principal do Estado:

- **Poder Executivo:** função principal (típica) de administrar o Estado.
- **Poder Legislativo:** função principal (típica) de legislar e fiscalizar as contas públicas.
- **Poder Judiciário:** função principal (típica) jurisdicional.

Além da sua própria função, a Constituição Federal de 1988 criou uma sistemática que permite a cada um dos poderes o exercício da função do outro poder. É a função atípica:

- **Poder Executivo:** função atípica de legislar e julgar.
- **Poder Legislativo:** função atípica de administrar e julgar.
- **Poder Judiciário:** função atípica de administrar e legislar.

Dessa forma, pode-se dizer que, além da própria função, cada poder exercerá de forma acessória a função do outro poder.

Uma pergunta sempre surge na cabeça dos estudantes e poderá aparecer em prova: qual dos três poderes é mais importante?

A única resposta possível é a inexistência de poder mais importante. Cada poder possui sua própria função de forma que não se pode afirmar que exista hierarquia entre os poderes do Estado. Como diz a Constituição no art. 2º:

> **Art. 2º** *São Poderes da União, independentes e harmônicos entre si, o Legislativo, o Executivo e o Judiciário.*

11.2 Princípio federativo

Quando se fala em Federação, fala-se da Forma de Estado adotada no Brasil. A forma de Estado reflete o modo de exercício do poder político em função do território, ou seja, como o poder político está distribuído dentro do território. Para compreender esta forma de Estado precisa-se ter em mente sua principal característica: descentralização política. Dizemos então que, numa federação, o poder político está distribuído entre os vários entes federativos, ou melhor, entre quatro entes federativos:

- **União;**
- **Estados;**
- **Distrito Federal;**
- **Municípios.**

Cada um dos entes federativos possui sua própria autonomia política, a qual pode ser percebida pela capacidade de auto-organização, de criação de leis e, inclusive, de criação da sua própria Constituição. Apesar de cada ente federativo possuir essa independência, não se pode esquecer que a existência do pacto federativo pressupõe a existência de uma Constituição Federal e da impossibilidade de separação.

Uma coisa deve ficar bem clara: não existe hierarquia entre os entes federativos. O que os diferencia é a competência que cada um recebeu da Constituição Federal.

Após analisar estes dois princípios constitucionais, será feita a junção entre eles para se ver como se estruturam dentro da República Federativa do Brasil. Dessa forma, como foi visto na imagem anterior.

Agora que ficou esclarecido como o Estado Brasileiro está organizado, serão estudados os três Poderes em espécie. Começaremos pelo Poder Legislativo, sempre muito cobrado em prova.

NOÇÕES DE DIREITO CONSTITUCIONAL

12 ORGANIZAÇÃO DOS PODERES – PODER LEGISLATIVO

12.1 Funções típicas do Legislativo

O Poder Legislativo possui como função típica duas atribuições: legislar e fiscalizar.

- **Legislar:** significa criar leis, inovar o ordenamento jurídico.
- **Fiscalizar:** diz respeito ao controle externo das contas públicas. É a fiscalização financeira, contábil e orçamentária.

12.1.1 Informações gerais

O Poder Legislativo da União é representado pelo Congresso Nacional, cuja estrutura é bicameral, ou seja, é formado pela Câmara dos Deputados e pelo Senado Federal. Essa previsão encontra-se na Constituição Federal:

> *Art. 44 O Poder Legislativo é exercido pelo Congresso Nacional, que se compõe da Câmara dos Deputados e do Senado Federal.*

A Câmara dos Deputados é composta pelos Deputados Federais que são representantes do povo eleitos segundo o sistema proporcional, devendo cada ente (Estado e Distrito Federal) eleger no mínimo 8 e no máximo 70 deputados federais. A proporcionalidade está relacionada com a quantidade da população dos entes federativos. Quanto maior for a população, mais deputados serão eleitos. Os territórios podem eleger quatro deputados. O mandato do Deputado é de quatro anos. Atualmente, existem na Câmara 513 membros. Sua organização é assim expressa na Constituição:

> *Art. 45 A Câmara dos Deputados compõe-se de representantes do povo, eleitos, pelo sistema proporcional, em cada Estado, em cada Território e no Distrito Federal.*
>
> *§ 1º. O número total de Deputados, bem como a representação por Estado e pelo Distrito Federal, será estabelecido por lei complementar, proporcionalmente à população, procedendo-se aos ajustes necessários, no ano anterior às eleições, para que nenhuma daquelas unidades da Federação tenha menos de oito ou mais de setenta Deputados.*
>
> *§ 2º. Cada Território elegerá quatro Deputados.*

O **Senado Federal** é composto por senadores da República que são **representantes dos Estados e do Distrito Federal** eleitos segundo o **sistema majoritário simples ou puro**, devendo cada ente eleger três senadores. Aqui o sistema é majoritário, haja vista serem eleitos os candidatos mais votados.

O mandato do Senador é de oito anos cuja eleição de quatro em quatro anos ocorre de forma alternada. Numa eleição, elegem-se 2 e na outra 1. Cada Senador será eleito com dois suplentes. Atualmente, existem 81 Senadores. Conforme o art. 46 da Constituição Federal de 1988:

> *Art. 46 O Senado Federal compõe-se de representantes dos Estados e do Distrito Federal, eleitos segundo o princípio majoritário.*
>
> *§ 1º Cada Estado e o Distrito Federal elegerão três Senadores, com mandato de oito anos.*
>
> *§ 2º A representação de cada Estado e do Distrito Federal será renovada de quatro em quatro anos, alternadamente, por um e dois terços.*
>
> *§ 3º Cada Senador será eleito com dois suplentes.*

12.1.2 Competências

Este é um dos temas mais cobrados em prova, razão pela qual precisa ser estudado com estratégia para que no momento em que o candidato enfrentar a questão, consiga resolvê-la. A melhor forma de acertar essas questões é memorizando os artigos sobre as competências, pois é dessa forma que será cobrado em prova. Uma sugestão para facilitar a memorização é fazer muitos exercícios sobre o tema.

A seguir apresentam-se as competências de cada órgão.

- **Competência do Congresso Nacional**

Uma coisa que se deve entender é que o Congresso Nacional, apesar de ser formado pela Câmara e pelo Senado, possui suas próprias competências, as quais estão previstas nos arts. 48 e 49. Um detalhe que sempre cai em prova diz respeito à diferença entre as competências desses dois artigos.

No art. 48, encontram-se as competências do Congresso que dependem de sanção presidencial, as quais serão desempenhadas mediante lei (lei ordinária ou complementar) que disponham sobre matérias de competência da União. Segue abaixo o rol dessas competências:

> *Art. 48 Cabe ao Congresso Nacional, com a sanção do Presidente da República, não exigida esta para o especificado nos Arts. 49, 51 e 52, dispor sobre todas as matérias de competência da União, especialmente sobre:*
>
> *I – Sistema tributário, arrecadação e distribuição de rendas;*
>
> *II – Plano plurianual, diretrizes orçamentárias, orçamento anual, operações de crédito, dívida pública e emissões de curso forçado;*
>
> *III – Fixação e modificação do efetivo das Forças Armadas;*
>
> *IV – Planos e programas nacionais, regionais e setoriais de desenvolvimento;*
>
> *V – Limites do território nacional, espaço aéreo e marítimo e bens do domínio da União;*
>
> *VI – Incorporação, subdivisão ou desmembramento de áreas de Territórios ou Estados, ouvidas as respectivas Assembleias Legislativas;*
>
> *VII – Transferência temporária da sede do Governo Federal;*
>
> *VIII – Concessão de anistia;*
>
> *IX – organização administrativa, judiciária, do Ministério Público e da Defensoria Pública da União e dos Territórios e organização judiciária e do Ministério Público do Distrito Federal;*
>
> *X – Criação, transformação e extinção de cargos, empregos e funções públicas, observado o que estabelece o art. 84, VI, b;*
>
> *XI – Criação e extinção de Ministérios e órgãos da Administração Pública;*
>
> *XII – Telecomunicações e radiodifusão;*
>
> *XIII – Matéria financeira, cambial e monetária, instituições financeiras e suas operações;*
>
> *XIV – Moeda, seus limites de emissão, e montante da dívida mobiliária federal;*
>
> *XV – Fixação do subsídio dos Ministros do Supremo Tribunal Federal, observado o que dispõem os Arts. 39, § 4º; 150, II; 153, III; e 153, § 2º, I.*

No art. 49, têm-se as competências exclusivas do Congresso Nacional. Essas não dependem de sanção presidencial e serão formalizadas por meio de decreto legislativo:

> *Art. 49 É da competência exclusiva do Congresso Nacional:*
>
> *I – Resolver definitivamente sobre tratados, acordos ou atos internacionais que acarretem encargos ou compromissos gravosos ao patrimônio nacional;*
>
> *II – Autorizar o Presidente da República a declarar guerra, a celebrar a paz, a permitir que forças estrangeiras transitem pelo território nacional ou nele permaneçam temporariamente, ressalvados os casos previstos em lei complementar;*
>
> *III – Autorizar o Presidente e o Vice-Presidente da República a se ausentarem do País, quando a ausência exceder a quinze dias;*
>
> *IV – Aprovar o estado de defesa e a intervenção federal, autorizar o estado de sítio, ou suspender qualquer uma dessas medidas;*
>
> *V – Sustar os atos normativos do Poder Executivo que exorbitem do poder regulamentar ou dos limites de delegação legislativa;*
>
> *VI – Mudar temporariamente sua sede;*
>
> *VII – Fixar idêntico subsídio para os Deputados Federais e os Senadores, observado o que dispõem os Arts. 37, XI, 39, § 4º, 150, II, 153, III, e 153, § 2º, I;*
>
> *VIII – Fixar os subsídios do Presidente e do Vice-Presidente da República e dos Ministros de Estado, observado o que dispõem os Arts. 37, XI, 39, § 4º, 150, II, 153, III, e 153, § 2º, I;*
>
> *IX – Julgar anualmente as contas prestadas pelo Presidente da República e apreciar os relatórios sobre a execução dos planos de governo;*

ORGANIZAÇÃO DOS PODERES – PODER LEGISLATIVO

X – Fiscalizar e controlar, diretamente, ou por qualquer de suas Casas, os atos do Poder Executivo, incluídos os da administração indireta;

XI – Zelar pela preservação de sua competência legislativa em face da atribuição normativa dos outros Poderes;

XII – Apreciar os atos de concessão e renovação de concessão de emissoras de rádio e televisão;

XIII – Escolher dois terços dos membros do Tribunal de Contas da União;

XIV – Aprovar iniciativas do Poder Executivo referentes a atividades nucleares;

XV – Autorizar referendo e convocar plebiscito;

XVI – Autorizar, em terras indígenas, a exploração e o aproveitamento de recursos hídricos e a pesquisa e lavra de riquezas minerais;

XVII – Aprovar, previamente, a alienação ou concessão de terras públicas com área superior a dois mil e quinhentos hectares.

XVIII – Decretar o estado de calamidade pública de âmbito nacional previsto nos arts. 167-B, 167-C, 167-D, 167-E, 167-F e 167-G desta Constituição. (Incluído pela EC nº 109/2021).

- **Competência da Câmara de Deputados**

As competências da Câmara dos Deputados estão previstas no art. 51, as quais serão exercidas, em regra, por meio de Resolução da Câmara. Apesar de o texto constitucional prever essas competências como privativas, elas não podem ser delegadas:

Art. 51 Compete privativamente à Câmara dos Deputados:

I – Autorizar, por dois terços de seus membros, a instauração de processo contra o Presidente e o Vice-Presidente da República e os Ministros de Estado;

II – Proceder à tomada de contas do Presidente da República, quando não apresentadas ao Congresso Nacional dentro de sessenta dias após a abertura da sessão legislativa;

III – Elaborar seu regimento interno;

IV – Dispor sobre sua organização, funcionamento, polícia, criação, transformação ou extinção dos cargos, empregos e funções de seus serviços, e a iniciativa de lei para fixação da respectiva remuneração, observados os parâmetros estabelecidos na lei de diretrizes orçamentárias;

V – Eleger membros do Conselho da República, nos termos do art. 89, VII.

- **Competência do Senado Federal**

As competências do Senado Federal estão previstas no art. 52, as quais serão exercidas, em regra, por meio de Resolução do Senado. Apesar de o texto constitucional prever essas competências como privativas, elas não podem ser delegadas:

Art. 52 Compete privativamente ao Senado Federal:

I – Processar e julgar o Presidente e o Vice-Presidente da República nos crimes de responsabilidade, bem como os Ministros de Estado e os Comandantes da Marinha, do Exército e da Aeronáutica nos crimes da mesma natureza conexos com aqueles;

II – Processar e julgar os Ministros do Supremo Tribunal Federal, os membros do Conselho Nacional de Justiça e do Conselho Nacional do Ministério Público, o Procurador-geral da República e o Advogado-Geral da União nos crimes de responsabilidade;

III – Aprovar previamente, por voto secreto, após arguição pública, a escolha de:

a) Magistrados, nos casos estabelecidos nesta Constituição;

b) Ministros do Tribunal de Contas da União indicados pelo Presidente da República;

c) Governador de Território;

d) Presidente e diretores do banco central;

e) Procurador-geral da República;

f) Titulares de outros cargos que a lei determinar;

IV – Aprovar previamente, por voto secreto, após arguição em sessão secreta, a escolha dos chefes de missão diplomática de caráter permanente;

V – Autorizar operações externas de natureza financeira, de interesse da União, dos Estados, do Distrito Federal, dos Territórios e dos Municípios;

VI – Fixar, por proposta do Presidente da República, limites globais para o montante da dívida consolidada da União, dos Estados, do Distrito Federal e dos Municípios;

VII – Dispor sobre limites globais e condições para as operações de crédito externo e interno da União, dos Estados, do Distrito Federal e dos Municípios, de suas autarquias e demais entidades controladas pelo Poder Público federal;

VIII – Dispor sobre limites e condições para a concessão de garantia da União em operações de crédito externo e interno;

IX – Estabelecer limites globais e condições para o montante da dívida mobiliária dos Estados, do Distrito Federal e dos Municípios;

X – Suspender a execução, no todo ou em parte, de lei declarada inconstitucional por decisão definitiva do Supremo Tribunal Federal;

XI – Aprovar, por maioria absoluta e por voto secreto, a exoneração, de ofício, do Procurador-geral da República antes do término de seu mandato;

XII – Elaborar seu regimento interno;

XIII – Dispor sobre sua organização, funcionamento, polícia, criação, transformação ou extinção dos cargos, empregos e funções de seus serviços, e a iniciativa de lei para fixação da respectiva remuneração, observados os parâmetros estabelecidos na lei de diretrizes orçamentárias;

XIV – Eleger membros do Conselho da República, nos termos do art. 89, VII;

XV – Avaliar periodicamente a funcionalidade do Sistema Tributário Nacional, em sua estrutura e seus componentes, e o desempenho das administrações tributárias da União, dos Estados e do Distrito Federal e dos Municípios.

Parágrafo único. *Nos casos previstos nos incisos I e II, funcionará como Presidente o do Supremo Tribunal Federal, limitando-se a condenação, que somente será proferida por dois terços dos votos do Senado Federal, à perda do cargo, com inabilitação, por oito anos, para o exercício de função pública, sem prejuízo das demais sanções judiciais cabíveis.*

12.1.3 Imunidade parlamentar

Os parlamentares, por ocuparem uma função essencial na organização política do Estado, possuem Imunidades. As imunidades são prerrogativas inerentes à sua função que têm como objetivo garantir a sua independência durante o exercício do seu mandato. Um ponto que deve ser lembrado é que a imunidade não pertence à pessoa, e sim ao cargo, motivo pelo qual é irrenunciável. Isso significa que o parlamentar só a detém enquanto estiver no exercício de sua função.

São dois os tipos de imunidade:

- **Imunidade material:** é uma verdadeira irresponsabilidade absoluta. Também conhecida como inviolabilidade parlamentar, ela isenta o seu titular de qualquer responsabilidade civil, penal, administrativa ou mesmo política, no que tange às suas opiniões, palavras e votos. Vejamos o que diz o *caput* do art. 53:

Art. 53 Os Deputados e Senadores são invioláveis, civil e penalmente, por quaisquer de suas opiniões, palavras e votos.

> **Atenção!**
> Esta prerrogativa diz respeito apenas às opiniões, palavras e votos proferidos no exercício da função parlamentar durante o seu mandato, ainda que a busca pela responsabilização ocorra após o término do seu mandato. Não importa se está dentro do recinto parlamentar ou fora dele. O que importa é que seja praticado na função ou em razão da função parlamentar.

- **Imunidades formais:** são prerrogativas de ordem processual e ocorrem em relação a**o foro de julgamento, à prisão ao processo.**

Julgamento: a **prerrogativa de foro** decorre do previsto no art. 53, § 1º da CF/1988, que prevê:

§ 1º Os Deputados e Senadores, desde a expedição do diploma, serão submetidos a julgamento perante o Supremo Tribunal Federal.

NOÇÕES DE DIREITO CONSTITUCIONAL

Como pode se depreender do texto constitucional, a partir da expedição do diploma o parlamentar será julgado perante o STF nas ações de natureza penal sem necessidade de autorização da Casa legislativa à qual pertence. Ressalte-se que o parlamentar será julgado no STF por infrações cometidas antes ou depois da diplomação, contudo, finalizado o seu mandato, perde-se com ele a imunidade, fazendo com que os seus processos saiam da competência do STF e passem para os demais órgãos do Judiciário, a depender da matéria em questão. Não estão incluídas nessa prerrogativa as ações de natureza cível.

Prisão: o parlamentar só poderá ser preso em flagrante delito de crime inafiançável conforme previsão do § 2º do art. 53:

> *§ 2º Desde a expedição do diploma, os membros do Congresso Nacional não poderão ser presos, salvo em flagrante de crime inafiançável. Nesse caso, os autos serão remetidos dentro de vinte e quatro horas à Casa respectiva, para que, pelo voto da maioria de seus membros, resolva sobre a prisão.*

Essa prerrogativa inicia sua abrangência a partir da diplomação e alcança qualquer forma de prisão, seja de natureza penal ou civil. A manutenção dessa prisão depende de manifestação da maioria absoluta dos membros da Casa.

Apesar de o texto constitucional não prever, interpreta-se de forma lógica que o parlamentar será preso no caso de uma sentença penal condenatória transitada em julgado.

Há também a imunidade em relação ao processo prevista no art. 53, §§ 3º ao 5º:

> *§ 3º Recebida a denúncia contra o Senador ou Deputado, por crime ocorrido após a diplomação, o Supremo Tribunal Federal dará ciência à Casa respectiva, que, por iniciativa de partido político nela representado e pelo voto da maioria de seus membros, poderá, até a decisão final, sustar o andamento da ação.*
>
> *§ 4º O pedido de sustação será apreciado pela Casa respectiva no prazo improrrogável de quarenta e cinco dias do seu recebimento pela Mesa Diretora.*
>
> *§ 5º A sustação do processo suspende a prescrição, enquanto durar o mandato.*

Processo: possibilita à Casa a qual pertence o parlamentar, pelo voto da maioria absoluta, sustar o andamento da ação penal desde que a faça antes da decisão definitiva e desde que seja em relação aos crimes cometidos após a diplomação. Não é necessária autorização da respectiva casa para processar o parlamentar.

A Casa Legislativa possui 45 dias para apreciar o pedido que, se aprovado, suspenderá o prazo prescricional da infração até o final do mandato.

12.2 Processo legislativo

O Processo Legislativo é a primeira das funções típicas do Poder Legislativo e é um conjunto de procedimentos necessários para criação das normas. A Constituição, no art. 59, apresenta algumas normas que podem ser criadas segundo essas regras:

> *Art. 59 O processo legislativo compreende a elaboração de:*
> *I – Emendas à Constituição;*
> *II – Leis complementares;*
> *III – Leis ordinárias;*
> *IV – Leis delegadas;*
> *V – Medidas provisórias;*
> *VI – Decretos legislativos;*
> *VII – Resoluções.*
>
> *Parágrafo único. Lei complementar disporá sobre a elaboração, redação, alteração e consolidação das leis.*

Essas são as chamadas normas primárias, pois a sua fonte de validade é a própria constituição. Nem de longe são as únicas normas existentes no direito brasileiro. O candidato deve ter ouvido falar em uma portaria ou instrução normativa. Essas outras normas que não estão no art. 59, mas que também regulam nossas vidas, são chamadas de normas secundárias as quais, retiram a validade das normas primárias.

Uma pergunta que sempre é feita em prova: existe hierarquia entre as normas primárias previstas no art. 59?

Em um primeiro momento, é possível verificar hierarquia entre essas normas, haja vista as emendas constitucionais possuírem o mesmo *status* da Constituição Federal. Fora as emendas que são hierarquicamente superiores às demais, pode-se afirmar, com amparo no próprio STF, que não existe hierarquia entre demais normas primárias. Isso significa dizer que as leis complementares, leis ordinárias, leis delegadas, medidas provisórias, decretos legislativos e resoluções estão na mesma posição jurídica. O que as distingue é a competência para edição e para a utilização. Cada uma dessas normas possui uma utilização específica prevista na própria Constituição e é isso que será estudado a partir de agora. Inicia-se com o chamado **processo legislativo ordinário**.

12.2.1 Processo legislativo ordinário

Esse é o processo legislativo destinado a elaboração das leis ordinárias e complementares. É composto por três fases: **introdutória**, **constitutiva** e **complementar**.

- **Fase introdutória**

A fase introdutória é composta basicamente pela iniciativa, ou seja, pela deflagração do processo de criação de uma lei.

Mas quem pode iniciar esse processo legislativo?

Qualquer membro ou comissão do Congresso Nacional, da Câmara ou do Senado; o Presidente da República; o Supremo Tribunal Federal; os Tribunais Superiores; o procurador-geral da República; e os cidadãos. Isso está previsto no *caput* do art. 61:

> *Art. 61 A iniciativa das leis complementares e ordinárias cabe a qualquer membro ou Comissão da Câmara dos Deputados, do Senado Federal ou do Congresso Nacional, ao Presidente da República, ao Supremo Tribunal Federal, aos Tribunais Superiores, ao Procurador-geral da República e aos cidadãos, na forma e nos casos previstos nesta Constituição.*

Algumas considerações precisam ser feitas acerca da iniciativa. Primeiramente, no que tange à iniciativa do Presidente da República: existem algumas matérias em que a iniciativa da lei é privativa do Presidente, as quais estão previstas no § 1º do art. 61:

> *§ 1º São de iniciativa privativa do Presidente da República as leis que:*
> *I – Fixem ou modifiquem os efetivos das Forças Armadas;*
> *II – Disponham sobre:*
> *a) criação de cargos, funções ou empregos públicos na administração direta e autárquica ou aumento de sua remuneração;*
> *b) organização administrativa e judiciária, matéria tributária e orçamentária, serviços públicos e pessoal da administração dos Territórios;*
> *c) servidores públicos da União e Territórios, seu regime jurídico, provimento de cargos, estabilidade e aposentadoria;*
> *d) organização do Ministério Público e da Defensoria Pública da União, bem como normas gerais para a organização do Ministério Público e da Defensoria Pública dos Estados, do Distrito Federal e dos Territórios;*
> *e) criação e extinção de Ministérios e órgãos da Administração Pública, observado o disposto no art. 84, VI;*
> *f) militares das Forças Armadas, seu regime jurídico, provimento de cargos, promoções, estabilidade, remuneração, reforma e transferência para a reserva.*

O dispositivo acima diz que só o Presidente da República tem iniciativa para propor projetos de lei sobre esses temas.

Outra consideração importante se refere à iniciativa popular, ou seja, os projetos de lei propostos por cidadãos. A Constituição no § 2º do art. 61 condiciona o exercício desta iniciativa ao preenchimento de alguns requisitos:

> *§ 2º A iniciativa popular pode ser exercida pela apresentação à Câmara dos Deputados de projeto de lei subscrito por, no mínimo, um por cento do eleitorado nacional, distribuído pelo menos por cinco Estados, com não menos de três décimos por cento dos eleitores de cada um deles.*

ORGANIZAÇÃO DOS PODERES – PODER LEGISLATIVO

Também é relevante anotar a competência do STF e dos Tribunais Superiores que estão previstos no art. 93 e 96, II:

Art. 93 Lei complementar, de iniciativa do Supremo Tribunal Federal, disporá sobre o Estatuto da Magistratura, observados os seguintes princípios.

Art. 96 Compete privativamente: [...]
II – Ao Supremo Tribunal Federal, aos Tribunais Superiores e aos Tribunais de Justiça propor ao Poder Legislativo respectivo, observado o disposto no art. 169.

E ainda há a iniciativa do procurador geral da República, chefe do Ministério Público da União, e que está prevista no art. 127, § 2º:

Art. 127 [...]
§ 2º Ao Ministério Público é assegurada autonomia funcional e administrativa, podendo, observado o disposto no art. 169, propor ao Poder Legislativo a criação e extinção de seus cargos e serviços auxiliares, provendo-os por concurso público de provas ou de provas e títulos, a política remuneratória e os planos de carreira; a lei disporá sobre sua organização e funcionamento.

Todo processo legislativo precisa ser iniciado em uma das Casas do Poder Legislativo da União, as quais possuem atribuição principal para legislar. A Casa Legislativa, onde o projeto de lei é apresentado inicialmente, é chamada de Casa Iniciadora. Sempre o projeto se inicia em uma Casa, enquanto a outra fica responsável pela revisão. Quem revisa é chamada de Casa Revisora. Se o projeto se iniciar na Câmara dos Deputados, essa será a Casa Iniciadora, enquanto o Senado Federal será a Casa Revisora. Se ao contrário, o projeto se inicia no Senado, a Câmara será a Casa Revisora.

Em regra, a Casa Iniciadora será a Câmara dos Deputados, ou seja, é nessa casa que os processos legislativos costumam ser iniciados. Excepcionalmente, o processo legislativo se iniciará no Senado Federal. O Senado só será Casa Iniciadora quando a iniciativa for de um membro ou de uma comissão do Senado bem como nos casos em que for proposta por comissão mista do Congresso Nacional. No último caso, o processo se iniciará alternadamente em cada casa, iniciando-se uma vez na Câmara outra vez no Senado.

- **Fase Constitutiva**

Apresentado o projeto de lei à Casa Iniciadora, iniciar-se-á a Fase Constitutiva. Essa fase é formada por três momentos: discussão, votação e sanção.

12.2.2 Discussão

A discussão, também chamada de debate, é o momento destinado à discussão dos projetos de lei. A discussão ocorre em três locais: na Comissão de Constituição e Justiça (CCJ), nas Comissões Temáticas (CT) e no Plenário.

A CCJ realiza uma análise formal do projeto e emite um parecer terminativo quanto à constitucionalidade. Isso significa dizer que aquilo que for decidido por essa comissão definirá o rumo do projeto de lei analisado.

Já as Comissões Temáticas realizam um exame material e emitem pareceres meramente opinativos, ou seja, essas comissões emitem apenas uma opinião que poderá ser seguida ou não.

Após o debate nas comissões, o projeto de lei é enviado ao plenário, onde ocorre a **votação**.

Neste momento se faz necessário compreender os quóruns necessários para votação. Existem três tipos de *quórum*:

Quórum para deliberação: para a deliberação em plenário de qualquer projeto de lei é necessária a presença da maioria absoluta dos membros, conforme disposto no art. 47:

Art. 47 Salvo disposição constitucional em contrário, as deliberações de cada Casa e de suas Comissões serão tomadas por maioria dos votos, presente a maioria absoluta de seus membros.

Quórum para aprovação de lei ordinária: para aprovação de lei ordinária, é necessário o voto de maioria simples ou relativa dos presentes com fundamento no art. 47 acima apresentado.

Quórum para aprovação de lei complementar: para aprovação de lei complementar é necessário o voto da maioria absoluta dos membros. Vejamos o art. 69 da Constituição Federal de 1988:

Art. 69 As leis complementares serão aprovadas por maioria absoluta.

Mas o que é **maioria absoluta**? Calcula-se a maioria absoluta de forma muito simples. É o primeiro número inteiro após a metade.

Por exemplo: No caso do Senado Federal, que possui 81 membros, para se calcular a maioria absoluta primeiramente se busca a metade, que é 40,5. O primeiro número inteiro após a metade é 41. Logo, esse número representa a maioria absoluta do Senado. Esse raciocínio deve ser feito também com a Câmara para se chegar a sua maioria absoluta, que é 257. Lembre-se de que a maioria absoluta é um número fixo. Sempre será a mesma quantidade. Lembre-se também de que esse quórum serve tanto para iniciar as deliberações nas Casas quanto para aprovar a lei complementar.

A **maioria relativa** é a maioria dos presentes. Sua lógica é parecida com a utilizada para descobrir a maioria absoluta, com apenas uma distinção: o parâmetro aqui é a quantidade de presentes. Logo, para se calcular a maioria relativa, deve-se contar os presentes, descobrir quanto é a metade e chegar ao primeiro número inteiro após a metade. Supondo que estejam presentes 41 Senadores, o que já bastaria para se iniciar qualquer deliberação, a maioria relativa dos presentes estaria representada por 21 membros. Essa quantidade já seria suficiente para aprovar uma lei ordinária.

Entendidos esses *quóruns*, pode-se votar o projeto de lei. Duas são as consequências possíveis de um projeto de lei na Casa Iniciadora:

Rejeição: projeto de lei rejeitado deve ser arquivado.

Aprovação: projeto de lei aprovado segue para Casa Revisora.

Após a aprovação do projeto de lei na Casa Iniciadora, o projeto será encaminhado para a Casa Revisora conforme disposição do art. 65:

Art. 65 O projeto de lei aprovado por uma Casa será revisto pela outra, em um só turno de discussão e votação, e enviado à sanção ou promulgação, se a Casa revisora o aprovar, ou arquivado, se o rejeitar.

Parágrafo único. Sendo o projeto emendado, voltará à Casa iniciadora.

Na Casa Revisora o projeto também precisa passar pelas mesmas comissões que passou na Casa Iniciadora até chegar ao plenário. A partir da votação, o projeto pode ter três destinos:

Rejeição: caso o projeto seja rejeitado, ele será arquivado.

Aprovação sem emenda: se aprovado sem emendas, o projeto segue para o Presidente da República sancionar ou vetar.

Aprovação com emendas: se aprovado com emendas, o projeto retorna à Casa Iniciadora, que analisará as emendas. Caso aprove as emendas, encaminhará o projeto para sanção do Presidente. Se as emendas não forem aprovadas, a Casa Iniciadora retira as emendas e, do mesmo jeito, encaminha o Projeto de Lei para sanção. Essa situação revela uma nítida prevalência da Casa Iniciadora sobre a Casa Revisora.

Uma observação deve ser feita nos casos dos Projetos de Lei rejeitados: segundo o art. 67, projeto de lei rejeitado só poderá ser apresentado novamente na mesma sessão legislativa se for apresentado pelo voto de maioria absoluta dos membros de qualquer das casas **(princípio da irrepetibilidade relativa)**:

Art. 67 A matéria constante de projeto de lei rejeitado somente poderá constituir objeto de novo projeto, na mesma sessão legislativa, mediante proposta da maioria absoluta dos membros de qualquer das Casas do Congresso Nacional.

> **Atenção!**
> Esse tema sempre é cobrado em prova, bem como os aspectos relacionados aos *quóruns* exigidos para as deliberações no parlamento. Memorize as regras e tenha cuidado para não as confundir.

Sanção ou veto: inicia-se agora o terceiro momento da fase constitutiva: a sanção ou veto. A sanção é a concordância do presidente com

NOÇÕES DE DIREITO CONSTITUCIONAL

o projeto de lei, enquanto o veto é a sua discordância. Tanto a sanção quanto o veto estão regulados no art. 66:

> **Art. 66** *A Casa na qual tenha sido concluída a votação enviará o projeto de lei ao Presidente da República, que, aquiescendo, o sancionará.*
>
> *§ 1º Se o Presidente da República considerar o projeto, no todo ou em parte, inconstitucional ou contrário ao interesse público, vetá-lo-á total ou parcialmente, no prazo de quinze dias úteis, contados da data do recebimento, e comunicará, dentro de quarenta e oito horas, ao Presidente do Senado Federal os motivos do veto.*

Primeiramente, serão analisados alguns aspectos importantes da sanção. O § 1º do art. 66 afirma que o Presidente possui 15 dias úteis para manifestar-se sobre o projeto de lei. Esse parágrafo apresenta a modalidade de Sanção Expressa. Sanção Expressa é aquela em que o Presidente expressamente manifesta sua concordância com o projeto de lei. Ele deixa clara sua opinião a favor do projeto de lei.

Outra forma de sanção é a chamada sanção tácita. Vejamos o § 3º do mesmo artigo:

> **Art. 66** [...]
>
> *§ 3º Decorrido o prazo de quinze dias, o silêncio do Presidente da República importará sanção.*

A sanção tácita ocorre quando o Presidente, durante o prazo que possui de 15 dias, não manifesta sua vontade quanto ao projeto de lei. Simplesmente fica em silêncio.

O silêncio do Presidente significa concordância com o projeto de lei. Note que com a sanção o projeto de lei se transforma em lei.

Quanto ao veto, algumas considerações também precisam ser feitas. Utilizando a mesma fundamentação do art. 66, pode-se afirmar que o Presidente possui o prazo de 15 dias úteis para concordar ou discordar do projeto de lei. Agora, havendo discordância de forma expressa tem-se o chamado **veto expresso**. Uma pergunta surge diante dessa afirmação: será que existe veto tácito?

Se durante o prazo de 15 dias úteis, o presidente não falar nada, tem-se a sanção tácita. Seria possível o silêncio do presidente provocar duas consequências jurídicas diferentes? Não. Logo, pode-se afirmar que não existe veto tácito. O veto será sempre expresso.

O veto pode ser jurídico ou político. O veto jurídico ocorre quando o Presidente considera o projeto de lei inconstitucional. É uma espécie de controle de constitucionalidade prévio, pois ocorre antes da criação da lei. Já o veto político ocorre quando o presidente veta o projeto de lei por considerá-lo contrário ao interesse público.

A doutrina afirma ainda que o veto poderá ser total ou parcial. O **veto total** ocorre quando o presidente veta todo o projeto de lei. O **veto parcial** é aquele em que o presidente veta parte do projeto de lei. No que tange ao veto parcial, a Constituição estabeleceu alguns limites no § 2º:

> **Art. 66** [...]
>
> *§ 2º O veto parcial somente abrangerá texto integral de artigo, de parágrafo, de inciso ou de alínea.*

Ou seja, não existe veto de palavras ou letras isoladas. O veto só pode abranger o texto integral de um artigo, parágrafo, inciso ou de alínea.

O veto tem que ser motivado, pois, conforme prevê o § 1º do art. 61 o presidente deverá informar a sua justificativa ao presidente do Senado Federal em 48 horas. Isso se faz necessário em razão do veto ser superável, ou seja, o Congresso, em 30 dias, analisará o veto e poderá, pelo voto de maioria absoluta dos deputados e senadores, rejeitá-lo. É o que dispõe o § 4º do art. 66:

> *§ 4º O veto será apreciado em sessão conjunta, dentro de trinta dias a contar de seu recebimento, só podendo ser rejeitado pelo voto da maioria absoluta dos Deputados e Senadores.*

Derrubado o veto, o projeto será enviado ao Presidente da República para que o promulgue:

> *§ 5º Se o veto não for mantido, será o projeto enviado, para promulgação, ao Presidente da República.*

Finalizado o terceiro momento da fase constitutiva, inicia-se agora a fase complementar.

- **Fase complementar**

A fase complementar consiste em dois momentos: a promulgação e a publicação.

A promulgação é um atestado de que a lei existe. Em regra, é feita pelo Presidente da República; contudo, nos casos de sanção tácita ou rejeição do veto, em que o Presidente não promulgue a lei em 48 horas, a competência para fazê-la será do presidente do Senado Federal e, se esse não a fizer, será competente o Vice-Presidente do Senado. A publicação marca o início da exigência da lei.

> *§ 7º Se a lei não for promulgada dentro de quarenta e oito horas pelo Presidente da República, nos casos dos § 3º e § 5º, o Presidente do Senado a promulgará, e, se este não o fizer em igual prazo, caberá ao Vice-Presidente do Senado fazê-lo.*

Após a promulgação, há a **publicação**. A publicação marca o momento em que a norma se torna conhecida da sociedade, pois passa a ser pública. Essa publicidade é feita em jornais oficiais como o Diário Oficial da União. A partir da publicação, se não houver outro prazo para o início da vigência, a lei poderá ser exigida.

Esse é o processo legislativo das leis ordinárias e complementares. A diferença entre o processo legislativo das leis ordinárias e o das leis complementares está no quórum de aprovação. Além dessa diferença, a doutrina tem salientado que, para uma matéria ser regulada por lei complementar, deve haver exigência expressa do texto constitucional.

Passa-se para outra espécie de processo legislativo: o Processo Legislativo Sumário.

12.2.3 Processo legislativo sumário

O processo legislativo sumário é o processo legislativo ordinário com prazo. Regulado no art. 64, o processo legislativo sumário é caracterizado pelo pedido de urgência solicitado pelo Presidente da República nos projetos de Lei de sua iniciativa, ainda que não seja de iniciativa privativa.

> *Art. 64, § 1º O Presidente da República poderá solicitar urgência para apreciação de projetos de sua iniciativa.*

Pedida a urgência, o Congresso Nacional deverá analisar o projeto de lei no prazo de 100 dias os quais são destinados:

- **45 dias para análise da Câmara dos Deputados (Casa Iniciadora);**
- **45 dias para análise do Senado (Casa Revisora);**
- **10 dias para a Casa Iniciadora analisar as emendas se existirem.**

Esta é a leitura dos § 2º e 3º do art. 64:

> *§ 2º Se, no caso do § 1º, a Câmara dos Deputados e o Senado Federal não se manifestarem sobre a proposição, cada qual sucessivamente, em até quarenta e cinco dias, sobrestar-se-ão todas as demais deliberações legislativas da respectiva Casa, com exceção das que tenham prazo constitucional determinado, até que se ultime a votação.*
>
> *§ 3º A apreciação das emendas do Senado Federal pela Câmara dos Deputados far-se-á no prazo de dez dias, observado quanto ao mais o disposto no parágrafo anterior.*

O § 2º apresentado também prevê que se qualquer uma das Casas Legislativas não votar o Projeto de Lei no prazo de 45 dias, a votação das demais proposituras ficará sobrestada até que se realize a votação. É o chamado sobrestamento ou trancamento de pauta.

A Constituição também deixou clara sua vedação de pedido de urgência para projetos de códigos bem como a suspensão do prazo nos recessos parlamentares:

> *§ 4º Os prazos do § 2º não correm nos períodos de recesso do Congresso Nacional, nem se aplicam aos projetos de código.*

É possível afirmar que todos os processos legislativos em regime de urgência se iniciam na Câmara dos Deputados?

Certamente que sim, visto que só pode ser pedido pelo Presidente da República e este, quando inicia o processo legislativo, o faz

ORGANIZAÇÃO DOS PODERES – PODER LEGISLATIVO

na Câmara dos Deputados conforme disposição expressa no *caput* do art. 64:

> **Art. 64** *A discussão e votação dos projetos de lei de iniciativa do Presidente da República, do Supremo Tribunal Federal e dos Tribunais Superiores terão início na Câmara dos Deputados.*

12.2.4 Processo legislativo especial

O processo legislativo especial é o processo de criação das demais espécies normativas previstas no art. 59: emendas constitucionais, medidas provisórias, leis delegadas, decretos legislativos e resoluções. As leis ordinárias e complementares são criadas segundo o processo legislativo ordinário. Nesta apostila não serão estudados todos os processos legislativos especiais. Focalizam-se as duas principais, mais cobradas em prova: emendas constitucionais e medidas provisórias.

12.2.5 Emendas à Constituição

A aprovação de emendas à Constituição decorre do poder constituinte derivado reformador, que é o único legitimado para alterar o texto constitucional. As emendas são as únicas espécies normativas responsáveis pela alteração da Constituição Federal.

O processo legislativo das emendas é diferenciado, tendo em vista seu poder normativo ser muito grande, pois é o da própria Constituição Federal de 1988. Logo, é um processo mais dificultado, mais rigoroso. A CF/1988/1988 regula esse processo no seu art. 60.

Primeiramente, será analisada a iniciativa, que é o rol de legitimados para propor a alteração do Texto Constitucional. Vejamos o *caput* do art. 60, que possui um rol de legitimados para propor emendas, o qual é diferente do rol de legitimados para propor projetos de lei:

> **Art. 60** *A Constituição poderá ser emendada mediante proposta:*
> *I – De um terço, no mínimo, dos membros da Câmara dos Deputados ou do Senado Federal;*
> *II – Do Presidente da República;*
> *III – De mais da metade das Assembleias Legislativas das unidades da Federação, manifestando-se, cada uma delas, pela maioria relativa de seus membros.*

Atente-se para alguns detalhes que são muito importantes. Um deputado ou senador não pode propor emenda à Constituição, só se estiverem representados por 1/3, no mínimo, dos membros. Outro ponto relevante é saber que o Presidente da República é legitimado para propor tanto lei quanto emenda. E, por último, deve-se ter cuidado com o último legitimado, que é um pouco diferente: mais da metade das Assembleias legislativas das unidades da federação, manifestando-se, cada uma delas, pela maioria relativa de seus membros. Deve-se ter muito cuidado, principalmente, com o *quórum* exigido aqui, que é a maioria relativa dos membros, e não maioria absoluta.

A aprovação de Emendas depende de um *quórum* bem qualificado: aprovação nas duas Casas, em dois turnos em cada Casa, por 3/5 dos membros em cada votação. É o que prevê o § 2º do art. 60:

> *§ 2º A proposta será discutida e votada em cada Casa do Congresso Nacional, em dois turnos, considerando-se aprovada se obtiver, em ambos, três quintos dos votos dos respectivos membros.*

Não depende de sanção presidencial que, após aprovada, vai direto para promulgação, que fica a cargo das Mesas da Câmara e do Senado. Caso a proposta seja rejeitada por qualquer uma das Casas, deverá ser arquivada aplicando-se o princípio da irrepetibilidade absoluta, o qual significa que a mesma proposta, uma vez rejeitada, não pode ser reapresentada na mesma sessão legislativa, conforme estabelecido no art. 60:

> *§ 3º A emenda à Constituição será promulgada pelas Mesas da Câmara dos Deputados e do Senado Federal, com o respectivo número de ordem. [...]*
> *§ 5º A matéria constante de proposta de emenda rejeitada ou havida por prejudicada não pode ser objeto de nova proposta na mesma sessão legislativa.*

A edição de Emendas Constitucionais obedece a alguns limites constitucionais chamados de limites circunstanciais e limites materiais.

Os limites circunstanciais são momentos em que não se podem apresentar propostas de emendas constitucionais. São três os momentos: intervenção federal, estado de defesa e estado de sítio. Assim, dispõe o § 1º do art. 60:

> *§ 1º. A Constituição não poderá ser emendada na vigência de intervenção federal, de estado de defesa ou de estado de sítio.*

Os **limites materiais** são temas que não podem ser retirados da Constituição Federal, pois compõem seu núcleo imutável. São as chamadas cláusulas pétreas previstas no § 4º do art. 60:

> *§ 4º Não será objeto de deliberação a proposta de emenda tendente a abolir:*
> *I – A forma federativa de Estado;*
> *II – O voto direto, secreto, universal e periódico;*
> *III – A separação dos Poderes;*
> *IV – Os direitos e garantias individuais.*

12.2.6 Medidas provisórias

O art. 62 é destinado à regulação das medidas provisórias. A edição dessa espécie normativa é de competência privativa do Presidente da República e só pode ser elaborada em situação de relevância e urgência. É uma função atípica desempenhada pelo Chefe do Executivo. Veja o *caput* do art. 62:

> **Art. 62** *Em caso de relevância e urgência, o Presidente da República poderá adotar medidas provisórias, com força de lei, devendo submetê-las de imediato ao Congresso Nacional.*

A medida provisória não é uma lei, mas tem força de lei. Depois de editada, produz efeitos imediatos, mas precisa ser submetida à apreciação do Congresso Nacional.

Primeiramente, passa por uma comissão mista do Congresso para verificação dos requisitos constitucionais, seguindo posteriormente para o plenário de cada Casa Legislativa. A Casa Iniciadora obrigatória é a Câmara dos Deputados, tendo em vista a competência ser do Presidente da República:

> *§ 5º A deliberação de cada uma das Casas do Congresso Nacional sobre o mérito das medidas provisórias dependerá de juízo prévio sobre o atendimento de seus pressupostos constitucionais. [...]*
> *§ 8º As medidas provisórias terão sua votação iniciada na Câmara dos Deputados.*
> *§ 9º Caberá à comissão mista de Deputados e Senadores examinar as medidas provisórias e sobre elas emitir parecer, antes de serem apreciadas, em sessão separada, pelo plenário de cada uma das Casas do Congresso Nacional.*

O Congresso tem um prazo de 60 dias para manifestar-se sobre a Medida Provisória, o qual poderá ser prorrogado por mais 60 dias se necessário. Esse prazo ficará suspenso durante os recessos parlamentares. Se, porventura, nos primeiros 45 dias a MP não for analisada, a pauta da Casa onde se encontrar entrará em regime de urgência sobrestando as demais deliberações. O sobrestamento da pauta, também conhecido como trancamento de pauta, impede a Casa Legislativa de votar outra proposição que não possua prazo enquanto a Medida Provisória não for votada:

> *§ 3º As medidas provisórias, ressalvado o disposto nos §§ 11 e 12 perderão eficácia, desde a edição, se não forem convertidas em lei no prazo de sessenta dias, prorrogável, nos termos do § 7º, uma vez por igual período, devendo o Congresso Nacional disciplinar, por decreto legislativo, as relações jurídicas delas decorrentes.*
> *§ 4º O prazo a que se refere o § 3º contar-se-á da publicação da medida provisória, suspendendo-se durante os períodos de recesso do Congresso Nacional.*
> *§ 6º Se a medida provisória não for apreciada em até quarenta e cinco dias contados de sua publicação, entrará em regime de urgência, subsequentemente, em cada uma das Casas do Congresso Nacional, ficando sobrestadas, até que se ultime a votação, todas as demais deliberações legislativas da Casa em que estiver tramitando.*
> *§ 7º Prorrogar-se-á uma única vez por igual período a vigência de medida provisória que, no prazo de sessenta dias, contado de sua publicação, não tiver a sua votação encerrada nas duas Casas do Congresso Nacional.*

A apreciação da Medida Provisória pelo Congresso Nacional pode gerar três consequências:

- **Conversão em lei sem emendas:** havendo conversão integral da MP em lei, ela seguirá para promulgação pelo presidente da mesa do Congresso Nacional.
- **Conversão em lei com emendas:** havendo conversão parcial a MP se transformará em projeto de lei, seguindo todos os trâmites normais, inclusive em relação a sanção presidencial:

    § 12 Aprovado projeto de lei de conversão alterando o texto original da medida provisória, esta manter-se-á integralmente em vigor até que seja sancionado ou vetado o projeto.

- **Rejeição:** a rejeição pode ser tácita ou expressa. Em ambos os casos, se rejeitada, a MP perde sua eficácia desde a origem (*ex tunc*). Nesse caso o Congresso Nacional terá 60 dias para disciplinar as relações jurídicas decorrentes do período em que estava em vigor mediante Decreto Legislativo. Caso não o faça, os atos praticados durante a vigência da MP permanecerão regulados pela própria Medida Provisória:

    § 11 Não editado o decreto legislativo a que se refere o § 3º até sessenta dias após a rejeição ou perda de eficácia de medida provisória, as relações jurídicas constituídas e decorrentes de atos praticados durante sua vigência conservar-se-ão por ela regidas.

- A medida provisória rejeitada ou que tenha perdido a eficácia não poderá ser reeditada na mesma sessão legislativa aplicando-se nesse caso o princípio da irrepetibilidade absoluta:

    § 10 É vedada a reedição, na mesma sessão legislativa, de medida provisória que tenha sido rejeitada ou que tenha perdido sua eficácia por decurso de prazo.

É importante destacar que **não poderão ser editadas** medidas provisórias que versem sobre os **limites materiais** estabelecidos no art. 62, § 1º e no art. 25, § 2º da Constituição Federal de 1988:

Art. 61 [...]

§ 1º É vedada a edição de medidas provisórias sobre matéria:

I – Relativa a:

a) nacionalidade, cidadania, direitos políticos, partidos políticos e direito eleitoral;

b) direito penal, processual penal e processual civil;

c) organização do Poder Judiciário e do Ministério Público, a carreira e a garantia de seus membros;

d) planos plurianuais, diretrizes orçamentárias, orçamento e créditos adicionais e suplementares, ressalvado o previsto no art. 167, § 3º;

I – Que vise a detenção ou sequestro de bens, de poupança popular ou qualquer outro ativo financeiro;

II – Reservada a lei complementar;

III – Já disciplinada em projeto de lei aprovado pelo Congresso Nacional e pendente de sanção ou veto do Presidente da República.

Art. 25 Os Estados organizam-se e regem-se pelas Constituições e leis que adotarem, observados os princípios desta Constituição. [...]

§ 2º Cabe aos Estados explorar diretamente, ou mediante concessão, os serviços locais de gás canalizado, na forma da lei, vedada a edição de medida provisória para a sua regulamentação.

12.3 Função fiscalizadora

Essa é a segunda função típica do Poder Legislativo. Além de criar normas, o Congresso Nacional também possui como função principal a fiscalização contábil, financeira e orçamentária da União e de suas Entidades da Administração direta e Indireta. Vejamos o art. 70 da Constituição Federal de 1988:

Art. 70 A fiscalização contábil, financeira, orçamentária, operacional e patrimonial da União e das entidades da administração direta e indireta, quanto à legalidade, legitimidade, economicidade, aplicação das subvenções e renúncia de receitas, será exercida pelo Congresso Nacional, mediante controle externo, e pelo sistema de controle interno de cada Poder.

Parágrafo único. Prestará contas qualquer pessoa física ou jurídica, pública ou privada, que utilize, arrecade, guarde, gerencie ou administre dinheiros, bens e valores públicos ou pelos quais a União responda, ou que, em nome desta, assuma obrigações de natureza pecuniária.

Veja que o art. 70 fala em **controle externo** e **controle interno**. São as duas formas de fiscalização vislumbrada pelo texto constitucional. O **controle interno** é aquele realizado por cada Poder. Cada um fiscaliza suas próprias contas. Já o **controle externo** é o realizado pelo Congresso Nacional, com apoio do Tribunal de Contas da União.

O art. 71 ainda apresenta as atribuições do Tribunal de Contas da União (TCU) no que tange à fiscalização exercida:

Art. 71 O controle externo, a cargo do Congresso Nacional, será exercido com o auxílio do Tribunal de Contas da União, ao qual compete:

I – Apreciar as contas prestadas anualmente pelo Presidente da República, mediante parecer prévio que deverá ser elaborado em sessenta dias a contar de seu recebimento;

II – Julgar as contas dos administradores e demais responsáveis por dinheiros, bens e valores públicos da administração direta e indireta, incluídas as fundações e sociedades instituídas e mantidas pelo Poder Público federal, e as contas daqueles que derem causa a perda, extravio ou outra irregularidade de que resulte prejuízo ao erário público;

III – Apreciar, para fins de registro, a legalidade dos atos de admissão de pessoal, a qualquer título, na administração direta e indireta, incluídas as fundações instituídas e mantidas pelo Poder Público, excetuadas as nomeações para cargo de provimento em comissão, bem como a das concessões de aposentadorias, reformas e pensões, ressalvadas as melhorias posteriores que não alterem o fundamento legal do ato concessório;

IV – Realizar, por iniciativa própria, da Câmara dos Deputados, do Senado Federal, de Comissão técnica ou de inquérito, inspeções e auditorias de natureza contábil, financeira, orçamentária, operacional e patrimonial, nas unidades administrativas dos Poderes Legislativo, Executivo e Judiciário, e demais entidades referidas no inciso II;

V – Fiscalizar as contas nacionais das empresas supranacionais de cujo capital social a União participe, de forma direta ou indireta, nos termos do tratado constitutivo;

VI – Fiscalizar a aplicação de quaisquer recursos repassados pela União mediante convênio, acordo, ajuste ou outros instrumentos congêneres, a Estado, ao Distrito Federal ou a Município;

VII – Prestar as informações solicitadas pelo Congresso Nacional, por qualquer de suas Casas, ou por qualquer das respectivas Comissões, sobre a fiscalização contábil, financeira, orçamentária, operacional e patrimonial e sobre resultados de auditorias e inspeções realizadas;

VIII – Aplicar aos responsáveis, em caso de ilegalidade de despesa ou irregularidade de contas, as sanções previstas em lei, que estabelecerá, entre outras cominações, multa proporcional ao dano causado ao erário;

IX – Assinar prazo para que o órgão ou entidade adote as providências necessárias ao exato cumprimento da lei, se verificada ilegalidade;

X – Sustar, se não atendido, a execução do ato impugnado, comunicando a decisão à Câmara dos Deputados e ao Senado Federal;

XI – Representar ao Poder competente sobre irregularidades ou abusos apurados.

Uma questão sempre cobrada em prova diz respeito às regras do Tribunal de Contas da União. A primeira coisa a ser estabelecida é a situação jurídica do TCU. A qual dos três poderes pertence o TCU?

A única resposta possível: o TCU não está subordinado a nenhum Poder. Ele é um órgão autônomo que está vinculado funcionalmente ao Poder Legislativo. Não se trata de subordinação, mas de ligação funcional. Apesar da previsão de função jurisdicional, o TCU também não pertence ao Poder Judiciário. O termo utilizado no art. 73 é equivocado quando comparado à natureza do órgão:

Art. 73 O Tribunal de Contas da União, integrado por nove Ministros, tem sede no Distrito Federal, quadro próprio de pessoal e jurisdição em todo o território nacional, exercendo, no que couber, as atribuições previstas no art. 96.

Apesar de ser chamado de "tribunal" e de a Constituição Federal de 1988 ter dito que possuía "jurisdição", o TCU não é órgão do Poder Judiciário. As suas ações possuem natureza meramente administrativa.

Vencido esse tema, passa-se à análise da composição do TCU:

§ 1º Os Ministros do Tribunal de Contas da União serão nomeados dentre brasileiros que satisfaçam os seguintes requisitos:

I – Mais de trinta e cinco e menos de sessenta e cinco anos de idade;

ORGANIZAÇÃO DOS PODERES – PODER LEGISLATIVO

II – Idoneidade moral e reputação ilibada;

III – Notórios conhecimentos jurídicos, contábeis, econômicos e financeiros ou de Administração Pública;

IV – Mais de dez anos de exercício de função ou de efetiva atividade profissional que exija os conhecimentos mencionados no inciso anterior.

§ 2º Os Ministros do Tribunal de Contas da União serão escolhidos:

I – Um terço pelo Presidente da República, com aprovação do Senado Federal, sendo dois alternadamente dentre auditores e membros do Ministério Público junto ao Tribunal, indicados em lista tríplice pelo Tribunal, segundo os critérios de antiguidade e merecimento;

II – Dois terços pelo Congresso Nacional.

Como se pode perceber, ser Ministro do TCU não é para qualquer pessoa. Faz-se necessário o preenchimento dos seguintes requisitos:

- Ser brasileiro;
- Possuir mais de trinta e cinco e menos de sessenta e cinco anos de idade;
- Possuir idoneidade moral e reputação ilibada;
- Possuir notórios conhecimentos jurídicos, contábeis, econômicos e financeiros ou de Administração Pública;
- Ter mais de dez anos de exercício de função ou de efetiva atividade profissional que exija os conhecimentos mencionados no inciso anterior.

A Constituição também regulou a forma de escolha desses membros por meio das seguintes regras:

- Um terço será escolhido pelo Presidente da República, com aprovação do Senado Federal, sendo dois alternadamente dentre auditores e membros do Ministério Público junto ao Tribunal, indicados em lista tríplice pelo Tribunal, segundo os critérios de antiguidade e merecimento;
- Dois terços pelo Congresso Nacional.

Quanto à escolha feita pelo presidente uma observação é pertinente. Dos três membros que poderão ser escolhidos pelo Presidente dois serão, obrigatoriamente, auditores e membros do Ministério Público junto ao Tribunal de Contas da União. Já o terceiro membro escolhido pelo Presidente, será de sua livre escolha desde que preenchidos os demais requisitos já mencionados.

Outra observação importantíssima e sempre cobrada em prova: a Constituição equipara os Ministros do TCU aos ministros do STJ ao passo que os auditores estão equiparados aos Juízes do TRF. Logicamente, se o auditor estiver substituindo o Ministro, a ele serão asseguradas as garantias próprias dos Ministros. Esta é a leitura dos §3º e 4º:

§ 3º Os Ministros do Tribunal de Contas da União terão as mesmas garantias, prerrogativas, impedimentos, vencimentos e vantagens dos Ministros do Superior Tribunal de Justiça, aplicando-se-lhes, quanto à aposentadoria e pensão, as normas constantes do art. 40.

§ 4º O auditor, quando em substituição a Ministro, terá as mesmas garantias e impedimentos do titular e, quando no exercício das demais atribuições da judicatura, as de juiz de Tribunal Regional Federal.

NOÇÕES DE DIREITO CONSTITUCIONAL

13 ORGANIZAÇÃO DOS PODERES – PODER EXECUTIVO

O Poder Executivo, tem como função principal administrar o Estado. Para entender como o Poder Executivo brasileiro está organizado, a seguir serão analisados alguns princípios constitucionais que o influenciam.

13.1 Princípios constitucionais

13.1.1 Princípio republicano

O primeiro princípio que será estudado é o Republicano que representa a forma de governo adotada no Brasil. A forma de governo reflete o modo de aquisição e exercício do poder político, além de medir a relação existente entre o governante e o governado.

A melhor forma de entender esse instituto é conhecendo suas características. A primeira característica decorre da análise etimológica da expressão *res publica*. Essa expressão, que dá origem ao princípio ora estudado, significa coisa pública, ou seja, em um Estado republicano o governante governa a coisa pública, governa para o povo.

Na república, o governante é escolhido pelo povo. Essa é a chamada eletividade. O poder político é adquirido pelas eleições, cuja vontade popular se concretiza nas urnas.

Outra característica importante é a temporariedade. Esse atributo revela o caráter temporário do exercício do poder político. Por causa desse princípio, em nosso Estado, o governante permanece por quatro anos no poder, sendo permitida apenas uma reeleição.

Por fim, num Estado Republicano, o governante pode ser responsabilizado por seus atos.

Quando se fala dessas características da forma de governo republicana, remete-se imediatamente ao regime político adotado no Brasil, que permite a participação popular nas decisões estatais: **democracia.**

13.1.2 Princípio democrático

Esse princípio revela o **regime de governo** adotado no Brasil, também chamado de **regime político**. Caracteriza-se por um governo do povo, pelo povo e para o povo.

13.2 Presidencialismo

O **presidencialismo** é o **sistema de governo** adotado no Brasil. O sistema de governo rege a relação entre o Poder Executivo e o Legislativo, medindo o grau de dependência entre eles. No Presidencialismo, prevalece a separação entre os Poderes Executivo e Legislativo os quais são independentes e harmônicos entre si.

A Constituição declara que o Poder Executivo da União é exercido pelo Presidente da República, auxiliado por seus Ministros de Estado:

> *Art. 76 O Poder Executivo é exercido pelo Presidente da República, auxiliado pelos Ministros de Estado.*

O presidencialismo possui uma característica muito importante para prova: o presidente, que é eleito pelo povo, exerce ao mesmo tempo três funções: chefe de Estado, chefe de governo e chefe da Administração Pública.

A função de chefe de Estado diz respeito a todas as atribuições do Presidente nas relações externas do País. Como chefe de governo, o presidente possui inúmeras atribuições internas, no que tange à governabilidade do país. Já como chefe da Administração Pública, o presidente exercerá as funções relacionadas com a chefia da Administração Pública Federal, ou seja, apenas da União.

Esses princípios que regem o Poder Executivo e costumam ser cobrados em prova.

Sistema de Governo	→ Presidencialismo.
Chefe de Estado	→ Relações externas do Brasil com outros Estados.
Chefe da Administração Pública	→ Chefe da Administração Pública Federal.
Chefe de Governo	→ Ações Internas de Governabilidade.

Partindo de discussões sobre o presidencialismo, que caracteriza as funções exercidas pelo Presidente da República, a seguir serão estudadas suas atribuições, que aparecem praticamente em todos os editais que contêm o Poder Executivo.

13.2.1 Atribuições do Presidente

As atribuições do Presidente da República encontram-se arroladas no art. 84 da Constituição Federal de 1988:

> *Art. 84 Compete privativamente ao Presidente da República:*
>
> *I – Nomear e exonerar os Ministros de Estado;*
>
> *II – Exercer, com o auxílio dos Ministros de Estado, a direção superior da administração federal;*
>
> *III – Iniciar o processo legislativo, na forma e nos casos previstos nesta Constituição;*
>
> *IV – Sancionar, promulgar e fazer publicar as leis, bem como expedir decretos e regulamentos para sua fiel execução;*
>
> *V – Vetar projetos de lei, total ou parcialmente;*
>
> *VI – Dispor, mediante decreto, sobre:*
>
> *a) Organização e funcionamento da administração federal, quando não implicar aumento de despesa nem criação ou extinção de órgãos públicos;*
>
> *b) Extinção de funções ou cargos públicos, quando vagos;*
>
> *VII – Manter relações com Estados estrangeiros e acreditar seus representantes diplomáticos;*
>
> *VIII – Celebrar tratados, convenções e atos internacionais, sujeitos a referendo do Congresso Nacional;*
>
> *IX – Decretar o estado de defesa e o estado de sítio;*
>
> *X – Decretar e executar a intervenção federal;*
>
> *XI – Remeter mensagem e plano de governo ao Congresso Nacional por ocasião da abertura da sessão legislativa, expondo a situação do País e solicitando as providências que julgar necessárias;*
>
> *XII – Conceder indulto e comutar penas, com audiência, se necessário, dos órgãos instituídos em lei;*
>
> *XIII – Exercer o comando supremo das Forças Armadas, nomear os Comandantes da Marinha, do Exército e da Aeronáutica, promover seus oficiais-generais e nomeá-los para os cargos que lhes são privativos;*
>
> *XIV – Nomear, após aprovação pelo Senado Federal, os Ministros do Supremo Tribunal Federal e dos Tribunais Superiores, os Governadores de Territórios, o Procurador-geral da República, o presidente e os diretores do banco central e outros servidores, quando determinado em lei;*
>
> *XV – Nomear, observado o disposto no art. 73, os Ministros do Tribunal de Contas da União;*
>
> *XVI – Nomear os magistrados, nos casos previstos nesta Constituição, e o Advogado-Geral da União;*
>
> *XVII – Nomear membros do Conselho da República, nos termos do art. 89, VII;*
>
> *XVIII – Convocar e presidir o Conselho da República e o Conselho de Defesa Nacional;*
>
> *XIX – Declarar guerra, no caso de agressão estrangeira, autorizado pelo Congresso Nacional ou referendado por ele, quando ocorrida no intervalo das sessões legislativas, e, nas mesmas condições, decretar, total ou parcialmente, a mobilização nacional;*

ORGANIZAÇÃO DOS PODERES – PODER EXECUTIVO

XX – Celebrar a paz, autorizado ou com o referendo do Congresso Nacional;

XXI – Conferir condecorações e distinções honoríficas;

XXII – Permitir, nos casos previstos em lei complementar, que forças estrangeiras transitem pelo território nacional ou nele permaneçam temporariamente;

XXIII – Enviar ao Congresso Nacional o plano plurianual, o projeto de lei de diretrizes orçamentárias e as propostas de orçamento previstos nesta Constituição;

XXIV – Prestar, anualmente, ao Congresso Nacional, dentro de sessenta dias após a abertura da sessão legislativa, as contas referentes ao exercício anterior;

XXV – Prover e extinguir os cargos públicos federais, na forma da lei;

XXVI – Editar medidas provisórias com força de lei, nos termos do art. 62;

XXVII – Exercer outras atribuições previstas nesta Constituição.

XXVIII – propor ao Congresso Nacional a decretação do estado de calamidade pública de âmbito nacional previsto nos arts. 167-B, 167-C, 167-D, 167-E, 167-F e 167-G desta Constituição. (Incluído pela Emenda Constitucional nº 109/2021)

Parágrafo único: O Presidente da República poderá delegar as atribuições mencionadas nos incisos VI, XII e XXV, primeira parte, aos Ministros de Estado, ao Procurador-geral da República ou ao Advogado-Geral da União, que observarão os limites traçados nas respectivas delegações.

> **Atenção!**
> Esse tema, quando cobrado em prova, costuma trabalhar com a memorização do texto constitucional. A dica é memorizar o art. 84 da Constituição Federal de 1988.

As atribuições do presidente são de chefe de Estado, chefe de governo ou chefe da Administração Pública. Procurou-se, abaixo, adequar, conforme a melhor doutrina, as atribuições do art. 84 às funções desenvolvidas pelo Presidente no exercício de seu mandato:

- **Como chefe de Estado:** o Presidente representa o Estado nas suas relações internacionais. São funções de Chefe de Estado as previstas nos incisos VII, VIII, XIX, XX, XXII e XXVII do art. 84.
- **Como chefe de governo**: o Presidente exerce sua liderança política representando e gerindo os negócios internos nacionais. São funções de Chefe de Governo as previstas nos incisos I, III, IV, V, IX, X, XI, XII, XIII, XIV, XV, XVI, XVII, XVIII, XXI, XXIII, XXIV, XXVI e XXVII.
- **Como chefe da Administração Pública:** o Presidente gerencia os negócios internos administrativos da Administração Pública federal. São funções de Chefe da Administração Pública as previstas nos incisos II, VI, XXV e XXVII.

Uma característica interessante é que esse rol de competências é meramente exemplificativo, por força do inciso XXVII, que abre a possibilidade de o Presidente exercer outras atribuições além das previstas expressamente no texto constitucional.

Outra questão amplamente trabalhada em prova é a possibilidade de delegação de algumas de suas atribuições, conforme prescrição do parágrafo único do art. 84. Nem todas as atribuições do presidente são delegáveis, apenas as previstas nos incisos **VI, XII e XXV, primeira parte:**

VI – Dispor, mediante decreto, sobre:

a) Organização e funcionamento da administração federal, quando não implicar aumento de despesa nem criação ou extinção de órgãos públicos;

b) Extinção de funções ou cargos públicos, quando vagos; [...]

XII – Conceder indulto e comutar penas, com audiência, se necessário, dos órgãos instituídos em lei; [...]

XXV – Prover os cargos públicos federais, na forma da lei.

São três competências que podem ser delegadas para três pessoas: ministro de Estado, procurador-geral da República e advogado-geral da União.

Ministro de Estado é qualquer ministro que auxilie o Presidente da República na administração do Estado. São exemplos: ministro da Justiça, ministro da Fazenda e ministro da Agricultura.

13.2.2 Processo eleitoral

O processo de eleição do Presidente da República também encontra regulação expressa no texto constitucional:

> Art. 77 A eleição do Presidente e do Vice-Presidente da República realizar-se-á, simultaneamente, no primeiro domingo de outubro, em primeiro turno, e no último domingo de outubro, em segundo turno, se houver, do ano anterior ao do término do mandato presidencial vigente.
>
> § 1º A eleição do Presidente da República importará a do Vice-Presidente com ele registrado.
>
> § 2º Será considerado eleito Presidente o candidato que, registrado por partido político, obtiver a maioria absoluta de votos, não computados os em branco e os nulos.
>
> § 3º Se nenhum candidato alcançar maioria absoluta na primeira votação, far-se-á nova eleição em até vinte dias após a proclamação do resultado, concorrendo os dois candidatos mais votados e considerando-se eleito aquele que obtiver a maioria dos votos válidos.
>
> § 4º Se, antes de realizado o segundo turno, ocorrer morte, desistência ou impedimento legal de candidato, convocar-se-á, dentre os remanescentes, o de maior votação.
>
> § 5º Se, na hipótese dos parágrafos anteriores, remanescer, em segundo lugar, mais de um candidato com a mesma votação, qualificar-se-á o mais idoso.

Algumas considerações são importantes acerca desse tema. Primeiramente, deve-se registrar que a Constituição Federal de 1988 regulou até o dia em que deve ocorrer a eleição:

- Primeiro turno: **primeiro domingo de outubro**.
- Segundo turno: **último domingo de outubro**.

Uma coisa chama a atenção no *caput* do art. 77. A Constituição Federal de 1988 diz que as eleições ocorrem no ano anterior ao do término do mandato presidencial vigente. Pergunta-se: será que essa regra é aplicável no direito brasileiro?

É claro que esse dispositivo é aplicado nos dias de hoje. A eleição ocorre no ano anterior ao do término do mandato presidencial vigente, pois o mandato acaba no dia 1º de janeiro, conforme dispõe o art. 82:

> Art. 82 O mandato do Presidente da República é de 4 (quatro) anos e terá início em 5 de janeiro do ano seguinte ao de sua eleição. (Redação dada pela Emenda Constitucional nº 111/2021)

Se o novo mandato tem início no dia cinco de janeiro, significa que o mandato antigo acaba neste dia. Logo, está correto afirmar que as eleições ocorrem no ano anterior ao do término do mandato presidencial vigente.

Quando votamos para presidente, só votamos no presidente. O vice é eleito como consequência da eleição do presidente. Esse será eleito se tiver a maioria absoluta dos votos, não computados os votos brancos e nulos, ou seja, será eleito aquele que possuir a maioria absoluta dos

NOÇÕES DE DIREITO CONSTITUCIONAL

votos válidos. Maioria absoluta dos votos significa dizer que o eleito obteve o primeiro número inteiro após a metade dos votos válidos. Se ninguém obtiver maioria absoluta, deve-se convocar nova eleição – segundo turno. Para o segundo turno, são chamados os dois candidatos mais votados. Se, porventura, ocorrer empate no segundo lugar, a Constituição determina que seja convocado o mais idoso.

O critério de idade é para a situação de desempate. Ocorrendo morte, desistência ou impedimento de algum candidato do segundo turno, deverá ser convocado o próximo mais votado.

Finalizada a eleição, o presidente e o vice terão prazo de dez dias a contar da posse, para assumir o cargo. Caso não seja assumido, o cargo será declarado vago. Se o presidente assume e o vice não, o cargo do vice é declarado vago, ficando o presidente sem vice até o fim do mandato. Caso o vice assuma e o presidente não, o cargo de presidente será declarado vago, assumindo o vice a função de presidente e permanecendo durante o seu mandato sem vice.

> **Art. 78** O Presidente e o Vice-Presidente da República tomarão posse em sessão do Congresso Nacional, prestando o compromisso de manter, defender e cumprir a Constituição, observar as leis, promover o bem geral do povo brasileiro, sustentar a união, a integridade e a independência do Brasil.
>
> **Parágrafo único.** Se, decorridos dez dias da data fixada para a posse, o Presidente ou o Vice-Presidente, salvo motivo de força maior, não tiver assumido o cargo, este será declarado vago.

13.2.3 Impedimento e vacância

O impedimento e a vacância são espécies de ausência do Presidente da República. São circunstâncias em que o presidente não está no exercício de sua função. A diferença entre os dois institutos está no fato de que, na vacância a ausência é definitiva, enquanto no impedimento a ausência é temporária. São exemplos de vacância: morte, perda do cargo, renúncia. São exemplos de impedimento: doença, viagem, férias. Na vacância, ocorre sucessão; no impedimento, ocorre substituição. Tanto no caso de impedimento como no de vacância, a Constituição Federal determina que o vice-presidente ficará no lugar do Presidente, pois essa é a sua função precípua:

> **Art. 79** Substituirá o Presidente, no caso de impedimento, e suceder-lhe-á, no de vaga, o Vice-Presidente.
>
> **Parágrafo único.** O Vice-Presidente da República, além de outras atribuições que lhe forem conferidas por lei complementar, auxiliará o Presidente, sempre que por ele convocado para missões especiais.

O problema maior surge quando o Presidente e o Vice se ausentam ao mesmo tempo. Nesse caso, a Constituição determina que se convoquem outros sucessores: Presidente da Câmara dos Deputados, Presidente do Senado Federal e Presidente do Supremo Tribunal Federal. Esses são os legitimados a sucederem o Presidente da República e o vice-presidente de forma sucessiva e temporária quando ocorrer a ausência dos dois ao mesmo tempo:

> **Art. 80** Em caso de impedimento do Presidente e do Vice-Presidente, ou vacância dos respectivos cargos, serão sucessivamente chamados ao exercício da Presidência o Presidente da Câmara dos Deputados, o do Senado Federal e o do Supremo Tribunal Federal.

Uma coisa deve ser observada: o vice-presidente é o único legitimado a suceder o presidente de forma definitiva. O presidente da Câmara, do Senado e do STF só substituem o presidente em caráter temporário. Isso significa que, se o presidente morrer, quem assume o cargo é o vice.

Agora, se ocorrer vacância dos cargos de presidente e de vice ao mesmo tempo, a Constituição determina que sejam realizadas novas eleições:

> **Art. 81** Vagando os cargos de Presidente e Vice-Presidente da República, far-se-á eleição noventa dias depois de aberta a última vaga.
>
> § 1º Ocorrendo a vacância nos últimos dois anos do período presidencial, a eleição para ambos os cargos será feita trinta dias depois da última vaga, pelo Congresso Nacional, na forma da lei.
>
> § 2º Em qualquer dos casos, os eleitos deverão completar o período de seus antecessores.

Caso a vacância se dê nos dois primeiros anos de mandato, a eleição será direta, ou seja, com a participação do povo e deverá ocorrer no prazo de 90 dias a contar da última vacância. Mas, se a vacância se der nos dois últimos anos do mandato, a eleição será indireta (realizada pelo Congresso Nacional) no prazo de 30 dias a contar da última vacância. Quem for eleito permanecerá no cargo até o fim do mandato de quem ele sucedeu. Não se inicia um novo mandato. Esse mandato é chamado pela doutrina de Mandato-Tampão.

Em qualquer uma das duas situações, enquanto não forem eleitos os novos presidente e vice-presidente, quem permanece no cargo é um dos sucessores temporários: presidente da Câmara, do Senado ou do STF.

13.2.4 Perda do cargo no caso de saída do país sem autorização do Congresso Nacional

Esse artigo prevê a possibilidade de perda do cargo do Presidente e Vice-Presidente nos casos de ausência do País por período superior a 15 dias sem licença do Congresso Nacional:

> **Art. 83** O Presidente e o Vice-Presidente da República não poderão, sem licença do Congresso Nacional, ausentar-se do País por período superior a quinze dias, sob pena de perda do cargo.

Vejamos que a Constituição Federal de 1988 não proíbe que o Presidente ou o Vice se ausentem do país sem licença do Congresso Nacional. Mas se a ausência se der por mais de 15 dias, nesse caso será indispensável a autorização da Casa Legislativa.

13.2.5 Órgãos auxiliares do Presidente da República

A Constituição nos apresenta três órgãos auxiliares do Presidente da República: ministros de Estado, Conselho da República e Conselho de Defesa Nacional. Os ministros de Estados são os auxiliares diretos do Presidente da República. Os arts. 87 e 88 trazem várias regras que podem ser trabalhadas em prova:

> **Art. 87** Os Ministros de Estado serão escolhidos dentre brasileiros maiores de vinte e um anos e no exercício dos direitos políticos.
>
> **Parágrafo único.** Compete ao Ministro de Estado, além de outras atribuições estabelecidas nesta Constituição e na lei:
>
> I – Exercer a orientação, coordenação e supervisão dos órgãos e entidades da administração federal na área de sua competência e referendar os atos e decretos assinados pelo Presidente da República;
>
> II – Expedir instruções para a execução das leis, decretos e regulamentos;
>
> III – Apresentar ao Presidente da República relatório anual de sua gestão no Ministério;
>
> IV – Praticar os atos pertinentes às atribuições que lhe forem outorgadas ou delegadas pelo Presidente da República.
>
> **Art. 88** A lei disporá sobre a criação e extinção de Ministérios e órgãos da Administração Pública.

O Conselho da República e o Conselho de Defesa Nacional também são órgãos auxiliares do Presidente da República, mas que possuem atribuição consultiva. Em situações determinadas pela Constituição, o presidente, antes de tomar alguma decisão, precisa consultar esses dois órgãos.

ORGANIZAÇÃO DOS PODERES – PODER EXECUTIVO

Seguem os arts. 89, 90 e 91, cujas regras também podem ser cobradas em prova. Destacam-se as composições e as competências desses órgãos:

> **Art. 89** O Conselho da República é órgão superior de consulta do Presidente da República, e dele participam:
> I – O Vice-Presidente da República;
> II – O Presidente da Câmara dos Deputados;
> III – O Presidente do Senado Federal;
> IV – Os líderes da maioria e da minoria na Câmara dos Deputados;
> V – Os líderes da maioria e da minoria no Senado Federal;
> VI – O Ministro da Justiça;
> VII – Seis cidadãos brasileiros natos, com mais de trinta e cinco anos de idade, sendo dois nomeados pelo Presidente da República, dois eleitos pelo Senado Federal e dois eleitos pela Câmara dos Deputados, todos com mandato de três anos, vedada a recondução.
>
> **Art. 90** Compete ao Conselho da República pronunciar-se sobre:
> I – Intervenção federal, estado de defesa e estado de sítio;
> II – As questões relevantes para a estabilidade das instituições democráticas.
> § 1º O Presidente da República poderá convocar Ministro de Estado para participar da reunião do Conselho, quando constar da pauta questão relacionada com o respectivo Ministério.
> § 2º A lei regulará a organização e o funcionamento do Conselho da República.
>
> **Art. 91** O Conselho de Defesa Nacional é órgão de consulta do Presidente da República nos assuntos relacionados com a soberania nacional e a defesa do Estado democrático, e dele participam como membros natos:
> I – O Vice-Presidente da República;
> II – O Presidente da Câmara dos Deputados;
> III – O Presidente do Senado Federal;
> IV – Ministro da Justiça;
> V – O Ministro de Estado da Defesa;
> VI – O Ministro das Relações Exteriores;
> VII – O Ministro do Planejamento;
> VIII – Os Comandantes da Marinha, do Exército e da Aeronáutica.
> § 1º Compete ao Conselho de Defesa Nacional:
> I – Opinar nas hipóteses de declaração de guerra e de celebração da paz, nos termos desta Constituição;
> II – Opinar sobre a decretação do estado de defesa, do estado de sítio e da intervenção federal;
> III – Propor os critérios e condições de utilização de áreas indispensáveis à segurança do território nacional e opinar sobre seu efetivo uso, especialmente na faixa de fronteira e nas relacionadas com a preservação e a exploração dos recursos naturais de qualquer tipo;
> IV – Estudar, propor e acompanhar o desenvolvimento de iniciativas necessárias a garantir a independência nacional e a defesa do Estado democrático.
> § 2º A lei regulará a organização e o funcionamento do Conselho de Defesa Nacional.

13.2.6 Responsabilidades do Presidente

A forma de governo adotada no país é a República e, por essa razão, é possível responsabilizar o Presidente da República por seus atos. A Constituição Federal de 1988 tratou de regular a responsabilização por crime de responsabilidade e por infrações penais comuns.

Antes de trabalhar com cada uma das responsabilidades, serão analisadas as chamadas imunidades.

Imunidades são prerrogativas inerentes aos cargos mais importantes do Estado. Cargos que são estratégicos e essenciais à manutenção da ordem constitucional. Entre vários, se destaca o de Presidente da República.

A imunidade pode ser:
- **Material:** é a conhecida irresponsabilidade penal absoluta. Essa imunidade protege o titular contra a responsabilização penal.
- **Formal:** são prerrogativas de cunho processual.

Um primeiro ponto essencial que precisa ser estabelecido: o presidente não possui imunidade material, contudo, em razão da importância do seu cargo, possui imunidades formais. Apesar de o Presidente não possuir imunidade material, outros cargos a possuem, por exemplo, os parlamentares.

Ao todo, pode-se elencar **quatro prerrogativas processuais** garantidas pela Constituição Federal ao Chefe do Executivo da União:

13.2.7 Prerrogativas processuais garantidas ao Presidente

- **Processo**

A Constituição exige juízo de admissibilidade emitido pela Câmara para que o presidente possa ser processado durante o seu mandato. Isso significa que o Presidente da República só poderá ser processado se a Câmara dos Deputados autorizar pelo voto de 2/3 dos membros:

> **Art. 86** Admitida a acusação contra o Presidente da República, por dois terços da Câmara dos Deputados, será ele submetido a julgamento perante o Supremo Tribunal Federal, nas infrações penais comuns, ou perante o Senado Federal, nos crimes de responsabilidade.

- **Prerrogativa de Foro**

O presidente não pode ser julgado por qualquer juiz, haja vista a importância da função que exerce no Estado.

Diante disso, a Constituição estabeleceu dois foros competentes para julgar o Presidente:

Supremo Tribunal Federal: será julgado pelas infrações penais comuns.

Senado Federal: será julgado pelos crimes de responsabilidade.

Analisando essas duas primeiras prerrogativas, não se pode esquecer o previsto no art. 86, § 1º:

> § 1º O Presidente ficará suspenso de suas funções:
> I – Nas infrações penais comuns, se recebida a denúncia ou queixa-crime pelo Supremo Tribunal Federal;
> II – Nos crimes de responsabilidade, após a instauração do processo pelo Senado Federal.
> § 2º Se, decorrido o prazo de cento e oitenta dias, o julgamento não estiver concluído, cessará o afastamento do Presidente, sem prejuízo do regular prosseguimento do processo.

A Constituição determina que, após iniciado o processo, tanto por infração penal comum quanto por crime de responsabilidade, o Presidente fique suspenso de suas funções pelo prazo de 180 dias, tempo necessário para que se finalize o processo. Caso o Presidente não seja julgado nesse período, ele poderá retornar ao exercício de suas funções sem prejuízo de continuidade do processo. Deve-se ter muito cuidado em prova com o início do prazo de suspensão:

- **Infração penal comum:** o prazo de suspensão inicia-se **a partir do recebimento da denúncia ou queixa**.
- **crime de responsabilidade:** o prazo de suspensão inicia-se **a partir da instauração do processo**.

Caso a Câmara autorize o processo do Presidente por crime de responsabilidade, o Senado deverá processá-lo, pois não assiste discricionariedade ao Senado em processar ou não. Sua decisão é vinculada à decisão da Câmara, pelo fato de as duas Casas serem políticas. Contudo, nos casos de infração penal comum, o STF não está obrigado a processar o Presidente em respeito à Separação dos Poderes.

NOÇÕES DE DIREITO CONSTITUCIONAL

Vamos aproveitar o momento para entender o que são infração penal comum e crime de responsabilidade.

> **Infração penal comum:** é qualquer crime ou contravenção penal cometida pelo Presidente da República na função ou em razão da sua função de Presidente. Seu processamento se dará no Supremo Tribunal Federal.
>
> **crime de responsabilidade:** a primeira coisa que se precisa saber sobre o crime de responsabilidade é que ele não é um crime. O crime de responsabilidade é uma infração de natureza **político-administrativa.** O nome crime é impróprio para esse instituto. O processo que visa a esse tipo de responsabilização é o **impeachment.**

O presidente responderá por esse tipo de infração caso sua conduta se amolde ao previsto no art. 85 da Constituição Federal de 1988:

> ***Art. 85*** *São crimes de responsabilidade os atos do Presidente da República que atentem contra a Constituição Federal e, especialmente, contra:*
> *I – A existência da União;*
> *II – O livre exercício do Poder Legislativo, do Poder Judiciário, do Ministério Público e dos Poderes constitucionais das unidades da Federação;*
> *III – O exercício dos direitos políticos, individuais e sociais;*
> *IV – A segurança interna do País;*
> *V – A probidade na administração;*
> *VI – A lei orçamentária;*
> *VII – O cumprimento das leis e das decisões judiciais.*
> ***Parágrafo único.*** *Esses crimes serão definidos em lei especial, que estabelecerá as normas de processo e julgamento.*

Esse rol de condutas, consideradas como crime de responsabilidade estabelecido na Constituição Federal de 1988, é meramente exemplificativo, já que é a Lei nº 1.079/1950 o dispositivo regulador do crime de responsabilidade. Deve-se destacar sua relevância na fixação de outras autoridades que respondem por esse crime, novos crimes além dos procedimentos adotados nesse processo, principalmente na competência exclusiva do cidadão para denunciar o Presidente. Destaca-se ainda que, para haver condenação, o Senado deve proferi-la pelo voto de 2/3 dos seus membros.

Considerando que não se trata de um crime, essa infração não pode resultar numa pena privativa de liberdade. Quem pratica crime de responsabilidade não pode ser preso. A consequência estabelecida no art. 52, parágrafo único da Constituição Federal de 1988, é a perda do cargo e a inabilitação para o exercício de qualquer função pública pelo prazo de oito anos:

> ***Art. 52*** *[...]*
> ***Parágrafo único.*** *Nos casos previstos nos incisos I e II, funcionará como Presidente o do Supremo Tribunal Federal, limitando-se a condenação, que somente será proferida por dois terços dos votos do Senado Federal, à perda do cargo, com inabilitação, por oito anos, para o exercício de função pública, sem prejuízo das demais sanções judiciais cabíveis.*

- **Prisão**

O presidente só pode ser preso pela prática de infração penal comum e somente se sobrevier sentença condenatória:

> ***Art. 86*** *[...]*
> *§ 3º Enquanto não sobrevier sentença condenatória, nas infrações comuns, o Presidente da República não estará sujeito a prisão.*

- **Irresponsabilidade penal relativa**

Também conhecida na doutrina como **Imunidade Formal Temporária**, essa prerrogativa afirma que o Presidente não poderá ser responsabilizado por atos alheios aos exercícios de suas funções:

> ***Art. 86*** *[...]*
> *§ 4º O Presidente da República, na vigência de seu mandato, não pode ser responsabilizado por atos estranhos ao exercício de suas funções.*

Para melhor compreender as imunidades conferidas ao Presidente da República, analisemos as seguintes situações hipotéticas:

Suponhamos que o Presidente da República seja flagrado após ter cometido o assassinado de duas pessoas por motivos particulares.

Poderia ele, no momento em que é flagrado, ser preso pelo crime? Não. O presidente só pode ser preso se tiver uma sentença condenatória.

Poderia o presidente ser processado pelo crime de duplo homicídio durante o se mandato? O presidente não pode ser responsabilizado por atos alheios aos exercícios de suas funções. Ao matar duas pessoas, ele não comete o crime na condição de presidente, ou seja, esse crime não possui relação com sua função de presidente. Por esse motivo, ele não pode ser processado durante o seu mandato. Não significa que ficará impune pelo crime cometido, apenas será responsabilizado normalmente após o mandato, nesse caso, sem nenhuma prerrogativa. Apesar de não haver previsão legal, a jurisprudência entende que o prazo prescricional, nesse caso, ficará suspenso, não prejudicando a responsabilização do presidente.

Suponhamos agora que, em reunião com os Ministros, o presidente tenha discutido com um deles. Em meio à confusão, o presidente mata o ministro. Poderia ele ser preso por esse crime? O presidente não pode ser preso enquanto não sobrevier sentença condenatória. É a imunidade em relação às prisões.

O presidente poderá ser processado por esse crime enquanto estiver no seu mandato? Nesse caso sim. Perceba que o crime cometido foi em razão da função de presidente, visto que não estaria na reunião com Ministros se não fosse o Presidente da República. Dessa forma, ele será processado por essa infração penal comum no Supremo Tribunal Federal, caso a Câmara dos Deputados autorize o processo. Havendo sentença condenatória, ele poderá ser preso. A possibilidade de responsabilização do Presidente da República por infração penal comum só ocorre se o crime cometido estiver ligado à sua função de presidente.

Já em relação a outras esferas do direito, como cíveis, administrativas, trabalhistas ou qualquer outra área, o presidente não possui prerrogativa. Isso significa que o presidente responderá normalmente, sem nenhum privilégio, nas outras esferas do Direito. O tema das responsabilidades do Presidente tem sido alvo de inúmeras questões de prova. As questões podem ser trabalhadas a partir da literalidade do texto constitucional ou mesmo invocando caso concreto para verificação das regras e prerrogativas do presidente.

Imunidade Formal
Processo → autorização da câmara dos deputados = 2/3 dos votos.
Prerrogativa de foro → STF: crime comum/Senado: crime de responsabilidade.
Prisão → só depois da sentença penal condenatória.
Responsabilidade penal relativa → não responde por ato alheio a sua função.

14 ORGANIZAÇÃO DOS PODERES – PODER JUDICIÁRIO

14.1 Disposições gerais

O Poder Judiciário é o titular da chamada função jurisdicional. Ele possui a atribuição principal de "dizer o direito", "aplicar o direito ao caso concreto". Além de desempenhar esta função típica, o Judiciário também exerce de forma atípica a função dos demais poderes. Quando realiza concursos públicos ou contrata uma empresa prestadora de serviços, ele o faz no exercício da função administrativa (Poder Executivo). O Judiciário também exerce de forma atípica a função do Poder Legislativo quando edita instrumentos normativos que regulam as atividades dos tribunais.

Para desempenhar suas funções, o Poder Judiciário se utiliza de diversos órgãos os quais estão previstos no art. 92:

> **Art. 92** São órgãos do Poder Judiciário:
> I – O Supremo Tribunal Federal;
> I-A. O Conselho Nacional de Justiça;
> II – O Superior Tribunal de Justiça;
> II-A. O Tribunal Superior do Trabalho;
> III – Os Tribunais Regionais Federais e Juízes Federais;
> IV – Os Tribunais e Juízes do Trabalho;
> V – Os Tribunais e Juízes Eleitorais;
> VI – Os Tribunais e Juízes Militares;
> VII – Os Tribunais e Juízes dos Estados e do Distrito Federal e Territórios.
> § 1º O Supremo Tribunal Federal, o Conselho Nacional de Justiça e os Tribunais Superiores têm sede na Capital Federal.
> § 2º O Supremo Tribunal Federal e os Tribunais Superiores têm jurisdição em todo o território nacional.

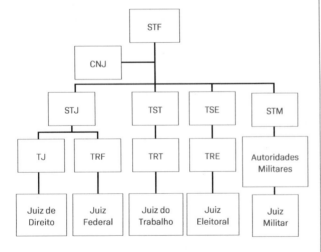

14.1.1 Critérios para ingresso na carreira

Conforme o que diz o art. 93, inciso I, da Constituição Federal de 1988:

> **Art. 93** Lei complementar, de iniciativa do Supremo Tribunal Federal, disporá sobre o Estatuto da Magistratura, observados os seguintes princípios:
> I – Ingresso na carreira, cujo cargo inicial será o de juiz substituto, mediante concurso público de provas e títulos, com a participação da Ordem dos Advogados do Brasil em todas as fases, exigindo-se do bacharel em direito, no mínimo, três anos de atividade jurídica e obedecendo-se, nas nomeações, à ordem de classificação.

Esse inciso apresenta regras para o ingresso na carreira da Magistratura. O ingresso dar-se-á no cargo de juiz substituto e depende de aprovação em concurso público de provas e títulos.

Como foi possível perceber, é um tipo de concurso que é bem seletivo, sendo que aprovação depende de intensa dedicação do candidato. Além de a prova ser dificílima, o candidato precisa comprovar no mínimo três anos de atividade jurídica, que só pode ser realizada após a conclusão do curso. Deve-se estar atento a esse prazo de atividade jurídica exigido, as bancas costumam trocar o três por outro numeral.

O conceito de atividade jurídica é definido na Resolução nº 75/2009 do Conselho Nacional de Justiça que prevê, entre outros, o exercício da advocacia ou de cargo público privativo de bacharel em direito como forma de se comprovar o tempo exigido.

14.1.2 Quinto constitucional

O quinto permite que uma pessoa se torne magistrado sem necessidade de realização de concurso público para a magistratura. É uma porta de entrada destinada a quem não é membro do Poder Judiciário. A regra do quinto decorre do fato de que 1/5 das vagas em alguns tribunais são destinadas aos membros do Ministério Público ou da Advocacia. Vejamos o que dispõe o art. 94 da Constituição Federal:

> **Art. 94** Um quinto dos lugares dos Tribunais Regionais Federais, dos Tribunais dos Estados, e do Distrito Federal e Territórios será composto de membros, do Ministério Público, com mais de dez anos de carreira, e de advogados de notório saber jurídico e de reputação ilibada, com mais de dez anos de efetiva atividade profissional, indicados em lista sêxtupla pelos órgãos de representação das respectivas classes.
> **Parágrafo único.** Recebidas as indicações, o tribunal formará lista tríplice, enviando-a ao Poder Executivo, que, nos vinte dias subsequentes, escolherá um de seus integrantes para nomeação.

Um detalhe que não pode ser esquecido é: para concorrer às vagas pelo quinto constitucional, faz-se necessário que os membros do Ministério Público e da Advocacia possuam mais de dez anos de experiência.

Outra questão muito importante é saber quais são os tribunais que permitem o ingresso pelo quinto. Segundo o art. 94, podem ingressar pelo quinto os membros dos tribunais regionais federais, dos tribunais dos estados, e do Distrito Federal e territórios.

Ainda possuem um quinto das vagas para os membros do Ministério Público e da Advocacia os Tribunais Regionais do Trabalho e o Tribunal Superior do Trabalho. Assim preveem os arts. 111-A e 115 da Constituição Federal de 1988:

> **Art. 111-A** O Tribunal Superior do Trabalho compor-se-á de vinte e sete Ministros, escolhidos dentre brasileiros com mais de trinta e cinco anos e menos de sessenta e cinco anos, de notável saber jurídico e reputação ilibada, nomeados pelo Presidente da República após aprovação pela maioria absoluta do Senado Federal, sendo:
> I – Um quinto dentre advogados com mais de dez anos de efetiva atividade profissional e membros do Ministério Público do Trabalho com mais de dez anos de efetivo exercício, observado o disposto no art. 94.

> **Art. 115** Os Tribunais Regionais do Trabalho compõem-se de, no mínimo, sete juízes, recrutados, quando possível, na respectiva região, e nomeados pelo Presidente da República dentre brasileiros com mais de trinta e menos de sessenta e cinco anos, sendo:
> I – Um quinto dentre advogados com mais de dez anos de efetiva atividade profissional e membros do Ministério Público do Trabalho com mais de dez anos de efetivo exercício, observado o disposto no art. 94.

O Superior Tribunal de Justiça também permite que membros do Ministério Público ou da advocacia nele ingressem, contudo, não são destinadas 1/5 das vagas, mas 1/3 das vagas:

NOÇÕES DE DIREITO CONSTITUCIONAL

> *Art. 104* O Superior Tribunal de Justiça compõe-se de, no mínimo, trinta e três Ministros.
>
> *Parágrafo único.* Os Ministros do Superior Tribunal de Justiça serão nomeados pelo Presidente da República, dentre brasileiros com mais de trinta e cinco e menos de sessenta e cinco anos, de notável saber jurídico e reputação ilibada, depois de aprovada a escolha pela maioria absoluta do Senado Federal, sendo:
>
> I – Um terço dentre juízes dos Tribunais Regionais Federais e um terço dentre desembargadores dos Tribunais de Justiça, indicados em lista tríplice elaborada pelo próprio Tribunal;
>
> II – Um terço, em partes iguais, dentre advogados e membros do Ministério Público Federal, Estadual, do Distrito Federal e Territórios, alternadamente, indicados na forma do art. 94.

14.1.3 Garantias dos membros

As garantias são um conjunto de proteções que os membros do Poder Judiciário possuem e que são inerentes ao exercício de suas funções. Uma observação se faz necessária: quando se fala "membro do Poder Judiciário", refere-se ao titular da função jurisdicional, ou seja, ao magistrado, ao juiz. Os demais servidores auxiliares do Poder Judiciário não possuem as mesmas garantias dos juízes.

A doutrina classifica as garantias dos magistrados em duas espécies:

- **Garantias de independência:**

São proteções que garantem ao magistrado uma maior tranquilidade para desempenhar suas funções. O objetivo é permitir ao juiz segurança no desempenhar de suas funções. Elas estão previstas no art. 95 da Constituição Federal de 1988, as quais são:

> *Art. 95* Os juízes gozam das seguintes garantias:
>
> I – Vitaliciedade, que, no primeiro grau, só será adquirida após dois anos de exercício, dependendo a perda do cargo, nesse período, de deliberação do tribunal a que o juiz estiver vinculado, e, nos demais casos, de sentença judicial transitada em julgado;
>
> II – Inamovibilidade, salvo por motivo de interesse público, na forma do art. 93, VIII;
>
> III – Irredutibilidade de subsídio, ressalvado o disposto nos Arts. 37, X e XI, 39, § 4º, 150, II, 153, III, e 153, § 2º, I.

A **vitaliciedade** é como se fosse a estabilidade do servidor público, com uma diferença: ela é bem mais vantajosa que a simples estabilidade. A vitaliciedade garante ao magistrado perder o seu cargo apenas por sentença judicial transitada em julgado. Como se pode ver, é bem mais vantajosa que a estabilidade. Atente-se para alguns detalhes: a vitaliciedade só será adquirida após dois anos de exercício no cargo; durante o estágio probatório do juiz, que dura dois anos, ele poderá perder o cargo por deliberação do próprio tribunal do qual faz parte.

Um detalhe quase nunca percebido é que a exigência dos dois anos de exercício para se adquirir a vitaliciedade só se aplica aos juízes do primeiro grau, ou seja, aos juízes que ingressaram na carreira por meio de concurso público. Os juízes que ingressam diretamente no Tribunal, por meio do quinto constitucional, ou mesmo no STJ pelo 1/3 das vagas, não precisam esperar os dois anos para adquirir a garantia. Para estes, a vitaliciedade é imediata, sendo adquirida quando ele pisa no Tribunal.

A **inamovibilidade** prevê que o magistrado não poderá ser removido do local onde exerce a sua função sem sua vontade. Ele poderá julgar qualquer pessoa, conforme sua convicção, sem medo de ser obrigado a deixar o local onde exerce sua jurisdição. Essa garantia não é absoluta, pois poderá ser removido de ofício por interesse público conforme preleciona o art. 93, inciso VIII, da Constituição Federal de 1988:

> *Art. 93 [...]*
>
> *VIII* – O ato de remoção ou de disponibilidade do magistrado, por interesse público, fundar-se-á em decisão por voto da maioria absoluta do respectivo tribunal ou do Conselho Nacional de Justiça, assegurada ampla defesa.

A **irredutibilidade dos subsídios** representa a garantia de que o magistrado não poderá ter redução em sua remuneração. A forma de retribuição pecuniária do magistrado é por meio de subsídio, que equivale a uma parcela única. Por isso, fala-se em irredutibilidade dos subsídios.

- **Garantias de imparcialidade**

Essas normas são verdadeiras vedações aplicadas aos magistrados. São impedimentos que visam a garantir um julgamento imparcial, sem vícios ou privilégios. Por isso, são chamadas de garantias de imparcialidade. São elas:

> *Art. 95 [...]*
>
> *Parágrafo único.* Aos juízes é vedado:
>
> I – Exercer, ainda que em disponibilidade, outro cargo ou função, salvo uma de magistério;
>
> II – Receber, a qualquer título ou pretexto, custas ou participação em processo;
>
> III – Dedicar-se à atividade político-partidária.
>
> IV – Receber, a qualquer título ou pretexto, auxílios ou contribuições de pessoas físicas, entidades públicas ou privadas, ressalvadas as exceções previstas em lei;
>
> V – Exercer a advocacia no juízo ou tribunal do qual se afastou, antes de decorridos três anos do afastamento do cargo por aposentadoria ou exoneração.

Geralmente as bancas cobram a memorização dessas vedações. O **inciso I** é bem cobrado em razão da exceção prevista na Constituição para a acumulação de cargos ou funções. Segundo esse inciso, o magistrado, além de exercer sua função de juiz, também pode exercer uma função no magistério.

O **inciso II** proíbe o magistrado de receber custas ou participação em processos. O juiz já recebe sua remuneração para desempenhar sua função independente dos valores que estão em jogo nos processos.

O **inciso III** proíbe o juiz de se dedicar à atividade político-partidária exatamente para evitar que seus julgamentos sejam influenciados por correntes políticas ou convicções partidárias. O juiz precisa ficar alheio a tais situações.

O **inciso IV** proíbe o magistrado de receber ajudas financeiras de terceiros ressalvados os casos previstos em lei. Por exemplo, um juiz não pode receber um carro como agradecimento por um julgamento favorável, mas poderia receber os valores decorrentes da venda de livros que tenha escrito ou mesmo, receber valores pela ministração de palestras.

14.2 Composição dos órgãos do Poder Judiciário

A composição dos tribunais é tema recorrente em prova e requer um alto poder de memorização do candidato, principalmente pela composição diferenciada entre um e outro tribunal. A seguir descreve-se, então, a composição de cada um dos órgãos do Poder Judiciário.

14.2.1 Supremo Tribunal Federal

> *Art. 101* O Supremo Tribunal Federal compõe-se de onze Ministros, escolhidos dentre cidadãos com mais de trinta e cinco e menos de sessenta e cinco anos de idade, de notável saber jurídico e reputação.
>
> *Parágrafo único.* Os Ministros do Supremo Tribunal Federal serão nomeados pelo Presidente da República, depois de aprovada a escolha pela maioria absoluta do Senado Federal.

ORGANIZAÇÃO DOS PODERES – PODER JUDICIÁRIO

O Supremo Tribunal Federal é o órgão de cúpula do Poder Judiciário e é formado por 11 ministros escolhidos pelo Presidente da República depois de aprovada a escolha pela maioria absoluta do Senado Federal, dentre os cidadãos com mais de trinta e cinco e menos de sessenta e cinco anos de idade, de notável saber jurídico e reputação ilibada.

Existe mais um requisito que não está escrito nesse artigo, mas está previsto no art. 12, § 3º, IV, da Constituição. Para ser Ministro do STF deve ser brasileiro nato:

> *Art. 12 [...]*
>
> *§ 3º São privativos de brasileiro nato os cargos: [...]*
>
> *IV – De Ministro do Supremo Tribunal Federal.*

A Constituição não exige do candidato a ministro do STF que tenha formação superior em Direito, apesar de exigir notório saber jurídico.

14.2.2 Conselho Nacional de Justiça

Vejamos agora a composição do Conselho Nacional de Justiça (CNJ):

> *Art. 103-B O Conselho Nacional de Justiça compõe-se de 15 (quinze) membros com mandato de 2 (dois) anos, admitida 1 (uma) recondução, sendo:*
>
> *I – O Presidente do Supremo Tribunal Federal;*
>
> *II – Um Ministro do Superior Tribunal de Justiça, indicado pelo respectivo tribunal;*
>
> *III – Um Ministro do Tribunal Superior do Trabalho, indicado pelo respectivo tribunal;*
>
> *IV – Um desembargador de Tribunal de Justiça, indicado pelo Supremo Tribunal Federal;*
>
> *V – Um juiz estadual, indicado pelo Supremo Tribunal Federal;*
>
> *VI – Um juiz de Tribunal Regional Federal, indicado pelo Superior Tribunal de Justiça;*
>
> *VII – Um juiz federal, indicado pelo Superior Tribunal de Justiça;*
>
> *VIII – Um juiz de Tribunal Regional do Trabalho, indicado pelo Tribunal Superior do Trabalho;*
>
> *IX – Um juiz do trabalho, indicado pelo Tribunal Superior do Trabalho;*
>
> *X – Um membro do Ministério Público da União, indicado pelo Procurador-geral da República;*
>
> *XI – Um membro do Ministério Público estadual, escolhido pelo Procurador-geral da República dentre os nomes indicados pelo órgão competente de cada instituição estadual;*
>
> *XII – Dois advogados, indicados pelo Conselho Federal da Ordem dos Advogados do Brasil;*
>
> *XIII – Dois cidadãos, de notável saber jurídico e reputação ilibada, indicados um pela Câmara dos Deputados e outro pelo Senado Federal.*
>
> *§ 1º O Conselho será presidido pelo Presidente do Supremo Tribunal Federal e, nas suas ausências e impedimentos, pelo Vice-Presidente do Supremo Tribunal Federal.*
>
> *§ 2º Os demais membros do Conselho serão nomeados pelo Presidente da República, depois de aprovada a escolha pela maioria absoluta do Senado Federal.*
>
> *§ 3º Não efetuadas, no prazo legal, as indicações previstas neste artigo, caberá a escolha ao Supremo Tribunal Federal.*
>
> *§ 4º Compete ao Conselho o controle da atuação administrativa e financeira do Poder Judiciário e do cumprimento dos deveres funcionais dos juízes, cabendo-lhe, além de outras atribuições que lhe forem conferidas pelo Estatuto da Magistratura:*
>
> *I – zelar pela autonomia do Poder Judiciário e pelo cumprimento do Estatuto da Magistratura, podendo expedir atos regulamentares, no âmbito de sua competência, ou recomendar providências;*
>
> *II – zelar pela observância do art. 37 e apreciar, de ofício ou mediante provocação, a legalidade dos atos administrativos praticados por membros ou órgãos do Poder Judiciário, podendo desconstituí-los, revê-los ou fixar prazo para que se adotem as providências necessárias ao exato cumprimento da lei, sem prejuízo da competência do Tribunal de Contas da União;*
>
> *III – receber e conhecer das reclamações contra membros ou órgãos do Poder Judiciário, inclusive contra seus serviços auxiliares, serventias e órgãos prestadores de serviços notariais e de registro que atuem por delegação do poder público ou oficializados, sem prejuízo da competência disciplinar e correicional dos tribunais, podendo avocar processos disciplinares em curso, determinar a remoção ou a disponibilidade e aplicar outras sanções administrativas, assegurada ampla defesa;*
>
> *IV – representar ao Ministério Público, no caso de crime contra a Administração Pública ou de abuso de autoridade;*
>
> *V – rever, de ofício ou mediante provocação, os processos disciplinares de juízes e membros de tribunais julgados há menos de um ano;*
>
> *VI – elaborar semestralmente relatório estatístico sobre processos e sentenças prolatadas, por unidade da Federação, nos diferentes órgãos do Poder Judiciário;*
>
> *VII – elaborar relatório anual, propondo as providências que julgar necessárias, sobre a situação do Poder Judiciário no País e as atividades do Conselho, o qual deve integrar mensagem do Presidente do Supremo Tribunal Federal a ser remetida ao Congresso Nacional, por ocasião da abertura da sessão legislativa.*

A composição do CNJ possui uma dificuldade peculiar para a memorização. Perceba na leitura do artigo, que os membros do Conselho são indicados por algum órgão. Além de memorizar os membros, o candidato tem de memorizar o órgão que indicou o membro. Para isso, deve-se fazer uma análise lógica na construção dessa composição:

A primeira coisa que se tem que fazer é identificar os órgãos que escolhem:

- **Supremo Tribunal Federal (STF);**
- **Superior Tribunal de Justiça (STJ);**
- **Tribunal Superior do Trabalho (TST);**
- **Programa de Gerenciamento de Riscos (PGR);**
- **Conselho Federal da Ordem dos Advogados do Brasil (CF/1988OAB);**
- **Câmara dos Deputados;**
- **Senado Federal.**

A partir dessa primeira análise, parte-se para a identificação dos membros que são indicados por cada um dos órgãos, que deve ser construída de forma lógica.

Entre os membros do CNJ existem dois advogados: quem poderia indicar dois advogados? O STF, o STJ, o TST ou o **Conselho Federal dos Advogados do Brasil**? Que quem indica os dois advogados é o CF/1988OAB. Entre os membros do CNJ, existe um membro do Ministério Público da União e um membro do Ministério Público estadual. Quem indica esses dois membros do Ministério Público? Será o STF? Ou seria o STJ? Não é mais lógico que a escolha dos membros do Ministério Público seja do **Procurador Geral da República,** que é o chefe do Ministério Público da União? Certamente.

Com base nessa lógica, fica fácil identificar os membros do CNJ. Continuemos a análise. Agora existem membros da justiça trabalhista: um Ministro do TST, um Juiz do TRT e um Juiz do Trabalho. Quem escolhe esses juízes é o **Tribunal Superior do Trabalho** o responsável pela escolha desses três membros pertencentes à justiça trabalhista.

Ainda há alguns membros a serem escolhidos. Quem escolhe os membros da Justiça Federal (Juiz do TRF e Juiz Federal)? Tem de ser o Tribunal guardião da Legislação Federal: **Superior Tribunal de Justiça**. Ele também escolherá um membro do seu próprio tribunal para fazer parte do CNJ.

NOÇÕES DE DIREITO CONSTITUCIONAL

Ao **Supremo Tribunal Federal,** fica a responsabilidade pela escolha dos membros da Justiça Estadual, ou seja, um Juiz Estadual e um Desembargador de Tribunal de Justiça. Aqui cabe uma observação importantíssima. O STF não escolhe um de seus ministros para fazer parte do CNJ, pois o Presidente do STF é membro nato. Ele não é escolhido, ele faz parte do CNJ desde sua nomeação como Presidente do STF. Ao mesmo tempo em que é indicado como Presidente do STF, ele também cumulará a função de Presidente do CNJ.

Por último, resta saber quem o **Senado Federal** e a **Câmara dos Deputados** indicarão para ser membro do CNJ. Cada um deles indicará um cidadão de notável saber jurídico e reputação ilibada.

Como se pode perceber, nem todos os membros do Conselho Nacional de Justiça são membros do Poder Judiciário. Essa é uma característica já cobrada em prova, com exceção do Presidente do STF, que é membro nato do CNJ; os demais serão nomeados pelo Presidente da República depois de aprovada a escolha pela maioria do Senado Federal. Caso as indicações acima listadas não sejam efetuadas, caberá ao Supremo Tribunal Federal fazê-las. Lembre-se de que os membros do CNJ exercem um mandato de dois anos, sendo admitida uma recondução.

14.2.3 Superior Tribunal de Justiça

O texto constitucional prevê no art. 104 da Constituição Federal de 1988:

> **Art. 104** *O Superior Tribunal de Justiça compõe-se de, no mínimo, trinta e três Ministros.*
>
> **Parágrafo único.** *Os Ministros do Superior Tribunal de Justiça serão nomeados pelo Presidente da República, dentre brasileiros com mais de trinta e cinco e menos de sessenta e cinco anos, de notável saber jurídico e reputação ilibada, depois de aprovada a escolha pela maioria absoluta do Senado Federal, sendo:*
>
> *I – Um terço dentre juízes dos Tribunais Regionais Federais e um terço dentre desembargadores dos Tribunais de Justiça, indicados em lista tríplice elaborada pelo próprio Tribunal;*
>
> *II – Um terço, em partes iguais, dentre advogados e membros do Ministério Público Federal, Estadual, do Distrito Federal e Territórios, alternadamente, indicados na forma do art. 94.*

O Superior Tribunal de Justiça é composto por, no mínimo, 33 ministros. Deve-se ter cuidado com isso em prova: não são 33, mas, no mínimo 33. Esse dispositivo permite que o Tribunal possua mais de 33 membros.

Seus membros serão nomeados pelo Presidente da República depois de aprovada a escolha pelo Senado Federal. Aqui se aplica uma regra comum nos tribunais superiores: nomeação pelo Presidente mediante aprovação do Senado. Outro requisito é a idade: no mínimo 35 e no máximo 65 anos.

Questão sempre cobrada em prova é a composição. A escolha dos Ministros não é livre, estando vinculada ao texto constitucional que prevê:

- 1/3 das vagas para os membros dos Tribunais Regionais Federais;
- 1/3 das vagas para os Desembargadores dos Tribunais de Justiça;
- 1/3 das vagas, dividida em partes iguais, para membros do Ministério Público Federal, Estadual e do Distrito Federal e advogados com mais de 10 anos de experiência.

No que tange às vagas para os membros do Ministério Público e advogados, uma coisa chama a atenção: a divisão em partes iguais. Se houver isso em uma prova, é muito provável que o candidato marque essa afirmação como sendo incorreta, tendo em vista 1/3 de 33 ser igual a 11, valor esse impossível de se dividir em partes iguais, quando a divisão se trata de pessoas. Contudo, essa é a previsão expressa da Constituição, que não é de toda absurda. Considerando que o STJ pode ser composto por mais de 33 membros, havendo, por exemplo, 36, seria possível efetivar essa divisão em partes iguais. Enquanto o órgão for formado por 33 membros, a vaga remanescente é alternada entre membros do MPF e MPDFT e da advocacia.

14.2.4 Tribunal Regional Federal

O art. 107 apresenta as regras de composição dos Tribunais Regionais Federais:

> **Art. 107** *Os Tribunais Regionais Federais compõem-se de, no mínimo, sete juízes, recrutados, quando possível, na respectiva região e nomeados pelo Presidente da República dentre brasileiros com mais de trinta e menos de sessenta e cinco anos, sendo:*
>
> *I – Um quinto dentre advogados com mais de dez anos de efetiva atividade profissional e membros do Ministério Público Federal com mais de dez anos de carreira;*
>
> *II – Os demais, mediante promoção de juízes federais com mais de cinco anos de exercício, por antiguidade e merecimento, alternadamente.*

Os TRF's possuem a mesma peculiaridade do STJ no que diz respeito à composição baseada em um mínimo, sendo, nesse caso, no mínimo sete juízes, recrutados, quando possível, na respectiva região. Atualmente, são cinco regiões jurisdicionais, cada uma sob a responsabilidade de um TRF.

Para fazer parte dos TRFs o juiz precisa ter no mínimo 30 e no máximo 65 anos de idade. Quando comparada aos Tribunais Superiores, a idade mínima sofre uma atenuação de 35 para 30 anos; deve-se ter atenção em relação a isso.

Os membros dos TRFs são nomeados pelo Presidente da República sem necessidade de aprovação do Senado Federal. Essa é outra distinção importante.

Nos TRFs adota-se a regra do quinto constitucional, por meio do qual, 1/5 das vagas são destinadas a advogados e membros do Ministério Público Federal com mais de 10 anos de experiência. As demais vagas são destinadas a promoção de juízes federais com mais de cinco anos de exercício, que pode ocorrer ou por merecimento ou por antiguidade, de forma alternada.

14.2.5 Justiça do Trabalho

A Justiça do Trabalho encontra-se prevista no art. 111 da Constituição, sendo competente para julgar as causas cuja matéria possua natureza trabalhista. São órgãos da Justiça do Trabalho:

> **Art. 111.** *São órgãos da Justiça do Trabalho:*
> *I – O Tribunal Superior do Trabalho;*
> *II – Os Tribunais Regionais do Trabalho;*
> *III – Juízes do Trabalho.*

14.2.6 Tribunal Superior de Trabalho

O Tribunal Superior do Trabalho é o órgão de cúpula da Justiça do Trabalho. Segundo a Constituição Federal de 1988, o TST é composto por 27 membros, conforme previsão do art. 111-A:

> **Art. 111-A** *O Tribunal Superior do Trabalho compor-se-á de vinte e sete Ministros, escolhidos dentre brasileiros com mais de trinta e cinco anos e menos de sessenta e cinco anos, de notável saber jurídico e reputação ilibada, nomeados pelo Presidente da República após aprovação pela maioria absoluta do Senado Federal, sendo:*
>
> *I – Um quinto dentre advogados com mais de dez anos de efetiva atividade profissional e membros do Ministério Público do Trabalho com mais de dez anos de efetivo exercício, observado o disposto no art. 94;*
>
> *II – Os demais dentre juízes dos Tribunais Regionais do Trabalho, oriundos da magistratura da carreira, indicados pelo próprio Tribunal Superior.*

ORGANIZAÇÃO DOS PODERES – PODER JUDICIÁRIO

O Texto Constitucional exige para ser ministro do TST a condição de brasileiro, maior de 35 anos e menor de 65 anos. A nomeação dos ministros se dá por ato do Presidente da República após a aprovação do Senado Federal pelo voto da maioria absoluta dos seus membros. Os 27 ministros são divididos da seguinte forma:

- **1/5:** advogados com mais de dez anos de efetiva atividade profissional e membros do Ministério Público do Trabalho com mais de dez anos de efetivo exercício;
- **4/5:** juízes dos TRT's, oriundos da magistratura de carreira, indicados pelo próprio tribunal.

Como se pode perceber, no TST adota-se o critério de ingresso pela regra do quinto constitucional. Além disso, é importante ressaltar a exigência de que juiz do TRT que deseje concorrer a uma vaga no TST seja membro do Poder Judiciário de carreira, isto é, que tenha ingressado nos quadros do tribunal por meio de concurso público nos termos do art. 93, I da CF/1988. Essa última regra exclui a possibilidade daqueles que são oriundos do quinto constitucional nos TRTs de ingressarem no TST na vaga destinada aos membros da magistratura trabalhista (4/5 das vagas).

A Constituição Federal de 1988 prevê, ainda, o funcionamento junto ao TST da Escola Nacional de Formação e Aperfeiçoamento de Magistrados do Trabalho e o Conselho Superior da Justiça do Trabalho, conforme o art. 111-A, § 2º:

Art. 111-A [...]

§ 2º Funcionarão junto ao Tribunal Superior do Trabalho:

I – A Escola Nacional de Formação e Aperfeiçoamento de Magistrados do Trabalho, cabendo-lhe, dentre outras funções, regulamentar os cursos oficiais para o ingresso e promoção na carreira;

II – O Conselho Superior da Justiça do Trabalho, cabendo-lhe exercer, na forma da lei, a supervisão administrativa, orçamentária, financeira e patrimonial da Justiça do Trabalho de primeiro e segundo graus, como órgão central do sistema, cujas decisões terão efeito vinculante.

§ 3º Compete ao Tribunal Superior do Trabalho processar e julgar, originariamente, a reclamação para a preservação de sua competência e garantia da autoridade de suas decisões.

14.2.7 Tribunal Regional do Trabalho

O ingresso no Tribunal Regional do Trabalho se dá conforme as regras previstas no art. 115 da Constituição Federal de 1988:

Art. 115 Os Tribunais Regionais do Trabalho compõem-se de, no mínimo, sete juízes, recrutados, quando possível, na respectiva região, e nomeados pelo Presidente da República dentre brasileiros com mais de trinta e menos de sessenta e cinco anos, sendo:

I – Um quinto dentre advogados com mais de dez anos de efetiva atividade profissional e membros do Ministério Público do Trabalho com mais de dez anos de efetivo exercício, observado o disposto no art. 94;

II – Os demais, mediante promoção de juízes do trabalho por antiguidade e merecimento, alternadamente.

§ 1º. Os Tribunais Regionais do Trabalho instalarão a justiça itinerante, com a realização de audiências e demais funções de atividade jurisdicional, nos limites territoriais da respectiva jurisdição, servindo-se de equipamentos públicos e comunitários.

§ 2º. Os Tribunais Regionais do Trabalho poderão funcionar descentralizadamente, constituindo Câmaras regionais, a fim de assegurar o pleno acesso do jurisdicionado à justiça em todas as fases do processo.

Art. 116. Nas Varas do Trabalho, a jurisdição será exercida por um juiz singular.

São no mínimo sete juízes recrutados, quando possível, na respectiva região os quais serão nomeados pelo Presidente da República entre brasileiros com mais de 30 e menos de 65 anos de idade. Para ser um juiz do TRT, é necessária a observação dos seguintes critérios:

- **1/5:** advogados com mais de 10 anos de efetiva atividade profissional e membros do Ministério Público do Trabalho com mais de 10 anos de efetivo exercício;
- **4/5:** juízes do trabalho promovidos por antiguidade e merecimento, alternadamente.

A Constituição prevê, dentro da estrutura dos TRTs, como forma de democratizar o acesso à Justiça do Trabalho, a possibilidade de instalação da justiça itinerante, com a realização de audiências e demais funções de atividade jurisdicional, nos limites territoriais da respectiva jurisdição, servindo-se de equipamentos públicos e comunitários. Não se deve esquecer de que os TRTs poderão funcionar descentralizadamente, constituindo câmaras regionais, a fim de assegurar o pleno acesso do jurisdicionado à justiça em todas as fases do processo, garantindo-se, dessa forma, uma maior celeridade processual. Ainda dentro da estrutura da Justiça do Trabalho, a Constituição Federal de 1988 prevê a possibilidade de juízes de direito exercerem as atribuições da jurisdição trabalhista nas comarcas não abrangidas pela Justiça do Trabalho, garantindo, nesse caso, recurso para o TRT:

Art. 112 A lei criará varas da Justiça do Trabalho, podendo, nas comarcas não abrangidas por sua jurisdição, atribuí-la aos juízes de direito, com recurso para o respectivo Tribunal Regional do Trabalho.

Por fim, a Constituição determinou que a jurisdição nas Varas do Trabalho seja exercida por um juiz singular:

Art. 116 Nas Varas do Trabalho, a jurisdição será exercida por um juiz singular.

Quanto às competências da Justiça do Trabalho, a Constituição encarregou-se de defini-las expressamente no art. 114 da Constituição Federal de 1988:

Art. 114 Compete à Justiça do Trabalho processar e julgar:

I – As ações oriundas da relação de trabalho, abrangidos os entes de direito público externo e da Administração Pública direta e indireta da União, dos Estados, do Distrito Federal e dos Municípios;

II – As ações que envolvam exercício do direito de greve;

III – As ações sobre representação sindical, entre sindicatos, entre sindicatos e trabalhadores, e entre sindicatos e empregadores;

IV – Os mandados de segurança, "Habeas corpus" e "Habeas Data", quando o ato questionado envolver matéria sujeita à sua jurisdição;

V – Os conflitos de competência entre órgãos com jurisdição trabalhista, ressalvado o disposto no art. 102, I, o;

VI – As ações de indenização por dano moral ou patrimonial, decorrentes da relação de trabalho;

VII – As ações relativas às penalidades administrativas impostas aos empregadores pelos órgãos de fiscalização das relações de trabalho;

VIII – A execução, de ofício, das contribuições sociais previstas no art. 195, I, a , e II, e seus acréscimos legais, decorrentes das sentenças que proferir;

IX – Outras controvérsias decorrentes da relação de trabalho, na forma da lei.

§ 1º Frustrada a negociação coletiva, as partes poderão eleger árbitros.

§ 2º Recusando-se qualquer das partes à negociação coletiva ou à arbitragem, é facultado às mesmas, de comum acordo, ajuizar dissídio coletivo de natureza econômica, podendo a Justiça do Trabalho decidir o conflito, respeitadas as disposições mínimas legais de proteção ao trabalho, bem como as convencionadas anteriormente.

§ 3º Em caso de greve em atividade essencial, com possibilidade de lesão do interesse público, o Ministério Público do Trabalho poderá ajuizar dissídio coletivo, competindo à Justiça do Trabalho decidir o conflito.

14.2.8 Justiça Eleitoral

A Justiça Eleitoral é a justiça especializada em questões de natureza eleitoral. Seus órgãos estão previstos no art. 118 da Constituição Federal de 1988:

> **Art. 118** *São órgãos da Justiça Eleitoral:*
> *I – O Tribunal Superior Eleitoral;*
> *II – Os Tribunais Regionais Eleitorais;*
> *III – Os Juízes Eleitorais;*
> *IV – As Juntas Eleitorais.*

Uma peculiaridade distingue os órgãos da Justiça Eleitoral dos demais órgãos do Poder Judiciário. Apesar de seus membros possuírem as mesmas garantias dos demais membros do Poder Judiciário, eles não possuem a vitaliciedade, haja vista serem eleitos para um mandato de dois anos, no mínimo, não podendo exercê-lo por mais de dois biênios consecutivos:

> **Art. 121** *Lei complementar disporá sobre a organização e competência dos tribunais, dos juízes de direito e das juntas eleitorais.*
> *§ 1º Os membros dos tribunais, os juízes de direito e os integrantes das juntas eleitorais, no exercício de suas funções, e no que lhes for aplicável, gozarão de plenas garantias e serão inamovíveis.*
> *§ 2º Os juízes dos tribunais eleitorais, salvo motivo justificado, servirão por dois anos, no mínimo, e nunca por mais de dois biênios consecutivos, sendo os substitutos escolhidos na mesma ocasião e pelo mesmo processo, em número igual para cada categoria.*

Analisa-se, a seguir, a composição de cada um dos órgãos da Justiça Eleitoral.

14.2.9 Tribunal Superior Eleitoral

O Tribunal Superior Eleitoral é o tribunal superior da Justiça Eleitoral. Sua composição está prevista no art. 119 da Constituição Federal:

> **Art. 119** *O Tribunal Superior Eleitoral compor-se-á, no mínimo, de sete membros, escolhidos:*
> *I – Mediante eleição, pelo voto secreto:*
> *a) Três juízes dentre os Ministros do Supremo Tribunal Federal;*
> *b) Dois juízes dentre os Ministros do Superior Tribunal de Justiça;*
> *II – Por nomeação do Presidente da República, dois juízes dentre seis advogados de notável saber jurídico e idoneidade moral, indicados pelo Supremo Tribunal Federal.*
> **Parágrafo único.** *O Tribunal Superior Eleitoral elegerá seu Presidente e o Vice-Presidente dentre os Ministros do Supremo Tribunal Federal, e o Corregedor Eleitoral dentre os Ministros do Superior Tribunal de Justiça.*

Como se pode depreender do texto constitucional, o TSE é composto de no mínimo sete membros os quais serão eleitos ou nomeados segundo as seguintes regras:

- Escolhidos mediante eleição: **três** juízes dentre os Ministros STF e **dois** juízes dentre os Ministros do STJ;
- Por nomeação do Presidente da República: dois juízes dentre seis **advogados** de notável saber jurídico e idoneidade moral, indicados pelo Supremo Tribunal Federal.

O presidente e o vice-presidente do TSE serão escolhidos dentre os Ministros do STF e o Corregedor Eleitoral será escolhido dentre os Ministros do STJ.

14.2.10 Tribunal Regional Eleitoral

Os Tribunais Regionais Eleitorais serão distribuídos em todo território nacional sendo um em cada Capital de cada Estado e no Distrito Federal os quais se comporão de **sete membros**, conforme dispõe o art. 120 da Constituição Federal de 1988:

> **Art. 120** *Haverá um Tribunal Regional Eleitoral na Capital de cada Estado e no Distrito Federal.*
> *§ 1º Os Tribunais Regionais Eleitorais compor-se-ão:*
> *I – Mediante eleição, pelo voto secreto:*
> *a) De dois juízes dentre os desembargadores do Tribunal de Justiça;*
> *b) De dois juízes, dentre juízes de direito, escolhidos pelo Tribunal de Justiça;*
> *II – De um juiz do Tribunal Regional Federal com sede na Capital do Estado ou no Distrito Federal, ou, não havendo, de juiz federal, escolhido, em qualquer caso, pelo Tribunal Regional Federal respectivo;*
> *III – Por nomeação, pelo Presidente da República, de dois juízes dentre seis advogados de notável saber jurídico e idoneidade moral, indicados pelo Tribunal de Justiça.*
> *§ 2º O Tribunal Regional Eleitoral elegerá seu Presidente e o Vice-Presidente dentre os desembargadores.*

Os membros do TRE serão escolhidos conforme os seguintes critérios:

- **Mediante eleição: dois** juízes dentre os desembargadores do Tribunal de Justiça e **dois** juízes, dentre juízes de direito, escolhidos pelo Tribunal de Justiça.
- **Por nomeação do Presidente da República:** de **dois** juízes dentre seis advogados de notável saber jurídico e idoneidade moral, indicados pelo Tribunal de Justiça.

Cada TRE elegerá seu presidente e o vice-presidente entre os seus desembargadores.

- **Juízes e Juntas Eleitorais**

No que tange aos juízes e juntas eleitorais previstos no art. 121 da Constituição Federal de 1988, sua regulação está prevista no Código Eleitoral entre os arts. 32 e 41, a qual deve ser analisada em disciplina oportuna. Isto é o que prevê o texto constitucional:

> **Art. 121** *Lei complementar disporá sobre a organização e competência dos tribunais, dos juízes de direito e das juntas eleitorais.*
> *§ 1º Os membros dos tribunais, os juízes de direito e os integrantes das juntas eleitorais, no exercício de suas funções, e no que lhes for aplicável, gozarão de plenas garantias e serão inamovíveis.*

- **Competência**

Quanto às atribuições da Justiça Eleitoral, não existe dúvida sobre a sua competência especializada em matéria eleitoral. O art. 121, em seu § 3º, estabelece algumas regras que podem ser cobradas em prova:

> **Art. 121** *[...]*
> *§ 3º São irrecorríveis as decisões do Tribunal Superior Eleitoral, salvo as que contrariarem esta Constituição e as denegatórias de Habeas corpus ou mandado de segurança.*
> *§ 4º Das decisões dos Tribunais Regionais Eleitorais somente caberá recurso quando:*
> *I – Forem proferidas contra disposição expressa desta Constituição ou de lei;*
> *II – Ocorrer divergência na interpretação de lei entre dois ou mais tribunais eleitorais;*
> *III – Versarem sobre inelegibilidade ou expedição de diplomas nas eleições federais ou estaduais;*
> *IV – Anularem diplomas ou decretarem a perda de mandatos eletivos federais ou estaduais;*
> *V – Denegarem Habeas corpus, mandado de segurança, Habeas Data ou mandado de injunção.*

14.2.11 Justiça Militar

A Justiça Militar compõe a chamada justiça especializada, nesse caso, em direito militar. A sua existência se deve à subordinação dos militares a um regime especial com direitos e deveres distintos quando comparados aos servidores civis.

ORGANIZAÇÃO DOS PODERES – PODER JUDICIÁRIO

A Constituição Federal definiu como órgãos da Justiça Militar os seguintes:

> **Art. 122** São órgãos da Justiça Militar:
> I – O Superior Tribunal Militar;
> II – Os Tribunais e Juízes Militares instituídos por lei.

Na sequência, pode-se ver a composição de cada um dos órgãos.

- **Superior Tribunal Militar**

O Superior Tribunal Militar é o órgão de cúpula da Justiça Militar, o qual é composto segundo as regras estabelecidas no art. 123 da Constituição Federal de 1988:

> **Art. 123** O Superior Tribunal Militar compor-se-á de quinze Ministros vitalícios, nomeados pelo Presidente da República, depois de aprovada a indicação pelo Senado Federal, sendo três dentre oficiais-generais da Marinha, quatro dentre oficiais-generais do Exército, três dentre oficiais-generais da Aeronáutica, todos da ativa e do posto mais elevado da carreira, e cinco dentre civis.
>
> **Parágrafo único.** Os Ministros civis serão escolhidos pelo Presidente da República dentre brasileiros maiores de trinta e cinco anos, sendo:
> I – Três dentre advogados de notório saber jurídico e conduta ilibada, com mais de dez anos de efetiva atividade profissional;
> II – Dois, por escolha paritária, dentre juízes auditores e membros do Ministério Público da Justiça Militar.

O STM é composto por quinze ministros nomeados pelo Presidente da República, depois de aprovada a indicação pelo Senado Federal. Esses ministros ocuparão os cargos de forma vitalícia e serão escolhidos entre militares da ativa e do posto mais elevado da carreira, bem como entre civis escolhidos pelo Presidente da República com mais de 35 anos de idade, observadas as seguintes regras:

10 Militares:
- **Três** – oficiais-generais da Marinha;
- **Quatro** – oficiais-generais do Exército;
- **Três** – oficiais-generais da Aeronáutica.
5 Civis:
- **Três** – civis entre advogados de notório saber jurídico e conduta ilibada, com mais de dez anos de efetiva atividade profissional;
- **Dois** – civis escolhidos de forma paritária, entre juízes auditores e membros do Ministério Público da Justiça Militar.

- **Competências**

Segundo a Constituição Federal, a Justiça Militar é competente para processar e julgar os crimes militares definidos em lei:

> **Art. 124** À Justiça Militar compete processar e julgar os crimes militares definidos em lei.
>
> **Parágrafo único.** A lei disporá sobre a organização, o funcionamento e a competência da Justiça Militar.

É importante lembrar que essa competência é da Justiça Militar da União, a qual só julgará crimes militares praticados por militares das Forças Armadas. A Constituição Federal de 1988 também previu a criação da Justiça Militar nos Estados com competência para julgar os militares dos estados (policiais e bombeiros militares) em seu art. 125, § 3º ao 5º:

> **Art. 125** Os Estados organizarão sua Justiça, observados os princípios estabelecidos nesta Constituição.
>
> § 3º A lei estadual poderá criar, mediante proposta do Tribunal de Justiça, a Justiça Militar estadual, constituída, em primeiro grau, pelos juízes de direito e pelos Conselhos de Justiça e, em segundo grau, pelo próprio Tribunal de Justiça, ou por Tribunal de Justiça Militar nos Estados em que o efetivo militar seja superior a vinte mil integrantes.
>
> § 4º Compete à Justiça Militar estadual processar e julgar os militares dos Estados, nos crimes militares definidos em lei e as ações judiciais contra atos disciplinares militares, ressalvada a competência do júri quando a vítima for civil, cabendo ao tribunal competente decidir sobre a perda do posto e da patente dos oficiais e da graduação das praças.
>
> § 5º Compete aos juízes de direito do juízo militar processar e julgar, singularmente, os crimes militares cometidos contra civis e as ações judiciais contra atos disciplinares militares, cabendo ao Conselho de Justiça, sob a presidência de juiz de direito, processar e julgar os demais crimes militares.

14.2.12 Tribunais e juízes estaduais

Em relação aos tribunais e juízes estaduais, a Constituição Federal fixou regras gerais e deixou a cargo de cada Estado organizar a sua justiça, observados os princípios estabelecidos na Constituição Federal:

> **Art. 125** Os Estados organizarão sua Justiça, observados os princípios estabelecidos nesta Constituição.
>
> § 1º A competência dos tribunais será definida na Constituição do Estado, sendo a lei de organização judiciária de iniciativa do Tribunal de Justiça.
>
> § 2º Cabe aos Estados a instituição de representação de inconstitucionalidade de leis ou atos normativos estaduais ou municipais em face da Constituição Estadual, vedada a atribuição da legitimação para agir a um único órgão.
>
> § 3º A lei estadual poderá criar, mediante proposta do Tribunal de Justiça, a Justiça Militar estadual, constituída, em primeiro grau, pelos juízes de direito e pelos Conselhos de Justiça e, em segundo grau, pelo próprio Tribunal de Justiça, ou por Tribunal de Justiça Militar nos Estados em que o efetivo militar seja superior a vinte mil integrantes.
>
> § 4º Compete à Justiça Militar estadual processar e julgar os militares dos Estados, nos crimes militares definidos em lei e as ações judiciais contra atos disciplinares militares, ressalvada a competência do júri quando a vítima for civil, cabendo ao tribunal competente decidir sobre a perda do posto e da patente dos oficiais e da graduação das praças.
>
> § 5º Compete aos juízes de direito do juízo militar processar e julgar, singularmente, os crimes militares cometidos contra civis e as ações judiciais contra atos disciplinares militares, cabendo ao Conselho de Justiça, sob a presidência de juiz de direito, processar e julgar os demais crimes militares.
>
> § 6º O Tribunal de Justiça poderá funcionar descentralizadamente, constituindo Câmaras regionais, a fim de assegurar o pleno acesso do jurisdicionado à justiça em todas as fases do processo.
>
> § 7º O Tribunal de Justiça instalará a justiça itinerante, com a realização de audiências e demais funções da atividade jurisdicional, nos limites territoriais da respectiva jurisdição, servindo-se de equipamentos públicos e comunitários.
>
> **Art. 126** Para dirimir conflitos fundiários, o Tribunal de Justiça proporá a criação de varas especializadas, com competência exclusiva para questões agrárias.
>
> **Parágrafo único. Sempre** que necessário à eficiente prestação jurisdicional, o juiz far-se-á presente no local do litígio.

- **STF – 11 membros – entre 35 e 65 anos**

    Composição: brasileiros natos. Notável saber jurídico e reputação ilibada. Nomeados pelo Presidente da República mediante aprovação do Senado pela maioria absoluta.

- **CNJ – 15 membros**

    Composição: presidente do STF. Indicados pelo STF: 1 desembargador do TJ, 1 juiz estadual. Indicados pelo STJ: 1 ministro do STJ, 1 juiz do TRF, 1 juiz federal. Indicados pelo TST: 1 ministro do TST, 1 juiz do TRT, 1 juiz do trabalho. Indicados pelo PGR: 1 membro do MPE, 1 membro do MPU. Indicados pelo CF/1988OAB: 2 advogados. Indicado pela Câmara: 1 cidadão. Indicado pelo Senado: 1 cidadão.

NOÇÕES DE DIREITO CONSTITUCIONAL

- **STJ – mínimo de 33 membros – entre 35 e 65 anos**
    Composição: Brasileiro. Notável saber jurídico e reputação ilibada. Nomeado pelo Presidente da República mediante aprovação do Senado. 1/3 juízes do TRF. 1/3 desembargadores do TJ. 1/3 advogados e membros do MPF, MPE e MPDFT.
- **TRF – mínimo de 7 membros – entre 30 e 65 anos**
    Composição: Nomeados pelo Presidente da República. 1/5 advogados e membros do MPF (os advogados e membros do Ministério Público quando são nomeados para algum cargo do Poder Judiciário pelo Quinto Constitucional precisam comprovar 10 anos de experiência). 4/5 juízes federais.
- **TST – 27 membros – entre 35 e 65 anos**
    Composição: Nomeado pelo Presidente da República mediante aprovação do Senado. 1/5 advogados e membros do MPT. 4/5 juízes do TRT da magistratura de carreira.
- **TRT – mínimo de 7 membros**
    Composição: Eleição: 3 ministros do STF; 2 ministros do STJ. Nomeação pelo Presidente da República: 2 advogados de notável saber jurídico e idoneidade moral indicados pelo STF.
- **TRE – 7 membros**
    Composição: Eleição: 2 desembargadores do TJ, 2 juízes de direito do TJ. 1 juiz do TRF ou juiz federal. Nomeação pelo Presidente da República: 2 advogados de notável saber jurídico e idoneidade moral indicados pelo TJ.
- **STM – 15 membros**
    Composição: Ministros vitalícios. Nomeados pelo Presidente da República mediante aprovação do Senado. 3 oficiais-generais da Marinha. 4 oficiais-generais do Exército. 3 oficiais-generais da Aeronáutica. 5 civis escolhidos pelo Presidente entre brasileiros com mais de trinta e cinco anos sendo três dentre advogados com mais de dez anos de efetiva atividade profissional e dois entre juízes auditores e membros do Ministério Público Militar.

14.3 Análise das competências dos órgãos do Poder Judiciário

O sucesso nesta parte da matéria depende de intensa leitura e memorização das competências que serão cobradas em prova. As mais cobradas são, sem dúvida, as do STF e do STJ. Também há grande ocorrência de questões sobre o CNJ. Passa-se à análise de cada um dos órgãos do Poder Judiciário.

14.3.1 Supremo Tribunal Federal

O Supremo Tribunal Federal é o órgão de cúpula do Poder Judiciário. Também é conhecido como Tribunal Constitucional, pois possui como atribuição precípua a guarda da Constituição Federal. Como protetor do texto constitucional, ele realiza o chamado Controle de Constitucionalidade Concentrado. Nota-se que as competências do STF compõem um rol taxativo e estão distribuídas em três espécies: originária, recursal ordinária e recursal extraordinária.

- **Originárias:** as causas previstas no inciso I do art. 102 têm início no próprio STF, a quem compete julgar originariamente.

    Art. 102 Compete ao Supremo Tribunal Federal, precipuamente, a guarda da Constituição, cabendo-lhe:

    I – Processar e julgar, originariamente:

    a) A ação direta de inconstitucionalidade de lei ou ato normativo federal ou estadual e a ação declaratória de constitucionalidade de lei ou ato normativo federal;

    b) Nas infrações penais comuns, o Presidente da República, o Vice-Presidente, os membros do Congresso Nacional, seus próprios Ministros e o Procurador-geral da República;

    c) Nas infrações penais comuns e nos crimes de responsabilidade, os Ministros de Estado e os Comandantes da Marinha, do Exército e da Aeronáutica, ressalvado o disposto no art. 52, I, os membros dos Tribunais Superiores, os do Tribunal de Contas da União e os chefes de missão diplomática de caráter permanente;

    d) O Habeas corpus, sendo paciente qualquer das pessoas referidas nas alíneas anteriores; o mandado de segurança e o Habeas Data contra atos do Presidente da República, das Mesas da Câmara dos Deputados e do Senado Federal, do Tribunal de Contas da União, do Procurador-geral da República e do próprio Supremo Tribunal Federal;

    e) O litígio entre Estado estrangeiro ou organismo internacional e a União, o Estado, o Distrito Federal ou o Território;

    f) As causas e os conflitos entre a União e os Estados, a União e o Distrito Federal, ou entre uns e outros, inclusive as respectivas entidades da administração indireta;

    g) A extradição solicitada por Estado estrangeiro;

    h) (Revogado Emenda Constitucional nº 45, de 2004);

    i) O Habeas corpus, quando o coator for Tribunal Superior ou quando o coator ou o paciente for autoridade ou funcionário cujos atos estejam sujeitos diretamente à jurisdição do Supremo Tribunal Federal, ou se trate de crime sujeito à mesma jurisdição em uma única instância;

    j) A revisão criminal e a ação rescisória de seus julgados;

    l) A reclamação para a preservação de sua competência e garantia da autoridade de suas decisões;

    m) A execução de sentença nas causas de sua competência originária, facultada a delegação de atribuições para a prática de atos processuais;

    n) A ação em que todos os membros da magistratura sejam direta ou indiretamente interessados, e aquela em que mais da metade dos membros do tribunal de origem estejam impedidos ou sejam direta ou indiretamente interessados;

    o) Os conflitos de competência entre o Superior Tribunal de Justiça e quaisquer tribunais, entre Tribunais Superiores, ou entre estes e qualquer outro tribunal;

    p) O pedido de medida cautelar das ações diretas de inconstitucionalidade;

    q) O mandado de injunção, quando a elaboração da norma regulamentadora for atribuição do Presidente da República, do Congresso Nacional, da Câmara dos Deputados, do Senado Federal, das Mesas de uma dessas Casas Legislativas, do Tribunal de Contas da União, de um dos Tribunais Superiores, ou do próprio Supremo Tribunal Federal;

    r) As ações contra o Conselho Nacional de Justiça e contra o Conselho Nacional do Ministério Público.

- **Recurso ordinário:** analisa matéria já debatida em instância anterior atuando como tribunal de 2º grau de jurisdição. O art. 102, II prevê como competência em sede de recurso ordinário:

    II – Julgar, em recurso ordinário:

    a) O Habeas corpus, o mandado de segurança, o Habeas Data e o mandado de injunção decididos em única instância pelos Tribunais Superiores, se denegatória a decisão;

    b) O crime político.

- **Recurso extraordinário:** atua na defesa da norma constitucional. O art. 102, inciso III, prevê que compete ao STF o julgamento das causas decididas em única ou última instância quando a decisão recorrida:

    III – Julgar, mediante recurso extraordinário, as causas decididas em única ou última instância, quando a decisão recorrida:

    a) Contrariar dispositivo desta Constituição;

    b) Declarar a inconstitucionalidade de tratado ou lei federal;

    c) Julgar válida lei ou ato de governo local contestado em face desta Constituição.

    d) Julgar válida lei local contestada em face de lei federal.

ORGANIZAÇÃO DOS PODERES – PODER JUDICIÁRIO

As questões sobre competências costumam ser bem complicadas, pois exigem do candidato a memorização de vários dispositivos, sem contar que se costuma complicar colocando a competência de um tribunal como se fosse de outro tribunal. Vejamos este exemplo:

Controle de constitucionalidade: o STF, em sede de controle de constitucionalidade concentrado, tem competência para apreciar originariamente a Ação Direta de Inconstitucionalidade e a Ação Declaratória de Constitucionalidade. Essas ações têm como objetivo questionar a constitucionalidade de uma lei ou ato normativo diante da Constituição. Quando esse questionamento se dá diretamente no STF, é necessário que seja apresentado por um dos legitimados que estão previstos no art. 103 da Constituição Federal de 1988:

> *Art. 103 Podem propor a ação direta de inconstitucionalidade e a ação declaratória de constitucionalidade:*
>
> *I – O Presidente da República;*
>
> *II – A Mesa do Senado Federal;*
>
> *III – A Mesa da Câmara dos Deputados;*
>
> *IV – A Mesa de Assembleia Legislativa ou da Câmara Legislativa do Distrito Federal;*
>
> *V – O Governador de Estado ou do Distrito Federal;*
>
> *VI – O Procurador-geral da República;*
>
> *VII – O Conselho Federal da Ordem dos Advogados do Brasil;*
>
> *VIII – Partido político com representação no Congresso Nacional;*
>
> *IX – Confederação sindical ou entidade de classe de âmbito nacional.*
>
> *§1º O Procurador-geral da República deverá ser previamente ouvido nas ações de inconstitucionalidade e em todos os processos de competência do Supremo Tribunal Federal.*
>
> *§2º Declarada a inconstitucionalidade por omissão de medida para tornar efetiva norma constitucional, será dada ciência ao Poder competente para a adoção das providências necessárias e, em se tratando de órgão administrativo, para fazê-lo em trinta dias.*
>
> *§ 3º Quando o Supremo Tribunal Federal apreciar a inconstitucionalidade, em tese, de norma legal ou ato normativo, citará, previamente, o Advogado-Geral da União, que defenderá o ato ou texto impugnado.*

Deve-se memorizar o rol de legitimados. Observe que os membros do Poder Executivo e Legislativo da União, dos estados e do Distrito Federal possuem legitimidade para ingressar com essas ações de Controle de Constitucionalidade, contudo as mesmas autoridades no âmbito dos Municípios não possuem tal poder, e isso aparece muito em prova. Prefeito e mesa da Câmara de Vereadores não possuem legitimidade para propor as ações de controle de constitucionalidade citadas acima.

Observam-se também outros detalhes. No que tange às Casas Legislativas, a competência é da Mesa e não do membro. Mesa da Câmara ou da Assembleia é órgão de direção em que encontram o Presidente da Casa, os Secretários e demais membros de direção.

Quanto aos partidos políticos, não é qualquer partido político que tem legitimidade; tem de ser partido com representação no Congresso Nacional. E representação no Congresso Nacional significa pelo menos um membro em qualquer uma das Casas.

Em relação à confederação sindical ou entidade de classe, não será qualquer uma que possui legitimidade. Deve ser de âmbito nacional.

Súmulas vinculantes: as súmulas vinculantes são ferramentas jurídicas criadas para garantir maior efetividade ao inciso LXXVIII do art. 5º da Constituição Federal de 1988 (celeridade processual). Introduzida no direito brasileiro por meio da Emenda Constitucional nº 45/2004, essas súmulas refletem o pensamento do Supremo Tribunal Federal acerca da validade, interpretação e eficácia de algumas normas que já foram analisadas em reiteradas decisões.

A competência para edição dessas súmulas é exclusiva do STF. Após a edição da súmula, ela produz efeitos vinculantes para todos os órgãos do Poder Judiciário e para a Administração Pública Direta e Indireta, nas esferas federal, estadual e municipal. É importante ressaltar que os efeitos das súmulas vinculantes não atingem o STF nem o Poder Legislativo: o STF, por poder rever ou cancelar a súmula conforme a evolução jurisprudencial; e o Legislativo, por ser o Poder responsável pela inovação legislativa no Brasil.

O seu principal objetivo é diminuir a quantidade de processos com temas idênticos que se acumulam nas diversas instâncias do Judiciário. Ao editar uma súmula vinculante, o STF produz segurança jurídica e evita a multiplicação de processos sobre as questões sumuladas. Esse tema está regulado pelo art. 103-A da Constituição Federal e pela Lei nº 11.417/2006.

> *Art. 103-A O Supremo Tribunal Federal poderá, de ofício ou por provocação, mediante decisão de dois terços dos seus membros, após reiteradas decisões sobre matéria constitucional, aprovar súmula que, a partir de sua publicação na imprensa oficial, terá efeito vinculante em relação aos demais órgãos do Poder Judiciário e à Administração Pública direta e indireta, nas esferas federal, estadual e municipal, bem como proceder à sua revisão ou cancelamento, na forma estabelecida em lei.*
>
> *§ 1º A súmula terá por objetivo a validade, a interpretação e a eficácia de normas determinadas, acerca das quais haja controvérsia atual entre órgãos judiciários ou entre esses e a Administração Pública que acarrete grave insegurança jurídica e relevante multiplicação de processos sobre questão idêntica.*
>
> *§ 2º Sem prejuízo do que vier a ser estabelecido em lei, a aprovação, revisão ou cancelamento de súmula poderá ser provocada por aqueles que podem propor a ação direta de inconstitucionalidade.*
>
> *§ 3º Do ato administrativo ou decisão judicial que contrariar a súmula aplicável ou que indevidamente a aplicar, caberá reclamação ao Supremo Tribunal Federal que, julgando-a procedente, anulará o ato administrativo ou cassará a decisão judicial reclamada, e determinará que outra seja proferida com ou sem a aplicação da súmula, conforme o caso.*

14.3.2 Superior Tribunal de Justiça

O Superior Tribunal de Justiça é o conhecido protetor da legislação federal. Suas competências estão arroladas no art. 105 da Constituição Federal de 1988 e estão divididas em: originária, recursal ordinária e recursal especial.

- **Originária:** as causas previstas no inciso I do art. 105 têm início no próprio STJ, a quem compete julgar originariamente:

    > *a) Nos crimes comuns, os Governadores dos Estados e do Distrito Federal, e, nestes e nos de responsabilidade, os desembargadores dos Tribunais de Justiça dos Estados e do Distrito Federal, os membros dos Tribunais de Contas dos Estados e do Distrito Federal, os dos Tribunais Regionais Federais, dos Tribunais Regionais Eleitorais e do Trabalho, os membros dos Conselhos ou Tribunais de Contas dos Municípios e os do Ministério Público da União que oficiem perante tribunais;*
    >
    > *b) Os mandados de segurança e os Habeas Data contra ato de Ministro de Estado, dos Comandantes da Marinha, do Exército e da Aeronáutica ou do próprio Tribunal;*
    >
    > *c) Os Habeas corpus, quando o coator ou paciente for qualquer das pessoas mencionadas na alínea "a", ou quando o coator for tribunal sujeito à sua jurisdição, Ministro de Estado ou Comandante da Marinha, do Exército ou da Aeronáutica, ressalvada a competência da Justiça Eleitoral;*
    >
    > *d) Os conflitos de competência entre quaisquer tribunais, ressalvado o disposto no art. 102, I, "o", bem como entre tribunal e juízes a ele não vinculados e entre juízes vinculados a tribunais diversos;*
    >
    > *e) As revisões criminais e as ações rescisórias de seus julgados;*

NOÇÕES DE DIREITO CONSTITUCIONAL

f) A reclamação para a preservação de sua competência e garantia da autoridade de suas decisões;

g) Os conflitos de atribuições entre autoridades administrativas e judiciárias da União, ou entre autoridades judiciárias de um Estado e administrativas de outro ou do Distrito Federal, ou entre as deste e da União;

h) O mandado de injunção, quando a elaboração da norma regulamentadora for atribuição de órgão, entidade ou autoridade federal, da administração direta ou indireta, excetuados os casos de competência do Supremo Tribunal Federal e dos órgãos da Justiça Militar, da Justiça Eleitoral, da Justiça do Trabalho e da Justiça Federal;

i) A homologação de sentenças estrangeiras e a concessão de exequatur às cartas rogatórias.

- **Recurso Ordinário:** analisa matéria já debatida em instância anterior atuando como tribunal de 2º grau de jurisdição. O art. 105, II prevê como competência em sede de recurso ordinário:

    a) Os "Habeas corpus" decididos em única ou última instância pelos Tribunais Regionais Federais ou pelos tribunais dos Estados, do Distrito Federal e Territórios, quando a decisão for denegatória;

    b) Os mandados de segurança decididos em única instância pelos Tribunais Regionais Federais ou pelos tribunais dos Estados, do Distrito Federal e Territórios, quando denegatória a decisão;

    c) As causas em que forem partes Estado estrangeiro ou organismo internacional, de um lado, e, do outro, Município ou pessoa residente ou domiciliada no País.

- **Recurso Especial:** atua na defesa das normas infraconstitucionais federais. O art. 105, inciso III prevê que compete ao STJ o julgamento das causas decididas em única ou última instância pelos TRF's e TJ's que:

    a) Contrariar tratado ou lei federal, ou negar-lhe vigência;

    b) Julgar válido ato de governo local contestado em face de lei federal;

    c) Der a lei federal interpretação divergente da que lhe haja atribuído outro tribunal.

14.3.3 Conselho Nacional de Justiça

O Conselho Nacional de Justiça é órgão do Poder Judiciário, mas não possui função jurisdicional. Sua função é de caráter administrativo.

O CNJ é responsável pela fiscalização administrativa e financeira do Poder Judiciário. Possui também atribuição para fiscalizar os seus membros quanto a observância dos deveres funcionais.

Por fim, deve-se lembrar que o CNJ não possui competência sobre o STF, haja vista este ser o órgão de cúpula de todo o Poder Judiciário.

Art. 103-B [...]

§ 4º Compete ao Conselho o controle da atuação administrativa e financeira do Poder Judiciário e do cumprimento dos deveres funcionais dos juízes, cabendo-lhe, além de outras atribuições que lhe forem conferidas pelo Estatuto da Magistratura:

I – Zelar pela autonomia do Poder Judiciário e pelo cumprimento do Estatuto da Magistratura, podendo expedir atos regulamentares, no âmbito de sua competência, ou recomendar providências;

II – Zelar pela observância do art. 37 e apreciar, de ofício ou mediante provocação, a legalidade dos atos administrativos praticados por membros ou órgãos do Poder Judiciário, podendo desconstituí-los, revê-los ou fixar prazo para que se adotem as providências necessárias ao exato cumprimento da lei, sem prejuízo da competência do Tribunal de Contas da União;

III – Receber e conhecer das reclamações contra membros ou órgãos do Poder Judiciário, inclusive contra seus serviços auxiliares, serventias e órgãos prestadores de serviços notariais e de registro que atuem por delegação do poder público ou oficializados, sem prejuízo da competência disciplinar e correicional dos tribunais, podendo avocar processos disciplinares em curso e determinar a remoção, a disponibilidade ou a aposentadoria com subsídios ou proventos proporcionais ao tempo de serviço e aplicar outras sanções administrativas, assegurada ampla defesa;

IV – Representar ao Ministério Público, no caso de crime contra a Administração Pública ou de abuso de autoridade;

V – Rever, de ofício ou mediante provocação, os processos disciplinares de juízes e membros de tribunais julgados há menos de um ano;

VI – Elaborar semestralmente relatório estatístico sobre processos e sentenças prolatadas, por unidade da Federação, nos diferentes órgãos do Poder Judiciário;

VII – Elaborar relatório anual, propondo as providências que julgar necessárias, sobre a situação do Poder Judiciário no País e as atividades do Conselho, o qual deve integrar mensagem do Presidente do Supremo Tribunal Federal a ser remetida ao Congresso Nacional, por ocasião da abertura da sessão legislativa.

§ 5º O Ministro do Superior Tribunal de Justiça exercerá a função de Ministro-Corregedor e ficará excluído da distribuição de processos no Tribunal, competindo-lhe, além das atribuições que lhe forem conferidas pelo Estatuto da Magistratura, as seguintes:

I – Receber as reclamações e denúncias, de qualquer interessado, relativas aos magistrados e aos serviços judiciários;

II – Exercer funções executivas do Conselho, de inspeção e de correição geral;

III – Requisitar e designar magistrados, delegando-lhes atribuições, e requisitar servidores de juízos ou tribunais, inclusive nos Estados, Distrito Federal e Territórios.

§ 6º Junto ao Conselho oficiarão o Procurador-geral da República e o Presidente do Conselho Federal da Ordem dos Advogados do Brasil.

§ 7º A União, inclusive no Distrito Federal e nos Territórios, criará ouvidorias de justiça, competentes para receber reclamações e denúncias de qualquer interessado contra membros ou órgãos do Poder Judiciário, ou contra seus serviços auxiliares, representando diretamente ao Conselho Nacional de Justiça.

14.3.4 Justiça Federal

Estes são os órgãos da chamada Justiça Federal:

Art. 106 São órgãos da Justiça Federal:
I – Os Tribunais Regionais Federais;
II – Os Juízes Federais.

- **Tribunal Regional Federal e Juízes Federais**

As competências da Justiça Federal, em regra, estão relacionadas com causas de interesse da União. Atente para esse tema, pois há competências que são dos Tribunais Regionais Federais e outras que são dos Juízes Federais. As provas costumam trocar essas competências umas pelas outras. As primeiras encontram-se definidas na Constituição Federal no art. 108 e as dos Juízes Federais estão previstas no art. 109:

Art. 108 Compete aos Tribunais Regionais Federais:

I – Processar e julgar, originariamente:

a) Os juízes federais da área de sua jurisdição, incluídos os da Justiça Militar e da Justiça do Trabalho, nos crimes comuns e de responsabilidade, e os membros do Ministério Público da União, ressalvada a competência da Justiça Eleitoral;

b) As revisões criminais e as ações rescisórias de julgados seus ou dos juízes federais da região;

c) Os mandados de segurança e os Habeas Data contra ato do próprio Tribunal ou de juiz federal;

d) Os Habeas corpus, quando a autoridade coatora for juiz federal;

e) Os conflitos de competência entre juízes federais vinculados ao Tribunal;

II – Julgar, em grau de recurso, as causas decididas pelos juízes federais e pelos juízes estaduais no exercício da competência federal da área de sua jurisdição.

Art. 109 Aos juízes federais compete processar e julgar:

I – As causas em que a União, entidade autárquica ou empresa pública federal forem interessadas na condição de autoras, rés, assistentes ou oponentes, exceto as de falência, as de acidentes de trabalho e as sujeitas à Justiça Eleitoral e à Justiça do Trabalho;

303

ORGANIZAÇÃO DOS PODERES – PODER JUDICIÁRIO

II – As causas entre Estado estrangeiro ou organismo internacional e Município ou pessoa domiciliada ou residente no País;

III – As causas fundadas em tratado ou contrato da União com Estado estrangeiro ou organismo internacional;

IV – Os crimes políticos e as infrações penais praticadas em detrimento de bens, serviços ou interesse da União ou de suas entidades autárquicas ou empresas públicas, excluídas as contravenções e ressalvada a competência da Justiça Militar e da Justiça Eleitoral;

V – Os crimes previstos em tratado ou convenção internacional, quando, iniciada a execução no País, o resultado tenha ou devesse ter ocorrido no estrangeiro, ou reciprocamente;

V-A. As causas relativas a direitos humanos a que se refere o § 5º deste artigo;

VI – Os crimes contra a organização do trabalho e, nos casos determinados por lei, contra o sistema financeiro e a ordem econômico-financeira;

VII – Os Habeas corpus, em matéria criminal de sua competência ou quando o constrangimento provier de autoridade cujos atos não estejam diretamente sujeitos a outra jurisdição;

VIII – Os mandados de segurança e os Habeas Data contra ato de autoridade federal, excetuados os casos de competência dos tribunais federais;

IX – Os crimes cometidos a bordo de navios ou aeronaves, ressalvada a competência da Justiça Militar;

X – Os crimes de ingresso ou permanência irregular de estrangeiro, a execução de carta rogatória, após o "exequatur", e de sentença estrangeira, após a homologação, as causas referentes à nacionalidade, inclusive a respectiva opção, e à naturalização;

XI – A disputa sobre direitos indígenas.

NOÇÕES DE DIREITO CONSTITUCIONAL

15 FUNÇÕES ESSENCIAIS À JUSTIÇA

As funções essenciais à justiça estão previstas expressamente do art. 127 ao 135 da Constituição Federal de 1988, elas são representadas pelas seguintes instituições:

- **Ministério Público;**
- **Advocacia Pública;**
- **Defensoria Pública;**
- **Advocacia.**

Ao contrário do que muitos pensam, essas instituições não fazem parte do Poder Judiciário, mas desempenham suas funções junto a esse poder. Sua atuação é essencial ao exercício jurisdicional, razão pela qual foram classificadas como funções essenciais. Essa necessidade se justifica em razão da impossibilidade de o Judiciário agir de ofício, ou seja, toda a atuação jurisdicional demanda provocação, a qual será titularizada por uma dessas instituições.

Esses organismos são representados por agentes públicos ou privados cuja função principal é provocar a atuação do Poder Judiciário, o qual se mantém inerte e imparcial, aguardando o momento certo para agir. São em sua essência "advogados".

O Ministério Público é o advogado da sociedade, pois, conforme prevê o *caput* do art. 127, incumbe-lhe a tarefa de defender a ordem jurídica, o regime democrático e os interesses sociais e individuais indisponíveis:

> **Art. 127** *O Ministério Público é instituição permanente, essencial à função jurisdicional do Estado, incumbindo-lhe a defesa da ordem jurídica, do regime democrático e dos interesses sociais e individuais indisponíveis.*

A Advocacia Pública advoga para o Estado representando os entes públicos judicial e extrajudicialmente ou mesmo desempenhando atividades de assessoria e consultoria jurídica.

A Defensoria Pública tem como atribuição principal advogar para os necessitados. São os defensores públicos responsáveis pela defesa dos hipossuficientes, aqueles que não possuem recursos financeiros para contratarem advogados privados.

E, por último, há a Advocacia, que, pela lógica, é privada, formada por advogados particulares, os quais são inscritos na Ordem dos Advogados do Brasil (OAB) e atuam de forma autônoma e independente dentro dos limites estabelecidos em lei.

O objetivo desta breve introdução é apresentar a diferença funcional básica entre as instituições de forma a facilitar o estudo que, a partir de agora, será mais aprofundado, visando a possíveis questões em provas de concursos públicos. Então, analisaremos, a partir de agora, as Funções Essenciais à Justiça.

15.1 Ministério Público

A compreensão dessa instituição inicia-se pela leitura do próprio texto constitucional, que prevê: o Ministério Público é uma instituição permanente, de natureza política, cujas atribuições possuem natureza administrativa, sem que com isso esteja subordinada ao Poder Executivo.

Fala-se em uma instituição independente e autônoma aos demais Poderes, motivo pelo qual está posicionada constitucionalmente em capítulo à parte na organização dos poderes como uma função essencial à justiça. Como função essencial à justiça, o Ministério Público é responsável pela provocação do Poder Judiciário em defesa da sociedade, quando se tratar de direitos sociais e individuais indisponíveis.

O Ministério Público no Brasil, além de obedecer às regras constitucionais, também é regido por duas normas: Lei Complementar nº 75/1993 e a Lei nº 8.625/1993. Essa regula o Ministério Público Nacional e é aplicável aos Ministérios Públicos dos Estados. Aquela é específica para o Ministério Público da União. Cada Estado da Federação poderá organizar o seu órgão ministerial editando sua própria lei orgânica estadual.

A seguir, será feita uma leitura da instituição sob a ótica constitucional sem aprofundar nas estruturas lançadas nas referidas leis orgânicas, o que será feito em momento oportuno.

15.1.1 Estrutura orgânica

Para viabilizar o exercício de suas funções, a Constituição Federal organizou o Ministério Público no art. 128:

> **Art. 128** *O Ministério Público abrange:*
> *I – o Ministério Público da União, que compreende:*
> *a) o Ministério Público Federal;*
> *b) o Ministério Público do Trabalho;*
> *c) o Ministério Público Militar;*
> *d) o Ministério Público do Distrito Federal e Territórios;*
> *II – os Ministérios Públicos dos Estados.*

Fique atento a essa classificação, pois o rol é taxativo e, em prova, os examinadores costumam mencionar a existência de um Ministério Público Eleitoral ao se fazer comparativo com a estrutura do Poder Judiciário. Na organização do MPU, não foi prevista a existência de Ministério Público com atribuição Eleitoral, função essa de competência do Ministério Público Federal e do Ministério Público Estadual, conforme prevê a Lei Complementar nº 75/1993 (arts. 72 a 80).

Como se pode perceber, o Ministério Público está dividido em Ministério Público da União e Ministério Público dos Estados, cada um com sua própria autonomia organizacional e chefia própria. O Ministério Público da União, por sua vez, abrange:

- Ministério Público Federal;
- Ministério Público do Trabalho;
- Ministério Público Militar;
- Ministério Público do Distrito Federal e Territórios.

Existe ainda o Ministério Público junto ao Tribunal de Contas, o qual possui natureza diversa do Ministério Público aqui estudado. Sua organização está atrelada ao Tribunal de Contas do qual faz parte, mas aos seus membros são estendidas as disposições aplicáveis aos Membros do Ministério Público:

> **Art. 130** *Aos membros do Ministério Público junto aos Tribunais de Contas aplicam-se as disposições desta seção pertinentes a direitos, vedações e forma de investidura.*

15.1.2 Atribuições

Suas atribuições se apoiam na defesa da ordem jurídica, do regime democrático e dos interesses sociais e individuais indisponíveis. É um verdadeiro defensor da sociedade e fiscal dos poderes públicos. Em rol meramente exemplificativo, a Constituição previu como funções institucionais o art. 129:

> **Art. 129** *São funções institucionais do Ministério Público:*
> *I – promover, privativamente, a ação penal pública, na forma da lei;*
> *II – zelar pelo efetivo respeito dos Poderes Públicos e dos serviços de relevância pública aos direitos assegurados nesta Constituição, promovendo as medidas necessárias a sua garantia;*
> *III – promover o inquérito civil e a ação civil pública, para a proteção do patrimônio público e social, do meio ambiente e de outros interesses difusos e coletivos;*

FUNÇÕES ESSENCIAIS À JUSTIÇA

IV – promover a ação de inconstitucionalidade ou representação para fins de intervenção da União e dos Estados, nos casos previstos nesta Constituição;

V – defender judicialmente os direitos e interesses das populações indígenas;

VI – expedir notificações nos procedimentos administrativos de sua competência, requisitando informações e documentos para instruí-los, na forma da lei complementar respectiva;

VII – exercer o controle externo da atividade policial, na forma da lei complementar mencionada no artigo anterior;

VIII – requisitar diligências investigatórias e a instauração de inquérito policial, indicados os fundamentos jurídicos de suas manifestações processuais;

IX – exercer outras funções que lhe forem conferidas, desde que compatíveis com sua finalidade, sendo-lhe vedada a representação judicial e a consultoria jurídica de entidades públicas.

§ 1º A legitimação do Ministério Público para as ações civis previstas neste artigo não impede a de terceiros, nas mesmas hipóteses, segundo o disposto nesta Constituição e na lei.

§ 2º As funções do Ministério Público só podem ser exercidas por integrantes da carreira, que deverão residir na comarca da respectiva lotação, salvo autorização do chefe da instituição.

§ 3º O ingresso na carreira do Ministério Público far-se-á mediante concurso público de provas e títulos, assegurada a participação da Ordem dos Advogados do Brasil em sua realização, exigindo-se do bacharel em direito, no mínimo, três anos de atividade jurídica e observando-se, nas nomeações, a ordem de classificação.

§ 4º Aplica-se ao Ministério Público, no que couber, o disposto no art. 93.

§ 5º A distribuição de processos no Ministério Público será imediata.

No desempenho das suas funções institucionais, algumas características foram previstas pela Constituição, as quais são muito importantes para a prova.

Os § 2º e § 3º afirmam que as funções do Ministério Púbico só podem ser exercidas por integrantes da carreira, ou seja, por Membros aprovados em concurso público de provas e títulos, assegurada a participação da OAB durante a sua realização, entre os quais são exigidos os seguintes requisitos:

- Ser bacharel em direito;
- Possuir, no mínimo, três anos de atividade jurídica.

Em relação à atividade jurídica, deve-se salientar a regulamentação feita pela Resolução nº 40 do Conselho Nacional do Ministério Público, a qual prevê, entre outras atividades, o exercício da advocacia ou de cargo, função e emprego que exija a utilização preponderante de conhecimentos jurídicos, ou até mesmo a realização de cursos de pós-graduação dentro dos parâmetros estabelecidos pela referida resolução. É importante lembrar que esse requisito deverá ser comprovado no momento da investidura no cargo, ou seja, na posse, depois de finalizadas todas as fases do concurso.

A Constituição exige ainda que o Membro do Ministério Público resida na comarca de lotação, salvo quando houver autorização do chefe da Instituição. Em razão da semelhança e importância com a carreira da magistratura, a Constituição previu expressamente a aplicação do art. 93 aos membros do Ministério Público, no que for compatível com a carreira. E, por fim, determina que a distribuição dos processos aos órgãos ministeriais seja feita de forma imediata.

Titular da ação penal pública

Segundo o inciso I do art. 129, compete ao Ministério Público promover, privativamente, a ação penal pública, na forma da lei. A doutrina classifica esse dispositivo como espécie de norma de eficácia contida possuindo aplicabilidade direta e imediata, permitida a regulamentação por lei.

Essa competência é corroborada pela possibilidade de requisição de diligências investigatórias e da instauração de inquérito policial, para que o órgão ministerial formule sua convicção sobre o ilícito penal, o que está previsto no inciso VIII do art. 129.

Essa exclusividade conferida pela Constituição Federal encontra limitação no próprio texto constitucional, ao permitir o cabimento de ação penal privada subsidiária da pública nos casos em que o Ministério Público (MP) fique inerte e não cumpra com sua obrigação.

Dessa competência decorre o poder de investigação do Ministério Público, o qual tem sido alvo de muita discussão nos tribunais. Quem não concorda com esse poder sustenta ser a atividade de investigação criminal uma atividade exclusiva da autoridade policial nos termos do art. 144 da CF/1988.

O posicionamento que tem prevalecido na doutrina e na jurisprudência é no sentido de que o Ministério Público tem legitimidade para promover a investigação criminal, haja vista ser ele o destinatário das informações sobre o fato delituoso produzido no inquérito policial. Ademais, por ter caráter administrativo, o inquérito policial é dispensável, não dependendo o Ministério Público da sua existência para promover a persecução penal.

Para a solução desse caso, tem-se aplicado a Teoria dos Poderes Implícitos. Segundo a teoria, as competências expressamente previstas no texto constitucional carregam consigo os meios necessários para sua execução, ou seja, a existência de uma competência explícita implica existência de competências implicitamente previstas e necessárias para execução da atribuição principal. Em suma, se ao Ministério Público compete o oferecimento exclusivo da ação penal pública, por consequência da aplicação dessa teoria, compete também a execução das atividades necessárias à formação da sua opinião sobre o delito. Significa dizer que o poder de investigação criminal está implicitamente previsto no poder de oferecimento da ação penal pública.

15.1.3 Legitimidade para promover o inquérito civil e a ação civil pública

O Ministério Público também é competente para promover o inquérito civil e a ação civil pública nos termos do inciso III do art. 129. Essas ferramentas são utilizadas para a proteção do patrimônio público e social, do meio ambiente e de outros interesses difusos e coletivos.

Entendem-se como interesses difusos aqueles de natureza indivisível, cujos titulares não se podem determinar apesar de estarem ligados uns aos outros pelas circunstâncias fáticas. Interesses coletivos se diferenciam dos difusos na medida em que é possível determinar quem são os titulares do direito.

Segundo a Constituição Federal, a ação civil pública não é medida exclusiva a ser adotada pelo Ministério Público:

Art. 129 [...]

§ 1º A legitimação do Ministério Público para as ações civis previstas neste artigo não impede a de terceiros, nas mesmas hipóteses, segundo o disposto nesta Constituição e na lei.

A Lei nº 7.347/1985 (Lei de Ação Civil Pública) prevê que são legitimados para propor tal ação, além do MP:

- **A Defensoria Pública;**
- **A União, os estados, o Distrito Federal e os municípios;**
- **A autarquia, empresa pública, fundação ou sociedade de economia mista;**

NOÇÕES DE DIREITO CONSTITUCIONAL

- A associação que concomitantemente esteja constituída há pelo menos 1 ano nos termos da lei civil e inclua entre suas finalidades institucionais a proteção ao meio ambiente, ao consumidor, à ordem econômica, à livre concorrência ou ao patrimônio artístico, estético, histórico, turístico e paisagístico.

Já o inquérito civil é procedimento investigatório de caráter administrativo, que poderá ser instaurado pelo Ministério Público com o fim de colher os elementos de prova necessários para a sua convicção sobre o ilícito e, posteriormente, instrução da ação civil pública.

15.1.4 Controle de constitucionalidade

Função das mais relevantes desempenhada pelos órgãos ministeriais ocorre no controle da constitucionalidade das leis e atos normativos. Essa atribuição é inerente à sua função de guardião da ordem jurídica. Como protetor da ordem jurídica, compete ao Ministério Público oferecer as ações de controle abstrato de constitucionalidade, bem como a Representação Interventiva para fins de intervenção da União e dos estados nas hipóteses previstas na Constituição Federal.

15.1.5 Controle externo da atividade policial

A Constituição Federal determina que o Ministério Público realize o controle externo da atividade policial. Fala-se em controle externo haja vista o Ministério Público não pertencer à mesma estrutura das forças policiais. É uma instituição totalmente autônoma a qualquer órgão policial, razão pela qual não se pode falar em subordinação dos organismos policiais ao Parquet. A justificativa para essa atribuição decorre do fato de ser ele o destinatário final da atividade policial.

Se, por um lado, o controle externo objetiva a fiscalização das atividades policiais para que elas não sejam desenvolvidas além dos limites legais, preservando os direitos e garantias fundamentais dos investigados, por outro, garante o seu perfeito desenvolvimento, prevenindo e corrigindo a produção probatória, visando ao adequado oferecimento da ação penal.

O controle externo da atividade policial desenvolvido pelo Ministério Público, além de regulamentado nas respectivas leis orgânicas, está normatizado na Resolução nº 20 do CNMP. Ressalte-se que o controle externo não exime a instituição policial de realizar o seu próprio controle interno por meio das corregedorias e órgãos de fiscalização.

Sujeitam-se ao citado controle externo todas as instituições previstas no art. 144 da Constituição Federal de 1988, bem como as demais instituições que possuam parcela do poder de polícia desde que estejam relacionadas com a segurança pública e a persecução criminal.

15.1.6 Conselho Nacional do Ministério Público (CNMP)

O Conselho Nacional do Ministério Público, a exemplo do Conselho Nacional de Justiça, foi criado pela Emenda Constitucional nº 45/2004 com o objetivo de efetuar a fiscalização administrativa e financeira do Ministério Público, bem como o cumprimento dos deveres funcionais de seus membros.

- **Composição**

Segundo o texto constitucional, o CNMP é composto de 14 membros, nomeados pelo Presidente da República, depois de aprovada a escolha pela maioria absoluta do Senado Federal, para um mandato de dois anos, sendo permitida apenas uma recondução. Veja-se a composição prevista pela Constituição Federal no art. 130-A:

Art. 130-A O Conselho Nacional do Ministério Público compõe-se de quatorze membros nomeados pelo Presidente da República, depois de aprovada a escolha pela maioria absoluta do Senado Federal, para um mandato de dois anos, admitida uma recondução, sendo:

I – o Procurador-geral da República, que o preside;

II – quatro membros do Ministério Público da União, assegurada a representação de cada uma de suas carreiras;

III – três membros do Ministério Público dos Estados;

IV – dois juízes, indicados um pelo Supremo Tribunal Federal e outro pelo Superior Tribunal de Justiça;

V – dois advogados, indicados pelo Conselho Federal da Ordem dos Advogados do Brasil;

VI – dois cidadãos de notável saber jurídico e reputação ilibada, indicados um pela Câmara dos Deputados e outro pelo Senado Federal.

§ 1º. Os membros do Conselho oriundos do Ministério Público serão indicados pelos respectivos Ministérios Públicos, na forma da lei.

- **Atribuições**

Vejamos as atribuições previstas constitucionalmente para o CNMP:

Art. 130-A [...]

§ 2º. Compete ao Conselho Nacional do Ministério Público o controle da atuação administrativa e financeira do Ministério Público e do cumprimento dos deveres funcionais de seus membros, cabendo-lhe:

I – zelar pela autonomia funcional e administrativa do Ministério Público, podendo expedir atos regulamentares, no âmbito de sua competência, ou recomendar providências;

II – zelar pela observância do art. 37 e apreciar, de ofício ou mediante provocação, a legalidade dos atos administrativos praticados por membros ou órgãos do Ministério Público da União e dos Estados, podendo desconstituí-los, revê-los ou fixar prazo para que se adotem as providências necessárias ao exato cumprimento da lei, sem prejuízo da competência dos Tribunais de Contas;

III – receber e conhecer das reclamações contra membros ou órgãos do Ministério Público da União ou dos Estados, inclusive contra seus serviços auxiliares, sem prejuízo da competência disciplinar e correicional da instituição, podendo avocar processos disciplinares em curso, determinar a remoção, a disponibilidade ou a aposentadoria com subsídios ou proventos proporcionais ao tempo de serviço e aplicar outras sanções administrativas, assegurada ampla defesa;

IV – rever, de ofício ou mediante provocação, os processos disciplinares de membros do Ministério Público da União ou dos Estados julgados há menos de um ano;

V – elaborar relatório anual, propondo as providências que julgar necessárias sobre a situação do Ministério Público no País e as atividades do Conselho, o qual deve integrar a mensagem prevista no art. 84, XI.

§ 3º. O Conselho escolherá, em votação secreta, um Corregedor nacional, dentre os membros do Ministério Público que o integram, vedada a recondução, competindo-lhe, além das atribuições que lhe forem conferidas pela lei, as seguintes:

I – receber reclamações e denúncias, de qualquer interessado, relativas aos membros do Ministério Público e dos seus serviços auxiliares;

II – exercer funções executivas do Conselho, de inspeção e correição geral;

III – requisitar e designar membros do Ministério Público, delegando-lhes atribuições, e requisitar servidores de órgãos do Ministério Público.

§ 4º. O Presidente do Conselho Federal da Ordem dos Advogados do Brasil oficiará junto ao Conselho.

§ 5º. Leis da União e dos Estados criarão ouvidorias do Ministério Público, competentes para receber reclamações e denúncias de qualquer interessado contra membros ou órgãos do Ministério Público, inclusive contra seus serviços auxiliares, representando diretamente ao Conselho Nacional do Ministério Público.

FUNÇÕES ESSENCIAIS À JUSTIÇA

15.1.7 Princípios institucionais

A Constituição Federal prevê expressamente no § 1º do art. 127 os chamados princípios institucionais, os quais norteiam o desenvolvimento das atividades dos Órgãos Ministeriais:

> *§ 1º São princípios institucionais do Ministério Público a unidade, a indivisibilidade e a independência funcional.*

- **Princípio da unidade:** revela que os membros do Ministério Público integram um órgão único chefiado por um procurador-geral. Essa unidade é percebida dentro de cada ramo do Ministério Público, não existindo unidade entre o Ministério Público estadual e da União, ou entre os diversos Ministérios Públicos estaduais, ou ainda entre os ramos do Ministério Público da União. Qualquer divisão que exista dentro de um dos órgãos ministeriais possui caráter meramente funcional.

- **Princípio da indivisibilidade:** que decorre do princípio da unidade, revela a possibilidade de os membros se substituírem sem qualquer prejuízo ao processo, pois o Ministério Público é uno e indivisível. Os membros agem em nome da instituição e nunca em nome próprio, pois pertencem a um só corpo. Esse princípio veda a vinculação de um membro a um processo permitindo, inclusive, a delegação da denúncia a outro membro. Ressalte-se que, como no princípio da unidade, a indivisibilidade só ocorre dentro de um mesmo ramo do Ministério Público.

- **Princípio da independência funcional:** com uma dupla acepção: em relação aos membros e em relação à instituição. No que tange aos membros, o referido princípio garante uma atuação independente no exercício das suas atribuições sujeitando-se apenas às determinações constitucionais, legais e de sua consciência jurídica, não havendo qualquer hierarquia ou subordinação intelectual entre os membros. Sob a perspectiva da instituição, o princípio da independência funcional elimina qualquer subordinação do Ministério Público a outro poder. Apesar da independência funcional, verifica-se a existência de uma mera hierarquia administrativa.

Além desses princípios expressos na Constituição Federal, a doutrina e a jurisprudência reconhecem a existência de um princípio implícito no texto constitucional:

- **Princípio do promotor natural:** esse princípio decorre da interpretação do art. 129, § 2º, da Constituição, que afirma:

> *§ 2º As funções do Ministério Público só podem ser exercidas por integrantes da carreira, que deverão residir na comarca da respectiva lotação, salvo autorização do chefe da instituição.*

O princípio do promotor natural veda a designação de membros do Ministério Público fora das hipóteses constitucionais e legais, exigindo que sua atuação seja predeterminada por critérios objetivos aplicáveis a todos os membros da carreira, evitando, assim, que haja designações arbitrárias. O princípio também impede a nomeação de promotor *ad hoc* ou de exceção considerando que as funções do Ministério Público só podem ser desempenhadas por membros da carreira.

15.1.8 Garantias

O Ministério Público, em razão da importância de sua função, recebeu da Constituição Federal algumas garantias que lhe asseguram a independência necessária para bem desempenhar suas atribuições. E não é só a instituição que possui garantias, mas os membros também. Vejamos o que diz a Constituição sobre as garantias institucionais e dos membros:

> *Art. 127 [...]*
>
> *§ 2º Ao Ministério Público é assegurada autonomia funcional e administrativa, podendo, observado o disposto no art. 169, propor ao Poder Legislativo a criação e extinção de seus cargos e serviços auxiliares, provendo-os por concurso público de provas ou de provas e títulos, a política remuneratória e os planos de carreira; a lei disporá sobre sua organização e funcionamento.*
>
> *§ 3º O Ministério Público elaborará sua proposta orçamentária dentro dos limites estabelecidos na lei de diretrizes orçamentárias.*
>
> *§ 4º Se o Ministério Público não encaminhar a respectiva proposta orçamentária dentro do prazo estabelecido na lei de diretrizes orçamentárias, o Poder Executivo considerará, para fins de consolidação da proposta orçamentária anual, os valores aprovados na lei orçamentária vigente, ajustados de acordo com os limites estipulados na forma do § 3º.*
>
> *§ 5º Se a proposta orçamentária de que trata este artigo for encaminhada em desacordo com os limites estipulados na forma do § 3º, o Poder Executivo procederá aos ajustes necessários para fins de consolidação da proposta orçamentária anual.*
>
> *§ 6º Durante a execução orçamentária do exercício, não poderá haver a realização de despesas ou a assunção de obrigações que extrapolem os limites estabelecidos na lei de diretrizes orçamentárias, exceto se previamente autorizadas, mediante a abertura de créditos suplementares ou especiais.*

O art. 127, § 2º a § 6º, trata das chamadas **garantias institucionais**. Essas garantias visam a conceder maior autonomia à instituição, além de proteger sua independência no exercício de suas atribuições constitucionais. As Garantias Institucionais são de três espécies:

- **Autonomia funcional:** ao desempenhar sua função, o Ministério Público não se subordina a qualquer outra autoridade ou poder, sujeitando-se apenas às determinações constitucionais, legais e de sua consciência jurídica.

- **Autonomia administrativa:** é a capacidade de autogestão, autoadministração e autogoverno. O Ministério Público tem competência para propor ao Legislativo a criação, extinção e organização de seus cargos e carreiras bem como demais atos de gestão.

- **Autonomia financeira:** o Ministério Público pode elaborar sua proposta orçamentária dentro dos limites estabelecidos na Lei de Diretrizes Orçamentárias, tendo liberdade para administrar esses recursos.

Um dos temas mais importantes e que revelam a autonomia administrativa do Ministério Público é a possibilidade que a instituição tem de escolher os seus próprios chefes. Vejamos a literalidade do texto constitucional:

> *Art. 128 [...]*
>
> *§ 1º O Ministério Público da União tem por chefe o Procurador-geral da República, nomeado pelo Presidente da República dentre integrantes da carreira, maiores de trinta e cinco anos, após a aprovação de seu nome pela maioria absoluta dos membros do Senado Federal, para mandato de dois anos, permitida a recondução.*
>
> *§ 2º A destituição do Procurador-geral da República, por iniciativa do Presidente da República, deverá ser precedida de autorização da maioria absoluta do Senado Federal.*

No âmbito dessa autonomia, a Constituição previu expressamente que o procurador-geral será escolhido pela própria instituição dentre os membros da carreira. No caso do Ministério Público da União (MPU), a chefia ficará a cargo do procurador-geral da República, o qual será nomeado pelo Presidente da República dentre os membros da carreira com mais de 35 anos de idade, desde que sua escolha seja aprovada pelo voto da maioria absoluta do Senado Federal. O procurador-geral da República exercerá seu mandato por dois anos, permitida a recondução. Ao permitir a recondução, a Constituição não estabeleceu limites, de forma que o procurador-geral da República poderá ser reconduzido por quantas vezes o presidente considerar conveniente. Se o presidente pode nomear o Chefe do MPU, ele também poderá destituí-lo do cargo, desde que autorizado pelo Senado pela mesma quantidade de votos, qual seja, maioria absoluta.

Já em relação à Chefia dos Ministérios Públicos dos Estados e do Distrito Federal e Territórios a regra é um pouco diferente:

NOÇÕES DE DIREITO CONSTITUCIONAL

Art. 128 [...]

§ 3º Os Ministérios Públicos dos Estados e o do Distrito Federal e Territórios formarão lista tríplice dentre integrantes da carreira, na forma da lei respectiva, para escolha de seu Procurador-Geral, que será nomeado pelo Chefe do Poder Executivo, para mandato de dois anos, permitida uma recondução.

§ 4º Os Procuradores-Gerais nos Estados e no Distrito Federal e Territórios poderão ser destituídos por deliberação da maioria absoluta do Poder Legislativo, na forma da lei complementar respectiva.

A escolha dos procuradores-gerais de justiça dependerá de nomeação pelo chefe do Poder Executivo, com base em lista tríplice formada dentre os integrantes da carreira, sendo permitida uma recondução. Diferentemente do procurador-geral da República, que poderá ser reconduzido várias vezes, o procurador-geral de Justiça só poderá ser reconduzido uma única vez. A destituição desses procuradores-gerais dependerá da deliberação da maioria absoluta do Poder Legislativo.

Já o art. 128, § 5º, apresenta as **garantias dos membros.**

Art. 128 [...]

§ 5º Leis complementares da União e dos Estados, cuja iniciativa é facultada aos respectivos Procuradores-Gerais, estabelecerão a organização, as atribuições e o estatuto de cada Ministério Público, observadas, relativamente a seus membros:

I – as seguintes garantias:

a) vitaliciedade, após dois anos de exercício, não podendo perder o cargo senão por sentença judicial transitada em julgado;

b) inamovibilidade, salvo por motivo de interesse público, mediante decisão do órgão colegiado competente do Ministério Público, pelo voto da maioria absoluta de seus membros, assegurada ampla defesa;

c) irredutibilidade de subsídio, fixado na forma do art. 39, § 4º, e ressalvado o disposto nos Arts. 37, X e XI, 150, II, 153, III, 153, § 2º, I;

São duas espécies de garantias dos membros: **garantias de independência e garantias de imparcialidade.**

- **Garantias de independência**

São prerrogativas inerentes ao cargo e estão previstas no inciso I do referido artigo, as quais visam a garantir aos membros maior liberdade, independência e autonomia no exercício de sua função ministerial. Tais garantias são indisponíveis, proibindo o titular do cargo de dispensar qualquer das prerrogativas. São as garantias da vitaliciedade, inamovibilidade e irredutibilidade dos subsídios.

A **vitaliciedade** é como se fosse uma estabilidade só que muito mais vantajosa. O membro, ao ingressar na carreira mediante concurso público, torna-se vitalício após o efetivo exercício no cargo pelo prazo de dois anos. Uma vez vitalício só perderá o cargo por sentença judicial transitada em julgado. Após passar pelo estágio probatório de dois anos, um Membro do Ministério Público só perderá o cargo por sentença judicial transitada em julgado.

A **inamovibilidade** impede a movimentação do membro *ex-officio* contra a sua vontade. Em regra, o Membro do Ministério Público só poderá ser removido ou promovido por sua própria iniciativa, ressalvados os casos em que houver interesse público. E mesmo quando o interesse público exigir, a remoção dependerá de decisão do órgão colegiado competente pelo voto da maioria absoluta de seus membros, assegurando-se o direito à ampla defesa.

A **Irredutibilidade dos Subsídios** diz respeito à proteção da remuneração do membro ministerial. Subsídio é a forma de retribuição pecuniária paga ao membro do Ministério Público a qual se caracteriza por ser uma parcela única. Com essa garantia, o Membro do Ministério Público poderá trabalhar sem medo de perder sua remuneração.

Ressalta-se que o Supremo Tribunal Federal já entendeu tratar-se esta irredutibilidade como meramente nominal, não protegendo o subsídio da desvalorização provocada por perdas inflacionárias. Lembre-se também de que essa garantia não é absoluta, pois comporta exceções previstas nos Arts. 37, X e XI, 150, II, 153, III, e 153, § 2º, I, da Constituição Federal. Em suma, a irredutibilidade não impedirá a redução do subsídio quando ultrapassar o teto constitucional ou em razão da cobrança do imposto de renda.

- **Garantias de imparcialidade**

São verdadeiras vedações e visam a garantir uma atuação isenta de qualquer interferência política ou pessoal.

Art. 128 [...]

§ 5º [...]

II – as seguintes vedações:

a) receber, a qualquer título e sob qualquer pretexto, honorários, percentagens ou custas processuais;

b) exercer a advocacia;

c) participar de sociedade comercial, na forma da lei;

d) exercer, ainda que em disponibilidade, qualquer outra função pública, salvo uma de magistério;

e) exercer atividade político-partidária;

f) receber, a qualquer título ou pretexto, auxílios ou contribuições de pessoas físicas, entidades públicas ou privadas, ressalvadas as exceções previstas em lei (Incluída pela Emenda Constitucional nº 45, de 2004).

§ 6º Aplica-se aos membros do Ministério Público o disposto no art. 95, parágrafo único, V.

Antes de explorar essas regras, faz-se necessária a menção ao art. 29, § 3º, da ADCT:

§ 3º Poderá optar pelo regime anterior, no que respeita às garantias e vantagens, o membro do Ministério Público admitido antes da promulgação da Constituição, observando-se, quanto às vedações, a situação jurídica na data desta.

Esse dispositivo retrata uma peculiaridade interessante a respeito dos membros do Ministério Público. Antes da promulgação da Constituição Federal de 1988, o regime jurídico a que estavam sujeitos era diferente. A ADCT permitiu aos membros que ingressaram antes de 1988 a escolha do regime jurídico a que estariam sujeitos a partir de então. Os membros que ingressaram na carreira antes de 1988 e que possuíam inscrição na OAB podem advogar desde que tenham optado pelo regime jurídico anterior a 1988. Para os membros que ingressaram na carreira depois da promulgação da Constituição Federal, essa escolha não é permitida, pois estão sujeitos apenas ao regime constitucional atual. Feita essa consideração, passa-se à análise das garantias vigentes.

Deve-se compreender a abrangência das vedações do inciso II do § 5º do art. 128 da Constituição Federal de 1988.

É vedado aos membros do Ministério Público receber, a qualquer título e sob qualquer pretexto, honorários, percentagens ou custas processuais, bem como receber auxílios ou contribuições de pessoas físicas, entidades públicas ou privadas, ressalvadas as exceções previstas em lei. Tais vedações visam a impedir que membros sejam motivados indevidamente a exercer suas funções sob a expectativa de receberem maiores valores pela sua atuação. Percebe-se que a vedação encontra exceção quando a contribuição está prevista em lei. Dessa forma, não ofende a Constituição Federal o recebimento de valores em razão da venda de livros, do exercício do magistério ou mesmo da ministração de palestra.

Outra vedação aplicável aos membros do Parquet é em relação ao exercício da advocacia. Acerca desse impedimento, deve-se ressaltar a situação dos membros do Ministério Público da União que ingressaram na carreira antes de 1988 e que tenham optado pelo regime jurídico anterior, nos termos do § 3º do art. 29 da ADCT, os quais poderão

FUNÇÕES ESSENCIAIS À JUSTIÇA

exercer a advocacia nos termos da Resolução nº 8 do CNMP, com a nova redação dada pela Resolução nº 16.

Ademais, o texto constitucional estendeu aos Membros do Ministério Público a mesma vedação aplicável aos Magistrados no art. 95, parágrafo único, V, qual seja, a de exercer a advocacia no juízo ou tribunal do qual se afastou, antes de decorridos três anos do afastamento do cargo por aposentadoria ou exoneração. A doutrina tem chamado essa vedação de quarentena.

Os membros do Ministério Público não podem participar de sociedade comercial, na forma da lei. Essa vedação encontra regulamentação na Lei nº 8.625/1993, a qual prevê a possibilidade de participação como cotista ou acionista.

Também não podem exercer, ainda que em disponibilidade, qualquer outra função pública, salvo uma de magistério. Ressalta-se que o CNMP regulamentou o exercício do magistério, que poderá ser público ou privado, por no máximo 20 horas aula por semana, desde que o horário seja compatível com as atribuições ministeriais e o seu exercício se dê inteiramente em sala de aula.

Para evitar que sua atuação seja influenciada por pressões políticas, a Constituição vedou o exercício de atividade político-partidária aos membros do Ministério Público. Isso significa que, se um membro quiser se filiar ou mesmo exercer um cargo político, deverá se afastar do cargo no Ministério Público. Essa vedação tem caráter absoluto desde a Emenda Constitucional nº 45/2004, a qual foi regulamentada pelo Conselho Nacional do Ministério Público, que determinou a aplicação da vedação apenas aos membros que tenham ingressado na carreira após a promulgação da emenda.

15.2 Advocacia Pública

A Advocacia Pública é a função essencial à justiça responsável pela defesa dos interesses dos entes estatais, tanto judicialmente quanto extrajudicialmente, bem como as atividades de consultoria e assessoramento jurídico do Poder Executivo.

No âmbito da União, essa atividade é exercida pela Advocacia-Geral da União, enquanto nos estados, Distrito Federal e nos municípios, a Advocacia Pública será exercida pelas procuradorias.

Apesar de não haver previsão constitucional para as procuradorias municipais, elas são perfeitamente possíveis desde que previstas na Lei Orgânica do Município ou permitidas sua criação pela Constituição Estadual.

São vistas, a seguir, quais instituições compõem a Advocacia Pública no Brasil.

15.2.1 Advocacia-Geral da União (AGU)

A AGU é responsável pela assistência jurídica da União, conforme prevê o texto constitucional:

> **Art. 131** *A Advocacia-Geral da União é a instituição que, diretamente ou através de órgão vinculado, representa a União, judicial e extrajudicialmente, cabendo-lhe, nos termos da lei complementar que dispuser sobre sua organização e funcionamento, as atividades de consultoria e assessoramento jurídico do Poder Executivo.*
>
> *§ 1º A Advocacia-Geral da União tem por chefe o Advogado-Geral da União, de livre nomeação pelo Presidente da República dentre cidadãos maiores de trinta e cinco anos, de notável saber jurídico e reputação ilibada.*

A chefia desse órgão fica a cargo do Advogado-Geral da União, o qual é nomeado livremente pelo Presidente da República, entre os cidadãos maiores de trinta e cinco anos, com notável saber jurídico e reputação ilibada. Segundo a Lei nº 10.683/2003, em seu art. 25, o advogado-geral da União é considerado ministro de Estado, sendo-lhe aplicadas todas as prerrogativas inerentes ao *status*. Atente-se para isso em prova, visto que, para ser o chefe dessa Instituição, não é necessário ser membro da carreira nem depende de aprovação do Senado Federal. É um cargo de livre nomeação e exoneração cuja confiança do Presidente da República se torna o principal critério para a escolha do seu titular.

Um detalhe muito importante e que pode ser cobrado em prova é que a Constituição Federal, ao apontar as competências dessa instituição, afirmou que a AGU representa judicial e extrajudicialmente a União e em relação a consultoria e assessoramento jurídico apenas ao Poder Executivo. Essas competências foram confirmadas na Lei Complementar nº 73/1993 (Lei Orgânica da Advocacia-Geral da União):

> **Art. 1º** *A Advocacia-Geral da União é a instituição que representa a União judicial e extrajudicialmente.*
>
> **Parágrafo único.** *À Advocacia-Geral da União cabem as atividades de consultoria e assessoramento jurídicos ao Poder Executivo, nos termos desta Lei Complementar.*

Enquanto a atividade de consultoria e assessoramento jurídico restringe-se apenas ao Poder Executivo, a representação judicial e extrajudicial abrangerá todos os poderes da União (Executivo, Legislativo e Judiciário), bem como suas autarquias e fundações públicas, conforme esclarece a Lei nº 9.028/1995:

> **Art. 22** *A Advocacia-Geral da União e os seus órgãos vinculados, nas respectivas áreas de atuação, ficam autorizados a representar judicialmente os titulares e os membros dos Poderes da República, das Instituições Federais referidas no Título IV, Capítulo IV, da Constituição, bem como os titulares dos Ministérios e demais órgãos da Presidência da República, de autarquias e fundações públicas federais, e de cargos de natureza especial, de direção e assessoramento superiores e daqueles efetivos, inclusive promovendo ação penal privada ou representando perante o Ministério Público, quando vítimas de crime, quanto a atos praticados no exercício de suas atribuições constitucionais, legais ou regulamentares, no interesse público, especialmente da União, suas respectivas autarquias e fundações, ou das Instituições mencionadas, podendo, ainda, quanto aos mesmos atos, impetrar Habeas corpus e mandado de segurança em defesa dos agentes públicos de que trata este artigo.*

É importante lembrar também que o ingresso na carreira da AGU depende de aprovação em concurso público de provas e títulos nos termos do art. 131, § 2º:

> *§ 2º O ingresso nas classes iniciais das carreiras da instituição de que trata este artigo far-se-á mediante concurso público de provas e títulos.*

Destaca-se ainda a atuação da AGU na defesa da República Federativa do Brasil em demandas instauradas perante Cortes Internacionais.

Além das diversas carreiras que serão vistas, não se pode esquecer dos Advogados da União, os quais são responsáveis pela defesa da União quando esta se encontra em juízo.

15.2.2 Procuradoria-Geral da Fazenda Nacional (PGFN)

A PGFN é órgão vinculado a AGU responsável pelas ações de natureza tributária, cujo objetivo principal é garantir o recebimento de recursos de origem fiscal. A Constituição assim define sua competência no art. 131:

> *Art. 131, § 3º. Na execução da dívida ativa de natureza tributária, a representação da União cabe à Procuradoria-Geral da Fazenda Nacional, observado o disposto em lei.*

15.2.3 Procuradoria-Geral Federal

A Procuradoria-Geral Federal, órgão vinculado à AGU, é responsável pela representação judicial e extrajudicial das autarquias e fundações públicas da União por meio dos Procuradores Federais. Sua previsão não é constitucional, mas está descrita na Lei nº 10.480/2002:

NOÇÕES DE DIREITO CONSTITUCIONAL

Art. 10 À Procuradoria-Geral Federal compete a representação judicial e extrajudicial das autarquias e fundações públicas federais, as respectivas atividades de consultoria e assessoramento jurídicos, a apuração da liquidez e certeza dos créditos, de qualquer natureza, inerentes às suas atividades, inscrevendo-os em dívida ativa, para fins de cobrança amigável ou judicial.

Em relação ao Banco Central, autarquia vinculada a União, foi prevista carreira própria regulamentada na Lei nº 9.650/1998, a qual localizou o Procurador do Banco Central como membro de carreira da própria instituição. Apesar disso, o Procurador do Banco Central está vinculado à AGU.

15.2.4 Procuradoria-Geral dos estados e do Distrito Federal

No âmbito dos estados e do Distrito Federal, a consultoria jurídica e a representação judicial serão realizadas pelos Procuradores dos Estados e do Distrito Federal, conforme preleciona o art. 132 da Constituição Federal:

Art. 132 Os Procuradores dos Estados e do Distrito Federal, organizados em carreira, na qual o ingresso dependerá de concurso público de provas e títulos, com a participação da Ordem dos Advogados do Brasil em todas as suas fases, exercerão a representação judicial e a consultoria jurídica das respectivas unidades federadas.

Parágrafo único. Aos procuradores referidos neste artigo é assegurada estabilidade após três anos de efetivo exercício, mediante avaliação de desempenho perante os órgãos próprios, após relatório circunstanciado das corregedorias.

Segundo a Constituição, o ingresso na carreira depende de concurso público de provas e títulos, cuja participação da OAB é obrigatória em todas as suas fases, não sendo admitido, portanto, que as atividades de representação judicial e de consultoria jurídica sejam realizadas por ocupantes de cargos em comissão.

Apesar de não haver previsão constitucional, o STF já decidiu que devem ser aplicadas simetricamente as mesmas regras da União para a nomeação do Procurador-geral das Unidades Federadas. Dessa forma, o governador detém a competência de nomear e exonerar livremente o chefe da Instituição, não se exigindo que o titular do referido cargo seja membro da carreira.

Por fim, a Constituição Federal de 1988 garantiu aos procuradores estaduais e do Distrito Federal, estabilidade após três anos de efetivo exercício mediante avaliação de desempenho perante os órgãos próprios, após relatório circunstanciado das corregedorias.

15.2.5 Procuradoria dos municípios

Conforme já estudado, não existe previsão constitucional para a criação das procuradorias municipais, não havendo da mesma forma qualquer impedimento para sua criação. Logo, cada município poderá criar sua própria procuradoria, desde que prevista essa possibilidade na Constituição Estadual ou na Lei Orgânica do Município.

15.2.6 Defensoria Pública

Como instituição essencial ao funcionamento da Justiça, a Defensoria Pública é responsável, em primeiro plano, pela assistência jurídica e gratuita dos hipossuficientes, os quais não possuem recursos financeiros para contratar um advogado. Essa função tipicamente realizada pela Defensoria concretiza o direito fundamental expresso no art. 5º, LXXIV, da Constituição:

Art. 5º [...]

LXXIV – O Estado prestará assistência jurídica integral e gratuita aos que comprovarem insuficiência de recursos.

Complementando esse dispositivo, a Constituição previu no art. 134 algumas regras sobre a defensoria:

Art. 134 A Defensoria Pública é instituição permanente, essencial à função jurisdicional do Estado, incumbindo-lhe, como expressão e instrumento do regime democrático, fundamentalmente, a orientação jurídica, a promoção dos direitos humanos e a defesa, em todos os graus, judicial e extrajudicial, dos direitos individuais e coletivos, de forma integral e gratuita, aos necessitados, na forma do inciso LXXIV do art. 5º desta Constituição Federal.

§ 1º Lei complementar organizará a Defensoria Pública da União e do Distrito Federal e dos Territórios e prescreverá normas gerais para sua organização nos Estados, em cargos de carreira, providos, na classe inicial, mediante concurso público de provas e títulos, assegurada a seus integrantes a garantia da inamovibilidade e vedado o exercício da advocacia fora das atribuições institucionais.

§ 2º Às Defensorias Públicas Estaduais são asseguradas autonomia funcional e administrativa e a iniciativa de sua proposta orçamentária dentro dos limites estabelecidos na lei de diretrizes orçamentárias e subordinação ao disposto no art. 99, § 2º.

§ 3º Aplica-se o disposto no § 2º às Defensorias Públicas da União e do Distrito Federal.

§ 4º São princípios institucionais da Defensoria Pública a unidade, a indivisibilidade e a independência funcional, aplicando-se também, no que couber, o disposto no art. 93 e no inciso II do art. 96 desta Constituição Federal.

Atualmente, cada Unidade Federativa é responsável pela organização da sua Defensoria Pública, havendo ainda uma defensoria no âmbito da União e no Distrito Federal.

As defensorias estaduais possuem autonomia funcional e administrativa não se admitindo sua subordinação a nenhum dos poderes. Sua autonomia avança ainda nas questões orçamentárias permitindo que tenha iniciativa própria para apresentação de proposta orçamentária dentro dos limites estabelecidos na lei de diretrizes orçamentárias.

A Emenda Constitucional nº 74/2013, introduziu o § 3º ao art. 134, da CF/1988/1988 para conferir autonomia funcional e administrativa e a iniciativa de proposta orçamentária também às Defensorias Públicas da União e do Distrito Federal.

Segundo a Lei Complementar nº 80/1994 que organiza a Defensoria Pública:

Art. 2º A Defensoria Pública abrange:

I – a Defensoria Pública da União;

II – a Defensoria Pública do Distrito Federal e dos Territórios;

III – as Defensorias Públicas dos Estados.

Cabe aos defensores públicos a assistência jurídica integral dos hipossuficientes, não se limitando apenas à defesa judicial. A Lei Complementar nº 80/1994 traz extenso rol de atribuições:

Art. 4º São funções institucionais da Defensoria Pública, dentre outras:

I – prestar orientação jurídica e exercer a defesa dos necessitados, em todos os graus;

II – promover, prioritariamente, a solução extrajudicial dos litígios, visando à composição entre as pessoas em conflito de interesses, por meio de mediação, conciliação, arbitragem e demais técnicas de composição e administração de conflitos;

III – promover a difusão e a conscientização dos direitos humanos, da cidadania e do ordenamento jurídico;

IV – prestar atendimento interdisciplinar, por meio de órgãos ou de servidores de suas Carreiras de apoio para o exercício de suas atribuições;

V – exercer, mediante o recebimento dos autos com vista, a ampla defesa e o contraditório em favor de pessoas naturais e jurídicas, em processos administrativos e judiciais, perante todos os órgãos e em todas as instâncias, ordinárias ou extraordinárias, utilizando todas

FUNÇÕES ESSENCIAIS À JUSTIÇA

as medidas capazes de propiciar a adequada e efetiva defesa de seus interesses;

VI – representar aos sistemas internacionais de proteção dos direitos humanos, postulando perante seus órgãos;

VII – promover ação civil pública e todas as espécies de ações capazes de propiciar a adequada tutela dos direitos difusos, coletivos ou individuais homogêneos quando o resultado da demanda puder beneficiar grupo de pessoas hipossuficientes;

VIII – exercer a defesa dos direitos e interesses individuais, difusos, coletivos e individuais homogêneos e dos direitos do consumidor, na forma do inciso LXXIV do art. 5º da Constituição Federal;

IX – impetrar Habeas corpus, mandado de injunção, Habeas Data e mandado de segurança ou qualquer outra ação em defesa das funções institucionais e prerrogativas de seus órgãos de execução;

X – promover a mais ampla defesa dos direitos fundamentais dos necessitados, abrangendo seus direitos individuais, coletivos, sociais, econômicos, culturais e ambientais, sendo admissíveis todas as espécies de ações capazes de propiciar sua adequada e efetiva tutela;

XI – exercer a defesa dos interesses individuais e coletivos da criança e do adolescente, do idoso, da pessoa portadora de necessidades especiais, da mulher vítima de violência doméstica e familiar e de outros grupos sociais vulneráveis que mereçam proteção especial do Estado;

XII e XIII. Vetados.

XIV – acompanhar inquérito policial, inclusive com a comunicação imediata da prisão em flagrante pela autoridade policial, quando o preso não constituir advogado;

XV – patrocinar ação penal privada e a subsidiária da pública;

XVI – exercer a curadoria especial nos casos previstos em lei;

XVII – atuar nos estabelecimentos policiais, penitenciários e de internação de adolescentes, visando a assegurar às pessoas, sob quaisquer circunstâncias, o exercício pleno de seus direitos e garantias fundamentais;

XVIII – atuar na preservação e reparação dos direitos de pessoas vítimas de tortura, abusos sexuais, discriminação ou qualquer outra forma de opressão ou violência, propiciando o acompanhamento e o atendimento interdisciplinar das vítimas;

XIX – atuar nos Juizados Especiais;

XX – participar, quando tiver assento, dos conselhos federais, estaduais e municipais afetos às funções institucionais da Defensoria Pública, respeitadas as atribuições de seus ramos;

XXI – executar e receber as verbas sucumbenciais decorrentes de sua atuação, inclusive quando devidas por quaisquer entes públicos, destinando-as a fundos geridos pela Defensoria Pública e destinados, exclusivamente, ao aparelhamento da Defensoria Pública e à capacitação profissional de seus membros e servidores;

XXII – convocar audiências públicas para discutir matérias relacionadas às suas funções institucionais.

Por fim, cabe destacar que, assim como os Advogados Públicos, os Defensores Públicos são remunerados por meio de subsídio:

Art. 135 *Os servidores integrantes das carreiras disciplinadas nas Seções II e III deste Capítulo serão remunerados na forma do art. 39, § 4º.*

15.3 Advocacia

Quando a Constituição Federal se refere à advocacia, fala-se do advogado privado, profissional autônomo, indispensável à função jurisdicional. Os advogados estão vinculados à Ordem dos Advogados do Brasil, entidade de classe de natureza especial, não vinculada aos poderes do Estado e que tem como atribuições controlar, fiscalizar e selecionar novos profissionais para o exercício da carreira.

Segundo a Constituição Federal de 1988:

Art. 133 *O advogado é indispensável à administração da justiça, sendo inviolável por seus atos e manifestações no exercício da profissão, nos limites da lei.*

Esse dispositivo revela dois princípios que regem a advocacia no Brasil: o princípio da indispensabilidade e o da inviolabilidade.

- **Princípio da indispensabilidade:** o advogado é indispensável à administração da justiça, pois só ele possui a chamada capacidade postulatória. Logicamente, esse princípio não goza de caráter absoluto, sendo permitida a capacidade de postular ao próprio interessado em situações expressamente previstas na Constituição Federal como no *Habeas corpus* e nos juizados especiais.
- Destaca-se ainda que nos processos administrativos disciplinares a ausência de defesa técnica por meio de advogado não gera nulidade ao procedimento.
- **Princípio da inviolabilidade:** constitui norma que visa garantir ao advogado o exercício das suas atribuições de forma independente e autônoma às demais instituições do Estado. Da mesma forma, esse princípio não goza de caráter absoluto, sendo possível a limitação quando seus atos e atribuições não estiverem ligados ao exercício da profissão nos termos do Estatuto da Advocacia.

Como condição para o exercício dessa profissão, o STF já declarou que é constitucional a necessidade de aprovação do Exame de Ordem aplicado pela OAB aos bacharéis em Direito.

A amplitude desse tema requer análise aprofundada, a qual é feita em disciplina própria. Aqui foi feita uma breve análise constitucional do instituto.

Ministério Público →	defende a sociedade.
Advocacia Pública →	defende o Estado.
Advocacia Privada →	defende os particulares.
Defensoria Pública →	defende pessoas de baixa renda.

NOÇÕES DE DIREITO ADMINISTRATIVO

INTRODUÇÃO AO DIREITO ADMINISTRATIVO

1 INTRODUÇÃO AO DIREITO ADMINISTRATIVO

Na introdução ao Direito Administrativo, conheceremos algumas características do Direito Administrativo, seu conceito, sua finalidade e seu regime jurídico peculiar que orienta toda a sua atividade administrativa, seja ela exercida pelo próprio Estado-administrador, ou por particular. Para entendermos melhor tudo isso, é preciso iniciar os estudos pela compreensão adequada do papel do Direito na vida social.

O Direito é um conjunto de normas (regras e princípios) impostas coativamente pelo Estado que regulam a vida em sociedade, possibilitando a coexistência pacífica das pessoas.

1.1 Ramos do Direito

O Direito é historicamente dividido em dois grandes ramos: o **direito público** e o **direito privado**.

Em relação ao **direito privado**, vale o princípio da igualdade (isonomia) entre as partes; aqui não há que se falar em superioridade de uma parte sobre a outra. Por esse motivo, dizemos que estamos em uma relação jurídica horizontal ou em uma horizontalidade nas relações jurídicas.

O **direito privado** é regulado pelo princípio da autonomia da vontade, o que traduz a regra que diz que o particular pode fazer tudo aquilo que não é proibido (art. 5º, inciso II, da Constituição Federal de 1988).

No **direito público**, temos uma relação jurídica vertical, com o Estado em um dos polos, representando os interesses da coletividade, e um particular no outro, desempenhando seus próprios interesses. O Estado é tratado com superioridade ante ao particular, pois o Estado é o procurador da vontade da coletividade, que, representada pelo próprio Estado, deve ser tratada de forma prevalente ante a vontade do particular.

O fundamento dessa relação jurídica vertical é encontrado no princípio da supremacia do interesse público, que estudaremos com mais detalhes no tópico referente aos princípios. Já podemos, no entanto, adiantar que, o interesse público é supremo. Desse modo, são disponibilizadas ao Estado prerrogativas especiais para que este possa atingir os seus objetivos. Essas prerrogativas são os poderes da Administração Pública.

Os dois princípios norteadores do Direito Administrativo são: Supremacia do Interesse Público (gera os poderes) e Indisponibilidade do Interesse Público (gera os deveres da administração).

1.2 Conceito de Direito Administrativo

Na doutrina, podem ser encontrados vários conceitos para o Direito Administrativo. A seguir, descreveremos dois deles, trazidos pela doutrina contemporânea:

- O Direito Administrativo é o ramo do direito público que tem por objeto órgãos, agentes e pessoas jurídicas administrativas que integram a Administração Pública. A atividade jurídica não contenciosa que exerce e os bens que se utiliza para a consecução de seus fins são de natureza pública.
- O Direito Administrativo é o conjunto harmônico de princípios jurídicos que regem órgãos, agentes e atividades públicas que tendem a realizar concreta, direta e imediatamente os fins desejados pelo Estado.

Os conceitos de Direito Administrativo foram desenvolvidos de forma que se desdobram em uma sequência natural de tópicos que devem ser estudados ponto a ponto para que a matéria seja corretamente entendida.

1.3 Objeto do Direito Administrativo

Por meio desses conceitos, podemos constatar que o objeto do Direito Administrativo são as relações da Administração Pública, sejam elas de natureza interna entre as entidades que a compõem, seus órgãos e agentes, ou de natureza externa entre a administração e os administrados.

Além de ter por objeto a atuação da Administração Pública, também é foco do Direito Administrativo o desempenho das atividades públicas quando exercidas por algum particular, como no caso das concessões, permissões e autorizações de serviços públicos.

Resumidamente, podemos dizer que o Direito Administrativo tem por objeto a Administração Pública e as atividades administrativas, independentemente de quem as exerçam.

1.4 Fontes do Direito Administrativo

É o lugar de onde provém algo, no nosso caso, no qual emanam as regras do Direito Administrativo. Esse não está codificado em um único livro. Dessa forma, para o estudarmos de maneira completa, temos que recorrer às fontes, ou seja, a institutos esparsos. Por esse motivo, dizemos que o Direito Administrativo está tipificado (escrito), mas não está codificado em um único instituto.

- **Lei:** fonte principal do Direito Administrativo. A lei deve ser compreendida em seu sentido amplo, o que inclui a Constituição Federal, as normas supralegais, as leis e também os atos normativos da própria Administração Pública. Temos como exemplo os arts. 37 ao 41 da Constituição Federal, as Leis nºs 8.666/1993, 14.133/2021, 8.112/1990, 8.429/1992 (Lei de Improbidade Administrativa), 14.230/2021, 9.784/1999 (Processo Administrativo Federal) etc.
- **Súmulas Vinculantes:** são instruções jurídicas que norteiam a interpretação e aplicação das normas constitucionais. Ou seja, as decisões trazidas pelo STF nas súmulas devem ser seguidas pelo Poder Judiciário e pela Administração Pública.
- **Jurisprudência:** são decisões que são editadas pelos tribunais e não possuem efeito vinculante; são resumos numerados que servem de fonte de pesquisa do direito materializados em livros, artigos e pareceres.
- **Doutrina:** tem a finalidade de tentar sistematizar e melhor explicar o conteúdo das normas de Direito Administrativo. A doutrina pode ser utilizada como critério de interpretação de normas, bem como para auxiliar a produção normativa.
- **Costumes:** conjunto de regras não escritas, porém, observadas de maneira uniforme, as quais suprem a omissão legislativa acerca de regras internas da Administração Pública.

Segundo o doutrinador do Direito Administrativo, Hely Lopes Meirelles, em razão da deficiência da legislação, a prática administrativa vem suprindo o texto escrito e, sedimentada na consciência dos administradores e administrados, a praxe burocrática passa a saciar a lei e atuar como elemento informativo da doutrina.

Leis e súmulas vinculantes são consideradas fontes principais do Direito Administrativo. Jurisprudência, súmulas, doutrinas e costumes são considerados fontes secundárias.

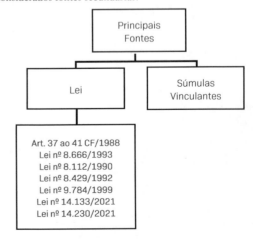

NOÇÕES DE DIREITO ADMINISTRATIVO

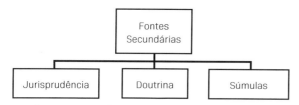

1.5 Sistemas Administrativos

É o regime que o Estado adota para o controle dos atos administrativos ilegais praticados pelo poder público nas diversas esferas e em todos os poderes. Existem dois sistemas que são globalmente utilizados:

- O **sistema francês** (do contencioso administrativo), não utilizado no Brasil, determina que as lides administrativas podem transitar em julgado, ou seja, as decisões administrativas têm força de definibilidade. Nesse sentido, falamos em dualidade de jurisdição, já que existem tribunais administrativos e judiciais, cada qual com suas competências.
- O **sistema inglês** (do não contencioso administrativo), também chamado de jurisdicional único ou unicidade da jurisdição, é o sistema que atribui somente ao Poder Judiciário a capacidade de tomar decisões sobre a legalidade administrativa com caráter de coisa julgada ou definitividade.

> **Atenção!**
> A Constituição Federal de 1988 adotou o Sistema Inglês, do não contencioso administrativo.

O Direito Administrativo, no nosso sistema, não pode fazer coisa julgada e todas as decisões administrativas podem ser revistas pelo Poder Judiciário, pois somente ele pode dar resolução em caráter definitivo. Ou seja, não cabem mais recursos, por isso, falamos em trânsito em julgado das decisões judiciais e nunca das decisões administrativas.

1.5.1 Via administrativa de curso forçado

São situações em que o particular é obrigado a seguir todas as vias administrativas até o fim, antes de recorrer ao Poder Judiciário. Isso é exceção, pois a regra é que, ao particular, é facultado recorrer-se ao Poder Judiciário, por força do art. 5º, inciso XXXV, da Constituição Federal de 1988.

Aqui, o indivíduo deve esgotar as esferas administrativas obrigatoriamente antes de ingressar com ação no Poder Judiciário.

> *XXXV - A lei não excluirá da apreciação do Poder Judiciário lesão ou ameaça a direito.*

Exemplos:
- **Justiça Desportiva:** só são admitidas pelo Poder Judiciário ações relativas à disciplina e às competições desportivas depois de esgotadas as instâncias da Justiça Desportiva. Art. 217, § 1º, CF/1988.
- **Ato administrativo ou omissão da Administração Pública que contrarie súmula vinculante:** só pode ser alvo de reclamação ao STF depois de esgotadas as vias administrativas. Lei nº 11.417/2006, art. 7º, § 1º.
- *Habeas data*: é indispensável para caracterizar o interesse de agir no *habeas data* a prova anterior do indeferimento do pedido de informação de dados pessoais ou da omissão em atendê-lo sem que se confirme situação prévia de pretensão. (STF, HD, 22-DF Min. Celso de Mello).

1.6 Regime jurídico administrativo

É o conjunto de normas e princípios de direito público que regulam a atuação da Administração Pública. Tais regras se fundamentam nos princípios da Supremacia e da Indisponibilidade do Interesse Público, conforme estudaremos adiante.

O princípio da supremacia do interesse público é o fundamento dos poderes da Administração Pública, afinal de contas, qualquer pessoa que tenha como fim máximo da sua atuação o interesse da coletividade, somente conseguirá atingir esses objetivos se dotadas de poderes especiais.

O princípio da indisponibilidade do interesse público é o fundamento dos deveres da Administração Pública, pois essa tem o dever de nunca abandonar o interesse público e de usar os seus poderes com a finalidade de satisfazê-lo.

Desses dois princípios, decorrem todos os outros princípios e regras que se desdobram no regime jurídico administrativo.

1.7 Noções de Estado

1.7.1 Conceito de Estado

- **Estado:** é a pessoa jurídica territorial soberana.
- **Pessoa:** capacidade para contrair direitos e obrigações.
- **Jurídica:** é constituída por meio de uma formalidade documental e não por uma mulher, tal como a pessoa física.
- **Territorial soberana:** quer dizer que, dentro do território do Estado, esse detém a soberania, ou seja, sua vontade prevalece ante a das demais pessoas (sejam elas físicas ou jurídicas). Podemos definir soberania da seguinte forma: soberania é a independência na ordem internacional (lá fora ninguém manda no Estado) e supremacia na ordem interna (aqui dentro quem manda é o Estado).

1.7.2 Elementos do Estado

- **Território**: é a base fixa do Estado (solo, subsolo, mar, espaço aéreo).
- **Povo**: é o componente humano do Estado.
- **Governo soberano**: é o responsável pela condução do Estado. Por ser tal governo soberano, ele não se submete a nenhuma vontade externa, apenas aos desígnios do povo.

1.7.3 Formas de Estado

- **Estado unitário:** é caracterizado pela centralização política; não existe divisão em Estados-membros ou municípios, há somente uma esfera política central que emana sua vontade para todo o país. É o caso do Uruguai.
- **Estado federado:** caracteriza-se pela descentralização política. Existem diferentes entidades políticas autônomas que são distribuídas regionalmente e cada uma exerce o poder político dentro de sua área de competência. É o caso do Brasil.

1.7.4 Poderes do Estado

Os poderes do Estado estão previstos no texto Constitucional.

> *Art. 2º São Poderes da União, independentes e harmônicos entre si, o Legislativo, o Executivo e o Judiciário.*

Os poderes podem exercer as funções para que foram investidos pela Constituição Federal (funções típicas) ou executar cargos diversos das suas competências constitucionais (funções atípicas). Por esse motivo, não há uma divisão absoluta entre os poderes, e sim relativa, pois o Poder Executivo pode executar suas funções típicas (administrar) e pode também iniciar o processo legislativo em alguns casos (pedido de vagas para novos cargos). Além disso, é possível até mesmo legislar no caso de medidas provisórias com força de lei.

Poderes	Funções típicas	Funções atípicas
Legislativo	Criar leis Fiscalizar (Tribunal de Contas)	Administrar Julgar conflitos
Executivo	Administrar	Criar leis Julgar conflitos
Judiciário	Julgar conflitos	Administrar Criar leis

INTRODUÇÃO AO DIREITO ADMINISTRATIVO

É importante notar que a atividade administrativa está presente nos três poderes. Por isso, o Direito Administrativo, por ser um dos ramos do Direito Público, disciplina não somente a atividade administrativa do Poder Executivo, mas também as do Poder Legislativo e do Judiciário.

1.8 Noções de governo

Governar é atividade política e discricionária, tendo conduta independente. O ato de governar está relacionado com as funções políticas do Estado: de comandar, coordenar, direcionar e fixar planos e diretrizes de atuação do Estado.

O governo é o conjunto de Poderes e órgãos constitucionais responsáveis pela função política do Estado. Ele está diretamente ligado às decisões tomadas pelo Estado, exercendo direção suprema e geral. Ao fazer uma analogia, podemos dizer que o governo é o cérebro do Estado.

1.8.1 Função de governo e função administrativa

É comum aparecer em provas de concursos públicos questões que confundem as ideias de governo e de Administração Pública. Para evitar esse erro, analisaremos as diferenças entre as expressões.

O governo é uma atividade política e discricionária e que possui conduta independente. Para ele, a administração é uma atividade neutra, normalmente vinculada à lei ou à norma técnica, e exercida mediante conduta hierarquizada.

Não podemos confundir governo com Administração Pública, pois o governo se encarrega de definir os objetivos do Estado e as políticas para o alcance desses objetivos. A Administração Pública, por sua vez, se encarrega de atingir os objetivos traçados pelo governo.

O governo atua mediante atos de soberania ou, ao menos, de autonomia política na condução dos negócios públicos. A administração é atividade neutra, normalmente vinculada à lei ou à norma técnica. Governo é conduta independente, enquanto a administração é hierarquizada.

O governo deve comandar com responsabilidade constitucional e política, mas sem responsabilidade técnica e legal pela execução. A administração age sem responsabilidade política, mas com responsabilidade técnica e legal pela execução dos serviços públicos.

1.8.2 Sistemas de governo

Sistema de governo refere-se ao grau de dependência entre o Poder Legislativo e Executivo.

- **Parlamentarismo**

É caracterizado por uma grande relação de dependência entre o Poder Legislativo e o Executivo.

A chefia do Estado e a do Governo são desempenhadas por pessoas distintas.

Chefe de Estado: responsável pelas relações internacionais.

Chefe de governo: responsável pelas relações internas, o chefe de governo é o da Administração Pública.

- **Presidencialismo**

É caracterizado por não existir dependência, ou quase nenhuma, entre os Poderes Legislativo e Executivo.

A chefia do Estado e a do Governo são representadas pela mesma pessoa.

O Brasil adota o presidencialismo como sistema de governo.

1.8.3 Formas de governo

A forma de governo refere-se à relação entre governantes e governados.

- **Monarquia**

Hereditariedade: o poder é passado de pai para filho.

Vitaliciedade: o detentor do poder fica no cargo até a morte e não necessita prestar contas.

- **República**

Eletividade: o governante precisa ser eleito para chegar ao poder.

Temporalidade: ao chegar ao poder, o governante ficará no cargo por tempo determinado e deve prestar contas.

O Brasil adota a república como forma de governo.

NOÇÕES DE DIREITO ADMINISTRATIVO

2 ADMINISTRAÇÃO PÚBLICA

Antes de fazermos qualquer conceituação doutrinária sobre Administração Pública, podemos entendê-la como a ferramenta utilizada pelo Estado para atingir os seus objetivos. O Estado possui objetivos, e quem escolhe quais são eles é seu governo, pois a esse é que cabe a função política (atividade eminentemente discricionária) do Estado e que determina as suas vontades, ou seja, o Governo é o cérebro do Estado. Para poder atingir esses objetivos, o Estado precisa fazer algo, e o faz por meio de sua Administração Pública. Assim, essa é a responsável pelo exercício das atividades públicas do Estado.

2.1 Classificação de Administração Pública

2.1.1 Sentido material/objetivo

Em sentido material ou objetivo, a Administração Pública compreende o exercício de atividades pelas quais se manifesta a função administrativa do Estado.

Compõe a Administração Pública material qualquer pessoa jurídica, seus órgãos e agentes que exercem as atividades administrativas do Estado. Como exemplo de tais atividades, há a prestação de serviços públicos, o exercício do poder de Polícia, o fomento, a intervenção e as atividades da Administração Pública.

Essas são as chamadas atividades típicas do Estado e, pelo critério formal, qualquer pessoa que exerce alguma dessas é de Administração Pública, não importa quem seja. Por esse critério, teríamos, por exemplo, as seguintes pessoas na Administração Pública: União, estados, municípios, Distrito Federal, Autarquias, Fundações Públicas prestadoras de serviços públicos, Empresa Pública prestadora de serviço público, Sociedade de Economia Mista prestadora de serviços públicos e, ainda, as concessionárias, autorizatárias e permissionárias de serviço público.

Esse critério não é o adotado pelo Brasil. Assim sendo, a classificação feita acima não descreve a Administração Pública brasileira, que, conforme veremos a seguir, adota o modelo formal de classificação.

2.1.2 Sentido formal/subjetivo

Em sentido formal ou subjetivo, a Administração Pública compreende o conjunto de órgãos e pessoas jurídicas encarregadas, por determinação legal, do exercício da função administrativa do Estado.

Pelo modelo formal, segundo Meirelles, a Administração Pública é o conjunto de entidades (pessoas jurídicas, seus órgãos e agentes) que o nosso ordenamento jurídico identifica como Administração Pública, pouco interessa a sua área de atuação, ou seja, pouco importa a atividade, mas, sim, quem a desempenha. A Administração Pública brasileira que adota o modelo formal é classificada em Administração Direta e Indireta.

2.2 Organização da Administração

A Administração Pública foi definida pela Constituição Federal de 1988 no art. 37.

> *Art. 37 A Administração Pública Direta e indireta de qualquer dos Poderes da União, dos Estados, do Distrito Federal e dos Municípios obedecerá aos princípios de legalidade, impessoalidade, moralidade, publicidade e eficiência e, também, ao seguinte [...].*

O Decreto-lei nº 200/1967 determina quem é Administração Pública Direta e Indireta.

> *Art. 4º A Administração Federal compreende:*
> *I - A Administração Direta, que se constitui dos serviços integrados na estrutura administrativa da Presidência da República e dos Ministérios.*
> *II - A Administração Indireta, que compreende as seguintes categorias de entidades, dotadas de personalidade jurídica própria:*
> *a) Autarquias;*
> *b) Empresas Públicas;*
> *c) Sociedades de Economia Mista.*
> *d) Fundações públicas.*

Dessa forma, temos somente quatro pessoas que representam a Administração Direta. Elas são consideradas pessoas jurídicas de direito público e possuem várias características. As pessoas da Administração Direta recebem o nome de pessoas políticas do estado.

A Administração Indireta também representa um rol taxativo e não cabe ampliação. Existem quatro pessoas da Administração Indireta e nenhuma outra. Elas possuem características marcantes, contudo, não possuem a mais importante e que as diferencas das pessoas políticas do Estado: a capacidade de legislar (capacidade política).

2.3 Administração Direta

A Administração Direta é representada pelas entidades políticas. São elas: União, estados, Distrito Federal e municípios.

A definição no Brasil foi feita pelo Decreto-lei nº 200/1967, que dispõe sobre a organização da Administração Federal e estabelece diretrizes para a Reforma Administrativa.

É importante observar que esse decreto dispõe somente sobre a Administração Pública Federal, todavia, pela aplicação do princípio da simetria, tal regra é aplicada uniformemente por todo o território nacional. Assim sendo, tal classificação utilizada nesse decreto define expressamente a Administração Pública Federal e também, implicitamente, a Administração Pública dos demais entes da federação.

Os entes políticos possuem autonomia política (capacidade de legislar), administrativa (capacidade de se auto-organizar) e capacidade financeira (capacidade de julgar as próprias contas). Não podemos falar aqui em hierarquia entre os entes, mas sim em cooperação, pois um não dá ordens aos outros, visto que eles são autônomos.

As principais características da Administração Direta são:

- São pessoas jurídicas de direito público interno – têm autonomia.
- Unidas formam a República Federativa do Brasil: pessoa jurídica de direito público externo – tem soberania (independência na ordem externa e supremacia na interna).
- Regime jurídico de direito público.
- **Autonomia política:** administrativa e financeira.
- **Sem subordinação:** atuam por cooperação.
- **Competências:** extraídas da CF/1988.
- Responsabilidade civil – regra – objetiva.
- **Bens:** públicos, não podem ser objeto de sequestro, arresto, penhora etc.
- **Débitos judiciais:** são pagos por precatórios.
- **Regime de pessoal:** regime jurídico único.
- Competência para julgamento de ações judiciais da União é a Justiça Federal; dos demais Entes Políticos é a Justiça Estadual.

Algumas noções de centralização, descentralização e desconcentração são importantes para compreender a Administração Direta:

- **Centralização Administrativa:** órgãos e agentes trabalhando para a Administração Direta.
- **Descentralização administrativa:** técnica administrativa em que a Administração Direta passa a atividade administrativa, serviço ou obra pública para outras pessoas jurídicas ou físicas (para pessoa física somente por delegação por colaboração). A descentralização pode ser feita por outorga legal (titularidade + execução) ou diante delegação por colaboração (somente execução). A outorga legal cria as pessoas da Administração Indireta. A Delegação por colaboração gera os concessionários, permissionários e autorizatários de serviços públicos.
- **Descentralização por outorga legal:** também chamada de descentralização técnica, por serviços, ou funcional, é feita por lei e transfere a titularidade e a execução da atividade administrativa por prazo indeterminado para uma pessoa jurídica integrante da Administração Indireta.

ADMINISTRAÇÃO PÚBLICA

- **Descentralização por delegação:** também chamada de descentralização por colaboração, é feita em regra por um contrato administrativo e, nesses casos, depende de licitação. Também pode acontecer descentralização por delegação por meio de um ato administrativo. Transfere somente a execução da atividade administrativa, e não a sua titularidade, por prazo determinado para um particular, pessoa física ou jurídica.

▷ **Outorga legal:**
- Feita por lei;
- Transfere a titularidade e a execução do serviço público;
- Não tem prazo.

▷ **Delegação:**
- Feita por contrato, exceto as autorizações;
- Os contratos dependem de licitação;
- Transfere somente a execução do serviço público e não a titularidade;
- À fiscalização do Poder Público. Tal fiscalização decorre do exercício do poder disciplinar;
- Tem prazo.
- **Desconcentração administrativa:** técnica de subdivisão de órgãos públicos para que melhor desempenhem o serviço público ou atividade administrativa. Em outras palavras, na desconcentração, a pessoa jurídica distribui competências no âmbito de sua própria estrutura. É a distribuição de competências entre os diversos órgãos integrantes da estrutura de uma pessoa jurídica da Administração Pública. Somente ocorre na Administração Direta ou Indireta, jamais para particulares, uma vez que não existem órgãos públicos entre particulares.

2.4 Administração Indireta

Pessoas/entes/entidades administrativas
- Fundações públicas;
- Autarquias;
- Sociedades de economia mista;
- Empresas públicas.

Características
- Tem personalidade jurídica própria;
- Tem patrimônio e receita próprios;
- Tem autonomia: administrativa, técnica e financeira.
- Não tem autonomia política;
- Finalidade definida em lei;
- Controle do Estado.

Não há subordinação nem hierarquia entre os entes da Administração Direta e indireta, mas sim vinculação que se manifesta por meio da **supervisão ministerial** realizada pelo ministério ou secretaria da pessoa política responsável pela área de atuação da entidade administrativa. Tal supervisão tem por finalidade o exercício do denominado **controle finalístico** ou **poder de tutela**.

Em alguns casos, a entidade administrativa pode estar diretamente vinculada à chefia do Poder Executivo e, nesse contexto, caberá a essa chefia o exercício do controle finalístico de tal entidade.

Nomeação de dirigentes: os dirigentes das entidades administrativas são nomeados pelo chefe do poder a que está vinculada a respectiva entidade, ou seja, as entidades administrativas ligadas ao Poder Executivo Federal têm seus dirigentes nomeados pelo chefe de tal poder, que, nesse caso, é o Presidente da República.

É válido lembrar que, em todos os poderes, existe a função administrativa no Executivo, de forma típica, e nos demais poderes, de forma atípica. Além disso, a função administrativa de todos os poderes é exercida pela sua Administração Pública (Administração Direta e Indireta), assim, existe Administração Pública Direta e Indireta nos três poderes e, caso uma entidade administrativa seja vinculada ao Poder Legislativo ou Judiciário, caberá ao chefe do respectivo poder a nomeação de tal dirigente.

Excepcionalmente, a nomeação de um dirigente pode depender ainda de aprovação do Poder Legislativo. Na esfera federal, temos como exemplo a nomeação dos dirigentes das agências reguladoras. Tais nomeações são feitas pelo Presidente da República e, para terem efeito, dependem de aprovação do Senado Federal.

Via de regra, lembraremos que a nomeação do dirigente de uma entidade administrativa é feita pelo chefe do Poder Executivo, sendo que, em alguns casos, é necessária a prévia aprovação de outro poder. Excepcionalmente, o Judiciário e o Legislativo poderão nomear dirigentes para essas entidades, desde que vinculadas ao respectivo poder.

Criação dos entes da Administração Indireta: a instituição das entidades administrativas depende sempre de uma lei ordinária específica. Essa lei pode criar a entidade administrativa. Nesse caso, nasce uma pessoa jurídica de direito público, a autarquia. A lei também pode autorizar a criação das entidades administrativas. Nessa circunstância, nascem as demais entidades da Administração Indireta: fundações públicas, empresas públicas e sociedades de economia mista. Pelo fato dessas entidades serem autorizadas por lei, elas são pessoas jurídicas de direito privado.

A lei que cria ou que autoriza a criação de uma entidade administrativa é uma **lei ordinária específica**.

Quando a lei autoriza a criação de uma entidade da Administração Indireta, a sua construção será consumada após o registro na serventia registral pertinente (cartório ou junta comercial, conforme o caso).

Ocorre extinção dos entes da Administração Indireta nas seguintes condições:
- Só lei revoga lei.
- Se a lei cria, a lei extingue.
- Se a lei autoriza a criação, autoriza também a extinção.

Relação da Administração Pública Direta com a Indireta: as entidades compreendidas na Administração Indireta vinculam-se ao Ministério em cuja área de competência estiver enquadrada sua principal atividade. Dessa forma, não há que se falar em hierarquia ou subordinação, mas, sim em vinculação.

A vinculação entre a Administração Direta e a Administração Indireta gera o chamado controle finalístico ou supervisão ministerial. Assim, a Administração Direta não pode intervir nas decisões da Indireta, salvo se ocorrer a chamada fuga de finalidade.

2.4.1 Autarquias

Autarquia é a pessoa jurídica de direito público, criada por lei, com capacidade de autoadministração, para o desempenho de serviço público descentralizado (atividade típica do Estado). É o próprio serviço público personificado.

Vejamos a seguir as suas características:
- **Personalidade jurídica:** direito público.
- Recebem todas as prerrogativas do direito público.
- **Finalidade:** atividade típica do Estado.
- **Regime jurídico:** público.
- **Responsabilidade civil:** objetiva.
- **Bens públicos:** não podem ser objeto de penhora, arresto ou sequestro.
- Ao serem constituídas, recebem patrimônio do ente instituidor e, a partir desse momento, seguem com sua autonomia.
- **Débitos judiciais:** pagamento por precatórios.
- **Regime de pessoal:** regime jurídico único.
- Competência para o julgamento de suas ações judiciais:
  - Autarquia Federal = Justiça Federal.
  - Outras Esferas = Justiça Estadual. Por exemplo: Instituto Nacional do Seguro Social (INSS), Banco Central do Brasil.

NOÇÕES DE DIREITO ADMINISTRATIVO

A seguir estão presentes as espécies de autarquias:

- **Comum ou ordinária (de acordo com Decreto-lei nº 200/1967):** são as autarquias que recebem as características principais, ou seja, criadas diretamente por lei, pessoas jurídicas de direito público e que desempenham um serviço público especializado; seu ato constitutivo é a própria lei.
- **Sob regime especial:** as autarquias em regime especial são submetidas a um regime jurídico peculiar, diferente do jurídico relativo às autarquias comuns. Por autarquia comum deve-se entender as ordinárias, aquelas que se submetem a regime jurídico comum das autarquias. Na esfera federal, o regime jurídico comum das autarquias é o Decreto-lei nº 200/1967. Se a autarquia, além das regras do regime jurídico comum, ainda é alcançada por alguma regra especial, peculiar às suas atividades, será considerada uma autarquia em regime especial.
- **Agências reguladoras:** são responsáveis por regular, normatizar e fiscalizar determinados serviços públicos que foram delegados ao particular. Em razão dessa característica, elas têm mais liberdade e maior autonomia, se comparadas com as Autarquias comuns. Por exemplo: Agência Nacional do Cinema (Ancine); Agência Nacional de Águas e Saneamento Básico (ANA); Agência Nacional de Aviação Civil (Anac); Associação Nacional de Tecnologia do Ambiente Construído (Antaq); Agência Nacional de Telecomunicações (Anatel); Agência Nacional de Energia Elétrica (Aneel); Agência Nacional do Petróleo, Gás Natural e Biocombustíveis (ANP); Agência Nacional de Transportes Terrestres (ANTT) etc.
- **Autarquia territorial:** é classificado como Autarquia Territorial o espaço que faça parte do território da União, mas que não se enquadre na definição de Estado-membro, Distrito Federal ou município. No Brasil atual, não existem exemplos de autarquias territoriais, mas elas podem vir a ser criadas. Nesse caso, esses territórios fazem parte da Administração Direta e são autarquias territoriais, pois são criados por lei e assumem personalidade jurídica de direito público.
- **Associações públicas (autarquias interfederativas ou multifederativas):** também chamadas de consórcio público de Direito Público. O consórcio público é a pessoa jurídica formada exclusivamente por entes da Federação, na forma da Lei nº 11.107/2005, para estabelecer relações de cooperação federativa, inclusive a realização de objetivos de interesse comum, constituída como associação pública, com personalidade jurídica de direito público e natureza autárquica, ou como pessoa jurídica de direito privado, sem fins econômicos. Assim, não é todo consórcio público que representa uma autarquia interfederativa, mas somente os públicos de Direito Público.
- **Autarquia fundacional ou fundação autárquica:** as fundações públicas de Direito Público (exceção) são consideradas, na verdade, uma espécie de autarquia.
- **Agências executivas:** as agências executivas não se configuram como pessoas jurídicas, menos ainda outra classificação qualquer. Representam, na prática, um título que é dado às autarquias e fundações públicas que assinam contrato de gestão com a Administração Pública, conforme art. 37, § 8º, CF/1988.
- **Conselhos fiscalizadores de profissões:** são considerados autarquias, contudo, comportam uma exceção muito importante:
    ADI 3.026-DF Min. Eros Graus. 08/06/2006. OAB: Considerada entidade sui generis, um serviço independente não sujeita ao controle finalístico da Administração Direta.

2.4.2 Fundação Pública

A Fundação Pública é a entidade dotada de personalidade jurídica de direito privado, sem fins lucrativos, criada em virtude de autorização legislativa, para o desenvolvimento de atividades que não exijam execução por órgãos ou entidades de direito público, com autonomia administrativa, patrimônio próprio gerido pelos respectivos órgãos de direção e funcionamento custeado por recursos da União e de outras fontes.

Regra
- Autorizada por lei;
- Pessoa jurídica de direito privado;
- Depende de registro dos atos constitutivos na junta comercial;
- Depende de lei complementar que especifique o campo de atuação.

Exceção
- Criada diretamente por lei;
- Pessoa jurídica de direito público;
- Possui um capital personalizado (diferença meramente conceitual);
- Considerada pela doutrina como autarquia fundacional.

> **Atenção!**
> As fundações públicas de Direito Público, são espécie de autarquia, sendo chamadas pela doutrina como autarquias fundacionais.

Características
- **Personalidade jurídica:** direito privado.
- **Finalidade:** lei complementar definirá – sem fins lucrativos.
- **Regime jurídico:** híbrido (regras de Direito Público + direito privado) incontroverso.
- **Responsabilidade civil:** se for prestadora de serviço público, é objetiva; caso contrário, é subjetiva.
- **Bens privados, com exceção:** bens diretamente ligados à prestação de serviço público são bens públicos.
- **Débitos judiciais:** são pagos por meio do seu patrimônio, com exceção dos bens diretamente ligados à prestação de serviços públicos, que são bens públicos e não se submetem a pagamento de débitos judiciais.
- **Regime de pessoal:** Regime Jurídico Único (RJU).

Competência para o julgamento de suas ações judiciais:
- Justiça Federal.
- Outras esferas = Justiça Estadual.
- Instituto Brasileiro de Geografia e Estatística (IBGE), Biblioteca Nacional, Fundação Nacional do Índio (Funai).

2.4.3 Empresas Públicas e Sociedades de Economia Mista

São pessoas jurídicas de direito privado, criadas pela Administração Direta por meio de autorização da lei, com o respectivo registro, para a prestação de serviços públicos ou a exploração da atividade econômica.

A Lei nº 13.303/2016 dispõe sobre o estatuto jurídico da empresa pública, da sociedade de economia mista e de suas subsidiárias, no âmbito da União, dos estados, do Distrito Federal e dos municípios.

ADMINISTRAÇÃO PÚBLICA

A referida lei apresenta os seguintes conceitos:

Art. 3º Empresa pública é a entidade dotada de personalidade jurídica de direito privado, com criação autorizada por lei e com patrimônio próprio, cujo capital social é integralmente detido pela União, pelos Estados, pelo Distrito Federal ou pelos Municípios.

Art. 4º Sociedade de economia mista é a entidade dotada de personalidade jurídica de direito privado, com criação autorizada por lei, sob a forma de sociedade anônima, cujas ações com direito a voto pertençam em sua maioria à União, aos Estados, ao Distrito Federal, aos Municípios ou a entidade da Administração Indireta.

2.4.4 Empresas Públicas e Sociedades de Economia Mista Exploradoras da Atividade Econômica

Art. 173 Ressalvados os casos previstos nesta Constituição, a exploração direta de atividade econômica pelo Estado só será permitida quando necessária aos imperativos da segurança nacional ou a relevante interesse coletivo, conforme definidos em lei.

§ 1º A lei estabelecerá o estatuto jurídico da Empresa Pública, da sociedade de economia mista e de suas subsidiárias que explorem atividade econômica de produção ou comercialização de bens ou de prestação de serviços, dispondo sobre:

I - Sua função social e formas de fiscalização pelo Estado e pela sociedade;

II - A sujeição ao regime jurídico próprio das empresas privadas, inclusive quanto aos direitos e obrigações civis, comerciais, trabalhistas e tributários;

III -. Licitação e contratação de obras, serviços, compras e alienações, observados os princípios da Administração Pública;

IV - A constituição e o funcionamento dos conselhos de administração e fiscal, com a participação de acionistas minoritários;

V - Os mandatos, a avaliação de desempenho e a responsabilidade dos administradores.

§ 2º As empresas públicas e as sociedades de economia mista não poderão gozar de privilégios fiscais não extensivos às do setor privado.

§ 3º A lei regulamentará as relações da Empresa Pública com o Estado e a sociedade.

§ 4º A lei reprimirá o abuso do poder econômico que vise à dominação dos mercados, à eliminação da concorrência e ao aumento arbitrário dos lucros.

§ 5º A lei, sem prejuízo da responsabilidade individual dos dirigentes da pessoa jurídica, estabelecerá a responsabilidade desta, sujeitando-a as punições compatíveis com sua natureza, nos atos praticados contra a ordem econômica e financeira e contra a economia popular.

2.4.5 Empresas Públicas e Sociedades de Economia Mista Prestadoras de Serviço Público

Essas entidades são criadas para a exploração da atividade econômica em sentido amplo, o que inclui o exercício delas em sentido estrito e também a prestação de serviços públicos que podem ser explorados com o intuito de lucro.

Segundo o art. 175 da Constituição Federal de 1988:

Art. 175 Incumbe ao Poder Público, na forma da lei, diretamente ou sob regime de concessão ou permissão, sempre através de licitação, a prestação de serviços públicos.

Parágrafo único. A lei disporá sobre:

I - O regime das empresas concessionárias e permissionárias de serviços públicos, o caráter especial de seu contrato e de sua prorrogação, bem como as condições de caducidade, fiscalização e rescisão da concessão ou permissão;

II - Os direitos dos usuários;

III - Política tarifária;

IV - A obrigação de manter serviço adequado.

Não se inclui nessa categoria os serviços públicos relativos aos direitos sociais, pois esses não podem ser prestados com o intuito de lucro pelo Estado e, também, não são de titularidade exclusiva do Estado, podendo ser livremente explorados por particulares.

2.4.6 Sociedade de Economia Mista

A sociedade de economia mista é uma entidade dotada de personalidade jurídica de direito privado, autorizada por lei para a exploração de atividade econômica, sob a forma de sociedade anônima, cujas ações com direito a voto pertençam em sua maioria à União ou a entidade da Administração Indireta:

- Autorizada por lei;
- Pessoa jurídica de direito privado;
- Capital 50% + 1 ação no controle da Administração Pública;
- Constituição obrigatória por Sociedade Anônima (SA);
- Competência da Justiça Estadual.

2.4.7 Empresa Pública

Entidade dotada de personalidade jurídica de direito privado, com patrimônio próprio e capital exclusivo da União, autorizado por lei para a exploração de atividade econômica que o governo seja levado a exercer por força de contingência ou de conveniência administrativa, podendo revestir-se de qualquer das formas admitidas em direito.

Principais características:

- Autorizado por lei;
- Pessoa jurídica de direito privado;
- 100% na constituição de capital público;
- Constituído de qualquer forma admitido em direito;
- Competência da Justiça Federal.

Algumas características comuns das empresas públicas e sociedades de economia mista:

- **Personalidade jurídica:** direito privado.
- **Finalidade:** prestação de serviço público ou a exploração da atividade econômica.
- **Regime jurídico híbrido:** se for prestadora de serviço público, o regime jurídico é mais público; se for exploradora da atividade econômica, o regime jurídico é mais privado.
- **Responsabilidade civil:** se for prestadora de serviço público, a responsabilidade civil é objetiva, se for exploradora da atividade econômica, a civil é subjetiva.
- **Bens privados, com exceção:** bens diretamente ligados à prestação de serviço público são bens públicos.
- **Débitos judiciais:** são pagos por meio do seu patrimônio, com exceção dos bens diretamente ligados à prestação de serviços públicos, que são bens públicos e não se submetem a pagamento de débitos judiciais.
- **Regime de pessoal:** Consolidação das Leis do Trabalho (CLT) – Emprego Público.
- **Exemplos de empresas públicas:** Caixa Econômica Federal, Correios.
- **Exemplo de sociedades de economia mista:** Banco do Brasil e Petrobras.

O quadro a seguir foi desenvolvido para memorização das características mais importantes das pessoas da Administração Pública Indireta.

NOÇÕES DE DIREITO ADMINISTRATIVO

Tabela comparativa das características dos entes da Administração Pública

Característica	Entidades políticas	Autarquia	Fundação pública	Empresa pública	Sociedade de economia mista
Personalidade jurídica	Direito Público	Direito Público	direito privado	direito privado	direito privado
Finalidade	Competências constitucionais	Atividade típica do Estado	Lei complementar definirá	Exploração da atividade econômica ou prestação de serviço público	Exploração da atividade econômica ou prestação de serviço público
Regime jurídico	Direito Público	Direito Público	Híbrido: se PSP + público. Caso desenvolva outra atividade, mais privado.	Híbrido: se EAE + privado; se PSP + público	Híbrido: se EAE + privado; se PSP + público
Responsabilidade civil	Objetiva: ação Subjetiva: omissão	Objetiva: ação Subjetiva: omissão	PSP = Objetiva, nos demais casos, subjetiva	PSP = Objetiva, EAE = Subjetiva	PSP = Objetiva, EAE = Subjetiva
Bens	Públicos	Públicos	Privados, exceção: bens diretamente ligados à prestação de serviços públicos são bens públicos.	Privados, exceção: bens diretamente ligados à prestação de serviços públicos são bens públicos.	Privados, exceção: bens diretamente ligados à prestação de serviços públicos são bens públicos.
Débitos judiciais	Precatórios	Precatórios	Patrimônio	Patrimônio	Patrimônio
Regime de pessoal	Regime Jurídico Único	Regime Jurídico Único	Regime Jurídico Único	CLT	CLT
Competência para Julgamento	União: Justiça Federal; Demais: Justiça Estadual.	Federal: Justiça Federal; Demais: Justiça Estadual.	Federal: Justiça Federal; Demais: justiça Estadual.	Federal: Justiça Federal; Demais: justiça Estadual.	Todas: Justiça Estadual.

* EAE: Exploração da Atividade Econômica.
* PSP: Prestação de Serviço Público.

ÓRGÃO PÚBLICO

3 ÓRGÃO PÚBLICO

É importantíssimo para o estudo do Direito Administrativo estudar a respeito dos órgãos públicos, sua finalidade, seu papel na estrutura da Administração Pública, bem como as diversas teorias e classificações relativas ao tema. Começaremos a partir das teorias que buscam explicar o que é o órgão público.

3.1 Teorias

São três as teorias criadas para caracterizar e conceituar a ideia de órgão público: a Teoria do Mandato, Teoria da Representação e Teoria Geral do Órgão.

3.1.1 Teoria do mandato

Essa teoria preceitua que o agente, pessoa física, funciona como o mandatário da pessoa jurídica, agindo sob seu nome e com a responsabilidade dela, em razão de outorga específica de poderes (não adotado).

3.1.2 Teoria da representação

O agente funciona como um tutor ou curador do Estado.

3.1.3 Teoria geral do órgão

Tem-se a presunção de que a pessoa jurídica exterior a sua vontade por meio dos órgãos, os quais são parte integrante da própria estrutura da pessoa jurídica, de tal modo que, quando os agentes que atuam nesses órgãos manifestam sua vontade, considera-se que essa foi manifestada pelo próprio Estado. Falamos em imputação da atuação do agente, pessoa natural, à pessoa jurídica (adotado pela Constituição Federal de 1988).

Alguns órgãos possuem uma pequena capacidade de impetrar mandado de segurança para garantir prerrogativas próprias. Contudo, somente os órgãos independentes e autônomos têm essa capacidade.

Os órgãos não possuem personalidade jurídica, tampouco vontade própria, agem em nome da entidade a que pertencem, mantendo relações entre si e com terceiros, e não possuem patrimônio próprio. Os órgãos manifestam a vontade da pessoa jurídica à qual pertencem. Dizemos que os agentes, quando atuam para o Estado, estão em imputação à pessoa jurídica à qual estão efetivamente ligados. Assim, falamos em imputação à pessoa jurídica.

Constatamos que órgãos são meros centros de competência, e que os agentes que trabalham nesses órgãos estão em imputação à pessoa jurídica a que estão ligados; suas ações são imputadas ao ente federativo. Assim, quando um servidor público federal atua, suas ações são imputadas (como se o próprio Estado estivesse agindo) à União, pois o agente é ligado a um órgão que pertence a esse ente.

Por exemplo: quando um policial federal está trabalhando, ele é um agente público que atua dentro de um órgão (Departamento de Polícia Federal) e suas ações, quando feitas, são consideradas como se a União estivesse agindo. Por esse motivo, os atos que gerem prejuízo a terceiros são imputados à União, ou seja, é a União que paga o prejuízo e, depois, entra com ação regressiva contra o agente público.

3.2 Características

3.2.1 Não possui personalidade jurídica

Muitas pessoas se assustam com essa regra devido ao fato de o órgão público ter Cadastro Nacional da Pessoa Jurídica (CNPJ), realizar licitações e também por celebrar contratos públicos. Todavia, essas situações não devem ser levadas em consideração nesse momento.

O CNPJ não é suficiente para conferir personalidade jurídica para o órgão público, a sua instituição está ligada ao direito tributário. O órgão faz licitação, celebra contratos, no entanto, ele não possui direitos, não é responsável pela conduta dos seus agentes e tudo isso porque não possui personalidade jurídica, uma vez que órgão público não é pessoa.

3.2.2 Integram a estrutura da pessoa jurídica a que pertencem

O órgão público é o integrante essencial da estrutura corporal (orgânica) da pessoa jurídica a que está ligado.

Algumas características sobre o tema:
- Não possui capacidade processual, salvo os órgãos independentes e autônomos que podem impetrar Mandado de Segurança em defesa de suas prerrogativas constitucionais, quando violadas por outro órgão.
- Não possui patrimônio próprio.
- É hierarquizado.
- É fruto da desconcentração.
- Está presente na Administração Direta e Indireta.
- **Criação e extinção:** por meio de Lei.
- **Estruturação:** pode ser feita por meio de decreto autônomo, desde que não implique em aumento de despesas.
- Os agentes que trabalham nos órgãos estão em imputação à pessoa jurídica que estão ligados.

3.3 Classificação

Dentre as diversas classificações pertinentes ao tema, a partir de agora, abordaremos as classificações quanto à posição estatal que leva em consideração a relação de subordinação e hierarquia, a estrutura que se relaciona com a desconcentração e a composição ou atuação funcional que se relaciona com a quantidade de agentes que agem e manifestam vontade em nome do órgão.

3.3.1 Posição estatal

Quanto à posição estatal, os órgãos são classificados em independentes, autônomos, superiores e subalternos:

- **Órgãos independentes**
  - São considerados o mais alto escalão do Governo.
  - Não exercem subordinação.
  - Seus agentes são inseridos por eleição.
  - Têm suas competências determinadas pelo texto constitucional.
  - Possuem alguma capacidade processual.
- **Órgãos autônomos**
  - São classificados como órgãos diretivos.
  - Possuem capacidade administrativa, financeira e técnica.
  - São exemplos os ministérios e as secretarias.
  - Possuem alguma capacidade processual.
- **Órgãos superiores**
  - São órgãos de direção, controle e decisão.
  - Não possuem autonomia administrativa ou financeira.
  - Exemplos são as coordenadorias, gabinetes etc.
- **Subalternos**
  - Exercem atribuições de mera execução.
  - Exercem reduzido poder decisório.
  - São exemplos as seções de expediente ou de materiais.

3.4 Estrutura

A classificação quanto à estrutura leva em consideração, a partir do órgão analisado, se existe ou não um processo de desconcentração, se há ramificações que levam a órgãos subordinados ao órgão analisado.

- **Simples:** são aqueles que representam um só centro de competências, sem ramificações, independentemente do número de cargos.
- **Compostos:** são aqueles que reúnem em sua estrutura diversos órgãos, ou seja, existem ramificações.

NOÇÕES DE DIREITO ADMINISTRATIVO

A Presidência da República é um órgão composto, pois dela se originam outros órgãos de menor hierarquia, dentre esses o Ministério da Justiça, por exemplo, que também é órgão composto, pois, a partir dele, tem-se novas ramificações, como o Departamento Penitenciário Nacional, o Departamento de Polícia Federal, entre outros.

A partir da Presidência da República, tem-se também um órgão chamado de gabinete. Ele é considerado simples, pois, a partir dele, não há novos órgãos, ou seja, não nasce nenhuma ramificação a partir do gabinete da Presidência da República.

3.5 Atuação funcional/composição

Os órgãos públicos podem ser classificados em singulares ou colegiados:
- **Órgãos singulares ou unipessoais**: a sua atuação ou decisões são atribuições de um único agente. Por exemplo: Presidência da República.
- **Órgãos colegiados ou pluripessoais**: a atuação e as decisões dos órgãos colegiados acontecem mediante obrigatória manifestação conjunta de seus membros. Por exemplo: Congresso Nacional, Tribunais de Justiça.

3.6 Paraestatais

A expressão "paraestatais" gera divergência em nosso ordenamento jurídico, sendo que podemos mencionar três posicionamentos:
- As paraestatais são as autarquias – posição de José Cretella Júnior – entendimento ultrapassado.
- As paraestatais são: as fundações públicas, empresas públicas, sociedades de economia mista e os serviços sociais autônomos – posição de Hely Lopes Meirelles – corrente minoritária.
- As paraestatais são os serviços sociais autônomos, as fundações de apoio, as Organizações Sociais (OSs), as Organizações da Sociedade Civil de Interesse Público (Oscips) e as Organizações da Sociedade Civil (OSCs) – posição de Maria Silvia Zanella Di Pietro, entre outros – é o entendimento majoritário.
- Observação: nesse terceiro sentido, as paraestatais equivalem ao chamado terceiro setor. O primeiro setor é o Estado e o segundo setor é o mercado (iniciativa privada que visa ao lucro).

Serviços sociais autônomos: são pessoas jurídicas de direito privado sem fins lucrativos, instituídas por lei e vinculadas a categorias profissionais, sendo mantidas por dotações orçamentárias ou contribuições parafiscais. É o chamado sistema "S".

Por exemplo: Serviço Social da Indústria (Sesi), Serviço Social do Comércio (Sesc), Serviço Nacional de Aprendizagem Industrial (Senai), Serviço Nacional de Aprendizagem Comercial (Senac), Serviço Brasileiro de Apoio às Micro e Pequenas Empresas (Sebrae) etc. Não integram a Administração Pública nem direta e nem indireta.

Fundações de apoio: são pessoas jurídicas de direito privado que se destinam a colaborar com instituições de ensino e pesquisa, sendo instituídas por professores, pesquisadores ou universitários (Lei nº 8.958/1994). Por exemplo: Fundação Universitária para o Vestibular (Fuvest), Fundação Instituto de Pesquisas Econômicas (Fipe), Conselho Nacional de Desenvolvimento Científico e Tecnológico (CNPQ) etc.

Organizações Sociais (OSs) e Organizações da Sociedade Civil de Interesse Público (Oscips): são pessoas jurídicas de direito privado sem fins lucrativos, instituídas por particulares que desempenham serviços não exclusivos de Estado, como a saúde, cultura, preservação do meio ambiente etc.

Existem **características comuns** entre as Organizações Sociais (Lei nº 9.637/1998) e as Organizações da Sociedade Civil de Interesse Público (Lei nº 9.790/1999):
- São pessoas jurídicas de direito privado.
- Não têm fins lucrativos.
- Instituídas por particulares.
- Desempenham serviços não exclusivos de Estado.

- Não integram a Administração Pública (seja direta ou indireta).
- Integram o chamado terceiro setor.
- Sujeitam-se ao controle da Administração Pública e do Tribunal de Contas.
- Gozam de imunidade tributária, desde que atendidos os requisitos legais, conforme prevê o art. 150, inciso VI, alínea "c", da Constituição Federal de 1988.

Principais diferenças entre OS e OSCIP

Organizações Sociais: o vínculo com o Estado se dá por contrato de gestão; o ato de qualificação é discricionário, dado pelo ministro da pasta competente; pode ser contratada pela Administração com dispensa de licitação (hipótese de licitação dispensável); o conselho deve ser formado por representantes do poder público; regulada pela Lei nº 9.637/1998.
Exs.: Associação Roquette Pinto, Instituto Nacional de Matemática Pura e Aplicada (IMPA).

Organizações da Sociedade Civil de Interesse Público: o vínculo com o Estado se dá por Termo de Parceria; o ato de qualificação é vinculado, dado pelo Ministro da Justiça; não há essa previsão; não há essa exigência; regulada pela Lei nº 9.790/1999.
Exs.: Amigo do Índio (AMI), Associação de Amparo às Mães de Alto Risco (AMAR).

Observações sobre as Organizações Sociais (OSs)
- O poder público pode destinar para as OSs recursos orçamentários e bens necessários ao cumprimento do contrato de gestão, mediante permissão de uso.
- O poder público pode ceder servidores públicos para as OSs com ônus para a origem.
- A Administração poderá dispensar a licitação nos contratos de prestação de serviços celebrados com as OSs (art. 24, inciso XXIV da Lei nº 8.666/1993).

3.7 Organizações da Sociedade Civil (OSC)

As Organizações da Sociedade Civil (OSCs) são entidades do terceiro setor criadas com a finalidade de atuar junto ao Poder Público, em regime de mútua cooperação, na execução de serviços públicos e tem o seu regime jurídico regulado pela Lei nº 13.019/2014.

Essas entidades atuam na prestação de serviço público não exclusivo do Estado e têm vínculo com a Administração Pública, de modo que essa conexão se dá mediante celebração de Termo de Fomento, Termo de Colaboração e Acordo de Cooperação. Vejamos tais conceitos:
- **Termo de Colaboração (art. 2º, inciso VII e art. 16):** instrumento por meio do qual são formalizadas as parcerias estabelecidas pela Administração Pública com organizações da sociedade civil para a consecução de finalidades de interesse público e recíproco propostas pela Administração Pública que envolvam a transferência de recursos financeiros. Assim, o Termo de Colaboração é utilizado para a execução de políticas públicas nas mais diversas áreas, para consecução de **planos de trabalho de iniciativa da própria Administração**, nos casos em que esta já tem parâmetros consolidados, com indicadores e formas de avaliação conhecidos, abarcando, reitere-se, o **repasse de valores por parte do erário**;
- **Termo de Fomento (art. 2º, inciso VIII, e art. 17):** instrumento por meio do qual são formalizadas as parcerias estabelecidas pela Administração Pública com organizações da sociedade civil para a consecução de finalidades de interesse público e recíproco propostas pelas organizações da sociedade civil, que envolvam a transferência de recursos financeiros. Note, portanto, que o Termo de Fomento, ao contrário do Termo de Colaboração, tem como objetivo **incentivar iniciativas das próprias OSCs, para consecução de planos de trabalho por elas propostos**, buscando albergar nas políticas públicas tecnologias sociais inovadoras, promover projetos e eventos nas mais diversas áreas e expandir o alcance das ações desenvolvidas pelas organizações.

Assim como no Termo de Colaboração, o Termo de Fomento também enseja a transferência de recursos financeiros por parte da Administração Pública;

- **Acordo de Cooperação (art. 2º, inciso VIII-A):** instrumento por meio do qual são formalizadas as parcerias estabelecidas pela Administração Pública com organizações da sociedade civil para a consecução de finalidades de interesse público e recíproco que não envolvam a transferência de recursos financeiros. Portanto, o grande diferencial do Acordo de Cooperação com os demais é justamente a **ausência de repasse de valores financeiros**. O acordo, como regra, também não exige prévia realização de chamamento público como ocorre no caso do Termo de Fomento e do Termo de Colaboração, salvo quando envolver alguma forma de compartilhamento de recurso patrimonial (comodato, doação de bens etc.).
- **Chamamento público:** trata-se do procedimento que o poder público deverá realizar, obrigatoriamente, na prospecção de organizações. É a partir desse chamamento que serão avaliadas diferentes propostas para escolher a OSC mais adequada à parceria, ou ainda um grupo de OSCs trabalhando em rede, a fim de tornar mais eficaz a execução do objeto. Tal procedimento deverá adotar métodos claros, objetivos e simplificados que orientem os interessados e facilitem o acesso direto aos órgãos e às instâncias decisórias.
- Observação: não se aplicará a Lei nº 8.666/1993 às relações de parceria com as OSCs (art. 84 da Lei nº 13.019/2014), uma vez que agora há lei própria.

3.8 Organizações Não Governamentais (ONGs)

A ONG é uma entidade civil sem fins lucrativos, formada por pessoas interessadas em determinado tema, o qual se constitui em seu objetivo e interesse principal. Por exemplo: Instituto Brasileiro de Defesa do Consumidor (Idec).

Normalmente, são iniciativas de pessoas ou grupos que visam colaborar com a solução de problemas da comunidade, como mobilizações, educação, conscientização e organização de serviços ou programas para o atendimento de suas necessidades.

Do ponto de vista jurídico, o termo ONG não se aplica. O Código Civil brasileira prevê apenas dois formatos institucionais para entidades civis sem fins lucrativos, sendo a Associação Civil (art. 44, inciso I e art. 53, ambos do Código Civil) e a Fundação Privada (art. 44, III e 62, ambos do Código Civil).

NOÇÕES DE DIREITO ADMINISTRATIVO

4 ATO ADMINISTRATIVO

4.1 Conceito de ato administrativo

Ato administrativo é toda manifestação unilateral de vontade da Administração Pública, que, agindo nessa qualidade, tenha por fim imediato adquirir, resguardar, transferir, modificar, extinguir e declarar direitos, ou impor obrigações aos administrados ou a si própria.

Da prática dos atos administrativos gera-se superioridade e efeitos jurídicos.

4.2 Elementos de validade do ato administrativo

4.2.1 Competência

Poderes que a lei confere aos agentes públicos para exercer funções com o mínimo de eficácia. A competência tem caráter instrumental, ou seja, é um instrumento outorgado para satisfazer interesses públicos – finalidade pública.

Características da competência:

- **Obrigatoriedade:** ela é obrigatória para todos os agentes e órgãos públicos.
- **Irrenunciabilidade:** a competência é um poder-dever de agir e não pode ser renunciada pelo detentor do poder-dever. Contudo, tem caráter relativo uma vez que a competência pode ser delegada ou pode ocorrer a avocação.
- **Intransferível:** mesmo após a delegação, a competência pode ser retomada a qualquer tempo pelo titular do poder-dever, por meio da figura da revogação.
- **Imodificável:** pela vontade do agente, pois somente a lei determina competências.
- **Imprescritível:** a competência pode ser executada a qualquer tempo. Somente a lei pode exercer a função de determinar prazos prescricionais. Por exemplo: o art. 54 da Lei nº 9.784/1999 determina o prazo decadência de cinco anos para anular atos benéficos para o administrado de boa-fé.

4.2.2 Finalidade

Visa sempre ao interesse público e à finalidade específica prevista em lei. Por exemplo: remoção de ofício.

4.2.3 Forma

O ato administrativo é, em regra, formal e escrito.

4.2.4 Motivo

O motivo é a causa imediata do ato administrativo. É a situação de fato e de direito que determina ou autoriza a prática do ato, ou, em outras palavras, o pressuposto fático e jurídico (ou normativo) que enseja a prática do ato.

Art. 40, § 1º, II, "a", CF/1988 Trata da aposentadoria por tempo de contribuição.

> **Atenção!**
> A Lei nº 9.784/1999, que trata dos processos administrativos no âmbito da União, reza pelo princípio do informalismo, admitindo que existam atos verbais ou por meio de sinais (de acordo com o contexto).

4.2.5 Objeto

É o ato em si, ou seja, no caso da remoção o ato administrativo é o próprio instituto da remoção.

Por exemplo: demissão – quanto ao ato de demissão deve ter o agente competente para determiná-lo (competência), depois disso, deve ser revertido de forma escrita (forma), a finalidade deve ser o interesse público (finalidade), o motivo deve ser embasado em lei, ou seja, os casos do art. 132 da Lei nº 8.112/1990, o objeto é o próprio instituto da demissão que está prescrito em lei.

4.2.6 Motivação

É a exteriorização por escrito dos motivos que levaram a produção do ato.

- Faz parte do elemento "forma" e não do "motivo".
- Teoria dos motivos determinantes.

A motivação é elemento de controle de validade dos atos administrativos. Se ela for falsa, o ato é ilegal, independentemente da sua qualidade (discricionário ou vinculado).

Devem ser motivados:

- Todos os atos administrativos vinculados;
- Alguns atos administrativos discricionários (atos punitivos, que geram despesas, dentre outros).

A Lei nº 9.784/1999, em seu art. 50, traz um rol dos atos que devem ser motivados:

> *Art. 50 Os atos administrativos deverão ser motivados, com indicação dos fatos e dos fundamentos jurídicos, quando:*
> *I - Neguem, limitem ou afetem direitos ou interesses;*
> *II - Imponham ou agravem deveres, encargos ou sanções;*
> *III - Decidam processos administrativos de concurso ou seleção pública;*
> *IV - Dispensem ou declarem a inexigibilidade de processo licitatório;*
> *V - Decidam recursos administrativos;*
> *VI - Decorram de reexame de ofício;*
> *VII - Deixem de aplicar jurisprudência firmada sobre a questão ou discrepem de pareceres, laudos, propostas e relatórios oficiais;*
> *VIII - Importem anulação, revogação, suspensão ou convalidação de ato administrativo.*
> *§ 1º A motivação deve ser explícita, clara e congruente, podendo consistir em declaração de concordância com fundamentos de anteriores pareceres, informações, decisões ou propostas, que, nesse caso, serão parte integrante do ato.*
> *§ 2º Na solução de vários assuntos da mesma natureza, pode ser utilizado meio mecânico que reproduza os fundamentos das decisões, desde que não prejudique direito ou garantia dos interessados.*
> *§ 3º A motivação das decisões de órgãos colegiados e comissões ou de decisões orais constará da respectiva ata ou de termo escrito.*

4.3 Atributos do ato administrativo

São as qualidades especiais dos atos administrativos que lhes asseguram uma qualidade jurídica superior à dos atos de direito privado.

4.3.1 Presunção de legitimidade e veracidade

Presume-se, em caráter relativo, que os atos da administração foram produzidos em conformidade com a lei e os fatos deles. Para os administrados, são obrigatórios. Ocorre, aqui, a inversão do ônus da prova (cabe ao administrado provar que o ato é vicioso).

4.3.2 Consequências

Imediata executoriedade do ato administrativo, mesmo impugnado pelo administrado. Até decisão que reconhece o vício ou susta os efeitos do ato.

Impossibilidade de o Poder Judiciário analisar, de ofício, elementos de validade do ato não expressamente impugnados pelo administrado.

4.3.3 Imperatividade

Imperativo, ou seja, é impositivo e independe da anuência do administrado, com exceção de:

- **Atos negociais:** a Administração concorda com uma pretensão do administrado ou reconhece que ela satisfaz os requisitos para o exercício de certo direito (autorização e permissão – discricionário; licença – vinculado).

325

ATO ADMINISTRATIVO

- **Atos enunciativos:** declaram um fato ou emitem uma opinião sem que tal manifestação produza por si só efeitos jurídicos.

> **Atenção!**
> Relacionado ao *poder extroverso* do Estado (expressão italiana do autor Renato Aless), esse poder é usado como sinônimo para imperatividade nas provas de concurso.

4.3.4 Autoexecutoriedade

O ato administrativo, uma vez produzido pela Administração, é passível de execução imediata, independentemente de manifestação do Poder Judiciário.

Deve haver previsão legal, a exceção existe em casos de emergência. Esse atributo incide em todos os atos, com exceção dos enunciativos e negociais. A Administração não goza de autoexecutoriedade na cobrança de débito, quando o administrado resiste ao pagamento.

4.3.5 Tipicidade

O ato deve observar a forma e o tipo previsto em lei para sua produção.

4.4 Classificação dos atos administrativos

- **Atos vinculados:** são os que a Administração pratica sem margem alguma de liberdade de decisão, pois a lei previamente determinou o único comportamento possível a ser obrigatoriamente adotado sempre que se configure a situação objetiva descrita na lei. Não cabe ao agente público apreciar a situação objetiva descrita nela.
- **Atos discricionários:** a Administração pode praticar, com certa liberdade de escolha, nos termos e limites da lei, quanto ao seu conteúdo, seu modo de realização, sua oportunidade e sua conveniência administrativa.
- **Atos gerais:** caracterizam-se por não possuir destinatários determinados. Os atos gerais são sempre determinados e prevalecem sobre os individuais. Podem ser revogados a qualquer tempo. Por exemplo: são os decretos regulamentares. Esses atos necessitam ser publicados em meio oficial.
- **Atos individuais:** são aqueles que possuem destinatários certos (determinados), produzindo diretamente efeitos concretos, constituindo ou declarando situação jurídicas subjetivas. Por exemplo: nomeação em concurso público e exoneração. Os atos podem ser discricionários ou vinculados e sua revogação somente é passível caso não tenha gerado direito adquirido.
- **Atos simples:** decorrem de uma única manifestação de vontade, de um único órgão.
- **Atos complexos:** necessitam, para formação de seu conteúdo, da manifestação de vontade de dois ou mais órgãos.
- **Atos compostos:** o seu conteúdo depende de manifestação de vontade de um único órgão, contudo, para funcionar, necessita de outro ato que o aprove.

Diferenças entre Ato Complexo e Ato Composto

Ato Complexo
1 ato, 2 vontades e 2 ou + órgãos

Ato Composto
2 atos, 2 vontades, 1 órgão com aprovação de outro

Ato complexo	Ato composto
1 ato	2 atos
2 vontades	2 vontades
2 ou + órgãos	1 órgão com a aprovação de outro

Espécies de Atos Administrativos

- Normativo;
- Ordinatórios;
- Negociais;
- Enunciativos;
- Punitivos.

4.4.1 Atos normativos

São atos caracterizados pela generalidade e pela abstração, isto é, um ato normativo não é prescrito para uma situação determinada, mas para todos os eventos assemelhados; a abstração deriva do fato desse ato não representar um caso concreto, determinado, mas, sim, um caso abstrato, descrito na norma e possível de acontecer no mundo real. A regra abstrata deve ser aplicada no caso concreto.

Finalidade: regulamentar as leis e uniformizar procedimentos administrativos.

Características:
- Não possuem destinatários determinados;
- Correspondem aos atos gerais;
- Não pode inovar o ordenamento jurídico;
- Controle.

Regra: os atos administrativos normativos não podem ser atacados mediante recursos administrativos ou judiciais.

Exceção: atos normativos que gerarem efeitos concretos para determinado destinatário podem ser impugnados pelo administrado na via judicial ou administrativa. Por exemplo: decretos regulamentares, instruções normativas, atos declaratórios normativos.

4.4.2 Atos ordinários

São atos administrativos endereçados aos servidores públicos em geral.

Finalidade: divulgar determinações aplicáveis ao adequado desempenho de suas funções.

Características
- Atos internos;
- Decorrem do exercício do poder hierárquico;
- Vinculam os servidores subordinados ao órgão que o expediu;
- Não atingem os administrados;
- Estão hierarquicamente abaixo dos atos normativos;
- Devem obediência aos atos normativos que tratem da mesma matéria relacionada ao ato ordinatório.
- Por exemplo: instruções, circulares internas, portarias, ordens de serviço.

4.4.3 Atos negociais

São atos administrativos editados quando o ordenamento jurídico exige que o particular obtenha anuência prévia da Administração para realizar determinada atividade de interesse dele ou exercer determinado direito.

Finalidade: satisfação do interesse público, ainda que essa possa coincidir com o interesse do particular que requereu o ato.

Características:
- Os atos negociais não são imperativos, coercitivos e autoexecutórios;
- Os atos negociais não podem ser confundidos com contratos, pois, nesses existe manifestação de vontade bilateral e, nos atos negociais, nós temos uma manifestação de vontade unilateral da Administração Pública, que é provocada mediante requerimento do particular.

Os atos negociais também são divididos em vinculados, discricionários, definitivos e precários:

NOÇÕES DE DIREITO ADMINISTRATIVO

- **Atos negociais vinculados:** reconhecem um direito subjetivo do particular, mediante um requerimento, desse particular, comprovando preencher os requisitos que a lei exige para a anuência do direito, a Administração obrigatoriamente deve praticar o ato.
- **Atos negociais discricionários:** não reconhecem um direito subjetivo do particular, pois, mesmo que esse atenda às exigências necessárias para a obtenção do ato, a Administração poderá não o praticar, decidindo se executa ou não o ato por juízo de conveniência e oportunidade.
- **Atos negociais definitivos:** não comportam revogação, são atos vinculados, mas podem ser anulados ou cassados. Assim, esses atos geram, ao particular, apenas uma expectativa de definitividade.
- **Atos negociais precários:** podem ser revogados a qualquer tempo, são atos discricionários; geralmente, a revogação do ato negocial não gera direito de indenização ao particular.

Os atos negociais apresentam as seguintes espécies:

- **Licença:** fundamenta-se no poder de polícia da Administração. É ato vinculado e definitivo, pois reconhece um direito subjetivo do particular, mediante um requerimento desse, comprovando preencher os requisitos que a lei exige. Para a anuência do direito, a Administração, obrigatoriamente, deve praticar o ato. A licença não comporta revogação, mas ela pode ser anulada ou cassada. Assim, esses atos geram, ao particular, apenas uma expectativa de definitividade.
    > Por exemplo: alvará para a realização de uma obra, alvará para o funcionamento de um estabelecimento comercial, licença para dirigir, licença para exercer uma profissão.
- **Admissão:** é o ato unilateral e vinculado pelo qual a Administração faculta a alguém a inclusão em estabelecimento governamental para o gozo de um serviço público. O ato de admissão não pode ser negado aos que preencham as condições normativas requeridas.
    > Por exemplo: ingresso em estabelecimento oficial de ensino na qualidade de aluno; o desfrute dos serviços de uma biblioteca pública como inscrito entre seus usuários.
- **Aprovação:** é o ato unilateral e discricionário pelo qual a Administração faculta a prática de ato jurídico (aprovação prévia) ou manifesta sua concordância com ato jurídico já praticado (aprovação *a posteriori*).
- **Homologação:** é o ato unilateral e vinculado de controle pelo qual a Administração concorda com um ato jurídico ou série de atos (procedimento) já praticados, verificando a consonância deles com os requisitos legais condicionadores de sua válida emissão.
- **Autorização:** na maior parte das vezes em que é praticado, fundamenta-se no poder de polícia do Estado quando a lei exige a autorização como condicionante para prática de uma determinada atividade privada ou para o uso de bem público. Todavia, a autorização também pode representar uma forma de descentralizar, por delegação, serviços públicos para o particular.
    - A autorização é caracterizada por uma predominância do interesse do particular que solicita o ato, todavia, também existe interesse público na prática desse ato.
    - É um ato discricionário, pois não reconhece um direito subjetivo do particular; mesmo que esse atenda às exigências necessárias para a obtenção do ato, a Administração poderá não o praticar, decidindo se desempenha ou não o ato por juízo de conveniência e oportunidade.
    - É um ato precário, pois pode ser revogado a qualquer tempo. Via de regra, a revogação da autorização não gera direito de indenização ao particular, mas, caso a autorização tenha sido concedida por prazo certo, pode haver o direito de indenização para o particular.
- **Prazo:** a autorização é concedida sem prazo determinado, todavia, pode havê-la outorgada por prazo certo.
    - Por exemplo: atividades potencialmente perigosas e que podem colocar em risco a coletividade, por isso, a necessidade de regulação do Estado; autorização para porte de arma de fogo; autorização para a prestação de serviços privados de educação e saúde; autorização de uso de bem público; autorização de serviço público: prestação de serviço de táxi.
- **Permissão:** é o ato administrativo discricionário e precário, pelo qual a Administração Pública consente ao particular o exercício de uma atividade de interesse predominantemente da coletividade.
    - A permissão apresenta as seguintes características: pode ser concedida por prazo certo e pode ser imposta condições ao particular.
    - A permissão é um ato precário, pois pode ser revogada a qualquer tempo. Via de regra, a revogação da permissão não gera direito de indenização ao particular, mas, caso a autorização tenha sido concedida por prazo certo ou sob condições, pode haver o direito de indenização para o particular.
    - A permissão concedida ao particular, por meio de um ato administrativo, não se confunde com a permissão para a prestação de serviços públicos. Nesse último caso, representa uma espécie de descentralização por delegação realizada por meio de contrato.
    - Por exemplo: permissão de uso de bem público.

4.4.4 Atos enunciativos

São atos administrativos enunciativos aqueles que têm por finalidade declarar um juízo de valor, uma opinião ou um fato.

Características:

- Não produzem efeitos jurídicos por si só;
- Não contêm uma manifestação de vontade da administração.

Seguem alguns exemplos de atos enunciativos:

- **Certidão:** é uma cópia de informações registradas em banco de dados da Administração. Geralmente, é concedida ao particular mediante requerimento da informação registrada pela Administração.
- **Atestado:** declara uma situação de que a Administração tomou conhecimento em virtude da atuação de seus agentes. O atestado não se assemelha à certidão, pois essa declara uma informação constante em banco de dados e aquele declara um fato que não corresponde a um registro de um arquivo da Administração.
- **Parecer:** é um documento técnico, confeccionado por órgão especializado na respectiva matéria tema do parecer, em que o órgão emite sua opinião relativa ao assunto.
- **Apostila:** apostilar significa corrigir, emendar, complementar um documento. É o aditamento de um contrato administrativo ou de um ato administrativo. É um ato de natureza aditiva, pois sua finalidade é adicionar informações a um registro já existente.
    - Por exemplo: anotar alterações na situação funcional de um servidor.

4.4.5 Atos punitivos

São os atos administrativos por meio dos quais a Administração Pública impõe sanções a seus servidores ou aos administrados.

Fundamento:

- **Poder disciplinar:** quando o ato punitivo atinge servidores públicos e particulares ligados à Administração por algum vínculo jurídico específico.

ATO ADMINISTRATIVO

- **Poder de polícia:** quando o ato punitivo atinge particulares não ligados à Administração Pública por um vínculo jurídico específico.

Os atos punitivos podem ser internos e externos:

- **Atos punitivos internos:** têm como destinatários os servidores públicos e aplicam penalidades disciplinares, ou seja, os atos punitivos internos decorrem sempre do poder disciplinar.
- **Atos punitivos externos:** têm como destinatários os particulares. Podem ter fundamento decorrente do poder disciplinar, quando punem particulares sujeitos à disciplina administrativa, ou podem ter fundamento no poder de polícia, quando punem particulares não ligados à Administração Pública.

Todo ato punitivo interno decorre do poder disciplinar, mas nem todo ato que decorre do poder punitivo que surge do poder disciplinar é um ato punitivo interno, pois, quando a Administração Pública aplica punição aos particulares ligados à administração, essa punição decorre do poder disciplinar, mas também representa um ato punitivo externo.

Todo ato punitivo decorrente do poder de polícia é um ato punitivo externo, pois, nesse caso, temos a Administração punindo sempre o particular.

4.5 Extinção dos atos administrativos

4.5.1 Anulação ou controle de legalidade

É o desfazimento do ato administrativo que decorre de vício de legalidade ou de legitimidade na prática do ato.

Cabimento
- Ato discricionário;
- Ato vinculado.

Competência para anular
- **Entidade da Administração Pública que praticou o ato:** pode anular o ato a pedido do interessado ou de ofício em razão do princípio da autotutela.
- **Poder Judiciário:** pode anular somente por provocação do interessado.

Efeitos da anulação: *ex tunc*, retroagem desde a data da prática do ato, impugnando a validade do ato.

Prazo: 5 anos.
- Contagem;
- Prática do ato.

No caso de efeitos patrimoniais contínuos, a partir do primeiro pagamento.

4.5.2 Revogação ou controle de mérito

É o desfazimento do ato administrativo por motivos de conveniência e oportunidade.

Cabimento
- Ato discricionário legal, inconveniente e inoportuno;
- Não é cabível a revogação de ato vinculado.

A competência para revogar é apenas a entidade da Administração Pública que praticou o ato.

Não pode o controle de mérito ser feito pelo Poder Judiciário na sua função típica de julgar. Todavia, a Administração Pública está presente nos três poderes da União e, caso uma entidade dos Poderes Judiciário, Legislativo ou Executivo pratique ato discricionário legal, que com o passar do tempo, se mostre inconveniente e inoportuno, somente a entidade que criou o ato tem competência para revogá-lo.

Assim, o Poder Judiciário não tem competência para exercer o controle de mérito dos atos da Administração Pública, mas essa prática atos administrativos e cabe somente a ela a revogação de seus atos.

Efeitos da revogação: *ex nunc*, não retroagem, ou seja, a revogação gera efeitos prospectivos, para frente.

4.5.3 Cassação

É o desfazimento do ato administrativo decorrente do descumprimento dos requisitos que permitem a manutenção do ato. Na maioria das vezes, a cassação representa uma sanção aplicada ao particular que deixou de atender às condições exigidas para a manutenção do ato.

Como exemplo, temos a cassação da carteira de motorista, que nada mais é do que a cassação de um ato administrativo classificado como licença. A cassação da licença para dirigir decorre da prática de infrações de trânsito praticadas pelo particular, assim, nesse caso, essa cassação é uma punição.

4.5.4 Convalidação

Convalidação é a correção com efeitos retroativos do ato administrativo com defeito sanável, o qual pode ser considerado:

- **Vício de competência relativo à pessoa**
  - **Exceção:** competência exclusiva (não cabe convalidação).
  - O vício de competência relativo à matéria não é considerado um defeito sanável e também não cabe convalidação.
- **Vício de forma**
  - **Exceção:** a lei determina que a forma seja elemento essencial de validade de determinado ato (também não cabe convalidação).
- **Convalidação tácita**
  - O art. 54 da Lei nº 9.784/1999 prevê que a Administração tem o direito de anular os atos administrativos de que decorram efeitos favoráveis para os destinatários. O prazo é de 5 anos, contados da data em que forem praticados, salvo comprovada má-fé. Transcorrido esse prazo, o ato foi convalidado, pois não pode ser mais anulado pela Administração.
- **Convalidação expressa**

    Art. 55, Lei nº 9.784/1999 Em decisão na qual se evidencie não acarretarem lesão ao interesse público nem prejuízo a terceiros, os atos que apresentarem defeitos sanáveis poderão ser convalidados pela própria Administração.

NOÇÕES DE DIREITO ADMINISTRATIVO

5 AGENTES PÚBLICOS

Estudaremos a seguir os agentes públicos, sua finalidade, seu papel na estrutura da Administração Pública, bem como as diversas classificações relativas ao tema.

5.1 Conceito

Considera-se agente público toda pessoa física que exerça, ainda que transitoriamente ou sem remuneração, por eleição, nomeação, designação, contratação ou qualquer outra forma de investidura ou vínculo, mandato, cargo, emprego ou função pública.

5.2 Classificação

- Agentes políticos.
- Agentes administrativos.
- Particulares em colaboração com o poder público.

5.2.1 Agentes políticos

Os agentes políticos estão nos mais altos escalões do Poder Público. São responsáveis pela elaboração das diretrizes governamentais e pelas funções de direção, orientação e supervisão geral da Administração Pública.

- **Características**
- Sua competência é haurida da Constituição Federal.
- Não se sujeitam às regras comuns aplicáveis aos servidores públicos em geral.
- Normalmente, são investidos em seus cargos por meio de eleição, nomeação ou designação.
- Não são hierarquizados, subordinando-se tão somente à Constituição Federal.

Exceção: auxiliares imediatos dos chefes do Executivo são, hierarquizados, pois se subordinam ao líder desse poder.

Exemplos: ministros de Estado e secretários estaduais e municipais.

Tabela de Agentes Políticos

Poder	Federal	Estadual	Municipal
Executivo	Presidente da República; Ministros de estados	Governadores; secretários estaduais	Prefeitos; secretários municipais
Legislativo	Deputados federais; senadores	Deputados estaduais	Vereadores
Judiciário	Membros do Poder Judiciário Federal	Membros do Poder Judiciário Estadual	Não há
Ministério Público	Membros do Ministério Público Federal	Membros do Ministério Público Estadual	Não há

5.2.2 Agentes administrativos

São as pessoas que exercem atividade pública de natureza profissional, permanente e remunerada, estão sujeitos à hierarquia funcional e ao regime jurídico estabelecido pelo ente ao qual pertencem. O vínculo entre esses agentes e o ente ao qual estão ligados é um vínculo de natureza permanente.

- **Servidores públicos (estrito)**: são os titulares de cargos públicos (efetivos e comissionados), são vinculados ao seu cargo por meio de um estatuto estabelecido pelo ente contratante.
- **Empregados públicos:** são os ocupantes de Emprego Público; são vinculados ao seu emprego por meio da Consolidação das Leis do Trabalho (CLT).
- **Temporários:** são contratados por tempo determinado para atender necessidade temporária de excepcional interesse público. Exercem função pública temporária e remunerada, estão vinculados à Administração Pública por meio de um contrato de direito público e não de natureza trabalhista. O meio utilizado pelo Estado para selecionar os temporários é o processo seletivo simplificado e não o concurso público.

Algumas doutrinas dividem a classificação dos servidores públicos em sentido amplo e em estrito. Nesse último caso, servidor público é o que consta acima, ou seja, somente os titulares de cargos públicos; já em sentido amplo, adota-se a seguinte regra: servidor público é um gênero que comporta três espécies: os servidores estatutários, os empregados públicos e os servidores temporários. Então, caso se adote o conceito de servidor público em sentido amplo, este será sinônimo de agente administrativo.

Servidor público (amplo)
Servidor estatutário = servidor público (estrito)
Empregado público = empregado público
Servidor temporário = temporário

5.2.3 Particulares em colaboração com o Poder Público

- **Agentes honoríficos:** são cidadãos que transitoriamente são requisitados ou designados para prestar certos serviços públicos específicos em razão da sua honra, da sua conduta cívica ou de sua notória capacidade profissional. Geralmente atuam sem remuneração. São os mesários, jurados, entre outros.
- **Agentes delegados:** são particulares que recebem a incumbência de exercer determinada atividade, obra ou serviço, por sua conta e risco e em nome próprio, sob permanente fiscalização do poder contratante, ou seja, são aquelas pessoas que recebem a incumbência de prestar certas atividades do Estado por meio da descentralização por delegação. São elas:
  - Autorizatárias de serviços públicos;
  - Concessionárias de serviços públicos;
  - Permissionárias de serviços públicos.
- **Agentes credenciados:** são os particulares que recebem a incumbência de representar a administração em determinado ato ou praticar certa atividade específica, mediante remuneração do poder público credenciante.

6 PRINCÍPIOS FUNDAMENTAIS DA ADMINISTRAÇÃO PÚBLICA

Neste momento, o objetivo é conhecer o rol de princípios fundamentais que norteiam e orientam toda a atividade administrativa do Estado, bem como toda a atuação da Administração Pública Direta e indireta.

Tais princípios são de observância obrigatória para toda a Administração Pública, quer da União, dos estados, do Distrito Federal, quer dos municípios. São considerados expressos, pois estão descritos expressamente no *caput* do art. 37 da Constituição Federal de 1988.

> *Art. 37 A Administração Pública Direta e indireta de qualquer dos Poderes da União, dos Estados, do Distrito Federal e dos Municípios obedecerá aos princípios de legalidade, impessoalidade, moralidade, publicidade e eficiência e, também, ao seguinte. (Ver CF/1988)*

6.1 Classificação

Os princípios da Administração Pública são classificados como princípios explícitos (expressos) e implícitos.

É importante apontar que não existe relação de subordinação e de hierarquia entre os princípios expressos e os implícitos; na verdade, essa relação não existe entre nenhum princípio.

Isso quer dizer que, em um aparente conflito entre os princípios, um não exclui o outro, pois deve o administrador público observar ambos ao mesmo tempo, devendo nortear sua decisão na obediência de todos os princípios fundamentais pertinentes ao caso em concreto.

Como exemplo, não pode o administrador público deixar de observar o princípio da legalidade para buscar uma atuação mais eficiente (de acordo com o princípio da eficiência), devendo ele, na colisão entre os dois princípios, observar a lei e ainda buscar a eficiência conforme os meios que lhes seja possível.

Os **princípios explícitos** ou expressos são aqueles que estão descritos no *caput* do art. 37 da CF/1988. São eles:
- Legalidade;
- Impessoalidade;
- Moralidade;
- Publicidade;
- Eficiência.

Os **princípios implícitos** são aqueles que não estão descritos no *caput* do art. 37 da Constituição Federal. São eles:
- Supremacia do interesse público;
- Indisponibilidade do interesse público;
- Motivação;
- Razoabilidade;
- Proporcionalidade;
- Autotutela;
- Continuidade dos serviços públicos;
- Segurança jurídica, entre outros.

A seguir, analisaremos as características dos princípios fundamentais da Administração Pública que mais aparecem nas provas de concurso público.

6.2 Princípios explícitos da Administração Pública

6.2.1 Princípio da legalidade

O princípio da legalidade está previsto em dois lugares distintos na Constituição Federal. Em primeiro plano, no art. 5º, inciso II: *ninguém será obrigado a fazer ou deixar de fazer alguma coisa senão em virtude de lei*. O princípio da legalidade regula a vida dos particulares e, ao particular, é facultado fazer tudo que a lei não proíbe; é o chamado princípio da autonomia da vontade. Essa regra não deve ser aplicada à Administração Pública.

Em segundo plano, o art. 37, *caput* do texto Constitucional, determina que a Administração Pública somente pode fazer aquilo que a lei determina ou autoriza. Assim, em caso de omissão legislativa (falta de lei), a Administração Pública está proibida de agir.

Nesse segundo caso, a lei deve ser entendida em sentido amplo, o que significa que a Administração Pública deve obedecer aos mandamentos constitucionais, às leis formais e materiais (leis complementares, leis delegadas, leis ordinárias, medidas provisórias) e também às normas infralegais (decretos, resoluções, portarias, entre outros), e não somente a lei em sentido estrito.

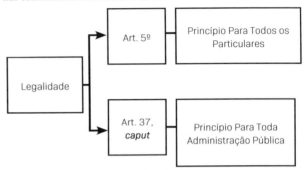

6.2.2 Princípio da impessoalidade

O princípio da impessoalidade determina que todas as ações da Administração Pública devem ser revestidas de finalidade pública. Além disso, como segunda vertente, proíbe a promoção pessoal do agente público, como determina o art. 37, § 1º da Constituição Federal de 1988:

> *Art. 37, § 1º A publicidade dos atos, programas, obras, serviços e campanhas dos órgãos públicos deverá ter caráter educativo, informativo ou de orientação social, dela não podendo constar nomes, símbolos ou imagens que caracterizem promoção pessoal de autoridades ou servidores públicos.*

O princípio da impessoalidade é tratado sob dois prismas, a saber:
- Como determinante da finalidade de toda atuação administrativa (também chamado de princípio da **finalidade**, considerado constitucional implícito, inserido no princípio expresso da impessoalidade).
- Como vedação a que o agente público se promova à custa das realizações da Administração Pública (vedação à promoção pessoal do administrador público pelos serviços, obras e outras realizações efetuadas pela Administração Pública).

É pelo princípio da impessoalidade que dizemos que o agente público age em imputação à pessoa jurídica a que está ligado, ou seja, pelo princípio da impessoalidade as ações do agente público são determinadas como se o próprio Estado estivesse agindo.

6.2.3 Princípio da moralidade

O princípio da moralidade é um complemento ao da legalidade, pois nem tudo que é legal é moral. Dessa forma, o Estado impõe a sua administração a atuação segundo a lei e também segundo a moral administrativa. Tal princípio traz para o agente público o dever de probidade. Esse dever é sinônimo de atuação com ética, decoro, honestidade e boa-fé.

O princípio da moralidade determina que o agente deva sempre trabalhar com ética e em respeito aos princípios morais da Administração Pública. O princípio está intimamente ligado ao dever de probidade (honestidade) e sua não observação acarreta a aplicação do art. 37, § 4º da Constituição Federal de 1988 e a Lei nº 8.429/1992 (Lei de Improbidade Administrativa).

> *Art. 37, § 4º Os atos de improbidade administrativa importarão a suspensão dos direitos políticos, a perda da função pública, a indisponibilidade dos bens e o ressarcimento ao erário, na forma e gradação previstas em lei, sem prejuízo da ação penal cabível.*

O desrespeito ao princípio da moralidade afeta a própria legalidade do ato administrativo, ou seja, leva a anulação do ato, e ainda pode acarretar a responsabilização dos agentes por improbidade administrativa.

O princípio da moralidade não se refere ao senso comum de moral, que é formado por meio das instituições que passam pela vida da pessoa, como família, escola, igreja, entre outras. Para a Administração Pública, esse princípio refere-se à moralidade administrativa, que está inserida no corpo das normas de Direito Administrativo.

6.2.4 Princípio da publicidade

Esse princípio deve ser entendido como aquele que determina que os atos da Administração sejam claros quanto à sua procedência. Por esse motivo, em regra, os atos devem ser publicados em diário oficial e, além disso, a Administração deve tornar o fato acessível (público). Tornar público é, além de publicar em diário oficial, apresentar os atos na internet, pois esse meio, hoje, é o que deixa todas as informações acessíveis.

O princípio da publicidade apresenta dupla acepção em face do sistema constitucional vigente:

- Exigência de publicação em órgão oficial como requisito de eficácia dos atos administrativos que devam produzir efeitos externos e dos atos que impliquem ônus para o patrimônio público.

Essa regra não é absoluta, pois, em defesa da intimidade e também do Estado, alguns atos públicos não precisam ser publicados:

> *Art. 5º, X, CF/1988 São invioláveis a intimidade, a vida privada, a honra e a imagem das pessoas, assegurado o direito a indenização pelo dano material ou moral decorrente de sua violação.*
>
> *Art. 5º, XXXIII, CF/1988 Todos têm direito a receber dos órgãos públicos informações de seu interesse particular, ou de interesse coletivo ou geral, que serão prestadas no prazo da lei, sob pena de responsabilidade, ressalvadas aquelas cujo sigilo seja imprescindível à segurança da sociedade e do Estado.*

Assim, o ato que tiver em seu conteúdo uma informação sigilosa ou relativa à intimidade da pessoa tem de ser resguardado no devido sigilo.

- Exigência de transparência da atuação administrativa:

> *Art. 5º, XXXIII, CF/1988 Todos têm direito a receber dos órgãos públicos informações de seu interesse particular, ou de interesse coletivo ou geral, que serão prestadas no prazo da lei, sob pena de responsabilidade, ressalvadas aquelas cujo sigilo seja imprescindível à segurança da sociedade e do Estado.*

O princípio da publicidade orientou o poder legislativo nacional a editar a Lei nº 12.527/2011, que regulamenta o dispositivo do art. 5º, inciso XXXIII, da Constituição Federal de 1988. Dispõe sobre o acesso à informação pública, sobre a informação sigilosa, sua classificação, bem como a informação pessoal, entre outras providências. Tal dispositivo merece ser lido, pois essa lei transpassa toda a essência do princípio da publicidade.

Podemos inclusive afirmar que esse princípio foi materializado em lei após a edição da Lei nº 12.527/2011. Veja a seguir a redação do art. 3º dessa lei:

> *Art. 3º Os procedimentos previstos nesta Lei destinam-se a assegurar o direito fundamental de acesso à informação e devem ser executados em conformidade com os princípios básicos da Administração Pública e com as seguintes diretrizes:*
>
> *I - Observância da publicidade como preceito geral e do sigilo como exceção;*
>
> *II - Divulgação de informações de interesse público, independentemente de solicitações;*
>
> *III - Utilização de meios de comunicação viabilizados pela tecnologia da informação;*
>
> *IV - Fomento ao desenvolvimento da cultura de transparência na Administração Pública;*
>
> *V - Desenvolvimento do controle social da Administração Pública.*

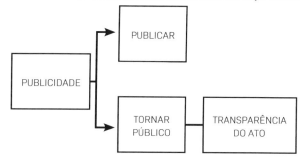

6.2.5 Princípio da eficiência

O princípio da eficiência foi o último a ser inserido no bojo do texto constitucional. Esse princípio foi incluído com a Emenda Constitucional nº 19/1998), e apresenta dois aspectos principais:

- Relativamente à forma de atuação do agente público, espera-se o melhor desempenho possível de suas atribuições, a fim de obter os melhores resultados.
- Quanto ao modo de organizar, estruturar e disciplinar a Administração Pública, exigiu-se que esse seja o mais racional possível, no intuito de alcançar melhores resultados na prestação dos serviços públicos.

> *Art. 37, § 8º, CF/1988 A autonomia gerencial, orçamentária e financeira dos órgãos e entidades da Administração Direta e indireta poderá ser ampliada mediante contrato, a ser firmado entre seus administradores e o poder público, que tenha por objeto a fixação de metas de desempenho para o órgão ou entidade, cabendo à lei dispor sobre.*

O princípio da eficiência orienta a atuação da Administração Pública de forma que essa busque o melhor custo-benefício no exercício de suas atividades, ou seja, os serviços públicos devem ser prestados com adequação às necessidades da sociedade que o custeia.

A atuação da Administração Pública tem que ser eficiente, o que acarreta ao agente público o dever de agir com presteza, esforço, rapidez e rendimento funcional. Seu descumprimento poderá acarretar a perda do seu cargo por baixa produtividade apurada em procedimento da avaliação periódica de desempenho, tanto antes da aquisição da estabilidade, como também após.

6.3 Princípios implícitos da Administração Pública

6.3.1 Princípio da supremacia do interesse público sobre o privado

Esse princípio é também considerado o norteador do Direito Administrativo. Ele determina que o Estado, quando trabalhando com o interesse público, se sobrepõe ao particular. Devemos lembrar que esse princípio deve ser utilizado pelo administrador público de forma razoável e proporcional para que o ato não se transforme em arbitrário e, consequentemente, ilegal.

É o fundamento das prerrogativas do Estado, ou seja, da relação jurídica desigual ou vertical entre o Estado e o particular. A exemplo, temos o poder de império do Estado (também chamado de poder extroverso), que se manifesta por meio da imposição da lei ao administrado, admitindo até o uso da força coercitiva para o cumprimento da

PRINCÍPIOS FUNDAMENTAIS DA ADMINISTRAÇÃO PÚBLICA

norma. Assim sendo, a Administração Pública pode criar obrigações, restringir ou condicionar os direitos dos administrados.

Limitações:
- Respeito aos demais princípios.
- Não está presente diretamente nos atos de gestão (atos de gestão são praticados pela administração na qualidade de gestora de seus bens e serviços, sem exercício de supremacia sobre os particulares, assemelhando-se aos atos praticados pelas pessoas privadas. São exemplos de atos de gestão a alienação ou a aquisição de bens pela Administração Pública, o aluguel a um particular de um imóvel de propriedade de uma autarquia, entre outros).

Exemplos de incidência:
- Intervenção na propriedade privada.
- Exercício do poder de polícia, limitando ou condicionando o exercício de direito em prol do interesse público.
- Presunção de legitimidade dos atos administrativos.

6.3.2 Princípio da indisponibilidade do interesse público

Conforme dito anteriormente, o princípio da indisponibilidade do interesse público juntamente com o da supremacia do interesse público, formam os pilares do regime jurídico administrativo.

Esse princípio é o fundamento das **restrições** do Estado. Assim sendo, apesar de o princípio da supremacia do interesse público prever prerrogativas especiais para a Administração Pública em determinadas relações jurídicas com o administrado, tais poderes são ferramentas que a ordem jurídica confere aos agentes públicos para alcançar os objetivos do Estado. E o uso desses poderes, então, deve ser balizado pelo interesse público, o que impõe restrições legais a sua atuação, garantindo que a utilização do poder tenha por finalidade o interesse público e não o do administrador.

Assim, é vedada a renúncia do exercício de competência pelo agente público, pois a atuação desse não é balizada por sua vontade pessoal, mas, sim, pelo interesse público, também chamado de interesse da lei. Os poderes conferidos aos agentes públicos têm a finalidade de auxiliá-los a atingir tal interesse. Com base nessa regra, concluímos que esses agentes não podem dispor do interesse público, por não ser o seu proprietário, e sim o povo. Ao agente público cabe a gestão da Administração Pública em prol da coletividade.

6.3.3 Princípios da razoabilidade e proporcionalidade

Os princípios da razoabilidade e da proporcionalidade não se encontram expressos no texto constitucional. Esses são classificados como princípios gerais do Direito e são aplicáveis a vários ramos da ciência jurídica. São chamados de princípios da proibição de excesso do agente público.

A razoabilidade diz que toda atuação da Administração tem que seguir a teoria do homem médio, ou seja, as decisões devem ser tomadas segundo o critério da maioria das pessoas "racionais", sem exageros ou deturpações.

- **Razoabilidade:** adequação entre meios e fins. O princípio da proporcionalidade diz que o agente público deve ser proporcional no uso da força para o cumprimento do bem público, ou seja, nas aplicações de penalidades pela Administração deve ser levada em conta sempre a gravidade da falta cometida.
- **Proporcionalidade:** vedação de imposição de obrigações, restrições e sanções em medida superior àquela estritamente necessária ao interesse público.

Podemos dar como exemplo a atuação de um fiscal sanitário, que esteja vistoriando dois estabelecimentos e, em um deles, encontre um quilo de carne estragada e, no outro, encontre uma tonelada.

Na aplicação da penalidade, deve ser respeitada tanto a razoabilidade quanto a proporcionalidade, ou seja, aplica-se, no primeiro, uma penalidade pequena, uma multa, por exemplo, e, no segundo, uma penalidade grande, suspensão de 90 dias.

Veja que o administrador não pode fazer menos ou mais do que a lei determina, isso em obediência ao princípio da legalidade, senão cometerá abuso de poder.

6.3.4 Princípio da autotutela

O princípio da autotutela propicia o controle da Administração Pública sob seus próprios atos em dois pontos específicos:

- **De legalidade:** em que a Administração Pública pode controlar seus próprios atos quando eivados de vício de ilegalidade, sendo provocado ou de ofício.
- **De mérito:** em que a Administração Pública pode revogar seus atos por conveniência e oportunidade.

> *Súmula nº 473 – STF A Administração pode anular seus próprios atos, quando eivados de vícios que os tornam ilegais, porque deles não se originam direitos; ou revogá-los, por motivo de conveniência ou oportunidade, respeitados os direitos adquiridos, e ressalvada, em todos os casos, a apreciação judicial.*

O princípio da autotutela não exclui a possibilidade de controle jurisdicional do ato administrativo previsto no art. 5º, inciso XXXV, da Constituição Federal de 1988: a lei não excluirá da apreciação do Poder Judiciário lesão ou ameaça a direito.

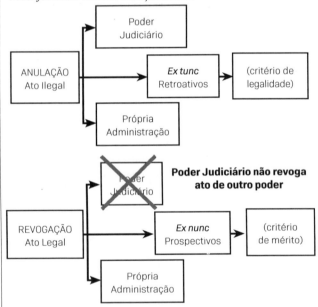

6.3.5 Princípio da ampla defesa

A ampla defesa determina que todos que sofrerem medidas de caráter de pena terão direito a se defender de todos os meios disponíveis legais em direito. Está previsto nos processos administrativos disciplinares:

> *Art. 5º, LV, CF/1988 Aos litigantes, em processo judicial ou administrativo, e aos acusados em geral são assegurados o contraditório e ampla defesa, com os meios e recursos a ela inerentes;*

6.3.6 Princípio da continuidade do serviço público

O princípio da continuidade do serviço público tem como escopo (objetivo) não prejudicar o atendimento dos serviços essenciais à população. Assim, evitam que esses sejam interrompidos.

Regra
- Os serviços públicos devem ser adequados e ininterruptos.

Exceção
- Aviso prévio;
- Situações de emergência.

NOÇÕES DE DIREITO ADMINISTRATIVO

Alcance
- Todos os prestadores de serviços públicos;
- Administração Direta;
- Administração Indireta;
- Concessionárias, autorizatárias e permissionárias de serviços públicos.

Efeitos
- Restrição de direitos das prestadoras de serviços públicos, bem como dos agentes envolvidos na prestação desses serviços, a exemplo do direito de greve.

Dessa forma, quem realiza o serviço público se submete a algumas restrições:
- Restrição ao direito de greve, art. 37, inciso VII, da Constituição Federal de 1988;
- Suplência, delegação e substituição – casos de funções vagas temporariamente;
- Impossibilidade de alegar a exceção do contrato não cumprido, somente em casos em que se configure uma impossibilidade de realização das atividades;
- Possibilidade da encampação da concessão do serviço, retomada da administração do serviço público concedido no prazo na concessão, quando o serviço não é prestado de forma adequada.

O Código de Defesa do Consumidor, em seu art. 22, assegura ao consumidor que os serviços essenciais devem ser contínuos, caso contrário, aos responsáveis, caberá indenização. O referido código não diz quais seriam esses serviços essenciais. Podemos usar, como analogia, o art. 10 da Lei nº 7.783/1989, que enumera os que seriam considerados fundamentais:

Art. 10 São considerados serviços ou atividades essenciais:

I - Tratamento e abastecimento de água; produção e distribuição de energia elétrica, gás e combustíveis;

II - Assistência médica e hospitalar;

III - Distribuição e comercialização de medicamentos e alimentos;

IV - Funerários;

V - Transporte coletivo;

VI - Captação e tratamento de esgoto e lixo;

VII - Telecomunicações;

VIII - Guarda, uso e controle de substâncias radioativas, equipamentos e materiais nucleares;

IX - Processamento de dados ligados a serviços essenciais;

X - controle de tráfego aéreo e navegação aérea;

XI - Compensação bancária.

6.3.7 Princípio da segurança jurídica

Esse princípio veda a aplicação retroativa da nova interpretação da norma.

Caso uma regra tenha a sua redação ou interpretação revogada ou alterada, os atos praticados durante a vigência da norma antiga continuam valendo, pois tal princípio visa resguardar o direito adquirido, o ato jurídico perfeito e a coisa julgada.

Assim, temos que a nova interpretação da norma, via de regra, somente terá efeitos prospectivos, ou seja, da data em que for revogada para frente, não atingindo os atos praticados na vigência da norma antiga.

DEVERES E PODERES ADMINISTRATIVOS

7 DEVERES E PODERES ADMINISTRATIVOS

Para um desempenho adequado do papel que compete à Administração Pública, o ordenamento jurídico confere a ela poderes e deveres especiais. Conheceremos seus deveres e poderes de modo a diferenciar a aplicabilidade de um ou de outro poder ou dever na análise de casos concretos, bem como apresentado nas questões de concurso público.

7.1 Deveres

Os deveres da Administração Pública são um conjunto de obrigações de direito público que a ordem jurídica confere aos agentes públicos com o objetivo de permitir que o Estado alcance seus fins.

O fundamento desses deveres é o princípio da indisponibilidade do interesse público, pois, como a Administração Pública é uma ferramenta do Estado para alcançar seus objetivos, não é permitido ao agente público usar dos seus poderes para satisfazer interesses pessoais ou de terceiros. Com base nessa regra, concluímos que esses agentes não podem dispor do interesse público, por não ser o seu proprietário, e sim o povo. A ele cabe a gestão da Administração Pública em prol da coletividade.

A doutrina, de modo geral, enumera como alguns dos principais deveres impostos aos agentes administrativos pelo ordenamento jurídico quatro obrigações administrativas, a saber:
- Poder-dever de agir;
- Dever de eficiência;
- Dever de probidade;
- Dever de prestar contas.

7.1.1 Poder-dever de agir

O poder-dever de agir determina que toda a Administração Pública tem que agir em caso de determinação legal. Contudo, essa é temperada, uma vez que o administrador precisa ter possibilidade real de atuar.

> **Art. 37, § 6º, CF/1988** Policiais em serviço que presenciam um cidadão ser assaltado e morto e nada fazem. Nessa situação, além do dever imposto por lei, havia a possibilidade de agir. Nesse caso concreto, gera-se a possibilidade de indenização por parte do Estado, com base na responsabilidade civil do Estado.

Enquanto, no direito privado, agir é uma faculdade do administrador, no direito público, agir é um dever legal do agente público.

Em decorrência dessa regra temos que os **poderes** administrativos são **irrenunciáveis**, devendo ser **obrigatoriamente exercidos** por seus titulares nas situações cabíveis.

A inércia do agente público acarreta responsabilização a ela por abuso de poder na modalidade omissão. A Administração Pública também responderá pelos danos patrimoniais ou morais decorrentes da omissão na esfera cível.

7.1.2 Dever de eficiência

A Constituição implementou o dever de eficiência com a introdução da Emenda Constitucional nº 19 de 1998, a chamada reforma administrativa. Esse novo modelo instituiu a denominada "administração gerencial", tendo vários exemplos dispostos no corpo do texto constitucional, como:
- Possibilidade de perda do cargo de servidor estável em razão de insuficiência de desempenho (art. 41, § 1º, inciso III);
- O estabelecimento como condição para o ganho da estabilidade de avaliação de desempenho (art. 41, § 4º);
- A possibilidade da celebração de contratos de gestão (art. 37, § 8º);
- A exigência de participação do servidor público em cursos de aperfeiçoamento profissional como um dos requisitos para a promoção na carreira (art. 39, § 2º).

7.1.3 Dever de probidade

O dever de probidade determina que todo administrador público, no desempenho de suas atividades, atue sempre com ética, honestidade e boa-fé, em consonância com o princípio da moralidade administrativa.

> **Art. 37, § 4º, CF/1988** Os atos de improbidade administrativa importarão a suspensão dos direitos políticos, a perda da função pública, a indisponibilidade dos bens e o ressarcimento ao erário, na forma e gradação previstas em lei, sem prejuízo da ação penal cabível.

Efeitos
- A suspensão dos direitos políticos;
- Perda da função pública;
- Ressarcimento ao erário;
- Indisponibilidade dos bens.

7.1.4 Dever de prestar contas

O dever de prestar contas decorre diretamente do princípio da indisponibilidade do interesse público, sendo pertinente à função do agente público, que é simples gestão da coisa pública.

> **Art. 70, Parágrafo único, CF/1988** Prestará contas qualquer pessoa física ou jurídica, pública ou privada, que utilize, arrecade, guarde, gerencie ou administre dinheiros, bens e valores públicos ou pelos quais a União responda, ou que, em nome dessa, assuma obrigações de natureza pecuniária.

7.2 Poderes administrativos

São mecanismos que, utilizados isoladamente ou em conjunto, permitem que a Administração Pública possa cumprir suas finalidades. Dessa forma, os poderes administrativos representam um conjunto de prerrogativas de direito público que a ordem jurídica confere aos agentes administrativos para o fim de permitir que o Estado alcance os seus fins.

O fundamento desses poderes é o princípio da supremacia do interesse público, pois, como a Administração Pública é uma ferramenta do Estado para alcançar seus objetivos, e tais objetivos são de interesse de toda coletividade, é necessário que o Estado possa ter prerrogativas especiais na busca de seus objetivos. Como exemplo, podemos citar a aplicação de uma multa de trânsito. Imagine que a lei fale que ultrapassar o sinal vermelho é errado, mas que o Estado não tenha o poder de aplicar a multa. De nada vale a previsão da infração na lei.

São poderes administrativos descritos pela doutrina pátria:
- Poder vinculado;
- Poder discricionário;
- Poder hierárquico;
- Poder disciplinar;
- Poder regulamentar;
- Poder de polícia.

7.2.1 Poder vinculado

O poder vinculado determina que o administrador somente pode fazer o que a lei determina; aqui não se gera poder de escolha, ou seja, está o administrador preso (vinculado) aos ditames da lei.

O agente público não pode fazer considerações de conveniência e oportunidade. Caso descumpra a única hipótese prevista na lei para orientar a sua conduta, praticará um ato ilegal, assim, deve o ato ser anulado.

7.2.2 Poder discricionário

O poder discricionário gera a margem de escolha, que é a conveniência e a oportunidade, o mérito administrativo. Diz-se que o agente público pode agir com liberdade de escolha, mas sempre respeitando os parâmetros da lei.

Duas são as vertentes que autorizam o poder discricionário: a lei e os conceitos jurídicos indeterminados. Esses últimos são determinações da própria lei, por exemplo: quando a lei prevê a boa-fé, quem decide se o administrado está de boa ou má-fé é o agente público, sempre sendo razoável e proporcional.

334

NOÇÕES DE DIREITO ADMINISTRATIVO

7.2.3 Poder hierárquico

Manifesta a noção de um escalonamento vertical da Administração Pública, já que temos a subordinação entre órgãos e agentes, sempre no âmbito de uma mesma pessoa jurídica.

É interessante salientar que não há subordinação nem hierarquia:
- Entre pessoas distintas.
- Entre os poderes da república.
- Entre a administração e o administrado.

Suas prerrogativas são:
- **Dar ordens:** cabe ao subordinado o dever de obediência, salvo nos casos de ordens manifestamente ilegais.
- Fiscalizar a atuação dos subordinados.
- Revisar os atos dos subordinados e, nessa atribuição:
- Manter os atos vinculados legais e os atos discricionários legais convenientes e oportunos.
- Convalidar os atos com defeitos sanáveis.
- Anular os atos ilegais.
- Revogar os atos discricionários legais inconvenientes e inoportunos.
- Aplicar sanções aos servidores que praticarem infrações funcionais.

A caraterística marcante é o grau de subordinação entre órgãos e agentes, sempre dentro da estrutura da mesma pessoa jurídica. O controle hierárquico permite que o superior aprecie todos os aspectos dos atos de seus subordinados (quanto à legalidade e quanto ao mérito administrativo) e pode ocorrer de ofício ou a pedido, quando for interesse de terceiros, por meio de recurso hierárquico.

- **Delegação**

Competência: é o ato discricionário, revogável a qualquer tempo, mediante o qual o superior hierárquico confere o exercício temporário de algumas de suas atribuições, originariamente pertencentes ao seu cargo, a um subordinado.

É importante alertar que, excepcionalmente, a lei admite a delegação para outro órgão que não seja hierarquicamente subordinado ao delegante, conforme podemos constatar da redação do art. 12 da Lei nº 9.784/1999:

> *Art. 12 Um órgão administrativo e seu titular poderão, se não houver impedimento legal, delegar parte da sua competência a outros órgãos ou titulares, ainda que estes não lhe sejam hierarquicamente subordinados, quando for conveniente, em razão de circunstâncias de índole técnica, social, econômica, jurídica ou territorial.*

São características da delegação:
- **Não podem ser delegados:**
  - Edição de atos de caráter normativo;
  - A decisão de recursos administrativos;
  - As matérias de competência exclusiva do órgão ou autoridade.
- **Consequências:**
  - **Não acarreta renúncia de competências;**
  - Transfere o exercício da atribuição e não a titularidade, pois pode ser revogada a delegação a qualquer tempo pela autoridade delegante;
  - O ato de delegação e sua revogação deverão ser publicados em meio oficial.
- **Avocação.**

Competência: avocar é o ato discricionário mediante o qual o superior hierárquico traz para si o exercício temporário de determinada competência, atribuída por lei a um subordinado.

Cabimento: é uma medida excepcional e deve ser fundamentada.

Restrições: não podem ser avocadas competências exclusivas do subordinado.

Consequências: desonera o agente de qualquer responsabilidade relativa ao ato praticado pelo superior hierárquico.

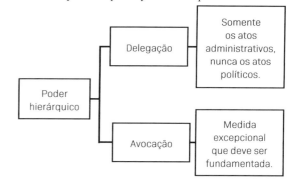

> **Atenção!**
> Segundo a Lei nº 9.784/1999, que trata do processo administrativo federal:
> **Art. 13.** Não podem ser objeto de delegação:
> I - a edição de atos de caráter normativo;
> II - a decisão de recursos administrativos;
> III - as matérias de competência exclusiva do órgão ou autoridade.

7.2.4 Poder disciplinar

O poder disciplinar é uma espécie de poder-dever de agir da Administração Pública. Dessa forma, o administrador público atua de forma a punir internamente as infrações cometidas por seus agentes e, em exceção, atua de forma a punir particulares que mantenham um vínculo jurídico específico com a Administração.

O poder disciplinar não pode ser confundido com o *jus puniendi* do Estado, ou seja, com o poder do Estado de aplicar a lei penal a quem comete uma infração penal.

Em regra, o poder disciplinar é discricionário, algumas vezes, é vinculado. Essa discricionariedade se encontra na escolha da quantidade de sanção a ser aplicada dentro das hipóteses previstas na lei, e não na faculdade de punir ou não o infrator, pois puni-lo é um dever. Assim, a punição não é discricionária, quantidade de punição que em regra é, porém, é importante lembrar que, quando a lei apontar precisamente a penalidade ou a quantidade dela que deve ser aplicada para determinada infração, o poder disciplinar será vinculado.

7.2.5 Poder regulamentar

Quando a Administração atua punindo particulares (comuns) que cometeram falta, ela está usando o poder de polícia. Contudo, quando atua penalizando particulares que mantenham um vínculo jurídico específico (plus), estará utilizando o poder disciplinar.

Existem duas formas de manifestação do poder regulamentar: o decreto regulamentar e o autônomo, sendo que o primeiro é a regra e o segundo é a exceção.

- **Decreto regulamentar**

Também denominado decreto executivo ou regulamento executivo.

O decreto regulamentar é uma prerrogativa dos chefes do poder executivo de regulamentar a lei para garantir a sua fiel aplicação.

- **Restrições**
  - Não inova o ordenamento jurídico;
  - Não pode alterar a lei;
  - Não pode criar direitos e obrigações;
  - Caso o decreto regulamentar extrapole os limites da lei, haverá quebra do princípio da legalidade. Nessa situação, se do decreto regulamentar for federal, caberá ao Congresso Nacional sustar os seus dispositivos violadores da lei.

DEVERES E PODERES ADMINISTRATIVOS

- **Exercício**
  - Somente por decretos dos chefes do poder Executivo (presidente da República, governadores e prefeitos), sendo uma competência exclusiva, indelegável a qualquer outra autoridade.
- **Natureza**
  - Decreto: natureza secundária ou derivada;
  - Lei: natureza primária ou originária.
- **Prazo para regulamentação**
  - A ausência do prazo é inconstitucional;
  - Enquanto não regulamentada, a lei é inexequível (não pode ser executada);
  - Se o chefe do Executivo descumprir o prazo, a lei se torna exequível (pode ser executada);
  - A competência para editar decreto regulamentar não pode ser objeto de delegação.
- **Decreto autônomo**

A Emenda Constitucional nº 32, alterou o art. 84 da Constituição Federal e deu ao seu inciso VI a seguinte redação:

> *Art. 84 Compete privativamente ao Presidente da República: [...]*
> *VI. dispor, mediante decreto, sobre:*
> *a) organização e funcionamento da administração federal, quando não implicar aumento de despesa nem criação ou extinção de órgãos públicos;*
> *b) extinção de funções ou cargos públicos, quando vagos; [...]*

Essa previsão se refere ao que a doutrina chama de decreto autônomo, pois se refere à predição para o presidente da república tratar mediante decreto de determinados assuntos, sem lei anterior, balizando a sua atuação, pois a baliza foi a própria Constituição Federal. O decreto é autônomo porque não depende de lei.

Características:

- Inova o ordenamento jurídico;
- O decreto autônomo tem natureza primária ou originária;
- Somente pode tratar das matérias descritas no art. 84, inciso VI, da Constituição Federal de 1988;
- O presidente da República poderá delegar as atribuições mencionadas para edição de decretos autônomos aos ministros de Estado, ao procurador-geral da República ou ao advogado-geral da União, que observarão os limites traçados nas respectivas delegações, conforme prevê o inciso único do art. 84.

As regras relativas às competências do presidente da República no uso do decreto regulamentar e do autônomo são estendidas aos demais chefes do executivo nacional dentro das suas respectivas administrações públicas. Assim, governadores e prefeitos podem tratar, mediante decreto autônomo, dos temas estaduais e municipais de suas respectivas administrações que o presidente da República pode resolver, mediante decreto autônomo, na esfera da Administração Pública federal.

7.2.6 Poder de polícia

O Código Tributário Nacional, em seu art. 78, ao tratar dos fatos geradores das taxas, assim conceitua poder de polícia:

> *Art. 78 Considera-se poder de polícia atividade da Administração Pública que, limitando ou disciplinando direito, interesse ou liberdade, regula a prática de ato ou abstenção de fato, em razão de interesse público concernente à segurança, à higiene, à ordem, aos costumes, à disciplina da produção e do mercado, ao exercício de atividades econômicas dependentes de concessão ou autorização do Poder Público, à tranquilidade pública ou ao respeito à propriedade e aos direitos individuais ou coletivos.*

O **conceito** de poder de polícia é a faculdade que dispõe a Administração Pública para condicionar, restringir o uso, o gozo de bens, atividades e direitos individuais, em benefício da coletividade ou do próprio Estado.

É competente para exercer o poder de polícia administrativa sobre uma dada atividade o ente federado, ao qual a Constituição da República atribui competência para legislar sobre essa mesma atividade, para regular a prática dessa.

Assim, podemos dizer que o poder de polícia é discricionário em regra, podendo ser vinculado nos casos em que a lei determinar. Ele dispõe que toda a Administração Pública pode condicionar ou restringir os direitos dos administrados em caso de não cumprimento das determinações legais.

O poder de polícia **fundamenta-se no império** do Estado **(poder extroverso)**, que decorre do princípio da supremacia do interesse público, pois, por meio de imposições limitando ou restringindo a esfera jurídica dos administrados, visa à Administração Pública à defesa de um bem maior, que é proteção dos direitos da coletividade, pois o interesse público prevalece sobre os particulares.

- **Atributos do Poder de Polícia**

Discricionariedade: o poder de polícia, em regra, é discricionário, pois dá margem de liberdade dentro dos parâmetros legais ao administrador público para agir; contudo, se a lei exigir, tal poder pode ser vinculado.

O Estado escolhe as atividades que sofrerão as fiscalizações da polícia administrativa. Essa escolha é manifestação da discricionariedade do poder de polícia do Estado. Também é manifestação da discricionariedade do poder de polícia a majoração da quantidade de pena aplicada a quem cometer uma infração sujeita à disciplina do poder de polícia.

Nos casos em que a lei prevê uma pena que tenha duração no tempo e não fixar exatamente a quantidade, dando uma margem de escolha de quantidade ao julgador, temos o exercício do poder discricionário na atuação de polícia e, como limite desse poder de punir, temos a própria lei que traz a ordem de polícia e ainda os princípios da razoabilidade e da proporcionalidade que vedam a aplicação da pena em proporção superior à gravidade do fato ilícito praticado.

O cabimento se aplica em autorização da lei e medida urgente.

Autoexecutoriedade: é a prerrogativa da Administração Pública de executar diretamente as decisões decorrentes do poder de polícia, por seus próprios meios, sem precisar recorrer ao judiciário.

A autoexecutoriedade no uso do poder de polícia não é absoluta, tendo natureza relativa, ou seja, não são todos os atos decorrentes do poder de polícia que são autoexecutórios. Para que um ato assim ocorra, é necessário que ele seja exigível e executório ao mesmo tempo.

Exigibilidade: exigível é aquela conduta prevista na norma que, caso seja infringida, pode ser aplicada uma **coerção indireta**, ou seja, caso a pessoa venha a sofrer uma penalidade e se recuse a aceitar a aplicação da sanção, a aplicação dessa somente poderá ser executada por decisão judicial. É o caso das multas, por exemplo, que podem ser lançadas a quem comete uma infração de trânsito, a administração não pode receber o valor devido por meio da coerção, caso a pessoa penalizada se recuse a pagar a multa, o seu recebimento dependerá de execução judicial pela Administração Pública. A exigibilidade é uma característica de todos os atos praticados no exercício do poder de polícia.

Executoriedade: executória é a norma que, caso seja desrespeitada, permite a aplicação de uma **coerção direta**, ou seja, a administração pode utilizar da força coercitiva para garantir a aplicação da penalidade, sem precisar recorrer ao Judiciário.

É o caso das sanções de interdição de estabelecimentos comerciais, suspensão de direitos, entre outras. Não são todas as medidas decorrentes do poder de polícia executórias.

O ato de polícia para ser autoexecutório precisa ser ao mesmo tempo exigível e executório, ou seja, nem todos os atos decorrentes do poder de polícia são autoexecutórios.

NOÇÕES DE DIREITO ADMINISTRATIVO

Coercibilidade: esse atributo informa que as determinações da Administração Pública podem ser impostas coercitivamente ao administrado, ou seja, o particular é obrigado a observar os ditames da administração. Caso ocorra resistência por parte desse, a Administração Pública estará autorizada a usar força, independentemente de autorização judicial, para fazer com que seja cumprida a regra de polícia. Todavia, os meios utilizados pela administração devem ser legítimos, humanos e compatíveis com a urgência e a necessidade da medida adotada.

- **Classificação**

O poder de polícia pode ser originário, no caso da Administração Pública Direta e derivada. Quando diz respeito às autarquias, a doutrina orienta que fundações públicas, sociedade de economia mista e empresas públicas não possuem o poder de polícia em suas ações.

Poder de polícia originário:
- Dado à Administração Pública Direta.

Poder de polícia delegado:
- Dado às pessoas da Administração Pública Indireta que possuem personalidade jurídica de direito público. Esse poder somente é proporcionado para as autarquias ligadas à Administração Indireta.

O poder de polícia não pode ser exercido por particulares ou por pessoas jurídicas de direito privado da Administração Indireta, entretanto, o STJ em uma recente decisão entendeu que os atos de consentimento de polícia e de fiscalização dessa, que por si só não têm natureza coercitiva, podem ser delegados às pessoas jurídicas de direito privado da Administração Indireta.

- **Meios de atuação**

O poder de polícia pode ser exercido tanto preventivamente quanto repressivamente.

Prevenção: manifesta-se por meio da edição de atos normativos de alcance geral, como leis, decretos, resoluções, entre outros, e também por meio de várias medidas administrativas, como a fiscalização, a vistoria, a notificação, a licença, a autorização, entre outras.

Repressão: manifesta-se por meio da aplicação de punições, como multas, interdição de direitos, destruição de mercadorias etc.

- **Ciclo de polícia**

O ciclo de polícia se refere às fases de atuação desse poder, ordem de polícia, consentimento, fiscalização e sanção de polícia. Para se completar, esse ciclo pode passar por quatro fases distintas:

Ordem de polícia: é a lei inovadora que tem trazido limites ou condições ao exercício de atividades privadas ou uso de bens.

Consentimento: é a autorização prévia fornecida pela Administração para a prática de determinada atividade privada ou para usar um bem.

Fiscalização: é a verificação, por parte da Administração Pública, para certificar-se de que o administrado está cumprindo as exigências contidas na ordem de polícia para a prática de determinada atividade privada ou uso de bem.

Sanção de Polícia: é a coerção imposta pela administração ao particular que pratica alguma atividade regulada por ordem de polícia em descumprimento com as exigências contidas.

É importante destacar que o ciclo de polícia não precisa necessariamente comportar essas quatro fases, pois as de ordem e fiscalização devem sempre estar presentes em qualquer atuação de polícia administrativa, todavia, as fases de consentimento e de sanção não estarão presentes em todos os ciclos de polícia.

- **Prescrição**

O prazo de prescrição das ações punitivas decorrentes do exercício do poder de polícia é de **5 anos** para a esfera federal, conforme constata-se na redação do art. 1º da Lei nº 9.873/1999:

Art. 1º Prescreve em cinco anos a ação punitiva da Administração Pública Federal, direta e indireta, no exercício do poder de polícia, objetivando apurar infração a legislação em vigor, contados da data da prática do ato ou, no caso de infração permanente ou continuada, do dia em que tiver cessado.

Polícia Administrativa x Polícia Judiciária

Polícia Administrativa: atua visando evitar a prática de infrações administrativas, tem natureza preventiva, entretanto, em alguns casos ela pode ser repressiva. A polícia administrativa atua sobre atividades privadas, bens ou direitos.

Polícia Judiciária: atua com o objetivo de reprimir a infração criminal, tem natureza repressiva, mas, em alguns casos, pode ser preventiva. Ao contrário da polícia administrativa que atua sobre atividades privadas, bens ou direitos, a atuação da judiciária recai sobre as pessoas.

- **Poder de polícia prestação de serviços públicos**

Não podemos confundir toda atuação estatal com a prestação de serviços públicos, pois, dentre as diversas atividades desempenhadas pela Administração Pública, temos, além da prestação de serviços públicos, o exercício do poder de polícia, o fomento, a intervenção na propriedade privada, entre outras.

Distingue-se o poder de polícia da prestação de serviços públicos, pois essa é uma atividade positiva, que se manifesta numa obrigação de fazer.

Poder de polícia: atividade negativa, que traz a noção de não fazer, proibição, excepcionalmente pode trazer uma obrigação de fazer. Seu exercício sofre tributação mediante taxa e é indelegável a particulares.

Serviço público: atividade positiva, que traz a noção de fazer algo. Sua remuneração se dá por meio da tarifa, que não é um tributo, mas, sim, uma espécie de preço público, e o serviço público, mesmo sendo de titularidade exclusiva do Estado, é delegável a particulares.

7.2.7 Abuso de poder

O administrador público tem de agir, obrigatoriamente, em obediência aos princípios constitucionais, do contrário, sua ação pode ser arbitrária e, consequentemente, ilegal, o que gerará o chamado abuso de poder.

- **Excesso de poder:** quando o agente público atua fora dos limites de sua esfera de competência.
- **Desvio de poder:** quando a atuação do agente, embora dentro de sua órbita de competência, contraria a finalidade explícita ou implícita na lei que determinou ou autorizou a sua atuação, tanto é desvio de poder a conduta contrária à finalidade geral (ou mediata) do ato – o interesse público –, quanto a que discrepe de sua finalidade específica (ou imediata).
- **Omissão de poder:** ocorre quando o agente público fica inerte diante de uma situação em que a lei impõe o uso do poder.

Atenção!

Todos os atos que forem praticados com abuso de poder são ilegais e devem ser anulados; essa anulação pode acontecer tanto pela via administrativa quanto pela via judicial.
O remédio constitucional para combater o abuso de poder é o Mandado de Segurança.

---

8 ATO ADMINISTRATIVO

8.1 Conceito de ato administrativo

Ato administrativo é toda manifestação unilateral de vontade da Administração Pública, que, agindo nessa qualidade, tenha por fim imediato adquirir, resguardar, transferir, modificar, extinguir e declarar direitos, ou impor obrigações aos administrados ou a si própria.

Da prática dos atos administrativos gera-se superioridade e efeitos jurídicos.

8.2 Elementos de validade do ato administrativo

8.2.1 Competência

Poderes que a lei confere aos agentes públicos para exercer funções com o mínimo de eficácia. A competência tem caráter instrumental, ou seja, é um instrumento outorgado para satisfazer interesses públicos – finalidade pública.

Características da competência:

- **Obrigatoriedade:** ela é obrigatória para todos os agentes e órgãos públicos.
- **Irrenunciabilidade:** a competência é um poder-dever de agir e não pode ser renunciada pelo detentor do poder-dever. Contudo, tem caráter relativo uma vez que a competência pode ser delegada ou pode ocorrer a avocação.
- **Intransferível:** mesmo após a delegação, a competência pode ser retomada a qualquer tempo pelo titular do poder-dever, por meio da figura da revogação.
- **Imodificável:** pela vontade do agente, pois somente a lei determina competências.
- **Imprescritível:** a competência pode ser executada a qualquer tempo. Somente a lei pode exercer a função de determinar prazos prescricionais. Por exemplo: o art. 54 da Lei nº 9.784/1999 determina o prazo decadência de cinco anos para anular atos benéficos para o administrado de boa-fé.

8.2.2 Finalidade

Visa sempre ao interesse público e à finalidade específica prevista em lei. Por exemplo: remoção de ofício.

8.2.3 Forma

O ato administrativo é, em regra, formal e escrito.

8.2.4 Motivo

O motivo é a causa imediata do ato administrativo. É a situação de fato e de direito que determina ou autoriza a prática do ato, ou, em outras palavras, o pressuposto fático e jurídico (ou normativo) que enseja a prática do ato.

Art. 40, § 1º, II, "a", CF/1988 Trata da aposentadoria por tempo de contribuição.

> **Atenção!**
> A Lei nº 9.784/1999, que trata dos processos administrativos no âmbito da União, reza pelo princípio do informalismo, admitindo que existam atos verbais ou por meio de sinais (de acordo com o contexto).

8.2.5 Objeto

É o ato em si, ou seja, no caso da remoção o ato administrativo é o próprio instituto da remoção.

Por exemplo: demissão – quanto ao ato de demissão deve ter o agente competente para determiná-lo (competência), depois disso, deve ser revertido de forma escrita (forma), a finalidade deve ser o interesse público (finalidade), o motivo deve ser embasado em lei, ou seja, os casos do art. 132 da Lei nº 8.112/1990, o objeto é o próprio instituto da demissão que está prescrito em lei.

8.2.6 Motivação

É a exteriorização por escrito dos motivos que levaram a produção do ato.

- Faz parte do elemento "forma" e não do "motivo".
- Teoria dos motivos determinantes.

A motivação é elemento de controle de validade dos atos administrativos. Se ela for falsa, o ato é ilegal, independentemente da sua qualidade (discricionário ou vinculado).

Devem ser motivados:

- Todos os atos administrativos vinculados;
- Alguns atos administrativos discricionários (atos punitivos, que geram despesas, dentre outros).

A Lei nº 9.784/1999, em seu art. 50, traz um rol dos atos que devem ser motivados:

> *Art. 50 Os atos administrativos deverão ser motivados, com indicação dos fatos e dos fundamentos jurídicos, quando:*
> *I - Neguem, limitem ou afetem direitos ou interesses;*
> *II - Imponham ou agravem deveres, encargos ou sanções;*
> *III - Decidam processos administrativos de concurso ou seleção pública;*
> *IV - Dispensem ou declarem a inexigibilidade de processo licitatório;*
> *V - Decidam recursos administrativos;*
> *VI - Decorram de reexame de ofício;*
> *VII - Deixem de aplicar jurisprudência firmada sobre a questão ou discrepem de pareceres, laudos, propostas e relatórios oficiais;*
> *VIII - Importem anulação, revogação, suspensão ou convalidação de ato administrativo.*
> *§ 1º A motivação deve ser explícita, clara e congruente, podendo consistir em declaração de concordância com fundamentos de anteriores pareceres, informações, decisões ou propostas, que, nesse caso, serão parte integrante do ato.*
> *§ 2º Na solução de vários assuntos da mesma natureza, pode ser utilizado meio mecânico que reproduza os fundamentos das decisões, desde que não prejudique direito ou garantia dos interessados.*
> *§ 3º A motivação das decisões de órgãos colegiados e comissões ou de decisões orais constará da respectiva ata ou de termo escrito.*

8.3 Atributos do ato administrativo

São as qualidades especiais dos atos administrativos que lhes asseguram uma qualidade jurídica superior à dos atos de direito privado.

8.3.1 Presunção de legitimidade e veracidade

Presume-se, em caráter relativo, que os atos da administração foram produzidos em conformidade com a lei e os fatos deles. Para os administrados, são obrigatórios. Ocorre, aqui, a inversão do ônus da prova (cabe ao administrado provar que o ato é vicioso).

8.3.2 Consequências

Imediata executoriedade do ato administrativo, mesmo impugnado pelo administrado. Até decisão que reconhece o vício ou susta os efeitos do ato.

Impossibilidade de o Poder Judiciário analisar, de ofício, elementos de validade do ato não expressamente impugnados pelo administrado.

8.3.3 Imperatividade

Imperativo, ou seja, é impositivo e independe da anuência do administrado, com exceção de:

- **Atos negociais:** a Administração concorda com uma pretensão do administrado ou reconhece que ela satisfaz os requisitos para o exercício de certo direito (autorização e permissão – discricionário; licença – vinculado).

NOÇÕES DE DIREITO ADMINISTRATIVO

- **Atos enunciativos:** declaram um fato ou emitem uma opinião sem que tal manifestação produza por si só efeitos jurídicos.

> **Atenção!**
> Relacionado ao *poder extroverso* do Estado (expressão italiana do autor Renato Aless), esse poder é usado como sinônimo para imperatividade nas provas de concurso.

8.3.4 Autoexecutoriedade

O ato administrativo, uma vez produzido pela Administração, é passível de execução imediata, independentemente de manifestação do Poder Judiciário.

Deve haver previsão legal, a exceção existe em casos de emergência. Esse atributo incide em todos os atos, com exceção dos enunciativos e negociais. A Administração não goza de autoexecutoriedade na cobrança de débito, quando o administrado resiste ao pagamento.

8.3.5 Tipicidade

O ato deve observar a forma e o tipo previsto em lei para sua produção.

8.4 Classificação dos atos administrativos

- **Atos vinculados:** são os que a Administração pratica sem margem alguma de liberdade de decisão, pois a lei previamente determinou o único comportamento possível a ser obrigatoriamente adotado sempre que se configure a situação objetiva descrita na lei. Não cabe ao agente público apreciar a situação objetiva descrita nela.
- **Atos discricionários:** a Administração pode praticar, com certa liberdade de escolha, nos termos e limites da lei, quanto ao seu conteúdo, seu modo de realização, sua oportunidade e sua conveniência administrativa.
- **Atos gerais:** caracterizam-se por não possuir destinatários determinados. Os atos gerais são sempre determinados e prevalecem sobre os individuais. Podem ser revogados a qualquer tempo. Por exemplo: são os decretos regulamentares. Esses atos necessitam ser publicados em meio oficial.
- **Atos individuais:** são aqueles que possuem destinatários certos (determinados), produzindo diretamente efeitos concretos, constituindo ou declarando situação jurídicas subjetivas. Por exemplo: nomeação em concurso público e exoneração. Os atos podem ser discricionários ou vinculados e sua revogação somente é passível caso não tenha gerado direito adquirido.
- **Atos simples:** decorrem de uma única manifestação de vontade, de um único órgão.
- **Atos complexos:** necessitam, para formação de seu conteúdo, da manifestação de vontade de dois ou mais órgãos.
- **Atos compostos:** o seu conteúdo depende de manifestação de vontade de um único órgão, contudo, para funcionar, necessita de outro ato que o aprove.

Diferenças entre Ato Complexo e Ato Composto

Ato Complexo
1 ato, 2 vontades e 2 ou + órgãos

Ato Composto
2 atos, 2 vontades, 1 órgão com aprovação de outro

Ato complexo	Ato composto
1 ato	2 atos
2 vontades	2 vontades
2 ou + órgãos	1 órgão com a aprovação de outro

Espécies de Atos Administrativos
- Normativo;
- Ordinatórios;
- Negociais;
- Enunciativos;
- Punitivos.

8.4.1 Atos normativos

São atos caracterizados pela generalidade e pela abstração, isto é, um ato normativo não é prescrito para uma situação determinada, mas para todos os eventos assemelhados; a abstração deriva do fato desse ato não representar um caso concreto, determinado, mas, sim, um caso abstrato, descrito na norma e possível de acontecer no mundo real. A regra abstrata deve ser aplicada no caso concreto.

Finalidade: regulamentar as leis e uniformizar procedimentos administrativos.

Características:
- Não possuem destinatários determinados;
- Correspondem aos atos gerais;
- Não pode inovar o ordenamento jurídico;
- Controle.

Regra: os atos administrativos normativos não podem ser atacados mediante recursos administrativos ou judiciais.

Exceção: atos normativos que gerarem efeitos concretos para determinado destinatário podem ser impugnados pelo administrado na via judicial ou administrativa. Por exemplo: decretos regulamentares, instruções normativas, atos declaratórios normativos.

8.4.2 Atos ordinários

São atos administrativos endereçados aos servidores públicos em geral.

Finalidade: divulgar determinações aplicáveis ao adequado desempenho de suas funções.

Características
- Atos internos;
- Decorrem do exercício do poder hierárquico;
- Vinculam os servidores subordinados ao órgão que o expediu;
- Não atingem os administrados;
- Estão hierarquicamente abaixo dos atos normativos;
- Devem obediência aos atos normativos que tratem da mesma matéria relacionada ao ato ordinatório.
- Por exemplo: instruções, circulares internas, portarias, ordens de serviço.

8.4.3 Atos negociais

São atos administrativos editados quando o ordenamento jurídico exige que o particular obtenha anuência prévia da Administração para realizar determinada atividade de interesse dele ou exercer determinado direito.

Finalidade: satisfação do interesse público, ainda que essa possa coincidir com o interesse do particular que requereu o ato.

Características:
- Os atos negociais não são imperativos, coercitivos e autoexecutórios;
- Os atos negociais não podem ser confundidos com contratos, pois, nesses existe manifestação de vontade bilateral e, nos atos negociais, nós temos uma manifestação de vontade unilateral da Administração Pública, que é provocada mediante requerimento do particular.

Os atos negociais também são divididos em vinculados, discricionários, definitivos e precários:

ATO ADMINISTRATIVO

- **Atos negociais vinculados:** reconhecem um direito subjetivo do particular, mediante um requerimento, desse particular, comprovando preencher os requisitos que a lei exige para a anuência do direito, a Administração obrigatoriamente deve praticar o ato.
- **Atos negociais discricionários:** não reconhecem um direito subjetivo do particular, pois, mesmo que esse atenda às exigências necessárias para a obtenção do ato, a Administração poderá não o praticar, decidindo se executa ou não o ato por juízo de conveniência e oportunidade.
- **Atos negociais definitivos:** não comportam revogação, são atos vinculados, mas podem ser anulados ou cassados. Assim, esses atos geram, ao particular, apenas uma expectativa de definitividade.
- **Atos negociais precários:** podem ser revogados a qualquer tempo, são atos discricionários; geralmente, a revogação do ato negocial não gera direito de indenização ao particular.

Os atos negociais apresentam as seguintes espécies:

- **Licença:** fundamenta-se no poder de polícia da Administração. É ato vinculado e definitivo, pois reconhece um direito subjetivo do particular, mediante um requerimento desse, comprovando preencher os requisitos que a lei exige. Para a anuência do direito, a Administração, obrigatoriamente, deve praticar o ato. A licença não comporta revogação, mas ela pode ser anulada ou cassada. Assim, esses atos geram, ao particular, apenas uma expectativa de definitividade.

    Por exemplo: alvará para a realização de uma obra, alvará para o funcionamento de um estabelecimento comercial, licença para dirigir, licença para exercer uma profissão.

- **Admissão:** é o ato unilateral e vinculado pelo qual a Administração faculta a alguém a inclusão em estabelecimento governamental para o gozo de um serviço público. O ato de admissão não pode ser negado aos que preencham as condições normativas requeridas.

    Por exemplo: ingresso em estabelecimento oficial de ensino na qualidade de aluno; o desfrute dos serviços de uma biblioteca pública como inscrito entre seus usuários.

- **Aprovação:** é o ato unilateral e discricionário pelo qual a Administração faculta a prática de ato jurídico (aprovação prévia) ou manifesta sua concordância com ato jurídico já praticado (aprovação *a posteriori*).
- **Homologação:** é o ato unilateral e vinculado de controle pelo qual a Administração concorda com um ato jurídico ou série de atos (procedimento) já praticados, verificando a consonância deles com os requisitos legais condicionadores de sua válida emissão.
- **Autorização:** na maior parte das vezes em que é praticado, fundamenta-se no poder de polícia do Estado quando a lei exige a autorização como condicionante para prática de uma determinada atividade privada ou para o uso de bem público. Todavia, a autorização também pode representar uma forma de descentralizar, por delegação, serviços públicos para o particular.
    - A autorização é caracterizada por uma predominância do interesse do particular que solicita o ato, todavia, também existe interesse público na prática desse ato.
    - É um ato discricionário, pois não reconhece um direito subjetivo do particular; mesmo que esse atenda às exigências necessárias para a obtenção do ato, a Administração poderá não o praticar, decidindo se desempenha ou não o ato por juízo de conveniência e oportunidade.
    - É um ato precário, pois pode ser revogado a qualquer tempo. Via de regra, a revogação da autorização não gera direito de indenização ao particular, mas, caso a autorização tenha sido concedida por prazo certo, pode haver o direito de indenização para o particular.
    - **Prazo:** a autorização é concedida sem prazo determinado, todavia, pode havê-la outorgada por prazo certo.
        - Por exemplo: atividades potencialmente perigosas e que podem colocar em risco a coletividade, por isso, a necessidade de regulação do Estado; autorização para porte de arma de fogo; autorização para a prestação de serviços privados de educação e saúde; autorização de uso de bem público; autorização de serviço público: prestação de serviço de táxi.
- **Permissão:** é o ato administrativo discricionário e precário, pelo qual a Administração Pública consente ao particular o exercício de uma atividade de interesse predominantemente da coletividade.
    - A permissão apresenta as seguintes características: pode ser concedida por prazo certo e pode ser imposta condições ao particular.
    - A permissão é um ato precário, pois pode ser revogada a qualquer tempo. Via de regra, a revogação da permissão não gera direito de indenização ao particular, mas, caso a autorização tenha sido concedida por prazo certo ou sob condições, pode haver o direito de indenização para o particular.
    - A permissão concedida ao particular, por meio de um ato administrativo, não se confunde com a permissão para a prestação de serviços públicos. Nesse último caso, representa uma espécie de descentralização por delegação realizada por meio de contrato.
    - Por exemplo: permissão de uso de bem público.

8.4.4 Atos enunciativos

São atos administrativos enunciativos aqueles que têm por finalidade declarar um juízo de valor, uma opinião ou um fato.

Características:
- Não produzem efeitos jurídicos por si só;
- Não contêm uma manifestação de vontade da administração.

Seguem alguns exemplos de atos enunciativos:

- **Certidão:** é uma cópia de informações registradas em banco de dados da Administração. Geralmente, é concedida ao particular mediante requerimento da informação registrada pela Administração.
- **Atestado:** declara uma situação de que a Administração tomou conhecimento em virtude da atuação de seus agentes. O atestado não se assemelha à certidão, pois essa declara uma informação constante em banco de dados e aquele declara um fato que não corresponde a um registro de um arquivo da Administração.
- **Parecer:** é um documento técnico, confeccionado por órgão especializado na respectiva matéria tema do parecer, em que o órgão emite sua opinião relativa ao assunto.
- **Apostila:** apostilar significa corrigir, emendar, complementar um documento. É o aditamento de um contrato administrativo ou de um ato administrativo. É um ato de natureza aditiva, pois sua finalidade é adicionar informações a um registro já existente.
    - Por exemplo: anotar alterações na situação funcional de um servidor.

8.4.5 Atos punitivos

São os atos administrativos por meio dos quais a Administração Pública impõe sanções a seus servidores ou aos administrados.

Fundamento:
- **Poder disciplinar:** quando o ato punitivo atinge servidores públicos e particulares ligados à Administração por algum vínculo jurídico específico.
- **Poder de polícia:** quando o ato punitivo atinge particulares não ligados à Administração Pública por um vínculo jurídico específico.

Os atos punitivos podem ser internos e externos:
- **Atos punitivos internos:** têm como destinatários os servidores públicos e aplicam penalidades disciplinares, ou seja, os atos punitivos internos decorrem sempre do poder disciplinar.
- **Atos punitivos externos:** têm como destinatários os particulares. Podem ter fundamento decorrente do poder disciplinar, quando punem particulares sujeitos à disciplina administrativa, ou podem ter fundamento no poder de polícia, quando punem particulares não ligados à Administração Pública.

Todo ato punitivo interno decorre do poder disciplinar, mas nem todo ato que decorre do poder punitivo que surge do poder disciplinar é um ato punitivo interno, pois, quando a Administração Pública aplica punição aos particulares ligados à administração, essa punição decorre do poder disciplinar, mas também representa um ato punitivo externo.

Todo ato punitivo decorrente do poder de polícia é um ato punitivo externo, pois, nesse caso, temos a Administração punindo sempre o particular.

8.5 Extinção dos atos administrativos

8.5.1 Anulação ou controle de legalidade

É o desfazimento do ato administrativo que decorre de vício de legalidade ou de legitimidade na prática do ato.

Cabimento
- Ato discricionário;
- Ato vinculado.

Competência para anular
- **Entidade da Administração Pública que praticou o ato:** pode anular o ato a pedido do interessado ou de ofício em razão do princípio da autotutela.
- **Poder Judiciário:** pode anular somente por provocação do interessado.

Efeitos da anulação: *ex tunc*, retroagem desde a data da prática do ato, impugnando a validade do ato.

Prazo: 5 anos.
- Contagem;
- Prática do ato.

No caso de efeitos patrimoniais contínuos, a partir do primeiro pagamento.

8.5.2 Revogação ou controle de mérito

É o desfazimento do ato administrativo por motivos de conveniência e oportunidade.

Cabimento
- Ato discricionário legal, inconveniente e inoportuno;
- Não é cabível a revogação de ato vinculado.

A competência para revogar é apenas a entidade da Administração Pública que praticou o ato.

Não pode o controle de mérito ser feito pelo Poder Judiciário na sua função típica de julgar. Todavia, a Administração Pública está presente nos três poderes da União e, caso uma entidade dos Poderes Judiciário, Legislativo ou Executivo pratique ato discricionário legal, que com o passar do tempo, se mostre inconveniente e inoportuno, somente a entidade que criou o ato tem competência para revogá-lo.

Assim, o Poder Judiciário não tem competência para exercer o controle de mérito dos atos da Administração Pública, mas essa prática atos administrativos e cabe somente a ela a revogação de seus atos.

Efeitos da revogação: *ex nunc*, não retroagem, ou seja, a revogação gera efeitos prospectivos, para frente.

8.5.3 Cassação

É o desfazimento do ato administrativo decorrente do descumprimento dos requisitos que permitem a manutenção do ato. Na maioria das vezes, a cassação representa uma sanção aplicada ao particular que deixou de atender às condições exigidas para a manutenção do ato.

Como exemplo, temos a cassação da carteira de motorista, que nada mais é do que a cassação de um ato administrativo classificado como licença. A cassação da licença para dirigir decorre da prática de infrações de trânsito praticadas pelo particular, assim, nesse caso, essa cassação é uma punição.

8.5.4 Convalidação

Convalidação é a correção com efeitos retroativos do ato administrativo com defeito sanável, o qual pode ser considerado:

- **Vício de competência relativo à pessoa**
  - **Exceção:** competência exclusiva (não cabe convalidação).
  - O vício de competência relativo à matéria não é considerado um defeito sanável e também não cabe convalidação.
- **Vício de forma**
  - **Exceção:** a lei determina que a forma seja elemento essencial de validade de determinado ato (também não cabe convalidação).
- **Convalidação tácita**
  - O art. 54 da Lei nº 9.784/1999 prevê que a Administração tem o direito de anular os atos administrativos de que decorram efeitos favoráveis para os destinatários. O prazo é de 5 anos, contados da data em que forem praticados, salvo comprovada má-fé. Transcorrido esse prazo, o ato foi convalidado, pois não pode ser mais anulado pela Administração.
- **Convalidação expressa**
  - *Art. 55, Lei nº 9.784/1999 Em decisão na qual se evidencie não acarretarem lesão ao interesse público nem prejuízo a terceiros, os atos que apresentarem defeitos sanáveis poderão ser convalidados pela própria Administração.*

IMPROBIDADE ADMINISTRATIVA

9 IMPROBIDADE ADMINISTRATIVA

A improbidade administrativa está prevista no texto constitucional em seu art. 37, § 4º, que prevê:

> **Art. 37, § 4º, CF/1988** Os atos de improbidade administrativa importarão a suspensão dos direitos políticos, a perda da função pública, a indisponibilidade dos bens e o ressarcimento ao erário, na forma e gradação previstas em lei, sem prejuízo da ação penal cabível.

A norma constitucional determinou que os atos de improbidade administrativa deveriam ser regulamentados para a sua execução, o que ocorreu com a edição da Lei nº 8.429/1992 por meio da Lei nº 14.230/2021, que dispõe sobre as sanções aplicáveis aos agentes públicos nos casos de enriquecimento ilícito no exercício de mandato, cargo, emprego ou função na Administração Pública Direta, Indireta ou fundacional e dá outras providências.

9.1 Sujeitos

9.1.1 Sujeito passivo (vítima)

A Administração Direta, Indireta ou fundacional de qualquer dos Poderes da União, dos estados, do Distrito Federal, dos municípios, de território, de empresa incorporada ao patrimônio público ou de entidade para cuja criação ou custeio o erário haja concorrido ou concorra com mais de 50% do patrimônio ou da receita anual.

Entidade que receba subvenção, benefício ou incentivo, fiscal ou creditício, de órgão público, bem como daquelas para cuja criação ou custeio o erário haja concorrido ou concorra com menos de cinquenta por cento do patrimônio ou da receita anual, limitando-se, nesses casos, a sanção patrimonial à repercussão do ilícito sobre a contribuição dos cofres públicos.

9.1.2 Sujeito ativo (pessoa que pratica o ato de improbidade administrativa)

Agente público (exceção agente político sujeito a crime de responsabilidade Supremo Tribunal Federal), servidores ou não, com algum tipo de vínculo nas entidades que podem ser vítimas de improbidade administrativa.

Conceito de agente público para aplicação da lei
Reputa-se agente público, para os efeitos dessa lei, todo aquele que exerce, ainda que transitoriamente ou sem remuneração, por eleição, nomeação, designação, contratação ou qualquer outra forma de investidura ou vínculo, mandato, cargo, emprego ou função nas entidades mencionadas no artigo anterior.
Qualquer pessoa que induza ou concorra com o agente público ou que se beneficie do ato.
As disposições dessa lei são aplicáveis, no que couber, àquele que, mesmo não sendo agente público, induza ou concorra para a prática do ato de improbidade ou dele se beneficie sob qualquer forma direta ou indireta.

9.2 Regras gerais

Os agentes públicos de qualquer nível ou hierarquia são obrigados a velar pela estrita observância dos princípios de legalidade, impessoalidade, moralidade e publicidade no trato dos assuntos que lhe são afetos.

Ocorrendo lesão ao patrimônio público por ação ou omissão, dolosa ou culposa, do agente ou de terceiros, dar-se-á o integral ressarcimento do dano.

No caso de enriquecimento ilícito, o agente público ou terceiro beneficiário perderá os bens ou valores acrescidos ao seu patrimônio.

Quando o ato de improbidade causar lesão ao patrimônio público ou ensejar enriquecimento ilícito, como medida cautelar, caberá à autoridade administrativa responsável pelo inquérito representar ao Ministério Público, para a indisponibilidade dos bens do indiciado.

O sucessor daquele que causar lesão ao patrimônio público ou se enriquecer ilicitamente está sujeito às cominações dessa lei até o limite do valor da herança.

9.3 Atos de improbidade administrativa

As modalidades estão previstas do art. 9º ao 11, da Lei nº 8.429/1992, e constituem um rol exemplificativo, ou seja, no caso concreto, podem existir outras situações capituladas como improbidade que não estão expressamente previstas no texto da lei.

9.3.1 Enriquecimento ilícito

> **Art. 9º** Constitui ato de improbidade administrativa importando em enriquecimento ilícito auferir, mediante a prática de ato doloso, qualquer tipo de vantagem patrimonial indevida em razão do exercício de cargo, de mandato, de função, de emprego ou de atividade nas entidades referidas no art. 1º desta Lei, e notadamente:
>
> I - Receber, para si ou para outrem, dinheiro, bem móvel ou imóvel, ou qualquer outra vantagem econômica, direta ou indireta, a título de comissão, percentagem, gratificação ou presente de quem tenha interesse, direto ou indireto, que possa ser atingido ou amparado por ação ou omissão decorrente das atribuições do agente público;
>
> II - Perceber vantagem econômica, direta ou indireta, para facilitar a aquisição, permuta ou locação de bem móvel ou imóvel, ou a contratação de serviços pelas entidades referidas no art. 1º por preço superior ao valor de mercado;
>
> III - Perceber vantagem econômica, direta ou indireta, para facilitar a alienação, permuta ou locação de bem público ou o fornecimento de serviço por ente estatal por preço inferior ao valor de mercado;
>
> IV - Utilizar, em obra ou serviço particular, qualquer bem móvel, de propriedade ou à disposição de qualquer das entidades referidas no art. 1º desta Lei, bem como o trabalho de servidores, de empregados ou de terceiros contratados por essas entidades;
>
> V - Receber vantagem econômica de qualquer natureza, direta ou indireta, para tolerar a exploração ou a prática de jogos de azar, de lenocínio, de narcotráfico, de contrabando, de usura ou de qualquer outra atividade ilícita, ou aceitar promessa de tal vantagem;
>
> VI - Receber vantagem econômica de qualquer natureza, direta ou indireta, para fazer declaração falsa sobre qualquer dado técnico que envolva obras públicas ou qualquer outro serviço ou sobre quantidade, peso, medida, qualidade ou característica de mercadorias ou bens fornecidos a qualquer das entidades referidas no art. 1º desta Lei;
>
> VII - Adquirir, para si ou para outrem, no exercício de mandato, de cargo, de emprego ou de função pública, e em razão deles, bens de qualquer natureza, decorrentes dos atos descritos no caput deste artigo, cujo valor seja desproporcional à evolução do patrimônio ou à renda do agente público, assegurada a demonstração pelo agente da licitude da origem dessa evolução;
>
> VIII - Aceitar emprego, comissão ou exercer atividade de consultoria ou assessoramento para pessoa física ou jurídica que tenha interesse suscetível de ser atingido ou amparado por ação ou omissão decorrente das atribuições do agente público, durante a atividade;
>
> IX - Perceber vantagem econômica para intermediar a liberação ou aplicação de verba pública de qualquer natureza;
>
> X - Receber vantagem econômica de qualquer natureza, direta ou indiretamente, para omitir ato de ofício, providência ou declaração a que esteja obrigado;
>
> XI - Incorporar, por qualquer forma, ao seu patrimônio, bens, rendas, verbas ou valores integrantes do acervo patrimonial das entidades mencionadas no art. 1º dessa lei;
>
> XII - Usar, em proveito próprio, bens, rendas, verbas ou valores integrantes do acervo patrimonial das entidades mencionadas no art. 1º dessa lei.

9.3.2 Prejuízo ao erário

Dos atos de improbidade administrativa que causam prejuízo ao erário:

> **Art. 10** Constitui ato de improbidade administrativa que causa lesão ao erário qualquer ação ou omissão dolosa, que enseje, efetiva e comprovadamente, perda patrimonial, desvio, apropriação, malbaratamento ou dilapidação dos bens ou haveres das entidades referidas no art. 1º desta Lei, e notadamente:

NOÇÕES DE DIREITO ADMINISTRATIVO

I - Facilitar ou concorrer, por qualquer forma, para a indevida incorporação ao patrimônio particular, de pessoa física ou jurídica, de bens, de rendas, de verbas ou de valores integrantes do acervo patrimonial das entidades referidas no art. 1º desta Lei;

II - Permitir ou concorrer para que pessoa física ou jurídica privada utilize bens, rendas, verbas ou valores integrantes do acervo patrimonial das entidades mencionadas no art. 1º desta lei, sem a observância das formalidades legais ou regulamentares aplicáveis à espécie;

III - Doar à pessoa física ou jurídica bem como ao ente despersonalizado, ainda que de fins educativos ou assistências, bens, rendas, verbas ou valores do patrimônio de qualquer das entidades mencionadas no art. 1º desta lei, sem observância das formalidades legais e regulamentares aplicáveis à espécie;

IV - Permitir ou facilitar a alienação, permuta ou locação de bem integrante do patrimônio de qualquer das entidades referidas no art. 1º desta lei, ou ainda a prestação de serviço por parte delas, por preço inferior ao de mercado;

V - Permitir ou facilitar a aquisição, permuta ou locação de bem ou serviço por preço superior ao de mercado;

VI - Realizar operação financeira sem observância das normas legais e regulamentares ou aceitar garantia insuficiente ou inidônea;

VII - Conceder benefício administrativo ou fiscal sem a observância das formalidades legais ou regulamentares aplicáveis à espécie;

VIII - Frustrar a licitude de processo licitatório ou de processo seletivo para celebração de parcerias com entidades sem fins lucrativos, ou dispensá-los indevidamente, acarretando perda patrimonial efetiva;

IX - Ordenar ou permitir a realização de despesas não autorizadas em lei ou regulamento;

X - Agir ilicitamente na arrecadação de tributo ou de renda, bem como no que diz respeito à conservação do patrimônio público;

XI - Liberar verba pública sem a estrita observância das normas pertinentes ou influir de qualquer forma para a sua aplicação irregular;

XII - Permitir, facilitar ou concorrer para que terceiro se enriqueça ilicitamente;

XIII - Permitir que se utilize, em obra ou serviço particular, veículos, máquinas, equipamentos ou material de qualquer natureza, de propriedade ou à disposição de qualquer das entidades mencionadas no art. 1º desta lei, bem como o trabalho de servidor público, empregados ou terceiros contratados por essas entidades.

XIV - Celebrar contrato ou outro instrumento que tenha por objeto a prestação de serviços públicos por meio da gestão associada sem observar as formalidades previstas na lei;

XV - Celebrar contrato de rateio de consórcio público sem suficiente e prévia dotação orçamentária, ou sem observar as formalidades previstas na lei.

XVI - Facilitar ou concorrer, por qualquer forma, para a incorporação, ao patrimônio particular de pessoa física ou jurídica, de bens, rendas, verbas ou valores públicos transferidos pela Administração Pública a entidades privadas mediante celebração de parcerias, sem a observância das formalidades legais ou regulamentares aplicáveis à espécie;

XVII - Permitir ou concorrer para que pessoa física ou jurídica privada utilize bens, rendas, verbas ou valores públicos transferidos pela Administração Pública a entidade privada mediante celebração de parcerias, sem a observância das formalidades legais ou regulamentares aplicáveis à espécie;

XVIII - Celebrar parcerias da Administração Pública com entidades privadas sem a observância das formalidades legais ou regulamentares aplicáveis à espécie;

XIX - Agir para a configuração de ilícito na celebração, na fiscalização e na análise das prestações de contas de parcerias firmadas pela Administração Pública com entidades privadas;

XX - Liberar recursos de parcerias firmadas pela Administração Pública com entidades privadas sem a estrita observância das normas pertinentes ou influir de qualquer forma para a sua aplicação irregular.

XXI – (Revogado pela Lei nº 14.230/2021).

9.3.3 Atos que atentem aos princípios da Administração Pública

Art. 11 *Constitui ato de improbidade administrativa que atenta contra os princípios da Administração Pública a ação ou omissão dolosa que viole os deveres de honestidade, de imparcialidade e de legalidade, caracterizada por uma das seguintes condutas:*

I e II (Revogados pela Lei nº 14.230/2021).

III - Revelar fato ou circunstância de que tem ciência em razão das atribuições e que deva permanecer em segredo, propiciando beneficiamento por informação privilegiada ou colocando em risco a segurança da sociedade e do Estado;

IV - Negar publicidade aos atos oficiais, exceto em razão de sua imprescindibilidade para a segurança da sociedade e do Estado ou de outras hipóteses instituídas em lei;

V - Frustrar, em ofensa à imparcialidade, o caráter concorrencial de concurso público, de chamamento ou de procedimento licitatório, com vistas à obtenção de benefício próprio, direto ou indireto, ou de terceiros;

VI - Deixar de prestar contas quando esteja obrigado a fazê-lo, desde que disponha das condições para isso, com vistas a ocultar irregularidades;

VII - Deixar de prestar contas quando esteja obrigado a fazê-lo, desde que disponha das condições para isso, com vistas a ocultar irregularidades;

VIII - Descumprir as normas relativas à celebração, fiscalização e aprovação de contas de parcerias firmadas pela Administração Pública com entidades privadas. (Redação dada pela Lei nº 13.019, de 2014)

IX e X -(Revogados pela Lei nº 14.230/2021).

9.4 Efeitos da lei

A lei de improbidade administrativa gera quatro efeitos.

- Suspensão dos direitos políticos;
- Perda da função pública;
- Indisponibilidade dos bens;
- Ressarcimento ao erário.

A suspensão dos direitos políticos e a perda da função pública somente se dão depois do trânsito em julgado da sentença condenatória. A indisponibilidade dos bens não constitui penalidade, mas, sim medida cautelar e pode se dar mesmo antes do início da ação.

O ressarcimento ao erário, por sua vez, constitui a responsabilidade civil do agente, ou seja, a obrigação de reparar o dano.

9.5 Sanções

9.5.1 Natureza das sanções

Administrativa
- Perda da função pública;
- Proibição de contratar com o poder público;
- Proibição de receber benefícios ou incentivos fiscais do poder público.

Civil
- Ressarcimento ao erário;
- Perda dos bens;
- Multa.

Política
- Suspensão dos direitos políticos.

Medida cautelar
- A indisponibilidade dos bens visa à garantia da aplicação das penalidades civis.
- Não estabelece sanções penais, mas, se o fato também for tipificado como crime, haverá tal responsabilidade.

IMPROBIDADE ADMINISTRATIVA

9.5.2 Penalidades

- **Enriquecimento ilícito:** perda dos bens ou valores acrescidos ilicitamente ao patrimônio; perda da função pública; suspensão dos direitos políticos até 14 anos; pagamento de multa civil equivalente ao valor do acréscimo patrimonial; e proibição de contratar com o Poder Público ou receber benefícios ou incentivos fiscais ou creditícios, direta ou indiretamente, ainda que por intermédio de pessoa jurídica da qual seja sócio majoritário, por prazo não superior a 14 anos.

- **Prejuízo ao erário:** perda dos bens ou valores acrescidos ilicitamente ao patrimônio, se concorrer essa circunstância; perda da função pública; suspensão dos direitos políticos até 12 anos; pagamento de multa civil equivalente ao valor do dano; e proibição de contratar com o poder público ou receber benefícios ou incentivos fiscais ou creditícios, direta ou indiretamente, ainda que por intermédio de pessoa jurídica da qual seja sócio majoritário, por prazo não superior a 12 anos.

- **Atos que atentem contra os princípios da Administração Pública:** pagamento de multa civil de até 24 vezes o valor da remuneração percebida pelo agente; e proibição de contratar com o Poder Público ou receber benefícios ou incentivos fiscais ou creditícios, direta ou indiretamente, ainda que por intermédio de pessoa jurídica da qual seja sócio majoritário, por prazo não superior a 4 anos.

9.5.3 Punições

Art. 12 da Lei nº 8.429/1992			
Modalidades Sanções	Enriquecimento Ilícito (art. 9º)	Prejuízo ao Erário (art. 10)	Afronta os princípios (art. 11)
Suspensão dos direitos políticos	Até 14 anos	Até 12 anos	–
Multa civil	Equivalente ao valor do acréscimo	Equivalente ao valor do dano	Até 24X o valor da remuneração
Proibição de contratar com a administração	Não superior a 14 anos	Não superior a 12 anos	Não superior a 4 anos

Aplicação das sanções: na fixação das penas previstas, o juiz levará em conta a extensão do dano causado, assim como o proveito patrimonial obtido pelo agente.

Independe de aprovação ou rejeição de contas pelos órgãos de controle.

9.6 Prescrição

Os atos de improbidade administrativa prescrevem, segundo o art. 23 da Lei nº 8.429/1992:

> **Art. 23** A ação para a aplicação das sanções previstas nesta Lei prescreve em 8 (oito) anos, contados a partir da ocorrência do fato ou, no caso de infrações permanentes, do dia em que cessou a permanência.
>
> I a III Revogados pela Lei nº 14.230/2021.
>
> **§ 1º** A instauração de inquérito civil ou de processo administrativo para apuração dos ilícitos referidos nesta Lei suspende o curso do prazo prescricional por, no máximo, 180 (cento e oitenta) dias corridos, recomeçando a correr após a sua conclusão ou, caso não concluído o processo, esgotado o prazo de suspensão.
>
> **§ 2º** O inquérito civil para apuração do ato de improbidade será concluído no prazo de 365 (trezentos e sessenta e cinco) dias corridos, prorrogável uma única vez por igual período, mediante ato fundamentado submetido à revisão da instância competente do órgão ministerial, conforme dispuser a respectiva lei orgânica.
>
> **§ 3º** Encerrado o prazo previsto no § 2º deste artigo, a ação deverá ser proposta no prazo de 30 (trinta) dias, se não for caso de arquivamento do inquérito civil.
>
> **§ 4º** O prazo da prescrição referido no caput deste artigo interrompe-se:
>
> I - Pelo ajuizamento da ação de improbidade administrativa;
>
> II - Pela publicação da sentença condenatória;
>
> III - Pela publicação de decisão ou acórdão de Tribunal de Justiça ou Tribunal Regional Federal que confirma sentença condenatória ou que reforma sentença de improcedência;
>
> IV - Pela publicação de decisão ou acórdão do Superior Tribunal de Justiça que confirma acórdão condenatório ou que reforma acórdão de improcedência;
>
> V - Pela publicação de decisão ou acórdão do Supremo Tribunal Federal que confirma acórdão condenatório ou que reforma acórdão de improcedência.
>
> **§ 5º** Interrompida a prescrição, o prazo recomeça a correr do dia da interrupção, pela metade do prazo previsto no caput deste artigo.
>
> **§ 6º** A suspensão e a interrupção da prescrição produzem efeitos relativamente a todos os que concorreram para a prática do ato de improbidade.
>
> **§ 7º** Nos atos de improbidade conexos que sejam objeto do mesmo processo, a suspensão e a interrupção relativas a qualquer deles estendem-se aos demais.
>
> **§ 8º** O juiz ou o tribunal, depois de ouvido o Ministério Público, deverá, de ofício ou a requerimento da parte interessada, reconhecer a prescrição intercorrente da pretensão sancionadora e decretá-la de imediato, caso, entre os marcos interruptivos referidos no § 4º, transcorra o prazo previsto no § 5º deste artigo.

Atenção!

As ações de ressarcimento ao erário dos prejuízos causados por atos dolosos de improbidade administrativa são imprescritíveis.

NOÇÕES DE DIREITO ADMINISTRATIVO

10 LICITAÇÃO

Antes de adentrarmos ao estudo sobre licitações, é importante ressaltar as recentes mudanças promovidas no âmbito legislativo a respeito do assunto.

A Lei nº 8.666/1993 entre os anos de 1993 e 2021 desempenha o papel de principal legislação de normas gerais sobre licitações e contratos administrativos em nosso ordenamento jurídico, sendo complementada pela Lei nº 10.520/2002 (Pregão) e a Lei nº 12.462/2011 (Regime Diferenciado de Contratações).

Contudo, em 1º de abril de 2021, entrou em vigência a Lei nº 14.133/2021, conhecida como a **Nova Lei de Licitações**, a qual foi publicada para substituir a antiga Lei nº 8.666/1993, bem como a Lei nº 10.520/2002 e a Lei nº 12.462/2011.

Também merece destaque o fato de que essa substituição somente ocorrerá integralmente depois de dois anos contados da publicação da Lei nº 14.133/2021. Ou seja, a Lei nº 8.666/1993 ainda continua em vigor e pode ser aplicada na prática licitatória, sendo que durante esse período de transição, a Administração Pública pode adotar os procedimentos constantes na antiga Lei de Licitação, Pregão e RDC ou na Lei nº 14.133/2021, desde que a opção seja indicada expressamente no edital licitatório ou o instrumento de contratação direta. Ademais, é vedada a combinação da Lei nº 8.666/1993 com a Lei nº 14.133/2021.

> **Atenção!**
> O conhecimento das duas Leis é fundamental, tendo em vista que ambas estão em vigência e podem ser objeto de cobrança em concursos públicos.

10.1 Conceito de licitação

> **Art. 37, XXI** *Ressalvados os casos especificados na legislação, as obras, serviços, compras e alienações serão contratados mediante processo de licitação pública que assegure igualdade de condições a todos os concorrentes, com cláusulas que estabeleçam obrigações de pagamento, mantidas as condições efetivas da proposta, nos termos da lei, o qual somente permitirá as exigências de qualificação técnica e econômica indispensáveis à garantia do cumprimento das obrigações.*

Trata-se de procedimento administrativo, de observância obrigatória pelas entidades governamentais, em que, observada a igualdade entre os participantes, deve ser selecionada a melhor proposta entre as apresentadas pelos interessados e com elas travar determinadas relações de conteúdo patrimonial, uma vez preenchidos os requisitos mínimos necessários ao bom cumprimento das obrigações a que eles se propõem (preceito da Lei nº 8.666/1993).

10.2 Regras gerais sobre licitações

As regras gerais de licitação são de suma importância para quem fará um concurso público, pois, de forma objetiva, conseguimos entender as questões propostas, dessa maneira, iniciaremos com indagações frequentes:

O que é licitação?

Licitação é o procedimento administrativo que autoriza a execução de obras, a prestação de serviços e o fornecimento de bens para atendimento de necessidades públicas; as alienações e locações devem ser contratadas mediante licitações públicas.

Por que licitar?

A Constituição Federal, art. 37, inciso XXI, prevê, para a Administração Pública, a obrigatoriedade de licitar.

O procedimento de licitação objetiva permite que a administração contrate aqueles que reúnem as condições necessárias para o atendimento do interesse público, levando em consideração aspectos relacionados à capacidade técnica e econômico-financeira do licitante, à qualidade do produto e ao valor do objeto, sempre procurando atender ao princípio da isonomia (igualdade) e objetivando a proposta mais vantajosa.

Quem deve licitar?

Estão sujeitos à regra de licitar, prevista na Lei nº 8.666/1993, além dos órgãos integrantes da Administração Direta, os fundos especiais, as autarquias, as fundações públicas, as empresas públicas, as sociedades da economia mista e demais entidades controladas direta e indiretamente pela União, estados, Distrito Federal e municípios.

As concessionárias e permissionárias de serviços públicos sempre devem licitar, isso por força do art. 175 da Constituição Federal de 1988.

> **Art. 175** *Incumbe ao Poder Público, na forma da lei, diretamente ou sob regime de concessão ou permissão, sempre por meio de licitação, a prestação de serviços públicos.*

Como licitar?

Em primeiro lugar, deve ser definido o objeto que se quer contratar. Depois disso, é necessário estimar o valor total da obra, do serviço ou do bem a ser licitado, mediante realização de pesquisa de mercado. É importante, ainda, verificar se há previsão de recursos orçamentários para o pagamento da despesa e se essa se encontrará em conformidade com a Lei de Responsabilidade Fiscal.

Assim, após apuração da estimativa, deve ser adotada a modalidade de licitação adequada, com prioridade especial para o pregão, quando o objeto pretendido se referir a bens e serviços comuns listados no Decreto nº 3.555/2002 que regulamenta essa modalidade. Lembrando que a modalidade pregão não está expressamente prevista na Lei nº 8.666/1993.

10.3 Princípios explícitos

- Legalidade;
- Impessoalidade;
- Moralidade e probidade administrativa;
- Igualdade;
- Publicidade;
- Vinculação ao instrumento convocatório;
- Julgamento objetivo.

Estão previstos no art. 3º da Lei nº 8.666/1993:

> **Art. 3º** *A licitação destina-se a garantir a observância do princípio constitucional da isonomia, a seleção da proposta mais vantajosa para a Administração e a promoção do desenvolvimento nacional sustentável e será processada e julgada em estrita conformidade com os princípios básicos da legalidade, da impessoalidade, da moralidade, da igualdade, da publicidade, da probidade administrativa, da vinculação ao instrumento convocatório, do julgamento objetivo e dos que lhes são correlatos.*

O art. 3º, que trata dos princípios da licitação, determina a estrita obediência a vários princípios básicos expressos. Contudo, dá relevância a um deles, o que implica que **o princípio da isonomia tem um tratamento diferenciado.**

A licitação, por si só, traz uma ideia de disputa isonômica e a finalidade é a de conseguir a proposta mais vantajosa para a Administração a fim da celebração do contrato administrativo. O propósito específico é a realização de obras, serviços, concessão, permissões, compras, alienações ou locações.

Devemos nos atentar, pois a competência para legislar acerca de licitação é privativa da União, sempre sobre normas gerais, e está prevista no art. 22, inciso XXVII, da Constituição Federal:

> **Art. 22** *Compete privativamente à União legislar sobre:*
> *XXVII - Normas gerais de licitação e contratação, em todas as modalidades, para as administrações públicas diretas, autárquicas e fundacionais da União, Estados, Distrito Federal e Municípios, obedecido o disposto no art. 37, XXI, e para as empresas públicas e sociedades de economia mista, nos termos do art. 173, § 1º, III;*

É de se notar que os estados, Distrito Federal e municípios podem legislar sobre normas específicas acerca de licitação pública e contratos

LICITAÇÃO

administrativos, mesmo sem autorização da União, desde que as leis promulgadas não ofendam a Constituição Federal e também não contrariem as normas gerais.

Dessa forma, é importante frisar que a Lei nº 8.666/1993 é aplicável a toda Administração Pública, de acordo com os arts. 1º e 2º da lei:

> **Art. 1º** Esta Lei estabelece normas gerais sobre licitações e contratos administrativos pertinentes a obras, serviços, inclusive de publicidade, compras, alienações e locações no âmbito dos Poderes da União, dos Estados, do Distrito Federal e dos Municípios.
>
> **Parágrafo único**. Subordinam-se ao regime desta Lei, além dos órgãos da Administração Direta, os fundos especiais, as autarquias, as fundações públicas, as empresas públicas, as sociedades de economia mista e demais entidades controladas direta ou indiretamente pela União, Estados, Distrito Federal e Municípios.
>
> **Art. 2º** As obras, serviços, inclusive de publicidade, compras, alienações, concessões, permissões e locações da Administração Pública, quando contratadas com terceiros, serão necessariamente precedidas de licitação, ressalvadas as hipóteses previstas nesta Lei.
>
> **Parágrafo único**. Para os fins desta Lei, considera-se contrato todo e qualquer ajuste entre órgãos ou entidades da Administração Pública e particulares, em que haja um acordo de vontades para a formação de vínculo e a estipulação de obrigações recíprocas, seja qual for a denominação utilizada.

10.3.1 Legalidade

Nos procedimentos de licitação, esse princípio vincula os licitantes e a Administração Pública às regras estabelecidas, nas normas e princípios em vigor, ou seja, o administrador fica vinculado aos ditames na lei, tendo alguma liberdade (discricionariedade) somente quando a própria lei assim autorizar ou determinar, como é o caso da licitação dispensável e licitação dispensada.

Todos os atos de licitação devem estar estritamente na lei. Assim, o administrador público não pode exigir do licitante condições de habilitação econômica com certa margem acima do necessário ao cumprimento das obrigações a serem contratadas. Assim, somente permitirá as exigências de qualificação técnica e econômicas indispensáveis à garantia do cumprimento das obrigações.

10.3.2 Impessoalidade

Esse princípio obriga a Administração a observar, nas suas decisões, critérios objetivos previamente estabelecidos, afastando a discricionariedade e o subjetivismo na condução dos procedimentos da licitação. Aqui, o princípio obedece aos ditames da Constituição Federal e tem por finalidade a obediência estrita aos fins coletivos, impedindo, de qualquer modo, a promoção pessoal do administrador e as chamadas "facilidades" para qualquer particular envolvido no procedimento.

10.3.3 Moralidade e probidade administrativa

Aqui devemos nos atentar, pois, de acordo com a Constituição Federal, a moralidade administrativa é tida como princípio e a probidade como dever. Contudo, o texto da Lei nº 8.666/1993 traz insculpido os dois como sendo princípios norteadores da licitação, em que a conduta dos licitantes e dos agentes públicos tem que ser, além de lícita, compatível com a moral, ética, bons costumes e com as regras da boa administração.

10.3.4 Igualdade

É o mais relevante princípio da lei de licitação e significa dar tratamento igual a todos os interessados. É condição essencial para garantir em todas as fases da licitação. Também chamado de princípio da isonomia entre os licitantes. A igualdade aqui tem dois sentidos: primeiro, a administração deve dispensar tratamento isonômico entre os licitantes; segundo, deve a igualdade garantir que a concorrência seja viável entre os particulares.

O art. 3º, § 2º, da Lei, reza que em igualdade de condições será assegurado à preferência sucessivamente a bens e serviços em caso de empate, seguindo o seguinte critério de desempate:

- Produzidos no país;
- Produzidos ou prestados por empresas brasileiras;
- Produzidos ou prestados por empresas que invistam em pesquisa e no desenvolvimento de tecnologia no país;
- Produzidos ou prestados por empresas que comprovem cumprimento de reserva de cargos prevista em lei para pessoa com deficiência ou para reabilitado da Previdência Social e que atendam às regras de acessibilidade previstas na legislação.

10.3.5 Publicidade

O princípio da publicidade reza que qualquer interessado deve ter acesso às licitações públicas e seu controle, mediante divulgação dos atos praticados pelos administradores em todas as fases da licitação. No entanto, o conteúdo dos propostos é sigiloso, conforme prevê o art. 3º, § 3º, Lei nº 8.666/1993.

> **Art. 3º, § 3º** A licitação não será sigilosa, sendo públicos e acessíveis ao público os atos de seu procedimento, salvo quanto ao conteúdo das propostas, até a respectiva abertura.

Dessa forma, quanto maior o valor do contrato, maior será a publicidade de seus atos. No convite, a divulgação será mínima, devido ao reduzido valor do contrato, e, na concorrência, a divulgação será a maior possível.

Os avisos contendo os resumos dos editais das concorrências, das tomadas de preço, dos concursos e dos leilões, embora realizados no local da repartição interessada, deverão ser publicados com antecedência, como dispõe o art. 21 da Lei de Licitação:

> **Art. 21** Os avisos contendo os resumos dos editais das concorrências, das tomadas de preços, dos concursos e dos leilões, embora realizados no local da repartição interessada, deverão ser publicados com antecedência, no mínimo, por uma vez:
>
> I - No Diário Oficial da União, quando se tratar de licitação feita por órgão ou entidade da Administração Pública Federal e, ainda, quando se tratar de obras financiadas parcial ou totalmente com recursos federais ou garantidas por instituições federais;
>
> II - No Diário Oficial do Estado, ou do Distrito Federal quando se tratar, respectivamente, de licitação feita por órgão ou entidade da Administração Pública Estadual ou Municipal, ou do Distrito Federal;
>
> III - em sítio eletrônico oficial do respectivo ente federativo, facultado aos Estados, ao Distrito Federal e aos Municípios, alternativamente, a utilização de sítio eletrônico oficial da União, conforme regulamento do Poder Executivo federal.

Dessa forma, os prazos do art. 21 são os seguintes:

- **45 dias:** concurso e concorrência (quando o contrato a ser celebrado contemplar o regime de empreitada integral ou quando a licitação for do tipo "melhor técnica" ou "técnica e preço".
- **30 dias:** concorrência (nos casos não especificados na alínea b do inciso anterior e tomada de preços (quando a licitação for do tipo "melhor técnica" ou "técnica e preço".
- **15 dias:** tomada de preços (nos casos não especificados na alínea "b" do inciso anterior) e Leilão.
- **5 dias úteis:** convite.
- **8 dias úteis (no mínimo):** pregão.

> **Atenção!**
> Esses prazos começam a ser contados a partir:
> - da última publicação do edital;
> - da expedição do convite;
> - da efetiva disponibilidade do edital ou do convite.
> Prevalece a data que ocorrer mais tarde.

10.3.6 Vinculação ao instrumento convocatório

O instrumento convocatório, que pode ser edital ou carta convite, obriga a Administração e o licitante a observarem as normas e

NOÇÕES DE DIREITO ADMINISTRATIVO

condições estabelecidas no ato convocatório. Dessa forma, nada poderá ser criado ou feito sem que haja previsão em relação a esse ato.

10.3.7 Julgamento objetivo

O princípio determina que o administrador deve observar critérios objetivos definidos no ato convocatório para o julgamento das propostas. Afasta a possibilidade de o julgador utilizar-se de fatores subjetivos ou de critérios não previstos no ato referido, mesmo que em benefício da própria administração.

10.4 Princípios implícitos em espécie

10.4.1 Competitividade

A lei e a própria Constituição Federal de 1988 estabelecem a obrigatoriedade do caráter competitivo no procedimento licitatório. Isso se dá, pois na competição entre os licitantes não pode haver manipulações de preços. Dessa forma, a Administração deve ser capaz de assegurar a obtenção da proposta mais vantajosa a execução dos fins públicos.

Nessa perspectiva, a lei veda a realização de licitação cujo objeto inclua bens e serviços sem similaridade ou de marcas, caraterísticas e especificações exclusivas, salvo nos casos em que for tecnicamente justificável (art. 7º, § 5º).

10.4.2 Sigilo das propostas

Decorrência lógica do art. 3º da Lei de Licitações, uma vez que o princípio explícito é o da publicidade dos atos. Deve haver sigilo somente na apresentação das propostas e, ainda assim, até a abertura delas, que devem ser liberadas ao público após regular escolha do vencedor.

10.4.3 Adjudicação compulsória

Esse princípio diz que a Administração só poderá atribuir o objeto da licitação ao vencedor. Não pode tal objeto ser concedido a outro licitante. O vendedor, uma vez que preencheu todos os requisitos formais, tem prevalência na assinatura do contrato. Essa não garante direito adquirido, uma vez que o ato licitatório pode ser revogado pela Administração antes da assinatura do contrato. O licitante também pode desistir do contrato caso consiga provar justo motivo.

10.5 Modalidades de licitação

As licitações, segundo a Lei nº 8.666/1993, serão efetuadas no local onde se situar a repartição interessada, salvo por motivo de interesse público devidamente justificado. Essa regra, no entanto, não impede a habilitação de interessados que sejam residentes ou sediados em outros locais.

Modalidade de licitação é a forma específica de conduzir o procedimento licitatório, a partir de critérios definidos em lei. O valor estimado para contratação é o principal fator para escolha da modalidade de licitação, exceto quando se trata de pregão, que não está limitado a valores. Dessa forma, além do leilão e do concurso, as demais modalidades de licitação admitidas são exclusivamente as seguintes:

- Concorrência;
- Tomada de preços;
- Convite;
- Concurso;
- Leilão;
- Consulta;
- Pregão.

10.5.1 Concorrência

Modalidade da qual podem participar quaisquer interessados que, na fase de habilitação preliminar, comprovem possuir requisitos mínimos de qualificação exigidos no edital para execução do objeto da licitação. Todas as licitações para bens imóveis devem ser feitas nessa modalidade, também as concessões de direito real de uso, para alienações internacionais e para as parcerias público privadas. Seja qual for o valor da licitação, em tese, a concorrência pode ser utilizada.

A concorrência está prevista no art. 22, § 1º, da Lei nº 8.666/1993:

> **Art. 22, § 1º** *Concorrência é a modalidade de licitação entre quaisquer interessados que, na fase inicial de habilitação preliminar, comprovem possuir os requisitos mínimos de qualificação exigidos no edital para execução de seu objeto.*

Características:
- Possui fase preliminar;
- É considerada mais complexa;
- Admite qualquer valor;
- É a mais competitiva;
- Contratações de maior valor.

A concorrência é utilizada obrigatoriamente para:
- Compra ou alienação de imóveis;
- Concessão de direito real de uso;
- Licitações internacionais;
- Concessão de serviços públicos;
- Contrato de parcerias público privada.

10.5.2 Tomada de preços

Modalidade realizada entre interessados devidamente cadastrados ou que atenderem a todas as condições exigidas para cadastramento até o terceiro dia anterior à data do recebimento das propostas, observada a necessária qualificação.

A tomada de preço está prevista no art. 22, § 2º, da Lei nº 8.666/1993:

> **Art. 22, § 2º** *Tomada de preços é a modalidade de licitação entre interessados devidamente cadastrados ou que atenderem a todas as condições exigidas para cadastramento até o terceiro dia anterior à data do recebimento das propostas, observada a necessária qualificação.*

Características:

Os interessados devem estar devidamente cadastrados, contudo, pelo princípio da competitividade, podem se inscrever até o terceiro dia anterior à data do recebimento das propostas.

Contratação de valores intermediários:

A modalidade "tomada de preços" não se confunde com o "registro de preços". O chamado Sistema de Registro de Preços (SRP) não é modalidade de licitação, mas, sim, um cadastro formal de prestadores de serviços e fornecedores de bens e seus respectivos preços para as contratações futuras e habituais.

O SRP é válido por 12 meses e, para fazer parte dele, é necessário participar de licitação na modalidade concorrência ou pregão do tipo menor preço. O SRP é regulado pelo Decreto nº 7.892/2013 e não confere ao licitante o direito adquirido à contratação, entretanto, se a Administração necessitar do bem ou serviço durante a validade do SRP, em igualdade de condições, o cadastrado terá prioridade na contratação.

Obs.: os órgãos e entidades que não participaram do registro de preços, quando desejarem fazer uso da ata de registro de preços, deverão consultar o órgão gerenciador da ata para manifestação sobre a possibilidade de adesão (é a chamada "licitação carona" prevista no art. 22, § 1º do Decreto nº 7.892/2013).

10.5.3 Convite

A modalidade convite está prevista no art. 22, § 3º, da Lei nº 8.666/1993:

> **Art. 22, § 3º** *Convite é a modalidade de licitação entre interessados do ramo pertinente ao seu objeto, cadastrados ou não, escolhidos e convidados em número mínimo de 3 (três) pela unidade administrativa, a qual afixará, em local apropriado, cópia do instrumento convocatório e o estenderá aos demais cadastrados na correspondente especialidade que manifestarem seu interesse com antecedência de até 24 (vinte e quatro) horas da apresentação das propostas.*

LICITAÇÃO

Modalidade realizada entre interessados do ramo de que trata o objeto da licitação, escolhidos e convidados em número mínimo de três pela administração.

O convite é a modalidade de licitação mais simples. A administração escolhe quem quer convidar, entre os possíveis interessados, cadastrados ou não. A divulgação deve ser feita mediante afixação de cópia do convite em quadro de avisos do órgão ou entidade, localizado em lugar de ampla divulgação, dispensando a publicação em Diário Oficial.

No convite, é possível a participação de interessados que não tenham sido formalmente convidados, mas que sejam do ramo do objeto licitado, desde que cadastrados no órgão ou entidade licitadora ou no Sistema de Cadastramento Unificado de Fornecedores (Sicaf). Esses interessados devem solicitar o convite com antecedência de até 24 horas da apresentação das propostas.

Para que a contratação seja possível no convite, são necessárias pelo menos três propostas válidas, isto é, que atendam a todas as exigências do ato convocatório. Não é suficiente a obtenção de três propostas, é preciso que elas sejam válidas. Caso isso não ocorra, a administração deve repetir o convite e chamar mais um interessado, enquanto existirem cadastrados não convidados nas últimas licitações, ressalvadas as hipóteses de limitação de mercado ou manifesto desinteresse dos incitados, circunstâncias essas que devem ser justificadas no processo de licitação.

A publicação na imprensa e em jornal de grande circulação confere ao convite divulgação idêntica à da concorrência e à tomada de preços, afastando a discricionariedade do agente público.

Quando for impossível a obtenção de três propostas válidas, por limitações do mercado ou manifesto desinteresse dos convidados, essas circunstâncias deverão ser devidamente motivadas e justificadas no processo, sob pena de repetição de convite.

Limitações de mercado ou manifesto desinteresse das empresas convidadas não se caracterizam nem podem ser justificados quando são inseridas, na licitação, condições que só uma ou outra empresa pode atender.

Características:
- É a modalidade de licitação entre interessados do ramo pertinente ao seu objeto, cadastrados ou não, escolhidos e convidados em número mínimo de três pela unidade administrativa;
- Contratação de menor valor;
- O procedimento é simples, permitindo, excepcionalmente, nas pequenas unidades administrativas, a substituição da comissão por servidor formalmente designado pela autoridade competente.

10.5.4 Concurso

O art. 22, § 4º, da Lei nº 8.666/1993 define a modalidade concurso como sendo a licitação entre quaisquer interessados para a escolha de trabalho técnico, científico ou artístico, mediante à instituição de prêmios ou remuneração aos vencedores do procedimento, sempre conforme previsto em edital publicado na imprensa oficial com antecedência mínima de 45 dias.

O julgamento da modalidade concurso é feita por uma comissão especial. Pode participar da comissão servidor ou não, de acordo com o art. 51, § 5º.

A modalidade concurso está prevista no art. 22, § 4º, da Lei nº 8.666/1993:

> *Art. 22, § 4º Concurso é a modalidade de licitação entre quaisquer interessados para escolha de trabalho técnico, científico ou artístico, mediante à instituição de prêmios ou remuneração aos vencedores conforme critérios constantes de edital publicado na imprensa oficial com antecedência mínima de 45 (quarenta e cinco) dias.*

Características:
- Trabalho técnico;
- Científico;
- Artístico;

- Edital tem que ser publicado com antecedência mínima de 45 dias;
- O que determina a necessidade da realização da licitação é a natureza do seu objeto, não o valor do contrato;
- O procedimento é um tanto diverso, pois o julgamento será feito por uma comissão especial integrada por pessoas de reputação ilibada e reconhecido conhecimento da matéria em exame, servidor público ou não.

10.5.5 Leilão

É a modalidade de licitação, entre quaisquer interessados, para venda, a quem oferecer o maior lance, igual ou superior ao valor da avaliação, dos seguintes bens:
- Bens móveis inservíveis para a Administração.
- Produtos legalmente apreendidos ou penhorados.
- Bens imóveis da Administração Pública, cuja aquisição haja derivado de procedimentos judiciais ou de dação em pagamento (art. 19, inciso III).

O leilão, além dessas disposições, está previsto em dois lugares: Primeiro, no art. 22, § 5º, da Lei nº 8.666/93:

> *Art. 22, § 5º Leilão é a modalidade de licitação entre quaisquer interessados para a venda de bens móveis inservíveis para a Administração ou de produtos legalmente apreendidos ou penhorados, ou para a alienação de bens imóveis prevista no art. 19, a quem oferecer o maior lance, igual ou superior ao valor da avaliação.*

Segundo, no art. 53, da Lei nº 8.666/1993:

> *Art. 53 O leilão pode ser cometido a leiloeiro oficial ou a servidor designado pela administração, procedendo-se na forma da legislação pertinente.*
>
> *§ 1º Todo bem a ser leiloado será previamente avaliado pela administração para fixação do preço mínimo de arrematação.*
>
> *§ 2º Os bens arrematados serão pagos à vista ou no percentual estabelecido no edital, não inferior a 5% (cinco por cento) e, após a assinatura da respectiva ata lavrada no local do leilão, imediatamente entregues ao arrematante, o qual se obrigará ao pagamento do restante no prazo estipulado no edital de convocação, sob pena de perder em favor da administração o valor já recolhido.*
>
> *§ 3º Nos leilões internacionais, o pagamento da parcela à vista poderá ser feito em até vinte e quatro horas.*
>
> *§ 4º O edital de leilão deve ser amplamente divulgado, principalmente no município em que se realizará.*

Limitado a bens avaliados, isolada ou globalmente, em quantia não superior a R$ 650.000,00. Acima disso e para bens imóveis, deve ser utilizada a modalidade concorrência.

> **Atenção!**
>
> Modalidades (art. 22), seguidas pela ordem: valor (art. 23), nº de licitantes, participação, objeto e forma de divulgação (art. 21).
> **Concorrência:** grandes valores, independente, sem restrição, edital publicado com 30 dias de antecedência em relação ao recebimento das propostas (ver art. 21, § 2º, 45 dias).
> **Tomada de preço:** valores médios, independente, cadastrado ou que atendam todos os requisitos até 3 dias antes do recebimento da proposta, sem restrição, edital publicado com 15 dias de antecedência.
> **Convite:** valores pequenos, pelo menos 3 licitantes, cadastrado ou não (edital estendendo aos demais cadastrados - manifestação antes de 24 horas do recebimento da proposta), sem restrição, carta-convite remetidas aos interessados com 5 dias de antecedência (fixação no mural).
> **Concurso:** não interessa valor, independente, sem restrição, trabalho técnico, científico ou artístico, edital publicado com 45 dias de antecedência.
> **Leilão:** não interessa valor, independente, sem restrição, alienação de bens inservíveis, produtos apreendidos ou bens imóveis, edital com ênfase na localidade em que se realizará o leilão.

NOÇÕES DE DIREITO ADMINISTRATIVO

10.5.6 Consulta

A modalidade consulta não está prevista na Lei nº 8.666/1993. Está prevista na Lei nº 9.472/1997 (a mesma que criou a Anatel); é uma modalidade prevista apenas para as agências reguladoras.

A lei diz que a consulta é a modalidade de licitação adequada à contratação de bens e serviços não classificados como comuns e que não sejam obras e serviços de engenharia civil.

A consulta é modalidade de licitação exclusiva de agências reguladoras, para aquisição de bens e serviços não comuns, excetuados obras e serviços de engenharia civil, na qual as propostas são julgadas por um júri, segundo critério que leve em consideração, ponderadamente, custo e benefício.

Os valores utilizados para configurar grande, médio ou pequeno vulto constam do art. 23, incisos I e II da Lei nº 8.666/1993. Tais valores foram atualizados pelo Decreto nº 9.412/2018.

> *Art. 23 [...]*
> *I - para obras e serviços de engenharia:*
> *a) convite - até R$ 150.000,00 (cento e cinquenta mil reais);*
> *b) tomada de preços - até R$ 1.500.000,00 (um milhão e quinhentos mil reais);*
> *c) concorrência: acima de R$ 1.500.000,00 (um milhão e quinhentos mil reais);*
> *II - para compras e serviços não referidos no inciso anterior:*
> *a) convite - até R$ 80.000,00 (oitenta mil reais);*
> *b) tomada de preços - até R$ 650.000,00 (seiscentos e cinquenta mil reais);*
> *c) concorrência - acima de R$ 650.000,00 (seiscentos e cinquenta mil reais).*

10.5.7 Pregão

O pregão constitui a sexta modalidade de licitação e está previsto na Lei nº 10.520/2002, que expressamente o estendeu a todas as esferas da Federação.

É a modalidade de licitação para aquisição de bens e serviços comuns pela União, estados, Distrito Federal e municípios, conforme disposto em regulamento, qualquer que seja o valor estimado da contratação, na qual a disputa pelo fornecimento é feita por meio de propostas e lances em sessão pública.

Os licitantes apresentam suas propostas de preço por escrito e por lances verbais, independentemente do valor estimado da contratação.

Ao contrário do que ocorre em outras modalidades, no pregão, a escolha da proposta é feita antes da análise da documentação, razão maior de sua celeridade.

O pregão é a modalidade alternativa ao convite, à tomada de preços e à concorrência para contratação de bens e serviços comuns. Não é obrigatória, mas deve ser prioritária e é aplicável a qualquer valor estimado de contratação.

Características:
- O pregão é a sexta modalidade de licitação;
- O pregão pode ser utilizado para qualquer valor de contrato;
- É considerado pouco complexo;
- Permite lances verbais;
- Não considera o vulto do contrato (valor da contratação), mas, sim, a característica dos bens ou serviços, que devem ser comuns, simples e rotineiros;
- O tipo da licitação é sempre o de menor preço;
- Não se exige capacitação técnica especializada.

10.6 Obrigatoriedade de licitação e casos de exceções

10.6.1 Licitação obrigatória

A regra constitucional é, pela obrigatoriedade para toda a Administração Pública no que tange a licitar para compras e alienações de bens e serviços, mas a própria Constituição Federal informa que a lei pode prever algumas hipóteses de exceção à realização da licitação.

Todavia, a Constituição Federal informa que, quando o objeto da contração é uma concessão ou permissão de serviço público, a realização da licitação é obrigatória.

10.6.2 Exceções à obrigatoriedade das licitações

Apesar de a regra geral instituir a obrigatoriedade das licitações, a própria lei de licitação faz ressalvas acerca dela, ou seja, por determinação legal, pode haver a celebração do contrato administrativo sem a prevalência da obrigação de licitar, e isso ocorre nos casos de dispensa de licitação (licitação dispensada e licitação dispensável) e Inexigibilidade de Licitação.

A principal diferença entre dispensa e inexigibilidade é que, na dispensa de licitação, a competição é possível, mas a lei dispensa ou permite que a licitação seja dispensada e na licitação inexigível, a competição é impossível devido à falta de possíveis competidores.

> *Art. 17 Licitação dispensada (a lei declarou-a como tal; não se faz licitação).*
> *Art. 24 Licitação dispensável (a administração pode dispensar se assim lhe convier).*
> *Art. 25 Licitação inexigível (quando houver inviabilidade de competição).*

10.7 Inexigibilidade de licitação

Conforme o art. 25 da Lei nº 8.666/1993, a inexigibilidade de licitação se faz quando há inviabilidade de competição, em razão do bem ou serviço possuir singularidade de fornecimento; desde que devidamente comprovada sua exclusividade, a contratação direta poderá ser efetivada.

Devemos notar que o art. 25 é um rol exemplificativo, ou seja, a administração no caso concreto pode prever outras situações em que ocorra impossibilidade jurídica de competição e que o serviço possua singularidade.

> *Art. 25 É inexigível a licitação quando houver inviabilidade de competição, em especial:*
> *I - Para aquisição de materiais, equipamentos, ou gêneros que só possam ser fornecidos por produtor, empresa ou representante comercial exclusivo, vedada a preferência de marca, devendo a comprovação de exclusividade ser feita por meio de atestado fornecido pelo órgão de registro do comércio do local em que se realizaria a licitação ou a obra ou o serviço, pelo Sindicato, Federação ou Confederação Patronal, ou, ainda, pelas entidades equivalentes;*
> *II - Para a contratação de serviços técnicos enumerados no art. 13 desta Lei, de natureza singular, com profissionais ou empresas de notória especialização, vedada a inexigibilidade para serviços de publicidade e divulgação;*
> *III - Para contratação de profissional de qualquer setor artístico, diretamente ou por meio de empresário exclusivo, desde que consagrado pela crítica especializada ou pela opinião pública.*
> *§ 1º Considera-se de notória especialização o profissional ou empresa cujo conceito no campo de sua especialidade, decorrente de desempenho anterior, estudos, experiências, publicações, organização, aparelhamento, equipe técnica, ou de outros requisitos relacionados com suas atividades, permita inferir que o seu trabalho é essencial e indiscutivelmente o mais adequado à plena satisfação do objeto do contrato.*
> *§ 2º Na hipótese deste artigo e em qualquer dos casos de dispensa, se comprovado superfaturamento, respondem solidariamente pelo dano causado à Fazenda Pública o fornecedor ou o prestador de serviços e o agente público responsável, sem prejuízo de outras sanções legais cabíveis.*

Os serviços técnicos profissionais especializados possibilitam a inexigibilidade, mas é fundamental atentar que não é o simples fato de um serviço enquadrar-se como profissional especializante que acarreta a inexigibilidade. É necessário que o serviço tenha natureza singular, ou seja, não pode ser usual e corriqueiro, por essa razão,

LICITAÇÃO

justifique, a fim de garantir a sua satisfatória prestação, a contratação de um profissional ou de uma empresa de notória especialidade.

A regra geral é que a contratação de serviços técnicos profissionais especializados seja precedida de licitação na modalidade concurso (art. 13, § 1º). Somente quando for serviço singular, prestado por profissional ou empresa de notória especialização, é que a licitação será inexigível.

10.8 Dispensa de licitação

A dispensa de licitação é um gênero que engloba duas espécies, são elas: a licitação dispensada e a licitação dispensável.

10.8.1 Licitação dispensada

A licitação dispensada diferencia-se da dispensável, pois, nessa, o administrador pode fazer ou não o procedimento, já na dispensada, ele fica impedido de fazer pela própria lei. São os casos descritos no art. 17.

As alíneas do inciso I do art. 17 trazem a lista de hipóteses de dispensa de licitação em operações relativas a bens imóveis da Administração, enquanto as alíneas do inciso II do art. 17 enumeram os casos de licitação dispensada para a alienação de bens móveis.

> *Art. 17 A alienação de bens da Administração Pública, subordinada à existência de interesse público devidamente justificado, será precedida de avaliação e obedecerá às seguintes normas:*
>
> *Dispensa de licitação de bens imóveis*
>
> *I - Quando imóveis, dependerá de autorização legislativa para órgãos da Administração Direta e entidades autárquicas e fundacionais, e, para todos, inclusive as entidades paraestatais, dependerá de avaliação prévia e de licitação na modalidade de concorrência, dispensada está nos seguintes casos:*
>
> *a) Dação em pagamento;*
>
> *b) Doação, permitida exclusivamente para outro órgão ou entidade da Administração Pública, de qualquer esfera de governo, ressalvado o disposto nas alíneas f, h, e i;*
>
> *c) Permuta, por outro imóvel que atenda aos requisitos constantes do inciso X do art. 24 dessa Lei;*
>
> *d) Investidura;*
>
> *e) Venda a outro órgão ou entidade da Administração Pública, de qualquer esfera de governo;*
>
> *f) Alienação gratuita ou onerosa, aforamento, concessão de direito real de uso, locação ou permissão de uso de bens imóveis residenciais construídos, destinados ou efetivamente utilizados no âmbito de programas habitacionais ou de regularização fundiária de interesse social desenvolvidos por órgãos ou entidades da Administração Pública;*
>
> *g) Procedimentos de legitimação de posse de que trata o art. 29 da Lei nº 6.383, de 7 de dezembro de 1976, mediante iniciativa e deliberação dos órgãos da Administração Pública em cuja competência legal inclua-se tal atribuição;*
>
> *h) Alienação gratuita ou onerosa, aforamento, concessão de direito real de uso, locação ou permissão de manuseio de bens imóveis de uso comercial de âmbito local com área de até 250 m² (duzentos e cinquenta metros quadrados) e inseridos no âmbito de programas de regularização fundiária de interesse social desenvolvidos por órgãos ou entidades da Administração Pública;*
>
> *i) Alienação e concessão de direito real de uso, gratuita ou onerosa, de terras públicas rurais da União e do Incra, onde incidam ocupações até o limite de que trata o § 1º do art. 6º da Lei nº 11.952, de 25 de junho de 2009, para fins de regularização fundiária, atendidos os requisitos legais; e (Redação dada pela Lei nº 13.465, 2017).*
>
> *Dispensa de licitação de bens móveis*
>
> *II - Quando móveis, dependerá de avaliação prévia e de licitação, dispensada esta nos seguintes casos:*
>
> *a) Doação, permitida exclusivamente para fins e uso de interesse social, após avaliação de sua oportunidade e conveniência socioeconômica, relativamente à escolha de outra forma de alienação;*
>
> *b) Permuta, permitida exclusivamente entre órgãos ou entidades da Administração Pública;*
>
> *c) Venda de ações, que poderão ser negociadas em bolsa, observada a legislação específica;*
>
> *d) Venda de títulos, na forma da legislação pertinente;*
>
> *e) Venda de bens produzidos ou comercializados por órgãos ou entidades da Administração Pública, em virtude de suas finalidades;*
>
> *f) Venda de materiais e equipamentos para outros órgãos ou entidades da Administração Pública, sem utilização previsível por quem deles dispõe.*

10.8.2 Licitação dispensável

Na licitação dispensável, a Administração tem a faculdade de não realizar o procedimento licitatório para algumas hipóteses determinadas na própria Lei nº 8.666/1993.

As situações nas quais a licitação poderá ser dispensável se encontram indicadas no art. 24, inciso I, alínea "a" e inciso XXVIII da Lei Federal nº 8.666/1993.

Dessa forma, veremos cada uma das hipóteses de licitação dispensável, salientando que essa listagem também possui caráter taxativo, não cabendo ao administrador à criação de outras situações. Devemos nos atentar, pois as questões de concursos nesse tópico costumam ser texto de lei. Assim, ler e fazer a diferenciação entre licitação dispensável (art. 24) e inexigibilidade de licitação (art. 25) é de suma importância.

> *Art. 24 É dispensável a licitação:*
>
> *I - Para obras e serviços de engenharia de valor até 10% (dez por cento) do limite previsto na alínea "a", do inciso I do artigo anterior, desde que não se refiram a parcelas de uma mesma obra ou serviço ou ainda para obras e serviços da mesma natureza e no mesmo local que possam ser realizadas conjunta e concomitantemente;*
>
> *II - Para outros serviços e compras de valor até 10% (dez por cento) do limite previsto na alínea "a", do inciso II do artigo anterior e para alienações, nos casos previstos nesta Lei, desde que não se refiram a parcelas de um mesmo serviço, compra ou alienação de maior vulto que possa ser realizada de uma só vez;*
>
> *III - Nos casos de guerra ou grave perturbação da ordem;*
>
> *IV - Nos casos de emergência ou de calamidade pública, quando caracterizada urgência de atendimento de situação que possa ocasionar prejuízo ou comprometer a segurança de pessoas, obras, serviços, equipamentos e outros bens, públicos ou particulares, e somente para os bens necessários ao atendimento da situação emergencial ou calamitosa e para as parcelas de obras e serviços que possam ser concluídas no prazo máximo de 180 (cento e oitenta) dias consecutivos e ininterruptos, contados da ocorrência da emergência ou calamidade, vedada a prorrogação dos respectivos contratos;*
>
> *V - Quando não acudirem interessados à licitação anterior e esta, justificadamente, não puder ser repetida sem prejuízo para a Administração, mantidas, neste caso, todas as condições pré-estabelecidas;*

Vale ressaltar que temos a chamada licitação deserta, ou seja, quando essa é convocada e não aparece nenhum interessado. Nesse caso, torna-se inviável a licitação, e a administração pode contratar diretamente, contanto que, motivadamente, demonstre que não ocorrerá prejuízo para a administração.

Não existe limite de valor para esse tipo de licitação, e a única exigência é que as cláusulas do contrato original sejam respeitadas.

Faz-se necessário diferenciar licitação deserta de licitação fracassada. Temos essa quando aparecem interessados, mas nenhum é selecionado, em decorrência de inabilitação ou desclassificação das propostas.

> *§ 3º Quando todos os licitantes forem inabilitados ou todas as propostas forem desclassificadas, a administração poderá fixar aos licitantes o prazo de oito dias úteis para a apresentação de nova documentação ou de outras propostas escoimadas das causas referidas neste artigo, facultada, no caso de convite, a redução deste prazo para três dias úteis.*

Devemos nos atentar que, em regra, a licitação fracassada não representa uma forma de licitação dispensável. Assim, devemos aplicar o disposto no art. 48, § 3º, da Lei nº 8.666/1993.

> *VI - Quando a União tiver que intervir no domínio econômico para regular preços ou normalizar o abastecimento;*

NOÇÕES DE DIREITO ADMINISTRATIVO

VII -. Quando as propostas apresentadas consignarem preços manifestamente superiores aos praticados no mercado nacional, ou forem incompatíveis com os fixados pelos órgãos oficiais competentes, casos em que, observado o parágrafo único do art. 48 desta Lei e, persistindo a situação, será admitida a adjudicação direta dos bens ou serviços, por valor não superior ao constante do registro de preços, ou dos serviços;

VIII - Para a aquisição, por pessoa jurídica de direito público interno, de bens produzidos ou serviços prestados por órgão ou entidade que integre a Administração Pública e que tenha sido criado para esse fim específico em data anterior à vigência desta Lei, desde que o preço contratado seja compatível com o praticado no mercado;

IX - Quando houver possibilidade de comprometimento da segurança nacional, nos casos estabelecidos em decreto do Presidente da República, ouvido o Conselho de Defesa Nacional;

X - Para a compra ou locação de imóvel destinado ao atendimento das finalidades precípuas da administração, cujas necessidades de instalação e localização condicionem a sua escolha, desde que o preço seja compatível com o valor de mercado, segundo avaliação prévia;

XI - Na contratação de remanescente de obra, serviço ou fornecimento, em consequência de rescisão contratual, desde que atendida a ordem de classificação da licitação anterior e aceitas as mesmas condições oferecidas pelo licitante vencedor, inclusive quanto ao preço, devidamente corrigido;

XII - Nas compras de hortifrutigranjeiros, pão e outros gêneros perecíveis, no tempo necessário para a realização dos processos licitatórios correspondentes, realizadas diretamente com base no preço do dia;

XIII - Na contratação de instituição brasileira incumbida regimental ou estatutariamente da pesquisa, do ensino ou do desenvolvimento institucional, ou de instituição dedicada à recuperação social do preso, desde que a contratada detenha inquestionável reputação ético-profissional e não tenha fins lucrativos;

XIV - Para a aquisição de bens ou serviços nos termos de acordo internacional específico aprovado pelo Congresso Nacional, quando as condições ofertadas forem manifestamente vantajosas para o Poder Público;

XV - Para a aquisição ou restauração de obras de arte e objetos históricos, de autenticidade certificada, desde que compatíveis ou inerentes às finalidades do órgão ou entidade.

XVI - Para a impressão dos diários oficiais, de formulários padronizados de uso da administração, e de edições técnicas oficiais, bem como para prestação de serviços de informática a pessoa jurídica de direito público interno, por órgãos ou entidades que integrem a Administração Pública, criados para esse fim específico;

XVII - Para a aquisição de componentes ou peças de origem nacional ou estrangeira, necessários à manutenção de equipamentos durante o período de garantia técnica, junto ao fornecedor original desses equipamentos, quando tal condição de exclusividade for indispensável para a vigência da garantia;

XVIII - Nas compras ou contratações de serviços para o abastecimento de navios, embarcações, unidades aéreas ou tropas e seus meios de deslocamento quando em estada eventual de curta duração em portos, aeroportos ou localidades diferentes de suas sedes, por motivo de movimentação operacional ou de adestramento, quando a exiguidade dos prazos legais puder comprometer a normalidade e os propósitos das operações e desde que seu valor não exceda ao limite previsto na alínea "a" do inciso II do art. 23 desta Lei:

XIX - Para as compras de material de uso pelas Forças Armadas, com exceção de materiais de uso pessoal e administrativo, quando houver necessidade de manter a padronização requerida pela estrutura de apoio logístico dos meios navais, aéreos e terrestres, mediante parecer de comissão instituída por decreto;

XX - Na contratação de associação de portadores de deficiência física, sem fins lucrativos e de comprovada idoneidade, por órgãos ou entidades da Administração Pública, para a prestação de serviços ou fornecimento de mão de obra, desde que o preço contratado seja compatível com o praticado no mercado.

XXI - Para a aquisição ou contratação de produto para pesquisa e desenvolvimento, limitada, no caso de obras e serviços de engenharia,

a 20% (vinte por cento) do valor de que trata a alínea "b" do inciso I do caput do art. 23; (Incluído pela Lei nº 13.243, de 2016);

XXII - Na contratação de fornecimento ou suprimento de energia elétrica e gás natural com concessionário, permissionário ou autorizado, segundo as normas da legislação específica;

XXIII - Na contratação realizada por empresa pública ou sociedade de economia mista com suas subsidiárias e controladas, para a aquisição ou alienação de bens, prestação ou obtenção de serviços, desde que o preço contratado seja compatível com o praticado no mercado.

XXIV - Para a celebração de contratos de prestação de serviços com as organizações sociais, qualificadas no âmbito das respectivas esferas de governo, para atividades contempladas no contrato de gestão.

XXV - Na contratação realizada por Instituição Científica e Tecnológica - ICT ou por agência de fomento para a transferência de tecnologia e para o licenciamento de direito de uso ou de exploração de criação protegida.

XXVI - Na celebração de contrato de programa com ente da Federação ou com entidade de sua Administração Indireta, para a prestação de serviços públicos de forma associada nos termos do autorizado em contrato de consórcio público ou em convênio de cooperação.

XXVII - Na contratação da coleta, processamento e comercialização de resíduos sólidos urbanos recicláveis ou reutilizáveis, em áreas com sistema de coleta seletiva de lixo, efetuados por associações ou cooperativas formadas exclusivamente por pessoas físicas de baixa renda reconhecidas pelo poder público como catadores de materiais recicláveis, com o uso de equipamentos compatíveis com as normas técnicas, ambientais e de saúde pública.

XXVIII - Para o fornecimento de bens e serviços, produzidos ou prestados no País, que envolvam, cumulativamente, alta complexidade tecnológica e defesa nacional, mediante parecer de comissão especialmente designada pela autoridade máxima do órgão.

XXIX - Na aquisição de bens e contratação de serviços para atender aos contingentes militares das Forças Singulares brasileiras empregadas em operações de paz no exterior, necessariamente justificadas quanto ao preço e à escolha do fornecedor ou executante e ratificadas pelo Comandante da Força.

XXX - Na contratação de instituição ou organização, pública ou privada, com ou sem fins lucrativos, para a prestação de serviços de assistência técnica e extensão rural no âmbito do Programa Nacional de Assistência Técnica e Extensão Rural na Agricultura Familiar e na Reforma Agrária, instituído por lei federal.

XXXI - Nas contratações visando ao cumprimento do disposto nos arts. 3º, 4º, 5º e 20 da Lei nº 10.973, de 2 de dezembro de 2004, observados os princípios gerais de contratação dela constantes.

XXXII - Na contratação em que houver transferência de tecnologia de produtos estratégicos para o Sistema Único de Saúde - SUS, no âmbito da Lei nº 8.080, de 19 de setembro de 1990, conforme elencados em ato da direção nacional do SUS, inclusive por ocasião da aquisição destes produtos durante as etapas de absorção tecnológica.

XXXIII - Na contratação de entidades privadas sem fins lucrativos, para a implementação de cisternas ou outras tecnologias sociais de acesso à água para consumo humano e produção de alimentos, para beneficiar as famílias rurais de baixa renda atingidas pela seca ou falta regular de água.

XXXIV - Para a aquisição por pessoa jurídica de direito público interno de insumos estratégicos para a saúde produzidos ou distribuídos por fundação que, regimental ou estatutariamente, tenha por finalidade apoiar órgão da Administração Pública Direta, sua autarquia ou fundação em projetos de ensino, pesquisa, extensão, desenvolvimento institucional, científico e tecnológico e estímulo à inovação, inclusive na gestão administrativa e financeira necessária à execução desses projetos, ou em parcerias que envolvam transferência de tecnologia de produtos estratégicos para o Sistema Único de Saúde – SUS, nos termos do inciso XXXII deste artigo, e que tenha sido criada para esse fim específico em data anterior à vigência desta Lei, desde que o preço contratado seja compatível com o praticado no mercado. (Incluído pela Lei nº 13.204, de 2015)

XXXV - Para a construção, a ampliação, a reforma e o aprimoramento de estabelecimentos penais, desde que configurada situação de grave

LICITAÇÃO

e iminente risco à segurança pública. (Incluído pela Lei nº 13.500, de 2017)

§ 1º Os percentuais referidos nos incisos I e II do caput deste artigo serão 20% (vinte por cento) para compras, obras e serviços contratados por consórcios públicos, sociedade de economia mista, empresa pública e por autarquia ou fundação qualificadas, na forma da lei, como Agências Executivas.

§ 2º O limite temporal de criação do órgão ou entidade que integre a Administração Pública estabelecido no inciso VIII do caput deste artigo não se aplica aos órgãos ou entidades que produzem produtos estratégicos para o SUS, no âmbito da Lei nº 8.080, de 19 de setembro de 1990, conforme elencados em ato da direção nacional do SUS.

§ 3º A hipótese de dispensa prevista no inciso XXI do caput, quando aplicada a obras e serviços de engenharia, seguirá procedimentos especiais instituídos em regulamentação específica. (Incluído pela Lei nº 13.243, de 2016)

§ 4º Não se aplica a vedação prevista no inciso I do caput do art. 9º à hipótese prevista no inciso XXI do caput. (Incluído pela Lei nº 13.243, de 2016)

Atenção!
Licitação deserta (art. 24, inciso V)
Não aparecem concorrentes.
Licitação dispensável.
Licitação fracassada (art. 24, inciso VII)
Abertura de prazo para a apresentação de novas propostas: 8 dias (regra); 3 dias (convite).
Se os preços apresentados forem superiores aos de mercado, podem levar à licitação dispensável.

10.8.3 Formalidades da dispensa e da inexigibilidade

Os atos de dispensa e de inexigibilidade de licitação devem ser obrigatoriamente motivados, e deverão ser comunicados, dentro de 3 dias, à autoridade superior, para ratificação e publicação na imprensa oficial, no prazo de 5 dias, como condição para a eficácia dos atos.

Em casos de dispensa ou inexigibilidade de licitação, se houver superfaturamento da obra, haverá responsabilidade solidária do agente público responsável e também do fornecedor ou prestador de serviços.

Por fim, diante da nova Lei de Licitações, é preciso destacar que os artigos da Lei nº 8.666/1993 que trata sobre os crimes e penas no procedimento licitatório, artigos 89 a 108, foram revogados.

Agora, o estudo sobre os crimes licitatórios deve ser feito diretamente no Código Penal (art. 337-E a 337-P).

11 LEI Nº 14.133/2021 – NOVA LEI DE LICITAÇÕES

11.1 Aplicabilidade

A Lei nº 14.133/2021 aplica-se à União, aos estados, ao Distrito Federal e aos municípios, ou seja, é uma norma de caráter nacional. Assim, prevê a nova Lei:

Art. 1º Esta Lei estabelece normas gerais de licitação e contratação para as Administrações Públicas diretas, autárquicas e fundacionais da União, dos Estados, do Distrito Federal e dos Municípios, e abrange:
I - Os órgãos dos Poderes Legislativo e Judiciário da União, dos Estados e do Distrito Federal e os órgãos do Poder Legislativo dos Municípios, quando no desempenho de função administrativa;
II - Os fundos especiais e as demais entidades controladas direta ou indiretamente pela Administração Pública.
§ 1º Não são abrangidas por esta Lei as empresas públicas, as sociedades de economia mista e as suas subsidiárias, regidas pela Lei nº 13.303, de 30 de junho de 2016, ressalvado o disposto no art. 178 desta Lei.
Art. 2º Esta Lei aplica-se a:
I - Alienação e concessão de direito real de uso de bens;
II - Compra, inclusive por encomenda;
III - Locação;
IV - Concessão e permissão de uso de bens públicos;
V - Prestação de serviços, inclusive os técnico-profissionais especializados;
VI - Obras e serviços de arquitetura e engenharia;
VII - Contratações de tecnologia da informação e de comunicação.
Art. 3º Não se subordinam ao regime desta Lei:
I - Contratos que tenham por objeto operação de crédito, interno ou externo, e gestão de dívida pública, incluídas as contratações de agente financeiro e a concessão de garantia relacionadas a esses contratos;
II - Contratações sujeitas a normas previstas em legislação própria.

11.2 Princípios

O art. 5º da Lei nº 14.133/2021 estabelece os seguintes preceitos:

Art. 5º Na aplicação desta Lei, serão observados os princípios da legalidade, da impessoalidade, da moralidade, da publicidade, da eficiência, do interesse público, da probidade administrativa, da igualdade, do planejamento, da transparência, da eficácia, da segregação de funções, da motivação, da vinculação ao edital, do julgamento objetivo, da segurança jurídica, da razoabilidade, da competitividade, da proporcionalidade, da celeridade, da economicidade e do desenvolvimento nacional sustentável, assim como as disposições do Decreto-lei nº 4.657, de 4 de setembro de 1942 (Lei de Introdução às Normas do Direito Brasileiro).

Percebe-se que a nova disposição abrange princípios já consolidados no art. 37 da Constituição Federal de 1988 e na Lei nº 8.666/1993. Contudo, merece destaque a inovação trazida pela Lei nº 14.133/2021 acerca do princípio da segregação de funções. O novo preceito objetiva evitar a concentração de competências em um ou em poucos agentes públicos, ou seja, o princípio busca evitar que a mesma pessoa seja responsável por diversas fases do procedimento licitatório, a fim de reduzir os riscos presentes nos controles internos da Administração Pública.

Nesse sentido, vale destacar o art. 7º, § 1º da nova Lei de Licitação:

Art. 7º Caberá à autoridade máxima do órgão ou da entidade, ou a quem as normas de organização administrativa indicarem, promover gestão por competências e designar agentes públicos para o desempenho das funções essenciais à execução desta Lei que preencham os seguintes requisitos:
[...]
§ 1º A autoridade referida no caput deste artigo deverá observar o princípio da segregação de funções, vedada a designação do mesmo agente público para atuação simultânea em funções mais suscetíveis a riscos, de modo a reduzir a possibilidade de ocultação de erros e de ocorrência de fraudes na respectiva contratação.

11.3 Objetivos da licitação

A Lei nº 14.133/2021 dispõe em seu art. 11 que o procedimento licitatório possui os seguintes objetivos:

Art. 11 O processo licitatório tem por objetivos:
I - Assegurar a seleção da proposta apta a gerar o resultado de contratação mais vantajoso para a Administração Pública, inclusive no que se refere ao ciclo de vida do objeto;
II - Assegurar tratamento isonômico entre os licitantes, bem como a justa competição;
III - Evitar contratações com sobrepreço ou com preços manifestamente inexequíveis e superfaturamento na execução dos contratos;
IV - Incentivar a inovação e o desenvolvimento nacional sustentável.
Parágrafo único. A alta administração do órgão ou entidade é responsável pela governança das contratações e deve implementar processos e estruturas, inclusive de gestão de riscos e controles internos, para avaliar, direcionar e monitorar os processos licitatórios e os respectivos contratos, com o intuito de alcançar os objetivos estabelecidos no caput deste artigo, promover um ambiente íntegro e confiável, assegurar o alinhamento das contratações ao planejamento estratégico e às leis orçamentárias e promover eficiência, efetividade e eficácia em suas contratações.

11.4 Fases da licitação

De acordo com o art. 17 da nova Lei de Licitações, a licitação desenvolve-se nas seguintes fases:

Art. 17 O processo de licitação observará as seguintes fases, em sequência:
I - Preparatória;
II - De divulgação do edital de licitação;
III - De apresentação de propostas e lances, quando for o caso;
IV - De julgamento;
V - De habilitação;
VI - Recursal;
VII - De homologação.

Ao contrário da disposição da Lei nº 8.666/1993, a fase de habilitação, como regra geral, ocorre posteriormente às etapas de apresentação de propostas e lances e de julgamento. No entanto, o § 1º do art. 17, prevê que a fase de habilitação poderá, mediante ato motivado com explicitação dos benefícios decorrentes, anteceder as fases de apresentação de propostas e lances e de julgamento, desde que expressamente previsto no edital de licitação.

Ademais, as licitações serão realizadas preferencialmente sob a forma eletrônica, admitida a utilização da forma presencial, desde que motivada, devendo a sessão pública ser registrada em ata e gravada em áudio e vídeo.

Também, é importante mencionar que a Administração poderá convocar, com antecedência mínima de 8 dias úteis, **audiência pública**, presencial ou a distância, na forma eletrônica, sobre licitação que pretenda realizar, com disponibilização prévia de informações pertinentes, inclusive de estudo técnico preliminar e elementos do edital de licitação, e com possibilidade de manifestação de todos os interessados.

11.5 Modalidades de licitação

De acordo com o art. 28 da Lei nº 14.133/2021, são cinco as modalidades de licitação:

Art. 28 São modalidades de licitação:
I - Pregão;
II - Concorrência;
III - Concurso;
IV - Leilão;
V - Diálogo competitivo.

Destaca-se que a lei veda a criação de outras modalidades de licitação ou, ainda, a combinação das previstas no art. 28.

Como se observa, merece destaque algumas diferenças entre a Lei nº 8.666/1993 e a Lei nº 14.133/2021. Veja que o **pregão** passou expressamente a constar como modalidade de licitação, sendo a sua utilização obrigatória para aquisição de bens e serviços comuns, e quanto ao critério de julgamento, não há restrição quanto ao de menor preço, pois foi acrescentado a possibilidade de se utilizar o critério de maior desconto.

A **concorrência** não mais pode ser utilizada para alienações, nem para a aquisição de bens e serviços comuns.

Ademais, o **leilão** passou a ser a única modalidade utilizada para alienações da Administração Pública. A modalidade **concurso**, agora está sujeita aos critérios de julgamento de melhor técnica ou conteúdo artístico.

Ainda, dentre a previsão do art. 28, merece destaque "o **diálogo competitivo**". A nova modalidade de licitação é aplicada para a contratação de obras, serviços e compras em que a Administração Pública realiza diálogos com licitantes previamente selecionados mediante critérios objetivos, com o intuito de desenvolver uma ou mais alternativas capazes de atender às suas necessidades, devendo os licitantes apresentar proposta final após o encerramento dos diálogos.

O diálogo competitivo é restrito a determinadas situações, conforme estabelece o art. 32 da Lei nº 14.133/2021:

Art. 32 A modalidade diálogo competitivo é restrita a contratações em que a Administração:

I - Vise a contratar objeto que envolva as seguintes condições:

a) inovação tecnológica ou técnica;

b) impossibilidade de o órgão ou entidade ter sua necessidade satisfeita sem a adaptação de soluções disponíveis no mercado; e

c) impossibilidade de as especificações técnicas serem definidas com precisão suficiente pela Administração;

II - Verifique a necessidade de definir e identificar os meios e as alternativas que possam satisfazer suas necessidades, com destaque para os seguintes aspectos:

a) a solução técnica mais adequada;

b) os requisitos técnicos aptos a concretizar a solução já definida;

c) a estrutura jurídica ou financeira do contrato;

III - (Vetado).

11.6 Critérios de julgamento

Conforme prevê o art. 33 da Lei nº 14.133/2021, o julgamento das propostas será realizado de acordo com os seguintes critérios:

I - Menor preço;
II - Maior desconto;
III - Melhor técnica ou conteúdo artístico;
IV - Técnica e preço;
V - Maior lance, no caso de leilão;
VI - Maior retorno econômico.

O julgamento por **menor preço** ou **maior desconto** e, quando couber, por técnica e preço considerará o menor dispêndio para a Administração, atendidos os parâmetros mínimos de qualidade definidos no edital de licitação.

O julgamento **por maior desconto** terá como referência o preço global fixado no edital de licitação, e o desconto será estendido aos eventuais termos aditivos.

Já o julgamento por **melhor técnica** ou conteúdo artístico considerará exclusivamente as propostas técnicas ou artísticas apresentadas pelos licitantes, e o edital deverá definir o prêmio ou a remuneração que será atribuída aos vencedores.

11.7 Inexigibilidade e dispensa de licitação – contratação direta

Assim como a Lei nº 8.666/1993, a Lei nº 14.133/2021 prevê as situações que permitem a contratação direta pela Administração Pública. Trata-se da inexigibilidade e dispensa de licitação.

A inexigibilidade configura-se quando inviável a competição, ou seja, a licitação não é juridicamente possível.

Por sua vez, a dispensa ocorre quando a competição é possível, mas a licitação poderá deixar de ocorrer. A dispensa pode ser subdividida em: licitação dispensável e licitação dispensada.

Na **licitação dispensável**, o administrador possui discricionariedade (conveniência e oportunidade) para, em cada caso, decidir se realizará, ou não, a licitação.

Por outro lado, na **licitação dispensada** não há discricionariedade, a lei, desde logo, dispensa a licitação.

O art. 74 da Lei nº 14.133/2021 prevê as hipóteses de **inexigibilidade** da licitação:

Art. 74 É inexigível a licitação quando inviável a competição, em especial nos casos de:

I - Aquisição de materiais, de equipamentos ou de gêneros ou contratação de serviços que só possam ser fornecidos por produtor, empresa ou representante comercial exclusivos;

II - Contratação de profissional do setor artístico, diretamente ou por meio de empresário exclusivo, desde que consagrado pela crítica especializada ou pela opinião pública;

III - Contratação dos seguintes serviços técnicos especializados de natureza predominantemente intelectual com profissionais ou empresas de notória especialização, vedada a inexigibilidade para serviços de publicidade e divulgação:

a) estudos técnicos, planejamentos, projetos básicos ou projetos executivos;

b) pareceres, perícias e avaliações em geral;

c) assessorias ou consultorias técnicas e auditorias financeiras ou tributárias;

d) fiscalização, supervisão ou gerenciamento de obras ou serviços;

e) patrocínio ou defesa de causas judiciais ou administrativas;

f) treinamento e aperfeiçoamento de pessoal;

g) restauração de obras de arte e de bens de valor histórico;

h) controles de qualidade e tecnológico, análises, testes e ensaios de campo e laboratoriais, instrumentação e monitoramento de parâmetros específicos de obras e do meio ambiente e demais serviços de engenharia que se enquadrem no disposto neste inciso;

IV - Objetos que devam ou possam ser contratados por meio de credenciamento;

V - Aquisição ou locação de imóvel cujas características de instalações e de localização tornem necessária sua escolha.

O art. 75 estabelece as hipóteses de licitação dispensável:

Art. 75 É dispensável a licitação:

I - Para contratação que envolva valores inferiores a R$ 100.000,00 (cem mil reais), no caso de obras e serviços de engenharia ou de serviços de manutenção de veículos automotores; (Vide Decreto nº 10.922, de 2021)

II - Para contratação que envolva valores inferiores a R$ 50.000,00 (cinquenta mil reais), no caso de outros serviços e compras; (Vide Decreto nº 10.922, de 2021) (Vigência)

III - Para contratação que mantenha todas as condições definidas em edital de licitação realizada há menos de 1 (um) ano, quando se verificar que naquela licitação:

a) não surgiram licitantes interessados ou não foram apresentadas propostas válidas;

b) as propostas apresentadas consignaram preços manifestamente superiores aos praticados no mercado ou incompatíveis com os fixados pelos órgãos oficiais competentes;

IV - Para contratação que tenha por objeto:

a) bens, componentes ou peças de origem nacional ou estrangeira necessários à manutenção de equipamentos, a serem adquiridos do fornecedor original desses equipamentos durante o período de garantia técnica, quando essa condição de exclusividade for indispensável para a vigência da garantia;

b) bens, serviços, alienações ou obras, nos termos de acordo internacional específico aprovado pelo Congresso Nacional, quando as condições ofertadas forem manifestamente vantajosas para a Administração;

c) produtos para pesquisa e desenvolvimento, limitada a contratação, no caso de obras e serviços de engenharia, ao valor de R$ 300.000,00 (trezentos mil reais); (Vide Decreto nº 10.922, de 2021)

d) transferência de tecnologia ou licenciamento de direito de uso ou de exploração de criação protegida, nas contratações realizadas por instituição científica, tecnológica e de inovação (ICT) pública ou por agência de fomento, desde que demonstrada vantagem para a Administração;

e) hortifrutigranjeiros, pães e outros gêneros perecíveis, no período necessário para a realização dos processos licitatórios correspondentes, hipótese em que a contratação será realizada diretamente com base no preço do dia;

f) bens ou serviços produzidos ou prestados no País que envolvam, cumulativamente, alta complexidade tecnológica e defesa nacional;

g) materiais de uso das Forças Armadas, com exceção de materiais de uso pessoal e administrativo, quando houver necessidade de manter a padronização requerida pela estrutura de apoio logístico dos meios navais, aéreos e terrestres, mediante autorização por ato do comandante da força militar;

h) bens e serviços para atendimento dos contingentes militares das forças singulares brasileiras empregadas em operações de paz no exterior, hipótese em que a contratação deverá ser justificada quanto ao preço e à escolha do fornecedor ou executante e ratificada pelo comandante da força militar;

i) abastecimento ou suprimento de efetivos militares em estada eventual de curta duração em portos, aeroportos ou localidades diferentes de suas sedes, por motivo de movimentação operacional ou de adestramento;

j) coleta, processamento e comercialização de resíduos sólidos urbanos recicláveis ou reutilizáveis, em áreas com sistema de coleta seletiva de lixo, realizados por associações ou cooperativas formadas exclusivamente de pessoas físicas de baixa renda reconhecidas pelo poder público como catadores de materiais recicláveis, com o uso de equipamentos compatíveis com as normas técnicas, ambientais e de saúde pública;

k) aquisição ou restauração de obras de arte e objetos históricos, de autenticidade certificada, desde que inerente às finalidades do órgão ou com elas compatível;

l) serviços especializados ou aquisição ou locação de equipamentos destinados ao rastreamento e à obtenção de provas previstas nos incisos II e V do caput do art. 3º da Lei nº 12.850, de 2 de agosto de 2013, quando houver necessidade justificada de manutenção de sigilo sobre a investigação;

m) aquisição de medicamentos destinados exclusivamente ao tratamento de doenças raras definidas pelo Ministério da Saúde;

V - Para contratação com vistas ao cumprimento do disposto nos arts. 3º, 3º-A, 4º, 5º e 20 da Lei nº 10.973, de 2 de dezembro de 2004, observados os princípios gerais de contratação constantes da referida Lei;

VI - Para contratação que possa acarretar comprometimento da segurança nacional, nos casos estabelecidos pelo Ministro de Estado da Defesa, mediante demanda dos comandos das Forças Armadas ou dos demais ministérios;

VII - Nos casos de guerra, estado de defesa, estado de sítio, intervenção federal ou de grave perturbação da ordem;

VIII - Nos casos de emergência ou de calamidade pública, quando caracterizada urgência de atendimento de situação que possa ocasionar prejuízo ou comprometer a continuidade dos serviços públicos ou a segurança de pessoas, obras, serviços, equipamentos e outros bens, públicos ou particulares, e somente para aquisição dos bens necessários ao atendimento da situação emergencial ou calamitosa e para as parcelas de obras e serviços que possam ser concluídas no prazo máximo de 1 (um) ano, contado da data de ocorrência da emergência ou da calamidade, vedadas a prorrogação dos respectivos contratos e a recontratação de empresa já contratada com base no disposto neste inciso;

IX - Para a aquisição, por pessoa jurídica de direito público interno, de bens produzidos ou serviços prestados por órgão ou entidade que integrem a Administração Pública e que tenham sido criados para esse fim específico, desde que o preço contratado seja compatível com o praticado no mercado;

X - Quando a União tiver que intervir no domínio econômico para regular preços ou normalizar o abastecimento;

XI - Para celebração de contrato de programa com ente federativo ou com entidade de sua Administração Pública Indireta que envolva prestação de serviços públicos de forma associada nos termos autorizados em contrato de consórcio público ou em convênio de cooperação;

XII - Para contratação em que houver transferência de tecnologia de produtos estratégicos para o Sistema Único de Saúde (SUS), conforme elencados em ato da direção nacional do SUS, inclusive por ocasião da aquisição desses produtos durante as etapas de absorção tecnológica, e em valores compatíveis com aqueles definidos no instrumento firmado para a transferência de tecnologia;

XIII - Para contratação de profissionais para compor a comissão de avaliação de critérios de técnica, quando se tratar de profissional técnico de notória especialização;

XIV - Para contratação de associação de pessoas com deficiência, sem fins lucrativos e de comprovada idoneidade, por órgão ou entidade da Administração Pública, para a prestação de serviços, desde que o preço contratado seja compatível com o praticado no mercado e os serviços contratados sejam prestados exclusivamente por pessoas com deficiência;

XV - Para contratação de instituição brasileira que tenha por finalidade estatutária apoiar, captar e executar atividades de ensino, pesquisa, extensão, desenvolvimento institucional, científico e tecnológico e estímulo à inovação, inclusive para gerir administrativa e financeiramente essas atividades, ou para contratação de instituição dedicada à recuperação social da pessoa presa, desde que o contratado tenha inquestionável reputação ética e profissional e não tenha fins lucrativos;

XVI - Para aquisição, por pessoa jurídica de direito público interno, de insumos estratégicos para a saúde produzidos por fundação que, regimental ou estatutariamente, tenha por finalidade apoiar órgão da Administração Pública Direta, sua autarquia ou fundação em projetos de ensino, pesquisa, extensão, desenvolvimento institucional, científico e tecnológico e de estímulo à inovação, inclusive na gestão administrativa e financeira necessária à execução desses projetos, ou em parcerias que envolvam transferência de tecnologia de produtos estratégicos para o SUS, nos termos do inciso XII do caput deste artigo, e que tenha sido criada para esse fim específico em data anterior à entrada em vigor desta Lei, desde que o preço contratado seja compatível com o praticado no mercado.

XV - Para contratação de instituição brasileira que tenha por finalidade estatutária apoiar, captar e executar atividades de ensino, pesquisa, extensão, desenvolvimento institucional, científico e tecnológico e estímulo à inovação, inclusive para gerir administrativa e financeiramente essas atividades, ou para contratação de instituição dedicada à recuperação social da pessoa presa, desde que o contratado tenha inquestionável reputação ética e profissional e não tenha fins lucrativos;

XVI - Para aquisição, por pessoa jurídica de direito público interno, de insumos estratégicos para a saúde produzidos por fundação que, regimental ou estatutariamente, tenha por finalidade apoiar órgão da Administração Pública Direta, sua autarquia ou fundação em projetos de ensino, pesquisa, extensão, desenvolvimento institucional, científico e tecnológico e de estímulo à inovação, inclusive na gestão administrativa e financeira necessária à execução desses projetos, ou em parcerias que envolvam transferência de tecnologia de produtos estratégicos para o SUS, nos termos do inciso XII do caput deste artigo, e que tenha sido criada para esse fim específico em data anterior à entrada em vigor desta Lei, desde que o preço contratado seja compatível com o praticado no mercado.

No que se refere às hipóteses de **licitação dispensada**, o art. 76, incisos I e II da Lei nº14.133/2021 prevê o seguinte:

Art. 76 A alienação de bens da Administração Pública, subordinada à existência de interesse público devidamente justificado, será precedida de avaliação e obedecerá às seguintes normas:

I - Tratando-se de bens imóveis, inclusive os pertencentes às autarquias e às fundações, exigirá autorização legislativa e dependerá de licitação na modalidade leilão, dispensada a realização de licitação nos casos de:

a) dação em pagamento;

b) doação, permitida exclusivamente para outro órgão ou entidade da Administração Pública, de qualquer esfera de governo, ressalvado o disposto nas alíneas "f", "g" e "h" deste inciso;

c) permuta por outros imóveis que atendam aos requisitos relacionados às finalidades precípuas da Administração, desde que a diferença apurada não ultrapasse a metade do valor do imóvel que será ofertado pela União, segundo avaliação prévia, e ocorra a torna de valores, sempre que for o caso;

d) investidura;

e) venda a outro órgão ou entidade da Administração Pública de qualquer esfera de governo;

f) alienação gratuita ou onerosa, aforamento, concessão de direito real de uso, locação e permissão de uso de bens imóveis residenciais construídos, destinados ou efetivamente usados em programas de habitação ou de regularização fundiária de interesse social desenvolvidos por órgão ou entidade da Administração Pública;

g) alienação gratuita ou onerosa, aforamento, concessão de direito real de uso, locação e permissão de uso de bens imóveis comerciais de âmbito local, com área de até 250 m² (duzentos e cinquenta metros quadrados) e destinados a programas de regularização fundiária de interesse social desenvolvidos por órgão ou entidade da Administração Pública;

h) alienação e concessão de direito real de uso, gratuita ou onerosa, de terras públicas rurais da União e do Instituto Nacional de Colonização e Reforma Agrária (Incra) onde incidam ocupações até o limite de que trata o § 1º do art. 6º da Lei nº 11.952, de 25 de junho de 2009, para fins de regularização fundiária, atendidos os requisitos legais;

i) legitimação de posse de que trata o art. 29 da Lei nº 6.383, de 7 de dezembro de 1976, mediante iniciativa e deliberação dos órgãos da Administração Pública competentes;

j) legitimação fundiária e legitimação de posse de que trata a Lei nº 13.465, de 11 de julho de 2017;

II - tratando-se de bens móveis, dependerá de licitação na modalidade leilão, dispensada a realização de licitação nos casos de:

a) doação, permitida exclusivamente para fins e uso de interesse social, após avaliação de oportunidade e conveniência socioeconômica em relação à escolha de outra forma de alienação;

b) permuta, permitida exclusivamente entre órgãos ou entidades da Administração Pública;

c) venda de ações, que poderão ser negociadas em bolsa, observada a legislação específica;

d) venda de títulos, observada a legislação pertinente;

e) venda de bens produzidos ou comercializados por entidades da Administração Pública, em virtude de suas finalidades;

f) venda de materiais e equipamentos sem utilização previsível por quem deles dispõe para outros órgãos ou entidades da Administração Pública.

NOÇÕES DE DIREITO ADMINISTRATIVO

12 CONTRATOS ADMINISTRATIVOS

Para conceituarmos os contratos administrativos, em primeiro lugar, devemos isolar seus termos. A partir de então, podemos definir:

Contratos: são acordos de vontades, manifestações bilaterais que formam um vínculo jurídico entre as partes, estipulando obrigações recíprocas para o atingimento de determinado objetivo comum.

Os contratos podem ser classificados como contratos públicos e contratos privados.
- **Contratos privados:** são contratos regulados integralmente pelo direito privado. A principal característica dos contratos privados é a absoluta igualdade entre as partes.
- **Contratos Públicos:** são contratos regulados predominantemente pelo direito público, mas com observância de algumas regras gerais relativas ao direito privado. Em um contrato público, predomina a relação da desigualdade entre as partes, pois dentre de um contrato público figura alguma entidade da Administração Pública e tal entidade é dotada de poderes especiais que a outra parte (particular) não possui e obrigatoriamente deve aceitar.

Os contratos, sejam eles públicos ou privados, são acordos de vontades, ou seja, são manifestações bilaterais de vontade.

Os contratos administrativos são públicos, e a diferença marcante entre os contratos administrativos e os privados é que aqueles são regidos predominantemente por um regime jurídico de direito público e estes são predominantemente regidos por normas de direito privado.

O jurídico de direito público dos contratos administrativos se manifesta por meio da existência das cláusulas exorbitantes.

Apesar de os contratos administrativos serem regidos predominantemente por um regime jurídico de direito público, aplica-se a esses a teoria geral dos contratos, na qual se manifesta o núcleo de disposições de direito privado dos contratos administrativos.

Em algumas situações, a Administração celebra contratos que são regidos precipuamente por normas de direito privado, nesse caso, temos os contratos da administração.
- **Contratos administrativos:** regidos predominantemente por normas de direito público, ou seja, normas de direito privado e normas de direito público (cláusulas exorbitantes).
- **Contratos da administração:** regidos predominantemente por normas de direito privado.

12.1 Conceito

Segundo o parágrafo único do art. 2º da Lei nº 8.666/1993, considera-se contrato todo e qualquer ajuste entre órgãos ou entidades da Administração Pública e particulares em que haja um acordo de vontades para a formação de vínculo e a estipulação de obrigações recíprocas, seja qual for a denominação utilizada.

Contrato administrativo é o ajuste que a Administração Pública, agindo nessa qualidade, firma com particular ou com outra entidade administrativa para a consecução de objetivos de interesse público, nas condições estabelecidas pela própria Administração.

Quando o autor utiliza a expressão "ajuste", fica claro que o contrato administrativo é um negócio jurídico firmado com a Administração, ou seja, um negócio em que a mesma será uma das partes. Porém, a expressão "agindo nessa qualidade" deixa claro que, em função da importância do objeto dessa avença, a administração deverá ter cuidados especiais, acautelando-se na proteção do interesse público.

Para tanto, a Administração necessita de mecanismos legais que lhe permitam firmar contratos que a coloquem em posição de supremacia. Isso para que possa, utilizando seu poder de império, fazer cumprir o contrato com o máximo de ganho para a sociedade. Afinal, ambas as partes representam interesses opostos, quando, por exemplo, em um contrato de concessão de serviços públicos, a sociedade deseja serviços públicos de qualidade, enquanto o particular deseja o lucro.

Como em qualquer estado de direito, em que ninguém será obrigado a fazer ou deixar de fazer alguma coisa, senão em virtude de lei, é ela que estabelece os mecanismos para que a Administração Pública possa garantir a supremacia do interesse público sobre o particular quando firma contratos administrativos, estabelecendo um regime jurídico que se caracteriza pelo estabelecimento de prerrogativas e sujeições.

12.2 Normas constitucionais

A Carta Magna de 1988 estabeleceu como privativa da União a competência para legislar sobre normas gerais de licitação e contratação, em todas as modalidades, para as Administrações Públicas Diretas, Autárquicas e Fundacionais da União, estados, Distrito Federal e municípios, obedecido o disposto no art. 37, inciso XXI, também para as empresas públicas e sociedades de economia mista.

O art. 37, inciso XXI, estabelece que, ressalvados os casos especificados na legislação, as obras, os serviços, as compras e as alienações serão contratados mediante processo de licitação pública que assegure igualdade de condições a todos os concorrentes, com cláusulas que estabeleçam obrigações de pagamento, mantidas as condições efetivas da proposta, nos termos da lei, que somente permitirá as exigências de qualificação técnica e econômica indispensáveis à garantia do cumprimento das obrigações.

Como a regra geral é de competência da União, cabe a estados e municípios estabelecerem regras suplementares.

12.3 Leis nº 8.666/1993 e nº 14.133/2021

Como principal mandamento legal que disciplinam a matéria, essas leis regulamentam o art. 37, inciso XXI, da Constituição Federal, instituem normas para licitações e contratos da Administração Pública e dão outras providências.

As Leis nº 8.666/1993 e nº 14.133/2021 estabelecem normas gerais sobre licitações e contratos administrativos pertinentes a obras, serviços, inclusive de publicidade, compras, alienações e locações no âmbito dos Poderes da União, dos estados, do Distrito Federal e dos municípios.

Subordinam-se ao regime dessas Leis, além dos órgãos da Administração Direta, os Fundos Especiais, as Autarquias, as Fundações Públicas, as empresas públicas, as sociedades de economia mista e demais entidades controladas direta ou indiretamente pela União, estados, Distrito Federal e municípios.

12.4 Outras leis sobre contratos

Várias leis versam sobre contrato, mas, de forma específica tratam sobre à matéria que se referem, sendo aplicadas as regras da Lei nº 8.666/1993 e Lei nº 14.133/2021 de forma subsidiária. São elas:

12.4.1 Lei nº 8.987/1995

Essa lei dispõe sobre o regime de concessão e permissão da prestação de serviços públicos, previsto no art. 175 da Constituição Federal de 1988, e dá outras providências.

Estabelece a lei que as concessões de serviços e de obras públicas e as permissões de serviços públicos reger-se-ão pelos termos do art. 175 da Constituição Federal, por essa Lei, pelas normas legais pertinentes e pelas cláusulas dos indispensáveis contratos.

12.4.2 Lei nº 9.074/1995

Estabelece normas para outorga e prorrogações das concessões e permissões de serviços públicos e dá outras providências.

Sujeitam-se ao regime de concessão ou, quando couber, de permissão, nos termos da Lei nº 8.987/1995, os seguintes serviços e obras públicas de competência da União:
- Vias federais, precedidas ou não da execução de obra pública;
- Exploração de obras ou serviços federais de barragens, contenções, eclusas, diques e irrigações, precedidas ou não da execução de obras públicas;

CONTRATOS ADMINISTRATIVOS

- Estações aduaneiras e outros terminais alfandegados de uso público, não instalados em área de porto ou aeroporto, precedidos ou não de obras públicas;
- Os serviços postais.

Outras leis esparsas foram editadas visando à regulamentação de serviços específicos, como as Leis nº 9.427/1997 (energia elétrica) e nº 9.472/1997 (telecomunicações), além da Lei nº 11.079/2004, que regulamenta as parecerias público privadas.

12.5 Características

12.5.1 Formalismo

Os contratos administrativos devem ser **formais** e **escritos**.

Em regra, é nulo e sem efeito o contrato verbal com a administração, salvo o de pequenas compras de pagamento imediato (compras de valor não superior a R$ 4.000,00).

12.5.2 Cláusulas essenciais

Todo contrato deve mencionar os nomes das partes e os de seus representantes, a finalidade, o ato que autorizou a sua lavratura, o número do processo da licitação, da dispensa ou da inexigibilidade, a sujeição dos contratantes às normas dessa Lei e às cláusulas contratuais.

De acordo com o art. 55 da Lei nº 8.666/1993, são cláusulas necessárias em todo contrato as que estabeleçam:

- O objeto e seus elementos característicos;
- O regime de execução ou a forma de fornecimento;
- O preço e as condições de pagamento, os critérios, data-base e periodicidade do reajustamento de preços, os critérios de atualização monetária entre a data do adimplemento das obrigações e a do efetivo pagamento;
- Os prazos de início de etapas de execução, de conclusão, de entrega, de observação e de recebimento definitivo, conforme o caso;
- O crédito pelo qual correrá a despesa, com a indicação da classificação funcional programática e da categoria econômica;
- As garantias oferecidas para assegurar sua plena execução, quando exigidas;
- Os direitos e as responsabilidades das partes, as penalidades cabíveis e os valores das multas;
- Os casos de rescisão;
- O reconhecimento dos direitos da Administração, em caso de rescisão administrativa prevista no art. 77 dessa Lei;
- As condições de importação, a data e a taxa de câmbio para conversão, quando for o caso;
- A vinculação ao edital de licitação ou ao termo que a dispensou ou a inexigiu, ao convite e à proposta do licitante vencedor;
- A legislação aplicável à execução do contrato e especialmente aos casos omissos;
- A obrigação do contratado de manter, durante toda a execução do contrato, em compatibilidade com as obrigações por ele assumidas, todas as condições de habilitação e qualificação exigidas na licitação.

A publicação na imprensa oficial do resumo do instrumento de contrato é um requisito de eficácia dos contratos administrativos.

Ainda, dispondo no mesmo sentido, o art. 92 da Lei nº 14.133/2021 prevê que são necessárias em todo contrato cláusulas que estabeleçam:

- O objeto e seus elementos característicos;
- A vinculação ao edital de licitação e à proposta do licitante vencedor ou ao ato que tiver autorizado a contratação direta e à respectiva proposta;
- A legislação aplicável à execução do contrato, inclusive quanto aos casos omissos;
- O regime de execução ou a forma de fornecimento;
- O preço e as condições de pagamento, os critérios, a data-base e a periodicidade do reajustamento de preços e os critérios de atualização monetária entre a data do adimplemento das obrigações e a do efetivo pagamento;
- Os critérios e a periodicidade da medição, quando for o caso, e o prazo para liquidação e para pagamento;
- Os prazos de início das etapas de execução, conclusão, entrega, observação e recebimento definitivo, quando for o caso;
- O crédito pelo qual correrá a despesa, com a indicação da classificação funcional programática e da categoria econômica;
- A matriz de risco, quando for o caso;
- O prazo para resposta ao pedido de repactuação de preços, quando for o caso;
- O prazo para resposta ao pedido de restabelecimento do equilíbrio econômico-financeiro, quando for o caso;
- As garantias oferecidas para assegurar sua plena execução, quando exigidas, inclusive as que forem oferecidas pelo contratado no caso de antecipação de valores a título de pagamento;
- O prazo de garantia mínima do objeto, observados os prazos mínimos estabelecidos nesta lei e nas normas técnicas aplicáveis, e as condições de manutenção e assistência técnica, quando for o caso;
- Os direitos e as responsabilidades das partes, as penalidades cabíveis e os valores das multas e suas bases de cálculo;
- As condições de importação e a data e a taxa de câmbio para conversão, quando for o caso;
- A obrigação do contratado de manter, durante toda a execução do contrato, em compatibilidade com as obrigações por ele assumidas, todas as condições exigidas para a habilitação na licitação, ou para a qualificação, na contratação direta;
- A obrigação de o contratado cumprir as exigências de reserva de cargos prevista em lei, bem como em outras normas específicas, para pessoa com deficiência, para reabilitado da Previdência Social e para aprendiz;
- O modelo de gestão do contrato, observados os requisitos definidos em regulamento;
- Os casos de extinção.

12.6 Obrigatoriedade e exceção dos contratos

Obrigatoriedade: o instrumento de contrato é obrigatório nos casos de concorrência e de tomada de preços, bem como nas dispensas e inexigibilidades cujos preços estejam compreendidos nos limites dessas duas modalidades de licitação.

Os contratos decorrentes de dispensa ou de inexigibilidade de licitação devem atender aos termos do ato que os autorizou e da respectiva proposta.

Facultativo: nos demais em que a Administração puder substituí-lo por outros instrumentos hábeis, como carta-contrato, nota de empenho de despesa, autorização de compra ou ordem de execução de serviço.

É importante observar que nos casos em que o contrato é facultativo, esse será substituído por algum outro instrumento hábil, tal como a carta-contrato, a nota de empenho, entre outros.

Dispensável: é dispensável o "termo de contrato" e facultada à substituição por outro instrumento, a critério da Administração e independentemente de seu valor, nos casos de compra com entrega imediata e integral dos bens adquiridos, dos quais não resultem obrigações futuras, inclusive assistência técnica.

12.7 Contratos de adesão

Os contratos administrativos são de adesão, pois a Administração cria as regras do contrato e a outra parte não pode propor alterações.

Uma minuta do contrato integrará o edital de licitação, para que os interessados em o celebrar possam conhecer suas cláusulas. Os particulares não propõem alterações no contrato, mas em contrapartida não estão obrigados a aceitá-lo. Todavia, uma vez concordando participar da licitação, o particular já sabe que, caso saia vencedor, será obrigado a celebrar o contrato, no entanto, caso não aceite participar, não há se falar em obrigatoriedade de celebrar o contrato.

12.8 Pessoalidade/*intuitu personae*

A execução do contrato deve ser feita pela pessoa física ou jurídica que aceitou as obrigações contratuais.

Em decorrência dessa característica, em regra, é vedada a subcontratação para a execução ou fornecimento do objeto do contrato.

Exceção: o contratado, na execução do contrato, sem prejuízo das responsabilidades contratuais e legais, poderá subcontratar partes da obra, serviço ou fornecimento, até o limite admitido, em cada caso, pela Administração. Nesse caso, as regras da subcontratação deverão integrar o edital de licitação e o próprio contrato.

Na situação de prestação de serviços técnicos especializados em que a empresa apresente relação de integrantes do seu corpo técnico como elemento de justificação de dispensa ou inexigibilidade de licitação, ficará a empresa obrigada a garantir que os referidos integrantes realizem pessoal e diretamente os serviços objeto do contrato. Nesse caso, temos uma vedação absoluta à subcontratação, ou seja, nessas circunstâncias, não há que se falar em subcontratação.

12.9 Cláusulas exorbitantes

As cláusulas exorbitantes são regras que extrapolam as comuns do direito privado; nesse, tais cláusulas seriam inaceitáveis, pois elas conferem mais poderes a uma parte do que a outra, e, no direito privado, as partes gozam de uma relação jurídica horizontal, igual.

Essas cláusulas exorbitantes representam as prerrogativas de direito público da Administração Pública nos contratos administrativos, indicam a supremacia da vontade do Estado diante da vontade individual e confere a esses contratos uma relação jurídica vertical entre a Administração e o particular que celebra o contrato.

As principais cláusulas exorbitantes estão descritas no art. 58 da Lei nº 8.666/1993:

> **Art. 58** O regime jurídico dos contratos administrativos instituído por esta Lei confere à Administração, em relação a eles, a prerrogativa de:
> I - Modificá-los, unilateralmente, para melhor adequação às finalidades de interesse público, respeitados os direitos do contratado;

As cláusulas econômico-financeiras do contrato deverão ser revistas para que se mantenha o equilíbrio contratual.

> II - Rescindi-los, unilateralmente, nos casos especificados no inciso I do art. 79 desta Lei;
> III - Fiscalizar lhes a execução;
> IV - Aplicar sanções motivadas pela inexecução total ou parcial do ajuste;
> V - Nos casos de serviços essenciais, ocupar provisoriamente bens móveis, imóveis, pessoal e serviços vinculados ao objeto do contrato, na hipótese da necessidade de acautelar apuração administrativa de faltas contratuais pelo contratado, bem como na hipótese de rescisão do contrato administrativo.

Além dessas hipóteses, nós temos as restrições à oposição pelo contratado da "exceção do contrato não cumprido" e as normas acerca da exigência de garantia pela Administração.

Ademais, é importante pontuar que o art. 104 da Lei nº 14.133/2021 trata sobre as cláusulas exorbitantes:

> **Art. 104** O regime jurídico dos contratos instituído por esta Lei tonfere à Administração, em relação a eles, as prerrogativas de:
> I - Modificá-los, unilateralmente, para melhor adequação às finalidades de interesse público, respeitados os direitos do contratado;
> II - Extingui-los, unilateralmente, nos casos especificados nesta Lei;
> III - Fiscalizar sua execução;
> IV - Aplicar sanções motivadas pela inexecução total ou parcial do ajuste;
> V - Ocupar provisoriamente bens móveis e imóveis e utilizar pessoal e serviços vinculados ao objeto do contrato nas hipóteses de:
> a) risco à prestação de serviços essenciais;
> b) necessidade de acautelar apuração administrativa de faltas contratuais pelo contratado, inclusive após extinção do contrato.
> § 1º As cláusulas econômico-financeiras e monetárias dos contratos não poderão ser alteradas sem prévia concordância do contratado.
> § 2º Na hipótese prevista no inciso I do caput deste artigo, as cláusulas econômico-financeiras do contrato deverão ser revistas para que se mantenha o equilíbrio contratual.

12.10 Poder de alteração unilateral do contrato (mutabilidade)

De acordo com o art. 65 da Lei nº 8.666/1993, os contratos regidos por normas de direito público podem ser alterados, com as devidas justificativas, nos seguintes casos:

Unilateralmente pela Administração:
- Quando houver modificação do projeto ou das especificações, para melhor adequação técnica aos seus objetivos (alteração qualitativa);
- Quando necessária a modificação do valor contratual em decorrência de acréscimo ou diminuição quantitativa de seu objeto, nos limites permitidos em lei (alteração quantitativa).

A alteração quantitativa sofre um limite, conforme veremos a seguir.

O contratado fica obrigado a aceitar, nas mesmas condições contratuais, os acréscimos ou supressões que se fizerem nas obras, serviços ou compras, até 25% do valor inicial atualizado do contrato, e, no caso particular de reforma de edifício ou de equipamento, até o limite de 50% para os seus acréscimos.

Nenhum acréscimo ou supressão poderá exceder os limites estabelecidos.

No caso de supressão de obras, bens ou serviços, se o contratado já houver adquirido os materiais e posto no local dos trabalhos, esses deverão ser pagos pela Administração pelos custos de aquisição regularmente comprovados e monetariamente corrigidos, podendo caber indenização por outros danos eventualmente decorrentes da supressão, desde que regularmente comprovados.

Quaisquer tributos ou encargos legais criados, alterados ou extintos, bem como a superveniência de disposições legais, quando ocorridas após a data da apresentação da proposta, de comprovada repercussão nos preços contratados, implicarão a revisão desses para mais ou para menos, conforme o caso.

Havendo alteração unilateral do contrato que aumente os encargos do contratado, a Administração deverá restabelecer, por aditamento, o equilíbrio econômico-financeiro inicial.

A variação do valor contratual para fazer face ao reajuste de preços previsto no próprio contrato, as atualizações, compensações ou penalizações financeiras decorrentes das condições de pagamento nele previstas, bem como o empenho de dotações orçamentárias suplementares até o limite do seu valor corrigido, não caracterizam alteração do mesmo, podendo ser registrados por simples apostila, dispensando a celebração de aditamento.

Por acordo das partes:
- Quando conveniente a substituição da garantia de execução;
- Quando necessária a modificação do regime de execução da obra ou serviço, bem como do modo de fornecimento, em face de verificação técnica da inaplicabilidade dos termos contratuais originários;
- Quando necessária a modificação da forma de pagamento, por imposição de circunstâncias supervenientes, mantido o valor inicial atualizado, vedada a antecipação do pagamento, com relação ao cronograma financeiro fixado, sem a correspondente contraprestação de fornecimento de bens ou execução de obra ou serviço;

CONTRATOS ADMINISTRATIVOS

- Para restabelecer a relação que as partes pactuaram inicialmente entre os encargos do contratado e a retribuição da Administração para a justa remuneração da obra, serviço ou fornecimento, objetivando a manutenção do equilíbrio econômico-financeiro inicial do contrato, na hipótese de sobrevirem fatos imprevisíveis, ou previsíveis, porém, de consequências incalculáveis, retardadores ou impeditivos da execução do ajustado, ou, ainda, em situação de força maior, caso fortuito ou fato do príncipe, configurando álea econômica extraordinária e extracontratual.

A respeito da alteração dos contratos, o art. 124 da Lei nº 14.133/2021 dispõe o seguinte:

> **Art. 124.** Os contratos regidos por esta Lei poderão ser alterados, com as devidas justificativas, nos seguintes casos:
> I - Unilateralmente pela Administração:
> a) quando houver modificação do projeto ou das especificações, para melhor adequação técnica a seus objetivos;
> b) quando for necessária a modificação do valor contratual em decorrência de acréscimo ou diminuição quantitativa de seu objeto, nos limites permitidos por esta Lei;
> II - Por acordo entre as partes:
> a) quando conveniente a substituição da garantia de execução;
> b) quando necessária a modificação do regime de execução da obra ou do serviço, bem como do modo de fornecimento, em face de verificação técnica da inaplicabilidade dos termos contratuais originários;
> c) quando necessária a modificação da forma de pagamento por imposição de circunstâncias supervenientes, mantido o valor inicial atualizado e vedada a antecipação do pagamento em relação ao cronograma financeiro fixado sem a correspondente contraprestação de fornecimento de bens ou execução de obra ou serviço;
> d) para restabelecer o equilíbrio econômico-financeiro inicial do contrato em caso de força maior, caso fortuito ou fato do príncipe ou em decorrência de fatos imprevisíveis ou previsíveis de consequências incalculáveis, que inviabilizem a execução do contrato tal como pactuado, respeitada, em qualquer caso, a repartição objetiva de risco estabelecida no contrato.
> **§ 1º** Se forem decorrentes de falhas de projeto, as alterações de contratos de obras e serviços de engenharia ensejarão apuração de responsabilidade do responsável técnico e adoção das providências necessárias para o ressarcimento dos danos causados à Administração.
> **§ 2º** Será aplicado o disposto na alínea "d" do inciso II do caput deste artigo às contratações de obras e serviços de engenharia, quando a execução for obstada pelo atraso na conclusão de procedimentos de desapropriação, desocupação, servidão administrativa ou licenciamento ambiental, por circunstâncias alheias ao contratado.

12.11 Fiscalização da execução do contrato

A execução do contrato deverá ser acompanhada e fiscalizada por um representante da Administração especialmente designado, permitida a contratação de terceiros para assisti-lo e subsidiá-lo de informações pertinentes a essa atribuição.

O representante da Administração anotará, em registro próprio, todas as ocorrências relacionadas com a execução do contrato, determinando o que for necessário à regularização das faltas ou defeitos observados.

As decisões e providências que ultrapassarem a competência do representante deverão ser solicitadas a seus superiores em tempo hábil para a adoção das medidas convenientes.

A fiscalização pelo poder público não isenta o particular contratado das suas responsabilidades legais.

12.12 Deveres do contratado quanto à fiscalização

O contratado deverá manter preposto, aceito pela Administração, no local da obra ou serviço, para representá-lo na execução do contrato. Ele é obrigado a reparar, corrigir, remover, reconstruir ou substituir, às suas expensas, no total ou em parte, o objeto do contrato em que se verificarem vícios, defeitos ou incorreções resultantes da execução ou de materiais empregados.

Além disso, é responsável pelos danos causados diretamente à Administração ou a terceiros decorrentes de sua culpa ou dolo na execução do contrato, não excluindo ou reduzindo essa responsabilidade à fiscalização ou ao acompanhamento pelo órgão interessado. Nesse caso, estamos diante da responsabilidade civil subjetiva do contrato, pois depende de dolo ou culpa, entretanto, quando se tratar de obra pública, se o dano causado for pelo simples fato da obra, então, estaremos diante da responsabilidade civil objetiva da Administração, não importando quem esteja realizando a obra.

O contratado é responsável pelos encargos trabalhistas, previdenciários, fiscais e comerciais resultantes da execução do contrato.

A inadimplência do contratado, com referência aos encargos trabalhistas, fiscais e comerciais não transfere à Administração Pública a responsabilidade por seu pagamento, nem poderá onerar o objeto do contrato ou restringir a regularização e o uso das obras e edificações, inclusive perante o Registro de Imóveis.

A Administração Pública responde solidariamente com o contratado pelos encargos previdenciários resultantes da execução do contrato.

12.13 Aplicação de sanções

O atraso injustificado na execução do contrato sujeitará o contratado à multa de mora, na forma prevista no instrumento convocatório ou no contrato.

- A multa aplicada após regular processo administrativo será descontada da garantia do respectivo contratado.
- Se a multa for de valor superior ao da garantia prestada, além da perda dessa, responderá o contratado pela sua diferença, a qual será descontada dos pagamentos eventualmente devidos pela Administração ou ainda, quando for o caso, cobrada judicialmente.

Pela inexecução total ou parcial do contrato a Administração poderá, garantida a prévia defesa, aplicar ao contratado as seguintes sanções:

- Advertência;
- Multa na forma prevista no instrumento convocatório ou no contrato;
- Suspensão temporária de participação em licitação e impedimento de contratar com a Administração, por prazo não superior a 2 anos.
- Declaração de inidoneidade para licitar ou contratar com a Administração Pública enquanto perdurarem os motivos determinantes da punição ou até que seja promovida a reabilitação perante a própria autoridade que aplicou a penalidade, que será concedida sempre que o contratado ressarcir a Administração pelos prejuízos resultantes e após decorrido o prazo da sanção aplicada com base no inciso anterior.

Esta última sanção é de competência exclusiva (não pode ser delegada) do ministro de Estado, do secretário estadual ou municipal, conforme o caso, facultada a defesa do interessado no respectivo processo, no prazo de 10 dias da abertura de vista, podendo a reabilitação ser requerida após dois anos de sua aplicação.

As sanções podem ser aplicadas de forma cumulativa, facultada a defesa prévia do interessado, no respectivo processo, no prazo de 5 dias úteis.

12.14 Ocupação temporária

Nos casos de serviços essenciais, a Administração pode ocupar provisoriamente bens móveis, imóveis, pessoais e serviços vinculados ao objeto do contrato.

Finalidade: necessidade de acautelar apuração administrativa de faltas contratuais pelo contratado, bem como na hipótese de rescisão do contrato administrativo.

NOÇÕES DE DIREITO ADMINISTRATIVO

Essa regra decorre do princípio da continuidade dos serviços públicos.

Nos contratos de concessão e permissão de serviços públicos, a ocupação temporária aparece com o nome de intervenção.

12.15 Exceção do contrato não cumprido/ *exceptio non adimpleti contractus*

No direito privado, caso uma das partes descumpra as cláusulas contratuais, é permitido a outra suspender a execução de sua parte até o adimplemento da outra parte.

Nos contratos de direito público, à exceção do contrato não cumprido, tem a seguinte aplicação:

▷ **Particular descumpre sua parte**

A Administração pode descumprir sua parte até o adimplemento do particular, e além disso, é possível que a administração aplique diretamente sanções ao particular.

▷ **Administração descumpre sua parte**

Regra: o particular é obrigado a continuar executando sua parte do contrato, não podendo alegar a exceção do contrato não cumprido.

Exceção: é facultado ao particular suspender a execução das suas obrigações diante de atraso superior a 90 dias dos pagamentos devidos pela administração decorrentes de obras, serviços ou fornecimento, ou parcelas desses, já recebidos ou executados, até a normalização da situação, salvo em caso de calamidade pública, grave perturbação da ordem interna ou guerra.

12.16 Exigência de garantia

A Administração pode exigir dos licitantes garantias cuja finalidade é assegurar o adequado cumprimento do contrato ou, no caso de inexecução, facilitar o ressarcimento dos prejuízos sofridos pela administração.

12.16.1 Modalidades

A critério da autoridade competente, em cada caso, desde que prevista no instrumento convocatório, poderá ser exigida prestação de garantia nas contratações de obras, serviços e compras.

Caberá ao contratado optar por uma das seguintes modalidades de garantia:

- Caução em dinheiro ou em títulos da dívida pública, devendo esses terem sido emitidos sob a forma escritural, mediante registro em sistema centralizado de liquidação e de custódia autorizado pelo Banco Central do Brasil e avaliados pelos seus valores econômicos, conforme definido pelo Ministério da Fazenda;
- Seguro-garantia;
- Fiança bancária.

12.16.2 Valor da garantia

Regra: não excederá a cinco por cento do valor do contrato e terá seu valor atualizado nas mesmas condições daquele.

Exceção: para obras, serviços e fornecimentos de grande vulto envolvendo alta complexidade técnica e riscos financeiros consideráveis, demonstrados por meio de parecer tecnicamente aprovado pela autoridade competente, o limite de garantia poderá ser elevado para até dez por cento do valor do contrato.

Nos casos de contratos que importem na entrega de bens pela Administração, dos quais o contratado ficará depositário, ao valor da garantia deverá ser acrescido o valor desses bens.

12.16.3 Restituição da garantia

A garantia prestada pelo contratado será liberada ou restituída após a execução do contrato e, quando em dinheiro, atualizada monetariamente.

12.17 Prazo de duração dos contratos administrativos

Art. 57 A duração dos contratos ficará adstrita à vigência dos respectivos créditos orçamentários, exceto quanto aos relativos:

I - Aos projetos cujos produtos estejam contemplados nas metas estabelecidas no Plano Plurianual, os quais poderão ser prorrogados se houver interesse da Administração e desde que isso tenha sido previsto no ato convocatório;

II - À prestação de serviços a serem executados de forma contínua, que poderão ter a sua duração prorrogada por iguais e sucessivos períodos com vistas à obtenção de preços e condições mais vantajosas para a administração, limitada a sessenta meses;

Em caráter excepcional, devidamente justificado e mediante consentimento superior, o prazo poderá ser prorrogado por até 12 meses.

IV - Ao aluguel de equipamentos e à utilização de programas de informática, podendo a duração estender-se pelo prazo de até 48 (quarenta e oito) meses após o início da vigência do contrato.

V - Às hipóteses previstas nos incisos IX, XIX, XXVIII e XXXI do Art. 24, cujos contratos poderão ter vigência por até 120 (cento e vinte) meses, caso haja interesse da administração:

Art. 24, Lei nº 8.666/1993 É dispensável a licitação:

IX - Quando houver possibilidade de comprometimento da segurança nacional, nos casos estabelecidos em decreto do Presidente da República, ouvido o Conselho de Defesa Nacional;

XIX - Para as compras de material de uso pelas Forças Armadas, com exceção de materiais de uso pessoal e administrativo, quando houver necessidade de manter a padronização requerida pela estrutura de apoio logístico dos meios navais, aéreos e terrestres, mediante parecer de comissão instituída por decreto;

XXVIII - Para o fornecimento de bens e serviços, produzidos ou prestados no País, que envolvam, cumulativamente, alta complexidade tecnológica e defesa nacional, mediante parecer de comissão especialmente designada pela autoridade máxima do órgão.

XXXI - Nas contratações visando ao cumprimento do disposto nos arts. 3º, 4º, 5º e 20 da Lei nº 10.973, de 2 de dezembro de 2004, observados os princípios gerais de contratação dela constantes.

Art. 57, § 1º, Lei nº 8.666/1993 Os prazos de início de etapas de execução, de conclusão e de entrega admitem prorrogação, mantidas as demais cláusulas do contrato e assegurada a manutenção de seu equilíbrio econômico-financeiro, desde que ocorra algum dos seguintes motivos, devidamente autuados em processo:

I - Alteração do projeto ou especificações, pela Administração;

II - Superveniência de fato excepcional ou imprevisível, estranho à vontade das partes, que altere fundamentalmente as condições de execução do contrato;

III - Interrupção da execução do contrato ou diminuição do ritmo de trabalho por ordem e no interesse da Administração;

IV - Aumento das quantidades inicialmente previstas no contrato, nos limites permitidos por esta Lei;

V - Impedimento de execução do contrato por fato ou ato de terceiro reconhecido pela Administração em documento contemporâneo à sua ocorrência;

VI - Omissão ou atraso de providências a cargo da Administração, inclusive quanto aos pagamentos previstos de que resulte, diretamente, impedimento ou retardamento na execução do contrato, sem prejuízo das sanções legais aplicáveis aos responsáveis.

§ 2º Toda prorrogação de prazo deverá ser justificada por escrito e previamente autorizada pela autoridade competente para celebrar o contrato.

Já a Lei nº 14.133/2021 dispõe o seguinte sobre a duração dos contratos:

Art. 105 A duração dos contratos regidos por esta Lei será a prevista em edital, e deverão ser observadas, no momento da contratação e a cada exercício financeiro, a disponibilidade de créditos orçamentários, bem como a previsão no plano plurianual, quando ultrapassar 1 (um) exercício financeiro.

CONTRATOS ADMINISTRATIVOS

> **Atenção!**
> É vedado o contrato com prazo de vigência indeterminado.

12.18 Recebimento do objeto do contrato

Art. 73 Executado o contrato, o seu objeto será recebido:
I - Em se tratando de obras e serviços:
a) provisoriamente, pelo responsável por seu acompanhamento e fiscalização, mediante termo circunstanciado, assinado pelas partes em até 15 (quinze) dias da comunicação escrita do contratado;
b) definitivamente, por servidor ou comissão designada pela autoridade competente, mediante termo circunstanciado, assinado pelas partes, após o decurso do prazo de observação, ou vistoria que comprove a adequação do objeto aos termos contratuais. Este prazo não poderá ser superior a 90 (noventa) dias, salvo em casos excepcionais, devidamente justificados e previstos no edital.
II - Em se tratando de compras ou de locação de equipamentos:
a) provisoriamente, para efeito de posterior verificação da conformidade do material com a especificação;
b) definitivamente, após a verificação da qualidade e quantidade do material e consequente aceitação.
§ 1º - Nos casos de aquisição de equipamentos de grande vulto, o recebimento far-se-á mediante termo circunstanciado e, nos demais, mediante recibo.
[...]
§ 4º Na hipótese de o termo circunstanciado ou a verificação não serem, respectivamente, lavrado ou procedida dentro dos prazos fixados, reputar-se-ão como realizados, desde que comunicados à Administração nos 15 (quinze) dias anteriores à exaustão dos mesmos. [...]
§ 2º O recebimento provisório ou definitivo não exclui a responsabilidade civil pela solidez e segurança da obra ou do serviço, nem ético-profissional pela perfeita execução do contrato, dentro dos limites estabelecidos pela lei ou pelo contrato.

Por sua vez, a Lei nº 14.133/2021 dispõe que:

Art. 140 O objeto do contrato será recebido:
I - Em se tratando de obras e serviços:
a) provisoriamente, pelo responsável por seu acompanhamento e fiscalização, mediante termo detalhado, quando verificado o cumprimento das exigências de caráter técnico;
b) definitivamente, por servidor ou comissão designada pela autoridade competente, mediante termo detalhado que comprove o atendimento das exigências contratuais;
II - Em se tratando de compras:
a) provisoriamente, de forma sumária, pelo responsável por seu acompanhamento e fiscalização, com verificação posterior da conformidade do material com as exigências contratuais;
b) definitivamente, por servidor ou comissão designada pela autoridade competente, mediante termo detalhado que comprove o atendimento das exigências contratuais.
§ 1º O objeto do contrato poderá ser rejeitado, no todo ou em parte, quando estiver em desacordo com o contrato.
§ 2º O recebimento provisório ou definitivo não excluirá a responsabilidade civil pela solidez e pela segurança da obra ou serviço nem a responsabilidade ético-profissional pela perfeita execução do contrato, nos limites estabelecidos pela lei ou pelo contrato.
§ 3º Os prazos e os métodos para a realização dos recebimentos provisório e definitivo serão definidos em regulamento ou no contrato.
§ 4º Salvo disposição em contrário constante do edital ou de ato normativo, os ensaios, os testes e as demais provas para aferição da boa execução do objeto do contrato exigidos por normas técnicas oficiais correrão por conta do contratado.
§ 5º Em se tratando de projeto de obra, o recebimento definitivo pela Administração não eximirá o projetista ou o consultor da responsabilidade objetiva por todos os danos causados por falha de projeto.
§ 6º Em se tratando de obra, o recebimento definitivo pela Administração não eximirá o contratado, pelo prazo mínimo de 5 (cinco) anos, admitida a previsão de prazo de garantia superior no edital e no contrato, da responsabilidade objetiva pela solidez e pela segurança dos materiais e dos serviços executados e pela funcionalidade da construção, da reforma, da recuperação ou da ampliação do bem imóvel, e, em caso de vício, defeito ou incorreção identificados, o contratado ficará responsável pela reparação, pela correção, pela reconstrução ou pela substituição necessárias.

12.19 Dispensa do recebimento provisório

Art. 74 Poderá ser dispensado o recebimento provisório nos seguintes casos:
I - Gêneros perecíveis e alimentação preparada;
II - Serviços profissionais;
III - Obras e serviços de valor até o valor de R$ 80.000,00, desde que não se componham de aparelhos, equipamentos e instalações sujeitos à verificação de funcionamento e produtividade.
Parágrafo único. Nesses casos o recebimento será feito mediante recibo.

12.20 Extinção do contrato

Com a extinção do contrato, temos a abolição das obrigações de ambas as partes, que pode acontecer em decorrência das seguintes situações:

- Conclusão do objeto do contrato;
- Término do seu prazo de duração;
- Anulação do contrato;
- Rescisão do contrato.

12.20.1 Anulação do contrato

A anulação do contrato é idêntica à abolição de um ato administrativo, assim, se um contrato foi celebrado com ilegalidade, ele deve ser extinto. Essa regra se estende à fase da licitação, pois, se houve alguma ilegalidade na tramitação do processo licitatório, tal ilegalidade acarretará a nulidade do contrato.

A anulação pode ser feita pela própria Administração Pública de ofício ou a pedido e também pode ser feita pelo Poder Judiciário, somente por provocação.

A declaração de nulidade do contrato administrativo opera retroativamente impedindo os efeitos jurídicos que ele, ordinariamente, deveria produzir, além de desconstituir os já produzidos.

A nulidade não exonera a Administração do dever de indenizar o contratado pelo que esse houver executado até a data em que ela for declarada e por outros prejuízos regularmente comprovados, contanto que não lhe seja imputável, promovendo-se a responsabilidade de quem lhe deu causa.

12.20.2 Rescisão do contrato

A rescisão do contrato, em algumas hipóteses, se dá unilateralmente pela Administração e, em outras, de forma amigável ou via judicial.

- **Rescisão unilateral pela Administração**

Em regra, estamos diante de situações que caracterizam culpa do particular, entretanto, a rescisão unilateral do contrato administrativo também pode ter por motivo razões supervenientes de interesse público, o caso fortuito e a força maior. Nessas três últimas situações, a rescisão unilateral do contrato não resulta de culpa do particular. Seguem as hipóteses que acarretam a rescisão unilateral pela Administração Pública:

Art. 78 Constituem motivo para rescisão do contrato:
I - O não cumprimento de cláusulas contratuais, especificações, projetos ou prazos;
II - O cumprimento irregular de cláusulas contratuais, especificações, projetos e prazos;

362

NOÇÕES DE DIREITO ADMINISTRATIVO

III - A lentidão do seu cumprimento, levando a Administração a comprovar a impossibilidade da conclusão da obra, do serviço ou do fornecimento, nos prazos estipulados;

IV - O atraso injustificado no início da obra, serviço ou fornecimento;

V - A paralisação da obra, do serviço ou do fornecimento, sem justa causa e prévia comunicação à Administração;

VI - A subcontratação total ou parcial do seu objeto, a associação do contratado com outrem, a cessão ou transferência, total ou parcial, bem como a fusão, cisão ou incorporação, não admitidas no edital e no contrato;

VII - O desatendimento das determinações regulares da autoridade designada para acompanhar e fiscalizar a sua execução, assim como as de seus superiores;

VIII - O cometimento reiterado de faltas na sua execução, anotadas na forma do § 1º do art. 67 desta Lei;

IX - A decretação de falência ou a instauração de insolvência civil;

X - A dissolução da sociedade ou o falecimento do contratado;

XI - A alteração social ou a modificação da finalidade ou da estrutura da empresa, que prejudique a execução do contrato;

XII - Razões de interesse público, de alta relevância e amplo conhecimento, justificadas e determinadas pela máxima autoridade da esfera administrativa a que está subordinado o contratante e exaradas no processo administrativo a que se refere o contrato; (Não há culpa do particular)

XVII - A ocorrência de caso fortuito ou de força maior, regularmente comprovada, impeditiva da execução do contrato (não há culpa do particular);

Parágrafo Único. Os casos de rescisão contratual serão formalmente motivados nos autos do processo, assegurado o contraditório e a ampla defesa.

XVIII - Desrespeitar o art. 7º, inciso XXXIII, da CF: a proibição de trabalho noturno, perigoso ou insalubre a menores de dezoito e de qualquer trabalho a menores de dezesseis anos, salvo na condição de aprendiz, a partir de quatorze anos;

Sobre o assunto, a Lei nº 14.133/2021 dispõe que:

Art. 137 Constituirão motivos para extinção do contrato, a qual deverá ser formalmente motivada nos autos do processo, assegurados o contraditório e a ampla defesa, as seguintes situações:

I - Não cumprimento ou cumprimento irregular de normas editalícias ou de cláusulas contratuais, de especificações, de projetos ou de prazos;

II - Desatendimento das determinações regulares emitidas pela autoridade designada para acompanhar e fiscalizar sua execução ou por autoridade superior;

III - Alteração social ou modificação da finalidade ou da estrutura da empresa que restrinja sua capacidade de concluir o contrato;

IV - Decretação de falência ou de insolvência civil, dissolução da sociedade ou falecimento do contratado;

V - Caso fortuito ou força maior, regularmente comprovados, impeditivos da execução do contrato;

VI - Atraso na obtenção da licença ambiental, ou impossibilidade de obtê-la, ou alteração substancial do anteprojeto que dela resultar, ainda que obtida no prazo previsto;

VII - Atraso na liberação das áreas sujeitas a desapropriação, a desocupação ou a servidão administrativa, ou impossibilidade de liberação dessas áreas;

VIII - Razões de interesse público, justificadas pela autoridade máxima do órgão ou da entidade contratante;

IX - Não cumprimento das obrigações relativas à reserva de cargos prevista em lei, bem como em outras normas específicas, para pessoa com deficiência, para reabilitado da Previdência Social ou para aprendiz.

§ 1º Regulamento poderá especificar procedimentos e critérios para verificação da ocorrência dos motivos previstos no caput deste artigo.

§ 2º O contratado terá direito à extinção do contrato nas seguintes hipóteses:

I - Supressão, por parte da Administração, de obras, serviços ou compras que acarrete modificação do valor inicial do contrato além do limite permitido no art. 125 desta Lei;

II - Suspensão de execução do contrato, por ordem escrita da Administração, por prazo superior a 3 (três) meses;

III - Repetidas suspensões que totalizem 90 (noventa) dias úteis, independentemente do pagamento obrigatório de indenização pelas sucessivas e contratualmente imprevistas desmobilizações e mobilizações e outras previstas;

IV - Atraso superior a 2 (dois) meses, contado da emissão da nota fiscal, dos pagamentos ou de parcelas de pagamentos devidos pela Administração por despesas de obras, serviços ou fornecimentos;

V - Não liberação pela Administração, nos prazos contratuais, de área, local ou objeto, para execução de obra, serviço ou fornecimento, e de fontes de materiais naturais especificadas no projeto, inclusive devido a atraso ou descumprimento das obrigações atribuídas pelo contrato à Administração relacionadas a desapropriação, a desocupação de áreas públicas ou a licenciamento ambiental.

§ 3º As hipóteses de extinção a que se referem os incisos II, III e IV do § 2º deste artigo observarão as seguintes disposições:

I - Não serão admitidas em caso de calamidade pública, de grave perturbação da ordem interna ou de guerra, bem como quando decorrerem de ato ou fato que o contratado tenha praticado, do qual tenha participado ou para o qual tenha contribuído;

II - Assegurarão ao contratado o direito de optar pela suspensão do cumprimento das obrigações assumidas até a normalização da situação, admitido o restabelecimento do equilíbrio econômico-financeiro do contrato, na forma da alínea "d" do inciso II do caput do art. 124 desta Lei.

§ 4º Os emitentes das garantias previstas no art. 96 desta Lei deverão ser notificados pelo contratante quanto ao início de processo administrativo para apuração de descumprimento de cláusulas contratuais.

Art. 138. A extinção do contrato poderá ser:

I - Determinada por ato unilateral e escrito da Administração, exceto no caso de descumprimento decorrente de sua própria conduta;

II - Consensual, por acordo entre as partes, por conciliação, por mediação ou por comitê de resolução de disputas, desde que haja interesse da Administração;

III - Determinada por decisão arbitral, em decorrência de cláusula compromissória ou compromisso arbitral, ou por decisão judicial.

§ 1º A extinção determinada por ato unilateral da Administração e a extinção consensual deverão ser precedidas de autorização escrita e fundamentada da autoridade competente e reduzidas a termo no respectivo processo.

§ 2º Quando a extinção decorrer de culpa exclusiva da Administração, o contratado será ressarcido pelos prejuízos regularmente comprovados que houver sofrido e terá direito a:

I - Devolução da garantia;

II - Pagamentos devidos pela execução do contrato até a data de extinção;

III - Pagamento do custo da desmobilização.

Art. 139 A extinção determinada por ato unilateral da Administração poderá acarretar, sem prejuízo das sanções previstas nesta Lei, as seguintes consequências:

I - Assunção imediata do objeto do contrato, no estado e local em que se encontrar, por ato próprio da Administração;

II - Ocupação e utilização do local, das instalações, dos equipamentos, do material e do pessoal empregados na execução do contrato e necessários à sua continuidade;

III. Execução da garantia contratual para:

a) ressarcimento da Administração Pública por prejuízos decorrentes da não execução;

b) pagamento de verbas trabalhistas, fundiárias e previdenciárias, quando cabível;

c) pagamento das multas devidas à Administração Pública;

d) exigência da assunção da execução e da conclusão do objeto do contrato pela seguradora, quando cabível;

IV - Retenção dos créditos decorrentes do contrato até o limite dos prejuízos causados à Administração Pública e das multas aplicadas.

CONTRATOS ADMINISTRATIVOS

§ 1º A aplicação das medidas previstas nos incisos I e II do caput deste artigo ficará a critério da Administração, que poderá dar continuidade à obra ou ao serviço por execução direta ou indireta.

§ 2º Na hipótese do inciso II do caput deste artigo, o ato deverá ser precedido de autorização expressa do ministro de Estado, do secretário estadual ou do secretário municipal competente, conforme o caso.

- **Rescisão amigável ou judicial**

A rescisão amigável ou judicial decorre de hipóteses que caracterizam culpa da Administração em relação as suas obrigações contratuais.

> **Art. 78,** Constituem motivo para rescisão do contrato: [...]
>
> XIII - A supressão, por parte da Administração, de obras, serviços ou compras, acarretando modificação do valor inicial do contrato além do limite permitido no § 1º do art. 65 desta Lei;
>
> XIV - A suspensão de sua execução, por ordem escrita da Administração, por prazo superior a 120 (cento e vinte) dias, salvo em caso de calamidade pública, grave perturbação da ordem interna ou guerra, ou ainda por repetidas suspensões que totalizem o mesmo prazo, independentemente do pagamento obrigatório de indenizações pelas sucessivas e contratualmente imprevistas desmobilizações e mobilizações e outras previstas, assegurado ao contratado, nesses casos, o direito de optar pela suspensão do cumprimento das obrigações assumidas até que seja normalizada a situação;
>
> XV - O atraso superior a 90 (noventa) dias dos pagamentos devidos pela Administração decorrentes de obras, serviços ou fornecimento, ou parcelas destes, já recebidos ou executados, salvo em caso de calamidade pública, grave perturbação da ordem interna ou guerra, assegurado ao contratado o direito de optar pela suspensão do cumprimento de suas obrigações até que seja normalizada a situação;
>
> XVI - A não liberação, por parte da Administração, de área, local ou objeto para execução de obra, serviço ou fornecimento, nos prazos contratuais, bem como das fontes de materiais naturais especificadas no projeto;

12.20.3 Consequências da rescisão

As consequências da rescisão variam de acordo com a existência ou não de culpa do contratado, é importante observar que o simples fato da rescisão acontecer de forma unilateral por parte da Administração Pública não define as consequências, mas sim, a presença de culpa ou não do contratado.

- **Consequências da rescisão unilateral quando não há culpa do contratado**

Observe que nesses casos temos as hipóteses de que a culpa é da administração e ainda as de que a responsabilidade não é da administração, nem do contrato como nos casos de ocorrência de razões de interesse público que justifique a rescisão, bem como diante de caso fortuito ou força maior.

O contratado será ressarcido dos prejuízos regularmente comprovados que houver sofrido, tendo ainda direito a:

> **Art. 79, § 2º,** [...]
>
> I - Devolução de garantia;
>
> II - Pagamentos devidos pela execução do contrato até a data da rescisão;
>
> III - Pagamento do custo da desmobilização.

- **Consequências da rescisão unilateral quando há culpa do contratado**

> **Art. 80** [...]
>
> I - Assunção imediata do objeto do contrato, no estado e local em que se encontrar, por ato próprio da Administração;
>
> II - Ocupação e utilização do local, instalações, equipamentos, material e pessoal empregados na execução do contrato, necessários à sua continuidade.

Esse ato deverá ser precedido de autorização expressa do ministro de Estado competente, ou secretário estadual ou municipal, conforme o caso.

> III - Execução da garantia contratual, para ressarcimento da Administração, e dos valores das multas e indenizações a ela devidos;
>
> IV - Retenção dos créditos decorrentes do contrato até o limite dos prejuízos causados à Administração.

12.21 Tipos de contrato

12.21.1 Contrato de obra pública

É todo ajuste entre a Administração Pública e o particular que tenha por objeto construção, reforma, fabricação, recuperação ou ampliação de móvel ou imóvel cuja finalidade seja à população em geral ou a prestação de serviços públicos.

12.21.2 Contrato de serviço

É todo ajuste entre a Administração Pública e o particular que tenha por objeto atividade destinada a obter determinada utilidade de interesse para a Administração, como: demolição, conserto, instalação, montagem, operação, conservação, reparação, adaptação, manutenção, transporte, locação de bens, publicidade, seguro ou trabalhos técnico-profissionais.

A diferença marcante entre o contrato de obra pública e o de serviço é que, neste caso, a Administração contrata um particular para exercer uma atividade de caráter contínuo, e no primeiro caso, a administração contrata o particular para realizar algo em que predomina o emprego de materiais, não havendo caráter contínuo, pois a obra um dia terminará. O mesmo raciocínio não é válido para a contratação de serviços.

12.21.3 Contrato de fornecimento

É todo ajuste entre a Administração Pública e o particular que tenha por objeto a aquisição remunerada de bens para fornecimento de uma só vez ou parceladamente.

12.21.4 Contrato de concessão

Contrato de concessão é o contrato administrativo pelo qual a Administração confere ao particular a execução remunerada de serviço público ou de obra pública, ou lhe cede o uso de bem público, para que o explore por sua conta e risco, pelo prazo e nas condições regulamentares e contratuais.

12.21.5 Convênio

É um acordo, ajuste ou qualquer outro instrumento que discipline a transferência de recursos financeiros de dotações consignadas no orçamento fiscal e no orçamento da Seguridade Social da União e tenha como partícipe, de um lado, órgão ou entidade da Administração Pública Federal, direta ou indireta, e, de outro, órgão ou entidade da Administração Pública estadual, distrital ou municipal, direta ou indireta, ou ainda, entidades privadas sem fins lucrativos, visando à execução de programa de governo, envolvendo a realização de projeto, atividade, serviço, aquisição de bens ou evento de interesse recíproco, em regime de mútua cooperação.

12.21.6 Contrato de repasse

É o instrumento administrativo por meio do qual a transferência dos recursos financeiros se processa por intermédio de instituição ou agente financeiro público federal, atuando como mandatário da União.

12.21.7 Termo de cooperação

É o instrumento por meio do qual é ajustada a transferência de crédito de órgão da Administração Pública Federal Direta, autarquia, fundação pública, ou empresa estatal dependente, para outro órgão ou entidade federal da mesma natureza.

12.21.8 Consórcio público

É a pessoa jurídica formada exclusivamente por entes da Federação, na forma da Lei nº 11.107/2005, para estabelecer relações de cooperação federativa, inclusive a realização de objetivos de interesse comum, constituída como associação pública, com personalidade jurídica de direito público e natureza autárquica, ou como pessoa jurídica de direito privado sem fins econômicos.

NOÇÕES DE DIREITO ADMINISTRATIVO

12.22 Contratação temporária

A Lei nº 8.745/1993 trata da contratação por tempo determinado para atender à necessidade temporária de excepcional interesse público, no serviço federal, nos termos do inciso IX do art. 37 da Constituição Federal.

Para atender à necessidade temporária de excepcional interesse público, os órgãos da Administração Federal Direta, as autarquias e as fundações públicas poderão efetuar contratação de pessoal por tempo determinado, devem observar as condições e prazos fixados na Lei nº 8.745/1993.

Art. 2º Considera-se necessidade temporária de excepcional interesse público:

I - Assistência a situações de calamidade pública; (prazo máximo de 6 meses)

II - Assistência a emergências em saúde pública; (prazo máximo de 6 meses)

III - Realização de recenseamentos e outras pesquisas de natureza estatística efetuadas pela Fundação Instituto Brasileiro de Geografia e Estatística - IBGE; (prazo máximo de 1 ano)

IV - Admissão de professor substituto e professor visitante; (prazo máximo de 1 ano)

V - Admissão de professor e pesquisador visitante estrangeiro; (prazo máximo de 4 anos)

VI - Atividades:

a) Especiais nas organizações das Forças Armadas para atender à área industrial ou a encargos temporários de obras e serviços de engenharia; (prazo máximo de 4 anos)

b) De identificação e demarcação territorial; (prazo máximo de 2 anos)

c) Revogado.

d) Finalísticas do Hospital das Forças Armadas; (prazo máximo de 1 ano)

e) De pesquisa e desenvolvimento de produtos destinados à segurança de sistemas de informações, sob responsabilidade do Centro de Pesquisa e Desenvolvimento para a Segurança das Comunicações - CEPESC; (prazo máximo de dois anos)

f) De vigilância e inspeção, relacionadas à defesa agropecuária, no âmbito do Ministério da Agricultura e do Abastecimento, para atendimento de situações emergenciais ligadas ao comércio internacional de produtos de origem animal ou vegetal ou de iminente risco à saúde animal, vegetal ou humana; (prazo máximo de 1 ano)

g) Desenvolvidas no âmbito dos projetos do Sistema de Vigilância da Amazônia - SIVAM e do Sistema de Proteção da Amazônia - SIPAM; (prazo máximo de 4 anos)

h) Técnicas especializadas, no âmbito de projetos de cooperação com prazo determinado, implementados mediante acordos internacionais, desde que haja, em seu desempenho, subordinação do contratado ao órgão ou entidade pública; (prazo máximo de três anos)

i) Técnicas especializadas necessárias à implantação de órgãos ou entidades ou de novas atribuições definidas para organizações existentes ou as decorrentes de aumento transitório no volume de trabalho que não possam ser atendidas mediante a aplicação do art. 74 da Lei nº 8.112, de 11 de dezembro de 1990; (prazo máximo de 4 anos)

j) Técnicas especializadas de tecnologia da informação, de comunicação e de revisão de processos de trabalho, não alcançadas pela alínea i e que não se caracterizem como atividades permanentes do órgão ou entidade; (prazo máximo de 4 anos)

l) Didático-pedagógicas em escolas de governo; (prazo máximo de três anos)

m) De assistência à saúde para comunidades indígenas; (prazo máximo de 2 anos)

VII - Admissão de professor, pesquisador e tecnólogo substitutos para suprir a falta de professor, pesquisador ou tecnólogo ocupante de cargo efetivo, decorrente de licença para exercer atividade empresarial relativa à inovação; (prazo máximo de três anos)

VIII - Admissão de pesquisador, de técnico com formação em área tecnológica de nível intermediário ou de tecnólogo, nacionais ou estrangeiros, para projeto de pesquisa com prazo determinado, em instituição destinada à pesquisa, ao desenvolvimento e à inovação;

IX - Combate a emergências ambientais, na hipótese de declaração, pelo Ministro de Estado do Meio Ambiente, da existência de emergência ambiental na região específica; (prazo máximo de 6 meses)

X - Admissão de professor para suprir demandas decorrentes da expansão das instituições federais de ensino, respeitados os limites e as condições fixados em ato conjunto dos Ministérios do Planejamento, Orçamento e Gestão e da Educação; (prazo máximo de 1 ano)

XI - Admissão de professor para suprir demandas excepcionais decorrentes de programas e projetos de aperfeiçoamento de médicos na área de Atenção Básica em saúde em regiões prioritárias para o Sistema Único de Saúde (SUS), mediante integração ensino-serviço, respeitados os limites e as condições fixados em ato conjunto dos Ministros de Estado do Planejamento, Orçamento e Gestão, da Saúde e da Educação; (prazo máximo de três anos)

XII - Admissão de profissional de nível superior especializado para atendimento a pessoas com deficiência, nos termos da legislação, matriculadas regularmente em cursos técnicos de nível médio e em cursos de nível superior nas instituições federais de ensino, em ato conjunto do Ministério do Planejamento, Desenvolvimento e Gestão e do Ministério da Educação.

As contratações dessas atividades serão feitas exclusivamente por projeto, **vedado o aproveitamento** dos contratados em qualquer área da Administração Pública.

A **contratação de professor substituto** poderá ocorrer para suprir a falta de docente efetivo em razão de:

- Vacância do cargo;
- Afastamento ou licença, na forma do regulamento;
- Nomeação para ocupar cargo de direção de reitor, vice-reitor, pró-reitor e diretor de campus.

O número total de professores substitutos e visitantes não poderá ultrapassar 20% do total de docentes efetivos em exercício na instituição federal de ensino.

Ato do Poder Executivo disporá, para efeitos dessa lei, sobre a declaração de emergências em saúde pública.

A contratação de professor visitante e de professor visitante estrangeiro tem por objetivo:

- Apoiar a execução dos programas de pós-graduação *stricto sensu*;
- Contribuir para o aprimoramento de programas de ensino, pesquisa e extensão;
- Colaborar para a execução de programas de capacitação docente;
- Viabilizar o intercâmbio científico e tecnológico.

Essas contratações (professor visitante e professor visitante estrangeiro) deverão:

- Atender a requisitos de titulação e competência profissional; ou
- Ter reconhecido renome em sua área profissional, atestado por deliberação do Conselho Superior da instituição contratante.

São requisitos mínimos de titulação e competência profissional para a contratação:

- Ser portador do título de doutor, no mínimo, há 2 anos;
- Ser docente ou pesquisador de reconhecida competência em sua área;
- Ter produção científica relevante, preferencialmente nos últimos 5 anos.

Excepcionalmente, no âmbito das instituições da rede federal de educação profissional, científica e tecnológica, poderão ser contratados professor visitante ou professor visitante estrangeiro, **sem o título de doutor, desde que possuam comprovada competência** em ensino, pesquisa e extensão tecnológicos ou reconhecimento da qualificação profissional pelo mercado de trabalho, na forma prevista pelo Conselho Superior da instituição contratante.

CONTRATOS ADMINISTRATIVOS

A contratação de professores substitutos, visitantes e visitantes estrangeiros poderá ser autorizada pelo dirigente da instituição, condicionada à existência de recursos orçamentários e financeiros para fazer frente às despesas decorrentes da contratação e ao quantitativo máximo de contratos estabelecido para a instituição.

A contratação dos professores substitutos fica limitada ao regime de trabalho de 20 horas ou 40 horas.

O recrutamento do pessoal a ser contratado, nos termos da Lei nº 8.745/1993, será feito mediante **processo seletivo simplificado** sujeito à ampla divulgação, inclusive por meio do Diário Oficial da União, **prescindindo de concurso público** (não precisa de concurso público).

A contratação para atender às necessidades decorrentes de calamidade pública, de emergência ambiental e de emergências em saúde pública prescindirá de processo seletivo. Nesses casos, a contratação dispensa até mesmo o processo seletivo.

Algumas contratações poderão ser efetivadas em vista de notória capacidade técnica ou científica do profissional, mediante análise do *curriculum vitae:*
- Relacionadas a um professor visitante.
- Referentes a um professor e pesquisador visitante estrangeiro.
- Especiais nas organizações das Forças Armadas para atender à área industrial ou a encargos temporários de obras e serviços de engenharia.
- Finalísticas do Hospital das Forças Armadas.
- De pesquisa e desenvolvimento de produtos destinados à segurança de sistemas de informações, sob responsabilidade do Centro de Pesquisa e Desenvolvimento para a Segurança das Comunicações (Cepesc).
- Desenvolvidas no âmbito dos projetos do Sistema de Vigilância da Amazônia (Sivam) e do Sistema de Proteção da Amazônia (Sipam).
- Didático-pedagógicas em escolas de governo.
- De assistência à saúde para comunidades indígenas.
- Admissão de pesquisador, nacional ou estrangeiro, para projeto de pesquisa com prazo determinado, em instituição destinada à pesquisa.

As seguintes contratações de pessoal serão feitas mediante processo seletivo simplificado, observados os critérios e condições estabelecidos pelo Poder Executivo:
- Técnicas especializadas, no âmbito de projetos de cooperação com prazo determinado, implementados mediante acordos internacionais, desde que haja, em seu desempenho, subordinação do contratado ao órgão ou entidade pública;
- Técnicas especializadas necessárias à implantação de órgãos ou entidades ou de novas atribuições definidas para organizações existentes ou as decorrentes de aumento transitório no volume de trabalho que não possam ser atendidas mediante a aplicação do art. 74 da Lei nº 8.112/1990.

12.22.1 Prorrogação dos contratos

Prazo total não excedente a 2 anos
- Admissão de professor substituto e professor visitante.
- De identificação e demarcação territorial.
- Finalísticas do Hospital das Forças Armadas.
- De vigilância e inspeção, relacionadas à defesa agropecuária, no âmbito do Ministério da Agricultura e do Abastecimento, para atendimento de situações emergenciais ligadas ao comércio internacional de produtos de origem animal ou vegetal ou de iminente risco à saúde animal, vegetal ou humana.
- Admissão de professor para suprir demandas decorrentes da expansão das instituições federais de ensino, respeitados os limites e as condições fixados em ato conjunto dos Ministérios do Planejamento, Orçamento e Gestão e da Educação.

Prazo total não excedente a 3 anos
- Realização de recenseamentos e outras pesquisas de natureza estatística efetuadas pela Fundação Instituto Brasileiro de Geografia e Estatística (IBGE).
- De pesquisa e desenvolvimento de produtos destinados à segurança de sistemas de informações, sob responsabilidade do Centro de Pesquisa e Desenvolvimento para a Segurança das Comunicações (Cepesc).

Prazo total não excedente a 4 anos
- Admissão de professor e pesquisador visitante estrangeiro.
- Especiais nas organizações das Forças Armadas para atender à área industrial ou a encargos temporários de obras e serviços de engenharia.
- Técnicas especializadas, no âmbito de projetos de cooperação com prazo determinado, implementados mediante acordos internacionais, desde que haja, em seu desempenho, subordinação do contratado ao órgão ou entidade pública.
- Didático-pedagógicas em escolas de governo.
- De assistência à saúde para comunidades indígenas.
- Admissão de pesquisador, nacional ou estrangeiro, para projeto de pesquisa com prazo determinado, em instituição destinada à pesquisa.

Prazo total não excedente a 5 anos
- Desenvolvidas no âmbito dos projetos do Sistema de Vigilância da Amazônia (Sivam) e do Sistema de Proteção da Amazônia (Sipam).
- Técnicas especializadas necessárias à implantação de órgãos ou entidades ou de novas atribuições definidas para organizações existentes ou as decorrentes de aumento transitório no volume de trabalho que não possam ser atendidas mediante a aplicação do art. 74 da Lei nº 8.112/1990.
- Técnicas especializadas de tecnologia da informação, de comunicação e de revisão de processos de trabalho, não alcançadas pela alínea "i" e que não se caracterizem como atividades permanentes do órgão ou entidade.

Prazo total não excedente a 6 anos
- Admissão de professor, pesquisador e tecnólogo substitutos para suprir a falta de professor, pesquisador ou tecnólogo ocupante de cargo efetivo, decorrente de licença para exercer atividade empresarial relativa à inovação.
- Admissão de professor para suprir demandas excepcionais decorrentes de programas e projetos de aperfeiçoamento de médicos na área de Atenção Básica em saúde em regiões prioritárias para o Sistema Único de Saúde (SUS), mediante integração ensino-serviço, respeitados os limites e as condições fixados em ato conjunto dos ministros de Estado do Planejamento, Orçamento e Gestão, da Saúde e da Educação.

Pelo prazo necessário **à superação da situação de calamidade pública ou das situações de emergências em saúde pública, desde que não exceda a 2 anos,** nos casos de:
- Assistência a situações de calamidade pública.
- Assistência a emergências em saúde pública.

As contratações somente poderão ser feitas com observância da dotação orçamentária específica e mediante prévia autorização do Ministro de Estado do Planejamento, Orçamento e Gestão e do Ministro de Estado sob cuja supervisão se encontrar o órgão ou entidade contratante, conforme estabelecido em regulamento.

Os órgãos e entidades contratantes encaminharão à Secretaria de Recursos Humanos do Ministério do Planejamento, Orçamento e Gestão, para controle do disposto na Lei nº 8.745/1993, síntese dos contratos efetivados.

É proibida a contratação, nos termos Lei nº 8.745/1993, de servidores da Administração Direta ou Indireta da União, dos estados,

NOÇÕES DE DIREITO ADMINISTRATIVO

do Distrito Federal e dos municípios, bem como de empregados ou servidores de suas subsidiárias e controladas.

Essa proibição, entretanto, não se aplica no caso de formal comprovação da compatibilidade de horários, a contratação de:

- **Professor substituto nas instituições federais de ensino**, desde que o contratado não ocupe cargo efetivo integrante das carreiras de magistério de que trata a Lei nº 7.596/1987.
- **Profissionais de saúde em unidades hospitalares**, quando administradas pelo Governo Federal e para atender às necessidades decorrentes de calamidade pública, desde que o contratado não ocupe cargo efetivo ou emprego permanente em órgão ou entidade da Administração Pública Federal Direta e Indireta.

No caso de violação dessa proibição, sem prejuízo da nulidade do contrato, essa infração importará responsabilidade administrativa da autoridade contratante e do contratado, inclusive, se for a situação, solidariedade quanto à devolução dos valores pagos ao contratado.

A remuneração do pessoal contratado temporariamente nos termos da Lei nº 8.745/1993 será fixada: em importância não **superior ao valor da remuneração fixada para os servidores de final de Carreira das mesmas categorias, nos planos de retribuição ou nos quadros de cargos** e salários do órgão ou entidade contratante.

Admissão de professor substituto e professor visitante.

Admissão de professor para suprir demandas decorrentes da expansão das instituições federais de ensino, respeitados os limites e as condições fixados em ato conjunto dos Ministérios do Planejamento, Orçamento e Gestão e da Educação.

Admissão de professor para suprir demandas excepcionais decorrentes de programas e projetos de aperfeiçoamento de médicos na área de Atenção Básica em saúde em regiões prioritárias para o SUS, mediante integração ensino-serviço, respeitados os limites e as condições fixados em ato conjunto dos Ministros de Estado do Planejamento, Orçamento e Gestão, da Saúde e da Educação.

Em importância não superior ao valor da remuneração constante dos planos de retribuição ou nos quadros de cargos e salários do serviço público, para servidores que desempenhem função semelhante, ou, não existindo a semelhança, às condições do mercado de trabalho:

- Assistência a situações de calamidade pública.
- Assistência a emergências em saúde pública.
- Realização de recenseamentos e outras pesquisas de natureza estatística efetuadas pelo IBGE.
- Admissão de professor e pesquisador visitante estrangeiro.
- Atividades do inciso VI.
- Admissão de pesquisador, nacional ou estrangeiro, para projeto de pesquisa com prazo determinado, em instituição destinada à pesquisa.

Quando se tratar de coleta de dados, o valor da remuneração poderá ser formado por unidade produzida, desde que obedecido à mesma regra acima disposta:

- Realização de recenseamentos e outras pesquisas de natureza estatística efetuadas pelo IBGE.

Para os efeitos do cálculo dessa remuneração, não se consideram as vantagens de natureza individual dos servidores ocupantes de cargos tomados como paradigma.

Caberá ao Poder Executivo fixar as tabelas de remuneração para as hipóteses de contratações previstas nas alíneas "h", "i", "j", "l" e "m" do inciso VI do *caput* do art. 2º da Lei nº 8.745/1993.

Ao pessoal contratado nos termos da Lei nº 8.745/1993 aplica-se o disposto na Lei nº 8.647/1993 (lei que trata da vinculação do servidor público civil, ocupante de cargo em comissão sem vínculo efetivo com a Administração Pública Federal, ao Regime Geral de Previdência Social).

O pessoal contratado nos termos da Lei nº 8.745/1993, art. 9º **não** poderá:

I - Receber atribuições, funções ou encargos não previstos no respectivo contrato.

II - Ser nomeado ou designado, ainda que a título precário ou em substituição, para o exercício de cargo em comissão ou função de confiança.

III. Ser novamente contratado, com fundamento nessa Lei, antes de decorridos 24 meses do encerramento de seu contrato anterior (salvo nas hipóteses dos incisos I e IX do art. 2º desta Lei, mediante prévia autorização, conforme determina o art. 5º da Lei nº 8.745/1993).

A inobservância dessas proibições importará na **rescisão do contrato** (nos casos dos incisos I e II) ou na **declaração da sua insubsistência** (no caso do inciso III), **sem prejuízo da responsabilidade administrativa** das autoridades envolvidas na transgressão.

As infrações disciplinares atribuídas ao pessoal contratado nos termos da Lei nº 8.745/1993 serão apuradas mediante sindicância, concluída no prazo de **30 dias e assegurada ampla defesa.**

12.23 Extinção do contrato (sem direito a indenizações)

- Pelo término do prazo contratual (comunicada com antecedência mínima de 30 dias).
- Por iniciativa do contratado (comunicada com antecedência mínima de 30 dias).
- Pela extinção ou conclusão do projeto, definidos pelo contratante, nos casos da alínea "h" do inciso VI do art. 2º da Lei nº 8.745/1993.

A extinção do contrato, por iniciativa do órgão ou entidade contratante, decorrente de **conveniência administrativa**, importará no pagamento ao **contratado de indenização correspondente à metade** do que lhe caberia referente ao restante do contrato.

O tempo de serviço prestado em virtude de contratação temporária nos termos dessa Lei será contado para todos os efeitos.

SERVIÇOS PÚBLICOS

13 SERVIÇOS PÚBLICOS

13.1 Base constitucional

Art. 175 Incumbe ao Poder Público, na forma da lei, diretamente ou sob regime de concessão ou permissão, sempre através de licitação, a prestação de serviços públicos.

Parágrafo único. A lei disporá sobre:

I – O regime das empresas concessionárias e permissionárias de serviços públicos, o caráter especial de seu contrato e de sua prorrogação, bem como as condições de caducidade, fiscalização e rescisão da concessão ou permissão;

II – Os direitos dos usuários;

III – Política tarifária;

IV – A obrigação de manter serviço adequado.

Conforme a redação desse artigo, vemos que incumbe ao Poder Público a prestação direta dos serviços públicos ou, sob delegação (concessão ou permissão), a prestação indireta.

O Poder Público a que o artigo se refere são as entidades da Administração Direta e Indireta. Assim, a prestação direta dos serviços públicos é a realizada pelas entidades direta e da Administração Indireta, e a prestação indireta é a prestação executada por delegação por um particular, seja por meio de concessão ou permissão.

Os serviços públicos são conceituados em sentido estrito, se referem aos serviços que têm a possibilidade de serem explorados com o intuito de lucro, relaciona-se com a atividade econômica em sentido amplo. É importante ressaltar que o art. 175 da Constituição Federal se enquadra no Título VI – Da Ordem Econômica e Financeira.

Características dos serviços públicos (estrito)
- Referem-se às atividades econômicas em sentido amplo.
- Têm a possibilidade de serem explorados com o intuito de lucro.

Não perde a natureza de serviço público:
- Titularidade exclusiva do poder público.
- Pode ser prestado por particular mediante delegação:
- Quando prestado por delegação pelo **particular**, tal atividade é fiscalizada pelo poder público por meio do exercício do poder disciplinar.
- Atividades prestadas pelo **Estado** como serviço público e que, ao mesmo tempo, são abertas à livre iniciativa.

Atividades relacionadas aos Direitos Fundamentais Sociais (art. 6º da Constituição Federal de 1988)
- São atividades de natureza essencial à sobrevivência e ao desenvolvimento da sociedade.
- A prestação dessas atividades é um dever do Estado, por isso, não podem ser exploradas pelo Poder Público com o intuito de lucro.
- Não existe delegação dessas atividades a particulares.
- Os particulares têm o direito de explorar tais atividades, sem delegação do poder público, sob fiscalização decorrente do exercício do poder de Polícia.

Serviços de educação, saúde e assistência social
- Se prestado pelo Estado, é um serviço público, caso seja oferecido por particular, não se enquadra como serviço público e sim como privado. Todavia, o foco deste tópico são os serviços públicos de titularidade exclusiva do Estado, possíveis de serem explorados economicamente com o intuito de lucro e que podem ser prestados por particular mediante delegação. Assim sendo, quando nos referirmos aos serviços públicos, em regra, não estaremos nos reportando às atividades prestadas pelo Estado como serviço público e que ao mesmo tempo podem ser oferecidas livremente pelo particular sob fiscalização do poder de polícia.

13.2 Elementos definidores de uma atividade como serviço público

13.2.1 Material

O elemento material se refere a uma atividade administrativa que visa à prestação de utilidade ou comodidade material, que possa ser fruível, individual ou coletivamente, pelos administrados, sejam elas vitais ou secundárias às necessidades da sociedade.

Esse elemento exclui da noção de serviço público várias atividades estatais, como:
- Atividade legislativa;
- Atividade jurisdicional;
- Poder de polícia;
- Fomento;
- Intervenção;
- Atividades internas (atividade-meio da Administração Pública);
- Obras públicas.

13.2.2 Subjetivo/orgânico

A titularidade do serviço é exclusiva do Estado.

13.2.3 Formal

A prestação do serviço público é submetida a Regime Jurídico de Direito Público.

13.2.4 Conceito

Serviço público é atividade administrativa concreta traduzida em prestações que diretamente representem, em si mesmas, utilidades ou comodidades materiais para a população em geral, executada sob regime jurídico de direito público pela Administração Pública, ou, se for o caso, por particulares delegatários (concessionários e permissionários ou, ainda, em restritas hipóteses, detentores de autorização de serviço público).

Observem que tal conceito tenta satisfazer a necessidade da presença dos elementos caracterizadores dos serviços públicos.

13.3 Classificação dos serviços públicos

13.3.1 Serviços essenciais e úteis

Serviços públicos essenciais
- São serviços essenciais à própria sobrevivência da sociedade.
- Devem ser garantidos pelo Estado.
- Por exemplo: serviços públicos que estejam relacionados aos direitos fundamentais sociais, como o saneamento básico.

Serviços públicos de utilidade pública
- Não são essenciais à sobrevivência da sociedade, mas sua prestação é útil ou conveniente a ela, pois proporciona maior bem-estar.
- Por exemplo: telefonia.

13.3.2 Serviços públicos gerais e individuais

Serviços públicos gerais (*uti universi*):
- Supremo Tribunal Federal: serviço público indivisível.
- Prestado à coletividade.
- Usuários indeterminados e indetermináveis.

Serviços públicos individuais/específicos/singulares (*uti singuli*)
- Supremo Tribunal Federal: serviço público divisível.
- Prestados a beneficiários determinados.
- Podem ser remunerados mediante a cobrança de tarifas.

NOÇÕES DE DIREITO ADMINISTRATIVO

13.3.3 Serviços públicos delegáveis e indelegáveis

Serviços públicos delegáveis
- São prestados pelo Estado centralizadamente.
- São oferecidos também por meio de descentralização:
  - Serviços ou outorga legal: Administração Indireta.
  - Colaboração ou delegação: particulares.

Serviços públicos indelegáveis
- Somente podem ser prestados pelo Estado centralizadamente ou por entidade da Administração Indireta de direito público.
- Exige para a sua prestação o exercício do poder de império do Estado.

13.3.4 Serviços administrativos, sociais e econômicos

Serviços administrativos
- São atividades internas da Administração (atividade-meio).
- Não são diretamente fruível pela população.
- O benefício gerado à coletividade é indireto.

Serviços públicos sociais
- Todos os serviços públicos que correspondem às atividades do art. 6º (direitos fundamentais sociais).
- Prestação obrigatória pelo Estado sob regime jurídico de direito público.
- Podem ser livremente prestados por particular sob regime jurídico de direito privado (nesse caso não é serviço público, mas, sim, serviço privado).

Serviços públicos econômicos
- Descritos no art. 175 da Constituição Federal de 1988.
- Atividade econômica em sentido amplo.
- Podem ser explorados com o intuito de lucro.
- Titularidade exclusiva do Estado.
- Pode ser delegado a particulares.

13.3.5 Serviço público adequado

A definição de serviço público adequado é feita pelo art. 6º, § 1º, da Lei nº 8.987/1995:

> *Art. 6º, § 1º Serviço adequado é o que satisfaz as condições de regularidade, continuidade, eficiência, segurança, atualidade, generalidade, cortesia na sua prestação e modicidade das tarifas.*

13.4 Princípios dos serviços públicos

Com base no conceito acima exposto de serviço público adequado, constatamos que são princípios da boa prestação dos serviços públicos, além dos princípios fundamentais da Administração Pública, o exposto na redação de tal conceito, assim, analisaremos os princípios descritos no art. 6º, § 1º.

- **Regularidade:** o padrão de qualidade da prestação do serviço deve ser sempre o mesmo e suficiente para atender com adequação as necessidades dos usuários.
- **Continuidade dos serviços públicos:** os serviços públicos não podem ser interrompidos, salvo em situações de emergência ou mediante aviso prévio do prestador, como ocorre em casos de inadimplência ou quando o prestador pretende realizar manutenção nos equipamentos necessários à boa prestação do serviço.
- **Eficiência:** na prestação dos serviços públicos, devem ser observados o custo e o benefício.
- **Segurança:** os serviços devem ser prestados sem riscos aos usuários e esses não podem expor sua saúde em perigos na utilização do serviço.
- **Atualidade:** busca constante de atualizações de tecnologia e técnicas empregadas, bem como da qualificação de pessoal. A adequação na prestação às novas tecnologias tem como finalidade melhorar o alcance e a eficiência da prestação.
- **Generalidade:** a prestação de serviços públicos não distingue usuários, ou seja, é igual para todos.
- **Cortesia na prestação:** os prestadores dos serviços públicos devem tratar bem os usuários.
- **Modicidade das tarifas:** as tarifas oriundas da prestação dos serviços públicos devem ter valores razoáveis para os usuários. A finalidade dessa regra é garantir o acesso aos serviços públicos ao maior número de usufruidores possíveis. Quanto mais essencial for o serviço, mais barata será a tarifa e, em alguns casos, pode até mesmo chegar à zero.

13.5 Formas de prestação dos serviços públicos

Prestação centralizada: a pessoa política titular do serviço público faz a prestação por meio dos seus próprios órgãos.

Prestação descentralizada: a pessoa política transfere a execução do serviço público para outra pessoa.

13.5.1 Modalidades

- **Prestação descentralizada por serviços/outorga legal:** a pessoa política titular do serviço público transfere a sua titularidade e a sua execução para uma entidade integrante da Administração Indireta.
- **Prestação descentralizada por colaboração/delegação:** a pessoa política transfere somente a execução do serviço público, por delegação a um particular, que vai executá-lo por sua conta e risco.
  > Por exemplo: concessões, permissões e autorizações de serviços públicos.
- **Prestação desconcentrada:** o serviço é executado por um órgão, com competência específica para prestá-lo, integrante da estrutura da pessoa jurídica que detém a titularidade do serviço.
- **Prestação desconcentrada centralizada:** o órgão competente para prestar o serviço integra a estrutura de uma entidade da Administração Direta.
- **Prestação desconcentrada descentralizada:** o órgão competente para prestar o serviço integra a estrutura de uma entidade da Administração Indireta.

> **Atenção!**
> A prestação feita por delegação **não caracteriza** prestação desconcentrada descentralizada, pois, para isso, seria necessário que o particular delegado tivesse a titularidade do serviço público, o que não acontece na delegação, que transfere somente a execução do serviço e mantém a titularidade com o poder concedente.

- **Prestação direta:** é a prestação feita pelo poder público, que é sinônimo de Administração Direta e Indireta. Assim, prestação direta é a do serviço público feita pelas entidades da Administração Direta e também pela Indireta.
- **Prestação indireta:** é a prestação do serviço público feita por particulares mediante delegação da execução.

13.6 Concessão e permissão de serviço público

13.6.1 Base constitucional

> *Art. 22, XXVII, CF/1988 Compete privativamente à União legislar sobre: normas gerais de licitação e contratação, em todas as modalidades, para as administrações públicas diretas, autárquicas e fundacionais da União, Estados, Distrito Federal e Municípios, obedecido o disposto no art. 37, XXI, e para as empresas públicas e sociedades de economia mista, nos termos do art. 173, § 1º, III;*

SERVIÇOS PÚBLICOS

Art. 175[...]

Parágrafo único. *A lei disporá sobre:*
I - O regime das empresas concessionárias e permissionárias de serviços públicos, o caráter especial de seu contrato e de sua prorrogação, bem como as condições de caducidade, fiscalização e rescisão da concessão ou permissão;
II - Os direitos dos usuários;
III - Política tarifária;
IV - A obrigação de manter serviço adequado.

13.7 Competência para a edição de normas

13.7.1 Normas gerais

Competência privativa da União (art. 22, inciso XXVII, CF/1988).

Lei nº 8.987/1995: institui normas gerais sobre o regime de concessão ou permissão de serviço público.

Lei nº 11.079/2004: institui normas gerais para licitação e contratação de parceria público-privada no âmbito da Administração Pública.

As duas leis acima descritas são nacionais, ou seja, são leis criadas pela União e que devem obrigatoriamente ser observadas pela União, estados, Distrito Federal e municípios. Todavia, a Lei nº 11.079/2004 tem um núcleo que é aplicável somente à Administração Pública Federal, em outras palavras, ela traça normas gerais para todos os entes federados e ainda traz algumas específicas que são aplicadas somente à Administração Pública Federal.

13.7.2 Normas específicas

Cada ente federal cria as suas próprias normas específicas.

A Lei nº 8.987/1995 institui normas gerais sobre o regime de concessão e permissão da prestação de serviços públicos.

É importante observar que, com base no art. 1º da Lei nº 8.987/1995, é aplicável aos contratos de concessão e permissão de serviços públicos, naquilo que lhes couber, as disposições contidas na Lei nº 8.666/1993 (licitação e contratos administrativos) e Lei nº 14.133/2021. Tal lei visa regulamentar as regras contidas no parágrafo único do art. 175 da Constituição Federal de 1988.

13.7.3 Conceito de concessão e permissão de serviço público

- **Poder concedente:** a União, o estado, o Distrito Federal ou o município, em cuja competência se encontre o serviço público, precedido ou não da execução de obra pública, objeto de concessão ou permissão (art. 2º, inciso I).
- **Concessão de serviço público:** a delegação de sua prestação, feita pelo poder concedente, mediante licitação, na modalidade de concorrência ou diálogo competitivo, à pessoa jurídica ou consórcio de empresas que demonstre capacidade para seu desempenho, por sua conta e risco e por prazo determinado (art. 2º, inciso II).
- **Concessão de serviço público precedida da execução de obra pública:** a construção, total ou parcial, conservação, reforma, ampliação ou melhoramento de quaisquer obras de interesse público, delegada pelo poder concedente, mediante licitação, na modalidade de concorrência ou diálogo competitivo, à pessoa jurídica ou a consórcio de empresas que demonstre capacidade para a sua realização, por sua conta e risco, de forma que o investimento da concessionária seja remunerado e amortizado mediante a exploração do serviço ou da obra por prazo determinado (art. 2º, inciso III).
- **Permissão de serviço público:** a delegação, a título precário, mediante licitação, da prestação de serviços públicos, feita pelo poder concedente à pessoa física ou jurídica que demonstre capacidade para seu desempenho, por sua conta e risco (art. 2º, inciso IV).

13.7.4 Características comuns das concessões e permissões

- São delegações de prestação de serviço público.
- Transferem somente a execução do serviço público, ficando a titularidade com o poder público concedente.
- A prestação do serviço é por conta e risco do particular.
- O poder concedente fiscaliza a prestação feita pelo particular em decorrência do exercício do poder disciplinar.
- Duração por prazo determinado, podendo o contrato prever sua prorrogação, estipulando as condições.
- A execução indireta por delegação (concessão ou permissão) depende de lei autorizativa.
- São sempre precedidos de licitação.

O particular tem o dever de prestar um serviço público adequado nos casos de:

- Descumprimento.
- Intervenção.
- Aplicação de penalidade administrativa.
- Extinção por caducidade.

13.7.5 Diferenças entre a concessão e permissão de serviços públicos

Art. 2º, Lei nº 9.074/1995 É vedado à União, aos Estados, ao Distrito Federal e aos Municípios executarem obras e serviços públicos por meio de concessão e permissão de serviço público, sem lei que lhes autorize e fixe os termos, dispensada a lei autorizativa nos casos de saneamento básico e limpeza urbana e nos já referidos na Constituição Federal, nas Constituições Estaduais e nas Leis Orgânicas do Distrito Federal e Municípios, observado, em qualquer caso, os termos da Lei nº 8.987, de 1995.

- **Concessão:** sempre licitação na modalidade concorrência ou diálogo competitivo; natureza contratual; celebração do contrato: pessoa jurídica ou consórcio de empresas; não há precariedade; não é cabível revogação do contrato.
- **Permissão:** sempre licitação, todavia, admite outras modalidades e não somente concorrência; natureza contratual: contrato de adesão (art. 40); celebração do contrato: pessoa jurídica ou pessoa física; delegação a título precário; revogabilidade unilateral do contrato pelo poder concedente.

13.7.6 Autorização de serviço público

Autorização de serviço público é o ato discricionário, mediante o qual o Poder Público delega ao particular, a título precário, a prestação de serviço público que não exija alto investimento de capital ou alto grau de especialização técnica.

Características do termo de autorização

- Tem natureza precária/discricionária.
- É discricionária a autorização.
- Pode ser revogada unilateralmente pela Administração Pública por razões de conveniência e oportunidade.
- Em regra, não tem prazo determinado.
- A revogação não acarreta direito à indenização.
- **Exceção:** nos casos de autorização por prazo certo, ou seja, com tempo determinado no ato de autorização, a revogação antes do término do prazo pode ensejar ao particular o direito à indenização.

Cabimento da autorização de serviços públicos

- Casos em que o serviço seja prestado a um grupo restrito de usuários, sendo o seu beneficiário exclusivo ou principal o próprio particular autorizado.

NOÇÕES DE DIREITO ADMINISTRATIVO

- Por exemplo: exploração de serviços de telecomunicação em regime privado, que é autorizada a prestação por usuário restrito que é o seu único beneficiário: operador privado de radioamador.
- Situações de emergência, transitórias e eventuais.

13.7.7 Diferença entre autorização de serviços públicos e a autorização do poder de polícia

- **Autorização de serviço público:** concede ao particular o exercício de atividade cuja titularidade é exclusiva do poder público.
- **Autorização do poder de polícia:** concede ao particular o exercício de atividades regidas pelo direito privado, livre à iniciativa privada.

13.7.8 Características comuns entre concessão, autorização e permissão de serviços públicos

- São formas de delegação da prestação de serviços públicos.
- Transferem somente a execução da atividade e não a sua titularidade.
- As delegações de serviço público são fiscalizadas em decorrência do Poder Disciplinar da Administração Pública.

13.7.9 Diferenças entre concessão, permissão e autorização de serviços públicos

Concessão	Permissão	Autorização
Sempre licitação na modalidade concorrência ou diálogo competitivo	Sempre licitação, todavia, admite outras modalidades e não somente concorrência	Não há licitação
Natureza contratual	Natureza contratual: contrato de adesão (art. 40)	Ato administrativo
Celebração do contrato: pessoa jurídica ou consórcio de empresas	Celebração do contrato: pessoa jurídica ou pessoa física	Concessão da Autorização pode ser feita para pessoa física, jurídica ou consórcio de empresas
Não há precariedade.	Delegação a título precário	Ato administrativo precário
Não é cabível revogação do contrato	Revogabilidade unilateral do contrato pelo poder concedente	Revogável unilateralmente pelo Poder Concedente

13.7.10 Parcerias público-privadas

A parceria público-privada (PPP), cujas normas gerais encontram-se traçadas na Lei nº 11.079/2004, é um contrato de prestação de obras ou serviços com valor não inferior a R$ 10 milhões firmado entre empresa privada e o governo federal, estadual ou municipal, com duração mínima de 5 e no máximo de 35 anos.

13.7.11 Disposições preliminares

A Lei nº 11.079/2004 institui normas gerais para licitação e contratação de parceria público-privada no âmbito dos Poderes:
- Da União.
- Dos estados.
- Do Distrito Federal.
- Dos municípios.

Da mesma forma, essa lei também é aplicada para:
- Órgãos da Administração Pública **Direita**;
- Administração Pública **Indireta** (autarquias, fundações públicas, empresas públicas, sociedades de economia mista);
- **Fundos especiais**;
- **Entidades controladas** (direta ou indiretamente pela União, estados, Distrito Federal e municípios).

A parceria público-privada é um **contrato administrativo de concessão**, podendo adotar duas modalidades:

Concessão patrocinada: é a concessão de serviços públicos ou de obras públicas de que trata a Lei nº 8.987/1995, quando envolver, adicionalmente à tarifa cobrada dos usuários **contraprestação pecuniária do parceiro público ao parceiro privado**.

As concessões patrocinadas regem-se Lei nº 11.079/2004, aplicando subsidiariamente o disposto na Lei nº 8.987/1995, e nas leis que lhe são correlatas.

Concessão Administrativa: é o contrato de prestação de serviços de que a Administração Pública seja a usuária direta ou indireta, ainda que envolva execução de obra ou fornecimento e instalação de bens.

As concessões administrativas regem-se pela Lei nº 11.079/2004, aplicado adicionalmente o disposto nos arts. 21, 23, 25 e 27 a 39 da Lei nº 8.987/1995, e art. 31 da Lei nº 9.074/1995.

> **Atenção!**
> **Concessão patrocinada:** contraprestação paga pela Administração + tarifa paga pelo usuário.
> **Concessão administrativa:** contraprestação paga pela Administração.

A concessão comum não constitui parceria público-privada – assim entendida a concessão de serviços públicos ou de obras públicas de que trata a Lei nº 8.987/1995, quando não envolver contraprestação pecuniária do parceiro público ao parceiro privado. Os contratos administrativos de concessão comum continuam sendo regidos exclusivamente pela Lei nº 8.987/1995 demais legislação correlata.

Os contratos administrativos **que não caracterizem concessão** comum, patrocinada ou administrativa continuam regidos exclusivamente pela Lei nº 8.666/1993 e pela Lei nº 14.133/2021, bem como demais leis correlatas.

É **vedada a celebração** de contrato de parceria público-privada:
- Cujo valor do contrato seja **inferior a R$ 10.000.000,00** (dez milhões de reais).
- Cujo período de prestação do serviço seja **inferior a 5 anos**.
- Que tenha como **objeto único** o fornecimento de mão de obra, o fornecimento e instalação de equipamentos ou a execução de obra pública.

Diretrizes que devem ser observadas na contratação de parceria público-privada:
- Eficiência no cumprimento das missões de Estado e no emprego dos recursos da sociedade.
- Respeito aos interesses e direitos dos destinatários dos serviços e dos entes privados incumbidos da sua execução.
- Indelegabilidade das funções de regulação, jurisdicional, do exercício do poder de polícia e de outras atividades exclusivas do Estado.
- Responsabilidade fiscal na celebração e execução das parcerias.
- Transparência dos procedimentos e das decisões.
- Repartição objetiva de riscos entre as partes.
- Sustentabilidade financeira e vantagens socioeconômicas dos projetos de parceria.

13.7.12 Contratos de parceria público-privada

As cláusulas dos contratos de parceria público-privada atenderão ao disposto no art. 23 da Lei nº 8.987/1995, no que couber, devendo também prever:

SERVIÇOS PÚBLICOS

- O **prazo de vigência** do contrato, compatível com a amortização dos investimentos realizados, não inferior a cinco, nem superior a 35 anos, incluindo eventual prorrogação.
- As **penalidades aplicáveis** à Administração Pública e ao parceiro privado em caso de inadimplemento contratual, fixadas sempre de forma proporcional à gravidade da falta cometida, e às obrigações assumidas.
- A **repartição de riscos** entre as partes, inclusive os referentes a caso fortuito, força maior, fato do príncipe e álea econômica extraordinária.
- As formas de remuneração e de atualização dos valores contratuais.
- Os mecanismos para a preservação da atualidade da prestação dos serviços.
- Os fatos que caracterizem a inadimplência pecuniária do parceiro público, os modos e o prazo de regularização e, quando houver, a forma de acionamento da garantia.
- Os critérios objetivos de avaliação do desempenho do parceiro privado.
- A prestação, pelo parceiro privado, de garantias de execução suficientes e compatíveis com os ônus e riscos envolvidos, observados os limites dos §§ 3º e 5º do art. 56 da Lei nº 8.666/1993, e, no que se refere às concessões patrocinadas, o disposto no inciso XV do art. 18 da Lei nº 8.987/1995.
- O compartilhamento com a Administração Pública de ganhos econômicos efetivos do parceiro privado decorrentes da redução do risco de crédito dos financiamentos utilizados pelo parceiro privado.
- A realização de vistoria dos bens reversíveis, podendo o parceiro público reter os pagamentos ao privado, no valor necessário para reparar as irregularidades eventualmente detectadas.
- O cronograma e os marcos para o repasse ao parceiro privado das parcelas do aporte de recursos, na fase de investimentos do projeto e/ou após a disponibilização dos serviços, sempre que verificada a hipótese do § 2º do art. 6º da Lei nº 11.079/2004.

As cláusulas contratuais de atualização automática de valores baseadas em índices e fórmulas matemáticas, quando houver, serão aplicadas sem necessidade de homologação pela Administração Pública, exceto se essa publicar na imprensa oficial, onde houver, até o prazo de 15 dias após apresentação da fatura, razões fundamentadas nesta Lei ou no contrato para a rejeição da atualização.

Os contratos poderão prever adicionalmente:

- Os requisitos e condições em que o parceiro público autorizará a transferência do controle da sociedade de propósito específico para os seus financiadores, com o objetivo de promover a sua reestruturação financeira e assegurar a continuidade da prestação dos serviços, não se aplicando para esse efeito o previsto no inciso I do parágrafo único do art. 27 da Lei nº 8.987/1995.
- A possibilidade de emissão de empenho em nome dos financiadores do projeto em relação às obrigações pecuniárias da Administração Pública.
- A legitimidade dos financiadores do projeto para receber indenizações por extinção antecipada do contrato, bem como pagamentos efetuados pelos fundos e empresas estatais garantidores de parcerias público-privadas.

A **contraprestação da Administração Pública** nos contratos de parceria público-privada poderá ser feita por:

- Ordem bancária.
- Cessão de créditos não tributários.
- Outorga de direitos em face da Administração Pública.
- Outorga de direitos sobre bens públicos dominicais.
- Outros meios admitidos em lei.

O contrato poderá prever o pagamento ao parceiro privado de **remuneração variável** vinculada ao seu desempenho, conforme metas e padrões de qualidade e disponibilidade definidos no contrato.

O contrato poderá prever o **aporte de recursos** em favor do parceiro privado para a **realização de obras e aquisição de bens reversíveis**, nos termos dos incisos X e XI do *caput* do art. 18 da Lei nº 8.987/1995, desde que autorizado no edital de licitação, se contratos novos, ou em lei específica, se contratos **celebrados até 8 de agosto de 2012**.

O valor desse aporte poderá ser excluído da determinação:

- Do lucro líquido para fins de apuração do lucro real e da base de cálculo da Contribuição Social sobre o Lucro Líquido (CSLL).
- Da base de cálculo da Contribuição para o PIS/Pasep e da Contribuição para o Financiamento da Seguridade Social (Cofins).

Essa parcela excluída deverá ser computada na determinação do lucro líquido para fins de apuração do lucro real, da base de cálculo da CSLL e da base de cálculo da Contribuição para o PIS/Pasep e da Cofins, na proporção em que o custo para a realização de obras e aquisição de bens a que se refere o § 2º deste artigo for realizado, inclusive mediante depreciação ou extinção da concessão, nos termos do art. 35 da Lei nº 8.987/1995.

Por ocasião da **extinção do contrato**, o parceiro privado **não receberá indenização** pelas parcelas de investimentos vinculados a bens reversíveis ainda não amortizadas ou depreciadas, quando tais investimentos houverem sido realizados com valores provenientes do aporte de recursos acima tratado.

A contraprestação da Administração Pública será obrigatoriamente precedida da disponibilização do serviço objeto do contrato de parceria público-privada.

É facultado à Administração Pública, nos termos do contrato, efetuar o pagamento da contraprestação relativa à parcela fruível do serviço objeto do contrato de parceria público-privada.

O aporte de recursos acima tratado, quando realizado durante a fase dos investimentos a cargo do parceiro privado, deverá guardar proporcionalidade com as etapas efetivamente executadas.

13.7.13 Garantias

As obrigações pecuniárias contraídas pela Administração Pública em contrato de parceria público-privada poderão ser garantidas mediante:

- Vinculação de receitas, observado o disposto no inciso IV do art. 167 da Constituição Federal.
- Instituição ou utilização de fundos especiais previstos em lei.
- Contratação de seguro-garantia com as companhias seguradoras que não sejam controladas pelo Poder Público.
- Garantia prestada por organismos internacionais ou instituições financeiras que não sejam controladas pelo Poder Público.
- Garantias prestadas por fundo garantidor ou empresa estatal criada para essa finalidade.
- Outros mecanismos admitidos em lei.

13.7.14 Sociedade de propósito específico

Antes da celebração do contrato, deverá ser constituída sociedade de propósito específico, incumbida de implantar e gerir o objeto da parceria.

A transferência do controle da sociedade de propósito específico estará condicionada à autorização expressa da Administração Pública, nos termos do edital e do contrato, observado o disposto no parágrafo único do art. 27 da Lei nº 8.987/1995.

A sociedade de propósito específico poderá assumir a forma de companhia aberta, com valores mobiliários admitidos a negociação no mercado. Tal sociedade também deverá obedecer a padrões de governança corporativa e adotar contabilidade e demonstrações financeiras padronizadas, conforme regulamento.

Fica **vedado à Administração Pública ser titular da maioria do capital votante dessas sociedades**. Entretanto, essa vedação não se aplica à eventual aquisição da maioria do capital votante da sociedade de propósito específico por instituição financeira controlada pelo Poder Público em caso de inadimplemento de contratos de financiamento.

13.7.15 Licitação

De acordo com o art. 10 da Lei nº 11.079/2004, contratação de parceria público-privada será precedida de licitação na modalidade de concorrência, estando a abertura do processo licitatório condicionada a:

Art. 10 A contratação de parceria público-privada será precedida de licitação na modalidade concorrência ou diálogo competitivo, estando a abertura do processo licitatório condicionada a:

I - Autorização da autoridade competente, fundamentada em estudo técnico que demonstre:

a) A conveniência e a oportunidade da contratação, mediante identificação das razões que justifiquem a opção pela forma de parceria público-privada.

b) Que as despesas criadas ou aumentadas não afetarão as metas de resultados fiscais previstas no Anexo referido no § 1º do art. 4º da Lei Complementar nº 101, de 4 de maio de 2000, devendo seus efeitos financeiros, nos períodos seguintes, ser compensados pelo aumento permanente de receita ou pela redução permanente de despesa.

c) Quando for o caso, conforme as normas editadas na forma do art. 25 desta Lei, a observância dos limites e condições decorrentes da aplicação dos arts. 29, 30 e 32 da Lei Complementar nº 101, de 4 de maio de 2000, pelas obrigações contraídas pela Administração Pública relativas ao objeto do contrato.

A comprovação referida nas alíneas *b* e *c* acima citadas conterá as premissas e metodologia de cálculo utilizadas, observadas as normas gerais para consolidação das contas públicas, sem prejuízo do exame de compatibilidade das despesas com as demais normas do plano plurianual e da Lei de Diretrizes Orçamentárias.

II - Elaboração de estimativa do impacto orçamentário-financeiro nos exercícios em que deva vigorar o contrato de parceria público-privada;

III - Declaração do ordenador da despesa de que as obrigações contraídas pela Administração Pública no decorrer do contrato são compatíveis com a lei de diretrizes orçamentárias e estão previstas na lei orçamentária anual;

IV - Estimativa do fluxo de recursos públicos suficientes para o cumprimento, durante a vigência do contrato e por exercício financeiro, das obrigações contraídas pela Administração Pública;

V - Seu objeto estar previsto no plano plurianual em vigor no âmbito onde o contrato será celebrado;

VI - Submissão da minuta de edital e de contrato à consulta pública, mediante publicação na imprensa oficial, em jornais de grande circulação e por meio eletrônico, que deverá informar a justificativa para a contratação, a identificação do objeto, o prazo de duração do contrato, seu valor estimado, fixando-se tempo mínimo de 30 (trinta) dias para recebimento de sugestões, cujo termo dar-se-á pelo menos 7 (sete) dias antes da data prevista para a publicação do edital; e

VII - Licença ambiental prévia ou expedição das diretrizes para o licenciamento ambiental do empreendimento, na forma do regulamento, sempre que o objeto do contrato exigir.

Sempre que a assinatura do contrato ocorrer em exercício diverso daquele em que for publicado o edital, deverá ser precedida da atualização dos estudos e demonstrações a que se referem os itens I a IV citados anteriormente.

As concessões patrocinadas em que mais de **70% da remuneração do parceiro privado for paga pela Administração Pública** dependerão de **autorização legislativa específica.**

Os estudos de engenharia para a definição do valor do investimento da PPP deverão ter nível de detalhamento de anteprojeto, e o valor dos investimentos para definição do preço de referência para a licitação será calculado com base em preços de mercado considerando o custo global de obras semelhantes no Brasil ou no exterior ou com base em sistemas de custos que utilizem como insumo valores de mercado do setor específico do projeto, aferidos, em qualquer caso, mediante orçamento sintético, elaborado por meio de metodologia expedita ou paramétrica.

O **instrumento convocatório** conterá minuta do contrato, indicará expressamente a submissão da licitação às normas da Lei nº 11.079/2004 e observará, no que couber, os §§ 3º e 4º do art. 15, os arts. 18, 19 e 21 da Lei nº 8.987/1995, podendo ainda prever:

- Exigência de garantia de proposta do licitante, observado o limite do inciso III do art. 31 da Lei nº 8.666/1993.
- O emprego dos mecanismos privados de resolução de disputas, inclusive a arbitragem, a ser realizada no Brasil e em língua portuguesa, nos termos da Lei nº 9.307/1996, para dirimir conflitos decorrentes ou relacionados ao contrato.

O edital deverá especificar, quando houver, as garantias da contraprestação do parceiro público a serem concedidas ao privado.

Art. 12 O certame para a contratação de parcerias público-privadas obedecerá ao procedimento previsto na legislação vigente sobre licitações e contratos administrativos e também ao seguinte:

I -. O julgamento poderá ser precedido de etapa de qualificação de propostas técnicas, desclassificando-se os licitantes que não alcançarem a pontuação mínima, os quais não participarão das etapas seguintes;

II - O julgamento poderá adotar como critérios, além dos previstos nos incisos I e V do art. 15 da Lei nº 8.987, de 13 de fevereiro de 1995, os seguintes:

a) menor valor da contraprestação a ser paga pela Administração Pública;

b) melhor proposta em razão da combinação do critério da alínea a com o de melhor técnica, de acordo com os pesos estabelecidos no edital;

III - O edital definirá a forma de apresentação das propostas econômicas, admitindo-se:

a) propostas escritas em envelopes lacrados; ou

b) propostas escritas, seguidas de lances em viva voz;

IV - O edital poderá prever a possibilidade de saneamento de falhas, de complementação de insuficiências ou ainda de correções de caráter formal no curso do procedimento, desde que o licitante possa satisfazer as exigências dentro do prazo fixado no instrumento convocatório.

No caso de propostas escritas, seguidas de lances em viva voz (verbais):

- Os lances em viva-voz serão sempre oferecidos na ordem inversa da classificação das propostas escritas, sendo vedado ao edital limitar a quantidade de propostas.
- O edital poderá restringir a apresentação de lances em viva-voz aos licitantes cuja proposta escrita for no máximo **20% maior que o valor da melhor proposta**.

O exame de propostas técnicas, para fins de qualificação ou julgamento, será feito por ato motivado, com base em exigências, parâmetros e indicadores de resultado pertinentes ao objeto, definidos com clareza e objetividade no edital. Este poderá prever a inversão da ordem das fases de habilitação e julgamento, hipótese em que:

I - Encerrada a fase de classificação das propostas ou o oferecimento de lances, será aberto o invólucro com os documentos de habilitação do licitante mais bem classificado, para verificação do atendimento das condições fixadas no edital;

II - Verificado o atendimento das exigências do edital, o licitante será declarado vencedor;

III - Inabilitado o licitante melhor classificado, serão analisados os documentos habilitatórios do licitante com a proposta classificada em 2º (segundo) lugar, e assim, sucessivamente, até que um licitante classificado atenda às condições fixadas no edital;

IV - Proclamado o resultado final do certame, o objeto será adjudicado ao vencedor nas condições técnicas e econômicas por ele ofertadas.

13.7.16 Disposições aplicáveis à União

Apesar de traçar normas gerais aplicáveis no âmbito federal, estadual, distrital e municipal, a Lei nº 11.079/2004 traz algumas regras específicas para a União.

SERVIÇOS PÚBLICOS

Sobre o órgão gestor de parcerias público-privadas federais:
- Será instituído por **decreto** e com **competência** para:
- Definir os serviços prioritários para execução no regime de parceria público-privada.
- Disciplinar os procedimentos para celebração desses contratos.
- Autorizar a abertura da licitação e aprovar seu edital.
- Apreciar os relatórios de execução dos contratos.

Esse órgão será composto por indicação nominal de um representante titular e respectivo suplente de cada um dos seguintes órgãos:
- Ministério do Planejamento, Orçamento e Gestão, ao qual cumprirá a tarefa de coordenação das respectivas atividades.
- Ministério da Fazenda.
- Casa Civil da Presidência da República.

Um representante do órgão da Administração Pública Direta cuja área de competência seja pertinente ao objeto do contrato em análise participará das reuniões desse órgão para examinar projetos de parceria público-privada.

Para deliberação do órgão gestor sobre a contratação de parceria público-privada, o expediente deverá estar instruído com pronunciamento prévio e fundamentado:
- Do Ministério do Planejamento, Orçamento e Gestão, sobre o mérito do projeto.
- Do Ministério da Fazenda, quanto à viabilidade da concessão da garantia e à sua forma, relativamente aos riscos para o Tesouro Nacional e ao cumprimento do limite de que trata o art. 22 da Lei nº 11.079/2004.

Para o desempenho de suas funções, o órgão gestor de parcerias público-privadas federais poderá criar estrutura de apoio técnico com a presença de representantes de instituições públicas.

O órgão gestor de parcerias público-privadas federais remeterá ao Congresso Nacional e ao Tribunal de Contas da União, com periodicidade anual, relatórios de desempenho dos contratos de parceria público-privada (esses relatórios, salvo informações classificadas como sigilosas, serão disponibilizados ao público, por meio de rede pública de transmissão de dados).

Compete aos **ministérios** e às **agências reguladoras**, nas suas respectivas áreas de competência, submeter o edital de licitação ao órgão gestor, proceder à licitação, acompanhar e fiscalizar os contratos de parceria público-privada.

Os Ministérios e Agências Reguladoras encaminharão ao órgão gestor de parcerias público-privadas federais, com **periodicidade semestral**, relatórios circunstanciados acerca da execução dos contratos de parceria público-privada, na forma definida em regulamento.

Ficam a União, seus fundos especiais, suas autarquias, suas fundações públicas e suas empresas estatais dependentes autorizadas a participar, no **limite global de R$ 6.000.000.000,00 (seis bilhões de reais)**, em Fundo Garantidor de Parcerias Público-Privadas (FGP) que terá por finalidade prestar garantia de pagamento de obrigações pecuniárias assumidas pelos parceiros públicos federais, distritais, estaduais ou municipais em virtude das parcerias de que trata a Lei nº 11.079/2004.

O FGP terá natureza privada e patrimônio próprio separado do patrimônio dos cotistas, e será sujeito a direitos e obrigações próprios.

O patrimônio do Fundo será formado pelo aporte de bens e direitos realizado pelos cotistas, por meio da integralização de cotas e pelos rendimentos obtidos com sua administração.

Os bens e direitos transferidos ao Fundo serão avaliados por empresa especializada, que deverá apresentar laudo fundamentado, com indicação dos critérios de avaliação adotados e instruído com os documentos relativos aos bens julgados.

A integralização das cotas poderá ser realizada em dinheiro, títulos da dívida pública, bens imóveis dominicais, bens móveis, inclusive ações de sociedade de economia mista federal excedentes ao necessário para manutenção de seu controle pela União, ou outros direitos com valor patrimonial.

O FGP responderá por suas obrigações com os bens e direitos integrantes de seu patrimônio, não respondendo os cotistas por qualquer obrigação do Fundo, salvo pela integralização das cotas que subscreverem.

A integralização com bens acima referido será feita independentemente de licitação, mediante prévia avaliação e autorização específica do Presidente da República, por proposta do Ministro da Fazenda.

O aporte de bens de uso especial ou de uso comum no FGP será condicionado a sua desafetação de forma individualizada.

A capitalização do FGP, quando realizada por meio de recursos orçamentários, dar-se-á por ação orçamentária específica para essa finalidade, no âmbito de Encargos Financeiros da União.

O FGP será criado, administrado, gerido e representado judicial e extrajudicialmente por instituição financeira controlada, direta ou indiretamente, pela União, com observância das normas a que se refere o inciso XXII do art. 4º da Lei nº 4.595/1964.

O estatuto e o regulamento do FGP serão aprovados em assembleia dos cotistas. A representação da União na referida assembleia dar-se-á na forma do inciso V do art. 10 do Decreto-lei nº 147/1967.

Caberá à instituição financeira deliberar sobre a gestão e alienação dos bens e direitos do FGP, zelando pela manutenção de sua rentabilidade e liquidez.

O estatuto e o regulamento do FGP devem deliberar sobre a política de concessão de garantias, inclusive no que se refere à relação entre ativos e passivos do Fundo.

A garantia será prestada na forma aprovada pela assembleia dos cotistas, nas seguintes modalidades:
- Fiança, sem benefício de ordem para o fiador.
- Penhor de bens móveis ou de direitos integrantes do patrimônio do FGP, sem transferência da posse da coisa empenhada antes da execução da garantia.
- Hipoteca de bens imóveis do patrimônio do FGP.
- Alienação fiduciária, permanecendo a posse direta dos bens com o FGP ou com agente fiduciário por ele contratado antes da execução da garantia.
- Outros contratos que produzam efeito de garantia, desde que não transfiram a titularidade ou posse direta dos bens ao parceiro privado antes da execução da garantia.
- Garantia, real ou pessoal, vinculada a um patrimônio de afetação Constituído em decorrência da separação de bens e direitos pertencentes ao FGP.

O FGP poderá prestar contragarantias a seguradoras, instituições financeiras e organismos internacionais que assegurarem o cumprimento das obrigações pecuniárias dos cotistas em contratos de parceria público-privadas.

A quitação pelo parceiro público de cada parcela de débito garantido pelo FGP importará exoneração proporcional da garantia.

O FGP poderá prestar garantia mediante contratação de instrumentos disponíveis em mercado, inclusive para complementação das modalidades acima previstas.

O parceiro privado poderá acionar o Fundo Garantidor de Parcerias Público-Privadas (FGP) nos casos de:
- Crédito líquido e certo, constante de título exigível aceito e não pago pelo parceiro público após 15 dias contados da data de vencimento; e
- Débitos constantes de faturas emitidas e não aceitas pelo parceiro público após 45 dias contados da data de vencimento, desde que não tenha havido rejeição expressa por ato motivado.

A quitação de débito pelo FGP importará sua sub-rogação nos direitos do parceiro privado. Em caso de inadimplemento, os bens e direitos do Fundo poderão ser objeto de constrição judicial e alienação para satisfazer as obrigações garantidas.

O FGP poderá usar parcela da cota da União para prestar garantia aos seus fundos especiais, às suas autarquias, às suas fundações públicas e às suas empresas estatais dependentes.

O FGP é obrigado a honrar faturas aceitas e não pagas pelo parceiro público. O FGP é proibido de pagar faturas rejeitadas expressamente por ato motivado.

O parceiro público deverá informar o FGP sobre qualquer fatura rejeitada e sobre os motivos da rejeição no prazo de 40 dias contado da data de vencimento.

A ausência de aceite ou rejeição expressa de fatura por parte do parceiro público no prazo de 40 dias contado da data de vencimento implicará aceitação tácita. O agente público que contribuir por ação ou omissão para essa aceitação tácita ou que rejeitar fatura sem motivação será responsabilizado pelos danos que causar, em conformidade com a legislação civil, administrativa e penal em vigor.

O FGP não pagará rendimentos a seus cotistas, assegurando-se a qualquer deles o direito de requerer o resgate total ou parcial de suas cotas, correspondente ao patrimônio ainda não utilizado para a concessão de garantias, fazendo-se a liquidação com base na situação patrimonial do Fundo.

A dissolução do FGP, deliberada pela assembleia dos cotistas, ficará condicionada à prévia quitação da totalidade dos débitos garantidos ou liberação das garantias pelos credores.

Dissolvido o FGP, o seu patrimônio será rateado entre os cotistas, com base na situação patrimonial à data da dissolução.

É facultada a constituição de patrimônio de afetação que não se comunicará com o restante da herança do FGP, ficando vinculado exclusivamente à garantia em virtude da qual tiver sido constituído, não podendo ser objeto de penhora, arresto, sequestro, busca e apreensão ou qualquer ato de constrição judicial decorrente de outras obrigações do FGP.

A constituição do patrimônio de afetação será feita por registro em Cartório de Registro de Títulos e Documentos ou, no caso de bem imóvel, no Cartório de Registro Imobiliário correspondente.

A União somente poderá contratar parceria público-privada quando a soma das despesas de caráter continuado derivadas do conjunto das parcerias já contratadas **não tiver excedido, no ano anterior, a 1% da receita corrente líquida** do exercício, e as despesas anuais dos contratos vigentes, **nos 10 anos subsequentes, não excedam a 1% da receita corrente líquida projetada para os respectivos exercícios.**

13.7.17 Disposições finais

Fica a União autorizada a conceder incentivo, nos termos do Programa de Incentivo à Implementação de Projetos de Interesse Social (PIPS), instituído pela Lei nº 10.735/2003, às aplicações em fundos de investimento, criados por instituições financeiras, em direitos creditórios provenientes dos contratos de Parcerias Público-Privadas.

O Conselho Monetário Nacional (CMN) estabelecerá, na forma da legislação pertinente, as diretrizes para a concessão de crédito destinado ao financiamento de contratos de parcerias público-privadas, bem como para participação de entidades fechadas de previdência complementar.

A Secretaria do Tesouro Nacional editará, na forma da legislação pertinente, normas gerais relativas à consolidação das contas públicas aplicáveis aos contratos de parceria público-privada.

O inciso I do § 1º do art. 56 da Lei nº 8.666/1993, foi alterado pela Lei nº 11.079/2004, passando a vigorar com a seguinte redação:

> *I - Caução em dinheiro ou em títulos da dívida pública, devendo estes ter sido emitidos sob a forma escritural, mediante registro em sistema centralizado de liquidação e de custódia autorizado pelo Banco Central do Brasil e avaliados pelos seus valores econômicos, conforme definido pelo Ministério da Fazenda.*

As operações de crédito efetuadas por empresas públicas ou sociedades de economia mista controladas pela União não poderão exceder a 70% do total das fontes de recursos financeiros da sociedade de propósito específico, sendo que para as áreas das regiões Norte, Nordeste e Centro-Oeste, onde o Índice de Desenvolvimento Humano (IDH) seja inferior à média nacional, essa participação não poderá exceder a 80%.

Não poderão exceder a 80% do total das fontes de recursos financeiros da sociedade de propósito específico ou 90% nas áreas das regiões Norte, Nordeste e Centro-Oeste, onde o IDH seja inferior à média nacional, as operações de crédito ou contribuições de capital realizadas cumulativamente por:

- Entidades fechadas de previdência complementar.
- Empresas públicas ou sociedades de economia mista controladas pela União.

Para esses fins, financeiros as operações de crédito e contribuições de capital à sociedade entende-se por fonte de recursos de propósito específico.

A União não poderá conceder garantia ou realizar transferência voluntária aos estados, Distrito Federal e municípios se a soma das despesas de caráter continuado, derivadas do conjunto das parcerias já contratadas por esses entes, tiver excedido, no ano anterior, a 5% da receita corrente líquida do exercício ou se as despesas anuais dos contratos vigentes nos 10 anos subsequentes excederem a 5% da receita corrente líquida projetada para os respectivos exercícios.

Os estados, o Distrito Federal e os municípios que contratarem empreendimentos por intermédio de parcerias público-privadas deverão encaminhar ao Senado Federal e à Secretaria do Tesouro Nacional, previamente à contratação, as informações necessárias para cumprimento dessa determinação.

Na aplicação do limite previsto no *caput* deste artigo, serão computadas as despesas derivadas de contratos de parceria celebrados pela Administração Pública Direta, autarquias, fundações públicas, empresas públicas, sociedades de economia mista e demais entidades controladas, direta ou indiretamente, pelo respectivo ente, excluídas as instituições estatais não dependentes.

Serão aplicáveis, no que couber, as penalidades previstas no Decreto-lei nº 2.848/1940 – Código Penal; na Lei nº 8.429/1992 e Lei nº 14.230/2021 – Lei de Improbidade Administrativa; na Lei nº 10.028/2000 – Lei dos Crimes Fiscais; no Decreto-lei nº 201/1967; e na Lei nº 1.079/1950, sem prejuízo das penalidades financeiras previstas contratualmente.

14 CONTROLE DA ADMINISTRAÇÃO PÚBLICA

O Controle da Administração Pública é um conjunto de instrumentos que o ordenamento jurídico estabelece a fim de que a própria Administração Pública, os três poderes, e, ainda, o povo, diretamente ou por meio de órgãos especializados, possam exercer o poder de fiscalização, orientação e revisão da atuação de todos os órgãos, entidades e agentes públicos, em todas as esferas do poder.

14.1 Classificação

14.1.1 Quanto à origem

Controle Interno: acontece dentro do próprio poder, decorrente do princípio da autotutela.

Finalidade:

> *Art. 74, CF/1988 Os Poderes Legislativo, Executivo e Judiciário manterão, de forma integrada, sistema de controle interno com a finalidade de:*
>
> *I - Avaliar o cumprimento das metas previstas no plano plurianual, a execução dos programas de governo e dos orçamentos da União;*
>
> *II - Comprovar a legalidade e avaliar os resultados, quanto à eficácia e eficiência, da gestão orçamentária, financeira e patrimonial nos órgãos e entidades da administração federal, bem como da aplicação de recursos públicos por entidades de direito privado;*
>
> *III - Exercer o controle das operações de crédito, avais e garantias, bem como dos direitos e haveres da União;*
>
> *IV - Apoiar o controle externo no exercício de sua missão institucional.*
>
> *§ 1º Os responsáveis pelo controle interno, ao tomarem conhecimento de qualquer irregularidade ou ilegalidade, dela darão ciência ao Tribunal de Contas da União, sob pena de responsabilidade solidária.*

Por exemplo:

- Pode ser exercido no âmbito hierárquico ou por órgãos especializados (sem hierarquia);
- O controle finalístico (controvérsia doutrinária, alguns autores falam que é modalidade de controle externo);
- A fiscalização realizada por um órgão da Administração Pública do Legislativo sobre a atuação dela própria;
- O controle realizado pela Administração Pública do Poder Judiciário nos atos administrativos praticados pela própria Administração Pública desse poder.

Controle externo: é exercido por um poder sobre os atos administrativos de outro poder.

A exemplo, temos o controle judicial dos atos administrativos, que analisa aspectos de legalidade dos atos da Administração Pública dos demais poderes; ou o controle legislativo realizado pelo poder legislativo, nos atos da Administração Pública dos outros poderes.

Controle popular: é o controle exercido pelos administrados na atuação da Administração Pública dos três poderes, seja por meio da ação popular, do direito de petição ou de outros.

É importante lembrar que os atos administrativos devem ser publicados, salvo os sigilosos. Todavia, uma outra finalidade da publicidade dos atos administrativos é o desenvolvimento do controle social da Administração Pública.

14.1.2 Quanto ao momento de exercício

Controle prévio: é exercido antes da prática ou antes da conclusão do ato administrativo.

Finalidade: é um requisito de validade do ato administrativo.

Por exemplo: a aprovação do Senado Federal da escolha de ministros do STF ou de dirigente de uma agência reguladora federal. Em tais situações, a referida aprovação antecede a nomeação de tais agentes.

Controle concomitante: é exercido durante a prática do ato.

Finalidade: possibilitar a aferição do cumprimento das formalidades exigidas para a formação do ato administrativo.

Por exemplo: fiscalização da execução de um contrato administrativo; acompanhamento de uma licitação pelos órgãos de controle.

Controle subsequente/corretivo/posterior: é exercido após a conclusão do ato.

Finalidade:

- Correção dos defeitos sanáveis do ato;
- Declaração de nulidade do ato;
- Revogação do ato discricionário legal inconveniente e inoportuno;
- Cassação do ato pelo descumprimento dos requisitos que são exigidos para a sua manutenção;
- Conferir eficácia ao ato.

Por exemplo: homologação de um concurso público.

14.1.3 Quanto ao aspecto controlado

Controle de legalidade: sua finalidade é verificar se o ato foi praticado em conformidade com o ordenamento jurídico, e, por esse, entendemos que o ato tem que ser praticado de acordo com as leis e também com os princípios fundamentais da Administração Pública.

A lei deve ser entendida, nessa situação, em sentido amplo, ou seja, a Constituição Federal, as leis ordinárias, complementares, delegadas, medidas provisórias e as normas infralegais.

▷ **Exercício:** são três as possibilidades:

- **Própria Administração Pública:** pode realizar o controle de legalidade a pedido ou de ofício. Em decorrência do princípio da autotutela, é espécie de controle interno.
- **Poder Judiciário:** no exercício da função jurisdicional, pode exercer o controle de legalidade somente por provocação. Nesse caso, é uma espécie de inspeção externo.
- **Poder Legislativo:** somente pode exercer controle de legalidade nos casos previstos na Constituição Federal. É forma de controle externo.

▷ **Consequências:** são três as possibilidades:

- **Confirmação** da validade do ato.
- **Anulação** do ato com vício de validade (ilegal).
- Um ato administrativo pode ser anulado pela própria Administração que o praticou, por provocação ou de ofício (controle interno) ou pelo Poder Judiciário. Nesse caso, somente por provocação (controle externo). A anulação gera efeitos retroativos (*ex tunc*), desfazendo todas as relações do ato resultadas, salvo, entretanto, os efeitos produzidos para os terceiros de boa-fé.
- Prazo para anulação na via administrativa: 5 anos, contados a partir da prática do ato, salvo comprovada má-fé.
- Segundo o STF, quando o controle interno acarretar o desfazimento de um ato administrativo que implique em prejuízo à situação jurídica do administrado, a administração deve antes instaurar um procedimento que garanta a ele o contraditório e a ampla-defesa, para que, dessa forma, possa defender os seus interesses.
- **Convalidação:** é a correção do ato com efeitos retroativos do ato administrativo com defeito sanável. Considera-se problema reparável:
  - **Vício de competência relativo à pessoa**
    - Exceção: competência exclusiva (também não cabe convalidação).
    - O vício de competência relativo à matéria não é caracterizado como um defeito sanável.
  - **Vício de forma**
    - Exceção: lei determina que a forma seja elemento essencial de validade de determinado ato (também não cabe convalidação).

NOÇÕES DE DIREITO ADMINISTRATIVO

Assim, somente os vícios nos elementos forma e competência podem ser convalidados. Em todos os demais casos, a administração somente pode anular o ato.

Mesmo quando o defeito admite convalidação, a Administração Pública tem a possibilidade de anular, pois a regra é a anulação e a convalidação uma faculdade disponível ao agente público em hipóteses excepcionais.

Convalidação tácita: o art. 54 da Lei nº 9.784/1999 prevê que a Administração tem o direito de anular os atos administrativos de que decorram efeitos favoráveis; para os destinatários, decai em cinco anos, contados da data em que forem praticados, salvo comprovada má-fé. Transcorrido esse prazo, o ato foi convalidado, pois não pode ser mais anulado pela administração.

Convalidação expressa: o prazo que a Administração Pública tem para convalidar um ato é o mesmo que ela tem para anular, ou seja, 5 anos contados a partir da data da prática do feito. Como analisamos, a convalidação, se trata de um controle de legalidade que verificou que o ato foi praticado com vício, todavia, na hipótese descrita no art. 55 da Lei nº 9.784/1999, a autoridade com competência para anular tal ato, pode optar pela sua convalidação.

> *Art. 55, Lei nº 9.784/1999 Em decisão na qual se evidencie não acarretar lesão ao interesse público nem prejuízo a terceiros, os atos que apresentarem defeitos sanáveis poderão ser convalidados pela própria Administração.*

Controle de mérito: sua finalidade é verificar a conveniência e a oportunidade dos atos administrativos discricionários.

Exercício: em regra, é exercido discricionariamente pelo próprio poder que praticou o feito.

Excepcionalmente, o Poder Legislativo tem competência para verificar o mérito de atos administrativos dos outros poderes, esse é um controle de mérito de natureza política.

Não pode ser exercido pelo Poder Judiciário na sua função típica, mas pode ser executado pela Administração Pública do Poder Judiciário nos atos dela própria.

Consequências
- Manutenção do ato discricionário legal, conveniente e oportuno.
- Revogação do ato discricionário legal, inconveniente e inoportuno.

Nas hipóteses em que o Poder Legislativo exerce controle de mérito da atuação administrativa dos outros poderes, não lhe é permitida a revogação de tais atos.

14.1.4 Quanto à amplitude

Controle hierárquico: decorre da hierarquia presente na Administração Pública, que se manifesta na subordinação entre órgãos e agentes, sempre no âmbito de uma mesma pessoa jurídica. Acontece na Administração Pública dos três poderes.

Consequências: é um controle interno permanente (antes/durante/após a prática do ato) e irrestrito, pois verifica aspectos de legalidade e de mérito de um ato administrativo praticado pelos agentes e órgãos subordinados.

Esse controle está relacionado às atividades de supervisão, coordenação, orientação, fiscalização, aprovação, revisão, avocação e aplicação de meios corretivos dos desvios e irregularidades verificados.

Controle finalístico/tutela administrativa/supervisão ministerial: é exercido pela Administração Direta sobre as pessoas jurídicas da Administração Indireta.

Efeitos: depende de norma legal que o estabeleça, não se enquadrando como um controle específico, e sua finalidade é verificar se a entidade está atingindo as suas intenções estatutárias.

14.2 Controle administrativo

É um controle interno, fundado no poder de autotutela, exercido pelo Poder Executivo e pelos órgãos administrativos dos poderes legislativo e judiciário sobre suas próprias condutas, tendo em vista aspectos de legalidade e de mérito administrativo.

> ***Súmula nº 473 – STF*** *A Administração pode anular seus próprios atos, quando eivados de vícios que os tornam ilegais, porque deles não se originam direitos; ou revogá-los, por motivo de conveniência ou oportunidade, respeitados os direitos adquiridos, e ressalvada, em todos os casos, a apreciação judicial.*

O controle administrativo é sempre interno. Pode ser hierárquico, quando é feito entre órgãos verticalmente escalonados integrantes de uma mesma pessoa jurídica, seja da Administração Direta ou Indireta; ou não hierárquico, quando exercido entre órgãos que, embora integrem uma só pessoa jurídica, não estão na mesma linha de escalonamento vertical e também no controle finalístico exercido entre a Administração Direta e a Indireta.

O controle administrativo é um controle permanente, pois acontece antes, durante e depois da prática do ato; também é irrestrito, pois como já foi dito, analisa aspectos de legalidade e de mérito.

Ainda é importante apontar que o controle administrativo pode acontecer de ofício ou a pedido do administrado.

Quando interessado em provocar a atuação da Administração Pública, o administrado pode se valer da reclamação administrativa, que é uma expressão genérica para englobar um conjunto de instrumentos, como o direito de petição, a representação, a denúncia, o recurso, o pedido de reconsideração, a revisão, dentre outros meios.

O meio utilizado pela Administração Pública para processar o pedido do interessado é o processo administrativo, que, na esfera federal, é regulado pela Lei nº 9.784/1999.

14.3 Controle legislativo

É a fiscalização realizada pelo Poder Legislativo, na sua função típica de fiscalizar, na atuação da Administração Pública dos três poderes.

Quando exercido na atuação administrativa dos outros poderes, é espécie de controle externo; quando realizado na Administração Pública do próprio poder legislativo, é espécie de controle interno.

14.3.1 Hipóteses de controle legislativo

O controle legislativo na atuação da Administração Pública somente pode ocorrer nas hipóteses previstas na Constituição Federal, não sendo permitidas às Constituições Estaduais ou às leis orgânicas criarem novas modalidades de controle legislativo no respectivo território de sua competência. Caso se crie nova forma de controle legislativo por instrumento legal diverso da Constituição Federal, tal norma será inconstitucional.

Como as normas estaduais e municipais não podem criar novas modalidades de controle legislativo, nessas esferas, pelo princípio da simetria, são aplicadas as hipóteses de controle legislativo previstas na Constituição Federal para os estados e municípios. Todavia, vale ressaltar que como o sistema legislativo federal adota o bicameralismo, as hipóteses de controle do Congresso Nacional, do Senado, das comissões e do Tribunal de Contas da União são aplicadas às assembleias legislativas na esfera estadual e às câmaras de vereadores nas esferas municipais.

O controle legislativo apresenta as seguintes modalidades:

Controle de legalidade: quando se analisa aspectos de legalidade da atuação da Administração Pública dos três poderes, como dos atos e contratos administrativos.

Controle de mérito (político): é um controle de natureza política, que possibilita ao Poder Legislativo, nas hipóteses previstas na Constituição Federal, a intervir na atuação da Administração Pública do Poder Executivo, controlando aspectos de eficiência da atuação e também de conveniência da tomada de determinadas decisões do poder executivo.

Por exemplo: quando o Senado tem que aprovar o ato do presidente da República, que nomeia um dirigente de uma agência reguladora.

CONTROLE DA ADMINISTRAÇÃO PÚBLICA

Efeitos: não acarreta revogação do ato, pois esse ainda não conclui o seu processo de formação enquanto não for aprovado pelo poder legislativo, ou seja, tal ato não gera efeitos até a aprovação, por isso, não há o que se falar em revogação.

Controle exercido pelo Congresso Nacional: a competência exclusiva do Congresso Nacional vem descrita no art. 40 da Constituição Federal de 1988:

> V - Sustar os atos normativos do Poder Executivo que exorbitem do poder regulamentar ou dos limites de delegação legislativa;

Tal situação acontece quando, no exercício do poder regulamentar, o presidente da R

epública edite um decreto para complementar determinada lei e, nesse decreto, ele venha a inovar o ordenamento jurídico, ultrapassando os limites da lei. Todavia, a sustação do ato normativo pelo Congresso Nacional não invalida todo o decreto, mas somente o trecho dele que esteja exorbitando do exercício do poder regulamentar.

> IX - Julgar anualmente as contas prestadas pelo Presidente da República e apreciar os relatórios sobre a execução dos planos de governo;
>
> X - Fiscalizar e controlar, diretamente, ou por qualquer de suas Casas, os atos do Poder Executivo, incluídos os da Administração Indireta;

Controle exercido privativamente pelo Senado Federal: as competências privativas do Senado Federal vêm descritas no art. 52 da Constituição Federal, dentre essas, algumas se referem ao exercício de atividades de controle:

> I - Processar e julgar o Presidente e o Vice-Presidente da República nos crimes de responsabilidade, bem como os Ministros de Estado e os Comandantes da Marinha, do Exército e da Aeronáutica nos crimes da mesma natureza conexos com aqueles;
>
> II - Processar e julgar os Ministros do Supremo Tribunal Federal, os membros do Conselho Nacional de Justiça e do Conselho Nacional do Ministério Público, o Procurador-Geral da República e o Advogado-Geral da União nos crimes de responsabilidade;

Nesses dois primeiros casos, o julgamento será presidido pelo presidente do STF, limitando-se este à condenação, que somente será proferida por dois terços dos votos do Senado Federal.

> III - Aprovar previamente, por voto secreto, após arguição pública, a escolha de:
> a) Magistrados, nos casos estabelecidos nesta Constituição;
> b) Ministros do Tribunal de Contas da União indicados pelo Presidente da República;
> c) Governador de Território;
> d) Presidente e diretores do Banco Central;
> e) Procurador-Geral da República;
> f) titulares de outros cargos que a lei determinar.
>
> IV - Aprovar previamente, por voto secreto, após arguição em sessão secreta, a escolha dos chefes de missão diplomática de caráter permanente;
>
> V - Autorizar operações externas de natureza financeira, de interesse da União, dos Estados, do Distrito Federal, dos Territórios e dos Municípios;
>
> VI - Fixar, por proposta do Presidente da República, limites globais para o montante da dívida consolidada da União, dos Estados, do Distrito Federal e dos Municípios;
>
> VII - Dispor sobre limites globais e condições para as operações de crédito externo e interno da União, dos Estados, do Distrito Federal e dos Municípios, de suas autarquias e demais entidades controladas pelo Poder Público Federal;
>
> VIII - dispor sobre limites e condições para a concessão de garantia da União em operações de crédito externo e interno;
>
> IX - Estabelecer limites globais e condições para o montante da dívida mobiliária dos Estados, do Distrito Federal e dos Municípios;
>
> X - Aprovar, por maioria absoluta e por voto secreto, a exoneração, de ofício, do Procurador-Geral da República antes do término de seu mandato;
>
> XI - Avaliar periodicamente a funcionalidade do Sistema Tributário Nacional, em sua estrutura e seus componentes, e o desempenho das administrações tributárias da União, dos Estados e do Distrito Federal e dos Municípios.

Controle exercido pela Câmara dos Deputados: a competência da Câmara dos Deputados vem descrita no art. 51 da Constituição Federal, e nesse momento analisaremos as competências relativas à área de controle da administração:

> *Compete privativamente à Câmara dos Deputados:*
>
> I - Autorizar, por dois terços de seus membros, a instauração de processo contra o Presidente e o Vice-Presidente da República e os Ministros de Estado;
>
> II - Proceder à tomada de contas do Presidente da República, quando não apresentadas ao Congresso Nacional dentro de sessenta dias após a abertura da sessão legislativa;

Fiscalização Contábil, Financeira e Orçamentária na Constituição Federal: também chamado de Controle Financeiro Amplo, vem descrito no art. 70 da CF/1988, que traz as seguintes regras:

> *Art. 70, CF/1988* A fiscalização contábil, financeira, orçamentária, operacional e patrimonial da União e das entidades da Administração Direta e indireta, quanto à legalidade, legitimidade, economicidade, aplicação das subvenções e renúncia de receitas, será exercida pelo Congresso Nacional, mediante controle externo, e pelo sistema de controle interno de cada Poder.

Como podemos observar, segundo os ditames do art. 70 da Constituição Federal, a fiscalização contábil, financeira e orçamentária é realizada tanto por meio de controle interno como de externo.

Áreas alcançadas pelo controle financeiro (amplo):

- **Contábil:** controla o cumprimento das formalidades no registro de receitas e despesas.
- **Financeira:** controla a entrada e a saída de capital, sua destinação.
- **Orçamentária:** fiscaliza e acompanha a execução do orçamento anual, plurianual.
- **Operacional:** controla a atuação administrativa, observando se estão sendo respeitadas as diretrizes legais que orientam a atuação da Administração Pública, bem como avaliando aspectos de eficiência e economicidade.
- **Patrimonial:** controle do patrimônio público, seja ele móvel ou imóvel.
- **Aspectos controlados:** as áreas alcançadas pelo controle financeiro (sentido amplo) abrangem os seguintes aspectos:
- **Legalidade:** atuação conforme a lei.
- **Legitimidade:** atuação conforme os princípios orientadores da atuação da Administração Pública.

O controle financeiro realizado pelo Congresso Nacional não analisa aspectos de mérito.

Para que o controle financeiro seja eficiente, é necessária a prestação de contas por parte das pessoas físicas ou jurídicas que, de qualquer forma, administrem dinheiro ou direito patrimonial público; tal regra vem descrita no parágrafo único do art. 70:

> *Art. 70 [...]*
>
> *Parágrafo único.* Prestará contas qualquer pessoa física ou jurídica, pública ou privada, que utilize, arrecade, guarde, gerencie ou administre dinheiros, bens e valores públicos ou pelos quais a União responda, ou que, em nome desta, assuma obrigações de natureza pecuniária.

Controle exercido pelos Tribunais de Contas: os Tribunais de Contas são órgãos de controle vinculados ao Poder Legislativo. A finalidade que possuem é auxiliar na função de exercer o controle externo da Administração Pública.

Apesar da expressão órgãos auxiliares, os tribunais de contas não se submetem ao Poder Legislativo, ou seja, não existe hierarquia nem subordinação entre os tribunais de contas e o Poder Legislativo.

A Constituição Federal, no art. 71, estabelece as competências do Tribunal de Contas da União (TCU), e, pelo princípio da simetria, os tribunais de contas estaduais e municipais detêm as mesmas competências nas suas esferas de fiscalização, não sendo permitidas às Constituições Estaduais e às leis orgânicas municipais criar novas hipóteses de controle. Veja as competências dos Tribunais de Contas a seguir.

NOÇÕES DE DIREITO ADMINISTRATIVO

Art. 71 O controle externo, a cargo do Congresso Nacional, será exercido com o auxílio do Tribunal de Contas da União, ao qual compete:
I - Apreciar as contas prestadas anualmente pelo Presidente da República, mediante parecer prévio que deverá ser elaborado em sessenta dias a contar de seu recebimento;
II - Julgar as contas dos administradores e demais responsáveis por dinheiros, bens e valores públicos da Administração Direta e indireta, incluídas as fundações e sociedades instituídas e mantidas pelo Poder Público federal, e as contas daqueles que derem causa a perda, extravio ou outra irregularidade de que resulte prejuízo ao erário público;
III - Apreciar, para fins de registro, a legalidade dos atos de admissão de pessoal, a qualquer título, na Administração Direta e indireta, incluídas as fundações instituídas e mantidas pelo Poder Público, excetuadas as nomeações para cargo de provimento em comissão, bem como a das concessões de aposentadorias, reformas e pensões, ressalvadas as melhorias posteriores que não alterem o fundamento legal do ato concessório;
IV - Realizar, por iniciativa própria, da Câmara dos Deputados, do Senado Federal, de Comissão técnica ou de inquérito, inspeções e auditorias de natureza contábil, financeira, orçamentária, operacional e patrimonial, nas unidades administrativas dos Poderes Legislativo, Executivo e Judiciário, e demais entidades referidas no inciso II;
V - Fiscalizar as contas nacionais das empresas supranacionais de cujo capital social a União participe, de forma direta ou indireta, nos termos do tratado constitutivo;
VI - Fiscalizar a aplicação de quaisquer recursos repassados pela União mediante convênio, acordo, ajuste ou outros instrumentos congêneres, a Estado, ao Distrito Federal ou a Município;
VII - Prestar as informações solicitadas pelo Congresso Nacional, por qualquer de suas Casas, ou por qualquer das respectivas Comissões, sobre a fiscalização contábil, financeira, orçamentária, operacional e patrimonial e sobre resultados de auditorias e inspeções realizadas;
VIII - Aplicar aos responsáveis, em caso de ilegalidade de despesa ou irregularidade de contas, as sanções previstas em lei, que estabelecerá, entre outras cominações, multa proporcional ao dano causado ao erário;
IX - Assinar prazo para que o órgão ou entidade adote as providências necessárias ao exato cumprimento da lei, se verificada ilegalidade;
X - Sustar, se não atendido, a execução do ato impugnado, comunicando a decisão à Câmara dos Deputados e ao Senado Federal;
XI - Representar ao Poder competente sobre irregularidades ou abusos apurados.
§ 1º No caso de contrato, o ato de sustação será adotado diretamente pelo Congresso Nacional, que solicitará, de imediato, ao Poder Executivo as medidas cabíveis.
§ 2º Se o Congresso Nacional ou o Poder Executivo, no prazo de noventa dias, não efetivar as medidas previstas no parágrafo anterior, o Tribunal decidirá a respeito.
§ 3º As decisões do Tribunal de que resulte imputação de débito ou multa terão eficácia de título executivo.
§ 4º O Tribunal encaminhará ao Congresso Nacional, trimestral e anualmente, relatório de suas atividades.

14.3.2 Pontos relevantes

A partir dessas regras, analisaremos alguns aspectos relevantes referentes ao controle da Administração Pública quando feito pelos tribunais de contas, nas suas respectivas áreas de competências.

Apreciação e julgamento das contas públicas: o TCU tem a competência de apreciar e julgar as contas dos administradores públicos.

> **Atenção!**
> Contas do Presidente da República são somente apreciadas mediante parecer prévio do tribunal de contas, a competência para julgá-las é do Congresso Nacional.

O julgamento das contas feito pelo Tribunal de Contas da União (TCU) não depende de homologação ou parecer do Poder Legislativo, pois, lembrando, os Tribunais de Contas não são subordinados ao Poder Legislativo.

Julgamento das contas do próprio Tribunal de Contas: como a Constituição Federal não se preocupou em estabelecer quem é que detém a competência para julgar as contas dos Tribunais de Contas, o Supremo Tribunal Federal (STF) entendeu que podem as Constituições Estaduais e Leis Orgânicas Municipais submeterem as contas dos Tribunais de Contas a julgamentos das suas respectivas casas legislativas.

Controle dos atos administrativos: o TCU tem o poder de sustar a execução do ato e, nesse caso, deve dar ciência dessa decisão à Câmara dos Deputados e ao Senado Federal.

> *Súmula Vinculante nº 3 Nos processos perante ao Tribunal de Contas da União, asseguram-se o contraditório e a ampla defesa quando da decisão puder resultar anulação ou revogação de ato administrativo que beneficie o interessado, excetuada a apreciação da legalidade do ato de concessão inicial de aposentadoria, reforma e pensão.*

Controle dos Contratos Administrativos
- **Regra:** o TCU não pode sustar os contratos administrativos, pois tal competência é do Congresso Nacional, que deve solicitar de imediato ao Poder Executivo a adoção das medidas cabíveis.
- **Exceção:** caso o Congresso Nacional ou o Poder Executivo não tomem as medidas necessárias para a sustação do contrato em 90 dias, o TCU terá competência para efetuar a sua sustação.

Declaração de inconstitucionalidade das leis: segundo o STF, os tribunais de contas, no exercício de suas competências, podem declarar uma norma inconstitucional e afastar a sua aplicação nos processos de sua apreciação. Todavia, tal declaração de inconstitucionalidade deve ser feita pela maioria absoluta dos membros dos tribunais de contas.

> *Súmula nº 347 – STF O Tribunal de Contas, no exercício de suas atribuições, pode apreciar a constitucionalidade das leis e dos atos do poder público.*

14.4 Controle judiciário

É um controle de legalidade (nunca de mérito) realizado pelo Poder Judiciário, na sua função típica de julgar, nos atos praticados pelas Administração Pública de qualquer poder.

Esse controle por abranger somente aspectos de legalidade, fica restrito à possibilidade de anulação dos atos administrativos ilegais, não podendo o Poder Judiciário realizar o controle de mérito dos atos administrativos e, em consequência, não podendo revogar os atos administrativos praticados pela Administração Pública.

O controle judiciário somente será exercido por meio da provocação do interessado, não podendo o Poder Judiciário apreciar um ato administrativo de ofício, em decorrência do atributo da presunção de legitimidade dos atos administrativos.

É importante lembrar que a própria Administração Pública faz o controle de legalidade da sua própria atuação, todavia as decisões administrativas não fazem coisa julgada. Assim sendo, a decisão administrativa pode ser reformada pelo Poder Judiciário, pois somente as decisões desse poder é que tem o efeito de coisa julgada.

Os meios para provocar a atuação do Poder Judiciário são vários, dentre eles, encontramos:
- Mandado de Segurança.
- Ação Popular.
- Ação Civil Pública.
- Dentre outros.

RESPONSABILIDADE CIVIL DO ESTADO

15 RESPONSABILIDADE CIVIL DO ESTADO

A Responsabilidade Civil consubstancia-se na obrigação de indenizar um dano patrimonial decorrente de um fato lesivo voluntário. É modalidade de obrigação extracontratual e, para que ocorra, são necessários alguns elementos previstos no art. 37, § 6º, da Constituição Federal:

> § 6º As pessoas jurídicas de direito público e as pessoas jurídicas de direito privado prestadoras de serviço público responderão pelos danos seus agentes, nessa qualidade, causarem a terceiros, assegurado o direito de regresso contra o responsável nos casos de dolo ou culpa.

15.1 Teoria do risco administrativo

É a responsabilidade objetiva do Estado, que paga o terceiro lesado, desde que ocorra o dano por ação praticada pelo agente público, mesmo o agente não agindo com dolo ou culpa.

Enquanto para a Administração a responsabilidade independe da culpa, para o servidor, ela depende: aquela é objetiva, esta é subjetiva e se apura pelos critérios gerais do Código Civil.

> **Atenção!**
> As pessoas jurídicas de direito privado prestadoras de serviço público estão também sob a responsabilidade na modalidade risco administrativo.

15.1.1 Requisitos

- O fato lesivo causado pelo agente em decorrência de culpa em sentido amplo, a qual abrange o dolo (intenção), e a culpa em sentido estrito, que engloba a negligência, a imprudência e a imperícia.
- A ocorrência de um dano patrimonial ou moral.
- O nexo de causalidade entre o dano havido e o comportamento do agente, o que significa ser necessário que o dano efetivamente haja decorrido diretamente, da ação ou omissão indevida do agente.
- Situações de quebra do nexo causal da Administração Pública (Rompimento do Nexo Causal). Veja os casos a seguir:
- **Caso I:** culpa exclusiva de terceiros ou da vítima.

    Por exemplo: Marco, agente federal, dirigindo regularmente viatura oficial em escolta, atropela Sérgio, um suicida. Nessa situação, a Administração Pública não está obrigada a indenizar, pois o prejuízo foi causado exclusivamente pela vítima.

- **Caso II:** caso fortuito, evento da natureza imprevisível e inevitável.

    Por exemplo: a Polícia Rodoviária Federal (PRF) apreende um veículo em depósito. No local, cai um raio e destrói por completo o veículo apreendido. Nessa situação, a Administração não estará obrigada a indenizar o prejuízo sofrido, uma vez que não ocorreu culpa.

- **Caso III:** motivo de força maior, evento humano imprevisível e inevitável.

    Por exemplo: a PRF apreende um veículo em depósito. Uma manifestação popular intensa invade-o e depreda todo o veículo, inutilizando-o. Nessa situação, a Administração não estará obrigada a indenizar o prejuízo sofrido, uma vez que não ocorreu culpa.

> **Atenção!**
> Estão incluídas todas as pessoas jurídicas de direito público, ou seja, a Administração Direta, as autarquias e as fundações públicas de direito público, independentemente de suas atividades.

15.2 Teoria da culpa administrativa

Segundo a teoria da culpa administrativa, também conhecida como teoria da culpa anônima ou falta de serviço, o dever do Estado de indenizar o dano sofrido pelo particular somente existe caso seja comprovada a existência de falta de serviço. É possível, ainda, ocorrer a responsabilização do Estado aos danos causados por fenômenos da natureza quando ficar comprovado que o Estado concorreu de alguma maneira para que se produzisse o evento danoso, seja por dolo ou culpa. Nessa situação, vigora a responsabilidade subjetiva, pois temos a condição de ter ocorrido com dolo ou culpa. A culpa administrativa pode decorrer de uma das três formas possíveis de falta do serviço:

- Inexistência do serviço.
- Mau funcionamento do serviço.
- Retardamento do serviço.

Cabe sempre ao particular prejudicado pela falta comprovar sua ocorrência para fazer justa indenização.

Para os casos de omissão, a regra geral é a responsabilidade subjetiva. No entanto, há casos em que mesmo na omissão a responsabilidade do Estado será objetiva, por exemplo, no caso de atendimento hospitalar deficiente e de pessoas sob a custódia do Estado, ou seja, o preso, pois, nesse caso, o Estado tem o dever de assegurar integridade física e mental do custodiado.

15.3 Teoria do risco integral

A Teoria do risco integral representa uma exacerbação da responsabilidade civil da Administração. Segundo essa teoria, basta a existência de evento danoso e do nexo causal para que surja a obrigação de indenizar para a administração, mesmo que o dano decorra de culpa exclusiva do particular.

Alguns autores consideram essa teoria para o caso de acidente nuclear.

15.4 Danos decorrentes de obras públicas

Só o fato da obra: sem qualquer irregularidade na sua execução.
- Responsabilidade Civil Objetiva da Administração Pública ou particular (tanto faz quem execute a obra).

Má execução da obra
- **Administração Pública:** responsabilidade civil objetiva, com direito de ação regressiva.
- **Particular:** responsabilidade civil subjetiva.

15.5 Responsabilidade civil decorrente de atos legislativos

Regra: irresponsabilidade do Estado.
Exceção 1: leis inconstitucionais:
- Depende de declaração de inconstitucionalidade do STF;
- Depende de ajuizamento de ação de reparação de danos.

Exceção 2: leis de efeitos concretos.

15.6 Responsabilidade civil decorrente de atos jurisdicionais

Regra: irresponsabilidade do Estado.

Exceção: erro judiciário – esfera penal, ou seja, erro do judiciário que acarretou a prisão de um inocente ou na manutenção do preso no cárcere por tempo superior ao prolatado na sentença, art. 5º, inciso LXXV, da Constituição Federal de 1988. Segundo o STF, essa responsabilidade não alcança outras esferas.

Caso seja aplicada uma prisão cautelar a um acusado criminal e ele venha a ser absolvido, o Estado não responderá pelo erro judiciário, pois se entende que a aplicação da medida não constitui erro do judiciário, mas, sim, uma medida cautelar pertinente ao processo.

15.7 Ação de reparação de Danos

Administração Pública Particular
- Pode ser amigável ou judicial.
- Não pode ser intentada contra o agente público cuja ação acarretou o dano.

Ônus da prova
- **Particular:** nexo de causalidade direto e imediato entre o fato lesivo e o dano.
- **Administração Pública**
  - Culpa exclusiva da vítima.
  - Força maior.
  - Culpa concorrente da vítima.

Valor da indenização destina-se à cobertura das seguintes despesas:
- O que a vítima perdeu;
- O que a vítima gastou (advogados);
- O que a vítima deixou de ganhar.
- **Em caso de morte:**
  - Sepultamento;
  - Pensão alimentícia para os dependentes com base na expectativa de vida da vítima.

Prescrição

De acordo com o art. 1º da Lei nº 9.494/1997: 5 anos.

Tal prazo aplica-se inclusive às delegatárias de serviço público.

15.8 Ação regressiva

Administração Pública agente público

O art. 37, § 6º, da CF/1988 permite à Administração Pública ou delegatária (concessionárias, autorizatárias e permissionárias) de serviço público a ingressar com uma ação regressiva contra o agente cuja atuação acarretou o dano, desde que comprovado dolo ou culpa.

Requisitos
- Trânsito em julgado da sentença que condenou a Administração ou delegatária a indenizar.
- Culpa ou dolo do agente público (responsabilidade civil subjetiva).

Regras especiais
- O dever de reparação se estende aos sucessores até o limite da herança recebida.
- Pode acontecer após a quebra do vínculo entre o agente público e a Administração Pública.
- A ação de ressarcimento ao erário é imprescritível.

O agente ainda pode ser responsabilizado nas esferas administrativa e criminal se a conduta que gerou o prejuízo ainda incorrer em crime ou em falta administrativa, conforme o caso, podendo as penalidades serem aplicadas de forma cumulativa.

16 PROCESSO ADMINISTRATIVO FEDERAL

Passaremos a analisar o Processo Administrativo Federal presente na Lei nº 9.784/1999, que estabelece as regras gerais de tal processo no âmbito federal. Essa lei tem, em primeiro plano, a função de regulamentar o processo administrativo federal. Contudo, ela contém as normas aplicáveis a todos os atos administrativos.

Aqui, complementaremos o conteúdo da lei voltado, especificamente, para a resolução de questões.

16.1 Abrangência da lei

O art. 1º da Lei nº 9.784/1999 determina a abrangência e a aplicação da referida lei. Devemos lembrar que esta é uma lei administrativa Federal e não nacional, ou seja, vale para toda Administração Pública Direta e Indireta da União. Dessa forma, passaremos a analisá-la:

> *Art. 1º Essa Lei estabelece normas básicas sobre o processo administrativo no âmbito da Administração Federal direta e indireta, visando, em especial, à proteção dos direitos dos administrados e ao melhor cumprimento dos fins da Administração.*
>
> *§ 1º Os preceitos dessa Lei também se aplicam aos órgãos dos Poderes Legislativo e Judiciário da União, quando no desempenho de função administrativa.*
>
> *§ 2º Para os fins dessa Lei, consideram-se:*
>
> *I - Órgão - a unidade de atuação integrante da estrutura da Administração Direta e da estrutura da Administração Indireta;*
>
> *II - Entidade - a unidade de atuação dotada de personalidade jurídica;*
>
> *III - Autoridade - o servidor ou agente público dotado de poder de decisão.*

Como mencionado acima, a lei tem natureza Federal, dessa forma, é aplicável à União, autarquias federais, fundações públicas federais, sociedade de economia mista federais e empresas públicas federais. Vale ressaltar que os poderes Executivo, Legislativo e Judiciário exercem funções típicas e atípicas.

Nas funções empregada dos poderes Legislativo e Judiciário, aplicam-se, no que couber, as normas determinadas na referida lei.

A Lei nº 9.784/1999 será aplicada sempre de forma subsidiária, acessória, ou seja, a regra geral é que as leis específicas que já tratam dos processos administrativos continuarão em vigor. Dessa forma, a Lei nº 9.784/1999 não revogou nenhuma outra que trate sobre o mesmo assunto:

> *Art. 69 Os processos administrativos específicos continuarão a reger-se por lei própria, aplicando-lhes apenas subsidiariamente os preceitos dessa Lei.*

Assim, por exemplo, se o servidor está respondendo a processo administrativo disciplinar, usam-se as normas da Lei nº 8.112/1990, em falta de regulamentação dessa, em algum aspecto, usa-se a Lei nº 9.784/1999.

16.2 Princípios

O art. 2º da lei traz vários princípios expressos, alguns norteadores de forma geral dos atos administrativos, inclusive expressamente previstos no texto constitucional; outros, que na Constituição Federal são tidos como implícitos, aqui são tratados como expressos.

A maioria das questões de concursos pede somente se o candidato sabe que tais princípios são expressos na Lei nº 9.784/1999, pois, por exemplo, as questões perguntam se a razoabilidade é princípio expresso da Lei nº 9.784/1999. Essa questão está correta sob a perspectiva do texto do art. 2º da lei, pois a razoabilidade realmente está expressamente prevista como princípio. Já no texto constitucional, o mesmo princípio é tido como implícito.

Dessa forma, passamos a analisar o texto do art. 2º:

> *Art. 2º A Administração Pública obedecerá, dentre outros, aos princípios da legalidade, finalidade, motivação, razoabilidade, proporcionalidade, moralidade, ampla defesa, contraditório, segurança jurídica, interesse público e eficiência.*

Ao lado dos princípios transcritos acima, que são tidos como expressos, temos os chamados princípios implícitos, ou seja, não estão expressamente descritos no bojo do texto da Lei nº 9.784/1999, mas são de observância obrigatória por parte de quem está sob a tutela da lei.

São considerados **princípios implícitos**:

- **Informalismo:** somente existe forma determinada quando expressamente prescrita em lei.
- **Oficialidade:** o chamado de impulso oficial, significa que, depois de iniciado o processo, a Administração tem a obrigação de conduzi-lo até a decisão final.
- **Verdade Material:** deve-se permitir que sejam trazidos aos autos as provas determinantes para o processo, mesmo depois de transcorridos os prazos legais.
- **Gratuidade:** em regra, não existe ônus no processo administrativo, o que é característico nos judiciais.

Outra forma de ser cobrado nas questões está relacionada a transcrever o conteúdo dos incisos do art. 2º e perguntar a qual princípio está diretamente ligado. Para tanto, passaremos a determinar em cada inciso os princípios relacionados entre parênteses.

> *Parágrafo único. Nos processos administrativos serão observados, entre outros, os critérios de:*
>
> *I - Atuação conforme a lei e o Direito (legalidade);*
>
> *II - Atendimento a fins de interesse geral, vedada a renúncia total ou parcial de poderes ou competências, salvo autorização em lei (impessoalidade/indisponibilidade do interesse público);*
>
> *III - Objetividade no atendimento do interesse público, vedada a promoção pessoal de agentes ou autoridades (impessoalidade);*
>
> *IV - Atuação segundo padrões éticos de probidade, decoro e boa-fé (moralidade);*
>
> *V - Divulgação oficial dos atos administrativos, ressalvadas as hipóteses de sigilo previstas na Constituição (publicidade);*
>
> *VI - Adequação entre meios e fins, vedada a imposição de obrigações, restrições e sanções em medida superior àquelas estritamente necessárias ao atendimento do interesse público (razoabilidade/proporcionalidade);*
>
> *VII - Indicação dos pressupostos de fato e de direito que determinarem a decisão (motivação);*
>
> *VIII - Observância das formalidades essenciais à garantia dos direitos dos administrados (segurança Jurídica);*
>
> *IX - Adoção de formas simples, suficientes para propiciar adequado grau de certeza, segurança e respeito aos direitos dos administrados (segurança jurídica e informalismo);*
>
> *X - Garantia dos direitos à comunicação, à apresentação de alegações finais, à produção de provas e à interposição de recursos, nos processos de que possam resultar sanções e nas situações de litígio (ampla defesa e contraditório);*
>
> *XI - Proibição de cobrança de despesas processuais, ressalvadas as previstas em lei (gratuidade nos processos administrativos);*
>
> *XII - Impulsão, de ofício, do processo administrativo, sem prejuízo da atuação dos interessados (oficialidade);*
>
> *XIII - Interpretação da norma administrativa da forma que melhor garanta o atendimento do fim público a que se dirige, vedada aplicação retroativa de nova interpretação (Segurança Jurídica).*

16.3 Direitos e deveres dos administrados

O art. 3º da Lei nº 9.784/1999 trata de uma lista exemplificativa de direitos dos administrados para com a Administração Pública. É muito importante frisar o inciso IV que discorre sobre a presença do advogado no processo administrativo.

> *Art. 3º O administrado tem os seguintes direitos perante à Administração, sem prejuízo de outros que lhe sejam assegurados:*
>
> *I - Ser tratado com respeito pelas autoridades e servidores, que deverão facilitar o exercício de seus direitos e o cumprimento de suas obrigações;*
>
> *II - Ser ciência da tramitação dos processos administrativos em que tenha a condição de interessado, ter vista dos autos, obter cópias de documentos neles contidos e conhecer as decisões proferidas;*
>
> *III - Formular alegações e apresentar documentos antes da decisão, os quais serão objeto de consideração pelo órgão competente;*
>
> *IV - Fazer-se assistir, facultativamente, por advogado, salvo quando obrigatória a representação, por força de lei.*

NOÇÕES DE DIREITO ADMINISTRATIVO

A faculdade de atuar com advogado no processo administrativo é decorrência direta do princípio do informalismo. Contudo, pode a lei expressamente exigir a presença do advogado no procedimento. Nesse caso, a inobservância acarretaria nulidade do processo.

É de extrema importância notar o teor da Súmula Vinculante nº 5, em que sua redação determina o seguinte:

> **Súmula Vinculante nº 5** *A falta de defesa técnica por advogado no processo administrativo disciplinar não ofende a Constituição.*

O art. 4º determina alguns deveres que devem ser observados no âmbito do processo administrativo.

> **Art. 4º** *São deveres do administrado perante a Administração, sem prejuízo de outros previstos em ato normativo:*
> *I - Expor os fatos conforme a verdade;*
> *II - Proceder com lealdade, urbanidade e boa-fé;*
> *III - Não agir de modo temerário;*
> *IV - Prestar as informações que lhe forem solicitadas e colaborar para o esclarecimento dos fatos.*

16.4 Início do processo e legitimação ativa

O art. 5º da Lei nº 9.784/1999 traz que o processo pode ser iniciado pela própria Administração Pública (de ofício) – decorrência do princípio da oficialidade, ou ainda mediante provocação do interessado por meio de representação aos órgãos públicos responsáveis (a pedido).

O art. 6º determina que caso faltem elementos essenciais ao pedido, a Administração deverá orientar o interessado a supri-los, sendo vedada a simples recusa imotivada de receber o requerimento ou outros documentos. Segue o teor dos artigos:

> **Art. 5º** *O processo administrativo pode iniciar-se de ofício ou a pedido de interessado.*
> **Art. 6º** *O requerimento inicial do interessado, salvo casos em que for admitida solicitação oral, deve ser formulado por escrito e conter os seguintes dados:*
> *I - Órgão ou autoridade administrativa a que se dirige;*
> *II - Identificação do interessado ou de quem o represente;*
> *III - Domicílio do requerente ou local para recebimento de comunicações;*
> *IV - Formulação do pedido, com exposição dos fatos e de seus fundamentos;*
> *V - Data e assinatura do requerente ou de seu representante.*
> **Parágrafo único.** *É vedada à Administração a recusa imotivada de recebimento de documentos, devendo o servidor orientar o interessado quanto ao suprimento de eventuais falhas.*
> **Art. 7º** *Os órgãos e entidades administrativas deverão elaborar modelos ou formulários padronizados para assuntos que importem pretensões equivalentes.*
> **Art. 8º** *Quando os pedidos de uma pluralidade de interessados tiverem conteúdo e fundamentos idênticos, poderão ser formulados em um único requerimento, salvo preceito legal em contrário.*

16.5 Interessados e competência

O art. 9º trata dos interessados no processo administrativo. Na maioria das vezes, as questões cobradas em concursos são meramente texto de lei, em que uma simples leitura resolve o problema.

> **Art. 9º** *São legitimados como interessados no processo administrativo:*
> *I - Pessoas físicas ou jurídicas que o iniciem como titulares de direitos ou interesses individuais ou no exercício do direito de representação;*
> *II - Aqueles que, sem terem iniciado o processo, têm direitos ou interesses que possam ser afetados pela decisão a ser adotada;*
> *III - As organizações e associações representativas, no tocante a direitos e interesses coletivos;*
> *IV - As pessoas ou as associações legalmente constituídas quanto a direitos ou interesses difusos.*
> **Art. 10** *São capazes, para fins de processo administrativo, os maiores de dezoito anos, ressalvada previsão especial em ato normativo próprio.*

O art. 11 trata da irrenunciabilidade da competência, ou seja, os órgãos da administração, por meio de seus agentes, não podem renunciar as competências determinadas por lei. Merece especial atenção, e por ser matéria certa em provas de concursos, o art. 13 trata da impossibilidade legal de delegação, sendo um rol taxativo descrito na lei, que passamos a transcrever abaixo:

> **Art. 13** *Não podem ser objeto de delegação:*
> *I - A edição de atos de caráter normativo;*
> *II - A decisão de recursos administrativos;*
> *III - As matérias de competência exclusiva do órgão ou autoridade.*

16.6 Impedimento e suspeição

Os artigos 18 e 20 cuidam do impedimento e suspeição no processo administrativo. Nessa situação, a lei visa a preservar a atuação imparcial do agente público, com vistas à moralidade administrativa.

Dessa forma, o art. 18 prevê que é impedido de atuar no processo administrativo o servidor ou autoridade que:

> *I - Tenha interesse direto ou indireto na matéria;*
> *II - Tenha participado ou venha a participar como perito, testemunha ou representante, ou se tais situações ocorrerem quanto ao cônjuge, companheiro ou parente e afins até o terceiro grau;*
> *III - Esteja litigando judicial ou administrativamente com o interessado ou respectivo cônjuge ou companheiro.*

O art. 20 determina que pode ser arguida suspeição de autoridade ou servidor que tenha amizade ou inimizade notória com algum interessado ou com os respectivos cônjuges, companheiros, parentes e afins até o terceiro grau.

16.7 Forma, tempo e lugar dos atos do processo

O art. 22 tem como fundamento o princípio do informalismo e prevê o seguinte:

> **Art. 22** *Os atos do processo administrativo não dependem de forma determinada, senão, quando a lei expressamente a exigir.*
> **§ 1º** *Os atos do processo devem ser produzidos por escrito, em vernáculo, com a data e o local de sua realização e a assinatura da autoridade responsável.*
> **§ 2º** *Salvo imposição legal, o reconhecimento de firma somente será exigido quando houver dúvida de autenticidade.*
> **§ 3º** *A autenticação de documentos exigidos em cópia poderá ser feita pelo órgão administrativo.*
> **§ 4º** *O processo deverá ter suas páginas numeradas sequencialmente e rubricadas.*

O art. 23 estabelece, como regra geral, a realização dos atos do processo em dias úteis, no horário normal de funcionamento da repartição na qual tramitar o processo. No entanto, poderão ser concluídos depois do horário normal os atos já iniciados, cujo adiamento prejudique o curso regular do procedimento ou cause danos ao interessado ou à administração (art. 23, parágrafo único).

Estabelece o art. 25 que os atos do processo devem realizar-se preferencialmente na sede do órgão, certificando-se o interessado se outro for o local de realização, ou seja, devem ser executados, de preferência, na sede do órgão, mas poderão ser realizados em outro local, após regular cientificação.

16.8 Recurso administrativo e revisão

Um dos temas mais cobrados nas provas de concursos é o que tange ao recurso administrativo e à revisão do processo. O art. 56 estabelece o direito do administrado ao recurso das decisões administrativas, isso em razões de legalidade e mérito administrativo.

O § 3º prevê que o administrado, se entender que houve violação a enunciado de súmula vinculante, poderá ajuizar reclamação perante o Supremo Tribunal Federal, desde que, antes, tenha esgotado as vias administrativas.

O § 2º estabelece, como regra geral, a inexigibilidade de garantia de instância (caução) para a interposição de recurso administrativo.

PROCESSO ADMINISTRATIVO FEDERAL

Nesse sentido, também apresentamos a Súmula Vinculante nº 21, que proíbe a exigência de depósito para admissibilidade de recurso.

Art. 56 Das decisões administrativas cabe recurso, em face de razões de legalidade e de mérito.

§ 1º O recurso será dirigido à autoridade que proferiu a decisão, a qual, se não a reconsiderar no prazo de cinco dias, o encaminhará à autoridade superior.

§ 2º Salvo exigência legal, a interposição de recurso administrativo independe de caução.

§ 3º Se o recorrente alegar que a decisão administrativa contraria enunciado da súmula vinculante, caberá à autoridade prolatora da decisão impugnada, se não a reconsiderar, explicitar, antes de encaminhar o recurso à autoridade superior, as razões da aplicabilidade ou inaplicabilidade da súmula, conforme o caso.

Súmula Vinculante nº 21 É inconstitucional a exigência de depósito ou arrolamento prévios de dinheiro ou bens para admissibilidade de recurso administrativo.

16.8.1 Legitimidade para interpor recurso

Art. 58 Têm legitimidade para interpor recurso administrativo:
I - Os titulares de direitos e interesses que forem parte no processo;
II - Aqueles cujos direitos ou interesses forem indiretamente afetados pela decisão recorrida;
III - As organizações e associações representativas, no tocante a direitos e interesses coletivos;
IV - Os cidadãos ou associações, quanto a direitos ou interesses difusos.

16.8.2 Não reconhecimento do recurso

Art. 63 O recurso não será conhecido quando interposto:
I - Fora do prazo;
II - Perante órgão incompetente;
III - Por quem não seja legitimado;
IV - Após exaurida a esfera administrativa.

O art. 64 confere amplos poderes aos órgãos incumbidos da decisão administrativa, em que o setor competente para decidir o recurso, poderá confirmar, modificar, anular ou revogar, total ou parcialmente, a decisão recorrida, se a matéria for de sua competência. Aqui é possível, inclusive, a reforma em prejuízo do recorrente, chamada *reformatio in pejus*.

O art. 65 focaliza os processos administrativos de que resultem sanções, que poderão ser revistos, a qualquer tempo, a pedido ou de ofício, quando surgirem fatos novos ou circunstâncias relevantes suscetíveis de justificar a inadequação da sanção aplicada. Devemos nos atentar, pois o parágrafo único prevê que da revisão do processo não poderá resultar agravamento da sanção.

Assim, é fácil notar que o legislador determinou regra distinta para o recurso administrativo e a revisão do processo. Esse recurso, é possível o agravamento da penalidade pela autoridade julgadora (chamada *reformatio in pejus*), contudo, isso não acontece na revisão do processo.

16.9 Prazos da Lei nº 9.784/1999

A lei possui muitos prazos, dessa forma, sintetizaremos, em um único tópico, todos eles para melhor entendimento e, consequentemente, para melhores resultados nas provas de concursos públicos.

16.9.1 Prática dos atos

Quantidade de dias: 5 dias.
- Se não existir uma disposição específica, prazo será de 5 dias.
- O prazo total pode ser até de 10 dias (dilatado até o dobro).

Art. 24 Inexistindo disposição específica, os atos do órgão ou autoridade responsável pelo processo e dos administrados que dele participem devem ser praticados no prazo de cinco dias, salvo motivo de força maior.

Parágrafo único. O prazo previsto neste artigo pode ser dilatado até o dobro, mediante comprovada justificação.

16.9.2 Intimação – comunicação dos atos

Quantidade de dias: 3 dias úteis.

Art. 26, § 2º A intimação observará a antecedência mínima de três dias úteis quanto à data de comparecimento.

16.9.3 Intimação – instrução

Quantidade de dias: 3 dias úteis.

Art. 41 Os interessados serão intimados de prova ou diligência ordenada, com antecedência mínima de três dias úteis, mencionando-se data, hora e local de realização.

16.9.4 Parecer

Quantidade de dias: 15 dias, salvo norma especial ou comprovada necessidade de maior prazo.

Art. 42 Quando deva ser obrigatoriamente ouvido um órgão consultivo, o parecer deverá ser emitido no prazo máximo de quinze dias, salvo norma especial ou comprovada necessidade de maior prazo.

16.9.5 Direito de manifestação – da instrução

Quantidade de dias: 10 dias, salvo se outro prazo for legalmente fixado.

Art. 44 Encerrada a instrução, o interessado terá o direito de manifestar-se no prazo máximo de dez dias, salvo se outro prazo for legalmente fixado.

16.9.6 Prazo de decidir

Quantidade de dias: 30 dias.
- Pode ser prorrogado por igual período se expressamente motivada.
- O prazo total pode ser até de 60 dias.

Art. 49 Concluída a instrução de processo administrativo, a Administração tem o prazo de até trinta dias para decidir, salvo prorrogação por igual período expressamente motivada.

16.9.7 Prazo para reconsiderar

Quantidade de dias: 5 dias.

Art. 56, § 1º O recurso será dirigido à autoridade que proferiu a decisão, a qual, se não a reconsiderar no prazo de cinco dias, o encaminhará à autoridade superior.

16.9.8 Recurso administrativo

Quantidade de dias: 10 dias.
- Se não existir disposição legal específica, o prazo será de 10 dias.

Art. 59 Salvo disposição legal específica, é de dez dias o prazo para interposição de recurso administrativo, contado a partir da ciência ou divulgação oficial da decisão recorrida.

16.9.9 Prazo de decidir recurso administrativo

Quantidade de dias: 30 dias.
- Se a lei não fixar prazo diferente, o prazo será de 30 dias.
- O prazo total pode ser até de 60 dias, se houver justificativa explícita.

Art. 59 [...]
§ 1º Quando a lei não fixar prazo diferente, o recurso administrativo deverá ser decidido no prazo máximo de trinta dias, a partir do recebimento dos autos pelo órgão competente.
§ 2º O prazo mencionado no parágrafo anterior poderá ser prorrogado por igual período, ante justificativa explícita.

16.9.10 Alegações finais

Quantidade de dias: 5 dias úteis.

Art. 62 Interposto o recurso, o órgão competente para dele conhecer deverá intimar os demais interessados para que, no prazo de cinco dias úteis, apresentem alegações.

NOÇÕES DE ADMINISTRAÇÃO PÚBLICA

PROCESSO ADMINISTRATIVO

1 PROCESSO ADMINISTRATIVO

1.1 Estrutura Organizacional

As atividades da empresa devem estar bem identificadas, isto é, deve-se saber, exatamente, o que fazer e na ordem certa, primeiro uma e depois outra. Os recursos também devem estar conforme as atividades, por exemplo, uma máquina deve estar no lugar certo e as pessoas devem estar no lugar das atividades que elas sabem executar. Estabelecer os níveis de alçada e dos processos decisórios significa que a as pessoas só podem mandar ou agir dentro dos seus limites e as decisões só podem ser tomadas dentro do seu campo de ação. Uma empresa estabelece seus objetivos e, para que eles sejam alcançados, é necessário um planejamento. As atividades da empresa devem seguir o planejamento estabelecido. Se não for desta forma, tudo vira uma grande confusão.

1.1.1 Estrutura Formal e Informal

▷ **A estrutura organizacional pode ser de dois tipos:**

Estrutura Formal: é aquela representada pelo organograma. Todas as relações são formais. Não se pode descartá-la e deixar funcionários se relacionarem quando eles não devem ter relações diretas.

A estrutura organizacional é representada graficamente no organograma. Um organograma é a representação gráfica de determinados aspectos da estrutura organizacional. Estabelece a estrutura formal de empresa (departamentos) num determinado momento, conforme figura a seguir:

Organograma

Diretoria		
Controle e Planejamento		Secretaria Executiva
	Gerência	
	Projetos Manutenção	
Logística		Recursos Humanos

Estrutura Informal: é o relacionamento entre as partes fora do organograma, ou seja, as relações não estão previstas. A estrutura informal surge naturalmente. Ela pode ajudar a empresa, facilitando o trabalho, mas pode, também, atrapalhar, realizando procedimentos errados. Por exemplo, um funcionário recebeu um documento sem carimbo. Se ele seguir a estrutura formal, o papel deve retornar pelo mesmo caminho pelo qual veio. Caso resolva ir buscar o carimbo diretamente, ele está criando uma relação informal.

1.1.2 Tipos de Estruturas Organizacionais Formais

▷ **As estruturas organizacionais formais podem ser dos seguintes tipos:**

Funcional: na estrutura funcional, as atividades são agrupadas de acordo com as funções da empresa. É o mais utilizado pelas empresas, por ser muito racional. A principal vantagem é que apresenta especialização nas áreas técnicas, além de melhorar os recursos nessas áreas. A principal desvantagem é que pode ocorrer um descumprimento de prazos e de orçamentos. Este tipo de departamentalização não tem condições para uma perfeita homogeneidade das demais atividades da empresa. Exemplo: Departamento de Produção, Departamento Financeiro, Departamento de Marketing etc.

Estrutura Funcional

Diretor Geral			
Gerência de Marketing	Gerência Financeira	Gerência de Produção	Gerência de Marketing

Territorial (ou Localização Geográfica): este tipo de estrutura é usado por empresas territorialmente espalhadas, ou seja, é usada quando a empresa é dispersa no país, como por exemplo: região Norte, região Sul etc. Segue, na figura, um exemplo da estrutura de departamento de Tráfico e Rodovias Estaduais:

Estrutura Territorial

Departamento de Tráfico Rodovias Estaduais				
Região Leste		Região Central	Região Oeste	
Base 01		Base 02	Base 11	Base 21
Base 03 || Base 04	Base 12	Base 22	Base 23

Produtos (ou Serviços): nesse tipo, as atividades são agrupadas, feitas de acordo com as atividades essenciais a cada um dos produtos ou serviços da empresa, ou seja, é empregado quando a empresa tem várias linhas de produtos ou serviços como, por exemplo: têxtil, farmacêutico, químico etc. Essa estrutura é muito usada em empresas que têm produtos diferentes e que representam um volume importante. A grande vantagem é o acompanhamento dos resultados sobre o produto. Mas há desvantagens, pois pode ocorrer duplicidade de tarefas, o que aumenta os custos e os benefícios.

Estrutura por Produtos

Diretoria Geral		
Gerência de produtos têxteis	Gerência de produtos Pharma	Gerência de produtos Agro

Clientes: nesse tipo, as atividades são agrupadas com base nas necessidades diversas e exclusivas dos clientes da empresa. A vantagem é que esse modelo dá condições para conhecer e dar melhor tratamento ao cliente. A grande desvantagem é a troca de recursos, pois várias vezes o atendimento ao cliente é sazonal, ou seja, periódico. Na figura que segue em exemplo de estrutura por tipo de cliente, vê-se uma loja de departamentos:

Estrutura por Tipo de Cliente

Administração Geral		
Setor Masculino	Setor Feminino	Setor Infantil

Processos: nesta estrutura, as atividades são agrupadas conforme as etapas de um processo. Na indústria, por exemplo, há setores de corte, montagem, estamparia etc. Considera-se pelo modo como são executados os serviços ou processos para conseguir a meta ou objetivo específico. É muito usado em operações industriais. A vantagem é que pode observar a maior especialização e rapidez técnica. A desvantagem é que a visão que se tem da mão de obra é limitada, porque é especializada.

Estrutura por Processos

Administração Central	
Seção de estoque	Seção de catalogação
Seção de embalagem	Seção de preço

Matricial: nessa estrutura, a equipe trabalha para dois comandos simultaneamente. Ex.: em uma fábrica, a equipe de manutenção recebe ordens da gerência de manutenção e também da gerência de produção. É uma estrutura mista que une função, produto e projeto. Viola o princípio de unidade de comando. É uma organização participativa e flexível.

NOÇÕES DE ADMINISTRAÇÃO PÚBLICA

A Estrutura Matricial é um tipo específico de estrutura organizacional, que procura reunir as vantagens das estruturas funcionais e das estruturas divisionalizadas. Para isso, a par da divisão da organização por projetos, grupos de clientes ou unidades de produção, são designados os chamados chefes de projeto, dependentes de um diretor de chefes de projeto. Para cada um dos projetos, são também designados especialistas provenientes das diversas áreas funcionais. Cada um deles é coordenado pelo chefe de projeto em que está integrado e pelo responsável da área funcional a que pertence (existindo, assim, duas linhas de comando).

Estrutura Matricial					
Companhia Universal					
Divisão automobilística	Divisão produtos elétricos	Divisão aeroespacial		Divisão produtos químicos	
		Alocação de recursos	Ligação em mercado		
	Produção	Engenharia	Materiais	Pessoal e segurança	Contabilidade controle
Projeto A ←	Grupo	Grupo	Grupo	Grupo	Grupo
Projeto B ←	Grupo	Grupo	Grupo	Grupo	Grupo
Projeto C ←	Grupo	Grupo	Grupo	Grupo	Grupo

Projetos: as atividades e as pessoas recebem atribuições temporárias. O gerente de projeto é responsável pela realização de todo o projeto ou de uma parte dele. Terminada a tarefa, o pessoal é designado para outros departamentos ou outros projetos, ou seja, a alocação de pessoas e de recursos é temporária e, quando acaba um projeto, a equipe muda para outro. Ex.: uma construtora tem várias obras e, quando acaba uma construção, os funcionários e os equipamentos vão para outra obra.

Estrutura por Projetos

Diretoria de cobrança		
Administração Financeira	Comercial	Projetos
		Projeto 01 / Projeto 02

Mista: mistura os vários tipos de estruturas para se adaptar à realidade. Muitas empresas usam esse tipo de departamentalização, principalmente as grandes empresas, pois apresenta várias técnicas. É o tipo mais usado, uma vez que se adapta melhor à realidade organizacional.

Estrutura Mista

Presidente		
Diretor Marketing	Diretor Administrativo	Diretor Técnico
Comércio	RH	Produto A
Indústria	Financeira	Produto B

Fique ligado
A principal vantagem da estrutura matricial é a grande orientação para os resultados, mantendo a identificação por especialidade. Porém, como desvantagem, destaca-se a possibilidade de conflitos entre os diversos comandos, obrigando a uma permanente comunicação com os gestores de topo.

1.1.3 Organograma, Fluxograma e Cronograma

A seguir, serão abordados os conceitos de organograma, fluxograma e cronograma, os quais também são muito importantes para a Administração:

Organograma

O organograma é uma representação gráfica da estrutura hierárquica da empresa. Pode ter várias formas, desde a mais comum, conhecida como organograma tradicional, até formas bem pouco usuais, como uma flor.

Em um organograma tradicional, o primeiro passo é determinar todas as funções e setores que serão apresentados no organograma, e definir suas posições hierárquicas, como:
- Presidente.
- Diretores (Financeiro, Administrativo, Operacional, Comercial etc.).

PROCESSO ADMINISTRATIVO

- Gerentes (Financeiro, Administrativo, Produção, Vendas etc.).
- Seções da Produção, Contabilidade, Departamento. Financeiro, Departamento Jurídico etc.

Quanto maiores a responsabilidade e a autonomia, mais alta será a posição ocupada pelo cargo ou setor. Definidos os cargos e posições, é preciso transferi-los para retângulos distribuídos verticalmente e ligados por linhas que representarão a comunicação e a hierarquia dos itens.

Sendo assim, ao montar um organograma o presidente (1) ocupa o primeiro nível. No segundo nível, serão colocados os diretores (2). Partindo do retângulo do presidente, sairá uma linha que será dividida para se ligar a todos os diretores; e, de cada diretor, sairá uma linha que se ligará aos gerentes (3) que respondem hierarquicamente a ele. As funções de staff, que respondem a um superior, mas não têm autoridade total sobre os níveis a seguir, são colocadas em níveis intermediários e ligadas à linha principal do superior correspondente. Por exemplo, o RD responde à direção, mas sua autoridade limita-se aos assuntos da Qualidade, ou seja, quem administra o pessoal é cada gestor, dentro de sua área de atuação. Segue um exemplo de organograma:

Organograma

	Presidente	
RD		
Ger. Produto	Ger. Comercial	Ger. Financeiro
Engenharia	Produção	Vendas
		Contabilidade

O organograma pode ter diversos formatos e diversas formas de disposição dos departamentos e setores, de acordo com a atividade e a necessidade de cada empresa.

Fluxograma

Fluxograma é a representação gráfica que apresenta a sequência de um trabalho de forma analítica, caracterizando as operações, os responsáveis e/ou unidades organizacionais envolvidos no processo.

O Fluxograma permite esquematizar e visualizar os sistemas de forma racional, clara e concisa, facilitando seu entendimento geral por todos os envolvidos. Por meio deles, o analista de sistemas, organização e método pode representar os vários fatores e as variáveis que ocorrem no sistema, circuitos de informações relacionadas ao processo decisório, bem como unidades organizacionais envolvidas no processo.

> **Fique ligado**
> Vantagens do Fluxograma:
> - Permite verificar como funcionam todos os componentes de um sistema.
> - Entendimento simples e objetivo.
> - Facilita a localização das deficiências no sistema.
> - Aplica-se a qualquer sistema, desde o mais simples até o mais complexo.
> - Facilita o entendimento nas mudanças feitas no sistema.

▷ **Dentre os tipos de fluxograma, pode-se identificar seguinte:**

Vertical, que também é denominado folha de análise, folha de simplificação do trabalho, pois normalmente é destinado à representação de rotina simples em seu processamento analítico em uma unidade organizacional. O nome Vertical é aplicado em razão de poder ser impresso como formulário padrão. O nome Folha de Análise deve-se à rapidez de preenchimento, pois os símbolos e convenções já se acham

impressos. Os símbolos utilizados no fluxograma têm por objetivo evidenciar origem, processo e destino da informação escrita e/ou verbal componente de um sistema administrativo.

Significados dos Símbolos

Segue um exemplo de fluxograma básico:

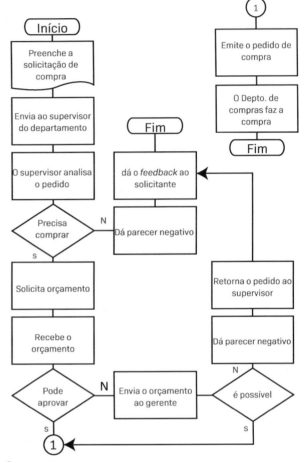

Cronograma

O cronograma é a disposição gráfica do tempo que será gasto na realização de um trabalho ou projeto, de acordo com as atividades a serem cumpridas. Serve para auxiliar no gerenciamento e controle deste trabalho, permitindo de forma rápida a visualização de seu andamento. Segue um exemplo de cronograma:

NOÇÕES DE ADMINISTRAÇÃO PÚBLICA

Cronograma

Atividade	1	2	3	4	5	6	7	8	9	10
1. Apresentar o projeto ao CONSUN	■									
2. Realizar reuniões setoriais para divulgação do trabalho	■									
3. Planejar e realizar os eventos públicos		■	■	■	■					
4. Divulgar os resultados dos eventos públicos						■				
5. Elaborar a proposta de revisão do Plano Institucional						■	■			
6. Divulgar a proposta do Plano Institucional revisado								■		
7. Aprovar o Plano Institucional no CONSUN								■		
8. Elaborar Planos Setoriais de Ação para 2013									■	
9. Aprovar Planos Setoriais de Ação no CONSUN										■

Existem vários tipos de cronogramas, assim como muitos tipos de fluxogramas e organogramas, porém foram apresentados somente os modelos básicos para que haja um entendimento elementar a respeito desses conceitos.

2 ORGANIZAÇÃO ADMINISTRATIVA

O Estudo sobre a estrutura administrativa é geralmente vinculada ao Direito Administrativo, porém, como a linha entre esta matéria e Administração Pública é muito tênue, apresentaremos as definições dos termos como centralização, descentralização, concentração e desconcentração, porém focando na evolução administrativa do Estado brasileiro e suas reformas, pois esta é a forma de tais tópicos serem abordados quando são componentes da matéria Administração Pública.

A organização da administração pública no Brasil tem direta relação com os modelos administrativos que estiveram vigentes no Estado desde os anos 1930 do século passado até os dias atuais. É importante, no estudo para concursos públicos, criar esta relação, que é muita abordada pelas bandas organizadoras.

A opção por um ou outro modelo de organização administrativa, tem, portanto, influência na forma em que um governante exerce o poder e no grau de delegação de autoridade que resolve dar para os agentes públicos e parceiros privados.

2.1 Centralização e Descentralização

Um dos principais debates existentes na administração pública é em qual medida uma organização deve ser centralizada ou descentralizada. Historicamente este debate ganhou destaque global após o final da segunda guerra mundial, com a reorganização administrativa de praticamente todos os países da Europa. No Brasil, este debate ganhou relevância a partir do regime militar, nos anos 60 do século passado, com o Decreto-Lei 200/67, como veremos a seguir.

A Centralização e Descentralização, portanto, têm direta relação com quanto o administrador deve delegar autoridade ou manter o processo decisório concentrado em si mesmo e na estrutura sobre sua direta responsabilidade, sem delegar autoridade para terceiros.

Uma organização pode, portanto, ter unidades espalhadas em diversos Estados brasileiros, como Polícia Federal e mesmo assim ter centralização administrativa do ponto de vista da tomada de decisão.

Bresser Pereira, um dos mais importantes teóricos da administração pública e responsável pela última reforma administrativa do Estado brasileiro, explica esta relação: "do ponto de vista administrativo, a centralização ou a descentralização de caráter decisório é a que maior importância tem. A descentralização geográfica é geralmente um problema que interessa à produção (se a descentralização for de unidades produtivas) ou à mercadologia (se a descentralização for de unidade de vendas)... Para evitar confusões de ordem semântica usaremos as expressões centralização ou descentralização para nos referirmos ao nível em que as decisões são tomadas em uma organização"

Neste sentido, a existência de vários ministérios, com atribuições específicas, não constituiu exemplo de descentralização administrativa, pois quando analisamos o Estado brasileiro, a centralização e descentralização estão diretamente relacionadas à administração direta e indireta, como veremos no tópico que segue.

2.1.1 O Estado Brasileiro

Considerando o Estado brasileiro, a centralização e a descentralização estão relacionadas diretamente a organização administrativa do Estado, e a administração direta e indireta.

Centralização (administração direta) – Definimos que ocorre na administração pública a **centralização administrativa** quando a execução de tarefas é feita pelo próprio Estado de forma direta através de órgãos públicos e de servidores públicos destes órgãos que integram a Administração Direta (o próprio governo e os três poderes em âmbitos federal, estaduais e municipal).

Descentralização (administração indireta) – Definimos que ocorre na administração pública a **descentralização administrativa** quando o Estado (considerando a União, o Distrito Federal, os Estados e Municípios) delega algumas funções para outras pessoas jurídicas. Portanto a descentralização pressupõe duas pessoas jurídicas distintas: o Estado e a entidade jurídica que executará determinado serviço, por ter recebido do Estado essa atribuição. As entidades da administração direta são: Autarquias, Empresas Públicas, Sociedades de Economia Mista e Fundações Públicas.

2.1.2 Da Era Vargas até O Regime Militar

Com a revolução de 30 e a chegada ao poder de Getúlio Vargas, o Estado brasileiro entrou em uma fase weberiana, com a introdução do Modelo Burocrático, segundo a teoria desenvolvida por Max Weber. Com a adoção de princípios como a legalidade e a impessoalidade, a lógica era a concentração extrema das ações públicas, e inclusive a mais importante ação do governo Getúlio Vargas para a introdução do Modelo Burocrático, a criação da DASP (Departamento Administrativo do Serviço Público) através do Decreto-Lei 579/38 representou a centralização absoluta do Estado, com as decisões nas mãos de poucos: aqueles que dirigiam a DASP, que concentravam as decisões sobre compras, contratações, processos etc. Portanto esta fase foi caracterizada como a prioridade absoluta para a administração direta e a centralização.

Pode parecer contraditório, mas durante a era Vargas, mesmo priorizando a administração direta e a centralização das ações administrativas, pois era introduzido o Modelo Burocrática (Weberiano) que prioriza a concentração de ações, foram criadas importantes autarquias como o Banco Central do Brasil, que hoje é uma entidade da administração indireta.

2.1.3 O regime militar e o decreto-lei 200/67

A introdução do modelo burocrático na década de 30 do século passado era uma necessidade para superar o modelo que existia antes e que se mantinha por séculos (desde o Brasil colônia, passando pela monarquia, até os primeiros anos da república, que era o modelo patrimonialista baseado na pessoalidade, no favorecimento de parentes e pessoas próximas ao governante, com cargos no governo e a não distinção entre bens públicos e privados), porém nas décadas seguintes à introdução do modelo burocrático, ocorreu um desgaste administrativo devido a extrema centralização. A Administração pública no Brasil se tornou burocratizada (burocracia excessiva e redundante), e a condição monopolista daquela época não permitiu o Estado ter referências externas, tendo a auto-referência. Este desgaste teve seu auge nos anos 50 e 60 do século passado, tornando a administração pública burocratizada e ineficaz.

O regime militar, desde que assumiu o poder, realizou estudos sobre a administração pública com o objetivo de superar esse desgaste, e através do Decreto-Lei 200/67, tentou de forma malsucedida implementar o gerencialismo administrativo.

A forma que o regime militar tentou superar a rigidez burocrática foi um processo de delegação de poderes, priorizando a descentralização e a administração indireta, como podemos verificar no Plano Diretor da Reforma do Aparelho do Estado, de 1995.

"A reforma operada em 1967 pelo Decreto-Lei 200, entretanto, constitui um marco na tentativa de superação da rigidez burocrática, podendo ser considerada como um primeiro momento da administração gerencial no Brasil. Mediante o referido decreto-lei, realizou-se a transferência de atividades para autarquias, fundações, empresas públicas e sociedades de economia mista, a fim de obter-se maior dinamismo operacional por meio da descentralização funcional. Instituíram-se como princípios de racionalidade administrativa o planejamento e o orçamento, o descongestionamento das chefias executivas superiores (desconcentração/descentralização), a tentativa de reunir competência e informação no processo decisório, a sistematização, a coordenação e o controle".

O problema do Decreto-Lei 200/67, foi não criar um núcleo dirigente das ações públicas, e, com isso, perder o controle daquelas atividades e prestações de serviço transferidas para entidades da administração indireta. Esta situação trouxe de volta resquícios do patrimonialismo, como o desvio de verbas públicas, a falta de controle e o nepotismo.

2.1.4 A Constituição de 88

A promulgação da Constituição Federal vigente, em 1988, retorna, do ponto de vista administrativo, aos anos 30 do século passado, pois, tentando superar os resquícios do patrimonialismo que o Decreto-Lei 200/67 trouxe para o Estado brasileiro, consolidou o modelo burocrático, como o Plano Diretor da Reforma do Aparelho do Estado, de 1995, localiza:

"As ações rumo a uma administração pública gerencial são, entretanto, paralisadas na transição democrática de 1985 que, embora representasse uma grande vitória democrática, teve como um de seus custos mais surpreendentes o loteamento dos cargos públicos da administração indireta e das delegacias dos ministérios nos Estados para os políticos dos partidos vitoriosos. Um novo populismo patrimonialista surgia no país. De outra parte, a alta burocracia passava a ser acusada, principalmente pelas forças conservadoras, de ser a culpada da crise do Estado, na medida em que favorecera seu crescimento excessivo.

A conjunção desses dois fatores leva, na Constituição de 1988, a um retrocesso burocrático sem precedentes. Sem que houvesse maior debate público, o Congresso Constituinte promoveu um surpreendente engessamento do aparelho estatal, ao estender para os serviços do Estado e para as próprias empresas estatais praticamente as mesmas regras burocráticas rígidas adotadas no núcleo estratégico do Estado. A nova Constituição determinou a perda da autonomia do Poder Executivo para tratar da estruturação dos órgãos públicos, instituiu a obrigatoriedade de regime jurídico único para os servidores civis da União, dos Estados membros e dos Municípios, e retirou da administração indireta a sua flexibilidade operacional, ao atribuir às fundações e autarquias públicas normas de funcionamento idênticas às que regem a administração direta"

Podemos localizar em toda constituição federal elementos que reforçam a centralização, priorizando a administração direta, porém os elementos abaixo explicitam esta orientação burocrática da Constituição.
- Controle entre os poderes.
- Atribuições do tribunal de contas da União.
- Obrigatoriedade de concursos públicos (salvo "livre provimento").

2.1.5 A NAP (nova Administração Pública)

A última reforma do Estado ocorre na década de 1990, com a implementação da administração gerencial, descentralizando prestações de serviços e reestruturando a administração indireta, principalmente no governo Fernando Henrique Cardoso com o ministro Bresser Pereira, no então MARE (Ministério da Administração Federal e Reforma do Estado) que deu origem ao atual Ministério do Planejamento e Gestão.

A administração gerencial, ainda em fase de implementação, assume referências do mercado, como a excelência na prestação de serviço, a competitividade, e inclusive o fortalecimento da parceria entre a gestão pública e parceiros privados.

Na administração gerencial o controle passa a ser finalístico, não havendo relação hierárquica entre quem controla e quem é controlado, baseada na legalidade. Como por exemplo o controle do Estado na administração indireta, onde a direta, exerce o controle finalístico sobre as fundações ou autarquias. As mais importantes referências teóricas da administração gerencial são Peter Druker (teoria da globalização nas empresas) e Michel Porter (teórico da competitividade e da vantagem competitiva).

Segundo a teoria de Peter Druker, a organização se adapta à globalização quando consegue oferecer o produto ou serviço prestado certo para o público certo, realizando adequada distribuição, preço e no momento correto adequados.

Segundo Porter, a organização nunca pode parar de aprender sobre o mercado em que atua, seus rivais e formular formas de melhorar sua posição competitiva. As 5 forças de portes são a rivalidade entre concorrentes, o poder de negociação dos clientes, o poder de barganha do fornecedor, a ameaça de entrada de novos concorrentes e a ameaça de produto substituídos.

Na administração gerencial, o controle passa a ser finalístico, não havendo relação hierárquica entre quem controla e quem é controlado, baseada na legalidade. Como, por exemplo, o controle do Estado na administração indireta, onde a direta exerce o controle finalístico sobre as fundações ou autarquias.

2.2 Concentração e Desconcentração

Diferentemente da centralização e descentralização, mas guardando relação com estes termos, a concentração e desconcentração estão vinculadas diretamente a forma em que uma organização divide internamente suas tarefas, e inclusive em sua adequação aos novos desafios administrativos, pois desde a última reforma administrativa do Estado brasileiro, nos anos 90 do século passado, a administração pública busca a vantagem competitiva, e isto tem direta relação com a concentração e desconcentração. Segue a definição inicial dos termos.

Concentração – A prestação de serviço ou ação administrativa (a competência administrativa) se realiza em órgão que não tem divisão interna, concentrando em si as ações. Na concentração existe uma única pessoa jurídica e um único órgão executando a ação administrativa.

Desconcentração – A prestação de serviço ou ação administrativa (a competência administrativa) com atribuições divididas entre diversos órgãos da mesma pessoa jurídica. Na concentração existe uma única pessoa jurídica e mais de um órgão executando a ação administrativa.

Sendo portanto coisas distintas, os termos centralização e concentração e descentralização de desconcentração podem estar associados na administração, cada um com sua definição, como conta do texto do Plano diretor ao analisar a reforma proposta pelo Decreto-Lei 579/38, um processo de priorizar a administração indireta (descentralização) e massificação de unidade (desconcentração), como explicita o trecho que segue...

"A reforma operada em 1967 pelo Decreto-Lei 200, entretanto, constitui um marco na tentativa de superação da rigidez burocrática, podendo ser considerada como um primeiro momento da administração gerencial no Brasil. Mediante o referido decreto-lei, realizou-se a transferência de atividades para autarquias, fundações, empresas públicas e sociedades de economia mista, a fim de obter-se maior dinamismo operacional por meio da descentralização funcional. Instituíram-se como princípios de racionalidade administrativa o planejamento e o orçamento, o descongestionamento das chefias executivas superiores (desconcentração/descentralização), a tentativa de reunir competência e informação no processo decisório, a sistematização, a coordenação e o controle".

3 GESTÃO DE CONTRATOS E NOÇÕES DE PROCESSOS LICITATÓRIOS

Os assuntos referentes à gestão de contratos e às noções de processos licitatórios são abordados em Direito Administrativo. Por isso, iremos pontuar qual a relação desses tópicos com a Administração Pública.

3.1 Bases Legais da Gestão de Contratos

Dentre as inúmeras tarefas inerentes a administração pública, existem serviços e compras realizadas junto a iniciativa privada, e esta relação se dá através de contratos firmados. A base para a gestão de contratos está definida na lei nº 8.666, de 21 dE Junho de 1993, e no seu art. 2º define contrato como:

> *Art. 2º.* As obras, serviços inclusive de publicidade, compras, alienações, concessões, permissões e locações da Administração Pública, quando contratadas com terceiros, serão necessariamente precedidas de licitação, ressalvadas as hipóteses previstas nesta Lei.
>
> *Parágrafo único.* Para os fins desta Lei, considera-se contrato todo e qualquer ajuste entre órgãos ou entidades da Administração Pública e particulares, em que haja um acordo de vontades para a formação de vínculo e a estipulação de obrigações recíprocas, seja qual for a denominação utilizada.

3.2 Noções de Processo Licitatório

Com a introdução do gerencialismo na administração pública no Brasil, a obtenção da vantagem competitiva e a necessidade de conhecer o mercado em que atua, tornaram-se princípios.

Peter Drucker, o teórico da globalização nas empresas, que combate o monopólio e defende que uma organização deve se atualizar e conhecer o tempo todo o mercado e seus concorrentes, e Michael Porter, que criou as 5 forças de Porter, que representam os elementos importantes para a vantagem competitiva, entre elas o de reduzir a barganha do fornecedor. É neste sentido que a licitação ganha relevância na administração pública.

A Lei 8666/93 apresenta as seis modalidades da licitação: concorrência, tomada de preços, convite, concurso, leilão e pregão.

Concorrência – Esta modalidade traz a exigência de requisitos para a habilitação, segundo o edital de convocação. Em sua fase inicial, tais requisitos são comprovados mediante documentos. A concorrência ocorre quando se trata de concessão de direito real de uso de obras ou serviços públicos (de engenharia ou não), na compra e venda de imóveis (bens públicos) e licitações internacionais.

Tomada de preços – Esta modalidade traz a necessidade de um certificado do registro cadastral (CRC), comprovando os requisitos para participar da licitação até o terceiro dia anterior ao término do período de proposta.

Convite – Esta modalidade não traz a necessidade de publicação de edital, pois demanda maior celeridade no processo. Os interessados são escolhidos em um número mínimo de três licitantes. Aqueles que não forem convidados, poderão demonstrar interesse com vinte e quatro horas de antecedência à apresentação das propostas.

Concurso – Modalidade que ocorre quando a escolha é de trabalho científico, artístico, ou técnico com prêmio ou remuneração aos vencedores, de acordo com o edital publicado na imprensa oficial, respeitando o princípio da publicidade, com antecedência mínima de quarenta e cinco dias. A escolha é feita por uma comissão julgadora especializada na área em questão.

Leilão – Esta modalidade trata dos bens inservíveis para a Administração Pública, de mercadorias legalmente apreendidas, de bens penhorados (dados em penhor – direito real constituído ao bem) e de imóveis adquiridos pela Administração por dação em pagamento ou por medida judicial.

Pregão – (Lei 10520/02), e trata da aquisição de bens e serviços comuns (serviços cujos padrões de desempenho e qualidade possam ser objetivamente definidos pelo edital).

Os tipos de licitação dizem respeito ao modelo de decisão na escolha do vencedor da licitação.

Menor preço - Sendo vencedora a proposta mais vantajosa com o menor custo para a administração pública.

Melhor técnica – Sendo vencedora a proposta de melhor técnica que aceitar o valor da proposta mais baixa dentre todas as com a técnica mínima exigida no edital ou carta convite;

Melhor técnica e preço - as propostas recebem uma nota que leva em conta a técnica e o preço (com pesos na composição da nota definidos no edital ou carta convite) e vence a com melhor nota;

Maior lance ou oferta - Para o caso de venda de bens ou concessão de direito real de uso.

NOÇÕES DE ADMINISTRAÇÃO PÚBLICA

4 ADMINISTRAÇÃO PÚBLICA E GOVERNO

4.1 Administração Pública e Governo: Conceito e Objetivos

Na administração, alguns modelos foram adotados ao longo da história e o desenvolvimento das organizações. A adoção de um ou outro modelo administrativo está diretamente relacionada aos objetivos políticos das organizações públicas e do Chefe do Executivo.

A adoção de determinado modelo administrativo formalmente não significa que características do modelo anterior sejam completamente excluídas, pois uma organização que, durante anos e décadas, utiliza determinado modelo tem enraizados, em sua estrutura, os aspectos deste modelo. Desse modo, não é automática a sua total superação, de forma que podem permanecer resquícios do modelo antigo.

Um bom exemplo da situação descrita é o modelo patrimonialista, que foi superado formalmente pela Administração Pública no Brasil na década de 1930. Porém, até a atualidade, encontramos resquícios deste modelo, como o nepotismo.

4.2 Modelo Patrimonialista

O modelo patrimonialista tem origem na Monarquia, em que os reis detinham o poder absoluto, de modo que não existiam instâncias de decisão democrática nem rotatividade de poder. Por este aspecto, o patrimonialismo é definido como absolutismo.

▷ **Entre as principais características do patrimonialismo estão:**
- Não existir distinção entre bens públicos e privados. No patrimonialismo, o governante recolhe tributos e impostos e faz aquilo que bem entender, podendo tanto construir edificações de interesse público como aumentar seu patrimônio pessoal.
- Decisões baseadas em motivações comportamentais. As decisões no modelo patrimonialista estão vinculadas diretamente àquilo que pensa o governante e ao seu padrão de comportamento.
- Pessoalidade. O nepotismo e o favorecimento de uma elite que gira em torno do governante caracterizam o patrimonialismo, pois não existem regras e legislação desenvolvida sobre as ações públicas.
- Absolutismo. No modelo patrimonialista, o governante detém o poder absoluto, não existindo, na administração, ferramentas eficazes de controle sobre seus atos ou instâncias colegiadas de decisão.

Podemos caracterizar o patrimonialismo como o modelo absolutista.

4.3 Modelo Burocrático

▷ **O modelo burocrático foi diretamente influenciado por Max Weber, de modo que a teoria da burocracia trouxe para as organizações públicas o princípio da impessoalidade. Além disso, são características desse modelo as regras claramente definidas, o racionalismo decisório e a regulamentação de ações públicas. As bases do modelo burocrático são:**
- Impessoalidade. As ações do Estado são voltadas para o bem e interesse público e não para a valorização pessoal, de acordo com os interesses e relações pessoais do governante. Ao contrário do patrimonialismo, as decisões são coletivas e não baseadas na pessoalidade.
- Distinção entre bens públicos e privados. No modelo burocrático, existe clara distinção entre bens públicos, que devem ser reservados para ações de interesse coletivo, e bens privados dos governantes.
- **Racionalismo decisório.** A tomada de decisão não é baseada em decisões comportamentais e, sim, racionais, que apresentam quatro etapas:
  - Identificação do problema.
  - Busca pela origem do problema.
  - Resolução do problema.
  - Busca pela não recorrência do problema.
- **Legalidade.** Ao contrário do patrimonialismo, o modelo burocrático tem nas normas, nas regras, na legalidade e na rigidez de procedimentos sua característica mais marcante. É por esta razão que o modelo burocrático pode ser definido como o modelo "dos papéis".

> **Fique ligado**
> A burocracia não é necessariamente algo ruim ou oneroso. Porém, a burocracia excessiva e redundante leva à burocratização de ações.

4.4 Administração Gerencial

A administração gerencial (NAP – Nova Administração Pública), ainda em fase de implementação, assume referências do mercado, como a excelência na prestação de serviços, a competitividade, e o fortalecimento da parceria entre a gestão pública e parceiros privados.

A Flexibilização Administrativa

Na administração gerencial, o controle passa a ser finalístico, não havendo relação hierárquica entre quem controla e quem é controlado. Ela é baseada na legalidade. Como exemplo, pode-se citar o controle do Estado na Administração indireta, em que a direta exerce o controle finalístico sobre as fundações. ou

Como principal característica da implementação do gerencialismo, temos a Emenda Constitucional 19/1998 e a criação da MARE.

4.5 Referências Teóricas da Administração Gerencial

As mais importantes referências teóricas da administração gerencial são Peter Druker (teoria da globalização nas empresas) e Michel Porter (teórico da competitividade e da vantagem competitiva).

Segundo a teoria de Peter Druker, a organização se adapta à globalização quando consegue oferecer o produto ou serviço prestado certo para o público certo, realizando adequada distribuição, preço etc. Segundo Porter, a organização nunca pode parar de aprender sobre o mercado em que atua, seus rivais e formular formas de melhorar sua posição competitiva. As cinco forças de Porter são: a rivalidade entre concorrentes; o poder de negociação dos clientes; o poder de barganha do fornecedor; a ameaça de entrada de novos concorrentes; e a ameaça de produto substituídos.

4.6 Controle na Administração Gerencial

Na administração gerencial o controle passa a ser finalístico, não havendo relação hierárquica entre que controla e quem é controlado, baseada na legalidade. Como por exemplo o controle do Estado na administração indireta, onde a direta, exerce ou controle finalístico sobre as fundações ou autarquias.

> **Fique ligado**
> Existe o controle hierárquico na administração gerencial, por exemplo, na administração direta. Porém, sua característica geral é o controle finalístico.

ADMINISTRAÇÃO PÚBLICA E GOVERNO

4.7 Diferenças e Convergências entre a Gestão Pública e a Privada

A administração gerencial se utiliza de vários aspectos da iniciativa privada. É importante destacar as diferenças e convergências que existem entre os dois aspectos administrativos.

As convergências residem nas ferramentas que existem na iniciativa privada e foram assimiladas pela gestão pública, como o BSC, Ciclo PDCA, Cultura Organizacional etc., assim como a busca pela excelência e pela qualidade total. A principal diferença reside no fato de que o Estado brasileiro está baseado na legalidade, enquanto a iniciativa privada tem maior flexibilidade administrativa.

4.8 Transparência, Informação e Controle Social na Administração Pública

Desde a última reforma administrativa ocorrida no Estado Brasileiro, nos anos 90 do século passado, quando a Administração Pública incorporou conceitos e ferramentas do mercado, consagrados na iniciativa privada, o gerencialismo norteia a gestão pública, levando o Brasil ao NAP (Nova Administração Pública).

- Governança – Tem relação com a "forma" de governar.
- Governabilidade – Tem relação com a "condição" para governar.
- *Accountabililty* – Tem relação com a "prestação de contas" dos atos do governo.

A última reforma administrativa do Estado brasileiro, que ocorreu nos anos 1990, durante o primeiro mandato do presidente FHC (Fernando Henrique Cardoso) foi liderada pelo então Ministro Bresser Pereira. A referida reforma levou a Administração Pública a manter as bases da burocracia, mas flexibilizar a gestão pública, introduzindo ferramentas do mercado (corporativas), com o objetivo de democratizar as informações e gerar o empoderamento das ações públicas, por parte do cidadão. Entre os principais conceitos da Nova Administração Pública está o foco por buscar a Governança, a Governabilidade e a *Accountability* nas ações administrativas.

4.9 Governança

O termo governança é abrangente e desdobra-se em diversas ações administrativas. Porém, na Administração Pública e na abordagem em provas de concursos públicos, a governança se traduz no envolvimento de pessoas interessadas nas discussões acerca das futuras ações públicas.

Também faz parte da governança o controle que a sociedade civil tem sobre as ações do governo, e a capacidade da Administração Pública em envolver todos nos processos organizacionais, levando-os a seguir e respeitar regras e códigos de conduta estabelecidos. Envolver a sociedade civil organizada nos debates sobre as ações administrativas do governo, consultando e debatendo com os interessados, os chamados "stakeholders" é a base da governança na Administração Pública.

Fique ligado

O exercício da governança na Administração Pública leva o cidadão ao empoderamento das ações públicas, ou seja, detém o poder coletivo de tomada de decisão, e é desenvolvida a consciência coletiva e social da participação nas ações públicas.

▷ **O Estado brasileiro se utiliza de diversas ferramentas para exercer a governança na Administração Pública, e as principais estão listadas a seguir:**

- Orçamento participativo;
- Conselhos gestores; Audiências públicas;
- Portal "e-democracia";
- Controle social.

4.10 Governabilidade

O conceito da governabilidade tem direta relação com as condições para se exercer o poder, tanto do ponto de vista legal quanto social. Um governo que não tem governabilidade não tem condições de envolver os interessados para debater as ações públicas, pois não tem legitimidade para tais ações. Nesse sentido, podemos concluir que, sem governabilidade, o governo não tem condições de exercer a governança como forma de administrar o Estado.

▷ **A governabilidade tem um eixo jurídico e outro social, conforme já se afirmou. A definição de cada um segue abaixo:**

- Governabilidade jurídica – Representa as condições legais para o exercício do poder, como o Chefe do Executivo ser eleito democraticamente em eleições majoritárias para cargos do Executivo. No entanto, apenas a condição legal não garante a governabilidade.
- Governabilidade social – Representa as condições sociais, a existência de uma base de apoio social para exercer o poder, a capacidade de um governo em manter índices de aprovação e setores importantes da sociedade, que representem essa base de sustentação social. Também tem relação com a governabilidade a capacidade do Chefe do Executivo em articular uma base de apoio parlamentar no Congresso Nacional e nas Câmaras Estaduais e Municipais. É possível que um governante tenha governabilidade social, mesmo que não tenha a jurídica, como nos casos de golpes de Estado. Um bom exemplo é o caso de Getúlio Vargas.

4.11 Accountability

Este termo é utilizado sem tradução pela completa inexistência de outra palavra na língua portuguesa que consiga traduzi-lo. *Accountabily* tem relação com a prestação de contas exercida pelo governo para a sociedade. Ou seja, esta prestação de contas ocorre não apenas aos *stakeholders*, mas para todos, sociedade civil e outras instâncias governamentais.

▷ **Existem basicamente dois tipos de *accountabilitys*: o vertical e o horizontal. A descrição de cada um deles está apresentada a seguir:**

- *Accountability* vertical – Exercido pela sociedade civil, por meio da prestação de contas do Governo para com a sociedade, através de Portais da Transparência, prestação de contas orçamentárias, ações do Governo etc. Ele é caracterizado por ser externo ao Poder Público.
- *Accountability* horizontal – Exercido pelos órgãos que controlam as ações internas, pelo domínio dentro do próprio Governo, como da Administração direta sobre a indireta, agências reguladoras frente às ações e serviços públicos etc. Ele se caracteriza por ser interno ao governo.

4.12 Eficiência, Eficácia e Efetividade

Também têm relação com a Nova Administração Pública e estreita afinidade com os elementos anteriormente descritos, os chamados "3Es" da Administração Pública, que são a Eficiência, Eficácia e Efetividade.

▷ **A seguir, verifica-se a descrição de cada um dos elementos:**

- Eficiência – Introduzida de forma explícita no artigo 37 da Constituição pela Emenda Constitucional nº 19 de 1998, é a relação de recursos destinados e resultados obtidos pela Administração Pública. Em uma análise, é a questão chamada de "custo-benefício" nas ações públicas. Por exemplo: se, ao final do prazo estipulado previamente, for construído um hospital público com os recursos (financeiros, de pessoas e materiais) propostos, sem necessidade de destinação complementar, será uma ação eficiente administrativamente. Portanto, a eficiência tem relação com a atividade "meio".

- Eficácia – Tem direta relação com a concreta efetivação da ação que motiva a existência da unidade pública ou função dos servidores públicos, a capacidade de atender àquilo que justifica a ação administrativa. Portanto, a eficácia tem relação com a "atividade fim"
- Efetividade – Tem relação com a entrega do "produto final" para os interessados, para os clientes-cidadãos, fazendo com que eles agreguem valor e aceitem a ação pública como justificável. Portanto, a efetividade tem relação com o "valor percebido" pelo cliente-cidadão.

4.13 Transparência

Assim como no sentido óptico do termo, ter transparência é não obstruir a visão, não impedir o acesso. Na Administração Pública, ter transparência é possibilitar que o cidadão tenha controle total dos atos públicos. O Poder Público, por sua vez, informa o cidadão de suas ações com tempo hábil para reação contrária.

A prestação de contas, tanto orçamentária quanto dos atos da Administração Pública, é uma ação de transparência. Atualmente, esta ação possui grande vínculo com o governo eletrônico, pois a Administração Pública se utiliza da internet para divulgação de seus atos.

O site http://www.portaldatransparencia.gov.br/, o chamado "Portal da Transparência", é um exemplo do uso de ferramentas de governo eletrônico para ter transparência nos atos públicos.

4.14 Administração Financeira e Governamental

A administração financeiro-orçamentária do Governo brasileiro é prevista na Constituição Federal.

> *Art. 165. Leis de iniciativa do Poder Executivo estabelecerão:*
> *o plano plurianual;*
> *as diretrizes orçamentárias;*
> *os orçamentos anuais.*
>
> *§ 1º – A lei que instituir o plano plurianual estabelecerá, de forma regionalizada, as diretrizes, objetivos e metas da Administração Pública federal para as despesas de capital e outras delas decorrentes e para as relativas aos programas de duração continuada.*

4.14.1 Plano Plurianual

Vigência - Do primeiro dia do segundo ano de mandato do presidente eleito (que elabora o PPA), até o final do primeiro ano fiscal do mandato subsequente.

- Encaminhamento - Até quatro meses antes do encerramento do primeiro exercício financeiro, 31 de agosto.
- Devolução para sanção ou veto - Término do 2º período legislativo, 22 de dezembro.

4.14.2 Lei de Diretrizes Orçamentárias

Vigência - De sua publicação até o final do exercício financeiro subsequente.

- Encaminhamento - Até 8 meses e meio antes do encerramento do exercício financeiro, 15 de abril.
- Devolução para sanção ou veto - Até o encerramento do primeiro período da seção legislativa, 17 de julho.

4.14.3 Lei Orçamentária Anual

- Vigência - Todo exercício financeiro.
- Encaminhamento - Até 4 meses antes do encerramento do exercício financeiro, 31 de agosto.
- Devolução para sanção ou veto - Até o encerramento do segundo período da seção legislativa, 22 de dezembro.

4.15 Gestão de Contratos Administrativos

Dentre as inúmeras tarefas inerentes à Administração Pública, existem serviços e compras realizados junto à iniciativa privada, e esta relação se dá através de contratos firmados. A base para a gestão de contratos está definida na LEI Nº 8.666, DE 21 DE JUNHO DE 1993, que, no seu Artigo 2º, define contrato como:

> *Art. 2º As obras, serviços, inclusive de publicidade, compras, alienações, concessões, permissões e locações da Administração Pública, quando contratadas com terceiros, serão necessariamente precedidas de licitação, ressalvadas as hipóteses previstas nesta Lei.*
>
> ***Parágrafo único.*** *Para os fins desta Lei, considera-se contrato todo e qualquer ajuste entre órgãos ou entidades da Administração Pública e particulares, em que haja um acordo de vontades para a formação de vínculo e a estipulação de obrigações recíprocas, seja qual for a denominação utilizada.*

GESTÃO DE PROCESSOS

5 GESTÃO DE PROCESSOS

5.1 Conceitos

As organizações privadas ou públicas podem ser vistas como um conjunto de processos. Todo processo deve ter, **no mínimo**, entrada, processamento e saída. Os produtos mais típicos da saída são: bens, serviços e informações. É no "processamento" que estão concentradas as atividades do processo.

> **Fique ligado**
> O processo existe em todas as empresas – de forma bem definida ou de forma fragmentada (ainda que as empresas não consigam visualizá-lo e defini-lo como tal).

O valor é o cliente quem atribui, reconhecendo sua importância e demonstrando disposição em pagar o preço estabelecido. Fonte: Agostinho Paludo, Administração Pública, 3ª edição, Editora Elsevier, 2013, página 339.

Fornecedor	Atividades/Tarefas	Cliente
Entrada →	Processamento →	Saída →
Insumos Produto Serviço Informação	Transformação Agregação de valor	Produtos Bens Serviços Informações

Um processo compreende uma série de atividades, racionalmente sequenciais e inter-relacionadas, que devem ser executadas para se obter determinado resultado pretendido. É um modo de transformar insumos em produtos para atender à necessidade de algum cliente. O processo inicia com a identificação de uma necessidade e termina com a entrega do produto (bem ou serviço) ao cliente.

Na visão de Thomas Davenport *o processo é uma ordenação específica das atividades de trabalho no tempo e no espaço, com um começo e um fim,* **inputs** *e* **outputs** *claramente identificados.* Segundo o mesmo autor, tais atividades são estruturadas com a finalidade de agregar valor às entradas *(inputs)*, resultando em um produto para um cliente.

Desta maneira, todo tipo de trabalho importante em uma organização faz parte de algum processo. Não existe produto ou serviço fornecido sem que exista um processo organizacional por trás.

Harrington define processo como a utilização de recursos da empresa para oferecer resultados objetivos aos seus clientes. Assim sendo, **o processo seria um fluxo de trabalho**, em que existiriam os *inputs* (materiais, informação, equipamentos etc.) que seriam trabalhados, de forma a agregar valor. Desta forma, o fluxo resultaria em uma série de *outputs* (produtos e serviços desejados pelos clientes).

Para o GesPública (2011), o *processo é um conjunto de decisões que transformam insumos em valores gerados ao cliente/cidadão.*

Portanto, cada atividade destas pode agregar valor ou não ao processo, pois um erro ou demora em uma delas acabará por prejudicar o cliente.

Assim, quando pensamos em processo, temos de entender que estas atividades estão interligadas e que não adianta uma delas ser muito bem feita se outra for deficiente.

Desta forma, a gestão por processos implica uma ênfase em "como" o produto ou serviço é feito, ao contrário do foco no "quê" é feito, característica das organizações tradicionais.

Assim, é possível afirmar que toda vez que tivermos um conjunto de atividades e tarefas sendo executadas de forma integrada para produzir um produto (bem ou serviço) com vistas a atender a necessidades de clientes – teremos um processo – seja ele reconhecido ou não, nominado ou não, compreendido como tal ou não.

> **Fique ligado**
> De acordo com Nunes,
> "O modelo de organização orientado por processos passou a ser considerado como alternativa mais adequada para promover uma maior efetividade organizacional. O pressuposto foi ode que nessa forma de organização ocorresse uma eliminação de barreiras dentro da empresa, possibilitando a visualização da organização como um todo e uma maior inter-relação entre os diferentes agentes da cadeia de valor (cliente, fornecedor, executores do processo)".

5.1.1 Cadeia de Valor

Cadeia de Valor, para Michael Porter, é o conjunto de atividades tecnológicas e econômicas distintas que uma organização utiliza para entregar produtos e serviços aos seus clientes.

Cada uma dessas atividades (produção, distribuição, comercialização etc.) deve entregar algum "valor". Quanto mais valor agregado, mais competitiva fica a empresa. Este é um conceito relacionado com a vantagem competitiva.

Os processos podem ser assim classificados:

- **Processos negócio/principais/primários/chaves/essenciais/finalísticos**, que são os processos que resultam na entrega de algum bem ou serviço ao cliente final – devem satisfazer as necessidades e expectativas dos clientes e demais partes interessadas. **Ex.:** produção de um bem/prestação de serviço direto ao cliente final.
- **Processos secundários/administrativo/de suporte/auxiliares/meio**, que são os processos internos que geram apenas bens e serviços internos, mas que, ao mesmo tempo, são indispensáveis para que os processos principais possam ser executados (dão suporte à execução dos processos principais), contribuindo para o sucesso da organização. **Ex.:** gestão de pessoas, compras, manutenção em geral, contas a pagar, processos de recursos humanos etc.
- **Processos gerenciais**, ligados às estratégias e utilizados na tomada de decisão, no estabelecimento de metas, na coordenação dos demais processos e na avaliação dos resultados. **Ex.:** planejamento estratégico, gestão do conhecimento, avaliação de desempenho, avaliação da satisfação dos clientes etc.

Resumindo:

Percebe-se que os **processos de negócio** são os mais importantes para a organização, constituindo o cerne de sua existência, pois eles são responsáveis pelo atendimento das necessidades dos clientes, diferenciando a organização de suas concorrentes no mercado.

Os **processos organizacionais**, por sua vez, são aqueles que dão o devido suporte e apoio para que os processos de negócio possam funcionar bem e agregar valor para os clientes.

Os **processos gerenciais**, por sua vez, são aqueles relacionados às ações dos gerentes. Trata-se da tomada de decisões gerenciais pelos gerentes para que a organização possa seguir rumo ao futuro.

Por fim, apresenta-se outra visão, que divide os processos em:

- **Processos primários:** são aqueles que agregam valor para o cliente e que vão de ponta a ponta na organização. São equivalentes aos processos de negócio ou de clientes.
- **Processos secundários:** dão o suporte necessário para que os processos primários funcionem adequadamente. Relacionam-se com os processos de gerenciamento e administrativos.

5.2 Níveis de Detalhamento dos Processos

Em toda empresa, existem alguns processos mais complexos e outros mais simples. Além disso, existem processos mais importantes e outros menos importantes. O nível de detalhamento de um processo está relacionado com a sua complexidade.

NOÇÕES DE ADMINISTRAÇÃO PÚBLICA

Quanto mais complexo (mais atividades, entradas ou produtos resultantes), mais provável que tenhamos de "decompô-lo" em subprocessos para que seja mais fácil a análise e o controle.

A decomposição de um processo segue a seguinte lógica:

- **Macroprocesso:** compreende a visão mais geral do processo, que, em regra, abrange vários processos principais ou secundários e envolvem mais de uma função organizacional;
- **Processo:** conjunto de operações (atividades e tarefas) que recebe um insumo, agrega valor e transforma em um produto (bem/serviço) destinado ao atendimento de necessidades dos clientes internos e externos;
- **Subprocesso:** refere-se a uma parte específica do processo, composto por um conjunto de atividades que demandam insumos próprios e resultam em subproduto(s) que concorre(m) para o produto final do processo;
- **Atividade:** é um conjunto de tarefas com procedimentos definidos que descrevem o passo a passo para a execução de acordo com algum método/técnica. A atividade terá nome próprio, será precedida por um *input* (entrada) e resultará em um *output* (saída), em um produto parcial que concorre para o produto final do processo.

Atenção → São as atividades que agregam valor ao processo, assim, a cada atividade executada o processo deve adquirir um valor maior.

- **Tarefa:** é a menor divisão do trabalho, exclusivamente operacional, que corresponde ao fazer. É uma partição da atividade com rotina ou procedimento específico.

Atenção → Nos macroprocessos a visão é geral, sem detalhamentos, nos processos tem-se um nível intermediário de detalhamento, já para as atividades e tarefas o nível de detalhamento deve ser amplo, de forma a permitir que cada detalhe importante que compõe o processo possa ser claramente visualizado e compreendido.

5.3 O Guia BPM CBOK

O gerenciamento de processos na Administração Pública brasileira utiliza as boas práticas previstas no guia *Business Process Management Common Book Of Knowledge* (BPM CBOK) - cujo nome pode ser traduzido como *Guia para o Corpo Comum de Conhecimentos sobre Gerenciamento de Processos de Negócio*.

Trata-se de uma abordagem que busca identificar, desenhar, medir, monitorar, controlar e melhorar os processos de negócio nas organizações. A ideia é alinhar os processos de negócio à estratégia da organização para que ela obtenha o desempenho desejado.

Nas palavras do Guia BPM CBOK:

Gerenciamento de Processos de Negócio (BPM) é uma abordagem disciplinada para identificar, desenhar, executar, documentar, medir, monitorar, controlar e melhorar processos de negócio automatizados ou não para alcançar os resultados pretendidos consistentes e alinhados com as metas estratégicas de uma organização. BPM envolve a definição deliberada, colaborativa e cada vez mais assistida por tecnologia, melhoria, inovação e gerenciamento de processos de negócio ponta a ponta que conduzem a resultados de negócios, criam valor e permitem que uma organização cumpra com seus objetivos de negócio com mais agilidade. BPM permite que uma organização alinhe seus processos de negócio à sua estratégia organizacional, conduzindo a um desempenho eficiente em toda a organização por meio de melhorias das atividades específicas de trabalho em um departamento, a organização como um todo ou entre organizações.

O gerenciamento de processos do BPM é estabelecido com base em um ciclo de vida que possui seis etapas:

01. **planejamento;**
02. **análise;**
03. **desenho e modelagem;**
04. **implantação;**
05. **monitoramento e controle;**
06. **refinamento;**

5.3.1 Planejamento

É a primeira etapa do ciclo de gerenciamento de processos. É nesta fase que é desenvolvido um plano e uma estratégia dirigida aos processos da organização, estabelecendo a estratégia e o direcionamento do BPM. O início do plano se dá por meio do entendimento das estratégias e metas que são desenhadas para garantir que o cliente perceba valor nos processos de negócio da organização. A estrutura e o direcionamento dos processos centrados no cliente são baseados no plano.

O planejamento deve assegurar que a abordagem de gestão dos processos de negócio integre a estratégia, as pessoas, processos e sistemas ao longo dos limites funcionais.

É aqui também que são identificados os papéis e responsabilidades organizacionais de gerenciamento de projetos, o patrocínio executivo, metas, expectativas quanto à medição do desempenho e as metodologias a serem utilizadas.

5.3.2 Análise

Após considerar as metas e objetivos desejados, a análise dos processos busca entender os processos atuais, também chamados de *AS IS* (do inglês - "como é" - em oposição aos processos a serem implementados no futuro, chamados de *TO BE* ("como será"), no contexto das metas e dos objetivos desejados.

Segundo o Guia de Gestão de Processos de Governo do GesPública, a análise reúne informações oriundas de planos estratégicos, modelos de processo, medições de desempenho, mudanças no ambiente externo e outros fatores, a fim de compreender os processos no escopo da organização como um todo. Nessa etapa são vistos alguns pontos como: objetivos da modelagem de negócio, ambiente do negócio que será modelado, principais *stakeholders* e escopo da modelagem de processos relacionados com o objetivo geral.

A análise dos processos leva em conta diferentes metodologias para facilitar as atividades de identificação do contexto e de diagnóstico da situação atual, que constituem o foco desta etapa.

5.3.3 Desenho e Modelagem

O desenho está focado sobre o desenho intencional e cuidadoso dos processos de negócio que entregam valor ao cliente. É no desenho que se definem as especificações dos processos de negócio, de modo que fique claro *o que, quando, onde, quem* e *como o trabalho* será realizado.

Conforme consta no Guia CBOK, o desenho dos processos trata da

Criação de especificações para processos de negócio novos ou modificados dentro do contexto dos objetivos de negócio, objetivos de desempenho de processo, fluxo de trabalho, aplicações de negócio, plataformas tecnológicas, recursos de dados, controles financeiros e operacionais, e integração com outros processos internos e externos.

Sobre a modelagem do processo, o Guia de Gestão de Processos de Governo do GesPública afirma o seguinte:

Já a modelagem de processo é definida como 'um conjunto de atividades envolvidas na criação de representações de um processo de negócio existente ou proposto', tendo por objetivo 'criar uma representação do processo em uma perspectiva ponta a ponta que o descreva de forma necessária e suficiente para a tarefa em questão'. Alternativamente chamada de fase de 'identificação', a modelagem pode ser também definida como 'fase na qual ocorre a representação do processo presente exatamente como o mesmo se apresenta na realidade, buscando-se ao máximo não recorrer à redução ou simplificação de qualquer tipo.

O Guia CBOK ressalta, no entanto, que a modelagem de processos pode ser executada tanto para o mapeamento dos processos atuais como para o mapeamento de propostas de melhoria. **Implementação**

GESTÃO DE PROCESSOS

Para a realização das atividades de implementação, subentende-se que as fases anteriores criaram e aprovaram um conjunto de especificações que podem ser executadas sofrendo apenas pequenos ajustes pontuais.

Deste modo, a implementação nada mais é do que a realização do desenho do processo de negócio aprovado. Ela se dá por meio de procedimentos e fluxos de trabalho documentados, testados e operacionais.

5.3.4 Monitoramento e Controle

Esta etapa busca fornecer informações-chave de desempenho de processos por meio de métricas ligadas às metas estabelecidas e ao valor para a organização. A análise do desempenho realizada nesta etapa pode fazer com que se desenvolvam atividades de melhoria, redesenho ou reengenharia.

5.3.5 Refinamento

Segundo o Guia BPM CBOK, *o refinamento trata aspectos de ajustes e melhorias pós-implementação de processos com base nos indicadores e informações-chave de desempenho.*

Estes ajustes são feitos com base nas informações obtidas por meio da medição e do monitoramento de processos de negócio.

O Guia de Gestão de Processos de Governo afirma que esta etapa também pode ser chamada de "encenação", revendo o modelo de processo e implantando as mudanças propostas após o estudo de variados cenários.

5.4 Mapeamento de Processos

Para que possamos melhorar um processo necessitamos antes conhecê-lo. Desta maneira, precisamos analisar o processo, de forma a entender o fluxo de trabalho envolvido, quais são os setores e pessoas envolvidas e as decisões que devem ser tomadas durante o processo.

Portanto, o trabalho de "entender" e visualizar um processo de trabalho é chamado de **mapeamento de processos**. Este trabalho é executado, normalmente, por meio de uma ferramenta chamada de fluxograma, que será analisada posteriormente.

5.4.1 Técnicas de Mapeamento, Análise e Melhoria de Processos

Para que um profissional possa mapear um processo, ele deve primeiro compreendê-lo. Para que isso ocorra, existem diversas técnicas que podem ser utilizadas. As principais são:
- entrevistas e reuniões;
- observação das atividades *in loco*;
- análise da documentação e dos sistemas existentes;
- coleta de dados e evidências

Ao mapearmos um processo, este será descrito desde o início, deforma a representar cada atividade e decisão envolvida nele. Desta forma, a pessoa que estiver fazendo o mapeamento deverá compreender os elementos: (fornecedores, entradas, processo, saídas e clientes) de modo a descrever todos os aspectos do processo.

Entre os benefícios que uma organização pode ter ao mapear seus processos, temos:
- compreender o impacto que o processo tem para a organização e seus clientes;
- entender a relação de dependência entre os setores no processo;
- compreender quais são os "atores" envolvidos no processo;
- analisar se o processo é necessário e se é bem executado;
- propor mudanças no processo;
- identificar quais são os fatores críticos no processo.

Principais Técnicas para Mapeamento de Processos

Segundo DE MELLO (2008, p. 27), a literatura apresenta algumas técnicas de mapeamento com diferentes enfoques tornando a correta interpretação destas técnicas fundamental no processo de mapeamento.

Dentre as diversas técnicas de mapeamento podemos citar:

SIPOC: o SIPOC é uma ferramenta que consiste na identificação clara dos elementos dos processos, incluindo o próprio processo, suas entradas e saídas, além dos clientes e fornecedores do processo.

Trata-se de uma técnica utilizada antes mesmo do trabalho com o processo começar. Ela é anterior à construção de um mapa do processo ou fluxograma, pois identifica os fornecedores, a entrada dos insumos da empresa, todo o conjunto de atividades de processamento (tais como transporte, montagem, armazenamento etc.), os produtos finais do processo e a destinação para os clientes.

Discutindo a técnica, Lobato e Lima (2010, p. 350) apresentam os seguintes conceitos segundo Mello et. al. (2002): *fornecedor é aquele que propicia as entradas necessárias, podendo ser interno e externo; entrada é o que será transformado na execução do processo; processo é a representação esquemática da sequência de atividades que levam a um resultado esperado; saída é o produto ou serviço como solicitado pelo cliente; cliente é quem recebe o produto ou serviço.*

Blueprinting: é uma técnica que permite retratar o processo de serviço, os pontos de contato e as evidências físicas de um serviço do ponto de vista do cliente. É uma verdadeira "impressão digital" do processo, representando um verdadeiro mapa das transações em um processo de prestação de serviço.

Segundo Frazzon *et al.* (2014) *O uso do Service Blueprint surgiu como uma técnica para identificação de pontos de falha no processo, porém seu uso foi expandido para a área estratégica, pois ele também permite identificar as áreas prioritárias para o cumprimento dos objetivos operacionais estratégicas da organização (GIANESI; CORREA, 1994). Assim como contribui para decisões referentes ao posicionamento estratégico da organização de serviços (SHOSTACK, 1987).*

Essa ferramenta possibilita uma visualização de todo o processo de serviço em um diagrama, especialmente dos encontros de serviço com o cliente, também chamados de momentos da verdade, em que as evidências físicas da prestação de serviço são demonstradas, permitindo ainda a separação dos processos primários dos processos de apoio.

Fluxograma: esta é uma ferramenta muito utilizada para que se possa visualizar com facilidade o fluxo de ações para que determinado processo possa ser concluído.

Trata-se de um gráfico que representa o fluxo ou sequencia normal de qualquer trabalho, produto, documento, informação etc., utilizando-se de diferentes símbolos que esclarecem o que está acontecendo em cada etapa.

Mapafluxograma: o mapafluxograma apresenta o fluxo de movimentação física de um determinado item com base em uma rotina produtiva preestabelecida. É como um fluxograma de como o material deverá se movimentar no espaço físico para que o processo seja desempenhado de acordo com o que está previsto no fluxograma.

Assim, o mapafluxograma permite, em conjunto com o fluxograma, o estudo do processo como um todo, tanto do ponto de vista do conjunto de atividades desempenhadas como da movimentação de material no espaço físico.

IDEF: (*Integration Definition for Function Modeling* – **Definição integrada para modelagem de funções**).

Segundo o CBOK, O IDEF é um padrão federal de processamento de informação (FIPS – *Federal Information Processing Standard*) desenvolvido pela Força Aérea dos EUA. **OIDEF é utilizado para criar uma descrição clara e detalhada de um processo ou um sistema.**

- **Utiliza-se quando for preciso descrever formalmente um processo, para garantir um resultado detalhado, claro e preciso.**
- **Utiliza-se quando o processo for complexo, e outros métodos fossem resultar em um diagrama mais complexo.**
- **Utiliza-se quando houver tempo hábil para trabalhar em entender e produzir uma descrição completa e correta do processo.**
- **IDEF 0 – Modelo de funções (processos)**

- **IDEF 1** – Modelo de informações (dados)
- **IDEF 2** – Modelo dinâmico (comportamento)
- **IDEF 3** – Modelo de fluxo de trabalho (*workflow*)

O IDEF 0, mais utilizado da família na modelagem de processo, destina-se a descrever graficamente o processo de transformação ou produção de um bem ou serviço.

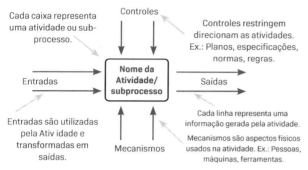

- **Mapeamento *Lean*:** é o mapeamento realizado com base na técnica do *just in time* para o processo, seja em manufatura, seja em serviço, tentando gerar economias ao longo do processamento para um processo enxuto. Sua base é a redução de desperdícios e de custos, eliminando do processo as atividades que não agregam valor, gerando um fluxo de valor. Por isso, a técnica também é conhecida como **mapeamento do fluxo de valor do processo**.

5.5 Projeto de Mapeamento e Modelagem de Processos

O BPMN (Business *Process Modeling Notation*) é o padrão utilizado para o desenho (ou modelagem) dos processos em uma organização.

Consiste de um conjunto de **notações gráficas**, ou seja, um conjunto de símbolos padronizados que servem para que possamos descrever e redesenhar um processo. Esse diagrama, que nos permite visualizar um processo, também é conhecido como **fluxograma**.

Assim, essa é a ferramenta utilizada para efetuar o mapeamento e a modelagem dos processos. Desta forma, ele é utilizado para **descrever, de modo gráfico, um processo por meio do uso de símbolos e linhas**.

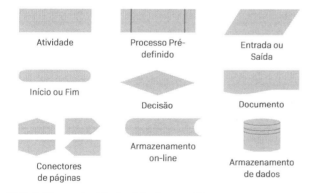

5.5.1 Grau de Maturidade em Processos

O grau de maturidade na Gestão de Processos de Negócio define a maturidade a partir de níveis, que medem a evolução da organização/instituição quanto às práticas de gestão/gerenciamento de processos.

O Guia de Gestão de Processos no Governo do GesPública (2011) descreve a maturidade do processo em 5 níveis, a partir de dois modelos. Esses níveis refletem a transformação da organização na medida em que seus processos e capacidades são aperfeiçoados.

Na **visão do CBOK** – *Business Process Maturity*, os níveis (exceto o primeiro) são compostos por **áreas de processos**, estruturadas com vistas a atingir metas de criação, suporte e sustentação específicas

de cada nível. Nessas áreas a **ênfase é nas melhores práticas**, indicando o que deve ser feito (mas não de que forma devem fazer).

- **Nível 1, Inicial:** os processos são executados de maneira *ad-hoc*, o gerenciamento não é consistente e é difícil prever os resultados.
- **Nível 2, Gerenciado:** a gestão equilibra os esforços nas unidades de trabalho, garantindo que sejam executados de modo que se possa repetir o procedimento e satisfazer os compromissos primários dos grupos de trabalho. No entanto, outras unidades de trabalho que executam tarefas similares podem usar diferentes procedimentos.
- **Nível 3, Padronizado:** os processos padrões são consolidados com base nas melhores práticas identificadas pelos grupos de trabalho, e procedimentos de adaptação são oferecidos para suportar diferentes necessidades do negócio. Os processos padronizados propiciam uma economia de escala e base para o aprendizado por meio de meios comuns e experiências.
- **Nível 4, Previsível:** as capacidades habilitadas pelos processos padronizados são exploradas e devolvidas às unidades de trabalho. O desempenho dos processos é gerenciado estatisticamente durante a execução de todo o *workflow*, entendendo e controlando a variação, de forma que os resultados dos processos sejam previstos ainda em estados intermediários.
- **Nível 5, Otimizado:** ações de melhorias proativas e oportunistas buscam inovações que possam fechar os *gaps* entre a capacidade atual da organização e a capacidade requerida para alcançar seus objetivos de negócio.

5.6 Diferenciando BPM e BPMS

O BPM não aceita o conceito de processos da forma trazida pelos ERPs ou SIGs – ele tem entendimento próprio e separado. **Para o BPM o processo não se restringe à execução no sistema** – mas pode ser alterado, adaptado, melhorado, monitorado em tempo real e disponibilizado por toda a organização.

Assim, para dar suporte às novas exigências do BPM é que surgiram os BPMS. Mas o que são os BPMS?

- Os BPMS – *Business Process Management Systems* – correspondem ao sistema informatizado que dá suporte para a gestão de processos nas organizações/instituições; correspondem à tecnologia que suporta o conceito e as tarefas de gestão de processos do BPM.
- Os BPMS fazem referência a um sistema computacional que suporta a gestão da informação pela organização, com foco no gerenciamento de processos.
- Os BPMS constituem uma peça de *software* que dá suporte às atividades como modelagem, análise e aprimoramento de processos de negócio.
- Os BPMS correspondem à plataforma que dá suporte aos processos de negócio.

BPM → Foco no negócio e na gestão

BPMS → Foco em TI-Tecnologia da Informação

5.6.1 Reengenharia

Na década de 1980 (pode constar em prova também década de 90), a reengenharia foi um marco para a divulgação da administração de processos e do aprimoramento de processos. O autor desse conceito foi Michael Hammer, que o divulgou no artigo "Promovendo a reengenharia do trabalho: não automatize, destrua". Nesse texto, Hammer usa o verbo "*to reengineer*" (sem equivalente em português; ficaria "reengenheirar" se fosse traduzido literalmente) com o sentido de reformular a maneira de conduzir os negócios. Hammer afirmava que a tecnologia da informação tinha sido usada de forma incorreta pela maioria das empresas. O que elas faziam, geralmente, era automatizar os processos de trabalho de forma como estavam projetados. Elas deveriam, em vez disso, redesenhar os processos.

GESTÃO DE PROCESSOS

Em seu livro de 1993, *Reengeneering the corporation*, escrito em parceria com James Champy, as ideias originais foram ampliadas e acrescidas de uma metodologia para a implantação da reengenharia. Nesse livro, os autores apresentaram as bases da administração de processos e do aprimoramento dos processos.

A reengenharia firmou-se como proposta de redesenhar a organização em torno de seus processos, para torná-la mais ágil e eficiente. Moreira (1994) apresentou a reengenharia como uma proposição audaciosa:

Fazer a reengenharia é reinventar a empresa, desafiando suas doutrinas, práticas e atividades existentes, para, em seguida, redesenhar seus recursos de maneira inovadora, em processos que integram as funções departamentais. Esta reinvenção tem como objetivo otimizar a posição competitiva da organização, seu valor para os acionistas e sua contribuição para a sociedade.

5.7 Ciclo PDCA

O Ciclo PDCA teve origem com Shewhart, nos Estados Unidos, mas tornou-se conhecido como ciclo de Deming a partir de 1950, no Japão. Para o glossário do GesPública, Ciclo PDCA é *uma ferramenta que busca a lógica para fazer certo desde a primeira vez.*

É uma técnica simples para o controle de processos, que também pode ser utilizada para o gerenciamento contínuo das atividades de uma organização. **É um método** usado para controlar e melhorar as atividades de um processo.

O PDCA:

- padroniza as informações de controle;
- reduz e evita erros lógicos;
- facilita o entendimento das informações;
- melhora a realização das atividades; e
- proporciona resultados mais confiáveis.

Também chamado Ciclo da Melhoria Contínua, o PDCA é uma "ferramenta oficial da qualidade", utilizado em processos de trabalho com vistas a maximizar a eficiência e alcançar a excelência de produtos e serviços.

O PDCA parte da insatisfação com o "estado atual das coisas" e analisa os processos com vistas a realizá-los de maneira otimizada. Inclui as seguintes etapas:

- **planejamento (*plan*):** estabelecer objetivos, metas e os meios para alcançá-los;
- **execução (*do*):** executar as atividades propostas no planejamento;
- **controle/ verificação (*check/control*):** monitora/controla a execução e verifica o grau de cumprimento do que foi planejado;
- **ação avaliativa (*act*):** identifica eventuais falhas e corrige-as, a fim de melhorar a execução.

NOÇÕES DE GESTÃO PÚBLICA

PROCESSO ADMINISTRATIVO (ORGANIZACIONAL)

1 PROCESSO ADMINISTRATIVO (ORGANIZACIONAL)

A Administração (do latim: *administratione*) é o conjunto de atividades voltadas à direção de uma organização. Tais atividades devem fazer uso de técnicas de gestão para que seus objetivos sejam alcançados de forma eficaz e eficiente, com responsabilidade social e ambiental. E o que são as organizações?

Segundo a banca Cespe, *"uma organização é o produto da combinação de esforços individuais, visando à realização de propósitos coletivos. Por meio de uma organização, é possível perseguir ou alcançar objetivos que seriam inatingíveis para uma pessoa"*.

Organizações são, portanto, empreendimentos coletivos, com um fim comum. No sentido clássico da Administração Geral, podem ser analisados como organizações: as empresas (uma padaria ou o Google), os órgãos públicos, os partidos políticos, as igrejas, as associações de bairro e outros agrupamentos humanos.

Uma característica essencial das organizações é que elas são sistemas sociais, com divisão de tarefas.

Lacombe (2003, p.4) diz que a essência do trabalho do administrador é obter resultados por meio das pessoas que ele coordena. A partir desse raciocínio de Lacombe, temos o papel do "Gestor Administrativo" que, com sua capacidade de gestão com as pessoas, consegue obter os resultados esperados. **Drucker** (1998, p. 2) diz que administrar é manter as organizações coesas, fazendo-as funcionar.

Administrar como processo significa **planejar, organizar, dirigir** e **controlar** organizações e/ou tarefas, tendo como objetivo maior produtividade e/ou lucratividade. Para se chegar a isso, o administrador avalia os objetivos organizacionais e desenvolve as estratégias necessárias para alcançá-los. Este profissional, no entanto, não tem apenas função teórica, ele é responsável pela implantação de tudo que planejou e, portanto, será aquele que definirá os programas e métodos de trabalho, avaliando os resultados e corrigindo os setores e procedimentos que estiverem com problemas. Como é função do administrador que a produtividade e/ou lucros sejam altos, ele também terá a função de fiscalizar a produção e, para isso, é necessário que fiscalize cada etapa do processo, controlando, inclusive, os equipamentos e materiais envolvidos na produção, para evitar desperdícios e prejuízos para a organização.

A realidade das empresas de hoje é muito diferente das empresas administradas no passado. Com o surgimento de várias inovações tecnológicas e com o próprio desenvolvimento intelectual do homem, é necessário muito mais do que intuição e percepção das oportunidades. A administração necessita de um amplo conhecimento e a aplicação correta dos princípios técnicos até agora formulados, a necessidade de combinar os meios e objetivos com eficiência e eficácia.

Principais Funções Administrativas

- Fixar objetivos.
- **Analisar:** conhecer os problemas.
- Solucionar problemas.
- Organizar e alocar recursos (financeiros, materiais, ambientais, humanos e tecnológicos).
- Comunicar, dirigir e motivar as pessoas (liderar).

> **Fique ligado**
> Esse conjunto de funções administrativas: Planejar, Organizar, Dirigir e Controlar corresponde ao Processo Organizacional, que pode ser chamado também de Processo Administrativo.

- Negociar.
- Tomar as decisões.
- Mensurar e avaliar (controlar).

1.1 Planejamento

O trabalho do administrador não se restringe ao presente, ao atual, ao corrente. Ele precisa extrapolar o imediato e se projetar para frente. O administrador precisa tomar decisões estratégicas e planejar o futuro de sua organização. Ao tomar decisões, o administrador configura e reconfigura continuamente a sua organização ou a unidade organizacional que administra. Ele precisa saber em qual rumo deseja que sua organização vá em frente, tomar as decisões necessárias e elaborar os planos para que isso realmente aconteça. O planejamento está voltado para o futuro. E o futuro requer uma atenção especial. É para ele que a organização deve estar preparada a todo instante.

Planejamento é a função administrativa que define objetivos e decide sobre os recursos e tarefas necessários para alcançá-los adequadamente. Como principal decorrência do planejamento, estão os planos. Os planos facilitam a organização no alcance de suas metas e objetivos. Além disso, os planos funcionam como guias ou balizamentos para assegurar os seguintes aspectos:

01. Os planos definem os recursos necessários para alcançar os objetivos organizacionais.

02. Os planos servem para integrar os vários objetivos a serem alcançados em um esquema organizacional que proporciona coordenação e integração.

03. Os planos permitem que as pessoas trabalhem em diferentes atividades consistentes com os objetivos definidos; eles dão racionalidade ao processo; são racionais, porque servem de meios para alcançar adequadamente os objetivos traçados.

04. Os planos permitem que o alcance dos objetivos possa ser continuamente monitorado e avaliado em relação a certos padrões ou indicadores, a fim de permitir a ação corretiva necessária quando o progresso não seja satisfatório.

O primeiro passo do planejamento consiste na definição dos objetivos para a organização. Objetivos são resultados específicos que se pretende atingir. Os objetivos são estabelecidos para cada uma das subunidades da organização, como suas divisões ou departamentos etc. Uma vez definidos, os programas são estabelecidos para alcançar os objetivos de maneira sistemática e racional. Ao selecionar objetivos e desenvolver programas, o administrador deve considerar sua viabilidade e aceitação pelos gerentes e funcionários da organização.

1.1.1 Objetivos e Metas

Objetivo é um resultado desejado que se pretende alcançar dentro de um determinado período de tempo. Os objetivos organizacionais podem ser rotineiros, inovadores e de aperfeiçoamento. A partir dos objetivos se estabelece a estratégia adequada para alcançá-los. Enquanto os objetivos são qualitativos, as **metas** são quantitativas. **Ex.:** uma determinada empresa estabeleceu como objetivo aumentar as vendas, e a meta é de R$ 500.000,00 (quinhentos mil reais); os objetivos só serão alcançados se as vendas chegarem às metas estabelecidas.

> **Fique ligado**
> Os objetivos e as metas têm em comum o fato de que devem ser reais, alcançáveis; devem ter prazo; são hierárquicos, específicos e desafiadores.

1.1.2 Estratégias

Estratégia organizacional refere-se ao comportamento global e integrado da empresa em relação ao ambiente externo. A estratégia é formulada a partir da missão, da visão e dos objetivos organizacionais, da análise ambiental (o que há no ambiente) e da análise organizacional (o que temos na empresa) para definir o que devemos fazer. A estratégia é a maneira racional de aproveitar as oportunidades externas e de neutralizar as ameaças externas, bem como de aproveitar as forças potenciais internas e neutralizar as fraquezas potenciais internas.

NOÇÕES DE GESTÃO PÚBLICA

Geralmente, a estratégia organizacional envolve os seguintes aspectos fundamentais:
- É definida pelo nível institucional da organização.
- É projetada em longo prazo e define o futuro e destino da organização.
- Envolve a empresa na sua totalidade.
- É um mecanismo de aprendizagem organizacional.

Planejar significa olhar para frente, visualizar o futuro e o que deverá ser feito; elaborar bons planos é ajudar as pessoas a fazer hoje as ações necessárias para melhor enfrentar os desafios do amanhã. Em outros termos, o planejamento, constitui hoje uma responsabilidade essencial em qualquer tipo de organização ou de atividade.

O planejamento constitui a função inicial da administração. Antes que qualquer função administrativa seja executada, a administração precisa planejar, ou seja, determinar os objetivos e os meios necessários para alcançá-los adequadamente.

1.1.3 O Planejamento como uma Função Administrativa

De acordo com Idalberto Chiavenato:

O planejamento pode estar voltado para a estabilidade, no sentido de assegurar a continuidade do comportamento atual em um ambiente previsível e estável. Também pode estar voltado para a melhoria do comportamento para assegurar a reação adequada a frequentes mudanças em um ambiente mais dinâmico e incerto. Pode ainda estar voltado para as contingências no sentido de antecipar-se a eventos que podem ocorrer no futuro e identificar as ações apropriadas para quando eles eventualmente ocorrerem.

Como todo planejamento se subordina a uma filosofia de ação, Ackoff aponta três tipos de filosofia do planejamento:

05. **Planejamento conservador:** É o planejamento voltado para a estabilidade e para a manutenção da situação existente. As decisões são tomadas no sentido de obter bons resultados, mas não necessariamente os melhores possíveis, pois dificilmente o planejamento procurará fazer mudanças radicais na organização. Sua ênfase é conservar as práticas atualmente vigentes. O planejamento conservador está mais preocupado em identificar e sanar deficiências e problemas internos do que em explorar oportunidades ambientais futuras. Sua base é predominantemente retrospectiva no sentido de aproveitar a experiência passada e projetá-la para o futuro.

06. **Planejamento otimizante (retrospectivo):** É o planejamento voltado para a adaptabilidade e inovação dentro da organização. As decisões são tomadas no sentido de obter os melhores resultados possíveis para a organização, seja minimizando recursos para alcançar um determinado desempenho ou objetivo, seja maximizando o desempenho par melhor utilizar os recursos disponíveis. O planejamento otimizante geralmente está baseado em uma preocupação em melhorar as práticas atualmente vigentes na organização. Sua base é predominantemente incremental no sentido de melhorar continuamente, tornando as operações melhores a cada dia que passa.

07. **Planejamento adaptativo (ofensivo):** É o planejamento voltado para as contingências e para o futuro da organização. As decisões são tomadas no sentido de compatibilizar os diferentes interesses envolvidos, elaborando uma composição capaz de levar a resultados para o desenvolvimento natural da empresa e ajustá-la às contingências que surgem no meio do caminho. O planejamento adaptativo procura reduzir o planejamento retrospectivo voltado para a eliminação das deficiências localizadas no passado da organização. Sua base é predominantemente aderente no sentido de ajustar-se às demandas ambientais e preparar-se para as futuras contingências.

Em todos os casos, o planejamento consiste na tomada antecipada de decisões. Trata-se de decidir, no momento presente, o que fazer antes da ocorrência da ação necessária. Não se trata simplesmente da previsão das decisões que deverão ser tomadas no futuro, mas da tomada de decisões que produzirão efeitos e consequências futuras.

1.1.4 O Processo de Planejamento

O planejamento é um processo constituído de uma série sequencial de seis passos, a saber:

- **Estabelecer a Missão e Visão no caso do Planejamento Estratégico.** As organizações não existem a esmo. Todas elas têm uma missão a cumprir. **Missão** significa uma incumbência que se recebe, a razão de existência de uma organização. A missão funciona como o propósito orientador para as atividades de uma organização e para aglutinar os esforços dos seus membros. Enquanto a missão define o credo da organização, a **visão** define o que a organização pretende ser no futuro. A visão funciona como o projeto do que a organização gostaria de ser, ou seja, define os objetivos organizacionais mais relevantes.

- **Definir os objetivos.** Os objetivos da organização devem servir de direção a todos os principais planos, servindo de base aos objetivos departamentais e a todos os objetivos das áreas subordinadas. Os objetivos devem especificar resultados desejados e os pontos finais aonde se pretende chegar, para conhecer os passos intermediários.

- **Diagnóstico.** Verificar qual a situação atual em relação aos objetivos. Simultaneamente, a definição dos objetivos, deve-se avaliar a situação atual em contraposição aos objetivos desejados, verificar onde se está e o que precisa ser feito.

- **Prognóstico, estabelecer estratégias.** Premissas constituem os ambientes esperados dos planos em operação. Como a organização opera em ambientes complexos, quanto mais pessoas estiverem atuando na elaboração e compreensão do planejamento e quanto mais se obter envolvimento para utilizar premissas consistentes, tanto mais coordenado será o planejamento. Trata-se de gerar cenários alternativos para os estados futuros das ações, analisar o que pode ajudar ou prejudicar o progresso em direção aos objetivos. A previsão é um aspecto importante no desenvolvimento de premissas. A previsão está relacionada com pressuposições antecipatórias a respeito do futuro.

- **Analisar as alternativas de ação (estratégias).** Trata-se de relacionar e avaliar as ações que devem ser tomadas, escolher uma delas para perseguir um ou mais objetivos, fazer um plano para alcançar os objetivos.

- **Escolher um curso de ação entre as várias alternativas.** Trata-se de uma tomada de decisão, em que se escolhe uma alternativa e se abandonam as demais. A alternativa escolhida se transforma em um plano para o alcance dos objetivos.

- **Implementar o plano e avaliar os resultados.** Fazer aquilo que o plano determina e avaliar cuidadosamente os resultados para assegurar o alcance dos objetivos, seguir através do que foi planejado e tomar as ações corretivas à medida que se tornarem necessárias.

Nem sempre o planejamento é feito por administradores ou por especialistas trancados em salas e em apenas algumas épocas predeterminadas. Embora seja uma atividade voltada para o futuro, o planejamento deve ser contínuo e permanente e, se possível, abrangendo o maior número de pessoas na sua elaboração e implementação. Em outras palavras, o planejamento deve ser constante e participativo. A descentralização proporciona a participação e o envolvimento das pessoas em todos os aspectos do seu processo. É o chamado planejamento participativo.

Para fazer o planejamento, é vital que se conheça o contexto em que a organização está inserida. Em outras palavras, qual é o seu microambiente, qual a sua missão e quais os seus objetivos básicos. Sobretudo, quais os fatores-chave para o seu sucesso. A partir daí, pode-se começar a pensar em planejamento.

1.1.5 Fatores Críticos de Sucesso

Mas, o que são fatores críticos (chave) de sucesso?

Os **fatores críticos de sucesso**, em inglês *critical success factor* (CSF), são os pontos-chave que definem o sucesso ou o fracasso de um objetivo definido por um planejamento de determinada organização.

PROCESSO ADMINISTRATIVO (ORGANIZACIONAL)

Estes fatores precisam ser encontrados pelo estudo sobre os próprios objetivos, derivados deles, e tomados como condições fundamentais a serem cumpridas para que a instituição sobreviva e tenha sucesso na sua área. Quando bem definidos, os fatores críticos de sucesso se tornam um ponto de referência para toda a organização em suas atividades voltadas para a sua missão.

Exemplo: se a empresa quer melhorar o atendimento ao cidadão, um exemplo de fator crítico de sucesso é treinar os funcionários e colocar mais pessoas no setor de atendimento.

Os fatores críticos de sucesso são os elementos principais no alcance dos objetivos e metas da instituição, são aspectos ligados diretamente ao seu sucesso. Se eles não estiverem presentes, os objetivos não serão alcançados.

Como poderemos identificar os fatores críticos de sucesso?

Os fatores críticos de sucesso podem ser identificados de duas maneiras. Uma delas é perguntar ao cliente ao que ele atribui mais importância na hora de adquirir o produto ou serviço.

Por exemplo, o que um indivíduo que é concurseiro deve fazer para alcançar o seu objetivo que é ser servidor público? A resposta é óbvia: ele deve estudar, resolver questões, tirar dúvidas, assistir às aulas etc. Então podemos dizer que esses são exemplos de fatores críticos de sucesso.

Outra maneira para identificar os fatores críticos de sucesso é analisar profundamente os recursos organizacionais e o mercado, de maneira imaginativa, para identificar os segmentos que são mais decisivos e importantes. Para essa pesquisa, a ferramenta de *benchmarking* pode ser utilizada.

O *benchmarking* é um dos mais úteis instrumentos de gestão para melhorar o desempenho das empresas e conquistar a superioridade em relação à concorrência. Baseia-se na aprendizagem das melhores experiências de empresas similares e ajuda a explicar todo o processo que envolve uma excelente "performance" empresarial. A essência deste instrumento parte do princípio de que nenhuma empresa é a melhor em tudo, o que implica reconhecer que existe no mercado quem faz melhor do que nós. Habitualmente, um processo de *benchmarking* arranca quando se constata que a empresa está diminuindo a sua rentabilidade. Quando a aprendizagem resultante de um processo de *benchmarking* é aplicada de forma correta, facilita a melhoria do desempenho em situações críticas no seio de uma empresa.

Em outras palavras, *benchmarking* é a técnica por meio da qual a organização compara o seu desempenho com o de outra. Por meio do benchmarking, uma organização procura imitar outras organizações, concorrentes ou não, do mesmo ramo de negócios ou de outros, que façam algo de maneira particularmente bem feita (essa frase já apareceu de maneira idêntica em provas tanto da FCC como da Cespe).

Questões importantes a serem identificadas na elaboração do planejamento:
- É possível fazer?
- Vale a pena fazer?
- Quem faz?
- Como fazer bem?
- Funciona?

1.1.6 Benefícios do Planejamento

As empresas estão cada vez mais inseridas em ambientes altamente mutáveis e complexos; enfrentam uma enorme variedade de pessoas, fornecedores e concorrentes. Do lado externo, temos os concorrentes, o governo e suas regulamentações, a tecnologia, a economia globalizada, os fornecedores etc. No ambiente interno, existe a necessidade de trabalhar de forma cada vez mais eficiente, novas estruturas organizacionais, funcionários, recursos e muitos desafios administrativos.

O planejamento oferece inúmeras vantagens nessas situações, inclusive melhora a capacidade da empresa de se adaptar às mudanças (flexibilidade organizacional), ajuda na coordenação e na administração do tempo.

Vejamos algumas vantagens:
- permite utilizar os recursos de forma eficaz (alcance de resultados) e eficiente (economia);
- aumenta o conhecimento sobre o negócio/projeto e seu potencial de mercado;
- facilita a percepção de novas oportunidades ou riscos e aumenta a sensibilidade do empresário/executivo frente a problemas futuros;
- cria um "espírito de negócio" e comprometimento com o negócio/projeto, tanto em relação ao "dono" ou responsável pelo negócio, como também junto aos funcionários/parceiros envolvidos;
- determina tarefas e prazos com responsabilidade definida, viabilizando o controle do processo e do andamento do negócio;
- deixa claro para o empresário/executivo qual é o diferencial competitivo de seu negócio;
- pode ser utilizado como suporte para conseguir credibilidade e apoio financeiro interno e/ou no mercado;
- maior flexibilidade;
- agilidade nas tomadas de decisões;
- melhor conhecimento dos seus concorrentes;
- melhor comunicação entre os funcionários;
- maior capacitação gerencial, até dos funcionários de níveis inferiores;
- orientação maior nos comportamentos de funcionários;
- maior capacitação, motivação e comprometimento dos envolvidos;
- consciência coletiva;
- melhor conhecimento do ambiente em que os funcionários trabalham;
- melhor relacionamento entre empresa-ambiente;
- maior capacidade e rapidez de adaptação dentro da empresa;
- visão de conjunto;
- aumenta o foco (concentração de esforços) e a flexibilidade (facilidade de se adaptar e ajustar);
- melhora a coordenação e o controle.

De acordo com Chiavenato: "O planejamento ajuda o administrador em todos os tipos de organização a alcançar o melhor desempenho, porque:

01. O planejamento é orientado para resultados. Cria um senso de direção, de desempenho orientado para metas e resultados a serem alcançados.

02. O planejamento é orientado para prioridades. Assegura que as coisas mais importantes receberão atenção principal.

03. O planejamento é orientado para vantagens. Ajuda a alocar e a dispor recursos para sua melhor utilização e desempenho.

04. O planejamento é orientado para mudanças. Ajuda a antecipar problemas que certamente aparecerão e a aproveitar oportunidades à medida que se defronta com novas situações."

1.1.7 Tipos de Planejamento

O planejamento é feito através de planos. O administrador deve saber lidar com diferentes tipos de planos. Estes podem incluir períodos de longo, médio e curto prazo, como podem envolver a organização inteira, uma divisão ou departamento ou ainda uma tarefa. O planejamento é uma função administrativa que se distribui entre, todos os níveis organizacionais. Embora o seu conceito seja exatamente o mesmo, em cada nível organizacional, o planejamento apresenta características diferentes.

O planejamento envolve uma volumosa parcela da atividade organizacional. Com isso, queremos dizer que toda organização está sempre planejando: o nível institucional elabora genericamente o planejamento

NOÇÕES DE GESTÃO PÚBLICA

estratégico, o nível intermediário segue-o com planos táticos e o nível operacional traça detalhadamente os planos operacionais. Cada qual dentro de sua área de competência e em consonância com os objetivos globais da organização. O planejamento impõe racionalidade e proporciona o rumo às ações da organização. Além disso, estabelece coordenação e integração de suas várias unidades, que proporcionam a harmonia e sinergia da organização no caminho em direção aos seus objetivos principais.

Os planos podem abranger diferentes horizontes de tempo. Os planos de curto prazo cobrem um ano ou menos; os planos intermediários, um a dois anos; e os planos de longo prazo abrangem cinco ou mais anos. Os objetivos do planejamento devem ser mais específicos, no curto prazo, e mais abertos, no longo prazo. As organizações precisam de planos para todas as extensões de tempo. O administrador do nível institucional está mais voltado para planos de longo prazo que atinjam a organização inteira para proporcionar aos demais administradores um senso de direção para o futuro.

Uma pesquisa desenvolvida por Elliot Jaques mostra como as pessoas variam em sua capacidade de pensar, organizar e trabalhar com eventos situados em diferentes horizontes de tempo. Muitas pessoas trabalham confortavelmente com amplitudes de apenas três meses; um pequeno grupo trabalha melhor com uma amplitude de tempo de um ano; e somente poucas pessoas podem enfrentar o desafio de 20 anos pela frente. Como o administrador pode trabalhar em vários níveis de autoridade, ele deve planejar em função de diferentes períodos de tempo. Enquanto o planejamento de um supervisor desafia o espaço de três meses, um gerente pode lidar com períodos de um ano, enquanto um diretor lida com uma amplitude que pode ir de três, cinco, dez anos ou mais. O progresso nos níveis mais elevados da hierarquia administrativa pressupõe habilidades conceituais a serem trabalhadas, bem como uma visão projetada em longo prazo de tempo.

1.1.8 Planejamento Estratégico

O planejamento estratégico apresenta cinco características fundamentais.

01. **O planejamento estratégico está relacionado com a adaptação da organização a um ambiente mutável.** Está voltado para as relações entre a organização e seu ambiente de tarefa. Portanto, sujeito à incerteza a respeito dos eventos ambientais. Por se defrontar com a incerteza, tem suas decisões baseadas em julgamentos e não em dados concretos. Reflete uma orientação externa que focaliza as respostas adequadas às forças e pressões que estão situadas do lado de fora da organização.

02. **O planejamento estratégico é orientado para o futuro.** Seu horizonte de tempo é o longo prazo. Durante o curso do planejamento, a consideração dos problemas atuais é dada apenas em função dos obstáculos e barreiras que eles possam provocar para um desejado lugar no futuro. É mais voltado para os problemas do futuro do que daqueles de hoje.

03. **O planejamento estratégico é compreensivo.** Ele envolve a organização como uma totalidade, abarcando todos os seus recursos, no sentido de obter efeitos sinergísticos de todas as capacidades e potencialidades da organização. A resposta estratégica da organização envolve um comportamento global, compreensivo e sistêmico.

04. **O planejamento estratégico é um processo de construção de consenso.** Dada a diversidade dos interesses e necessidades dos parceiros envolvidos, o planejamento oferece um meio de atender todos eles na direção futura que melhor convenha a todos.

05. **O planejamento estratégico é uma forma de aprendizagem organizacional.** Como está orientado para a adaptação da organização ao contexto ambiental, o planejamento constitui uma tentativa constante de aprender a ajustar-se a um ambiente complexo, competitivo e mutável.

O planejamento estratégico se assenta sobre três parâmetros: a visão do futuro, os fatores ambientais externos e os fatores organizacionais internos. Começa com a construção do consenso sobre o futuro que se deseja: é a visão que descreve o mundo em um estado ideal. A partir daí, examinam-se as condições externas do ambiente e as condições internas da organização.

1.1.9 Planejamento Tático

O planejamento tático é o planejamento focado no médio prazo e que enfatiza as atividades correntes das várias unidades ou departamentos da organização. O administrador utiliza o planejamento tático para delinear o que as várias partes da organização, como departamentos ou divisões, devem fazer para que a organização alcance sucesso. Os planos táticos geralmente são desenvolvidos para as áreas de produção, *marketing*, pessoal, finanças e contabilidade. Para ajustar-se ao planejamento tático, o exercício contábil da organização e os planos de produção, de vendas, de investimentos etc., abrangem geralmente o período anual.

Os planos táticos geralmente envolvem:

01. **Planos de produção.** Envolvendo métodos e tecnologias necessárias para as pessoas em seu trabalho arranjo físico do trabalho e equipamentos como suportes para as atividades e tarefas.

02. **Planos financeiros.** Envolvendo captação e aplicação do dinheiro necessário para suportar as várias operações da organização.

03. **Planos de marketing.** Envolvendo os requisitos de vender e distribuir bens e serviços no mercado e atender o cliente.

04. **Planos de recursos humanos.** Envolvendo recrutamento, seleção e treinamento das pessoas nas várias atividades dentro da organização. Recentemente, as organizações estão também se preocupando com a aquisição de competências essenciais para o negócio por meio da gestão do conhecimento corporativo.

Contudo, os planos táticos podem também se referir à tecnologia utilizada pela organização (tecnologia da informação, tecnologia de produção etc.), investimentos, obtenção de recursos etc.

Políticas

As políticas constituem exemplos de planos táticos que funcionam como guias gerais de ação. Elas funcionam como orientações para a tomada de decisão. Geralmente, refletem um objetivo e orienta as pessoas em direção a esses objetivos em situações que requeiram algum julgamento. As políticas servem para que as pessoas façam escolhas semelhantes ao se defrontarem com situações similares. As políticas constituem afirmações genéricas baseadas nos objetivos organizacionais e visam oferecer rumos para as pessoas dentro da organização.

1.1.10 Planejamento Operacional

O planejamento operacional é focalizado para o curto prazo e abrange cada uma das tarefas ou operações individualmente. Preocupa-se com "o que fazer" e com o "como fazer" as atividades quotidianas da organização. Refere-se especificamente às tarefas e operações realizadas no nível operacional. Como está inserido na lógica de sistema fechado, o planejamento operacional está voltado para a otimização e maximização de resultados, enquanto o planejamento tático está voltado para a busca de resultados satisfatórios.

O planejamento operacional é constituído de uma infinidade de planos operacionais que proliferam nas diversas áreas e funções dentro da organização. Cada plano pode consistir em muitos subplanos com diferentes graus de detalhamento. No fundo, os planos operacionais cuidam da administração da rotina para assegurar que todos executem as tarefas e operações de acordo com os procedimentos estabelecidos pela organização, a fim de que esta possa alcançar os seus objetivos. Os planos operacionais estão voltados para a eficiência (ênfase nos meios), pois a eficácia (ênfase nos fins) é problema dos níveis institucional e intermediário da organização.

Apesar de serem heterogêneos e diversificados, os planos operacionais podem ser classificados em quatro tipos, a saber:

01. **Procedimentos.** São os planos operacionais relacionados com métodos.

02. **Orçamentos.** São os planos operacionais relacionados com dinheiro.

03. **Programas (ou programações).** São os planos operacionais relacionados com tempo.

04. **Regulamentos.** São os planos operacionais relacionados com comportamentos das pessoas.

PROCESSO ADMINISTRATIVO (ORGANIZACIONAL)

1.2 Organização

1.2.1 Definição de Organização

"Organização da empresa é a ordenação e o agrupamento de atividades e recursos, visando ao alcance de objetivos e resultados estabelecidos". (Djalma, 2002, p. 84).

Segundo Maximiano, uma **organização** é um sistema de recursos que procura alcançar objetivos. Em outras palavras, Organizar é desenhar/montar a estrutura da empresa/instituição de modo a facilitar o alcance dos resultados.

Os níveis da organização são:

Abrangência	Conteúdo	Tipo de Desenho	Resultado
Nível Institucional	A instituição como uma totalidade	Desenho organizacional	Tipo de organização
Nível intermediário	Caso departamento isoladamente	Desenho departamental	Tipo de departamentalização
Nível operacional	Cada tarefa ou operação	Desenho de cargos e tarefas	Análise e descrição de cargos

1.2.2 Estrutura Organizacional

VASCONCELOS (1989) entende estrutura como o resultado de um processo no qual a autoridade é distribuída, as atividades são especificadas (desde os níveis mais baixos até a alta administração) e um sistema de comunicação é delineado, permitindo que as pessoas realizem as atividades e exerçam a autoridade que lhes compete para o alcance dos objetivos da organização.

Estrutura organizacional: forma pela qual as atividades de uma organização são divididas, organizadas e coordenadas. (Stoner, 1992, p.230).

1.2.3 Estrutura Formal e Informal

Estrutura Formal: é aquela representada pelo organograma. Todas as relações são formais. Não se pode descartá-la e deixar funcionários se relacionarem quando eles não devem ter relações diretas. Na **Estrutura Formal (Organização Formal)**, conseguimos identificar os departamentos, os cargos, a definição das linhas de autoridade e de comunicação entre os departamentos e cargos envolvidos.

Já a **Estrutura Informal (Organização Informal)** é a rede de relações sociais e pessoais que não é representada ou requerida pela estrutura formal. Surge da interação social das pessoas, o que significa que se desenvolve, espontaneamente, quando as pessoas se reúnem. Portanto, apresenta relações que, usualmente, não são formalizadas e **não aparecem no organograma da empresa**. A organização informal envolve as emoções, atitudes e ações das pessoas em termos de suas necessidades, e não de procedimentos ou regras.

1.2.4 Elementos da Estrutura Organizacional

Especialização

Consequência da divisão do trabalho: cada unidade ou cargo passa a ter funções e tarefas específicas e especializadas.

A especialização pode dar-se em dois sentidos: vertical e horizontal.

A horizontal representa a tendência de criar departamentos especializados no mesmo nível hierárquico, cada qual com suas funções e tarefas. Exemplo: gerência de *Marketing*, gerência de Produção, gerência de Recursos Humanos.

A vertical caracteriza-se pelos níveis hierárquicos (chefia), pois, na medida em que ocorre a especialização horizontal do trabalho, é necessário coordenar essas diferentes atividades e funções. **Ex.:** Presidência, Diretoria-Geral, Gerências, Coordenadorias, Seções.

1.2.5 Centralização/Descentralização/Delegação

Centralização

CENTRALIZAÇÃO significa que a autoridade para decidir está localizada no topo da organização, ou seja, a maioria das decisões relativas ao trabalho que está sendo executado não é tomada por aqueles que o executam, mas em um ponto mais alto da organização.

Vantagens	Desvantagens
• decisões mais consistentes com os objetivos gerais;	• decisões e administradores distanciados dos fatos locais;
• maior uniformidade de procedimentos;	• dependência dos subordinados;
• aproveitamento da capacidade dos líderes generalistas;	• diminuição da motivação, criatividade;
• redução dos riscos de erros por parte dos subordinados;	• maior demora na implementação das decisões
• maior controle global do desempenho da organização.	• maior custo operacional.

Descentralização

Por outro lado, podemos dizer que **DESCENTRALIZAÇÃO** significa que a maioria das decisões relativas ao trabalho que está sendo executado é tomada pelos que o executam, ou com sua participação. A autoridade para decidir está dispersa nos níveis organizacionais mais baixos. A tendência moderna ocorre no intuito de descentralizar para proporcionar melhor uso dos recursos humanos.

Vantagens	Desvantagens
- maior agilidade e flexibilidade nas decisões;	- perda de uniformidade das decisões;
- decisões mais adaptadas aos fatos locais;	- maiores desperdícios e duplicação de recursos;
- maior motivação, autonomia e disponibilidade dos líderes;	- canais de comunicação mais dispersos;
- maior facilidade do controle específico do desempenho de unidades e gerentes.	- dificuldade de encontrar responsáveis e controlar o desempenho da organização como um todo;
	- mais cara.

Delegação

Segundo Oliveira (2010, p. 189), delegação é o processo de transferência de determinado nível de autoridade de um chefe para seu subordinado, criando o correspondente compromisso pela execução da tarefa delegada.

Em outras palavras, delegação é o processo de transmitir certas tarefas e obrigações de uma pessoa para outra, em geral, de um superior para um colaborador. Aquele que recebe o poder delegado tem autoridade suficiente para concluir o trabalho, mas aquele que delega fica com a total responsabilidade pelo seu êxito ou fracasso.

1.2.6 Cadeia de Comando/ Escalar ou Linha de Comando

A cadeia de comando de uma organização mostra, basicamente, quem "manda em quem". Ou seja, descreve as linhas de autoridade, desde a cúpula da empresa até o seu nível mais baixo. A cadeia de comando mostra, portanto, a relação de subordinação dentro da estrutura e mostra como funciona a hierarquia funcional. Esta "estrutura hierárquica" é o que chamamos de "cadeia de comando".

NOÇÕES DE GESTÃO PÚBLICA

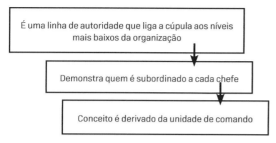

1.2.7 Amplitude Administrativa/Controle

Amplitude administrativa (ou amplitude de comando, ou de controle) é o número de subordinados/áreas que um gestor tem sob seu comando/supervisão. Em qualquer nível, cada gestor tem um determinado número de pessoas que se reportam a ele, pessoas estas que podem estar agrupadas em conjuntos de cargos ou em departamentos. Uma decisão importante no processo de organização é a definição da amplitude ideal de comando, ou seja, a quantidade de áreas e pessoas que um chefe tem capacidade de gerir com eficácia.

1.2.8 Organograma

É uma representação gráfica da estrutura da uma empresa/instituição, a divisão do trabalho em suas unidades/departamentos, a hierarquia e os canais de comunicação.

- **Divisão do trabalho:** quadros (retângulos) representam cargos ou unidades de trabalho (departamentos). Eles indicam o critério de divisão e de especialização das áreas, ou seja, como as responsabilidades estão divididas dentro da organização.
- **Autoridade e Hierarquia:** a quantidade de níveis verticais em que os retângulos estão agrupados mostra a cadeia de comando, ou seja, como a autoridade está distribuída, do diretor que tem mais autoridade, no topo da estrutura, até o funcionário que tem menos autoridade, na base da estrutura.
- **Canais de comunicação:** as linhas que verticais e horizontais que ligam os retângulos mostram as relações/comunicações entre as unidades de trabalho.

Formalização

Grau de controle da organização sobre o indivíduo, definido pelas normas e procedimentos, limitando a atuação e o comportamento.

Responsabilidade

Dever de desempenhar a tarefa ou atividade, ou cumprir um dever para o qual se foi designado. Nada mais é do que executar a tarefa adequadamente, de acordo com a confiança depositada.

O grau de responsabilidade é, geralmente, diretamente proporcional ao grau de autoridade da pessoa. Dessa forma, os cargos de alto escalão possuem maior autoridade e maior responsabilidade que os cargos mais baixos.

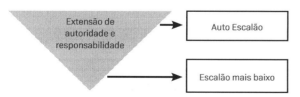

1.2.9 Departamentalização

Diferenciação horizontal que permite simplificar o trabalho, aproveitando os recursos de forma mais racional. É o agrupamento dos indivíduos em unidades gerenciáveis para facilitar a coordenação e o controle.

Um departamento é um "pedaço" da organização. É um setor que está focado em um aspecto de seu funcionamento. O departamento é uma unidade de trabalho que concentra um conjunto de tarefas.

Tipos de Departamentalização

Departamentalização por Função (Funcional)

É a divisão lógica de acordo com as funções a serem desempenhadas, ou seja, é a divisão departamental que segue o princípio da especialização.

Vantagens	Desvantagens
- agrupa vários especialistas em uma mesma unidade; - simplifica o treinamento e orienta as pessoas para uma função específica, concentrando sua competência e habilidades técnicas; - permite economia de escala pelo uso integrado de pessoas, máquinas e produção em massa; - indicada para situações estáveis, tarefas rotineiras e para produtos ou serviços que permaneçam longos ciclos sem mudanças.	- reduz a cooperação interdepartamental (ênfase nas especialidades); - é inadequada para ambiente e tecnologia em constante mudança, pois dificulta a adaptação e a flexibilidade às mudanças externas; - foco na especialidade em detrimento do objetivo organizacional global.

Departamentalização Base Territorial ou Geográfica

É a diferenciação e o agrupamento das atividades de acordo com o local onde o trabalho será desempenhado, ou então a área de mercado a ser servida pela empresa. É utilizada geralmente por empresas que cobrem grandes áreas geográficas e cujos mercados são extensos e diversificados, ou seja, quando as circunstâncias externas indicam que o sucesso da organização depende particularmente do seu ajustamento às condições e às necessidades locais e regionais.

Vantagens	Desvantagens
- amplia a área de atuação, atingindo maior número de clientes; - permite fixar a responsabilidade de lucro e de desempenho no comportamento local ou regional, além de encorajar os executivos a pensar em termos de sucesso de território; - as características da empresa podem acompanhar adequadamente as variações de condições e características locais.	- o enfoque territorial pode deixar em segundo plano a coordenação, tanto dos aspectos de planejamento e execução, quanto de controle como um todo, em face do grau de liberdade e autonomia nas regiões; - em situações de instabilidade externa em determinada região, pode gerar temores e ansiedades na força de trabalho em função da possibilidade de desemprego ou prejuízo funcional.

PROCESSO ADMINISTRATIVO (ORGANIZACIONAL)

Departamentalização por Produto/Serviço

Descentraliza as atividades e decisões de acordo com os produtos ou serviços executados. É realizada quando as atividades inerentes a cada um dos produtos ou serviços possuem diferenciações significativas e, por isso, fica mais fácil administrar cada produto/serviço individualmente.

Vantagens	Desvantagens
- fixa a responsabilidade dos departamentos para uma linha de produto; - facilita a coordenação entre as diferentes áreas: a preocupação principal é o produto, e as atividades das áreas envolvidas dão pleno suporte; - facilita a inovação, pois requer cooperação e comunicação dos vários grupos que contribuem para gerar o produto.	- dispersa os especialistas nos diversos subgrupos orientados para os produtos; - não é indicada para circunstâncias externas não mutáveis, empresas com pouca variabilidade dos produtos, por trazer custos operacionais elevados; - em situações de instabilidade externa, pode gerar temores e ansiedades na força de trabalho de determinada linha de produto, em função da possibilidade de desemprego ou prejuízo funcional; pode enfatizar a coordenação em detrimento da especialização.

Departamentalização por Cliente

Envolve a diferenciação e o agrupamento das atividades de acordo com o tipo de pessoa/grupo/empresa para quem o trabalho é executado. Divide as unidades organizacionais para que cada uma possa servir a um grupo de clientes, sendo indicada quando as características dos clientes – idade, sexo, nível socioeconômico – são determinantes para o sucesso do negócio e requerem diferentes abordagens para as vendas, os produtos, os serviços adicionais.

Vantagens	Desvantagens
- quando a satisfação do cliente é o aspecto mais crítico da organização, ou seja, quando o cliente é o mais importante, e os produtos e serviços devem ser adaptados às suas necessidades. - dispõe os executivos e todos os participantes da organização para a tarefa de satisfazer as necessidades e os requisitos dos clientes; - permite à organização concentrar seus conhecimentos sobre as distintas necessidades e exigências dos canais mercadológicos.	- as demais atividades da organização – produção, finanças – podem se tornar secundárias ou acessórias, em face da preocupação compulsiva com o cliente; - os demais objetivos da organização – lucratividade, produtividade – podem ser deixados de lado ou sacrificados.

Departamentalização por Processos

Processo é um conjunto de atividades inter-relacionadas e cíclicas que transforma insumos (entradas) em produtos (saídas). A departamentalização por fases do processo é utilizada quando o produto final é tão complexo que se faz necessário fabricá-lo a partir da divisão em processos menores, com linhas de produção distintas. Exemplo: indústria automobilística. Uma linha de produção é um arranjo físico de máquinas e equipamentos. Essa linha define o agrupamento de pessoas e de materiais para processar as operações.

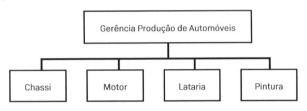

Vantagens	Desvantagens
- fixa a responsabilidade e a união dos esforços em determinado processo; - extrai vantagens econômicas oferecidas pela própria natureza do equipamento ou da tecnologia. A tecnologia passa a ser o foco e o ponto de referência para o agrupamento de unidades e posições.	- quando a tecnologia utilizada sofre mudanças e desenvolvimento revolucionários, a ponto de alterar profundamente os processos; - deve haver especial cuidado com a coordenação dos distintos processos.

Departamentalização por Projetos

Projeto é um evento temporário e não repetitivo, caracterizado por uma sequência lógica de atividades, com início, meio e fim, que se destina a atingir um objetivo claro e definido, sendo conduzido por pessoas dentro de parâmetros predefinidos de tempo, custo, recursos e qualidade.

A departamentalização por projetos, portanto, é utilizada em empresas cujos produtos envolvem grandes concentrações de recursos por um determinado tempo (navios, fábricas, usinas hidrelétricas, pontes, estradas), que exigem tecnologia sofisticada e pessoal especializado. Como o produto é de grande porte, exige planejamento individual e detalhado e um extenso período de tempo para execução; cada produto é tratado como um projeto.

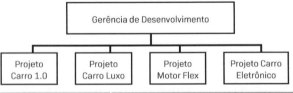

Vantagens	Desvantagens
concentração de recursos e especialistas para realizar um trabalho complexo; foco no resultado; melhoria no controle da execução.	cada projeto é único, inédito, e envolve muitas habilidades e conhecimentos dispersos na empresa ao longo de seu ciclo de execução. Assim, quando termina uma fase, ou mesmo o projeto, a empresa pode ser obrigada a dispensar pessoal ou a paralisar máquinas e equipamentos se não tiver outro projeto em vista.

Departamentalização Matricial

Chama-se matricial, pois combina duas formas de estrutura formando uma espécie de grade. Trata-se de uma estrutura mista, híbrida, que combina geralmente a departamentalização funcional com a de produtos ou de projetos.

Os projetos seriam as áreas-fim, enquanto a estrutura funcional seria a área-meio, responsável pelo apoio aos projetos. A autonomia e o poder relativo a cada estrutura seriam decorrentes da ênfase dada pela empresa aos projetos ou às funções tradicionais.

NOÇÕES DE GESTÃO PÚBLICA

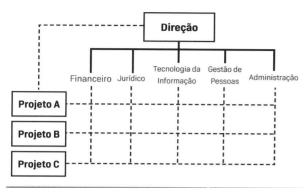

Vantagens	Desvantagens
- maior versatilidade e otimização dos recursos humanos; - forma efetiva para conseguir resultados ou resolver problemas complexos; - mais fortemente orientada para resultados; - maior grau de especialização.	- conflito linha/projeto; - duplicidade de autoridade e comando.

Departamentalização Mista/Híbrida/Combinada

É praticamente impossível encontrar, na prática, a aplicação pura de um único tipo de departamentalização em toda uma empresa. Geralmente, encontra-se uma reunião de diversos tipos de departamentalização em todos os níveis hierárquicos, a qual se denomina **Departamentalização Mista** ou **Combinada**.

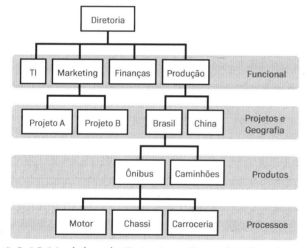

1.2.10 Modelos de Estrutura Organizacional

Desenho/Estrutura Vertical (Modelo Mecanicista)

O desenho é piramidal, caracterizando centralização das decisões. Geralmente é a estrutura de organizações tradicionais, forma burocrática, autoridade centralizada, hierarquizadas, mais rígidas, regras e procedimentos padronizados, divisão de trabalho, amplitude administrativa estreita e meios formais de coordenação.

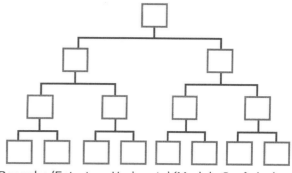

Desenho/Estrutura Horizontal (Modelo Orgânico)

As estruturas são mais achatadas e flexíveis, denotando a descentralização de decisões. *Downsizing* – estratégia administrativa para reduzir número de níveis e aspectos burocráticos da empresa. *Adhocráticos*, adaptativos, mais horizontais, com poucas regras e procedimentos, pouca divisão de trabalho, amplitudes administrativas maiores e mais meios pessoais de coordenação.

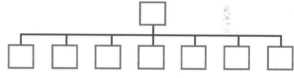

1.2.11 Variáveis Condicionantes da Estrutura Organizacional

05. Ambiente: instável, estável, homogêneo, heterogêneo (estrutura se adapta ao ambiente).

06. Estratégia: estabilidade ou crescimento (estrutura segue a estratégia), a mudança da estrutura em função da estratégia se chama covariação estrutural.

07. Tecnologia: em massa, por processo, unitária; sequencial, mediadora, intensiva (estrutura depende da tecnologia).

08. Ciclo de vida e tamanho: nascimento, crescimento, juventude, maturidade (estrutura se ajusta ao tamanho).

09. Pessoas: conhecimento x reposição.

1.2.12 Tipos de Estruturas Organizacionais

Cada estrutura deverá se adequar a um modelo, ora mais mecanicista, ora mais orgânico, a depender das variáveis condicionantes.

Os diferentes tipos de organização são decorrência da estrutura organizacional, ou seja, da arquitetura ou formato organizacional que assegura a divisão e a coordenação das atividades dos membros da instituição. A estrutura é o esqueleto que sustenta e articula as partes integrantes. Cada subdivisão recebe o nome de unidade, departamento, divisão, seção, equipe, grupo de trabalho.

Estrutura Linear

É a forma mais simples e antiga, originada dos exércitos e organizações eclesiásticas. O nome "linear" se dá em função das linhas diretas e únicas de autoridade e responsabilidade entre superiores e subordinados, resultando em um formato piramidal de organização. Cada gerente recebe e transmite tudo o que se passa na sua área de competência, pois as linhas de comunicação são rigidamente estabelecidas.

PROCESSO ADMINISTRATIVO (ORGANIZACIONAL)

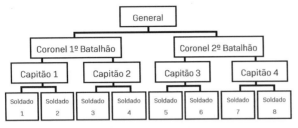

Vantagens	Desvantagens
- estrutura simples e de fácil compreensão e implantação; - clara delimitação das responsabilidades dos órgãos – nenhum órgão ou cargo interfere em área alheia; - estabilidade e disciplina garantidas pela centralização do controle e da decisão. - evita a ambiguidade; - unidade de comando, cada subordinado recebe ordens de um único chefe; - ideal para ambientes estáveis; - aproveita o conhecimento das chefias generalistas; - geralmente só é vantajoso em empresas pequenas.	- o formalismo das relações pode levar à rigidez e à inflexibilidade, dificultando a inovação e adaptação a novas circunstâncias; - a autoridade linear baseada no comando único e direto pode tornar-se autocrática, dificultando o aproveitamento de boas ideias; - chefes tornam-se generalistas e ficam sobrecarregados em suas atribuições na medida em que tudo tem que passar por eles; - com o crescimento da organização, as linhas formais de comunicação se congestionam e ficam lentas, pois tudo deve passar por elas.

Estrutura Funcional

É o tipo de organização em que se aplica o princípio funcional ou princípio da especialização. Cada área é especializada em um determinado assunto; é a autoridade em um tema. Dessa forma, ela presta seus serviços às demais áreas de acordo com sua especialidade.

Vantagens	Desvantagens
- proporciona especialização e aperfeiçoamento; - permite a melhor supervisão técnica possível; - comunicações diretas, sem intermediação, mais rápidas e menos sujeitas a distorções; - separa as funções de planejamento e de controle das funções de execução: há uma especialização do planejamento e do controle, bem como da execução, permitindo plena concentração de cada atividade.	- não há unidade de mando, o que dificulta o controle das ações e a disciplina; - subordinação múltipla pode gerar tensão e conflitos dentro da organização; - concorrência entre os especialistas, cada um impondo seu ponto de vista de acordo com sua área de atuação; - coordenação e comunicação entre os departamentos é péssima; - pode gerar ambiguidade; responsabilidade parcial de cada departamento.

Estrutura Linear-Staff

Nela coexistem os órgãos de linha (de execução) e de assessoria (de apoio e consultoria), mantendo relações entre si. As atividades de linha são aquelas intimamente ligadas aos objetivos da organização (áreas-fim). As atividades de *staff* são as áreas-meio, ou seja, prestam serviços especializados que servem de suporte às atividades-fim.

A autoridade para decidir e executar é do órgão de linha. A área de *staff* apenas assessora, sugere, dá apoio e presta serviços especializados. A relação deve ser sinérgica, pois a linha necessita do *staff* para poder desenvolver suas atividades, enquanto o *staff* necessita da linha para poder atuar.

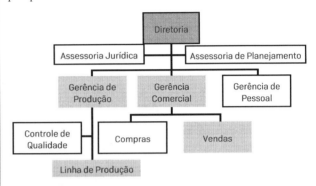

Vantagens	Desvantagens
melhor embasamento técnico e operacional para as decisões; agregar conhecimento novo e especializado à organização; facilita a utilização de especialistas; possibilita a concentração de problemas específicos nos órgãos de staff, enquanto os órgãos de linha ficam livres para executar as atividades-fim.	conflitos entre órgãos de linha e staff: experiências profissionais diversas, visões de trabalho distintas, diferentes níveis de formação; dificuldade de manutenção do equilíbrio entre linha e staff.

Estrutura Divisional ou Unidades Estratégicas de Negócios

Na estrutura divisional, a empresa desmembra sua estrutura em divisões, agregando os recursos e pessoas de acordo com os produtos, clientes e/ou mercados que são considerados importantes.

A vantagem deste modelo é que cada divisão funciona de maneira quase autônoma, independente, facilitando sua gestão. Cada divisão passa a ter seus próprios setores de pessoal, de *marketing*, e logística.

Com isso, estas divisões podem escolher estratégias distintas para atingir seus objetivos. Naturalmente, estas divisões não ficam "totalmente livres" do controle da cúpula da empresa, mas encontram muito mais flexibilidade para gerir seus negócios.

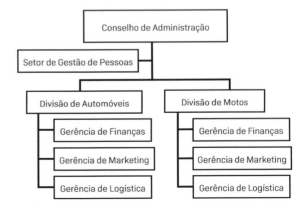

410

NOÇÕES DE GESTÃO PÚBLICA

Vantagens	Desvantagens
- foco no resultado; - coordenação em razão do produto e serviço; - favorece a inovação e o crescimento; - comunicação e coordenação intradepartamentais boas.	- custos elevados, duplicidade de órgãos; - dificuldade de integração entre unidades; - a comunicação e a coordenação entre as divisões são péssimas.

Estrutura Matricial

Estas estruturas são um modelo híbrido, que conjuga duas estruturas em uma só. Normalmente, é um somatório de uma estrutura funcional com outra estrutura horizontal, temporária, focada em projetos.

As empresas que atuam com esta estrutura buscam associar as vantagens das duas estruturas, juntando os especialistas funcionais nos projetos mais estratégicos, sempre que necessário.

Ela é chamada de matricial porque seu aspecto é parecido com o de uma matriz. Sua criação foi uma tentativa de conciliar, em uma estrutura rígida e hierárquica, a flexibilidade de uma estrutura temporária.

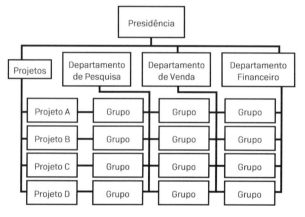

Vantagens	Desvantagens
- máximo aproveitamento de pessoal; - redução de custos; - flexibilidade para aumento e redução de quadro organizacional; - facilidade de apuração de resultado e controle de prazos e custos por projeto; - maior ganho de experiência prática do pessoal; - comunicação e coordenação intradepartamentais boas.	- menor lealdade à instituição; possibilidade de falta de contato entre elementos da mesma especialidade que trabalham em projetos diferentes; - responsabilidade parcial; comunicação e coordenação interdepartamentais péssimas.

Estrutura em Virtual ou em Rede

A antiga ideia de uma organização que "fazia de tudo" (ou verticalizada) ficou para trás. Como ninguém é "bom em tudo", devemos nos aliar a diferentes parceiros, dependendo da necessidade do momento.

Esta é a ideia central das redes organizacionais. Estas surgiram como uma necessidade de que as organizações fossem mais **flexíveis e adaptáveis às mudanças no ambiente**. Desta maneira, se uma empresa necessita de um novo design para seu novo produto, contrata um escritório de *design*. O mesmo ocorre quando esta empresa necessita de distribuir seu produto em um novo mercado – contrata uma empresa especializada em distribuição.

Assim sendo, a empresa pode estabelecer um foco naquilo que melhor sabe fazer e "mudar de rumo" sempre que for necessário. De acordo com este pensamento, surgiram as "organizações em rede" ou as "redes organizacionais".

Como as pessoas demandam cada vez mais produtos e serviços "customizados", essa tendência tem se acelerado. Mais estratégico do que ter capacidades "internas" (e mais estáveis, claro) é ter parceiros dentro de uma rede de atuação que deem este *Know-how* ou competências que possam ser "adquiridas" sempre que necessário.

A flexibilidade ocorre porque a organização passa a contratar qualquer serviço ou produto que precisar diretamente no mercado. Se em um segundo momento esses produtos e serviços não forem mais demandados, poderá cancelar o contrato e trocar de fornecedor, sem precisar demitir funcionários, vender maquinários, dentre outros custos e problemas.

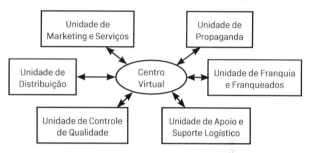

Vantagens	Desvantagens
- negócios virtuais ou unidades de negócios; - baixo custo operacional e administrativo; - competitividade global; - flexibilidade e adaptabilidade a ambientes complexos. - rapidez de respostas às demandas ambientais.	- controle global difícil, riscos e incertezas; - dificuldade de cultura corporativa e lealdades fracas.

1.3 Direção

A direção é a função administrativa que se refere ao relacionamento interpessoal do administrador com seus subordinados. Para que o planejamento e a organização possam ser eficazes, eles precisam ser complementados pela orientação e pelo apoio às pessoas, por meio de adequada comunicação, liderança e motivação, características estas que um administrador deve possuir para conseguir dirigir pessoas com eficiência. Enquanto as outras funções administrativas – planejamento, organização e controle – são impessoais, a direção constitui um processo interpessoal que define as relações entre os indivíduos.

A direção está relacionada diretamente com a atuação sobre as pessoas da organização. Por essa razão, constitui uma das mais complexas funções da administração. Alguns autores preferem substituir a palavra *direção* por liderança ou influenciação. Outros ainda preferem o termo *coaching*. A direção é a fusão de outras duas funções, a coordenação (ajustamento do trabalho) e a liderança.

Para podermos aprofundar na função *direção*, precisamos estudar motivação, pois é questão certa na sua prova também.

1.3.1 Motivação

A motivação define-se pelo desejo de exercer altos níveis de esforço em direção a determinados objetivos, organizacionais ou não, condicionados pela capacidade de satisfazer algumas necessidades individuais.

A motivação é relativa às forças internas ou externas que fazem uma pessoa se entusiasmar e persistir na busca de um objetivo.

Podemos dizer que as principais características básicas da motivação consistem no fato de que ela é um fenômeno individual, ou seja, somos únicos e devemos ser tratados com tal; a motivação é intencional, uma vez que está sob o controle do trabalhador; a motivação é multifacetada, depende tanto do estímulo como da escolha do comportamento empregado.

PROCESSO ADMINISTRATIVO (ORGANIZACIONAL)

Outra característica encontrada é que não podemos medir a motivação diretamente. Medimos o comportamento motivado, a ação e as forças internas e externas que influenciam na escolha de ação, pois a motivação não é passível de observação.

A motivação é a força propulsora do comportamento; oferece direção, intensidade, sentido e persistência.

Ciclo Motivacional

Em todo estado de motivação existe um ciclo motivacional. Ele começa com o surgimento de uma necessidade; portanto, sem essa necessidade, não há ciclo. A necessidade traz um estado psicológico no indivíduo causando um desconforto levando a um motivo para sair de determinada situação. Quando as pessoas estão em estado estável, sem essa necessidade, elas tendem a ficar estáticas, acomodando-se nos lugares que ocupam. Por um lado, isso é bom, mas por outro, seres estáticos se acomodam com a situação atual e acabam ficando para trás. Por isso, este incômodo pode ser visto como algo positivo, pois é ele que faz as pessoas se moverem e conseguirem grandes realizações e avanços como seres humanos ou para qualquer outra coisa.

No ciclo motivacional nem sempre a necessidade pode ser satisfeita. Nesses casos ela é liberada na forma de frustrações, causando desconfortos psicológicos como apatia, depressão, entre outros. Porém, quando não é liberada em aspectos psicológicos, pode ser levada para vias fisiológicas, causando problemas no organismo. A necessidade pode também ser transferida para outro lugar, como, por exemplo, a não conquista de uma necessidade é compensada por algum outro benefício.

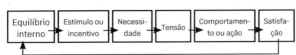

As *etapas do ciclo motivacional, envolvendo a satisfação de uma necessidade*

Tipos de Motivação

Observamos uma divisão no tipo de motivação sabendo que são diversas as causas motivacionais do indivíduo, suas necessidades e expectativas.

Chamamos a motivação de **INTRÍNSECA** quando ela está relacionada com recompensas psicológicas: reconhecimento, respeito, *status*. Esse tipo motivacional está intimamente ligado às ações individuais dos gerentes em relação aos seus subordinados.

Por outro lado, fala-se de motivação **EXTRÍNSECA** quando as causas estão baseadas em recompensas tangíveis: salários, benefícios, promoções, sendo que estas causas independem da gerência intermediária, pois geralmente são determinadas pela alta administração, pelos gerentes gerais.

1.3.2 Principais Teorias Motivacionais

Algumas provas, por exemplo, podem buscar a classificação das teorias em **teorias de conteúdo e teorias de processo**:

- As **teorias de conteúdo** são aquelas que se referem ao conteúdo da motivação, ou seja, **o que** leva o indivíduo a se motivar.
- As **teorias de processos** são aquelas que se referem ao processo motivacional e ao seu funcionamento.

Teorias de conteúdo	Teorias de processo
1. Teoria da Hierarquia das Necessidades de Maslow. 2. Teoria ERC de Alderfer. 3. Teoria dos dois fatores de Herzberg. 4. Teoria X e Y de McGregor. 5. Teoria das Necessidades adquiridas de McClelland.	1. Teoria da Expectativa ou da Expectância de Vroom. 2. Teoria do Reforço – Skinner. 3. Teoria da Equidade - Stacy Adams. 4. Teoria da Autoeficácia – Bandura. 5. Teoria da Definição de Objetivos – Edwin Locke.

Teorias de Conteúdo

As teorias de conteúdo partem do princípio de que os motivos do comportamento humano residem no próprio indivíduo. A motivação para agir e se comportar é originada das forças existentes no indivíduo. Assim, cada pessoa reage de forma diferente a estímulos recebidos.

Teoria da Hierarquia das Necessidades de Maslow

É a teoria mais conhecida sobre motivação, foi proposta pelo psicólogo americano Abraham H. Maslow, baseia-se na ideia de que cada ser humano esforça-se muito para satisfazer suas necessidades pessoais e profissionais. É um esquema que apresenta uma divisão hierárquica em que as necessidades consideradas de nível mais baixo devem ser satisfeitas antes das necessidades de nível mais alto. Segundo esta teoria, cada indivíduo tem de realizar uma "escalada" hierárquica de necessidades para atingir a sua plena autorrealização.

Para tanto, **Maslow** definiu uma série de cinco necessidades do ser, que são explicadas uma a uma a seguir:

Autorrealização	Desejo da pessoa de se tornar "tudo o que é capaz", crescimento profissional, etc.
Estima	Necessidade de respeito próprio, reconhecimento, status, etc.
Sociais	Necessidade de pertencimento: ter amigos, ter um bom ambiente de trabalho, etc.
Segurança	Ausência de ameaças e perigos: trabalho seguro, sem poluição, tranquilidade financeira
Fisiológicas	Necessidades mais básicas de todo ser-humano: ar, comida, água, etc.

Alguns aspectos sobre a Hierarquia de Necessidades de Maslow

- Para alcançar uma nova etapa, a anterior deve estar satisfeita. Isso se dá uma vez que, quando uma etapa está satisfeita, ela deixa de ser o elemento motivador do comportamento do ser, fazendo com que outra necessidade tenha destaque como motivação.
- Os 4 primeiros níveis dessas necessidades podem ser satisfeitos por aspectos extrínsecos (externos) ao ser humano, e não apenas por sua vontade.
- **Importante!** A necessidade de autorrealização nunca é saciada, ou seja, quanto mais se sacia, mais a necessidade aumenta.
- Acredita-se que as necessidades fisiológicas já nascem com o indivíduo. As outras mostradas no esquema acima se adquirem com o tempo.
- As necessidades primárias, ou básicas, satisfazem-se mais rapidamente que as necessidades secundárias, ou superiores.
- O indivíduo será sempre motivado pelas necessidades que se apresentarem mais importantes para ele.
- De acordo com Maslow, há uma hierarquia na satisfação das necessidades, indo da base para o topo.
- De acordo com os teóricos atuais, não há hierarquia entre as necessidades; tudo depende da prioridade de cada indivíduo. (BOLD)

Essa teoria está perdendo cada vez mais força, mas ainda é considerada importante pela excelente divisão das necessidades.

Teoria ERC ou ERG de Clayton Alderfer

Basicamente, é uma adaptação da teoria da hierarquia das necessidades de Maslow.

Alderfer procurou adequar os estudos de Maslow para que a teoria pudesse refletir os dados de suas pesquisas.

A primeira diferença é o fato de que Alderfer reduziu os níveis hierárquicos para três: de existência, de relacionamento e de crescimento (em inglês: *grow*).

01. Necessidades de existência (*existence*): incluem as necessidades de bem-estar físico: existência, preservação e sobrevivência. Abarcam as necessidades básicas de Maslow, ou seja, as fisiológicas e as de segurança.

NOÇÕES DE GESTÃO PÚBLICA

02. Necessidades de relacionamento (*relatedness*): são as necessidades de relacionamentos interpessoais, ou seja, de sociabilidade e relacionamento social. Podem ser associadas às necessidades sociais e de estima de Maslow.

03. Necessidades de crescimento (*grow*): são as necessidades que o ser humano tem de desenvolver seu potencial e crescer. Relacionam-se com as necessidades de realização de Maslow.

Outra diferença está no fato de que na teoria ERC não existe uma hierarquia tão rígida. Vários níveis de necessidades podem ser estimulados ao mesmo tempo – a satisfação de um nível anterior não seria um pré-requisito para a satisfação do nível seguinte.

Além disso, se um nível de necessidade superior não for atendido, isso pode levar a pessoa a aumentar a necessidade de nível inferior. Exemplo: a falta de reconhecimento no trabalho poderia aumentar a demanda por melhores salários.

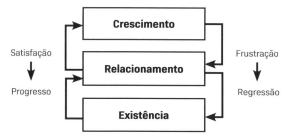

Teoria das Necessidades Adquiridas de David McClelland

De acordo com McClelland, a motivação é relacionada com a satisfação de certas necessidades adquiridas dos indivíduos. Estas necessidades seriam geradas por meio da própria experiência das pessoas, de sua vivência.

01. Necessidade de Realização (Competir): é o desejo de ser excelente, de ser melhor, de ser mais eficiente; as pessoas com essas necessidades gostam de correr riscos calculados, de ter responsabilidades, de traçar metas.

02. Necessidade de Poder (Exercer influência): é o desejo de controlar os outros e de influenciá-los. Pessoas assim têm grande poder de argumentação e esse poder pode ser tanto positivo quanto negativo; elas procuram assumir cargos de liderança.

03. Necessidade de Afiliação (Relacionar-se): reflete o desejo de interação social, de contatos interpessoais, de amizades e de poucos conflitos. Pessoas com essas necessidades colocam seus relacionamentos acima das tarefas.

As principais conclusões que podemos tirar dessa teoria são:

04. As pessoas se sentem muito motivadas quando o trabalho tem bastante responsabilidade, um grau médio de riscos e bastante *feedback*.

05. Uma grande necessidade de realização não faz de alguém, necessariamente, um bom gestor, mas faz com que ela busque o desempenho para atingir as metas fixadas. Isso acontece porque pessoas preocupadas demais em realizar os objetivos não costumam se importar tanto em fazer com que os membros de uma equipe melhorem seu desempenho. Os bons gerentes gerais não costumam ter uma alta necessidade de realização.

06. As necessidades de poder e afiliação estão intimamente ligadas ao sucesso gerencial. Os melhores gestores são aqueles que possuem grande necessidade de poder e baixa necessidade de afiliação. Pode-se considerar que uma grande motivação pelo poder é requisito para a eficácia administrativa.

Trata-se, como se vê, de uma teoria com bastante suporte, mas que possui dificuldades em se operacionalizar, dado que é custoso e demorado conseguir identificar as necessidades do indivíduo sob esta teoria, já que elas são subconscientes.

Teoria dos Dois Fatores de Herzberg

A Teoria dos Dois Fatores de Herzberg é uma das teorias motivacionais mais importantes, sendo também chamada de Teoria da Higiene-Motivação.

Segundo essa teoria, a motivação para o trabalho resulta de dois fatores:

- **Fatores Higiênicos:** referentes ao **AMBIENTE DE TRABALHO**, também chamados de fatores extrínsecos ou profiláticos. Eles **evitam a insatisfação** caso estejam presentes. Incluem aspectos como qualidade da supervisão, remuneração, políticas da empresa, condições físicas de trabalho, relacionamento com colegas e segurança no emprego, benefícios, estilos de gestão, políticas da empresa;
- **Fatores Motivacionais:** referentes ao **CONTEÚDO DO CARGO**, ou seja, ao próprio trabalho, sendo também chamados de fatores intrínsecos. São responsáveis pela existência de satisfação dos funcionários. Incluem aspectos como chances de promoção, oportunidades de crescimento pessoal, reconhecimento, responsabilidades e realização.

Fatores Motivacionais	Fatores Higiênicos
Trabalho em si.	Condições de trabalho.
Realização.	Administração da empresa.
Reconhecimento.	Salário.
Progresso.	Relações com o supervisor.
Responsabilidade.	Benefícios e incentivos sociais.

- A satisfação no cargo depende dos fatores motivacionais.
- A insatisfação no cargo depende dos fatores higiênicos.

Convém compreender que, para a Teoria dos Dois Fatores, **a satisfação não é o oposto da insatisfação**. (TODA A FRASE EM BOLD)

Na verdade, na ausência de fatores higiênicos, haveria a insatisfação; enquanto que, na sua presença, chegar-se-ia a um "ponto neutro", chamado de não insatisfação.

Enquanto isso, na ausência de fatores motivacionais, haveria, quanto a esses fatores, um estado de não satisfação. Se eles estiverem presentes, haveria um estado de satisfação.

Para que o trabalhador se sinta motivado, é necessário que ele possua fatores extrínsecos satisfeitos (para evitar a desmotivação) e fatores motivacionais também satisfeitos (para que se gere a motivação).

Teoria X e Y de Douglas McGregor

As Teorias X e Y são antagônicas quanto à sua visão do ser humano. Ambas foram desenvolvidas por Douglas McGregor, de acordo com sua observação do comportamento dos gestores com relação aos funcionários.

De acordo com os pressupostos da **Teoria X**, as pessoas: são preguiçosas e indolentes; evitam o trabalho; evitam a responsabilidade para se sentirem mais seguras; precisam ser controladas e dirigidas; são ingênuas e sem iniciativa.

Se o gestor tem esta visão negativa das pessoas, ele tende a ser mais controlador e repressor, a tratar os subordinados de modo mais rígido, a ser autocrático, a não delegar responsabilidades.

Nas pressuposições da **Teoria Y**, o trabalho é uma atividade tão natural como brincar ou descansar, portanto, as pessoas: são esforçadas e gostam de ter o que fazer; procuram e aceitam responsabilidades e desafios; podem ser automotivadas e autodirigidas; são criativas e competentes.

PROCESSO ADMINISTRATIVO (ORGANIZACIONAL)

Como o gestor acredita no potencial dos funcionários, ele incentiva a participação, delega poderes e cria um ambiente mais democrático e empreendedor.

Teoria X	Teoria Y
Um indivíduo comum, em situações comuns, evitará sempre que possível o trabalho.	O indivíduo comum não só aceita a responsabilidade do trabalho, como também as procura.
Alguns indivíduos só trabalham sob forte pressão.	O controle externo e a ameaça não são meios adequados de se obter trabalho.
Precisam ser forçados, contralados para que se esforcem em cumprir os objetivos.	O dispêndio de esforço no trabalho é algo natural.
É preguiçoso e prefere ser dirigido, evita as responsabilidades, tem ambições e, acima de tudo, deseja sua própria segurança.	São criativos e incentivos, buscam sempre a solução para os problemas da empresa.
O indivíduo é motivado pelo menor esforço, demandando um acompanhamento por parte do líder.	São pessoas motivadas pelo máximo esforço, demandando uma participação maior nas decisões e negociações inerentes ao seu trabalho.
São ameaçados com punições severas para que se esforcem em cumprir os objetivos estabelecidos pela organização.	O atingimento dos objetivos da organização está ligado às recompensas associadas e não ao controle rígido e às punições.
O homem comum busca, basicamente, segurança.	Os indivíduos são criativos e inventivos, buscam sempre a solução para os problemas da empresa.

Teorias de Processo

Enquanto as teorias de conteúdo se preocupam com as necessidades, as teorias de processo procuram verificar como o comportamento é ativado, dirigido, mantido e ativado.

Teoria da Expectativa ou da Expectância de Vroom

A Teoria da Expectativa (também chamada de Expectância), de Victor Vroom, é uma das teorias da motivação mais amplamente aceitas para o contexto organizacional atual.

Sua ideia central é a seguinte: os funcionários ficarão motivados para um trabalho quando acreditarem que seu esforço gerará o desempenho esperado pela organização e que esse desempenho fará com que ele receba recompensas da organização, que servirão para a satisfação de suas metas pessoais.

Parece complexo, mas vamos desdobrar o que foi dito acima em três aspectos centrais. Assim, as relações que influenciam a motivação do funcionário na organização são as seguintes:

01. **Relação esforço-desempenho (Expectância):** trata-se da crença do funcionário de que seu esforço gerará o desempenho esperado e que esse resultado será percebido pela organização em sua avaliação de desempenho.
02. **Relação desempenho-recompensa (Instrumentalidade):** trata-se da crença de que ao atingir os objetivos fixados para si, o funcionário receberá recompensas da organização, como remuneração variável, bônus, folgas, etc.
03. **Relação recompensa-metas pessoais (Valência):** trata-se do grau em que as recompensas que o funcionário recebe da organização servem para que ele possa atingir as próprias metas pessoais.

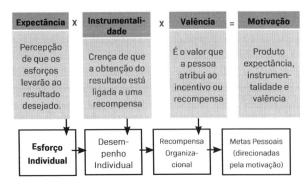

Teoria do Reforço - Skinner

A ideia principal dessa teoria é a de que o reforço condiciona o comportamento, sendo que este é determinado por experiências negativas ou positivas, devendo o gerente estimular comportamentos desejáveis e desencorajar comportamentos não agradáveis.

O reforço positivo se dá de várias formas, tais como: premiações, promoções e até um simples elogio a um trabalho bem feito. São motivadores vistos que incentivam o alto desempenho.

O reforço negativo condiciona o funcionário a não se comportar de maneira desagradável. Tal reforço atua por meio de repreensões, chegando até a demissão.

Conforme Schermerhorn (1996 apud CHIAVENATO, 2005, p. 486-487), **existem quatro estratégias de modificação de comportamento organizacional**:

- **Reforço positivo:** para aumentar a frequência ou intensidade do comportamento desejável, relacionando com as consequências agradáveis e contingentes à sua ocorrência. **Exemplo:** um administrador que demonstra aprovação por uma atitude de um funcionário; uma organização que concede um prêmio financeiro a um funcionário por uma boa sugestão.
- **Reforço negativo:** para aumentar a frequência ou intensidade do comportamento desejável pelo fato de evitar uma consequência desagradável e contingente à sua ocorrência. Um gerente deixa de repreender o funcionário faltoso ou deixa de exigir que não mais cometa determinada falta.
- **Punição:** para diminuir a frequência ou eliminar um comportamento indesejável pela aplicação da consequência desagradável e contingente à sua ocorrência. Um administrador repreende o funcionário ou suspende o pagamento de bônus ao funcionário que atrasa indevidamente o seu trabalho.
- **Extinção:** para diminuir a frequência ou eliminar um comportamento indesejável pela remoção de uma consequência agradável e contingente à sua ocorrência. Um administrador observa que um empregado faltoso recebe aprovação social de seus colegas e aconselha os colegas a não praticarem mais tal aprovação. A extinção não encoraja nem recompensa.

Teoria da Equidade - Stacy Adams

Para Stacy Adams, todos fazem uma comparação entre o que "entrega" e o que "recebe" em troca (pela empresa e colegas). Assim, a noção de que a relação é justa teria um impacto significativo na motivação.

Equidade, neste caso, é a relação entre a contribuição que o indivíduo dá em seu trabalho e as recompensas que recebe, comparadas com as recompensas que os outros recebem em troca dos esforços empregados. É uma relação de comparação social.

A Teoria da Equidade focaliza a relação dos resultados para os esforços empreendidos em relação à razão percebida pelos demais, existindo assim a EQUIDADE. Porém, quando essa relação resulta em um sentimento de desigualdade, ocorre a INEQUIDADE, podendo esta ser *negativa*, quando o trabalhador recebe menos que os outros, e positiva, quando o trabalhador recebe mais que os outros.

Se alguma dessas duas condições acontece, o indivíduo poderá se comportar da seguinte forma:
- Apresentará uma redução ou um aumento em nível de esforço.
- Poderá fazer tentativas para alterar os resultados.
- Poderá distorcer recursos e resultados.
- Poderá mudar de setor ou até de emprego.
- Poderá provocar mudanças nos outros.
- E, por fim, poderá trocar o grupo ao qual está se comparando.

A equidade é subjetiva: o que pode parecer justo para o superior pode não parecer justo para o subordinado. Por isso, a maior importância recai sobre o que o ambiente percebe como justo, e não sobre o que o gerente acredita ser justo.

Teoria da Autoeficácia – Bandura

Segundo esta teoria, a motivação e o desempenho de um indivíduo podem ser determinados pelo quanto este indivíduo acredita que pode ser eficiente desenvolvendo as tarefas (SPECTOR, 2006). Isso significa que pessoas com alto nível de **autoeficácia** são motivadas a fazer tarefas, pois acreditam que podem desempenhá-las bem, e pessoas com baixo nível de **autoeficácia** não se motivam por certas tarefas por não acreditarem no sucesso de suas ações para desenvolvê-las.

Utilizando o pensamento de Bandura, *apud* Yassudaetall (2005), pode-se dizer que a teoria da autoeficácia prevê que a confiança que o indivíduo tem em sua capacidade é uma grande fonte de motivação e é reguladora de suas atitudes. Quando uma pessoa se percebe capaz de realizar algo, esforça-se mais e tem mais motivação para concluir sua tarefa do que o indivíduo com baixo nível de autoeficácia.

> **Fique ligado**
>
> Autoeficácia é a percepção que temos de que somos capazes, competentes e aptos para realizar um trabalho. Assim, torna-se necessária para a motivação. Masquando é elevada demais, é um obstáculo para o aprendizado, pois o indivíduo acredita que já não precisa melhorar mais, porque está no nível de excelência.

Assim, este estudo afirma que uma pessoa esforça-se mais em tarefas que acredita ter maior grau de autoeficácia para realizar, e que a autoeficácia das pessoas pode variar de acordo com a tarefa que terão que realizar (SPECTOR, 2006).

Bandura também apresenta quatro fontes possíveis para autoeficácia: a fonte mais importante seria o próprio desempenho da pessoa nas tarefas em um determinado domínio. A autoeficácia também pode ser influenciada pela observação do desempenho de outras pessoas - que pode nos levar a concluir que faríamos melhor ou pior do que os outros fazem. Outra fonte da autoeficácia seria a persuasão verbal de outras pessoas, que podem nos convencer de que somos ou não capazes de realizar algo. Finalmente, a percepção de nossos estados fisiológicos também pode afetar nossa autoeficácia, pois se nos sentimos ansiosos, amedrontados frente a certas tarefas, podemos inferir que nos sentimos assim porque não somos capazes de realizá-las (BANDURA *apud* YASSUDA *et all*, 2005, p.1).

Teoria da Definição de Objetivos – Edwin Locke

A Teoria da Definição de Objetivos desenvolvida por Edwin Locke preconiza que a motivação das pessoas está intrinsecamente ligada à busca de alcance de objetivos. O objetivo sinaliza às pessoas o que precisa ser feito e quanto esforço elas terão de despender para o seu alcance.

É uma abordagem cognitiva que sustenta que o comportamento de uma pessoa é orientado por seus propósitos.

NOÇÕES DE GESTÃO PÚBLICA

Está fundamentada em alguns pressupostos:

01. Objetivos bem definidos e mais difíceis de serem alcançados levam a melhores resultados do que metas genéricas e abrangentes.
02. Objetivos difíceis, para pessoas capacitadas, elevam o desempenho.
03. A retroação a respeito do desempenho provoca melhor desempenho. Quando a retroação é autogerenciada, é mais poderosa que a retroação externa.
04. Objetivos construídos com a participação dos funcionários, que terão que atingi-los para que surtam mais resultados.
05. Pessoas com alta autoeficácia tendem a concluir com êxito as tarefas. Pessoas com baixa autoeficácia precisam de maior retroação externa.
06. A definição individual de objetivos funciona melhor para tarefas individuais e independentes.

1.3.3 Estilos de Direção

Os Sistemas Administrativos

Dentro desse filão, Likert, outro expoente da teoria comportamental, fez uma pesquisa levando em conta algumas variáveis comportamentais importantes. Dentre elas, estão o processo decisorial, os sistemas de comunicação, o relacionamento interpessoal dos membros e os sistemas de punições e recompensas adotados pelas organizações.

- **Processo decisorial.** O administrador pode centralizar totalmente em suas mãos todas as decisões dentro da organização (centralização) ou pode descentralizar totalmente as decisões de maneira conjunta e participativa com as pessoas envolvidas (descentralização). Ele pode adotar uma supervisão direta, rígida e fechada sobre as pessoas (estilo autocrático) até uma supervisão genérica, aberta, democrática e orientadora que permite ampla autodireção e autocontrole por parte das pessoas (estilo democrático).
- **Sistemas de comunicação.** O administrador pode adotar fluxos descendentes de ordens e instruções e fluxos ascendentes de relatórios para informação (comunicação vertical e rígida), ou pode adotar sistemas de informação desenhados para proporcionar acesso a todos os dados necessários ao desempenho (comunicação vertical e horizontal intensa e aberta).
- **Relacionamento interpessoal.** O administrador pode adotar cargos com tarefas segmentadas e especializadas (cargos especializados, individualizados e confinados em que as pessoas não podem se comunicar entre si) ou pode adotar desenhos de cargos que permitam o trabalho em grupo ou em equipe em operações autogerenciadas e autoavaliadas (cargos enriquecidos e abertos).
- Sistemas de punições e recompensas. O administrador pode adotar um esquema de punições que obtenha a obediência por meio da imposição de castigos e medidas disciplinares (ênfase nas punições e no medo), ou pode adotar um esquema de recompensas materiais e simbólicas para obter a aceitação, a motivação positiva e o comprometimento das pessoas (ênfase nas recompensas e no estímulo).

Likert chegou à conclusão de que as variáveis comportamentais escolhidas para sua pesquisa variam e se comportam como continuons.

Em função dessa continuidade, chegou à conclusão de que existem quatro sistemas administrativos.

Sistema 1: Autoritário-Coercitivo

No extremo esquerdo do *continuum*, o Sistema 1 constitui o sistema mais fechado, duro e arbitrário de administrar uma organização. É totalmente coercitivo e coativo, impondo regras e regulamentos, e exige rígida e cega obediência. As decisões são monopolizadas na cúpula da organização. Impede a liberdade, nega a informação, restringe o indivíduo e faz com que ele trabalhe isoladamente dos demais. Há forte desconfiança em relação às pessoas e impede-se qualquer contato interpessoal. Para incentivar as pessoas a trabalharem, utiliza punições e castigos - a motivação negativa - de modo a impor intimidação e medo e reforçar a obediência cega.

PROCESSO ADMINISTRATIVO (ORGANIZACIONAL)

Sistema 2: Autoritário-Benevolente

O Sistema 2 é também um sistema autoritário. Todavia, é benevolente e menos coercitivo e fechado do que o anterior. Permite alguma delegação das decisões em níveis mais baixos, desde que essas decisões sejam repetitivas e operacionais e sujeitas à confirmação da cúpula. As restrições à liberdade são menores do que no Sistema 1; oferece-se alguma informação, já que o fluxo vertical de informações traz ordens e comandos de cima para baixo e informações de baixo para cima a fim de abastecer o processo decisório. Existe ainda uma grande desconfiança das pessoas, mas permite-se algum relacionamento entre elas, como certa condescendência da organização. O sistema utiliza punições e castigos, mas já se preocupa com recompensas, que são estritamente materiais e salariais, frias e calculistas.

Sistema 3: Consultivo

O Sistema 3 já é mais aberto do que os anteriores. Deixa de ser autocrático e impositivo para dar alguma margem de contribuição das pessoas. Daí a sua denominação do sistema consultivo. Proporciona descentralização e delegação das decisões, permitindo que as pessoas possam envolver-se no processo decisorial da organização. O sistema se apoia em boa dose de confiança nas pessoas, permitindo que elas trabalhem ocasionalmente em grupos ou em equipes. As comunicações são intensas e o seu fluxo é vertical - acentuadamente ascendente e descendente - com algumas repercussões laterais ou horizontais. O sistema utiliza mais recompensas - que são predominantemente materiais e ocasionalmente sociais - e poucas punições.

Sistema 4: Participativo

No extremo direito do *continuum* está o Sistema 4, que constitui o sistema mais aberto e democrático de todos. É denominado sistema participativo, pois incentiva total descentralização e delegação das decisões aos níveis mais baixos da organização, exigindo apenas um controle dos resultados por parte da cúpula. As decisões passam a ser tomadas diretamente pelos executores das tarefas. O sistema se apoia em total confiança nas pessoas e no seu *empoderamento* (*empowerment*), incentivando a responsabilidade e o trabalho conjunto em equipe. As comunicações constituem o núcleo de integração do sistema, e seu fluxo é tanto vertical como horizontal para proporcionar envolvimento total das pessoas no negócio da organização. O sistema utiliza amplamente as recompensas salariais como parte do seu esquema de remuneração variável pelo alcance de metas e resultados, bem como recompensas sociais ou simbólicas. As punições são raras e, quando acontecem, são decididas e administradas pelas equipes ou grupos de trabalho.

Mas, o que determina o tipo de administração a ser desenvolvido pelo administrador? Geralmente, a consistência entre meios e fins. E aqui reside um dos principais aspectos da teoria administrativa. Essa consistência depende de conceitos e teorias a respeito da natureza das pessoas, como elas se comportam nas organizações e como os administradores devem se comportar nesse conjunto. Os sistemas administrativos de Likert constituem uma notável contribuição da escola comportamental para a avaliação do grau de abertura e democratização das organizações. As organizações bem-sucedidas estão migrando decidida e rapidamente para o lado direito do *continuum* descrito - Sistema 4 - e adotando posturas altamente participativas e democráticas com relação às pessoas que nelas trabalham.

1.3.4 O Papel da Direção

Para a Teoria Comportamental, o papel do administrador é promover a integração e articulação entre as variáveis organizacionais e as variáveis humanas, focalizando o ambiente e, mais especificamente, o cliente. De um lado, as variáveis organizacionais, como missão, objetivos, estrutura, tecnologia, tarefas etc.; e de outro, as variáveis humanas, como habilidades, atitudes, competências, valores, necessidades individuais etc., que devem ser devidamente articuladas e balanceadas. As ações de planejar, organizar, controlar e, principalmente, dirigir servem exatamente para proporcionar essa integração e articulação.

Para alcançar uma adequada integração e articulação entre as variáveis organizacionais e as variáveis humanas, o administrador deve utilizar vários mecanismos, como as variáveis comportamentais estudadas por Likert: o processo decisório, os sistemas de comunicação, o relacionamento interpessoal dos membros e o sistema de punições e recompensas.

Por meio desses mecanismos de integração, o papel do administrador se estende por uma ampla variedade de alternativas, que vão desde o Sistema 1 até o Sistema 4 de Likert. O administrador exerce direção, toma decisões e influencia e motiva as pessoas. Ele comunica e estrutura as organizações e desenha cargos e tarefas que repercutem no relacionamento interpessoal dos membros. Ele incentiva as pessoas sob diferentes aspectos. Em cada uma dessas áreas, o papel do administrador pode variar entre comportamentos ou abordagens alternativos.

A Direção e as Pessoas

As mais recentes abordagens administrativas enfatizam que são as pessoas que fazem a diferença nas organizações. Em outras palavras, em um mundo onde a informação é rapidamente disponibilizada e compartilhada pelas organizações, sobressaem aquelas que são capazes de transformá-la rapidamente em oportunidades em termos de novos produtos e serviços antes que outras organizações o façam. E isso somente pode ser conseguido com a ajuda das pessoas que sabem utilizá-la adequadamente, e não apenas com a tecnologia que pode ser adquirida no mercado. São as pessoas - e não apenas a tecnologia - que fazem a diferença. A tecnologia pode ser adquirida por qualquer organização com relativa facilidade nos balcões do mercado. Bons funcionários requerem um investimento muito mais longo em termos de capacitação quanto a habilidades e conhecimentos e, sobretudo, de confiança e comprometimento pessoal.

Ouchi deu o nome de **Teoria Z** para descrever o esquema de administração adotado pelos japoneses, cujos princípios são:

- Filosofia de emprego em longo prazo.
- Poucas promoções verticais e movimentos em cargos laterais.
- Ênfase no planejamento e desenvolvimento da carreira.
- Participação e consenso na tomada de decisões.
- Envolvimento dos funcionários.

É certo que todos esses princípios são válidos para o Japão e sua peculiar cultura oriental e tradições milenares. Mas todos eles podem ser simplesmente transplantados para um país como o nosso, com hábitos e costumes totalmente diferentes. Contudo, alguns aspectos mostram que confiança, consenso e envolvimento das pessoas no negócio são fatores inequívocos de sucesso organizacional. Em qualquer lugar do mundo, é bom não perdê-los de vista.

Conceito de Grupo Social

No passado, prevaleceu por longas décadas a noção de que os indivíduos constituíam o elemento básico na construção dos blocos organizacionais e da dinâmica organizacional. O tempo, a experiência e os resultados serviram para descartar essa noção míope e errônea, e as organizações mais avançadas passaram a redesenhar os seus processos organizacionais construídos sobre e ao redor de indivíduos para remodelá-los inteiramente no nível de grupos de trabalho. Um grande número de organizações está caminhando rápida e definitivamente nessa direção: a ideia é sair do nível do átomo ou da molécula e passar a selecionar grupos - e não mais indivíduos - treinar, remunerar, promover, liderar e motivar grupos, e uma enorme extensão de atividades organizacionais, no sentido de utilizar não mais as pessoas de maneira confinada e isolada, mas grupos de trabalho atuando coesa e conjuntamente. Chegou, portanto, a hora de levar os grupos a sério.

Um grupo pode ser definido como um conjunto de dois ou mais indivíduos que estabelecem contatos pessoais, significativos e propositais, uns com os outros, em uma base de continuidade, para alcançar um ou mais objetivos comuns. Nesse sentido, um grupo é muito mais do que um simples conjunto de pessoas, pois seus membros se consideram mutuamente dependentes para alcançar os objetivos e interagem uns com os outros regularmente para o alcance desses objetivos no decorrer do tempo. Todas as pessoas pertencem a vários grupos, dentro e fora de organizações. Por outro lado, os administradores estão participando e liderando as atividades de muitos e diferentes grupos em suas organizações.

Existem grupos formais e informais. Um grupo formal é um grupo oficialmente designado para atender a um específico propósito dentro de uma organização. Algumas unidades de grupo são permanentes e até podem aparecer nos organogramas de muitas organizações na figura de departamentos (como departamentos de pesquisa de mercado), divisões (como divisão de produtos de consumo) ou de equipes (como equipe de montagem de produtos). Um grupo permanente pode variar de tamanho, indo desde um pequeno departamento ou uma equipe de poucas pessoas até grandes divisões com centenas de pessoas envolvidas. Em todos esses casos, os grupos formais compartilham a característica comum de serem criados oficialmente para desempenhar certas tarefas em uma base duradoura, e continuam sua existência até que alguma decisão mude ou reconfigure a organização por alguma razão.

Os grupos temporários são criados para específicos propósitos e se dissolvem quando tal propósito é alcançado ou cumprido. Certos comitês ou forças-tarefa designados para resolver problemas específicos ou cumprir atribuições especiais são exemplos típicos de grupos temporários. O presidente de uma organização pode solicitar uma força-tarefa para estudar a viabilidade de adotar horário flexível para o pessoal de nível gerencial da empresa. Alguns grupos temporários requerem apenas um líder ou orientador, e não um gerente para alcançar bons resultados.

Por outro lado, muitas organizações utilizam grupos informais que emergem extraoficialmente e que não são reconhecidos como parte da estrutura formal da organização. São grupos amigáveis que se compõem de pessoas com afinidades naturais entre si e que trabalham juntas com mais facilidade. Os grupos de interesses são compostos de pessoas que compartilham interesses comuns e que podem ter interesses relacionados com o trabalho, como serviços comunitários, esportes ou religião.

Quaisquer que sejam os tipos de grupos de trabalho, é inegável a sua enorme utilidade para as organizações.

1.3.5 Trabalho em Equipe

A formação de uma boa equipe que conquiste excelentes resultados tem sido uma busca cada vez mais frequente em qualquer tipo de organização. A tradicional reunião de pessoas em busca de objetivos comuns, que, no passado, era chamada de equipe, hoje é entendida como sendo, na verdade, apenas agrupamento, ou grupo. A verdadeira equipe é aquela que possui objetivos claros, sabe exatamente onde deve chegar, cresce enquanto equipe, mas que respeita e incentiva o crescimento de cada um dos seus componentes. Dessa forma, muito mais do que retratar o papel das equipes na organização, pretende-se descrever os tipos de personalidade, de modo que se consiga uma formação, por meio de uma melhor análise, de equipes de elevado desempenho, com personalidades que venham sempre a somar.

O que é uma Equipe?

A equipe é um grupo de pessoas, em que seus participantes se conhecem, relacionam-se diretamente, havendo ainda uma unidade de espírito e de ação. Quando se focalizam as equipes, verifica-se que os resultados que elas querem atingir são os objetivos da organização.

A equipe traz consigo a ação, a execução do trabalho, agrupando profissionais de categorias diferentes ou não, complementando-se, articulando-se e dependendo uns dos outros para objetivos comuns.

Objetivos do Trabalho em Equipe

As organizações que se baseiam no trabalho em equipe buscam evitar condições opressivas de trabalho e as substituem por processos e políticas que estimulam as pessoas a trabalharem efetivamente para objetivos comuns. Conforme MOSCOVICI (1996) *"(...) desenvolver uma equipe é ajudar a aprender e a institucionalizar um processo constante de autoexame e avaliação das condições que dificultam seu funcionamento efetivo, além de desenvolver habilidades para lidar eficazmente com esses problemas."*

É necessário que uma equipe possua objetivos, para que consiga se manter e se desenvolver. Os objetivos são de suma importância para o trabalho em equipe, pois guiam as ações dos participantes do grupo, que coordenam e planejam seus esforços. Servem ainda para delimitar critérios a fim de resolver conflitos interpessoais, de maneira a promover a melhoria do trabalho, que passa a ser constantemente avaliado, analisado e revisado. Os objetivos, quando imediatos, têm maior significado para a equipe. Devem servir como passos intermediários para os objetivos principais.

Tipos de Equipes

PARKER (1995) divide as equipes em três tipos específicos, cada qual com as suas características.

A **equipe funcional** é formada por um chefe e seus subordinados diretos e tem sido a marca da empresa moderna. Questões como autoridade, relações, tomada de decisão, liderança e gerenciamento demarcado são simples e claras.

A **equipe autogerenciável** é um grupo íntegro de colaboradores responsáveis por todo um processo ou segmento de trabalho, que oferece um produto ou serviço a um cliente interno ou externo. Em diferentes instâncias, os membros da equipe trabalham em conjunto para melhorar as suas operações, lidar com os problemas do dia a dia e planejar e controlar as suas atividades.

E a **equipe interfuncional**, às vezes chamada de **equipe multidisciplinar**, faz parte da silenciosa revolução que atualmente vem abrangendo as organizações. PARKER (1995) diz que *"(...) as possibilidades para esse tipo de equipe parecem ser ilimitadas. Encontro-as nos mais diversos ramos de atividade, desempenhando uma gama de funções igualmente amplas, até então praticadas isoladamente."* Ainda sob o enfoque de PARKER (1995), *"(...) equipes interfuncionais estão ajudando a agilizar o processo de desenvolvimento de produtos, melhorar o enfoque dado ao cliente, aumentar a capacidade criativa da empresa, oferecer um fórum para o aprendizado organizacional e servir de ponto único de contato para clientes, fornecedores e outros envolvidos."*

Equipe virtual - as pessoas estão separadas fisicamente, mas unidas pela TI (Tecnologia da Informação).

Equipe temporária - as pessoas estão unidas por um período de tempo específico; após esse prazo, a equipe é desfeita.

Equipe força-tarefa - é uma equipe temporária, montada para resolver um problema específico.

Equipe transversal - é formada por pessoas de departamentos diferentes e níveis organizacionais diferentes.

Estágio de Desempenho de Equipes

De acordo com KATZENBACH e SMITH (apud MOSCOVICI, 1996), a curva de desempenho da equipe permite classificá-la de acordo com o modo de funcionamento em uma das cinco posições:

Pseudo-equipe: neste grupo, pode-se definir um trabalho, mas não há preocupação com o desempenho coletivo apreciável. Prevalece a individualidade.

Grupos de trabalho: não existe estímulo para transformar-se em equipe. Os membros partilham informações entre si, porém são mantidas, de forma individual, as responsabilidades e objetivos. Não se produz desempenho coletivo.

Equipe potencial: existe intenção de produzir o desempenho coletivo. Necessita-se assumir compromisso quanto ao resultado de grupo e se requerem esclarecimentos das finalidades, dos objetivos e da abordagem de tarefa.

Equipe real: composta de pessoas que, além de possuírem habilidades que se complementam, comprometem-se umas com as outras, por meio da missão e dos objetivos comuns e da abordagem de trabalho bem definida. Existe confiança entre os membros do grupo, assumindo responsabilidade plena sobre o desempenho.

Equipe de elevado desempenho: equipe com membros profundamente comprometidos com o crescimento pessoal de cada indivíduo e com o sucesso deles mesmos e dos outros. Possuem resultados muito além das expectativas. Na análise de MANZ e SIMS (1996),

PROCESSO ADMINISTRATIVO (ORGANIZACIONAL)

com coautores de *Empresas sem chefes*, instalando equipes de elevado desempenho, tem-se:
a) aumento na produtividade;
b) melhora na qualidade;
c) melhora na qualidade de vida profissional dos funcionários;
d) redução no nível de rotatividade de pessoal e absenteísmo;
e) redução no nível de conflito;
f) aumento na inovação;
g) aumento na flexibilidade; e
h) obtenção de economia de custos da ordem de 30% a 70%.

É necessário aprender a trabalhar em equipe, sabendo-se que uma equipe não começa a funcionar eficientemente no momento em que é criada. Conforme KOPITTKE (2000) *"é necessário um tempo para que a equipe se alinhe."* Em um importante estudo, feito nos anos 70, o psicólogo Tuckman identificou quatro estágios de desenvolvimento de equipes que visam ao sucesso, conforme relata KOPITTKE (2000), sendo eles:
a) **formação:** neste estágio, as pessoas ainda estão aprendendo a lidar umas com as outras; pouco trabalho é feito;
b) **tormenta:** tem-se uma época de difícil negociação das condições sob as quais a equipe vai trabalhar;
c) **aquiescência:** é a época na qual os papéis são aceitos (posse do problema) e as informações circulam livremente;
d) **realização:** quando a execução do trabalho atinge níveis ótimos (não há mais problema).

Habilidades para o Trabalho em Equipe

As competências para um bom desempenho no trabalho em equipe diferem das competências necessárias ao trabalho individual. A seguir, estão explicitadas essas competências:
a) **cooperar:** participar voluntariamente, apoiar as decisões da equipe, fazer a sua parte do trabalho;
b) **compartilhar informações:** manter as pessoas informadas e atualizadas sobre o processo do grupo;
c) **expressar expectativas positivas:** esperar o melhor das capacidades dos outros membros do grupo, falando dos membros da equipe para os outros com aprovação. Apelar para a racionalidade em situações de conflito e não assumir posição polêmica nesses casos;
d) **estar disposto a aprender com os companheiros:** valorizar a experiência dos outros, solicitar dados e interagir pedindo e valorizando ideias;
e) **encorajar os outros:** dar crédito aos colegas que tiveram bom desempenho tanto dentro como fora da equipe;
f) **construir um espírito de equipe:** tomar atitudes especiais para promover clima amigável, moral alto e cooperação entre os membros da equipe;
g) **resolver conflitos:** trazer à tona o conflito dentro da equipe e encorajar ou facilitar uma solução construtiva para a equipe. Não esconder ou evitar o problema, mas tentar resolvê-lo da forma mais rápida possível.

As diferenças entre as mentalidades		
Fatores	**Ênfase em "você"**	**Ênfase em "nós"**
Estrutura	Trabalho individual centralizado nos departamentos.	Trabalho por processos realizado por times semiautônomos.
Hierarquia	Rígida, com muitos níveis.	Poucos níveis para facilitar a comunicação e agilizar a tomada de decisões.
Carreira	Baseada em cargos e em tempo de serviço.	O funcionário ganha projeção à medida que adquire mais habilidades.
Execução de projetos	Uma área ou pessoa é eleita para levar adiante um projeto.	As equipes multidisciplinares, formadas por pessoas de diversos setores, assumem o projeto.
Tomada de decisão	Todas as decisões operacionais são de responsabilidade do supervisor.	As decisões sobre detalhes do dia a dia do funcionário são tomadas por ele mesmo. A autonomia acelera os processos e aumenta a produtividade.
Remuneração fixa	Baseada em cargos, tempo de serviço e formação.	Baseada nas habilidades que agregam valor aos produtos da empresa
Remuneração variável	Não há participação nos resultados.	Participação nos resultados proporcional às metas alcançadas variável pelo time ou pelo cumprimento de projetos individuais.
Comunicação	A comunicação é truncada, pois há dificuldade de transmissão das informações entre os departamentos. Crença de que a competição interna gera lucros para a empresa.	Estímulo à comunicação aberta entre todos os níveis. A internet tem sido o veículo mais utilizado e as reuniões viraram hábito diário.
Competição	Crença de que a competição interna gera lucros para a empresa.	Diminuição da competitividade. As promoções são baseadas nas habilidades adquiridas e, muitas vezes, só acontecem com o consentimento do grupo.

Liderança

Para o empregado de hoje, ter sucesso significa alcançar a realização pessoal, social e financeira, ser interdependente, contribuir para a solução de problemas, encontrar desafios e atingir metas. As pessoas querem sentir que seus esforços são valorizados e que seu trabalho é o diferencial que contribui para o sucesso da empresa em que trabalham.

O líder de hoje pode se perguntar: *"Quais as habilidades essenciais que preciso ter para obter a lealdade e o comprometimento da minha equipe? Como posso ser ainda mais útil com cada pessoa do meu time?"*.

Tais questões serão respondidas adiante, com a intenção de estimular o pensamento e as ações do candidato, desenvolvendo nele as

NOÇÕES DE GESTÃO PÚBLICA

habilidades necessárias para adotar comportamentos de liderança e, ao mesmo tempo, obter êxito na prova de Administração Geral, pois este tema é muito cobrado em concursos.

A fim de conquistar o comprometimento de uma equipe, é necessário que o líder inspire – e não exija – respeito e confiança. Cada pessoa se compromete quando é tratada como se fizesse parte da equipe – quando sabe que sua contribuição é importante. Quando a pessoa percebe que é considerada, compreendida e reconhecida, sua percepção de comprometimento cresce. Um líder que forma outros líderes ensina que são seis os passos que criam condições para o desenvolvimento da lealdade e do comprometimento:

01. Comunicação franca e aberta.
02. Envolvimento e potencialização dos colaboradores.
03. Desenvolvimento profissional e pessoal dos colaboradores.
04. Demonstrar o reconhecimento.
05. Liderar com ética e imparcialidade.
06. Promover o bem-estar no ambiente de trabalho.

Quando Fayol anunciou as funções administrativas, elas eram representadas pela sigla POCCC (Planejamento, Organização, Comando, Coordenação e Controle). Com o passar do tempo, as funções de comando e coordenação foram unificadas na letra D, de direção. Essa função engloba atividades como a tomada de decisão, a comunicação com os subordinados, superiores e pares, a obtenção, a motivação e o desenvolvimento de pessoal.

A liderança nas empresas pode ocorrer de duas maneiras:

a) liderança decorrente de uma função (cargo com autoridade de decisão);

b) liderança como uma qualidade pessoal (conjunto de atributos e atitudes que tornam uma pessoa um líder.

Teorias sobre Liderança

As teorias sobre liderança podem ser classificadas em três grandes grupos:

01. Teoria dos traços de liderança.
02. Estilos de liderança.
03. Liderança situacional (contingencial).

Vamos aprofundar, vejamos o que o Idalberto Chiavenato explica:

1ª. Teoria dos Traços de Personalidade

De acordo com esta teoria, já desacreditada, o líder possuiria características marcantes de personalidade que o qualificariam para a função. Essas características eram:

- habilidade de interpretar objetivos e missões;
- facilidade em solucionar problemas e conflitos;
- habilidade de delegar responsabilidade aos outros;
- facilidade em supervisionar e orientar pessoas;
- habilidade de estabelecer prioridades;
- habilidade de planejar e programar atividades em equipe.

De acordo com vários autores, somente seriam líderes potenciais aqueles que possuíssem essas qualidades.

2ª. Estilos de Liderança?

Esta teoria aponta três estilos de liderança: **autocrática, democrática e liberal**. Ela está concentrada mais especificamente no modo como os líderes tomavam decisões, e o efeito que isso produzia nos índices de produtividade e na satisfação geral dos subordinados.

AUTOCRÁTICA	DEMOCRÁTICA	LIBERAL
Apenas o líder fixa as diretrizes, sem qualquer participação do grupo.	As diretrizes são debatidas pelo grupo, estimulado e assistido pelo líder.	Há liberdade completa para as decisões grupais ou individuais, com participação mínima do líder.
O líder determina as providências e as técnicas para a execução das tarefas, cada uma por vez, na medida em que se tornam necessárias e de modo imprevisível para o grupo.	O próprio grupo esboça as providências e as técnicas para atingir o alvo solicitando aconselhamento técnico ao líder quando necessário, passando este a sugerir duas ou mais alternativas para o grupo escolher. As tarefas ganham nova perspectivas com os debates.	A participação do líder no debate é pouca, esclarecendo que poderia fornecer informações desde que as pedissem.
O líder determina qual a tarefa que cada um deve executar e qual o seu companheiro de trabalho.	A divisão das tarefas fica a critério do próprio grupo e cada membro tem liberdade de escolher seus companheiros de trabalho.	Tanto a divisão das tarefas, como a escolha dos companheiros, fica totalmente a cargo do grupo. Absoluta falta de participação do líder.
O líder é Dominador e é "pessoal" nos elogios e nas críticas ao trabalho de cada membro.	O líder procura ser um membro normal do grupo, em espírito, sem encarregar-se muito de tarefas. O líder é "objetivo" e limita-se aos "fatos" em suas críticas e elogios.	O líder não faz nenhuma tentativa de avaliar ou de regular o curso dos acontecimentos. O líder somente faz comentários irregulares sobre as atividades dos membros quando perguntado.

As experiências demonstram o seguinte comportamento aos diferentes tipos de liderança a que foram submetidos:

- **Liderança Autocrática.** O comportamento dos grupos mostrou forte tensão, frustração e, sobretudo, agressividade, de um lado; e, de outro, nenhuma espontaneidade nem iniciativa, nem formação de grupos de amizade. Embora aparentemente gostassem das tarefas, não demonstraram satisfação com relação à situação. O trabalho somente se desenvolvia com a presença física do líder. Quando este se ausentava, as atividades paravam e os grupos expandiam seus sentimentos reprimidos, chegando a explosões de indisciplina e de agressividade.

- **Liderança Liberal.** Embora a atividade dos grupos fosse intensa, a produção foi simplesmente medíocre. As tarefas se desenvolviam ao acaso, com muitas oscilações, perdendo-se muito tempo com discussões mais voltadas para motivos pessoais do que relacionadas com o trabalho em si. Notou-se forte individualismo agressivo e pouco respeito com relação ao líder.

- **Liderança Democrática.** Houve formação de grupos de amizade e de relacionamentos cordiais entre os participantes. Líder e subordinados passaram a desenvolver comunicações espontâneas, francas e cordiais. O trabalho mostrou um ritmo suave e seguro sem alterações, mesmo quando o líder se ausentava. Houve um nítido sentido de responsabilidade e comprometimento pessoal.

Grid Gerencial

Robert R. Blake e Jane S. Mouton (1989) procuraram representar os vários modos de usar autoridade ao exercer a liderança por meio do Grid Gerencial. Esta representação possui duas dimensões: preocupação com a produção e preocupação com as pessoas.

PROCESSO ADMINISTRATIVO (ORGANIZACIONAL)

A **preocupação com a produção** refere-se ao enfoque dado pelo líder aos resultados, ao desempenho, à conquista dos objetivos. O líder com este tipo de preocupação empenha-se na mensuração da quantidade e da qualidade do trabalho de seus subordinados.

A **preocupação com as pessoas** diz respeito aos pressupostos e atitudes do líder para com seus subordinados. Este tipo de preocupação revela-se de diversas formas, desde o esforço em assegurar a estima dos subordinados e em obter a sua confiança e respeito, até o empenho em garantir boas condições de trabalho, benefícios sociais e outras vantagens.

O inter-relacionamento entre as duas dimensões do Grid Gerencial expressa o uso de autoridade por um líder.

> **Ex.:** quando uma alta preocupação com as pessoas se associa a uma baixa preocupação com a produção, o líder deseja que as pessoas se relacionem bem e sejam "felizes", o que é bem diferente de quando uma alta preocupação com as pessoas se associa a uma alta preocupação com a produção. O líder, aqui, deseja que as pessoas mergulhem no trabalho e procurem colaborar com entusiasmo (Blake e Mouton, 1989, p.14).

Cinco estilos básicos de uso de autoridade são definidos por Blake e Mouton. Os autores criaram uma grade gerencial para mostrar que a preocupação com a produção e a preocupação com as pessoas são aspectos complementares e não mutuamente excludentes. Os líderes foram dispostos em dois eixos: o eixo horizontal se refere à preocupação com a produção, enquanto o eixo vertical se refere à preocupação com as pessoas. Cada eixo está dividido em nove graduações. A graduação mínima é 1 e significa pouquíssima preocupação por parte do administrador. A graduação máxima é 9 e significa a máxima preocupação possível. A figura subsequente ilustra a grade gerencial.

Os Cinco Estilos do Grid Gerencia e Seus Significados

ESTILO	SIGNIFICADO	PARTICIPAÇÃO	FRONTEIRAS INTERGRUPAIS
1.1	Mínima preocupação com a produção e com as pessoas.	Pouco envolvimento e comprometimento.	Isolamento. Falta de coordenação intergrupal.
1.9	Enfatiza as pessoas, com mínima preocupação com a produção.	Comportamento superficial e efêmero. Soluções do mínimo denominador comum.	Coexistência pacífica. Grupos evitam problemas para manter harmonia.
9.1	Preocupação máxima com a produção e mínima com as pessoas.	Não há participação das pessoas.	Hostilidade intergrupal. Suspeita e desconfiança mútuas. Atitude de ganhar/perder.
5.5	Estilo meio-termo. Atitude de conseguir alguns resultados sem muito esforço.	Meio caminho e acomodação que deixa todos descontentes.	Trégua inquieta. Transigência, rateios e acomodação para manter a paz.
9.9	Estilo de excelência. Ênfase na produção e nas pessoas.	Elevada participação e envolvimento. Comprometimento das pessoas.	Comunicações abertas e francas. Flexibilidade e atitude para o tratamento construtivo dos problemas.

Vejamos essa mesma grade, de modo mais detalhado, e como é a maneira pela qual cada líder pensa e atua:

- **(1,1):** a preocupação mínima com a produção e com as pessoas caracteriza o líder que desempenha uma gerência empobrecida. Este tipo de líder, em geral, adota uma postura passiva em relação ao trabalho, fazendo o mínimo para garantir sua permanência na organização.

"Faço o suficiente para ir levando. Aceito os fatos, as crenças e as posições que me são fornecidos. Guardo minhas opiniões para mim mesmo, mas respondo quando solicitado. Evito tomar partido, não revelando minhas opiniões, atitudes e ideias. Permaneço neutro ou tento manter-me fora do conflito. Deixo os outros tomarem suas decisões ou me conformo com o que quer que aconteça. Evito fazer críticas".

- **(1,9):** a preocupação máxima com as pessoas e mínima com a produção caracteriza o líder que faz do ambiente do trabalho um clube campestre. Este líder busca sempre a harmonia de relacionamentos, mesmo que tenha que sacrificar a eficiência e a eficácia do trabalho realizado.

"Tomo a iniciativa de ações que ajudem e apoiem os outros. Procuro fatos, crenças e posições que sugiram estar tudo bem. Em benefício da harmonia, não me inclino a contestar os outros. Acato as opiniões, atitudes e ideias dos outros, embora tenha restrições. Evito gerar conflitos, mas se ocorrerem, tento acalmar os ânimos, a fim de manter todos unidos. Busco tomar decisões que preservem as boas relações e estimulo os outros a tomarem decisões sempre que possível. Encorajo e elogio quando ocorre algo positivo, mas evito dar um 'feedback' negativo".

- **(9,1):** a preocupação máxima com a produção e mínima com as pessoas caracteriza o líder que se utiliza da autoridade para alcançar resultados. Este líder, em geral, age de maneira centralizadora e controladora.

"Exijo de mim e dos outros. Investigo os fatos, as crenças e as posições, a fim de manter qualquer situação sob controle e certificar-me de que os outros não estejam cometendo erros. Não abro mão de minhas opiniões e ideias, mesmo que isso signifique rejeitar os pontos de vista alheios. Quando o conflito surge, procuro atalhá-lo ou fazer valer minha posição. Dou grande valor a tomar minhas próprias decisões e raramente me deixo influenciar pelos outros. Assinalo fraquezas ou o fracasso em corresponder às expectativas."

- **(5,5):** o meio-termo, ou seja, a preocupação média com a produção e com as pessoas caracteriza o líder que vê as pessoas no trabalho dentro do pressuposto do homem organizacional. Este tipo de líder busca o equilíbrio entre os resultados obtidos e a disposição e ânimo no trabalho.

"Tento manter um ritmo constante. Aceito os fatos mais ou menos pela aparência e investigo os fatos, as crenças e as posições quando surgem discrepâncias óbvias. Expresso minhas opiniões, atitudes e ideias como quem tateia o terreno e tenta chegar a uma concordância por meio de concessões mútuas. Quando surge um conflito, tento encontrar uma posição razoável, considerada conveniente pelos outros. Procuro tomar decisões exequíveis que os outros aceitem. Dou 'feedback' indireto ou informal sobre sugestões para aperfeiçoamento."

NOÇÕES DE GESTÃO PÚBLICA

- **(9,9):** a máxima preocupação com a produção e com as pessoas caracteriza o líder que vê no trabalho em equipe a única forma de alcançar resultados, estimulando assim, a máxima participação e interação entre seus subordinados na busca de objetivos comuns.

"Exerço esforço vigoroso e os outros aderem entusiasticamente. Procuro e confirmo as informações. Solicito e dou atenção a opiniões, atitudes e ideias diferentes das minhas. Reavalio continuamente meus próprios dados, crenças e posições bem como os dos outros, a fim de estar seguro da sua validade. Julgo importante expressar minhas preocupações e convicções. Reajo a ideias melhores do que as minhas, mudando meu modo de pensar. Quando o conflito surge, procuro saber seus motivos, a fim de solucionar as causas subjacentes. Dou grande valor à tomada de decisões certas. Procuro o entendimento e o acordo. Encorajo o 'feedback' de mão-dupla a fim de fortalecer a operacionalidade".

Blake e Mouton caracterizaram este último estilo como o mais apropriado para conseguir os objetivos das organizações. Os treinamentos realizados por eles em programas de Desenvolvimento Organizacional visavam a fazer com que os líderes adotassem o estilo (9,9). Entretanto, pesquisas empíricas têm revelado que nem sempre este tipo de estilo de liderança é o mais indicado para a eficiência e a eficácia dos resultados.

3ª Teoria Situacional de Liderança

Nesta teoria, o líder pode assumir diferentes padrões de liderança de acordo com a situação e para cada um dos membros da sua equipe.

A Teoria Situacional surgiu diante da necessidade de um modelo significativo na área de liderança, em que é definida a maturidade como a capacidade e a disposição das pessoas de assumir a responsabilidade de dirigir o próprio comportamento. Portanto, entende-se como Liderança Situacional o líder que se comporta de um determinado modo ao tratar individualmente os membros do seu grupo e, de outro, quando se dirigir a este como um todo, dependendo do nível de maturidade das pessoas que tal líder deseja influenciar.

A Liderança Situacional não só sugere o estilo de liderança de alta probabilidade para os vários níveis de maturidade, como indica a probabilidade de sucesso das outras configurações de estilo, se o líder não for capaz de adotar o estilo desejável. Estes conceitos são válidos em qualquer situação em que alguém pretende influenciar o comportamento de outras pessoas. Em um contexto geral, ela pode ser aplicada em qualquer tipo organizacional, quer se trate de uma organização empresarial, educacional, governamental ou militar e até mesmo na vida familiar.

As principais ramificações da Teoria Situacional são:

- A escolha dos padrões de liderança.
- Modelo Contingencial.
- Teoria do Caminho – meta.

A escolha dos padrões de liderança

De acordo com essa teoria, para que o administrador escolha qual o padrão de liderança que desenvolverá em relação aos seus subordinados, ele deve considerar e avaliar três forças.

01. Forças no administrador, como:
  a) seu sistema de valores e convicções pessoais;
  b) sua confiança nos subordinados;
  c) suas inclinações pessoais a respeito de como liderar;
  d) seus sentimentos de segurança em situações incertas.

02. Forças nos subordinados, como:
  a) sua necessidade de liberdade ou de orientação superior;
  b) sua disposição de assumir responsabilidade;
  c) sua segurança na incerteza;
  d) seu interesse pelo problema ou pelo trabalho;
  e) sua compreensão e identificação do problema;
  f) seus conhecimentos e experiência para resolver o problema;
  g) sua expectativa de participação nas decisões.

03. Forças na situação, como:
  a) o tipo de empresa, seus valores e tradições, suas políticas e diretrizes;
  b) a eficiência do grupo de subordinados;
  c) o problema a ser resolvido ou a complexidade do trabalho;
  d) a premência de tempo.

Da abordagem situacional, podem-se inferir as seguintes proposições:

  a) Quando as tarefas são rotineiras e respectivas, a liderança é geralmente limitada e sujeita a controles pelo chefe, que passa a se situar em um padrão de liderança próximo ao extremo esquerdo do gráfico.
  b) Um líder pode assumir diferentes padrões de liderança para cada um de seus subordinados, de acordo com as forças acima.
  c) Para um mesmo subordinado, o líder também pode assumir diferentes padrões de liderança, conforme a situação envolvida. Em situações em que o subordinado apresenta alto nível de eficiência, o líder pode dar-lhe maior liberdade nas decisões; mas se o subordinado apresenta erros seguidos e imperdoáveis, o líder pode impor-lhe maior autoridade pessoal e menor liberdade de trabalho.

Modelo Contingencial de Fiedler

O modelo contingencial de Fiedler enuncia que a liderança eficaz é função da correlação do estilo do líder e o grau de favorabilidade de uma situação. Segundo Hersey & Blanchard (1986), Fiedler enumerou como variáveis determinantes deste último, as relações pessoais entre os atores organizacionais, o modo de estruturação dos processos de trabalho e, ainda, o poder inerente à posição hierárquica do líder.

O autor modera orientações comportamentais com fatores situacionais de modo a prever a eficácia da liderança. A eficácia tanto pode ser conseguida com uma mais elevada orientação para a tarefa como com uma mais elevada orientação para o relacionamento – dependendo do contexto organizacional.

Existem alguns fatores que determinam a eficácia da liderança: relação líder-liderado, o grau de estruturação da tarefa e a quantidade de poder, por exemplo.

Quanto melhor for a relação líder-liderados; quanto mais elevada for a estruturação das tarefas e elevado o poder decorrente da posição ocupada pelo líder, maior será o controle ou influência que ele poderá ter.

Teoria Situacional de Hersey e Blanchard – O ciclo de vida da Liderança

A abordagem de Hersey e Blanchard se apoia no relacionamento entre a maturidade dos empregados e o comportamento do líder em relação ao relacionamento e à tarefa.

De acordo com os autores, os empregados variam muito em seu nível de maturidade - habilidade de fazer seu trabalho de forma independente, de assumir responsabilidade e de desejar o sucesso.

PROCESSO ADMINISTRATIVO (ORGANIZACIONAL)

Nesse sentido, o estilo de liderança a ser utilizado depende da maturidade dos funcionários, que pode atingir um dos quatro estágios seguintes:

- **Maturidade 1:** as pessoas demonstram pouca capacidade e disposição para realizar as tarefas e assumir responsabilidades (motivação e capacidade baixas).
- **Maturidade 2:** as pessoas possuem motivação para o trabalho mas não possuem as competências necessárias para realizá-lo (baixa capacidade e alta motivação).
- **Maturidade 3:** as pessoas possuem as competências necessárias para a realização da tarefa, mas não estão motivadas para tal (alta capacidade e baixa motivação).
- **Maturidade 4:** as pessoas possuem as competências necessárias para a realização do trabalho e desejam realizar as tarefas que lhe são passadas (alta capacidade e alta motivação).

Em outras palavras, considerando o estágio da maturidade do grupo, o líder deverá adotar uma das formas de liderança possíveis, considerando tanto o **comportamento de relacionamento** (ou foco no apoio às pessoas), quanto o **comportamento de tarefa** (ou foco nas tarefas/produção), conforme apresentado a seguir:

- **Estilo 1: Narrar/Determinar/Dirigir (alto comportamento de tarefa e baixo comportamento de relacionamento):** é o estilo para grupos com a menor maturidade (M1). Nesse caso, o líder orienta claramente as tarefas a serem realizadas.
- **Estilo 2: Vender/Guiar/Persuadir (alto comportamento de tarefa e alto comportamento de relacionamento):** quando a maturidade está entre baixa e moderada (M2), esse é o estilo ideal. Nele, o líder, ao mesmo tempo em que convence as pessoas, apoia o seu desenvolvimento, pois elas possuem baixa capacitação;
- **Tipo 3: Participar (baixo comportamento de tarefa e alto comportamento de relacionamento):** é o estilo correto para a maturidade de média a alta (M3). Aqui, o papel do líder é muito mais de apoiar as pessoas, enfatizando a criação de motivação, do que de dirigi-las para a realização das tarefas, já que elas são capazes;
- **Tipo 4: Delegar (baixo comportamento de tarefa e baixo comportamento de relacionamento):** trata-se do estilo adequado para r pessoas com o maior nível de maturidade (M4). Nessa ção, a maturidade dos liderados permite que eles executem os planos com maior liberdade e menor controle, possibilitando ao líder a delegação das tarefas.

Teoria do Caminho-Meta

No cerne da Teoria do Caminho-Meta, encontra-se a noção de que o propósito primordial do líder é motivar os seus seguidores,, esclarecendo as metas e os melhores caminhos para alcançá-las. Essa abordagem está baseada na teoria da expectativa da motivação.

Segundo a Teoria do Caminho-Meta ou dos Objetivos, os líderes devem aumentar o número e os tipos de recompensas aos subordinados.

Além disso, devem proporcionar orientação e aconselhamento para mostrar como essas recompensas podem ser obtidas. Isso significa que o líder deve ajudar os subordinados a terem expectativas realistas e a reduzir as barreiras que impedem o alcance das metas.

As pessoas estão satisfeitas com seu trabalho quando acreditam que ele levará a resultados desejáveis e trabalharão mais se sentirem que esse trabalho dará frutos compensadores. A consequência desses pressupostos para a liderança é que os liderados serão motivados pelo comportamento ou pelo estilo do líder à medida que esse estilo ou comportamento influenciam as expectativas (caminhos para a meta) e as valências (atratividade da meta). (CHIAVENATO, 1999)

Essa teoria propõe quatro estilos de comportamento, que podem permitir aos líderes manipularem as três variáveis motivacionais: liderança diretiva, encorajadora, participativa e orientada para a realização. Vejamos o quadro a seguir.

Estilos de comportamento da Teoria do Caminho-Meta (WAGNER III E HOLLENBECK, 1999, cap.9, p. 262).

Liderança	Características
Diretiva	O líder é autoritário. Os subordinados sabem exatamente o que é esperado deles; e o líder fornece direções específicas. Os subordinados não participam na tomada de decisões.
Encorajadora	O líder é amistoso e acessível e demonstra uma preocupação genuína com os subordinados.
Participativa	O líder pede e usa sugestões dos subordinados, mas ainda toma as decisões.
Orientada para a realização	O líder fixa metas desafiadoras para os subordinados e demonstra confiança em que eles atingirão as metas.

Edward Hollander sugeriu que o processo de liderança é mais bem compreendido como a ocorrência de transações mutuamente gratificantes entre líderes e seguidores dentro de um determinado contexto situacional.

Seu modelo é conhecido como **modelo transacional**.

Liderança é a junção dos três vetores:

Líderes - Seguidores - Situações

Pode-se entender a liderança apenas por meio de uma avaliação das características importantes dessas três forças e dos modos pelos quais interagem. A liderança transacional está baseada em um processo de troca, no qual o líder provê recompensas em troca do esforço de seguidores e desempenho (Bass & Avolio, 1993). Bass (1995) claramente identifica a liderança transacional como sendo baseada em troca material ou econômica.

Teoria da Liderança Transformacional

Em essência, a liderança transformacional é o processo de construção do comprometimento organizacional por meio do *empowerment* dos seguidores para acompanhar esses objetivos. Ocorre quando os líderes elevam os interesses de seus empregados garantindo a aceitação dos propósitos e da missão do grupo e estimulam seus empregados a pensar além de seus interesses em prol dos interesses da organização.

Considerando os líderes transacionais, segundo Bass (1997), esse tipo de liderança ocorre quando o líder utiliza autoridade burocrática, foco na realização da tarefa, e recompensas ou punições.

Os líderes transformacionais preocupam-se com o progresso e o desenvolvimento de seus seguidores. Eles se preocupam em transformar os valores dos seguidores para suportar a visão e os objetivos da organização. Isso cria um clima de confiança no qual a visão pode ser compartilhada.

Bass (1997) afirma que a liderança transformacional, assim como o carisma, tornou-se um tópico popular na literatura recente sobre liderança nas organizações; alguns autores usam os dois termos indistintamente, enquanto outros fazem distinção entre ambos. Define líderes transformacionais basicamente em termos do efeito dos líderes sobre os seguidores. Os seguidores sentem confiança, admiração, lealdade e respeito com relação ao líder, estando motivados a fazer por ele mais do que originalmente é esperado.

1.4 Controle

Como as organizações não operam na base da improvisação e nem ao acaso, elas precisam ser devidamente controladas. Elas requerem um considerável esforço de controle em suas várias operações e atividades para saber se estão no rumo certo e dentro do que foi planejado, organizado e dirigido. O controle constitui a última das funções administrativas, vindo depois do planejamento, da organização e da direção. Controlar significa garantir que o planejamento seja bem executado e que os objetivos estabelecidos sejam alcançados da melhor maneira possível.

A função administrativa de controle está relacionada com a maneira pela qual os objetivos devem ser alcançados por meio da atividade das pessoas que compõem a organização. O planejamento serve para definir os objetivos, traçar as estratégias para alcançá-los e estabelecer os planos de ação. A organização serve para estruturar as pessoas e os recursos de maneira a trabalhar de forma organizada e racional. A direção mostra os rumos e dinamiza as pessoas para que utilizem os recursos da melhor maneira possível. Por fim, o controle serve para que todas as coisas funcionem da maneira certa e no tempo certo.

O controle verifica se a execução está de acordo com o que foi planejado: quanto mais completos, definidos e coordenados forem os planos, mais fácil será o controle. Quanto mais complexo o planejamento e quanto maior for o seu horizonte de tempo, tanto mais complexo será o controle. Quase todos os esquemas de planejamento trazem em seu bojo o seu próprio sistema de controle. Por meio da função de controle, o administrador assegura que a organização e seus planos estejam na trilha certa.

O desempenho de uma organização e das pessoas que a compõem depende da maneira como cada pessoa e cada unidade organizacional desempenha seu papel e se move no sentido de alcançar os objetivos e metas comuns. O controle é o processo pelo qual são fornecidas as informações e retroação para manter as funções dentro de suas respectivas trilhas. É a atividade integrada e monitorada que aumenta a probabilidade de que os resultados planejados sejam atingidos da melhor maneira.

1.4.1 Conceito de Controle

A palavra "controle" pode assumir vários e diferentes significados. Quando se fala em controle, pensa-se em significados como frear, regular, conferir ou verificar, exercer autoridade sobre alguém, comparar com um padrão ou critério. No fundo, todas essas conotações constituem meias verdades a respeito do que seja o controle. Contudo, sob um ponto de vista mais amplo, os três significados mais comuns de controle são:

- **Controle como função restritiva e coercitiva**. Utilizada no sentido de coibir ou restringir certos tipos de desvios indesejáveis ou de comportamentos não aceitos pela comunidade. Nesse sentido, o controle assume um caráter negativo e restritivo, sendo muitas vezes interpretado como coerção, delimitação, inibição e manipulação. É o chamado controle social aplicado nas organizações e nas sociedades para inibir o individualismo e a liberdade das pessoas.
- **Controle como um sistema automático de regulação**. Utilizado no sentido de manter automaticamente um grau constante no fluxo ou funcionamento de um sistema. É o caso do processo de controle automático das refinarias de petróleo, de indústrias químicas de processamento contínuo e automático. O mecanismo de controle detecta possíveis desvios ou irregularidades e proporciona automaticamente a regulação necessária para se voltar à normalidade. É o chamado controle cibernético que é inteiramente autossuficiente na monitoração do desempenho e na correção dos possíveis desvios. Quando algo está sob controle significa que está dentro do normal ou da expectativa.
- **Controle como função administrativa**. É o controle como parte do processo administrativo, como o planejamento, organização e direção.

Trataremos o controle sob o ponto de vista do terceiro significado, isto é, como parte do processo administrativo. Assim, o controle é a função administrativa que monitora e avalia as atividades e resultados alcançados para assegurar que o planejamento, a organização e a direção sejam bem-sucedidos.

Tal como o planejamento, a organização e a direção, o controle é uma função administrativa que se distribui entre todos os níveis organizacionais.

Assim, quando falamos de controle, queremos dizer que o nível institucional efetua o controle estratégico, o nível intermediário faz os controles táticos e o nível operacional, os controles operacionais. Cada qual dentro de sua área de competência. Os três níveis se interligam e se entrelaçam intimamente. Contudo, o processo é exatamente o mesmo para todos os níveis: monitorar e avaliar incessantemente as atividades e operações da organização.

O controle está presente, em maior ou menor grau, em quase todas as formas de ação organizacional. Os administradores passam boa parte de seu tempo observando, revendo e avaliando o desempenho de pessoas, de unidades organizacionais, de máquinas e equipamentos, de produtos e serviços, em todos os três níveis organizacionais.

1.4.2 O Processo de Controle

A finalidade do controle é assegurar que os resultados do que foi planejado, organizado e dirigido se ajustem tanto quanto possível aos objetivos previamente estabelecidos. A essência do controle reside na verificação se a atividade controlada está ou não alcançando os objetivos ou resultados desejados. Nesse sentido, o controle consiste basicamente de um processo que guia a atividade exercida para um fim previamente determinado. O processo de controle apresenta quatro etapas ou fases, a saber:

01. Estabelecimento de objetivos ou padrões de desempenho.
02. Avaliação ou mensuração do desempenho atual.
03. Comparação do desempenho atual com os objetivos ou padrões estabelecidos.
04. Tomada de ação corretiva para corrigir possíveis desvios ou anormalidades.

O processo de controle se caracteriza pelo seu aspecto cíclico e repetitivo. Na verdade, o controle deve ser visualizado como um processo sistêmico em que cada etapa influencia e é influenciada pelas demais.

1.4.3 Estabelecimento de Objetivos ou Padrões

O primeiro passo do processo de controle é estabelecer previamente os objetivos ou padrões que se deseja alcançar ou manter. Os objetivos já foram estudados anteriormente e servem como pontos de referência para o desempenho ou os resultados de uma organização, unidade organizacional ou atividade individual. O padrão é um nível de atividade estabelecido para servir como um modelo para a avaliação do desempenho organizacional. Um padrão significa um nível de realização ou de desempenho que se pretende tomar como referência. Os padrões funcionam como marcos que determinam se a atividade organizacional é adequada ou inadequada ou como normas que proporcionam a compreensão do que se deverá fazer. Eles dependem diretamente dos objetivos e fornecem os parâmetros que deverão balizar o funcionamento do sistema. Os padrões podem ser tangíveis ou intangíveis, específicos ou vagos, mas estão sempre relacionados com o resultado que se deseja alcançar.

Existem vários tipos de padrões utilizados para avaliar e controlar os diferentes recursos da organização, como:

- Padrões de quantidade. Como número de empregados, volume de produção, total de vendas, percentagem de rotação de estoque, índice de acidentes, índice de absenteísmo etc.
- Padrões de qualidade. Como padrões de qualidade de produção, índice de manutenção de máquinas e equipamentos, qualidade dos produtos ou serviços oferecidos pela organização, assistência técnica, atendimento ao cliente etc.

PROCESSO ADMINISTRATIVO (ORGANIZACIONAL)

- Padrões de tempo. Como permanência média do empregado na organização, tempos padrões de produção, tempo de processamento dos pedidos de clientes, ciclo operacional financeiro etc.
- Padrões de custo. Como custo de estocagem de matérias-primas, custo do processamento de um pedido, custo de uma requisição de material, custo de uma ordem de serviço, relação custo-benefício de um equipamento, custos diretos e indiretos de produção etc.

1.4.4 Características do Controle

Na verdade, o administrador deve compreender que um sistema eficaz de controle precisa reunir os seguintes aspectos:

Orientação estratégica para resultados. O controle deve apoiar planos estratégicos e focalizar as atividades essenciais que fazem a real diferença para a organização.

Compreensão. O controle deve apoiar o processo de tomada de decisões apresentando dados em termos compreensíveis. O controle deve evitar relatórios complicados e estatísticas enganosas.

Orientação rápida para as exceções. O controle deve indicar os desvios rapidamente, por meio de uma visão panorâmica sobre onde as variações estão ocorrendo e o que deve ser feito para corrigi-las adequadamente.

Flexibilidade. O controle deve proporcionar um julgamento individual e que possa ser modificado para adaptar-se a novas circunstâncias e situações.

Autocontrole. O controle deve proporcionar confiabilidade, boa comunicação e participação entre as pessoas envolvidas.

Natureza positiva. O controle deve enfatizar o desenvolvimento, mudança e melhoria. Deve alavancar a iniciativa das pessoas e minimizar o papel da penalidade e das punições.

Clareza e objetividade. O controle deve ser imparcial e acurado para todos. Deve ser respeitado como um propósito fundamental: a melhoria do desempenho.

1.4.5 Tipos de Controle

Cada organização requer um sistema básico de controles para aplicar seus recursos financeiros, desenvolver pessoas, analisar o desempenho financeiro e avaliar a produtividade operacional. O desafio é saber como utilizar tais controles e aprimorá-los para, com isso, melhorar gradativa e incessantemente o desempenho de toda a organização.

Controles Estratégicos

Os controles estratégicos são denominados controles organizacionais: constituem o sistema de decisões de cúpula que controla o desempenho e os resultados da organização como um todo, tendo por base as informações externas — que chegam do ambiente externo - e as informações internas - que sobem internamente por meio dos vários níveis organizacionais.

Existem vários tipos de controles estratégicos, a saber:

Balanço e Relatórios Financeiros

É um tipo de controle do desempenho global que permite medir e avaliar o esforço total da organização, em vez de medir simplesmente algumas partes dela. O tipo mais utilizado de controle global são os balanços contábeis e relatórios financeiros, ressaltando aspectos como o volume de vendas, volume de produção, volume de despesas em geral, custos, lucros, utilização do capital, retorno sobre o investimento aplicado e outras informações numéricas dentro de um inter-relacionamento que varia de uma organização para outra. Geralmente, é um controle sobre o desempenho passado e sobre os resultados alcançados. Quase sempre permite a transposição de previsões de vendas e a previsão de despesas a serem incorridas, para proporcionar o balanço projetado ou uma espécie de projeção de lucros e perdas como importante ferramenta para o processo decisório da organização.

Controle dos Lucros e Perdas

O demonstrativo de lucros e perdas (L&P) proporciona uma visão sintética da posição de lucros ou de perdas da organização em um determinado período de tempo, permitindo comparações com períodos anteriores e detectar variações em algumas áreas (como despesas de vendas ou lucro bruto sobre vendas) que necessitam de maior atenção por parte do administrador. Já que a sobrevivência do negócio depende de sua lucratividade, o lucro se coloca como importante padrão para a medida do sucesso da organização como uma totalidade. Quando aplicado a uma unidade específica, o controle sobre L&P se baseia na premissa de que o objetivo do negócio como um todo é gerar lucros, e cada parte da organização deve contribuir para esse objetivo. A capacidade de cada unidade organizacional atingir um determinado lucro esperado passa a ser o padrão adequado para medir seu desempenho e resultados.

Análise do Retorno Sobre o Investimento (RSI)

Uma das técnicas de controle global utilizadas para medir o sucesso absoluto ou relativo da organização ou de uma unidade organizacional é a razão dos ganhos em relação ao investimento de capital. Trata-se de uma abordagem desenvolvida pela *DuPont Company* como parte do seu sistema de controle global. O sistema utilizado pela *DuPont* envolve os seguintes fatores na análise do RSI:

A análise do RSI permite que a organização avalie suas diferentes linhas de produtos ou unidades de negócios para verificar onde o capital está sendo mais eficientemente empregado. Permite identificar os produtos ou unidades mais rentáveis, como melhorar outros que estão pesando negativamente na balança dos lucros. Com isso, proporciona a possibilidade de fazer uma aplicação balanceada do capital em vários produtos ou unidades organizacionais para alcançar um lucro global maior.

Controles Táticos

Os controles táticos são feitos no nível intermediário e referem-se a cada uma das unidades organizacionais - departamentos, divisões ou equipes. Geralmente, estão orientados para o médio prazo, isto é, para o exercício anual. Os tipos de controles táticos mais importantes são:

Controle Orçamentado

Falamos de orçamento quando estudamos os tipos de planos relacionados com dinheiro. O orçamento é um plano de resultados esperados expressos em termos numéricos. Por meio do orçamento, a atividade da organização é traduzida em resultados esperados, tendo o dinheiro como denominador comum. Quase sempre se fala em planejamento orçamentário, relegando o controle orçamentário a um segundo plano. O controle orçamentário é um processo de monitorar e controlar despesas programadas das várias unidades organizacionais, no decorrer de um exercício anual, apontando possíveis desvios e indicando medidas corretivas.

Contabilidade de Custos

A contabilidade de custos é considerada um ramo especializado da contabilidade. Trata de informações sobre distribuição e análise de custos considerando algum tipo de unidade-base, como produtos, serviços, componentes, projetos ou unidades organizacionais. A contabilidade de custos classifica os custos em:

• Custos fixos. São os custos que independem do volume de produção ou do nível de atividade da organização. Qualquer que seja a quantidade de produtos produzidos, os custos fixos permanecem inalterados; mesmo que a empresa nada produza, eles se mantêm constantes. Envolvem aluguéis, seguros, manutenção, depreciação, salários dos gerentes, do pessoal de assessoria etc.

• Custos variáveis. São os custos que estão diretamente relacionados com o volume de produção ou com o nível de atividade da organização. Constituem uma variável dependente da produção realizada e englobam custos de materiais diretos (materiais ou matérias-primas que são diretamente transformados em produto ou que participam diretamente na elaboração do produto) e custos de mão de obra direta (salários e encargos sociais do pessoal que realiza as tarefas de produção do produto).

Com base nos custos fixos e variáveis, pode-se calcular o ponto de equilíbrio (break-even point), também chamado ponto de paridade. É possível traçar um gráfico que permite mostrar a relação entre a renda total de vendas e os custos de produção. O ponto de equilíbrio é o ponto de intersecção entre a linha de vendas e a linha de custos totais. É o ponto em que não há lucro nem prejuízo. Ou em outros termos, é o ponto em que o lucro é zero e o prejuízo também.

O gráfico do ponto de equilíbrio é uma técnica de planejamento e de controle que procura mostrar como os diferentes níveis de venda ou de receita afetam os lucros da organização. O ponto de equilíbrio é o ponto em que os custos e as vendas se equiparam. No seu lado esquerdo, está a área de prejuízo e, no seu lado direito, a área de lucro.

Controles Operacionais

Os controles operacionais são feitos no nível operacional da organização e são projetados em curto prazo.

Disciplina

Nas organizações bem-sucedidas, o autocontrole e a autodisciplina das pessoas são sempre preferidos ao controle externo ou disciplina imposta pela força. Para muitos autores, a disciplina é o ato de influenciar o comportamento das pessoas por meio de reprimendas. Preferimos conceituar a disciplina como o processo de preparar uma pessoa de modo que ela possa desenvolver o autocontrole e tornar-se mais eficaz em fazer seu trabalho. O propósito do processo disciplinar desenvolvido pelo administrador é a manutenção de um desempenho humano de acordo com os objetivos organizacionais. O termo "disciplina" apresenta quase sempre uma conotação simplista de dar recompensas ou aplicar punições após o fato, quando, na realidade, a disciplina, em seu próprio contexto, deve ser visualizada como o desenvolvimento da habilidade ou capacidade de analisar situações, determinar qual é o comportamento adequado e decidir a agir favoravelmente no sentido de proporcionar contribuições à organização e receber suas recompensas.

Boa parte das ações corretivas de controle no nível operacional é realizada sobre as pessoas ou sobre o seu desempenho. É a chamada ação disciplinar: a ação disciplinar é a ação corretiva realizada sobre o comportamento de pessoas para orientar e/ou corrigir desvios ou discrepâncias. Seu propósito é reduzir a discrepância entre os resultados atuais e os resultados esperados. A ação disciplinar pode ser positiva ou negativa, dependendo do desvio ou da discrepância ocorridos. A ação positiva toma a forma de encorajamento, recompensas, elogios, treinamento adicional ou orientação pessoal. A ação negativa inclui o uso de advertências, admoestações, penalidades, castigos e até mesmo a demissão do funcionário. Quando é necessária a ação disciplinar negativa, ela deve ser adotada em etapas crescentes. A primeira, dependendo da infração cometida, deve ser uma reprimenda ou advertência. As reincidências devem merecer um crescimento progressivo nas penalidades para cada infração sucessiva: advertência verbal, advertência escrita, suspensão e demissão.

Para que possa ser eficaz, a ação disciplinar deve possuir as seguintes características:

Deve ser esperada. A ação disciplinar deve ser prevista em regras e procedimentos e previamente estabelecida. Não deve ser improvisada, mas planejada. A sanção negativa é imposta a fim de desencorajar a infração.

Deve ser impessoal. A ação disciplinar não deve simplesmente buscar punir uma determinada pessoa ou grupos, mas apenas corrigir a situação. Ela deve basear-se em fatos, e não em opiniões ou em pessoas. Não deve visar à pessoa, mas à discrepância, ao fato, ao comportamento em si. Ela deve fundamentar-se em regras e procedimentos.

Deve ser imediata. A ação disciplinar deve ser aplicada tão logo seja detectado o desvio, para que o infrator associe claramente a sua aplicação com o desvio que provocou.

Deve ser consistente. As regras e os regulamentos devem ser feitos para todas nas pessoas, sem exceções. Devem ser justos e equitativos, sem favoritismo ou tendenciosidade.

Deve ser limitada ao propósito. Depois de aplicada a ação disciplinar, o administrador deve reassumir sua atitude normal em relação ao funcionário faltoso. Tratar o funcionário sempre como faltoso é puni-lo permanentemente, encorajando hostilidade e autodepreciação, quando o certo seria adotar uma atitude positiva e construtiva.

Deve ser informativa. Isto é, deve proporcionar orientação sobre o que se deve fazer e o que não se pode fazer.

As técnicas de reforço positivo ou negativo que vimos anteriormente constituem um excelente ponto de partida para as situações disciplinares do dia a dia.

CULTURA ORGANIZACIONAL

2 CULTURA ORGANIZACIONAL

De acordo com Schein, cultura:

"É um modelo de pressupostos básicos, que determinado grupo tem inventado, descoberto ou desenvolvido no processo de aprendizagem para lidar com problemas de adaptação externa e integração interna. Uma vez que os pressupostos tenham funcionado bem o suficiente para serem considerados válidos, são ensinados aos demais membros como maneira correta para se proceder, se pensar e sentir-se em relação àqueles problemas."

Segundo Nassar (2000):

"(...) cultura organizacional é o conjunto de valores, crenças e tecnologias que mantém unidos os mais diferentes membros, de todos os escalões hierárquicos, perante as dificuldades, operações do cotidiano, metas e objetivos. Pode-se afirmar ainda que é a cultura organizacional que produz junto aos mais diferentes públicos, diante da sociedade e mercados o conjunto de percepções, ícones, índices e símbolos que chamamos de imagem corporativa."

Para Chiavenato,

"A cultura organizacional consiste em padrões explícitos e implícitos de comportamentos adquiridos e transmitidos ao longo do tempo que constituem uma característica própria de cada empresa." Para esse autor, a cultura organizacional pode ser dividida em um nível visível e outro invisível. "No nível visível, estão os padrões e estilos de comportamento dos empregados. No nível como um iceberg, invisível estão os valores compartilhados e crenças que permanecem durante um longo período de tempo. Este nível é mais difícil de mudar."

Assim, a cultura organizacional representa o modo institucionalizado de pensar e agir da organização, sendo perceptível na forma que seus funcionários se comportam, na forma de realizar negócios, na lealdade dos funcionários, etc. Trata-se das normas informais e não escritas que orientam o comportamento dos membros da organização, direcionando suas ações para os objetivos organizacionais. Deste modo, os padrões culturais agem como um mecanismo de controle organizacional mais sutil do que os tradicionais.

A cultura é um fator que diferencia uma empresa da outra. Existem culturas inovadoras, que incentivam a tomada de riscos e de novas ideias. Também existem culturas conservadoras, que apreciam a segurança e o cuidado em mudar de direção.

Fique ligado

Cultura é um conjunto de comportamentos, hábitos, costumes, crenças, valores e princípios de um grupo de pessoas.

A cultura dá um senso de identidade aos membros da empresa. Muitas pessoas procuram trabalhar em organizações que valorizam as mesmas coisas do que elas.

2.1 Dimensões da Cultura

Segundo Kanaane (1999)

- **Material:** instrumentos, processos e recursos materiais utilizados na organização. Está relacionado ao sistema produtivo da organização.
- **Ideológica:** conjunto de normas e valores, regulamentos, política administrativa, tradições, padrão de conduta esperado, estilo de gestão que governa e controla o funcionamento da organização. Está relacionada com os valores da organização.
- **Psicossocial:** manifestações afetivas dos indivíduos. Está relacionado às percepções e sentimentos positivos ou negativos, e como relacionamento e interação entre os membros.

As três dimensões formadoras da cultura organizacional – ideológica, material e psicossocial – não são necessariamente equivalentes. Uma ou outra pode predominar na vida organizacional, pode ter maior expressão, atuar com mais força. Há organizações eminentemente voltadas para as questões materiais, outras mais ideológicas, outras ainda em que são mais intensas as relações psicossociais.

2.2 Funções da Cultura

- Papel de definidora de fronteiras, ou seja, cria distinções entre uma organização e as outras.
- Gera senso de identidade aos membros da organização.
- Facilita o comprometimento com algo maior do que os interesses de cada um.
- Estimula a estabilidade do sistema social.
- Gera uma "argamassa social" que ajuda a manter a organização coesa, fornecendo os padrões adequados para aquilo os funcionários vão fazer ou dizer.
- Serve de mecanismo de controle que orienta e dá forma às atitudes e comportamentos dos funcionários.
- Favorece a integração interna e adaptação externa.
- Ajuda na estabilidade social.

2.3 Como os Funcionários Aprendem a Cultura

Segundo Maximiano (2007) a cultura é transmitida aos funcionários de diversas maneiras, e as mais poderosas são as histórias, os rituais, os símbolos e a linguagem.

Histórias: referem-se a eventos ocorridos com fundadores de empresas, quebras de regras, sucesso estrondosos, reduções da força de trabalho, recolocações de funcionários, reações a antigos erros, lutas organizacionais. Essas narrativas vinculam o presente como passado e oferecem explicações e legitimidade para as práticas vigentes.

Rituais: são sequências repetitivas de atividades que expressam e reforçam os valores fundamentais da organização, quais objetivos são mais importantes.

Símbolos materiais: o tamanho da sede, a elegância do mobiliário, a aparência e vestuário dos executivos, o espaço físico da empresa, o tipo de carro disponível, elevadores etc.

Linguagem: muitas organizações e unidades dentro de organizações utilizam a linguagem como forma de identificação dos membros de sua cultura e subcultura. Ao aprender essa linguagem, os membros demonstram sua aceitação da cultura e, assim fazendo, ajudam a preservá-la.

2.4 Aspectos Formais e Abertos x Aspectos Informais e Fechados

Muitos aspectos da cultura organizacional são percebidos com facilidade e são denominados formais e abertos, enquanto outros são de difícil percepção e são denominados aspectos informais e ocultos. Tal como um iceberg, os aspectos formais ficam na parte visível e envolvem as políticas e diretrizes, métodos e procedimentos, objetivos, estrutura e tecnologia adotada. Os aspectos informais envolvem as percepções, sentimentos, atitudes, valores e interações grupais.

Para Chiavenato, a cultura organizacional pode ser dividida em um nível visível e outro invisível.

"No nível visível, estão os padrões e estilos de comportamento dos empregados. No nível invisível estão os valores compartilhados e crenças que permanecem durante um longo período de tempo. Este nível é mais difícil de mudar."

Aspectos Formais e Abertos
- Estrutura Organizacional
- Títulos e descrições de cargos
- Objetivos e estratégias
- Tecnologia e práticas operacionais
- Políticas e diretrizes de pessoal
- Métodos e procedimentos
- Medidas de produtividade física e financeira

Componentes visíveis e publicamente observáveis, orientados para aspectos operacionais e tarefas.

Aspectos Informais e Ocultos
- Padrões de influenciação e de poder
- Percepção e atitudes de pessoas
- Sentimentos e normas de grupos
- Crenças, valores e expectativas
- Padrões de integração informais
- Normas grupais
- relações afetivas

Componentes invisíveis e cobertos, afetivos e eocionais, orientados para aspectos sociais e psicológicos.

NOÇÕES DE GESTÃO PÚBLICA

2.5 Níveis da Cultura

A cultura apresenta vários níveis. Nem todos seus aspectos são visíveis. Muitas vezes, temos dificuldade de identificar certos fatores e também de alterá-los.

A classificação mais utilizada, em concursos, destes níveis da cultura organizacional é descrita por Schein. De acordo com ele, a cultura existe em três níveis:

Artefatos - É o primeiro nível, o mais superficial. Basicamente é tudo o que percebemos assim que temos contato com uma organização. Dentro deste nível temos os produtos, padrões comportamentais, o vestuário, o espaço físico, os símbolos, os logotipos, a linguagem, etc.

Valores - Relacionados com a crença no que é certo ou errado dentro da organização. Existe em um nível consciente e são utilizados para explicar e justificar o comportamento dos integrantes. Podem ser percebidos nas histórias, nas lendas, na linguagem e nos símbolos.

Pressupostos Básicos - São as verdades inquestionáveis. Valores tão arraigados que nem mais são explicitados. São as fontes originais dos valores. É o nível mais profundo e difícil de ser mudado. Como os valores, podem ser percebidos nas histórias, nas lendas, na linguagem e nos símbolos.

2.6 Elementos da Cultura Organizacional

Elementos da cultura, segundo Maximiano (2007):

Elemento	Descrição
Artefato	Componentes mais visíveis de uma cultura, compreendendo os veículos, a arquitetura, arranjo físico, as roupas e os produtos utilizados pelas pessoas.
Tecnologia	Repertório de conhecimentos utilizados pela organização e pelos funcionários para resolver problemas e transformar conhecimento e experiência em recursos, produtos e serviços.
Símbolos	Podem ser materiais ou não. Comportamentos e objetos dotados de significados e transmitem mensagens dentro da organização (linguagem, histórias, mitos, heróis – podem ser tanto personagens reais quanto imaginários, rituais, cerimônias e alguns elementos da arquitetura e vestuário).
Valores	Os valores estão no íntimo da cultura. Crenças, preceitos, ideologias, preconceitos e julgamentos compartilhados sobre elementos externos ou internos.

Além disso, a cultura tem uma importante função, relacionada ao controle e à estabilidade. Controle, porque propaga valores e normas desejados, evitando comportamentos que poderiam ser negativos. Estabilidade, porque a cultura é duradoura e de difícil modificação, razão pela qual ela promove certa garantia de mudanças bruscas que poderiam trazer prejuízos.

Valores organizacionais: referem-se à filosofia da empresa. Refletem a visão compartilhada de "como as coisas devem ser", dando uma sensação de direção comum para os seus membros.

Cultura gerencial: é um reflexo dos valores, voltado para o conceito de autoridade na organização, em termos de estilos predominantes de liderança e maneiras de se solucionarem os problemas.

Heróis organizacionais: são modelos de papéis que personificam o sistema de valores culturais e que definem o conceito de sucesso na organização, estabelecendo um padrão de desempenho e motivando os integrantes da empresa.

Histórias e mitos da organização: são narrativas que organizam as crenças sobre a organização e seu sistema de valores, que ajudam a compreender "como as coisas são feitas". Os contadores de histórias da organização difundem o folclore da corporação e dramatizam as façanhas dos heróis da empresa. Mitos são histórias contadas e não comprovadas.

Tabus e rituais da organização: os rituais são as cerimônias especiais, de homenagem ou premiação, festas e reuniões anuais, assim como os rituais diários (hora do cafezinho, reuniões de departamentos). Já os tabus transmitem a ideia dos limites aceitáveis para os comportamentos e interações.

Símbolos culturais (cultura objetiva): artefatos materiais que representam a cultura da empresa. Envolvem mobiliário, automóveis, ambiente de trabalho (escritórios abertos ou fechados, estacionamentos com vagas privativas) e imagens (logotipo, estilo de vestuário).

2.7 Os Reforçadores de Culturas de Torquato

Segundo Torquato (1992), há quatro tipos de reforçadores de culturas dentro das organizações. São eles:

Aspectos históricos: experiência de longos anos da empresa que pesa sobre a comunidade, os costumes e a ordem conservadora. Essa experiência, de alguma maneira, inibe o avanço das mudanças.

Natureza técnica da empresa: produtos e serviços que ela produz.

Gestão da organização: este modelo é representado pelos tipos autocrático e democrático, sendo que o autocrático estabelece a cultura normativa, hermética, em que a hierarquia é levada às últimas consequências. O democrático pressupõe a ideia de participação, desbloqueando canais formais, abrindo fluxos, incentivando a criatividade e impulsionando a comunidade para as mudanças.

Osmose geográfica: caracteriza-se por uma interpenetração de culturas, por conta da proximidade das empresas, por se localizarem na mesma região em que as comunidades costumam incorporar comportamentos semelhantes.

2.8 Vantagens e Desvantagens da Cultura Organizacional

2.8.1 Vantagens

- Uma cultura forte tende a evitar o surgimento de problemas internos, reduzindo o nível de conflitos.
- Uma cultura forte desenvolve uma imagem clara sobre a organização.
- Uma cultura forte proporciona um senso de identidade aos membros de uma organização.
- A cultura demarca claramente as diferenças entre diferentes organizações.
- Uma cultura forte possibilita melhor controle pela gestão.
- Uma cultura adaptativa permite uma melhor adaptação da organização ao meio.
- Uma cultura forte favorece o comprometimento dos colaboradores com a organização.

2.8.2 Desvantagens

Uma cultura forte pode dificultar os processos de mudança e adaptação da organização, fazendo com que as pessoas não aceitem bem os processos de mudança.

Uma cultura forte pode dificultar a aceitação da diversidade na organização.

2.9 Características da Cultura Organizacional

Robbins et al. (2010) argumentam que existem sete características essenciais que ajudam a capturar a essência da cultura de uma organização.

CULTURA ORGANIZACIONAL

Para considerá-las, é preciso entender que, para cada uma delas, as organizações podem dar muita ou pouca ênfase, existindo inúmeros pontos intermediários entre esses dois extremos. As sete características estão dispostas a seguir:

1. Grau de inovação: trata-se do grau de estímulo dado aos funcionários para que sejam inovadores e assumam o risco da inovação.

2. Atenção aos detalhes: trata-se da precisão, análise e cuidado com os detalhes que se espera dos funcionários.

3. Orientação para resultados: trata-se do grau no qual o foco da direção está direcionado aos resultados e não aos processos e técnicas utilizados para alcançá-los.

4. Foco na pessoa: trata-se do grau em que a direção da organização considera o impacto de suas decisões sobre o seu pessoal durante o processo de tomada de decisões.

5. Foco na equipe: trata-se do grau em que a organização do trabalho está mais voltada para as equipes e não para os indivíduos.

6. Agressividade: trata-se do grau de agressividade e competitividade das pessoas na organização, em oposição à tranquilidade que poderia existir.

7. Estabilidade: trata-se do grau de estabilidade enfatizada pela organização, que busca a manutenção do status quo ao invés do crescimento organizacional.

Devemos entender, ainda, que a cultura não é uniforme por toda a organização, havendo uma cultura dominante e diversas subculturas.

2.9.1 Cultura Dominante e Subculturas

As organizações, em sua maioria, possuem uma cultura dominante e diversas subculturas.

De acordo com Robbins,

"uma cultura dominante expressa os valores principais que são compartilhados pela maioria dos seus membros. Quando falamos da cultura de uma organização, nos referimos à cultura dominante."

Cultura dominante: expressa os valores essenciais compartilhados pela maioria dos membros da organização – é a cultura organizacional.

Uma subcultura é um conjunto de valores que não são compartilhados por todos os membros, mas apenas alguns. Ou seja, podem existir outras culturas "dentro" da mesma organização. Muitas empresas possuem uma cultura dominante e algumas subculturas espalhadas por suas diversas divisões e setores.

Subculturas: coexistência de diversas culturas na mesma organização.

Contracultura: peculiar de um grupo que se opõe à cultura mais ampla, contestando seus padrões.

Se as organizações não possuíssem nenhuma cultura dominante e fossem constituídas apenas de diversas subculturas, a importância da cultura organizacional seria consideravelmente reduzida, porque não haveria nenhuma interpretação uniforme do que seria um comportamento adequado ou inadequado. Dessa forma, seria difícil manter a coesão da empresa e o foco nos objetivos principais.

2.9.2 Cultura Forte e Cultura Fraca

Cultura Fraca: é heterogênea – há poucos (ou não há) valores essenciais compartilhados. Não há interpretação uniforme do que seria um comportamento adequado ou inadequado. É difícil manter a coesão e o foco nos objetivos principais.

Cultura Forte: é homogênea – os valores são intensamente acatados e compartilhados.

Quanto mais membros aceitarem os valores e se comprometerem com eles, mais forte será a cultura.

Uma cultura forte aumenta a consistência do comportamento. Nesse sentido, pode-se dizer que uma cultura forte funciona como um substituto da formalização.

As regras e regulamentações da formalização agem para controlar o comportamento dos funcionários. Uma formalização intensa na organização gera previsibilidade, ordem e consistência. Uma cultura forte pode fazer o mesmo sem necessidade de documentação escrita.

2.9.3 Socialização

Para Maximiano (2007), a socialização de um novo funcionário é uma maneira de passar a cultura organizacional.

2.10 Gestão da Cultura Organizacional

Outro aspecto relacionado à cultura organizacional e que costuma ser cobrado em concursos refere-se à sua dinâmica de transformação.

Conforme vimos, a cultura se transforma espontaneamente, no longo prazo, conforme ingressam novas pessoas na organização, conforme há transformações no ambiente e de acordo com acontecimentos internos. Estas transformações colocam alguns desafios à empresa. Por exemplo, na hora de realizar a seleção de novas pessoas que irão ingressar na organização, deve-se observar se elas serão capazes de se alinhar à cultura existente. Além disso, devem ser realizados processos de socialização capazes de ensinar a cultura às novas pessoas, para que elas sejam capazes de agir de acordo com o que é esperado.

Uma pergunta que surge, e a respeito da qual há grande debate teórico, é: a cultura pode ser gerenciada, ou deliberadamente modificada pela organização?

A maioria dos autores entende que sim, a cultura é gerenciável. Mas não é uma tarefa fácil! A cultura é duradoura e tende a ser estável, razão pela qual a mudança da cultura exige grandes esforços dos líderes. Inclusive, uma das tarefas do líder moderno é exatamente influenciar para a criação ou consolidação de uma cultura organizacional positiva, que contribua para a consecução dos objetivos organizacionais.

Conforme afirma Ulrich, *"A cultura, quando gerenciada, pode contribuir para o sucesso da organização. Entretanto, o agente de mudanças encontrará resistências às transformações necessárias".*

Se uma empresa precisa ter um estilo de gestão democrático, aberto e participativo para atingir os seus resultados, os líderes dessa empresa precisam trabalhar para que essas características passem a fazer parte do "espírito" da empresa, passem a ser um valor natural e compartilhado por todos. O importante é que as intervenções na cultura sejam feitas de maneira planejada e ética.

Uma das maneiras de se modificar a cultura é a administração simbólica. *"Nesse caso, as pessoas investidas em posições estratégicas de mando procuram influenciar valores culturais arraigados e normas organizacionais, modelando elementos culturais de superfície, tais como símbolos, histórias e cerimônias com o intuito de explicitar acordos culturais desejados".*

Outro ponto de destaque na gestão da cultura é a dificuldade encontrada por empresas multinacionais na adaptação à cultura local de países onde instalam suas filiais. A globalização traz a necessidade de as empresas fornecerem os mesmos produtos com a mesma qualidade em diferentes países. Entretanto, o estilo gerencial nem sempre pode ser o mesmo, sob o risco de enfrentamento de fortes resistências de base cultural. *"Portanto, no processo de adaptação à cultura local devemos identificar e analisar os valores básicos que devem ser mantidos e aperfeiçoados, como os inerentes à personalidade da organização, e os que devem ser moldados à realidade globalizada".*

(Ulrich apud Rocha-Pinto, p.109)

A gestão da cultura organizacional consiste basicamente em fortalecer a cultura quando ela já está consolidada nos padrões desejados pela alta administração, ou promover mudanças na cultura, quando esta não está favorecendo o bom desempenho organizacional.

2.11 Clima Organizacional

Refere-se a um conjunto de percepções, opiniões e sentimentos que se expressam no comportamento de um grupo ou uma organização, em determinado momento ou situação, sendo, portanto, passageiro e

NOÇÕES DE GESTÃO PÚBLICA

superficial. Caracteriza-se como um fenômeno geralmente de caráter menos profundo e que pode mudar em menor tempo. Diferente da cultura, o clima é avaliativo e descritivo, uma vez que, além de poder ser descrito, pode ser avaliado quanto ao grau de intensidade dos itens que o compõem, por meio da pesquisa de clima organizacional.

O clima organizacional pode ser definido como o grau da satisfação dos agentes da organização com os vários aspectos da cultura organizacional.

É um conceito que se refere ao ambiente interno da organização. Trata-se da manifestação de um conjunto de valores, atitudes e padrões de comportamento, formais e informais, existentes em uma organização.

Enquanto a cultura trata da essência da organização e é relativamente estável, o clima organizacional é a síntese das percepções dos funcionários sobre a organização e o ambiente de trabalho, sendo algo mais temporário. Assim, as mudanças de cultura tendem a ser mais difíceis e demoradas do que a mudança do clima organizacional, que podem ser implementadas em um prazo mais curto.

Segundo George Litwin (apud, ROBBINS,2007) clima organizacional: *"É a qualidade ou propriedade do ambiente organizacional que é percebida ou experimentada pelos membros da organização e influencia o seu comportamento".*

O clima organizacional é uma decorrência da cultura organizacional, tanto de seus aspectos "positivos" e motivadores quanto de seus aspectos "negativos" e geradores de conflitos, sendo mais facilmente perceptível e manejável pela organização do que a sua cultura.

Chiavenato (2007) nos informa que o clima organizacional *"está intimamente relacionado com o grau de motivação de seus participantes. O clima organizacional é a qualidade ou propriedade do ambiente organizacional, percebida ou experimentada pelos participantes da empresa e que influencia o seu comportamento".*

Percebe-se, deste modo, que o clima organizacional está muito relacionado à motivação e comportamentos dos funcionários. Um clima positivo influencia positivamente o trabalho das pessoas, enquanto um clima negativo pode "pesar" e fazer com que os funcionários passem a se sentir menos motivados. Além disso, funcionários desmotivados tendem a gerar um clima organizacional negativo, gerando um ciclo negativo na organização.

Nesse sentido, o clima organizacional pode ser classificado como favorável (ou bom) ou não favorável (ou ruim) ao bom desempenho do trabalho. O clima favorável proporciona as condições para um maior comprometimento por parte dos funcionários enquanto um clima desfavorável pode fazer com que os funcionários se desagreguem no trabalho. De forma diversa, as pessoas dentro da organização podem classificar o clima de várias formas qualitativas, como: bom, ruim, neutro, frio, caloroso, desafiador, "pegando fogo", depressivo, ameaçador, etc.

É preciso ter em conta também que o clima dependerá da cultura como um todo, mas dependerá, na prática, de várias características do dia a dia organizacional, como: o estilo de liderança, as características do líder e dos liderados, a estrutura organizacional, as políticas e valores postos em prática, o ramo de atividade da organização, o momento vivido pela organização etc., que poderão ser avaliadas em pesquisas de clima organizacional para serem geridas com eficácia.

2.12 Tipos de Clima Organizacional

O clima organizacional poderá ser classificado de duas formas, segundo as respostas dos indivíduos aos estímulos organizacionais.

Podemos dizer que o clima é bom quando há um baixo turnover, alto tempo de permanência dos funcionários na empresa, bem como quando estes possuem orgulho em participar da organização.

Em um clima prejudicado ou ruim, há um turnover elevado, conflitos interpessoais, desinteresse pelo cumprimento das tarefas, resistências internas, competição exacerbada, vergonha de trabalhar na empresa. Em um clima prejudicado ou ruim, predomina a falta de motivação.

2.13 Diagnóstico de Clima Organizacional

2.13.1 Indicadores do Clima Organizacional

O início do diagnóstico do clima organizacional pode dar-se a partir da análise de alguns indicadores, como:

- Absenteísmo, verificado por meio do levantamento do número de faltas ao trabalho.
- Demonstrações indiretas de insatisfação com a empresa, materializadas em pichações nos banheiros, bilhetes anônimos, rumores nos corredores.
- Reclamações nas caixas de sugestões localizadas nos setores.
- Feedback nas avaliações de desempenho.
- Participação de funcionários em greves ou outros tipos de manifestações afins.
- Conflitos interpessoais e interdepartamentais, demonstradores de dificuldades na comunicação e falta de diálogo.
- Desperdícios de material, denotando descuido e desinteresse pelo patrimônio da organização.
- Queixas no serviço médico, no setor de psicologia ou serviço social da empresa.

É importante observar que, principalmente em grandes corporações, há a possibilidade de que haja localização de focos problemáticos em alguns setores, enquanto em outros os indicadores são satisfatórios. Cabe, portanto, uma análise cuidadosa neste sentido, a fim de evitar generalizar questões que na verdade são locais.

2.14 Gestão do Clima Organizacional

Para gerir o clima organizacional, é necessário fazer primeiramente um diagnóstico, a partir de uma pesquisa de clima, para saber qual a situação atual em relação às diversas dimensões do clima. O diagnóstico identificará os pontos fortes e fracos do clima organizacional, e, como consequência, deve-se ter um plano de ação para tentar elevar a qualidade do clima, especialmente em relação aos pontos mais críticos. Após a implementação dessas ações, teremos uma nova pesquisa para avaliar o clima, reiniciando, assim, o ciclo de gestão do clima organizacional.

A opção pela gestão do clima mostra que a empresa está preocupada com o lado pessoal dos funcionários. Só o fato de fazer uma pesquisa já deixa a mensagem "Queremos ouvir você, queremos saber a sua opinião". Esse tipo de postura da empresa tende a motivar os empregados.

> **Fique ligado**
>
> A cultura pode mudar no médio e no longo prazo, enquanto que o clima pode modificar-se no curto e no médio prazo.

Por outro lado, essas iniciativas criam expectativas nas pessoas, que esperam ações concretas para sanar as insatisfações levantadas.

Caso a empresa faça o diagnóstico, mas não promova ações de melhoria, o resultado pode ser catastrófico, com uma piora no clima e uma sensação de frustração dos funcionários.

3 ADMINISTRAÇÃO GERAL

3.1 Planejamento Estratégico

Dentre as funções do administrador, está prever os cenários prospectivos (futuros) e sobre esta base realizar o planejamento estratégico da organização. Este planejamento, que será a base para os passos da organização pública, é constituído de objetivos claramente definidos, que serão a base de atuação de todos os membros nos próximos anos.

Não é possível iniciar o planejamento estratégico sem a definição de visão e missão de uma organização. Para que possa ser feita a análise ambiental, é necessário estipular as importâncias da organização e seu posicionamento no mercado ou sua função social. Para isso, é fundamental a definição da missão e visão da organização.

- **Missão:** representa a razão de ser da organização, o porquê de sua existência e qual é a sua função.
- **Visão:** representa a forma de alcançar, concretizar, a razão de ser, ou seja, é a forma de concretizar a missão.

A ferramenta mencionada a seguir foi criada por Albert Humphrey, da Universidade de Stanford, na década de 1970 e adotada majoritariamente na Administração Pública no Brasil.

Sua função é permitir a análise dos ambientes externo e interno, para balizar o planejamento estratégico da organização. A sigla "SWOT" vem das palavras *STRENGTHS, WEAKNESSES, OPPORTUNITIES* e *THREATS*, que respectivamente são traduzidas em FORÇAS, FRAQUEZAS, OPORTUNIDADES e AMEAÇAS.

Para que uma organização possa ter todas as informações sobre o ambiente que a cerca, e com estas informações desenvolver o planejamento estratégico, é necessário realizar a análise dos ambientes.

- **Ambiente externo** – O ambiente externo não tem governabilidade por parte dos gestores públicos, pois está além de seu controle. Ao analisar o ambiente externo, verificam-se situações políticas, econômicas e sociais, que têm relação direta ou indireta no quadro em que a organização se enquadra.

Quando é feita esta análise, são identificadas as OPORTUNIDADES que podem existir no ambiente externo, fatores que podem ser um ponto de apoio para cumprimento de metas presentes no planejamento a ser construído. Também devem ser identificados os RISCOS existentes no ambiente externo, para que as ameaças que tais riscos apresentam sejam diminuídas ou superadas, pois não existe controle sobre tais riscos. Influenciar o ambiente externo, dentro das possibilidades do gestor, deve favorecer oportunidades e minimizar tais riscos.

- **Ambiente interno** – O ambiente interno deve ser alvo de uma análise sistêmica e metodológica, para que a organização tenha pleno conhecimento daquilo que tem governabilidade, pois, ao contrário do ambiente externo, o gestor público tem controle sobre o ambiente interno.

Os aspectos analisados no ambiente interno são os recursos humanos, materiais, orçamentários.

Esta análise interna tem o objetivo de identificar FORÇAS na organização, e, ao identificá-las, é possível combiná-las para que haja sinergia entre as distintas forças de setores e departamentos da organização. A análise ambiental interna também procura identificar FRAQUEZAS, e, quando estas existem, é necessário criar meios para superar tais fraquezas, seja com o ingresso de novos servidores, educação corporativa, reestruturação orçamentária e outros meios.

3.2 Matriz SWOT

	Pontos Positivos	Pontos Negativos
Externo	Oportunidades	Ameaças
Interno	Forças	Fraquezas

3.2.1 Cenários de Situação

- Oportunidades + Forças – Desenvolvimento.
- Oportunidades + Fraquezas – Crescimento.
- Ameaças + Forças – Manutenção.
- Ameaças + Fraquezas – Sobrevivência.

3.2.2 Criação de Cenários Prospectivos

A análise ambiental tem por objetivo a criação de cenários prospectivos, e são estes cenários que servirão de base para o desenvolvimento do planejamento estratégico.

Cenário mais provável – O cenário mais provável é aquele baseado no desenvolvimento da situação mais próxima dos fatos. Não é possível prever o desenrolar da situação, porém é possível estudar seu desenvolvimento criando um cenário hipotético, com múltiplas possibilidades. O cenário mais provável pode ser positivo ou negativo. Quando é baseado em oportunidades, é positivo, porém quando é baseado em riscos, é negativo.

Cenário ideal – O cenário ideal é aquele em que o desenvolvimento da situação conflui para a melhor situação no desenvolvimento do planejamento estratégico. É evidente que, se o cenário ideal é baseado na melhor situação, deve privilegiar as forças internas em detrimento das fraquezas no ambiente interno, assim como oportunidades em detrimento de ameaças no ambiente externo.

Cenário de tendência - O cenário de tendência é aquele em que as coisas permanecem estáticas, em que nada muda. Este cenário se mostra pouco factível, pois tanto o ambiente interno quanto externo são dinâmicos e apresentam mudanças constantes.

Planejamento Estratégico

A definição da missão e visão da organização, assim como a utilização da Matriz SWOT para a análise ambiental e posterior criação de cenários, serão a base para o Planejamento Estratégico. Por esta razão podemos definir estas etapas e ferramentas como os primeiros passos do Planejamento ou pré-planejamento. Com a definição do planejamento estratégico, os departamentos desenvolvem o planejamento tático e para o desenvolvimento das funções técnico-administrativas, o planejamento operacional.

Responsáveis. Quem é, dentro de uma organização, responsável pelo planejamento estratégico; é nível diretivo; são os responsáveis pela organização.

Nível. É sistêmico, porque diz respeito a toda organização; e sinérgico, pois tem a função de juntar as diferentes forças existentes na organização para atingir os mesmos objetivos.

Prazo. Como o planejamento estratégico definido, ele tem uma abrangência de longo prazo (5 ou 6 anos).

Planejamento Tático

Como fruto de todo o planejamento realizado que se inicia pela definição de visão e missão da organização, e posterior análise do ambiente externo e interno com vistas a criação de cenários prospectivos (Matriz SWOT), a organização tem definido seu Planejamento Estratégico. Este é de longo prazo e é sistêmico; além disso, diz respeito a toda organização. Também diz respeito à organização em todos os seus níveis e setores, seu desdobramento para os respectivos departamentos de uma organização. O conceito da reengenharia na administração, também chamado de método da folha em branco, é literalmente começar do zero, recomeçar um projeto com a definição de novas metas, objetivos e métodos, não sendo apenas um refinamento ou correção de rumos frente ao projeto que era desenvolvido.

A reengenharia é aplicada no planejamento operacional e, o tático, nas metas e projetos desenvolvidos dentro de uma organização, mas não no planejamento estratégico. Como desdobramento do planejamento estratégico temos em cada setor ou departamento de uma organização o Planejamento Tático, que tem as seguintes características:

- **Responsáveis:** Quem é, dentro de uma organização, responsável pelo planejamento tático; é o membro da organização que ocupa níveis intermediários, como o Gerente, o Coordenador. Nível. É o desdobramento do planejamento estratégico dentro de cada departamento; sendo, assim, seu escopo (abrangência) são as atividades desenvolvidas dentro de cada área. Uma organização tem o planejamento dos departamentos desenvolvido para que se alcance de forma plena em concordância com os objetivos definidos na estratégia da organização.
- **Prazo:** Como o planejamento tático é departamental, ele tem média duração, em geral de 1 ou 2 anos, pois deve, inclusive, estar adequado para momentos distintos do desenvolvimento do planejamento estratégico.

Planejamento Operacional

Dentro de uma organização, pública ou privada, existem as atividades que justificam a razão de ser desta organização; aquelas atividades que o cliente-cidadão recebe como produto final e que estabelece a relação com a organização. A atividade-fim de uma escola é a aula que é ministrada, de uma fábrica é a produção final de seu produto, em um posto de atendimento da receita federal é o próprio atendimento desenvolvido. A atividade-fim, portanto, pode ser a produção de algum bem ou ainda a prestação de algum serviço. Na Administração pública, pode até existir a produção de bens, de forma minoritária, porém é a prestação de serviços a atividade principal. Consideramos atividade-meio aquela que serve de base de apoio para uma organização. Se em uma escola a aula propriamente dita é a atividade-fim, a merenda escolar, segurança escolar, limpeza do espaço são consideradas atividades-meio. Como desdobramento do planejamento estratégico temos, em cada setor ou departamento de uma organização, isto é, o Planejamento Tático; e dentro dos departamentos temos atividades desenvolvidas pelos componentes daquela determinada área; a ação executada, as tarefas concernidas são de responsabilidade do Planejamento Operacional, que tem as seguintes características:

Responsáveis. Quem é, dentro de uma organização, responsável pelo planejamento operacional; é o membro da organização que ocupa níveis operacionais, como o Administrativo, o Técnico e mesmo os servidores que executam atividades-fim.

Nível. É a tradução na prática, no desenvolvimento de atividades, daquilo que foi definido por meio do planejamento estratégico de forma sistêmica, e daquilo que foi desdobrado para cada setor ou departamento. O planejamento operacional, portanto, está relacionado em como as tarefas são desenvolvidas no "chão da fábrica".

Prazo. Como o planejamento operacional é de desenvolvimento de atividades, ele tem curta duração; em geral, desde o momento posterior até 1 ano.

3.3 Processo Decisório

Tomar decisões é uma ação inerente ao serviço público, e os servidores públicos que têm papel determinante na administração participam da tomada de decisão. Quanto maior o poder e a responsabilidade do membro da organização, maior é a quantidade de decisões que ele precisa tomar.

As decisões geralmente são baseadas em mudanças nas organizações; estas na maioria das vezes são forçadas por mudanças ambientais ou inovações; ou são facultativas para a organização, porém cada vez mais necessárias.

A tomada de decisão e o maior ou menor envolvimento de atores neste processo têm a ver com os princípios e diretrizes na administração, e pode representar maior ou menor coletivização, conforme o método.

Decisão autocrática: concentrada em uma pessoa que detém o poder; não existe envolvimento de terceiros e está baseada na concentração do poder. Não cria um bom ambiente coletivo, mas pode garantir a celeridade.

Decisão delegada: é aquela em que a chefia ou quem detém o poder delega para outro membro da organização ou equipe a responsabilidade pela tomada de decisão. Pode garantir maior motivação da equipe, mas, muitas vezes, cria uma indefinição na cadeia de comando.

Decisão colegiada: é aquela em que a pessoa que detém o poder envolve os interessados na tomada de decisão, e geralmente está vinculada à governança na administração. Cria maior envolvimento e motivação, porém pode prejudicar o foco nos objetivos estratégicos e prejudicar a celeridade.

Os métodos de tomada de decisão estão diretamente relacionados com os modelos administrativos. Seguem abaixo os métodos de tomada de decisão dos modelos que foram vigentes no Estado brasileiro:

Decisão no modelo patrimonialista: comportamental, baseado unicamente nas opiniões, história de vida, interesses do governante que detinha o poder absoluto; não existia impessoalidade.

Decisão no modelo burocrático (weberiano): racional, baseado na impessoalidade e na existência de normas e regras claras para a tomada de decisão; baseado na impessoalidade. A decisão racional tem quatro etapas básicas:

- Identificação do problema.
- Busca pela origem do problema.
- Resolução do problema.
- Busca por soluções para a não recorrência do problema.

Decisão na Nova Administração Pública – Mantém o racionalismo, a base em normas e a impessoalidade, porém busca formas mais amplas e colegiadas de tomada de decisão; baseada na governança administrativa.

3.3.1 Decisões Programadas

As decisões programas são aquelas recorrentes, que já foram tomadas antes e que as consequências são previsíveis e de conhecimento prévio, o que possibilita melhor planejamento em qualquer cenário decisório.

Por serem previsíveis, são aquelas decisões tomadas cotidianamente e são inerentes às funções do membro da organização que a toma.

Seguem as principais características das decisões programadas:
- Previsibilidade.
- Controle.
- Planejamento.
- Minimização de riscos.

ADMINISTRAÇÃO GERAL

3.3.2 Decisões não Programadas

São aquelas decisões inéditas ou não esperadas a serem tomadas no planejamento, fruto da instabilidade e de mudanças constantes nos ambientes externo e interno.

As decisões não programas geralmente estão baseadas em situações não previstas. Quanto maior a responsabilidade do membro da organização, geralmente maior a quantidade de decisões não programas a serem tomadas.

Seguem as principais características das decisões não programadas:
- Imprevisibilidade.
- Pouco controle.
- Sem previsão no planejamento.
- Aumento de riscos.

3.3.3 Decisões Frente aos Conflitos de Interesses

Em uma organização, o conflito entre os interesses existentes é constante e não necessariamente algo negativo, já que o envolvimento dos membros da organização e o empoderamento do cliente-cidadão sobre as ações públicas gera cada vez mais conflito de interesses.

Existem, nas organizações, 3 interesses distintos, que seguem abaixo.
- Interesse da organização – pelos princípios da gestão pública, como a impessoalidade e a legalidade, deve estar acima de outros interesses.
- Interesse próprio.
- Interesse do outro.

> **Fique ligado**
>
> Atualmente, organizações que têm uma administração baseada no gerencialismo admitem o conflito de interesses como um processo de integração e de crescimento da organização.

3.4 Estilos de Liderança

Hoje em dia, a liderança é um elemento fundamental dentro de uma equipe, e as organizações buscam pessoas que se destaquem para liderar as equipes, servir de referência na execução de projetos ou mesmo para inspirar os demais membros da equipe.

Um líder não é necessariamente a chefia legalmente definida, não tem atribuições legais mediante os liderados, não existindo uma relação de obrigatoriedade hierárquica, pois o chefe é aquele que tem atribuições que lhe cabem mediante um grupo de subordinados. O líder, ao contrário, é alçado a esta condição.

3.4.1 Tipos de Lideranças dentro das Organizações

Existem diferentes tipos de lideranças, cada um com características particulares. Como modelos e ferramentas administrativas são definidos de acordo com os objetivos estratégicos, e estes ficam vinculados aos interesses políticos nas organizações públicas, a busca por determinado perfil de liderança também segue este parâmetro, existindo tipos de líderes que atendem a cada necessidade dentro da organização.

Liderança liberal. A liderança liberal é reconhecida facilmente pelos membros de uma equipe ou departamento, pois tem um perfil que é aceito positivamente pelas pessoas. O líder liberal tem como característica não interferir muito no desenvolvimento de tarefas ou rumos da equipe, o que apresenta como aspecto positivo sua fácil aceitação; e como elemento negativo há a possibilidade de falta de foco ou rumo para a equipe, pois, ao não haver o direcionamento por parte do líder, a equipe pode não ter direcionamento.

Liderança Situacional. É aquele líder que se destaca em determinada situação, em um cenário específico e não em todos os aspectos que dizem respeito à equipe. A liderança situacional é aquela, portanto, que é uma referência em determinado aspecto e apenas nele, e tem como característica positiva justamente ser esta referência em determinada situação, e como aspecto negativo o fato de que, se tal cenário ou situação não for criada, ele não se destaca como o líder na equipe.

Liderança Inspiradora. É aquela figura quase mitológica existente nas organizações, que é por si só ou pela sua história dentro da organização uma referência para a equipe. O líder inspirador é facilmente reconhecido pela equipe, e seu exemplo é seguido pelos outros. Como elemento positivo está o fato de ser naturalmente alçado à condição de líder, e como aspecto negativo, consolidando-se essa referência, ele pode ter uma postura onerosa frente aos valores da organização, mesmo continuando sendo referência aos outros.

Liderança Coerciva. É aquele líder que impõe suas vontades e opiniões aos membros da equipe, de forma a reprimir a opinião e posturas de outros. Um líder coercivo tende a não ser facilmente aceito pela equipe, que não o reconhece como tal. Como aspecto positivo, um líder coercivo tem o controle e a centralidade da equipe, e como aspecto negativo um clima de mal-estar dentro do grupo que lidera.

3.4.2 Gestão de Competências e do Conhecimento

As organizações devem se utilizar do potencial máximo de seus membros, tanto do ponto de vista objetivo quanto subjetivo. Para isso, devem deter e atualizar as competências existentes de seus membros assim como dos conhecimentos existentes.

3.4.3 Atribuição de Funções

Quando do ingresso do serviço público, as organizações têm conhecimento sobre as competências necessárias para que a pessoa assuma o cargo público (ou ensino fundamental, ou ensino médio, ou graduação ou especialização), porém as pessoas geralmente detêm outras competências, ou fruto de experiência profissional anterior, ou fruto de outra graduação ou mesmo uma competência oriunda de características profissionais.

Conhecer as características e competências dos membros de uma organização é fundamental para a melhor atribuição de funções, pois, como a exigência para o ingresso é a mesma para todos, não é possível utilizar o concurso público como base para a atribuição de funções existentes nos cargos. Para isso, utiliza-se a Gestão de Competências, com o objetivo de definir "o homem certo".

3.4.4 Gestão de Competências

A Gestão de Competências é uma ferramenta que visa mapear e administrar as diferentes competências existentes na organização a fim de sincronizar estas competências com os objetivos da organização, o planejamento estratégico, seus projetos e metas.

A principal função da Gestão de Competências é definir a pessoa certa no lugar certo, para que as funções definidas para cada membro da organização estejam sincronizadas com suas competências existentes. Os critérios para a definição de competências são 3:

Conhecimentos: adquirido por meio de treinamentos e cursos realizados pelo membro da organização. É possível, e inclusive muito comum no serviço público, que o funcionário ingresse na organização em um concurso que tenha exigência de ensino médio completo, mas que tenha também um conhecimento adquirido em um curso de graduação. Também são consideradas competências por meio do conhecimento, o treinamento corporativo realizado nas organizações; cursos livres afins também são considerados para competências mensuradas através do conhecimento.

Habilidades: aquelas adquiridas por meio da experiência profissional anterior, da especialização em determinada área, mas que não foram fruto de treinamento ou qualificação profissional.

É importante para uma organização ter ciência sobre as habilidades dos membros de todos os departamentos, inclusive na iniciativa privada, pois as habilidades geralmente não são fruto de exigência para ingresso no serviço público, e nem de mapeamento por diplomas ou certificados.

Nas habilidades, ainda podem ser listadas aquelas geradas pelo empirismo (experimentação) e gerada de forma tácita (experiência de vida).

Atitudes. Nas organizações que têm uma administração gerencial, com relações horizontalizadas e uma menor formalidade organizacional, e incentiva a proatividade, é incentivada a postura de iniciativa para desenvolvimento de atividades sem que exista prévio conhecimento acadêmico ou habilidade anteriormente adquirida.

3.5 Projetos – PMI (Instituto de Gerenciamento de Projetos) / PMBOK® (Guia de Gestão de Projetos)

De acordo com o PMBOK®, o gerenciamento de projetos tem 5 etapas (ou grupo de processos):

Responsabilidade: todo projeto deve ter um prazo, que geralmente é de médio a longo prazo. O prazo de um projeto nunca pode ser maior do que aquele que indica o final do planejamento estratégico.

Escopo: é necessário definir qual a abrangência do projeto, quem será o público e setores atingidos pelo seu desenvolvimento.

Insumos: todo projeto, para ser executado, demanda a definição de recursos, que podem ser 3 elementos: de pessoas, materiais e/ou orçamentários (time de projeto interdisciplinar).

Objetivos: devem ser mensuráveis, podendo ser quantitativos, qualitativos ou estatísticos; não há hierarquia.

Cada projeto tem metas de curto prazo, que podem ser analisadas ao final de seu cumprimento; e os insumos podem ser destinados para o cumprimento da próxima meta.

3.5.1 Fases de um Projeto

Início: fase de identificação das necessidades, da viabilidade, dos orçamentos e dos cronogramas, da equipe que irá trabalhar e da proposta. É a fase em que se inicia oficialmente o projeto por meio do Termo de Abertura.

Planejamento: estudos e análises, recursos e o detalhamento do plano.

Execução: execução dos planos do projeto, coordenação de pessoas e outros recursos para executar o plano.

Controle a posteriori: Monitoramento, controle e modificações.

Encerramento: aceitação formal do projeto (com verificação de escopo) ou fase para sua finalização.

3.6 Processos

O programa Nacional de Gestão Pública e Desburocratização (Gespública) apresenta um guia de gestão de processos que apresenta, segundo o próprio guia, as fases de processos desenvolvidos nas organizações públicas. *Processos – Uma visão* conceitua processos com um "conjunto de recursos e atividades inter-relacionadas ou interativas que transformam insumos (entradas – *inputs*) em serviços/produtos (saídas – *outputs*), sendo realizado para agregar valor". São implementados sempre para o futuro (prospectivamente).

3.6.1 Gespública

O programa Nacional de Gestão Pública e Desburocratização (Gespública) foi criado em 2005 por meio do decreto nº 5.378, de 23 de fevereiro de 2005.

No próprio site www.gespublica.gov.br, encontramos a definição formal da iniciativa. Na busca de modelos de gestão que contemplem, de forma mais efetiva e eficaz, as novas e crescentes demandas da sociedade brasileira, a Secretaria de Gestão Pública – SEGEP, do Ministério do Planejamento, Orçamento e Gestão, revitaliza, em 2014, o Programa Nacional de Gestão Pública e Desburocratização Gespública, com a finalidade de fortalecer a gestão pública, tendo como premissa o Modelo de Excelência em Gestão Pública – MEGP.

A estratégia para implantação de um modelo referencial de gestão pública é desenvolver ações de apoio técnico aos órgãos e entidades da Administração Pública Federal, a fim de mobilizar, preparar e motivar para a atuação em prol da inovação e da melhoria da gestão. Dentre as medidas adotadas para implementação da estratégia, destacamos o desenvolvimento de uma das ferramentas do Gespública – o Sistema Eletrônico de Autoavaliação da Gestão.

O Sistema possibilita uma avaliação de gestão prescritiva, por meio da identificação e análise das práticas de gestão adotadas e dos resultados da organização. A avaliação dos resultados permite um rápido diagnóstico, bem como a implantação de melhorias na governança que venham a promover o alcance dos melhores resultados institucionais.

Uma Gestão Pública participativa e democrática induz a resultados mais positivos, levando-se em conta que o processo de formação das normas administrativas e os mecanismos de ação e controle estarão sempre mais adequados e ajustados à realidade social.

O Programa Gespública vem a ser um poderoso instrumento de cidadania, pois renova seu compromisso de engajamento e valorização das pessoas por meio de estratégias de mobilização da Administração Pública, contribuindo para a melhoria da qualidade dos serviços públicos prestados aos cidadãos e para o aumento da competitividade do país.

3.6.2 Fases de um Processo

- Planejamento.
- Análise.
- Desenho e modelagem.
- Implementação.
- Monitoramento.
- Refinamento (melhorar).

3.6.3 Indicadores de Gestão de Desempenho

A Nova Administração Pública, baseada no modelo gerencial, tem a necessidade de lidar com o desempenho da organização em todos os níveis, desde a análise do desempenho individual, até o desempenho das equipes, passando pelo próprio desempenho da organização.

ADMINISTRAÇÃO GERAL

Muito além da avaliação de desempenho, a gestão de desempenho é uma análise sistêmica, que verifica de forma constante o desempenho organizacional e se utiliza desta análise para gerar sinergia entre as capacidades da organização, sempre com o objetivo de atingir objetivos estratégicos e agregar valor ao cidadão, que é o cliente da prestação de serviços feita pelas organizações públicas.

É a análise metodológica do que se espera no serviço público, quanto ao que se espera do indivíduo, da equipe e da organização. Uma importante ferramenta utilizada na gestão do desempenho para medir a correlação do microambiente e microambiente.

Os indicadores de desempenho são levantamentos metodológicos, que são feitos de forma quantitativa ou qualitativa, e que medem os atendimentos, as atividades desenvolvidas, com o objetivo de comparação de ações e da necessidade de insumos para os projetos desenvolvidos. Os objetivos dos indicadores de desempenho são dois: qualidade final no atendimento ao público externo.

- Aquilo que foi agregado para o cidadão na prestação do serviço.

3.6.4 Eficiência, Eficácia e Efetividade

Também tem relação com a Nova Administração Pública e é estreita a relação com os elementos acima descritos, os chamados "3Es" da administração pública, que são a Eficiência, Eficácia e Efetividade.

Segue abaixo a descrição de cada um dos elementos:

Eficiência: introduzido de forma explícita no artigo 37 da Constituição pela Emenda Constitucional nº 19, de 1998, é a relação de recursos destinados e resultados obtidos pela Administração Pública. Em uma análise, é a relação que comumente é chamada de "custo-benefício" nas ações públicas.

> Exemplo: se, ao final do prazo estipulado previamente, for construído um hospital público com os recursos (financeiros, de pessoas e materiais) destinados, sem necessidade de destinação complementar, será uma ação eficiente administrativamente. Portanto, a eficiência tem relação com a atividade-meio.

Eficácia: tem direta relação com a concreta efetivação da ação que motiva a existência da unidade pública ou função dos servidores públicos, a capacidade de atender aquilo que justifica a ação administrativa. Portanto, a eficácia tem relação com a atividade-fim.

Efetividade: tem relação com a entrega do "produto final" para os interessados, para o cliente-cidadão, fazendo estes agregarem valor e aceitarem a ação pública como justificável. Portanto, a efetividade tem relação com o "valor percebido" pelo cliente-cidadão.

3.7 Comunicação Organizacional

A comunicação nas organizações é cada vez mais fundamental, e a administração pública a tem como uma atividade inerente as suas atividades, pois pode garantir os princípios da gestão pública, como a legalidade e a publicidade, pode garantir a transparência nas ações públicas (*accountability*), e mesmo envolver os interessados no processo de governança.

Existem diversas abrangências e interesses na comunicação, que podem ser de variadas modalidades, que seguem abaixo:

Extraorganizacional: caracteriza-se pela comunicação que ocorre entre duas organizações públicas ou privadas, ou mesmo a comunicação público-privada.

Intraorganizacional: caracteriza-se pela comunicação interna à organização, dentro dos departamentos, interdepartamental e em níveis hierárquicos distintos.

Como existem vários ambientes de trabalho e estes são influenciados diretamente pela cultura organizacional de cada organização, a comunicação interna apresenta variações, e pode apresentar maior ou menor formalidade.

Comunicação Formal: é a comunicação oficial. Geralmente vinculada às organizações que têm uma estrutura organizacional mais rígida, formal e departamentalização funcional, onde prevalece a normatização e padronização inclusive na comunicação interna. Como característica, a comunicação formal é "up-down", vem dos níveis diretivos da organização, passando pelos gerenciais, técnico-administrativos até chegar aos níveis operacionais. Ela é feita por meio dos canais de comunicação existentes e padronizados, e é documentada em ofícios, memorandos, circulares etc.

Comunicação Informal: geralmente vinculada às relações pessoais dos membros das organizações, é valorizada em organizações com uma estrutura organizacional mais flexível, com relações interdepartamentais. Esta comunicação se caracteriza por ser não oficial, fruto de conversas e comunicação que não segue hierarquia e nem documentação formal.

3.7.1 Novos Meios de Comunicação

Hoje em dia as organizações públicas precisam se adaptar às novas tecnologias para a comunicação organizacional, adotando novas ferramentas e mídias para a comunicação tanto interna quanto externa, tanto formal quanto informal.

Seguem as principais ferramentas de novos meios de comunicação:
- Redes sociais (Facebook e Twitter).
- Videoconferência por VoIP (Skype).
- e-democracia (Oficial da Câmara Federal).

3.7.2 Resultados da Comunicação Organizacional

Considerada fundamental para uma boa administração pública, a comunicação organizacional, quando bem aplicada e desenvolvida, garante alguns preceitos, que seguem abaixo:

- **Sinergia**: garante a junção de forças da organização.
- **Tradução**: uma boa comunicação garante que todos os níveis hierárquicos entendam as diretrizes.
- **Alinhamento**: consegue que todos os níveis hierárquicos e departamentos se alinhem com os objetivos estratégicos.
- **Transparência**: garante a comunicação com o devido tempo de reação contrária.

4 NOVA ADMINISTRAÇÃO PÚBLICA

4.1 Resolução de Conflitos

Dentro de uma organização, existem vários interesses, e estes podem se chocar quanto às vontades e aos parâmetros. São três os interesses existentes em uma organização: o interesse próprio, o interesse do outro e o interesse da organização, sendo este sempre sobreposto aos outros interesses.

Quando existem conflitos entre estes interesses, eles devem ser manifestados claramente, e nunca velados ou dissimulados.

> **Fique ligado**
>
> Como o serviço público tem como princípio a legalidade, não se pode resolver um conflito entre o interesse da organização e do outro através de consenso, pois não se pode abrir mão do aspecto legal.

Sendo manifestado tal conflito, a liderança deve olhar sempre para sua resolução e superação, através do abrandamento de posições, em detrimento do confronto ou consenso.

5 GESTÕES DA ADMINISTRAÇÃO PÚBLICA

Neste capítulo são abordados assuntos relacionados à gestão da Administração Pública. São apresentados os seguintes tópicos: gestão por competências, gestão de contratos administrativos, gestão de qualidade (excelência) e gestão de resultados no serviço público.

5.1 Gestão por Competências

O departamento que cuida da vida dos membros, dentro de uma organização, detém informações fundamentais sobre eles. Tais informações são importantes para o planejamento e para a definição de atribuições e de funções aos membros.

Durante o desenvolvimento das organizações, o departamento de Recursos Humanos mudou significativamente sua importância nas organizações, passando de um papel secundário para a principal área de uma organização. O foco direcionado à importância das pessoas leva a entender que os recursos humanos representam o principal insumo existente em uma organização pública ou privada.

Durante muito tempo, o departamento de recursos humanos se limitou ao cumprimento de rotinas, como a folha de pagamento, o encaminhamento de licenças e as demais tarefas oriundas das relações trabalhistas. Este papel esteve vinculado ao modelo burocrático, em particular ao seu desgaste a partir dos anos 50, levando à burocratização.

O antigo papel de recursos humanos, portanto, era mecanicista, pois não tinha efetiva participação na discussão dos rumos e objetivos das organizações. Isso representava um enorme desperdício, pois, no momento de atribuição de tarefas, desenvolvimento de políticas públicas para os servidores, este setor era praticamente ignorado, com seu potencial subutilizado.

5.1.1 Novo Papel do RH (Nova Gestão de Pessoas)

A administração gerencial apresenta uma nova visão sobre o departamento de recursos humanos. Até mesmo a sua descrição é diferenciada, pois ele agora é chamado de Departamento de Gestão de Pessoas. Além disso, diferentemente do papel secundário e pouco utilizado de antes, atualmente, a Nova Gestão de Pessoas tem um papel propositivo e central dentro das organizações. Entre suas atuais demandas estão:

A Nova Gestão de Pessoas, mesmo tendo um papel fundamental dentro das organizações que têm sua administração baseada em conceitos gerenciais, propondo políticas públicas de cargos, carreira, salários e atribuição de funções, não abriu mão de suas tarefas tradicionais, como rotinas trabalhistas (folha de pagamento, licenças, férias etc.).

5.1.2 Formas de Recrutamento e Seleção

Atualmente, a Nova Gestão de Pessoas também trata sobre formas de recrutamento, e cada uma tem características que são utilizadas pelas organizações, conforme seus objetivos estratégicos.

Recrutamento interno

O recrutamento interno tem como característica a pouca mudança ambiental, pois as funções e promoções são definidas entre os próprios membros da equipe. Tal característica também possibilita a motivação, pois é real e perceptível a possibilidade de valorização profissional através de vagas e funções gratificadas reservadas para a própria equipe.

Recrutamento Externo

O recrutamento externo tem como característica uma extensa mudança interna, pois ao introduzir novos membros que não estavam na equipe, altera-se o "clima" do setor ou departamento. Isso pode trazer conflitos nos departamentos, pois o cargo ou função é vinculado a pessoas que não eram membros da equipe.

Recrutamento Híbrido

O recrutamento híbrido é aquele composto de dois momentos: um inicial, externo e, posteriormente, um momento interno, de modo que se aproveitam características destes dois elementos.

Provas

A aplicação de provas de conhecimentos é ferramenta padrão, por exemplo, em concursos públicos, e pode ser utilizada tanto para o ingresso quando para o acesso às novas funções.

Entrevistas

As entrevistas constituem uma importante ferramenta de recrutamento e seleção, pois permitem um contato direto com o responsável pelo processo de seleção. Para minimizar os efeitos negativos ou positivos da empatia, garantindo a impessoalidade, é indicado que o processo de recrutamento e seleção, quando feito através de uma etapa que contenha entrevista, seja realizado por múltiplos entrevistadores.

Vivência

O convívio com os membros da organização, a experiência nas relações humanas, a observação, e a habilidade adquirida pelas chefias para o reconhecimento de cada membro da equipe é cada vez mais utilizada para recrutamento e seleção.

5.1.3 Gestão de Competências e do Conhecimento

As organizações devem se utilizar do potencial máximo de seus membros, tanto do ponto de vista objetivo quanto do subjetivo e, para isso, devem deter e atualizar as competências existentes de seus membros, assim como dos conhecimentos existentes.

Atribuição de Funções

Quando do ingresso do serviço público, as organizações têm conhecimento sobre as competências necessárias para que o indivíduo assuma o cargo público (ou ensino fundamental, ou ensino médio, ou graduação ou especialização). Porém, as pessoas geralmente detém outras competências, ou fruto de experiência profissional anterior, ou fruto de outra graduação, ou mesmo uma competência oriunda de características profissionais.

Conhecer as características e competências dos membros de uma organização é fundamental para a melhor atribuição de funções, pois como a exigência para o ingresso é a mesma para todos, não é possível utilizar o concurso público como base para a atribuição de funções existentes nos cargos. Para isso, utiliza-se a Gestão de Competências, com o objetivo de definir "o homem certo".

Gestão de Competências

A Gestão de Competências é uma ferramenta que visa mapear e administrar as diferentes competências existentes na organização, a fim de sincronizar estas competências com os objetivos da organização, o planejamento estratégico, seus projetos e metas.

A principal função da Gestão de Competências é definir a pessoa certa no lugar certo, para que as funções definidas para cada membro da organização estejam sincronizadas com suas competências existentes. Os critérios para a definição de competências são 3:

Conhecimentos

Aquelas competências adquiridas através de treinamentos e cursos realizados pelo membro da organização. É possível, e inclusive muito comum no serviço público, que o funcionário ingresse na organização em um concurso que tenha exigência de ensino médio completo, mas que tenha também um conhecimento adquirido em um curso de graduação. Também são consideradas competências adquiridas, pautadas no conhecimento, o treinamento corporativo realizado nas organizações; cursos livres e afins também são considerados para competências mensuradas através do conhecimento.

NOÇÕES DE GESTÃO PÚBLICA

Habilidades

Aquelas competências adquiridas através da experiência profissional anterior, da especialização em determinada área, mas que não foram fruto de treinamento ou qualificação profissional.

É importante para uma organização ter ciência sobre as habilidades dos membros de todos os departamentos, inclusive na iniciativa privada, pois as habilidades geralmente não são fruto de exigência para ingresso no serviço público, nem de mapeamento por diplomas ou certificados.

Nas habilidades, ainda podem ser listadas aquelas geradas pelo empirismo (experimentação) e de forma tácita (experiência de vida).

Atitudes

Nas organizações que têm uma administração gerencial, com relações horizontalizadas e uma menor formalidade organizacional, é incentivada a pró-atividade. Motiva-se a postura de iniciativa para o desenvolvimento de atividades, sem que exista prévio conhecimento acadêmico ou habilidade anteriormente adquirida.

> **Fique ligado**
>
> Não existe hierarquia entre os critérios de competências. É possível que uma organização, dependendo da situação, priorize uma ou outra forma de competência na atribuição de funções.

5.2 Gestão de Contratos Administrativos

Dentre as inúmeras tarefas inerentes à Administração Pública, existem serviços e compras realizados junto à iniciativa privada. Essa relação se dá através de contratos firmados. A base para a gestão de contratos está definida na LEI Nº 8.666, DE 21 DE JUNHO DE 1993, que, no seu Art. 2º, define contrato como:

Art. 2º. As obras, serviços, inclusive de publicidade, compras, alienações, concessões, permissões e locações da Administração Pública, quando contratadas com terceiros, serão necessariamente precedidas de licitação, ressalvadas as hipóteses previstas nesta Lei.

Parágrafo único. Para os fins desta Lei, considera-se contrato todo e qualquer ajuste entre órgãos ou entidades da Administração Pública e particulares, em que haja um acordo de vontades para a formação de vínculo e a estipulação de obrigações recíprocas, seja qual for a denominação utilizada.

5.3 Gestão do Conhecimento

A gestão do conhecimento corresponde à administração, por parte da organização, de todos os conhecimentos existentes entre os membros da organização e seus distintos departamentos.

É fundamental para uma organização a combinação dos diferentes conhecimentos existentes dentro dela, para que ocorra a sinergia entre estes conhecimentos, a fim de se agregarem forças, no sentido de alcançar os objetivos da organização. A Gestão do Conhecimento gera o Capital Intelectual de uma organização, que deve ser utilizado nessa organização. Porém, uma organização não pode ser dependente deste Capital Intelectual, uma vez que ela não pode ser dependente de seus membros.

5.4 Gestão de Qualidade (Excelência)

As atuais demandas da Administração Pública, quando buscam adquirir vantagem competitiva, têm na Gestão de Qualidade um dos principais objetivos de todo gestor público alinhado com a Nova Administração Pública. Em uma primeira análise, é possível definir a Gestão de Qualidade como as atividades que têm por objetivo atingir os mais altos graus de satisfação do cliente-cidadão, com a prestação de serviços públicos, sempre atendendo à expectativa destes quando buscam os serviços públicos.

A Gestão de Qualidade, portanto, está relacionada diretamente com ações tomadas e as normas de procedimentos adotadas por todos os níveis hierárquicos e departamentos de uma organização. É abolida a necessidade de certificações externas para se atingirem os níveis de qualidade esperados externamente, pelo cliente-cidadão, e planejados pelos gestores públicos.

O objetivo final de qualquer ação pública é a prestação de serviços com qualidade e satisfação. Neste sentido, o foco sempre será externo, mas para isso é necessário buscar procedimentos e regras internas que garantam a qualidade. Não existe a Gestão de Qualidade apenas como um objetivo interno, sem focar naquilo que é uma demanda do cliente-cidadão.

5.4.1 Princípios da Gestão de Qualidade

Atender às Necessidades do Cliente-Cidadão

O foco sempre deve ser agregar valor aos que recebem os serviços prestados pela Administração Pública.

Manter a Lucratividade / Receita

A qualidade está diretamente ligada à saúde financeiro-orçamentária da organização, no caso do serviço público; não com a busca pelo lucro, mas através da saúde orçamentária dentro do planejamento previsto.

Não Recorrência de Falhas

Através de uma abordagem racional na tomada de decisões, utilizam-se ferramentas e adotam-se procedimentos para que eventuais falhas não voltem a acontecer na organização.

Planejamento

A organização deve adotar o planejamento baseado em cenários prospectivos, nos níveis estratégico, tático e operacional.

Comunicação

Ter uma comunicação bem realizada e que garanta a tradução e o alinhamento de procedimentos em todos os níveis hierárquicos e entre departamentos distintos.

5.4.2 Kaizen e Ciclo PDCA

Dentre as ferramentas que têm origem na iniciativa privada e que foram incorporadas nos últimos anos pela Administração Pública na busca pela qualidade, estão os "Kaizen" e "Ciclo PDCA", que seguem abaixo:

Kaizen

Ferramenta focada no princípio de que as ações de uma organização sempre devem objetivar "hoje melhor do que ontem e amanhã melhor do que hoje."

Ciclo PDCA

O ciclo PDCA é uma ferramenta de melhoria contínua e que tem sido adotada pela Administração Pública. Os passos do ciclo PDCA são PLAN (Planejamento), DO (execução) CHECK (Verificação) e ACT (Ação de encerramento ou refinamento).

5.4.3 Classificação ABC (Teorema de Pareto)

Outra importante ferramenta para a tomada de decisões na busca pela qualidade é a utilização do Teorema de Pareto para a decisão de prioridades dentro de uma organização. Segundo o estudo feito por Pareto, os elementos (produtos, ações, funcionários, etc.) de uma organização são divididos em:

Classificados como A

Correspondem aos elementos de maior importância e que atendem a 20% da quantidade e 80% da relevância em uma organização.

Classificados como B

Correspondem aos elementos de importância mediana e que atendem a 30% da quantidade e 15% da relevância em uma organização.

Classificados como C

Correspondem aos elementos de importância menor e que atendem a 50% da quantidade e 5% da relevância em uma organização.

GESTÕES DA ADMINISTRAÇÃO PÚBLICA

5.4.4 Abrangência da Gestão de Qualidade

Planejamento

A busca pela qualidade na prestação de serviços públicos ao cliente-cidadão deve ter real impacto no planejamento em uma organização, pois as ações previstas para o período futuro, em uma ação de previsão baseada em cenários, devem buscar sempre pontos positivos; oportunidades externas e forças internas de uma organização.

Envolvimento das pessoas

Toda organização é formada por pessoas.

Ações dos líderes

As lideranças, ao coordenarem as ações de um grupo, sempre devem objetivar ações que visem ao foco, ao alinhamento da equipe com os objetivos do planejamento e à motivação da equipe, como elementos que contribuem com a qualidade.

Abordagem sistêmica

A abordagem sistêmica visa a ações que analisem não a organização de forma segmentada, mas sim toda a organização e seu escopo, pois a ação em um setor da organização tem consequência em outros.

Sinergia

A busca pela qualidade deve objetivar a capacidade de junção das forças existentes em uma organização para que, juntas, conquistem objetivos que, isoladas, não conseguiriam alcançar.

Empoderamento

A qualidade tem direta relação com a capacidade das organizações em permitir que o cliente-cidadão se empodere das ações públicas e seja parte constituinte destas.

5.5 Gestão de Resultados no Serviço Público

Com o passar dos anos, desde sua implementação, o modelo burocrático da administração sofreu um desgaste, levando-o à burocratização e à ineficácia. Na década de 60, para tentar reagir a isso, foi criado o Decreto-Lei 200/67 que, ao deslocar o centro da Administração Indireta, flexibilizando compras e processo seletivo no serviço público, trouxe ao Estado brasileiro resquícios do patrimonialismo.

5.5.1 Administração Gerencial

A administração gerencial (NAP – Nova Administração Pública), ainda em fase de implementação, assume referências do mercado, como a excelência na prestação de serviço, a competitividade e, inclusive, o fortalecimento da parceria entre a gestão pública e parceiros privados, tendo foco em resultados e não mais em tarefas.

5.5.2 Referências Teóricas da Administração Gerencial

As mais importantes referências teóricas da administração gerencial são Peter Druker (teoria da globalização nas empresas) e Michel Porter (teórico da competitividade e da vantagem competitiva).

Segundo a teoria de Peter Druker, a organização se adapta à globalização quando consegue oferecer o produto ou serviço prestado certo para o público certo, realizando adequada distribuição, preço.

Segundo Porter, a organização nunca pode parar de aprender sobre o mercado em que atua - seus rivais. Devem constantemente elaborar formas de melhorar sua posição competitiva. As Cinco Forças de Porter são: a rivalidade entre concorrentes; o poder de negociação dos clientes; o poder de barganha do fornecedor; a ameaça de entrada de novos concorrentes; e a ameaça de produtos substituídos.

5.5.3 Controle na Administração Gerencial e Flexibilização Administrativa

Na administração gerencial, o controle passa a ser finalístico, não havendo relação hierárquica entre quem controla e quem é controlado. É baseada na legalidade. Como exemplo, cita-se o controle do Estado na Administração Indireta, em que a Administração Direta exerce ou controle finalístico sobre as fundações. Como principal característica da implementação do gerencialismo, temos a Emenda Constitucional 19/1998 e a criação da MARE.

> **Fique ligado**
>
> Existe o controle hierárquico na administração gerencial como, por exemplo, na Administração Direta. Porém, sua característica geral é o controle finalístico.

5.5.4 Globalização nas Empresas (Peter Drucker)

Ao considerar que o monopólio é nocivo para as organizações, Peter Drucker defende que exista aprendizado constante do mercado em que se atua, e que a organização tenha capacidade de chegar a um nível de excelência no mercado. O teórico ainda prevê que a organização tenha capacidade de obter vantagem que a leve às seguintes condições, com o objetivo de, além da vantagem competitiva, diminuir os custos:

- Apresentar este produto na hora certa.
- Focar este produto para o público certo.

5.5.5 Competição e Mercado (Michael Porter)

Michael Porter desenvolveu, no que tange à vantagem competitiva, aquelas que são consideradas as Cinco Forças que uma organização deve dominar e se preparar para influenciar, no mercado em que atuam.

- Rivalidade
- Poder de negociação do Cliente.
- Poder de barganha do fornecedor.
- Ameaça de produto substituído.
- Ameaça de novos concorrentes.

Uma importante ferramenta para obtenção de vantagem competitiva e para qualificar o atendimento, a prestação de serviços ou os processos de produção é o benchmarking, pois ele representa uma pesquisa feita no mercado, para que, analisando melhores práticas, qualifique-se aquilo que a organização necessita.

- Benchmarking Governamental

Feito junto aos governos de outros países.

- Benchmarking Competitivo

Feito junto aos concorrentes e rivais.

- Benchmarking Funcional

Feito junto aos concorrentes ou outro departamento da mesma organização buscando um elemento específico.

▷ Benchmarking Setorial (Departamental)

Feito internamente junto a outro setor ou departamento da mesma organização, além da contrapartida salarial.

NOÇÕES DE GESTÃO PÚBLICA

6 BALANCED SCORECARD

O Balanced Scorecard é um Painel Balanceado de Indicadores, conceito desenvolvido por Robert Kaplan e David Norton, que detectaram que o controle dos resultados baseados em indicadores financeiros não mais atendia. A geração de valor dependia do acompanhamento do desempenho estratégico organizacional por meio da medição de indicadores de desempenho.

Serve como instrumento de alinhamento entre o planejamento estratégico e o operacional.

Compreende a tradução da visão e da estratégia de uma organização em um conjunto integrado de objetivos e indicadores de desempenho que formam a base para um sistema de gerenciamento estratégico e de comunicação.

Atualmente, o BSC passou a ser utilizado como uma metodologia de gestão estratégica, servindo, em muitos casos, como instrumento representativo da estrutura dos processos gerenciais das organizações e como ferramenta de gestão.

Nesse contexto, as perspectivas podem ser descritas assim:

Perspectiva financeira: analisa o negócio do ponto de vista financeiro. Relaciona-se normalmente com indicadores de lucratividade, como receita líquida, margem líquida, retorno sobre o investimento, entre outros. Indica se a estratégia da empresa está se traduzindo em resultados financeiros.

Perspectiva dos clientes: nesse ponto de vista, busca-se identificar os segmentos (de clientes e de mercados) em que a empresa atuará e as medidas de desempenho que serão aceitas. Geralmente envolve indicadores como: satisfação dos clientes, retenção de clientes, lucro por cliente e participação de mercado. Essa perspectiva possibilita ao gestor as estratégias de mercado que permitirão atingir resultados superiores no futuro.

Perspectiva de processos internos: identifica os processos críticos que a empresa deve focar para ter sucesso. Ou seja, mapeia os processos que causam o maior impacto na satisfação dos consumidores e na obtenção dos objetivos financeiros da organização. Devem ser melhorados os processos existentes e desenvolvidos os que serão importantes no futuro.

Perspectiva do aprendizado e do crescimento: identifica as medidas que a empresa deve tomar de modo a se capacitar para os desafios futuros. As principais variáveis são as pessoas, os sistemas e os procedimentos organizacionais. Dessa forma, as empresas devem treinar e desenvolver seu pessoal, desenvolver sistemas melhores e procedimentos que alinhem os incentivos aos objetivos corretos.

6.1 Processo de Elaboração do BSC

O processo de elaboração do *Balanced Scorecard* descrito por Christiane Ogassawara (2009) possui **cinco princípios:**

- **Traduzir a estratégia em guias operacionais: cria-se um referencial para a descrição e implementação das estratégias:** o mapa estratégico. Esse mapa descreve a estratégia e fornece os fundamentos que guiarão o projeto de um BSC.
- **Alinhar a organização à estratégia:** as áreas ou unidades de negócio se ligam à estratégia corporativa.
- **Transformar a estratégia em tarefa de todos:** essa transformação ocorre por meio da comunicação da estratégia (de cima para baixo), que deve ser traduzida em linguajar claro para que todos os colaboradores da organização a entendam e direcionem sua atuação para ela. São necessários treinamentos para transmitir aos funcionários os conceitos estratégicos e demais informações relacionadas à remuneração por incentivos e ao trabalho em conjunto para a execução da estratégia.
- **Converter a estratégia em processo contínuo: na implementação do processo de gerenciamento da estratégia nas empresas, três passos foram identificados:** a conexão da estratégia ao processo orçamentário, objetivando conciliar as iniciativas de longo prazo com o desempenho esperado no curto prazo; a realização de reuniões gerenciais para avaliação da estratégia; e o aprendizado organizacional, com adaptação da estratégia.
- **Mobilizar a mudança por meio da liderança executiva: a implementação da estratégia demanda trabalho contínuo e em equipe. Caso a alta direção da organização não se envolva ou atue com pouca dedicação, a estratégia não será implementada. Esse princípio contempla:** a mobilização para a mudança organizacional (esclarecimento sobre a importância da mudança), e a definição do processo de governança que orientará e direcionará as mudanças (há um rompimento da estrutura tradicional de poder).

Três pessoas que desempenham papéis críticos na construção do BSC foram identificadas por Kaplan e Norton (1997): o arquiteto, o agente de mudanças e o comunicador. **O arquiteto** corresponde a um alto executivo da organização designado como responsável pela construção do BSC e pela sua inclusão ao sistema gerencial – esse executivo deve ter capacidade para educar a equipe e orientar o processo de tradução da estratégia em indicadores; **o agente** de mudanças corresponde a um representante do executivo principal, designado para moldar as ações de rotina decorrentes do novo sistema gerencial; e **o comunicador**, que tem a responsabilidade de conquistar o apoio e a adesão de todos os membros da organização quanto ao novo sistema gerencial a ser implementado.

6.2 Adaptação do BSC às Instituições Públicas

A utilização do BSC no meio público insere-se tanto no contexto da nova Administração Pública, iniciada com a reforma gerencial de 1995, quanto no contexto do planejamento estratégico – amplamente utilizado pelos órgãos públicos no âmbito federal.

O BSC despertou particular atenção no meio público, haja vista que, na prestação de serviços, os indicadores tradicionais de desempenho se mostraram insuficientes e ineficientes. A atribuição de responsabilidades e a cobrança por resultados (mediante a utilização de indicadores) inserem-se no bojo da reforma gerencial de 1995 – agora o BSC também permite avaliar redução de tempo, qualidade e satisfação do cidadão-usuário.

Segundo Kaplan e Norton (1997), o BSC *pode proporcionar foco, motivação e responsabilidade em empresas públicas e instituições sem fins lucrativos*. Além dos aspectos já abordados, Vera Osório (2003) acredita que o BSC no meio público possibilita *maior integração do orçamento na elaboração dos planos e expressa a importância do aprendizado e do crescimento institucional dos profissionais como um grande diferencial para a sustentabilidade da organização ao longo do tempo*.

> **Fique Ligado**
> Embora Kaplan e Norton tenham sugerido um modelo para o setor público, até o momento não foi padronizado um modelo de BSC para a área pública: o que existem são diversos modelos semelhantes sendo adaptados à realidade de cada ente público.

Quanto às perspectivas utilizadas, os próprios autores, Kaplan e Norton (1997), sugerem que **as perspectivas do BSC devem funcionar como modelo, e não como "camisa de força"**. Assim, é possível alterar ou inserir perspectivas de acordo com a natureza e função social de cada ente público.

Mas algumas questões já podem ser definidas. **A mudança radical aqui ocorre em relação à perspectiva mais importante:** no meio público, o cumprimento da missão institucional (prestar serviços à sociedade) é a principal perspectiva, e deve estar no topo do BSC. Para os indicadores, os termos mais adequados são Orçamentários e Não Orçamentários.

A perspectiva financeira/orçamentária é deslocada para a base do BSC, visto que no meio público **ela é condição** indispensável, e não resultado final. Mas ao mesmo tempo em que é deslocada, ela condicionará a atuação pública, pois não se pode realizar nenhuma despesa que não se encontre aprovada no orçamento anual. **Recursos orçamentários adequados contribuem para o alcance dos objetivos**

BALANCED SCORECARD

de todas as demais perspectivas. Assim, a perspectiva financeira se torna um meio de obtenção dos recursos necessários ao cumprimento da função social de competência do ente público.

A **perspectiva do cliente** também é mais bem definida como **cliente-cidadão** ou **cidadão-cliente**, visto que, no contexto público, o cidadão é o centro: como financiador, como usuário e como titular da coisa pública – o que exige, no mínimo, equidade no tratamento.

A **perspectiva fiduciária** sugerida por Kaplan e Norton, **não é obrigatória, mas, se utilizada**, reflete os objetivos dos interessados, como os contribuintes ou doadores (que fornecem recursos para o custeio da máquina pública). Se forem bem atendidos, eles poderão contribuir para o aumento da arrecadação de recursos. Quanto aos processos internos, os conceitos são bastante semelhantes.

No que concerne à perspectiva de aprendizado e crescimento, cabe ressaltar que existe maior dificuldade em se tratar com as pessoas/servidores no meio público, haja vista a existência de normas legais específicas que, por um lado, garantem estabilidade ao servidor público, e, por outro, acabam por dificultar a flexibilidade necessária às inovações – além da cultura existente no meio público, que em regra é refratária a mudanças. No entanto, são as pessoas que poderão tornar as organizações públicas excelentes ou não. Mariani (2002) considera que a valorização do servidor é condição essencial nesse processo, e que a qualidade dos servidores e sua motivação são condições necessárias à realização dos objetivos das demais perspectivas.

Para realizar nossa visão como organização deve aprender a melhorar? ↓	Financeira Capacidade de gerar resultados financeiros para proprietários e acionistas.	Se formos bem sucedidos, como seremos percebidos pelos nossos acionistas? ←
Aprendizado e Crescimento	**MISSÃO VISÃO ESTRATÉGIA**	Clientes Capacidade de satisfazer clientes com produtos e serviços de qualidade. Conquista e retenção de clientes.
Para satisfazer os clientes, em que processos devemos ser excelentes? →	Processos Internos Capacidade de melhorar, inovar e se adaptar. Desenvolvimento de novos processos.	↑ Para realizar a visão, como devemos cuidar de nossos clientes?

6.3 Mapa Estratégico

Como vimos acima, o Balanced Scorecard é uma ferramenta utilizada para traduzir a estratégia e a visão em objetivos, metas, medidas e iniciativas claras e bem definidas. Assim, o BSC envolve um conjunto de indicadores financeiros e não financeiros para demonstrar como a organização está em relação aos seus objetivos principais.

Dessa forma, Kaplan e Norton desenvolveram uma ferramenta, chamada de mapa estratégico, que serve como referencial geral para a implementação da estratégia. Segundo os autores, o mapa estratégico é tão importante como os referenciais utilizados pelos gerentes financeiros.

Mapa Estratégico	Objetivo Estratégico	Indicador	Meta	Plano de Ação
Descreve a estratégia da empresa através de objetivos relacionados entre si e distribuídores nas quatro dimensões	O que deve ser alcançado e o que é crítico para o sucesso da organização	Como será medido e acompanhado o sucesso do alcance do objetivo	O nível de desempenho ou a taxa de melhoria necessário	Programas de ação chave necessários para se alcançar os objetivos
↓	↓	↓	↓	↓

Mapa estratégico	Objetivos	Indicadores	Meta	Iniciativa
Financeira: Rentabilidade Mercado: Menos aviões, Mais clientes, Voo Pontual, Preços mais baixos Processos Internos: Rápida preparação em solo Aprendizado & Inovação: Alinhamento do pessoal de terra	-Rápida Preparação em solo	-Tempo de pouso -Partida Pontual	-30 Minutos -90%	-Programa de otimização da duração do ciclo

O BSC permite:
- Esclarecer e traduzir a visão e a estratégia;
- Comunicar a associar objetivos e medidas estratégicas;
- Planejar, estabelecer metas e alinhar iniciativas estratégicas;
- Melhorar o feedback e o aprendizado estratégico.

7 NOÇÕES DE GESTÃO DE PESSOAS

7.1 Escola das Relações Humanas

A Escola das Relações Humanas surgiu como oposição à Teoria Clássica da Administração, surgida na década de 1920. Essa escola, desde sua origem, apresentou como principal objetivo estabelecer uma relação de humanização nas empresas, pois o elemento humano tem suma importância nas relações de produção. Tal pensamento era inovador, visto que em propostas anteriores, como o Taylorismo e o Fordismo, a figura humana era controlada como máquina.

7.1.1 Taylorismo - A Racionalização da Produção

Também conhecido como Administração Científica, o Taylorismo é um sistema de organização industrial criado pelo engenheiro mecânico e economista norte-americano, Frederick Winslow Taylor, no final do século XIX. A principal característica desse sistema é a organização e divisão de tarefas dentro de uma empresa com o objetivo de obter o máximo de rendimento e eficiência com o mínimo de tempo e atividade, ou seja, Taylor tenta otimizar resultados respondendo à seguinte pergunta: como aumentar o consumo e o lucro diminuindo o tempo de produção e o custo?

As respostas são:

- Divisão das tarefas de trabalho dentro de uma empresa;
- Especialização do trabalhador;
- Treinamento e preparação dos trabalhadores de acordo com as aptidões apresentadas;
- Análise dos processos produtivos dentro de uma empresa com o objetivo de otimização do trabalho;
- Adoção de métodos para diminuir a fadiga e os problemas de saúde dos trabalhadores;
- Implantação de melhorias nas condições e nos ambientes de trabalho;
- Uso de métodos padronizados para reduzir custos e aumentar a produtividade;
- Criação de sistemas de incentivos e recompensas salariais para motivar os trabalhadores e aumentar a produtividade;
- Uso de supervisão humana especializada para controlar o processo produtivo;
- Disciplina na distribuição de atribuições e responsabilidades;
- Uso de métodos de trabalho que já foram testados e planejados para eliminar o improviso.

7.1.2 Fordismo

A melhor maneira de definir o Fordismo é entender que ele foi uma aplicação prática do Taylorismo. Funciona assim: Taylor pensa, mas é Ford que aplica. Isso mesmo, Ford ganhou dinheiro com a ideia de Taylor.

A principal característica do Fordismo é a **fabricação em massa**, baseada numa linha de montagem. Assim, temos uma redução significativa dos custos de produção, o que barateia o produto e possibilita a venda para o maior número possível de consumidores. Dentro desse sistema de produção, uma esteira rolante conduzia ao produto, no caso da Ford, os automóveis. Cada funcionário executava uma pequena etapa. Assim, os funcionários não precisavam sair do seu local de trabalho, o que resultava em uma maior velocidade de produção. Também não era necessária a utilização de mão de obra muito capacitada, pois cada trabalhador executava apenas uma pequena tarefa, todo dia, dentro de uma etapa de produção. Isso gerava um barateamento no processo produtivo.

O declínio do Fordismo pode ser observado a partir dos anos 70, quando foi substituído pelo Toyotismo.

Daí a necessidade daquilo que chamamos de humanização. O homem, a partir de então, passa a ser visto como um todo. O homem apresenta necessidades físicas, psicológicas e sociais. Tais necessidades passaram a interessar à organização, já que se compreendeu que o elemento humano é o capital mais precioso dentro de uma organização empresarial. Satisfação no trabalho, interação entre as pessoas, relações pessoais, interpessoais e sociais, aspectos relacionados à motivação, entre outros, acabam traçando os rumos das pesquisas na área de relações humanas.

7.1.3 Pirâmide de Maslow X Necessidades do Trabalhador

Alguns estudos também relacionaram a Maslow, as necessidades do indivíduo dentro das organizações:

Necessidades Biológicas e Fisiológicas

As empresas devem oferecer salários justos, horários adequados e intervalos de descanso.

Necessidades de Segurança

As empresas devem deixar claro para seus funcionários que estão dentro das normas de segurança e de trabalho; e oferecer benefícios, como seguro de vida, planos de saúde e de aposentadoria.

Necessidades de Participação

Mostrar aos colaboradores, por meio de projetos e palestras em grupo, a necessidade do trabalho em equipe e a importância das relações interpessoais.

Necessidades de Estima

Reconhecer o trabalho e o esforço dos colaboradores por meio de elogios, promoções e premiações, não propriamente financeiras.

Necessidades de Autorrealização

Viabilizar ideias dos funcionários, fazer com que estes participem das tomadas de decisões relacionadas ao seu trabalho; promover cursos de atualização e oferecer oportunidades dentro da empresa.

O autor Antônio Carlos Gil em sua obra Gestão de Pessoas: um enfoque profissional apresenta a seguinte definição:

É o ramo especializado da Ciência da Administração que envolve todas as ações que têm por objetivo a integração do colaborador no contexto da organização e no aumento de sua produtividade.

Para o autor Chivenato, gestão de pessoas: É o conjunto de decisões integradas sobre as relações de emprego que influenciam a eficácia dos funcionários e das organizações.

Segundo Merras: É o conjunto de políticas e práticas necessárias para conduzir os aspectos da posição gerencial relacionados com as pessoas, incluindo recrutamento, seleção, treinamento, recompensas e avaliação de desempenho.

7.2 Histórico da Gestão de Pessoas (GEP)

A evolução da GEP está atrelada à história da Administração, conforme já mencionamos. Usando como base fundamental as Escolas Administrativas, podemos observar o enfoque dado, em cada período, aos recursos humanos dentro da visão organizacional, assim distribuída:

NOÇÕES DE GESTÃO DE PESSOAS

7.2.1 Até 1930 – Fase Contábil

Período constituído por contexto histórico conturbado, marcado pela ênfase na alternância política entre São Paulo e Minas Gerais, no período conhecido como República do café-com-leite. Nessa época, a questão social era considerada caso de polícia. Não havia ainda uma legislação trabalhista e as condições do trabalho eram extremamente precárias. Essa fase é pioneira na gestão pessoal e, também, chamada de "pré-histórica" por alguns autores. Caracterizava-se pela preocupação existente com os custos da organização. Os trabalhadores eram vistos exclusivamente sob o enfoque contábil: comprava-se a mão de obra e, portanto, as entradas e saídas provenientes dessa conta deveriam ser registradas contabilmente, sem o estabelecimento direto da relação humana.

7.2.2 De 1930 a 1950 – Fase Legal

Com as transformações políticas a partir da Revolução de 1930 e da Era Vargas, também observamos mudanças no setor de gestão pessoal. Registramos o aparecimento da função de chefe de pessoal, profissional cuja preocupação estava centrada no acompanhamento e na manutenção das recém criadas leis trabalhistas da era getulista. As leis trabalhistas já estavam presentes na Constituição de 1934 e incluíam, entre outras coisas; descanso semanal remunerado, jornada de trabalho, férias, salário mínimo, etc. O poder até então, unicamente, centrado na figura dos feitores (chefes de produção) sobre os empregados, passou para as mãos do chefe de pessoal pelo domínio exercido sobre as regras e normas jurídicas, impostas pela CLT de 01 de maio de 1943.

7.2.3 De 1950 a 1965 – Fase Tecnicista

Período marcado pelo populismo político e pelo desenvolvimentismo econômico. A abertura da economia brasileira ao capital estrangeiro foi significativa nesse período. Uma industrialização intensa ampliou a mão de obra e as necessidades de emprego. Na Fase Tecnicista foi implantado no Brasil o modelo americano de gestão de recursos humanos e isso alavancou a função de RH ao status orgânico de gerência. Os empresários incluíram nos organogramas a figura do gerente de relações industriais. Isso representou, para as organizações e para os trabalhadores, um grande avanço na qualidade das relações entre capital e trabalho. Foi nessa fase que a área de RH passou a operacionalizar serviços como os de treinamento, recrutamento e seleção, cargos e salários, higiene e segurança, entre outros.

7.2.4 De 1965 a 1985 – Fase Administrativa ou Sindicalista

Enfrentamos nesse contexto a fase da República Militar, em que ações populares eram vistas como uma "ameaça à ordem nacional". A Fase Administrativa criou um marco histórico nas relações entre capital e trabalho, uma vez que parte das conquistas é produto das lutas empreendidas pelos próprios trabalhadores. Implementou-se o movimento sindical denominado 'novo sindicalismo'. Nessa fase, registrou-se nova mudança significativa na denominação e na responsabilidade do até aqui gerente de relações industriais. O cargo passou a ser chamado como gerente de recursos humanos. Pretendia-se, com essa mudança, transferir a ênfase em procedimentos burocráticos e puramente operacionais para responsabilidades de ordem mais humanísticas, voltadas para os indivíduos e suas relações com os sindicatos, a sociedade, etc.

7.2.5 Posterior a 1985 – Fase Estratégica

A redemocratização do Brasil e as mudanças oriundas da Constituição de 1988 foram o fundamento dessa fase, demarcada operacionalmente pela introdução dos primeiros programas de planejamento estratégico de RH, atrelado ao planejamento central das organizações. Nessa fase é que se registraram as primeiras preocupações de longo prazo, por parte da direção das empresas, em relação aos trabalhadores. Iniciou-se uma nova alavancagem organizacional do cargo de gerente de recursos humanos, que, de posição gerencial, de terceiro escalão, em nível ainda tático, passou a ser reconhecido como diretoria, em nível estratégico nas organizações.

As etapas evolutivas da área de RH, podem ser sintetizadas em quatro, a saber:
- Administração de Pessoal;
- Relações Industriais;
- Administração de Recursos Humanos;
- Gestão de Pessoas.
- **Podemos concluir que a Gestão de Pessoas surge da necessidade de conciliar os elementos humanos e operacionais dentro de uma visão estratégica do setor empresarial que se divide em:**
- Provisão de Recursos Humanos;
- Aplicação de Recursos Humanos;
- Desenvolvimento de Recursos Humanos;
- Manutenção de Recursos Humanos;
- Monitoração de Recursos Humanos;

Processo de Provisão

Consiste em abastecer a empresa com uma mão de obra que seja qualificada. É uma referência ao **recrutamento** e **seleção pessoal**.

Planejamento de Recursos Humanos

Processo que diz respeito à decisão relativa aos recursos humanos, necessários para alcançar os objetivos organizacionais dentro de um tempo determinado. É uma visão sobre a necessidade da força de trabalho e dos talentos humanos para realizar a ação organizacional futura. O Planejamento Estratégico do RH é parte integrante do Planejamento Estratégico da Organização e deve ter como objetivo o alcance das metas e a inclusão das necessidades individuais.

Recrutamento

É o conjunto de técnicas e procedimentos que visa a atrair candidatos potencialmente qualificados e capazes de ocupar cargos dentro da organização. O recrutamento é feito a partir das necessidades presentes e futuras de Recursos Humanos da organização.

Seleção de Pessoal

É a escolha dos candidatos recrutados que melhor se ajustam ao cargo em aberto. O objetivo essencial da seleção de pessoal é **escolher e classificar** os candidatos adequados às necessidades da organização.

Processo de Aplicação

Consiste na análise e na descrição de cargos e na avaliação de desempenho.

Clima Organizacional

É o modo como se desenvolve a conciliação entre a expectativa e a realidade dentro do ambiente de trabalho. Há um impacto do clima organizacional sobre a motivação, o desempenho e a satisfação no trabalho, pois é ele que cria certos tipos de expectativas, cujas consequências são decorrentes de diferentes ações. As pessoas esperam certas recompensas e satisfações. Assim, o clima organizacional é o conjunto de fatores que interferem na satisfação ou no descontentamento no trabalho. É o conjunto de variáveis que busca identificar os aspectos que precisam ser melhorados, em busca da satisfação e do bem-estar dos colaboradores.

Educação Corporativa

É a prática coordenada de gestão de pessoas e de gestão do conhecimento, tendo como orientação a estratégia de longo prazo de uma organização.

Tecnologia em RH

É a otimização da gestão e dos custos de serviço por empregado; diminui a relação de dependência entre o empregado e os Recursos Humanos; dá mais autonomia aos empregados, que se tornam

NOÇÕES DE GESTÃO PÚBLICA

responsáveis pelo uso e benefício que obtêm dos sistemas e reduz os custos das tarefas administrativas.

Objetivos Organizacionais	Objetivos Individuais
Crescimento sustentado	Melhores salários
Lucratividade	Melhores benefícios
Produtividade	Estabilidade/segurança no emprego
Qualidade dos produtos/serviços	Qualidade de vida
Novos mercados	Oportunidades de crescimento
Novos clientes	Liberdade de atuação
Competitividade	Lazer
Imagem no mercado	Reconhecimento e valorização

As organizações necessitam de pessoas para realizarem suas funções. Assim, com o crescimento da empresa, aumenta também a necessidade de recursos humanos que possam gerir os recursos materiais, financeiros e tecnológicos, com eficiência e eficácia.

Com isso, as pessoas passam a ser um diferencial na empresa, ou seja, constroem a competência básica da empresa em um cenário empresarial instável, globalizado e fortemente concorrencial.

7.3 As Pessoas como Parceiras da Organização

Dentro das organizações, todo processo produtivo de uma participação conjunta de diversos parceiros, que contribuam com algum recurso.

Os fornecedores contribuem com matérias-primas, insumos básicos, serviços e tecnologias. Os acionistas e investidores contribuem com capital e investimentos que permitem o aporte financeiro para a aquisição de recursos. Os empregados contribuem com seus conhecimentos, capacidades e habilidades, proporcionando decisões e ações que dinamizam a organização. Os clientes e consumidores contribuem, adquirindo seus bens ou serviços colocados no mercado.

Mas, a relação não consiste numa unilateralidade, pois cada um dos parceiros tem alguma expectativa de retorno que sirva como estímulo para continuar seu investimento.

As pessoas devem ser visualizadas como parceiras das organizações, pois constituem parte integrante do capital intelectual. As organizações bem sucedidas se deram conta disso e tratam seus funcionários como parceiros do negócio e fornecedores de competências, e não mais como simples empregados contratados.

Nesse sentido, a gestão de pessoas é um ramo muito sensível e instável, pois vários fatores influenciam para que alcancem seus objetivos. Entre esses fatores, podemos destacar:

- Políticas organizacionais;
- Contexto ambiental;
- Tecnologia empregada;
- Formas de gestão.

No cenário do mundo globalizado, as instituições estão atuando de forma estratégica. Assim, um processo produtivo é realizado com o auxílio de vários colaboradores, os quais auxiliam com algum recurso. Nesse cenário, são os principais parceiros das empresas os *stakeholders*.

7.3.1 Stakeholders

São as pessoas que afetam ou são afetadas de alguma forma pelas políticas das empresas. Também são considerados como públicos estratégicos, já que, de modo indireto ou direto, influenciam fortemente nos resultados das organizações. Podem estar divididos em dois grandes grupos: Diretos e Indiretos.

Diretos

São as pessoas que possuem uma relação direta com a organização, como: acionistas, clientes, fornecedores e funcionários.

Stakeholders Diretos	Relação de Troca com a Organização	
	Entregam	Esperam
Acionistas	Recursos financeiros (em forma de ações, empréstimos ou financiamentos)	Lucros para a Organização. Que a organização obtenha lucros
Fornecedores	Matéria-prima para a organização	Retorno financeiro e possibilidade de novos negócios
Empregados	Força de trabalho, esforço, conhecimento	Incentivos como remuneração e benefícios
Clientes	Dinheiro	Produtos de qualidade por um preço justo

Indiretos

Possuem significância mais indireta na empresa, como o governo a mídia e a sociedade.

Stakeholders Indiretos	Relação de Troca com a Organização	
	Entregam	Esperam Receber
Governo	Incentivos para que a organização se instale na cidade ou país (incentivos fiscais, doação de terrenos).	Os impostos pagos pelas organizações e o desenvolvimento da cidade ou país, já que as organizações geram emprego e desenvolvimento nos locais onde se instalam.
Mídia	Propaganda, que ajuda a organização a ser bem vista pelos seus clientes.	Pagamento por serviço prestado.
Sociedade	Os clientes, os empregados e os fornecedores.	Não apenas a obtenção de lucros, mas o desenvolvimento da sociedade.

Há três fatores que indicam a importância dos *Stakeholders* para a organização:

- **Urgência:** quando se necessita Fique ligado imediata, pois sua necessidade é sensível ao tempo.
- **Poder:** quando, pela força ou poder coercitivo, se impõe em relação à organização.
- **Legitimidade:** quando o relacionamento é pautado ou protegido por leis ou normas legítimas.

7.3.2 Aspectos Fundamentais

Alguns aspectos são fundamentais para a gestão de pessoas:

Pessoas como Seres Humanos

Reconhecer que as pessoas não são meramente recursos da empresa, mas são seres dotados de inteligência, personalidade, histórias particulares diferenciadas e possuidores de conhecimento e de capacidade adequada para a gestão dos demais recursos da organização.

NOÇÕES DE GESTÃO DE PESSOAS

Isso implica no rompimento com a visão taylorista/fordista na qual as pessoas devem apenas reproduzir aquilo que lhes é ordenado. É perceptível a capacidade das pessoas em auxiliar, constantemente no processo de desenvolvimento da empresa.

Pessoas como Elementos Impulsionadores

Num cenário globalizado de constantes transformações, as pessoas geram a competitividade, já que dinamizam a organização, não sendo apenas agentes passivos e estáticos, mas agentes envolvidos no processo.

Pessoas como Parceiros da Organização

As pessoas movimentam e levam a empresa ao sucesso, pois são parceiras das organizações. Investindo nelas, há sempre um retorno.

Pessoas como Talento

As pessoas são seres repletos de talentos e competências e, com isso, levam a organização ao sucesso. Visto que uma organização não pode ser formada apenas de máquinas e tecnologia, há sempre necessidade de alguém que as opere.

Pessoas como Capital

As pessoas são o principal ativo organizacional, já que agregam conhecimento e inteligência à organização.

7.3.3 Objetivos

Os objetivos da Gestão de Pessoas são amplos, mas devem contribuir sempre para a eficácia organizacional por meio das seguintes ações:

- Corroborar para que a organização alcance sua missão e seus objetivos;
- Proporcionar maior competitividade à organização, otimizando a capacidade produtiva das pessoas para melhorar o atendimento aos parceiros;
- Propiciar pessoas bem treinadas e motivadas à organização, começando por manter um projeto de capacitação contínuo e o reconhecimento dos esforços depreendidos. Recompensar quem desempenha bem seu papel, não apenas com remuneração;
- Propiciar a satisfação e aumentar a autoavaliação, pois hoje as pessoas satisfeitas no trabalho são necessariamente mais produtivas, pois, com pessoas felizes, a organização ruma para o sucesso;
- Desenvolver a qualidade de vida no trabalho, já que a confiança nas organizações é fundamental para que a produtividade das pessoas seja maximizada. Devido a isso, as empresas estão investindo em programas para melhorar a qualidade e o ambiente de trabalho, visando à satisfação das necessidades individuais e proporcionando um local atraente e satisfatório para os trabalhadores;
- Ficar atento às mudanças e adaptar-se a elas, contribuindo para o sucesso da organização;
- Trabalhar com princípios e valores éticos e responsabilidade social;
- Desenvolver uma equipe e uma empresa. Para isso, não basta cuidar das pessoas, é necessário levar em consideração a organização do trabalho e o estilo de gestão.

7.3.4 Processos Organizacionais

A Gestão de Pessoas utiliza seis processos básicos:

- **Processos de agregar pessoas:** são os processos utilizados para incluir novas pessoas na empresa. Podem ser também denominados de processos de provisão ou suprimento de pessoas. Incluem as funções de recrutamento e seleção de pessoas.
- **Processos de aplicar pessoas:** são os processos utilizados para desenhar as atividades que as pessoas irão realizar na empresa, assim como, de orientar e acompanhar seu desempenho. Incluem as funções de desenho de cargos e de avaliação de desempenho.
- **Processos de recompensar pessoas:** são os processos utilizados para incentivar as pessoas e satisfazer suas necessidades individuais. Incluem as funções de remuneração e benefícios.
- **Processos de desenvolver pessoas:** são os processos utilizados para capacitar e incrementar o desenvolvimento profissional e pessoal. Incluem as funções de treinamento e de desenvolvimento.
- **Processos de manter pessoas:** são os processos utilizados para criar condições ambientais e psicológicas satisfatórias para as atividades das pessoas. Incluem as funções de higiene e segurança no trabalho, assim como de relações trabalhistas.
- **Processos de monitorar pessoas:** são os processos utilizados para acompanhar e controlar as atividades das pessoas e verificar os resultados. Incluem as funções de banco de dados e sistemas de informações gerenciais.

NOÇÕES DE GESTÃO PÚBLICA

8 LIDERANÇA

A força de trabalho e o seu poder é o principal efeito da liderança, já que esta dá ritmo e energia ao trabalho desenvolvido que move uma organização.

Liderar

É conectar os empregados ao seu negócio.

É obter e manter empregados que ajam e trabalhem como proprietários.

Liderança

É a arte de fazer com que os outros tenham vontade de fazer algo que você está convencido de que deve ser feito.

É a arte de mobilizar os outros a batalhar por aspirações compartilhadas.

É a arte de obter resultados desejados, acordados e esperados por meio de empregados engajados.

Líder

É o portador da autoridade legitimada, ou seja, aquele em quem se reconhecem motivos para ser ouvido, acatado e seguido. *(Benedito Milioni)*

As empresas vêm buscando líderes e não apenas gerentes. Assim, uma característica marcante entre os líderes é a naturalidade de trabalhar em equipe, já que eles não podem agir sozinhos. Existem quatro competência comuns aos líderes:

- ***Fique ligado:*** o líder desperta a Fique ligado e consegue o comprometimento de sua equipe, pois seus membros passam a querer participar dessa visão e alcançar os objetivos propostos pela liderança.
- ***Significado:*** os líderes possuem grande habilidade para a comunicação. Assim, conseguem passar de forma clara e concisa as informações para a sua equipe.
- ***Confiança:*** o líder inspira confiança, pois tem objetivos e propósitos consistentes.
- ***Conhecimento pessoal:*** os líderes sabem explorar seus pontos fortes e, ao mesmo tempo, buscam melhorar seus pontos fracos.

Em quaisquer definições de liderança, sempre haverá uma ou duas palavras, no máximo, que, se retiradas, mudam o significado de liderança para gerência ou chefia. Vejamos:

Gerenciar

É colocar para trabalhar os empregados no seu negócio.

É obter e manter empregados que ajam e trabalhem como empregados.

Gerência

É a arte de fazer com que os outros façam algo que você está convencido de que deva ser feito.

É a arte de mobilizar os outros a batalhar.

É a arte de obter resultados desejados, acordados e esperados por meio de empregados.

Diferenças entre Gerente e Líder	
Gerente	**Líder**
Administra	Inova
Prioriza as tarefas	Prioriza as pessoas
Prevê curto prazo	Estabelece longo prazo
Exerce o controle	Inspira a confiança
É eficiente	É eficaz

8.1 Tipos de Liderança

8.1.1 Liderança Formal

Quando é conferida por alguém da organização, ou seja, a organização designa alguém para liderar, o que os torna gestores. Assim, nem todo gestor é um líder.

8.1.2 Liderança Informal

São pessoas que não possuem o poder formal para liderar, porém lideram. Elas surgem normalmente dentro de um grupo sem serem designadas pela organização.

Gestor	Líder
Liderança baseada em leis impostas pela organização, fixa poder de comando.	Liderança baseada na confiança que os liderados têm nas qualidades de líder.
Os subordinados obedecem a autoridade imposta pela empresa, e não o gestor.	Os seguidores concordam com as ideias e visões que o líder possui.
Utiliza-se do poder coercitivo das regras da organização para forçar a obediência.	O poder vem da massa que o segue.

8.1.3 Liderança Autocrática

Baseia-se numa relação de submissão, já que o líder tem uma postura dominadora e agressiva, não dando liberdade alguma a seus subordinados.

8.1.4 Liderança Democrática

Consiste em uma liderança participativa, ou seja, o líder consegue motivar os liderados a participarem das decisões, pois possui caráter comunicativo. Esse tipo de liderança pode ser subdividido em duas subcategorias:

- **Consultivo:** ele pede a opinião dos liderados, porém, toma a decisão final sozinho.
- **Participativo:** ouve a opinião dos liderados, fazendo com que as decisões sejam tomadas pelo grupo, sendo orientadas pelo líder, mas decididas em coletivo.

8.1.5 Liderança Liberal

Esse tipo de liderança é caracterizada, basicamente, pela ausência de líderes, já que o próprio grupo é quem toma as decisões.

8.1.6 Liderança Orientada pelas Tarefas

A preocupação central desse tipo de liderança é com a tarefa e não com a equipe que a executa. Assim, acaba se tornando uma liderança preocupada demasiadamente com tarefas, metas e objetivos a serem cumpridos.

8.1.7 Liderança Orientada para as Pessoas

O foco está na equipe de trabalho, O processo administrativo deve tornar o ambiente de trabalho confortável para as pessoas.

LIDERANÇA

8.1.8 Liderança Diretiva

Esse tipo de liderança esclarece as atividades e o que ele espera de seus subordinados, além de organizar as diretrizes, metas e objetivos de maneira clara.

8.1.9

8.1.10 Liderança Apoiadora

É o líder que se mostra sensível às necessidades e expectativas das pessoas que compõem a sua equipe.

8.1.11 Liderança Orientada para a Conquista

Esse tipo de liderança impõe metas e objetivos desafiadores e espera de seus liderados que demonstrem desempenho máximo.

Liderança Carismática

É exercida pelo líder consegue obter a confiança de seus liderados, atribuindo a ele características de herói. Um líder carismático deve:

- Possuir visão;
- Dispor-se a correr riscos para alcançar essa visão;
- Ser sensível às necessidades de seus liderados;
- Ter comportamento diferente do comum.

Um líder não necessita nascer carismático; ele pode desenvolver um carisma se seguir três etapas, a saber:

- Visão otimista consiste em desenvolver uma aura de carisma, tendo sempre uma visão otimista e demonstrando isso com linguagem corporal. É aquela que utiliza paixão em tudo o que faz.
- Criação de confiança em seus liderados para segui-lo.
- Potencial - consegue extrair potencial de seus liderados.

8.1.12 Liderança Visionária

Segundo Robbins, a liderança visionária é a habilidade para criar e articular uma visão do futuro, realista, digna de crédito e atraente, que cresce a partir do presente e o aperfeiçoa.

NOÇÕES DE GESTÃO PÚBLICA

9 DESENVOLVIMENTO DE PESSOAS

O desenvolvimento de pessoas está mais relacionado com a educação e com a orientação para o futuro do que com o treinamento. Afirmamos ser ele um projeto a longo prazo que visa à manutenção pessoal na organização. **Educação é o processo de desenvolvimento relacionado com a formação da personalidade e da melhoria da capacidade para compreender e interpretar o conhecimento.** O desenvolvimento está voltado para o crescimento do empregado numa progressão geométrica, que leva em consideração o interesse pessoal no crescimento organizacional, visando à carreira futura, mais do que ao cargo atual.

Vejamos como Chiavenato diferencia desenvolvimento, treinamento e educação:

Desenvolvimento de RH: *é o conjunto de experiências organizadas de aprendizagem (intencionais e propositais) proporcionadas pela organização, dentro de um específico período de tempo, para oferecer a oportunidade de melhoria no desempenho e/ou crescimento humano. Inclui três áreas de atividades: treinamento, educação e desenvolvimento.*

Desenvolvimento Pessoal: *são as experiências não necessariamente relacionadas com o cargo atual, mas que proporcionam oportunidades para o desenvolvimento e o crescimento profissional.*

Treinamento: *são experiências organizadas de aprendizagem centradas na posição atual da organização. O treinamento deve aumentar a possibilidade de o funcionário desempenhar melhor suas atuais responsabilidades.*

Educação: *são as experiências de aprendizagem que preparam a pessoa para enfrentar futuros deveres na organização.*

▷ **Podemos apontar alguns métodos de desenvolvimento de pessoas no cargo atual:**

Rotação de cargos: entende-se como a movimentação das pessoas em vários cargos na organização com o objetivo de expandir suas habilidades, conhecimentos e capacidades. Permite expor as pessoas a um grau de complexidade crescente, estimulando novas ideias e aumentando experiências. Característica comum dos modelos de produção pós década de 70 do século XX, quando foi introduzido o sistema toyotista de produção.

Posições de assessoria: alocar, por exemplo, uma pessoa com alto potencial para trabalhar como assessor de um gerente de alto desempenho, para que o empregado possa realizar diferentes tarefas sob a supervisão de um gerente apoiador que estimule a manutenção das aptidões funcionais e o desenvolvimento de novas habilidades dentro do ambiente de trabalho, proporcionando o crescimento do empregado.

Aprendizagem prática: o treinando é designado para realizar um trabalho de tempo integral para analisar e resolver problemas em certos projetos ou outros departamentos. Em alguns casos podem ser criadas equipes que colaborem mutuamente.

Atribuição de comissões: dar oportunidades para que o empregado participe de comissões especiais de trabalho, observando discussões, posturas, capacidade gerencial e compartilhando a tomada de decisão.

Participação em cursos e seminários externos: é uma forma tradicional de desenvolvimento, na qual o empregado pode adquirir novas habilidades e conhecimentos. Pode ser realizado presencialmente ou à distância, variando conforme a intenção e a disponibilidade do grupo.

Exercícios de simulação: exercícios de simulação incluem dramatizações (*role playing*), jogos de empresas, estudos de caso, etc.

Treinamento fora da empresa (*outdoor*): são treinamentos realizados por consultoria especializada, cujo foco primário é ressaltar a importância do trabalho em equipe e a força que esse tipo de trabalho tem no mundo globalizado contemporâneo.

Centros de desenvolvimento interno: são centros localizados na empresa, destinados a expor os gerentes e empregados a exercícios realísticos para desenvolver e melhorar as habilidades pessoais. É o caso das universidades corporativas.

Ainda no quesito Desenvolvimento de Pessoas, podemos citar os métodos de desenvolvimento de pessoas fora do cargo. São dois: **Tutoria e Aconselhamento.**

9.1 Tutoria

É assistência dada aos empregados escolhidos para ascender dentro da empresa. Dá-se o nome a este processo de *mentoring/coaching*. Um gerente da organização exerce um papel ativo na condução do empregado aspirante a um posto mais elevado. Ele guia, aconselha, faz críticas e sugestões, dá suporte profissional e político.

Mentoring	Coaching
Relação entre o protetor e o protegido	Relação entre o líder e o subordinado
Foco no longo prazo e no futuro	Foco no curto prazo e no cotidiano
Estilo de desenvolvimento na carreira	Estilo de liderança e supervisão
Orientação profissional por alguma pessoa da organização	Condução ativa da pessoa pelo supervisor imediato
Impulso na carreira futura	Impulso no trabalho atual

9.1.1 As Quatro Etapas do Processo de Coaching

Primeira Etapa: sem dúvida é a mais crítica, afinal, consiste na construção de uma parceria sólida e consciente, que garanta alto nível de confiança e maturidade entre o *coach* e o cliente, em que ambas as partes possam assumir e cumprir todas as responsabilidades acordadas. Precisa de uma avaliação coerente e racional para o estabelecimento de laços sólidos.

Segunda Etapa: diz respeito ao que o cliente **deseja** realizar: a sua visão de futuro. O *coach* deve estimular o cliente a sonhar e, ao "vender" esses sonhos, deixar sempre clara a possibilidade viável de realizá-los.

Terceira Etapa: consiste na análise da "bagagem de mão", ou seja, a trajetória de realização de ambos. É o estabelecimento de uma reciprocidade baseada na quebra da barreira de resistência, estabelecida naturalmente pelos seres humanos. É muito importante que *coach* e cliente se conheçam bem, para que explorem com competência os talentos um do outro. **Envolve realização da síntese da história de vida de ambos - valores, atitudes, padrões de comportamento, pontos fortes e fracos (competências), resultados (sucessos e fracassos). Deve ser feita tomando como referência o projeto que o cliente quer realizar e não deve ser uma sessão de avaliação do cliente. O objetivo é avaliar o que será usado e o que será descartado.**

Quarta Etapa ou Plano de Ação: conhecendo melhor o cliente, o *coach* pode ajudá-lo a identificar os gaps (GAPS é um termo em inglês que significa um distanciamento, afastamento, separação, uma lacuna ou um vácuo) entre sua visão, situação e competências atuais. O *coach* deverá observar se essa distância não está muito além do que se pode cumprir, pois isso só causaria ansiedade.

9.1.2 Princípios do Coaching

- Todos os seres humanos sonham com a possibilidade de se satisfazerem e merecem a oportunidade de o fazer da melhor forma possível.
- As pessoas criam a sua própria experiência de vida e um *coach* pode ajudá-las a criar a que realmente querem.
- A compreensão intelectual não é suficiente. Uma mudança requer uma ação.
- O fracasso é algo que não existe. Se a pessoa não consegue o que quer, ela encontra outra maneira. Fracasso é apenas uma maneira, a curto prazo, de dizer que não se conseguiu alcançar o que queria ainda.

DESENVOLVIMENTO DE PESSOAS

- Todas as pessoas têm todos os recursos necessários ou então pode criá-los. Não existe ninguém que não tenha esses recursos. O cliente tem as respostas; o *coach*, as perguntas.
- Um *coach* trabalha para aumentar a quantidade de escolhas na vida do cliente.
- O *coaching* é uma parceria sinérgica e equitativa.

9.2 Aconselhamento

É um método semelhante ao da abordagem da tutoria. Mas, no aconselhamento, o gerente responsável atua no eventual surgimento de problemas. **Quando o empregado apresenta um comportamento e desempenho inconsistentes, o gerente deve intervir e identificar o problema.** O papel de conselheiro exige grande capacidade auditiva (de ouvir) e persuasiva (de persuadir).

No entanto, alguns teóricos discordam da abordagem de Chiavenato e indicam que o aconselhamento (*counseling*) é, essencialmente, exercido por um psicólogo qualificado para atividades terapêuticas.

Vejamos abaixo, as diferenças no conceito entre *mentoring*, *coaching* e *counseling* (aconselhamento):[1]

9.2.1 Modelos de Apoio

Coaching

O que é?

Processo para avaliar e orientar o desenvolvimento contínuo das competências de uma pessoa ou equipe, que serão utilizadas na realização de metas e objetivos.

Quem oferece?

Profissional especializado e credenciado, de fora ou de dentro da empresa.

Quem utiliza?

Pessoa ou equipe que precise desenvolver suas habilidades e competências para a realização de suas metas e objetivos.

Para que serve?

Promover mudanças de comportamento para atingir novo objetivo, auxiliando o desenvolvimento das próprias competências, para a realização de metas/ objetivos.

Quanto dura? Como é aplicado?

Em reuniões semanais, em média de 10 semanas. Pode ser aplicado individualmente ou em grupo.

Coaching de Skills & Competências

O que é?

Focado em um projeto atual de *coachee* ou equipe. Pode ser um método, estratégia ou comportamento relacionado ao sucesso de um projeto.

Quem oferece?

Profissional especializado e credenciado, de fora ou de dentro da empresa.

Quem utiliza?

Pessoa ou equipe que busque desenvolver competência na qual sente carência de desempenho e/ou para alcançar uma meta específica.

Para que serve?

Promover mudanças de comportamento e desenvolver competências para atingir um objetivo.

Quanto dura? Como é aplicado?

Curta duração, vinculada ao alcance do propósito preestabelecido.

Coaching de Performance

O que é?

Foco na efetividade do *coachee* ou equipe no cargo ou papel atual.

Quem oferece?

Profissional especializado e credenciado, de fora ou de dentro da empresa.

Quem utiliza?

Pessoa ou equipe que busque melhorar no contexto profissional ou pessoal.

Para que serve?

Melhoria de desempenho profissional ou pessoal.

Quanto dura? Como é aplicado?

Duração pode ser de alguns meses.

Coaching de Desenvolvimento

O que é?

Foco em desafios de cargo futuro ou no futuro da carreira.

Quem oferece?

Profissional especializado e credenciado, de fora ou de dentro da empresa.

Quem utiliza?

Pessoa que busque chances de promoção ou oportunidade de carreira.

Para que serve?

Desenvolver e/ou adquirir competência para alcançar objetivo de carreira.

Quanto dura? Como é aplicado?

Duração vinculada ao alcance do propósito pré-estabelecido. Pode ser de vários meses a 1 ano

Coaching para Negócios (Sounding Board)

O que é?

Foco em competências que gerem melhores resultados de negócios e em macro-situações diretivas e estratégicas. Não é focado em habilidades específicas e relaciona-se mais à administração.

Quem oferece?

Necessariamente um profissional de fora, especializado, credenciado e experiente na gestão de empresas.

Quem utiliza?

Dirigente líder de empresa ou de instituição.

Para que serve?

Oportunidade do líder discutir situações e competências que não seriam possíveis discutir com alguém de seu meio.

Quanto dura? Como é aplicado?

A duração pode ser de vários anos, de formatos mais flexíveis e encontros mais esporádicos.

Coaching de Vida ou de Carreira

O que é?

Motivar o *coachee* a ser o melhor que pode como ser humano, indo além dos limites que se impôs, com foco no equilíbrio, no bem-estar e na qualidade de vida.

Quem oferece?

Preferencialmente um profissional especializado e credenciado, de fora da empresa, mais vivido e experiente.

Quem utiliza?

Pessoa que se encontre em fase de transição de vida e/ou carreira.

Pessoa que sinta que pode/deve ter uma vida melhor, mas não sabe o que fazer.

Para que serve?

Motivar o *coachee* a ir além dos seus limites e ser o melhor que pode como ser humano, para realizar o seu potencial total na vida.

Quanto dura? Como é aplicado?

Duração vinculada ao alcance do propósito pré-estabelecido.

---

[1] Extraído de http://drh-talent.com/site/coaching-2/

NOÇÕES DE GESTÃO PÚBLICA

Consulting

O que é?

Apoio especializado para diagnóstico e solução de problemas empresariais.

Quem oferece?

Consultor especializado, geralmente de fora da empresa.

Quem utiliza?

Empresa e/ou departamento da empresa.

Para que serve?

Diagnosticar problemas e oferecer soluções.

Quanto dura? Como é aplicado?

Pontual. Em forma de projeto, com prazo predeterminado, correspondente ao cronograma acordado.

Mentoring

O que é?

Orientação de caráter amplo, que aguça a visão aponta caminhos e cria diretrizes para o assessorado.

Quem oferece?

Normalmente uma pessoa mais experiente, que pode ser de dentro ou fora da empresa e que conhece o ambiente em que ele e/ou o assessorado atuam.

Quem utiliza?

Profissional em fase inicial de transformação ou de desenvolvimento de carreira.

Para que serve?

O mentor, passando suas experiências e conhecimentos, facilita, apoia e direciona o crescimento profissional do assessorado.

Quanto dura? Como é aplicado?

Em reuniões pré-programadas ou quando o mentor e/ou assessorado sentirem necessidade, durante a fase de desenvolvimento profissional.

Counseling

O que é?

Aconselhamento para ajudar a resolver evento pontual, de carreira ou emocional que o assessorado não tenha condições de definir ou necessite de apoio.

Quem oferece?

Profissional especializado, geralmente de fora da empresa. Usualmente são praticados por psicólogo ou assistente social.

Quem utiliza?

Pessoa, em geral do topo da empresa, que necessitar, tomar decisões importantes de vida ou de trabalho.

Para que serve?

Mapear a situação e sugerir rotas, em aconselhamento de carreira ou para problemas emocionais de executivos.

Quanto dura? Como é aplicado?

De forma pontual e com duração enquanto a decisão está sendo tomada.

9.3 A Gestão de Pessoas com Base em Competências

A forma de gerir pessoas sofreu grandes transformações ao longo dos últimos anos. Dentre as principais, citam-se:

Alteração no perfil das pessoas exigido pelas empresas. Ao perfil obediente e disciplinado, prefere-se um perfil autônomo e empreendedor. A mudança no padrão de exigência gerou a necessidade de uma cultura organizacional que estimulasse e apoiasse a iniciativa individual, a criatividade e a busca autônoma de resultados para a empresa ou o negócio.

Deslocamento do foco da gestão de pessoas por meio do controle para o foco por meio do desenvolvimento. A marca dos sistemas tradicionais de gestão de pessoas, inspirada no paradigma fordista e taylorista de administração, é o controle das pessoas. Segundo esse paradigma, os indivíduos são controláveis, portanto, espera-se deles uma postura passiva. Hoje, há uma grande pressão para que a gestão de pessoas seja orientada para a ideia de desenvolvimento mútuo. A empresa, ao se desenvolver, desenvolve as pessoas, e estas, ao se desenvolverem, fazem o mesmo com a organização. A pessoa é vista como a gestora de sua relação com a empresa, bem como do seu desenvolvimento profissional.

Maior participação das pessoas no sucesso do negócio ou da empresa. O comprometimento integral dos indivíduos com a organização ou negócio mobiliza não somente os músculos e parte da inteligência, mas todo o seu potencial criador, sua intuição, sua capacidade de interpretar o contexto e de agir sobre ele, gerando vantagens competitivas únicas. As pessoas são depositárias do patrimônio intelectual da empresa, bem como da capacidade e da agilidade de resposta da organização aos estímulos do ambiente e, ainda, da capacidade de visualização e exploração de oportunidades de negócios.

9.3.1 Conceitos de Competências

O entendimento do que faz a diferença entre funcionário com desempenho padrão e o com desempenho excepcional é a base do conceito de Competências. Segundo o dicionário Aurélio da Língua Portuguesa competência é:

Qualidade de quem é capaz de apreciar e resolver certo assunto, fazer determinada coisa; capacidade, habilidade, aptidão, idoneidade.

Conhecimento aplicado e orientado para melhorar o desempenho do indivíduo, da equipe e da organização. Deve ser certificável, isto é, medida segundo certos padrões.

Um agrupamento de conhecimentos, habilidades e atitudes correlacionados, que afeta parte considerável da atividade de alguém, que se relaciona com o desempenho, que pode ser medido segundo padrões preestabelecidos, e que pode ser melhorado por meio de treinamento e desenvolvimento (Scott B. Parry – The quest for competences. Training, July 1996).

Para Maria Tereza Fleury (2000), Competência significa Saber agir de maneira responsável (...) implica mobilizar, integrar, transferir conhecimentos, recursos, habilidades, que agreguem valor econômico à organização e valor social ao indivíduo.

Há uma relação íntima entre as competências organizacionais e as individuais, de modo que, o estabelecimento das competências individuais deve estar vinculado à reflexão sobre as competências organizacionais, uma vez que há uma influência mútua entre elas.

Após a publicação do Artigo *The Core Competences of the Corporation* (As Competências Essenciais das Organizações), por C. K. Prahalad e Gary Hamel, na década de 90, a Competência passou a ser compreendida por muitas pessoas e por alguns teóricos da Administração como um conjunto de **C**onhecimentos, **H**abilidades e **A**titudes, necessários para que a pessoa desenvolva suas atribuições e responsabilidades.

9.3.2 Classificação das Competências

▷ **Alguns autores as classificam como:**

Competências Genéricas: competências que são necessárias/desejáveis em qualquer área ou processo em que o profissional atua. Exemplo: interrelacionamento pessoal, conhecimentos em informática, comprometimento com a qualidade, trabalho em equipe, autodesenvolvimento, planejamento, comunicação etc.

Competências Específicas: competências que estão diretamente relacionadas a determinada área ou processo. Exemplo: negociações sindicais, atendimento ao cliente, idiomas, administração de projetos, seleção, desenvolvimento de sistemas, análise de fluxo de caixa etc.

DESENVOLVIMENTO DE PESSOAS

▷ **Outros as denominam como:**

Competências Técnicas: conhecimentos necessários para a execução do processo, diretamente relacionadas à formação profissional. Exemplo: conhecimentos de informática, gerenciamento de qualidade, pesquisa, sistema de telecomunicações.

Competências de Gestão: competências de natureza administrativa, vinculadas à prestação de serviços ou ao fornecimento de produtos. Exemplo: planejamento, gerenciamento de contratos, organização, cumprimento de metas etc.

Competências Interpessoais: competências que envolvem o relacionamento entre pessoas no ambiente de trabalho. Exemplo: liderança, comunicação, senso de equipe, delegação etc.

Competências Intelectuais: Competências que abrangem as características pessoais, os processos cognitivos e emocionais, necessários à tomada de decisões e solução de problemas. Exemplo: raciocínio lógico, criatividade, objetividade, capacidade de síntese, capacidade analítica etc.

9.4 Desenvolvimento Organizacional

Segundo Chiavenato, Desenvolvimento Organizacional é um esforço de longo prazo, apoiado pela alta direção, no sentido de melhorar os processos de resolução de problemas e de renovação organizacional, particularmente através de um eficaz e colaborativo diagnóstico e administração da cultura organizacional - com ênfase especial nas equipes formais de trabalho, equipes temporárias e cultura intergrupal - com a assistência de um consultor-facilitador e a utilização da teoria e tecnologia das ciências do comportamento, incluindo ação e pesquisa.

▷ **Outras definições:**

DO é a aplicação dos conhecimentos das ciências comportamentais num esforço a longo prazo para melhorar a capacidade da organização, de modo que permite confrontar-se com as mudanças no ambiente externo aumentando suas habilidades para solução de problemas.

DO é um conjunto de intervenções planejadas de mudança, construído a partir de valores humanísticos e democráticos que procuram incrementar a eficácia organizacional e o bem-estar dos funcionários.

9.4.1 Pressupostos do DO

- A constante e rápida mutação do ambiente.
- A necessidade contínua de adaptação.
- A interação entre a organização e o ambiente.
- Uma organização sensível e flexível, tendo capacidade e versatilidade de redistribuir rapidamente seus recursos, de maneira a maximizar a sua aplicação.
- **A interação entre indivíduo e organização. O DO parte de uma filosofia acerca do homem:** o ser humano tem aptidões para a produtividade, que podem permanecer inativas se o ambiente em que ele vive e trabalha é hostil.
- Os objetivos individuais e os objetivos organizacionais. É plenamente possível o esforço no sentido de se conseguir que as metas dos indivíduos se integrem com os objetivos da organização, num plano em que o significado do trabalho seja realmente estimulante e gratificante.
- Há mudança organizacional deve ser planejada.
- A necessidade de participação e comprometimento.
- O incremento da eficácia organizacional e do bem-estar da organização dependem de uma correta compreensão e aplicação dos conhecimentos acerca da natureza humana.
- Um objetivo essencial das organizações é o de melhorar a qualidade de vida. Não basta as meras alterações estruturais ou funcionais (alterações de rotinas e procedimentos). É preciso considerar que os métodos científicos que visam a melhorar a eficiência organizacional.

▷ **O DO utiliza um processo dinâmico composto de três fases distintas:**

- **Diagnóstico.** A partir da pesquisa sobre a situação atual. Geralmente, o diagnóstico é uma percepção a respeito da necessidade de mudança na organização ou em parte dela. O diagnóstico deve ser obtido por meio de entrevistas com as pessoas ou grupos envolvidos.
- **Intervenção.** Uma ação para alterar a situação atual. Geralmente, a intervenção é definida e planejada por meio de *workshops* e discussões entre as pessoas e os grupos envolvidos para determinar as ações e os rumos adequados para a mudança.
- **Reforço.** Um esforço para estabilizar e manter a nova situação, por meio de retroação. Geralmente, o reforço é obtido em reuniões e avaliações periódicas que servem de retroinformação a respeito da mudança alcançada.

9.4.2 Técnicas de DO

▷ **Segundo Chiavenato, as principais técnicas de DO são:**

Treinamento da sensitividade ou treinamento da sensibilidade: constitui a técnica mais antiga e ampla de DO. Consiste em reunir grupos chamados *T-groups* (grupos de treinamento) e que são orientados por um líder treinado para aumentar a sensibilidade quanto às suas habilidades e dificuldades de relacionamento interpessoal. O resultado consiste em maior criatividade (menos temor dos outros e menos posição de defesa), menor hostilidade quanto aos outros (devido à melhor compreensão dos outros) e maior sensitividade às influências sociais e psicológicas sobre o comportamento em trabalho. Isso favorece a flexibilidade do comportamento das pessoas em relação aos outros. Em geral, é aplicada de cima para baixo, começando na cúpula da organização e descendo até os níveis mais baixos.

Análise Transacional (AT): é uma técnica que visa ao autodiagnóstico das relações interpessoais. As relações interpessoais ocorrem por meio de transações. Uma transação significa qualquer forma de comunicação, mensagem ou de relação com os demais. A AT é uma técnica destinada a indivíduos e não a grupos, pois se concentra nos estilos e conteúdos das comunicações entre as pessoas. Ela ensina as pessoas a enviar mensagens que sejam claras e ágeis e a dar respostas que sejam naturais e razoáveis. O objetivo é reduzir os hábitos destrutivos de comunicação – os chamados "jogos" – nos quais a intenção ou o significado das comunicações fica obscuro ou distorcido. A AT assemelha-se a uma terapia psicológica para melhorar o relacionamento interpessoal, permitindo a cada indivíduo autodiagnosticar sua inter-relação com os outros para modificá-la e melhorá-la gradativamente.

Desenvolvimento de equipes: é uma técnica de alteração comportamental na qual várias pessoas, de vários níveis e áreas da organização, se reúnem sob a coordenação de um consultor ou líder e criticam-se mutuamente, procurando um ponto de encontro em que a colaboração seja mais frutífera, eliminando-se as barreiras interpessoais de comunicação pelo esclarecimento e compreensão de suas causas. Ao final, a equipe autoavalia o seu comportamento a partir de determinadas variáveis. A ideia básica é construir equipes por meio da abertura de mentalidade e de ação das pessoas. No trabalho em equipe são eliminadas as diferenças hierárquicas e os interesses específicos de cada departamento ou especialidade, proporcionando uma predisposição sadia para a interação e, consequentemente, para a criatividade e inovação.

Consultoria de procedimentos: é uma técnica em que cada equipe é coordenada por um consultor, cuja atuação varia enormemente. A coordenação permite certas intervenções para tornar a equipe mais sensível aos seus processos internos de estabelecer metas e objetivos, de participação, sentimentos, liderança, tomada de decisões, confiança e criatividade. O consultor trabalha com os membros da equipe para ajudá-los a compreender a dinâmica de suas relações de trabalho em situações de grupo e auxiliá-los a desenvolver o diagnóstico de barreiras e as habilidades de solução de problemas para fortalecer o senso de unidade entre seus membros, incrementar as relações interpessoais, melhorar o cumprimento das tarefas e aumentar a sua eficácia.

450

NOÇÕES DE GESTÃO PÚBLICA

Reunião de confrontação: É uma técnica de alteração comportamental com a ajuda de um consultor interno ou externo (denominado terceira parte). Dois grupos antagônicos em conflito (desconfiança recíproca, discordância, antagonismo, hostilidade etc.) podem ser tratados por meio de uma reunião de confrontação que dura um dia, na qual cada grupo se autoavalia, bem como avalia o comportamento do outro, como se fosse colocado diante de um espelho. Nessa reunião, cada grupo apresenta ao outro os resultados das avaliações e é interrogado no que se refere a suas percepções. Segue-se uma discussão, inicialmente acalorada, tendendo a uma posição de compreensão e de entendimento recíprocos quanto ao comportamento das partes envolvidas. O consultor facilita a confrontação, com total isenção de ânimo, ponderando as críticas, moderando os trabalhos, orientando a discussão para a solução construtiva do conflito e eliminando as barreiras intergrupais. A reunião de confrontação é uma técnica de enfoque socioterapêutico para melhorar a saúde da organização, incrementando as comunicações e as relações entre diferentes departamentos ou equipes, além de planejar ações corretivas ou profiláticas.

Retroação de dados (*feedback* de dados): É uma técnica de mudança de comportamento que parte do princípio de que, quanto mais dados cognitivos o indivíduo recebe, tanto maior será a sua possibilidade de organizar os dados e agir criativamente. A retroação de dados proporciona aprendizagem de novos dados a respeito de si mesmo, dos outros, dos processos grupais ou da dinâmica de toda a organização – dados que nem sempre são levados em consideração. A retroação refere-se às atividades e processos que refletem e espelham a maneira pela qual uma pessoa é percebida ou visualizada pelas demais pessoas. Requer intensa comunicação e um fluxo adequado de informação dentro da organização para atualizar os membros e permitir que eles próprios possam conscientizar-se das mudanças e explorar as oportunidades que geralmente se encontram encobertas dentro da organização. As técnicas de DO são geralmente aplicadas em uma sequência. O ponto de partida é a melhora inicial da sensibilidade intrapessoal das pessoas para posteriormente melhorar e incentivar os seus relacionamentos interpessoais. A seguir, inicia-se a formação e o desenvolvimento de equipes com técnicas intragrupais, às quais se seguem as técnicas intergrupais necessárias para integrar equipes entre si e, mais adiante, as técnicas intraorganizacionais para definir os objetivos organizacionais a serem alcançados, mediante o trabalho conjunto e coordenado das diferentes equipes envolvidas.

9.5 Motivação

Primeiramente, quando falamos em motivação, temos que desvincular do conceito coloquial, já que estamos falando de uma área da gestão de pessoas. Motivação é a vontade de dispor de um grande esforço em prol das metas da organização. Dessa forma, deve-se levar em consideração que se trata de pessoas que possuem vontades internas ou externas, que precisam ser estimuladas para que alcancem o sucesso desejado.

9.5.1 Comprometimento

As pessoas, quando entram em uma organização para trabalharem, trazem consigo anseios e objetivos individuais e esperam que a organização atenda. Quando essa expectativa é correspondida, aumenta a possibilidade do funcionário se comprometer com a tarefa que lhe foi atribuída pela organização.

Dessa forma, quanto ao comprometimento psicológico que os funcionários possuem com a organização, podemos subdividir em três espécies:

Comprometimento afetivo: é caracterizado pela identificação que o colaborador tem com a organização, já que o mesmo internalizou os valores e os objetivos organizacionais. Dessa forma, os comportamentos são orientados visando à permanência na instituição e baseiam-se na percepção de coerência entre as posturas adotadas pela organização e as suas particulares.

Comprometimento instrumental: essa forma de comprometimento está baseada na troca estabelecida entre a organização (recompensas financeiras) e o trabalhador (força de trabalho).

Comprometimento normativo: baseia-se na percepção por parte do funcionário de uma obrigação em permanecer na organização, decorrente de um reconhecimento que já tenha recebido e da obrigação legal/moral.

Quadro Resumo	
Forma de Comprometimento	Característica
Afetivo	Funcionários permanecem na organização porque querem.
Instrumental	Os colaboradores continuam na organização porque precisam (visam à remuneração).
Normativo	Os funcionários permanecem na organização porque se sentem, de alguma maneira, obrigados.

9.5.2 Teorias da Motivação

Há muito tempo, são realizadas pesquisas sobre a motivação. Assim, as teorias foram agrupadas conforme a época em que foram produzidas, divididas então em:

- Teorias de motivação de conteúdo estático;
- Teorias do processo de motivação;
- Teorias baseadas no ambiente.

9.5.3 Motivação de Conteúdo Estático

Teoria das Necessidades de Maslow

Nessa teoria, Abraham Maslow pesquisou a relação entre as necessidades dos seres humanos e as suas motivações para realizarem alguns feitos. Assim, ele constatou que a motivação seria uma forma de buscarmos a satisfação das necessidade que se mostram dominantes em dado momento.

Dessa forma, foram agrupadas as necessidades humanas em cinco categorias:

- **Necessidades fisiológicas: têm uma força maior, já que representam as necessidades básicas humanas para a sobrevivência, como:** alimento, vestuário e moradia.
- **Necessidades de segurança:** englobam as necessidades de evitar o perigo físico, como a conservação do emprego ou da propriedade.
- **Necessidades de participação:** como o ser humano é um ser social, existe a necessidade de participar de um grupo e por ele ser aceito.
- **Necessidades de estima:** refletem o desejo que temos de não apenas participarmos de um grupo, mas também sermos reconhecidos e respeitados pelos outros.
- **Necessidades de autorrealização:** é o desejo de desenvolver suas potencialidades, tonar-se aquilo que é capaz de ser.

Teoria de Erc de Clayton Alderfer

Essa teoria foi desenvolvida a partir da teoria de Maslow, porém Alderfer reduziu as categorias de necessidades humanas em:

DESENVOLVIMENTO DE PESSOAS

Existência: corresponde aos dois primeiros níveis, isto é, as necessidades fisiológicas e as de segurança;

Relacionamento: correspondente ao terceiro e ao quarto níveis, isto é, necessidade de participação e estima;

Crescimento: corresponde à necessidade de autorrealização.

> **Fique ligado**
>
> Maslow considera que: necessidades satisfeitas não motivam; as pessoas podem ser afetadas por vários níveis de necessidades ao mesmo tempo; os níveis mais baixos são prioridades, pois as pessoas buscam a sua satisfação primeiro.
> Necessidades primárias: são a base da pirâmide e constituem necessidades fisiológicas e de segurança.
> Necessidades Secundárias: é o topo da pirâmide, são as necessidades de estima, participação e autorrealização.

Teoria das Necessidades Aprendidas

Essa teoria foi desenvolvida por McCelland. Ele acreditava que as necessidades são aprendidas e estão diretamente ligadas à cultura. Assim, ele subdividiu as necessidades em três graus diferentes:

Necessidade de afiliação: é o desejo de participar da sociedade e de ter uma interação social;

Necessidade de poder: as pessoas têm a necessidade de ter autoridade ou poder, o que pode ser:

- **Positivo:** efeito de persuasão, inspirador;
- **Negativo:** efeito de submissão, dominação;

Necessidade de realização: é o desejo de ter responsabilidades para resolver problemas, realizar-se correndo riscos e alcançando metas.

Teoria dos Dois Fatores de Herzberg

Herzberg conclui em suas pesquisas que as necessidades humanas se dividem em duas categorias, independentes entre si:

Aspectos Higiênicos (também conhecidos como extrínsecos): fazem parte do ambiente em que estamos inseridos. Pode-se destacar: modelo de gestão, condições de trabalho, relações interpessoais e remuneração.

Aspectos Motivadores (também conhecidos como intrínsecos): estão relacionados ao trabalho. Pode-se destacar: realização, reconhecimento, trabalhos desafiadores, crescimento, responsabilidade e o próprio trabalho.

9.5.4 Teorias do Processo de Motivação

Teoria da Expectativa de Victor Vroom

Victor Vroom foi um psicólogo que observou a motivação como decorrente dos objetivos e das expectativas em relação a esses objetivos. Assim, ele criou uma fórmula para a motivação:

Valência: é a importância que o resultado alcançado tem para a pessoa.

Instrumentalidade: esta relacionada ao esforço que a pessoa está disposta a empreender para alcançar esse objetivo.

Expectativa: é a probabilidade que o desprendimento do esforço tem de realmente alcançar o objetivo.

Teoria do Estabelecimento de Metas de Edwin Locke

Essa teoria sugere que a motivação do funcionário advém da definição, pelos gestores, de metas e objetivos claros a serem perseguidos pelos colaboradores. Assim, o conhecimento da meta a ser alcançada ajuda a manter o foco no objetivo e a canaliza as energias para que esse objetivo seja alcançado de maneira satisfatória.

Teoria da Avaliação Cognitiva de Deci

Como a motivação é um motorzinho que move as pessoas em prol de um determinado objetivo, o autor observou que a motivação provém de fontes intrínsecas, extrínsecas ou mesmo, da falta de motivação.

Intrínsecas: relacionada à satisfação e ao prazer;

Extrínsecas: relacionada à pela inserção e ao reconhecimento social, podendo ser de:

Aspecto controlador: quando se sente pressionado a obter os resultados preestabelecidos, sentindo-se ameaçado e, consequentemente, diminuindo a sua motivação intrínseca.

Aspectos informais: provêm de informações que permitem a própria pessoa avaliar seu desempenho naquilo que está realizando.

9.5.5 Motivação Baseada no Ambiente

Teoria do Condicionamento e Reforço Operantes de Skinner

Skinner baseou a sua teoria em experiências realizadas com ratos em laboratório, nas quais, para cada objetivo alcançado, os animais recebiam uma recompensa e o êxito aumentava quanto mais reforçado era o esforço. Ele afirma que a recompensa tem o poder de estimular e de aumentar as chances de alcançar os objetivos.

Skinner dividiu esse comportamento em:

Reforço positivo: quando há um benefício pela manutenção do comportamento por parte do funcionário. Por exemplo: bater as metas.

Reforço negativo: quando se recompensa o funcionário pela realização de um malefício.

Punição: quando se pune um funcionário pelo cometimento de um comportamento considerado como sendo um malefício. Por exemplo: chegar assiduamente atrasado, então, desconta-se uma porcentagem de sua remuneração.

Extinção: retirada de um benefício.

Teoria da Comparação Social de Festinger

Esta teoria defende que as pessoas buscam constantemente, melhorar a imagem que têm de si mesmas e dos grupos dos quais participam. Assim, o foco está em ser diferente, mas socialmente aceito.

Teoria da Equidade de Adams

Esta teoria deriva da teoria da comparação social, porém aqui o psicólogo Stacy Adams constata que as pessoas avaliam a relação esforço-recompensa que conseguem obter e comparam com aquela alcançada por outros trabalhadores.

Assim, cria-se o sentimento de equidade, ou seja de, igualdade de oportunidades, já que as pessoas esperam receber recompensas iguais para esforços iguais. Quando há uma desigualdade gera-se uma tensão visando a reestabelecer o equilíbrio.

Teoria X e Teoria Y

Basicamente, essas teorias tratam de dois perfis de personalidade e de comportamento de funcionários - aspectos que, muitas vezes, os próprios indivíduos não percebem que possuem. Em uma das teorias, o funcionário é relaxado, preguiçoso e gosta pouco de trabalhar. Já na outra, o funcionário gosta e busca as responsabilidades dentro da empresa. Adiante, comentaremos, detalhadamente, cada uma delas.

Douglas McGregor desenvolveu essas duas teorias visando uma análise dos fatores motivacionais relacionados ao trabalho.

Teoria X

Essa teoria possui uma visão negativa do ser humano, já que os gestores tem que ter posturas impositivas e coercitivas com os seus subordinados. Dessa forma, essa teoria visa a demonstrar que é impossível associar prazer e trabalho e que, para que os subordinados produzam, o gerente deve ser autocrático.

Baseia-se nas seguintes concepções sobre a natureza humana:

O ser humano é indolente e preguiçoso por natureza e procura evitar ao máximo o trabalho. Dessa forma, tem como características:

Não possuir ambição, já que não gosta de assumir responsabilidades e prefere ser dirigido para se sentir mais seguro.

Ser naturalmente egocêntrico, ou seja, colocar os seus interesses pessoais acima dos objetivos da empresa.

Ser resistente a mudanças e evitar correr risco, pois procura sempre a forma mais segura.

Não ser capaz de autodisciplina e autocontrole; por isso, precisa ser controlado e dirigido.

A administração baseada nessa teoria passa a observar:

- Organização dos recursos da empresa.
- Direção dos esforços.
- Punição, recompensa e coação às pessoas.
- Incentivos econômicos.

Baseada nessas concepções, a Teoria X desenvolve um estilo de direção em que o controle da energia humana é direcionado, unicamente, ao alcance dos objetivos empresarias.

Teoria Y

Já a teoria Y procura ver o ser humano de uma maneira mais positiva, ou seja, o gerente pode utilizar modelos participativos de gerência, deixando que os subordinados encontrem seus próprios caminhos para a motivação e encontrem prazer no trabalho.

Baseia-se nas seguintes concepções sobre a natureza humana:

O trabalho pode ser fonte de prazer e de satisfação para o ser humano, quando é realizado de forma voluntária, ou pode ter caráter punitivo, quando é desagradável e evitado pelas pessoas.

As pessoas possuem capacidade de assumir responsabilidades, ter autodireção e autocontrole. Dessa forma, o controle, a punição e a ameaça não se tornam a única forma de obter dedicação e alcançar os objetivos, como é afirmado na Teoria X.

Nessa teoria é amplamente incentivado a imaginação e a criatividade para a resolução de problemas.

9.6 Evolução da Forma de Ver as Pessoas nas Organizações

Como o pensamento administrativo e a forma como as organizações se relacionam com seus empregados evoluiu, também evoluiu a forma como as pessoas são vistas perante à organização:

Homem econômico racional: o homem era considerado passivo, um indivíduo sobre o qual a organização deveria exercer o comando total.

Homem social: a necessidade de relacionamento e afiliação (participar e sentir-se parte do grupo) começou a ser percebida pela organização.

Homem que se renova com as necessidades: a organização passou a aceitar que existe auto-motivação e autocontrole por parte de seus colaboradores.

Homem complexo: está inserido em um contexto moderno, onde a organização passou a olhar seus funcionários como pessoas diferentes e individuais, dotadas de características próprias, qualidades e competências, mas também defeitos.

CONFLITOS NAS ORGANIZAÇÕES

10 CONFLITOS NAS ORGANIZAÇÕES

As organizações são formadas por seres humanos diferentes, dotados de capacidades, competências e individualidades. Porém, quando esses pontos são ignorados pela organização, os conflitos são gerados, principalmente quando, de alguma maneira, um dos funcionários sente seus interesses ameaçados.

Os conflitos devem ser vistos como algo inevitável dentro de uma organização. O importante é saber que existem diferentes níveis da abrangência de conflitos:

- **Pessoal:** conflitos dentro do próprio indivíduo;
- **Interpessoal:** conflito entre os indivíduos;
- **Intragrupal:** conflito entre as pessoas de um mesmo grupo;
- **Intergrupal:** conflito entre pessoas de diferentes grupos, defendendo o interesse de seu respectivo grupo;
- **Interorganizacional:** conflito entre organizações diferentes.

Robbins (2002), que possui uma visão interacionista, diz que os conflitos não são sempre bons, já que existem os conflitos funcionais, ou seja, que atuam de forma construtiva, apoiando os objetivos do grupo e melhorando o desempenho, e existem os conflitos disfuncionais, que atrapalham o desempenho do grupo. Assim, Robbins faz uma classificação quanto ao motivo do conflito e apresenta as seguintes classificações:

▷ **Conflito de tarefa:**
  - Quando envolve o objetivo da tarefa;
▷ **Conflito de relacionamento:**
  - Quando envolve os relacionamentos interpessoais;
▷ **Conflito de processos:**
  - Quando envolve a forma de realizar determinada tarefa.

O significado da palavra conflito, segundo o **Dicionário Aurélio**, é: "1. Luta, combate; 2. Guerra; 3. Enfrentamento; 4. Oposição entre duas ou mais partes; 5. Desavença entre pessoas, grupos; 6. Divergência, discordância de ideais, de opiniões".

▷ **Os conflitos são negativos quando:**
  - Geram competição entre os departamentos e setores da organização;
  - Diminuem a visão das pessoas, provocando a impossibilidade de identificação de novas alternativas;
  - Provocam esquecimento de metas traçadas e de objetivos particulares;

▷ **Os conflitos têm efeitos positivos quando trazem benefícios para a organização, tais como:**
  - **Melhoria no nível de coesão:** no caso de conflitos intergrupais, as pessoas passam a defender os interesses coletivos do grupo, como uma família que se encontra ameaçada;
  - **Aumento no nível de empenho e comprometimento:** estar em uma situação de conflito faz com que as pessoas queiram superar os seus próprios limites;
  - **Aperfeiçoamento do processo de integração:** por tomarem parte em um conflito, as pessoas tendem a se sentir envolvidas, aumentando o seu comprometimento.

Como pode ser visto, as causas dos conflitos podem ter origens diversas, e a maneira como as identificamos e tratamos poderá acentuar o problema ou resolvê-lo sem maiores danos.

A Terceira Lei de Newton, também denominada de princípio da ação e reação, diz: **"Se um corpo A aplicar uma força sobre um corpo B receberá deste uma força de mesma intensidade, mesma direção e de sentido contrário"**. A lei defende que, para cada ação produzida, há uma reação em sentido oposto, de mesma intensidade. No relacionamento interpessoal, precisamos entender que a forma como nos comunicamos e nos posicionamos frente às situações, faz toda a diferença.

O princípio 90/10 de Stephen Covey diz que **"os 10% da vida estão relacionados com o que se passa com você e os 90% restantes, estão relacionados com a forma como você reage ao que se passa com você"**. Tomando por base a afirmação de Stephen Covey, a maior parte da nossa vida está relacionada com o comportamento que adotamos frente às circunstâncias impostas pela vida. A maneira de agir e reagir faz toda a diferença. Se eu desisto facilmente ou se luto bravamente diante das circunstâncias impostas pela vida, isso determina vitória/derrota e sucesso/fracasso.

Em muitos casos, a falta de conhecimento e experiência em lidar com situações de adversidades, lutas ou discordâncias entre pessoas ou grupos, gera baixo desempenho na execução das atividades operacionais, pois se perde a capacidade de interação e de relacionamento funcional; assim, metas e objetivos são comprometidos. Por isso, empresários, diretores, gerentes, supervisores e outras pessoas que ocupam cargos de confiança precisam aprender a lidar com situações de conflito, pois a maneira de gerenciá-las pode causar desmotivação, absenteísmo, *turn over* (rotatividade), insubordinação, etc. Agora, quando o líder sabe gerir essas situações de maneira eficiente, pode até acontecer conflitos, mas haverá satisfação, confiança, compromisso, empenho, busca de soluções, crescimento e, sobretudo, melhoria nos resultados organizacionais.

O conflito pode ser um problema sério em uma organização. Ele é capaz de gerar condições caóticas que tornam praticamente impossível que os funcionários trabalharem em conjunto. Por outro lado, o conflito também tem o seu lado positivo, menos conhecido.

10.1 Cultura Organizacional

A palavra cultura pode ter vários significados. Em seu conceito original, encontrado no dicionário, cultura significa:

"Ação ou maneira de cultivar a terra ou as plantas; cultivo: a cultura das flores. Desenvolvimento de certas espécies microbianas: caldo de cultura. Terreno cultivado: a extensão das culturas. Categoria de vegetais cultivados: culturas forrageiras. Arte de utilizar certas produções naturais: a cultura do algodão. Criação de certos animais: a cultura de abelhas. Fig. Conjunto dos conhecimentos adquiridos; a instrução, o saber: uma sólida cultura. Sociologia Conjunto das estruturas sociais, religiosas etc. Das manifestações intelectuais, artísticas etc., que caracteriza uma sociedade: a cultura inca; a cultura helenística. Aplicação do espírito a uma coisa: a cultura das ciências. Desenvolvimento das faculdades naturais: a cultura do espírito. Apuro, elegância: a cultura do estilo. Cultura de massa, conjunto dos fatos ideológicos comuns a um grupo de pessoas consideradas fora das distinções de estrutura social, e difundidos em seu seio por meio de técnicas industriais. Cultura física, desenvolvimento racional do corpo por exercícios apropriados. Ato, modo ou efeito de cultivar: a cultura dos campos. Estado de quem tem desenvolvimento intelectual. Utilização industrial de certos produtos naturais. Estudo. Elegância, esmero. (Ant.) O mesmo que culteranismo".

(Cf. Jac. Freire, D. João de Castro, p. VIII).

Porém, quando esse conceito é abordado referindo-se ao ser humano, cultura significa a forma como o ser humano encara as coisas, como observa o mundo e o sentido da vida. Assim, o termo cultura organizacional é definido como:

"Cultura Organizacional é o modelo de pressupostos básicos que um grupo assimilou na medida em que resolveu os seus problemas de adaptação externa e integração interna e que, por ter sido suficientemente eficaz, foi considerado válido e repassado (ensinado) aos demais (novos) membros como a maneira correta de perceber, pensar e sentir em relação àqueles problemas1"

A cultura organizacional se apresenta em três diferentes níveis:

- **Artefatos:** são as coisas concretas que cada um vê, ouve e sente quando se depara com uma organização. Incluem produtos, serviços, e padrões de comportamento dos membros de uma organização. Podem ser observados na forma como as pessoas se vestem, falam, sobre o que conversam, como se comportam. Os símbolos, as histórias, os heróis, os lemas e as cerimônias anuais são exemplos de artefatos.
- **Valores compartilhados:** são os valores relevantes que se tornam importantes para as pessoas e que definem as razões pelas quais elas fazem o que fazem; funcionam como justificativas aceitas por todos.
- **Pressuposições básicas:** constituem o nível mais profundo da cultura organizacional. São as crenças inconscientes, percepções, sentimentos e pressuposições dominantes em que as pessoas acreditam.

---

[1] SCHEIN, Edgar. Organizational culture and leadership. California: Jossey-Bass Publisher, 1997.

10.1.1 Mudanças na Cultura Organizacional

A cultura organizacional pode ser um fator de sucesso ou de fracasso das organizações. Ela pode ser flexível e impulsionar a organização, como também pode ser rígida e travar o seu desenvolvimento. A parte mais visível da cultura – a ponta do iceberg – em que estão os padrões e estilos de comportamento dos funcionários, é a mais fácil de mudar. Contudo, no nível invisível, estão os valores compartilhados e as pressuposições desenvolvidas ao longo da história da organização. Esse segundo nível é mais difícil de mudar. As mudanças no primeiro nível – padrões e estilos comportamentais – ao longo do tempo provocam mudanças nas crenças mais profundas.

Há vários tipos de culturas, podemos identificar algumas:

Cultura do tipo "equipe de futebol": valoriza o talento, a ação empreendedora e o desempenho pelo comprometimento; oferece grandes recompensas financeiras e reconhecimento individual.

Cultura do tipo "clube": enfatiza a lealdade, o trabalho para o bem do grupo e o prestígio ao direito das pessoas - valoriza os generalistas e o processo degrau por degrau na carreira profissional.

Cultura do tipo "fortaleza": oferece pouca segurança no emprego; opera com uma mentalidade de sobrevivência, que enfatiza cada indivíduo a fazer uma diferença e que focaliza a Fique ligado nas oportunidades de fazer reviravoltas;

Cultura do tipo "academia": valoriza as relações a longo prazo; enfatiza o desenvolvimento sistemático da carreira, o treinamento regular e o avanço profissional, baseado no ganho de experiência e de habilidade de conhecimentos funcionais.

O seu futuro na carreira dependerá da sua escolha em trabalhar para uma organização que permita uma adequação entre suas características pessoais de personalidade e as características da cultura corporativa.

▷ **Como mudar uma cultura organizacional?**
- Uma crise dramática;
- Modificações de lideranças (de topo);
- Organização pequena e jovem;
- Cultura fraca.

A cultura organizacional é aprendida de diversas formas, mais notadamente de quatro:

Histórias: contos e passagens sobre o fundador da empresa, lembranças sobre dificuldades ou eventos especiais, regras de conduta, etc.;

Rituais e Cerimônias: são sequências repetitivas de atividades que expressam e reforçam os valores principais da organização. As cerimônias de fim de ano e as comemorações de aniversário da organização são exemplos.

Símbolos materiais: a arquitetura do edifício, os móveis, o tamanho e o arranjo físico dos escritórios constituem símbolos que definem o grau de igualdade ou de diferença entre as pessoas e o tipo de comportamento desejado pela organização.

Linguagem: as organizações desenvolvem termos singulares para descrever equipamentos, escritórios, pessoas-chave, fornecedores, clientes ou produtos. Também a maneira como as pessoas se vestem e os documentos utilizados constituem formas de expressar a cultura organizacional.

10.1.2 Cultura nas Organizações

Todas as organizações possuem uma cultura própria, ou seja, um conjunto de costumes, crenças e valores que as identificam. A cultura é responsável por fixar a marca da empresa e orientar o comportamento daqueles que a formam.

Dessa forma, a cultura é composta por:

Valores

Estão relacionados ao estabelecimento de padrões de comportamento, imagem e avaliação, ou seja, em uma empresa, os valores demonstram quais as prioridades e os caminhos que a organização deseja seguir para alcançar os seus objetivos.

Ritos

Estão correlacionados às ações diárias, já que visam a tornar a cultura organizacional homogênea e a difundir os valores organizacionais. Os ritos podem ser agrupados em várias categorias, os principais são:

Ritos de iniciação: referente à entrada em uma determinada situação. Exemplo: os trotes realizados nas universidades ou a apresentação de um empregado novo nos departamentos da organização;

Ritos de passagem: referentes às celebrações que marcam a mudança de uma situação para outra. Exemplo: casamento ou formatura.

Mitos

Estão relacionados a figuras imaginárias utilizadas para reforçar crenças organizacionais na tentativa de manter valores considerados históricos. Exemplo "a empresa é uma grande família".

Segundo Schein (1992), a cultura organizacional pode ser analisada sob três camadas:

Artefatos: referem-se às atitudes visíveis das pessoas da organização (padrões de comportamento);

Valores compartilhados: referem-se às essências no quadro funcional da organização, podendo representar um intenso mecanismo de motivação para as pessoas (crenças);

Pressuposições básicas: tratam-se da camada mais profunda da análise cultural (valores); aspecto subjetivo da cultura, formado pela informalidade, a qual é construída com base nas experiências.

10.2 Conflito Funcional × Conflito Disfuncional

A visão interacionista não propõe que todos os conflitos sejam bons. Na verdade, alguns conflitos apoiam os objetivos do grupo e melhoram seu desempenho; esses são os conflitos funcionais, formas construtivas de conflito. Por outro lado, existem conflitos que atrapalham o desempenho do grupo; são formas destrutivas ou disfuncionais de conflito.

O que diferencia um conflito funcional de um disfuncional? As evidências indicam que precisamos observar o tipo de conflito. Existem três tipos de conflito: de tarefa, de relacionamento e de processo.

O **Conflito de Tarefa** está relacionado ao conteúdo e aos objetivos do trabalho. O **Conflito de Relacionamento** se refere às relações interpessoais. O **Conflito de Processo** relaciona-se à maneira como o trabalho é realizado.

Os estudos demonstram que os conflitos de relacionamento são quase sempre disfuncionais. Por quê? Aparentemente, o atrito e as hostilidades interpessoais inerentes aos conflitos de relacionamento aumentam os choques de personalidades e reduzem a compreensão mútua, o que impede a realização das tarefas organizacionais. Por outro lado, níveis reduzidos de conflito de processo e níveis de baixos a moderados de conflito de tarefas são funcionais. Para que o conflito de processo seja produtivo, seu nível tem de ser baixo. A discussão intensa sobre quem deve fazer o quê torna-se disfuncional quando gera incertezas sobre os papéis de cada um, aumenta o tempo de realização das tarefas e leva os membros a trabalhar com propósitos difusos. Um nível baixo ou moderado de conflito de tarefa demonstra, consistentemente, um efeito positivo no desempenho do grupo por estimular a discussão de ideias que ajudam o trabalho em equipe.

10.2.1 O Conflito sob a Visão das Relações Humanas

De acordo com a conceituação de relações humanas, o conflito é uma ocorrência natural nos grupos e organizações. Por ser inevitável, essa escola defende a sua aceitação. Seus seguidores racionalizam a existência do conflito: ele não pode ser eliminado e há ocasiões em que pode ser até benéfico para o desempenho do grupo. A visão das Relações Humanas dominou a teoria sobre conflitos do final dos anos 40, até a metade da década de 1970.

CONFLITOS NAS ORGANIZAÇÕES

10.2.2 O Conflito sob a Visão Interacionista

A abordagem de relações humanas aceita o conflito; a visão interacionista o encoraja, no sentido de que um grupo harmonioso, pacífico, tranquilo e cooperativo está na iminência de tornar-se estático, apático e insensível à necessidade de mudança e inovação. A principal contribuição desta abordagem, portanto, é encorajar os líderes de grupos a manter, constantemente, um nível mínimo de conflito – o suficiente para fazer com que o grupo continue viável, autocrítico e criativo.

10.2.3 Técnicas de Resolução de Conflitos

Para que o gerenciamento dos conflitos seja eficaz, é preciso conhecer as formas de agir numa situação conflituosa. Por isso, conhecer o campo no qual se travará a batalha e saber como atuar durante o embate é importante para não causar feridas irreparáveis ou incendiar ainda mais a situação. A estratégia adotada define o comportamento para a solução das divergências.

A partir do momento em que identificamos os tipos e as causas dos conflitos, temos condições de determinar "as estratégias" que devem ser adotadas para administrá-los. Todavia, a estratégia escolhida deve ser utilizada a partir de uma análise ampla, coerente, sincera e correta da situação. O sucesso da escolha de uma estratégia não é garantia de sucesso em outros momentos de conflitos. Cada situação deve ser estudada e planejada.

Existem muitas definições de Conflito. Apesar dos diferentes sentidos que o termo adquiriu, vários temas comuns estão presentes na maioria das definições. O conflito precisa ser percebido pelas partes envolvidas; a sua existência ou não é uma questão de percepção. Se ninguém tiver noção da existência, há um acordo geral de que não existe. Outros aspectos comuns nas definições são a oposição ou incompatibilidade em algumas formas de interação. Esses aspectos estabelecem as condições que determinam o ponto inicial do processo de conflito.

Podemos definir Conflito, então, também como um processo que tem início quando uma das partes percebe que a outra parte afeta, ou pode afetar negativamente alguma coisa que a primeira considera importante.

Essa definição descreve aquele ponto em qualquer atividade quando a interação "passa dos limites" e se torna um conflito para as partes envolvidas. Engloba um amplo escopo de conflitos experimentados pelas pessoas nas organizações – incompatibilidade de objetivos, diferenças na interpretação dos fatos, desacordos baseados em expectativas de comportamento e assim por diante.

Pode-se conceituar Administração de Conflitos como: a arte de identificar, lidar e resolver situações divergentes entre pessoas ou grupos no relacionamento interpessoal ou intrapessoal.

O conflito tem sua principal causa na divergência de interesses, ideologias ou opiniões a respeito de certo assunto, procedimento ou realização. Diferentemente do que a maioria das pessoas imagina, os conflitos bem administrados podem gerar mudanças positivas no comportamento das pessoas, pois motivam a busca de soluções. Por outro lado, os conflitos administrados de maneira errada, causam tensão, levam à agressão e geram ambientes improdutivos.

10.2.4 Papel do Gerente

Como uma das atribuições inerentes ao cargo de gerência é estar formalmente investido de autoridade, o gerente deve trabalhar para que as metas e objetivos organizacionais sejam alcançados de forma satisfatória. Isso inclui utilizar do poder dado a ele pela organização, para influenciar comportamentos e resolver os conflitos internos.

10.2.5 Sintomas dos Conflitos

Os gerentes devem ser capazes de identificar os sintomas de conflitos organizacionais. Por isso, devem observar:

- Problemas de comunicação;
- Hostilidade e inveja;
- Problemas interpessoais;
- Excessivo surgimento de regras e normas.

10.2.6 Tipos de Conflitos

O conflito é necessário. Por mais que se desenvolvam esforços no sentido de eliminá-lo, não poderemos ignorá-lo ou impedi-lo. É importante entender as suas causas, compreender suas origens, perceber a expressão do sentimento do outro, saber qual é a dimensão do problema e se estamos preparados para administrá-los. Isso determina o nosso comportamento frente à situação.

Existem vários tipos de conflito e sua identificação pode auxiliar a detectar a estratégia mais adequada para administrá-lo. No artigo **Administração de Conflitos**, de Eunice Maria Nascimento e Kassem Mohamed El Sayed, publicado pela Revista Capital Humano, são mencionados os seguintes tipos de conflitos:

Conflito latente: não é declarado e não há, mesmo por parte dos elementos envolvidos, uma clara consciência de sua existência. Eventualmente não precisa ser trabalhado. Para lidar com conflitos, é importante conhecê-los, saber qual é sua amplitude e como estamos preparados para trabalhar com eles;

Conflito percebido: os elementos envolvidos percebem, racionalmente, a existência do conflito, embora não haja manifestações abertas do mesmo;

Conflito sentido: é aquele que atinge ambas as partes, e que provoca emoção de forma consciente;

Conflito manifesto: trata-se do conflito que atingiu ambas as partes, é percebido por terceiros e pode interferir na dinâmica da organização.

10.2.7 Causas dos Conflitos

Assim como os sintomas, identificar as causas de um conflito é essencial para que o mesmo possa ser solucionado e não traga prejuízos para a organização. São exemplos de causas:

- Dependência mútua da tarefa;
- **Assimetrias relacionadas à tarefa:** quando funcionários que desenvolvem a mesma atividade são tratados de maneiras diferentes;
- **Critérios de desempenho e recompensa:** quando incentiva-se o individualismo em detrimento do trabalho em equipe, já que a organização reconhece e recompensa desempenhos individuais ao invés de dar destaque a objetivos alcançados de forma coletiva;
- **Diferenciação organizacional:**
  - **Horizontal:** refere-se ao nível de fracionamento do trabalho, quanto mais fracionado, maior a probabilidade de ocorrem conflitos;
  - **Vertical:** relacionado à quantidade de níveis hierárquicos existentes, podendo gerar conflitos se houver um grande distanciamento entre quem "manda" e quem "faz";
- **Obstáculos na comunicação:** a comunicação é essencial para alcançar metas e objetivos e evitar conflitos. Nesse caso, a geração de conflitos pode ser potencializada pelo excesso ou pela comunicação falha;
- **Habilidades e traços pessoais:** devido as pessoas terem características e personalidades diferentes, elas podem ter também opiniões divergente em alguns assuntos, o que pode levar à geração de conflitos organizacionais.

Retirada	Um lado se retira do problema, fugindo ou adiando a solução.
Compromisso/Colaboração	Criação de uma solução mista, cada um cedendo um pouco. Usada quando os relacionamentos são iguais. Solução perde-perde.
Força	A pessoa com o poder toma a decisão.
Apaziguamento	Adesão à paz, evitando outras possíveis soluções. É o que na linguagem popular se trata como "colocar panos quentes".
Negociação	Busca de uma solução intermediária na qual cada pessoa cede um pouco, chegando a um acordo. Ganha-ganha.

10.2.8 Fases da Solução de Conflito
- Identificar a causa do problema;
- Procurar soluções, não culpados;
- Analisar e escolher a melhor solução;
- Manter um clima de respeito durante todo o momento;
- Aperfeiçoar a habilidade de ouvir e falar, compreendendo o que houve e sendo claro na transmissão da sua mensagem;
- Colocar-se no lugar do outro;
- Ser construtivo ao fazer uma crítica;
- Procurar a solução Ganha-ganha;
- Agir sempre no sentido de eliminar as causas do conflito;
- Reconhecer quando estiver errado;
- Não varrer os problemas para debaixo do tapete;
- Agir com resiliência.

10.2.9 A Administração de Conflitos como Competência

Dentro das organizações, os conflitos começam por lutas pelo poder, frustrações, choques de interesse, falhas na comunicação, dentre outros motivos. A falta de administração de conflitos causa tensão e faz com que o ambiente se torne improdutivo.

Entretanto, os conflitos têm um lado positivo, pois permitem a análise de pontos de vistas diferentes e motivam a busca de soluções.

A competência na Administração de Conflitos avalia a capacidade de lidar com problemas e obstáculos e a estratégia de posicionamento que o indivíduo tem frente aos conflitos. Mensura a condição do indivíduo enfrentar, encarar e vencer situações de confronto, moderando ou conduzindo demandas de pressão e crise.

Os profissionais com a competência pouco desenvolvida na Administração de Conflitos evitam os conflitos e não se expõem frente aos embates. Atuam de forma cômoda, moderando e conciliando, colocando "panos quentes" e evitando tomar as decisões que a situação requer.

Em contrapartida, o profissional com essa competência desenvolvida de forma equivocada e em excesso expõe o que pensa sem moderação, explicitando os problemas, o que acaba por catalisar a confusão.

Uma Administração de Conflitos eficiente está no profissional que encara facilmente os problemas e mantém uma postura política na hora de solucioná-los. Mantém, ainda, um clima de respeito e é construtivo ao fazer uma crítica.

Para administrar conflitos de forma assertiva, é preciso analisar a situação, desenvolver a habilidade de ouvir e procurar soluções, ao invés de procurar os culpados.

Entre as várias competências do líder moderno, uma se destaca no rol de competências procuradas pelas empresas, a Resiliência. Resiliência é um termo utilizado pela física que demonstra a capacidade de um material voltar ao seu estado original depois de ter sofrido uma pressão. Isso quer dizer - **ter capacidade de reagir com flexibilidade às situações de conflitos ou ter a capacidade de se moldar frente às dificuldades.** Hoje o mundo vive em constante mudança. Cada dia desenvolvem mais tecnologias, surgem as necessidades de redução de custos, de mão de obra disponível, de famílias destruídas, problemas emocionais não resolvidos, maiores exigências dos consumidores, pressão do governo sobre empresas, proliferação de doenças, problemas ambientais, etc. Por tudo isso, os profissionais precisam se moldar frente às dificuldades e reagir com flexibilidade.

Outro aspecto importante é a adoção da imparcialidade quando o conflito envolver a necessidade de julgamento de um terceiro. É preciso lembrar que: o comportamento humano também é determinado pelos hábitos e costumes adquiridos na criação da pessoa, além disso, é claro, das variáveis encontradas no ambiente. Nesse caso, um julgamento mal feito pode destruir a vida ou a carreira de uma pessoa.

A administração de conflitos faz parte do nosso cotidiano e requer constante aprendizado. Por isso, cuidar da nossa vida espiritual, afetiva, familiar, intelectual, emocional e profissional contribui para um bom desempenho. Administrar empresas implica em gerir conflitos internos e externos resultantes do relacionamento entre as pessoas. Os conflitos não desaparecerão, isso seria um sonho.

Precisamos entender que, das situações de conflitos, podemos extrair experiências de crescimento e de desenvolvimento humano, que, se bem aproveitadas, gerarão mudanças e oportunidades de crescimento mútuo entre os envolvidos.

10.2.10 Postura Diante de um Conflito
- **Evitar:** o conflito não têm tanta importância para uma das partes, por isso ela evita que o conflito inicie;
- **Acomodar-se:** quando o assunto não é relevante para uma das partes, ela prefere satisfazer as necessidades da outra;
- **Competir:** quando satisfazer os próprios interesses é a maior preocupação, importa a uma das partes vencer o conflito;
- **Colaborar:** quando o objeto do conflito é importante, e há grande colaboração das partes para resolver o impasse;
- **Negociar**
- **Distributiva:** quando há um lado vencedor e outro perdedor;
- **Integrativa:** quando os dois lados abrem mão de algo e assim os dois saem ganhando.

10.2.11 Participação de Terceiros
- **Conciliador:** alguém de confiança de ambas as partes tenta conciliar e resolver o conflito;
- **Mediador:** utiliza-se da razão para tentar resolver o conflito, age como pacificador;
- **Árbitro:** pessoas que possuem autoridade para resolverem o assunto gerador do conflito.

COMPORTAMENTO ORGANIZACIONAL

11 COMPORTAMENTO ORGANIZACIONAL

11.1 Conceitos

O comportamento organizacional, tem por significado estudar e analisar o comportamento das pessoas nas organizações, e a maneira como esse comportamento atinge a atuação das pessoas nas empresas.

Comportamento organizacional é o estudo do comportamento humano no local de trabalho, a interação entre as pessoas e a organização em si. As principais metas do comportamento organizacional são a explicação, prevenção e controle do comportamento (DUBRIN, 2003).

O comportamento organizacional são as ações do indivíduo na empresa, sua personalidade, atitude, percepção, aprendizagem e motivação. As pessoas passam a maior parte de seu tempo vivendo ou trabalhando dentro de organizações, isso gera impacto sobre a vida e sobre a qualidade de vida das pessoa, em geral.

Segundo Robbins (1999), o comportamento organizacional é um campo de estudo que investiga o impacto que os indivíduos, os grupos e a estrutura têm sobre o comportamento dentro das organizações com o propósito de aplicar este conhecimento em prol do aprimoramento da eficácia de uma organização.

Para Robbins (2005), o comportamento organizacional ajuda os administradores a entenderem melhor o que se passa em relação ao comportamento de seus funcionários e usar isso de forma a estimular essas pessoas, oferecendo a elas a criação de um ambiente de trabalho melhor e mais saudável, fazendo com que ambas as partes ganhem nesse sentido.

11.2 Características do Comportamento

As pessoas fazem parte das organizações como recursos humanos, mas não se deve esquecer que são pessoas, e, como tal, apresentam características predominantes como personalidade, vida particular fora da empresa, objetivos pessoais entre outros. É por esse fato que se determinam seis características comuns do comportamento das pessoas, são elas:

O homem é proativo: os indivíduos têm iniciativas conforme estímulos, objetivos pessoais e aspirações do meio em que vivem, tanto da empresa como da vida pessoal; as pessoas podem colaborar ou não com a organização. Desse modo, observa-se que o comportamento é guiado para os objetivos pessoais. Para que o funcionário colabore com a empresa, é necessário que boas estratégias de liderança sejam adotadas.

O homem é social: ninguém é capaz de viver sozinho, por isso, as pessoas interagem umas com as outras, vivem em grupos como, por exemplo, no trabalho. Essa convivência impacta com informações que o indivíduo busca descobrir de si mesmo, e usa dessas informações para determinar o seu autoconceito.

O homem tem diferentes necessidades: os indivíduos estão cercados de necessidades e estas são supridas através de motivações. Cada pessoa tem necessidades diferentes, o comportamento pode ser motivado de diferentes formas, e o que pode ser motivador para um, pode não ser para o outro.

O homem percebe e avalia: as pessoas associam o ambiente às experiências já vivenciadas e as que estão passando no momento em termos de necessidades e valores, por isso, denomina-se o que é um processo ativo.

O homem pensa e escolhe: o indivíduo tem a capacidade de escolher, desenvolver, executar e alcançar seus objetivos.

O homem tem limitada capacidade de resposta: devido as diferenças dos indivíduos existem várias formas de comportamento; o homem tem sua capacidade de resposta limitada; não consegue se comportar de todas as formas possíveis. Dessa forma, torna-se limitada a capacidade mental e física do indivíduo.

Para atingir os objetivos das organizações, é preciso fazer com que as pessoas façam as coisas. O administrador deve saber o comportamento de seus funcionários e prevê-lo novas ações.

11.3 Fatores do Comportamento

Os fatores importantes do comportamento dos indivíduos que influenciam na organização são:

▷ **Atitude:** reflete o que o indivíduo sente em relação a algo. Quando o indivíduo expressa o que sente, ele está tomando uma atitude;

Personalidade: é a descrição que usamos para definir traços psicológicos de uma pessoa, como, por exemplo, se ela é calma, nervosa, ansiosa, se tem paciência, entre outros;

Percepção: as pessoas podem ter percepções diferentes sobre uma mesma coisa. A percepção é um processo no qual os indivíduos interpretam o que está diante de seus olhos;

Aprendizado: é qualquer mudança que ocorra no comportamento do indivíduo e aconteça de forma a agregar como experiência para o indivíduo.

11.4 Diferenças Pessoais

Uma pessoa nunca será igual a outra, por isso, existem tantas diferenças entre os indivíduos. As diferenças individuais podem ser de forma bastante expressiva em relação à mesma situação frente a dois indivíduos, pois cada um pensa e age de forma diferente; o que para um pode ser bom para o outro pode não ser tão bom assim. Compreender as diferenças entre as pessoas é fundamental e influencia na análise do comportamento entre as pessoas no ambiente organizacional.

O entendimento das diferenças individuais é importante em muitos aspectos da administração das organizações, pois compreender como as pessoas são e como agem ajuda a preparar e a tomar decisões, a trabalhar em grupo, a liderar equipes e a melhorar o clima organizacional.

Cada indivíduo possui características próprias, que são adquiridas ao longo de sua vida, através de experiência, aprendizagem, imitação, entre outros. Pode-se citar várias características que agregam valor ao ser humano, como: percepção, aptidão, inteligência, atitude, personalidade, opinião, valor e variáveis biográficas:

- **Percepção:** é a interpretação dos estímulos que o ambiente oferece; um mesmo estímulo pode causar diversas reações, depende de cada observador;
- **Aptidão:** potencial de cada pessoa para realizar tarefas ou qualquer atividade; algumas pessoas exercem algumas atividades melhores que outras. Isso demonstra que essas pessoas têm maiores habilidades, ou seja, mais aptidões que as demais;
- **Inteligência:** é a capacidade de lidar com algo complexo que exige um grau de inteligência maior;
- **Atitude:** influencia a avaliação dos estímulos; dependendo das atitudes, a avaliação pode ser tanto positiva quanto negativa;
- **Personalidade:** faz parte deste tópico todos os outros que já foram citados, como percepção, atitude, aptidão, entre outros, pois a personalidade é moldada a partir dessas características. Ela representa o desenvolvimento do sistema psicológico do indivíduo;
- **Opinião:** é a forma de expressar conceitos, julgamentos ou hipóteses a respeito de algo ou alguma coisa;
- **Valor: é a formação de juízo em relação ao comportamento e conduta; o que é certo ou errado. Exemplos de valores são:** liberdade, segurança, igualdade, honestidade, entre outros;
- **Variáveis biográficas:** estão relacionadas à idade, sexo, situação conjugal, etc. Este item pode afetar o desempenho humano, a produtividade, a satisfação no trabalho, entre outros.

> **Fique ligado**
>
> As organizações prestam cada vez mais Fique ligado no comportamento de seus funcionários para tentar, pelo menos, diminuir as diferenças individuais, pois acreditam que isso é fundamental para ter um bom clima organizacional.

NOÇÕES DE GESTÃO PÚBLICA

11.5 Clima Organizacional

11.5.1 Conceitos

O clima organizacional difere de empresa para empresa, pois cada organização tem sua própria cultura, costumes, valores e lida com diferentes tipos de pessoas. O conceito de clima, muitas vezes, é de difícil compreensão, pois é composto de elementos incompreensíveis, como angústias, excitações, frustrações, tensões que são componentes de difícil medição;

Algumas situações, como a estrutura da organização, as responsabilidades, o reconhecimento são variáveis da cultura. Se houver alguma alteração nesses níveis de cultura, o clima organizacional será automaticamente afetado;

Segundo os autores Matos e Almeida, na obra Análise do ambiente Corporativo "o clima organizacional depende das condições econômicas da organização, do estilo de liderança utilizado, das políticas e valores existentes, da estrutura organizacional, das características das pessoas que participam da organização, da natureza (ramo de atividade) e do estágio da vida da organização;

O clima pode se tornar favorável ou desfavorável. O que diz respeito à parte favorável é caracterizada por oferecer satisfação das necessidades pessoais e elevação do moral dos funcionários da empresa. O desfavorável é caracterizado por implicar em insucesso das necessidades pessoais, por isso, o clima organizacional é caracterizada por influenciar a motivação dos funcionários;

O estudo do clima organizacional é um canal de comunicação que busca aproximar os níveis mais altos da empresa com os demais níveis, e pode ser percebido facilmente pelos clientes;

O clima demonstra o grau de satisfação material e emocional das pessoas no trabalho, suas percepções, opiniões e sentimentos. Nota-se que esse clima influencia profundamente o comportamento, a produtividade do indivíduo e, consequentemente, da empresa. Assim sendo, ele deve ser favorável e proporcionar motivação e interesse nos colaboradores, favorecendo uma boa relação entre os funcionários e a empresa.

11.5.2 Características

Para o bom andamento no clima da empresa, é necessário:

- Integrar as metas pessoais e organizacionais;
- Ter uma estrutura organizacional adequada;
- Democratizar a organização e gerar oportunidades de participação a todos os funcionários;
- Apresentar tratamento justo, com políticas e práticas de relações prudentes para as pessoas;
- Confiar mutuamente para que os diferentes níveis da empresa possam se apoiar;
- Evitar conflitos, de maneira que os indivíduos discutam essa questão abertamente;
- Liderar adequadamente conforme a situação de trabalho exigir;
- Consentir o contrato psicológico entre o indivíduo e a empresa;
- Respeitar as diferenças individuais dos funcionários, suas expectativas e necessidades;
- Oferecer sistemas justos de remuneração, levando em conta o caráter do indivíduo;
- Preocupar-se com a qualidade de vida tanto profissional como em relação ao cargo;
- Oferecer chances de desenvolvimento na carreira profissional e pessoal.
- Fazer com que as pessoas se sintam parte da organização, para que se tornem leais e percebam que são valorizadas pela empresa.

Todas as características citadas são primordiais para que o clima da organização prevaleça sempre de forma positiva e favorável. O gerente deve ser o exemplo da empresa, pois ele será imitado pelas outras pessoas da organização e é um dos elementos principais do clima organizacional.

Conforme for o clima organizacional, favorável, mais ou menor ou desfavorável, ele provocará comportamentos diferentes nos seus colaboradores, conforme mostrado no quadro a seguir:

Quadro 1: Clima organizacional e comportamento dos colaboradores

Clima Organizacional		
Desfavorável	**Mais Ou Menos**	**Favorável**
Frustração	Indiferença	Satisfação
Desmotivação	Apatia	Motivação
Falta de integração empresa/funcionários	Baixa integração empresa/funcionários	Alta integração empresa/funcionários
Falta de credibilidade mútua, empresa/funcionários	Baixa credibilidade mútua empresa/funcionários	Alta credibilidade mútua empresa/funcionários
Falta de retenção de talentos	Baixa retenção de talentos	Alta retenção de talentos
Improdutividade	Baixa produtividade	Alta produtividade
Pouca adaptação às mudanças	Média adaptação às mudanças	Maior adaptação às mudanças
Alta rotatividade	Média rotatividade	Alta rotatividade
Alta obtenção	Média obtenção	Baixa obtenção
Pouca dedicação	Média dedicação	Alta dedicação
Baixo comprometimento com a qualidade	Médio comprometimento com a qualidade	Alto comprometimento com a qualidade
Clientes insatisfeitos	Clientes indiferentes	Clientes satisfeitos
Pouco aproveitamento nos treinamentos	Médio aproveitamento nos treinamentos	Alto aproveitamento nos treinamentos
Falta de envolvimento com os negócios	Baixo de envolvimento com os negócios	Alto envolvimento com os negócios
Crescimento das doenças psicossomáticas	Algumas doenças psicossomáticas	Raras doenças psicossomáticas
Insucesso nos negócios	Estagnação nos negócios	Sucesso nos negócios

11.5.3 Principais Aspectos

Para obter um bom desempenho e a melhoria da produtividade, é necessário ter um clima organizacional adequado, caso contrário, esses índices irão cair. O clima ainda pode ser descrito em seis aspectos principais: clareza, compromisso, padrão, responsabilidade, reconhecimento e trabalho de equipe.

Clareza, compromisso e padrões: a organização deve estabelecer objetivos que sejam claros para que possam ser cumpridos; é através desses objetivos que os funcionários desempenharão seu trabalho e seguirão os padrões exigidos.

Responsabilidade: a empresa deve oferecer maior autonomia aos seus funcionários, e fazer com que eles se sintam mais responsáveis.

COMPORTAMENTO ORGANIZACIONAL

Reconhecimento: é um importante aspecto que a empresa deve notar. O reconhecimento é essencial para que o funcionário continue desempenhando seu papel de maneira correta, o reconhecimento pode ocorrer por meio de um elogio, de incentivos, recompensas, etc.

Trabalho de equipe: a empresa deve ter um alto grau de confiança com seu funcionário e incentivar para que as atividades sejam desenvolvidas em grupos, para que o resultado seja cada vez melhor.

O clima das empresas pode influenciar na decisão por uma vaga de emprego, e é justamente em função do clima organizacional que algumas empresas atraem mais e outras menos candidatos a um posto de trabalho. Há aquelas que chamam Fique ligado pela sua receptividade, outras pela formalidade, outras, ainda, pelo calor humano ou mesmo apatia. Não existe um clima ideal, mas as pessoas devem identificar-se com a empresa e com o seu ambiente de trabalho para manter um alto nível de motivação. O clima organizacional influencia o desempenho das pessoas e a satisfação com o trabalho.

11.5.4 Dimensões ou Fatores do Clima Organizacional

O clima dentro da organização pode ser influenciado por diversos fatores, pois o clima favorece a interação com as pessoas, os sentimentos, os interesses, entre outros, e influenciando o desenvolvimento da empresa.

O clima da empresa está diretamente relacionado ao nível de motivação dos colaboradores, às políticas de remuneração, à qualidade de vida no trabalho, ao relacionamento interpessoal, à liderança e à comunicação, entre outros fatores ou dimensões que influenciam na satisfação das pessoas, com relação ao ambiente organizacional. A seguir, são elencados alguns dos fatores:

Motivação

A motivação está relacionada ao alto grau de disposição para realizar algo, de qualquer espécie, e está relacionada diretamente com o comportamento dos indivíduos. A motivação é o processo pelo qual as pessoas se interessam pela realização das metas da organização.

Pode-se definir a motivação como a vontade de exercer altos níveis de esforço para alcançar os objetivos organizacionais, condicionado pela capacidade de esforço de satisfazer alguma necessidade individual.

Para os administradores motivarem os seus funcionários, eles podem oferecer algumas situações, como: reconhecer as diferenças individuais, utilizar metas, individualizar as recompensas, ligar as recompensas ao desempenho, melhorar as condições físicas de trabalho, melhorar a comunicação e o relacionamento entre todos, entre outros. Os quais servirão para motivar a equipe para que atinjam resultados e ao mesmo tempo, aumentar a satisfação em relação ao clima da organização.

Remuneração

A remuneração deve ser vista com muita cautela pelos administradores da organização, pois é o principal fator para atrair, manter e motivar os colaboradores, e também é o principal custo da empresa.

Todos os funcionários em troca de seu esforço, desempenho e habilidade, desenvolvidos no seu emprego, buscam receber uma retribuição adequada por esta prestação de serviços. A organização, tende a investir em quem alcança os objetivos da empresa.

Existem três componentes que atuam na remuneração total, nela constam a remuneração básica, os incentivos salariais e os benefícios.

Remuneração básica: toda empresa contém esse tipo de remuneração, que se refere ao pagamento pelo serviço prestado pelo funcionário durante o mês ou pagas por horas de trabalho.

Incentivos salariais: essa remuneração entra como programa de desempenho; os incentivos, como bônus e participação nos resultados, são concedidos aos funcionários que obtiveram resultados frente à organização.

Benefícios: também pode ser chamada de remuneração indireta, que incluem planos de saúde, plano odontológico, vale alimentação, seguro de vida, etc.

Os três componentes básicos da remuneração são mostrados com maior clareza na figura abaixo:

Os três componentes da remuneração total.

Remuneração Total		
Remuneração Básica	Incentivos salariais	Benefícios
Salário mensal ou Salário por hora	Bônus Participação nos resultados, etc.	Seguro de vida Seguro saúde Refeições subsidiadas, etc.

O sistema de remuneração de uma empresa deve estar de acordo com ela; se uma organização funciona de forma transparente, o modelo de remuneração deve seguir o mesmo padrão.

A razão de ter um sistema de recompensas eficaz é atrair e reter indivíduos talentosos e competentes que podem ajudar a organização a cumprir sua missão e seus objetivos. O funcionário recebe igualmente em relação ao papel que ele desenvolve na organização; se o colaborador possui mais responsabilidade, mais experiência, mais habilidade, com certeza seu salário vai ser maior que os demais.

A importância do salário pode ser analisada sob dois prismas distintos: o prisma do empregado e sobre o da organização. Para o empregado significa retribuição, sustento, padrão de vida e reconhecimento. Para a organização representa custo influência no clima organizacional e na produtividade.

A remuneração oferecida aos funcionários depende de vários fatores, como: tamanho da empresa, tempo de casa desempenho do empregado, tipo de trabalho desempenhado, natureza do negócio, sindicalização, intensiva em capital ou trabalho, filosofia da administração, localização geográfica e lucratividade da empresa. Ao levar todos esses fatores em conta, a administração espera estabelecer um sistema de pagamento justo, equitativo e motivador, que permita à organização recrutar e manter uma força de trabalho produtiva.

Qualidade de Vida

As organizações passaram a observar mais um fator importante relacionado ao funcionário: a qualidade de vida. A qualidade de vida envolve todos os aspectos físicos e ambientais, juntamente com os aspectos psicológicos do local de trabalho.

A qualidade de vida no trabalho assimila duas posições antagônicas: de um lado, a reivindicação dos empregados quanto ao bem-estar e a satisfação no trabalho; e, de outro, o interesse das organizações quanto aos seus efeitos potencializados sobre a produtividade e a qualidade.

Qualidade de vida no trabalho pode compreender desde os cuidados médicos até as atividades de lazer, motivação que decorrem, voluntariamente, de empregados ou empregadores. Todos esses fatores levam a condições de bem estar dos funcionários no trabalho.

Pode-se dizer também que a qualidade de vida não é somente determinada pelos fatores individuais como valores, necessidades, expectativa, mas juntamente pelas características organizacionais. Os funcionários, além de suprir suas necessidades individuais, precisam se sentir bem dentro da organização onde trabalham.

Existem três grupos que influenciam na qualidade de vida no trabalho, sendo as condições ambientais, as de tempo e as sociais:

- **Condições ambientais de trabalho**: estão relacionadas ao ambiente físico da empresa que envolve o funcionário, enquanto ele desempenha sua função. Alguns exemplos são: temperatura, umidade, iluminação, ruídos, etc.

- **Condições de tempo: referem-se ao tempo em relação ao trabalho como:** horas extras, períodos de descanso, carga horária do funcionário, entre outros.
- **Condições sociais:** este item refere-se ao status, ao relacionamento interpessoal, entre outros.

A preocupação das empresas em relação à qualidade de vida no trabalho vem de muito pouco tempo; é resultado de uma sociedade cada vez mais complexa e atenta ao ser humano, um dos recursos mais escassos é o de mão de obra em relação à qualificação profissional.

Liderança

É de suma importância para qualquer organização, a presença de um líder, pois ele é capaz de influenciar outras pessoas por meio do poder que dispõe. Líderes defendem valores que representam um objetivos comuns, de vontade coletiva, caso contrário, não exerceria essa função, pois seria incapaz de mobilizar outras pessoas a acompanhá-lo.

O líder é a pessoa que influencia as outras para alcançar objetivos. Na organização, o líder é de maneira geral. Na maioria das vezes, o gerente da empresa, que influencia seus subordinados a realizarem os objetivos propostos pela organização.

Além disso, é importante citar a existência de dois tipos de líder, o líder informal e o líder formal. O líder formal é aquele designado por alguém da administração da empresa, já o líder informal não é um líder oficial, ele desempenha o papel de líder sem nenhuma denominação específica. Mesmo sem ter cargo de liderança lidera os demais funcionários da empresa.

O líder empresarial deve ser capaz de alcançar objetivos por meio dos liderados e, para isso, conforme o tipo de liderado e a ocasião, age de diferentes maneiras: ele ordena, comanda, motiva, persuade, dá exemplos pessoais, compartilha os problemas e ações, ou delega e cobra resultados, alterando a forma de agir de acordo com a necessidade de cada momento e com o tipo de liderado, visando aos objetivos da empresa.

▷ **Todo líder deve desenvolver quatro responsabilidades básicas:**

O líder deve ter desenvolvido uma imagem mental de um estado futuro possível e desejável da organização: ter visão de futuro, enxergar o que ninguém consegue ver, fazer com que os demais entendam que os objetivos são melhor realizados se houver um propósito comum no objetivo do grupo, e não no seu próprio objetivo.

O líder deve comunicar a nova visão: ter uma boa comunicação com os funcionários da organização para que, se houver mudança, o líder consiga transmiti-las para os funcionários, de modo que eles entendam, de maneira clara e objetiva, o propósito da empresa a ser alcançado e, ao mesmo tempo, fazer com que se sintam motivados com essa mudança.

O líder precisa criar confiança por meio do posicionamento: todo líder precisa mostrar honestidade e coragem para que seus subordinados passem a confiar nele. É primordial para os funcionários, saber em que posição o líder se encontra em relação à organização.

Líderes são aprendizes perpétuos: conhecimento nunca é demais, portanto, o líder deve sempre estar em fase de aprendizado. Assim, ele incentiva os demais funcionários a aprenderem com ele e, dessa forma, novas ideias e desafios podem surgir.

A liderança não é qualidade nata; é possível desenvolver e treinar as pessoas para a liderança, pois, na maioria das vezes, as pessoas são treinadas para serem líderes dentro de seu próprio local de trabalho, já que lá é que o indivíduo passa a maior parte do tempo.

Algumas teorias de liderança dizem que o líder já nasce feito, que a liderança é geneticamente transmitida. Outras dizem que a liderança depende dos traços que são herdados e, com o tempo, o indivíduo precisa aprender a lidar com esses traços, pois, se não, de nada adianta. Consideramos que a liderança deva ser aprendida.

Os líderes são orientados a buscar resultados e a alcançar objetivos. A grande maioria deles são respeitados pelos subordinados. Isso não quer dizer, de forma alguma que os líderes são amados por todos. Porém, com o tempo, o grupo de subordinados pode produzir sentimentos distintos em relação ao seu líder.

Comunicação

As organizações dependem de uma boa comunicação para serem competitivas no mercado. As pessoas transferem informações umas as outras dentro de uma empresa que, se denomina comunicação; as pessoas compartilham, através da comunicação, sentimentos, conhecimentos, experiências, entre outros.

Um importante elemento que está vinculado com o processo de comunicação é a percepção. Ao receber qualquer informação, o indivíduo aciona o procedimento de processamento dela e, a partir deste artifício, ele elege o que é bom ou ruim. Por esse motivo, conclui-se que cada pessoa desenvolve conceitos para interpretar as informações a ela concedidas.

▷ **A comunicação interpessoal pode utilizar três principais meios para ocorrer:**

Comunicação oral: meio mais utilizado para comunicar-se; uma das suas principais vantagens é a rapidez e o *feedback*, ou seja, se o receptor da mensagem não entender o que o emissor quis dizer ele, imediatamente, pode pedir para que a pessoa o formule de outra maneira para que possa ser mais clara a sua mensagem. Sua principal desvantagem ocorre quando a mensagem deve ser passada a um grande número de pessoas, pois, os equívocos serão maiores. No caso de uma organização, geram-se grandes problemas em relação à má comunicação oral.

Comunicação escrita: é mais utilizada em caso de mensagem mais extensa, podem ficar armazenadas por longos períodos e, a qualquer dúvida, podem ser acessadas facilmente. Também possui desvantagens como demandar mais tempo e não possuir feedback, pois não teremos a certeza se uma carta enviada, por exemplo, chegará e se será lida pelo seu destinatário certo.

Comunicação não verbal: enquadra-se, nesse tópico, os gestos como olhar, sorrir, franzir as sobrancelhas, entre outros. Geralmente, essa comunicação está ligada à comunicação verbal para transmitir o real significado da mensagem a ser transmitida.

A comunicação organizacional tem a função de facilitar e coordenar os esforços de indivíduos e grupos e contribuindo para a realização das metas organizacionais.

Apesar das várias formas de comunicação e utilização de vários meios para se expressar o que se pensa e sente, existem também diversas barreiras que podem dificultar a comunicação, como:

Filtragem: baseia-se na manipulação das informações, fazendo com que o emissor distorça, a mensagem e, como consequência, induza o receptor a ouvir somente a parte favorável da história, por exemplo.

Percepção seletiva: o receptor ouve só aquilo que lhe convém, com base nas suas necessidades, desejos, motivações. Através de seus interesses, o indivíduo interpreta s mensagem.

Sobrecarga de informação: são os excessos de informações acumuladas. Esses excessos são chamados de sobrecarga de informação. Quando isso ocorre, acabamos selecionando as informações e, às vezes, deixamos de lado informações importantes.

Emoções: dependendo do estado emocional das pessoas, a comunicação pode ser afetada e tomar outro sentido. Geralmente acontece com casos emocionais extremos, como: depressão e euforia.

Linguagem: podemos falar o mesmo idioma, mas nem sempre a mesma linguagem. Essa é uma das grandes dificuldades das organizações, pois os funcionários podem vir de diversas regiões e, a mesma palavra para ambos, pode ter significado totalmente diferente, interferindo em uma boa comunicação.

Medo da comunicação: problemas com a comunicação oral implicam, principalmente, ao falar em público. Muitas pessoas evitam de se comunicar por medo, deixando, assim, o processo muito lento. Em uma empresa a comunicação é essencial, pois, na maior parte do nosso trabalho, estamos nos comunicando.

Outra parte importante no processo de comunicação e que faz diferença é saber ouvir, ou seja, ouvir o outro pode ser um importante fator para o sucesso dos negócios. Muitas organizações investem quantidades

COMPORTAMENTO ORGANIZACIONAL

consideráveis de tempo e de energia para entenderem melhor os pensamentos, valores e padrões de comportamento dos clientes.

Relacionamento Interpessoal

O relacionamento e a integração entre os indivíduos e a organização não é um desafio recente. A organização pode destruir a personalidade de cada indivíduo se impuser muitas regras e procedimentos no sentido de não valorizar o relacionamento das pessoas. Aos poucos, a abordagem humana ficou mais centrada e voltada para o homem e o grupo social. A ênfase voltada para a tecnologia cedeu lugar às relações humanas.

As atividades de relações com os funcionários têm como maior objetivo a criação de confiança, respeito e consideração entre colaboradores e colaborados. Com isso, busca-se maior eficácia organizacional, rompendo, assim, barreiras que impedem os funcionários de participarem da organização. Essas barreiras podem ser pessoais ou organizacionais. Havendo comunicação e relação com os subordinados, as barreiras podem ser quebradas, proporcionando assistência mútua e envolvimento. A empresa deve sempre tratar seus empregados com respeito e confiança, oferecendo maneiras de atender suas necessidades tanto pessoais como familiares.

O relacionamento interpessoal está associado, primeiramente, com a própria pessoa, com o seu "eu". O conhecimento dos próprios sentimentos, da formação profunda e verdadeira de si mesmo proporciona um bom nível de autoconhecimento. Como resultado prático desse autoconhecimento, temos:

- Processo de pensamento consciente;
- Autorreflexão;
- Senso ou intuição da realidade externa, ou seja, sair de dentro de si e olhar como um observador que entende a realidade externa.

Ao percebermos a realidade externa, estamos nos conectando com estados de consciência mais expandidos, isto é, estamos nos interessando pelo "outro" de forma consciente e verdadeira. Essa aptidão é bastante valorizada atualmente, pois as pessoas com essa capacidade conseguem estabelecer relacionamentos interpessoais mais produtivos. Dessa forma, o saber trabalhar em equipe origina-se na formação "intrapessoal". Se me conheço, consigo entender qual seria o melhor formato para estabelecer e manter relacionamentos saudáveis, reconhecendo o outro.

Quando a empresa enfrenta problemas de relacionamento, a área de Recursos Humanos junto à gerência tem a missão de sanar a dificuldade o quanto antes para não comprometer o clima de trabalho. É necessário identificar as causas para minimizar o efeito que esse fator pode gerar, assim como sensibilizar os colaboradores para que eles não deixem que essa variável prejudique o desenvolvimento das tarefas, pois os clientes internos e externos poderão não ser atendidos com responsabilidade, resultando em queda na qualidade do atendimento e na produtividade.

As divergências e as "brigas" internas podem ser resolvidas com um bom treinamento e atividades grupais, que valorizem a integração e foquem na importância de se ter um excelente relacionamento com os membros da equipe. O gerente também terá que fazer o seu papel, dando apoio, feedbacks e fazendo *coaching* com seus colaboradores, evitando, assim, qualquer tipo de atrito que possa ocorrer futuramente no time. Contudo, isso não depende somente do gestor: todos tem que estar envolvidos nesse processo. Os funcionários também têm um papel importante para a construção de um ambiente saudável, pois suas condutas e atitudes podem diminuir os problemas de relacionamento.

Para manter um clima agradável e sem manifestações de atritos, é necessário que as pessoas deixem de agir de forma individualizada e passem a interagir como uma equipe, promovendo relações amigáveis e fazendo com que cada um procure cooperar com o outro. Para isso, é preciso que cada um faça a sua parte.

Além desses fatores, existem algumas dimensões propostas por Litwin e Stringer e, sobretudo, na teoria das necessidades de McClelland, produzida no ano de 1971. Essas teorias explicitaram a relação existente entre as dimensões desenvolvidas e os estratos motivacionais, conforme as seguintes dimensões descritas abaixo:

Conformismo: sentimento de que existem muitas limitações externamente impostas na organização. O grau em que os membros sentem a existência de inúmeras regras, procedimentos, políticas e práticas, as quais, os indivíduos devem se ajustar para serem capazes de fazer seu trabalho como gostariam de fazê-lo;

Responsabilidade: responsabilidade pessoal aos membros da organização para realizarem sua parte nos objetivos da organização, grau em que os membros sentem que podem tomar decisões e resolver problemas sem terem de verificar com os superiores em cada etapa;

Padrões: ênfase que a organização coloca na qualidade do desempenho e na produção elevada, incluindo o grau de rendimento que os membros da organização sentem que ela colocando objetivos estimulantes, comunicando-lhes o comprometimento com esses objetivos;

Recompensas: grau em que os membros sentem que estão sendo reconhecidos e recompensados por um bom trabalho, ao invés de serem ignorados, criticados ou punidos quando algo sai errado;

Clareza organizacional: sentimento entre os membros, de que as coisas são bem organizadas e os objetivos claramente definidos, ao invés de desordenados, confusos ou caóticos;

Calor e apoio: sentimento de que a amizade é uma forma valorizada na organização, e que os membros confiam uns nos outros e oferecem apoio mútuo. O sentimento de que boas relações prevalecem no ambiente de trabalho;

Liderança: disposição dos membros da organização para aceitar a liderança e a direção de outros qualificados. Quando surgem necessidades de liderança, os membros sentem-se livres para assumi-la e são recompensados por uma liderança bem sucedida. A liderança é baseada na perícia. A organização não pode ser dominada por uma ou duas pessoas, como não pode depender delas somente.

Outras dimensões que se assemelham aos demais fatores citados anteriormente, mas que também contribuem para o entendimento sobre o que influencia no clima organizacional, são as dimensões citadas por Luz (2001) conforme a seguir:

Imagem da empresa: detectar a imagem que o empregado tem hoje da organização e como percebe a composição da imagem do banco junto aos clientes externos;

Sentido de realização: detectar como o empregado percebe seu grau de satisfação com relação à empresa e ao seu trabalho;

Relacionamento interpessoal: detectar a percepção dos empregados quanto ao relacionamento entre os colegas de trabalho, bem como a colaboração e o trabalho em equipe;

Estilo de chefia: detectar a percepção dos empregados quanto às habilidades técnicas e comportamentais das chefias de sua área;

Comunicação: detectar a percepção dos empregados quanto à eficácia da rede de comunicação vigente na empresa;

Desempenho e qualidade: detectar como o empregado percebe o seu entendimento e comprometimento com relação à questão da qualidade e do desempenho e como essas dimensões estão sendo vivenciadas dentro da empresa;

Política de recursos humanos e benefícios: detectar a percepção dos empregados quanto aos valores que permeiam os posicionamentos da empresa nas suas relações de trabalho;

Ambiente e condições de trabalho: detectar a percepção dos empregados quanto às condições ambientais e técnicas, disponíveis para a execução de seu trabalho;

Qualidade de vida e saúde: detectar a percepção dos empregados quanto aos aspectos bio-psico-sociais que determinam seu estilo de vida.

QUESTÕES COMENTADAS PARA TJCE

01. **(CESPE/CEBRASPE – 2021 – TJ/RJ – TÉCNICO DE ATIVIDADE JUDICIÁRIA)** O controle dos atos administrativos exercido por meio de processo participativo de determinada comunidade local sobre ações de gestão pública é denominado:

a) autocontrole.
b) controle legislativo.
c) controle social.
d) controle interno.
e) controle externo.

Conforme Rafael Oliveira: "Quanto ao órgão, entidade ou pessoa responsável por sua efetivação, o controle pode ser dividido em três categorias: [...]

C: controle social – é implementado pela sociedade civil, por meio da participação nos processos de planejamento, acompanhamento, monitoramento e avaliação das ações da gestão pública e na execução das políticas e programas públicos (ex.: participação em consulta pública ou audiência pública; direito de petição ou de representação etc.)".

Diante do exposto, a alternativa correta é a C.

GABARITO: C.

02. **(CESPE/CEBRASPE – 2020 – TJ/PA – ANALISTA JUDICIÁRIO)** De acordo com o Decreto nº 1.094/1994, os instrumentos de modernização disponibilizados pelo Sistema Integrado de Administração de Serviços Gerais (SIASG) incluem:

I. o catálogo unificado de materiais e serviços.
II. o cadastramento unificado de fornecedores.
III. o registro de preços de bens e serviços.

Assinale a opção correta.

a) Nenhum item está certo.
b) Apenas os itens I e II estão certos.
c) Apenas os itens I e III estão certos.
d) Apenas os itens II e III estão certos.
e) Todos os itens estão certos.

O SIASG é um sistema auxiliar do SISG que se tornou apoio e ferramenta de transparência nos processos de compra do governo ao informatizar, operacionalizar e gerenciar os processos nele.

O catálogo de materiais e serviços (I), o cadastro de fornecedores (II), o sistema de registro de preços praticados (III) – assertivas da questão – o sistema de divulgação eletrônica de licitações, o sistema de gestão de contratos, o sistema de emissão de ordem de pagamento (Empenho), o pregão eletrônico, a cotação eletrônica e uma ferramenta de comunicação entre os seus usuários e um extrator de dados estatísticos (*Data Warehouse*) foram unificados no SIASG.

GABARITO: E.

03. **(CESPE/CEBRASPE – 2016 – PC/PE – AGENTE)**

Texto CG1A01AAA

1 O crime organizado não é um fenômeno recente.
2 Encontramos indícios dele nos grandes grupos contraban-
3 distas do antigo regime na Europa, nas atividades dos piratas
4 e corsários e nas grandes redes de receptação da Inglaterra do
5 século XVIII. A diferença dos nossos dias é que as organiza-
6 ções criminosas se tornaram mais precisas, mais profissionais.
7 Um erro na análise do fenômeno é a suposição de que
8 tudo é crime organizado. Mesmo quando se trata de uma
9 pequena apreensão de *crack* em um local remoto, alguns órgãos
10 da imprensa falam em crime organizado. Em muitos casos,
11 o varejo do tráfico é um dos crimes mais desorganizados que
12 existe. É praticado por um usuário que compra de alguém
13 umas poucas pedras de *crack* e fuma a metade. Ele não tem
14 chefe, parceiros, nem capital de giro. Possui apenas a neces-
15 sidade de suprir o vício. No outro extremo, fica o grande
16 traficante, muitas vezes um indivíduo que nem mesmo vê a
17 droga. Só utiliza seu dinheiro para financiar o tráfico ou seus
18 contatos para facilitar as transações. A organização criminosa
19 envolvida com o tráfico de drogas fica, na maior parte das
20 vezes, entre esses dois extremos. É constituída de pequenos e
21 médios traficantes e uns poucos traficantes de grande porte.
22 Nas outras atividades criminosas, a situação é a mesma.
23 O crime pode ser praticado por um indivíduo, uma quadrilha
24 ou uma organização. Portanto, não é a modalidade do crime
25 que identifica a existência de crime organizado.

MINGARDI, Guaracy. Inteligência policial e crime organizado. *In*: LIMA, Renato Sérgio de; PAULA, Liana de (Orgs.). Segurança pública e violência: o Estado está cumprindo seu papel? São Paulo: Contexto, 2006. p. 42 (com adaptações).

No texto CG1A01AAA, funciona como complemento nominal a oração:

a) "que identifica a existência de crime organizado" (L. 26).
b) "que as organizações criminosas se tornaram mais precisas, mais profissionais" (L. 5 a 7).
c) "de que tudo é crime organizado" (L. 8 e 9).
d) "para facilitar as transações" (L.19).
e) "que compra de alguém umas poucas pedras de crack" (L. 13 e 14).

A: Incorreta. Trata-se de oração subordinada adjetiva restritiva.

B: Incorreta. É uma oração subordinada substantiva predicativa.

C: Correta. A oração "de que tudo é crime organizado" complementa o sentido do termo suposição.

D: Incorreta. Trata-se de oração subordinada adverbial final.

E: Incorreta. É uma oração subordinada adjetiva restritiva.

GABARITO: C.

04. **(CESPE/CEBRASPE – 2022 – SERES/PE – POLICIAL PENAL)** São entidades privadas que celebram contrato de gestão com o Estado para cumprimento de metas de desempenho e recebimento de benefícios públicos:

a) as organizações sociais.
b) as entidades de apoio.
c) os serviços sociais autônomos.
d) as organizações da sociedade civil de interesse público.
e) as fundações.

Conforme nos dita o art. 5º da Lei nº 9.637/1998:

Art. 5º Para os efeitos desta Lei, entende-se por contrato de gestão o instrumento firmado entre o Poder Público e a entidade qualificada como organização social, com vistas à formação de parceria entre as partes para fomento e execução de atividades relativas às áreas relacionadas no art. 1º.

Posto isso, podemos concluir que a resposta correta é a alternativa A.

GABARITO: A.

QUESTÕES COMENTADAS PARA TJCE

05. (CESPE/CEBRASPE – 2021 – PM/TO – SOLDADO)

Texto 1A1-I

Apenas dez anos atrás, ainda havia em Nova York (onde moro) muitos espaços públicos mantidos coletivamente nos quais cidadãos demonstravam respeito pela comunidade ao poupá-la das suas intimidades banais. Há dez anos, o mundo não havia sido totalmente conquistado por essas pessoas que não param de tagarelar no celular. Telefones móveis ainda eram usados como sinal de ostentação ou para macaquear gente afluente. Afinal, a Nova York do final dos anos 90 do século passado testemunhava a transição inconsútil da cultura da nicotina para a cultura do celular. Num dia, o volume no bolso da camisa era o maço de cigarros; no dia seguinte, era um celular. Num dia, a garota bonitinha, vulnerável e desacompanhada ocupava as mãos, a boca e a atenção com um cigarro; no dia seguinte, ela as ocupava com uma conversa importante com uma pessoa que não era você. Num dia, viajantes acendiam o isqueiro assim que saíam do avião; no dia seguinte, eles logo acionavam o celular. O custo de um maço de cigarros por dia se transformou em contas mensais de centenas de dólares na operadora. A poluição atmosférica se transformou em poluição sonora. Embora o motivo da irritação tivesse mudado de uma hora para outra, o sofrimento da maioria contida, provocado por uma minoria compulsiva em restaurantes, aeroportos e outros espaços públicos, continuou estranhamente constante. Em 1998, não muito tempo depois que deixei de fumar, observava, sentado no metrô, as pessoas abrindo e fechando nervosamente seus celulares, mordiscando as anteninhas. Ou apenas os segurando como se fossem a mão de uma mãe, e eu quase sentia pena delas. Para mim, era difícil prever até onde chegaria essa tendência: Nova York queria verdadeiramente se tornar uma cidade de viciados em celulares deslizando pelas calçadas sob desagradáveis nuvenzinhas de vida privada, ou de alguma maneira iria prevalecer a noção de que deveria haver um pouco de autocontrole em público?

FRANZEN, Jonathan. *Como ficar sozinho*. São Paulo: Companhia das Letras, 2012. p. 17-18 (Adaptado).

O autor do texto 1A1-I considera que:

a) os celulares são tão nocivos à saúde quanto os cigarros.
b) os celulares são ainda mais viciantes que os cigarros.
c) os celulares incomodam tanto quanto os cigarros.
d) os celulares geram tantas despesas quanto os cigarros.
e) os celulares são mais poluentes que os cigarros.

A: Incorreta. No texto, o autor dá mais ênfase à questão do comportamento desrespeitoso do que "aos celulares são tão nocivos à saúde quanto os cigarros".

B: Incorreta. O autor faz uma comparação do vício do cigarro com o vício do celular, havendo uma transição entre os dois ao longo dos anos.

C: Correta. No período: "Embora o motivo da irritação tivesse mudado de uma hora para outra, o sofrimento da maioria contida, provocado por uma minoria compulsiva em restaurantes, aeroportos e outros espaços públicos, continuou estranhamente constante", há uma mudança no comportamento das pessoas, mas o incômodo continuou.

D: Incorreta. O custo de um maço de cigarro por dia foi menor do que o gasto com celulares.

E: Incorreta. "A poluição atmosférica se transformou em poluição sonora", ou seja, não se menciona o aumento ou a diminuição da poluição.

GABARITO: C.

06. (CESPE/CEBRASPE – 2021 – SEFAZ/RR – AUDITOR FISCAL DE TRIBUTOS ESTADUAIS)

Texto CG1A1-I

[...] Estavam os habitantes nas suas casas ou a trabalhar nos cultivos quando se ouviu soar o sino da igreja. O sino ainda tocou por alguns minutos mais, finalmente calou-se. Instantes depois a porta abria-se e um camponês aparecia no limiar. Ora, não sendo este o homem encarregado de tocar habitualmente o sino, compreende-se que os vizinhos lhe tenham perguntado onde se encontrava o sineiro e quem era o morto. "O sineiro não está aqui, eu é que toquei o sino", foi a resposta do camponês. "Mas então não morreu ninguém?", tornaram os vizinhos, e o camponês respondeu: "Ninguém que tivesse nome e figura de gente, toquei a finados pela Justiça porque a Justiça está morta". [...]

José Saramago. Este mundo da injustiça globalizada. Internet: <dominiopublico.gov.br> (com adaptações).

Em cada uma das opções a seguir, é apresentada uma proposta de reescrita para o seguinte trecho do texto CG1A1-I: "O sino ainda tocou por alguns minutos mais, finalmente calou-se.". Assinale a opção em que a reescrita proposta mantém a correção gramatical e os sentidos originais do trecho.

a) O sino tocou ainda mais por alguns minutos, finalmente, calou-se.
b) O sino tocou por mais alguns minutos ainda e, finalmente, calou-se.
c) O sino, finalmente, calou-se, ainda que tenha tocado mais por alguns minutos.
d) Finalmente, o sino, que havia tocado mais por alguns minutos, calou-se.
e) O sino tocou por alguns minutos ainda, mais se calou finalmente.

A palavra "mais", no sentido original do texto, exerce a função de pronome indefinido para quantificar o substantivo "minutos". A palavra "ainda" apareceu como advérbio de tempo para a forma verbal "tocou".

A: Incorreta. As palavras "ainda mais" reforçam a forma verbal "tocou", e, dessa forma, surge o sentido de que o sino já tocava muito, e agora tocou ainda mais.

B: Correta. A palavra "mais" continua quantificando "alguns minutos", e o advérbio "finalmente" aparece corretamente entre vírgulas; além disso, a palavra "ainda" ocorre como advérbio de tempo dentro da mesma oração que a forma verbal "tocou", o que conserva sua referência original.

C: Incorreta. O advérbio "mais" ocorre novamente para intensificar "tocado", em vez de informar quantidade de minutos; além disso, a locução "ainda que" traz sentido concessivo, que não havia no trecho original do texto.

D: Incorreta. A palavra "mais" surge como advérbio de intensidade para reforçar o verbo no particípio "tocado", e assim deixa de expressar a quantidade de minutos.

E: Incorreta. A palavra "mais" apareceu após a vírgula com sentido adversativo como também a conjunção "porém". Assim, era preciso escrever "mas". Ao empregar "mais se calou", a palavra "mais" atua como advérbio de intensidade para reforçar "se calou", e justifica a próclise obrigatória.

GABARITO: B.

07. (CESPE/CEBRASPE – 2016 – PC/GO – ESCRIVÃO SUBSTITUTO) Assinale a opção correta a respeito do controle da administração pública.

a) O ato regulamentar que extrapola os limites da lei regulamentada acaba por vulnerá-la, podendo resultar em controle judicial quanto à sua constitucionalidade por afronta aos princípios da legalidade e da reserva legal.

b) O poder de fiscalização de uma pessoa jurídica integrante da administração indireta por ente da administração direta consagra a chamada tutela administrativa, verdadeiro controle por vinculação que se dá pelas vias política, institucional, administrativa e financeira.

c) A vedação ao controle judicial do mérito dos atos administrativos não impede que o Poder Judiciário reavalie de forma ampla os critérios de correção de banca examinadora em concurso público.

d) Em razão dos princípios da continuidade do serviço público e da eficiência o controle administrativo deve ser exercido de forma prévia/preventiva ou posterior/repressiva, sendo descabida a sua realização concomitantemente com a prática do ato.

e) A discricionariedade administrativa somente é cabível na hipótese de o administrador se deparar com conceitos jurídicos indeterminados.

A: Incorreta. Ato regulamentar é editado pelo Poder Executivo e, consequentemente, será sujeito à controle Legislativo – vide art. 49, V, da CF/1988:

Art. 49 É da competência exclusiva do Congresso Nacional: [...]

V – sustar os atos normativos do Poder Executivo que exorbitem do poder regulamentar ou dos limites de delegação legislativa.

B: Correta. Acerca do tema, ficamos com o ensinamento de Hely Lopes Meirelles: "Controle finalístico – É o que a norma legal estabelece para as entidades autônomas, indicando a autoridade controladora, as faculdades a serem exercitadas e as finalidades objetivadas. Por isso mesmo, é sempre um controle limitado e externo. Não tem fundamento hierárquico, porque não há subordinação entre a entidade controlada e 'a autoridade ou o órgão controlador. É um controle teleológico, de verificação do enquadramento da instituição no programa geral do governo e de seu acompanhamento dos atos de seus dirigentes no desempenho de suas funções estatutárias, para o atingimento das finalidades da entidade controlada" (*Direito Administrativo Brasileiro*. 42. ed. São Paulo: Malheiros, 2016, p. 797).

C: Incorreta. Há um consenso jurisdicional de que os critérios de correção usados pela banca examinadora não poderão ser objeto de controle judiciário.

D: Incorreta. Segundo Hely Lopes Meirelles: "Controle concomitante ou sucessivo – É todo aquele que acompanha a realização do ato para verificar a regularidade de sua formação, por exemplo, a realização de auditoria durante a execução do orçamento; o seguimento de um concurso pela corregedoria competente; a fiscalização de um contrato em andamento" (*Direito Administrativo Brasileiro*. 42. ed. São Paulo: Malheiros, 2016, p. 798).

E: Incorreta. Também é possível o uso da discricionariedade quando a lei assim autorizar.

GABARITO: B.

08. (CESPE/CEBRASPE – 2022 – SERES/PE – POLICIAL PENAL) *Suítes* de escritório, como o *Microsoft Office* 365, quando executadas na nuvem, são um exemplo de:
    a) *software as a service.*
    b) *business process as a service.*
    c) *platform as a service.*
    d) *functions as a service.*
    e) *infrastructure as a service.*

A: Correta. *SAAS* é o programa como serviço é fornecido ao usuário aplicação para uso, por exemplo: Microsoft 365.

B: Incorreta. *Business Process as a Service* é o processo de negócio, processo organizacional ou método de negócio é um conjunto de atividades ou tarefas estruturadas relacionadas que produzem um serviço ou produto específico para clientes.

C: Incorreta. *PAAS* é a plataforma como serviço é um tipo de nuvem específica para testes e desenvolvimentos de programas.

D: Incorreta. *Functions as a Service* é a função como serviço é uma categoria de serviços de computação em nuvem que fornece uma plataforma que permite aos clientes desenvolver, executar e gerenciar funcionalidades de aplicativos sem a complexidade de construir e manter a infraestrutura normalmente associada ao desenvolvimento e lançamento de um aplicativo.

E: Incorreta. *IAAS* é a infraestrutura como serviço é o tipo mais completo de nuvem, nele o usuário deverá contratar todos os recursos computacionais e também os configurar.

GABARITO: A.

09. (CESPE/CEBRASPE – 2020 – TJ/PA – AUXILIAR JUDICIÁRIO) Considerando a aplicação da metodologia de planejamento estratégico (BSC – *Balanced Score Card*) em um tribunal, assinale a opção que apresenta uma iniciativa estratégica integrante da perspectiva processos internos.
    a) A implantação de modelo de gestão por competências
    b) aprimoramento da formação de magistrados e servidores
    c) fortalecimento da governança na área de tecnologia de informação
    d) aperfeiçoamento da gestão do processo judicial eletrônico
    e) fortalecimento da política de atenção à saúde e qualidade de vida

O BSC (*Balanced Score Card*) é uma ferramenta de gestão do desempenho. Ela apresenta a abordagem de acordo com as perspectivas financeira, do cliente, dos processos internos e do aprendizado e conhecimento. A banca requereu a perspectiva de processos internos.

Na perspectiva dos processos internos a ênfase está na excelência dos processos, na qualidade, produtividade e logística. Assim a alternativa D, aperfeiçoamento da gestão do processo judicial eletrônico é a resposta esperada.

A implantação de modelo de gestão por competências e o fortalecimento da política de atenção à saúde e qualidade de vida diz respeito à perspectiva do aprendizado e crescimento pois está diretamente relacionada à motivação das pessoas.

O aprimoramento da formação de magistrados e servidores indica a perspectiva do cliente, pois atua diretamente na satisfação deles.

O fortalecimento da governança na área de tecnologia remete à perspectiva financeira, uma vez que visa a "lucratividade" do tribunal.

GABARITO: D.

10. (CESPE/CEBRASPE – 2022 – PC/PB – ESCRIVÃO) O vírus que permite mudar sua própria aparência e alterar padrões de comportamento é do tipo:
    a) veículo de transporte.
    b) metamórfico.
    c) de disseminação ultrarrápida.
    d) multiexploração.
    e) polimórfico.

O vírus metamórfico pode se transformar com base na capacidade de converter, editar e reescrever seu próprio código. Considerado o vírus de computador mais infeccioso, quando não é detectado rapidamente, pode causar graves danos ao sistema. A verificação antivírus tem dificuldade para detectar esse tipo de vírus, pois ele pode mudar sua estrutura interna, reescrevendo e reprogramando-se cada vez que infecta um sistema de computadores. Ele é diferente dos vírus polimórficos, que criptografam seu código original para não serem detectados. Devido a sua complexidade, a criação de vírus metamórficos requer amplo conhecimento de programação.

GABARITO: B.

11. (CESPE/CEBRASPE – 2018 – PC/MA – PERITO CRIMINAL)

Texto 1A1BBB

1   Se, nos Estados Unidos da América, surgem mais e mais
2   casos de assédio sexual em ambientes profissionais — como os
3   que envolvem produtores e atores de cinema —, no 4 Brasil, o
4   número de processos desse tipo caiu 7,5% entre 2015 e 2016.
5   Até setembro de 2017, foram registradas 4.040 ações 7
6   judiciais sobre assédio sexual no trabalho, considerando-se
7   só a primeira instância. [...]

RANGEL, Anna. *Medo de represálias inibe queixas de assédio sexual no trabalho*. Internet: (com adaptações).

No texto 1A1BBB, o trecho "4.040 ações judiciais sobre assédio sexual no trabalho" (L. 6 e 7) tem a mesma função sintática de:

a) 'mais protegidas para falar' (L. 17 e 18).
b) "chantagem de um superior sobre um subordinado" (L. 19 e 20).
c) "queixas de assédio" (L.15).
d) 'por medo de serem culpabilizadas' (L.12).
e) "mais e mais casos de assédio sexual" (L. 1 e 2).

A: Incorreta. "[...] 'mais protegidas para falar' [...]": predicativo do sujeito

B: Incorreta. "[...] chantagem de um superior sobre um subordinado [...]": objeto direto

C: Incorreta. "[...] queixas de assédio [...]": objeto direto

D: Incorreta. "[...] 'por medo de serem culpabilizadas' [...]": adjunto adverbial de causa.

E: Correta. O trecho "[...] 4.040 ações judiciais sobre assédio sexual no trabalho [...]" funciona como sujeito da voz passiva analítica. A mesma função exercida por "[...] mais e mais casos de assédio sexual [...]"

GABARITO: E.

12. (CESPE/CEBRASPE – 2016 – PC/PE – AGENTE) Considerando as fontes do Direito Administrativo como sendo aquelas regras ou aqueles comportamentos que provocam o surgimento de uma norma posta, assinale a opção correta.

a) A lei é uma fonte primária e deve ser considerada em seu sentido amplo para abranger inclusive os regulamentos administrativos.
b) O acordo é uma importante fonte do direito administrativo por ser forma de regulamentar a convivência mediante a harmonização de pensamentos.
c) Os costumes, pela falta de norma escrita, não podem ser considerados como fonte do direito administrativo.
d) A jurisprudência é compreendida como sendo aquela emanada por estudiosos ao publicarem suas pesquisas acerca de determinada questão jurídica.
e) Uma doutrina se consolida com reiteradas decisões judiciais sobre o mesmo tema.

A: Correta. Acerca do tema, ficamos com o ensinamento de Alexandre Mazza: "No Direito Administrativo, somente a lei constitui fonte primária na medida em que as demais fontes (secundárias) estão a ela subordinadas. Doutrina, jurisprudência e costumes são fontes secundárias. [...]" A lei é o único veículo habilitado para criar diretamente deveres e proibições, obrigações de fazer ou não fazer, no Direito Administrativo. Esse é o sentido da regra estabelecida no art. 5º, II, da Constituição Federal: "ninguém será obrigado a fazer ou deixar de fazer alguma coisa senão em virtude de lei". Por lei deve-se entender aqui qualquer veículo normativo que expresse a vontade popular: Constituição Federal, emendas constitucionais, Constituições Estaduais, Leis Orgânicas, leis ordinárias, leis complementares, leis delegadas, decretos legislativos, regulamentos, resoluções e medidas provisórias." (MAZZA, 2022, p.138).

B: Incorreta. Acordo é ótimo no ramo do direito privado. Nada tem a ver com o Direito Administrativo.

C: Incorreta. Os costumes, embora não sejam na forma escrita, compõem fontes secundárias do Direito Administrativo.

D: Incorreta. Aqui a alternativa traz o conceito de doutrina.

E: Incorreta. Aqui, temos o conceito de jurisprudência.

GABARITO: A.

13. (CESPE/CEBRASPE – 2021 – TJ/RJ – TÉCNICO DE ATIVIDADE JUDICIÁRIA)

Texto CG1A1

Na casa vazia, sozinha com a empregada, já não andava como um soldado, já não precisava tomar cuidado. Mas sentia falta da batalha das ruas. Melancolia da liberdade, com o horizonte ainda tão longe. Dera-se ao horizonte. Mas a nostalgia do presente. O aprendizado da paciência, o juramento da espera. Do qual talvez não soubesse jamais se livrar. A tarde transformando-se em interminável e, até todos voltarem para o jantar e ela poder se tornar com alívio uma filha, era o calor, o livro aberto e depois fechado, uma intuição, o calor: sentava-se com a cabeça entre as mãos, desesperada. Quando tinha dez anos, relembrou, um menino que a amava jogara-lhe um rato morto. Porcaria! berrara branca com a ofensa. Fora uma experiência. Jamais contara a ninguém. Com a cabeça entre as mãos, sentada. Dizia quinze vezes: sou vigorosa, sou vigorosa, sou vigorosa — depois percebia que apenas prestara atenção à contagem. Suprindo com a quantidade, disse mais uma vez: sou vigorosa, dezesseis. E já não estava mais à mercê de ninguém.

Desesperada porque, vigorosa, livre, não estava mais à mercê. Perdera a fé. Foi conversar com a empregada, antiga sacerdotisa. Elas se reconheciam. As duas descalças, de pé na cozinha, a fumaça do fogão. Perdera a fé, mas, à beira da graça, procurava na empregada apenas o que esta já perdera, não o que ganhara. Fazia-se pois distraída e, conversando, evitava a conversa. "Ela imagina que na minha idade devo saber mais do que sei e é capaz de me ensinar alguma coisa", pensou, a cabeça entre as mãos, defendendo a ignorância como a um corpo. Faltavam-lhe elementos, mas não os queria de quem já os esquecera. A grande espera fazia parte. Dentro da vastidão, maquinando.

Clarice Lispector. *Preciosidade*. In: *Laços de Família*. Rio de Janeiro: Rocco, 1998, p. 86-87 (com adaptações).

No trecho "Suprindo com a quantidade, disse mais uma vez: sou vigorosa, dezesseis", do texto CG1A1, o sinal de dois-pontos está empregado com a finalidade de introduzir:

a) um pensamento.
b) uma síntese.
c) uma fala.
d) um esclarecimento.
e) uma exemplificação.

"Suprindo com a quantidade, disse mais uma vez: sou vigorosa, dezesseis", ou seja, os dois-pontos foram usados para mostrar a fala da personagem.

GABARITO: C.

14. (CESPE/CEBRASPE – 2018 – PC/MA – INVESTIGADOR) De acordo com a doutrina majoritária, os elementos fundamentais do ato administrativo são o(a):

a) forma, a competência, a atribuição, a finalidade e o objeto.
b) objeto, a finalidade, o motivo, a competência e a tipicidade.
c) competência, a forma, o objeto, o motivo e a finalidade.
d) motivo, o objeto, a finalidade, a autoexecutoriedade e a força coercitiva.
e) objeto, o motivo, a competência, a finalidade e a abrangência.

Os elementos ou requisitos fundamentais do ato administrativo são competência, finalidade, forma, motivo e objeto.

GABARITO: C.

15. **(CESPE/CEBRASPE – 2021 – SEFAZ/RR – AUDITOR FISCAL DE TRIBUTOS ESTADUAIS)**

Texto CG1A1-I

Começarei por vos contar em brevíssimas palavras um fato notável da vida camponesa ocorrido numa aldeia dos arredores de Florença há mais de quatrocentos anos. Permito-me pedir toda a vossa atenção para este importante acontecimento histórico porque, ao contrário do que é corrente, a lição moral extraível do episódio não terá de esperar o fim do relato, saltar-vos-á ao rosto não tarda.

Estavam os habitantes nas suas casas ou a trabalhar nos cultivos quando se ouviu soar o sino da igreja. O sino ainda tocou por alguns minutos mais, finalmente calou-se. Instantes depois a porta abria-se e um camponês aparecia no limiar. Ora, não sendo este o homem encarregado de tocar habitualmente o sino, compreende-se que os vizinhos lhe tenham perguntado onde se encontrava o sineiro e quem era o morto. "O sineiro não está aqui, eu é que toquei o sino", foi a resposta do camponês. "Mas então não morreu ninguém?", tornaram os vizinhos, e o camponês respondeu: "Ninguém que tivesse nome e figura de gente, toquei a finados pela Justiça porque a Justiça está morta".

Que acontecera? Acontecera que o ganancioso senhor do lugar andava desde há tempos a mudar de sítio os marcos das estremas das suas terras. O lesado tinha começado por protestar e reclamar, depois implorou compaixão, e finalmente resolveu queixar-se às autoridades e acolher-se à proteção da justiça. Tudo sem resultado, a espoliação continuou. Então, desesperado, decidiu anunciar a morte da Justiça. Não sei o que sucedeu depois, não sei se o braço popular foi ajudar o camponês a repor as estremas nos seus sítios, ou se os vizinhos, uma vez que a Justiça havia sido declarada defunta, regressaram resignados, de cabeça baixa e alma sucumbida, à triste vida de todos os dias.

Suponho ter sido esta a única vez que, em qualquer parte do mundo, um sino chorou a morte da Justiça. Nunca mais tornou a ouvir-se aquele fúnebre dobre da aldeia de Florença, mas a Justiça continuou e continua a morrer todos os dias. Agora mesmo, neste instante, longe ou aqui ao lado, à porta da nossa casa, alguém a está matando. De cada vez que morre, é como se afinal nunca tivesse existido para aqueles que nela tinham confiado, para aqueles que dela esperavam o que da Justiça todos temos o direito de esperar: justiça, simplesmente justiça. Não a que se envolve em túnicas de teatro e nos confunde com flores de vã retórica judicialista, não a que permitiu que lhe vendassem os olhos e viciassem os pesos da balança, não a da espada que sempre corta mais para um lado que para o outro, mas uma justiça pedestre, uma justiça companheira cotidiana dos homens, uma justiça para quem o justo seria o mais rigoroso sinônimo do ético, uma justiça que chegasse a ser tão indispensável à felicidade do espírito como indispensável à vida é o alimento do corpo. Uma justiça exercida pelos tribunais, sem dúvida, sempre que a isso os determinasse a lei, mas também, e sobretudo, uma justiça que fosse a emanação espontânea da própria sociedade em ação, uma justiça em que se manifestasse, como um iniludível imperativo moral, o respeito pelo direito a ser que a cada ser humano assiste.

José Saramago. Este mundo da injustiça globalizada. Internet: <dominiopublico.gov.br> (com adaptações).

Com relação aos aspectos linguísticos do texto CG1A1-I, é correto afirmar que pertencem à classe gramatical dos adjetivos os termos:

a) "tarda", em "saltar-vos-á ao rosto não tarda" (primeiro parágrafo), e "confiado", em "é como se afinal nunca tivesse existido para aqueles que nela tinham confiado" (último parágrafo).

b) "camponesa", em "um fato notável da vida camponesa" (primeiro parágrafo), e "extraível", em "a lição moral extraível do episódio não terá de esperar o fim do relato" (primeiro parágrafo).

c) "estremas", em "o ganancioso senhor do lugar andava desde há tempos a mudar de sítio os marcos das estremas das suas terras" (terceiro parágrafo), e "espontânea", em "uma justiça que fosse a emanação espontânea da própria sociedade em ação" (último parágrafo).

d) "declarada", em "uma vez que a Justiça havia sido declarada defunta, regressaram resignados" (terceiro parágrafo), e "imperativo", em "como um iniludível imperativo moral" (último parágrafo).

e) "morto", em "quem era o morto" (segundo parágrafo), e "qualquer", em "Suponho ter sido esta a única vez que, em qualquer parte do mundo, um sino chorou a morte da Justiça" (último parágrafo).

A: Incorreta. As duas palavras apontadas na alternativa classificam-se morfologicamente como verbos.

B: Correta. As duas destacadas na alternativa classificam-se morfologicamente como adjetivos. A palavra "camponesa" é adjetivo em relação ao substantivo "vida", e "extraível" é adjetivo em relação ao substantivo "lição".

C: Incorreta. A palavra "estremas" classifica-se como substantivo, e a palavra "espontânea" é adjetivo de "emanação".

D: Incorreta. A palavra "declarada" é o verbo principal da locução verbal passiva "havia sido declarada", já o vocábulo "imperativo" é classificado como substantivo.

E: Incorreta. A palavra "morto" classifica-se como substantivo, e a palavra "qualquer" é um pronome indefinido.

GABARITO: B.

16. **(CESPE/CEBRASPE – 2021 – PREFEITURA DE ARACAJU/SE – AUDITOR FISCAL DO MUNICÍPIO)**

Texto CB1A1-I

Quais são as consequências dessa pandemia no que diz respeito à reflexão sobre igualdade, interdependência global e nossas obrigações uns com os outros? O vírus não discrimina. Por conta da forma pela qual se move e ataca, ele demonstra que a comunidade humana é igualmente precária. Ao mesmo tempo, contudo, o fracasso por parte de certos Estados ou regiões em se prepararem adequadamente de antemão, o fechamento de fronteiras e a chegada de empreendedores ávidos para capitalizar em cima do sofrimento global, tudo isso atesta a velocidade com a qual a desigualdade radical e a exploração capitalista encontram formas de reproduzir e fortalecer seus poderes no interior das zonas de pandemia. Um cenário que já podemos imaginar é a produção e comercialização de uma vacina eficaz contra a covid-19. Nós certamente veremos os ricos e os plenamente assegurados correrem para garantir acesso a qualquer vacina quando ela se tornar disponível. A desigualdade social e econômica garantirá a discriminação. O vírus por si só não discrimina, mas nós humanos certamente o fazemos, moldados e movidos como somos pelos poderes casados do nacionalismo, do racismo, da xenofobia e do capitalismo. Parece provável que passaremos a ver, no próximo ano, um cenário doloroso no qual algumas criaturas humanas afirmam seu direito de viver ao custo de outras, reinscrevendo a distinção espúria entre vidas passíveis e não passíveis de luto, isto é, entre aqueles que devem ser protegidos contra a morte a qualquer custo e aqueles cujas vidas não valem o bastante para serem salvaguardadas da doença e da morte.

Judith Butler. O capitalismo tem seus limites. Internet: blogdaboitempo.com.br (com adaptações).

No texto CB1A1-I, a autora:

a) atesta que o desenvolvimento da vacina agravou a desigualdade social e econômica por meio da discriminação.

b) questiona as consequências da pandemia com base em uma variável específica: a polarização política.

c) alerta sobre a precariedade das pessoas vulneráveis ao vírus.

d) aventa as razões por que a pandemia potencializa a vulnerabilidade de determinadas pessoas.

e) reflete sobre a evolução histórica do capitalismo como um sistema que sobressai em relação ao bem-estar coletivo.

A: Incorreta. No momento em que o texto foi escrito, a vacina ainda não estava disponível.

B: Incorreta. A autora versa sobre as consequências da pandemia com base em algumas variáveis, como "o fracasso por parte de certos Estados ou regiões em se prepararem adequadamente de antemão, o fechamento de fronteiras e a chegada de empreendedores ávidos para capitalizar em cima do sofrimento global", ou seja, do capitalismo.

C: Incorreta. A autora aborda que o vírus não discrimina, isto é, qualquer pessoa pode se contaminar.

D: Correta. "Aventar" quer dizer "expor", "sugerir". De acordo com o texto, temos: "Nós certamente veremos os ricos e os plenamente assegurados correrem para garantir acesso a qualquer vacina quando ela se tornar disponível. A desigualdade social e econômica garantirá a discriminação" – a autora expõe as razões pelas quais a pandemia potencializa a vulnerabilidade de determinadas pessoas, ou seja, quem tem dinheiro conseguirá acesso mais rapidamente à vacina.

E: Incorreta. O foco do texto não é refletir sobre a evolução histórica do capitalismo, mas sim intensificar as diferenças sociais e econômicas que já existem.

GABARITO: D.

17. **(CESPE/CEBRASPE – 2018 – PC/MA – ESCRIVÃO)** Ao produzir um texto utilizando o programa Microsoft Word 2016, um usuário realizou, de modo sucessivo, os seguintes procedimentos:
- Selecionou parte do texto e, logo em seguida, acionou o atalho formado pelas teclas Ctrl e X;
- Digitou algumas palavras;
- Acionou o atalho formado pelas teclas Ctrl e V;
- Digitou mais algumas palavras.

Caso, a seguir, o usuário pretenda inserir, novamente, por meio do atalho formado pelas teclas Ctrl e V, o texto selecionado no início do procedimento descrito,

a) será exibida uma caixa de diálogo contendo a parte do texto inicialmente selecionada para a área de transferência.

b) aparecerá uma mensagem de erro, pois o Word 2016 não possibilita a execução reiterada de procedimentos.

c) o texto selecionado no primeiro procedimento será inserido a partir do ponto em que o cursor estiver posicionado.

d) o documento não sofrerá alteração, pois não há texto na área de transferência em virtude de o usuário já ter acionado o atalho formado pelas teclas Ctrl e V anteriormente.

e) nada ocorrerá, pois o trecho selecionado mediante as teclas Ctrl e X já foi usado; nesse caso, o usuário deverá selecionar o texto novamente e acionar o atalho formado pelas teclas Ctrl e C.

A: Incorreta. Selecionando as teclas Ctrl e V, será adicionado o último texto copiado ou recortado pelo usuário, e será colado no local onde o cursor se encontra. Não haverá a exibição de caixa de diálogo.

B: Incorreta. Selecionando as teclas Ctrl e V, será adicionado o último texto copiado ou recortado pelo usuário, e será colado no local onde o cursor se encontra. Não será exibida uma mensagem de erro.

C: Correta. Os aplicativos de escritório, como editores de texto, planilhas e apresentações do google, MS Office e outros, permitem que o usuário insira o mesmo texto recortado ou copiado. Esse texto ficará na área de transferência até que seja colado em algum local. Assim, caso o usuário selecione as teclas Ctrl e V, o texto será colado no local onde o cursor se encontra e, se selecionar as teclas novamente, o texto será reinserido, quantas vezes forem selecionadas as teclas.

D: Incorreta. O texto permanecerá na área de transferência mesmo que sejam selecionadas as teclas indicadas, permitindo que o usuário utilize as informações copiadas quantas vezes ele desejar.

E: Incorreta. Quando selecionadas as teclas Ctrl e X, o texto selecionado será recortado, mas permanecerá na área de transferência, permitindo ao usuário a utilização da informação recortada quantas vezes desejar, não havendo necessidade de copiar novamente (Ctrl + C) para que isso aconteça.

GABARITO: C.

18. **(CESPE/CEBRASPE – 2020 – TJ/PA – ANALISTA JUDICIÁRIO)** Assinale a opção que indica atividade inerente à função administrativa chamada de organização.

a) distribuição dos processos de trabalho em departamentos.

b) definição da visão de futuro da instituição e dos valores a serem cumpridos pelos empregados.

c) criação de sistemas de monitoramento dos prazos e da qualidade dos serviços prestados.

d) realização de reuniões para orientação sobre a execução de atividades na busca de engajamento e alcance de resultados.

e) avaliação das metas alcançadas em cada departamento da organização.

A: Correta. A organização é a função administrativa que se incumbe de identificar, organizar e agrupar as atividades necessárias para se atingir os objetivos da empresa.

B: Incorreta. Trata-se da função planejamento.

C: Incorreta. Trata-se da função controle.

D: Incorreta. Trata-se da função direção.

E: Incorreta. Trata-se da etapa de avaliação que ocorre após a finalização do que já foi feito.

GABARITO: A.

19. **(CESPE/CEBRASPE – 2018 – PC/MA – INVESTIGADOR)** Acerca da organização político-administrativa do Estado, julgue os itens a seguir.

I. O desmembramento de um município será determinado por lei municipal, dentro do período determinado por lei complementar federal, e dependerá de consulta prévia, mediante plebiscito, às populações dos municípios envolvidos, inexistindo a necessidade de divulgação prévia de estudos de viabilidade municipal na imprensa oficial.

II. Os estados podem incorporar-se entre si, mediante a aprovação da população diretamente interessada, por meio de plebiscito, e do Congresso Nacional, por lei complementar.

III. É permitida somente à União a criação de distinções entre brasileiros.

Assinale a opção correta.

a) Apenas o item I está certo.
b) Apenas o item II está certo.
c) Apenas os itens I e III estão certos.
d) Apenas os itens II e III estão certos.
e) Todos os itens estão certos.

I: Incorreto. De acordo com a CF/1988:

Art. 18, § 4º A criação, a incorporação, a fusão e o desmembramento de Municípios, far-se-ão por lei estadual, dentro do período determinado por Lei Complementar Federal, e dependerão de consulta prévia, mediante plebiscito, às populações dos Municípios envolvidos, após divulgação dos Estudos de Viabilidade Municipal, apresentados e publicados na forma da lei.

II: Correto. De acordo com a CF/1988:

Art. 18, § 3º Os Estados podem incorporar-se entre si, subdividir-se ou desmembrar-se para se anexarem a outros, ou formarem novos Estados ou Territórios Federais, mediante aprovação da população diretamente interessada, através de plebiscito, e do Congresso Nacional, por lei complementar.

III: Incorreto. Somente a CF/1988 pode estabelecer distinção entre brasileiros natos e naturalizados.

GABARITO: B.

20. (CESPE/CEBRASPE – 2021 – TJ/RJ – ANALISTA JUDICIÁRIO)

Texto CG1A1-I

Prática já adotada pela população de países asiáticos para se proteger de doenças respiratórias transmitidas principalmente no inverno, o uso de máscaras se mostrou um instrumento eficaz na prevenção ao novo coronavírus; no entanto, crianças pequenas não devem usá-las. Especialistas lembram que, para quem tem menos de dois anos de idade, o uso de máscara facial pode dificultar a respiração e até aumentar o risco de asfixia.

"O sufocamento é o principal risco. Não somente crianças menores de dois anos, mas também crianças com doenças pulmonares, como asmáticos em crise, ou crianças com distúrbios neurológicos não devem usar máscaras", afirmam infectologistas.

Renata Okumura. O Estado de São Paulo. 28/5/2020 (com adaptações)

Infere-se do texto CG1A1-I que o uso de máscaras faciais é:

a) considerado ineficaz por infectologistas para prevenir o contágio pelo coronavírus em crianças, independentemente da idade.
b) recomendado por infectologistas para crianças com distúrbios neurológicos, desde que elas sejam supervisionadas pelos pais.
c) desaconselhado por infectologistas para crianças com distúrbios neurológicos, independentemente da idade, devido ao risco de asfixia.
d) indicado por infectologistas para proteger crianças asmáticas, com dificuldade de respiração, por impedir o contágio pelo coronavírus.
e) aconselhado por infectologistas para crianças menores de dois anos de idade, desde que não tenham doenças pulmonares.

A: Incorreta. Segundo o texto, o uso de máscaras se mostrou um instrumento eficaz.

B: Incorreta. Crianças com distúrbios neurológicos não devem usar máscaras.

C: Correta. Para crianças com distúrbios neurológicos, independentemente da idade, o sufocamento é o principal risco.

D: Incorreta. A máscara não é indicada para crianças asmáticas.

E: Incorreta. O uso não é recomendado para crianças menores de dois anos de idade.

GABARITO: C.

21. (CESPE/CEBRASPE – 2021 – PM/TO – SOLDADO)

Texto 1A2-II

Ainda na véspera eram seis viventes, contando com o papagaio. Coitado, morrera na areia do rio, onde haviam descansado, à beira de uma poça: a fome apertara demais os retirantes e por ali não existia sinal de comida. A cachorra Baleia jantara os pés, a cabeça, os ossos do amigo, e não guardava lembrança disto. Agora, enquanto parava, dirigia as pupilas brilhantes aos objetos familiares, estranhava não ver sobre o baú de folha a gaiola pequena onde a ave se equilibrava mal. Fabiano também às vezes sentia falta dele, mas logo a recordação chegava. Tinha andado a procurar raízes, à toa: o resto da farinha acabara, não se ouvia um berro de rês perdida na caatinga. Sinha Vitória, queimando o assento no chão, as mãos cruzadas segurando os joelhos ossudos, pensava em acontecimentos antigos que não se relacionavam: festas de casamento, vaquejadas, novenas, tudo numa confusão. Despertara-a um grito áspero, vira de perto a realidade e o papagaio, que andava furioso, com os pés apalhetados, numa atitude ridícula. Resolvera de supetão aproveitá-lo como alimento e justificar-se declarando a si mesma que ele era mudo e inútil. Não podia deixar de ser mudo. Ordinariamente a família falava pouco. E depois daquele desastre viviam todos calados, raramente soltavam palavras curtas. O louro aboiava, tangendo um gado inexistente, e latia arremedando a cachorra.

As manchas dos juazeiros tornaram a aparecer, Fabiano aligeirou o passo, esqueceu a fome, a canseira e os ferimentos. As alpercatas dele estavam gastas nos saltos, e a embira tinha-lhe aberto entre os dedos rachaduras muito dolorosas. Os calcanhares, duros como cascos, gretavam-se e sangravam.

Num cotovelo do caminho, avistou um canto de cerca, encheu-o a esperança de achar comida, sentiu desejo de cantar. A voz saiu-lhe rouca, medonha. Calou-se para não estragar a força.

Deixaram à margem do rio, acompanharam a cerca, subiram uma ladeira, chegaram aos juazeiros. Fazia tempo que não viam sombra.

RAMOS, Graciliano. Vidas secas. 107. ed. (Adaptado).

Infere-se do texto 1A2-II que:

a) a cachorra Baleia matou o papagaio para aproveitá-lo como alimento.
b) a fome fez Fabiano esquecer-se dos outros viventes à beira do rio.
c) Sinha Vitória sentia tanta fome que não conseguia lembrar-se de alguns fatos passados de sua vida.
d) o papagaio sabia imitar o latido da Baleia.
e) Fabiano levava o gado para pastar perto do rio.

O verbo "inferir" quer dizer "concluir, deduzir". Dessa forma, nem sempre a resposta estará no texto, ou seja, deve-se fazer a sua inferência.

A: Incorreta. A cachorra "Baleia" não matou o papagaio, ele morreu na areia do rio.

B: Incorreta. "Fabiano também, às vezes, sentia falta dele, mas logo a recordação chegava. Tinha andado a procurar raízes, à toa: o resto da farinha acabara, não se ouvia um berro de rês perdida na caatinga". Apesar da fome, ainda se lembrava do papagaio.

C: Incorreta. Sinha Vitória, mesmo com fome, se lembrava das festas de casamento, vaquejadas, novenas, tudo em uma confusão.

D: Correta. "O louro aboiava, tangendo um gado inexistente, e latia arremedando a cachorra". Infere-se do trecho que o papagaio sabia imitar o latido da cachorra "Baleia".

E: Incorreta. Em: "Tinha andado a procurar raízes, à toa: o resto da farinha acabara, não se ouvia um berro de rês perdida na caatinga", fica evidente que não havia mais gado.

GABARITO: D.

22. (CESPE/CEBRASPE – 2020 – TJ/PA – ANALISTA JUDICIÁRIO) Fatores críticos de sucesso, como aspectos fundamentais para que uma organização tenha sucesso em termos de desempenho e resultados, são elementos vinculados com a fase do controle como processo cíclico e interativo, conhecida como:

a) estabelecimento de padrões.
b) comparação do desempenho.
c) ação corretiva.
d) avaliação do desempenho.
e) ação preventiva.

A: Incorreta. Ligado ao planejamento.

B: Correta. Comparar de desempenho caracteriza o processo cíclico devido a retomada ao momento anterior ou processo anterior.

C: Incorreta. Ligado ao controle.

D: Incorreta. Relacionado a evento específico e momentâneo, logo não é cíclico.

E: Incorreta. Ligado ao controle.

GABARITO: B.

23. (CESPE/CEBRASPE – 2021 – TJ/RJ – ANALISTA JUDICIÁRIO) O entendimento de que o ato administrativo é considerado válido até que se prove em contrário corresponde ao atributo da:

a) tipicidade.
b) exigibilidade.
c) presunção de legitimidade.
d) imperatividade.
e) autoexecutoriedade.

Os atributos do ato administrativo são os seguintes:

- Presunção de legitimidade: presume-se que os atos sejam legítimos.

- Autoexecutoriedade: executar atos, independentemente do Poder Judiciário.

- Tipicidade: a lei deve prever os tipos de atos e suas consequências.

- Imperatividade: impor obrigações, independentemente da anuência do particular.

Diante do exposto, a alternativa correta é a C.

GABARITO: C.

24. (CESPE/CEBRASPE – 2021 – PM/TO – SOLDADO)

Texto 1A2-I

O papel da polícia militar é exclusivamente o patrulhamento ostensivo. É por isso que essa é a polícia que anda fardada e caracterizada, mostrando sua presença ostensiva e passando segurança à sociedade.

Nesse contexto, a polícia militar tem papel de relevância, uma vez que se destaca, também, como força pública, primando pelo zelo, pela honestidade e pela correção de propósitos com a finalidade de proteger o cidadão, a sociedade e os bens públicos e privados, coibindo os ilícitos penais e as infrações administrativas.

Nos dias atuais, a polícia militar, além de suas atribuições constitucionais, desempenha várias outras atribuições que, direta ou indiretamente, influenciam no cotidiano das pessoas, na medida em que colabora com todos os segmentos da sociedade, diminuindo conflitos e gerando a sensação de segurança que a comunidade anseia.

De uma forma bem simples, a polícia militar cuida daquilo que está acontecendo ou que acabou de acontecer, enquanto a polícia civil cuida daquilo que já aconteceu e que demanda investigação, ou seja, a polícia militar é aquela que cuida e previne, e a polícia civil é aquela que busca quem fez.

Internet: www.pm.to.gov.br (Adaptado).

De acordo com as ideias do texto 1A2-I, de forma geral, a polícia militar distingue-se da polícia civil por:

a) fazer rondas e investigar os cidadãos.
b) realizar o patrulhamento ostensivo à paisana.
c) cuidar da ocorrência de crimes e preveni-los.
d) andar fardada a fim de intimidar os cidadãos.
e) proteger segmentos específicos da sociedade.

A: Incorreta. "O papel da polícia militar é exclusivamente o patrulhamento ostensivo."

B: Incorreta. A polícia militar faz o patrulhamento fardada e não à paisana.

C: Correta. A polícia militar distingue-se da polícia civil ao cuidar da ocorrência de crimes e preveni-los, assim como está no excerto do texto: "(...) a polícia militar cuida daquilo que está acontecendo ou que acabou de acontecer, enquanto a polícia civil cuida daquilo que já aconteceu e que demanda investigação, ou seja, a polícia militar é aquela que cuida e previne, e a polícia civil é aquela que busca quem fez."

D: Incorreta. "É por isso que essa é a polícia que anda fardada e caracterizada, mostrando sua presença ostensiva e passando segurança à sociedade." Ela não intimida o cidadão.

E: Incorreta. Não. "[...] a polícia militar, além de suas atribuições constitucionais, desempenha várias outras atribuições que, direta ou indiretamente, influenciam no cotidiano das pessoas, na medida em que colabora com todos os segmentos da sociedade, diminuindo conflitos e gerando a sensação de segurança que a comunidade anseia."

GABARITO: C.

25. (CESPE/CEBRASPE – 2018 – PC/MA – ESCRIVÃO) Governador de estado que pretenda nomear um escrivão de polícia para ocupar cargo de confiança deverá fazê-lo por:

a) decreto.
b) homologação.
c) circular.
d) alvará.
e) resolução.

A: Correta. Os decretos são utilizados pelos chefes do Poder Executivo para atingir um grupo de pessoas determinadas ou tão somente uma pessoa. Vejamos o que nos ensina Fernanda Marinela:

Decretos: são atos administrativos de competência exclusiva dos Chefes do Poder Executivo, federal, estadual, municipal ou distrital, destinados a situações gerais ou individuais. Quando individuais, são dirigidos a um grupo de pessoas determinadas, com efeitos concretos, como o decreto de desapropriação, o decreto de nomeação ou de demissão. Quando gerais, disciplinam, da mesma forma que a lei, regras gerais e abstratas que se dirigem a todas as pessoas que se encontram na mesma situação, sendo, entretanto, inferiores à lei. São exemplos, os regulamentos (MARINELA, p. 423).

B: Incorreta. Homologação não tem função de nomear um escrivão.

C: Incorreta. A circular é o meio de transmissão de ordens uniformes a funcionários subordinados.

D: Incorreta. Alvará é o instrumento usado pela Administração Pública para conceder permissão a uma certa atividade do particular.

E: Incorreta. Resoluções são atos da Administração Pública para disciplinar matéria de sua competência.

GABARITO: A.

26. (CESPE/CEBRASPE – 2016 – PC/GO – ESCRIVÃO SUBSTITUTO) A respeito da invalidação, anulação e revogação de atos administrativos, assinale a opção correta.

a) Atos administrativos, por serem discricionários, somente podem ser anulados pela própria administração pública.
b) A administração, em razão de conveniência, poderá revogar ato administrativo próprio não eivado de qualquer ilegalidade, o que produzirá efeitos ex nunc.
c) O ato administrativo viciado pela falta de manifestação de vontade do administrado deverá ser anulado, não podendo essa ilegalidade ser sanada por posterior manifestação de vontade do interessado.
d) São anuláveis e passíveis de convalidação os atos que violem regras fundamentais atinentes à manifestação de vontade, ao motivo, à finalidade ou à forma, havidas como de obediência indispensável pela sua natureza, pelo interesse público que as inspira ou por menção expressa da lei.
e) A anulação de ato administrativo ocorre por questões de conveniência e produz efeitos retroativos à data em que o ato foi emitido.

A: Incorreta. Nem todos os atos administrativos são discricionários.

B: Correta. Todos os aspectos trazidos pela afirmativa se encontram de acordo com o conceituado por revogação.

C: Incorreta. O ato viciado pela falta de manifestação de vontade poderá ser sanado e convalidado.

D: Incorreta. Os atos eivados de vícios de motivo e finalidade serão anulados, e estes, por sua vez, não são capazes de ser sanados.

E: Incorreta. A anulação não se opera por razões de conveniência, mas por controle de legalidade.

GABARITO: B.

27. **(CESPE/CEBRASPE – 2016 – PC/GO – AGENTE SUBSTITUTO)**

Texto CB1A1AAA

1   Na Idade Média, durante o período feudal, o príncipe era
2   detentor de um poder conhecido como *jus politiae* — direito
3   de polícia —, que designava tudo o que era necessário à boa
4   ordem da sociedade civil sob a autoridade do Estado, em
5   contraposição à boa ordem moral e religiosa, de competência
6   exclusiva da autoridade eclesiástica.
7   Atualmente, no Brasil, por meio da Constituição Federal
8   de 1988, das leis e de outros atos normativos, é conferida aos
9   cidadãos uma série de direitos, entre os quais os direitos à liber-
10 dade e à propriedade, cujo exercício deve ser compatível com o
11 bem-estar social e com as normas de direito público. Para tanto,
12 essas normas especificam limitações administrativas à liberdade
13 e à propriedade, de modo que, a cada restrição de direito indi-
14 vidual — expressa ou implícita na norma legal —, corresponde
15 equivalente poder de polícia administrativa à administração
16 pública, para torná-la efetiva e fazê-la obedecida por todos.

Internet: www.ambito-juridico.com.br (com adaptações).

Quanto aos termos empregados no texto CB1A1AAA, às ideias nele contidas e à ortografia oficial da língua portuguesa, assinale a opção correta.

a) O sentido original do texto seria preservado e as normas da ortografia oficial da língua portuguesa seriam respeitadas caso se substituísse o trecho "é conferida aos cidadãos uma série de direitos" (L. 9) por aos cidadãos confere-se muitos direitos.

b) O emprego do hífen no vocábulo "bem-estar" justifica-se pela mesma regra ortográfica que justifica a grafia do antônimo desse vocábulo: mal-estar.

c) As formas verbais "torná-la" e "fazê-la" (L. 16 e 17) recebem acentuação gráfica porque se devem acentuar todas as formas verbais combinadas a pronome enclítico.

d) A mesma regra de acentuação justifica o emprego de acento em "à" (L. 4) e "é" (L. 9).

e) O vocábulo "período" é acentuado em razão da regra que determina que se acentuem palavras paroxítonas com vogal tônica i formadora de hiato.

A: Incorreta. Há um erro de ortografia e outro de concordância. Assim, o correto seria: aos cidadãos conferem-se muitos direitos.

B: Correta. Ambos os vocábulos seguem a mesma regra em relação ao emprego do hífen, pois são palavras compostas por justaposição.

C: Incorreta. O uso do acento se justifica por serem termos classificados como oxítonas terminadas em "A", já que a sílaba tônica se encontra na última posição.

D: Incorreta. São regras distintas, visto que o primeiro caso é de crase e o segundo é monossílabo tônico.

E: Incorreta. A regra de acentuação é a das proparoxítonas, visto que todas são acentuadas.

GABARITO: B.

28. **(CESPE/CEBRASPE – 2022 – PC/PB – ESCRIVÃO)** O modelo de computação em nuvem que permite aos usuários finais acessar uma suíte de escritório na Web é denominado:

a) *Platform as a Service* (PaaS).
b) *Internet of Things* (IoT).
c) *Virtual Machine* (VM).
d) *Software as a Service* (SaaS).
e) *Infrastructure as a Service* (IaaS).

SaaS, ou *Software as a Service*, é uma forma de disponibilizar softwares e soluções de tecnologia por meio da internet, como um serviço. Com esse modelo, as empresas não precisam instalar, manter e atualizar hardwares ou softwares. O acesso é fácil e simples: apenas é necessária a conexão com a internet.

Os aplicativos SaaS também são chamados de softwares baseados na web, softwares sob demanda ou softwares hospedados. Independentemente do nome, eles são executados nos servidores das empresas provedoras, que têm a responsabilidade de gerenciar o acesso e manter a estrutura de segurança de dados, conectividade e servidores necessários para o serviço.

Quais são as principais características e diferenças de IaaS, PaaS e SaaS?

- IaaS (*Infrastructure as a Service*, ou Infraestrutura como Serviço): é um serviço em que os fornecedores disponibilizam apenas a infraestrutura de *cloud*, ou seja, as organizações usam seus próprios sistemas e aplicativos, armazenam os seus dados e usam suas redes e servidores dentro de um provedor remoto.

- PaaS (*Plataform as a Service*, ou Plataforma como Serviço): além de armazenar seus dados e usar seus próprios recursos de computação na nuvem disponibilizada pelo fornecedor, os usuários ainda têm acesso a um ambiente *cloud* para desenvolver, personalizar e testar seus próprios sistemas e aplicativos.

- SaaS (*Software as a Service*, ou Software como Serviço): não é a nuvem onde a empresa pode armazenar os seus sistemas, nem uma plataforma para criar e customizar aplicações em *cloud*. Trata-se do software propriamente dito, mas que não precisa ser instalado. Ele é usado de forma *online* e colaborativa pelos usuários.

GABARITO: D.

29. **(CESPE/CEBRASPE – 2022 – SERES/PE – POLICIAL PENAL)** Considerando exclusivamente as opções a seguir, assinale aquela que indica o tipo de *backup* que tem a recuperação em menos etapas.

a) backup diferencial.
b) backup progressivo.
c) backup completo.
d) backup incremental.
e) backup referencial.

- Na fase de execução: o *backup* completo terá pior desempenho, ou seja, vai ser mais lento no processo de execução, ao passo que o *backup* incremental terá melhor desempenho no processo de execução.

- Na fase de restauração (*restore*): o *backup* incremental terá pior desempenho, ou seja, vai ser mais lento nesse processo de restauração, já o completo terá melhor desempenho.

O diferencial sempre será o meio-termo.

- Na fase de restauração: para se restaurar um *backup* do tipo completo, é suficiente que o usuário restaure apenas o último completo. Para se restaurar um *backup* do tipo diferencial, é suficiente que o usuário restaure o último bk completo + último bk diferencial. Para se restaurar um *backup* do tipo incremental, é suficiente que o usuário restaure o último bk completo + todos os incrementais.

GABARITO: C.

30. **(CESPE/CEBRASPE – 2022 – SERES/PE – POLICIAL PENAL)** De acordo com a Lei de Improbidade Administrativa (Lei nº 8.429/1992), é conduta que gera enriquecimento ilícito:

a) concorrer para a indevida incorporação de bens integrantes de entidade de administração pública ao patrimônio particular.

b) utilizar, em obra particular, bem móvel de propriedade de entidade da administração pública.

c) facilitar permuta ou locação de bem integrante do patrimônio de entidades da administração pública por preço inferior ao de mercado.

d) agir ilicitamente na arrecadação de tributo ou renda.

e) conceder benefício administrativo ou fiscal sem a observância das formalidades legais aplicáveis.

A resposta da questão se encontra na literalidade do art. 9º, inciso IV, da Nova Lei de Improbidade:

Art. 9º Constitui ato de improbidade administrativa importando em enriquecimento ilícito auferir, mediante a prática de ato doloso, qualquer tipo de vantagem patrimonial indevida em razão do exercício de cargo, de mandato, de função, de emprego ou de atividade nas entidades referidas no art. 1º desta Lei, e notadamente: [...]

IV – utilizar, em obra ou serviço particular, qualquer bem móvel, de propriedade ou à disposição de qualquer das entidades referidas no art. 1º desta Lei, bem como o trabalho de servidores, de empregados ou de terceiros contratados por essas entidades;

Posto isso, temos que a alternativa correta é a B. Todas as demais alternativas tratam de atos de improbidade que lesam ao erário, previstos no art. 10, da Lei nº 14.230/2021.

GABARITO: B.

31. **(CESPE/CEBRASPE – 2016 – PC/GO – AGENTE SUBSTITUTO)** Com relação aos procedimentos de *backup*, assinale a opção correta.
    a) O backup incremental deve ser feito depois de realizada a cópia completa de todos os arquivos de interesse.
    b) A cópia completa deve ser feita periodicamente, para copiar os arquivos que sofreram alguma modificação na última cópia incremental.
    c) Na cópia incremental, não é necessário especificar os intervalos de tempo em que houve alterações nos arquivos.
    d) O backup incremental não utiliza dados recuperados das cópias completas.
    e) Na cópia incremental, os arquivos copiados anteriormente são recopiados, independentemente do ponto de recuperação definido.

O *backup* completo cria uma cópia de todos os dados de uma máquina ou um servidor para outro local, sem nenhuma seleção. Esse tipo de *backup* é mais demorado para a restauração e requer mais espaço de armazenamento no local em que as cópias serão armazenadas.

Já no *backup* incremental, é realizada a cópia de segurança dos dados alterados desde a última operação de *backup*. O sistema, geralmente, faz essa seleção por meio do acompanhamento da data e hora da modificação combinada com a data e hora do *backup* anterior. Como apenas as alterações mais recentes são armazenadas no sistema de *backup*, é possível realizar o processo de segurança em menos tempo.

GABARITO: A.

32. **(CESPE/CEBRASPE – 2021 – TJ/RJ – TÉCNICO DE ATIVIDADE JUDICIÁRIA)** De acordo com a Lei nº 8.666/1993, a concorrência pública do tipo técnica e preço, quando o contrato a ser celebrado contemplar o regime de empreitada integral, admite agendamento da reunião de abertura das propostas, a partir da publicação do aviso de licitação, observado o prazo mínimo de:
    a) 5 dias.
    b) 10 dias.
    c) 15 dias.
    d) 30 dias.
    e) 45 dias.

A alternativa correta é a E. Os prazos são os seguintes:

- 45 dias: concurso; ou concorrência, para o regime de empreitada integral ou quando a licitação for do tipo "melhor técnica" ou "técnica e preço";

- 30 dias: concorrência, nos demais casos; ou tomada de preços, quando a licitação for do tipo "melhor técnica" ou "técnica e preço";

- 15 dias: tomada de preços, nos demais casos; ou leilão;

- 5 dias úteis: convite.

GABARITO: E.

33. **(CESPE/CEBRASPE – 2021 – TJ/RJ – ANALISTA JUDICIÁRIO)** Considerando o disposto na Lei nº 8.666/1993, julgue os itens a seguir.
    I. A estrita observância ao edital se constitui em princípio básico de toda licitação pública; a sua inobservância acarreta nulidade do certame.
    II. As únicas modalidades de licitação previstas na referida lei são concorrência, pregão e concurso.
    III. Compete à administração pública, de forma discricionária, decidir pela inexigibilidade ou dispensa da licitação.

Assinale a opção correta.
    a) Apenas o item I está certo.
    b) Apenas o item II está certo.
    c) Apenas os itens I e III estão certos.
    d) Apenas os itens II e III estão certos.
    e) Todos os itens estão certos.

I: Correto. É necessário que sejam seguidas todas as regras do edital.

II: Incorreto. Pregão não é modalidade de licitação expressa na Lei nº 8.666/1993.

III: Incorreto. Não é discricionário, a lei estabelece as diretrizes.

GABARITO: A.

Texto para as próximas 3 questões.

Texto CG1A1-I

Uma das coisas mais difíceis, tanto para uma pessoa quanto para um país, é manter sempre presentes diante dos olhos os três elementos do tempo: passado, presente e futuro. Ter em mente esses três elementos é atribuir uma grande importância à espera, à esperança, ao futuro; é saber que nossos atos de ontem podem ter consequências em dez anos e que, por isso, pode ser necessário justificá-los; daí a necessidade da memória, para realizar essa união de passado, presente e futuro.

Contudo, a memória não deve ser predominante na pessoa. A memória é, com frequência, a mãe da tradição. Ora, se é bom ter uma tradição, também é bom superar essa tradição para inventar um novo modo de vida. Quem considera que o presente não tem valor e que somente o passado deve nos interessar é, em certo sentido, uma pessoa a quem faltam duas dimensões e com a qual não se pode contar. Quem acha que é preciso viver o agora com todo o ímpeto e que não devemos nos preocupar com o amanhã nem com o ontem pode ser perigoso, pois crê que cada minuto é separado dos minutos vindouros ou dos que o precederam e que não existe nada além dele mesmo no planeta. Quem se desvia do passado e do presente, quem sonha com um futuro longínquo, desejável e desejado, também se vê privado do terreno contrário cotidiano sobre o qual é preciso agir para realizar o futuro desejado. Como se pode ver, uma pessoa deve sempre ter em conta o presente, o passado e o futuro.

FANON, Frantz. Alienação e liberdade. São Paulo: Ubu, 2020. p. 264-265 (com adaptações).

34. **(CESPE/CEBRASPE – 2022 – SERES/PE – POLICIAL PENAL)** Os sentidos e a correção gramatical do texto CG1A1-I seriam preservados caso se deslocasse:
    a) a expressão "em dez anos" para imediatamente depois de "saber", no segundo período do primeiro parágrafo.
    b) a expressão "no planeta" para imediatamente antes de "não existe", no final do quinto período do segundo parágrafo.

c) o vocábulo "não" para imediatamente depois de "Quem", no início do quarto período do segundo parágrafo.

d) a expressão "com todo o ímpeto" para imediatamente depois de "acha", no quinto período do segundo parágrafo.

e) o vocábulo "mesmo" para imediatamente antes de "nada", no final do quinto período do segundo parágrafo.

A: Incorreta. A locução adverbial "em dez anos", na oração, é um adjunto adverbial de tempo e refere-se à locução verbal "podem ser". Caso se deslocasse, passaria a referir-se ao verbo "saber", então, mudaria o sentido.

B: Correta. A expressão "no planeta" é um adjunto adverbial de curta extensão, deixando a vírgula facultativa. Caso se deslocasse para depois da forma verbal "existe", a correção e o sentido seriam mantidos.

C: Incorreta. Na oração do texto, há o sentido de que alguém considera que o presente não tem valor. Se o vocábulo "não" se deslocasse para depois do pronome relativo "quem", a ideia seria oposta.

D: Incorreta. A expressão "com todo ímpeto", na frase original, refere-se ao verbo "viver". Se essa expressão se deslocasse para depois do verbo "achar", mudaria o sentido.

E: Incorreta. Na oração original, a palavra "mesmo" refere-se a alguém, ainda que não manifestado no texto. Caso se deslocasse, a palavra "mesmo" mudaria o sentido da oração (não existe nada mesmo – realmente – além dele).

GABARITO: B.

35. (CESPE/CEBRASPE – 2022 – SERES/PE – POLICIAL PENAL) No segundo parágrafo do texto CG1A1-I, o quarto, o quinto e o sexto períodos descrevem:
    a) três tipos distintos de personalidade, respectivamente.
    b) a pessoa que leva em conta, simultaneamente, os três elementos do tempo.
    c) as características indispensáveis a quem deseje inventar um novo modo de vida.
    d) os atributos essenciais de quem preserva a memória e a tradição.
    e) uma mesma pessoa, cujo anonimato é marcado pelo emprego do pronome "Quem".

O quarto período descreve quem se importa apenas com o passado; o quinto período do texto descreve quem se importa apenas com o presente e o sexto período, quem se importa apenas com o futuro. Logo, temos três tipos distintos de personalidade, respectivamente.

GABARITO: A.

36. (CESPE/CEBRASPE – 2022 – SERES/PE – POLICIAL PENAL) Com base nas ideias do texto CG1A1-I, julgue os itens a seguir.
    I. Segundo o autor do texto, a memória é necessária por preservar a tradição.
    II. Infere-se da leitura do texto que, na perspectiva do autor, atentar para as três dimensões do tempo é uma questão de compromisso ético.
    III. De acordo com o texto, a articulação das três dimensões do tempo envolve uma preocupação com um futuro melhor, em âmbito individual e coletivo.

    Assinale a opção correta.
    a) Apenas o item I está certo.
    b) Apenas o item II está certo.
    c) Apenas os itens I e III estão certos.
    d) Apenas os itens II e III estão certos.
    e) Todos os itens estão certos.

I: Incorreto. O termo "por" tem sentido de causa, ou seja, "a memória é necessária porque preserva a tradição". Segundo o autor, "[...] é saber que nossos atos de ontem podem ter consequências em dez anos e que, por isso, pode ser necessário justificá-los; daí a necessidade da memória, para realizar essa união de passado, presente e futuro [...]". Ele quer dizer que a memória é necessária para realizar a união entre o passado, o presente e o futuro.

II: Correto. Há um compromisso com a sociedade, pois, de acordo com o autor, serve tanto para o individual quanto para o coletivo (país).

III: Correto. Não se vive somente o presente. O passado, presente e futuro são dimensões que devem ser articuladas como um compromisso com a sociedade.

GABARITO: D.

37. (CESPE/CEBRASPE – 2020 – TJ/PA – ANALISTA JUDICIÁRIO) Um órgão da administração pública lançou edital para adquirir determinado produto de segurança eletrônica. Participaram do certame as empresas brasileiras A, B e C, as quais ofertaram, pelo mesmo preço, produtos distintos que atendiam igualmente às exigências do projeto básico.

    A empresa A diferencia-se das demais por ter capital nacional e por importar seu produto da China, onde o custo de produção é menor, comparado ao do Brasil.

    A empresa B diferencia-se das demais por comprovar o cumprimento de reserva de cargos prevista em lei para pessoa com deficiência ou para reabilitado da previdência social e por atender às regras de acessibilidade previstas na legislação brasileira.

    A empresa C diferencia-se das demais por produzir seu produto no Brasil e por investir em pesquisa e no desenvolvimento de tecnologia no Brasil.

    Considerando essa situação, assinale a opção que apresenta, respectivamente, a empresa que faz jus à preferência na licitação e o critério de desempate primário que justifica tal preferência nesse caso, conforme a Lei nº 8.666/1993 e suas alterações.
    a) Empresa A – empresa brasileira de capital nacional.
    b) Empresa A – menor custo de produção.
    c) Empresa B – obediência à legislação de acessibilidade.
    d) Empresa C – produto produzido no Brasil.
    e) Empresa C – investimento no desenvolvimento de tecnologia.

Conforme estabelece o art. 3º, § 2º, da Lei nº 8.666/1993, que assim estatui:

Art. 3º, § 2º Em igualdade de condições, como critério de desempate, será assegurada preferência, sucessivamente, aos bens e serviços:

II - produzidos no País;

III - produzidos ou prestados por empresas brasileiras;

IV - produzidos ou prestados por empresas que invistam em pesquisa e no desenvolvimento de tecnologia no País;

V - produzidos ou prestados por empresas que comprovem cumprimento de reserva de cargos prevista em lei para pessoa com deficiência ou para reabilitado da Previdência Social e que atendam às regras de acessibilidade previstas na legislação.

Dessa maneira, a empresa que terá preferência na licitação será a C, por se tratar de empresa com produtos produzidos no Brasil.

GABARITO: D.

38. (CESPE/CEBRASPE – 2020 – TJ/PA – AUXILIAR JUDICIÁRIO) O retorno à atividade de servidor aposentado por invalidez quando junta médica oficial declara insubsistentes os motivos da aposentadoria configura:
    a) reintegração.
    b) promoção.
    c) reversão.
    d) redistribuição.
    e) aproveitamento.

A questão não trata sobre a Lei nº 8.112/1990 (Estatuto dos Servidores Públicos Federais), mas sobre a Lei nº 5.810/1994 (Regime Jurídico dos Servidores Públicos do Pará).

Art. 51 Reversão é o retorno à atividade de servidor aposentado por invalidez, quando, por junta médica oficial, forem declarados insubsistentes os motivos da aposentadoria.

§ 1º A reversão, ex-officio ou a pedido, dar-se-á no mesmo cargo ou no cargo resultante de sua transformação.

§ 2º A reversão, a pedido, dependerá da existência de cargo vago.

§ 3º Não poderá reverter o aposentado que já tiver alcançado o limite da idade para aposentadoria compulsória (70 anos, conforme art. 110, II, da referida lei ou aos 75 anos, na forma de lei complementar (art. 40, II, CF/1988).

Art. 52 Será tornada sem efeito a reversão ex-officio, e cassada a aposentadoria do servidor que não tomar posse e entrar no exercício do cargo.

Diante do exposto, a alternativa certa é a C.

GABARITO: C.

39. **(CESPE/CEBRASPE – 2021 – PM/TO – SOLDADO)** Soluções de *software* que permitem a edição de texto *online* na Internet sem a necessidade de instalar o aplicativo na máquina do usuário, como o Microsoft Office 365 e Documentos Google, são exemplos de SaaS (*software* como serviço). O SaaS é um tipo de serviço:
    a) das redes sociais.
    b) de intranet.
    c) da *cloud computing*.
    d) de grupos de discussão.
    e) de sistemas operacionais Internet.

Exemplos de *Cloud Computing*: SaaS, IaaS e PaaS.

- SaaS: *software* como serviços. Aplicativos são alugados sob demanda, muitas vezes rodam no próprio servidor, sem precisar instalar no computador do usuário. O SaaS permite que os consumidores em nuvem executem aplicativos *online*. É um novo formato de distribuição de *softwares* para computadores. Nesse modelo a licença do *software* está vinculada ao usuário e não à máquina, desta forma o usuário poderá acessar de qualquer lugar. Exemplo: Google Docs, Google Drive, One Drive, Office 365, DropBox.

GABARITO: C.

40. **(CESPE/CEBRASPE – 2020 – TJ/PA – ANALISTA JUDICIÁRIO)** Nas organizações, a gestão de carreiras pode basear-se no conceito de cargos ou de competências. A respeito desse assunto, assinale a opção correta.
    a) Quando baseado em cargos, o planejamento de carreiras deve preparar os trabalhadores para postos mais bem remunerados; se for baseado em competências, deve prepará-los para postos de igual remuneração.
    b) À revelia das qualificações, do desempenho ou da produtividade, as carreiras baseadas em cargos estabelecem como critério de ascensão o tempo de exercício do cargo.
    c) No planejamento de carreiras por competências não se estabelecem critérios de mobilidade: os empregados devem ser continuamente treinados para futuras posições.
    d) Objetivos de longo prazo são próprios das carreiras baseadas em cargos; não havendo critérios de mobilidade nas estruturas de carreiras por competências, os objetivos são de curto prazo.
    e) As determinações organizacionais sobre as carreiras baseadas em cargos e em competências incentivam os indivíduos à identificação com seus trabalhos: elas clarificam as oportunidades de posicionamento e de desenvolvimento profissional.

A: Incorreta. O funcionário que ascende tem por finalidade assumir cargos que exijam mais responsabilidades, competências e tomadas de decisão e por consequência pode haver uma recompensa salarial devido ao cargo/função ocupada.

B: Incorreta. Neste caso o critério para ascensão não é o tempo e sim as competências para o cargo.

C e D: Incorretas. É preciso estabelecer sim os critérios de mobilidade.

E: Correta. Autoexplicativa.

GABARITO: E.

41. **(CESPE/CEBRASPE – 2021 – TJ/RJ – ANALISTA JUDICIÁRIO)** Suponha que Ana, servidora do Tribunal de Justiça, agindo no exercício de suas funções administrativas, tenha causado dano a João.

    Nessa situação hipotética, caso João pretenda ajuizar ação judicial requerendo indenização em face do Estado, a responsabilidade civil:
    a) será subjetiva, por meio de ação de regresso.
    b) não será possível, porque o Estado não responde pelos atos de seus agentes, devendo João ajuizar ação diretamente contra Ana.
    c) será objetiva, independentemente de dolo ou culpa.
    d) será subsidiária, se comprovado dolo ou culpa.
    e) não será possível, porque o Brasil adota a teoria da irresponsabilidade estatal.

A responsabilidade civil do Estado por ações comissivas é objetiva, mesmo que não haja comprovação de dolo ou culpa. Entretanto, a responsabilidade do servidor público é subjetiva e depende de comprovação de dolo ou culpa.

GABARITO: C.

42. **(CESPE/CEBRASPE – 2018 – PC/MA – INVESTIGADOR)** O presidente da República poderá delegar aos ministros de Estado, ao procurador-geral da República ou ao advogado-geral da União a atribuição de:
    a) decretar o estado de defesa e o estado de sítio.
    b) editar medidas provisórias.
    c) conferir condecorações e distinções honoríficas.
    d) prover cargos públicos federais, na forma da lei.
    e) vetar projetos de lei.

O art. 84, da CF/1988, prevê algumas atribuições do presidente da República que ele poderá delegar aos ministros de Estado, ao procurador-geral da República ou ao advogado-geral da União.

Estas competências são as de:

Art. 84 [...]

VI – dispor, mediante decreto, sobre:

a) organização e funcionamento da administração federal, quando não implicar aumento de despesa nem criação ou extinção de órgãos públicos;

b) extinção de funções ou cargos públicos, quando vagos; [...]

XII – conceder indulto e comutar penas, com audiência, se necessário, dos órgãos instituídos em lei; [...]

XXV – prover [...] os cargos públicos federais, na forma da lei.

GABARITO: D.

43. **(CESPE/CEBRASPE – 2018 – PC/MA – INVESTIGADOR)** À luz da CF/1988, os atos de improbidade administrativa poderão acarretar o(a):
    a) suspensão dos direitos políticos.
    b) disponibilidade dos bens.
    c) cassação de direitos políticos.
    d) suspensão da função pública.
    e) ressarcimento ao erário, o que inviabiliza a persecução penal.

De acordo com a CF/1988:

Art. 37 § 4º Os atos de improbidade administrativa importarão a suspensão dos direitos políticos, a perda da função pública, a indisponibilidade dos bens e o ressarcimento ao erário, na forma e gradação previstas em lei, sem prejuízo da ação penal cabível.

GABARITO: A.

44. (CESPE/CEBRASPE – 2020 – TJ/PA – ANALISTA JUDICIÁRIO) A avaliação de desempenho realizada de forma circular por todos os elementos que mantêm algum tipo de interação com a pessoa que está sendo avaliada é denominada
    a) avaliação 360º.
    b) avaliação interativa.
    c) autoavaliação de desempenho.
    d) avaliação para cima.
    e) avaliação de equipe de trabalho.

A avaliação 360º é aquela que permite que todos possam exprimir sua avaliação sobre o avaliado: ele próprio, líderes, subordinados, pares, fornecedores, e assim por diante. Ela apresenta visões sob perspectivas diferentes que promovem a adaptabilidade e adequação em atendimento a diversas demandas do avaliado (alternativa a).

A avaliação interativa foi desenvolvida para atender às escolhas de clientes baseada em suas respostas, é uma ferramenta de marketing pautada em habilidades.

A autoavaliação, como já diz, é a coleta de informações de desempenho oriundas do próprio colaborador. Não há outros elementos envolvidos.

A avaliação para cima é aquela onde a equipe avalia o seu gerente. Esta avaliação busca a maior eficácia da equipe e melhores resultados.

A avaliação da equipe de trabalho procura identificar os pontos fortes e fracos da equipe permitindo melhorias no relacionamento, no fluxo de trabalho e no alcance de objetivos.

GABARITO: A.

45. (CESPE/CEBRASPE – 2018 – PC/MA – ESCRIVÃO) No trecho, a correção gramatical e o sentido de "O anonimato ajuda, já que as pessoas se sentem mais protegidas para falar" seriam preservados caso se substituísse o termo "já que" por:
    a) a fim de que.
    b) ainda que.
    c) contanto que.
    d) uma vez que.
    e) logo que.

A: Incorreta. A locução "a fim de que" é usada para indicar finalidade.
B: Incorreta. A locução "ainda que" tem sentido de concessão.
C: Incorreta. A locução "contanto que" tem sentido de condição.
D: Correta. As locuções "já que, uma vez que, visto que" apresentam sentido de causa e consequência.
E: Incorreta. A locução "logo que" tem sentido de tempo.

GABARITO: D.

46. (CESPE/CEBRASPE – 2021 – TJ/RJ – ANALISTA JUDICIÁRIO) Pessoas jurídicas de direito privado, integrantes da administração indireta do Estado, criadas por autorização legal, cujo controle acionário pertença ao poder público, tendo por objetivo, como regra, a exploração de atividades gerais de caráter econômico, constituem:
    a) sociedades de economia mista.
    b) autarquias.
    c) fundações públicas.
    d) órgãos.
    e) empresas públicas.

A: Correta. Sociedade de economia mista - empresa estatal cuja maioria das ações com direito a voto pertença diretamente à União e cujo capital social admite a participação do setor privado.

B: Incorreta. Autarquias são pessoas jurídicas de direito público que integram a administração indireta, são criadas por meio de lei específica, para o exercício de atividades típicas de Estado.

C: Incorreta. Órgãos são subdivisões internas de pessoas jurídicas os quais integram a administração pública e não possuem personalidade jurídica própria.

D: Incorreta. As Fundações Públicas são entidades da administração pública indireta; podem ser criadas por meio de autorização legislativa com personalidade jurídica de direito privado ou por meio lei específica com personalidade jurídica de direito público.

E: Incorreta. Empresa pública é empresa estatal cuja maioria do capital votante pertença diretamente à União e cujo capital social seja constituído de recursos provenientes exclusivamente do setor público.

GABARITO: A.

47. (CESPE/CEBRASPE – 2021 – PREFEITURA DE ARACAJU/SE – AUDITOR FISCAL DO MUNICÍPIO) Porque era inimiga do solicitante, a autoridade administrativa competente negou um pedido de concessão de licença para a construção de edifício, que constituía um ato vinculado.
    Nessa situação hipotética, a decisão da autoridade:
    a) tem vício de competência, devendo ser refeita.
    b) tem um vício na forma legal, podendo ser ratificada.
    c) tem desvio de finalidade, devendo ser considerada nula.
    d) foi tomada com abuso de poder, podendo ser revogada.
    e) deve ser considerada imotivada, mas pode ser convalidada.

A: Incorreta. Conforme narra o enunciado, a autoridade era competente para editar o ato, contudo, agiu com desvio de finalidade, porque no ato praticado não objetivou o interesse público, mas sim interesse pessoal.

B: Incorreta. Não há na questão nenhum indicativo de existir vício de forma no ato.

C: Correta. No caso narrado a autoridade agiu com finalidade diversa do interesse público, portanto, com desvio de finalidade, que é uma espécie de abuso de poder em que o agente público, apesar de agir dentro dos limites de sua competência, pratica determinado ato com objetivo diverso daquele pautado pelo interesse público. O ato praticado pela autoridade administrativa de ser anulado.

D: Incorreta. De fato ocorreu abuso de poder, na modalidade desvio de finalidade, contudo o ato deve ser anulado e não revogado. Os atos praticados com desvio de finalidade são atos nulos, portanto, não sujeitos à convalidação.

E: Incorreta. O ato administrativo com vício de finalidade pode não pode ser convalidado, sendo que somente são passíveis de convalidação os atos que contêm vícios quanto à competência; quanto à formalidade; e quanto ao procedimento, desde que a convalidação não acarrete o desvio de finalidade, em razão da qual o procedimento foi inicialmente instaurado.

GABARITO: C.

48. (CESPE/CEBRASPE – 2021 – SEFAZ/RR – AUDITOR FISCAL DE TRIBUTOS ESTADUAIS) Infere-se no trecho "Ninguém que tivesse nome e figura de gente, toquei a finados pela Justiça porque a Justiça está morta", está implícita após "gente" a forma verbal:
    a) morreu.
    b) tocou.
    c) respondeu.
    d) apareceu.
    e) pediu.

Inferir quer dizer deduzir. No excerto do texto, temos "O sineiro não está aqui, eu é que toquei o sino", a resposta do camponês. "Mas então não morreu ninguém?", tornaram os vizinhos, e o camponês respondeu: "Ninguém que tivesse nome e figura de gente (morreu - respondendo à pergunta sobre a morte), toquei a finados pela Justiça porque a Justiça está morta".

GABARITO: A.

49. **(CESPE/CEBRASPE – 2021 – SEFAZ/RR – AUDITOR FISCAL DE TRIBUTOS ESTADUAIS)** No trecho "Ninguém que tivesse nome e figura de gente, toquei a finados pela Justiça porque a Justiça está morta", o vocábulo justiça está empregado com letra inicial maiúscula porque, nesse caso, há:

a) a intenção de destacar o termo em função de sua posição sintática.
b) o uso de simbologias para ampliar o significado do termo justiça.
c) a intenção de subverter o significado do termo justiça.
d) o objetivo de introduzir um neologismo.
e) a personificação do termo justiça.

Justiça é algo inanimado, que está no contexto ganhando a qualidade de mortalidade, ou seja, uma qualidade própria de seres vivos (sentido denotativo). A Justiça não morre porque não tem vida para morrer. No sentido conotativo, pode-se dizer que a Justiça está morta, tendo uma personificação da palavra "justiça", visto que tem características de ser humano.

GABARITO: E.

50. **(CESPE/CEBRASPE – 2020 – TJ/PA – AUXILIAR JUDICIÁRIO)** A propriedade da administração de, por meios próprios, pôr em execução suas decisões decorre do atributo denominado:

a) exigibilidade.
b) autoexecutoriedade.
c) vinculação.
d) discricionariedade.
e) medidas preventivas.

A característica a qual a Administração Pública pode colocar em prática seus atos e decisões, sem que haja prévia autorização jurisdicional, é a autoexecutoriedade.

Veja o que diz Maria Sylvia Di Pietro: "Consiste a autoexecutoriedade em atributo pelo qual o ato administrativo pode ser posto em execução pela própria Administração Pública, sem necessidade de intervenção do Poder Judiciário."

GABARITO: B.

51. **(CESPE/CEBRASPE – 2016 – PC/GO – ESCRIVÃO SUBSTITUTO)** Com referência ao controle administrativo, assinale a opção correta.

a) A revogação, pela administração, de ato administrativo que tenha revogado um primeiro ato produzirá como efeito automático e imediato a revalidação desse primeiro ato, que passará novamente a surtir efeitos normalmente.
b) Os atos administrativos cujos efeitos já se tenham exaurido integralmente são insuscetíveis de revogação.
c) O exercício da autotutela, poder-dever da administração, é amplo e dispensa a instauração de procedimento administrativo, ainda que potenciais interesses individuais sejam atingidos.
d) Situação hipotética: Lúcio, indivíduo de boa-fé, logrou a manutenção dos efeitos já produzidos por ato administrativo posteriormente declarado nulo. Assertiva: Nessa situação, por força da isonomia, aquele que detiver situação jurídica idêntica à de Lúcio terá direito à extensão dos mesmos efeitos jurídicos produzidos pelo ato anulado.
e) Um ato administrativo pode ser anulado em decorrência de pressupostos de conveniência e oportunidade da administração ou devido à ilegalidade do ato. Nesse caso, será desnecessária a instauração de processo administrativo para a oitiva de interessados.

A: Incorreta. Conforme Di Pietro: "Revogação é o ato administrativo discricionário pelo qual a Administração extingue um ato válido, por razões de oportunidade e conveniência. Como a revogação atinge um ato que foi editado em conformidade com a lei, ela não retroage; os seus efeitos se produzem a partir da própria revogação; são feitos *ex nunc* (a partir de agora)." (*Direito Administrativo*. 27. ed. São Paulo: Atlas, 2014, p. 261)

B: Correta. Acerca do tema, Maria Sylvia Zanella de Pietro nos ensina: "[...] 2. não podem ser revogados os atos que exauriram os seus efeitos; como a revogação não retroage, mas apenas impede que o ato continue a produzir efeitos, se o ato já se exauriu, não há mais que falar em revogação; por exemplo, se a Administração concedeu afastamento, por dois meses, a um funcionário, a revogação será possível enquanto não transcorridos os dois meses; posteriormente, os efeitos terão se exaurido. Vale dizer que a revogação supõe um ato que ainda esteja produzindo efeitos, como ocorre com a autorização para porte de armas ou exercício de qualquer atividade, sem prazo estabelecido; [...]."

C: Incorreta. Conforme Súmula nº 473 do STF: "A administração pode anular seus próprios atos, quando eivados de vícios que os tornam ilegais, porque deles não se originam direitos; ou revogá-los, por motivo de conveniência ou oportunidade, respeitados os direitos adquiridos, e ressalvada, em todos os casos, a apreciação judicial."

D: Incorreta. Ato nulo é aquele que nasce com vício insanável, isto é, que nunca produziu efeitos por ser vicioso.

E: Incorreta. O ato poderá ser revogado em razão de pressupostos de conveniência e oportunidade.

GABARITO: B.

52. **(CESPE/CEBRASPE – 2018 – PC/MA – INVESTIGADOR)** Em relação ao poder de polícia, julgue os itens a seguir.

I. O poder de polícia não tem relação com o direito do consumidor.
II. O poder de polícia será sempre exercido em caráter vinculado, nos estritos termos da lei que autoriza o seu exercício.
III. A polícia judiciária é privativa de corporações especializadas – polícias civis e militares –, enquanto a polícia administrativa se distribui entre diversos órgãos da administração.

Assinale a opção correta.

a) Apenas o item I está certo.
b) Apenas o item II está certo.
c) Apenas o item III está certo.
d) Apenas os itens I e II estão certos.
e) Apenas os itens II e III estão certos.

I: Incorreto. O poder de polícia se aplica no âmbito do direito do consumidor, como, por exemplo, quando, durante uma fiscalização a determinado estabelecimento comercial, constata-se irregularidade que ferem a legislação consumerista.

II: Incorreto. Em regra, o poder de polícia é discricionário, havendo a possibilidade de sua aplicação ser de forma vinculada.

III: Correto. Apesar de bastante discussão acerca de a Polícia Militar ser considerada polícia judiciária. A regra é que a PM seja considerada polícia administrativa, excepcionalmente ela pode ser considerada polícia judiciária, quando investiga a prática de crimes militares, por exemplo.

GABARITO: C.

53. **(CESPE/CEBRASPE – 2022 – SERES/PE – POLICIAL PENAL)** [...] A memória é, com frequência, a mãe da tradição. Ora, se é bom ter uma tradição, também é bom superar essa tradição para inventar um novo modo de vida. Quem considera que o presente não tem valor e que somente o passado deve nos interessar é, em certo sentido, uma pessoa a quem faltam duas dimensões e com a qual não se pode contar. [...]

FANON, Frantz. Alienação e liberdade. São Paulo: Ubu, 2020. p. 264-265 (com adaptações).

Mantendo-se a correção gramatical e os sentidos do texto, a expressão "com a qual", no final do quarto período do segundo parágrafo, poderia ser substituída por:

a) junto da qual.
b) para com quem.
c) pela qual.
d) junto a quem.
e) com quem.

O pronome relativo "com a qual" refere-se a uma pessoa. O verbo "contar" exige a preposição "com" ("contar com alguém/algo"). Nesse caso, deve-se procurar nas alternativas um elemento coesivo que também tenha a preposição "com".

GABARITO: E.

54. (CESPE/CEBRASPE – 2021 – TJ/RJ – ANALISTA JUDICIÁRIO)

Texto CG1A1-II

Rejeito as doutrinas do arbítrio; abomino as ditaduras de todo gênero, militares, ou científicas, coroadas, ou populares; detesto os estados de sítio, as suspensões de garantias, as razões de estado, as leis de salvação pública; odeio as combinações hipócritas do absolutismo dissimulado sob as formas democráticas e republicanas; oponho-me aos governos de seitas, aos governos de facção, aos governos de ignorância; e, quando esta se traduz pela abolição geral das grandes instituições docentes, isto é, pela hostilidade radical à inteligência do país nos focos mais altos de sua cultura, a estúpida selvageria dessa fórmula administrativa impressiona-me como o bramir de um oceano de barbaria ameaçando as fronteiras de nossa nacionalidade.

Rui Barbosa. Discursos, Orações e Conferências. Livraria e Editora Iracema: São Paulo, p. 95-96.

No texto CG1A1-II, os termos "Rejeito", "abomino", "detesto", "odeio" e "oponho-me" (que iniciam as cinco primeiras orações, respectivamente):

a) constituem orações que estabelecem, entre si, relação de subordinação.
b) expressam um tipo de ordem.
c) assumem as formas Rejeitamos, abominamos, detestamos, odiamos e opomos-nos, respectivamente, se flexionados na primeira pessoa do plural.
d) expressam a opinião do narrador, mediante referência à primeira pessoa do singular na flexão do verbo.
e) assumem as formas Rejeitarei, abominei, detestarei, odiarei e opor-me-ei, respectivamente, se flexionadas no tempo futuro.

A: Incorreta. As orações possuem uma relação de coordenação.

B: Incorreta. Os verbos estão no presente do indicativo e não no imperativo.

C: Incorreta. O verbo "opor" não possui o "s" - "opomo-nos".

D: Correta. Os verbos estão na 1ª pessoa do singular (eu) do presente do indicativo, expressando a opinião do narrador.

E: Incorreta. O verbo "abominei" está no pretérito perfeito do indicativo. Os demais verbos estão no futuro do presente.

GABARITO: D.

55. (CESPE/CEBRASPE – 2020 – TJ/PA – AUXILIAR JUDICIÁRIO) Considere que a seguinte matriz de prioridades GUT tenha sido elaborada a partir dos problemas diagnosticados em um órgão público.

Problema	Gravidade	Urgência	Tendência	G×U×T
(1) baixo conhecimento técnico	3	4	3	36
(2) equipamentos obsoletos	3	4	5	60
(3) morosidade no atendimento	3	3	2	18
(4) erros processuais	5	4	4	80
(5) organização documental crítica	3	3	3	27

Assinale a opção que apresenta, corretamente, a sequência de priorização dos problemas a serem resolvidos nesse caso.

a) 2-4-1-5-3
b) 3-5-1-2-4
c) 4-2-1-5-3
d) 3-4-2-1-5
e) 4-3-2-1-5

A matriz GUT (gravidade, urgência e tendência) é uma ferramenta estratégica que indica a ordem correta de prioridades às quais a empresa deve atuar. A matriz GUT também auxilia gestores na tomada de decisão. A tabela apresenta pontos de acordo com o problema que, quando multiplicados, indicam a prioridade. Quanto maior o valor GxUxT, maior é a prioridade de ação.

GABARITO: C.

56. (CESPE/CEBRASPE – 2021 – PM/TO – SOLDADO) No trecho: "Afinal, a Nova York do final dos anos 90 do século passado testemunhava a transição inconsútil da cultura da nicotina para a cultura do celular", a palavra "inconsútil" poderia ser substituída, mantendo-se a coerência do texto, por:

a) irrefreável.
b) evidente.
c) inconveniente.
d) lenta.
e) desregulamentada.

A: Correta. O termo "inconsútil", no *Dicionário Michaelis*, quer dizer "que é feito de uma só peça, que não há falhas ou fendas", ou seja, "ininterrupto", e a palavra "irrefreável" significa "que não se pode reprimir, inimprimível".

B: Incorreta. O termo "evidente", segundo o *Dicionário Aulete*, quer dizer que algo se apresenta de maneira clara, inequívoca, e não pode ser substituído por "inconsútil".

C: Incorreta. O termo "inconveniente", conforme o *Dicionário Aulete*, quer dizer que não é conveniente, impróprio, logo, não se pode substituir por "inconsútil".

D: Incorreta. O termo "lenta", de acordo com o *Dicionário Aulete*, é algo que demora, e, no caso da questão, o termo "inconsútil" significa "ininterrupto".

E: Incorreta. O termo "desregulamentada" quer dizer sem regras, sem normas, portanto não pode ser substituído por "inconsútil".

GABARITO: A.

QUESTÕES COMENTADAS PARA TJCE

57. (CESPE/CEBRASPE – 2021 – TJ/RJ – ANALISTA JUDICIÁRIO) Os atos administrativos que provêm da manifestação de vontade privativa dos chefes do Poder Executivo, resultantes de competência administrativa específica, e que dão curso à fiel execução das leis são denominados:

a) circulares.
b) portarias.
c) resoluções.
d) ofícios.
e) decretos.

A: Incorreta. A circular é um documento oficial utilizado na transmissão de mensagens internas em um determinado local, pode ser uma empresa, um órgão público ou até um conjunto habitacional.

B: Incorreta. A resolução é uma norma jurídica que regula matérias da competência privativa da Casa Legislativa ou do Congresso Nacional, de caráter político, processual, legislativo ou administrativo.

C: Incorreta. A portaria é um documento de ato administrativo de qualquer autoridade pública, que contém instruções acerca da aplicação de leis, regulamentos, recomendações de caráter geral etc.

D: Incorreta. Ofício é uma correspondência, onde são veiculadas ordens, solicitações ou informações com o objetivo de atender a formalidades e produzir efeitos jurídicos.

E: Correta. Autoexplicativa.

GABARITO: E.

58. (CESPE/CEBRASPE – 2020 – TJ/PA – ANALISTA JUDICIÁRIO) Uma importante ferramenta para auxiliar as organizações nos trabalhos de análise e melhoria de seus processos de negócio é a matriz GUT. Com relação ao emprego adequado da matriz GUT, é correto afirmar que:

a) ela é a ferramenta mais adequada a ser empregada quando os dados a serem utilizados apresentam valores numéricos em grande quantidade.
b) o custo da não adoção de uma ação corretiva a um problema identificado e o tempo necessário para implementar a ação corretiva são fatores considerados no uso adequado dessa ferramenta.
c) o nome GUT é um acrônimo formado com as iniciais das palavras grandeza, urgência e tempo, que são as palavras-chave dessa ferramenta.
d) um problema considerado como uma das fontes de determinado resultado negativo será excluído dessa ferramenta durante sua elaboração, caso apresente grande probabilidade de redução de seu impacto ao longo do tempo, independentemente da adoção de qualquer ação corretiva.
e) as prioridades de ação são estabelecidas de acordo com a ordem crescente dos resultados finais obtidos.

A: Incorreta. A Matriz GUT é utilizada para se estabelecer prioridades e não está relacionada unicamente com valores numéricos em grande quantidade.

B: Correta. Autoexplicativa.

C: Incorreta. Acrônimo: gravidade, urgência e tendência.

D: Incorreta. Em tese não existirão resultados negativos, pois são atribuídos números reais e mesmo que o resultado seja de valor mínimo ele não será excluído.

E: Incorreta. A ordem de prioridades é estabelecida em ordem decrescente.

GABARITO: B.

59. (CESPE/CEBRASPE – 2021 – PM/TO – SOLDADO) Texto 1A2-I

[...] Nesse contexto, a polícia militar tem papel de relevância, uma vez que se destaca, também, como força pública, primando pelo zelo, pela honestidade e pela correção de propósitos com a finalidade de proteger o cidadão, a sociedade e os bens públicos e privados, coibindo os ilícitos penais e as infrações administrativas. [...]

Internet: www.pm.to.gov.br (Adaptado).

No texto 1A2-I, o adjetivo "penais", em "coibindo os ilícitos penais" (segundo parágrafo), exerce a mesma função sintática que o termo:

a) "segurança", em "passando segurança à sociedade" (primeiro parágrafo).
b) "papel", em "a polícia militar tem papel de relevância" (segundo parágrafo).
c) "bens", em "com a finalidade de proteger o cidadão, a sociedade e os bens públicos e privados" (segundo parágrafo).
d) "conflitos", em "diminuindo conflitos e gerando a sensação de segurança que a comunidade anseia" (terceiro parágrafo).
e) "constitucionais", em "a polícia militar, além de suas atribuições constitucionais, desempenha várias outras atribuições" (terceiro parágrafo).

Na frase "coibindo os ilícitos penais", a função sintática do adjetivo "penais" é adjunto adnominal, ou seja, um termo acessório que acompanha o substantivo "ilícitos". Nesse caso, deve-se analisar a opção que tenha também um adjunto adnominal, representado por um adjetivo, uma locução adjetiva, um pronome adjetivo, um artigo ou numeral.

A: Incorreta. Na oração: "passando segurança à sociedade", a palavra "segurança" é o objeto direto do verbo transitivo direto e indireto "passando", e "à sociedade" é o objeto indireto.

B: Incorreta. Em: "a polícia militar tem papel de relevância", a palavra "papel" é o objeto direto do verbo transitivo direto "tem".

C: Incorreta. Em: "com a finalidade de proteger o cidadão, a sociedade e os bens públicos e privados", a palavra "bens" é objeto direto do verbo transitivo direto "proteger".

D: Incorreta. Em: "diminuindo conflitos e gerando a sensação de segurança que a comunidade anseia", a palavra "conflitos" é objeto direto do verbo transitivo direto "diminuir".

E: Correta. Na oração: "a polícia militar, além de suas atribuições constitucionais, desempenha várias outras atribuições", a palavra "constitucionais" é um adjunto adnominal do substantivo "atribuições".

GABARITO: E.

60. (CESPE/CEBRASPE – 2021 – PREFEITURA DE ARACAJU/SE – AUDITOR FISCAL DO MUNICÍPIO) Acerca da responsabilidade civil do Estado, julgue os seguintes itens.

I. O caso fortuito e a força maior são causas que excluem a responsabilidade civil do Estado.
II. Particular pode propor ação de indenização contra um servidor público que, no exercício da sua função pública, dolosamente lhe tenha causado prejuízo, dada a sua legitimidade passiva.
III. O Brasil adota a teoria do risco administrativo, segundo a qual o prejudicado deve identificar a conduta culposa do agente público para lhe imputar a responsabilização.

Assinale a opção correta.

a) Apenas o item I está certo.
b) Apenas o item II está certo.
c) Apenas os itens I e III estão certos.
d) Apenas os itens II e III estão certos.
e) Todos os itens estão certos.

I: Correto. Conforme Vicente Paulo e Marcelo Alexandrino (*Direito Administrativo Descomplicado*. 23. ed. São Paulo: Método, 2015, p. 848): *Embora haja divergência na doutrina, são usualmente aceitos como excludentes a culpa exclusiva da vítima, a força maior e o caso fortuito (alguns falam ainda em "culpa de terceiros"). Caso a administração pública demonstre que houve culpa recíproca - isto é, dela e do particular, concomitantemente -, sua obrigação de indenizar será proporcionalmente atenuada.*

II: Incorreto. De acordo com o art. 37, § 6º, da Constituição Federal:

Art. 37 A administração pública direta e indireta de qualquer dos Poderes da União, dos Estados, do Distrito Federal e dos Municípios obedecerá aos princípios de legalidade, impessoalidade, moralidade, publicidade e eficiência e, também, ao seguinte: [...]

§ 6º As pessoas jurídicas de direito público e as de direito privado prestadoras de serviços públicos responderão pelos danos que seus agentes, nessa qualidade, causarem a terceiros, assegurado o direito de regresso contra o responsável nos casos de dolo ou culpa.

III: Incorreto. Conforme explica Hely Lopes Meirelles (*Direito Administrativo Brasileiro*. 42. ed. São Paulo: Malheiros, 2016, p. 781): *Aqui não se cogita da culpa da Administração ou de seus agentes, bastando que a vítima demonstre o fato danoso e injusto ocasionado por ação ou omissão do Poder Público. Tal teoria, como o nome está a indicar, baseia-se no risco que a atividade pública gera para os administrados e na possibilidade de acarretar dano a certos membros da comunidade, impondo-lhes um ônus não suportado pelos demais.*

GABARITO: A.

61. (CESPE/CEBRASPE – 2021 – SEFAZ/RR – AUDITOR FISCAL DE TRIBUTOS ESTADUAIS)

[...] Que acontecera? Acontecera que o ganancioso senhor do lugar andava desde há tempos a mudar de sítio os marcos das estremas das suas terras. O lesado tinha começado por protestar e reclamar, depois implorou compaixão, e finalmente resolveu queixar-se às autoridades e acolher-se à proteção da justiça. Tudo sem resultado, a espoliação continuou. Então, desesperado, decidiu anunciar a morte da Justiça. Não sei o que sucedeu depois, não sei se o braço popular foi ajudar o camponês a repor as estremas nos seus sítios, ou se os vizinhos, uma vez que a Justiça havia sido declarada defunta, regressaram resignados, de cabeça baixa e alma sucumbida, à triste vida de todos os dias.

José Saramago. Este mundo da injustiça globalizada. Internet: <dominiopublico.gov.br> (com adaptações).

Mantendo-se os sentidos do último período do parágrafo, a expressão "havia sido" poderia ser substituída por:

a) fosse.
b) tinha sido.
c) tivesse sido.
d) foi.
e) houvesse sido.

Pretérito mais-que-perfeito composto - havia sido/tinha sido - verbo ter ou haver conjugados no pretérito imperfeito do indicativo + particípio formam o pretérito mais-que-perfeito composto.

"[...] uma vez que a Justiça havia sido (tinha sido) declarada defunta [...]".

GABARITO: B.

62. (CESPE/CEBRASPE – 2018 – PC/MA – INVESTIGADOR) Entre os direitos sociais previstos pela Constituição Federal de 1988 (CF/1988) inclui-se o direito à:

a) amamentação aos filhos de presidiárias.
b) moradia.
c) propriedade.
d) gratuidade do registro civil de nascimento.
e) assistência jurídica e integral gratuita.

De acordo com a CF/1988:

Art 6º São direitos sociais a educação, a saúde, a alimentação, o trabalho, a moradia, o transporte, o lazer, a segurança, a previdência social, a proteção à maternidade e à infância, a assistência aos desamparados, na forma desta Constituição.

Assim, a alternativa B está correta. O descrito nas demais alternativas está elencado na CF/1988, mas não são direitos sociais, são direitos fundamentais.

GABARITO: B.

63. (CESPE/CEBRASPE – 2022 – PC/PB – ESCRIVÃO)

[...] Como aprendemos a falar na mais tenra infância e sem maior esforço, além de usarmos a linguagem no dia a dia da forma mais corriqueira, não nos damos conta do grande prodígio que é falar. A língua é não só um sofisticadíssimo sistema de comunicação de nossos pensamentos e sentimentos, mas sobretudo o instrumento que nos possibilita ter consciência de nós mesmos e da realidade à nossa volta. [...]

BIZZOCCHI, Aldo. O universo da linguagem: sobre a língua e as línguas. São Paulo: Editora Contexto, 2021. p. 11-12 (com adaptações)

Estariam preservadas as ideias e a correção gramatical do texto caso se substituísse, no segmento "Como aprendemos a falar na mais tenra infância e sem maior esforço", a conjunção "Como" por:

a) Visto que.
b) Ao passo que.
c) Logo que.
d) Não obstante.
e) Tal qual.

A: Correta. A expressão "visto que" é conjunção causal, assim como ocorre no texto.

B: Incorreta. "Ao passo que" é conjunção proporcional.

C: Incorreta. "Logo que" é conjunção temporal.

D: Incorreta. "Não obstante" é conjunção concessiva.

E: Incorreta. "Tal qual" é conjunção comparativa.

GABARITO: A.

64. (CESPE/CEBRASPE – 2021 – PM/TO – SOLDADO)

Texto 1A2-II

Ainda na véspera eram seis viventes, contando com o papagaio. Coitado, morrera na areia do rio, onde haviam descansado, à beira de uma poça: a fome apertara demais os retirantes e por ali não existia sinal de comida. A cachorra Baleia jantara os pés, a cabeça, os ossos do amigo, e não guardava lembrança disto. [...]

RAMOS, Graciliano. *Vidas secas*. 107. ed. (Adaptado)

No texto 1A2-II, a forma pronominal "isto" presente na contração "disto", em "não guardava lembrança disto" (primeiro parágrafo), refere-se:

a) ao fato de, no início, serem seis viventes.
b) à morte do papagaio na beira do rio.
c) ao fato de Baleia ter comido os restos do papagaio.
d) à fome dos retirantes.
e) ao fato de os retirantes terem sentado à beira de uma poça.

A: Incorreta. O pronome demonstrativo "disto" não se refere ao fato de "no início, serem seis viventes".

B: Incorreta. O pronome demonstrativo "disto" não faz referência à morte do papagaio na beira do rio.

C: Correta. Na oração: "A cachorra Baleia jantara os pés, a cabeça, os ossos do amigo, e não guardava lembrança disto", o pronome "disto" faz alusão ao fato de Baleia ter comido os restos do papagaio e não ter se lembrado.

D: Incorreta. O trecho: "a fome apertara demais os retirantes e por ali não existia sinal de comida" não se refere ao pronome "disto".

E: Incorreta. Eles se sentaram à beira de uma poça, mas não se refere ao pronome "disto".

GABARITO: C.

65. **(CESPE/CEBRASPE – 2022 – PC/PB – ESCRIVÃO)** Na Internet, o sítio que atua como ponto de contato entre uma instituição e seus clientes e fornecedores é o:
    a) de informações.
    b) comunitário.
    c) institucional.
    d) portal.
    e) de aplicações.

Um *site* (sítio) institucional é basicamente um espaço para a empresa na *web*, através de páginas virtuais, apresentar-se, informar os seus serviços e promover a sua marca. Ele já se tornou obrigatório, pois é o primeiro ponto de contato no qual possíveis clientes buscam informações sobre a empresa.

Já um portal é um *site* na internet projetado para aglomerar e distribuir conteúdos de várias fontes, de maneira uniforme, sendo um ponto de acesso, para uma série de outros *sites* ou *subsites*, interna ou externamente, ao domínio ou subdomínio da empresa gestora do portal.

GABARITO: C.

66. **(CESPE/CEBRASPE – 2016 – PC/PE – AGENTE)** O ato administrativo é uma espécie de ato jurídico de direito público, ou seja, suas características distinguem-no do ato jurídico de direito privado. Os atributos do ato administrativo – ato jurídico de direito público – incluem a:
    a) legalidade, a publicidade e a imperatividade.
    b) presunção de legitimidade, a imperatividade e a autoexecutoriedade.
    c) imperatividade, o motivo, a finalidade e a autoexecutoriedade.
    d) eficiência, a presunção de legitimidade e a continuidade.
    e) proporcionalidade, a motivação e a moralidade.

A questão versa acerca dos atributos do ato administrativo. Acerca do tema, vamos ver o que Alexandre Mazza nos ensina: "Os atos administrativos são revestidos de propriedades jurídicas especiais decorrentes da supremacia do interesse público sobre o privado. Nessas características, reside o traço distintivo fundamental entre os atos administrativos e as demais categorias de atos jurídicos, especialmente os atos privados. A doutrina mais moderna faz referência a cinco atributos: a) presunção de legitimidade; b) imperatividade; c) exigibilidade; d) autoexecutoriedade; e) tipicidade." (MAZZA, 2022, p.729).

Como aqui a banca não trouxe uma alternativa com todos os cinco atributos, deve ser assinalada a alternativa B.

GABARITO: B.

67. **(CESPE/CEBRASPE – 2020 – TJ/PA – ANALISTA JUDICIÁRIO)** Assinale a opção que apresenta o arranjo organizacional que tem como vantagem o fato de as decisões serem tomadas mais rapidamente pelos próprios executores.
    a) diferenciação
    b) formalização
    c) integração
    d) centralização
    e) descentralização

Para que uma decisão seja tomada mais rapidamente é necessário haver a redução da concentração das decisões na alta administração do grupo de pesquisa, pois o poder decisório é deslocado para os níveis mais baixos da administração (fica distribuídos pelos diversos níveis hierárquicos), proporcionando maior autonomia aos cargos baixos e alivia a carga decisória da alta administração, efeito esse que só é alcançado através da descentralização.

GABARITO: E.

68. **(CESPE/CEBRASPE – 2022 – PC/PB – ESCRIVÃO)**

Texto CG1A1-II

O conceito de herói está profundamente ligado à cultura que o criou e ao momento em que ele foi criado, o que significa que ele varia muito de lugar para lugar e de época para época. Mesmo assim, a figura do herói aparece nas mais diversas sociedades e eras, sempre atendendo a critérios morais e desejos em comum de determinado povo.

Na mitologia grega, o herói era uma semidivindade que estava entre os deuses e os humanos e cujos feitos evidenciavam a sua enorme disposição de se sacrificar em nome do bem-estar dos seres humanos. Na Europa da Idade Média, quando Deus e a religião passaram a ser a bússola moral de muitas pessoas, os feitos humanos considerados heroicos tinham relação com o temor e a fidelidade a esse Deus. Assim, heróis eram os mártires e missionários, que também entregavam suas vidas a essa causa, que julgavam a mais nobre.

Hoje, no século 21, o *status* de herói é bastante diferente. Talvez por uma necessidade psicológica de adotarmos heróis, frequentemente escolhemos heróis falhos, demasiadamente humanos, muito mais similares a nós mesmos do que os heróis de outros períodos históricos. Diferentemente do herói infalível, bom, que se sacrifica em nome de causas nobres, o herói moderno é um personagem que erra, toma atitudes que julgamos imorais e não possui virtudes geralmente atribuídas aos heróis.

MIRANDA, Lucas Mascarenhas de. A fronteira tênue entre heróis e vilões. *In*: Ciência Hoje, edição 382. Internet (com adaptações).

Na primeira linha do texto CG1A1-II, o advérbio "profundamente" é empregado com o significado de:
    a) exageradamente.
    b) frequentemente.
    c) intimamente.
    d) realmente.
    e) seriamente.

A, B, D e E: Incorretas. Apresentam advérbios com significados diversos do advérbio apresentado na questão.

C: Correta. "Profundamente" tem o mesmo significado de "intimamente", ou seja, "de forma íntima, com muita afinidade" ou, ainda, "uma ligação muito forte".

GABARITO: C.

69. **(CESPE/CEBRASPE – 2021 – TJ/RJ – ANALISTA JUDICIÁRIO)** Assinale a opção que, à luz da Lei nº 8.112/1990, apresenta forma de provimento pela qual, atendidos os requisitos legais, o servidor aposentado poderá retornar à atividade, tanto no interesse da administração quanto por insubsistência dos motivos que levaram à aposentadoria por invalidez.
    a) reintegração.
    b) reversão.
    c) readaptação.
    d) aproveitamento.
    e) recondução.

A reversão pode acontecer em duas hipóteses: i) quando o servidor público foi aposentado por invalidez, mas junta médica declara que insubsistentes os motivos da sua aposentadoria; ii) quando há interesse da administração pública no retorno do servidor, desde que este tenha solicitado a reversão, a aposentadoria tenha sido voluntária, o servidor fosse estável ao tempo da aposentadoria, a aposentadoria tenha ocorrido há menos de cinco anos e exista cargo vago.

Dessa maneira, o gabarito é a alternativa B.

GABARITO: B.

70. (CESPE/CEBRASPE – 2016 – PC/PE – AGENTE)

Texto CG1A01BBB

1   Não são muitas as experiências exitosas de políticas públicas
2   de redução de homicídios no Brasil nos últimos vinte anos, e
3   poucas são aquelas que tiveram continuidade. O Pacto pela Vida,
4   política de segurança pública implantada no estado de Pernam-
5   buco em 2007, é identificado como uma política pública exitosa.
6   O Pacto Pela Vida é um programa do governo do estado
7   de Pernambuco que visa à redução da criminalidade e ao
8   controle da violência. A decisão ou vontade política de eleger
9   a segurança pública como prioridade é o primeiro marco que
10 se deve destacar quando se pensa em recuperar a memória
11 dessa política, sobretudo quando se considera o fato de que o
12 tema da segurança pública, no Brasil, tem sido historicamente
13 negligenciado. Muitas autoridades públicas não só evitam
14 associar-se ao assunto como também o tratam de modo sim-
15 plista, como uma questão que diz respeito apenas à polícia.
16   O Pacto pela Vida, entendido como um grande concerto
17 de ações com o objetivo de reduzir a violência e, em especial,
18 os crimes contra a vida, foi apresentado à sociedade no início
19 do mês de maio de 2007. Em seu bojo, foram estabelecidos
20 os principais valores que orientaram a construção da política
21 de segurança, a prioridade do combate aos crimes violentos
22 letais intencionais e a meta de reduzir em 12% ao ano, em
23 Pernambuco, a taxa desses crimes.
24   Desse modo, definiu-se, no estado, um novo paradigma de
25 segurança pública, que se baseou na consolidação dos valores
26 descritos acima (que estavam em disputa tanto do ponto de vista
27 institucional quanto da sociedade), no estabelecimento de priori-
28 dades básicas (como o foco na redução dos crimes contra a vida)
29 e no intenso debate com a sociedade civil. A implementação do
30 Pacto Pela Vida foi responsável pela diminuição de quase 40%
31 dos homicídios no estado entre janeiro de 2007 e junho de 2013.

RATTON, José Luiz et al. O Pacto pela Vida e a redução de homicídios em Pernambuco. Rio de Janeiro: Instituto Igarapé, 2014. Internet: https://igarape.org.br (com adaptações).

No trecho "Muitas autoridades públicas não só evitam associar-se ao assunto como também o tratam de modo simplista" (L. 14 a 16), do texto CG1A01BBB, o vocábulo "como" integra uma expressão que introduz no período uma ideia de:

a) proporcionalidade.
b) adição.
c) comparação.
d) explicação.
e) oposição.

A alternativa correta é a B. O vocábulo como faz parte da locução não só... como também. Logo, é um termo aditivo.

GABARITO: B.

71. (CESPE/CEBRASPE – 2020 – TJ/PA – AUXILIAR JUDICIÁRIO)

O atributo ou característica do ato administrativo que assegura que o ato é verdadeiro, mesmo que eivado de vícios ou defeitos, até que se prove o contrário, denomina-se:

a) finalidade.
b) exequibilidade.
c) autoexecutoriedade.
d) coercibilidade.
e) presunção de legitimidade.

O atributo ou característica do ato administrativo que assegura que o ato é verdadeiro, mesmo que eivado de vícios ou defeitos, até que se prove o contrário, denomina-se presunção de legitimidade.

GABARITO: E.

72. (CESPE/CEBRASPE – 2018 – PC/MA – ESCRIVÃO)

A instituição permanente, essencial à função jurisdicional do Estado, à qual incumbe a defesa da ordem jurídica, do regime democrático e dos interesses sociais e individuais indisponíveis, é o(a):

a) advocacia pública.
b) Conselho Nacional de Justiça.
c) polícia judiciária.
d) Defensoria Pública.
e) Ministério Público.

A: Incorreta. *Art. 131, CF/1988 A Advocacia-Geral da União é a instituição que, diretamente ou através de órgão vinculado, representa a União, judicial e extrajudicialmente, cabendo-lhe, nos termos da lei complementar que dispuser sobre sua organização e funcionamento, as atividades de consultoria e assessoramento jurídico do Poder Executivo.*

B: Incorreta. *Art. 103-B, § 4º, CF/1988 Compete ao Conselho o controle da atuação administrativa e financeira do Poder Judiciário e do cumprimento dos deveres funcionais dos juízes, cabendo-lhe, além de outras atribuições que lhe forem conferidas pelo Estatuto da Magistratura.*

C: Incorreta. *Art. 144 § 1º, CF/1988 A polícia federal, instituída por lei como órgão permanente, organizado e mantido pela União e estruturado em carreira, destina-se a:*

IV - exercer, com exclusividade, as funções de polícia judiciária da União. [...]

§ 4º Às polícias civis, dirigidas por delegados de polícia de carreira, incumbem, ressalvada a competência da União, as funções de polícia judiciária e a apuração de infrações penais, exceto as militares.

D: Incorreta. De acordo com o art. 134, CF/1988, a Defensoria Pública é instituição permanente, essencial à função jurisdicional do Estado, incumbindo-lhe, como expressão e instrumento do regime democrático, fundamentalmente, a orientação jurídica, a promoção dos direitos humanos e a defesa, em todos os graus, judicial e extrajudicial, dos direitos individuais e coletivos, de forma integral e gratuita, aos necessitados, na forma do inciso LXXIV do art. 5º desta Constituição Federal.

E: Correta. De acordo com o Art. 127, CF/1988, o Ministério Público é instituição permanente, essencial à função jurisdicional do Estado, incumbindo-lhe a defesa da ordem jurídica, do regime democrático e dos interesses sociais e individuais indisponíveis.

GABARITO: E.

73. (CESPE/CEBRASPE – 2021 – SEFAZ/RR – AUDITOR FISCAL DE TRIBUTOS ESTADUAIS)

A caracterização de responsabilidade civil do Estado por dano causado por indivíduo que fugiu do sistema prisional.

a) é inconstitucional, por ser expressamente vedada pela Constituição Federal de 1988.
b) mostra-se juridicamente impossível, em razão da ausência de conduta administrativa quando ocorre fuga de presídio.
c) deve ser reconhecida com base no risco integral, teoria amplamente adotada pela doutrina e pela jurisprudência nessa hipótese.
d) somente deve ser admitida se comprovado dolo específico de agente da administração em colaboração com a fuga.
e) depende da demonstração de nexo causal direto entre o momento da fuga e a conduta danosa praticada pelo infrator.

De acordo o art. 37, § 6º, da Constituição Federal, não se caracteriza a responsabilidade civil objetiva do Estado por danos decorrentes de crime praticado por pessoa foragida do sistema prisional, quando não demonstrado o nexo causal direto entre o momento da fuga e a conduta praticada. *STF. Plenário. RE nº 608880, Rel. Min. Marco Aurélio, Relator p/ Acórdão Alexandre de Moraes, julgado em 08/09/2020 (Repercussão Geral – Tema 362) (Info 993).*

GABARITO: E.

74. (CESPE/CEBRASPE – 2018 – PC/MA – ESCRIVÃO) De acordo com a Lei de Improbidade (Lei nº 8.429/1992), o servidor público que comprovadamente tiver causado lesão ao patrimônio público estará sujeito:

a) à detenção de cinco a oito anos.
b) à perda dos bens ou valores acrescidos ilicitamente ao patrimônio.
c) ao ressarcimento correspondente ao dobro do valor integral do dano.
d) ao pagamento de multa civil em valor igual ao do acréscimo patrimonial.
e) à suspensão dos direitos políticos por dez anos.

A Lei nº 8.429/1992 sofreu algumas alterações advindas da Lei nº 14.230/2021, a nova Lei de Improbidade Administrativa.

A problemática trazida no enunciado trata-se de lesão ao erário com dano ao patrimônio público e se encontra no art. 10 da nova lei. Posto isto, todas as penalidades para esse tipo de improbidade se encontram no art. 12, inciso II da referida legislação:

Art. 12 [..] II – na hipótese do art. 10 desta Lei, perda dos bens ou valores acrescidos ilicitamente ao patrimônio, se concorrer esta circunstância, perda da função pública, suspensão dos direitos políticos até 12 (doze) anos, pagamento de multa civil equivalente ao valor do dano e proibição de contratar com o poder público ou de receber benefícios ou incentivos fiscais ou creditícios, direta ou indiretamente, ainda que por intermédio de pessoa jurídica da qual seja sócio majoritário, pelo prazo não superior a 12 (doze) anos.

GABARITO: B.

75. (CESPE/CEBRASPE – 2016 – PC/PE – AGENTE) Após investigação, foi localizada, no interior da residência de Paulo, farta quantidade de *Cannabis sativa*, vulgarmente conhecida por maconha, razão por que Paulo foi preso em flagrante pelo crime de tráfico de drogas. No momento de sua prisão, Paulo tentou resistir, motivo pelo qual os policiais, utilizando da força necessária, efetuaram sua imobilização.

Nessa situação hipotética, foi exercido o poder administrativo denominado:

a) poder disciplinar, o qual permite que se detenham todos quantos estejam em desconformidade com a lei.
b) poder regulamentar, que corresponde ao poder estatal de determinar quais práticas serão penalizadas no caso de o particular as cometer.
c) poder hierárquico, devido ao fato de o Estado, representado na ocasião pelos policiais, ser um ente superior ao particular.
d) poder discricionário, mas houve abuso no exercício desse poder, caracterizado pela utilização da força para proceder à prisão.
e) poder de polícia, que corresponde ao direito do Estado em limitar o exercício dos direitos individuais em benefício do interesse público.

A: Incorreta. O poder disciplinar é o instrumento pelo qual a Administração Pública aplica sanções em casos de infração.

B: Incorreta. Poder regulamentar ou normativo consiste no poder dado à Administração Pública de editar atos normativos com o objetivo de complementar as leis, dando a explicação da correta execução destas.

C: Incorreta. Poder hierárquico é o poder da Administração Pública de delegar funções aos seus órgãos subordinados.

D: Incorreta. Poder discricionário é pelo qual a Administração Pública tem maior margem de ação para que possa praticar seus atos de acordo com a conveniência e oportunidade.

E: Correta. Poder de polícia é pelo qual se restringe o interesse particular para evitar abusos.

GABARITO: E.

76. (CESPE/CEBRASPE – 2016 – PC/PE – AGENTE) Assinale a opção que apresenta corretamente o texto que, ao ser digitado no sítio de buscas Google, permite localizar, na web, arquivos no formato pdf que contenham a frase "valorização do policial civil", mas não contenham o vocábulo "concurso".

a) 'valorização do policial civil' without 'concurso' type(pdf)
b) 'valorização do policial civil' no:concurso archive(pdf)
c) "valorização do policial civil" not(concurso) in:pdf
d) "Valorização do Policial Civil." -concurso filetype:pdf
e) valorização and do and policial and civil exclude(concurso) in:pdf

Para quem procura uma informação mais específica ou mais técnica relacionada a um termo ou URL, uma pesquisa por palavra-chave pode não ser suficiente. Por isso, são importantes os operadores de pesquisa do Google. Estes fazem pesquisas mais direcionadas, ajudando a encontrar os resultados rapidamente.

"Termo de busca": serve para buscas por correspondência exata.

Sinal de menos –: exclui um termo ou uma frase da busca.

Filetype: mostra os resultados de determinado tipo de arquivo (pdf, docx, txt, ppt etc.).

GABARITO: D.

77. (CESPE/CEBRASPE – 2022 – SERES/PE – POLICIAL PENAL) De acordo com a Constituição do Estado de Pernambuco, é de competência exclusiva da Assembleia Legislativa do Estado de Pernambuco a iniciativa de lei para dispor acerca da:

a) criação e extinção de cargos das secretarias dessa assembleia, bem como da fixação dos respectivos vencimentos.
b) criação e estruturação das secretarias de estado.
c) criação e extinção de cargos na administração direta, autárquica e fundacional do estado.
d) fixação ou alteração do efetivo da Polícia Militar e do Corpo de Bombeiros Militar do estado.
e) organização do Ministério Público, da Procuradoria-Geral do estado e da Defensoria Pública.

A banca examinadora cobrou do candidato o conhecimento sobre Organização dos poderes e funções essenciais à justiça e poder legislativo dentro das competências das assembleias legislativas. No caso narrado podemos extrair a resposta do art. 14 Constituição do Estado de Pernambuco.

Art. 14 Compete exclusivamente à Assembleia Legislativa: [...]

IV – propor projetos de lei que criem ou extingam cargos, empregos ou funções nos seus serviços e fixem os respectivos vencimentos.

GABARITO: A.

78. (CESPE/CEBRASPE – 2021 – PM/TO – SOLDADO) Considere que, em uma máquina com Windows 10, na raiz da pasta *Files*, em F:\Backup\Files, havia dois arquivos, um .xlsx e um .docx, e que, na pasta F:\Backup\Files\Home, havia dois arquivos de imagem, um .jpeg e em .gif. Considere, ainda, que um usuário tenha movido o subdiretório *Files* em F: para a biblioteca de imagens do usuário em C:\Users\Adm\Images. Nesse caso, considerando-se que nos *drivers* C: e F: havia espaço livre para efetuar as operações descritas, é correto afirmar que foram movidos:

a) todos os 4 arquivos, ficando todos na raiz de Files, da seguinte forma: C:\Users\Adm\Images\Files.
b) apenas os 2 arquivos de imagem e o subdiretório Home, ficando todos estes na raiz de Home, da seguinte forma: C:\Users\Adm\Images\Files\Home.
c) apenas os 2 arquivos de imagem, ficando ambos na raiz de Files, da seguinte forma: C:\Users\Adm\Images\Files.

- d) apenas os 2 arquivos de imagem e o subdiretório Home, ficando todos estes na raiz de Files, da seguinte forma: C:\Users\Adm\Images\Files\Home.
- e) os 4 arquivos e o subdiretório Home, ficando a mesma estrutura de diretórios e seus arquivos, ou seja, dois arquivos na raiz de Files e os dois arquivos de imagem na raiz de Home, da seguinte forma: C:\Users\Adm\Images\Files\Home.

Na raiz das pastas *files*:

- em F:\Backup\Files, (havia dois arquivos, um .xlsx e um .docx);
- em F:\Backup\Files\Home, (havia dois arquivos de imagem, um .jpeg e em .gif.).

Vamos entender: na pasta *files* existem 2 arquivos e 1 sub-pasta com mais duas imagens (*home*).

- O usuário moveu o subdiretório(sub-pasta) *files* em F: para a biblioteca de imagens do usuário em C:\Users\Adm\Images.

E agora que vai acontecer? Ele moveu "*files*" e o que tinha dentro de dela? sim!

- (2 arquivos e outra subpasta chamada *home* com 2 imagens) = 4 arquivos.

Foram movidos os 4 arquivos (2 arquivos e as 2 fotos) e o subdiretório *home*, ficando a mesma estrutura de diretórios (pastas) e seus arquivos; ou seja, dois arquivos na raiz de *files* e os dois arquivos de imagem na raiz de *home*, da seguinte forma: C:\Users\Adm\Images\Files\Home

Talvez, de um modo mais simples: todos os documentos estavam dentro da pasta *files* e a pasta *home* era uma subpasta da pasta *files*, contendo dois itens em cada, sendo todos movidos para o diretório C:\, ficando deste jeito: C:\Users\Adm\Images\Files\Home.

GABARITO: E.

79. **(CESPE/CEBRASPE – 2021 – PM/TO – SOLDADO)** Cada uma das próximas opções apresenta uma proposta de reescrita para o seguinte trecho: "Nos dias atuais, a polícia militar, além de suas atribuições constitucionais, desempenha várias outras atribuições que, direta ou indiretamente, influenciam no cotidiano das pessoas". Assinale a opção em que a proposta de reescrita apresentada mantém a correção gramatical e o sentido do texto.
    - a) Nos dias atuais, a polícia militar desempenha além de suas atribuições constitucionais, várias outras atribuições que, direta ou indiretamente, influenciam no cotidiano das pessoas.
    - b) A polícia militar, nos dias atuais, desempenha, além de suas atribuições constitucionais, várias outras atribuições que influenciam, direta ou indiretamente, no cotidiano das pessoas.
    - c) Além de suas atribuições constitucionais nos dias atuais, a polícia militar, desempenha várias outras atribuições que, direta ou indiretamente, influencia no cotidiano das pessoas.
    - d) Nos dias atuais, além de suas atribuições constitucionais, desempenham várias outras atribuições à polícia militar, que, direta ou indiretamente, influencia no cotidiano das pessoas.
    - e) A polícia militar nos dias atuais, além de suas atribuições constitucionais, desempenham várias outras atribuições que influenciam no cotidiano das pessoas direta ou indiretamente.

Frase da questão: "Nos dias atuais, a polícia militar, além de suas atribuições constitucionais, desempenha várias outras atribuições que, direta ou indiretamente, influenciam no cotidiano das pessoas". Nesse caso, a oração expõe que a polícia militar desempenha suas atribuições constitucionais e também desempenha outras atribuições. Essas outras atribuições influenciam, de forma direta ou indireta, no cotidiano das pessoas. Tudo isso acontece nos dias atuais. Dessa forma, deve-se obter a reescritura que mantenha a correção gramatical e o sentido original do texto.

A: Incorreta. A oração estaria correta, mas deve ter a vírgula antes de "além de suas atribuições constitucionais", porque apresenta uma ideia de adição, sendo necessário o uso da vírgula para isolar a locução "além de".

B: Correta. As vírgulas em "nos dias atuais" foram empregadas corretamente, pois há um adjunto adverbial deslocado de tempo.

C: Incorreta. Não se pode separar o sujeito do verbo como está na "polícia militar, desempenha [...]", e o adjunto adverbial intercalado "nos dias atuais" deve estar entre vírgulas. Por último, a concordância do verbo com o sujeito da oração: "Além de suas atribuições constitucionais, nos dias atuais, a polícia militar desempenha várias outras atribuições que, direta ou indiretamente, influenciam no cotidiano das pessoas".

D: Incorreta. Pode-se notar que na frase original: "a polícia militar desempenha", e nessa oração, a polícia militar virou um objeto indireto, e o verbo "desempenham" ficou sem sujeito.

E: Incorreta. O sujeito deve concordar com o verbo: "A polícia militar desempenha", logo, há um erro de concordância. E o advérbio deslocado de tempo "nos dias atuais" deve estar entre vírgulas.

GABARITO: B.

80. **(CESPE/CEBRASPE – 2021 – SEFAZ/RR – AUDITOR FISCAL DE TRIBUTOS ESTADUAIS)** O inciso XIII do art. 5º da Constituição Federal de 1988 assim dispõe: "XIII – é livre o exercício de qualquer trabalho, ofício ou profissão, atendidas as qualificações profissionais que a lei estabelecer;". Essa norma constitucional é de eficácia:
    - a) plena, porque já produz efeitos desde a sua edição.
    - b) programática, porque prevê a necessidade de regulamentação por lei.
    - c) contida, porque detém eficácia, mas esta pode ser restringida por lei.
    - d) limitada, porque depende de lei regulamentadora para ser executável.
    - e) preceptiva, porque impõe ao Estado a obrigação de editar uma lei.

A: Incorreta. De fato, as normas de eficácia plena produzem ou estão aptas a produzir, desde sua entrada em vigor, todos os efeitos. São normas de aplicabilidade imediata, direta e integral. Ocorre que o inciso XIII, do art. 5º, da CF/1988 é exemplo de norma de eficácia contida, que é regulada pelo legislador constituinte, mas que pode ter seu alcance limitado por lei infraconstitucional posterior, por outras normas da própria constituição ou por preceitos éticos-jurídicos.

B: Incorreta. As normas programáticas, também conhecidas como normas diretivas, veiculam programas a serem implementados pelo Estado, visando à realização de fins sociais, como saúde, educação, moradia, consumo, trabalho etc. Tem-se como exemplos os arts. 196, 205 e 217, todos da CF/1988.

C: Correta. As normas de eficácia contida apresentam aplicabilidade direta, imediata, mas possivelmente não integral, pois lei posterior pode regular e limitar sua aplicabilidade. Elas são aptas a regular os interesses relativos ao seu conteúdo desde sua entrada em vigor, no entanto, pode ocorrer a atuação legislativa no sentido de reduzir sua abrangência. Apresentam eficácia positiva e negativa. Mas, caso não haja a elaboração da norma regulamentadora restritiva, a sua aplicabilidade será integral, como se fossem normas de eficácia plena passíveis de restrição. Um exemplo de norma contida é aquela encontrada na CF/1988, art. 5º, XIII.

D: Incorreta. As normas de eficácia limitada não produzem, com a simples entrada em vigor, todos os seus efeitos essenciais, porque o legislador constituinte, por qualquer motivo, não estabeleceu sobre a matéria, uma normatividade para isso bastante, deixando essa tarefa no legislador ordinário ou a outro órgão do Estado. Um exemplo de norma limitada é aquela encontrada no art. 25, § 3º, da CF/1988:

Art. 25, § 3º Os Estados poderão, mediante lei complementar, instituir regiões metropolitanas, aglomerações urbanas e microrregiões, constituídas por agrupamentos de municípios limítrofes, para integrar a organização, o planejamento e a execução de funções públicas de interesse comum.

E: Incorreta. As normas constitucionais preceptivas são aquelas que de maneira direta regulam relações entre cidadãos, o que significa possuir eficácia imediata sobre as situações que trata. Essas normas independem de qualquer sorte de implementação de ações por parte do Estado.

GABARITO: C.

81. **(CESPE/CEBRASPE – 2020 – TJ/PA – ANALISTA JUDICIÁRIO)** Segundo determinada teoria motivacional, o esforço da pessoa depende do resultado que ela quer alcançar, ou seja, as pessoas se esforçam para alcançar resultados que elas consideram importantes para si. Essa é a perspectiva da teoria:
    a) da expectativa.
    b) da equidade.
    c) das necessidades.
    d) da frustração.
    e) dos dois fatores.

A: Correta. Segundo essa teoria, o comportamento humano pode ser orientado para resultados.

B: Incorreta. Essa teoria diz que os funcionários que se encontram em situação de desigualdade experimentam insatisfação e tensão emocional que eles procurarão reduzir. Com isso, as pessoas são motivadas a alcançar uma condição de igualdade, de justiça e de equidade.

C: Incorreta. Essa teoria diz que o indivíduo não vai se sentir estimulado a suprir a próxima necessidade se a necessidade anterior não for satisfeita.

D: Incorreta. Essa teoria não existe na literatura.

E: Incorreta. Essa teoria diz que o oposto de satisfação não é a insatisfação e, para o indivíduo, a eliminação dos aspectos de insatisfação de um trabalho não o torna necessariamente satisfatório.

GABARITO: A.

82. **(CESPE/CEBRASPE – 2021 – PREFEITURA DE ARACAJU/SE – AUDITOR FISCAL DO MUNICÍPIO)** Lei municipal que fixar o horário de funcionamento de estabelecimentos comerciais no âmbito do município será considerada:
    a) constitucional, por se tratar de tema de competência concorrente do município e do estado.
    b) constitucional, por tratar de assunto de interesse local.
    c) inconstitucional, pois o tema é de competência das juntas comerciais.
    d) inconstitucional, por tratar de relações de consumo, que é tema de competência privativa dos estados.
    e) inconstitucional, por tratar de relações de consumo, que é tema de competência exclusiva da União.

A questão exige conhecimento acerca das competências do município, consoante previsão constitucional.

A Constituição Federal concedeu aos Municípios competência exclusiva para legislar sobre assuntos de interesse local, conforme previsão do art. 30, inciso I, da CF/1988:

Art. 30 Compete aos Municípios:

I – legislar sobre assuntos de interesse local.

Portanto, dentre as várias competências dos Municípios, sem dúvida está aquela que diz respeito ao comércio local. Assim, a competência para disciplinar o horário de funcionamento de estabelecimentos comerciais é do município.

Nesse sentido, é o entendimento do STF consolidado no enunciado da Súmula Vinculante nº 38: É competente o Município para fixar o horário de funcionamento de estabelecimento comercial.

Não obstante, é importante ressaltar que cabe à União, e não ao município, a competência para a fixação do horário de funcionamento de agências bancárias, haja vista que o horário de funcionamento bancário extrapola o interesse local.

Sendo assim, a alternativa correta é a B. As demais alternativas estão incorretas, pois conforme mencionado, o tema é de competência dos Municípios.

GABARITO: B.

83. **(CESPE/CEBRASPE – 2022 – SERES/PE – POLICIAL PENAL)** O § 3º do art. 25 da Constituição Federal de 1988 dispõe que "Os Estados poderão, mediante lei complementar, instituir regiões metropolitanas, aglomerações urbanas e microrregiões, constituídas por agrupamentos de municípios limítrofes, para integrar a organização, o planejamento e a execução de funções públicas de interesse comum". Esse dispositivo constitucional é classificado pela doutrina como norma de eficácia:
    a) contida.
    b) limitada, declaratória de princípios programáticos.
    c) limitada, declaratória de princípios institutivos.
    d) prospectiva.
    e) plena.

A questão trata das Normas constitucionais de eficácia limitada definidoras de princípios institutivos (ou organizatórios, ou organizativos), que são aquelas que dependem de lei posterior para dar corpo a institutos jurídicos e aos órgãos ou entidades do Estado previstos na Constituição.

Vale lembrar que as Normas constitucionais de eficácia limitada definidoras de princípios programáticos (ou apenas normas programáticas) são as que estabelecem programas, metas, objetivos a serem desenvolvidos pelo Estado, típicas das Constituições dirigentes. Impõe um objetivo de resultado ao Estado – não diz como o Estado deverá agir, mas o fim a ser atingido. Como exemplos, os arts. 3º e 7º, IV.

GABARITO: C.

84. **(CESPE/CEBRASPE – 2022 – SERES/PE – POLICIAL PENAL)** [...] Quem se desvia do passado e do presente, quem sonha com um futuro longínquo, desejável e desejado, também se vê privado do terreno contrário cotidiano sobre o qual é preciso agir para realizar o futuro desejado. Como se pode ver, uma pessoa deve sempre ter em conta o presente, o passado e o futuro.
FANON, Frantz. Alienação e liberdade. São Paulo: Ubu, 2020. p. 264-265 (com adaptações).

85. Assinale a opção em que a proposta de reescrita do último período do texto CG1A1-I é gramaticalmente correta e coerente.
    a) A despeito disso, uma pessoa deve sempre tomar consciência do presente, do passado e do futuro.
    b) Pode-se concluir, portanto, que uma pessoa deve sempre atentar para o presente, o passado e o futuro.
    c) Por essa razão que uma pessoa deva sempre ponderar o presente, o passado e o futuro.
    d) Contudo isso, percebe-se que uma pessoa deve sempre preocupar-se com o presente, o passado e o futuro.
    e) Conforme se requer, toda pessoa têm de refletir sobre o presente, o passado e o futuro.

Na oração em destaque, temos: "Como se pode ver, uma pessoa deve sempre ter em conta o presente, o passado e o futuro". A expressão em destaque tem sentido de conclusão.

A: Incorreta. A locução conjuntiva "A despeito disso" tem sentido de concessão.

B: Correta. A reescrita do último período do texto está gramaticalmente correta e coerente nessa oração.

C: Incorreta. "[...] Por essa razão, uma pessoa deve sempre [...]".

D: Incorreta. O sentido da conjunção "contudo" é de oposição; o correto seria "Com isso".

E: Incorreta. Não há "requerimento" na oração principal. A conjunção "conforme" tem sentido de "conformidade".

GABARITO: B.

86. (CESPE/CEBRASPE – 2022 – PC/PB – ESCRIVÃO)

Texto CG1A1-I

Três características básicas nos distinguem dos outros animais: o andar ereto, que deixou nossas mãos livres para pegar e fabricar coisas; um cérebro superdesenvolvido, que permitiu o domínio da natureza; e a linguagem articulada, que possibilitou não só uma comunicação eficiente como também o pensamento lógico e abstrato. Das três características, a última representou nosso maior salto evolutivo, afinal nossos antepassados tiveram habilidade manual e inteligência por milhares de anos, mas somente a partir do momento em que despontou a aptidão simbólica, primeiramente nas pinturas e inscrições rupestres e depois com a invenção da escrita, a espécie humana alçou-se de uma organização social tribal para a civilização.

Como aprendemos a falar na mais tenra infância e sem maior esforço, além de usarmos a linguagem no dia a dia da forma mais corriqueira, não nos damos conta do grande prodígio que é falar. A língua é não só um sofisticadíssimo sistema de comunicação de nossos pensamentos e sentimentos, mas sobretudo o instrumento que nos possibilita ter consciência de nós mesmos e da realidade à nossa volta.

Apesar da importância crucial da linguagem em nossa vida, o estudo da língua ficou durante séculos relegado a segundo plano, resumindo-se a descrições pouco científicas deste ou daquele idioma de maior prestígio.

BIZZOCCHI, Aldo. O universo da linguagem: sobre a língua e as línguas. São Paulo: Editora Contexto, 2021. p. 11-12 (com adaptações)

De acordo com o texto CG1A1-I,

a) o surgimento da capacidade de simbolizar marcou a entrada da espécie humana na civilização.
b) a língua é um intrincado sistema de comunicação e um instrumento artificial de representação das identidades e da realidade.
c) o andar ereto, o cérebro superdesenvolvido e a linguagem articulada são três das características mais importantes que destacam os seres humanos entre os animais.
d) a linguagem é tão presente nas atividades humanas que os seres humanos se esquecem de refletir sobre suas propriedades.
e) o estudo da língua foi, por muito tempo, motivado por questões pedagógicas associadas à descrição daquelas línguas de mais prestígio social.

A: Correta. Essa afirmativa pode ser confirmada no seguinte trecho: "[...] primeiramente nas pinturas e inscrições rupestres e depois com a invenção da escrita, a espécie humana alçou-se de uma organização social tribal para a civilização [...]".

B: Incorreta. Não há no texto embasamento para o argumento de que a língua é um intrincado sistema de comunicação e um instrumento artificial (compare com o último período do primeiro parágrafo).

C: Incorreta. O texto não afirma que são as três características mais importantes, mas, sim, as características básicas.

D: Incorreta. O texto não relata que os humanos esquecem de refletir sobre as propriedades, porém afirma que não nos damos conta de que falar é um prodígio (milagre, maravilha...), porque falar é algo corriqueiro e aprendemos sem esforço (primeiro período do segundo parágrafo).

E: Incorreta. O estudo da língua não foi motivado por nada, mas, sim, relegado por séculos (último parágrafo).

GABARITO: A.

87. (CESPE/CEBRASPE – 2018 – PC/MA – ESCRIVÃO) Um condenado faleceu e deixou como herança R$ 30.000,00 para seu filho, seu único herdeiro. Contudo, a sentença criminal pela qual o falecido foi condenado, além de determinar a pena privativa de liberdade, cumprida parcialmente em razão da morte, determinava a reparação do dano causado, no valor de R$ 50.000,00.

Nessa situação hipotética, a obrigação de reparar o dano poderá ser:

a) estendida ao herdeiro, que deverá saldá-la até o limite do patrimônio transferido.
b) extinta, pois se trata de pena personalíssima e intransferível.
c) executada contra o herdeiro pelo valor integral previsto na sentença, se ficar provado que ele renunciou à herança para fraudar credores.
d) anulada, bem como extinta a pena privativa de liberdade.
e) transferida ao herdeiro, que deverá saldá-la no valor integral previsto na sentença de condenação de seu pai.

De acordo com o art. 5º: "Nenhuma pena passará da pessoa do condenado, podendo a obrigação de reparar o dano e a decretação do perdimento de bens ser, nos termos da lei, estendidas aos sucessores e contra eles executadas, até o limite do valor do patrimônio transferido." Ou seja, a alternativa correta é a letra A.

GABARITO: A.

88. (CESPE/CEBRASPE – 2021 – TJ/RJ – TÉCNICO DE ATIVIDADE JUDICIÁRIA) Carlos, funcionário terceirizado que trabalha na 1ª Vara de Família da capital, recebeu, no período do Natal, uma cesta comemorativa, de valor irrisório, de um estagiário de direito de determinado escritório de advocacia, que tinha interesse em certo processo. Em razão do presente recebido, Carlos intencionalmente atrasou a publicação de um ato processual e revelou fato de que tinha conhecimento em virtude de suas atribuições e que deveria ter permanecido em segredo, relacionado ao processo de interesse do estagiário.

Considerando essa situação hipotética e o disposto na Lei nº 8.429/1992, assinale a opção correta.

a) As condutas de Carlos não se enquadram nas situações descritas na Lei nº 8.429/1992, porque o fato de ele ser funcionário terceirizado afasta a incidência das regras previstas nessa lei.
b) O recebimento da cesta comemorativa não configura vantagem indevida, uma vez que ela possui valor irrisório.
c) A conduta do estagiário, por ser omissiva, deixa de viabilizar a incidência das regras previstas na referida lei.
d) O fato de Carlos ter divulgado fato que deveria ter permanecido em segredo somente caracterizará ato de improbidade administrativa se gerar prejuízo para terceiro.
e) O retardamento intencional na publicação do ato processual, por si só, configura ato de improbidade administrativa.

A: Incorreta. De acordo com a Lei nº 8.429/1992:

Art. 1º Os atos de improbidade praticados por qualquer agente público, servidor ou não, contra a administração [...] serão punidos na forma desta lei.

B: Incorreta. De acordo com a Lei nº 8.429/1992:

Art. 9º Constitui ato de improbidade administrativa importando enriquecimento ilícito auferir qualquer tipo de vantagem patrimonial indevida em razão do exercício de cargo, mandato, função, emprego ou atividade nas entidades mencionadas no art. 1º desta lei [...].

C: Incorreta. Conforme estabelece a Lei nº 8.429/1992:

Art. 10 Constitui ato de improbidade administrativa que causa lesão ao erário qualquer ação ou omissão, dolosa ou culposa, que enseje perda patrimonial, desvio, apropriação, malbaratamento ou dilapidação dos bens ou haveres das entidades referidas no art. 1º desta lei, e notadamente.

D: Incorreta. De acordo com a Lei nº 8.429/1992:

Art. 11 Constitui ato de improbidade administrativa que atenta contra os princípios da administração pública qualquer ação ou omissão que viole os deveres de honestidade, imparcialidade, legalidade, e lealdade às instituições, e notadamente:

III - revelar fato ou circunstância de que tem ciência em razão das atribuições e que deva permanecer em segredo; [...].

E: Correta. O retardamento intencional na publicação do ato processual, por si só, configura ato de improbidade administrativa. De acordo com a Lei nº 8.429/1992:

Art. 11 Constitui ato de improbidade administrativa que atenta contra os princípios da administração pública qualquer ação ou omissão que viole os deveres de honestidade, imparcialidade, legalidade, e lealdade às instituições, e notadamente:

II - retardar ou deixar de praticar, indevidamente, ato de ofício.

GABARITO: E.

89. (CESPE/CEBRASPE – 2022 – SERES/PE – POLICIAL PENAL) Em segurança da informação, a característica que garante que a mensagem é genuína e passível de verificação é a:
    a) confidencialidade.
    b) integridade.
    c) disponibilidade.
    d) autenticidade.
    e) responsabilização.

Dentro da segurança da informação teremos o P.B.S.I (Princípios Básicos da Segurança da Informação) do qual existem 4 princípios básicos:

D→isponibilidade (Disponível) é um dado, um arquivo, uma informação, um serviço estarão sempre disponíveis sempre que necessitar.

I→ntegridade (Inalterado) é um dado, será mantido inalterado, sem modificações da sua origem até o seu destino.

C→onfidencialidade (Sigilo) somente pessoas autorizadas terão acesso a informação.

A→utenticidade (Autenticação) prova que, a mensagem, foi enviada pela pessoa.

GABARITO: D.

90. (CESPE/CEBRASPE – 2021 – TJ/RJ – ANALISTA JUDICIÁRIO) Pessoas jurídicas de direito privado, integrantes da administração indireta do Estado, criadas por autorização legal, cujo controle acionário pertença ao poder público, tendo por objetivo, como regra, a exploração de atividades gerais de caráter econômico, constituem:
    a) sociedades de economia mista.
    b) autarquias.
    c) órgãos.
    d) fundações públicas.
    e) empresas públicas.

A: Correta. Sociedade de economia mista - empresa estatal cuja maioria das ações com direito a voto pertença diretamente à União e cujo capital social admite a participação do setor privado;

B: Incorreta. Autarquias são pessoas jurídicas de direito público que integram a administração indireta, são criadas por meio de lei específica, para o exercício de atividades típicas de Estado.

C: Incorreta. Órgãos são subdivisões internas de pessoas jurídicas os quais integram a administração pública e não possuem personalidade jurídica própria.

D: Incorreta. As Fundações Públicas são entidades da administração pública indireta; podem ser criadas por meio de autorização legislativa com personalidade jurídica de direito privado ou por meio lei específica com personalidade jurídica de direito público.

E: Incorreta. Empresa pública é empresa estatal cuja maioria do capital votante pertença diretamente à União e cujo capital social seja constituído de recursos provenientes exclusivamente do setor público.

GABARITO: A.

91. (CESPE/CEBRASPE – 2018 – PC/MA – ESCRIVÃO) O preenchimento de cargos públicos mediante concurso público, por privilegiar a isonomia entre os concorrentes, constitui expressão do princípio constitucional fundamental:
    a) federativo.
    b) da eficiência.
    c) da separação de poderes.
    d) do valor social do trabalho.
    e) republicano.

A alternativa correta é a letra E. O enunciado da questão cita a garantia da isonomia e, com isso, leva a interpretação para o princípio republicano.

Conforme destaca Marcelo Novelino: "A república apresenta, entre suas notas características, o caráter representativo dos governantes, inclusive do Chefe de Estado (representatividade), a necessidade de alternância no poder (temporariedade) e a responsabilidade política, civil e penal dos governantes. A forma republicana de governo possibilita a participação dos cidadãos, direta ou indiretamente, no governo e na administração pública, sendo irrelevante a ascendência do indivíduo para que possa titularizar e exercer funções públicas." (NOVELINO, Marcelo. *Manual de Direito Constitucional*. 9. ed. São Paulo: Método, 2014. p. 371)

GABARITO: E.

92. (CESPE/CEBRASPE – 2018 – PC/MA – ESCRIVÃO) O art. 5º, inciso XIII, da Constituição Federal de 1988 (CF) assegura ser livre o exercício de qualquer trabalho, ofício ou profissão, atendidas as qualificações profissionais que a lei estabelecer. Com base nisso, o Estatuto da Ordem dos Advogados do Brasil estabelece que, para exercer a advocacia, é necessária a aprovação no exame de ordem. A norma constitucional mencionada, portanto, é de eficácia:
    a) contida.
    b) programática.
    c) plena.
    d) limitada.
    e) diferida.

As normas de eficácia contida (nomenclatura de José Afonso da Silva), restringida, redutível ou restringível (nomenclatura de Maria Helena Diniz) também estão aptas para a produção de seus plenos efeitos com a simples promulgação da Constituição, mas podem ser restringidas ou contidas por outras normas. Promulgada a Constituição, aquele direito (nelas previsto) é imediatamente exercitável, mas esse exercício poderá ser restringido no futuro.

Desse modo, são dotadas de aplicabilidade imediata (porque estão aptas para produzir efeitos imediatamente, com a simples promulgação da Constituição); direta (porque não dependem de nenhuma norma regulamentadora intermediária para a produção de efeitos); mas não integral (porque sujeitas à imposição de restrições).

Exemplo por excelência de norma constitucional de eficácia contida está no art. 5º, XIII, da CF/1988, que prevê as restrições ao exercício de trabalho, ofício ou profissão, que poderão ser impostas pela lei que estabelecer as qualificações profissionais.

GABARITO: A.

93. (CESPE/CEBRASPE – 2020 – TJ/PA – AUXILIAR JUDICIÁRIO) O gestor de um órgão público exerce sua liderança sobre a equipe por meio de ações de reconhecimento público dos trabalhos realizados pelos servidores, troca de favores pessoais e premiações.

Nessa situação hipotética, o tipo de poder exercido por esse líder se dá mediante
    a) recompensa.
    b) coerção.
    c) competência.
    d) informação.
    e) delegação.

A resposta para a questão é o poder de recompensa. Nele o colaborador executa a ação esperando que seja recompensado que receba algo positivo em troca.

O poder de coerção (coercitivo) é exercido por medo de punição.

O poder de competência, também chamado de conhecimento/saber/especialista, como o próprio nome diz, é o poder pelo conhecimento, pelo saber.

O poder da Informação é outra forma de poder pelo conhecimento, pois o líder possui acesso a dados e informações privilegiadas e exerce seu poder sobre quem precisa desse conhecimento para realizar seus trabalhos.

O poder da delegação é dar autonomia e autoridade aos colaboradores realizarem as tarefas e assumirem responsabilidades sem acompanhamento próximo do líder.

GABARITO: A.

94. **(CESPE/CEBRASPE – 2018 – PC/MA – ESCRIVÃO)** O art. 5º, inciso XIII, da Constituição Federal de 1988 (CF/1988) assegura ser livre o exercício de qualquer trabalho, ofício ou profissão, atendidas as qualificações profissionais que a lei estabelecer. Com base nisso, o Estatuto da Ordem dos Advogados do Brasil estabelece que, para exercer a advocacia, é necessária a aprovação no exame de ordem. A norma constitucional mencionada, portanto, é de eficácia:
    a) contida.
    b) programática.
    c) plena.
    d) limitada.
    e) diferida.

A: Correta. Normas de eficácia contida – são autoaplicáveis, pois produzem efeitos imediatamente; são normas que podem sofrer restrições tanto pela Constituição quanto por outras normas legais. Além disso, possuem aplicabilidade direta, imediata e não integral. O art. 5º, inciso XIII, da Constituição Federal: *Art. 5º [...] XIII – é livre o exercício de qualquer trabalho, ofício ou profissão, atendidas as qualificações profissionais que a lei estabelecer.*

B: Incorreta. Normas programáticas – são normas que exigem uma atuação do Estado; são metas a serem cumpridas.

C: Incorreta. Normas de eficácia plena – são normas que não precisam da criação de outra norma para produzirem efeitos, pois estes são produzidos imediatamente após a entrada em vigor da Constituição. São características das normas de eficácia plena: autoaplicáveis, não restringíveis, possuem aplicabilidade direta, imediata e ilimitada. Um exemplo de norma de eficácia plena é o art. 2º da Constituição Federal: *Art. 2º São Poderes da União, independentes e harmônicos entre si, o Legislativo, o Executivo e o Judiciário.*

D: Incorreta. Normas de eficácia limitada – são normas que dependem de uma regulamentação futura para que seus efeitos sejam produzidos.

E: Incorreta. Normas de eficácia diferida – segundo Paulo Bonavides: "As normas de eficácia diferida trazem já definida, intacta e regulada pela Constituição a matéria que lhe serve de objeto, a qual depois será apenas efetivada na prática mediante atos legislativos de aplicação."

GABARITO: A.

95. **(CESPE/CEBRASPE – 2021 – PREF. MUNICIPAL DE ARACAJU/SE – AUDITOR FISCAL DO MUNICÍPIO)** O governo federal repassou recursos financeiros para determinado município, visando atender a uma necessidade de saúde local, mas, por ato de corrupção, o prefeito desviou parte desses valores, tendo cometido crime federal. Nessa situação hipotética, o prefeito será processado e julgado originariamente:
    a) por juiz de direito de primeira instância.
    b) por juiz federal de primeira instância.
    c) pelo Superior Tribunal de Justiça.
    d) pelo tribunal de justiça respectivo.
    e) pelo tribunal regional federal respectivo.

A: Incorreta. De acordo com a previsão constitucional, os prefeitos são julgados perante o Tribunal de Justiça, ou seja, pela segunda instância, desde que o crime cometido seja de competência da justiça estadual.

Veja-se a Súmula nº 702 do STF: *A competência do Tribunal de Justiça para julgar Prefeitos restringe-se aos crimes de competência da Justiça comum estadual; nos demais casos, a competência originária caberá ao respectivo tribunal de segundo grau.*

B: Incorreta. Em que pese o crime cometido seja de competência da justiça federal, o prefeito não será julgado por juiz federal de primeira instância, pois conforme dispõe a CF/1988, o chefe do executivo municipal deve ser julgado perante a segunda instância.

C: Incorreta. O STJ é competente para julgar o Governador de Estado e os Desembargadores federais/estaduais, nos termos do art. 105, inciso I, a, da CF/1988.

D: Incorreta. De fato, o julgamento do Prefeito se dá perante o Tribunal de Justiça (art. 29, X, da CF/1988). Contudo, no caso de crime federal, o julgamento é da competência do TRF.

E: Correta. O enunciado menciona que o prefeito cometeu crime federal. Portanto, será julgado perante o Tribunal Regional Federal.

Nesse sentido é o que dispõe a Súmula nº 209 do STJ: *Compete à Justiça Federal processar e julgar prefeito municipal por desvio de verba sujeita a prestação de contas perante órgão federal.*

GABARITO: E.

96. **(CESPE/CEBRASPE – 2021 – TJ/RJ – ANALISTA JUDICIÁRIO)** O Sistema de Registro de Preços poderá ser adotado nos casos em que:
    a) a aquisição de bens vier a atender mais de um programa de governo, podendo ser acrescida a quantidade prevista na ata de registro de preços.
    b) houver necessidade de aquisição de bens com uma única entrega.
    c) houver quantitativo exato do produto demandado pela administração.
    d) a aquisição de bens vier a atender exclusivamente um órgão público.
    e) houver necessidade de contratações frequentes, em razão das características do serviço.

Conforme estabelece o Decreto nº 7.892/2013:

Art. 3º O Sistema de Registro de Preços poderá ser adotado nas seguintes hipóteses:

I – quando, pelas características do bem ou serviço, houver necessidade de contratações frequentes;

II – quando for conveniente a aquisição de bens com previsão de entregas parceladas ou contratação de serviços remunerados por unidade de medida ou em regime de tarefa;

III – quando for conveniente a aquisição de bens ou a contratação de serviços para atendimento a mais de um órgão ou entidade, ou a programas de governo; ou

IV – quando, pela natureza do objeto, não for possível definir previamente o quantitativo a ser demandado pela Administração.

Diante do exposto, a alternativa correta é a letra E.

GABARITO: E.

97. **(CESPE/CEBRASPE – 2020 – TJ/PA – ANALISTA JUDICIÁRIO)** A competência durável, caracterizada pela capacidade de transformar teoria em prática na análise das situações e soluções de problemas e na condução do negócio das organizações, denomina-se
    a) conhecimento.
    b) técnica.
    c) perspectiva.
    d) julgamento.
    e) atitude.

A gestão por competência é uma ferramenta de mapeamento e administração de competências dentro de uma organização. Ela dá três critérios de definição de competências: conhecimento (saber), habilidade (saber fazer) e atitude (saber fazer acontecer). Neste preâmbulo, a capacidade de transformar teoria em prática cabe ao saber fazer, ou seja, aplicar o conhecimento, perspectiva (alternativa c).

O conhecimento, como citado anteriormente é o saber, um dos critérios da gestão por competência.

A técnica e o julgamento é o saber fazer, é a capacidade de aplicação da habilidade. É a atitude dentro das competências.

E, retomando definição acima, a atitude é o saber fazer acontecer. É transformar a habilidade em resultado.

GABARITO: C.

98. (CESPE/CEBRASPE – 2020 – TJ/PA – ANALISTA JUDICIÁRIO) A fim de corrigir distorções nas respostas aos formulários de avaliação de desempenho e, com isso, reverter a incapacidade de a ferramenta subsidiar o processo decisório da organização, o setor de gestão de pessoas de determinado órgão público decidiu estruturar uma política de gestão do desempenho.

A partir dessa situação, assinale a opção correta.

a) Na gestão de desempenho não se devem aferir apenas comportamentos: devem-se usar também evidências objetivas dos esforços dos trabalhadores a partir de medidas de produtividade.

b) Gerir desempenho implica observar comportamentos no trabalho e intervir sistematicamente nos seus determinantes: condições de trabalho e capacidades.

c) Tratando-se de avaliação comportamental por meio de escalas gráficas, os comportamentos visados devem ser avaliados a partir do uso de escalas de frequências (1 = nunca a 5 = sempre).

d) Deve-se privilegiar a prática do feedback, cujo propósito primário é o ajuste comportamental mediante a observação dos desempenhos dos trabalhadores contingentes à estratégia da organização.

e) Diferentemente do que ocorre na avaliação de desempenho, na gestão do desempenho faz-se uso da avaliação 360°, a fim de que seja possível a emissão de feedbacks coletivos.

A: Incorreta. A produtividade é apenas o resultado, já o desempenho é a eficiência, eficácia e a efetividade.

B: Correta. Autoexplicativa.

C: Incorreta. O aspecto comportamental é individual e as escalas gráficas geram comparativos entre funcionários.

D: Incorreta. O propósito primário é apenas a informação, já o secundário é o de ajuste comportamental.

E: Incorreta. Diferentemente do que ocorre na gestão do desempenho, na avaliação de desempenho faz-se uso da avaliação 360°, a fim de que seja possível a emissão de *feedbacks* coletivos.

GABARITO: B.

99. (CESPE/CEBRASPE – 2016 – PC/PE – AGENTE) Um usuário instalou e configurou, em uma estação de trabalho do órgão onde atua, um aplicativo de disco virtual, que permite armazenamento de dados em nuvem (*cloud storage*), e sincronizou uma pasta que continha apenas um arquivo nomeado como xyz.doc. Em seguida, ele inseriu três arquivos nesta pasta e modificou o conteúdo do arquivo xyz.doc. Posteriormente, esse usuário configurou, em um computador na sua residência, o mesmo aplicativo com a mesma conta utilizada no seu trabalho, mas não realizou quaisquer edições ou inserção de arquivos na referida pasta.

Com base nas informações apresentadas nessa situação hipotética, é correto afirmar que, no computador na residência do usuário, a pasta utilizada para sincronizar os dados conterá:

a) quatro arquivos, porém o arquivo xyz.doc não conterá as modificações realizadas no órgão, uma vez que *cloud storage* sincroniza inserções, e não atualizações.

b) somente o arquivo xyz.doc sem as modificações realizadas no órgão, uma vez que *cloud storage* sincroniza apenas arquivos que já existiam antes da instalação e da configuração do programa.

c) somente o arquivo xyz.doc com as modificações realizadas no órgão, uma vez que *cloud storage* sincroniza apenas arquivos que já existiam antes da instalação e da configuração do programa com suas devidas atualizações.

d) quatro arquivos, incluindo o arquivo xyz.doc com as modificações realizadas no órgão em que o usuário atua.

e) três arquivos, uma vez que *cloud storage* sincroniza apenas arquivos inseridos após a instalação e a configuração do programa.

O *cloud storage* ou armazenamento em nuvem é um modelo de computação em nuvem que armazena dados na Internet por meio de um provedor de computação na nuvem, que gerencia e opera o armazenamento físico de dados como serviço.

Uma vez salvos na nuvem, os arquivos podem ser acessados por meio de qualquer dispositivo com acesso à Internet. Isso significa que podem até mesmo ser excluídos do dispositivo, liberando espaço interno para outras finalidades.

Assim, tudo o que estiver conectado e sincronizado em um dispositivo, estará automaticamente disponível em outros dispositivos.

GABARITO: D.

100. (CESPE/CEBRASPE – 2020 – TJ/PA – ANALISTA JUDICIÁRIO) Na matriz GUT,

I. A gravidade tem relação com a intensidade dos danos de um dado problema.

II. A urgência tem relação com a temporalidade da eclosão dos danos causados por um problema.

III. A tendência tem relação com o desenvolvimento de um dado problema na ausência de ação.

Assinale a opção correta.

a) Apenas o item I está certo.
b) Apenas o item II está certo.
c) Apenas os itens I e III estão certos.
d) Apenas os itens II e III estão certos.
e) Todos os itens estão certos.

A Matriz GUT (ou Matriz Gravidade, Urgência e Tendência) é uma ferramenta utilizada para priorizar os problemas. Ela auxilia os gestores a avaliarem os diversos problemas e priorizar aqueles mais importantes. São utilizados três fatores para avaliar e quantificar os problemas:

I. Gravidade: analisa o grau de dano ou prejuízo que esse problema poderá trazer à organização.

II. Urgência: avalia o prazo que a organização possui para agir sobre o problema.

III. Tendência: avalia de que forma esse problema irá se desenvolver caso a organização não atue sobre ele.

GABARITO: E.

101. (CESPE/CEBRASPE – 2020 – TJ/PA – ANALISTA JUDICIÁRIO) A respeito do processo e da prática da gestão de desempenho nas organizações, assinale a opção correta.

a) As ações de avaliação de desempenho individual não incidem sobre gestores; apenas os funcionários que não exercem função de gestão integram o público-alvo.

b) O desempenho da organização e das respectivas unidades de trabalho devem ser calculados exclusivamente em função da média do desempenho de cada um dos seus trabalhadores.

c) No caso do desempenho dos gestores, este deve ser aferido a partir dos resultados atingidos pelas equipes que gerenciam; não se aplicam a esse público os métodos comportamentais.

- d) Considerando a relação causal entre desempenho e resultados individuais, na gestão do desempenho é possível escolher um ou outro elemento como base dessa política de gestão de pessoas.
- e) Na gestão de desempenho, além dos comportamentos dos funcionários também se considera a qualidade, a eficiência e a efetividade das ações dos trabalhadores.

A: Incorreta. Na avaliação de desempenho o gestor também é avaliado.

B: Incorreta. A avaliação de desempenho é para todos os indivíduos integrantes da organização e existem métodos de avaliações qualitativas e quantitativas.

C: Incorreta. Os métodos comportamentais se aplicam aos gestores também.

D: Incorreta. Desempenho e objetos são tópicos que devem ser inseparáveis da avaliação de desempenho.

E: Correto.

GABARITO: E.